U0920909

2010 FUJIAN YEARBOOK

福建年鉴

福 建 省 人 民 政 府 主 办
福 建 年 鉴 编 纂 委 员 会 编 纂

图书在版编目（CIP）数据

福建年鉴．2010/《福建年鉴》编纂委员会编．—福州：福建人民出版社，2010.9

ISBN 978-7-211-06200-3

Ⅰ.①福… Ⅱ.①福… Ⅲ.①福建省—2010—年鉴 Ⅳ.①Z525.7

中国版本图书馆 CIP 数据核字(2010)第 192250 号

版 权 声 明

福建年鉴· 2010

福建省人民政府主办
福建年鉴编纂委员会编纂
福建人民出版社出版
福建年鉴社发行
（福州市鼓屏路 192 号山海大厦 8 层 邮政编码：350003）
《福建年鉴》网站由福州市天成网络有限公司建设
网 址://www.fjnj.cn
电子信箱：njs@fjnj.cn
正文印刷：福建新华印刷厂
插页印刷：福建彩色印刷有限公司
开本 890×1194 1/16 32.5 印张 144 插页 1300 千字
2010 年 11 月第 1 版 2010 年 11 月第 1 次印刷
印数：1—5,000
广告经营许可证：闽工商 0083 号
ISBN 978-7-211-06200-3
国内定价：260.00 元

审图号：闽S(2010)66号

福建省制图院 提供

资料截至2010年6月

福建年鉴编纂委员会

主 任 委 员：黄小晶　省长

副主任委员：潘　征　省委副秘书长、政策研究室主任

刘　明　省政府副秘书长、办公厅主任、《福建年鉴》主编（兼）

委　　员：（排名不分先后）

郭振家　省政协副主席、省新闻出版局局长
郁　成　省人大常委会副秘书长、办公厅主任
林文杰　省政协副秘书长、办公厅主任
陈向先　省委组织部副部长
张宗云　省委宣传部副部长
翁　卡　省委统战部常务副部长
傅镛堃　省委政法委常务副书记
邓本元　省委台湾工作办公室主任
张立先　省委农村工作领导小组办公室主任
林双先　省军区副参谋长
郑栅洁　省发展和改革委员会主任
周联清　省经济贸易委员会主任
鞠维强　省教育厅厅长
庄荣文　省科学技术厅厅长
陈小平　省财政厅厅长
钟维平　省人力资源和社会保障厅厅长
林坚飞　省住房和城乡建设厅厅长
李德金　省交通运输厅厅长
陈绍军　省农业厅厅长
杨　彪　省对外贸易经济合作厅厅长
臧耀民　省国家税务局局长
李国瑛　省地方税务局局长
陈　建　省统计局局长
姜榕兴　省物价局局长
卢增荣　省信息化局局长
李闽榕　省发展研究中心主任
方彦富　省社会科学院党组书记
杨益民　福州市人民政府常务副市长

刘赐贵　厦门市人民政府市长
陈　冬　漳州市人民政府市长
李建国　泉州市人民政府市长
刘道崎　三明市人民政府市长
梁建勇　莆田市人民政府代市长
裴金佳　南平市人民政府市长
黄晓炎　龙岩市人民政府市长
廖小军　宁德市人民政府代市长
龚清概　平潭综合实验区管委会主任
甘文应　福建年鉴社常务副主编

福建年鉴社

常务副主编：甘文应
副　主　编：黄洪敏
编辑部主任：林丹英
特 约 编 辑：（按姓氏笔画为序）
王克让　王明永　宋小佳　练方汉　章文恕　傅玉聪
责 任 编 辑：林丹英　郑　菜
美 术 编 辑：林忠玉
编　　　辑：王文灿
彩 版 策 划：张　强
工 作 人 员：周志松　沈边青

《福建年鉴》设区市编辑室

福州市：朱汉民　林　炽
厦门市：黄文辉　黄向阳　王　玫
漳州市：王丽芳　何时文
泉州市：李冀平　高向荣　胡毅雄　林清伏　林艳旭　龚建伟
三明市：陈仪代　伍　斌　吕国健　吴建勇　李华勇　吴大优
莆田市：吴桂芳　高阿财　林庆模　周美忠　谢劲兵　陈加亮
南平市：陈　武　谢腾辉　邱埕妹
龙岩市：廖卓文　陈明生　丘其中　黄　荣　石阳辉　廖光坤
宁德市：刘水金　吴　江　张李招
平潭综合实验区：谢秀桐　薛学强

2010年2月12-15日(农历腊月二十九到正月初二)，中共中央总书记、国家席、中央军委主席胡锦涛来到福建省漳州、龙岩、厦门等地，同广大干部群众在闽台湾同胞共度新春佳节。

2月12-13日，胡锦涛来到龙岩市，同闽西革命老区干部群众共迎新春佳节。图为在上杭县古田镇五龙村，胡锦涛兴致勃勃地为祥龙与村民同欢乐。（郑杰 摄）

2月13日，在上杭县古田镇五龙广场，胡锦涛和乡亲们一道绕着长龙跳起“节节高舞”。（郑杰 摄）

2月12日，胡锦涛考察漳浦台湾农民创业园，了解台湾农民生产经营情况。图为胡锦涛到创业园的花卉基地，了解企业培育和销售蝴蝶兰情况。（郑杰 摄）

2月13日，胡锦涛在省委书记孙春兰、省长黄小晶等陪同下，参观古田会议纪念馆。（郑杰 摄）

2月14日，在厦门港海天码头，胡锦涛听取企业负责人的汇报。（郑杰 摄）

2009年5月8-10日，中共中央政治局常委、国务院总理温家宝来福建考察，就应对国际金融危机、促进经济社会发展进行调研，并和福建干部群众共商峡西岸经济区发展大计。

5月9日，温家宝在福建晋江市社会保险综合服务大厅和前来办理“被征地人员养老保险”的农民交谈。（常刚 摄）

5月8日，温家宝在厦门考察三资企业。（常刚 摄）

5月9日，温家宝在福州考察。图为温家宝在新大陆科技集团详细了解新产品开发情况。（常刚 摄）

2009年1月27日，中共中央政治局常委、全国政协主席贾庆林，在时任省委书记卢展工、省长黄小晶等陪同下，来到厦门大学，亲切看望厦门大学台湾研究院的师生。（郑杰 摄）

2009年5月17日，中共中央政治局常委、全国政协主席贾庆林在海峡论坛大会上致辞。（常刚 摄）

2009年5月15日，中共中央政治局常委、全国政协主席贾庆林在泉州考察时与孩子们在一起。（常刚 摄）

2009年3月29日，中共中央政治局常委、中央纪委书记贺国强，在时任省委书记卢展工等陪同下，瞻仰龙岩古田会议会址。（郑杰 摄）

2009年3月30日，贺国强在时任省委书记卢展工等陪同下，考察龙岩龙工（福建）液压有限公司。（郑杰 摄）

2009年8月10日，中共中央政治局委员、国务院副总理、国家防汛抗旱总指挥部总指挥回良玉，在时任省委书记卢展工、省长黄小晶等陪同下，来到霞浦县牙城镇察看灾情，检查指导救灾工作。(郑杰 摄)

2009年12月14日，中共中央政治局委员、中央书记处书记、中宣部部长刘云山，在省委书记孙春兰、省长黄小晶等陪同下，考察泉州中国闽台缘博物馆。（郑杰 摄）

2009年11月14日，中共中央政治局委员、全国政协副主席王刚，在时任省委书记卢展工、省长黄小晶等陪同下，考察福州（平潭）综合实验区建设情况。（郑 杰 摄）

2009年5月24-26日，中共中央政治局委员、国务委员刘延东在福建考察。期间，来到福州则徐小学，与师生们一同参加“闽台少儿手拉手、歌唱祖国庆‘六一’”活动。（郑杰 摄）

2009年2月12-14日，中共中央政治局委员、中央书记处书记、中央组织部部长李源潮在福建考察。期间，在时任省委书记卢展工、省长黄小晶等陪同下，考察厦门太古飞机工程有限公司。(郑杰 摄)

温福铁路和福厦铁路的相继开通，标志着福建跨入高速铁路时代

热烈庆祝
温福铁路开通
683

2009年9月8日，第十三届中国国际投资贸易洽淡会在厦门盛大开幕。国务委员、国务院秘书长马凯开启金钥匙。原国务院副总理吴仪，全国政协副主席、民革中央常务副主席厉无畏，福建省主要领导及来自全球100多个国家和地区的工商界人士、政府官员和有关国际组织的代表出席开馆仪式。（祝敏松 摄）

2009年6月17日，海西城市青年圆桌会议在福州举行，来自福建、江西、广东、浙江的20个海西城市青年共同畅谈海西发展，共商交流合作、凝聚青年力量。（祝敏松 摄）

2009年12月30日，由福建省冠海造船工业公司为香港龙运船务有限公司批量建造的第一艘命名为“寿山号”的80300吨散货轮，经英国LR船级社检验合格后，于当天上午在该公司成功下水。这是自创办福建船政以来福建建造最大吨位的船，该船成功建造标志着福建造船技术和能力跃上一个新台阶，并填补了福建造船工业史上建造大吨位货轮的空白。（祝敏松 摄）

2009年6月10日，文化部、国家文物局授予三坊七巷历史文化街区“中国十大历史文化名街”荣誉称号。三坊七巷区域内现存古民居200多座，有159处被列入保护建筑，以沈葆桢故居、林觉民故居、严复故居等9处典型建筑为代表的三坊七巷古建筑群，被国务院列为全国重点文物保护单位。(林忠玉 摄　三坊七巷管委会提供)

闽江夜景　　三县洲大桥

福州

做大做强省会中心城市 建设海峡西岸经济区

南江滨

江滨大道

福州海峡国际会展中心

绿荫福州美如画

马拉松圣火点燃

第四届保生慈济文化节

第十三届投洽会规模超历史水平

第十三届台交会

保障性住房建设

厦门

厦福动车开行——厦门迎来高铁时代

第二届海峡两岸文化产业博览交易会

杯帆船赛

翔安隧道——我国第一条深海隧道

厦门港成为福建首个亿吨大港

市委书记刘可清、市长陈冬率领市委、市政府检查组，深入到天福集团等地调研

市长陈冬在五大战役指挥部与工作人员交谈

“三看五比”打好五大
提速增效

漳州市委、市政府把打好“五大战役”作为推动跨越发展的阶段性目标，作为牵动全局的重中之重和关键所在，提出“三看五比”即“经济增长看幅度、项目建设看进度、战役组织看力度”和“比拼干劲、比拼举措、比拼效率、比拼形象、比拼贡献”的要求，全力以赴推进。

在战役组织上，围绕跨越发展目标，及时调整提出全年经济发展奋斗目标，成立打好“五大战役”领导小组和指挥部，做大项目盘子。在战役推进上，坚持靠前指挥、领导挂钩、一线管理、问题督办，推行旬单元经营、项目化管理、市场化运作、KPI考核，着力加快项目建设进度。在战役保障上，出台《关于在全市深入开展治庸治懒专项治理行动的通知》等文件，加大问责治懒、问效治庸的力

省体育局领导、市领导与漳州申办第十五届省运会代表团成员合影

役
进跨越发展
—— 漳州

城区一角

漳州立交桥夜景

度。出台《漳州市项目审批提速暂行办法》等文件，把审批基本时限从原来平均110多个工作日压缩到40个工作日以内。把“服务‘五大战役’、推动跨越发展”作为开展创先争优活动的重点，在“五大战役”主战场上比学习、比工作、比奉献，学先进、赶先进、当先进，形成“一个支部一个堡垒、一个党员一面旗帜的生动局面”。

通过“五大战役”的带动，全市跨越发展的形势、气势、态势进一步凸现，2010年前三季度，全市主要经济指标增幅提速增效，地区生产总值增长15.1%、全社会固定资产投资增长48.9%、规模工业增加值增长24.4%、实际利用外资增长15.3%、合同利用外资增长24.9%、外贸出口增长54.3%，均创下近年来新高。

漳州龙池工业开发区

漳州人民广场

灿坤家电生产车间

后石电厂

加快转变发展方式
加快建设经济强市
奋力开启现代化泉州建设新征程

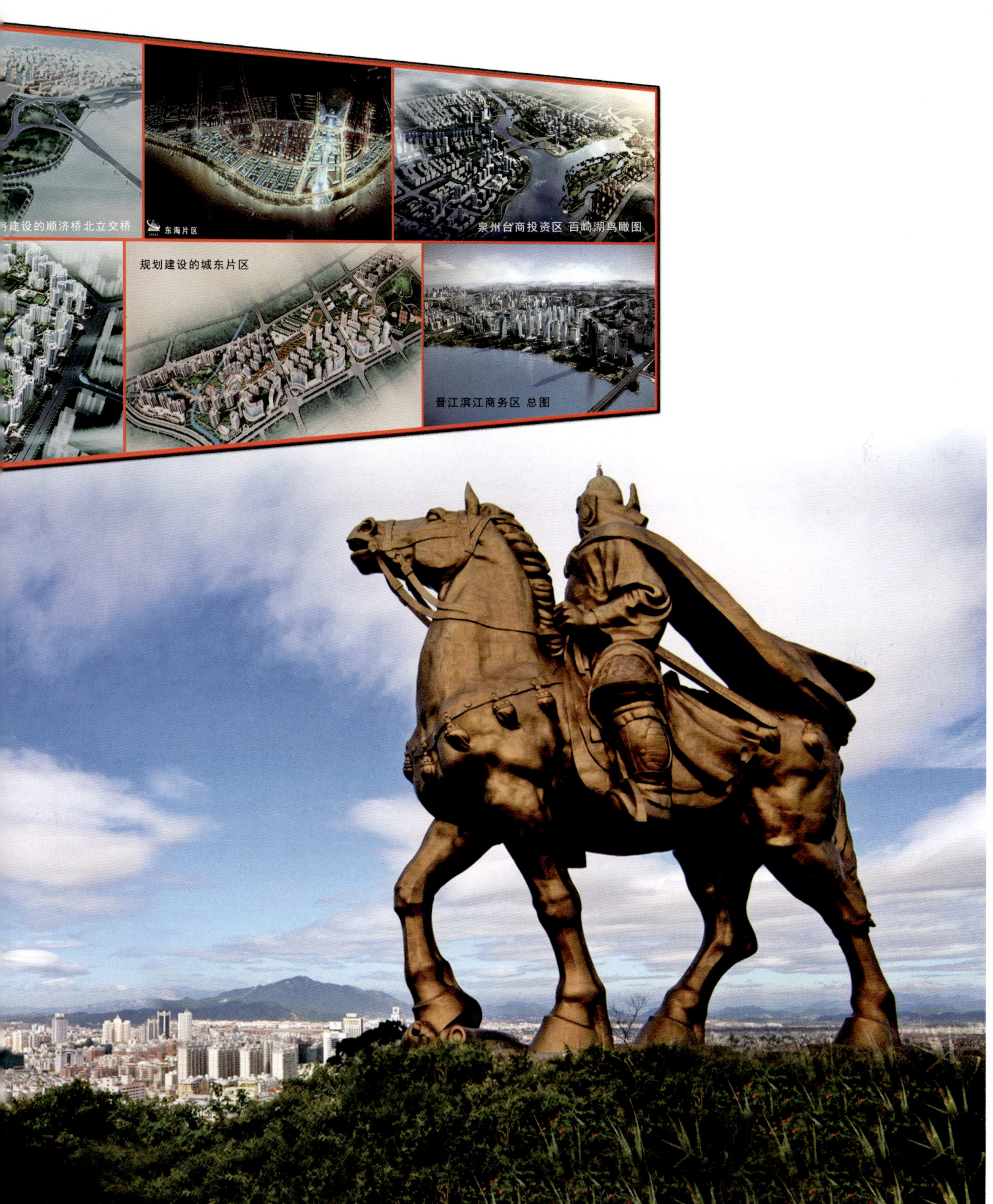
建设的顺济桥北立交桥
东海片区
泉州台商投资区 百崎湖鸟瞰图
规划建设的城东片区
晋江滨江商务区 总图

福建省首个县级行政服务中心

企业职工医疗卫生所

保障性住房

南安市官桥镇内厝村

谐 和谐之歌

和谐的音符组成美妙的交响乐，和谐的节奏谱写温馨的抒情诗。改革开放30年来，泉州市在大力推进经济建设蓬勃发展的同时，科技、教育、文化、卫生、体育、传媒等社会事业齐头并进，全市城乡呈现经济稳健发展、文化丰富多姿、社会平安和谐的繁荣兴旺景象。

泉州是“全国科技进步先进市”。通过加快实施科教兴市战略，充分发挥科技进步与创新对经济建设的巨大推动作用，不断提升城市综合科技实力、综合竞争力和可持续发展潜力。全市拥有国家火炬计划重点高新技术企业15家、省级以上高新技术企业298家。

泉州自古以来学风炽盛，英才辈出。自唐以来涌现出欧阳詹、曾公亮、苏颂、吕惠卿、梁克家、蔡襄、李贽、蔡清、俞大猷、李光地、郑成功、施琅等杰出的政治家、思想家、文学家、军事家、科学家。改革开放以来，泉州坚持教育优先发展，国立华侨大学、泉州师院、仰恩大学、黎明大学、经贸职业技术学院、儿童发展职业学院、医学高等专科学校等高校以及多家民办学院的办学规模不断扩大，教学质量不断提高，为侨乡建设培养了大批优秀人才。遍布全市城乡的幼儿园、中小学、职业学校，使广大儿童和青少年在良好的环境里接受教育，茁壮成长。

泉州是“全国文化模范市”，又是国家文化部确定的“中国民族民间文化保护工程综合试点城市”和“闽南文化生态保护实验区”。丰厚的文化积淀，珍贵的文物瑰宝，精美的传统戏曲，绚丽的民间工艺，独特的民俗风情，构成了泉州文化异彩纷呈的艺术长廊，28个项目入选国家级非物质文化遗产名录，45个项目入选福建省非物质文化遗产名录。

体育事业发展成就显著。体育基础设施不断完善，标准体育场地面积居福建省第一。群众体育活动十分活跃，群众体育多项指标达到全国先进水平。紧接北京奥运会，2008年第六届全国农民运动会已在泉州举办。热情好客的泉州人民把农运会办成专业水平高、服务质量佳、“海西”特色鲜明的体育盛会。

经济、文化、社会事业各个领域的和谐发展，使泉州这座历史文化名城如临煦日，如沐春风，日益成为一座温馨、祥和之城！

加快转变发展方式
加快建设经济强市
奋力开启现代化泉州建设新征程

加快转变发展方式
加快建设经济强市
奋力开启现代化泉州建设新征程

十万吨级油轮靠泊福炼码头

石湖码头全景

围头港区集装箱堆场一角

不夜港——繁忙的石湖港区

石湖码头夜景

加快转变发展方式
加快建设经济强市
奋力开启现代化泉州建设新征程

泰山荣誉号下水

德化陶瓷

创业宏图

改革开放30年来，泉州市委、市政府带领泉州侨乡人民以超越前人的胆识和气魄，抓住机遇、大胆实践，走出一条以“市场调节为主、外向型经济为主、股份合作制为主、各种经济成分共同发展”的具有侨乡特色的经济发展路子，创造出闻名全国的民营经济蓬勃发展的奇迹。泉州因此被誉为“民办特区”。

这种“敢为天下先”的发展谋略，使泉州一跃成为福建省乃至全国发展最快、最具活力的地区之一，成为令人瞩目的创业型城市。全市所有县（市）均进入全省经济实力十强或经济发展十佳县（市）行列，晋江、石狮、惠安、南安、安溪五县（市）入选全国百强县（市）。

调整优化产业结构，泉州综合经济实力显著提升。已形成纺织鞋服、建筑建材、工艺制品、食品饮料、机械制造五大传统优势产业，并着力打造石油化工、电子信息、汽车制造、船舶修造、生物医药五大新兴产业和旅游服务业。独具区域经济特色的泉港“石化基地”、丰泽“中国树脂工艺之乡”、“中国童装名城”、鲤城“微波通讯基地”、晋江“中国鞋都”、石狮“中国休闲服装名城”、南安“中国建材之乡”、惠安“中国石雕之乡”、德化“中国瓷都”驰名海内外。全市拥有中国驰名商标28个（国家工商总局认定）、中国名牌产品46个，国家出口免验产品5个，中国出口名牌8个，居全国地级市前列。民营经济、外向型经济十分发达，全市现有私营企业3.5万家，外商投资企业6500家，民营经济在全市国民经济中已形成“十分天下有其九”的格局。

特色农业蓬勃发展。茶叶、柑桔、龙眼三大经济作物，成为农民增收的重要支柱。“中国乌龙茶（名茶）之乡”安溪县被誉为“中国茶都”。“中国芦柑之乡”永春是全国最大优质柑桔出口基地。一座座茶园、果园香飘四野，为广大茶农、果农带来了丰收的喜悦和生活的欢欣。

会展业不断兴起。每年在石狮市举办的“海峡两岸纺织服装博览会”（简称“海博会”），在晋江市举办的中国（晋江）国际鞋业博览会（简称“鞋博会”）、以及南安的“石博会”、安溪的 “茶博会”等大型展销会，成为招商引资、经贸合作、引领时尚的大舞台。

加快转变发展方式
加快建设经济强市
奋力开启现代化泉州建设新征程

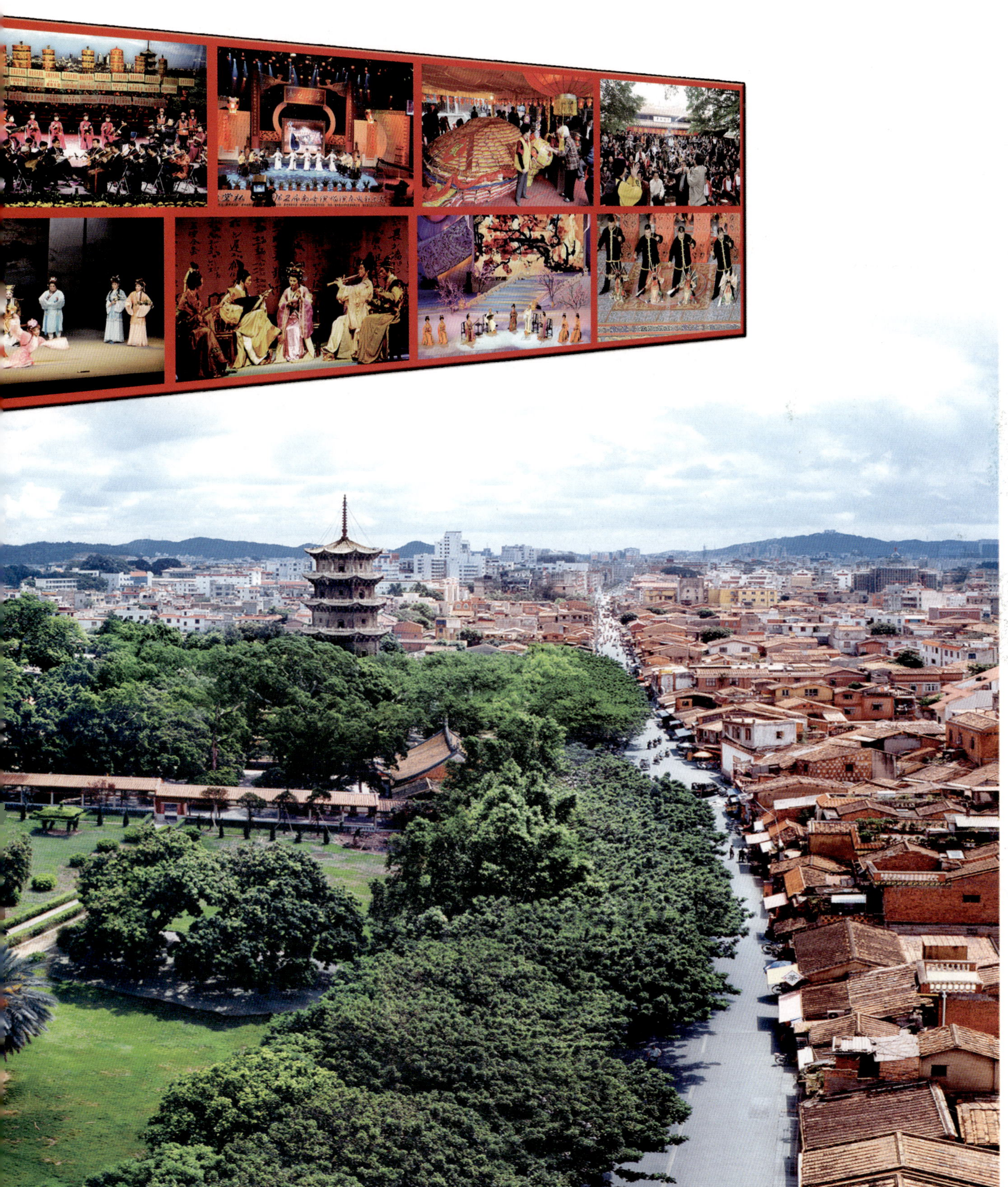

先行先试 抢抓机遇 全

围绕建设海西特色农业基地，以台商投资区、清流农民创业园和现代农业示范区为平台，加快建设林竹、果蔬、畜牧水产、油茶、茶叶等优势特色产业基地。

围绕构筑海西先进制造业重要区域，以
台，建设冶金及压延产业、机械及载重汽车产
新材料、节能环保等新兴产业基地。

围绕建设海西重要生态和文化旅游胜地，加快建设三明旅游集散服务中心，壮大泰宁旅游龙头，打造三大区域旅游板块，建设海峡旅游的重要目的地。

造海西三明生态工贸区

围绕构筑海西中部现代服务业集聚地，以海西三明现代物流产业开发区、三明城市物流园等为重点平台，建设连接长三角、珠三角和内地通向沿海的物流走廊和文化产业基地，带动闽赣省际物流园区建设。

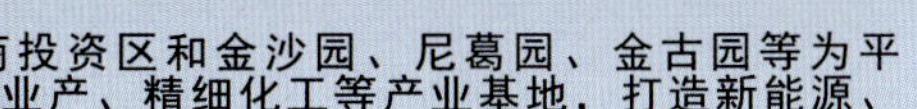

投资区和金沙园、尼葛园、金古园等为平
业产、精细化工等产业基地，打造新能源、

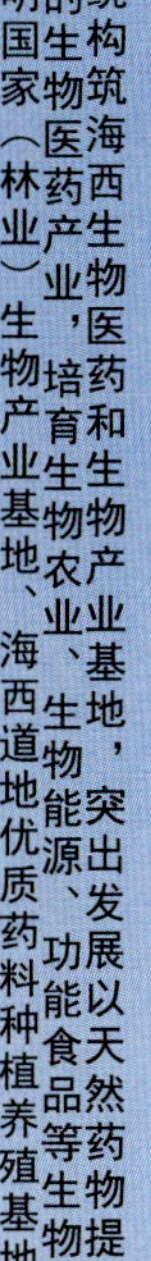

围绕构筑海西生物医药和生物产业基地，突出发展以天然药物提取和制造为主的生物医药产业，培育生物农业、生物能源、功能食品等生物产业，打造三明国家（林业）生物产业基地、海西道地优质药料种植养殖基地。

莆田

2009年，莆田市委、市政府认真贯彻落实党中央、国务院省委、省政府关于建设海峡西岸经济区的战略部署，着力保增长保民生、保稳定，大力实施“以港兴市、工业强市”发展战略，快湄洲湾港口城市建设步伐，推动经济社会又好又快发展。

2009年，全市地区生产总值692亿元，财政收入63亿元。全共有11个深水泊位开工建设，5万吨级木材专用码头竣工投产，莆铁路莆田段、湄洲湾港口铁路支线、莆田燃气电厂等重大项目快推进，福厦铁路莆田段（货运）建成通车，国投湄洲湾（石澳）产业园、莆永高速莆田段等工程顺利开工。全年新增中国驰

海峡工艺品博览会开幕式

高速网夜景

鞍钢冷轧钢板项目开工仪式

市体育中心全景

湄洲岛妈祖祖庙

莆田城区

标1个、国家出口免验产品1个、省名牌产品16个、省著名商标20个，制订国家标准6项、行业标准3项、福建省方标准10项，度尾文旦柚获得国家地理标志产品，中国鞋业创新示范基地、中国鞋业信息中心、中国鞋类设与研发中心落户莆田，第三次蝉联“全国科技进步先进城市、“全国双拥模范城”等荣誉称号。

深入开展对台交流。成功举办妈祖文化旅游节、南少林武术文化节，湄洲岛与嘉义布袋港首次客运直航，屿港与基隆港首次货运直航。社会事业全面进步。“妈祖信俗”成功申报世遗，莆仙戏剧本《春草闯堂》获化部“优秀保留剧目”奖。

今日莆田，展示出大开放、大开发的新格局，将努力建成两岸人民交流合作的前沿平台、东南沿海区域性通枢纽、海峡西岸先进制造业和能源基地、海峡两岸现代物流中心、世界妈祖文化中心和滨海宜居城市。

中海福建天然气厂区

南平

南平城区全景

南平城区

沿江亲水景观平台

南平中心城市夜景

闽北高

武夷山

“印象大红袍”山水实景演出

龙岩

世界文化遗产——永定客家土楼，被称为“世界建筑史上的奇葩”

赣龙铁路

四通八达的高速公路

国家风景名胜连城冠豸山

龙岩冠豸山机场

在建的龙厦快速铁路

永武高速

船岭岽大桥

第六届中国龙岩投洽会开幕

龙岩烟草工业公司

新龙马客车

做大中国

发展“8+15”工业园区，完善工业发展平台。图为上杭工业园区

世界级工程机械先进制造基地

坑口电厂

大力发展铜产业

龙岩图书馆

龙岩体育公园

龙岩新城区

龙岩中心城市全景

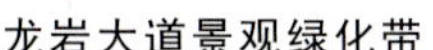

龙岩大道景观绿化带

丰富多采的老年健身活动

具有闽西客家风情的走古事

创建宁德世界地质公

The creation of the world geoparks Ningde. C

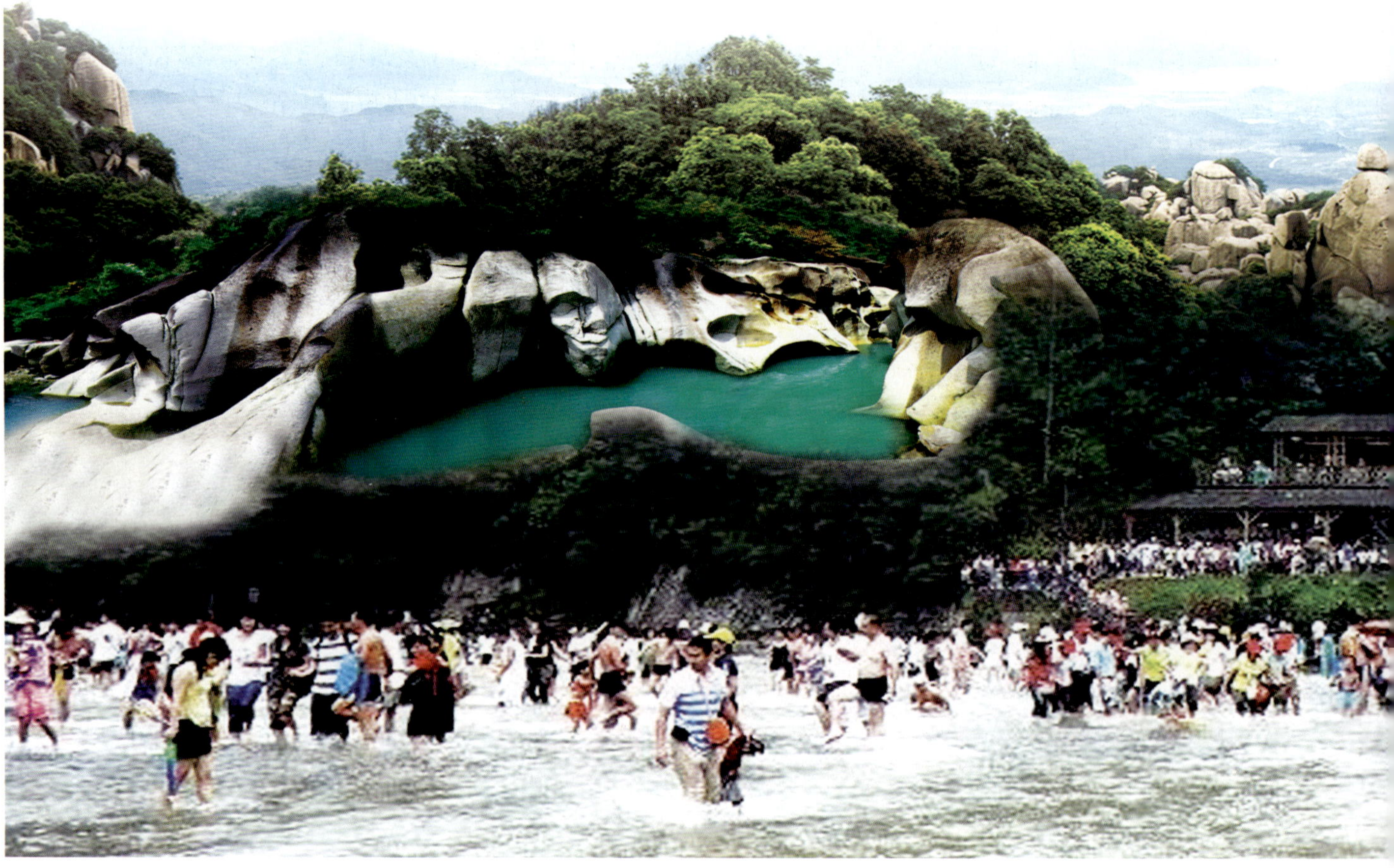

丨·打造环三国际品牌

triphosphazene to create an international brand

大唐5万吨煤码头

宁德火电站

电机

温福铁路动车组客运开通

全国民间船舶修造基地——福宁重工首艘出口新加坡油轮下水

建设中的宁德核电站

宁德药业

宁德中心城市

中国最美的十大海岛之一——嵛山岛

霞浦沙滩

东湖南岸景观带

溪塔葡萄沟

福建侨商开发平潭投资推介会
2009.11
主办：福建省人民政府侨务办公室
福建侨商投资企业协会
福州（平潭）综合实验区管委会
潭县翠园南路市政工
开工典礼
家有关部门联合调研组来岚调研汇

平潭综合实验区

海坛天神

海滨沙滩

平潭美景——半洋石帆

海峡西岸经济区区域图

审图号：闽S(2010)66号

福建省制图院 提供

编 辑 说 明

一、《福建年鉴》是福建省人民政府主办、福建年鉴编纂委员会编纂、福建人民出版社出版、国内外公开发行的综合性年刊，是对外集中展示福建省年度发展概况权威的资料性工具书，具有政府公报性质。

二、《福建年鉴》以宣传福建、记实存真、服务社会为办刊宗旨，汇集全省年度经济、政治、文化、社会等领域发展情况，1985 年创刊，尔后每年出版一卷，《福建年鉴》2010 卷为第 26 卷。

三、《福建年鉴》的框架结构由篇目、栏目、条目组成。全书条目标题统一用黑体加【 】表示，有些条目加层次性小标题。

四、《福建年鉴》2010 卷主要刊载 2009 年全省综合发展情况的基本资料。全书共设特载、大事记、省情概况、机关团体、法制、军警、外事侨务港澳、闽台交流合作、农业和农村工作、工业、建设环保、商贸服务业、对外经济贸易、旅游业、交通运输、信息产业、金融、财政税务、经济管理、科学、教育、文化传播、卫生体育、社会生活、市县概况、人物、地方文献法规选登、国民经济统计资料等 28 个篇目，全书共约 130 万字。

五、《福建年鉴》2010 卷所用稿件，由省直各部门，各市、县（区）政府及有关单位提供。引用的统计数字，凡国家有统一规定范围、口径和计算方法的，均按国家统一规定统计，并经省统计局审核。地区生产总值和各产业增加值、工业总产值、农业总产值等指标的绝对值、比重按现价计算，增长速度按可比价格计算；其他价值量指标的绝对值及增长率，一般按当年价格计算。工业篇中部分数据为初步统计数。

六、为便于读者查阅，本卷在卷首设有目录，卷后配有索引，索引采用内容分析法，索引内容按汉语拼音字母顺序排列。

七、《福建年鉴》2010 卷配有光盘并在《福建年鉴》网站（www. fjnj. cn）整书上网。

八、《福建年鉴》2010 卷在编辑、出版过程中，得到全省各级党委、政府、各部门、各单位和社会各界的大力支持，参与文稿编撰、审定的同志付出了辛勤劳动和巨大努力，在此，我们致以真挚的感谢。《福建年鉴》内容广泛，编辑时间短促，工作中疏漏和错误之处，谨请广大读者批评指正。我们诚恳期待任何有益于提高年鉴质量的意见和建议。

福建省人民政府办公厅福建年鉴社

2010 年 10 月

目　录

特　载

大　事　记

省　情　概　况

法 制

军 警

外事 侨务 港澳

闽台交流合作

农业和农村工作

工　业

建设　环保

商贸 服务业

对外经济贸易

旅 游 业

交 通 运 输

信 息 产 业

金　　融

财政　税务

经 济 管 理

人 物

地方文献、法规、规章选登

统 计 资 料

海西建设成就图片专辑

党和国家领导人在福建考察

中共中央总书记、国家主席、中央军委主席胡锦涛在福建考察　2010年2月12—13日，中共中央总书记、国家主席、中央军委主席胡锦涛在福建省考察。12日，胡锦涛由省委书记孙春兰、省长黄小晶陪同在漳州市漳浦台湾农民创业园看望在这里创业发展的台商，胡锦涛首先参观了设在创业园的花卉基地和花卉组培室和温室大棚，详细了解蝴蝶兰的育种、培植、养苗过程，关切地询问台商在这里生产经营还有什么困难，请台商转达对台南乡亲的问候，并向广大台湾同胞致以新春的祝福。胡锦涛对在场的台商说：我多次讲过，凡是对广大台湾同胞有利的事情，我们都会尽最大努力去办，并且说到做到。现在两岸正在商谈经济合作框架协议，这是一件促进两岸经济合作、实现互利双赢的好事。在商谈过程中，我们会充分考虑台湾同胞特别是台湾农民兄弟的利益，把这件好事办好。总书记接着说，去年我们作出了支持福建省加快建设海峡西岸经济区的决定，为两岸交流合作提供了新的平台和机遇。我们希望有更多台湾同胞投身到促进两岸关系和平发展的事业中来，与大陆同胞一道，共同开创两岸关系更加美好的未来。

2月12日—13日胡锦涛到福建省龙岩市，亲切看望闽西革命老区干部群众，向全国各族人民致以节日的问候和新春的祝福。13日上午，胡锦涛前往龙岩市上杭县古田镇参观了古田会议纪念馆，瞻仰了古田会议会址。并亲切看望了老红军和老地下党员、老游击队员、老交通员、老接头户、老苏区干部代表。总书记代表党中央向他们表示崇高的敬意和诚挚的慰问。随后胡锦涛到会址附近的五龙村，同老区干部群众一起喜迎新春。总书记说，在革命战争年代，老区人民为中国革命胜利和新中国建立付出了巨大牺牲、作出了重大贡献。帮助老区加快发展、改善民生，是党和政府的重要职责。今后，我们将继续实施各项扶持政策，推动老区又好又快发展。希望乡亲们继续发扬自力更生、艰苦奋斗精神，把家乡建设好，用自己的双手创造更加美好的生活。

中共中央政治局常委、国务院总理温家宝在福建考察　2009年5月8—10日，中共中央政治局常委、国务院总理温家宝在福建考察。在省委书记卢展工、省长黄小晶的分别陪同下，温家宝来到厦门、泉州、福州等地考察，就应对国际金融危机、促进经济社会发展进行调研，和干部群众共商海峡西岸经济区发展大计。

温家宝在考察中指出，加快建设海峡西岸经济区，是中央经过长期准备出台的一项重大决策，主要是基于三个方面考虑：一是抓住当前海峡两岸和平发展的有利时机，加强两岸经济合作，促进共同发展，这从根本上有利于两岸人民的利益。二是进一步完善全国经济战略布局。从珠三角、长三角到环渤海，我国沿海地区发展战略都做了部署。福建东与台湾地区一水相隔，北承长江三角洲，南接珠江三角洲，背靠中西部地区，和港澳以及海外也有着密切联系。加快海峡西岸经济区建设，有利于进一步发挥福建比较优势，培育一个新的经济增长地带。三是有利于应对当前金融危机和国家长远发展。

温家宝强调，建设海峡西岸经济区要有一个高的起点。他先后来到9家企业调查研究，多次指出，加快建设海峡西岸经济区，为企业发展提供了新的机遇。企业要抓住机遇，加大科技投入，努力突破关键技术、研发新产品，以创新促进发展。

温家宝充分肯定了福建省近年来经济社会发展取得的成绩。他说，特别是今年以来，福建省工业生产企稳回升，部分行业和重点企业生产状况趋于好转，服务业增长较快，固定资产投资持续增长，消费明显扩大；出口降幅收窄，城乡居民收入增长较快，就业增加，民生改善。总的看，福建省在保增长、保民生、保稳定的各方面工作是扎实的，成效是明显的。希望福建深入贯彻落实科学发展观，抓住机遇，扎实工作，把海峡西岸经济区建设成为科学发展之区、改革开放之区、文明祥和之区、生态优美之区。

中共中央政治局常委、全国政协主席贾庆林在福建考察 2009年1月27日，中共中央政治局常委、全国政协主席贾庆林在福建考察。考察中，从大学生就业到百姓的生活，从重点工程建设到福建发展的大政方针，贾庆林不断给予福建工作以指导，给予福建广大干部群众以信心。贾庆林说，今年挑战与机遇并存，困难与希望同在。要深刻认识到我国发展的重要战略机遇期仍然存在，我国经济社会发展的基本面和长期向好的趋势没有改变。我们有广阔的国内市场，有充足的劳动力和资金支持，特别是有中央的正确领导，有社会主义制度的无比优越性，有中华民族不怕艰苦、越艰苦越有凝聚力的精神，我们完全有条件实现经济社会平稳较快发展的目标。

2009年5月14—18日，中共中央政治局常委、全国政协主席贾庆林在福建考察并出席以“扩大民间交流、加强两岸合作、促进共同发展“为主题的首届海峡论坛大会并发表题为《扩大两岸民间交流 促进两岸合作发展》的致辞。

中共中央政治局常委、中央纪委书记贺国强在福建考察 2009年3月29日至4月4日，中共中央政治局常委、中央纪委书记贺国强深入龙岩、厦门、泉州、福州等地，访老区、下田间、进社区、走企业，看望干部群众，考察经济社会发展和党风廉政建设情况。贺国强在考察时强调，各级领导干部要认真学习贯彻胡锦涛同志在十七届中央纪委三次全会上的重要讲话精神，切实加强党性修养、树立和弘扬良好作风，作政治坚定、求真务实、勤政为民、艰苦奋斗、清正廉洁、团结共事的表率，为应对国际金融危机、保持经济平稳较快发展作出应有贡献。

中共中央政治局委员、国务院副总理、国家防汛抗旱总指挥部总指挥回良玉在福建考察 2009年8月10日，中共中央政治局委员、国务院副总理、国家防汛抗旱总指挥部总指挥回良玉专程赴福建省霞浦、福鼎等地，实地察看灾情，检查指导救灾工作，看望慰问广大干部群众。回良玉向受灾群众转达了党中央、国务院的问候。他对我省防灾救灾工作给予了充分肯定。回良玉要求，要全力做好当前减灾救灾和灾后重建工作，在取得减灾救灾工作新成效的同时，做好防风、防潮、防涝、防次生灾害等各项工作。

中共中央政治局委员、中央书记处书记、中央组织部部长李源潮在福建考察 2009年2月12—14日，中共中央政治局委员、中央书记处书记、中央组织部部长李源潮在福建考察。考察中，李源潮强调，福建省要扎实开展深入学习实践科学发展观活动，为保发展、保民生、保稳定和保证中央各项决策部署的落实，加快推进海西两个先行区建设提供强大的动力，为全国发展大局和祖国统一大业作出更大的贡献。

中共中央政治局委员、国务委员刘延东在福建考察 2009年5月24—26日，中共中央政治局委员、国务委员刘延东专程在福建考察。考察中，刘延东强调，要按照科学发展观的要求，认真贯彻落实国务院《关于支持福建省加快建设海峡西岸经济区的若干意见》，进一步抢抓机遇，完善政策，深化文化体制改革，促进文化产业又好又快发展，为推动两岸文化交流合作作出新贡献。

2009年6月17—19日，中共中央政治局委员、国务委员刘延东专程来闽参加第七届中国·海峡项目成果交易会，并进行考察。刘延东深入福建省高校、企业和文化单位考察。她殷切希望，福建以科学发展观为指导，牢牢抓住国家支持加快建设海峡西岸经济区的难得机遇，发挥优势、扎实工作，努力推进教育、科技、文化事业发展，不断增强软实力和竞争力，为有效应对国际金融危机，促进经济社会持续平稳较快发展作出更大的贡献。

中共中央政治局委员、全国政协副主席王刚在福建考察 2009年11月8—15日，中共中央政治局委员、全国政协副主席王刚在闽考察。考察中，王刚强调，要认真贯彻落实中央关于加快建设海峡西岸经济区的重大决策部署，紧紧抓住当前重大历史机遇，深入研究关系海峡西岸经济发展全局的重大问题，不断完善海峡西岸经济发展的总体布局，高起点、高标准、高层次、高水平地推进海峡西岸经济区建设，努力走出一条符合福建实际、具有海西特色的发展路子。

中共中央政治局委员、中央书记处书记、中宣部部长刘云山在福建考察 2009年12月12—14日，中共中央政治局委员、中央书记处书记、中宣部部长刘云山先后深入厦门、泉州、莆田等地的部分社区、企业和宣传文化单位，并召开宣传思想文化工作座谈会，详细了解福建经济社会发展和宣传思想文化工作情况。考察中，刘云山强调，宣传思想文化战线要把学习宣传贯彻中央经济工作会议精神作为重要政治任务，突出科学发展这一主题，围绕经济平稳较快发展这一目标，坚定信心、振奋精神、凝聚力量，把人们的思想认识统一到中央对国际国内经济形势的科学判断上来，统一到中央关于经济工作的决策部署上来。

2009年12月28日上午，中共福建省委、省人民政府、省军区纪念古田会议召开八十周年大会在龙岩隆重举行。中共中央政治局委员、中央书记处书记、中宣部部长刘云山出席纪念大会并讲话。

全国人大常委会副委员长、全国妇联主席陈至立在福建考察 2009年1月3—5日，全国人大常委会副委员长、全国妇联主席陈至立来到福建，看望和慰问妇女干部和群众，并与各级妇联干部深入座谈。她要求各级妇联组织，以科学发展观为指导，着眼妇女群众的生存与发展，创新工作品牌提升工作水平，努力实现妇女工作的新跨越。

2月1日，全国人大常委会副委员长、全国妇联主席陈至立走进厦门市翔安区大嶝街道山头社区，调研基层妇女工作，了解村级妇女组织建设。她要求各级妇联组织要广泛动员农村妇女积极参与村两委选举，让更多的女性走上村级领导岗位，促进基层妇女参政议政比例的提高。

国务院关于支持福建省加快建设海峡西岸经济区的若干意见

各省、自治区、直辖市人民政府，国务院各部委，各直属机构：

为贯彻落实党的十七大精神、国民经济和社会发展“十一五”规划纲要的部署，支持和推动福建省加快建设海峡西岸经济区，促进该地区又好又快发展，现提出以下意见：

一、充分认识支持福建省加快建设海峡西岸经济区的战略意义，明确总体要求和发展目标

（一）重大意义。海峡西岸经济区东与台湾地区一水相隔，北承长江三角洲，南接珠江三角洲，是我国沿海经济带的重要组成部分，在全国区域经济发展布局中处于重要位置。福建省在海峡西岸经济区中居主体地位，与台湾地区地缘相近、血缘相亲、文缘相承、商缘相连、法缘相循，具有对台交往的独特优势。近年来，福建省大力推进海峡西岸经济区建设，综合实力不断增强，为进一步加快发展奠定了坚实基础。当前，两岸关系出现重大的积极变化，为海峡西岸经济区加快发展和开展与台湾地区合作提供了重要机遇。支持福建省加快海峡西岸经济区建设，是进一步发挥福建省比较优势，实现又好又快发展的迫切需要；是完善沿海地区经济布局，推动海峡西岸其他地区和台商投资相对集中地区发展的重大举措；也是加强两岸交流合作，推进祖国和平统一大业的战略部署，具有重大的经济意义和政治意义。

（二）总体要求。高举中国特色社会主义伟大旗帜，坚持以邓小平理论和“三个代表”重要思想为指导，深入贯彻落实科学发展观，从维护中华民族核心利益、促进祖国统一的大局出发，牢牢把握两岸关系和平发展的主题，着力推进两岸交流合作，促进两岸互利共赢；着力转变经济发展方式和增强自主创新能力，提高经济发展质量和水平；着力统筹城乡和区域发展，提高经济社会发展的协调性；着力深化改革开放，增强发展的动力和活力；着力改善民生，推进社会主义和谐社会建设；着力加强生态文明建设，提高可持续发展能力，将海峡西岸经济区建设成为经济持续发展、文化更加繁荣、综合竞争力不断增强、人民群众安居乐业的和谐区域，为全局作出更大贡献。

（三）战略定位。

——两岸人民交流合作先行先试区域。发挥海峡西岸经济区独特的对台优势和工作基础，努力构筑两岸交流合作的前沿平台，实施先行先试政策，加强海峡西岸经济区与台湾地区经济的全面对接，推动两岸交流合作向更广范围、更大规模、更高层次迈进。

——服务周边地区发展新的对外开放综合通道。从服务、引导和促进区域经济协调发展出发，大力加强基础设施建设，构建以铁路、高速公路、海空港为主骨架主枢纽的海峡西岸现代化综合交通网络，使之成为服务周边地区发展、拓展两岸交流合作的综合通道。

——东部沿海地区先进制造业的重要基地。立足现有制造业基础，加强两岸产业合作，积极对接台湾制造业，大力发展电子信息、装备制造等产业，加快形成科技含量高、经济效益好、资源消耗低、环境污染少、人力资源优势得到充分发挥的在全国具有竞争力的先进制造业基地和两岸产业合作基地。

——我国重要的自然和文化旅游中心。充分发挥海峡西岸经济区的自然和文化资源优势，增强武夷山、闽西南土楼、鼓浪屿等景区对两岸游客的吸引力，拓展闽南文化、客家文化、妈祖文化等两岸共同文化内涵，突出“海峡旅游”主题，使之成为国际知名的旅游目的地和富有特色的自然文化旅游中心。

（四）发展目标。

——到2012年，在优化结构、提高效益、降低消耗、保护环境的基础上，人均地区生产总值接近或达到东部地区平均水平，着力科学发展先行，力争在一些领域走在全国前列；城乡居民收入显著提高，基本公共服务水平明显改善；地方财政收入较大幅度增长；单位生产总值能耗持续下降；生态环境继续改善；服务两岸直接“三通”的主要通道基本形成并不断完善，两岸人民交流合作的前沿平台功能更加凸显。

——到2020年，率先建立充满活力、富有效率、更加开放、有利于科学发展的体制机制。统筹协调能力明显提高，社会就业更加充分，社会保障体系健全，人民生活更加富足，社会更加和谐。资源利用效率明显提高，生态环境优美，可持续发展能力增强，生态文明建设位居全国前列，科学发展达到新的水平，实现全面建设小康社会的目标。闽台经济融合不断加强，促进形成两岸共同发展的新格局。

二、发挥独特的对台优势，努力构筑两岸交流合作的前沿平台

（五）建设两岸经贸合作的紧密区域。按照同等优先、适当放宽的原则，以信息、石化、机械、船舶、冶金等产业为重点，提升台商投资区和国家级经济技术开发区的载体作用，密切与台湾相关行业协会、企业的联系，促进两岸产业深度对接，形成以厦门湾、闽江口、湄洲湾等区域为主的产业对接集中区。发挥海峡两岸农业合作试验区、现代林业合作实验区的窗口、示范和辐射作用，促进对台农业资金、技术、良种、

设备等生产要素的引进与合作。推动对台离岸金融业务，拓展台湾金融资本进入海峡西岸经济区的渠道和形式，建立两岸区域性金融服务中心，推动金融合作迈出实质性步伐。建立海峡两岸旅游合作机制，共推双向旅游线路，培育"海峡旅游"品牌。加强与台湾现代服务业合作，建设海峡西岸物流中心。实行更加开放的对台贸易政策，扩大对台贸易。健全涉台法律法规，依法保护台胞的正当权益，为台胞投资兴业、交往交流提供便利条件和优质服务。制定相关政策措施，鼓励和支持有条件的企业到台湾投资兴业，推动建立两岸产业优势互补的合作机制，促进两岸经济共同发展。

（六）建设两岸文化交流的重要基地。全方位、多层次开展与台湾地区的交往，推动文化交流、人员互动。加快推进闽南文化生态保护实验区建设，提升闽台缘博物馆的交流功能。深入开展两岸文化对口互动活动，深化两岸科技、教育、卫生、体育等方面合作。加强祖地文化、民间文化交流，进一步增强闽南文化、客家文化、妈祖文化连接两岸同胞感情的文化纽带作用。

（七）建设两岸直接往来的综合枢纽。加快完善两岸直接"三通"基础条件，提升对台开放合作整体功能。规划建设对台交通通道，推进对台直接航运。进一步扩大口岸开放，加强口岸基础设施和大通关机制建设，实现福建电子口岸互联互通和信息共享。健全两岸人流、物流往来的便捷有效管理机制，促进海峡西岸经济区与台湾地区直接往来。增设直接往来货运口岸，推动空中直航，把该地区建设成为两岸交流交往、直接"三通"的主要通道和平台。

三、加快现代化基础设施建设，强化发展保障

（八）加强综合交通运输网络与对外通道建设。按照促进海峡西岸经济区发展和两岸直接"三通"的要求，大力推进交通基础设施建设，形成内地到福建的便捷交通走廊。整合港湾资源，形成以厦门港、福州港为主，布局合理的东南沿海地区港口发展格局。集中力量加快海峡西岸经济区高速公路网建设，尽快打通省际间的断头路，加强纵深推进、南北拓展的高速公路建设，加快建设北京至福州高速公路，尽快形成高速公路网络。将海峡西岸经济区铁路发展项目纳入国家中长期铁路网调整规划，加快建设温福、福厦、厦深、龙厦、向莆铁路，规划建设北京至福州、昆明至厦门高速铁路以及城际铁路和一批港口铁路支线，形成连接海峡西岸经济区与长三角、珠三角以及中西部地区的大运力快捷铁路运输通道。完善厦门、福州等机场两岸空中直航的设施条件，合理布局支线机场，开辟国内外新航线，形成以福州、厦门国际机场为主的干支线机场相结合的空港布局。

（九）加强沿海能源基础设施建设。充分利用优良港口条件，积极利用国际国内两种资源，强化能源保障，优化能源结构。结合沿海煤运港口的建设，合理布局沿海大型煤电，适时推进超临界、超超临界火电建设。进一步完善核电厂址前期工作，加快推进宁德、福清核电等项目建设。积极发展风力、潮汐等新能源。进一步完善电网建设，加强与华东电网的联网，加快开展与南方电网联网的前期工作。布局建设石油储备基地和煤炭中转基地。加强台湾海峡油气资源的合作勘探和联合开发。结合液化天然气接收站的布局，加快输气管网建设，逐步提高民用燃气覆盖率。

（十）加强城乡公共设施建设。改善城市间道路交通条件，加强对外交通与内部道路的衔接。完善城市内道路路网结构，提高路网密度。推进福州、厦门、泉州等城市轨道交通发展，提高城市道路标准。进一步健全城市道路桥梁、供水、供气、防洪、污水和垃圾处理等市政基础设施功能，提高人口承载能力。努力改善乡村交通、饮水安全、人居环境等条件。加强水源与供水工程建设，适时开工建设一批具有防洪、灌溉、供水等功能的综合水利枢纽。合理规划和建设跨区域、跨流域水资源配置工程，确保城乡供水安全。切实解决沿海岛屿供水问题，适时推进向金门、马祖等地供水、供电及铺设海底通信缆线工程建设。

四、增强自主创新能力，推进产业结构升级

（十一）加强海峡西岸区域创新体系建设。采取更加有效的政策措施，大力推进集成创新和引进、消化、吸收再创新，努力打造特色鲜明的区域创新体系。健全多元化科技投入体系，建立稳定的各级财政科技投入增长机制。整合科技资源，推动跨部门、跨区域的科技合作。支持信息、医药、生物、新材料、新能源、海洋等领域应用基础研究，加强高技术和产业关键共性技术开发，造就一批竞争力强的优势企业和知名品牌。鼓励、支持台商投资高新技术园区，吸引台湾科研机构和科技人员共同创建创新平台。建设海峡西岸高新技术产业带，使之成为承接台湾高新技术产业与技术转移的载体。加强国家重点实验室、工程技术（研究）中心和公共服务平台建设。加快科技成果转化与应用，提高科技对经济增长的贡献率。

（十二）大力发展现代农业。按照高产、优质、高效、生态、安全的要求，加快转变农业发展方式，促进农业结构优化升级，构建现代农业产业体系。加快农业科技创新，加强农业新品种、新技术、新肥料、新农药、新机具的推广应用。加强对农业的支持和保护。稳定发展粮食生产，努力保持粮食自给能力不降低。大力发展畜牧业、园艺业、林竹产业、水产业等优势产业，积极培育水产品、蔬菜、水果、食用菌、茶叶、花卉等特色农产品。大力发展品牌农业，支持培育一批农产品加工示范园区、示范企业和示范项目，扶持壮大农业产业化龙头企业。加强闽台农业合作，推进农产品出口加工基地建设，扩大特色优势农产品出口。加强农业基础设施建设，提高土地产出率、资源利用率。加快农产品质量安全体系建设，建立健全新型农业社会化服务体系。

（十三）建设海峡西岸先进制造业基地。坚持走新型工业化道路，加快转变经济发展方式，提升产业发展水平。着力发展先进制造业，重点发展电子信息、装备制造、石油化工等产业。加快发展集成电路设计和软件、光电、消费电子、生物医药、精密仪器、环保、新材料等高新技术产业，着力应用高新技术和先进适用技术改造提升建材、冶金、纺织、食品等传统优势产业。实施品牌带动战略，扶持重点骨干企业发展，培育一批拥有自主知识产权、主业突出、竞争力强的大企业、大集团。鼓励建立与台湾产业配套的以及大陆台资企业所需的零部件、原辅材料中心。加快培育特色优势产业，着力培育产业集群，形成具有较强竞争力的现代产业体系。

（十四）加快发展现代服务业。积极承接台湾现代服务业转移，依托中心城市、产业集聚区、货物集散地、交通枢纽和港口资源，建设福州、厦门、泉州等物流节点和一批现代物流中心。依托临港工业和台资企业集中区，合作建设物流配送或专业配送中心。依托保税港区、保税物流园区，建设连结海峡两岸的现代物流中心。依托福州、厦门软件园，发展软件服务外包、动漫游戏产业，培育承接服务外包业务的专业企业，吸引台湾企业乃至世界跨国公司服务外包转移。积极发展信息服务业。大力吸引台湾企业到海峡西岸经济区设立地区总部、配套基地、采购中心、物流中心、营运中心和研发中心。积极发展面向台湾及海外的会展业。以滨海旅游、生态旅游、红色旅游和文化旅游为重点，进一步整合旅游资源，加强旅游景点及配套设施建设，办好各类旅游节庆活动，丰富旅游产品，开拓旅游市场，培育一批有特色、有影响、有效益的旅游精品。

（十五）建设现代化海洋产业开发基地。充分利用海洋资源优势，推进临港工业、海洋渔业、海洋新兴产业等加快发展。坚持高起点规划、高标准建设，将沿海港口作为大型装备制造业项目布局的备选基地，合理布局发展临港工业。以厦门湾、湄洲湾等为依托，建设以石化、船舶修造等为重点的临港工业集中区，成为带动区域经济发展的新增长点。推广名优新品种和生态养殖模式，建设生态型海水养殖和海水产品加工基地。加快渔港建设。加强海上通航和救援合作，推动建立海上救援协作机制，完善台湾海峡防灾减灾体系。加强海洋科技中试基地及研发平台建设，加快培育海洋药品、保健食品、海水综合利用等新兴产业，形成若干以港湾为依托具有较强竞争力的临港经济密集区。

五、统筹区域内协调发展，促进互动融合

（十六）推进形成科学合理的主体功能区。发挥发展基础较好、环境资源承载能力较强等有利条件，把海峡西岸沿海具备条件的地区作为全国主体功能区的重点开发区域，推进新型工业化和城镇化，进一步提高人口与经济聚集程度。在山区贯彻以保护为主、开发为辅的原则，最大限度地保护山川秀美的生态环境。按照贯彻落实科学发展观的要求，做好主体功能区规划编制，科学划分主体功能区域，完善区域发展政策，创新管理体制，强化陆海统筹、山海联动，优化基础设施和产业布局，促进经济社会发展和资源环境相协调。

（十七）统筹城乡协调发展。加强海峡西岸城市群发展的规划协调，提高城市建设与管理水平，增强产业和人口承载能力、辐射带动能力，逐步形成以区域中心城市为骨干、中小城市和小城镇为基础的城镇体系。统筹好土地利用总体规划、城乡规划、基础设施建设、就业、社会保障等的发展，加快建立城乡基础设施共同发展机制、城乡公共服务均等供给制度、城乡衔接的社会保障体系，促进基础设施向农村延伸、公共服务向农村拓展、社会保障向农村覆盖。各大中城市要切实履行市带县、市帮县的责任，加大城市人才、智力、资金等对农村的支持，加快社会主义新农村建设，实现以城带乡，统筹发展，加快形成城乡经济社会一体化发展新格局。

（十八）促进欠发达地区发展。加快海峡西岸经济区的革命老区、原中央苏区县、少数民族地区、海岛、水库库区等欠发达地区的发展，加大财政转移支付力度，增加对这些地区在教育、医疗、社会保障、基础设施等方面投入，不断改善生产生活条件，逐步实现基本公共服务均等化。立足资源优势和市场需求，大力扶持特色产业发展，提高农产品和特色资源深加工水平，推进农村扶贫开发。加大劳动力就业技能培训，合理有序推进农村劳动力转移。进一步完善和落实沿海对山区对口帮扶工作机制。积极推动包括台资企业在内的符合环保要求的沿海地区劳动密集型产业向福建山区转移，促进这些地区加快发展。

（十九）推动跨省区域合作。加强海峡西岸经济区与长三角、珠三角的经济联系与合作，促进优势互补、良性互动、协调发展，进一步完善沿海地区经济布局。发挥闽浙赣、闽粤赣等跨省区域协作组织的作用，加强福建与浙江的温州、丽水、衢州，广东的汕头、梅州、潮州、揭阳，江西的上饶、鹰潭、抚州、赣州等地区的合作，建立更加紧密的区域合作机制。加强重大项目建设的协调，推进跨省铁路、高速公路、港口等重大基础设施项目统筹规划布局和协同建设，畅通海峡西岸经济区港口与腹地的通道。加强电子、机械、旅游、物流等产业的对接，推动产业集群发展和合理布局，形成产业对接走廊。加强市场开发，建设区域共同市场，促进人流、物流、资金流、信息流的无障碍流动。统筹协调区域内对台交流合作的功能分工，提升海峡西岸经济区与台湾地区的对接能力。

六、全面深化改革开放，增强经济社会发展动力活力

（二十）增创体制机制新优势。进一步发挥厦门经济特区在体制机制创新方面的试验区作用。从海峡西岸经济区的实际出发，围绕建立有利于科学发展的体制机制和扩大两岸交流合作的需要，先行试验一些重大改革措施。继续深化农村综合改革，推进城乡统筹综合配套改革试验，建立以工促农、以城带乡的长效机制。在严格执行土地用途管制的基础上，促进农村集体建设用地依法流转，逐步建立城乡统一的建设用地市场。深化金融改革与创新，扩大金融改革试点，在多种所有制金融企业、离岸金融业务等方面进行改革试验，完善创业风险投资机制。深化行政管理体制改革，着力转变政府职能，提高行政效能。加强法制建设，大力推进依法行政，着力构建规范透明的法制环境。进一步改善民营经济发展环境，激发民营经济发展活力。大力推进外贸、港口、社会管理等领域改革，探索建立有利于扩大两岸交流合作的新机制。

（二十一）积极合理有效利用外资。提高利用外资水平，更加注重引进先进技术、管理经验和智力资源。创新外商投资管理方式，简化审批程序。进一步优化外资结构，引导外资投向主导产业、高新技术产业、现代服务业和节能环保等领域。积极研究海峡西岸经济区范围内的国家级开发区扩区、调整区位和省级开发区升级，拓展开发区的功能，提高土地利用率。加强海关特殊监管区域建设，积极推进各类海关特殊监管区域的整合。支持在台商投资区和台资企业密集地区开展海关保税物流中心试点。规范招商引资行为，实行统一的土地、税收政策，营造公平、开放的投资环境。

（二十二）加快转变外贸增长方式。进一步优化进出口结构，鼓励高技术含量高附加值产品、服务产品和农产品出口，大力支持自主知识产权、自主品牌产品出口，严格限制高耗能、高污染、资源性产品出口。积极扩大对台进出口贸易。鼓励经济发展急需的先进技术、关键设备和重要资源进口。加快加工贸易转型升级，引导加工贸易向产业链高端发展。鼓励优势企业参与海外资源开发，建立境外生产、营销和服务网络，带动商品出口和劳务输出。积极推进保税加工、保

税物流业发展，大力发展国际中转、配送、采购、转口贸易和加工制造等业务。

（二十三）深化与港澳侨合作。充分利用内地与港澳更紧密经贸关系安排的机制，进一步提升闽港澳经济合作的层次和水平。加强与港澳在服务业领域的合作，引入港澳资金、先进技术和管理经验，加快发展现代服务业。吸引更多的港澳金融机构到福建设立分支机构或投资参股，支持符合条件的福建企业到香港上市融资。利用香港的融资渠道和营销网络，积极开展联合招商，推动福建企业到香港设立营销中心、运营中心，扩大对港贸易和转口贸易。加强福建与港澳的物流业合作，建立跨境物流网络。加强闽港澳旅游合作，推动旅游线路对接延伸。充分发挥福建海外华侨华人众多、爱国爱乡的优势，充分利用各种有效平台作用，积极引进侨智，大力吸引海外侨胞来闽投资，引导更多的华侨华人支持和参与海峡西岸经济区建设。

七、加快社会事业发展，促进社会和谐

（二十四）大力推进人力资源建设。以人才资源能力建设为核心，着力培养学术技术带头人、科技领军人才和一线创新人才，抓紧培养先进制造业和现代服务业所需的高技能应用型人才，为海峡西岸经济区建设提供坚强的人才保证和智力支持。加强人的能力素质建设，支持发展职业教育，培养高素质劳动者和实用性、技能型人才。调整高校学科设置，加快培养经济建设紧缺急需的人才，建立起与两岸产业对接相适应的人才培养结构，提升高等教育质量和水平。进一步拓展两岸职业教育合作，支持开展两岸校际合作、职业培训、资格考试和认证、职称评定、人才引进和人力资源开发等试点工作。健全人才政策体系，鼓励台湾科技、教育等领域人才到海峡西岸经济区创业，形成广纳群贤、充满活力的吸引人才和使用人才的良好风尚。

（二十五）加强文化基础设施建设和文化产业发展。大力推进文化基础设施建设，加快建立覆盖城乡的公共文化服务体系，建立健全运行保障机制。加大投入力度，加强图书馆、博物馆、文化馆、文化站等文化设施建设，积极推进文化信息资源共享、广播电视“村村通”和农村电影放映等文化工程建设，进一步完善城乡公共文化服务网络。加强网络文化建设和管理，营造良好网络环境。整合文化资源，打造一批地域特色明显、展现海峡西岸风貌、在国内外具有影响力的文化品牌，重点保护发展闽南文化、客家文化、妈祖文化、红土地文化、船政文化、畲族文化、朱子文化等特色文化。加强文物、非物质文化遗产保护，完善历史文化名城等基础设施，妥善保护历史文化街区。推动文化与经济融合，大力发展文化创意产业，建立海峡两岸文化产业合作中心，着力培育专、精、特、新文化企业，努力使海峡西岸经济区成为全国重要的文化产业基地。

（二十六）着力改善民生。巩固提高九年义务教育，把义务教育重点放在农村，调整农村义务教育布局结构，完善义务教育经费保障机制。实施积极的就业政策，改革劳动和就业管理体制，完善公共就业服务体系，建立城乡统一、区域协调的人力资源市场和平等的就业制度。加强城市社区、农村卫生服务体系建设，全面推行城镇居民基本医疗保险和新型农村合作医疗。大力推进各项社会救助制度建设，特别要关注对困难台胞台属的救助，加快完善覆盖城乡居民的社会保障体系。健全社会保障性住房制度，切实解决城市低收入家庭住房困难。加强和完善社会管理，维护社会安定团结，保障人民安居乐业。

八、加快生态文明建设，实现经济社会可持续发展

（二十七）全面推进节能减排。落实节能减排目标责任制。强化固定资产投资项目节能评估和审查，对新上项目严把产业政策关、资源消耗关、环境保护关。大力实施重点节能工程，突出抓好高耗能行业和重点耗能企业的节能减排工作。引进台湾先进节能环保技术，积极推进和支持重点台资企业的节能减排。积极发展循环经济，开展国家循环经济试点。建立和完善再生资源回收体系，促进重点行业废弃物再利用和城市生活垃圾资源化利用，提高工业用水循环利用率。建立淘汰补偿机制，加快淘汰落后生产能力。

（二十八）加强生态建设和保护。积极推进集体林权制度改革，提高林地保护和管理能力，加强森林资源的抚育更新，保持森林覆盖率居全国前列；优化森林资源结构，提高森林资源质量，强化森林资源的生态功能。加强水资源管理，完善取水许可和水资源有偿使用制度，加强水资源总量控制和定额管理，健全流域管理和区域管理相结合的管理体制。完善闽江、九龙江等流域上下游生态补偿办法，推动龙岩、汕头、潮州建立汀江（韩江）流域治理补偿机制，推进生态环境跨流域、跨行政区域的协同保护。

（二十九）强化环境综合整治。从源头上控制环境污染，加强污染治理、监测和监管。继续推进自然保护区和生态示范区、生态农业示范县、生态示范区、可持续发展实验区建设。加强台湾海峡海域、重要流域水环境综合治理、重点流域沿岸乡镇垃圾集中处理和规模化畜禽养殖场污染治理，提高流域水环境质量。推进主要江河水源地、严重水土流失区和生态脆弱区的综合治理与生态重建。加强沿海防护林体系工程建设，切实保护近岸海域生态系统。实施对重要生态功能区的抢救性保护、重点资源开发区生态环境强制性保护、生态环境良好区和农村生态环境积极性保护、风景名胜资源严格保护，维护生态平衡，保障生态安全。

九、加强组织领导，落实保障措施

（三十）加强统筹协调。支持海峡西岸经济区加快发展是中央确定的重要工作方针，国务院各有关部门要明确责任，从自身职能出发，抓紧制定细化方案和具体措施，将政策措施落到实处。

加强规划指导。由发展改革委会同福建省及相关地区，各有关部门抓紧编制《海峡西岸经济区发展规划》，以指导和促进海峡西岸经济区充分发挥后发优势，在更高的起点上实现又好又快发展。在规划编制过程中，要注重与其他规划和相关政策的衔接。

加大资金投入和项目支持。中央财政转移支付、中央预算内专项资金和中央预算内投资，以及其他中央专项资金，都要加大对海峡西岸经济区的扶持力度，特别要加大对原中央苏区县、革命老区、少数民族地区的扶持力度。安排中央预算内投资等资金时，福建革命老区、少数民族地区等参照执行中部地区政策，福建原中央苏区县参照执行西部地区政策。适当降低中央投资项目地方投资比例，支持发展特色产业和重大项目建设，对海峡西岸经济区的基础设施建设给予

专项补助。对具有全国或区际意义、有助于形成海峡西岸经济区整体竞争力的项目,在项目布点与审批、土地利用等方面给予重点支持。

(三十一)赋予对台先行先试政策。建设海峡西岸经济区,符合两岸人民的根本利益。要以中央对台工作总体方针政策为指导,在两岸综合性经济合作框架下,按照建立两岸人民交流合作先行区的要求,允许在对台经贸、航运、旅游、邮政、文化、教育等方面交流与合作中,采取更加灵活开放的政策,先行先试,取得经验。

支持扩大两岸经贸合作。按照同等优先、适当放宽的原则,鼓励承接台湾产业转移,允许国家禁止之外、不涉及国家安全的各类台商投资项目在海峡西岸经济区落地,加快台商投资项目审批。积极推动海峡两岸双向投资,对赴台投资项目简化审批程序,加快审批和核准节奏。在两岸建立长期、稳定的经贸合作机制过程中,允许海峡西岸经济区在促进两岸贸易投资便利化、台湾服务业市场准入等方面先行试验,适当增加对台合作的用地指标。设立对台农产品出口加工基地和台湾农业技术、新品种推广中心,增设台湾农民创业园。扩大"区港联动"政策覆盖范围,在现有海关特殊监管区域政策的基础上,进一步探索在福建沿海有条件的岛屿设立两岸合作的海关特殊监管区域,实施更加优惠的政策。探索进行两岸区域合作试点。积极推动建立两岸金融业监管合作机制,在此机制下,优先批准台资银行、保险、证券等金融机构在福建设立分支机构或参股福建金融企业,支持设立两岸合资的海峡投资基金,进一步扩大两岸货币双向兑换范围,逐步建立两岸货币清算机制。

支持两岸交流交往。把福建沿海机场、港口等作为两岸直接"三通"的首选地。适时增加福建沿海港口为对台海上货运直航口岸。推动福建机场与台湾实现空中直航,增加航班、航线。支持福建作为对台邮件总包交换中心。支持开拓对台旅游市场,适时扩大大陆居民从福建口岸赴台湾旅游。支持福建试行便利两岸人员往来的管理办法,包括为台湾本岛居民办理来往大陆通行证和大陆居民赴台旅游证件等。进一步发挥福建作为两岸事务重要协商地的作用。

支持平台载体建设。适时推进厦门、福州台商投资区扩区和新设立泉州台商投资区。支持继续办好涉台重大经贸文化活动。推动妈祖文化申报世界非物质文化遗产。设立海峡两岸文化产业园,建设一批对台文化交流与合作基地。

(三十二)强化组织实施。福建省要加强领导,周密部署,进一步解放思想,创新机制,明确工作责任,确保各项任务和政策措施落到实处。对与两岸经济交流比较密切的浙南、粤东、赣东南地区以及其他台商投资相对集中地区,也要予以积极支持。各地区各部门要认真学习贯彻党的十七大精神,深入贯彻落实科学发展观,积极支持配合本意见的实施,同心协力,扎实工作,努力把海峡西岸经济区经济社会发展推向新的阶段,在促进祖国和平统一大业和全国发展大局中发挥更大作用。

国务院

2009 年 5 月 6 日

(原载 2009 年 5 月 14 日中国政府网)

福建省贯彻落实《国务院关于支持福建省加快建设海峡西岸经济区的若干意见》的实施意见

(2009 年 7 月 29 日中国共产党福建省第八届委员会第六次全体会议审议通过)

为深入贯彻落实科学发展观,全面实施《国务院关于支持福建省加快建设海峡西岸经济区的若干意见》(国发〔2009〕24 号,以下简称《意见》),抓住难得历史机遇,加快建设海峡西岸经济区,推动全省经济社会又好又快发展,现提出如下实施意见。

一、全面把握《意见》的重大意义和总体部署

(一)深刻认识重大意义。加快建设海峡西岸经济区,是党中央、国务院把握两岸关系出现积极变化、审时度势、着眼全局作出的重大战略决策;是进一步发挥福建省比较优势,实现又好又快发展的迫切需要;是完善沿海地区经济布局,推动海峡西岸其他地区和台商投资相对集中地区发展的重大举措;也是加强两岸交流合作,推进祖国和平统一大业的战略部署。《意见》的出台,表明海峡西岸经济区发展战略已从区域战略上升为国家战略,标志着海峡西岸经济区建设站在一个新的起点上,海峡西岸经济区在全国发展大局中的战略地位更加突出,在促进祖国统一大业中的重要作用更加凸显,对于把海峡西岸经济区建设成为科学发展的先行区、两岸人民交流合作的先行区必将起到极大的推动作用。

(二)全面遵循总体要求。《意见》提出的总体要求,是加快建设海峡西岸经济区必须始终坚持的重要指导思想。我们要高举中国特色社会主义伟大旗帜,以邓小平理论和"三个代表"重要思想为指导,深入贯彻落实科学发展观,从维护中华民族核心利益、促进祖国统一的大局出发,牢牢把握两岸关系和平发展的主题,按照"六个着力"要求,靠改革、靠开放、靠创新,坚持"四个重在"和"四求先行",提升思路求作为,精心谋划求作为,突破重点求作为,艰苦奋斗求作为,实施"十大举措",构建"十大支撑体系",高起点、高标准、高层次、高水平推进海峡西岸经济区建设,全面落实《意见》提出

的各项任务，努力将海峡西岸经济区建设成为经济持续发展、文化更加繁荣、综合竞争力不断增强、人民安居乐业的和谐区域，为全局作出更大贡献。

（三）准确把握战略定位。《意见》赋予海峡西岸经济区“两岸人民交流合作先行先试区域、服务周边地区发展新的对外开放综合通道、东部沿海地区先进制造业的重要基地、我国重要的自然和文化旅游中心”四大战略定位，进一步明确了海峡西岸经济区在全国大局中的战略地位和重要作用，体现了海峡西岸经济区的优势所在，拓展了海峡西岸经济区发展的广阔前景和空间。按照这一战略定位，要持续“准确定位、主动融入，整合优势、合理布局，外延拓展、内涵深化，互动联动、统筹协调”的基本格局，拓展“延伸两翼、对接两洲，拓展一线、两岸四地，纵深推进、连片发展，和谐平安、服务全局”的基本态势。要突破两点，进一步强化福州省会中心城市重心辐射作用和厦门经济特区龙头示范作用，发挥泉州创业型城市的支撑带动作用，漳州、莆田、宁德的骨干作用，三明、南平、龙岩的前锋作用，山海联动，东西贯通，加强与周边地区、中西部地区交流合作，形成海西整体辐射效应，加快建设对外开放、协调发展、全面繁荣的海峡西岸经济区。

（四）明晰细化发展目标。按照《意见》提出的海峡西岸经济区建设总体要求、战略定位和发展目标，有步骤、分阶段地推进海峡西岸经济区建设，经过十年左右的艰苦努力，把海峡西岸经济区建设成为科学发展之区、改革开放之区、文明祥和之区、生态优美之区。

到 2012 年，《意见》提出的第一阶段目标基本实现，人均地区生产总值接近或达到东部地区平均水平，地方财政收入突破千亿大关。发展方式转变取得重大进展，节能降耗和生态环境等继续保持全国领先水平；城乡居民收入显著提高，基本公共服务水平明显改善；服务两岸直接“三通”的主要通道基本形成并不断完善，两岸人民交流合作的前沿平台功能更加凸显。

到 2020 年，《意见》提出的发展目标全面实现。其中，到 2017 年，人均地区生产总值比 2000 年翻两番，比全国提前三年实现全面建设小康社会的目标。在此基础上，到 2020 年，地区生产总值接近或达到 4 万亿元。闽台经济融合不断加强，海峡区域合作取得突破性进展，两岸共同发展的新格局基本形成。综合经济实力显著增强，海峡西岸产业群、城市群、港口群发展壮大，资源节约型、环境友好型、创新型省份基本建成。充满活力、富有效率、更加开放、有利于科学发展的体制机制率先建立。统筹协调能力明显提高，社会就业更加充分，社会保障体系健全，人民生活更加富足，社会更加和谐，科学发展达到新的水平。

实现海峡西岸经济区建设的目标任务，必须坚持科学发展。以人为本，按照全面协调可持续的发展要求，加快转变发展方式，切实加强资源节约和环境保护，推动经济社会又好又快发展。必须坚持解放思想。进一步转变观念，拓展战略思维，树立宽广的世界眼光，在更高的起点上推进海峡西岸经济区建设，努力走出一条符合福建实际、具有海西特色的发展路子。必须坚持改革开放。着力解决影响和制约科学发展的突出问题，努力提高对外开放层次和水平，引导和推动科技创新、制度创新、管理创新，增强发展的动力和活力。必须坚持先行先试。充分发挥独特优势，采取更加灵活开放的政策措施，积极探索、先行试验，在推动科学发展、促进两岸交流合作上率先取得突破。必须坚持持续运作。实施项目带动、品牌带动、创新带动、服务带动，持续思路、持续举措，锲而不舍、持之以恒，以科学有效的运作完成目标任务。必须坚持统筹协调。总揽全局，兼顾各方，妥善处理海峡西岸经济区建设中的重大关系，统筹城乡发展、区域发展、经济社会发展、人与自然和谐发展、对内合作与对外开放。

二、构筑两岸交流合作的前沿平台

（一）建设两岸经贸合作的紧密区域。推进产业深度对接。推动放宽台商投资项目的股比限制，落实增加对台合作的用地指标等政策措施，加快台商投资项目审批，吸引国家禁止之外、不涉及国家安全的各类台商投资项目落地，加快厦门湾、闽江口、湄洲湾等沿海一线的产业对接集中区建设，培育发展闽台产业对接专业园区，促进两岸产业对接进一步集聚、提升。推动与台湾县市、行业协会、科技园区、企业等建立紧密合作机制，促进来闽建设产业园区。推进厦门、福州台商投资区扩区和新设立泉州、漳州等台商投资区，促进台商投资区、各类开发区、海关特殊监管区功能整合，提高产业承载能力。加快对接台湾自由贸易港区，鼓励企业和产品进入台湾自由贸易港区。以电子信息、石化、机械、船舶、冶金、新能源、生物医药、食品、创意、新材料等产业为重点，促进闽台产业融合。提升产业合作关联度，加快建立与台湾产业相配套的以及大陆台资企业所需的零部件、原辅材料中心。积极推动台湾海峡油气资源联合勘探与开发。

提升农业合作水平。进一步加强海峡两岸农业合作试验区、现代林业合作实验区建设，充分发挥窗口、示范和辐射作用。积极引进台湾农业资金、技术、良种、设备等生产要素，促进闽台农业深度对接。加快建设农产品出口加工基地和台湾农业技术、新品种推广中心，加快闽台良种引进繁育中心和示范推广基地建设，加快建立一批闽台现代农业合作示范区和加工区。大力推进台湾农民创业园建设，鼓励台湾同胞来闽投资创业。提升厦门、漳州、南安、东山、霞浦等海峡两岸农（水）产品集散中心和市场功能，加强两岸农民合作组织交流，推动两岸共创品牌农业，促进生产、销售、管理、服务多方位合作。

加快现代服务业对接。建立两岸区域性金融服务中心，推动两岸金融合作迈出实质性步伐。积极推动开办对台离岸金融业务，逐步建立两岸资金清算中心，扩大两岸货币双向兑换范围，促进开展两岸跨境贸易以人民币计价结算试点，推动两岸银行卡通用和结算。加快海峡产权市场建设，探索引入台湾上柜和兴柜交易机制，推动设立两岸股权柜台交易市场，打造闽台企业对接的直通平台。推动闽台银行业机构、保险业机构、证券业机构双向互设、相互参股，支持在闽台资企业上市融资，引进台湾金融服务中介来闽设立机构，推动设立两岸合资的海峡投资基金。积极促进闽台物流企业、项目对接，合作建设物流配送或专业配送中心，推动两岸物流信息网络相互衔接，设立对台保税物流园区和对台农产品物流加工保税区。完善闽台旅游合作机制，加强与台湾旅游机构的交流合作，深化闽台旅游景区对接，共推海峡旅游精品线路，做大“海峡旅游”品牌。提升“小三通”黄金通道，增强中转衔接服务功能，扩大大陆居民从我省口岸赴台旅游。积极开拓台湾旅游市场,加强入台旅游推介,扩大台湾同胞来闽旅游。积极发展面向台湾及海外的会展业、服务外包业。健全涉台法律法规,依法保护台胞的正当权益,进一步改善投资环境,推动台湾企业来我省设立地区总部、配套基地、采购中心、营运中心和研发中心。

探索两岸经贸关系制度化。积极开展两岸区域合作试点,推进在促进两岸贸易投资便利化、台湾服务业市场准入等方面的先行先试,率先探索两岸避免双重征税安排、建立两岸税务纠纷处理机制,为两岸建立更紧密的经济合作机制积累经验。促进闽台双向投资,推动建立闽台产业优势互补的合作机制。简化赴台投资审批程序,加快审批和核准节奏,支持有条件的我省企业到台湾投资兴业。实行更加开放的对台贸易政策,研究制定有利于进一步推进小额贸易发展的政策,扩大对台贸易。在充分发挥现有海关特殊监管区域政策优势的基础上,探索推动平潭等沿海有条件的岛屿设立两岸合作的海关特殊监管区域,实施更加优惠的政策。发挥厦门经济特区在对台方面的先行先试作用,推进福州(平潭)综合实验区建设,使之成为两岸交流合作先行先试和海峡西岸经济区科学发展先行先试的综合实验区。

(二)建设两岸文化交流的重要基地。扩大闽台文化交流合作。放宽台商投资文化产业政策,促进动漫、网络游戏等文化创意产业的对接,建设海峡两岸文化产业园和文化产业合作中心,形成一批对台文化交流与合作基地,共同打造文化产业链。吸引台湾科研机构和科技人员共同创建科技创新平台,联合开展台湾海峡地质构造研究,建立两岸防灾减灾资讯共享和会商机制,深化防灾减灾、地震、气象、海洋、建筑、水利、环保、标准、计量、认证等领域的交流合作。探索建立两岸文化交流合作机制,进一步拓展闽台教育合作,加快建设海峡两岸职业教育交流合作中心,探索建立两岸教育合作园区,开展两岸高校合作办学试点,积极推动闽台院校学生互招、学历学分互认、师资互聘。进一步推动公共卫生、医学科研、医疗技术、中医药等方面交流合作,支持台商投资建设医院和相关设施。推动两岸新闻媒体互设常驻机构,推进两岸出版交流试验区建设,深化闽台文学艺术、广播影视、体育等领域的交流合作。推动两岸青少年交流交往。加强台湾文献信息积累与研究,加快建设福建省台湾文献信息中心。加快闽南文化生态保护实验区建设,推进建立客家文化生态保护实验区,加大涉台文物保护力度,积极推动妈祖文化、泉州南音申报世界非物质文化遗产,提升闽台缘博物馆对台交流功能与作用,挖掘和拓展闽南文化、客家文化、妈祖文化等两岸共同文化内涵,进一步增强连接两岸同胞感情的文化纽带作用。

(三)建设两岸直接往来的综合枢纽。加快建设两岸航运中心,鼓励台湾企业投资参与我省港口码头建设,促进闽台港口联盟发展。做好福州、厦门两岸直接通邮的邮件封发局相关工作,加强对台通邮基础设施建设,加快开通邮政专船和邮件航空运输通道,推动建立对台邮件总包交换中心。适时推进向金门、马祖等地供水、供电和铺设海底通信缆线工程建设。着眼于建设两岸直接"三通"首选地的要求,推进厦门、福州机场成为两岸货运包机新增航点,推动福州、厦门直航航点增加定期航班配额,促进其他机场列入对台空中直航航点、沿海主要口岸开放为对台海上货运直航航点;拓展两岸集装箱班轮航线、散杂货不定期航线、客运航线,加快发展对台客货运滚装业务;促进"小三通"双向行李直挂,提高两岸海空联运便捷度;加强两岸大通关合作机制建设,进一步简化通关手续,健全人流、物流往来的便捷有效管理机制;试行便利两岸人员往来的管理办法,尽快启动我省为台湾本岛居民办理来往大陆通行证和签注,推动授权办理大陆居民赴台旅游证件,启动武夷山航空口岸对台直航入境人员落地签注,推进台湾民众和大陆居民循我省口岸往返两岸。

(四)建设两岸交流合作活动特色平台。充分发挥"省部合作、两岸共办"的优势,不断提升海峡论坛的两岸民间交流、经贸合作、合作交流研讨、合作交流枢纽四大平台功能。着力提升各领域、各界别交流平台功能,持续办好中国国际投资贸易洽谈会、海峡两岸经贸交易会、中国·海峡项目成果交易会等交流合作品牌活动,促进各类产业交流专题活动向专业化方向发展;持续办好中国·湄洲妈祖文化旅游节等各类民俗文化节庆活动;持续推动闽台县市对口交流活动向机制化、经常化发展;持续深化闽台产业行业协会、民间社团和中介组织开展对口交流合作。持续推动闽台警务和司法交流合作。推动国家有关部委在我省举行涉台事务性商谈,把我省建设成为两岸事务重要协商地。

(五)建设两岸人才交流合作区域中心。实施台湾专业人才参加资格考试和认证、职称评定等试点政策,促进闽台共同开展人才培养和项目合作。推动人力资源服务机构互设分支机构,定期举办两岸人才交流会,加强两岸人才信息交流,建立台湾人才及其研究成果数据库。完善台湾人才来闽创业优惠政策,建立台湾人才引进快速通道,支持省内企事业单位聘用台湾人才,鼓励在大陆高校毕业的台湾学生来闽就业,开展两岸大学生创业项目对接等活动,促进台湾人才来闽创业就业。探索台湾地区居民报考我省行政机关公务员以及参与基层社会公共事务管理。

三、构建现代化基础设施体系

(一)加快形成海峡西岸港口群。围绕发展大港口、大通道、大物流,积极整合港湾资源,加快建设海峡西岸北部、中部、南部三大港口群。北部以福州港为主体,加强福州港和宁德港等的整合,覆盖三都澳、罗源湾、福清湾、兴化湾北岸等主要港湾,推动成为集装箱和大宗散杂货运输相协调的国际航运枢纽港。中部以湄洲湾港为主体,覆盖湄洲湾、兴化湾南岸、泉州湾等主要港湾,发展成为大宗散货和集装箱运输相协调的主枢纽港。南部以厦门港为主体,覆盖厦门湾、东山湾,加快形成以集装箱运输为主、散杂货为辅的国际航运枢纽港。加强深水航道、疏港通道和公共配套设施建设,重点发展大型集装箱和大型散货港区,加快建设石油、煤炭、矿石等大宗货物储运中转基地。积极吸引中西部企业到沿海建设"飞地港",鼓励本省企业在内陆地市和中西部省份建立"无水港",着力推进河海联运、海陆联运和多式联运,拓展纵深腹地,加快建成福州港、湄洲湾港、厦门港三个亿吨以上大港,形成面向世界、服务中西部发展的现代化、规模化、集约化港口群。

(二)构筑以"三纵八横"为主骨架的高速公路网。按照建设便捷交通走廊的要求,加快纵深推进、南北拓展的高速公路建设,形成海西高速公路网。加快建成和完善京台线、福银线、厦成线、泉南线、长深线、宁上线等国家高速公路福建段，加快沈海线福建段扩建及新建复线，积极推进兴化湾经尤溪至重庆省际间的高速公路通道建设。加快建设中心城市绕城高速公路和跨设区市高速公路联络线，以及连接县城、重要旅游区、沿海港口的高速公路支线、连接线，逐步实现县县通高速公路。

（三）建设大运力快捷铁路运输通道。加快实施纳入国家中长期铁路网调整规划的海西铁路发展项目，推进形成“三纵六横九环”海峡铁路网。尽快建成连接两个三角洲的温福、福厦、厦深铁路和连接中西部地区的向莆铁路；抓紧建设京福、昆厦高速铁路；推进杭州至广州（经南平、三明、龙岩）、浦城至梅州、衢州至宁德、泉州至长汀等铁路项目；规划建设海峡西岸城际轨道交通系统，推动省内铁路网功能整合和扩能提速，加快建设一批连接全省主要港口、重要工业基地的铁路支线，强化与国家干线铁路的联系，使海峡西岸铁路成为国家路网的重要通道和交通枢纽。

（四）完善干支结合的空港布局。加快现有机场更新改造，完善福州、厦门国际机场两岸空中直航的设施条件，推进泉州晋江、武夷山、连城冠豸山机场扩能升级，增加开辟国内外新航线，扩大服务领域；合理布局支线机场，推进三明机场建设，开展宁德、莆田、漳州等新建、迁建机场的前期工作，形成以福州、厦门国际机场为主的干支线机场相结合的空港布局。

（五）打造沿海重要能源基地。以清洁、低碳为发展方向，优化能源结构，强化能源保障。建立规范的能源资源开发秩序，合理利用本省煤炭、水电等资源。充分发挥良好的深水港优势，引进煤炭、石油、液化天然气等省外、国外能源资源，适时推进超超临界火电建设，加快建成一批燃气电厂。加快宁德、福清核电站建设，抓紧开展核电后备厂址建设的前期工作。加强500千伏主干输电网架和特高压网架建设，构筑沿海双通道、南北双环网的500千伏超高压电网，强化与华东电网的联网，推进与南方电网、华中电网联网。鼓励发展新能源和可再生能源，加快推进风能的规模化开发，加快生物质能、太阳能开发利用项目建设，推进地热能、潮汐能等开发利用。推动液化天然气向内陆地市延伸，提高民用燃气覆盖率。推进煤炭中转储备基地、大型石油储备基地建设，建立长期稳定的能源供应渠道和生产供应基地。

（六）提升城乡公共设施保障能力。加快城市交通基础设施建设，提高城市道路标准和路网密度，完善城区路网结构，促进城市内外交通衔接，强化公共停车场等设施配套。实施公交优先发展战略，推进福州、厦门、泉州等城市轨道交通发展。加强城市供水设施和防洪排涝系统建设，促进制水工艺和管网改造，提高供水水质，加快推进污水集中处理和垃圾无害化处理，发展管道供气，健全市政基础设施功能，提高人口承载能力。进一步完善农村公路路网建设改造。推进农村水、电、通信等设施建设，改善农村生产生活条件。建成一批具有防洪、灌溉、供水等功能的综合水利枢纽，提高防灾减灾能力。加强水源与供水工程建设，合理规划、适时推进跨区域跨流域水资源配置工程，确保城乡供水安全。

四、建设特色鲜明的现代产业体系

（一）加强海峡西岸区域创新体系建设。完善科技发展机制。加强科技宏观管理体系建设，集聚整合创新力量，加强统筹协调，优化配置科技资源，推动跨区域、跨部门的科技合作，密切产学研结合。营造有利于社会资金投入科技的环境，建立稳定的各级财政科技投入增长机制，建立健全多渠道、多元化的科技投入体系，加大对海峡西岸区域创新体系建设的科技投入，着力打造特色鲜明的区域创新体系。切实发挥科技支撑引领作用，加强高技术和产业关键共性技术开发，加快科技成果的转化应用，推广一批有效促进产业升级、技术改造和节能减排的先进技术和创新产品，打造一批特色产业基地，促进形成高新技术产业集群。实施知识产权战略，造就一批竞争力强的优势企业。加大与扩大内需、改善民生相关的重点技术与产品的产业化、商业化和规模化应用力度。大力普及科学知识，提高全社会科学文化素质。

加快建设创新转化服务平台。努力构筑能够引领产业技术升级和发展方式转变的海峡西岸研发高地。支持信息、医药、生物、新材料、新能源、海洋等领域应用基础研究，加快电子信息、光电、石化、装备制造、生物、医药、现代农业和物流等产业领域重点学科发展，组建学科群，加强国家级重点实验室、工程技术（研究）中心、企业技术中心、产品检测中心、博士后站点等平台建设，鼓励外商在闽投资设立研究开发机构。进一步提升中国·海峡项目成果交易会的影响力，创新科技成果转化及产业化机制，大力发展科技经纪服务，加强中试基地建设，鼓励国内外高校与设区市联合设立培训与研发中心，构建科技成果转化平台。加强科技资源共享平台建设，推进高校和科研机构科技资源共用，推动科研平台和大型仪器设备向企业开放共享、延伸服务，打造服务全省发展的科技公共服务平台。创建国家级海峡两岸科技产业合作基地，促进两岸科技项目对接、机构与人才对接、知识产权对接和科技情报（信息）对接，推进两岸科技人员交流往来，构筑闽台科技交流合作平台。

积极引导创新要素向企业集聚。综合运用政策、投入、金融、服务等多种方式和手段，促进技术、资金、人才、管理等各类创新要素流向企业，引导企业加大技术创新和成果应用的投入力度，推动企业成为技术创新的主体。深入实施技术创新工程，培育创新型企业，建设产业技术创新战略联盟，完善产业技术创新链，提升企业自主创新能力和综合实力。支持高新技术企业和科技型中小企业发展，加强企业技术创新人才队伍建设，鼓励引导与国外企业、研发机构合作研发，注重引进关键技术、知识产权和关键零部件，开展集成创新和引进、消化、吸收再创新，加快技术创新、产品创新和管理创新，强化自主品牌建设。扶持建立一批行业技术开发基地和技术转移中心，加快先进技术向中小企业辐射和转移。鼓励高校和科研院所的科技人员进入企业从事技术开发活动，引导高校和研究机构紧密围绕企业需求开展联合创新。

推进海峡西岸高新技术产业带建设。将高新技术产业发展纳入区域经济社会发展的总体规划，充分发挥福州、厦门国家级高新区的作用，加快推进省级高新区二次创业和整合升级。积极推动区内产业集聚和特色产业基地发展，提高高新技术产业在区域经济中的比重。支持符合条件的省级高新区、技术开发区申报升级为国家级高新区。推进闽台高科技园区交流合作，鼓励和支持台湾科技界、企业界参与高新技术园区建设。加快建成海峡西岸高新技术产业带，使之成为承接台湾高新技术产业与技术转移的载体。

（二）大力发展现代农业。按照高产、优质、高效、生态、安全的要求，加快转变农业发展方式，促进农业结构优化升级，构建现代农业产业体系。加快农业科技创新，推广应用农业新品种、新技术、新肥料、新农药、新机具。完善扶持粮食生产的政策措施，稳定播种面积，推进规模经营，努力保持粮食自给能力不降低。促进农业特色产业升级，发展壮大畜牧业、园艺业、林竹业、水产业等优势产业，积极发展水产品、畜禽、茶叶、笋竹、蔬菜、水果、食用菌、花卉苗木、烟叶、中药材等十个重点特色产品。实施农业标准化，发展品牌农业，推进无公害农产品、绿色食品、有机食品认证，积极实施国家地理标志产品保护，推行农产品质量认证和产地等标识认证制度。加快发展农民专业合作社，扶持壮大一批带动力强的农业产业化龙头企业，完善龙头企业与农户的利益联结机制，支持培育一批农产品加工示范园区、示范企业和示范项目。推进农产品出口加工基地建设，扩大特色优势农产品出口。加强农业基础设施建设，改善农业生产条件，提高土地产出率和资源利用率。加快农产品质量安全监管体系建设，完善农产品质量安全监测网络，实行种植、养殖基地备案，加强与国际接轨的农产品标准化建设。健全新型农业社会化服务体系，加快信息服务平台建设，建立农业技术推广、动植物疫病防控、农产品质量安全监管等公共服务体系，健全农村市场网络，发展农村现代流通业。

（三）建设海峡西岸先进制造业基地。提升产业发展水平。坚持新型工业化道路，促进信息化与工业化融合，着力总量提升和技术提升。落实重点产业调整和振兴实施方案，突出项目带动和品牌带动，促进产业链向上下游延伸，价值链向中高端攀升，不断壮大产业规模，加快产业转型升级。着力发展先进制造业，围绕龙头企业、骨干项目和品牌产品，提高产业集中度和综合配套能力，壮大电子信息、装备制造、石油化工等主导产业。促进电子信息产业由加工制造为主向集研发、生产、服务、应用为一体转变，加大力度发展集成电路、液晶面板等基础产品，延伸计算机及网络、数字视听、移动通信三大产业链，加快发展软件、半导体照明及光电、新型元器件等新兴产业。着力壮大交通运输设备、工程机械、电工电器、飞机维修等产业，推动基础装备、基础部件及基础工艺发展，发展港口机械、建材装备、轻纺装备等产业装备，积极引进国内外大型装备制造业企业。引导石化产业按照基地化、大型化、集约化的原则合理布局和配置资源，延伸和完善石化产业链，带动合成树脂、合成橡胶、合成纤维以及新型化工材料、新型纺织原料等产业发展。以国家级和省级高新技术开发区为载体，加快建设厦门半导体照明产业基地、泉州微波通信产业基地、福厦泉软件园，福州、龙岩环保产业基地以及三明、南平、永春生物医药产业基地等一批高新技术产业基地，组织实施高新技术产业化示范工程，完善公共服务平台，促进集成电路设计和软件、光电、消费电子、生物医药、精密仪器、环保、新能源、新材料等高新技术产业集聚式发展。着力应用高新技术和先进适用技术改造提升建材、冶金、纺织、轻工、林产等传统优势产业，以质量品种、节能降耗、环境保护、工艺优化、更新装备、安全生产为重点推进技术改造，鼓励企业开展品牌创新、研发设计，开发应用新型材料，促进产品升级换代，提升产业竞争力和市场占有率。

培育大企业大集团。积极打造区域品牌、企业品牌和产品品牌，支持企业争创中国名牌、驰名商标，鼓励有条件的企业争创世界名牌。支持重点骨干企业品牌创新、品牌经营，鼓励有实力的企业以资产、资源、品牌和市场为纽带实施兼并重组联合。加快重点骨干企业技术改造和技术进步，推动有条件的企业建立技术研发、产品标准、质量检测、财务结算等中心，鼓励企业参与制修订国际、国家、行业标准。引导企业与国内外大企业合作、嫁接央企、改制上市或发行债券等方式实现快速扩张，培育一批拥有自主知识产权、主业突出、竞争力强的大企业大集团。支持有条件企业开发境外资源和市场，收购或参股国际品牌、营销网络、研发机构。

培育发展产业集群、产业基地。发挥工业园区的载体作用，完善园区基础设施，提升工业园区、产业集聚区的功能。发挥龙头企业的带动作用，发展配套协作企业，优化生产协作流程，积极支持中小企业进入龙头企业的供应网络。发挥公共服务平台的支撑作用，加强金融担保、技术研发、产品检测、专业市场、现代物流、营销联盟、人才培训、行业协会等公共服务平台建设，提升产业集聚能力。电子信息产业要以福厦沿海国家级信息产业基地及国家级信息产业园区建设为重点，推进厦门火炬高新区建设国家“光电显示产业集群试点”，加快建设国家级海峡软件产业基地，提高国家级动漫产业基地建设水平。石化产业形成以炼化一体化为龙头，上中下游配套合理、竞争力强的湄洲湾、漳州古雷石化产业基地，加快推进三都澳溪南半岛工业园区、福州江阴石化专区、泉港“台湾石化专区”建设。装备制造业要建设好福厦汽车产业集中区等汽车及零部件生产基地，加快形成厦门湾、湄洲湾、闽江口、三都澳、东山湾等修造船集中区，做大厦门、泉州飞机维修基地，推动龙岩、泉州、三明、南平、福安、福清装备制造业基地建设，促进输配电及控制设备、精密铸锻件、电工器材、中小型电机生产，形成在全国具有竞争力的特色装备制造基地。冶金产业要建设福州、厦门、漳州、龙岩有色金属及深加工产业集群、三明金属材料及深加工产业集群、南平铝精深加工产业集群，加快形成上杭铜加工、长汀稀土产业基地。纺织服装业要进一步做大做强泉州纺织服装、长乐纺织产业集群，培育发展三明、南平、长汀等纺织产业集群。轻工业要培育发展食品、制鞋、塑料、工艺美术等一批在国内外有一定知名度的产业集群。建材产业要发展南安石材和水暖器材、泉州建筑陶瓷等产业集群，加快培育特种玻璃产业基地。林产工业要推进林浆纸和林板一体化，建设一批资源综合利用的木竹藤加工骨干项目，加快莆田秀屿木材加工区建设，形成林产品深加工基地。

（四）大力发展现代服务业。建设连接海峡两岸的现代物流中心。积极承接台湾现代服务业转移，依托中心城市、产业集聚区、货物集散地、交通枢纽和港口资源，完善公共物流信息平台和物流技术标准化体系，建设福州、厦门、泉州等物流节点城市和一批现代物流园区、大中型综合性现代物流中心。引导传统运输、仓储企业向第三方物流企业转型，发展一批集运输、仓储、配送、信息为一体的物流企业。依托临港工业、产业集群和台资企业集中区，围绕原料供应、半成品和成品仓储配送，建设物流配送或专业配送中心。加快保税港区、保税区、保税物流园区、保税物流中心建设，完善保税物流体系，推进闽台两地港区对接，发展保税仓储、贸易采购、配送中转等业务。推进流通业现代化步伐，加快专业市场升级改造，发展电子商务、连锁经营、物流配送等新型流通方式和经营业态，合理布局社区服务业。

加快发展信息服务业和外包服务业。加强网络资源整合，提高信息网络综合服务能力，完善信息通信网应用体系，加快信息技术服务推广应用，重点发展数字内容服务业、软件设计业。依托福厦泉软件园和有条件的软件开发基地，发展软件服务外包、业务流程外包、动漫游戏产业，培育承接服务外包业务的专业企业，支持服务外包类企业发展离岸外包和在线外包业务，吸引台湾企业乃至世界跨国公司服务外包转移，努力打造国家服务外包基地城市、对台服务外包示范城市和国家软件出口基地。

打造国际知名的旅游目的地。以滨海旅游、生态旅游、红色旅游和文化旅游为重点，进一步整合旅游资源，促进风景名胜资源保护和永续利用。打造滨海蓝色生态、山地绿色生态两大旅游带，构筑闽东北、闽西南、闽西北三大旅游协作区，提升福州、厦门、泉州、漳州、三明、武夷山、永安等中国优秀旅游城市品牌。加快构建大武夷、福建土楼旅游区。支持泰宁申报“中国丹霞地貌”世界自然遗产和宁德白水洋、太姥山、白云山申报世界地质公园，推动泉州“海上丝绸之路”、厦门鼓浪屿和福州“三坊七巷”等申报世界文化遗产，丰富我省世界级旅游品牌。强化海西旅游目的地整体形象宣传，健全旅游营销体系，深度开发国内外重点客源市场。做大做强旅游产业，培育旅游品牌企业，完善旅游配套设施。办好海峡旅游博览会、中国武夷山旅游节、中国·湄洲妈祖文化旅游节等重点旅游节庆会展，推进旅游标准化，培育一批有特色、有影响、有效益的旅游精品，加快建设我国重要的自然和文化旅游中心。

（五）建设现代化海洋产业开发基地。坚持陆海开发联动，积极发展海洋科技，有效利用海洋资源和保护海洋环境，优化海洋开发布局，推进临港工业、海洋渔业、海洋新兴产业等加快发展。围绕三都澳、罗源湾、兴化湾、湄洲湾、泉州湾、厦门湾、东山湾等港湾的开放开发，合理布局发展临港工业，建设以石化、船舶、冶金、电力等为重点的临港工业集中区，形成区域经济发展新增长点。提升海洋渔业，推广名优新品种和生态养殖模式，建立大型抗风浪深水网箱养殖产业化基地、立体生态养殖示范基地和水产品加工基地，建立一批国家级水产品加工示范基地。加快渔港建设，建设现代化远洋捕捞船队，积极拓展远洋和深海渔业，鼓励台湾企业在我省沿海设立渔业基地。发展海洋新兴产业，建设海洋科技中试基地及研发平台，推动建立国家南方海洋科研中心，加快培育海洋药品和保健食品、海水综合利用、海洋能源资源开发利用、海洋科技推广与信息服务等新兴产业，形成若干以港湾为依托具有较强竞争力的临港经济密集区。

五、提高城乡统筹和区域协调发展水平

（一）推进形成科学合理的主体功能区。积极推动具备条件地区列入全国主体功能区重点开发区域。加快编制和实施我省主体功能区规划，积极推进优化开发、重点开发区域新型工业化和城镇化，提高人口和经济聚集程度。加强对限制开发、禁止开发区域的环境保护，最大限度地保护山川秀美的生态环境。严格规范空间开发秩序，加强区域建设布局协调，强化山海联动，优化基础设施和产业布局，推进各设区市协调发展。完善区域发展政策，抓紧研究对不同主体功能区域实行不同的产业导向、投资鼓励、人口转移和财政转移支付政策，通过多种途径缩小地区间公共服务的差距。积极创新管理体制，实行科学的考核办法，建立新的区域协调发展引导机制。

（二）推进城乡协调发展。加快海峡西岸城市群建设。坚持高起点规划、高标准建设、高水平管理，实施海峡西岸城市群协调发展规划，不断提高城市建设与管理水平。统筹区域内各项建设安排，适时调整行政区划，做大做强中心城市，推动城市联盟，促进城际协作，逐步形成以区域中心城市为骨干、中小城市和小城镇为基础的城镇体系。加快福州、厦门、泉州沿海中心城市金融、物流、会展等现代服务业和先进制造业发展，提升海港、空港、铁路集疏运能力，发挥主要带动作用。加强漳州、三明、莆田、南平、龙岩、宁德城市基础设施建设，完善城市功能，提升发展实力。通过产业做强、规模做大、功能做优、环境做美，提高区域中心城市产业、人口承载能力和辐射带动能力。发展县域经济，探索完善省管县（市）的体制，不断提升县域经济的发展水平和带动力。加快小城镇建设。加强小城镇规划，择优发展小城镇，积极引导有条件的建制镇发展成为中心镇，促进农村人口与产业向中心镇集聚，推动小城镇建设规模化、特色化，成为连接城市和农村的重要节点。探索赋予经济发展快、人口吸纳能力强的小城镇县级行政管理权限。扩大实施镇、村试点工程，继续抓好各项科技富民工程，夯实小城镇经济基础。

加快社会主义新农村建设。落实各项强农惠农政策，调整优化农业结构，积极发展特色农业、农产品加工业和农村服务业，完善农村市场体系，繁荣农村经济。发展订单农业，扶持农村非农产业发展，鼓励农村劳动力转移就业，支持农民自主创业，促进农民收入稳定增长。发展农村教育，加强农村实用人才培训，提高农民综合素质。加强“六大员”、科技特派员和基层农技推广队伍建设，加快建设乡镇“三农”服务中心，扶持农民专业合作组织，健全农村社会化、专业化服务体系。加强村镇环境卫生治理，持续开展农村家园清洁行动，改善农村人居环境。研究建立政府补贴的农业保险体系，增强农业抗风险能力。以村党组织建设为核心，加强农村基层组织建设，完善下派村支书制度，推进农村社会工作者队伍建设，逐步完善新型农村工作机制。

加快城乡经济社会一体化进程。对城乡发展要实行统一规划、合理布局，协调推进城乡各项建设，缩短城乡之间的空间距离和设施落差，促进农村与城市发展的协作配套。建立城乡基础设施共同发展机制，统筹推进城乡交通、电力、电信、信息、邮政、供水、环保等基础设施建设，促进基础设施向农村延伸。促进城乡公共服务均等化。推动城乡科技教育、医疗卫生、文化体育等社会事业共同发展，促进公共服务向农村拓展。有序推进农村富余劳动力向城镇转移，逐步实现进城务工农民与城市居民享受同等待遇，促进城乡生产要素的自由流动和优化配置。积极探索城乡衔接的社会保障体系，逐步建立统一的城乡居民基本养老和基本医疗保险制

度。发挥大中城市对农村的辐射带动作用，加大城市人才、智力、资金等对农村的支持，推动城市化发展比较快的地区先行开展城乡一体化试点。

（三）推进欠发达地区发展。努力改善欠发达地区生产生活条件，加大财政转移支付力度，不断增加财政对这些地区的教育、医疗、社会保障和基础设施投入。主动衔接国家有关部委，落实好中央财政转移支付、中央预算内专项资金和中央预算内投资，以及其他中央专项资金对海峡西岸经济区加大扶持力度的政策，特别是对原中央苏区县、革命老区、少数民族地区、海岛、水库库区的扶持政策；落实好在安排中央预算内投资以及其他专项资金时对我省革命老区、少数民族地区和原中央苏区县参照执行中西部地区相关优惠政策。坚持开发式扶贫、开放式扶贫和救济式扶贫相结合，立足资源优势和市场需求，扶持欠发达地区发展特色产业，提高农产品和特色资源深加工水平，增强欠发达地区自身发展能力。继续组织实施造福工程。积极推进扶贫小额贷款，推进村级发展互助金试点。加强对欠发达地区劳动力就业技术培训，合理有序推进当地农村劳动力转移。加快设立产业转移示范园区，推动包括台资企业在内的符合环保要求的沿海地区劳动密集型产业转移，促进这些地区加快发展。进一步完善和落实沿海对山区对口帮扶工作机制，抓好省、市、县三级扶贫开发重点村建设，加强山海协作示范园区建设，扶持培育一批山海协作示范工程和重点骨干项目。

（四）推进跨省区域协作。积极推动与长三角、珠三角地区的经济联系与合作，促进区域产业结构调整优化升级，探索建立产业、交通、环保、金融、信息、城乡规划、能源资源、区域通关等领域的协调机制，推动合作规范化、制度化、常态化。发挥闽浙赣、闽粤赣等跨省区协作组织作用，建立更加紧密的区域合作机制。加强市场开发，加快区域共同市场建设，促进区域间人员、资金、技术、产权等畅通流动。积极研究就业培训、劳动力转移、社保医保对接、金融监管等方面的改革，消除区域间生产要素流动障碍。加强区域重大项目建设协调，推进跨省铁路、公路、港口等重大基础建设，畅通海峡西岸港口与内陆地区通道。探索建立跨区域合作产业园区、物流园区，实现电子、机械、旅游、物流等产业对接，加快形成产业对接走廊。加强海峡西岸城乡和区域合作，积极构建区域城市联盟，促进产业协作配套、设施共建共享和生态协同保护，实现城市及区域资源要素优化配置。

六、推动改革开放向纵深发展

（一）增创体制机制新优势。深化农村综合改革。积极推进城乡统筹综合配套改革试验，建立以工促农、以城带乡的长效机制。健全严格规范的农村土地管理制度，科学编制并严格实施土地利用总体规划，探索农村土地流转和征地补偿相关政策机制，逐步建立城乡统一的建设用地市场。建立土地流转市场和价格调节机制，促进海峡西岸产业发展、布局优化和节约集约用地。深化集体林权制度改革，加快建设永安国家林业改革与发展示范区。切实搞好海域使用权制度改革、粮食流通体制改革、农村金融体制和农村流通体制等方面改革。创新农村工作机制，完善农村社会化服务体系，增强农村公共服务能力。

持续推进重点领域改革。进一步发挥厦门经济特区在体制机制创新方面的试验区作用，先行试验一些重大改革措施。继续推进国有企业改革，完善国有资产监督管理体系，加大国有经济布局和结构调整力度，更好地发挥引领、支撑和保障作用。落实金融支持政策，深化金融改革与创新。积极吸引更多的金融机构来我省设立分支机构、区域性业务总部和其他功能性区域中心；做大做强地方金融机构，支持省内银行业机构开展综合经营试点，加快推进农村信用社改制试点工作，有序推进小额贷款公司和村镇银行试点工作；鼓励各类投资者在闽设立创业投资企业，推动省内企业组建产业投资、风险投资和其他各类投资基金；支持更多企业在境内和境外市场上市，支持企业通过发行企业债券、专项债券、短期融资券和中期票据等多种渠道融资，推动非上市股份公司股份代办转让试点工作；支持发展融资、租赁、信托、担保、典当、财务公司等金融、非金融以及金融中介服务行业和机构。推进涉外经济体制改革，健全外贸稳定增长促进机制。推进科技、教育、文化、卫生等社会事业体制改革。深化港口管理体制和交通行政执法体制改革。稳步推进公共资源市场化配置，促进公用事业和公共服务领域开放和多元化发展，形成多元投资、公平竞争、规范经营的发展格局。

优化发展环境。转变政府职能，强化政府的经济调节、市场监管、社会管理和公共服务职责。深化行政审批制度改革，创新行政管理方法，推行行政指导，简化和规范审批程序，推广各种行之有效的便民服务方式，有效服务基层、服务企业，提高行政效能，构建服务型政府。加强法制建设，全面推进依法行政，稳步推进行政执法体制改革，建立权责明确、行为规范、监督有效、保障有力的执法体制。严格依照法定权限和程序行使权力、履行职责，构建规范透明的法制环境。维护市场经济秩序，加强社会信用体系建设，依法保护各类市场主体的合法权益。鼓励、支持和引导民营经济发展，激发民营经济发展活力。推动非公有制市场主体准入机制改革，凡法律、法规未禁止或限制的行业，均允许民间资本公平进入。支持民营企业创立品牌、创新技术、提升管理，提高对民营经济的服务水平，增强民营企业竞争力。

（二）提升对外开放层次和水平。积极合理有效利用外资。创新招商引资方式，注重引进重要领域、关键环节的世界先进技术、管理经验和智力资源，提高利用外资水平。创新外商投资管理方式，简化审批程序，推动我省列入全国第一批外资项目表格式审批的试点省份，推进投资便利化。创新招商引资机制，充分利用中国国际投资贸易投洽会等招商载体平台，合理把握吸引外资的方向和重点，积极引导外资投向主导产业、高新技术产业、现代服务业和节能环保等领域，优化利用外资结构。进一步完善利用外资政策，注重吸引跨国公司来闽建立生产基地、研发中心、营销中心和地区总部，提升工业设计、技术开发、管理咨询等行业整体水平。规范招商引资行为，依法保护外商正当权益，营造公平、开放的投资环境。

加快转变外贸增长方式。进一步优化进出口结构，不断扩大具有自主知识产权、自主品牌商品、传统优势产品和机电产品、高新技术产品出口，鼓励高技术含量高附加值产品、服务产品和农产品出口，严格限制高耗能、高污染、资源性产品出口。建立健全进出口预警、产业损害预警和反技术壁垒等工作机制，积极推动企业加入跨国采购链，支持企业开展国际认证，有效拓展国际市场。加大对出口企业应对危机的扶持力度，提高出口退税速度，扩大出口信用保险覆盖面，降低国际金融危机对我省实体经济及外贸出口的影响。顺应市场需求变化，积极开拓自由贸易区市场，巩固欧美、日本、东盟等传统市场，积极拓展拉美、非洲等新兴市场。鼓励经济发展急需的先进技术、关键设备和重要资源进口。稳步推进加工贸易转型升级，促进从贸易到投资的转化，引导加工贸易向产业链高端发展。依托出口加工区，积极发展台湾转口加工贸易。鼓励优势企业参与海外资源开发，建立境外生产、营销和服务网络，带动商品出口和劳务输出。发展服务贸易，拓展外贸发展的新空间。发展国际中转、配送、采购、转口贸易和加工制造等业务，支持有实力企业开展跨国经营。

推动开发区和海关特殊监管区发展。发挥好现有海关特殊监管区的作用，加快国家级开发区扩区和区位调整步伐，推动有条件的省级开发区升级为国家级开发区，有条件的地方新设开发区。积极拓展开发区的功能，力争在用地规划、市场准入等方面先行先试。研究提出海关特殊监管区政策叠加和区域整合方案，扩大区港联动政策覆盖范围，推动设立福州保税港区和泉州保税港区，推广应用“属地申报、口岸验放”通关模式。加强闽台特殊海关监管区和管理机构的合作，推动两地通关作业管理信息化，互设办事处和实现有关单证互换互认。

深化与港澳侨合作。围绕闽港合作“八大平台”和闽澳“四项合作”，进一步推动与港澳各领域各层次的合作。充分利用内地与港澳更紧密经贸关系安排机制，加强与港澳投资贸易促进机构的合作，积极开展海外联合招商活动。利用港澳的融资渠道和营销网络，推动企业到港澳设立营销中心、运营中心，扩大对港、对澳贸易和转口贸易。加强与港澳在服务业领域的合作，引入港澳资金、先进技术和管理经验，加快发展现代服务业。吸引更多的港澳金融机构到我省设立分支机构或投资参股，支持符合条件的省内企业到香港上市融资。加强与港澳物流业合作，建立跨境物流网络。加强闽港澳旅游合作，推动旅游线路对接延伸。充分发挥我省海外华侨华人众多、爱国爱乡的优势，充分利用世界福建同乡恳亲大会、世界闽商大会等平台作用，积极引进侨智侨力，切实维护侨胞合法权益，吸引海外侨胞来闽投资兴业，引导更多的华侨华人支持和参与海峡西岸经济区建设。

七、加强以民生改善为重点的社会建设

（一）大力推进人力资源建设。推进高端人才培养计划，实施“海西学者”制度和专业技术人才海外研修工程，培养和造就学术技术带头人、科技领军人才、一线创新人才和创新团队。加强职业经理人队伍建设，培养一批满足市场需要、高水平的企业经营管理人才。实施党政人才培养工程，推动建立与国家部委干部挂职交流机制，建设一支高素质的公务员队伍。加强人才培训、储备、科研、创业和引智示范等各类基地载体建设，着力培养高技能应用型人才，形成与产业结构相适应的初、中、高级技工、技师队伍。完善人才培养、引进、评价与激励政策，围绕创新平台建设、产业升级、重点建设和科技成果转化集聚人才，努力建设海西人才高地。实施高端人才引进“百人计划”，吸引海内外优秀人才特别是华侨华人、留学人员和台湾科技、教育等领域人才。鼓励引导高校毕业生和各类人才到农村、企业基层和经济欠发达地区创业或服务。健全专业化、信息化、产业化的人才市场服务体系，深化户籍、人事档案管理制度改革，加快推进企事业单位人事制度改革，打破人才流动的区域、行业、身份等限制，促进人才合理有序流动，努力构建海峡西岸人才资源支撑体系。

（二）加强文化基础设施建设和文化产业发展。大力发展文化事业。完善公共文化服务投入机制，加强基层文化设施和城市综合性大型文化、社区文化设施以及图书馆、博物馆、文化馆、档案馆、文化站等文化设施建设，继续实施广播电视“村村通”、社区和乡镇综合文化站文化信息资源共享、农村电影放映、农家书屋等文化工程，建立覆盖城乡的公共文化服务体系。积极发展哲学社会科学、新闻出版、广播影视、文学艺术事业，推进文化创新，办好福建艺术节，实施文化精品工程，力争主要艺术门类进入全国先进行列。重视物质和非物质文化遗产的保护与传承，实施福州“三坊七巷”等历史文化古迹修复改造工程和涉台文物保护工程，推进历史文化名城、名镇、名村和街区保护。打造海西特色文化品牌，重点保护发展闽南文化、客家文化、妈祖文化、红土地文化、船政文化、畲族文化、朱子文化等特色文化。

建设全国重要的文化产业基地。办好海峡两岸文化产业博览会，推动文化与经济融合，将更多文化资源优势转化为产品优势、产业优势和竞争优势。鼓励文化产业投资多元化，加快发展报刊服务、出版发行印刷、广播影视、演艺娱乐、文化旅游、文化创意、动漫游戏、文化会展、广告、工艺美术十大文化产业，建设文化产业园区和产业群，创建一批文化强市强县，建成50个有影响的文化产业基地。着力扶持专、精、特、新文化企业，形成以大型文化企业集团为龙头、各类中小文化企业互补的文化产业发展格局。

（三）着力改善民生。优先发展教育。完善义务教育经费保障机制，优化农村义务教育布局结构，推进城乡教育一体化改革试点，完善“以县为主”教师管理体制，加强农村中小学教师队伍建设。加快推进中小学合格校建设，促进义务教育均衡发展。推进素质教育，探索提高学生素质、培养创新人才的模式和机制。大力发展职业教育，发挥国家级和省级重点中等职业学校的辐射带动作用，加强县级职教中心和实训基地建设，推进职业教育人才培养模式改革，扩大技能型人才培养规模。调整高等学校学科、专业结构，建立与两岸产业对接相适应的人才培养体系，加快各类人才培养步伐，加强高校科技创新和成果转化，提升高校服务海西建设的能力和成效。重视学前教育，普及高中阶段教育，实施特殊教育学校标准化建设和质量提升工程，支持和规范民办教育发展，开展全民学习型社会建设试点，加快构建终身教育体系。

千方百计扩大就业。改革劳动和就业管理体制，健全就业援助体系，统筹抓好城镇新增劳动力就业、农村富余劳动力转移就业、失业人员就业工作。加强大中专毕业生就业工作，引导毕业生面向基层和生产一线就业。改善创业环境，强化政策支持、创业培训和创业服务，推动以创业带动就业。完善劳务派遣网络，健全公共就业服务体系。加强中介机构社会化管理，规范发展人力资源市场。全面落实进城务工人员有关政策，促进稳定就业。

改革发展卫生事业。加强公共卫生服务体系建设，提高公共卫生服务能力，促进基本公共卫生服务均等化。健全基层医疗卫生服务体系，完善农村三级医疗卫生服务网络和城市社区卫生服务网络，实施妇幼卫生健康计划。推进基本医疗保障制度建设，全面推行城镇居民、城镇职工基本医疗保险，巩固完善新农合制度，健全医疗救助体系。积极探索公立医院改革，合理调整各类医疗机构的结构、布局、功能。建立健全药品供应保障体系，实施国家基本药物制度，推进基本药物合理使用，合理控制医疗服务费用，重视发挥中医药在医疗卫生服务体系中的作用，满足不同层次医疗服务需求。加强人口和计划生育工作，落实人口计生工作目标责任制，稳定低生育水平。积极推行优生优育，有效治理出生人口性别比升高问题。

完善社会保障体系。推进机关、事业单位养老保险制度改革，提高企业退休人员生活保障水平，建立新型农村社会养老保险制度。健全城乡居民最低生活保障制度和被征地农民社会保障制度，逐步提高保障水平。完善失业、工伤、生育保险制度。制定社会保险关系转续办法。推进各项社会救助制度的建设与整合，增强社会救助整体效能，特别要关注对困难台胞台属、侨胞侨属的救助。加大公共福利设施投入，推动发展以扶老、助残、救孤、济困为重点的社会福利事业，重视发展妇女儿童事业、少数民族事业和老龄事业，积极发展慈善事业。促进残疾人事业发展，改善残疾人状况。健全社会保障房制度，改进经济适用房制度，完善廉租房政策和供应体系。

加强和完善社会管理。加强民主法制建设，做好法制宣传教育、法律服务和法律援助工作，持续推进依法治省进程。健全基层社会管理体制，推进城乡和谐社区建设。强化社会组织建设与管理。建立健全多元化的矛盾纠纷解决机制。畅通信访渠道，认真对待和解决群众合理诉求，积极预防排查、化解和妥善处理社会矛盾纠纷。强化流动人口服务和管理。加强防灾减灾基础设施建设，完善突发事件应急管理机制。完善“12315”消费维权网络，深入开展食品药品放心工程。落实安全生产责任制，强化安全生产应急管理，加大重点行业和领域的安全生产监管力度，遏制重特大安全事故。深入推进“平安福建”建设，加强社会治安综合治理，完善社会治安防控体系，加强城乡社区警务建设，严密防范和依法打击违法犯罪活动，保障人民安居乐业。

八、加强生态文明建设

（一）加大节能减排攻坚力度。严格落实目标责任制，完善节能减排的指标、监测和考核体系。强化固定资产投资项目节能评估审查和环境影响评价，对新上项目严把产业政策关、资源消耗关、环境保护关。健全节能环保奖惩机制，完善差别电价、替代发电、以奖代补、区域限批等相关政策。加快重点节能工程和污染减排项目建设，严格节能减排重点项目管理，继续推进污水垃圾处理产业化和建筑节能，加强合同能源管理和重点污染源在线监控，抓好重点领域和重点企业节能减排工作。建立淘汰补偿机制，加快淘汰落后生产能力，加强节能减排新技术、新装备的研发、引进与应用。推进循环经济示范城市、园区和企业建设，建立和完善再生资源回收体系，促进重点行业废弃物再利用和城市生活垃圾资源化利用，促进节能、节水、节材、节地，全面推行清洁生产。

（二）强化生态建设和保护。提高林地保护和管理能力，加强森林资源抚育更新，保持森林覆盖率居全国首位。优化森林资源结构，提高森林资源质量，加快沿海防护林体系、生态公益林体系建设，强化森林资源的生态功能。加强水资源管理，完善取水许可和水资源有偿使用制度，健全流域管理和区域管理相结合的管理体制，清理整顿水电开发项目，严格河道、海域采沙监管，强化江河湖库等饮用水源地保护。完善闽江、九龙江、敖江等流域生态补偿具体实施办法，推动龙岩、汕头、潮州建立汀江（韩江）流域治理补偿机制，推进生态环境跨流域、跨行政区域的协同保护。推进国家环保模范城市、园林城市、卫生城市、文明城市、生态示范区、可持续发展实验区、环境优美乡镇、绿色社区、生态村等生态示范创建工作。加强湿地和自然保护区管理，实施生物多样性保护工程建设和对重要生态功能区的抢救性保护、重点资源开发区生态环境强制性保护、生态环境良好区和农村生态环境积极性保护、风景名胜资源和历史文化街区严格保护，促进环境质量继续名列全国前茅，使海峡西岸青山常在、绿水长流。

（三）加快环境综合整治。坚持“谁污染、谁治理”，加强污染治理、监测和监管，从源头上控制环境污染。加强区域污染防控，加快整治重点流域、主要海湾和近岸海域。推进畜禽、水产养殖污染治理，发展农村沼气，控制农业面源污染。加强台湾海峡海域水环境整治，实施陆源排海溯源追究，严格规范入河、入海排污口监管，治理海漂垃圾污染。加大力度整治城市内河、噪音和机动车污染。加快治理重点矿业开采区、重点水土流失区等生态脆弱区。强化企业主体责任，研究实施企业环境污染责任险、绿色信贷等政策措施，推进治理项目建设。加强区域环境安全危机防范，提高环境安全突发事件处置和应对能力。

九、切实加强对贯彻落实工作的组织领导

（一）加强党建、强化保证。党的领导是加快建设海峡西岸经济区的根本保证。要大力加强党的执政能力建设和先进性建设，推进党的建设新的伟大工程，为建设海峡西岸经济区提供强有力的思想、组织和作风保证。继续扎实开展深入学习实践科学发展观活动，努力把科学发展观贯穿于建设海峡西岸经济区的全过程。充分发挥党的领导核心作用，提高各级党委总揽全局、协调各方的本领和能力，科学执政、民主执政、依法执政，坚持和完善民主集中制，改进领导方式和工作方法。进一步加强干部队伍建设，加大干部培训力度，健全完善体现科学发展观和正确政绩观要求的干部考核评价体系。不断深化干部人事制度改革，建立经常性的干部考察工作制度，进一步完善选人用人决策机制，坚持“五重五不简单”，牢固树立公正选人和科学用人的正确导向，提高党员干部队伍整体素质，使之成为推动海峡西岸经济区建设的骨干力量。加强基层党组织建设，做好农村、企业、城市社区和机关、学校、新社会组织的党建工作，着力发挥各级党组织的坚强堡垒作用，不断增强党的创造力、凝聚力和战斗力。加强作风建设，大兴求真务实之风，坚持忠诚履责、尽心尽责、勇于负责、敢于问责，做到为民、务实、清廉。健全党内监督和责任追究制度，加强和改进巡视工作，实行党政领导干部问责。坚持不懈地加强反腐倡廉建设，坚决查办阻碍发展的

违纪违法行为，围绕规范权力运行、健全市场机制、完善中介组织深化制度建设，从源头上预防腐败，扎实推进惩治和预防腐败体系建设，为海峡西岸经济区建设提供良好环境。

（二）明确责任、精心组织。各级党委、人大、政府、政协要倍加珍惜重大历史机遇，高度重视，坚持“四求作为”，认真贯彻落实《意见》提出的各项任务和要求。主要领导亲自抓、负总责，建立责任机制，切实把《意见》落实到当前各项具体工作中。充分发挥党的统一战线在海峡西岸经济区建设中的法宝作用，最大限度地团结动员统一战线广大成员、海内外闽籍社团和乡亲积极参与海西建设。各民主党派、工商联、人民团体和群众组织要充分发挥广泛联系各界群众的优势，找准位置，主动融入，积极作为，发挥作用。各设区市、县（市、区）要抓好组织实施，结合实际情况，抓紧制定本地区贯彻《意见》的具体实施方案，明确目标任务和工作要求，创造性地开展工作。省直有关部门要按照职能分工，精心筹划，分解任务，主动对接，跟踪细化并积极推动《意见》的分工方案及具体支持政策等早日出台。加强研究，超前谋划，抓紧编制好《海峡西岸经济区发展规划》，努力把落实《意见》与制定规划及长远发展目标等衔接起来，充分体现《意见》对全省经济社会发展的指导作用。突出重点，强化协调，对重大政策、重点项目和重要资金支持要成立专门工作班子抓紧抓实，把责任落实到部门、到单位、到人员。要加强督促检查，把贯彻落实《意见》情况列入对领导班子和领导干部的考核评价范围，作为工作实绩评定和干部奖惩的重要内容。

（三）勇于探索、持续实干。进一步解放思想、更新观念，发扬敢拼会赢、敢闯敢试的精神，不断拓展作为空间。尊重基层和群众首创精神，鼓励积极探索、大胆实践、先行先试，创造宽松环境，始终保持发展生机与活力。立足当前，乘势而上，把贯彻落实《意见》与当前工作结合起来，与实现保增长、保民生、保稳定的目标任务统筹起来，积极应对风险挑战，持续扩大投资，激活消费需求，努力稳定出口，加快推进产业优化升级，切实改善民生，毫不放松推进发展，力求取得阶段性成果。注重运作，遵循规律，讲求科学的工作方法，紧抓住海峡西岸经济区建设中的重点难点问题，突出项目带动和品牌带动，集中财力办大事，集中力量求突破，并以此推动面上工作。着眼长远，加强调查研究，对事关建设海峡西岸经济区全局的重大问题，积极探索解决问题的新方法新方式。深入了解并及时掌握《意见》贯彻落实中的新情况新问题，强化指导，及时帮助基层和企业解决难题。

（四）加强协作、集聚合力。牢固树立全局观念，努力发挥各自作用，准确定位、主动作为，形成各地区各有其位、各尽所能、布局合理、分工协作、优势互补、联动发展的格局。加强与周边地区的沟通协作，紧密联系，整合优势，互联互动，合作发展，共同推进海峡西岸经济区建设。省直有关单位要明确分工，互相支持配合，积极做好与国家部委的沟通衔接工作，用好用足用活中央各项支持政策，在资金投入、投资比例、项目支持、布点与审批、土地利用等方面逐项逐条落实到位。强化服务意识，丰富服务内容，创新服务方式，提升对基层和企业的服务水平。进一步增进团结，同心协力，广泛凝聚各方面的智慧与力量，激发创新、创造、创业的热情，组织动员全省广大干部群众，最大限度地把全社会的发展积极性引导到海峡西岸经济区建设上来。

（五）营造氛围、奋发进取。牢牢把握舆论宣传工作的正确导向，大力宣传党中央国务院对福建的支持和关心，大力宣传《意见》的重大意义，大力宣传海峡西岸经济区建设的新成就，使之转化为推动海峡西岸经济区建设的强大精神力量。围绕海西建设中与群众切身利益相关的热点难点问题，切实做好引导社会思潮和凝聚社会共识工作，巩固和发展积极健康向上的主流意识，树立海峡西岸经济区建设的良好形象。加强分类指导，以点带面，及时总结和推广海峡西岸经济区建设中改革创新、先行先试的好经验、好做法，形成典型示范效应。弘扬艰苦奋斗的精神，继续保持和发扬近年来形成的谋求发展的意识、攻坚克难的精神、应对风险的气势、服务全局的合力、拓展创新的气魄、锲而不舍的韧劲，进一步持续海峡西岸经济区建设的良好形势、趋势、态势和气势，加快建设海峡西岸经济区，努力把宏伟蓝图变为光辉灿烂的现实。

中共中央决定

孙春兰同志任福建省委书记
卢展工同志任河南省委书记

日前，中共中央决定：

卢展工同志任河南省委委员、常委、书记，不再担任福建省委书记、常委、委员职务；徐光春同志不再担任河南省委书记、常委、委员职务。

孙春兰同志任福建省委委员、常委、书记。

王珉同志任辽宁省委委员、常委、书记，不再担任吉林省委书记、常委、委员职务；张文岳同志不再担任辽宁省委书记、常委、委员职务。

孙政才同志任吉林省委委员、常委、书记。

胡春华同志任内蒙古自治区党委委员、常委、书记；储波同志不再担任内蒙古自治区党委书记、常委、委员职务。

（摘自2009年12月1日《福建日报》）

2010年福建省人民政府工作报告

（2010年1月25日在福建省第十一届人民代表大会第三次会议上）

福建省人民政府省长　黄小晶

各位代表：

现在，我代表福建省人民政府向大会作政府工作报告，请予审议，并请省政协各位委员和其他列席人员提出意见。

一、2009年的主要工作

过去的一年，在中共中央、国务院和中共福建省委的正确领导下，我省各级政府全面贯彻党的十七大、十七届三中、四中全会精神，深入学习实践科学发展观，认真落实国务院支持福建省加快建设海峡西岸经济区的《意见》，坚决实施中央应对国际金融危机的一揽子计划，按照省委的总体部署，全力保增长、保民生、保稳定，加快推进海峡西岸经济区建设，经济社会发展取得新的成效。初步统计，全省生产总值11950亿元，增长12%；财政总收入1694亿元，增长11.7%，其中，地方级财政收入932亿元，增长11.9%；全社会固定资产投资6362亿元，增长20%；外贸进出口总额797亿美元，下降6.1%，其中，出口533亿美元，下降6.4%；按可比口径实际利用外商直接投资101亿美元；社会消费品零售总额增长16.5%；居民消费价格总水平下降1.8%；城镇居民人均可支配收入19577元，实际增长10.9%；农民人均纯收入6680元，实际增长10.1%；城镇登记失业率3.9%；人口自然增长率6.2‰。单位生产总值能耗降低3.2%、二氧化硫排放量下降1.5%、化学需氧量排放减少0.2%的节能减排目标预计可以完成。

一年来的主要工作和成效是：

（一）贯彻落实国务院《意见》，海峡西岸经济区建设进入新阶段

党中央、国务院对以福建为主体的海峡西岸经济区建设高度重视。2009年5月，国务院出台支持福建省加快建设海峡西岸经济区《意见》，温家宝总理、贾庆林主席等中央领导同志先后来闽视察，对加快海西建设提出了明确要求。海西战略上升为国家战略，在服务全国发展大局、推动两岸关系和平发展中的重要作用进一步凸显，海峡西岸经济区建设站在新的起点上。

*把握机遇乘势而上。*研究制定我省贯彻国务院《意见》的实施意见，组织修编《建设海峡西岸经济区纲要》，及时细化分解相关任务。按照国务院办公厅下发的国家有关部门重点工作分工方案，加强汇报沟通衔接，迄今已有65个国家部门、央属企业推出支持措施。全省上下主动融入全局，着力工作落实，深入实施十大举措，加快构建十大支撑体系。海内外华人华侨、台港澳同胞、闽籍乡亲、国际友人积极呼应、协力推进。周边地区与我省的协作更加紧密，沿海与内地的通道更加顺畅，区域一体化趋势更加明显，海峡西岸经济区建设呈现良好发展局面。

*重点领域先行先试加快推进。*一是启动福州（平潭）综合实验区建设，加快编制总体规划，赋予特殊政策，推进开发项目前期工作。二是促进闽台产业深度对接，完善台商投资产业指导目录，出台支持台资企业发展政策，吸引台商投资建设专业园区。三是制定台商投资区、开发区和海关特殊监管区拓展提升方案，申报设立泉州、漳州台商投资区和福州保税港区，推进福州、厦门台商投资区扩区。四是推动建设两岸区域性金融服务中心，加快组建两岸合作的海峡产业投资基金，积极争取对台离岸金融试点，福州市商业银行更名为福建海峡银行，新台币现钞兑换试点扩大到全省。五是完善两岸人员往来及旅游发展机制，出台奖励措施促进两岸游客经我省双向旅游，首家台资旅行社落户厦门，“海峡旅游”品牌影响扩大。六是加强对台先行先试政策综合研究，促进对台经贸、航运、邮政、科技、文化、教育等方面交流合作。七是加大港口整合力度，北部以福州港为主体，覆盖三都澳、罗源湾、兴化湾北岸；中部以湄洲湾港为主体，覆盖湄洲湾、兴化湾南岸、泉州湾；南部以厦门港为主体，覆盖厦门湾、东山湾，促进海峡西岸港口群加快形成。八是组织研究城乡统筹综合配套改革试验方案，深入探讨土地、金融、就业、社会管理等方面政策举措。九是制定引进培养高层次创业创新人才政策。

*闽台交流合作更加紧密。*首届海峡论坛成功举办，成为继两岸经贸文化论坛、“两会”协商后的又一个两岸交流沟通重要平台。先后两次组织大型交流团赴台推介海西，加强闽台行业、园区、企业间的对接，按可比口径实际利用台资25.3亿美元，对台贸易额70亿美元。新增清流、仙游两个国家级台湾农民创业园，福建新大陆电脑股份有限公司成为首家赴台投资的大陆企业。率先开通对台海上直航客运航线、空中直航定期航班和直接通邮邮路，“小三通”航线客运量138.2万人次，增长31.7%。建立两岸职业教育交流合作中心和科技、体育合作基地，全面开放对台职业技能鉴定，成规模选派大学生入岛学习。积极开展向台湾中南部受灾民众捐款赈灾活动。省台湾文献信息中心建成使用。“5·18”等涉台经贸活动成效明显，闽台各领域交往更加深入。

（二）有效应对国际金融危机，经济持续较快发展

面对严峻复杂的经济形势，坚持把保持经济平稳较快

发展作为经济工作的首要任务，持续推出加强“三农”、振兴产业、科技创新、扩大投资、拉动消费、稳定出口等一系列举措，政策效应逐步显现，经济运行逐季回升，增长态势持续向好。

“三农”工作力度加大。全面落实粮食直补、良种补贴、农资综合补贴和农机具购置补贴等政策，全省财政支持“三农”投入438亿元，增长21%。农林牧渔业总产值2001亿元，增长5%，粮食总产量667万吨，连续三年增产。农业产业化规模扩大，省级重点龙头企业实现销售收入增长9%，农产品出口增长12.8%。“五新”推广步伐加快，实施94个示范项目，建设9个集成推广示范县。实施土地整理70.5万亩，建设高标准农田40.5万亩，新建改扩建标准渔港17个，修复病险水库120座，完成海堤除险加固152.5公里、农村路网工程4650公里，解决农村133.5万人的饮水安全问题，全省20户以上自然村通电话全面实现。农村社区综合服务试点工作扎实推进，农民专业合作社快速发展，供销社作用进一步发挥，金融服务网点覆盖全省所有乡镇。动植物疫情疫病有效防控，省级救灾物资储备库基本建成，因灾倒房的受灾户春节前可全部搬入新居。

产业发展水平提升。全年工业增加值4918亿元、增长12.1%，建筑业增加值894亿元、增长18.6%。产业集群进一步壮大，福建炼化一体化、南纸林纸一体化、液化天然气冷能空分等一批项目建成投产，光电、软件、微波通信、生物医药、环保设备等一批新兴产业基地加快形成；制定实施14个重点产业调整振兴方案，深入推进工业内涵深化技改提升工程，完成工业改扩建投资936亿元，增长49.7%。帮扶企业力度加大，全面落实扶持中小企业的36条政策等措施，建立完善信用担保补偿、再担保、贷款风险补偿和资金链应急保障机制，设立创投资金，全年省级财政扶持企业资金达25.7亿元；支持企业扩大直接融资，新增境内外上市公司20家，累计达147家；取消、停止、减征一批行政事业性收费和政府性基金，为企业减负25亿元；支持企业拓展营销联盟和电子商务，规模以上工业产销率达97.42%。服务业拉动作用增强，金融支持经济发展有力，全年本外币贷款余额增长30.5%；动漫、创意等新兴服务业和服务外包迅速成长，一批物流园区、节点和配送中心初步建成，咨询、广告、会展等商务服务业加快发展，旅游总收入持续增长，全年第三产业增加值增长12.5%，对经济增长的贡献率提高4.8个百分点。

自主创新能力继续提高。拓宽科技投入渠道，落实企业研发费用税前加计扣除等激励政策，强化企业创新主体地位。全省重新认定576家高新技术企业，新增4个国家级创新型企业、30家省级以上企业技术中心。推进科技重大专项，万吨级煤制乙二醇成套技术、陶瓷纤维等关键技术取得突破，水稻转基因育种、重大传染病防治技术等专项列入国家计划。8项科研成果荣获国家科技进步二等奖。创新平台加快拓展，新建4个国家产品质量监督检验中心、7个行业技术开发基地。中国科学院城市环境科学研究所通过验收。实施知识产权战略，新增中国驰名商标30个、专利授权量11282件，新制修订国家标准90项。科技人员服务企业“百千万”行动深入开展，技术经纪队伍逐步壮大。第七届“6·18”成功对接5008个项目，有效促进技术、资本、人才等创新要素集聚。“数字福建”建设扎实推进，信息化应用水平进一步提高。

固定资产投资持续增长。投资对经济增长的贡献率达67.6%，比上年提高5个百分点。重点项目开工和投产数量创历史新高，全年完成投资1493亿元，增长23.4%。海西跨入高速铁路时代，温福、福厦铁路建成通车，干线铁路运营里程新增504公里，累计突破2100公里。泉三高速泉州段、永武高速上杭至武平段、福泉高速莆秀支线等项目建成，高速公路通车里程新增246公里，累计突破2000公里。港口吞吐能力新增6220万吨，全年吞吐量突破3亿吨，厦门港步入亿吨港行列。厦门翔安隧道全线贯通，福州地铁1号线开工建设。宁德、福清核电站建设全面铺开，一批火电、气电、风电项目建成投产，新增电力装机400万千瓦，总容量突破3000万千瓦，提前建成全省500千伏大环网。

消费需求进一步扩大。落实减免居民自住房交易税、下调贷款利率等优惠政策，商品房销售面积、销售额分别增长67.5%和107.4%。鼓励和支持购买节能环保小排量汽车，全年汽车类零售额增长35.8%。大力发展连锁经营、物流配送、电子商务等现代流通方式，加快集贸市场和“万村千乡”市场工程建设，推进家电、汽车、摩托车下乡和家电、汽车以旧换新，城市社区商业服务网络和农村现代流通网络进一步健全。整顿规范市场秩序，强化产品质量和食品药品安全监管，建设食品放心工程。

对外经贸平稳发展。及时出台稳定外贸增长的35条政策等措施，扶持重点企业和大宗商品出口，加大对企业信用保险支持力度。全省外贸运行好于全国，居十大外贸省市前列，降幅小于全国7.8个百分点，民营企业出口、一般贸易出口比重分别提高7.5个和4.9个百分点。电子口岸覆盖面扩大，通关环境继续改善。厦门翔安B型保税物流中心封关运作，漳州成为全国光机电科技兴贸创新基地。利用外资质量提升，服务业实际利用外资增长14.9%，比重提高3个百分点。鼓励企业“走出去”取得进展。闽港闽澳合作不断深化，实际利用港澳资金47.6亿美元，闽港闽澳贸易额36.3亿美元。侨务、外事工作继续加强。“9·8”等重大经贸活动成果丰硕。

体制改革不断深化。农村综合改革稳步推进，土地承包经营权流转有序开展，生态公益林管护、商品林采伐和林权抵押贷款等配套改革取得新进展，农村公路养护分级管理体系基本建立，农信社改制试点启动。新组建投资、能源、交通、外贸、华侨实业五大集团，国有资产监管制度不断健全。出台扩大民间投资的政策措施。增值税转型、成品油价格和税费改革顺利实施，公路养路费等6项收费和政府还贷二级公路收费全部取消。医药卫生体制改革有序推进，基本医疗保障制度覆盖全省城乡居民，基层医疗卫生服务体系加快建设，重大公共卫生服务项目顺利实施，启动基本药物制度改革，完善药品集中招标采购制度，开展公立医院改革试点。组建海峡出版发行集团和海峡世纪影视公司，经营性文化单位转企改制步伐加快。

（三）着力改善民生，社会建设扎实推进

就业和社会保障水平提高。实施更加积极的就业政策，强化公共就业服务，全年新增城镇就业67.2万人，农村劳动力转移就业45.2万人。鼓励企业少裁员、不减员,完善企业欠薪保障金垫付机制。开展"八闽行巡回招聘"活动,加强高校毕业生就业对接和创业培训,支持农民工流动就业和返乡创业。关闭破产国有企业、城镇集体企业退休人员和困难企业职工参加医保问题基本解决,新型农村合作医疗参合率达95.3%,农民工参加工伤保险行业范围进一步拓宽。

社会事业协调发展。基础教育巩固提高,"双高普九"达标县(市、区)增至60个,实施中小学校舍安全工程,中小学教师绩效工资改革有序开展。职业教育加快发展,新增8个职教集团和31个省级以上实训基地。高校专业结构调整和服务海西工程扎实推进,高等教育毛入学率超过全国平均水平。第四届福建艺术节和第二届文博会成功举办,在第十一届"五个一工程"评选中我省获奖总数居全国前列。非物质文化遗产和文物保护力度加大。文学艺术、新闻出版、广播影视、哲学社会科学等事业持续繁荣。文化创意、报刊服务、工艺美术等产业发展迅速,厦门、福州成为国家级动画产业基地,文化产业增加值占生产总值比重提高。重大疾病防控和卫生应急处置能力不断增强,甲型H1N1流感防控工作依法、科学、有序进行。低生育水平保持稳定,出生人口性别比治理取得成效。我省运动员在第十一届全运会上取得历史最好成绩。养老服务体系加快建设。社会福利、救助和慈善事业稳步发展。妇女、儿童、老龄和残疾人工作得到加强。援建彭州项目成效显著,对口支援协作不断深化。人事、编制、气象、防震、测绘、地勘、库区移民、档案、地方志等工作取得新进展。

生态环境质量改善。强化重点流域水环境综合治理,建成23座污水处理厂、3座垃圾焚烧发电厂和17个垃圾无害化处理场,城市污水、垃圾无害化处理率分别达75%和91%。30万千瓦以上燃煤机组全部安装脱硫设施,省控重点排污单位在线监控和联网全面完成,重点领域和企业节能工程取得新成效。淘汰落后水泥产能499万吨、小煤矿产能56万吨,关停小火电机组119.5万千瓦。饮用水源地保护、重要生态功能区建设和海洋环境综合整治不断加强。编制实施沿海港口布局规划和重点港区控制性详规,促进岸线保护和合理利用。实行最严格的耕地保护制度,连续10年实现耕地占补平衡。加强森林资源培育和保护,森林覆盖率达63.1%,继续保持全国第一。

惠民举措逐项落实。继续实施农村义务教育阶段寄宿生宿舍建设工程,对城乡低保家庭高中学生提供助学金,中职学校涉农专业学生和农村家庭经济困难学生学费全部免除,在校大学生全部纳入城镇居民基本医疗保险。"光明行动"受益患者1.2万人。农村卫生"百千万"工程顺利推进。全省新增病床5000多张。实施妇幼和老年卫生健康计划,推动社区医生进家庭,建设儿童医疗救治体系,为城乡低保妇女免费进行专项检查。乡镇综合文化站、农家书屋、群众体育健身设施建设完成年度任务。城市公交优先发展稳步推进。新建3.29万套城市低收入家庭廉租住房。新建改扩建18个县级社会福利中心和100所农村敬老院。农村部分计划生育家庭奖励扶助标准提高。农村住房、森林火灾、渔船和渔工责任保险覆盖全省,水稻种植保险范围扩大。造福工程、农村沼气建设工程完成年度目标,农村家园清洁行动持续开展。省财政为村计生协会会长、妇代会主任、团支部书记发放津贴,村主干补贴标准提高。继续帮助驻闽部队建设生产生活项目。

"平安福建"建设不断深入。完善社会治安防控体系,人民群众对社会治安满意和基本满意率达94.72%。加强社会组织建设,城乡基层自治组织换届选举基本完成。开展"信访积案化解年"活动,强化法律服务,社会矛盾纠纷排查调处机制进一步完善。全面落实安全生产责任制,重特大安全事故得到有效遏制,各类事故总量下降11.5%。健全社会公共安全预警体系和应急管理机制,应对突发事件能力提升。党的民族和宗教政策得到落实。国防动员、优抚安置、双拥共建、民兵预备役、海防、人防、反走私等工作取得新成效。

(四)坚持依法行政,政府自身建设进一步加强

各级政府自觉接受人大及其常委会监督,依法执行人大决定决议,认真办理人大代表建议、批评和意见,积极配合人大常委会开展执法检查、人大代表视察及专项调研。重视和支持人民政协履行政治协商、民主监督、参政议政职能,认真办理政协提案,积极采纳委员调研成果。全年共办理省人大代表建议858件、省政协提案907件,办结率均为100%。广泛听取各民主党派、工商联、各人民团体、无党派人士和社会各界人士意见。深入落实国务院依法行政实施纲要和加强市县政府依法行政的决定。加强政府立法工作,全年提请省人大常委会审议地方性法规草案3项,出台省政府规章4件。"五五"普法持续开展。稳妥实施省级政府机构改革,率先实行中介组织与政府部门"四分开",新一轮行政审批制度改革取得成效。推进政务公开和政府信息公开,深化效能建设、绩效管理,有效服务基层、服务企业。加强政府投资项目监督管理,开展对"小金库"和工程建设领域突出问题的专项治理。做好行政复议工作,建立行政处罚裁量基准制度,纠正损害群众利益不正之风,行政监察、审计监督取得新成绩。严格落实领导干部廉洁自律各项规定,源头上防治腐败力度加大,廉政建设和反腐败工作不断加强。

成绩的取得来之不易,得益于党中央、国务院和省委的正确领导,得益于中央支持海西发展重大决策的强大效应,得益于全省人民的团结奋斗和各方面的大力支持。在此,我代表省人民政府,向为海峡西岸经济区建设付出辛勤劳动的全省广大工人、农民、知识分子、企业家、公务人员,向给予政府工作有力支持与有效监督的人大代表和政协委员、各民主党派、工商联、各人民团体、无党派人士、离退休老同志和社会各界人士,向为福建发展作出积极贡献的中央各部门及驻闽机构、驻闽部队、武警官兵、公安民警,向关心支持福建发展的香港特别行政区同胞、澳门特别行政区同胞、台湾同胞、海外侨胞、国际友人,表示诚挚的感谢!

在看到成绩的同时,我们也清醒认识到发展还面临不少困难和问题,主要是:经济回升基础还不牢固,国际市场需求低迷态势短期难以改变,外贸出口和利用外资增长压力较大,部分工业行业和一些中小企业生产经营仍较困难。产业规模不大、竞争力不强,新兴产业项目不多,自主创新能力亟待提升,节能减排和生态建设还有不少薄弱环节,结构调整和发展方式转变还要付出更大的努力。城乡规划建设管理水平还不高,中心城市辐射带动作用较弱,城乡统筹和城镇化进程还需要进一步推进。农业基础仍不稳固,农民持续增收困难较多。就业结构性矛盾突出,社会保障体系仍不够健全,教育、医疗等公共服务还不能满足群众需求。安全生产仍有隐患,社会稳定还面临一些不确定因素。政府职能有待进一步转变,一些工作人员服务意识不强、工作效率不高,甚至存在不作为、乱作为和消极腐败现象。我们要高度重视这些问题,采取更为有力的措施切实加以解决。

二、扎实做好2010年工作

今年是完成“十一五”规划的最后一年,是全面贯彻国务院《意见》的第一年。从有利条件看,世界经济有望恢复性增长,国内经济回升向好基础逐步巩固,我省经济积极向好趋势显现,经济发展环境将好于去年。从不利因素看,经济回升的内在动力仍然不足,扩大需求存在较大制约,外部环境不确定因素很多,经济发展面临的形势十分复杂,特别是转变发展方式已刻不容缓。在新的起点上加快建设海峡西岸经济区,必须增强信心,增强忧患意识,增强紧迫感,把保持经济平稳较快发展和加快经济发展方式转变有机统一起来,在发展中促转变,在转变中谋发展。

政府工作的总体要求是:**全面贯彻党的十七大和十七届三中、四中全会及中央经济工作会议精神,以邓小平理论和“三个代表”重要思想为指导,深入贯彻落实科学发展观,切实按照“五个更加注重”的要求,紧紧抓住国务院出台支持福建省加快建设海峡西岸经济区《意见》的重大历史机遇,紧紧抓住发展第一要务,扩大需求推动持续增长,转变方式提升发展水平,先行先试深化改革开放,改善民生发展社会事业,进一步解放思想、开拓进取,凝心聚力、乘势而上,努力建设科学发展之区、改革开放之区、文明祥和之区、生态优美之区。**

经济社会发展的主要预期目标是:生产总值增长10.5%左右;地方级财政收入增长11%;全社会固定资产投资增长16%;外贸出口增长8%左右;按可比口径实际利用外商直接投资不低于80亿美元;城镇登记失业率控制在4.3%以内;社会消费品零售总额增长15%,居民消费价格总水平涨幅控制在3%左右;人口自然增长率控制在7‰以内;城镇居民人均可支配收入实际增长8%,农民人均纯收入实际增长5%。实现单位生产总值能耗降低3.2%,完成二氧化硫和化学需氧量年度减排任务。

新的一年,政府的所有工作必须紧紧围绕加快建设海峡西岸经济区的发展战略,深刻认识重大意义,遵循总体要求,把握战略定位,强化保障措施,细化实施方案,明确工作责任,全面落实各项任务,广泛凝聚各方面智慧和力量,调动一切积极因素,努力推动新一轮更高层次的发展。重点做好以下九个方面工作:

(一)夯实“三农”基础,大力发展现代农业

提高粮食保障能力。完善农民种粮直接补贴等政策,增加涉农补贴规模,提高主要粮食品种最低收购价,充分调动农民种粮积极性。稳定粮食播种面积,有效防止耕地抛荒,大力推广关键增产技术,积极发展超级稻、再生稻,提高粮食单产,确保粮食自给水平不下降。落实储备粮定单收购政策,推进储备粮库建设,拓展粮食产销协作,切实保障粮食安全。

推进农业产业化经营。扶持农业产业化重点龙头企业,提高农产品精深加工能力,增强龙头企业辐射带动作用。鼓励发展农民专业合作社,提高农业生产组织化程度。推广集约化、设施化、规模化、标准化生产,扶持发展种子种苗产业,支持优势产区发展特色产品,引导畜牧和水产业健康生态养殖。壮大品牌农业,推行农产品质量认证和标识认证制度。健全监管机构,完善监测网络,实行严格的追溯制度,保障农产品质量安全。

促进农业“五新”进村入户。实施新产品、新技术、新肥料、新农药、新机具推广示范工程,为农民提供近距离技术指导。推动“五新”融入生产、储存、加工、流通各环节,构建支撑现代农业发展的技术链和服务链,提高农业科技创新和推广能力。运用现代信息网络技术和电化教育手段,开展农村实用人才和新型农民远程培训。

加强农业农村基础设施建设。推进土地开发整理,加快中低产田改造、旱片整治和高标准农田建设。加强水利工程建设,全面完成大中型病险水库除险加固任务,继续实施大中型灌区配套改造和水土流失治理工程。抓好农村路网、村通客车、信息化和新一轮农村电网改造工程,加强农村公路养护管理。推进江海堤防防洪工程和中小河流域综合治理,新建扩建一批标准渔港。

深化农村综合改革。完善农业支持保护制度,加大强农惠农力度。稳定和完善农村基本经营制度,稳妥推进土地承包经营权流转,发展多种形式的适度规模经营,健全农村土地管理机制。深化集体林权制度改革,完善配套政策,提高林权证到户率,降低育林基金征收标准,支持永安国家林业示范区改革与发展。创新农村工作机制,完善干部驻村任职、农村“六大员”、科技特派员、专家服务团等制度,实行从优秀村主干中考录乡镇机关公务员,探索对村级干部的激励机制。建立村级公益事业投入长效机制,将一事一议财政奖补试点范围扩大到全省。深化乡镇机构改革,健全基层农技服务和新型农村社会化服务体系。

(二)突出转型升级,着力建设先进制造业重要基地

加快重点产业调整振兴。一是抓好项目带动。深入实施14个重点产业调整振兴方案,今明两年推进落实950个制造业重点项目,加快21个成长型产业集群和产业基地建设。推动工业化与信息化融合,集中实施300个重点技改项目,改造提升传统优势产业。二是深化品牌带动。实施标准化战略,鼓励企业参与国际、国家和行业标准制修订,全面加强质量管理。加大品牌培育和保护力度,提高驰名商标、名牌产品市场占有率。三是发挥企业主体作用。引导企业加大研发和技改投入,加快产品更新换代。支持企业优化重组,促进集约发展。推动企业强化协作配套,培育零部件“小巨人”,形成产业群协同竞争优势。四是创造企业成长的良好条件。加快建设中小企业公共服务平台,落实对小型微利企业的税收优惠政策。创新中小企业信贷融资服务,完善信用担保补偿和贷款风险补偿机制,培育发展创业投资、财务公司等非银行金融机构。落实先进制造业用地扶持政策,引导工业项目向园区集中。完善营销联盟等机制,支持企业建设营销网络和发展电子商务。强化经济运行调度,全力做好煤电油气运保障。

培育战略性新兴产业。坚持整合资源、拓展需求、打造平台、循序渐进，发展资源消耗低、带动系数大、综合效益好的新兴产业。节能环保产业以重点工程和龙头企业为依托，推广应用污染防治和节能新技术、新装备、新产品。新能源产业重点扶持发展清洁能源、可再生能源利用和设备制造，培育核电、风电、太阳能、生物质能等产业。生物医药及新药产业重点培育基因工程药物、现代中药等，推进生物资源系列开发。新材料产业重点加快光电材料、催化及光催化材料、改性高分子材料、稀土材料等的产业化，壮大化工轻纺新材料、新型建筑材料、特种金属及陶瓷材料等产业。信息网络产业重点壮大微波通信、计算机及外设、数字视听等产业。突破物联网产业关键技术，加快信息识别和传感技术的产业化，启动示范项目和示范区建设，促进物联网技术在食品安全、灾害监测、现代物流、智能交通等领域的推广应用。海洋新兴产业重点加强中试基地及研发平台建设，争取建立国家区域海洋研究中心，培育海洋生物制药、海水综合利用、海洋能源资源和海洋信息开发等产业，加快建设海洋经济强省。

大力发展现代服务业。扶持现代物流业，加快重点物流节点城市、现代物流园区和物流中心建设，培育和引进一批覆盖范围大、功能作用强的专业化骨干企业。壮大信息服务业，增强数字内容服务和软件信息技术服务能力，提高“数字福建”应用水平。培育外包服务业，落实软件业扶持政策，依托福州、厦门等软件园区，拓展软件开发、系统应用和业务流程等领域外包，建设服务外包基地城市。积极发展面向民生的服务业，提高物业管理服务水平，完善家政服务、养老服务、文体娱乐等功能和网络。加快发展旅游业，把握高速铁路时代新机遇，以滨海旅游、生态旅游、红色旅游和文化旅游为重点，整合和保护旅游资源，完善营销服务，开发多样化产品，促进两岸业界共同培育市场，提升“海峡旅游”品牌，打造我国重要的自然和文化旅游中心。

进一步强化自主创新。坚持创新驱动与产业发展相结合，着力构筑特色鲜明的区域创新体系。一是加强创新平台建设。推进国家级重点实验室、国家工程技术中心、科技企业孵化器、企业技术中心和技术开发基地建设。联合中科院共建海西物质科学与技术研究院等研发机构。构建高新技术产权交易平台。办好第八届“6·18”项目成果交易会，提高研发征集量、企业参与度和成果对接率。二是加强科技成果转化。实施一批科技重大专项和产学研合作项目，突破制约产业发展的核心技术和关键技术。加大科技资源整合和投融资力度，支持高校、科研机构和企业共建技术创新联盟。完善扶持科技经纪服务的政策，有效促进技术成果转化。三是加强创新环境建设。健全多元化科技投入机制，发挥税收优惠、政府采购等政策激励作用。支持开展创建国家创新型城市试点。创新高技术园区管理体制机制。加大知识产权创造、应用、保护和管理力度。四是加强创新人才支撑。加强人才规划，实施培养和引进高层次人才的鼓励政策，为引进高端人才提供“保姆式”全程服务，让各类人才引得进、留得住、干得好。

（三）发挥投资消费拉动作用，积极有效扩大内需

保持投资持续增长。把握政策导向，组织实施一批投资大、效益好、拉动效果持久的重点项目，有效寻找新的项目源，增强投资内生动力。落实重点项目建设责任制，加强项目报批、征地搬迁协调服务，推行施工管理标准化，加快项目建设进度。今年安排省重点项目523个，力争新开工120个、投产120个，总投资14351亿元，年度投资1720亿元。落实鼓励和扩大民间投资的政策，面向社会资本推出一批基础设施和大型公共工程建设项目。办好第三届世界闽商大会，促成一批投资合作项目。依托重大项目和重点产业，扩大与央企、境外企业的战略合作，加快培育新增长区域。

全面推进新一轮基础设施建设。围绕形成服务周边地区发展新的对外开放综合通道，完善现代化基础设施体系。一是构建“三纵六横九环”海峡铁路网，开工浦建龙梅、南三龙等线路，续建14个项目，深化衢宁、长泉等项目前期工作。二是建设“三纵八横”海西高速公路网，开工10个、续建25个项目，新增通车里程391公里。三是壮大海峡西岸港口群，继续整合港湾资源，加强深水航道、疏港通道和公共配套设施建设，重点发展大型集装箱和散货港区。四是优化空港布局，加快现有机场更新改造和新建、迁建机场的前期工作。五是打造沿海重要能源基地，抓好在建核电项目，加快核电后备厂址前期工作，推动主干电网、特高压电网、智能电网和省外联网建设，抓紧天然气二期管网、抽水蓄能电站、煤炭中转储备和石油储备基地建设。六是健全城市基础设施功能，加快建设城市路网、综合枢纽、轨道交通、公共停车场、公交和客货运场站，提升供水供气和防洪排涝能力。

培育和扩大消费需求。一是提高消费能力。深化分配制度改革，规范整顿分配秩序，逐步提高居民收入在国民收入分配中的比重、提高劳动报酬在初次分配中的比重。提高农民收入、企业退休人员基本养老金、部分优抚对象待遇水平。落实中小学校、公共卫生与基层医疗卫生事业单位绩效工资政策。推动工资集体协商和工资支付保障制度建设，落实最低工资制度，完善对低收入困难群体的转移支付制度。二是拓展消费空间。加快供销社改革和发展，加强农村流通体系建设，健全经营服务和购销网络，开拓农村市场。落实和完善鼓励家电、汽车、摩托车消费的相关举措，以三网融合促进信息消费，培育新型消费业态。三是优化消费环境。加快商贸流通等基础设施建设，合理布局商业网点。积极发展消费信贷。抓好食品药品专项整治，加强重要商品、居民生活必需品的价格监测和调控保障。

促进房地产市场平稳健康发展。落实稳定房地产市场、解决低收入家庭住房困难问题的工作责任制，遏制部分城市房价过快上涨的势头。加快中低价位、中小套型普通商品住房建设，加大旧城区、棚户区和农村危房改造力度，大规模推进保障性安居工程，扩大廉租住房保障范围。把握好土地供应的总量、结构和时序，提高土地供应和开发利用效率。合理引导住房消费，抑制投资投机性购房需求。加强商品房销售管理，严厉查处圈地不建、捂盘惜售、囤积房源、哄抬房价等违规行为。

（四）凸显前沿平台功能，建设两岸人民交流合作先行先试区域

打造更具特色的对台合作格局。争取对台先行先试政策，推动厦门市综合配套改革，充分发挥经济特区的龙头作用。推进福州(平潭)综合实验区开发建设,明确功能定位,改善基础设施,加强产业支撑,营造优美环境,推动设立海关特殊监管区,探索两岸共同开发模式。做好台商投资区扩区和新设工作。办好第二届海峡论坛,突出民间性、社会性、广泛性,打造两岸同胞大交流、两岸经贸大合作、两岸关系大发展的重要平台。

建设两岸经贸合作紧密区域。一是加强产业深度对接。促进一批台资先进制造业和高新技术项目生成落地,加快形成厦门湾、闽江口、湄洲湾、东山湾等产业对接集中区。拓宽产业合作领域,开展研发合作,重点抓好智能电子、节能环保、服务外包等方面对接。鼓励有条件的企业赴台投资。二是拓展对台各类园区。推进石化、光电、汽车、装备制造等专业园区建设,加快高科技园区对接,完善海峡两岸农业合作试验区、林业合作实验区,办好海峡两岸农产品集散中心、农业技术合作中心、林业博览园和台湾农民创业园。三是加快金融合作步伐。积极争取开办新台币离岸金融业务,推动人民币作为闽台贸易结算货币,建立两岸货币清算机制,促进闽台金融机构双向互设、互相参股。

建设两岸文化交流重要基地。加大涉台文物保护力度,抓好闽南文化生态保护30个示范点建设,推动建立客家文化生态保护实验区,深化妈祖等民间信俗和祖地文化的双向交流,加强与台湾基层民众的交流交往。推进动漫、网络游戏等文化产业对接,建立海峡两岸文化产业园和文化产业合作中心。推动闽台院校学生互招、学历学分互认和师资互聘,设立两岸教育合作试验园区。构建闽台知识产权服务平台。

建设两岸直接往来综合枢纽。发展对台客运运输,争取开通更多对台集装箱班轮、散杂货不定期航线,推动空中直航增开航班、增设航点。促进闽台口岸信息共享,试行便利人员往来的管理办法,推进“小三通”海空联运。加快开通邮件航空运输,推动建立对台邮件总包交换中心,促进厦金海底通信电缆敷设,建设便捷的信息沟通渠道。

(五)全力做好外经贸工作,推动对外开放纵深拓展

在扩大份额中转变外贸发展方式。保持政策的连续性和稳定性,继续实行出口退税超基数地方负担部分由省级财政统一承担的办法,支持大宗传统特色优势商品出口,加大对机电和高新技术产品出口的扶持,组织企业参加境内外重点展会,鼓励发展出口信贷,扩大出口信用保险和出口企业先退后审覆盖面。全面启动重点商品出口基地建设,推动加工贸易向产业链高端发展,扩大自主品牌和高技术含量、高附加值产品出口。积极发展外贸物流业,发挥保税港区等政策功能,拓展国际中转业务,开辟腹地货源基地,建设晋江、南平、三明、龙岩和周边省份的“无水港”,鼓励发展“飞地港”,支持台商依托海关特殊监管区开展加工增值复出口业务,加快形成大物流、大港口、大外贸新格局。有效应对国际贸易摩擦,积极开拓东盟等自贸区市场,巩固欧美日等传统市场,拓展拉美、非洲等新兴市场。鼓励企业引进国外先进技术和关键设备,增加重要资源和原材料进口。加快推进“无纸化”通关建设,坚持和完善重点口岸7天工作制和24小时预约通关,扩大电子口岸覆盖面,拓展铁海联运和区港联动政策覆盖范围。实施“走出去”战略,推动企业到境外建立生产基地、资源基地、研发机构和营销网络。

在稳定规模中提升利用外资质量。一是有备招商、择优选资。完善外商投资指导目录,主动推介一批产业龙头项目和关键配套项目,鼓励外资投向产业调整振兴等重点领域,积极吸引研发机构和地区总部。二是拓展载体、有效集聚。出台开发区扩区、整合、用地、用海等方面的扶持政策,办好“9·8”、“5·18”、第二届世界投资论坛等重大经贸活动,积极参与、支持办好上海世博会。三是引资引智、一体运作。注重吸引领军型创新创业人才,引进先进理念和技术,发挥物质资本与人力资本相结合的放大效应。四是改进服务、提高效率。推行一条龙、一站式管理,健全外商投资重点企业和重大项目的跟踪落实机制,争取列入全国简化外资审批的试点省份,营造良好的投资环境。

在拓展平台中密切闽港澳侨合作。始终如一重视发挥港澳侨的优势,提升合作水平和成效。完善闽港合作八大平台,着力推动我省制造业与香港专业服务业对接,联手拓展国际服务外包业务、培育国外展会基地、开展专业化招商推广活动,共同构建外贸物流配送平台。深化闽澳四项合作,依托澳门经贸渠道,持续开拓葡语系国家市场。创新海外华侨华人经贸合作的形式和载体,积极引进侨智侨资。充分发挥涉港澳侨和外事部门的平台作用,在牵线搭桥、跟踪服务、重点突破上拓展新作为。

(六)持续推进生态省建设,精心保护青山绿水

强化环境综合治理。落实环保“一岗双责”,推进“六江两溪”重点流域整治,治理畜禽养殖、石板材和工矿业污染,整顿污染集控区,加大重点区域、主要海湾和近岸海域的污染防控。建立和完善生态补偿等长效机制,加强湿地和自然保护区管理,强化饮用水源地保护,重视水土流失综合治理。实施陆源排海溯源追究,大力治理海漂垃圾。专项治理乱建坟墓,狠抓城市内河、噪音和机动车尾气污染治理,控制农村面源污染,改善城乡生态和人居环境。

严格节能减排责任。对新上项目严把产业政策、资源消耗和环境保护关,加快淘汰落后产能,发展低碳经济,推动绿色增长。抓好重点行业、重点企业节能减排,实施十大重点节能工程200个项目,实现每个县(市)至少建成一座垃圾无害化处理场、一座污水处理厂及其配套管网。完善节能减排考核和奖惩机制,严查偷漏排等违法行为。加强重点污染源在线监控,推动节能减排新技术、新装备的研发、引进与应用,支持清洁发展机制项目,发展循环经济。

合理开发利用资源。按照生态功能区划规范开发建设行为。加强水资源开发利用管理,清理整顿小水电项目,落实水电站最小下泄流量。严格河道、海域采砂监管。优化森林资源结构,提高森林资源质量。加大矿产资源开发整合和保护力度,规范勘查开发行为。运用土地价格调节机制,引导节约集约用地。保护海洋资源和天然岸线,合理开展湾外围海填海造地试点,有序利用和管理无居民海岛。

(七)加快城镇化进程,加强区域协调互动

提高城镇综合承载能力。按照统筹规划、合理布局、完善功能、以大带小的原则,积极稳妥推进城镇化。一是加强城乡规划。开展新一轮省域城镇体系规划、城市总体规划的修编,抓好综合交通、环境保护、防灾减灾等专项规划,加强对村镇规划的指导、协调和投入。二是壮大中心城市。

实施《海峡西岸城市群发展规划》，统筹安排城市布局和建设，拓展中心城市框架，提升中心城市实力，增强辐射带动作用。三是大力发展县域经济。加快解决制约县域经济发展的体制机制、要素瓶颈、基础设施等问题，引导县域产业突出特色、参与分工，增强县级统筹发展能力。四是加快小城镇建设。抓好20个重点小城镇综合改革建设试点，在户籍管理、房地产开发、城乡建设用地占补平衡和增减挂钩等方面赋予相关政策，建设“规划先行、功能齐备、设施完善、生活便利、环境优美、保障一体”的宜居城市综合体。五是推进统筹城乡综合配套改革试验。坚持工业反哺农业、城市支持农村，加快城乡基础设施、公共服务、社会保障和生态建设等方面一体化进程。有计划有步骤地解决农民工在城镇就业和生活问题，放宽中小城市特别是县城和中心镇落户条件。

大力帮扶欠发达地区。推进落实国家支持原中央苏区发展的政策，加大对原中央苏区县、革命老区、少数民族地区、偏远山区、海岛、水库库区的投入，改善欠发达地区生产生活条件。拓宽对口帮扶渠道，培育一批山海协作示范工程。完善扶贫开发政策，抓好扶贫开发重点村建设。

推进跨省区域协作。强化海西城市群中心城市相互间的协作与沟通，构建城市联盟，拓展综合通道。密切与长三角、珠三角、中西部等经济区域的联系。办好第六届泛珠论坛。全面完成援建彭州建设任务，开展对口支援协作，促进共同发展。

(八)深化重点领域和关键环节改革，增强发展活力

提升国有企业和民营经济发展水平。实施省属企业三年发展规划，支持企业优化重组。以投资决策、风险控制、经营预算、责任追究为重点，健全国有资产管理体制。落实民营企业在招投标、政府采购等方面的同等待遇，规范基础设施项目经营权转让和城市公用事业特许经营，完善政府公共服务外包制度。支持民营企业以股权、实物和知识产权等非货币方式扩大投资，加强信用担保体系建设，改善对民营企业的金融服务。发挥工商联、行业协会、企业与企业家联合会的作用。

加快资源要素配置市场化。推进资源性产品价格和环保收费改革。开展用电大户与发电企业直接交易试点，完善居民用电阶梯价格制度，落实国家可再生能源发电定价和费用分摊机制。改革污水、垃圾处理收费制度，开展排污权交易试点。继续抓好规划、评估、审核、交易、监管等环节制度建设，不断拓展公共资源市场化配置领域。加快建设海西联合产权交易市场，促进产权流转和资本融通。

推动财税金融改革。稳步开展省直管县财政管理方式改革，探索建立县级基本财力保障机制，完善“六挂六奖”政策。按照集中财力办大事原则，推进专项资金整合。深化预算制度改革，加强政府债务管理。继续落实结构性减税政策。创造更宽松的环境，吸引和支持各类金融机构到中心城市集聚发展。支持在闽国有商业银行和股份制银行深化改革，加快地方金融机构改革步伐，促进有条件的城市商业银行跨区域发展。有计划地推动设立一批小额贷款公司。支持村镇银行发展，推动农信社改制，更好地服务“三农”。引导金融机构创新产品和服务，增加有效信贷投放，规避金融风险。鼓励企业上市和发行债券。支持发展商业保险，提高保险深度和密度。加强社会信用体系建设，营造良好金融生态环境。

(九)更加注重社会建设，切实保障和改善民生

突出就业民生之本。把扩大就业作为经济社会发展的优先目标，力争全年城镇新增就业65万人、农村劳动力转移就业40万人。加快发展就业容量大的劳动密集型企业、中小企业、民营经济和服务业，大力开发公益性岗位，加强对零就业家庭和困难人员的就业援助。完善大中专毕业生就业服务体系，引导高校毕业生到中小企业和基层就业。以创业带动就业，鼓励劳动者自谋职业和自主创业，支持国家级创业型试点城市建设。健全协调劳动关系三方机制，推动和谐企业建设，构建和谐劳动关系。

筑牢社保安全网。巩固养老保险省级统筹体制，实现养老保险关系无障碍转移接续，积极稳妥推进事业单位养老保险制度改革，做好企业退休人员养老金调整工作。扩大城镇居民医疗保险覆盖面，推进城镇职工医疗、工伤、生育保险设区市统筹。继续开展扩大失业保险基金支出范围试点。在全省推广“五险统一、地税征收”。提高城乡低保标准。将城乡低收入家庭中60周岁以上老年人、重症患者纳入城乡医疗救助范围。加大对困难群众的救助力度，健全灾害救助机制。发展慈善、社会福利和残疾人事业，加强老龄工作，切实维护和保障妇女、儿童合法权益，鼓励开展志愿服务活动。

改善医疗卫生服务。合理调整区域卫生规划，扩充资源，优化布局。健全基层医疗卫生服务体系，加强乡镇卫生院全科医生培养。提高新型农村合作医疗筹资和保障水平。在60%的基层医疗卫生机构实施基本药物制度。提升疾病控制、卫生监督、妇幼保健等公共卫生服务能力，抓好甲型H1N1流感等重大传染病防控。推进公立医院改革试点，支持社会资本兴办医疗卫生机构。实施住院医师规范化培训，大力培养高层次医学人才。加快社保卡和居民健康信息系统建设。完善医患纠纷预防和处置长效机制，构建和谐医患关系。扶持中医药事业发展。继续稳定低生育水平，逐步解决出生人口性别比偏高问题，全面开展出生缺陷预防，提高人口素质。

优先发展教育事业。加快城乡中小学标准化建设，落实义务教育教师校际交流和城镇教师农村任教服务期制度，促进义务教育均衡发展。提高普通高中教育质量。加大技能型紧缺人才培养力度，改革高职单招办法，推进职教集团、公共实训基地建设。继续实施高校服务海西工程，落实一批产业人才培养计划，加快专业学科结构调整，培育一批国家级重点学科。加强教师队伍建设，着力推进素质教育，促进学生全面发展。规范发展民办教育。扶持特殊教育，促进早期教育、幼儿教育健康有序发展。关心老年教育，抓好县(市、区)老年大学和老年活动中心建设，发展继续教育、社区教育，构建终身教育体系。

推动文化繁荣发展。以社会主义核心价值体系建设为根本，积极推进思想道德和精神文明建设。继续实施文化惠民工程，兴建和完善一批重点文化设施。基本完成有线数字电视整体转换，丰富节目内容，提高服务质量。重视文物工作，加强非物质文化遗产的传承和保护，支持申报自然和文化遗产，重视历史文化名镇、名村的保护和建设，推进“三坊七巷”等一批特色文化品牌建设，争取设立闽东畲族文化生态保护实验区。深化文化体制改革。扶持文化创意、动漫游戏等十大文化产业，推动产业园区建设，壮大龙头企业，加快培育文化市场。支持举办第六届“中国航海日”。繁荣哲学社会科学，积极发展文学艺术、广播影视、新闻出版事业。普及推广科学知识。加强全民健身设施建设，增加未成年人体育活动场所，培养高水平体育人才。积极发挥老体协作用，开展老年体育活动，办好老年人健身风采展示大会。承办第五届全国特奥运动会，举办第十四届省运会。

加强和改进社会管理。落实社会治安综合治理责任制，推进新一轮“平安福建”建设。健全基层社会管理体制，推进城乡和谐社区建设。建立重大社会决策、重大工程项目社会稳定风险评估机制。运用多种方式化解社会矛盾，妥善解决群众反映强烈的突出问题。强化信访督查督办，通过调解、行政、司法程序积极有效处理信访问题，预防和处置群体性事件和突发公共事件。严厉打击严重刑事犯罪及易发多发犯罪。继续开展“五五”普法、法律服务和法律援助。做好流动人口一站式服务和管理。开展第六次全国人口普查。严格落实安全生产“一岗双责”和企业主体责任，强化监督检查，确保事故隐患及时整改到位。加强对互联网、手机等新兴媒体的建设、运用和管理，净化未成年人成长的社会文化环境。支持工会、共青团、妇联等人民团体依照法律和各自章程开展工作。认真落实党的民族政策，依法管理宗教事务。支持驻闽部队和武警部队训练，加强民兵、预备役部队和海防、人防建设，做好征兵工作，妥善安置转业、退伍军人，提高双拥共建水平。

健全防灾减灾体系。加快防汛、防台、抗旱、抗震等基础设施建设，加强海洋、气象、地震、地质等灾害和森林火灾监测预警，有效防控重大动植物疫病、有害生物入侵和森林病虫害，完善应急管理机制，充分发挥应急救援队伍作用，提高重大灾害预警预报、快速反应和紧急救援能力。

继续办好惠民实事。教育卫生方面，推进中小学校舍安全工程，巩固发展新型农村合作医疗和城镇居民基本医疗保险，推进城乡公共卫生服务工程，实施乡镇卫生院加强建设规划和万名乡村医生培训工程，完善千名医师帮扶基层医疗卫生机构的机制，提升村卫生室服务能力。社会保障方面，抓好新型农村社会养老保险试点，建设百所农村敬老院和10个县级社会福利中心，建立500个社区居家养老服务中心站，解决无力参保县及县以上集体所有制企业退休人员生活保障问题，实施“光明行动”和特殊教育提升工程，建设残疾人“福乐家园”，资助残疾人居家托养，实施残疾儿童康复项目，加快城市家庭保障性住房建设。强农惠农方面，推进水源保护、饮水安全、环境整治和沼气建设工程，实施家园清洁行动和农村改厕项目，提高森林生态效益补偿标准，建设渔业船舶自动识别系统，建设3000个“万村千乡”市场工程农家店，开展农村实用技术远程培训，建设农村社区综合维修服务体系，推进农村公路路网工程、水库和海堤除险加固工程，抓好造福工程，完善政策性农业保险试点，实施城乡通信信息化提升工程。文化建设方面，实施农民体育健身工程，建设年百所乡镇综合文化站，抓好农村电影“2131”放映工程和农家书屋建设。和谐平安方面，开展巩固深化平安创建活动，治理“餐桌污染”、建设食品放心工程，帮助驻闽部队建设生产生活项目。

三、建设对人民负责的政府必须持续作为

面对新形势新任务，我们要深化行政管理体制改革，加强政府自身建设，以积极有效的作为推动新一轮发展。

一要提升思路。经济发展方式的转变，首先要转变人的思维方式，打破思维定势，谋求更高层次的发展。经济结构的调整，要求人的知识结构必须调整，加强现代知识的扩充和更新，更好地适应形势的变化和发展的需要。要始终坚持解放思想，树立科学发展的理念，加强学习，丰富自己，掌握做好工作的主动权。

二要精心谋划。高起点、高标准、高水平编制海峡西岸经济区发展规划、“十二五”规划、主体功能区规划和专项规划。立足海西，着眼后金融危机时期的新变化，深入研究重大战略性课题，下气力做好重大项目前期工作，主动争取重大工程和生产力布局纳入国家规划，推动发展进入更高层次的新阶段。

三要突破重点。围绕逐步实现基本公共服务均等化，完善公共财政政策，统筹协调社会利益关系，突出薄弱环节，扩大覆盖范围，把更多资源用于改善民生和发展社会事业，建立健全公平公正、惠及全民、水平适度、可持续发展的公共服务体系，切实增强经济社会发展的协调性。

四要艰苦奋斗。坚持勤俭办一切事业，严格控制一般性支出，继续压缩行政事业单位公用经费，不断降低行政成本。坚持层级监督和专门监督，加强重点领域、重点项目审计和稽察，完善领导干部经济责任审计，规范行政行为和资金使用。坚持从严治政，着力建设科学严密完备管用的反腐倡廉制度体系，确保制度行得通、管得住、用得好，确保干部能干事、干成事、不出事。

五要优化服务。用心服务基层、服务企业。抓好省市县政府机构改革，完善各类办事公开制度，推进网上审批和电子监察，进一步转变政府职能。效能建设要解决问题，绩效管理要兑现奖惩。切实克服一些工作人员效率低下、作风飘浮的弊病，完善民主评议政风行风制度，加强重大决策部署执行情况的督查，严格执行领导干部问责制，提高政府执行力。

六要依法行政。依法接受人大及其常委会的法律监督、工作监督，主动接受政协的民主监督，自觉接受社会各界和人民群众的监督，认真办理人大代表建议和政协提案，做好人大执法检查、代表视察和政协委员调研成果的采纳和落实。健全依法科学民主决策制度，加强政府立法，规范执法行为，认真做好行政复议工作，维护人民群众的合法权益，提高政府公信力。

各位代表，海西建设进入新阶段，福建发展面临新机遇。让我们紧密团结在以胡锦涛同志为总书记的党中央周围，高举中国特色社会主义伟大旗帜，以邓小平理论和“三个代表”重要思想为指导，深入贯彻落实科学发展观，在中共福建省委的领导下，解放思想、开拓进取，凝心聚力、乘势而上，努力完成“十一五”规划各项任务，朝着海峡西岸经济区建设的宏伟目标阔步前进。

编辑：郑菜

大　事　记

1月

2日　福建省委书记卢展工在福州会见以广东省委副书记、深圳市委书记刘玉浦为团长的深圳党政代表团一行。

3日　2009建发厦门国际马拉松赛暨全国马拉松锦标赛在厦门举行。

3—5日　全国人大常委会副委员长、全国妇联主席陈至立在福建调研。

4日　福建省集美职业技术学校、石狮鹏山工贸学校、泉州电子科技学校等9所中等职业学校被教育部列入2008年国家级重点中等职业学校名单。

9日　国家科学技术奖励大会在北京隆重举行。福建省"天敌捕食螨产品及农林害螨生物防治配套技术的研究与应用"等5项科研成果荣获2008年度国家科技进步奖二等奖。

10—15日　福建省11届人大二次会议在福建会堂隆重举行，大会通过了《关于福建省人民政府工作报告的决议》、《关于福建省2008年国民经济和社会发展计划执行情况及2009年国民经济和社会发展计划的决议》、《关于福建省2008年预算执行情况及2009年预算的决议》、《关于福建省人民代表大会常务委员会工作报告的决议》、《关于福建省高级人民法院工作报告的决议》、《关于福建省人民检察院工作报告的决议》以及《关于修改〈福建省人民代表大会及其常务委员会立法条例〉的决定》、《关于修改〈福建省人民代表大会议事规则〉的决定》等6项决议和2项决定。

12日　福建省首座抽水蓄能电站——仙游抽水蓄能电站主体工程正式开工。

14日　全国最大的燃气电厂——福建晋江天然气发电有限公司1号机组正式投用。

17日　省委书记卢展工、省长黄小晶、省政协主席梁绮萍一行专程赴四川慰问灾区干部群众和福建省援建人员。

20日　在全国精神文明建设工作表彰大会上，福建省厦门市再获全国文明城市称号，福州市、泉州市、三明市获全国创建文明城市工作先进城市称号，德化县、沙县、长泰县获全国文明县城称号。

27日　中共中央政治局常委、全国政协主席贾庆林在福建考察。

2月

1日　全国人大常委会副委员长、全国妇联主席陈至立在厦门市调研。

3日　福建省宁德市福鼎太姥山风景区、宁德市白水洋旅游区、宁德市鸳鸯溪景区、厦门市胡里山炮台、厦门市同安影视城和厦门市园博苑等6家景区被全国旅游景区质量等级评定委员会批准为国家4A级旅游景区。

4日　2008年亚太地区遗产保护奖在泰国曼谷揭晓，福建土楼被联合国教科文组织授予"遗产保护杰出成就奖"。

6日　"'鎏金岁月·盛世风范'闽台首次鎏金铜佛精品展暨明清铜佛名家品鉴"在福州三坊七巷的衣锦坊明清艺术博物馆开幕。

10日　福建三钢集团开发的带"E"抗震钢筋（E，Earthquake第一个字母，盖上E字戳标志着钢筋产品达到国家颁布的抗震标准），获国家工业产品生产许可证，三钢成为全国第二家获得全牌号全规格全系列抗震钢筋生产许可证的厂家。

11日　省侨办命名首批31所学校为海外华文教育基地，其中包括3所大学、17所中学、7所小学和4所幼儿园。

12日　福建省大学生自主创业担保基金在福州设立。

12—14日　中共中央政治局委员、中央书记处书记、中央组织部部长李源潮来闽考察。

13日　"感动福建"2008年度十大人物在评选揭晓。福建公安边防总队抗震救灾医疗队、胡玉荣等10人当选。

15—17日　国务院副秘书长、国家信访局局长王学军等一行来闽调研。

17日　省政府新闻办发布：福建省装载机产量占全国产量的1/3、全球的1/4，成为中国乃至世界最大的装载机产品制造基地。

19日　经中央编办批准，福州长乐机场海关正式设立，隶属福州海关。

21日　福建境内所有政府还贷二级公路收费站（点）于2009年2月21日零时起停止收费，予以撤销。

24日　全省科技工作会议在福州召开。据统计，2008年福建省综合科技进步水平居全国第8位，59个市、县（区）通过全国科技进步考核，5项科技成果获得国家科学技术奖，200项成果获得省科学技术奖。

25日　江泽民同志为中国闽台缘博物馆题写的馆名揭彩仪式在泉州举行。

26日　福建省公安厅发布：是日起，福建省内的流动人口《暂住证》、《就业证》、《婚育证》等证件内容统一融入《暂住证》，持有《暂住证》并符合一定条件的流动人口在劳动就业、生活居住、社会保障、卫生保健、子女义务教育等11个方面，享有与当地居民同等的"市民待遇"。

27日　中国（福建）对外贸易中心集团有限责任公司成立。作为福建省省属企业整合重组后第一家挂牌的公司，该公司的成立标志着省属企业整合重组工作取得重大进展。

3月

1日 新修订的《福建省人民防空条例》正式实施。

10日 《中国省域竞争力蓝皮书》在北京发布，福建在全国省域经济综合竞争力中排名第八。

15日 省委书记卢展工、省长黄小晶在福州会见了中国农业银行股份有限公司党委书记、董事长项俊波一行。

全长284.5千米的泉(州)三(明)高速公路泉州段建成正式通车。

16日 全国政协副主席李金华一行在福州调研福建省金融服务中小企业和“三农”工作情况。

17日 由福建省委宣传部同中央电视台和江西省委宣传部联合摄制的重大革命历史题材电视连续剧《共和国摇篮》在龙岩古田会议会址举办开拍仪式。

20日 福建省动漫游戏行业协会在福州成立。

首次闽浙赣皖九方经济区工业经济协作会在武夷山召开。

23日 应台中市长胡志强的邀请，厦门市长刘赐贵率厦门市政府参访团经“小三通”赴台湾进行为期7天的交流活动。这是祖国大陆首次以地方政府名义组团赴台交流考察。

24日 福建省表彰突出贡献企业家暨纪念企业“松绑放权”25周年大会在福州召开。

第一届国际竹纤维技术与应用研讨会在泉州举行。

25日 全国质检系统法制工作会议暨《食品安全法》宣传贯彻大会在福州召开。

世界四大专业服务机构之一——普华永道厦门分公司正式开业，该机构为全球各行业提供审计税务及咨询服务。这是其在中国入驻的第14个城市，也是首次在福建省设立分支机构。

28日 第三届海峡两岸(中国·云霄)开漳圣王文化节在云霄开幕。

新中国成立以来中国画领域学术性最高、规模最大的中国画大展“2008·全国中国画学术邀请展”厦门展在厦门文化艺术中心开幕。

29日—4月4日 中共中央政治局常委、中纪委书记贺国强在福建考察。

31日 福建省交通运输集团有限责任公司在福州正式挂牌成立。

4月

1日 南平市与联华国际信托投资有限公司在福州签署《政信战略合作协议》，开启了地方政府通过信托公司募集建设资本金的新渠道。

2日 省政府出台《关于支持台资企业发展的若干意见》。

4日 中央党史研究室发文正式确认福建省现在的诏安县、武夷山市、光泽县、邵武市、建阳市属于中央苏区范围。至此，福建省被确定为属原中央苏区范围的县(市)从新中国成立初认定的10个增加至20个。

8—11日 第13届海峡两岸机械电子商品交易会暨厦门对台进出口商品交易会(简称台交会)在厦门举行，共有800家企业参展，“2009年海峡两岸高等职业教育展览会”是本届台交会的亮点，来自海峡两岸100多所高等职业教育院校参展。这是海峡两岸高校首次以展览会形式在大陆联合举办的两岸高等职业教育院校交流盛会。

9日 第13届漳台经贸恳谈会在漳州举行，签约合同项目95个，总投资7.54亿美元。现场签约的48个项目中，外资项目43个，总投资6.49亿美元，内资项目5个，总投资21.1亿元。

首届海峡两岸(福建漳州)农产品交易会在漳州举行。

全省农村党员干部现代远程教育系统开通仪式在福州举行。至此，全省建成乡镇(街道)远程教育接收站1103个，行政村接收点13342个，计划外站点3443个。

10日 第四届台湾地区专业人才暨大学毕业生大陆就业洽谈会在厦门市人才市场举行。活动现场还举行首个两岸联合运作的专业人才猎头网站“海峡两岸联合猎才网”(www.unitedhunter.com)的启动仪式。

13日 国家知识产权局确定首批实施国家知识产权强县工程的124个县(市、区)名单，福建省龙岩市新罗区、厦门市海沧区、晋江市、福清市、闽侯县等5个县(市、区)入选。

18—19日 国际数学联盟执委会2009年会在福州大学召开，这是国际数学界最高层会议首次在中国举行。

19日 福建省长黄小晶在厦门会见来访的缅甸联邦总理登盛一行。

第11届中国(晋江)国际鞋业博览会在晋江SM广场隆重开幕。

20—21日 国台办主任王毅一行分别到厦门、福州两地调研指导对台工作和海峡论坛筹备情况。

21—24日 由中国数学会主办、厦门大学承办的国际著名学术会议——中国数学会2009学术年会在厦门大学召开。会议共举行108场学术报告。全球400多位著名数学家云集厦大，包括13位国际数学联盟执委会成员和国际数学联盟执委会特邀代表，11位两院院士。开幕式上还颁发“华罗庚数学奖”、“陈省身数学奖”和“钟家庆数学奖”。

23日 亚洲贸易促进论坛(ATPF)第22届年会在厦门召开。这是该年会首次在非首都地区举办。厦门也成为继北京之后，中国第二个承办这一论坛的城市。

25日 福建省新农村文化建设促进会在福州成立。

26日 省委书记卢展工、省长黄小晶、省政协主席梁绮萍在福州会见全国人大常委会副委员长、农工党中央主席桑国卫一行。

28日 电影《铁人》首映式在福建会堂举行。

29日 闽浙赣皖的福州、南平、宁德、莆田、三明、温州、南昌、九江、抚州、上饶、景德镇、鹰潭、安庆、黄山等14个城市经协商，在莆田市共同拟定了《闽浙赣皖十四个城市物流合作发展意见》。

大型历史人文电视系列片《过台湾》在福州举行开机仪式，这是海峡两岸媒体携手倾力打造的又一“海峡”题材力作。

30日 福建省投资开发集团有限责任公司在福州正式成立。

5月

4日 国务院原则通过《关于支持福建省加快建设海峡西岸经济区的若干意见》。

5日 省委书记卢展工、省长黄小晶、省政协主席梁绮萍在福州会见全国人大常委会副委员长、九三学社中央主席韩启德，全国政协副主席、九三学社中央副主席王志珍一行。

7日 中国科学院在北京人民大会堂举行新闻发布会宣布，中科院福建物质结构研究所与江苏丹化集团、上海金煤化工新技术有限公司联手，成功开发了万吨级CO气相催化合成草酸酯和草酸酯催化加氢合成乙二醇（简称“煤制乙二醇”）成套技术。这标志着我国在世界上率先实现了全套“煤制乙二醇”技术路线和工业化应用，是一项拥有完全自主知识产权的世界首创技术。

8日 中信银行和厦门航空在北京举行新闻发布会，联合推出中信厦航联名信用卡，这是国内首张旨在服务两岸直航的概念卡。

8—10日 中共中央政治局常委、国务院总理温家宝在福建考察。

9日 由国家中医药管理局和福建省人民政府联合主办的“中医中药中国行”福建省活动在福州启动。

中国人民大学乡村建设中心福建实验培训基地在安溪县福田乡揭牌。

10日 省长黄小晶在福州会见荷兰海尔德兰省省长科尼吉率领的经贸代表团一行。

12日 全省应急视频会商指挥系统在省水利厅通过专家验收。该系统的建成实现了全省省、市、县、乡四级共计1410个视频会场的视频会商，还可将视频会议情况实时传输覆盖到全省15331个建制村。该系统是目前国内建设规模最大、覆盖范围最广、功能最强、网络结构最为复杂的视频会议系统。

13日 省委书记卢展工、省长黄小晶、省政协主席梁绮萍在福州会见全国人大常委会副委员长、民革中央主席周铁农一行。

14—18日 中共中央政治局常委、全国政协主席贾庆林的福建调研。

15日 福建省邮政部门开通福州马尾—马祖（两马）、厦门—金门（两门）的特快专递、航空和水陆路邮件总包直接封发业务，这是“两马”“两门”首次建立邮件总包直封关系，福建与金门、马祖地区通邮实现大提速。

15—22日 以“扩大民间交流、加强两岸合作、促进共同发展”为主题的首届海峡论坛大会在厦门海峡会议中心隆重举行。中共中央政治局常委、全国政协主席贾庆林出席大会并发表题为《扩大两岸民间交流促进两岸合作发展》的致辞。

17日 海峡两岸职业教育交流合作中心揭牌仪式暨“中心”网站开通仪式在厦门举行。

18日 第11届海峡两岸经贸交易会、第六届中国福建商品交易会在福州金山展览城隆重开幕。

19日 省长黄小晶在福州会见台湾工业总会、石化公会理事长陈武雄一行。

21日 由工业和信息化部主办的“TD—SCDMA无线城市和行业应用经验交流会”在全国首个无线城市厦门举行。

24—26日 中共中央政治局委员、国务委员刘延东来福建考察。

27日 福建省正式启动“100位为新中国成立作出突出贡献的英雄模范人物和100位新中国成立以来感动中国人物”评选活动。

28日 福建京剧院京剧《北风紧》获“中国戏曲学会奖”。“中国戏曲学会奖”设立于1987年，是中国戏曲学术性的最高奖项。

29日 厦门市妇幼保健院建立全国首个遗传病基因芯片开放式检测研究平台。

31日 英国《金融时报》公布2009年度全球500强企业排行榜，福建省两家企业位列其中，紫金矿业首次成为全球500强上榜企业，位列第243位，兴业银行位列第292位。

6月

3日 由福建华侨实业集团公司与福建省医药（集团）公司合并重组的福建省华侨实业集团有限责任公司正式挂牌成立。这是福建省新一轮国企重组改革确定成立的五大集团中挂牌的第四家。

全国禁毒教育基地授牌仪式暨林则徐纪念馆新馆开馆典礼在福州市林则徐纪念馆举行。

省长黄小晶在福州会见台湾富邦金控董事长蔡明忠先生一行。

5日 省长黄小晶在福州会见国家安监总局局长骆琳一行。

第三届漳州旅游节、第18届海峡两岸（福建东山）关帝文化旅游节暨闽台水产品博览会在东山县举行。

5—7日 福建省第四届特殊奥林匹克运动会在福州举行，全省9个设区市和台北共10个代表团1200多名运动员和志愿者等参加。

8日 省委书记卢展工、省长黄小晶在福州会见香港《文汇报》社长王树成、总编王伯遥一行。

9日 福耀集团董事长曹德旺荣获“安永全球企业家奖2009大奖”，成为该奖设立以来中国首个“安永全球企业家大奖”得主。安永企业家奖于1986年在美国首次评选，目前已扩展至50多个国家和地区，因其独立性、广泛性和权威性，素有“企业界的奥斯卡”之称。

11日 全国非物质文化遗产保护、古籍保护暨文博事业杰出人物表彰、颁证、授牌电视电话会议在北京举行。据悉，福建省已跻身全国非物质文化遗产资源大省，拥有84项国家级非物质文化遗产项目和288项省级项目，88名国家级代表性传承人和232名省级传承人。

13日 “李岚清中国近现代音乐专题讲座暨音乐会”在福州福建大剧院举行。

14日 首届海峡两岸大学生创业项目对接洽谈会创业讲坛在福建农林大学大礼堂开讲。

16—21日 中国红十字会会长彭珮云在福建考察红十字会工作。

17—19日 中共中央政治局委员、国务委员刘延东来闽参加第七届中国·海峡项目成果交易会，并对福建进行考察。

18—20日 第七届中国·海峡项目成

果交易会在福州金山展览城开幕，本届“6·18”共对接项目5008项，总投资886亿元。其中，合同3173项，总投资598亿元；协议1835项，总投资288亿元。签约项目中，项目成果对接4564项，总投资839亿元；企业技术需求对接444项，总投资47亿元。

19日 泉州微软技术中心正式揭牌开业，这是微软在福建省设立运营的首个技术中心。

20日 福州市城市地铁有限责任公司正式揭牌。

23日 福建省科技创新创业服务平台签约授牌仪式在福建火炬高新技术创业园举行。

2009年度第22届“庄采芳·庄重文奖学金”颁奖大会在福州举行，全省201名优秀高中毕业生获奖。

28日 《澳门报·海西视点》新闻专版首发式在澳门举行。

30日 福建省首条快速铁路——温福铁路福建段开通试运营。

晋江的361度国际有限公司成功在香港联交所主板上市，股票编号：01361.HK。

7月

1日 台籍小额贸易货轮“海园三号”承载230余箱104万粒甲鱼卵抵达厦门同益码头。这是60年来首批经大陆检验检疫部门考核合格的台湾养殖基地生产的农产品。该批甲鱼卵的进口，标志两岸农产品种植(养殖)基地互认迈出实质性步伐。

4日 全国人大常委会副委员长、民建中央主席陈昌智率领民建中央调研组来福建调研考察。

17日 交通运输部与福建省人民政府签订加快海峡西岸经济区交通运输发展会谈纪要。

19日 中国历史文化名街·福州三坊七巷在福州举行揭牌仪式。首届“中国十大历史文化名街区评选”是经文化部和国家文物局批准，由中国文化报社、中华文化促进会、中国文物报社联合主办，三坊七巷历史文化街区以最高公众票数，入选首批“中国十大历史文化名街”。

28日 福清市沙铺镇江下村现存有10株国家二级保护植物笔筒树，该村成为大陆第一个笔筒树种群分布区。

29日 中国共产党福建省第八届委员会第六次全体会议审议通过福建省贯彻落实《国务院关于支持福建省加快建设海峡西岸经济区的若干意见》的实施意见。

30日 由中国帆船协会、厦门市政府、台南市政府、台北帆船协会联合举办的首届海峡杯帆船锦标赛，7月30日从厦门出发陆续抵达台南安平外海。这是60年来两岸帆船首次从厦门穿越台湾海峡直航台湾。

8月

2日 省第11届人大常委会第十次会议表决通过《福建省文物保护管理条例》。该条例于10月1日起施行。

11日 中央政治局委员、国务院副总理、国家防汛抗旱总指挥部总指挥回良玉在福州考察。

15日 经国家质检总局正式批复同意，国家级矿产品检测重点实验室落户龙岩。

由中国游泳协会、厦门市人民政府、中华台北成人游泳协会、金门县政府共同主办的首届厦金海峡横渡活动(厦门环岛路耶风寨至小金门双口村)在厦门举行。来自中国内地和台湾的各50名游泳健儿参加了横渡活动。

16日 由福建省南下服务团团史研究会编撰、福建人民出版社出版的《革命生涯六十年》一书首发式在福州举行。

20日 最高人民法院出台《关于支持福建省加快建设海峡西岸经济区重大战略部署的意见》。

21日 福建省政府与国家开发投资公司在福州签订合作协议，建立全面合作关系，共同促进海峡西岸经济区又好又快发展，并就合作开发湄洲湾石门澳达成协议。

福建省迄今建成的最大货船“SL710”号在福建(福安)白马船厂成功下水，标志着福建省造船能力提升到一个新的水平，为建造同类型船舶开了先河。“SL710”号是一艘57000吨级的双舷侧散货船，总长189.99米、型宽32.26米，设计航速为14.2节。

22日 《福建日报》创刊六十周年纪念大会在福州举行。

福州螺洲大桥打下首根基础桩。此桥为目前国内跨径最大的三塔自锚式悬索桥，计划于2012年2月竣工通车，工程概算总投资12.7亿元。

23日 全国首个、也是目前唯一一个国家级对台科技合作与交流基地在厦门台湾科技企业育成中心揭牌成立。

人民日报社福建分社在福州成立。

经中国纺织工业协会相关程序的综合考察和评估，尤溪县成为福建省首个“中国苇基布名城”。

27日 首家台资光电企业台湾高仪公司总部签约落户云霄县云陵工业开发区。

28日 省委书记卢展工、省长黄小晶在福州会见以卫生部部长陈竺为名誉团长，中央统战部副部长楼志豪为领队的党外领导干部赴闽考察团一行。

9月

6日 由国家旅游局和福建省人民政府共同主办、以“海峡旅游，合作共赢”为主题的第五届海峡旅游博览会在厦门国际会展中心举行。

7—8日 国务委员兼国务院秘书长马凯在福建考察调研。

12日 省委书记卢展工在厦门会见了老挝人革党中央总书记、国家主席朱马里·赛雅颂及夫人乔赛斋·赛雅颂一行。

12—14日 财政部部长谢旭人到福建省龙岩、漳州、厦门等地进行专题调研。

24日 省委书记卢展工、省长黄小晶在福州会见了全国人大常委会副委员长路甬祥一行。

25日 省11届人大常委会第11次会议表决通过了《福建省航道条例》和《福建省促进散装水泥发展条例》，两个条例都于2010年1月1日起施行。

28 日 是日上午 7 时 44 分，温福铁路开行动车组首发仪式在福州火车站一号站台举行。首趟时速 250 千米 CRH1B 型“和谐号”动车组 D3102 次从福州向上海驶去，标志着福建省结束了只有单线、低速铁路的历史，从此迈向了高铁时代。

30 日 联合国教科文组织保护非物质文化遗产政府间委员会会议经审议表决，决定将妈祖信俗、福建南音列入《人类非物质文化遗产代表作名录》。

10 月

6 日 泉州微波通信产业集群成为国家创新基金产业集群的首个试点。

尤溪县闽湖水利风景区、龙岩市梅花湖水利风景区成为第九批国家水利风景区。

18 日 福厦铁路全线铺通。

20 日 民政部和福建省人民政府签订关于加快推进海峡西岸经济区民政事业发展的合作协议。

21 日 厦门国际动漫节成为我国首个世界动画协会推介的示范性动漫节。

27 日 福建省人民政府和中国华能集团公司在福州签订关于共同推进海峡西岸经济区建设的合作协议。

29 日 福建省体育代表团在第 11 届全国运动会上获得 19 金 11 银 21 铜、总分 996.5 分的佳绩。

省委书记卢展工、省长黄小晶、省政协主席梁绮萍在福州会见新加坡国务资政吴作栋及夫人一行。

11 月

1 日 省政府审议通过《福建省港口体制一体化整合总体方案》。

3 日 “北京林业大学南方林区（福建三明）综合实践基地”建设项目获国家批准。该项目将成为我国林业重大科研成果孵化器、现代林业高新技术研究推广中心、国际一流的产学研实践基地、林业新技术面向国际交流与合作的窗口。

5 日 历时 4 年多建设的我国大陆首条海底隧道——厦门翔安海底隧道全线贯通。隧道全长 8.695 千米，投资 32.8 亿人民币。

6 日 国家文物局近出台进一步支持海西文化遗产保护的系列措施，在六个方面加大对福建的支持力度。

8—15 日 中共中央政治局委员、全国政协副主席王刚在福建考察。

9 日 建筑面积达 26 万平方米的全国最大红茶交易市场在福安中国海峡大茶都启动运营。

11 日 国内迄今为止一次性整体规划、实施投资最大的炼油化工项目——福建炼油乙烯一体化合资项目正式投入商业运行。这是中国第一个炼油、化工和成品油销售全面一体化的中外合资项目。

19 日 省委书记卢展工、省长黄小晶会见由北京市委副书记、市长郭金龙率领的北京市考察团一行。

20 日 福建闽台图书有限公司、福建省出版对外贸易公司、厦门市对外图书交流中心 3 家企业，首批在商务部、文化部、广电总局和新闻出版总署联合开展《2009—2010 年度国家文化出口重点企业和重点项目》活动中认定为国家文化出口重点企业。

台湾三扬产业股份有限公司的计量器具——3 台 5MN（兆牛）测力仪在省质监局计量院完成全部校准工作，运返台湾本土。这是福建省第一次承接的由台湾本土企业送检的计量器具校准服务工作，在构建闽台计量公共服务平台方面进行了先试先行。

27 日 国家工商总局与省政府在福州召开联席会议，研究协商深化局省合作，共同推进海西建设的工作任务。

30 日 中共中央决定，孙春兰同志任福建省委书记，卢展工同志任河南省委书记。

截至 30 日凌晨，厦门港货物吞吐量完成 1.01 亿吨，成为海西首个亿吨大港，并提前一年实现“十一五”目标。

莆秀高速公路建成通车。该高速公路是莆田至永定高速公路的起始路段，全长 23.6 千米，双向四车道，设计行车时速 100 千米，项目总投资 16.34 亿元。该高速公路是福建省首个 BOT 的高速公路项目，第一条建成通车的疏港高速公路，开启福建省民间资本进入高速公路领域之先河。

福州市被授予“第二届全国未成年人思想道德建设工作先进城市”称号。福州是此次中央文明委表彰的 32 个先进城市之一，也是福建省唯一上榜城市。

12 月

1 日 《厦门市预防和制止家庭暴力的决定》12 月 1 日起正式实施。这是厦门市首部预防和制止家庭暴力的地方性法规。

3 日 《海峡西岸城市群发展规划》获得国家住房和城乡建设部批复。

7 日 福州市商业银行正式更名为福建海峡银行。

8 日 全国首个由省政府批准设立的标准贡献奖——福建省标准贡献奖经批准设立，该奖每年评选一次，主要奖励创新性强、技术先进、经济效益好的标准，每届评奖不超过 30 项。

海峡两岸少数民族族谱对接恳亲会在漳州举行。漳州被确认为畲族重要祖居地。

11 日 福建省瑞芯微电子公司“个人移动信息终端 SOC 芯片”、万利达集团公司“安全适用计算机 CPU”、福建升腾资讯公司“龙芯安全适用计算机 CPU”和夏新电子公司“新一代同轴电缆宽带接入套片”4 个项目成功入围国家“核高基重大专项”，标志着福建省芯片设计和计算机研发应用已进入国家队行列。

12—14 日 中共中央政治局委员、中央书记处书记、中宣部部长刘云山在福建考察。

13 日 省委书记孙春兰、省长黄小晶在厦门会见了出席第五次中越两党理论研讨会的越共中央政治局委员、中央书记处书记、中央宣教部部长、中央理论委员会主席苏辉若一行。

17 日 福建省能源集团有限责任公司成立。至此，省政府确定的新一轮省属国企整合重组计划中新设立能源、交通、投资、外贸、华侨等五大企业集团任务全面完成。

18日 省委书记孙春兰、省政协主席梁绮萍在福州会见了以香港福建社团联会主席林树哲为访问团团长的香港福建社团联会福建访问团一行。

南京军区福州总医院庆祝建院60周年。

21日 国务院法制办公室出台《关于支持福建省加快海峡西岸经济区建设的意见》，提出5项措施，全力支持福建省加快推进依法行政、建设法治政府进程。

23日 中共福建省委在福州召开纪念地方人大设立常委会30周年大会。

是日13时52分，随着闽西革命老区龙岩500千伏变电所龙（岩）三（明）Ⅰ路5041开关的顺利合闸，强大的电流瞬间将全省14座500千伏变电所连接在一起。这标志着福建电网提前1年顺利实现全省500千伏大环网，主网架由220千伏升级到500千伏超高压，实现了历史性的大跨越。

24日 省委书记孙春兰、省长黄小晶、省政协主席梁绮萍在福州会见闽侨精英故乡行——李深静家族访问团一行。李家族是马来西亚IOI集团董事局主席。

26日 国家人口计生委与福建省人民政府在福州签署《共同促进海峡西岸经济区人口和计划生育工作合作协议》。

27日 福州城市地铁一号线动工仪式在则徐广场站举行，标志着福州市的城市现代化建设迈入了全新的历史阶段。

28日 中共福建省委、省人民政府、省军区纪念古田会议召开80周年大会在龙岩举行。中共中央政治局委员、中央书记处书记、中宣部部长刘云山出席纪念大会并讲话。

30日 海峡出版发行集团在福州成立。

（摘录：王文灿 林忠玉）

编辑：郑莱

2009年闽台关系十大新闻

一、5月14日，《国务院关于支持福建省加快建设海峡西岸经济区的若干意见》正式发布，标志着海峡西岸经济区发展战略正式由区域战略上升为国家战略。之后，中共福建省委八届六次全体会议审议通过《福建省贯彻落实〈国务院关于支持福建省加快建设海峡西岸经济区的若干意见〉的实施意见》，提出设立福州（平潭）综合实验区。

二、5月15—22日，首届海峡论坛在福建举行。这是迄今规模最大、人数最多、台湾各界参与最广泛的一次两岸民间交流盛会。

三、8月10日，正在台湾参访的中共福建省委常委、副省长陈桦代表福建省红十字会向遭受“莫拉克”台风侵袭的台湾南部灾区捐款100万元人民币，这是大陆第一笔赈灾款。随后，福建各界积极募捐赈灾，体现了“闽台情深、共渡难关”的同胞情谊。

四、5月23日，福建省十一届人大常委会第九次会议审议通过《福建省促进闽台农业合作条例》，这是大陆首个对台农业合作地方性法规。

五、4月2日，《福建省人民政府关于支持台资企业发展的若干意见》出台，推出25条扶持措施帮助台资企业应对国际金融危机。4月8日，大陆首个台资企业转型升级培训基地在泉州市挂牌成立。

六、8月11日，台湾新大陆股份有限公司在台北挂牌成立。福建新大陆科技集团有限公司成为大陆首家赴台投资企业。

七、7月中旬，北京大学医学部台湾学生周汝真被福建省皮肤病防治医院录用，北京中医药大学台湾博士生高家俊被福建中医学院录用，成为首批被大陆事业单位录用的台湾学生。

八、7月13日，“新金桥Ⅱ”豪华客滚轮从福州直航基隆，这是直航台湾本岛的第一艘大陆客轮。11月23日，“中远之星”客滚轮从厦门直航台中，标志着两岸客货滚装直航实现常态化运营。

九、9月30日，妈祖信俗列入联合国教科文组织《人类非物质文化遗产代表作名录》，成为两岸首个信俗类世界遗产。

十、2月6日，闽台首届鎏金铜佛精品展暨名家品鉴活动在福州开幕，60多座鎏金铜佛精品跨越海峡来到福建，这是台湾民间文物首次成批量到大陆展出。

省情概况

自然概貌

【地理】 福建位于我国东南沿海，东隔台湾海峡与台湾省相望。陆地平面形状似一斜长方形，东西最大间距约480千米，南北最大间距约530千米。全省大部分属中亚热带，闽东南部分地区属南亚热带。全省土地总面积12.4万平方千米，海域面积13.6万平方千米。

境内峰岭耸峙，丘陵连绵，河谷、盆地穿插其间，山地、丘陵占全省总面积的80%以上，素有“八山一水一分田”之称。地势总体上西北高东南低，横断面略呈马鞍形。因受新华夏构造的控制，在西部和中部形成北（北）东向斜贯全省的闽西大山带和闽中大山带。两大山带之间为互不贯通的河谷、盆地，东部沿海为丘陵、台地和滨海平原。

闽西大山带以武夷山脉为主体，长约530千米，宽度不一，最宽处达百余千米。北段以中低山为主，海拔大都在1200米以上；南段以低山丘陵为主，海拔一般为600～1000米。位于闽赣边界的主峰黄岗山海拔2158米，是我国大陆东南部的最高峰。整个山带，尤其是北段，山体两坡明显不对称：西坡陡，多断崖；东坡缓，层状地貌发育。山间盆地和河谷盆地中有红色砂岩和石灰岩分布，构成瑰丽的丹霞地貌和独特的喀斯特地貌景观。

闽中大山带由鹫峰山、戴云山、博平岭等山脉构成，长约550千米，以中低山为主。北段鹫峰山长百余千米，宽60～100千米，平均海拔1000米以上；中段戴云山为山带的主体，长约300千米，宽60～180千米，海拔1200米以上的山峰连绵不绝，主峰戴云山海拔1856米；南段博平岭长约150千米，宽40～80千米，以低山丘陵为主，一般海拔700～900米。整个山带两坡不对称：西坡较陡，多断崖；东坡较缓，层状地貌较发育。山地中有许多山间盆地。

东部沿海海拔一般在500米以下。闽江口以北以花岗岩高丘陵为主，多直逼海岸。戴云山、博平岭东延余脉遍布花岗岩丘陵。福清至诏安沿海广泛分布红土台地。滨海平原多为河口冲积海积平原，这些平原面积不大，且为丘陵所分割，呈不连续状。闽东南沿海和海坛岛等岛屿风积地貌发育。

陆地海岸线长达3751.5千米，以侵蚀海岸为主，堆积海岸为次，岸线十分曲折。潮间带滩涂面积约20万公顷，底质以泥、泥沙或沙泥为主。港湾众多，自北向南有沙埕港、三都澳、罗源湾、湄洲湾、厦门港和东山湾等6大深水港湾。岛屿星罗棋布，共有岛屿1500多个，平潭岛现为全省第一大岛，原有的厦门岛、东山岛等岛屿已筑有海堤与陆地相连而形成半岛。 （陈飞）

【气候】 2009年气温显著偏高，降水量偏少，气象灾害偏轻，气候年景属正常。冬季气温偏高、降水显著偏少，1月上中旬，全省各地出现持续性低温冻害过程，但冬季气温仍偏高1.4℃，为暖冬，降水为1961年以来历史同期第二少年，持续的少雨使全省大部分地区发生了不同程度的秋冬气象干旱；春季气温正常、降水偏少，局部地区出现强对流天气，灾情较轻，雨季于5月18日开始，7月4日结束，起止时间均偏迟，历时偏短，强度偏弱，降水量偏少2成，使沿海地区出现秋冬春气象连旱；夏季气温偏高、降水正常，7～8月先后三次出现最高气温超过38℃的较大范围持续性高温天气；秋季气温偏高、降水正常，10月31日～11月4日受强冷空气影响，西部北部地区出现寒潮天气过程，历史上较少见，闽南局部县（市）的夏秋干旱给农业生产和人民生活造成严重影响。全年有9个热带气旋登陆或影响福建，个数略多，特点是影响路径偏南，风雨影响偏轻，造成灾害较轻，其中有3个热带气旋登陆福建，分别是第3号热带风暴“莲花”6月21日在晋江登陆，6号热带低压7月14日在莆田登陆，第8号台风“莫拉克”8月9日在霞浦登陆。

气温。年平均气温为20.0℃，偏高0.8℃，属显著偏高。冬季（12～2月）平均气温为12.2℃，偏高1.4℃，属偏高，出现暖冬，其中2月平均气温为16.1℃，异常偏高5.3℃，创1961年以来历史同期新高；春季（3～4月）平均气温为16.5℃，偏高0.3℃，属正常；雨季（5～6月）平均气温为24.4℃，偏高0.4℃，属正常；夏季（7～9月）平均气温为28.1℃，偏高1.2℃，属异常偏高，其中9月平均气温27.4℃，异常偏高2.2℃，创1961年以来历史同期新高；秋季（10～11月）平均气温为18.7℃，接近常年，属正常。

降水。年降水量为1350.6毫米，偏少261.1毫米，约1.6成，属偏少。冬季平均降水量为51.7毫米，偏少141.9毫米，属显著偏少；春季平均降水量为307.8毫米，偏少55.5毫米，属正常；雨季平均降水量为371.3毫米，偏少121.1毫米，属正常略偏少；夏季平均降水量为447.9毫米，偏少8.8毫米，属正常；秋季平均降水量为116.0毫米，偏多10.5毫米，属正常。 （任建龙）

【环境】 全年环境质量总体良好。城市环境空气质量保持优、良水平，武夷山环境空气质量保持在一级，大多数城市环境空气质量保持在二级，三明为三级；酸雨污染强度较上年略有减轻。主要河流和集中式生活饮用水源地水质保持优良；城市内河和城市地下水水质有所改善；部分湖泊水库富营养化问题仍然存在；近岸海域海水水质基本保持稳定。城市声环境质量基本稳定。

大气环境质量。全年城市环境空气质量仍保持优、良的水平，达标城市的比例为95.7%，与上年持平。9个设区城市中，福州、厦门、泉州、漳州、南平、莆田、宁德和龙岩等8个城市二氧化硫、二氧化氮、可吸入颗粒物年均浓度均达到国家环境空气质量二级标准，空气质量为二级；三明市二氧化硫年均浓度超过二级标准，空气质量为三级。14个县级市中，武夷山环境空气质量为一级，其余13个城市为二级。全省23个城市二氧化硫年平均浓度为0.025毫克/立方米，较上年下降7.4%；二氧化氮平均浓度为0.022毫克/立方米，较上年下降4.3%；可吸入颗粒物平均浓度为0.060毫克/立方米，较上年下降9.1%；降尘平均浓度为5.36吨/(月·平方千米)，较上年下降3.8%。以二氧化硫、二氧化氮、可吸入颗粒物3项指标计算城市空气综合污染指数，9个设区城市环境空气质量由优到劣的顺序依次为：泉州、宁德、莆田、福州、厦门、龙岩、漳州、南平和三明。与上年相比，南平的空气综合污染指数略有上升，其余城市略有下降。

全省9个设区城市空气污染指数(API)年均值范围为51～69，平均空气质量状况均为良，其中三明API年均值为69，全省最高；泉州API年均值为51，全省最低。各城市首要污染物均为可吸入颗粒物。9个设区市空气质量优、良天数比例为97.5%，较上年提高1.4个百分点。其中，龙岩、厦门、三明、南平、漳州和泉州优、良天数的比例较上年有所上升，尤其是龙岩优、良天数比例上升6.3个百分点，空气质量有所改善。

全省降水pH年平均值为5.05，较上年提高了0.07个pH单位；酸雨出现频率为36.8%，较上年下降了10.3个百分点。23个城市中，厦门、泉州、南平、邵武和建瓯等5个城市的降水pH年平均值均低于5.0，酸雨污染较严重，为重酸雨区(pH＜4.50)或中酸雨区(4.50≤pH＜5.00)；长乐等7个城市为轻酸雨区(5.00≤pH＜5.60)；永安等11个城市为非酸雨区(pH≥5.60)。

水环境质量。全年12条主要河流135个常规水质监测断面整体水质为优，水质基本保持稳定。水域功能达标率为95.9%，较上年下降了0.5个百分

2009年设区市空气综合污染指数比较表

城市	二氧化硫		二氧化氮		可吸入颗粒物		综合指数
	年均值(毫克/立方米)	P1	年均值(毫克/立方米)	P2	年均值(毫克/立方米)	P3	2009年
泉州	0.020	0.33	0.016	0.20	0.057	0.57	1.10
宁德	0.020	0.33	0.014	0.18	0.063	0.63	1.14
莆田	0.022	0.37	0.023	0.29	0.062	0.62	1.28
福州	0.014	0.23	0.040	0.50	0.065	0.65	1.38
厦门	0.020	0.33	0.039	0.49	0.060	0.60	1.42
龙岩	0.030	0.50	0.014	0.18	0.081	0.81	1.49
漳州	0.024	0.40	0.041	0.51	0.068	0.68	1.59
南平	0.054	0.90	0.042	0.53	0.062	0.62	2.05
三明	0.075	1.25	0.014	0.18	0.080	0.80	2.23

全省12条主要河流水质达标情况表

河流(河段)	断面数	水域功能达标率(%)	Ⅰ类～Ⅲ类水质比例(%)	交界断面达标率(%)
		2009年	2009年	2009年
全省	135	95.9	93.8	97.3
南平段	8	100	100	100
福州段	12	100	97.2	100
沙溪	15	93.3	93.3	85.7
建溪	14	100	100	100
富屯溪	8	100	100	100
闽江	57	98.2	97.7	96.6
西溪	7	92.9	95.2	94.4
北溪龙岩段	6	88.9	83.3	100
北溪漳州段	7	92.9	92.9	95.8
九龙江	20	91.7	90.8	95.8
木兰溪	6	86.1	75.0	100
萩芦溪	4	75.0	75.0	—
交溪	7	100	100	100
霍童溪	3	100	100	100
龙江	4	75.0	37.5	—
敖江	6	100	100	100
晋江	13	100	100	100
汀江	9	100	98.1	100
漳江	3	100	100	—
东溪	3	100	100	—

点；Ⅰ类～Ⅲ类水质比例为93.8%，较上年下降了0.6个百分点；交界断面达标率为97.3%，较上年下降了1.0个百分点。其中Ⅰ类～Ⅱ类水质占51.8%，提高3.0个百分点；Ⅲ类和Ⅳ类水质分别下降了3.6和0.2个百分点；Ⅴ类～劣Ⅴ类水质占3.2%，较上年上升了0.9个百分点。河流主要超标项目为氨氮、总磷、五日生化需氧量、石油类、溶解氧和高锰酸盐指数。12条河流中，交溪、霍童溪、敖江、晋江、漳江、东溪和汀江等7条河流的水域功能达标率均为100%，与上年水域功能达标率相比，九龙江、龙江、敖江和漳江有所提高，闽江、木兰溪和萩芦溪有所降低，其余5条河流持平。交溪、霍童溪、敖江、晋江、漳江和东溪等6条河流Ⅰ类～Ⅲ类水质比例均为100%；九龙江、敖江、汀江和漳江Ⅰ类～Ⅲ类水质比例较上年提高；闽江、木兰溪、萩芦溪和龙江有所降低，其余4条河流持平。

全年城市内河水域功能达标率为66.7%，较上年提高7.2个百分点；泉州、龙海和福安等3个城市内河水质较好，水质达标；其余城市内河均不同程度劣于水域功能要求；主要超标项目为氨氮、总磷和化学需氧量等。与上年相比，福州、漳州、龙岩、宁德、长乐和福清等6个城市内河水域功能达标率有所提高，莆田有所下降，泉州、龙海和福安等3个城市持平。

全年9个设区市的33个集中式生活饮用水源地达标率为95.2%，较上年下降3.9个百分点。三明、漳州、龙岩和宁德等4个城市所有饮用水源地水质均能达标，其余5个城市均有部分水源地水质出现超标。出现超标的水源地有8个：福州市城门水厂闽江南港取水口5月粪大肠菌群出现超标；福州市东南区水厂闽江鳌峰洲取水口5月和12月氨氮出现超标；厦门市同安梅山水厂汀溪水库取水口12月总氮出现超标；莆田市莆田水厂东圳水库取水口10月总磷、总氮出现超标；莆田市涵江水厂外渡水库取水口2月至7月、9月、10月、12月总磷和总氮，8月和11月总磷出现超标；泉州市万安水厂北高干渠取水口5月铁出现超标；泉州市湄丰水厂、泉港第三水厂泗洲水库取水口10月和12月的总氮和锰出现超标；南平市西芹水厂塔前溪取水口11月粪大肠菌群出现超标。与上年相比，三明饮用水源地水质达标率有所提高，福州、厦门、莆田、泉州和南平等5个城市有所下降，其余3个城市基本持平。14个县级市的22个集中式生活饮用水源地达标率为96.2%，较上年提高了0.8个百分点。除福清、漳平和长乐外，其余11个县级市水质达标率均为100%。出现超标的水源地有5个：福清市新水厂虎溪取水口3月粪大肠菌群出现超标；福清市旧水厂虎溪取水口5月粪大肠菌群、7月总磷和粪大肠菌群出现超标；福清市宏路水厂东张水库取水口7月总磷和总氮出现超标；长乐市炎山水厂矶头取水口3月氯化物和铁出现超标；漳平市铁路水厂双洋溪取水口7月铁和锰出现超标。与上年相比，福清饮用水源地水质达标率有所提高，漳平和长乐有所下降，其余城市持平。44个县城的64个集中式生活饮用水源地达标率为97.6%，较上年提高了2.5个百分点。除惠安、安溪和华安外，其余41个县城水源地水质均能达标。出现超标的水源地有3个：惠安县城南水厂黄塘溪取水口11月氯化物出现超标；安溪县安溪水厂晋江西溪吾都取水口7月和9月锰出现超标；华安县自来水厂九龙江北溪取水口1月生化需氧量和氨氮，3月总磷出现超标。

全年11个主要湖泊、水库水域功能达标率为56.5%，较上年下降0.9个百分点。古田水库、东圳水库、安砂水库、泰宁金湖、福州西湖和棉花滩水库等6个湖泊水库水质能达到相应的水域功能标准，惠女水库部分垂线水质能达到相应的水域功能要求，山仔水库、东张水库、山美水库和厦门筼筜湖等4个湖泊水库水质均超过相应的水域功能标准。超标项目主要为氮、磷等营养状态指数。与上年相比，棉花滩水库水域功能达标率有所提高，惠女水库有所下降，其余湖泊水库持平。各主要湖泊、水库水质状况为：古田水库、东圳水库、安砂水库、泰宁金湖、棉花滩水库和山仔水库等6个湖泊水库水质为Ⅲ类；东张水库水质为Ⅳ类；福州西湖和惠女水库水质为Ⅴ类；山美水库水质为劣Ⅴ类；厦门筼筜湖水质为劣海水Ⅳ类。采用水质富营养化指数对湖库进行富营养化状态评价，福州西湖和惠女水库为轻度富营养状态，古田水库为贫营养状态，其余湖库均为中营养状态。

全年城市地下水Ⅰ类～Ⅲ类水质比例为70.8%，较上年提高4.1个百分点。9个设区市中，漳州、龙岩、厦门、泉州、宁德和三明等6个城市地下水水质较好；南平次之；福州和莆田地下水水质较差。出现超标的地下水监测点位有4个：福州七星井点位5月和11月的锰、亚硝酸盐和氨氮出现超标；福州五四北路地热管理处点位5月和11月氨氮出现超标；莆田文峰宫点位5月和11月pH出现超标；南平市河圣桑拿点位5月pH和锰出现超标。与上年相比，厦门和三明2个城市地下水水质有所好转，莆田和南平2个城市有所下降，其余城市持平。

全年近岸海域海水水域功能达标

福州西湖水洁景更美。 （省环保厅供稿）

率为 48.1%，与上年持平。一类海水占 4.6%，较上年下降 3.1 个百分点；二类海水占 50.8%，与上年持平；三类海水占 9.2%，较上年下降 4.6 个百分点；四类海水占 16.9%，较上年提高 4.6 个百分点；劣四类海水占 18.5%，较上年提高了 3.1 个百分点。6 个主要海域中，莆田海域水域功能达标率全省最高，为 90.0%；泉州海域和漳州海域次之，为 66.7%；福州海域为 33.3%；厦门海域为 16.7%；宁德海域水域功能达标率最低，为 9.1%。超标项目为无机氮、活性磷酸盐和化学需氧量，其中无机氮超标率为 48.1%，活性磷酸盐超标率为 27.8%，化学需氧量超标率为 1.9%。与上年相比，莆田和泉州 2 个海域水域功能达标率有所提高，宁德和福州 2 个海域有所下降，厦门和漳州 2 个海域持平。10 个主要港湾中，湄洲湾、东山湾和诏安湾 3 个港湾水域功能达标率为 100%；兴化湾、围头湾、泉州湾和三都湾分别为 66.7%、50.0%、33.3% 和 16.7%；沙埕港、厦门港和闽江口等 3 个港湾海水水质均劣于功能区划要求。与上年相比，兴化湾、泉州湾和东山湾 3 个港湾水域功能达标率有所提高，闽江口有所下降，沙埕港、三都湾、湄洲湾、围头湾、厦门港和诏安湾等 6 个港湾持平。

声环境质量。全年 23 个城市区域环境噪声平均等效 A 声级为 55.7 分贝，较上年上升 0.3 分贝，呈“轻度污染”水平。9 个设区市中，南平、莆田、宁德、泉州和龙岩等 5 个城市区域环境噪声平均等效 A 声级在 50.1～55.0 分贝之间，属于“较好”水平；其余 4 个城市平均等效 A 声级在 55.1～60.0 分贝之间，属于“轻度污染”水平。14 个县级市中，邵武、福清、漳平、永安、建阳和武夷山等 6 个城市区域环境噪声平均等效 A 声级在 50.1～55.0 分贝之间，属于“较好”水平；其余 8 个城市平均等效 A 声级在 55.1～60.0 分贝之间，属于“轻度污染”水平。

全年 23 个城市道路交通噪声平均等效 A 声级为 68.7 分贝，与上年持平，呈“较好”水平。9 个设区市中，莆田道路交通噪声平均等效 A 声级为 67.9 分贝，属于“好”水平；其余 8 个城市平均等效 A 声级均在 68.1～70.0 分贝之间，属于“较好”水平。14 个县级市中，龙海、建阳、建瓯、邵武、南安和武夷山等 6 个城市交通噪声平均等效 A 声级小于或等于 68.0 分贝，属于“好”水平；其余 8 个城市平均等效 A 声级均在 68.1～70.0 分贝之间，属于“较好”水平。

全年 23 个城市功能区噪声昼间达标率为 83.8%，较上年提高 2.4 个百分点；功能区噪声夜间达标率为 61.4%，较上年提高 7.6 个百分点。功能区噪声昼间达标率比夜间高，夜间超标仍较普遍。9 个设区市中，南平、漳州、龙岩和宁德 4 个城市功能区噪声昼间达标率均为 100%，三明功能区噪声昼间达标率最低，仅为 60.0%；漳州功能区噪声夜间达标率为 100%，三明功能区噪声夜间达标率最低，为 0。14 个县级市中，邵武、建阳、石狮、南安、武夷山、龙海、建瓯、福安和福鼎 9 个城市功能区噪声昼间达标率均为 100%，长乐功能区噪声昼间达标率最低，仅为 50.0%；邵武、武夷山、建阳、石狮和南安 5 个城市功能区噪声夜间达标率均为 100%，晋江功能区噪声夜间达标率最低，为 33.3%。 （彭守虎）

【水文】 全年汛情特点是降雨量正常偏少，降雨过程少，属偏枯水年；江河水势相对平稳，洪水场次少、量级小；江河来水量少；台风早、个数多但影响轻；南部沿海地区发生轻度秋旱，局部地区达到中度干旱等级。1～12 月全省平均雨量 1351 毫米，较常年偏少 16%，较上年偏少 9%，其中：泉州、厦门、莆田、漳州等沿海地市较常年偏少 2 成多，其他地市较常年偏少 1 成左右。雨季始于 5 月 18 日，7 月 4 日结束，共发生 6 次大暴雨过程，未发生大范围的持续性强降雨。洪水场次少、量级小。除交溪发生超警戒水位的中等洪水（重现期约 5 年一遇），其他主要江河干流均未发生超警洪水。各江河水文（水位）站共发生超警洪水 65 站次（2008 年为 82 站次）。闽江最大洪水发生在 7 月 4 日，竹岐水文站年最高水位为 5.96 米，相应流量为 11500 立方米/秒。

雨情。前期降雨：1～3 月全省平均降雨量 239 毫米，较常年同期偏少 2 成。汛期降雨：4～9 月全省平均雨量 945 毫米，较常年同期偏少 18%，较上年同期偏少 13%，其中：厦门、泉州、漳州、莆田、南平 5 地市较常年同期偏少 2 成多，其余地市较常年同期偏少 1 成多；雨季于 5 月 18 日开始，于 7 月 4 日结束，开始及结束时间均较常年偏迟；汛期大范围长历时的降雨场次偏少。汛后降雨：10～12 月全省平均降雨量 167 毫米，较常年同期偏多 25%，比上年同期偏多 8%。

台风及热带风暴。全年在西北太平洋（含南海）共生成台风及热带风暴 22 个。2 个台风登陆福建，分别为第 3 号强热带风暴“莲花”、第 8 号台风“莫拉克”。6 个热带气旋影响福建，分别为第 4 号热带风暴“浪卡”、第 6 号台风“莫拉菲”、第 7 号热带风暴“天鹅”、第 15 号台风“巨爵”、第 16 号台风“凯萨娜”、第 17 号强台风“芭玛”。

第 3 号强热带风暴“莲花”：于 6 月 18 日南海北部海面生成，20 日 11 时加强为强热带风暴，21 日 7 时减弱为热带风暴，于 21 日 20 时 30 分在福建省晋江市东石镇登陆，登陆时中心气压 985 百帕，近中心最大风力 9 级（风速 23 米/秒），“莲花”登陆后沿东北向穿过福建沿海，22 日 17 时减弱为低气压。受“莲花”登陆减弱后的热带云系及切变线共同影响，全省普降暴雨到大暴雨。21 日，中南部沿海地区普降大到暴雨，其中厦门、漳州、泉州、莆田 4 个地市的部分县市发生大暴雨到特大暴雨，13 个县（市、区）超过 100 毫米，同安、东山、云霄超过 200 毫米，最大点为同安莲后站 287 毫米；22～24 日，中北部地区普降大到暴雨，22 日最大点日雨量为政和杨源站 80 毫米，23 日最大点日雨量为寿宁托溪站 69 毫米，24 日最大点日雨量为寿宁平溪站 93 毫米；过程雨量（21～24 日）统计，共有 39 个县（市、区）超过 100 毫米，最大点为同安莲后站 324 毫米。

第 4 号热带风暴“浪卡”：于 6 月 26 日 22 时 50 分在广东省惠东登陆，受其外围云团影响，26～27 日漳州市出现大到暴雨，过程雨量（26～27 日）有 9 个县（市、区）超过 50 毫米，最大点为平和新荣水库站 120 毫米。

第 6 号台风“莫拉菲”：于 7 月 19 日 0 时 50 分在广东省深圳市大鹏岛登陆，受其外围云系影响，18 日福州、漳州、龙岩出现中到大雨，局部暴雨，最大点为闽侯文山里站 82 毫米。

第7号热带风暴"天鹅":于8月3日20时在南海海面上生成,生成后向西北方向移动,于8月5日6时20分在广东台山沿海登陆,6日凌晨减弱为低压,后经广东湛江再次进入北部湾海面,7日下午再次加强为热带风暴并环绕海南岛一圈后减弱,受其影响,8月3～6日,福建各地多阵雨天气,局部出现暴雨到大暴雨,最大日雨量为福鼎市桑园水库达116毫米(3日)。

第8号台风"莫拉克":于8月4日2时在西太平洋洋面上生成,生成后向西北偏西方向移动,移动过程中发展迅速,5日凌晨加强为强热带风暴,5日14时加强为台风,7日23时45分在台湾花莲登陆,登陆时中心气压955百帕,风速40米/秒,风力13级;台风登陆后横穿台湾岛,后以每小时10千米的速度向偏北方向缓慢移动,于9日17时20分在福建省霞浦县北壁镇登陆,登陆时近中心最大风力12级;登陆后继续向偏北方向移动,强度逐渐减弱。"莫拉克"台风的特点是近岸后移速慢、水汽足、维持时间长,福建中北部沿海地区出现强降水过程。7日,宁德市普降大到暴雨,柘荣、福鼎两县(市)3个站点出现大暴雨,最大点为柘荣县柘荣站达136毫米;8日,中北部沿海地区普降暴雨到大暴雨,局部出现特大暴雨,共有11个县(市、区)日雨量超过100毫米,其中柘荣、福鼎、蕉城、连江4个县(市、区)超过200毫米,柘荣县柘荣站达422毫米,福鼎市管阳站达394毫米;9日,中北部沿海地区普降暴雨到大暴雨,共有23个县(市、区)日雨量超过100毫米,其中福鼎管阳站达268毫米,柘荣青岚面水库达211毫米;10日,雨强减弱,南平市北部县市普降中到大雨,东山县出现暴雨,日雨量达94毫米;11日,受"莫拉克"后部低压槽和华南沿海切变的影响,福州、莆田、泉州、龙岩四市发生大到暴雨,局部大暴雨,15个县(市、区)日雨量超过50毫米,福清、涵江、南安、安溪4个县(市、区)超过100毫米,最大点为莆田东方红水库144毫米。统计过程雨量(7～11日),全省共有47个县(市、区)过程雨量超100毫米,其中达100～199毫米的有29个县(市、区),200～299毫米的10个县(市、区),300～399毫米的4个县(市、区),福鼎、柘荣、蕉城、涵江超过400毫米。有3个站点过程雨量超过700毫米,分别为福鼎市管阳站769毫米、柘荣县柘荣站743毫米、柘荣青岚水库724毫米。受台风降雨影响,交溪以及闽江支流梅溪、大樟溪发生超警洪水。8月8～9日中北部沿海出现超过警戒潮位的高潮位,其中闽江口梅花站、白岩潭站出现设站以来实测第三大高潮位。

第15号台风"巨爵":于9月15日7时在广东台山登陆。受其外围云系和弱冷空气的共同影响,14日,漳州、泉州降中到大雨,漳州市局部出现暴雨,最大点为南靖龙山站达73毫米。

第16号台风"凯萨娜":受"凯萨娜"外围云系和冷空气共同影响,9月28～29日,全省出现小到中雨,其中南平市北部、宁德市的东部出现大到暴雨,最大点福鼎市蹯溪站日雨量达103毫米。

第17号强台风"芭玛":受"芭玛"、天文大潮及冷空气共同影响,10月5～8日沿海潮位站出现超警戒高潮位。

水情。全年洪水场次少、量级小,除赛江发生中等洪水外,其他江河均为小洪水。九龙江西溪干流控制站郑店水文站年最大流量为历年实测年最大流量系列最小值;木兰溪干流控制站濑溪水文站年最大流量为历年实测年最大流量系列次小值。

闽江:洪水场次少、洪水量级小。水口水库入库最大流量达5000立方米/秒以上的洪水过程共7次(2008年8次)。闽江干流,未发生超警洪水,南平延福门站7月3日出现年最高水位65.38米(警戒水位66.0米);竹岐水文站7月4日出现年最高水位为5.96米(警戒水位9.80米),相应流量为11500立方米/秒。建溪,七里街水文站出现1次超警洪水,5月26日出现年最高水位95.81米(警戒水位94.0米),超警戒水位1.81米,相应流量6060立方米/秒。富屯溪,洋口水文站出现3次超警洪水,5月26日出现年最高水位109.32米(警戒水位108.30米),超警戒水位1.02米,相应流量3080立方米/秒。沙溪,沙县水文站出现1次超警洪水,7月3日出现年最高水位107.61米(警戒水位106.5米),超警戒水位1.11米,相应流量4100立方米/秒。大樟溪,永泰水文站出现1次超警洪水,8月10日出现年最高水位31.24米(警戒水位31.0米),超警戒水位0.24米,相应流量2360立方米/秒。

晋江:未发生超警洪水。石砻水文站7月14日出现年最高水位7.08米(警戒水位8.0米),相应流量2320立方米/秒。

九龙江:未发生超警洪水。九龙江西溪郑店水文站6月28日出现年最高水位5.38米(警戒水位12.0米),相应流量420立方米/秒,为历年实测年最大流量系列最小值;九龙江北溪浦南水文站7月4日出现年最高水位8.86米(警戒水位12.0米),相应流量2040立方米/秒,在该站历年实测最大流量系列中,仅大于1991年、1971年、2004年,列倒数第四位。

交溪:发生中等洪水。白塔水文站8月9日出现年最高水位30.15米(警戒水位26.0米),超警戒水位4.15,相应流量7270立方米/秒,重现期为5年一遇。

汀江:未发生超警洪水。上杭水文站7月3日出现年最高水位179.07米(警戒水位180.0米),相应流量2200立方米/秒。

木兰溪:未发生超警洪水。濑溪水文站7月2日出现年最高洪水位为6.88米(警戒水位8.4米),相应流量324立方米/秒,为历年实测年最大流量系列次小值(1982年310立方米/秒)。

潮情。第8号台风"莫拉克"登陆期间恰逢农历六月天文大潮期,受风暴潮增水影响,8月8～9日中北部沿海出现超过警戒潮位的高潮位,其中梅花、白岩潭站出现设站以来实测第三大高潮位。沙埕站最高潮位超警戒0.54米;梅花站最高潮位超警戒1.13米;白岩潭站最高潮位超警戒0.88米;琯头站最高潮位超警戒0.8米。 (廖爱玉)

【地震】 全年福建及其近海地区共发生M_L2.0级以上地震73次,其中:2.0～2.9级67次,3.0～3.9级5次,4.0～4.9级1次,最大地震为3月23日平潭海域M_L4.3级。相较上年度小震活动沿晋江—厦门北西向断裂带的条带分布,2009年度该条带已经解体,地震活动主要分布在闽南及其近海地区,其中东山—南澳海域和厦门海外的小震活动持续活跃,古田水口库区仍有震群活动。3月23日,平潭海域发生M_L4.3

级地震，平潭岛强烈有感，福建地区普遍有感，但该地震未造成人员伤亡和财产损失；该地震是1992年南日岛5.2级地震后福建北部沿海地区发生的最大地震；平潭海域 M_L4.3地震序列类型为孤立型，未记录到余震。9月26日，漳平发生 M_L3.8级地震，震区强烈有感，震后共记录到余震1次，震级为 M_L1.9级。

全年台湾海峡地区共发生 M_L3.0级以上地震4次，其中3.0～3.9级地震4次，最大地震为7月6日海峡南部 M_L3.7级地震。台湾海峡地震活动强度与上年度相当，但频次有所减少，延续了2006年以来地震活动的相对平静。

全年台湾地区共发生 M_L4.0级以上地震77次，其中：M_L4.0～4.9级65次，M5.0～5.9级9次，M6.0～6.9级3次，最大地震为7月14日花莲海域M6.7级和12月19日花莲海域M6.7级地震。2009年度台湾地区未发生7级以上地震，但地震活动强度较上年度有所增强，发生了2次6.7级地震。

（倪晓寅　林世敏）

资　源

【土地资源】 根据第二次全国土地调查标准时点统一更新成果，截至年底，全省土地总面积0.12亿公顷(12.40万平方千米)，占全国土地总面积的1.30%，其中：耕地134.18万公顷，占土地总面积的10.82%；园地81.52万公顷，占土地总面积的6.57%；林地838.12万公顷，占土地总面积的67.60%；草地22.94万公顷，占土地总面积的1.80%；城镇村及工矿用地55.44万公顷，占土地总面积的4.47%；交通运输用地17.27万公顷，占土地总面积的1.39%；水域及水利设施用地56.19万公顷，占土地总面积的4.53%；其他土地34.2万公顷，占土地总面积的2.76%。 （赵珂）

【海洋资源】 海洋生物资源。福建海域面积13.6万平方千米，水深200米以内的海洋渔场面积12.51万平方千米，占全国海洋渔场面积的4.5%；潮间带滩涂面积19.88万公顷。有闽东、闽中、闽南、闽外和台湾浅滩5大渔场，海洋生物种类2000多种，其中经济鱼类200多种，贝、藻、鱼、虾种类数量居全国前列。

海岸港湾资源。福建陆地海岸线长达3752千米，海岸线曲折率1∶7居全国第一位。沿海岛屿星罗棋布，大于500平方米的岛屿1546个(其中有人岛屿102个)，总面积1400.13平方千米，岛屿海岸线长2804.4千米。大小港湾125个，其中深水港湾22处，可建5万吨级以上深水泊位的天然良港东山湾、厦门港、湄洲湾、兴化湾、罗源湾、三沙湾、沙埕湾等7个，港口吞吐量可开发潜力大。

滨海矿产资源。福建海岸地质构造复杂，已发现的矿产有60多种，其中有工业利用价值的21种，矿产地300多处。砂、花岗石、叶腊石等探明储量居全国前列，饰面花岗石、高岭土、明矾石、玻璃用石英砂在全国占重要地位；台湾海峡石油、天然气也已显现较好的资源潜力，海峡西部3个成油凹陷油气前景看好，有望在厦澎凹陷、乌丘屿凹陷、澎北隆起建设油气田，勘测油气总量2.9亿吨；盐业资源丰富，盐田总面积11.02万公顷，宜盐滩涂超过2.67万公顷，可以大规模利用的盐化工业品有氯化镁、溴素、石膏、钠镁盐、加碘盐等。

滨海旅游资源。福建山多海阔，山海兼容，优越的亚热带海洋性气候，多种多样的海岸类型，景色秀丽的岛屿，千姿百态的海蚀景观，加之沿海众多富有宗教、文化、军事、历史内涵的名胜古迹和新兴的港口城市，构成理想的观光度假胜地，其中有被列为国家重点风景名胜区的鼓浪屿、清源山、太姥山、海坛岛和国家旅游度假区的湄洲岛以及“海上绿洲”东山岛等。

海洋能源资源。福建沿海地热梯度较大，地热资源丰富，具有开采价值的热水区域较多；沿海风能资源丰富，可利用时数达7000—8000小时；沿海可利用潮汐发电的海水面积达3000平方千米，潮汐能理论装机容量达3425万千瓦，可开发装机容量1033万千瓦，占全国的49.2%，居首位。 （房月英）

【水资源】 全省水资源总量为800.81亿立方米，人均拥有水资源量2208立方米。其中：地表水资源总量799.59亿立方米，地下水资源总量246.06亿立方米，地下水和地表水不重复量1.22亿立方米；产水系数0.45，产水模数64.80万立方米/平方千米。行政分区中，地表水资源量最多的是南平市，为201.95亿立方米，最少的是厦门市，为7.21亿立方米；地下水资源量最多的是南平市，为59.93亿立方米，最少的是厦门市，为2.03亿立方米。

全省年供水总量201.44亿立方米。其中：地表水源供水量196.38亿立方米，地下水源供水量4.80亿立方米，其他水源供水量0.26亿立方米。年用水量201.44亿立方米，其中：农田灌溉用水量95.29亿立方米，工业用水量77.19亿立方米，城镇生活用水量15.25亿立方米，农村生活用水量8.17亿立方米。行政分区中，用水量最多的是福州市，为33.92亿立方米；最少的是厦门市，为5.74亿立方米。

全省20座大型水库和114座中型水库(2009年新增统计27座中型水库资料)统计，年末总蓄水量77.30亿立方米，比上年末总蓄水量79.10亿立方米减少1.80亿立方米，其中大型水库2009年末总蓄水量64.43亿立方米，比上年末减少0.79亿立方米。

全年主要江河总体水质状况同上年相比略有下降。对全省7个水系79个断面水质监测评价成果表明，2881千米评价河长中，水质符合和优于Ⅲ类水的河长为2263千米，占评价河长的78.55%；污染河长为618千米，占21.45%，比上年增加2.29%。水体的主要超标项目为氨氮、溶解氧、总磷、五日生化需氧量和高锰酸盐指数等。主要情况为：闽江水系水质状况与上年相比基本持平，符合和优于Ⅲ类水的河长为1268千米，占评价河长的93.16%；污染河长为93千米，占6.84%，比上年减少0.35%。九龙江水系水质状况与上年相比略有好转，符合和优于Ⅲ类水的河长为294千米，占评价河长的63.09%；污染河长为172千米，占36.91%。汀江水系水质状况与上年相比明显下降，符合和优于Ⅲ类水的河长为253千米，占评价河长的54.41%；污染河长为212千米，占45.59%。晋江水系水质状况比上年略有好转，符合和优于Ⅲ类水的河长为146千米，占评价河长的68.22%;污染河长为68千米,占31.78%,比上年减少3.31%。交溪水系水质状况与上年相比基本持平,符合和优于Ⅲ类水的河长为41千米,占评价河长的78.85%;污染河长为11千米,占21.15%。木兰溪水系水质状况与上年相比有所下降,符合和优于Ⅲ类水的河长为52千米,占评价河长的50.00%;污染河长为52千米,占50.00%。闽东诸河水系水质状况比上年明显好转,评价的158千米河长水质全部符合或优于Ⅲ类。闽南诸小河水系水质状况与上年相比有所下降,符合和优于Ⅲ类水的河长为51千米,占评价河长的83.61%;污染河长为10千米,占16.39%。 (蔡晶)

【矿产资源】 截至年底,全省已发现矿产118种,占全国已发现矿产总数的69%。已探明储量并列入储量表的矿产112种(含亚矿种),其中:能源矿产1种,金属矿产28种,非金属矿产83种;已探明固体矿产矿床1150处,其中:大型66处,中型158处,大中型矿区均以非金属矿为主。

截至年底,全省共有有效勘查许可证1053本(其中属于国有地勘单位的267本),登记总面积10775.25平方千米。按勘查矿种分类,能源矿产74本(其中煤炭矿产71本),金属矿产903本,非金属矿产76本;全省共有有效采矿许可证3213本,其中煤炭310本、铁矿93本、铅锌矿70本、金矿20本、银矿4本、铜矿12本、锰矿18本、钨矿6本、锡矿2本、钼矿9本,等等。(赵珂)

【野生动植物资源】 福建地跨南亚热带和中亚热带,多丘陵山地,海域广阔,岛屿众多,独特的气候、地理条件和复杂多样的生态类型,孕育了丰富的野生动植物资源,是中国生物多样性最为丰富的省份之一。

根据动物地理区划,福建的野生动物多数属于东洋界的种类,门类众多,包括从原生动物到脊椎动物,脊椎动物已记录到1600多种(包括亚种,下同),约占全国种类的1/3。哺乳类147种,其中:海洋哺乳动物27种,隶属2目7科16属;陆栖哺乳动物120种,隶属8目27科70属;属于国家一级保护野生动物有华南虎、豹、云豹、黑麂和中华白海豚5种,国家二级保护野生动物42种。鸟类超过550种,隶属21目66科,冬候鸟最多,有177种;其次为留鸟,有169种,包括近年在福建相继发现的攀雀、白脸鹭、凤头鹰台湾亚种、白玄鸥、黄腿银鸥、黑背信天翁、白眼潜鸭、白领翡翠、白腹军舰鸟、斑头大翠鸟等,其中白脸鹭和黑背信天翁为中国新纪录鸟类。爬行类123种,隶属3目17科67属,属于国家一级保护野生动物有蟒和鼋2种,国家二级保护野生动物6种。两栖类46种,隶属2目9科24属,属于国家二级保护野生动物有大鲵和虎纹蛙2种,武夷山市两栖动物种类在全省居首位,达33种。鱼类820种。无脊椎动物至今还没有精确的调查资料,已记录到原生动物约600种、腔肠动物200多种、栉水母7种、吸虫约200种、绦虫约150种、线虫约400种、轮虫150多种、棘头虫约65种、环节动物约500种、星虫类11种、枝角类约80种、桡足类约400种、软体动物约500种、蟹类170多种、昆虫1万多种、棘皮动物约81种、毛颚动物27种。

植物种类以亚热带区系成分为主,区系成分较复杂。据调查统计,全省有高等植物4703种,占全国高等植物种类的15.7%;有木本植物1943种(含变种153种),分属142科、543属,约占全国木本植物科的81%、属的55%、种的39%。裸子植物有9科、31属、61种和2变种,以中国特有的马尾松为主,海拔1000米以上出现黄山松,杉木广布全省,还有柳杉、福建柏、油杉等,是构成常绿针叶林的主要成分。被子植物以壳斗科和樟科种类最多,其中许多种类是省内森林植被的建群种、优势种或主要树种,金缕梅科、山茶科、茜草科、木兰科、蝶形花科、苏木科、含羞草科、桑科、大戟科、紫金牛科、山矾科、五加科、蔷薇科、桃金娘科、芸香科、野牡丹科、杜英科、安息香科、山龙眼科、夹竹桃科、石楠科等与森林植被的组成关系较为密切;壳斗科在福建有6属、60种,樟科有12属、66种、9变种和1变型,木兰科有9属、35种,金缕梅科有11属、20种、6变种,桑科有8属、40种,蝶形花科、苏木科和含羞草科也有一定的种类。在1999年9月9日国务院公布的国家重点保护野生植物中,福建有25科42属55种,其中一级保护的7种,二级保护的48种;蕨类植物9种,裸子植物14种,被子植物32种。在2001年8月16日福建省人民政府颁布的《福建省第一批地方重点保护珍贵树木名录》中,有25种树木。此外,福建还有已发现的野生兰科植物66属159种、1变种列入《濒危野生动植物种贸易公约》附录Ⅰ、Ⅱ保护,野生兰科植物的种类数量在全国排第8位;罗汉松科木本植物百日青列入附录Ⅲ保护。另有6种植物列入《国家重点保护野生药材名录》Ⅲ级保护,5种列入《福建省重点保护野生药材名录》保护。 (范广阔)

【旅游资源】 截至年底,全省拥有世界文化与自然遗产地武夷山、世界文化遗产福建土楼、世界地质公园泰宁、厦门鼓浪屿等独具特色的十大旅游品牌,4座国家历史文化名城,8座中国优秀旅游城市,16个国家级风景名胜区,12个国家级自然保护区,26个国家森林公园,10个国家地质公园,85个全国重点文物保护单位,2家国家5A级旅游景区和44家国家4A级旅游景区。国家级工业旅游示范点8家,国家级农业旅游示范点16家;省级工业旅游示范点10家,省级农业旅游示范点15家;还有9个高尔夫球场。全省共有旅行社708家,其中:出国游组团社41家,赴台游组团社10家;共有星级饭店420家,其中:五星级饭店18家,四星级饭店88家,三星级以下饭店314家,客房总数为48965间(套),床位数85711个。

(陈三元)

建制沿革

【古近代时期】 "闽"最早出现在周朝,西周时福建称闽越,《周礼·夏官》称七闽。秦始皇二十六年设置闽中郡,治东冶(今福州),福建为闽中郡辖区的一部分,从此福建作为一个行政区划出现在中国的版图上。汉高祖立无诸为闽越王,都东冶。西汉昭帝始元二年(公元前85年)立为冶县(后复名东冶),东汉改为东侯官。汉建安八年(公元203年),析东侯官置建安县,此时福建有侯官、建安、南平、汉兴和东冶5个县。三国吴永安三年(公元260年)设置建安郡,治建安(今南安市丰州镇),

辖建安、南平、将乐、建平、东平、昭武、吴兴7个县。西晋太康三年(公元282年)设置晋安郡,治原丰,属扬州。南朝梁天监年间析晋安郡置南安郡,治南安;陈永定年间析晋安郡置闽州,改晋安郡为丰州。隋代开皇元年(公元581年)废郡,改丰州为泉州,大业初年(公元605年)更名为闽州,大业三年(公元607年)又废州改设为建安郡。唐武德元年(公元618年)改建安郡为建州,治闽县(今福州);武德五年设置丰州,治南安,武德六年分置泉州,治闽县;贞观初年丰州并入泉州;垂拱二年(公元686年)析出泉州南部设置漳州,治漳浦(今云霄);圣历二年(公元699年)泉州析地设置武荣州,治南安;景云二年(公元711年)武荣州更名为泉州,治晋江,后改泉州为闽州,治闽县(今福州);开元十三年(公元725年)闽州更名为福州;开元二十一年(公元733年)设置福建经略使,"福建"之称由此始;天宝元年(公元742年)改属江南东道,改福建经略使为长乐经略使;乾元元年(公元758年)以长乐郡为福州都督府,经略使改为都防御使;上元元年(公元760年)升格为节度使;大历六年(公元771年)置都团练观察处置使;乾宁三年(公元896年)置为威武军节度使,治福州。五代时梁开平三年(公元909年)封王审知为闽王,贞明六年(公元920年)在福州设立大都督府;长兴四年(公元933年)福州升为长乐府;开运二年(公元945年)改长乐府为东都。宋代雍熙二年(公元985年)设立福建路,下辖福、泉、建、汀、漳、南剑六州和邵武、兴化两军,时全省已有42个县。元代至元十四年(公元1277年)在泉州设立行宣慰司,第二年改为行中书省,后行省迁回福州。明代改设福建布政使司,治福州,辖8府1州60县。清代继承明制,省辖府、县两级,省府之间设道;康熙二十三年(公元1685年)福建省增设台湾府;光绪十二年(公元1887年)台湾从福建析出设立台湾省;清末,全省行政区划为宁福、兴泉永、汀漳龙、延建邵4道,福州、福宁、兴化、泉州、汀州、漳州、延平、建宁、邵武9府,永春、龙岩2州,58县、6厅。

【民国时期】 福建省行政区划废府、州、厅,实行省、道、县三级制。民国元年(1912年)全省划分为东路、南路、西路、北路4道。民国三年(1914年)以原辖区改为闽海道(闽东)、厦门道(闽南)、汀漳道(闽西)、建安道(闽北)4道。合并闽县、侯官为闽侯县;建安、瓯宁为建瓯县;改永春、龙岩2州为永春、龙岩2县;同安县析厦门岛设置思明县,析浯州岛(金门岛)和大、小嶝岛置金门县;改永福县为永泰县;全省4道、61县。民国四年(1915年),诏安县析桐山岛和漳浦县的古雷岛设置东山县。民国十四年(1925年),废除道制,实行省、县两级制。民国17年(1928年),设置华安县。民国22年(1933年),十九路军在福州发动"福建事变",成立中华共和国人民革命政府,定福州为首都,将福建划为闽海、延平、兴泉、龙汀4个省和福州、厦门两个特别市,辖64个县。民国23年(1934年)人民革命政府解散,又成立福建省政府,7月实行行政督察专员公署制度,将全省划分为10个行政督察区公署,辖64个县,8月光泽县由江西省划归福建省管辖。民国24年(1935年)设立厦门市,撤销思明县。民国27年(1938年)福建省政府迁往永安,全省行政区划为7个行政督察区、1个市、62个县、7个特区。民国29年(1940年),建瓯析出部分行政区域设置水吉县,沙县、永安和明溪析出部分行政区域设置三元县。民国30年(1941年)福州沦陷,第一区专署迁往福安。民国32年(1943年)全省行政区划调整为8个行政督察区、2个市、64县、2个特区。民国33年(1944年)闽侯县更名为林森县。民国34年(1945年)9月设置周宁县,10月设置柘荣县,11月省政府迁回福州。民国35年(1946年)福州市正式成立,全省行政区划调整为9个行政督察区、2个市、66个县。民国36年(1947年)全省行政区划调整为7个行政督察区、福州、厦门2个市、67个县,10个区、899个乡(镇)。

【中华人民共和国时期】 1949年8月24日,福建省人民政府成立;9月,省人民政府公布福建省行政区划通令,将全省行政区域分为福州、厦门2个市,8个行政督察专区和67个县。1950年3月,8个专区依次更名为建瓯、南平、福安、闽侯、泉州、漳州、永安、龙岩专区;9月,泉州专区更名为晋江专区,漳州专区更名为龙溪专区,建瓯专区更名为建阳专区,德化县由永安专区划归晋江专区,林森县复名为闽侯县;11月,设立泉州市、漳州市(县级)。县以下的行政区划,仍维持旧政权的区划。1951年,福州市设立鼓楼、大根、小桥、台江、仓山、水上、盖山、鼓山、洪山9个区,废除国民党政权的901个旧乡(镇)、10265个保和131978个甲。1952年,福州市设立新店区,厦门市设立开元、思明、鼓浪屿3个区。1954年,厦门市设立禾山区。1955年,撤销福州市盖山、鼓山、洪山、新店4个区。1956年,撤销建阳专区,所辖各县划归南平地区;撤销闽侯专区,所辖闽侯县划归省直辖,长乐、连江、罗源3县划归福安专区,永泰、福清、平潭3县划归晋江专区;撤销永安专区,所辖三元、明溪2县划归南平专区,大田划归晋江专区,永安、清流、宁化、宁洋4县划归龙岩专区;撤销水吉县,其行政区域分别并入建阳、建瓯和浦城县;撤销宁洋县,其行政区域分别并入漳平、永安和龙岩县;撤销柘荣县,其行政区域并入福鼎县;福州市撤销大根、小桥、水上3个区,其行政区域分别并入鼓楼区、台江区和仓山区;三元、明溪2个县合并为三明县;析南平县城区,设立南平市(县级)。1957年,全省辖2个地级市、5个专区、3个县级市、7个市辖区、63个县、337个区、4223个乡。

1958年,我国基层政权改制为政社合一的人民公社,全省共建656个人民公社;撤销厦门市禾山区,闽侯县划归福州市,同安县由晋江专区划归厦门市。1959年,恢复闽侯专区,辖原福州市的闽侯县,原南平市的闽清县,原福安专区的长乐、连江2县和原晋江专区的永泰、福清、平潭3个县,专署驻闽侯县;原南平专区的松溪、政和2县划归福安专区。1960年,设立三明市(地级),以三明县城区为三明市行政区域,南平专区的三明县归三明市管辖;清流、宁化2县合并设立清宁县,清宁县驻原宁化县政府驻地,原清流县部分行政区域分别并入永安、连城2县;松溪、政和2县合并设立松政县,松政县驻原松溪县政府驻地;龙溪、海澄2县合并设立龙海县,龙海县驻石码镇;撤销南平县并入南平市(县级);福州市设立马尾区。1961年,恢复柘荣县；撤销清宁县，恢复清流县、宁化县。1962年，撤销松政县，恢复松溪县和政和县；连江县、罗源县分别从闽侯专区和福安专区划归福州市；龙岩专区的永安、清流、宁化3县划归三明市。1963年，设立三明专区，三明市改为县级市，三明专区辖三明市和三明、永安、清流、宁化4个县；福州市撤销马尾区；福州市的连江、罗源2县和南平专区的古田、屏南2县划归闽侯专区；晋江专区的大田县划归三明专区。1964年，以南平市、建瓯县、顺昌县的部分行政区域析出建西县；三明县更名为明溪县。1965年全省共辖2个地级市、7个专区、6个市辖区、4个县级市、63个县、1258个人民公社。

1966年，厦门市开元区更名为东风区，思明区更名为向阳区。1968年，福州市鼓楼区更名为红卫区，台江区更名为赤卫区，仓山区更名为朝阳区；福州市、厦门市均设立郊区。1970年，撤销建西县，其行政区域并入顺昌县；撤销柘荣县，其行政区域分别并入福安、福鼎2县；撤销松溪、政和2县，合并设立松政县；福州市撤销郊区，设立马江区和北峰区；福安专区的松政县划归南平专区；闽侯专区的古田、屏南、连江、罗源4个县划归福安专区；晋江专区的莆田、仙游2个县划归闽侯专区；厦门市的同安县划归晋江专区；南平专区的尤溪、沙县、将乐、泰宁、建宁5个县划归三明专区；南平专区驻地由南平市迁驻建阳县；福安专区驻地由福安县迁驻宁德县；闽侯专区驻地由闽侯县迁驻莆田县。1971年，各专区更名为地区；南平地区更名为建阳地区；福安地区更名为宁德地区；闽侯地区更名为莆田地区。1973年，莆田地区的闽侯县划归福州市；晋江地区的同安县划归厦门市。1974年，恢复柘荣县；撤销松政县，恢复松溪县和政和县。1975年，福州市撤销北峰区设立郊区。1976年全省共辖2个地级市、7个专区、9个市辖区、4个县级市、62个县、835个人民公社、129个镇(街人民公社)。

1978年厦门市设立杏林区；福州市设立环城区，撤销马江区；福州市红卫、赤卫、朝阳3个区分别更名为鼓楼区、台江区、仓山区。1979年，厦门市东风、向阳2区分别更名为开元区和思明区。1981年，撤销龙岩县，设立龙岩市(县级)。1982年，福州市设立马尾区，撤销环城区。1983年，撤销三明地区，设立三明市(地级)，三明市设立梅列区和三元区；撤销莆田地区，所属闽清、永泰、长乐、福清、平潭5个县划归福州市管辖，莆田、仙游2个县划归晋江地区；撤销邵武县，设立邵武市(县级)；设立莆田市(地级)，莆田市设立城厢区和涵江区，辖原晋江地区的莆田、仙游2个县；宁德地区的连江、罗源2个县划归福州市。1984年，撤销人民公社，设立乡镇建制；撤销永安县，设立永安市(县级)；全省共辖4个地级市、5个专区、14个市辖区、6个县级市、59个县、189个镇，1076个乡，18个民族乡。

1985年，撤销晋江地区，设立泉州市(地级)，泉州市设立鲤城区；撤销龙溪地区，设立漳州市(地级)，漳州市设立芗城区。1987年，厦门市设立湖里区，郊区更名为集美区；晋江县析出石狮市。1988年，建阳地区驻地从建阳县迁驻南平市，并更名为南平地区；撤销宁德县，设立宁德市(县级)。1989年，撤销崇安县，设立武夷山市(县级)；撤销福安县，设立福安市(县级)。1990年，撤销福清县，设立福清市(县级)；撤销漳平县，设立漳平市(县级)。1992年，撤销晋江县，设立晋江市(县级)；撤销建瓯县，设立建瓯市(县级)。1993年，撤销南安县，设立南安市(县级)；撤销龙海县，设立龙海市(县级)。1994年，撤销南平地区，设立南平市(地级)，原县级南平市改设延平区；撤销长乐县，设立长乐市(县级)；撤销建阳县，设立建阳市(县级)。1995年福州市调整五个市辖区行政区域，同时将郊区更名为晋安区；撤销福鼎县，设立福鼎市(县级)。1996年，撤销同安县，设立厦门市同安区；漳州市析出芗城区和龙海市部分行政区域，设立龙文区；撤销龙岩地区，设立龙岩市(地级)，原县级龙岩市改设新罗区。1997年，泉州市析出鲤城区部分行政区域，设立丰泽区和洛江区。1999年，撤销宁德地区，设立宁德市(地级)，原宁德市改设蕉城区。2000年，泉州市析出惠安县部分行政区域，设立泉港区。2002年，莆田市撤销莆田县，设立荔城区和秀屿区，同时调整城厢区和涵江区行政区域。2003年，厦门市撤销开元区、鼓浪屿区，其行政区域并入思明区，同安区析出东部5镇设立翔安区，杏林区划出1街道办事处和1镇归集美区管辖，杏林区政府驻地迁驻海沧镇，并更名为海沧区。2009年底全省共辖9个设区市、26个市辖区、14个县级市、45个县、173个街道办事处、590个镇、320个乡、18个民族乡。

(李露)

行政区划

【行政区划变更情况】 改设民族乡情况。宁德福鼎市人民政府撤销该市佳阳乡，设立佳阳畲族乡，所辖区域和政府驻地不变(省政府2009年1月5日批准)。

恢复行政建制情况。漳州市东山县将原并入西埔镇的铜陵镇划出，恢复铜陵镇建制(省政府2009年7月9日批准)。

(李露)

人口

【人口增长】 2009年，全省常住人口3627万人，与上年末相比增加23万人，增长率为0.64%。全年出生人口44.3万人，出生率为12.2‰；死亡人口21.8万人，死亡率为6.0‰；人口自然增长率为6.20‰。

【人口性别构成】 根据人口变动情况抽样调查统计，年末全省男性人口1828万人，占50.4%；女性人口1799万人，占49.6%，人口性别比(女=100)为101.6。

【人口年龄结构】 全省0～14岁少儿人口为653万人，占常住人口的比重的18.0%；15～64岁劳动年龄人口为2637万人，占常住人口的比重的72.7%；65岁及以上老年人口达到337万人，占常住人口的比重的9.3%。与2005年相比，少儿人口比重下降0.6个百分点，老年人口比重上升0.7个百分点。人口年龄结构的变化，一方面反映了人口年龄结构继续向老龄化方向发展变化，另一方面也显示出全省仍然拥有丰富的劳动年龄人口，为经济社会发展提供了较充足的劳动力资源。

2009 年全省县级以上行政区划表

全省合计	9 个设区市　26 个市辖区　14 个县级市　45 个县
福州市	鼓楼区　台江区　仓山区　马尾区　晋安区　闽侯县　连江县　罗源县　闽清县　永泰县　平潭县　福清市　长乐市
厦门市	思明区　海沧区　湖里区　集美区　同安区　翔安区
莆田市	城厢区　涵江区　荔城区　秀屿区　仙游县
三明市	梅列区　三元区　明溪县　清流县　宁化县　大田县　尤溪县　沙　县　将乐县　泰宁县　建宁县　永安市
泉州市	鲤城区　丰泽区　洛江区　泉港区　惠安县　安溪县　永春县　德化县　金门县　石狮市　晋江市　南安市
漳州市	芗城区　龙文区　云霄县　漳浦县　诏安县　长泰县　东山县　南靖县　平和县　华安县　龙海市
南平市	延平区　顺昌县　浦城县　光泽县　松溪县　政和县　邵武市　武夷山　建瓯市　建阳市
龙岩市	新罗区　长汀县　永定县　上杭县　武平县　连城县　漳平市
宁德市	蕉城区　霞浦县　古田县　屏南县　寿宁县　周宁县　柘荣县　福安市　福鼎市

2009 年全省行政区划统计表

级别 / 数量 / 地市	县级				乡级					说明
	区	市	县	小计	街道	镇	乡	民族乡	小计	
福州市	5	2	6	13	43	99	45	2	189	含马祖乡
厦门市	6			6	24	13			37	
莆田市	4		1	5	8	38	8		54	
三明市	2	1	9	12	13	57	70	2	142	
泉州市	4	3	5	12	30	106	26	1	163	含金门县
漳州市	2	1	8	11	8	89	21	4	120	
南平市	1	4	5	10	24	71	44		139	
龙岩市	1	1	5	7	11	58	62	2	133	
宁德市	1	2	6	9	12	60	43	8	124	
合计	26	14	45	85	173	592	319	19	1103	

【婚姻生育】 按照育龄妇女生育模式转变类型划分，福建已进入了自我控制、自我调控的稳定生育阶段，育龄妇女总和生育率继续保持 2.1 以内的更替水平，奠定了总人口低速平稳增长的基础，生育孩次结构进一步优化，一孩率逐年上升，二孩和多孩率明显下降的趋势。2009 年，全省育龄妇女生育一孩比重上升到 70.6%，三孩及多孩比重则下降为 1.2%。

【人口受教育程度】 全年全省每 10 万人口中受大专以上教育的人数为 7913 人；受高中教育的人数为 12288 人；受初中教育人数的人数为 30813 人；受小学教育的人数为 32023 人。相应的，人口文盲率下降至 8.3%，其中 15～49 岁青壮年文盲和半文盲人口占该年龄段人口的比重下降至 1.45%。

【人口城镇化水平】 全年全省城镇人口总量达到 1864 万人，比上年增加 66 万人；城镇化率达到 51.4%，比上年提高 1.5 个百分点。

【家庭规模】 全年全省家庭户平均户规模为 2.96 人，比 20 世纪 80 年代平均水平少 1.89 人，比 90 年代平均水平少 1.47 人，比 2000 年少 0.61 人，比上年少 0.07 人。全省家庭户类别中，由父母和子女组成的两代户家庭占家庭户的 49.4%；三代户家庭占家庭户的 29.1%；一对夫妇户或单身户占家庭户的 20.1%；四代以上家庭占家庭户的 1.4%。家庭户规模小型化将对今后家庭养老模式、独生子女教育、居民住房需求等产生巨大影响。　（廖瑛）

华侨　台胞

【华侨】 福建是全国著名侨乡，福建人旅居海外的历史悠久、人数众多、分布广泛，遍布 176 个国家和地区，据不完全统计，旅外侨胞达 1260 多万人，闽籍港澳同胞 120 多万人，其中改革开放以后移居海外的新华侨华人有 110 多万人。　（陈莺强）

【台胞】 截至年底，全省共有台籍同胞 5969 户 17503 人（内含高山族同胞 615 人）；全年台胞来闽定居 18 人，福建居民赴台定居 197 人。在闽台胞中，现有全国人大代表 2 名，全国政协委员 3 名，福建省人大代表 7 名，省政协委员 15 名，县（处）级干部 69 人，厅级 19 名。　（邓建光）

民族 宗教

【民族】 福建是少数民族散居地区,有54个少数民族成分,世居的少数民族有畲族、回族、满族、蒙古族等;少数民族人口58.38万人,占全省总人口的1.71%。其中:畲族人口37.51万人,占全国畲族人口的52.87%,占全省少数民族人口的64.25%;回族人口10.98万人,占全省少数民族人口的18.81%;高山族人口477人,约为大陆高山族人口的10%。福建是全国畲族人口最多和祖国大陆高山族人口较多的省份,回族发祥地之一。目前,全省少数民族人口5万人以上的设区市有4个,分别是宁德、泉州、福州、漳州;少数民族万人以上的县(市、区)有19个,分别是福安、晋江、霞浦等。全省有民族乡19个(其中畲族乡18个,回族乡1个),民族村562个,畲族经济开发区1个。 (王学荣)

【宗教】 福建有佛教、道教、伊斯兰教、天主教、基督教五大宗教,可统计的教徒人数约112万人,有宗教活动场所7505座,其中:佛教寺庙4185座,道教宫观1210座,伊斯兰教清真寺5座,基督教堂1860座,天主教堂245座;佛教寺庙数量和僧尼人数均居全国汉族地区首位,其中被国务院确定为首批汉族地区佛教全国重点寺院的寺庙有14座,占汉族地区全国佛教重点寺院总数近10%。有县级以上爱国宗教团体273个;有福建佛学院、福建神学院、闽南佛学院3所宗教院校,在校生600多人。此外,福建民间信仰活动场所之多、人数之众、影响之深远、供奉神祇之庞杂、与海外联系之密切,在国内均属罕见,据初步统计,全省建筑具有一定规模的民间信仰活动场所达2万多座。 (王学荣)

语 言

【语言】 福建是汉语方言最复杂的省份之一,全国各大方言区中,福建占着5种。

闽方言。福建分布最广的是闽方言,境内的闽方言又分为5个区:闽东方言区,分布在闽江下游的福州、闽侯、长乐、福清、平潭、永泰、闽清、连江、罗源、古田、屏南等11个县市的是南片,以福州话为代表;分布在福安、宁德、周宁、寿宁、柘荣、霞浦、福鼎等7个县市的是北片,以福安话为代表。莆仙方言区,分布在莆田、仙游、涵江3个县市(区),以莆田话为代表。闽南方言区,分布在泉州、厦门、漳州3个市,包括厦门、金门、泉州、晋江、南安、惠安、永春、德化、安溪、同安、大田、漳州、龙海、长泰、华安、南靖、平和、漳浦、云霄、东山、诏安以及龙岩、漳平等地,以厦门话为代表;泉州、漳州、龙岩3种口音都有些差异。闽中方言区,分布在永安、沙县、列东、列西等4个县市(区),以永安话为代表。闽北方言区,分布在建瓯、松溪、政和、南平、顺昌(东南部)、建阳、崇安、浦城(南部),以建瓯话为代表。

客家方言。分布在闽西的宁化、清流、长汀、连城、上杭、永定、武平以及闽南的平和、南靖、诏安的西沿,以长汀话为代表。在闽、客、赣3种方言之间,明溪、将乐、顺昌一带也可以说是过渡区,因为那里的方言兼有3种方言的特点。

吴方言。浦城县的中北部和浙江省连界,那里说的是和浙江方言相近的吴方言。

在南平市区和西芹一带以及长乐县的琴江村,有两个官话方言岛。

畲语。居住在闽东的福安、罗源、宁德等地,闽北的建瓯、建阳、顺昌等地,闽中的永安、漳平等地的畲族同胞所说的话是一种也还保留着一些本族语言的、和客家话比较相近,又吸收了一些当地闽方言成分的带有混合性质的语言,通常也称为畲语。

闽方言和客家方言也都有在区外相互穿插分布的。闽南话在闽中、闽北、闽东都有方言岛。客家话在闽北、闽东也有不少小方言岛。在武平县的中山镇通行的"军家话"是比较接近赣方言的方言岛。 (李如龙)

经济社会发展

【概况】 全年实现地区生产总值12236.53亿元,比上年增长12.3%,其中:第一产业增加值1182.74亿元,增长4.7%;第二产业增加值6005.30亿元,增长13.7%;第三产业增加值5048.49亿元,增长12.3%。人均地区生产总值33840元,比上年增长11.6%。

【农业和农村经济】 全年农林牧渔业完成总产值2001.24亿元,增长5.0%。粮食种植面积123.10万公顷,增加2.07万公顷;粮食产量666.88万吨,增产2.2%。肉蛋奶总产量219.50万吨,增长1.0%,其中:肉类总产量175.19万吨,增长3.4%;奶产量15.56万吨,增长4.6%。水产品产量569.7万吨,增长2.8%。农业产业化加快推进,184家省级重点龙头企业销售收入预计706.52亿元,增长9.0%,带动农户276.84万户。农业基础设施建设加强,完成土地开发整理5.83万公顷,改造中低产田1.33万公顷,改造标准化池塘0.27万公顷,水库除险加固136座,海堤除险加固152千米,新解决133.5万农村人口安全饮水问题,完成6万人造福工程搬迁任务,新建农村沼气池8万户;农村社区综合服务试点工作扎实推进,农民专业合作社快速发展,金融服务网点覆盖全省所有乡镇。

【工业和建筑业】 全部工业增加值5106.38亿元,增长13.0%,其中规模以上工业增加值4675.31亿元,增长13.0%。工业产品销售率97.34%。在规模以上工业企业中,国有企业完成增加值225.78亿元,增长8.1%;外商及港澳台投资企业完成增加值2145.10亿元,增长8.2%;股份制企业完成增加值1926.96亿元,增长18.9%。规模以上工业中三大主导产业实现增加值1569.03亿元,增长11.4%,其中:机械装备业实现增加值728.37亿元,增长6.9%;电子信息业实现增加值385.18亿元,增长12.0%;石油化工业实现增加值455.48亿元,增长18.7%。高技术产业增加值492.96亿元,比上年增长7.8%。全年全部工业产品(采掘业和制造业)销售收入中,销往省内的比重为35.3%,比上年上升1.1个百分点;销往省外的比重为32.2%,上升1.3个百分点;销往境外的比重为32.5%,下降2.4个百分点。全社会建筑业实现增加值898.92亿元,增长18.8%。

【投资建设】 全年全社会固定资产投资6362.03亿元,增长20.0%,其中:城镇投资5679.44亿元,增长21.0%;农村投资682.59亿元,增长12.6%。在城镇投资中,第一产业投资增长66.3%;第二产业投资增长16.7%,其中工业投资增长16.3%;第三产业投资增长23.1%。房地产开发投资1136.35亿元,增长0.6%;商品房销售面积2723.23万平方米,增长67.5%;商品房销售额1477.83亿元,增长107.4%。全省351个在建重点项目完成投资1493亿元,占全社会投资的23.5%;全年建成投产或部分投产125个项目,新开工130个项目;温福、福厦铁路、泉三高速泉州段、永武高速上杭至武平段、福泉高速莆秀支线、福州江阴4#、5#泊位、厦门港海沧航道扩建二期,厦门燃气电厂1#机组、莆田和晋江燃气电厂2#机组、福建炼化一体化、省石化集团1,4-丁二醇项目、南纸林纸一体化、南铝技改、LNG冷能空分,省广电中心、福建艺术职业学院新校区等一批项目建成投产,石狮PTA项目基本建成;宁德、福清核电,龙厦、厦深、向莆铁路,永武高速、泉厦高速扩建,中化重油深加工、中铝瑞闽板带,十四届省运会比赛场馆、省残疾人康复中心等项目建设加快建设;合福、赣龙扩能、漳州港尾铁路及宁德白马、罗源湾北岸、湄洲湾南岸港口支线,福州地铁1号线,福州至永泰、松溪至建瓯、厦门海沧至漳州天宝高速公路,省石化合成橡胶、漳州古雷石化项目、龙岩紫金铜冶炼,省体育中心一场二馆改造、省少儿图书馆等一批项目开工建设。

【对外经济】 全年进出口总额796.63亿美元,下降6.1%,其中:出口533.29亿美元,下降6.4%;进口263.34亿美元,下降5.4%。全年批准设立外商直接投资项目939个,下降14.7%;按历史可比口径统计,合同外资金额90.76亿美元,下降20.5%;实际利用外商直接投资100.65亿美元,增长0.4%。按验资口径统计,合同外资金额53.61亿美元,下降25.0%;实际利用外商直接投资57.37亿美元,增长1.2%。新批境外投资企业165家,协议投资总额4.90亿美元,增长63.9%,其中中方投资4.36亿美元,增长75.1%。对外承包工程完成营业额1.75亿美元,增长31.5%;对外劳务合作完成营业额2.48亿美元,下降7.3%。全年旅游总收入1132.62亿元,增长11.3%。

【交通邮电】 全年交通运输、仓储和邮政业实现增加值751.42亿元,增长1.9%。公路累计通车里程89504千米,增长1.0%,其中高速公路1961千米,增长11.0%。年末全省民用汽车保有量达到162.21万辆,比上年末增长21.1%,其中私人汽车保有量120.62万辆,增长27.6%。民用轿车保有量85.46万辆,增长29.0%,其中私人轿车保有量72.57万辆,增长33.1%。港口完成货物吞吐量3.08亿吨,增长12.4%,其中外贸货物吞吐量1.05亿吨,增长33.3%。集装箱吞吐量716.17万标箱,下降3.5%。完成邮电业务总量995.77亿元,增长12.7%,其中:邮政业业务总量35.66亿元,增长9.2%;电信业务总量960.11亿元,增长12.9%。全年邮政业业务总收入47.64亿元,增长15.3%。全年电信业完成主营业务收入325.51亿元,增长3.6%。年末全省电话用户总数达到3884万户,新增85万户,其中:固定电话用户达到1245万户,减少186万户;移动电话用户数达到2639万户,新增271万户。全省固定电话交换机容量(含PHS交换机容量)达到1942万门,减少31万门;移动电话交换机容量5741万户,新增1112万户。移动分组数据网容量1508万户,新增463万户,移动短消息中心容量9342万条,新增1234万条。互联网宽带接入端口471万个,新增64万个。光缆线路长度达到30.3万千米,新增6.6万千米。年末全省电话普及率达107.09部/百人,数据及多媒体业务普及率达29.2户/百人。

【财政金融】 全年财政总收入1694.42亿元,增长11.7%,其中地方级财政收入932.30亿元,增长11.9%;财政支出1411.82亿元,增长24.1%。年末全省金融机构本外币各项存款折合人民币余额15095.13亿元,比上年末增长24.0%;金融机构本外币各项贷款折合人民币余额12905.84亿元,增长30.5%。农村合作金融机构人民币各项贷款余额938.16亿元,比上年末增长21.9%。全年证券市场发行A股2家,募集资金15.09亿元。年末境内上市公司A股数量达到57家,比上年增加2家,市价总值5982.13亿元,比上年末增长145.5%;上市公司B股数量为1家,市价总值18.32亿元,比上年末增长119.7%。内外资保险公司保费收入330.65亿元,比上年增长13.75%;支付各类赔款及给付94.73亿元。

【社会事业】 各类教育水平稳步提高,"双高普九"达标县(市、区)增至60个,实施中小学校舍安全工程,中小学教师绩效工资改革有序开展;职业教育加快发展,新增8个职教集团和31个省级以上实训基地;高校专业结构调整和服务海西工程扎实推进,高等教育毛入学率超过全国平均水平。自主创新能力继续提高,全省重新认定576家高新技术企业,新增4个国家级创新型企业、30家省级以上企业技术中心,8项科研成果荣获国家科技进步二等奖;新建4个国家产品质量监督检验中心、7个行业技术开发基地,第七届"6·18"成功对接5008个项目;实施知识产权战略,新增中国驰名商标30个、专利授权量11282件,新制修订国家标准90项。文化事业繁荣发展,在第十一届"五个一工程"评选中福建省获奖总数居全国前列,妈祖信俗和南音入选人类非物质文化遗产代表作名录,木拱廊桥传统营造技艺列入人类急需保护的非物质文化遗产名录,"三坊七巷"入选首批中国十大历史文化名街,第四届福建艺术节和第二届文博会成功举办;文化创意、报刊服务、工艺美术等产业发展迅速,厦门、福州成为国家级动画产业基地,文化产业增加值占生产总值比重提高。重大疾病防控和卫生应急处置能力不断增强,甲型H1N1流感防控工作依法、科学、有序进行。福建省运动员在第十一届全运会上取得19金11银21铜的历史最好成绩。生态省建设扎实推进,严格落实节能减排目标责任制,二氧化硫排放量下降2.1%,化学需氧量排放减少0.7%,单位生产总值能耗降低3.81%;强化重点流域水环境综合治理，建成23座污水处理厂、3座垃圾焚烧发电厂和17个垃圾无害化处理场，城市污水、垃圾无害化处理率分别达75%和91%；加强饮用水源地保护、重要生态功能区建设和海洋环境综合整治，加强森林资源培育和保护，森林覆盖率达63.1%，继续保持全国第一。

【市场物价】 全年社会消费品零售总额4480.99亿元，增长15.9%。分城乡看，城市消费品零售额3015.67亿元，增长15.7%；农村消费品零售额1465.33亿元，增长16.3%。分行业看，批发零售业零售额3819.11亿元，增长14.5%；住宿餐饮业零售额580.73亿元，增长24.5%；其他行业零售额81.16亿元，增长25.2%。居民消费价格总水平比上年下降1.8%，其中服务价格下降0.9%，消费品价格总水平下降2.1%。

【人民生活】 农民人均纯收入6680元，扣除价格因素，实际增长10.1%，增幅比上年提高1.8个百分点；城镇居民人均可支配收入19577元，扣除价格因素，实际增长10.9%，增幅比上年提高0.1个百分点。农村居民家庭恩格尔系数（即居民家庭食品消费支出占家庭消费总支出的比重）为45.9%，城镇居民家庭恩格尔系数为39.7%。实施更加积极的就业政策，强化公共就业服务，全年新增城镇就业67.2万人，农村劳动力转移就业45.2万人，城镇登记失业率3.9%。社会保障工作不断加强，关闭破产国有企业、城镇集体企业退休人员和困难企业职工参加医保问题基本解决；新型农村合作医疗参合率达95.3%，农民工参加工伤保险行业范围进一步拓宽。为民办实事项目全面完成，继续实施农村义务教育阶段寄宿生宿舍建设工程，对城乡低保家庭高中学生提供助学金，中职学校涉农专业学生和农村家庭经济困难学生学费全部免除，在校大学生全部纳入城镇居民基本医疗保险；“光明行动”受益患者1.2万人；农村卫生“百千万”工程顺利推进；实施妇幼和老年卫生健康计划，推动社区医生进家庭，建设儿童医疗救治体系，为城乡低保妇女免费进行专项检查；乡镇综合文化站、农家书屋、群众体育健身设施建设完成年度任务；新建3.29万套城市低收入家庭廉租住房；新建改扩建18个县级社会福利中心和100所农村敬老院；农村部分计划生育家庭奖励扶助标准提高；农村住房、森林火灾、渔船和渔工责任保险覆盖全省，水稻种植保险范围扩大；造福工程、农村沼气建设工程完成年度目标，农村家园清洁行动持续开展；省财政为村计生协会会长、妇代会主任、团支部书记发放津贴，村主干补贴标准提高；继续帮助驻闽部队建设生产生活项目。“平安福建”建设持续深入，安全生产形势平稳，社会保持安定稳定。

【存在问题】 经济社会发展存在的主要困难和问题：经济回升基础还不牢固，国际市场需求低迷态势短期难以改变，外贸出口和利用外资增长压力较大，部分工业行业和一些中小企业生产经营仍较困难；产业规模不大、竞争力不强，新兴产业项目不多，自主创新能力亟待提升，节能减排和生态建设还有不少薄弱环节，结构调整和发展方式转变还要付出更大的努力；城乡规划建设管理水平还不高，中心城市辐射带动作用较弱，城乡统筹和城镇化进程还需要进一步推进；农业基础仍不稳固，农民持续增收困难较多。就业结构性矛盾突出，社会保障体系仍不够健全，教育、医疗等公共服务还不能满足群众需求；安全生产仍有隐患，社会稳定还面临一些不确定因素。政府职能有待进一步转变，一些工作人员服务意识不强、工作效率不高，甚至存在不作为、乱作为和消极腐败现象。 （章文恕）

【个体私营经济】 私营经济。截至年底，全省私营企业户数达23.06万户，比上年增长12.49%；注册资金7235.49亿元，增长27.88%。私营企业继续呈加快发展态势，全年私营企业中，个人独资企业33583户，增长4.37%；注册资金113.92亿元，增长2.22%。私营有限责任公司实有19.01万户，增长14.49%；注册资金6798.50亿元，增长28.54%。股份有限公司672户，增长38.84%；注册资金264.11亿元，增长29.93%。从行业看，第一产业实有私营企业6902户，增长19.93%，占私营企业总户数的3%；注册资本（金）151.22亿元，增长33.21%，占私营企业注册资本（金）总额的2%。第二产业实有私营企业75046户，增长9.11%，占33%；注册资本（金）2910.19亿元，增长19.99%，占私营企业注册资本（金）总额的40%。第三产业实有私营企业148629户，增长13.94%，占64%；注册资本（金）4174.08亿元，增长33.81%，占私营企业注册资本（金）总额的58%。

个体工商户。个体工商户稳中有升，截至年底，全省实有个体工商户65.05万户，比上年增长11.03%；资金数额276.24亿元，减少3.07%；新登记个体工商户174794户，增长26.13%；资金数额77.99亿元，增长27.83%。全年城镇个体工商户有39.91万户，占总数的61.36%，增长11.02%；农村户数25.14万户，占总数的38.64%，增长11.05%。城镇个体工商户从业人员111.30万人，占总数的63%；投资资金155.25亿元，总数的56%。

全年注（吊）销个体工商户10.32万户，增长48.85%。其中：批发零售业注（吊）销54497户，占注销总数的52.83%；居民服务和其他服务业注（吊）销10193户，占注销总数的9.88%。注（吊）销原因除受国际金融危机影响，部分个体工商户经营不善退出市场外，还有两点：一是对个体经济的一系列优惠扶持政策使一部分个体户发展成为私营企业；二是随着个体工商户登记权委托下放和“经济户口”属地监管的深入推行，加大了对未参加年检验照和查无下落个体工商户的清查、清理力度。

【外商投资和港澳台经济】 截至年底，全省实有各类外商投资市场主体25117户，比上年增长0.4%，其中：外商投资企业18324户，分支机构5285户，常驻代表机构1482户，外国承包企业26户。外商投资企业累计投资总额1174.51亿美元，增长4.7%；注册资本653.56亿美元，增长4.3%；外方认缴562.03亿美元，增长4.0%。

全年新设各类外商投资市场主体1583户，比上年下降12.4%，其中：外商投资企业776户，分支机构560户，常驻代表机构245户，外国承包企业2户。外商投资企业新增投资总额48.40亿美元，下降31.4%；注册资本27.29

亿美元，下降28.9%；外方认缴24.15亿美元，下降30.2%。从各季度期末累计数看，全省外商投资企业户数、投资总额、注册资本、外方认缴额各季环比总体呈递增态势，且投资规模逐步加大。投资总额在1000万—5000万美元之间的企业有2093户，比上年度增加28户；5000万美元以上的企业有317户，比上年度增加21户；户均投资总额641万美元，与上年度同期相比增长7.6%。

截至年底，全省实有台资企业3960户，占全省外商投资企业总户数的21.6%，其中：投资总额1000万—5000万美元的187户，投资总额5000万美元以上的14户。台资企业总数与上年末相比，下降2.8%；累计投资总额92.50亿美元，下降11.9%；注册资本55.26亿美元，下降6.34%；外方认缴额50.04亿美元，下降7.33%。在全球金融危机的影响下，台资企业总量略低于上年度，但随着两岸局势的积极变化和福建一系列先行先试政策的出台，全年台资企业新设户数环比逐季递增，台商来闽投资持续保持良好的发展势头。

全省新设外商投资企业。从投资来源地看，以港台为主的亚洲地区仍是主要外资来源地；按设立户数来看，位居前列的分别是香港304户、台湾252户、美国39户、新加坡31户、英属维尔京群岛18户、日本和澳门各14户、加拿大13户；按外方认缴资金来看，位居前列的分别是香港16.12亿美元、台湾3.76亿美元、英属维尔京群岛1.16亿美元、澳门0.65亿美元、美国0.50亿美元、新加坡0.38亿美元。按洲别统计，全年亚洲地区来闽投资新登记652户居首，占全省新登记总数84%；北美洲52户，减少5.5%；欧洲21户，减少27.5%；拉丁美洲20户，减少53.5%；大洋洲15户，减少60%。值得关注的是，本年度非洲投资者来闽投资新登记12户，增加50%，其中加纳、尼日利亚两国首次在福建投资设企。目前已有来自全球六大洲124个国家或地区的外商在福建投资，投资呈现来源多元化发展趋势。从产业分布看，截至年底，第一产业635户（含分支机构，以下同），占总户数的3%，与上年度基本持平；第二产业14595户，占62%，下降2个百分点；第三产业8379户，占35%，上升2个百分点。本年度新设外商投资企业中，第一产业65户，占新设总户数的5%；第二产业455户，占34%；第三产业816户，占61%。独资经营仍是外资首选，全年新设外商独资企业648户，占外商投资企业新设总数的83.5%，而新设中外合资企业125户，新设中外合作企业3户。截至年底，全省外商独资企业实有14256户，占总户数的77.8%；中外合资企业3763户，占20.5%；中外合作企业259户，占1.4%；股份公司46户，占0.3%。股份制改革方兴未艾，外资有限责任公司改制成股份有限公司的势头不减，全年新增加外资股份有限公司7户，比上年增长40%。外资转内资大幅递增，由于税收、土地等政策的调整，外商投资企业的优惠政策越来越少，加之外商投资企业准入审批环节较多及产业政策的限制，外资转内资的户数骤增，全年外资转内资134户，比上年增长94.2%；内资转外资25户，减少30.6%。同时，受人民币不断升值的影响，部分外商投资企业将注册资本币种由美元变更为人民币，继上年26户企业申请币种变更后，全年又有3户企业申请币种变更。

从全国来看，福建年末实有外商投资企业18324户，位列广东、上海、江苏、山东、浙江之后，在全国排名第六。从全省来看，厦门、泉州、福州、漳州等市聚集了86%的外商投资企业，截至年底，福厦漳泉四地实有外商投资企业15777户、投资总额达921.38亿美元，注册资本达522.84亿美元，外方认缴达460.86亿美元，分别占全省总数的86%、78%、80%、82%。 （林森娟）

体制改革

【综述】 进一步完善基本经济制度。增强民营经济发展活力，出台《关于进一步鼓励和扩大民间投资的若干意见（试行）》，加强政府对民间投资的引导，支持和鼓励民营企业的技术开发和创新。大力发展中小企业融资性担保机构，进一步缓解中小企业的融资难。加快国有企业改革，出台《关于加快国有企业改革发展若干意见》，组建投资、能源、交通、外贸和华侨实业五大集团，所出资企业由原来的31家调整为17家，积极推进资产重组以及所出资企业权属企业的股份制改革。

持续深化农村综合改革。积极引导和规范农村土地承包经营权流转，启动土地承包纠纷仲裁试点。推进农村产权制度改革，在全省开展生态公益林管护机制改革，12个县列入全国森林采伐改革试点。水利工程管理体制改革基本完成，农村公路建管机制逐步完善。大力创新农村社会化服务体系，完善农村“六大员”制度，启动福建省现代农业产业技术体系建设试点，开展第二批农村社区综合维修服务体系建设试点，构建村级商务信息服务点，大力发展专业合作经济组织。

继续推进财税金融体制改革。财税管理体制改革取得新进展，全面实施增值税转型改革，认真落实成品油税费改革方案，取消公路养路费等6项收费和政府还贷二级公路收费。省市两级全面实行国库集中收付制度，县级改革试点扩大到25个。农村村级公益事业建设一事一议被列为2009年全国财政奖补试点省份，在16个县开展试点。支农资金整合试点达13个县。加快金融体制改革，进一步完善中小企业融资担保体系，创新适合中小企业的信贷产品和服务；稳步推进农信社改革，启动龙岩上杭、莆田市区和宁德蕉城等7个地区农信联社改制为农村银行类机构试点工作，除莆田地区外全省农村信用社、农村合作银行均已成功兑付央行专项票据；积极发展证券市场，建立省级创业投资资金，全省23家企业实现在境内外资本市场上市或再融资，共募集资金210.49亿元；推进保险业改革，在全国率先推行全省的森林火灾保险统保，水稻种植保险范围扩大到25个粮食主产县，渔船保险从全省沿海县市扩至内陆，并在全省范围实施渔工责任保险。在龙岩上杭古田镇启动全国首个政企合作“三农”保险示范区。

继续深化行政管理体制改革。推进政府机构改革，省政府48个工作机构“三定”工作基本完成，着手组织实施市、县（区）政府机构改革，全省179个乡镇基本完成乡镇机构改革工作。政府绩效管理制度继续完善，形成市、县（区）联动机制。行政审批制度改革取得突破，审批项目大幅度削减为724项，精简幅度达30%，成为全国省级行政审批项目最少的省份之一，初步建成省级网上行政审批和电子监察系统，51个省直部门619项行政审批项目实现网上办理。投资体制改革进一步深化，加强对政府投资项目投资概算管理和中央补助地方投资项目管理。

社会事业改革全面推进。继续完善义务教育生均公用经费保障机制，启动新一轮中等职业教育教学改革，稳步推进高校招生考试和质量评价制度改革，推进职业教育集团建设，新成立建筑建材、旅游等2个省级行业型职业教育集团和18个区域性职教集团。推动科技计划体系改革，继续推进省属开发类科研院所"因所制宜"改革试点工作，制定29项激励自主创新政策实施细则。省属艺术院团的劳动人事、收入分配、社会保障三项改革初显成效，完成省杂技团与福州大戏院、省歌舞剧院与福建大剧院、省京剧院与凤凰剧院的整合。出版发行、影视制作等经营性文化单位转企改制，海峡出版发行集团和海峡缘影视公司成功组建，新增13个省级文化产业示范基地，报刊服务、文化会展、工艺美术等重点产业不断壮大。全面展开医药卫生体制改革，扩大医疗保障制度覆盖面，提升保障水平，至2009年末，全省参加城镇基本保险人数1137.19万人，新农合参保人数2350.29万人，在校大学生纳入城镇居民基本医疗保险范围，参保人数达到59万人，启动泉州、龙岩医疗保险市级统筹试点。启动实施国家基本药物制度，确定了福建省第一批实施基本药物制度的单位，基本完成福建省集中采购非营利性网络平台建设，部署开展307种国家基本药物的集中招标采购。加强基层医疗卫生服务体系建设，推进公立医院改革试点，申报厦门市作为福建省公立医院改革试点城市，推进卫生事业单位人事分配制度改革，启动社会保障卡项目建设，在省本级和泉州市启动发卡工作。

继续完善就业和社会保障制度。就业再就业工作取得成效，出台涉及高校毕业生就业、创业带动就业、减轻企业负担、就业服务等省级相关政策及七个配套文件，构建积极就业政策体系，全省100%的街道、97.5%的乡镇建立了劳动保障工作平台，98.7%的社区、93%的村配备了专兼职劳动保障工作人员，同时建立了各级财政对基层劳动保障平台的补助制度，初步形成省、设区市、县(市、区)、乡镇、村五级劳动保障工作服务体系。社会保险参保覆盖面稳步扩大，保障水平逐步提高，至2009年末，全省参加城镇基本养老保险人数584.61万人，全省企业参加基本养老保险离退休人员88.66万人，全部实现了养老金按时足额发放，全省参加失业保险人数348.14万人。被征地农民就业培训和社会保障制度进一步完善，全省共有29个县(市)、11个区出台有关被征地农民就业培训和社会保障相关文件。新型农村养老保险制度初步建立，出台《福建省人民政府关于开展新型农村社会养老保险试点工作的实施意见》，全省有9个县列为国家首批新农保试点单位。全面启动商贸、餐饮、住宿、娱乐等各类服务业企业参加工伤保险工作，促进有相对稳定劳动关系的农民工参加工伤保险，厦门、莆田、南平、宁德实行设区市统筹。社会救助体系进一步健全，出台了《福建省城市居民最低生活保障工作规范》和《福建省农村居民最低生活保障工作规范》，加强城乡低保规范化建设。城乡低保标准和补助水平动态调整机制进一步完善，低保信息系统实现省市县三级联网，至2009年末，全省纳入城市最低生活保障的居民18.5万人，纳入农村最低生活保障的居民(含五保对象)80.76万人。改进城乡医疗救助运行机制，创新城乡医疗救助运行模式，南平市医疗救助"一站式"即时结算服务体系建设得到国家民政部充分肯定。住房保障体系进一步完善，出台进一步加快廉租住房建设指导意见，扩大住房保障范围，加快廉租房建设，加快推进经济适用住房、经济租赁住房、限价商品住房。

加强对外贸易和经济交流机制建设。推进外经贸体制改革，在全国率先出台了支持大宗传统优势特色商品拓展市场和重点出口企业的政策措施。创新国际贸易交易方式，建立区域性的福建省国际电子商务应用平台。积极探索并购、重组等多方式吸引外资，推动国际35家知名私募股权投资基金与省内250家成长型企业对接并购重组。制定了《福建省对外招商重点产业指引》，推行产业化招商。制定了《福建省境外投资管理实施办法》，大力推动对外投资便利化。口岸大通关建设继续深化，海关"属地申报、口岸验放"、检验检疫"直通式放行"通关模式进一步落实。加强闽台经贸交流合作，福州、厦门台商投资区扩区和新设立泉州、漳州台商投资区工作稳步推进。省领导率团赴台开展经贸交流活动，在全国率先与台湾六大工商团体中的电电公会、工业总会、工商协进会及石化同业公会等签订了《交流合作备忘录》。福建省与台塑、统一、友达、东元、大同等台湾大企业集团建立了产业整体对接合作关系。

(曾芳琳)

【医药卫生体制改革】 加快推进基本医疗保障制度建设。扩大基本医疗保障覆盖面，下发了《关于进一步做好关闭破产国有、城镇集体企业退休人员及困难企业职工医疗保险工作的实施意见》，将全省9.19万名关闭破产国有企业退休人员纳入城镇职工基本医疗保险，截至年末，全省参加城镇基本医疗保险人数1137.19万人；新农合参合农民2350.29万人，参合率为95.26%。提高基本医疗保障水平，全省新农合和城镇居民医保政府补助水平均已提高到年人均80元，新农合最高支付限额已达到当地农民人均纯收入的6倍以上，城镇职工医保和城镇居民医保各统筹地区的最高支付限额分别达当地职工年平均工资和当地居民可支配收入的6倍左右，没有建立大额医疗费用商业健康补充保险的统筹地区，最高支付限额在居民可支配收入的4倍左右。城乡医疗救助制度逐步完善，出台新的《城市医疗救助办法》和《农村医疗救助办法》，在原有的城乡低保、"三无人员"、"五保户"、重点优抚(革命"五老"人员)对象的基础上，将重度残疾、低收入家庭重病患者和低收入家庭中60岁以上的老年人纳入了救助范围，扩大了救助覆盖面。开展了常见病救助和特殊门诊救助。取消起付线、提高救助比例和封顶线，使困难群众真正能够享受到医疗救助。

初步建立国家基本药物制度。形成《福建省基层医疗卫生机构用药目录(2009版)》，确定基层医疗卫生机构使用的基本药物455种，并报卫生部备案。公布2238个国家基本药物增补规格品的零售指导价格，确保基本药物零售指导价格执行到位。成立省药品集中采购领导小组及其办公室和福建省医疗机构药品集中采购中心，制定下发《福建省2009年实施基本药物制度工作方案》、《福建省人民政府关于基层医疗卫生机构实施基本药物制度改革的若干意见》、《关于进一步规范医疗机构药品集中采购工作的实施意见》等一系列指导意见，基本完成全省集中采购非营利性网络平台建设，确定68个城市社区卫生服务中心和18个县(市、区)的194个乡镇卫生院共262家基层医疗卫生机构作为第一批实施基本药物制度试点单位，307种国家基本药物药品集中采购工作现场及网络申报、网上报价工作顺利结束。

健全基层医疗卫生服务体系。加强基层医疗卫生机构建设，出台《进一步加快乡镇卫生院改革与发展的意见》，重点扶持26个县级医院改扩建，组织实施乡镇卫生院建设规划，安排乡镇卫生院业务用房改扩建、环境改造项目147个，安排12个县(市、区)38个乡镇卫生院实施D级危房拆建，为300所乡镇卫生院配备基本诊疗设备。建立健全社区卫生服务网络，扶持14个社区卫生服务中心建设，新增或转型社区卫生服务中心31个，全省社区卫生服务中心达到193个，以街道为单位覆盖率达到92%。加强以全科医生为重点的基层医疗卫生队伍建设，已完成全科医师岗位培训686人，开展67名全科医师骨干和25名全科医师规范化培训，加强住院医师培训制度、基地、培训质量考核指标体系建设。改革基层医疗卫生机构补偿机制，落实人员经费保障机制，分别有48个、45个和38个县(市、区)落实养老保险、基本医疗保险和住房公积金政策。建立卫技人员工资补助制度。

促进基本公共卫生服务逐步均等化。重点抓好涉及面广、影响全民健康水平的公共卫生项目的实施，印发了《福建省基本公共卫生服务项目实施方案》，明确了9类基本公共卫生服务项目内容、工作目标。启动12个县开展建立农村居民健康档案试点工作，城市居民健康档案规范化建档率达到36.2%，农村居民建档率达到9.4%。陆续启动实施新增重大公共卫生服务项目，实施166.61万名8～15岁儿童乙肝疫苗补种，完成率92.56%，推进农村妇女"两癌"检查项目，已完成农村13625名妇女的宫颈癌检查和12016名农村妇女的乳腺癌手诊筛查工作，结合婚前保健和孕产妇保健工作，为近8万名农村育龄妇女增补叶酸，实施农村孕产妇住院分娩补助项目，为贫困白内障患者实施免费手术12930例，超额完成中央下达的任务。完成16000户的农村无害化卫生厕所建设任务。落实基本公共卫生服务经费人均15元。

推进公立医院改革试点。按照国家开展公立医院改革试点部署，申报厦门市作为福建省公立医院改革试点城市，开展公立医院改革试点的前期调研工作。制定全省医疗机构中、远期布局规划，明确可向社会资本开放的领域，积极吸引社会资金办医，增加床位数，改善医疗条件。积极推进卫生事业单位人事分配制度改革，各级医院普遍实行了新进人员公开招聘制度，启动了岗位设置管理和全员聘用工作。改革公立医院补偿机制，进行医疗服务价格调整修订的准备工作，制定福建省基层医疗卫生机构实行药品零差率的政策，结合福建省财政补偿情况推行电子医疗档案和常见病临床路径。

推进卫生信息化建设。组织实施乡镇中心卫生院远程医疗会诊工程建设，完成153所乡镇中心卫生院网点建设。出台《福建省社会保障卡项目建设实施意见》，启动社会保障卡项目建设，启动省本级和泉州市发卡工作。

(曾芳琳)

【企业上市工作】 企业上市融资取得新的进展。全年共有23家企业实现在境内外资本市场上市或再融资，共募集资金210.49亿元。其中：在境内上市的圣农发展和太阳电缆2家企业募集资金15.09亿元，龙净环保、福建高速、厦门国贸等3家企业再融资募集资金39.73亿元；在香港、新加坡、马来西亚、韩国等地上市的361、东源环保、匹克体育、利郎服饰等18家企业募集资金155.67亿人民币；同时，星网锐捷、科华恒盛2家企业通过中国证监会上市审核，正在等待发行上市；三五互联、三维丝环保、中能电气、易联众、腾新食品等5家公司已向中国证监会申请创业板上市。此外，闽闽东资产重组方案已获得中国证监会核准，ST三农重大资产重组方案也获得中国证监会有条件审核通过，公司正积极进行恢复上市工作。

上市公司经营业绩企稳回升。从61家上市公司公布的2009年度财务报告看，上市公司经营业绩良好，总体上已经走出国际金融危机的影响。总股本294.64亿股(注：紫金矿业按每股面值1元折算)，总资产15490.86亿元，净资产1403.98亿元，分别比上年增长5.98%、29.79%、22.69%；主营业务收入2229.38亿元，增长9.05%；实现利润239.35亿元，增长33.47%；平均每股收益0.81元，增长25.58%，高于全国0.41元的平均水平；整体净资产收益率为17.05%，高于全国12.66%的平均水平。61家上市公司中盈利的55家，占总数的90.16%，盈利总额为248.68亿元；亏损的有6家，占总数的9.84%，亏损总额为9.33亿元。

上市后备企业队伍进一步壮大。全省已建立了省、市、县三级共300多家上市后备企业资源库，其中有160家列入省级重点上市后备企业。这160家企业中已有13家向中国证监会提交了上市申请，有20多家企业进入了上市辅导期，有30多家企业正在进行股份公司改组，初步形成了"培育一批、改制一批、申报一批、上市一批"的梯次推进格局。

(陈道辉)

精神文明建设

【"迎国庆、讲文明、树新风"活动】 广泛开展"爱国歌曲大家唱"群众性歌咏活动，组织举办文艺晚会、大合唱展演等各类大型歌咏比赛6000多场次，近百万人积极参与爱国歌曲大家唱活动，厦门市直机关党工委青年合唱团代表福建晋京参加全国爱国歌曲大家唱展演晚会，省直机关举办"祖国好"文艺会演决赛。福州、厦门、三明、龙岩等市的"激情广场"广泛传唱红色经典歌曲，为庆祝建国60周年营造了浓厚氛围。大力普及文明礼仪知识，组织编写《礼仪知识简明读本》，开办礼仪知识培训班，举办全省礼仪知识电视竞赛，组队参加全国选拔赛并获优秀组织奖。大力开展公共秩序专项整治，营造整洁、优美、和谐的社会环境。组织开展“迎讲树”(迎国庆、讲文明、树新风)公益广告征集评选活动,全省共征集平面、广播、影视三大类参评作品100多件,评出一等奖3件,二等奖5件,三等奖21件,优秀奖5件,选送10多件优秀的平面、广播和影视广告作品参与全国评选。广泛组织开展“祝福祖国”公益短信征集传递活动,全省共创作、转发优秀公益短信2万多条。举办第三届全省社区文化艺术节系列活动,评选表彰了一批优秀创作奖和演出奖,丰富了基层群众文化生活,营造了热烈喜庆、欢乐祥和的社会氛围。

【道德模范评选表彰和学习宣传活动】 认真开展第二届全国道德模范评选推荐和首届福建省道德模范评选表彰活动,朱邦月、罗成财入选第二届全国道德模范,胡玉荣等15位荣获首届福建省道德模范,并隆重举行了颁奖晚会,电视、电台、报纸、网络等新闻媒体大力宣传道德模范事迹。省文明办认真落实帮扶措施,分赴各地慰问道德模范,累计下发奖金、慰问金、帮扶资金达40多万元。加强“好人”建设,精心组织“我推荐、我评议身边好人”暨首届福建省“好人”评选活动,共有63人荣登中国好人榜,有42人荣登福建好人榜。广泛开展“9·20”第七个全国公民道德宣传日活动,各地以广场文化、专题晚会、公民道德小戏、六进社区、三下乡、邻里节、事迹报告、市民讲坛等形式,大力宣传社会公德、家庭美德、职业道德和个人品德,教育引导干部群众增强道德自律,坚持道德操守,崇尚道德新风。莆仙戏现代文明小戏加演得到中央领导的充分肯定,成为公民道德建设新亮点。

【“我们的节日”主题文化活动】 着眼于弘扬民族优秀传统文化,挖掘福建丰富的民俗文化内涵,促进两岸文化交流,增进爱祖国、爱福建、爱家乡情感,各级文明办认真组织开展“我们的节日”主题文化活动。春节,省文明办与厦门市联合举办《欢喜大围炉》——2009两岸闽南语春节联欢晚会,组织群众参与“亿万网民网上大拜年”签名寄语活动。清明节,各地以祭扫烈士陵园、网上祭英烈、中华经典诵读等形式,表达“缅怀先烈、爱我中华”的节日主题。端午节,省文化厅、省文明办、省台办等部门与泉州市联合举办了“我们的节日·端午节”——第三届闽台对渡文化节暨蚶江海上泼水节活动,各地分别组织龙舟竞渡、诗词吟诵会、“红五月”歌咏赛等富有特色的端午民俗文化活动。中秋节,组织举办了“祖国万岁 海西腾飞”、“唱红歌 颂祖国”、“盛世华章”等大型综合性“迎中秋、庆国庆”主题文艺晚会。福州市委文明办积极配合中央文明办和中央电视台摄制了《“我们的节日”·中秋——中华长歌行》综合性专题节目,举办《今宵月更圆》、《为祖国喝彩》、《梨园百花春》3台大型文艺晚会,中秋节当天同时在央视播出。各地各部门组织开展“情系两岸祈福周”、中秋博饼大赛、“土楼人家”旅游文化节、擂茶风情展演等一系列民俗活动,举办中华经典诵读、中秋诗会、书画展览、剪纸笔会等文化活动,使广大群众在节庆中获得心灵升华、情感释放和审美愉悦。

【群众性精神文明创建活动】 文明城市创建持续加强社区建设和城市“七项管理”,组织开展“五好文明家庭”、“和谐家庭”、“文明楼院”、“和谐邻里节”、“文化艺术节”、“平安建设”、“六进社区”等一系列深受群众喜欢的创建活动。从抓好社会治安、环境卫生、交通秩序、集贸市场、建筑工地、文化环境、消防安全等“七项管理”入手,加大投入,加强整治,市民生活环境不断改善,城市文明程度不断提高,在中央文明办组织的全国114个文明城市和先进城市公共文明指数测评中,厦门市在副省级城市中获第二名、福州市在省会城市中获第七名、三明市在地级市中获第二十七名的好成绩。文明行业创建以“创文明行业、建和谐海西”为主题,重点推进示范窗口优质服务建设和全行业规范服务建设,广泛开展“诚信一条街”、“百城万店无假货”、“诚信个体工商户”、“最佳信用企业”等创建活动;继续实施“提升中国公民旅游文明素质行动计划”,推动旅游景区景点加强综合配套,改善游览服务,在厦门市召开了全省创建文明风景旅游区工作暨第二批先进命名表彰会议。文明村镇创建突出惠农政策落实和文明乡风建设,认真贯彻《海峡西岸社会主义新农村建设五年规划纲要》,大力推进农村社会事业和生态环境等惠民工程建设,积极实施“生态家园富民”、“科普惠农兴村”计划和“创绿色家园、建富裕新村”行动;广泛开展“美德在农家”、“十星级文明户”、“六提倡六反对”等移风易俗活动;充分发挥村民议事会、道德评议会、红白理事会、禁毒协会等群众组织作用;组织开展“家园清洁行动”,村容村貌明显改善,农村文明程度逐步提高。基层基础创建突出联建共建,各级文明单位、文明学校、工人先锋号、青年文明号、巾帼文明岗等单位和窗口,在加强自身建设的同时,认真履行社会责任,自觉奉献爱心,积极参与“文明春风暖万家”、“爱心超市”、“希望工程”、“春蕾计划”等各类结对帮扶活动。各级文明办积极开展以城带乡、城乡共建,建立

福建省首届道德模范评选表彰活动现场。 (省精神文明办供稿)

结对帮扶和共建带创活动机制，引导文明单位与农村结对，非公有制经济组织和新社会组织主动参与各类创建活动，扩大了创建活动的覆盖面。积极拓展军警民共建领域，丰富共建内涵，形成了互促共赢的局面。精心组织全省精神文明建设各类先进考评，省委、省政府和省军区在福州隆重召开了2006—2008年度精神文明建设工作暨先进命名表彰大会，推动了新一轮精神文明创建工作。

【加强未成年人思想道德建设】 突出点面结合、打防结合、长短结合、管教结合、疏堵结合、专群结合，着力净化社会文化环境。协调督促省直职能部门持续深入开展整治互联网低俗之风、取缔“黑网吧”、净化荧屏声频、清理非法出版物、整治校园周边环境等五个专项行动，共关闭低俗网站3189个，封堵涉及不良信息的WAP网站2535个；同时加强技术监控，实行网站实名管理和建立黑白名单管理制度，网站备案率达99.96%，位列全国第二。加强网吧管理，共取缔“黑网吧”1672家，为每个网吧配备1～2名社会志愿监督员，积极推动网吧安全管理软件更新升级。加强违规广告清理整治力度，立案查处违规广告1269件，及时整改、清理、停止刊播违法广告。加大对“制黄”、侵权盗版等违法案件查处力度，销毁非法出版物135万余件。积极构建校园周边良好环境，捣毁校园周边赌博窝点10个，整治治安隐患467处，查处交通违法111起，责令整改、搬迁相关文化经营场所，确保校园周边200米内无网吧、录像厅、歌舞厅。深化“做一个有道德的人”主题教育活动，在全国率先开通未成年人思想道德建设专门网站——福建中小学生在线网，确定一批全国“做一个有道德的人”主题活动联系点，开展“我和我的祖国”系列班级德育活动，举办“向国旗敬礼”网上签名寄语活动。评选表彰14名“阳光少年”，大力宣传未成年人先进典型事迹。开展全省优秀童谣创作比赛。广泛组织开展为贫困儿童、留守儿童、进城务工人员子女等未成年人特殊群体捐资助学等结对帮扶活动。加强“三位一体”教育网络建设，推动未成年人校外活动场所建设，着重抓好德化、长泰、沙县、闽清、新罗等县、区的未成年人校外活动场所示范点建设。福州市被评为第二届全国未成年人思想道德建设先进城市。

【社会志愿服务活动】 制定《福建省贯彻中央文明委〈关于深入开展志愿服务活动的意见〉实施意见》、《福建省推进海峡西岸经济区建设志愿服务活动规划(2009—2020年)》，起草《福建省志愿服务工作条例》(送审稿)，成立福建省志愿服务协调小组，明确工作职责，规范工作程序。围绕“海西建设我先行”的主题，结合重大活动，组织志愿者广泛开展文明劝导、便民利民、治安巡查、环保宣传、秩序维护、文艺演出、敬老助残、结对济困、爱心献血、抗灾救灾、卫生整治等形式多样的志愿服务活动，启动福建省“迎世博迎特奥讲文明树新风暨‘空巢老人’关爱志愿服务活动”。大力宣扬志愿服务理念，通过刊播一批志愿服务公益广告、志愿服务网站频道和社区宣传栏、征集“志愿者心得”等方式，弘扬奉献、友爱、互助、进步的志愿精神，有力、有序、有效地推进了福建省志愿服务工作。

【营造创建活动氛围】 省文明办与《福建日报》联合推出“海西文明大看台”专栏，在文明风网站开设“文明创建大家谈”、“道德模范事迹报告网上行”等栏目，宣传报道海西文明创建成果、典型经验和文明新风。办好《动态与研究》工作简报，通过“一把手谈创建”、“创建思考”、“主任论坛”、“师说礼仪”、“情况交流”、“本刊评论”等栏目，有效促进工作引导和信息传播。此外，还注重加强系统干部队伍建设，上半年组织各设区市文明办主任参加全国文明办主任培训班，下半年连续举办了两期全省县市区文明办主任培训班，通过“充电”，拓宽了视野，提高了素质，增长了才干。

精神文明建设还存在一定的困难和问题，主要表现在：一是思想认识不够到位，部分地区和部门没能正确认识和处理发展经济与精神文明建设相互促进的关系，还在不同程度上存在“一手硬、一手软”问题；二是部门之间齐抓共管的意识不强，缺乏有效配合与沟通；三是工作机制不够健全，创建覆盖面不够广泛，城乡结合部、背街小巷、旧城拆迁改造等领域创建工作还存在“盲点”。

(陈可敬)

编辑：宋小佳

机关团体

中共福建省委员会

【中共福建省委】 2009年，是海峡西岸经济区建设上升为国家战略、福建发展迎来重大机遇的一年。面对新形势、新要求，省委认真贯彻党的十七大和十七届一中、二中、三中、四中全会精神，坚持以邓小平理论和“三个代表”重要思想为指导，深入贯彻落实科学发展观，以《国务院关于支持福建省加快建设海峡西岸经济区的若干意见》出台为契机，团结带领全省广大干部群众，大力推进全省经济建设、政治建设、文化建设、社会建设以及生态文明建设，继续推进党的建设新的伟大工程，海峡西岸经济区建设和福建各项事业取得新的成效。

*深入学习贯彻国务院《意见》，在新起点上加快建设海峡西岸经济区。*5月，国务院颁布实施《意见》，温家宝总理、贾庆林主席等中央领导先后来闽考察调研，就贯彻落实中央决策提出要求。省委迅速召开常委(扩大)会议传达学习，并发出学习贯彻中央领导来闽考察重要讲话精神和国务院《意见》的通知。围绕学习贯彻国务院《意见》精神，省委组织开展“四个专题”调研检查活动，提出在新起点上加快建设海峡西岸经济区的新要求。7月，召开省委八届六次全会，审议并通过《福建省贯彻落实〈国务院关于支持福建省加快建设海峡西岸经济区的若干意见〉的实施意见》，原则同意《福建省建设海峡西岸经济区纲要(修编)》，对加快推进海峡西岸经济区建设作出全面部署。围绕国务院《意见》确定的总体要求、战略定位、发展目标、重点任务，着力先行先试，启动福州(平潭)综合实验区建设，加快建设海峡西岸综合交通网络，深化港口管理体制一体化改革，实施重点产业调整和振兴方案，研究提出培育壮大战略性新兴产业规划，拓展提升台商投资区、海关特殊监管区和开发区，加快三都澳溪南半岛和湄洲湾石门澳等区域的开发建设，大力吸引央属企业来闽投资开发，实施海峡西岸城市群协调发展规划，推进城乡统筹综合配套改革，做大做强“海峡旅游”，努力把国务院《意见》赋予的政策措施落到实处。

*积极应对国际金融危机，保持经济平稳较快发展。*坚决贯彻落实党中央、国务院的决策部署，密切跟踪国际国内经济形势变化，加强对经济运行的分析、预测和预警，适时采取有力政策措施，解决经济运行中的突出问题。在中央做出应对国际金融危机、扩大内需促进经济增长的一系列重大决策部署后，确定了跟进要紧、运作要活、工作有序、发展有效的总体思路，迅速出台扩大内需的10条具体措施。中央提出保增长、保民生、保稳定的部署要求后，认真落实中央应对国际金融危机冲击的一揽子计划和政策措施，及时制定鼓励和扩大民间投资、促进对外贸易稳定增长、减轻企业负担、扶持中小企业经营发展、做好就业工作、扩大消费需求、促进房地产市场健康发展、加大民生投入等一系列政策措施，着力扭转经济增长下滑的趋势。中央经济工作会议后，召开全省经济工作会议，深入学习贯彻中央经济工作会议精神，结合福建省实际，分析面临的经济形势，总结2009年经济工作，部署2010年经济工作。经过全省上下的共同努力，应对国际金融危机冲击取得积极成效，经济形势总体回升向好。着力扩大需求保增长。坚持把保持平稳较快增长作为经济工作的首要任务，促进投资、消费、出口协调拉动经济增长，全省生产总值12236.53亿元，增长12.3%；财政总收入1694.42亿元，增长11.7%。投资方面，在优化结构的基础上努力扩大投资规模，一批重大基础设施、重点产业和社会事业项目相继建成或开工建设，全社会固定资产投资6362.03亿元，增长20%；消费方面，完善搞活流通促进消费政策，着力培育消费热点，拓展城乡消费市场，社会消费品零售总额4480.99亿元，增长15.9%；出口方面，果断采取一系列稳外需、扩市场、保份额的扶持举措，对外贸易稳步回升向好，全省进出口总额796.63亿美元，其中出口533.29亿美元、进口263.34亿美元，分别下降6.1%、6.4%、5.4%；实际利用外资保持增长，按历史可比口径，实际利用外资100.65亿美元，增长0.4%，按验资口径，实际利用外资57.37亿美元，增长1.2%。着力转变经济发展方式。坚持把保增长与调结构结合起来，在发展中推进结构调整，加快产业转型升级，编制实施石化、纺织、新能源等14个产业调整和振兴方案，整合提升传统产业，培育发展新兴产业，全省规模以上工业增加值增长13%。加大金融服务实体经济力度，积极发展现代服务业，加快培育新兴服务业。出台《关于贯彻国务院发挥科技支撑作用促进经济平稳较快发展的实施意见》，实施重大科技专项和关键共性产业技术开发专项，加快创新平台建设。举办第七届中国海峡项目成果交易会，成功对接5000多个项目，进一步提高区域创新能力。实施工业内涵深化技改提升工程，支持企业技术进步和设备更新改造。着力抓好节能减排和环境保护。落实节能减排目标责任制，强化新上项目节能评估和环评把关，推广节能和新能源产品和技术应用，发展循环经济。全年单位GDP能耗下降3.81%，全省规模以上工业万元增加值能耗下降2.70%，连续4年完成中央下达的年度节能目标；化学需氧量排放量和二氧化硫排放量同比分别下降0.7%和2.1%。强化饮用水源保护，大力开

展重点流域水环境综合整治，加强畜禽养殖污染治理。改善城乡人居环境，加强农村环境保护和城市机动车尾气治理，加快城镇污水处理厂及配套工程建设，保持生态环境质量。加大环境执法力度，坚持依法依规、妥善处理因环境引发的群体性事件，维护人民群众环境权益。着力推进新农村建设。落实强农惠农政策，切实加大对农村的投入，调动农民生产积极性，促进农业增产农民增收，农业农村经济形势总体良好。稳定发展粮食生产，积极推进农业产业结构调整，重点扶持主导产业和优势特色农产品发展。统筹城乡基础设施建设，协调推进城镇化和新农村建设。加快发展农村教育、卫生、文化事业，加强农业基础设施和高标准农田建设，推进大中型灌区续建配套与节水改造工程、江河治理重点项目建设，加快水土流失综合治理，扎实开展防灾减灾体系建设。加快农村服务体系建设，健全农村工作机制，以乡（镇）“三农”服务中心和村级综合服务站为依托、“六大员”为骨干的农村社会服务网络逐步完善。积极落实返乡农民工创业扶持政策，促进农村劳动力转移就业，农民收入持续增长，全省农民人均现金收入6680.18元，实际增长10.1%。着力促进区域联动互动发展。加快推进城市群建设，《海峡西岸城市群发展规划》获国家住房和城乡建设部批复。举办海峡西岸经济区20城市发展与合作专题论坛，密切中心城市的联系合作。加强与中西部区域合作，促进与内地腹地联动发展。加强中心城市规划建设管理，壮大县域经济，扶持发展中心镇。加大原中央苏区县、革命老区、少数民族聚居区、边远偏僻山区、海岛和库区等经济欠发达地区基础设施建设。深入开展“山海协作”，继续实施“造福工程”，做好对口支援工作。积极推进援建四川彭州工作，3年援建规划的143个项目全部开工建设，已有100个（含交支票项目）建成交付使用，支医支教、产业援助、就业帮助、技术服务等全面推进。着力创新体制机制。全面深化农村综合改革，启动农村信用社改制为农村商业银行试点，进一步完善土地经营、集体林权、海域使用权制度。推进部分省属国有企业整合重组，组建投资、能源、交通、外贸、华侨实业五大集团，进一步完善国有资产监管制度。加快财税体制改革，增值税转型改革有效落实，成品油价格和税费改革平稳实施，取消公路养路费等6项收费和政府还贷二级公路收费。全面启动医药卫生体制改革，基本医疗保障制度覆盖全体城乡居民，关闭破产国有企业、城镇集体企业退休人员和困难企业职工参加城镇职工医保问题得到解决，基本医疗保障水平进一步提高；稳妥实施国家基本药物制度，推进一批重大公共卫生项目，正式启动公立医院改革试点。稳妥实施省、市、县政府机构改革，在全国率先开展中介组织与政府部门在工作、组织、经济、办公场所“四分开”，进一步转变政府职能，提高行政效能。

牢牢把握两岸关系和平发展的主题，进一步深化闽台交流合作。认真贯彻胡锦涛总书记在纪念《告台湾同胞书》发表30周年座谈会上的重要讲话精神，专门召开座谈会进行深入学习研究，为推动两岸关系和平发展作贡献。牢牢抓住两岸关系出现重大积极变化的历史机遇，积极发挥对台“五缘”优势，着力拓展“六求”作为，加快建设两岸人民交流合作先行先试区域。5月，首届海峡论坛在福建省隆重举办并取得圆满成功，这是迄今为止两岸合办单位最多、活动规模最大、参与人数最多、涉及范围最广、民间色彩最浓的两岸经济文化交流活动；成功举办第二届海峡两岸（厦门）文化产业博览交易会和闽台出版印刷发行行业项目对接会；启动“两岸教育合作试验区”建设，设立“两岸职业教育教学资源基地”和“两岸职业教育师资培训基地”，举办海峡两岸高等职业教育展览会；设立全国首个国家级两岸科技合作与交流基地，建立海峡两岸文化产业合作中心，积极拓展闽台人才交流合作；深入开展入岛交流；合作举办“海峡媒体峰会”；积极组织开展捐款赈灾活动，帮助台湾同胞开展灾后重建。拓展闽台经贸合作新空间，投洽会、海交会、旅博会、茶博会、林博会、艺博会等活动涉台内容增加、人数增多、效果增强；先后两次由省领导率团赴台交流考察推介海西，达到预期目的；出台《福建省支持台资企业发展若干意见》和《福建省鼓励台商投资的产业指导名录》，帮扶台资企业应对国际金融危机、加快转型升级；新增三明清流、莆田仙游两个国家级台湾农民创业园，举办首届海峡两岸现代农业博览会；启动福州保税区对台离岸金融试点，新台币现钞兑换试点扩大至全省；赴台投资率先取得突破；健全两岸人流、物流往来的便捷有效管理机制，海运直航、空中直航、直接通邮进展顺利；认真做好台商投资权益保障和惠台政策实施工作。按历史可比口径（含第三地转投资）统计，全年实际利用台资25.33亿美元，增长11.4%。

按照中央统一部署，开展深入学习实践科学发展观活动。紧紧围绕“党员干部受教育、科学发展上水平、人民群众得实惠”的总要求，紧密结合海峡西岸经济区建设实际，扎实推进学习实践活动各个阶段各个环节的工作，确保学习实践活动真正成为人民群众满意工程。全省参加第一、第二批学习实践活动的单位已完成集中学习教育各阶段任务，整改措施逐项落实，达到提高思想认识、解决突出问题、创新体制机制、促进科学发展的目标要求。9月底启动第三批学习实践活动，各参学单位严格按照中央和省委的部署要求，突出基层特点、突出实效性，活动主题鲜明，形式载体多样，实践特色突出，取得阶段性成果，进入整改落实阶段；据不完全统计，第三批参学单位初步查找和梳理了5万多个事关人民群众切身利益的问题，已解决2万多个。在开展活动的全过程中，注重把学习实践科学发展观与应对国际金融危机、保持经济持续较快发展结合起来，与学习贯彻党的十七届四中全会、中央经济工作会议和国务院《意见》精神结合起来，有力促进应对危机、推动发展、改善民生、维护稳定、加强党建的各项工作。省委常委同志带头学习、带头建立联系点，深入省直部门、设区的市和联系点调查研究、指导学习实践活动。省委常委会认真做好分析检查和整改落实，先后召开多场征求意见会和座谈会，广泛听取各方面意见和建议，召开专题民主生活会，回顾工作和自身建设情况，既肯定成绩、总结经验，又正视问题、查找不足，并在一定范围通报情况。全省各级领导班子和领导干部运用科学发展观总结经验得失、分析现实状况、谋划发展思路、推动各项工作的意识和能力增强，在加强领导干部党性修养、树立和弘扬良好作风上取得积极成效。

加强社会主义民主政治建设，扎实推进依法治省进程。坚持党的领导、人民当家作主和依法治国的有机统一，健全民主制度，丰富民主形式，拓宽民主渠道，不断推进依法治省进程，进一步巩固和发展民主团结、生动活泼、安定和谐的政治局面。坚持和完善人民代表大会制度，推进依法治省进程。开展贯彻落实省委《关于进一步加强人大工作的决定》情况调研检查，召开省、市人大常委会主任座谈会，进一步加强对基层人大工作的指导。隆重纪念地方人大设立常委会30周年，回顾历史、总结经验，不断加强和改进福建省人大工作，充分发挥地方人大常委会的职能作用，更好地坚持和完善人民代表大会制度。推进科学立法、民主立法，扩大公民对立法的有序参与，提高立法质量。落实五年立法规划，围绕推动科学发展和海峡西岸经济区建设开展立法工作，审议通过促进闽台农业合作条例、航道条例、文物保护管理条例、固体废物污染防治若干规定、气象条例等地方性法规。紧紧围绕中央和省委重大决策部署加强和改进监督工作，重点监督事关改革发展稳定大局和群众切身利益、社会普遍关注的突出问题，听取审议落实“三保”决策、加强闽台交流合作环境建设、农产品质量安全等专项工作报告，就农村土地承包法、林木林地权属争议处理条例、环境影响评价法、职业教育法、消防法、加强社会保障工作监督的决定等开展执法检查，增强监督实效。加强人大工作理论宣传和研究，推进省人大常委会自身建设，完善常委会议事程序和工作规则。保障人大代表依法行使职权，扩大代表对人大常委会工作的参与，加强代表建议议案办理工作，进一步发挥人大代表作用。积极推进依法行政，加快建设法治政府、服务政府。深化司法体制和工作机制改革，强化执法监督，提高司法公信力。加强政法队伍建设，深入开展社会主义法治理念教育，树立政法队伍严格、公正、文明、廉洁执法的良好形象。推进基层民主政治建设，完善基层群众自治制度，推行居委会直接选举、户代表会议制度和村委会妇女成员专职专选。坚持和完善中国共产党领导的多党合作和政治协商制度，巩固壮大最广泛的爱国统一战线。充分发挥政协组织的作用，围绕扶持中小企业经营发展、完善粮食安全保障体系建设、加快乡(镇)卫生院改革与发展、流动人口服务和管理等召开专题协商座谈会；围绕加快重点项目建设、推进闽台产业深度对接、推进两岸金融合作、深化闽台农业交流合作、促进外经贸平稳发展等问题开展专题调研；围绕优惠政策在三资企业落实、高招录取工作、劳动合同法贯彻执行情况、宗教界服务海西建设等组织委员视察，建言献策。加强人民政协理论研究，开展学习培训活动，加强专门委员会工作，提高政协委员履行职责能力。隆重召开福建省庆祝人民政协成立60周年大会。开展《中共中央关于加强中国共产党领导的多党合作和政治协商制度建设的意见》落实情况的检查。巩固和壮大最广泛的爱国统一战线，促进政党关系、民族关系、宗教关系、阶层关系、海内外同胞关系的和谐，发挥统一战线作为海峡西岸经济区建设最广泛力量的支撑作用。支持民主党派、工商联加强自身建设和更好履行政治协商、参政议政、民主监督职能，完善有关重大问题在决策前和决策执行中进行协商的制度。牢牢把握各民族共同团结奋斗、共同繁荣发展的主题，推进民族团结进步事业。贯彻党的宗教工作基本方针，发挥宗教界人士和信教群众在促进经济社会发展中的积极作用。鼓励、支持、引导非公经济组织健康发展和非公经济人士健康成长。做好台港澳侨工作，引导更多的台港澳和海外华侨华人支持和参与海峡西岸经济区建设。支持工会、共青团、妇联等人民团体依照法律和各自章程开展工作，充分发挥各人民团体作为党联系广大人民群众的桥梁纽带作用。

坚持正确导向，扎实做好宣传思想文化工作。全面把握宣传思想文化工作新形势，按照高举旗帜、围绕大局、服务人民、改革创新的总要求，坚持贴近实际、贴近生活、贴近群众，推动社会主义文化发展繁荣，为应对国际金融危机冲击、做好保增长保民生保稳定工作营造良好氛围，为推进海峡西岸经济区建设提供思想保证、精神动力和文化支撑。大力加强理论武装工作。坚持用中国特色社会主义理论体系武装党员、教育人民，扎实开展社会主义核心价值体系宣传教育。加大理论引导力度，加强意识形态工作，推动中国特色社会主义理论体系进教材、进课堂、进头脑，推动党的理论创新成果进企业、进农村、进社区、进学校，增强广大干部群众走中国特色社会主义道路的自觉性和坚定性。建立中国特色社会主义理论体系研究和培训基地、理论进基层示范点。加强新形势下的哲学社会科学工作，繁荣发展哲学社会科学。积极营造良好舆论氛围。加强新闻宣传和舆论引导工作，壮大主流舆论，突出抓好深入学习实践科学发展观活动宣传，省市主要新闻单位刊播报道1.7万多篇。开展“科学发展的海西之路”主题报道，推出“海西历程回放”大型报道，开设“新机遇、新使命、新作为”等专题专栏，刊播消息超过1万篇；中央媒体集中报道海西，实现了规格、版面、时段和数量上的新突破，刊播报道1万多篇，形成宣传海西的热潮；在京举办“海峡西岸经济区建设情况”新闻发布会；赴港澳举办“海西先行新风采”宣传推介活动。突出抓好经济形势宣传，推出“迎难而上看海西”等专题专栏，刊播报道1.4万篇。突出加强社会热点引导，做好社会关注热点的舆情研判、新闻发布和网上引导，加强和改进舆论监督。持续深化媒体协作，完善中央、境外驻闽新闻单位季谈会制度，加强海峡西岸经济区20城市党报协作网建设。加快推进文化体制改革和文化事业产业发展。大力推进文化强省建设，出台实施加强公共文化服务体系和加快文化产业发展的意见，积极推动文化体制关键环节、重点领域改革进程。加快出版发行、文艺院团、影视制作等经营性文化单位转企改制，完成电影行政管理职能调整划转工作，稳步推进省新闻出版局与省出版总社“局社分开”，海峡出版发行集团挂牌成立。制定实施十大文化产业发展规划及相关政策，动漫游戏等产业快速增长，全省文化产业发展迅速，文化产业增加值占GDP的比重有新的提高。加快公共文化服务体系建设，推进乡(镇)综合文化站改造完善和农家书屋等文化惠民工程，县有图书馆、文化馆、博物馆的实现率达90%左右，乡有文化站的实现率接近90%。广泛开展文化科技卫生“三下乡”活动，推动文化资源向农村、企业、社区等基层倾斜，丰富人民群众精神文化生活，涌现一批基层文化建设先进典型。妈祖信俗、福建南音列入人类非物质文化遗产代表作名录。加大精神文化产品创作生产力度，推出一批反映时代主旋律的精品。成功举办第四届福建艺术节。在第11届全国“五个一工程”评选中，福建省获奖总数居全国前列。广泛开展精神文明创建活动。深入实施公民道德建设工程，精心组织全国、全省道德模范的推荐评选表彰活动，大力弘扬新时代海西精神，推进爱国主义教育基地和国防教育基地建设，实施少儿文艺出版精品工程，开展“爱祖国、爱福建、爱家乡”活动，营造有利于未成年人健康成长的良好社会文化环境。广泛开展“我们的节日”和“志愿服务活动”，启动第六届全省“创文明行业、建和谐海西”竞赛活动。精心组织2006—2008年度全省精神文明建设各类先进评选工作，隆重表彰和宣传推广一批先进典型和经验。在全国精神文明建设评比中，厦门市再度评为文明城市，福州、泉州、三明评为先进城市。做好国防动员工作，加强民兵预备役建设，做好拥军优属、拥政爱民工作，出台《关于进一步做好拥军优属工作的意见》，开展军民共建，巩固军政军民团结。精心组织纪念新中国成立60周年活动。学习宣传贯彻胡锦涛总书记在庆祝新中国成立60周年大会上的重要讲话，大力弘扬国庆系列活动形成的宝贵精神财富。组织“经典中国·辉煌海西”等大型报道，举办“祖国万岁、海西腾飞”大型文艺晚会，制作播出电视系列片《福建：走过60年》，开展“辉煌60年—海西发展巡礼”大型采风，推出文艺精品展出展播展演。广泛开展“爱国歌曲大家唱”、“辉煌60年”青少年爱国主义读书教育等活动，深入开展“迎国庆、讲文明、树新风”活动。精心组织海峡西岸经济区战略实施5周年等重大活动宣传，深入开展群众性爱国主义教育活动，唱响共产党好、社会主义好、改革开放好、伟大祖国好、各族人民好、海西发展好的时代主旋律。认真做好全国“双百”人物推荐宣传工作，全省人民受到深刻的爱国主义教育和先进英模事迹教育，进一步激发投身海西建设的热情。

保障和改善民生，大力推进和谐社会建设。坚持着力民生、着力民心，重视解决人民群众最关心、最直接、最现实的利益问题，扩大公共服务，完善社会管理，促进公平正义，推动建设和谐社会，使经济社会发展成果、海西建设成效更好地体现在提高人民生活质量和水平上。持续办好为民实事。认真做好为民实事项目，进一步提高中小学校生均公用经费定额标准，补助农村义务教育阶段寄宿制学校公用经费，完善进城务工人员子女就学政策体系，继续组织实施农村义务教育阶段寄宿生宿舍建设工程、对城乡低保家庭高中学生实施助学金政策、对中职学校农村家庭经济困难学生和涉农专业学生免除学费、把在校大学生纳入城镇居民基本医疗保险等教育为民办实事项目。光明行动、农村卫生百千万工程、乡（镇）卫生院改建、千名医生帮扶基层卫生院、万名农村医疗培训等工程顺利推进，妇幼和老年卫生健康计划、社区医生进家庭、儿童医疗救治体系建设扎实推进，建立城乡低保妇女每两年进行一次免费专项体检制度。农村部分计划生育家庭奖励扶助资金标准由每人每年600元提高到960元，农村二女计生家庭一次性奖励由500元提高到800元，并对计生家庭实行优惠小额贴息贷款。新增加解决7226户城市低收入住房困难家庭廉租住房，新建改扩建18个社会福利中心和100所敬老院。加快农村水、电、路、广播、电视惠民工程建设，农民安全饮水工程、户用沼气、造福工程进展顺利。森林火灾、水稻种植、渔船保险范围扩大，渔工保险工作取得进展。加快发展社会事业。把劳动就业、社会保障等问题摆在更加突出的位置，加大对教育、就业、社会保障、医疗卫生等方面投入。认真落实教育优先发展的战略地位，努力完善教育发展的保障机制。研究制定推动教育又好又快发展近期重点实施方案，持续推进教育改革创新，基础教育课程改革全面推进，素质教育向纵深发展。以中小学合格校建设、农村中小学现代远程教育、义务教育教师均衡配置为抓手，大力促进义务教育均衡发展。职业教育基础能力建设和职教集团建设步伐加快，“工学结合、校企合作、顶岗实习”人才模式改革扎实推进。推动“海峡西岸经济区建设技能型紧缺人才培养实施计划”和“高校服务海西六大工程”，增强教育服务海西能力。高等教育毛入学率达23.2%，达到全国平均水平，每万人口普通高校在校生数首次超过全国平均水平。着力解决影响教师队伍建设的瓶颈问题，在全国率先提高农村中小学教职工编制标准和中小学教师津贴补贴，创新农村教师补充机制，做好教师学习培训工作。实施扩大就业的发展战略和更加积极的就业政策，促进高校毕业生、农民工、城镇困难群众就业，健全城乡统筹的就业服务体系，大力推动以创业带动就业，支持自谋职业和自主创新，确保就业形势基本稳定，全省新增城镇就业67.2万人，下岗失业人员再就业9.4万人，新增农业富余劳动力转移就业45.2万人。加快建立覆盖城乡居民的社会保障体系，巩固和完善城镇企业职工基本养老保险省级统筹体制，细化完善新型农村社会养老保险试点工作方案，推进居家养老服务试点。加大推进被征地农民社会保障工作。扩大城镇居民基本医疗保险参保面，推进医疗保险市级统筹试点，完善失业保险、工伤保险、生育保险制度。加快建设医疗卫生服务体系，健全城乡医疗救助制度，完善新型农村合作医疗制度，积极发展中医药事业。建立居民健康信息系统，实施两个“500”计划提高基层卫技人员素质。坚持严加监控、着力防范、完善预案、积极应对、科学处置，全力做好甲型H1N1流感防控工作。广泛开展全民健身运动，建设群众体育健身工程。福建省运动员在第11届全运会上取得19金11银21铜的优异成绩。扎实推进2010年特奥会筹办工作。开展居家养老服务试点，继续做好人口与计划生育工作，稳定低生育水平。积极发展残疾人事业，加快发展社会福利事业、老龄事业和慈善事业。全力维护社会安定稳定。坚持把维护稳定作为第一责任，突出重点，有效防范，确保国庆60周年等重大节日、重大活动和敏感时段安全稳定。全面部署开展“三排查一促进”活动，正确处理新形势下人民内部矛盾，完善纠纷排查化解机制，综合运用法律、政策等多种手段协调和化解问题。注重通过网络听取社情民意。进一步完善信访制度，畅通信访渠道，规范信访秩序，加大信访督查督办力度，积极预防和妥善处置信访突出问题及群体性事件。认真总结5

年平安建设经验，出台深化“平安福建”建设意见，全面推进新一轮平安建设。加强和改进社会管理，着力提升流动人口服务管理水平。加强社会治安综合治理基层基础工作，健全社会治安防控体系，强化维稳和治安形势分析，加大反分裂、反恐怖、反渗透斗争，预防和打击各类犯罪，深化打黑除恶专项行动，人民群众安全感和满意率继续提升，社会治安综合治理工作走在全国先进行列。开展食品药品安全专项整治，加强农产品质量安全管理，重视安全生产，强化安全生产责任制，严肃查处安全生产责任事故，安全生产形势保持平稳。扎实做好防灾减灾工作，有效抵御“莫拉克”等台风和暴雨的袭击，全省共转移人口52.49万人次，确保人民群众生命财产安全。

扎实推进党的建设新的伟大工程，为建设海峡西岸经济区提供坚强保障。认真贯彻落实党的十七大对党的建设的总体部署，继续推进党的建设新的伟大工程，不断提高党的执政能力、保持和发展党的先进性，努力把党的政治优势和组织优势转化为推动经济社会又好又快发展的强大力量。认真组织学习贯彻十七届四中全会精神，迅速召开省委常委（扩大）会议，并发出学习贯彻《通知》，对全省的学习贯彻活动作出部署。10月，省委组织开展党建专题调研活动，深入市、县（区）、农村、企业进行专题调研，广泛听取基层党组织、党员和各个方面的意见和建议，分析梳理当前福建省党建工作面临的新情况、新问题，研究加强和改进新形势下福建省党的建设的思路举措。召开省委八届七次全会，深入学习贯彻十七届四中全会精神，对加强和改进新形势下福建省党的建设工作作出部署，审议通过《中共福建省委贯彻〈中共中央关于加强和改进新形势下党的建设若干重大问题的决定〉的实施意见》。隆重纪念古田会议召开80周年，重温古田会议精神，缅怀革命先辈，弘扬光荣传统，切实把思想建党原则落实到执政能力建设和先进性建设上。推进领导班子和干部队伍建设，召开全省领导干部大会，传达中央关于省委主要领导同志职务调整的决定，实现省委主要领导顺利交接。加强和改进领导班子思想政治建设，制定《关于进一步加强和改进党委（党组）中心组学习的实施意见》，推动领导干部理论学习制度化、规范化。配合中组部开展省级领导班子年度考核，省委常委会向省委全委会报告干部选任工作。不断深化干部人事制度改革，开展干部选任测评和新任用的正厅级领导干部德才表现测评。在认真抓好促进科学发展的干部考核评价机制试点工作的基础上，开展省管领导班子和领导干部年度考核工作。认真做好领导班子调整补充工作，完善省委常委会分析领导班子和领导干部队伍状况制度，研究制定进一步加强领导班子建设的措施办法。开展省管后备干部集中调整工作，不断健全后备干部队伍建设的制度机制。大力培养选拔优秀年轻干部，加强培养选拔女干部、少数民族干部和党外干部，重视老干部管理服务工作。加大对选拔任用干部工作的监督力度，科学规范和有效监督县（市）委书记用人行为，深入整治用人上的不正之风。组织实施新一轮大规模干部培训工作，制定实施省部级领导干部脱产学习进修计划和省管干部脱产培训计划。扎实抓好党的十七届三中、四中全会和省委八届五次、六次全会精神的集中学习轮训。继续办好“海西大讲堂”，实施干部海西建设能力提升计划。深入实施人才强省战略，坚持党管人才原则，统筹抓好以高层次人才、高技能人才为重点的各类人才队伍建设，编制和实施海西中长期人才发展规划纲要，构建海峡西岸经济区人才资源支撑体系。创新人才工作体制机制，完善人才培养、吸引、使用、评价、激励办法，健全和完善人才市场服务体系。实施创业创新高层次人才、创业英才、海西学者引进和培养计划，深化“院士专家海西行”和选派专家服务团工作。加强基层党组织和党员队伍建设，扎实开展“基层组织建设年”活动，以农村基层党组织建设为重点全面加强党的基层组织建设，抓好县乡村领导班子建设，着力加强县委书记、乡（镇）党委书记和村党组织书记三支队伍建设。举办乡（镇）长海西新农村建设专题轮训班，召开全省村党组织书记座谈会，制定实施加强村党组织书记队伍建设的实施意见。启动从优秀村党支部书记、村委会主任中考试录用100名乡（镇）机关公务员工作。认真做好村级组织换届选举工作，选好配强村级领导班子特别是村党组织书记和村委会主任，全省村两委换届选举基本完成。持续抓好党员干部驻村任职工作，扎实推动相对后进薄弱村发展，进一步完善农村工作机制，推动构建城乡统筹的基层党建格局。建立村干部基本报酬正常增长机制，村主干补贴补助标准提高到每人每月300元，为村计生协会会长、村妇代会主任、村团支部书记发放津贴。持续加强省直机关思想作风建设调研工作，提高机关建设整体效能。统筹推进机关、企业、高校、城市社区、新经济组织和新社会组织等领域党建工作。认真落实党员培训规划，扎实做好党员教育管理服务工作，探索建立党内激励、关怀、帮扶机制。积极做好发展党员工作，提高党员发展质量。加强党风廉政建设和反腐败斗争，抓好《建立健全惩治和预防腐败体系2008—2012年工作规划》和福建省实施方案的落实，坚持反腐倡廉常抓不懈、拒腐防变警钟长鸣，以党风廉政建设和反腐败斗争新成效取信于民。开展对扩大内需、促进经济增长政策措施落实情况的监督检查，保证项目符合规定投向、资金专款专用和公开透明，防范腐败现象发生。开展对海峡西岸经济区建设和事关推动科学发展各项决策部署落实情况的监督检查，纠正和处理违法违规问题，服务保障科学发展、海西建设。加强领导干部党性修养和作风建设，改进省级领导干部到地方考察调研接待工作，加强党风廉政教育，落实领导干部廉洁自律各项规定。推动党政机关厉行节约，制止公款出国（境）旅游，深入开展“小金库”专项清理。坚持立案上突出重点、办案中依纪依法、处理时宽严相济，严肃查办违纪违法案件，保持惩治腐败的工作力度。深化治本抓源头工作，进一步围绕规范权力运行、健全市场机制、完善中介组织创新和完善反腐倡廉制度，建立反腐倡廉长效机制。加强对党政领导干部特别是主要领导干部监督，实行党政领导干部问责。严格落实党风廉政建设责任制，加强组织协调，形成反腐倡廉工作整体合力。加强纪检监察领导班子和基层纪检监察组织建设。全年全省纪检监察机关新立案件5141件，其中涉及县（处）级以上干部129件；结案5174件，给予党纪、政纪处分5002人；移送司法机关440人，通过查办案件挽回经济损失1.76亿元。切实加强常委会、全委会自身建设，以深入学习实践科学发展观为重点，重视加强思想政治建设，带头学习、带头运用马克思主义中国化最新成果，全面把握科学发展观的科学内涵、精神实质和根本要求，不断提高政治理论素养；充分发挥总揽全局、协调各方的领导核心作用，在加快建设海峡西岸经济区实践中加强领导、科学谋划，在应对危机保持经济平稳较快发展中冷静分析、果断决策，在开展调查研究过程中问政于民、问需于民、问计于民，推动科学发展、促进社会和谐的领导能力和水平进一步提升；认真贯彻民主集中制原则，坚持重大问题集体讨论、实施科学依法民主决策，坚持围绕工作和事业密切配合、相互支持，班子的创造力、凝聚力、战斗力不断增强；重视加强自身党性修养和作风建设，自觉密切党同人民群众的联系，自觉开展批评与自我批评，自觉坚持求真务实、艰苦奋斗、勤政廉政，努力树立为民负责、推动工作、公正廉洁的形象。

【省委八届六次全会】 中共福建省委八届六次全体会议7月28日在福州召开，出席会议的省委委员63名、候补委员13名。参加会议的有：省人大常委会、省政府、省政协党员负责同志，省法院院长，省检察院检察长，省纪委委员，不是省纪委委员的设区市的市纪委书记，各市、县（区）委书记，各市、县（区）长，省直各单位主要负责同志。列席会议的有：非中共党员的省级领导干部，在闽的全国政协专委会领导，省军区领导，担任过副省级以上领导职务的老同志，省各民主党派、工商联负责同志，省直单位副厅以上的领导干部。会议审议并通过《福建省贯彻落实〈国务院关于支持福建省加快建设海峡西岸经济区的若干意见〉的实施意见》；原则同意《福建省建设海峡西岸经济区纲要（修编）》；票决11名正厅职领导干部任用人选和推荐人选。会议要求，认真学习贯彻《国务院关于支持福建省加快建设海峡西岸经济区的若干意见》，进一步动员全省各级各部门、广大党员和干部群众，把思想和行动统一到中央决策部署上来，以科学发展观为指导，振奋精神、锐意进取，抓住机遇、有所作为，在新的起点上加快建设海峡西岸经济区。

【省委八届七次全会】 中共福建省委八届七次全体（扩大）会议12月24日在福州召开，出席会议的省委委员59名、候补委员12名。参加会议的有：省人大常委会、省政府、省政协党员负责同志，省法院院长、省检察院检察长，省纪委委员、不是省纪委委员的设区市的市纪委书记，省直各单位党组（党委）主要负责同志，各市、县（区）委书记，各市、县（区）长。列席会议的有：非中共党员的省级领导，担任过副省级领导职务的老同志，省各民主党派、工商联负责同志，在榕的省直单位副厅级以上干部。全会审议了省委常委会的工作报告，听取和讨论了孙春兰同志代表省委常委会所作的讲话；审议并原则通过《中共福建省委贯彻〈中共中央关于加强和改进新形势下党的建设若干重大问题的决定〉的实施意见》；会议要求，认真学习贯彻党的十七大、十七届四中全会和中央经济工作会议精神，深入贯彻落实科学发展观，自觉把思想和行动统一到中央的重大决策部署上来，进一步增强做好新形势下党建工作的自觉性坚定性，努力提高党的建设科学化水平，扎实推进党的建设，为加快建设海峡西岸经济区作出新的贡献。（练方汉）

【组织工作】 *持续扎实推进学习实践科学发展观活动深入开展。*按照中央和省委的部署要求，做好第一、第二、第三批学习实践活动的各项工作。抓好第一批学习实践活动整改落实及“回头看”工作，第一批参学单位已全部完成集中学习教育各阶段任务；召开全省深入学习实践科学发展观活动第一批总结暨第二批动员会议，组织全省第二批19299个参学单位、32644个党组织、528814名党员开展学习实践活动；围绕应对国际金融危机冲击，保增长保民生保稳定，特别是贯彻落实《国务院关于支持福建省加快建设海峡西岸经济区的若干意见》，突出实践特色，增强学习活动实效；按照“对上回答问题、对下解决问题”要求，分类组织和指导各市、县（区）抓好第三批1585个工作单位、2529个党组织、65226名党员的学习实践活动试点工作。认真组织指导全省乡（镇、街道）、村（社区），中等职业学校和中小学校、基层医疗卫生单位，非公有制经济组织和新社会组织，共2.95万个参学单位、4.19万个党组织、98万多名党员参加第三批学习实践活动，整个学习实践活动进展顺利、特色鲜明，富有成效。

*领导班子和干部队伍建设。*加强领导班子和干部队伍思想政治建设，重点加强对干部理想信念、宗旨意识、民主集中制、道德品质和廉洁从政的教育。配合中组部开展省级领导班子年度考核，省委常委会向全委扩大会报告干部选任工作，并开展了干部选任工作测评和新任用的正厅级领导干部德才表现测评。进一步贯彻落实中央《关于进一步完善地方党委领导班子配备改革后工作机制的意见》，推动市、县（区）党委进一步健全和完善领导体制和工作机制。牵头修订并抓好《关于加强福建省国有企业领导班子建设的若干意见》的贯彻落实。制定《党员领导干部民主生活会工作流程》，进一步规范民主生活会程序，并在民主生活会上开展民主测评试点工作。做好设区的市班子、省直单位班子和县（市、区）党政正职缺额调整配备工作。研究制定福建省加强县（市、区）党政正职队伍建设的实施意见和《福建省县（市、区）委书记考核评价办法》。注重加强对设区的市领导班子和县（市、区）党政正职队伍的跟踪管理。做好省政府机构改革人事任命相关工作。继续落实省委常委会分析领导班子和领导干部队伍建设状况制度，及时提出进一步加强领导班子建设的意见和建议。全面开展省管后备干部集中调整工作，制订《关于加强各级领导班子后备干部队伍建设的意见》，进一步建立健全导向公正的选拔机制、能力提升的培养机制、滚动有序的管理机制、好中选优的使用机制和统筹协调的工作机制，不断健全后备干部队伍建设的制度体系；分两批对省直机关和设区的市开展省管后备干部集中调整考察工作。

*大力培养选拔优秀年轻干部。*继续抓好后备干部的教育培训和实践锻炼，有针对性地选派一批省管后备干部到省委党校中青班学习培训，推荐部分省直机关干部到省信访局挂职；适应平级选派的做法，进一步完善对口支援干

部的选派、管理、服务、奖惩、监督机制，切实加强和改进对口支援工作，开展第五批援藏干部中期考核工作。继续做好选派干部赴中央国家机关挂职锻炼和接收西部以及其他少数民族干部来闽挂职。加强对选调生和选聘生的选拔培养和教育管理。改进选拔方式，拓展选拔视野，提高学历层次比例，共选拔402名选调生和576名选聘生。加强选调生和选聘生的跟踪管理，完善选调生的信息数据；印发《关于建立选聘高校毕业生到村任职工作长效机制的意见》，进一步规范选聘生工作。

持续深化干部人事制度改革。做好《建立选人用人公正机制的若干意见(试行)》修订工作；积极开展“关于深化干部人事制度改革，建设高素质干部队伍”课题调研，提出福建省进一步深化干部人事制度改革的思路和措施。认真总结全省各地在干部人事制度改革方面的做法和经验，从提名推荐、干部考察、考核评价、民主决策、培养管理、监督机制等各方面进行深入研究和总结。根据中组部《关于开展促进科学发展的干部考核评价机制试点工作的通知》要求和省委的部署，选择省科协、农业厅、科技厅等省直单位和漳州、三明市及南靖、泰宁县进行年度考核试点，结合实际，提出进一步完善年度考核办法与加强和改进领导班子建设的意见建议。认真贯彻执行中组部《关于注重从基层和生产一线选拔党政领导机关干部的意见》，研究制定实施办法；按照中组部《关于严格执行干部职务任期规定保持干部在法定任期稳定的通知》要求，提出具体实施意见。加大公开选拔工作力度，全省各地积极开展公开选拔领导干部工作，共选拔44名县(处)级干部、106名科级领导干部，取得良好的社会效果。加强考试与测评工作的宏观管理，积极做好免费提供通用试题工作。海峡西岸经济区作为区域经济定向单列征题内容，纳入全国领导干部选拔考试通用题库通用试题开发计划。加强专家和考官队伍建设，建立审题专家库和面试考官库。成功承办全国组织系统领导干部考试与测评机构负责人会议。

加强干部工作的宏观管理。制定《福建省公务员考核办法(试行)》，加强对全省公务员考核工作的宏观指导；继续做好省管企业整合重组的后续工作和省属企业领导人员比照机关事业单位人员确认社保缴费基数的工作；做好市、县两级事业单位参照《公务员法》管理的审批工作，审批参照管理571家；继续做好公务员和机关工作人员人事管理工作，进一步加强党群系统公务员和机关工作人员年度考核工作。完成春秋两季全省党群系统公务员和机关工作人员考试工作，录用公务员1452名。会同省公务员局等4部门组织基层政法干警定向培训招考175名学员；做好从优秀村党组织书记、村委会主任中考试录用乡(镇)机关公务员工作。加强对培养选拔女干部、少数民族干部和党外干部工作的宏观指导。全面做好新时期老干部工作，督促执行离休干部“两费”保障机制，继续认真落实老干部政治待遇和生活待遇。做好2008年、2009年度师职军转干部接受安置的基础性工作和企业军转干部的解困和维稳工作。扎实推进新时期的干部保健工作，健全了省保健机构，完善了保健服务运行机制。加大全省干部档案审核和目标管理工作。

干部教育培训工作。坚持用中国特色社会主义理论体系特别是科学发展观武装党员干部，指导各级党校、行政(干部)院校抓好科学发展观的专题培训。制定省管干部脱产培训计划，抽调1000多名厅处级领导干部参加省委党校、省行政学院主体班次培训。扎实抓好党的十七届三中、四中全会和省委八届五次、六次全会精神的集中轮训，共培训1017名厅级干部、159名县(市、区)委书记、县(市、区)长和610名乡(镇)党委书记、乡(镇)长。继续办好“海西大讲堂”，邀请解放军原副总参谋长、中国国际战略学会会长熊光楷上将，全国人大常委会原副委员长许嘉璐教授，中央社会主义学院党组书记、第一副院长叶小文教授和文化部党组成员、国家文物局局长单霁翔同志，分别作“中国的大安全观”、“文化建设”、“发挥积极作用、宗教促进和谐”和“留住城市文化的‘根’与‘魂’”专题报告，共有3200多人次省直单位厅处级干部参加听讲。积极落实中组部等有关部委的调训任务。完成中组部第1期“现代城市领导者”专题研究班的承办任务。落实对口帮扶培训干部工作，共培训西藏、新疆、宁夏干部150多人。实施干部海西建设能力提升计划，继续举办海西建设系列专题研修班，牵头举办“现代农业发展与新农村建设”、“海西城市规划”、“推进科技创新，提高自主创新能力”和“现代金融业发展与公共财政服务”等专题研修班；深化“一班一策”，积极推进干部教育培训机制创新，督促各级党校、行政(干部)院校普遍建立干部培训需求调研制度，有针对性地设计培训专题和内容，确定培训班次。改革访问学者选派办法，组织做好第13批出国留学干部和2009年度访问学者人选推荐、选拔工作。抓好领导干部出国(境)短期专题培训。继续选派厅处级干部攻读公共管理硕士学位。实施组工干部培训计划，在浦东干部学院和延安干部学院举办2期全省组织部门领导干部“加强党性修养、推进改革创新、服务海西建设”专题研讨班；依托省委党校和省行政学院，各举办1期省直部门人事处长岗位业务培训班；依托利用全省组工专网视频会议系统，举办“抵御金融危机、保持经济平稳较快发展”、“学习贯彻国务院《意见》”和“学习党的十七届四中全会《决定》、加强和改进新形势下党的建设”专题讲座。加强干部教育培训工作的宏观指导。会同省委党校研究起草《中共福建省委关于贯彻〈中国共产党党校工作条例〉的实施意见》，进一步推动全省党校工作；积极推动县(市、区)委党校建设，规划改造或修缮7个经济欠发达县(市)委党校和宁德市委党校，分批改善办学条件；制定县(市、区)委党校办学质量评估工作的实施意见，加强基层党校办学质量评估，提高县(市、区)委党校办学质量。会同省行政学院抓紧福建干部在线学习平台的建设，不断完善网站的学习模块设置、硬件设施的配置和网上学习资源的充实等，截至年底，已有6000多名厅处级干部注册上网。

干部监督管理工作。围绕提高选人用人公信度，深入整治选人用人上不正之风，进一步加大对整治工作的督促指导力度。结合省管后备干部集中考察对治理拉票行为进行民主测评，营造风清气正的考察环境。积极配合中央纪委、中组部巡视组赴福建省开展巡视工作，总结分析近年来福建省选人用人工作情况和存在的问题，提出改进措施办法。针对全国组织工作满意度民意调查福建调查结果反馈情况，开展选人用人公信度情况分析，逐项研究具体措施。建立健全整治工作情况报告制度，推进整治工作深入开展。加大干部选拔任用工作法规宣传教育和执行情况的监督检查力度。将《干部选拔任用工作法规选编》纳入省委党校、行政学院主体培训内容。加强对《干部任用条例》执行情况的监督检查。结合巡视工作，省委4个巡视组先后对省民政厅、林业厅、住建厅、工商局等4个省直部门和漳州、泉州、莆田、宁德4个设区的市贯彻执行干部选拔任用工作法规情况进行检查，确保干部选拔任用工作各项规定落到实处。推进干部选拔任用监督制度创新。抓好《关于建立设区市、县(市、区)党委常委会向全委会定期报告干部选拔任用工作并接受评议制度的意见(试行)的通知》贯彻落实，在全省市、县(区)党委全面开展“一报告两评议”工作。扎实开展“科学规范和有效监督县(市)委书记用人行为”试点工作，指导各地制定有关规范干部选拔任用及监督的工作制度，不断提高市、县(区)党委选人用人的工作水平。规范“12380”专用举报电话、网上举报和日常信访举报等受理工作。理顺反映干部问题信息工作协调机制。继续加强与省纪委干部监督工作的信息沟通，及时更新干部监督信息库。干部监督信息管理系统的开发与运用，走在全国前列，得到中组部的肯定。切实抓好领导干部个人有关事项报告和收入申报的组织实施工作；加大领导干部经济责任审计成果的运用工作力度，委托省审计厅对省直厅局、省属企业和高校、设区的市法院院长、设区的市公安局长以及县(市、区)党政正职共32人进行经济责任审计，不断推进领导干部经济责任审计工作的制度化、规范化。推动领导干部述职述廉、民主生活会、谈心谈话、诫勉谈话和函询制度的落实。

人才队伍建设和人才工作。加强对人才工作的宏观指导和统筹规划。按照中组部李源潮部长来闽视察指示精神，由省委领导带领省委人才工作领导小组成员单位和部分设区市领导赴省内外调研，专题向省委常委会议作进一步加强人才工作的汇报。牵头组织编制《海峡西岸经济区(福建)中长期人才发展规划纲要(2009—2020年)》。印发《2009年福建省人才工作要点》，下拨2300万元专项经费，指导和推进全省人才工作。全面统计人才队伍及载体建设信息，对2004年以来全省人才队伍数据、人才载体和平台进行摸底调查。组织开展2009年优秀人才评选工作，评选表彰30名第二届杰出科技人才和33名第二届杰出人民教师。加强人才工作宣传，编辑《福建人才工作简报》，与福建电视台联合制作《海西人才风采录》等特别节目，并充分利用《福建日报》、《福建新闻网》等媒体，广泛宣传推广人才工作先进经验和先进典型。

大力培养和吸引高层次创新创业人才。根据中组部《引进海外高层次人才暂行办法》等有关文件精神，研究制定《福建省引进高层次创业创新人才暂行办法》、《海西产业人才高地建设实施办法》、《海西创业英才培养实施办法》，省财政每年将投入2.2亿元，用于人才引进、青年创业人才培养和人才平台建设。面向全省企业、园区、高校、科研机构等征集479个海外高层次人才岗位需求。抓好2009年度国家“千人计划”第一、二批申报工作，上报创业创新人才18名，入选1名。加强人才创新创业基地建设，厦门火炬高新园区入选中组部第二批海外高层次人才创新创业基地，漳州、南平市入选中组部人才工作联系点，筹备对全省科技园区、高新技术企业、高校、科研单位和台湾农民创业园等申报的51个人才工作联系点进行评审。

统筹推进各类人才队伍建设。牵头组织人力资源与社会保障厅等有关部门评选125名省级优秀高技能人才和20名首席高级技师。完成民政部确定的厦门社会工作人才试点单位建设；启动长乐、晋江等6个民政部第二批社会工作人才试点单位工作。农村实用人才队伍建设方面，组织实施《关于加强农村实用人才队伍建设和农村人力资源开发的意见》，开展农村实用人才队伍建设情况督查；下拨专项经费500万元，组织培训1.5万名农村实用人才带头人，依托农村党员干部现代远程教育网络培养一批农村实用乡土人才。深化专家服务团工作，从省内外选派60名青年专家担任重点项目、重点企业、县域经济科技副职，做好中组部5名“博士服务团”成员到福建省老区任职的接收工作。评审2009年省专家服务团产学研项目58个，给予专项资助360万元。组织第九届“院士专家海西行”活动，面向全省征集院士专家需求项目266个，邀请45位院士和51位专家参会，推荐项目153个，预计投资2.13亿元。组织院士专家进行体检、休假。

深化拓展闽台人才交流合作。总结研究深化闽台人才交流政策，根据中组部李源潮部长、省委主要领导在新华社内参《专家建议创造条件扩大两岸人才交流合作》上的重要批示精神，深入开展深化和扩大闽台人才交流合作情况调研，形成《关于扩大闽台人才交流合作的建议》、《进一步扩大两岸人才交流合作的意见》、《面向台湾地区招聘高级专才的办法》等文稿，推动闽台人才交流政策先行先试。积极开展闽台人才交流活动，牵头组织第二届“6·18”两岸技能人才交流合作项目对接会，邀请50名台湾专家开展项目对接；启动台湾专才特聘计划，推出21个高等院校、科研机构、开发区和台湾农民创业园管理岗位选聘台湾高级管理人才；实施“海西人才台湾行”活动，启动14个“福建优秀专家赴台交流团”，组织300名优秀专家赴台对接交流。深化闽台职业培训交流合作，推动100所技工学校与台资企业建立校企合作关系，500多名技工院校教师参加闽台职业合作培训，面向台胞开放178个工种职业证书考试，600多名技能人才参加两岸技能交流竞赛。厦门长庚医院17名台湾医生首次在大陆获得高级职称。出台优惠政策，允许取得大陆高校学历的台湾学生在闽就业，首次聘用2名台湾毕业生到省内事业单位工作。

党的基层组织建设。深入开展“基层组织建设年”活动，督促各地认真做好村级组织换届选举工作，严格对照村“两委”候选人资格条件推荐提名候选人，健全“两推一选”村党组织领导班子成员、直选村委会成员等制度，选好配强村领导班子特别是村党组织书记，进一步加强农村基层民主政治建设。开展村干部任期和离任经济责任审计，严肃村级组织换届选举工作纪律。按照定权责目标和工作有合理待遇、干好有发展前途、退岗有一定保障的“一定三有”要求，建立村党组织书记激励保障机制。会同有关部门研究落实村干部报酬待遇措施，确定村主干基本报酬，使他们工资不低于当地农村劳动力平均收入。印发《关于加强村党组织书记队伍建设的实施意见》，从制度上加强和改进村党组织书记队伍建设。扎实开展村党组织书记教育培训，划拨补助农村基层干部培训补助经费91万元。指导各地做好新一届村“两委”成员特别是村党组织书记和村委会主任的培训工作，提高村干部履行岗位职责能力。持续抓好党员干部驻村任职工作，扎实推动相对后进薄弱村发展。健全驻村干部交流经验和工作汇报制度，加强对驻村干部的管理考核，进一步完善农村工作机制。深入总结党员干部驻村任职工作经验，“福建省选派近万名干部驻村指导帮助工作的做法”被中组部《情况通报》刊用，中组部部长李源潮同志作重要批示：“福建选派万名干部驻村担任村党组织负责人很好，有力地促进了‘双薄弱’村的发展。这个经验值得推广。”深化村务公开和民主管理工作，制定印发了《村务公开和民主管理“难点村”认定参考标准》、《村务公开和民主管理“难点村”治理工作计划(2009—2011年)》等一系列文件，对“难点村”治理工作作出具体部署；指导各地坚持把推行“四议两公开”和“难点村”治理作为今年村务公开和民主管理的重要工作，由党委组织部门牵头对“难点村”进行摸底排查，建立台账；抓好村务公开民主管理“难点村”治理工作，采取一村一策，推动落实各项治理措施；继续推行村务决策听证、村财计算机网络监管，进一步健全村级各项规章制度；长乐市、南平市延平区、长泰县、沙县4个单位被评为全国村务公开民主管理示范单位。在村级组织换届选举中，全省所有建制村全面进行审计，审计金额667.8亿元；通过审计发现违纪违规使用的金额9116万元，涉及村干部154名，其中已受党纪政纪处分39人、移送司法部门处理42人。认真做好村级组织活动场所建设调查摸底工作，积极推进新一轮村级组织活动场所建设。推进非公有制经济组织和新社会组织党建工作，继续巩固规模以上非公有制企业党组织组建成果，推进规模以下非公有制企业党组织组建工作，扩大党组织覆盖面；进一步指导和推动非公有制企业党组织发挥作用，帮助企业应对金融危机，共渡难关。人民日报“‘抓党建、促发展’特别报道——走进福建”栏目以“迎接特殊挑战的坚强基石”为题对福建省非公有制企业党组织发挥作用帮助企业共渡难关情况作了报道。开展“加强新经济组织、新社会组织中党的建设”调查研究；会同有关部门做好会计师行业党建情况调查摸底，推进会计师行业等新社会组织的党建工作。加强国有企业、机关、城市社区、高校等党建工作。配合中组部国有企业党建工作调研组对福建省国企党建工作进行调研，进一步推动国有企业党建工作。认真总结机关党建工作经验，并在全国机关党建工作会议上作书面交流；联合省委省直机关工委开展机关思想政治建设调研工作，推进机关作风建设。会同有关部门做好组织开展福建省高校毕业生服务社区计划工作，全省招聘300名高校毕业生到社区从事社区建设工作。高校党的基层组织和党员队伍建设进一步加强，民办高校党建工作体系不断健全。

大力推进党员教育管理服务工作。以深入开展学习实践科学发展观活动为契机，进一步健全落实保持党员先进性长效机制。构建党员服务群众工作体系，全省已建成覆盖城乡的市、县、乡、村党员服务中心(站、点)9367个。探索完善农村党员服务承诺制、农村无职党员设岗定责等经验做法，深化拓展党员作用发挥的平台。持续深化流动党员管理服务工作，总结推广流动党员“双向管理”工作经验。指导建立流动党员信息库，推进驻外党组织组建工作，在外出流动党员相对集中的地方新建驻外党组织31个，全省现已建立驻外党组织351个，覆盖全国各省区市。探索建立党内激励、关怀、帮扶机制，认真做好老党员、老模范和生活困难党员的走访慰问工作，“两节”期间各级党组织共投入慰问金18913.2万元，慰问帮扶困难党员7.63万人、困难群众39.9万人；积极做好全省750名建国前入党的农村老党员和未享受离退休待遇的城镇老党员生活补贴发放工作，将生活补贴按时足额发放到位。做好推荐先进基层党组织、优秀共产党员和优秀党务工作者代表参加中央和省庆祝新中国成立60周年系列活动等工作。指导建立生活困难党员信息库，推动各地加大困难党员帮扶力度。认真贯彻落实《2009—2013年全国党员教育培训工作规划》，开展党员教育培训专题调研，牵头研究制定《福建省贯彻落实〈2009—2013年全国党员教育培训工作规划〉实施意见》，划拨党员教育培训补充经费875万元，落实党员教育培训资金保障。总结全省党员教育培训工作情况，积极宣传典型经验，全面推进党员教育培训工作。贯彻执行党费收缴、使用和管理新规定，开展全省党费收缴、使用和管理的自查和抽查工作，推行党费收支情况公示制度；完成党费管理系统试点工作；推进全省党员基本信息库建设。认真做好“12371”党员咨询服务电话开通和受理服务工作。持续推动农村党员干部现代远程教育网络站点建设，努力实现乡村站点全覆盖的目标任务，截至年底，全省共建成终端站点18181个，其中乡镇、村终端站点14725个，计划外终端站点3456个；建立健全终端站点管理机制，加大教学资源库建设；引导各地利用远程教育网络，积极拓展服务功能，不断扩大远程教育网络的影响力。

积极做好发展党员工作。制定年度全省发展党员工作指导性计划，加强宏观指导和督促检查。研究建立农村发展党员工作新机制，召开发展农村优秀青年党员工作经验交流会，重点做好在农村优秀青年中发展党员的工作。做好在高知识群体人员特别是教学科研骨干、学术带头人、创业领军人物和大学生中发展党员工作。全面推进在进城务工人员中发展党员工作，探索建立城乡一体、互动联动的发展党员工作机制。继续推行发展党员工作全程质量管理制度，落实发展党员公示制、责任追究制，提高新发展党员的质量。开展发展党员质量分析和调研，深化发展党员工作联系点建设，抓好各类先进典型的培育和经验推广。 (吴艳蓉)

【宣传工作】 抓好党的十七届四中全会和省委八届七次全会精神的学习宣传贯彻，制定和落实《关于进一步加强和改进党委(党组)中心组学习的实施意见》，以领导干部为重点推动理论学习。结合深入学习实践科学发展观活动，组织中央和省市主要新闻媒体刊发报道近3万篇，广泛开展宣讲，建立11个省级理论进基层示范点，有力推动党的理论创新成果深入人心。结合海西建设实践加强理论研究，在《求是》、《人民日报》等中央媒体刊发《建设学习型党组织 推进海峡西岸经济区建设》等一批理论文章，2009年获得国家社科基金项目51项、创历年最好成绩。抓住海西战略实施5周年和国务院颁布《意见》的有利时机，精心组织省市主要媒体刊发报道8.7万多篇，掀起5次宣传高潮，中宣部《新闻阅评》、《内部通信》多次刊文肯定。加强海西20城市党报协作网建设。赴港澳开展“海西先行新风采”活动，举办推介会、座谈会等活动20多场，在港澳引起强烈反响。积极争取中宣部等中央有关部委的支持，中宣部专门制定《关于做好海峡西岸经济区宣传报道的工作方案》，中央领导在方案上作出重要批示；中央媒体先后有341批次、1982人次来闽采访，刊发报道2.1万多篇，特别是中宣部组织中央9家主要媒体组成海西采访团，推出“海西发展新跨越”系列报道，人民日报、光明日报、经济日报和央视《新闻联播》在头版头条位置同时强势推出重头报道，实现规模、规格、版面、时段、数量和质量上的新突破。加强应对国际金融危机冲击、保持经济平稳较快发展的宣传，围绕“三保一加强”，开展“迎难而上看海西”、“党报记者百村百企行”主题报道，进一步坚定干部群众迎难而上、共克时艰的信心决心。加强防控甲型H1N1流感等社会热点舆论引导，做好新闻发布工作，加大网上正面引导。加强重点新闻网站建设，东南网划转福建日报报业集团，成为福建省规模最大的新闻门户网站。成功举办庆祝新中国成立60周年一系列大型活动，参与群众1200多万人次，大力唱响共产党好、社会主义好、改革开放好、伟大祖国好、各族人民好、海西发展好的时代主旋律。精心策划纪念古田会议召开80周年活动，实施古田会议旧址群第三期维修保护、古田会议纪念馆展览改进提升等工程，拍摄《红色摇篮》、《古田会议》等影视和专题节目，推出一批理论文章、文学作品和主题展览，举办纪念大会和理论研讨会，邀请央视“心连心”艺术团再次到闽西老区慰问演出，产生了良好反响。加强爱国主义教育、国防教育基地建设，大力弘扬民族精神和时代精神。精心组织全国“双百”人物和道德模范推荐评选表彰，广泛开展重大典型宣传，营造崇尚、关心、学习、争当先进人物的良好氛围。加强和改进未成年人思想道德建设，强力净化社会文化环境，关闭低俗网站3189个，取缔“黑网吧”1672户，查缴各类非法出版物70万余件。福州被评为第二届全国未成年人思想道德建设工作先进城市。组织2006—2008年度全省精神文明建设各类先进评选，开展“讲文明、树新风”、“我们的节日”、“海西建设我先行”志愿服务等活动。厦门市再获全国文明城市称号，福州、泉州、三明获得全国先进城市称号。文化体制改革加快推进，全省出版、发行系统完成转企任务，海峡出版发行集团、海峡世纪(福建)影视文化有限公司挂牌成立，综合试点地区厦门市完成了大部分改革任务。出台加快文化产业发展意见，开展配套政策宣讲，有力促进文化产业发展。影视、出版、动漫等行业发展迅速，福州、厦门两市制作动画片已达1.1万多分钟，多部作品入选优秀国产动画片并在央视热播。推出“印象大红袍”山水实景演出等一批特色文化项目，央视特别节目《武夷山茶文化》影响广泛。制定实施加强公共文化服务体系建设的意见，扎实推进文化惠民工程，群众性文化活动丰富多彩。基层宣传文化工作涌现出一批先进典型，得到中央领导的充分肯定，李长春、刘云山同志对南安蓉中村与东方歌舞团开展文化共建作出批示，刘云山、刘延东同志对莆仙戏加演现代文明小戏作出批示(刘延东同志两次批示)，艺术扶贫工程获得文化部创新奖。在第十一届“五个一工程”评选中，福建省6部作品获得优秀作品奖，居全国前列，再次夺得“满堂红”。成功举办第四届福建艺术节，全面展示福建文化建设新成就。《海峡导报》实现大陆报纸首次进入台湾本岛，《海峡商业》杂志在台湾发行，大陆首家对台网络电视台“台海宽频”正式开通。闽台媒体合作持续深化，推出“海峡东岸行·直播台湾”等大型节目，创作《海峡往事》、《过台湾》、《金门新娘》等影视作品。举办“妈祖之光”电视晚会、全球闽南语歌曲创作演唱大赛、福建文化宝岛行等活动，入岛文化交流呈现出从北向南、由上到下持续拓展的良好态势。强化中国闽台缘博物馆对台交流功能作用，全年参观人数103.6万人次，其中台胞7.4万人次。办好海峡两岸文博会、海峡两岸图交会，第二届海峡两岸文博会签约项目82个，总金额87亿多元，分别比上届增长15.7%和47.46%。推动福建省媒体在境外落地入户工作，支持境外华文媒体办好福建专版专栏，共向美国纽约中文台等输送节目1600多分钟，赴美国、新西兰等国举办福建图书展。加强领导班子思想政治建设，精心组织“三项学习教育”活动，引导新闻界在海西建设中发挥先行先导作用。加强人才队伍建设和培训工作，认真组织“四个一批”人才推荐评选，举办各类培训班1200多场、培训人数9万多人次。召开村级文化协管员经验交流会，举办村级文化协管员培训班292期、培训5600多人次，完成了全省1.4万多名协管员轮训工作。

(陈辉宗)

【统战工作】 学习贯彻国务院《意见》，发挥优势服务海西建设。认真学习《意见》和中央领导同志的重要讲话精神，召开学习《意见》研讨会，举办“科学发展·四求作为”论坛。制定《福建省统一战线为加快建设海峡西岸经济区提供最广泛力量支撑的意见》。开展非公经济人士“应对危机，化危为机”调研活动，在省“两会”上，提交《关于应对危机促进海西经济在区域竞争中胜出的建议》的提案，该案被列为重点提案；召开全省非公经济人士“应对挑战、化危为机”座谈会；连续出版3册《应对金融危机文件汇编》。为推动“海西春雨行动”深入持续地开展，起草《2010—2015年“行动”纲要》，召开“海西春雨行动”座谈会，协同省留学生同学会与龙岩市举办“6·18统一战线海外‘人才·项目’闽西行”活动，邀请海外团体代表和海外留学人员赴龙岩市，举行专场项目推介会、技术对接会，有10多个高科技项目达成合作意向，其中美中联合商会在新罗区东宝山投资建立的“龙岩市绿色科技园”项目已与龙岩方面签订合同，总投资16亿元人民币。挖掘文化内涵、提升闽商品牌，着手筹备世界闽商大会，以“弘扬闽商精神，加快海西建设”为主题，以“宣传福建改革开放成果，展示海西建设最新成就；弘扬闽商优秀文化，凝聚闽商智慧力量；促进海西先行发展，服务祖国统一大业”为宗旨，将世界闽商大会作为统一战线服务海西建设的一个重要工作品牌。

以庆祝新中国成立60周年和多党合作制度确立60周年为契机，引导广大统战成员坚定不移地走中国特色社会主义政治发展道路。召开福建省纪念中国共产党领导的多党合作和政治协商制度确立60周年纪念大会；开展“学习光荣历史，坚定理想信念——纪念中国共产党领导的多党合作和政治协商制度确立60周年”以及“与共和国同行”征文活动；举办统战系统第二届“同心杯”运动会和“祖国颂”大型文艺会演以及福建省统一战线书画摄影展等；6月以省委的名义，对各设区的市委、省直党工委、教育工委、团省委和各高校党委贯彻落实《中共中央关于进一步加强中国共产党领导的多党合作和政治协商制度建设的意见》(中发[2005]5号)等中央和省委有关统一战线工作与多党合作和政治协商制度建设的5个文件精神情况进行全面的检查。同时，做好迎接中央督查组对中发[2005]5号文件的检查工作。

促进社会政治和谐稳定，进一步营造海西建设良好环境。党派工作在抓建设上求拓展，推动省政府出台《福建省人民政府关于进一步规范和落实政府部门与民主党派、工商联对口联系制度的意见》，下发《关于进一步加强特约人员工作的意见》，制定《各民主党派、工商联和无党派人士联合调研方案》，出台《福建省各民主党派关于加强领导班子建设若干问题的意见》，制定《协助民主党派省级组织建立领导班子后备干部队伍工作方案》；举办第四届“建言献策论坛”，认真做好全国政协副主席、科技部部长万钢，卫生部部长陈竺，中央统战部副部长楼志豪等的党外领导干部一行来闽，考察海西建设接待安排工作；组织无党派人士开展省情调研考察活动，进一步推动无党派人士参政议政、建言献策工作，无党派人士叶敏关于“耕地占补平衡制度”政策建议得到国务院副总理回良玉同志批示；做好党外专家学者申请华夏英才基金支持出版优秀学术专著申报工作。新阶层工作在抓基础上求深化，在全省新经济组织和新社会组织中开展学习实践科学发展观活动，积极做好第三届优秀中国特色社会主义事业建设者评选表彰工作，对福建省17家省属国有企业、1家中央企业统战工作情况进行调研；组织新社会阶层人才赴台交流；完善新社会阶层代表人士数据库建设；完成福建中华职教社和省留学生同学会换届工作；推动全省17所公立本科高校单设党委统战部；办好“第七届中国·海峡项目成果交易会”留学人员项目成果展和“闽台科技创新(生物医药)高峰论坛”。港澳台侨工作在抓凝聚上求突破，召开省统战系统对台工作联席会议，整体推进对台统战工作；省海外联谊会、省广播影视集团海峡电视台、省东宇影视有限公司和台湾中天电视台合作拍摄大型历史人文电视系列片《过台湾》；举办第二届“海峡两岸少数民族丰收节”；省台联举办“促进海峡两岸少数民族事业发展座谈会”；认真做好省委、省政府组团赴港、澳开展“海西先行新风采”宣传推介活动有关工作；邀请、接待香港闽籍社团来福建省考察交流；组织12批近80人次的团组，分别出席香港、澳门以及在南非举行的第六届世界福建同乡恳亲大会等闽籍社团的庆典活动；协助港澳闽籍社团加强自身建设，指导完成香港福建社团联会换届工作；组织港澳社团和闽籍省政协委员赴龙岩举办“海西红色之旅”；落实香港专项工作长效机制，圆满完成澳门专项工作，习近平同志就此作出重要批示并给予高度评价。宗教工作在促和谐上提升，先后7次召集有关部门召开专题会议，研究部署宗教领域维稳工作，从8月开始实行宗教领域稳定情况周报制度，确保国庆期间福建省宗教领域的和谐稳定；组织省宗教界人士开展学习考察活动，引导宗教界主动融入海西建设大局，积极开展社会公益慈善事业。民族工作在促发展上求加强，先后下发《关于做好维护民族团结和社会稳定工作的通知》和《关于做好新疆少数民族群众到福建省经商务工服务管理工作切实维护民族团结工作的通知》，协同做好福建省少数民族干部赴中央国家机关挂职锻炼和参加中央统战部举办的少数民族干部培训；对全省培养选拔少数民族干部工作进行专题调研，共同推进少数民族干部培养选拔工作。

内强素质、外树形象，进一步加强机关建设。深入开展学习实践科学发展观活动。党的十七届四中全会召开后，及时制定下发《通知》，要求把学习贯彻全会精神作为当前统一战线首要的政治任务，增强党员干部深刻认识新形势下党的建设的重大意义、基本经验、总体要求、目标任务和政治责任。在漳州召开省统战理论研究会研究基地运作座谈会，起草和制定《研究基地管理暂行办法》和《研究基地工作程序》，并筹建“统一战线与农村科学发展”三明研究基地和“宗教与和谐社会”莆田研究基地。举办“海峡西岸统战文化研究论坛”、“统一战线与科学发展论坛”、“和谐社会建设与新社会阶层统战工作论坛”、“宗教与和谐社会论坛”、“新形势下两岸关系论坛”《台情反映》，连续3年(2006—2008年)被中国统一战线理论研究会授予年度研究基地流动奖杯。统战理论研究获中央统战部优秀成果一、二、三等奖各一个。召开全省统战信息工作会议，办好《统战信息》、《情况反映》，有关统战领域工作的重要专报件和党外人士的建言献策获得中央和省委领导批示25次，被评为全国统战信息工作先进单位一等奖，全省党委系统信息工作标兵单位。办好《福建统一战线》刊物。围绕“三型”机关建设目标，继续开展争先创优和“奉献海西先锋行动”，开展“一先三优”评选表彰活动和“工作用心、工作创新、服务满意”单项奖评选活动。继续开展“零差错”活动，提升机关服务水平。

(饶秀梅)

【政法工作】 围绕确保60周年国庆安全顺利，有力维护社会大局稳定。把国庆安保作为2009年维护稳定的首要任务，着力强化工作部署、指挥协调、情报搜集、分析研判、预案措施，全力以赴投入安保工作。加强反分裂、反恐怖、反渗透、反颠覆斗争和网络反窃密专项检查整治。继续深化同“法轮功”等邪教组织的斗争，依法查处宗教领域各种非法活动，扎实推进反恐工作体制机制建设。针对新疆“7·5”事件后的严峻复杂形势，进一步强化国家安全和涉疆维稳工作。坚决挫败境内外各种敌对势力捣乱破坏和情报窃密的图谋，有效防止各种涉恐涉爆事件的发生，确保新中国成立60周年大庆及各个敏感节点的安全。针对社会治安的新形势、新动向、新任务，开展打黑除恶、缉枪治爆、打击拐卖儿童妇女等专项斗争，重点整治黄赌毒、虚假信息诈骗等突出治安问题，始终保持打击严重刑事犯罪的高压态势，全年公安机关共破获各类刑事案件118606起，抓获犯罪嫌疑人56456人；打掉黑社会性质组织33个、恶势力团伙684个，抓获黑恶势力犯罪团伙成员3587名；检察机关批捕各类刑事犯罪嫌疑人34845人，提起公诉46093人；审判机关审结刑事案件34997件，判处5年以上有期徒刑至死刑6841人。

围绕服务和保障海西建设，有效促进经济平稳较快发展。认真贯彻《国务院关于支持福建省加快建设海峡西岸经济区的若干意见》和福建省《实施意见》，制定出台《关于政法系统服务和保障加快建设海峡西岸经济区的若干意见》，各级政法机关不断创新服务方式、完善服务机制、推出服务举措，增强服务海西的实效。围绕中央和省里应对国际金融危机的一揽子计划和政策措施的实施，积极运用法律手段调节经济社会关系，加大涉众型经济犯罪、商业贿赂犯罪专项整治和工程建筑领域突出问题专项治理力度，加强查办和预防职务犯罪工作，营造了良好发展环境。普法依法治理、法律援助和司法救助、法学研究扎实推进，服务对台交流合作先行先试取得了新的成效。全年公安机关破获经济犯罪案件2775起，抓获犯罪嫌疑人3037人；检察机关立案侦查职务犯罪案件1007件1262人，其中贪污贿赂犯罪案件864件1086人，渎职犯罪案件143件173人；审判机关审结民事案件229852件，标的额309.87亿元。

围绕增加社会和谐因素，及时化解一大批矛盾问题。以开展"排查调处矛盾纠纷、排查整治治安混乱地区和突出治安问题、排查管控社会高危人群和重点人员，促进保增长保民生保稳定"活动为抓手，进一步加大矛盾纠纷排查调处力度，探索建立矛盾纠纷多元调解衔接机制，强化以处置群体性事件为重点的应急处突机制建设，妥善处置群体性事件和网上炒作等突出问题，最大限度地减少对社会稳定的影响和冲击。深入开展"涉法涉诉信访积案化解年"活动，强化对中央政法委交办重点案件的督查督办，共办结息诉进京非正常上访案75件，带案下访解决重大疑难信访问题60件，办结中央政法委交办的重点信访件281件、息诉185件，化解了一批重大疑难信访积案，全省涉法涉诉信访形势总体平稳，涉法涉诉进京非正常访、赴省集体访呈下降趋势。组织开展集中清理执行积案工作，执结2007年底前有财产可供执行积案18636件，执结被执行人为特殊主体、申请执行人为特困群体及拖欠农民工工资、建筑工程款等7类重点案件7931件，清理历年无财产执行案件228081件，取得了较好的法律效果和社会效果。扩大社会矫正试点工作覆盖面，全省35个试点县（市、区）累计接收社区服刑人员5732人，重新犯罪率为0.05%。

围绕增强群众安全感和满意度，深入推进"平安福建"建设。出台《关于深化"平安福建"建设工作的意见》，在新的起点上推进平安建设向纵深发展；各设区市相继出台深化平安建设的实施意见，围绕"四个位居前列、五个明显增强、六个有效防止"目标，把基层平安创建活动列入党委、政府为民办实事项目，将平安建设作为评选精神文明、党建等各类综合性工作先进的前提，通过持续加大保障力度，持续强化目标导向，持续宣传发动群众，营造"平安建设人人有责、平安成果人人共享"生动局面，全省群众对平安建设知晓率达75.75%，比上年提高0.7个百分点。在巩固平安家庭、平安校园、平安企业、平安医院、平安单位等创建成果的同时，将平安创建活动向各行各业拓展，扩大覆盖面。大力推进军地平安共建，逐步建立军地联调、联防、联控、联动、联处、联创"六联"机制，形成了具有福建特色的平安建设新品牌。深化社会治安防控体系建设，发展壮大治保会、社区巡逻队、护村队和综治协管员、治安志愿者等群防群治队伍，进一步严密社会面社会治安防控。据国家统计局福建调查总队电话调查显示，2009年全省群众对社会治安满意和基本满意率达94.72%，认为居住地安全和基本安全的比率达96.09%。

围绕严格公正文明廉洁执法，进一步加强政法队伍建设。深入学习贯彻党的十七届四中全会精神，深化学习实践科学发展观和"大学习、大讨论、树形象"活动，加强社会主义法治理念教育，组织全省政法系统英模事迹报告团并进行巡回报告，集中开展执法问题自查自纠自改活动，政法各部门结合实际开展各具特色的教育实践活动，认真抓好政法干警轮训，不断提高政法队伍的政治素质和业务能力。根据中央司改办关于政法干警招录培养体制改革的部署要求，从部队退役士兵和普通高校毕业生选拔优秀人才充实基层一线，108和53人分别进入福建警察学院、福建警官职业学院就读。认真贯彻中央《建立健全惩治和预防腐败体系2008—2012年工作规划》和省委《实施办法》，完善党委政法委与纪委、组织部等部门的协作配合机制，建立政法部门惩治和预防腐败工作分析会制度，深入推进政法机关惩治和预防腐败体系建设，政法队伍纪律、作风、形象有了新的提升。

（孙韬）

【机构编制】 组织实施地方政府机构改革。一、省政府机构改革。根据中央批复的省政府机构改革方案，省政府设置工作部门42个，部门管理机构6个。在对省政府的职责、机构、编制等进行全面梳理的基础上，重新制定省政府工作机构的"三定"（主要职责、内设机构和人员编制规定的简称）规定。其特点：一是依法依规确定职责，共研究分析各单位主要职责2000多项，明确加强的职责135项，划出转移的职责22项，已取消的1100多项行政审批项目不列入职责。二是理顺职责关系、明确职责分工，建立协调配合机制34项。三是明确和强化责任，明确48个工作机构应承担的主要责任370多项。四是严格控制机构编制，一般不增设内设机构。二、市县政府机构改革。研究出台《市、县（区）政府机构改革的意见》，理顺职责关系，明确和强化责任，严格控制机构编制，在规定的限额内设立机构，行政编制不得突破省里核定的总额。各地按照省委、省政府要求，衔接省政府机构改革，研究拟定政府机构改革方案。三、深化乡镇机构改革和小城镇机构改革试点工作。围绕明晰职责权限、科学设置机构、有效控制编制、转变服务方式、强化公共服务的要求，进一步推进乡镇机构改革，截至2009年底，全省已有243个乡镇完成机构改革工作，并在全省范围内确定长乐市金峰镇等15个镇做为深化小城镇机构改革试点。

稳安推进事业单位分类改革。一、开展事业单位分类试点。全面梳理省属事业单位的机构、编制、职责任务等基础资料，为推进省属事业单位分类改革作前期准备工作，选择条件成熟的科研勘察、新闻出版、文艺院团等行业以及龙岩市进行事业单位分类改革试点。二、探索统合执法改革。针对福建省交通执法涉及公路路政、道路运政、港政、航政、水路运政、地方海事等多个门类分期执行的情况，在充分调研和借鉴外省经验基础上，拟定福建省交通综合执法改革方案。会同有关部门，理顺相关体制，组织推进城市文化市场综合执法工作。三、继续开展省属事业单位清理整顿工作，研究拟定省委办公厅、省政府办公厅、省人大办公厅、省委组织部、省委宣传部等部门所属事业单位清理整顿方案，撤并职能弱化、业务萎缩的事业单位，调整充实公益性事业单位。

服务保障海西建设。一、积极争取中央编办支持海西建设。积极争取中央编办支持福建省创新体制机制，加强对台平台建设、口岸大通关建设、开发区建设等，并在行政编制上给予倾斜。二、围绕发展，合理调配机构编制。根据省委、省政府关于港口一体化的部署，设立湄洲湾港口管理局及所属4个事业单位；服务福建省事业发展需要，设立交通建设发展中心；为加强全省流域环境保护督察机构建设，充实环境监察力量，设立省海洋预报机构等。三、着力民生，提高公共服务能力。根据全省教育事业发展需要，批复厦门医学高等专科学院等6所高校的机构编制方案；成立海峡两岸职业教育交流合作中心；配合省教育厅完成农村中小学教职工编制标准调整及新增编制分配、使用工作。核增省立医院、福建医科大学附属医院、省妇幼保健院等省属医院事业编制；对全省876所乡镇卫生院重新核编；批复成立省医疗机构药品集中采购中心和省卫生信息中心。及时核定全省优秀运动队的人员编制；调整省知识产权局机构编制，增设知识产权维权援助中心和知识产权信息公共服务中心；调整福州、泉州等地知识产权局机构规格。四、配合推进相关体制机制改革。理顺电影管理体制，将电影发行、放映工作职责从省文化厅划入省广播电影电视局；调整省新闻出版局职责，不再直接管理出版社。理顺全省密码管理体制，健全密码管理机构，统一由党委办公厅（室）管理。将口岸协调职责划入省外经贸厅，海防管理职责划入省政府办公厅。理顺监狱企业管理体制，将监狱企业经营管理职责划归新成立的监狱企业公司。配合燃油税费改革，提出全省地税系统涉及公路稽征人员分流所需行政编制分配方案并及时下达。

加强和完善机构编制管理。一、探索机构编制管理创新。在公安政法专项编制分配上，根据公安机关承担的职责任务，将辖区人口数量、经济状况、治安形势、行政区划和土地面积等因素作为主要指标，依据上述指标进行测算后的分数值分配编制，最大限度地保证编制分配的科学性、合理性。参照公安系统编制分配方式，将中央下达福建省的法院、检察院、监狱系统政法专项编制直接分配到市、县（区）。二、严格控制机构编制。建立健全与纪检监察、财政、组织等部门相互协调又相互制约的管理机制，严格执行编制的审批、核准、使用、督查等方面的规定，严肃查处机构编制举报案件。大力推进机构编制实名制管理，继续完善日常核编和公务员招考审核制度。进一步做好党政机关消化超编人员工作，截至2009年9月30日，各市、县（区）、乡三级党政群机关共消化超编人员1940名。

（王小龙）

【党校工作】 突出工作主线，贯彻《党校工作条例》和全国、全省党校工作会议精神。在抓好校委学习中心组、各党支部、各教研部等层面学习领会的基础上，3位校委成员分片带队深入市县党校调研，向设区市委党校，部分县、区委党校负责同志传达会议精神，听取意见建议；在调研的基础上研究提出省委党校贯彻落实《条例》和全国党校工作会议精神的初步意见；针对全省党校系统迫切需要解决的若干问题，加强与省直有关部门的沟通协调。1月16日，省委常委会专题听取党校工作汇报。2月25—26日，全省党校工作会议在福建会堂隆重召开，省委副书记于广洲出席大会并作讲话，省委常委、组织部长、党校校长于伟国主持大会并作工作报告。根据全省党校工作会议精神，全省各级党委、政府切实加强了对党校办学工作的领导，省直有关部门也加大了对党校办学工作的支持，为各级党校增拨经费总额累计超过1.6亿元，使全省党校的建设发展条件有了较大的改善。

加大办班力度，发挥干训主渠道作用。全年共举办短期班27个、长期班6个，培训、轮训学员3845人次。其中，围绕学习贯彻党的十七届三中全会精神，连续举办4期“推动农村改革发展”专题研讨班，各设区市分管领导、省直有关厅局领导和全省县（市、区）长、县（市、区）委副书记共261人参加学习；围绕贯彻落实中央和省委关于保增长、保民生、保稳定的工作部署，及时举办“应对国际金融危机与促进海西建设”专题研讨班，全省各设区的市和相关职能部门共58名厅级领导干部参加学习；围绕学习贯彻党的十七届四中全会精神、国务院关于支持加快建设海峡西岸经济区的《意见》和省委八届六次全会精神，连续举办5期厅级领导干部专题研讨班，全省各设区的市和相关职能部门共489名厅级领导干部参加学习；连续举办3期县、市、区主要领导干部专题研讨班，全省各县（市、区）党政一把手共91人参加学习；还举办了2期全省党校校长培训班和1期乡镇党委书记学习贯彻国务院《意见》专题研讨班。

深化教学改革，推进“五个创新”。五创新培训方法，深化实施“一班一策”，根据不同班次的特点和办学要求，采取不同的办班对策，实行小班制、分方向教学。创新模块教学，优化教学布局，按照突出理论教学、知识教育和党性教育的要求，在部分主体班次增设《费尔巴哈论》等经典原著导读，开设《努力提高党的建设科学化水平》和关于应对国际金融危机、加快建设海峡西岸经济区等教学专题，安排“党性教育活动单元”。创新培训模式，加大现场教学和异地教学力度，开设“海峡西岸港口群建设”、“县域经济发展问题研究”、“闽台农业合作交流”、“古田会议决议对马克思主义建党学说的贡献”等多个现场教学专题，确定上海市委党校、广东省委党校、江苏昆山、苏州市培训中心、浙江大学等为异地教学点。创新组织方式，对中国特色社会主义理论体系和闽台关系研究等重要理论和现实问题专题，邀请省委政研室、省政府发展研究中心、福建社科院和福建师大的专家学者进行跨学科、跨部门集体备课。创新培训平台，办好“海西大讲堂”，先后邀请熊光楷上将、许嘉璐原副委员长、国家宗教局原局长叶小文、国家文物局单霁翔局长来校做关于国防建设、文化建设、民族宗教政策和文化遗产保护问题的专题报告。

*提升科研水平，发挥党委政府思想库作用。*成立跨学科的“中国特色社会主义理论体系研究中心”。全年获国家课题立项2项，省课题立项13项，省中国特色社会主义理论研究基地课题立项5项，中央党校课题立项2项。完成中央组织部、中央党校、全国党建研究会和省委、省政府等下达的各类课题14项，其中《构建农民参与利益分享制度的探索》在国务院发展研究中心主办的《经济参考》上发表；《完善福建省网络文化安全体系的若干建议》等3篇调研报告在省委政研室主办的《呈阅件》上发表；《关于落实农村基层党建工作责任制的调查与思考》等4篇调研报告在省委政研室主办的2009年《调研文稿》上发表。在全省第八届社会科学优秀成果奖中，获二、三等奖各6项。《党史研究与教学》再次入选中文社会科学引文索引来源期刊(2010—2011年)目录。《领导文萃》连续2年被列入“中国邮政发行畅销报刊”名单，荣获“福建省十佳期刊”、“2009年华东地区优秀期刊”等称号。 (廖旺庭)

【党史工作】 *党史编研收获新成果。*出版21卷系列丛书《福建中央苏区纵横》，该丛书是研究和宣传福建中央苏区的最大一套综合性丛书，是深化和扩大中央苏区研究和宣传的一大力作。为真实地记录福建60年历史发展历程，深刻总结海西战略的宝贵经验，组织编纂并由中共党史出版社出版《海西纪录》丛书，全套丛书100多万字300多幅照片，“史”“论”结合、“人”“事”呼应、“图”“文”并茂，再现了福建60年的光辉历史。完成中央下达编纂《执政中国(1949—2009)》丛书的福建部分4个专题：“福建对台工作60年”、“福建侨务工作60年”、“海峡西岸经济区的决策和实践”、“松绑放权与福建国有企业改革”；完成中央党史研究室下达的《抗日战争时期人口伤亡和财产损失》丛书福建卷的编纂工作；完成《福建省委书记传略》(第一卷)30万字的初稿编纂，并以“省委书记口述史”为重点，继续推进资料征集，收集口述史料20多万字，征集图片100多幅、文章60多篇。全省党史系统在国家、省级报刊发表论文和入选全国、省级学术研讨会论文共50多篇；第八届全省社科优秀成果评选中，《中共福建地方史(社会主义时期)》、《江一真传》和《叶飞传》分批囊括一、二、三等奖的全部奖项；为庆祝《中共福建地方史(社会主义时期)》的出版，省委书记卢展工专门发来贺信，并在《福建日报》头版刊发，该书还获得中央党史研究室开展的“十七大以来全国党史部门党史优秀成果”著作类特别奖。

*宣传教育扩大新途径。*以庆祝新中国成立60周年、海峡西岸经济区战略实施5周年和古田会议召开80周年为契机，联合中央党史部门，唱响纪念主旋律，精心组织系列宣传教育活动。与中央党史研究室、中国中共党史学会联合举办“中国中共党史人物研究会第四次会员代表大会”、“国共关系的历史、现状与未来学术研讨会”、“纪念古田会议召开80周年理论研讨会”，3场会议受到包括30名省部级领导在内的各与会代表的好评。组织成立福建省中共党史人物研究会，为繁荣福建党史人物研究搭建学术宣传双促进的重要桥梁和平台。举办《辉煌海西——纪念新中国成立60周年大型主题展》暨“福建省党史教育基地”授牌仪式，授予福建省革命历史纪念馆等27个单位为“福建省党史教育基地”。与省委组织部、宣传部等联合举办《古田会议永放光芒》大型主题展览、《大解放·新福建》大型图片展览等，接待观众近60万人次。举办庆贺新中国成立60周年暨“科学发展、海西先行”知识竞赛，历时近5个月，参赛人数达21万之众。举办庆祝新中国成立60周年暨海峡西岸经济区战略实施5周年学术研讨会，来自全省党史系统、社科系统、党校、高校等80多人参加了研讨会。拍摄31集大型纪录片《八闽红土地》，摄制组走访全省64个老区县市500多个老区村，行程达2万多公里，历时9个月完成第一手资料的拍摄，客观全面反映了老区精神和老区的巨变；参与电视剧《邓子恢》的拍摄；在《福建日报》、《海峡都市报》上推出《驰骋江南》、《60年，从海防前线到海西腾飞》等专栏；出版《福建党史月刊》24期，约250万字，扩大了党史宣传教育的覆盖面、渗透力。

*资政服务拓展新领域。*推动申报中央苏区县工作。诏安县、武夷山市、光泽县、邵武市、建阳市成功申报为中央苏区县，全省被确定为属原中央苏区范围的县增加至20个，有力推动当地经济社会发展。注重发挥福建特色，相继完成《福建构建和谐社会的历史考察》、《构建社会主义新农村新型的党群关系》等资政报告。以举办系列纪念活动为载体，拓展红色遗址遗迹的宣传、研究、保护和利用，全省各地的革命遗址遗迹挖掘、修缮、揭碑和对外展出工作全面展开。为加强两岸政党研究，促进闽台文化交流，首次组织赴台征集福建抗战史料，与台湾“中央研究院近代史研究所”档案馆、“国史馆”等进行学术交流。 (陈芬)

【老干部工作】 *离退休干部党支部建设和思想政治建设。*通过举办读书班、培训班、辅导讲座、形势报告会、工作通报会等形式，组织广大离退休干部认真学习党的十七大、十七届三中、四中全会精神和国务院《关于支持福建省加快建设海峡西岸经济区的若干意见》，向离退休干部通报经济社会发展状况，介绍台海形势和海西态势，引导老同志正确认识形势，准确把握政策，切实把思想和行动统一到中央的战略决策和省委的部署要求上来，把力量凝聚到服务加快建设海峡西岸经济区上来。开展加强和改进新形势下离退休干部党支部建设工作调研，提出创建“五好”党支部活动实施意见，举办离退休干部党支部骨干培训班，认真组织推荐评选全国、全省先进离退休干部党支部和离退休干部先进个人，不断提升离退休干部党支部建设和思想政治建设工作整体水平。

*为老干部办实事做好事解难事，加强对老干部工作新情况新问题的研究。*按照省委老干部工作领导小组会议要

求，老干部工作部门以开展老干部工作“政策落实年”为契机，采取汇报会、座谈会、走访慰问、信访办理、问卷调查、专题调研等形式，对离退休干部政治、生活待遇和发挥作用等政策规定的落实情况进行全面检查。出台部分离休干部“高龄护理费”等政策，抓好企事业单位离休干部津补贴、企业离休干部死亡一次性抚恤金和离休干部无工作遗属定期定额生活补助费等政策的落实，协调解决部分国有改制和破产企业离休干部服务管理工作不到位等问题，着力完善老干部特困帮扶长效机制，补助和慰问有特殊困难的离休干部及其遗偶，对受灾的老干部给予特殊补助和对离休干部无工作遗偶实施医疗补助。加大老干部信访办理力度，积极为老同志排忧解难，针对老干部工作“政策落实年”活动中老同志反映的问题，积极开展对“三个机制”运行过程中出现的新情况新问题调查研究，努力在完善政策规定上有新的举措。开展依托社区资源深化离退休干部服务管理工作课题调研，总结交流社区“四就近”、老干部活动中心和干休所工作。开展退休干部服务管理工作的调查研究，着力推广依靠退休干部原单位为主服务，依靠离退休干部党支部自我服务，依靠老干部活动中心和老年大学主动服务，依靠涉老团体组织拓展服务，依靠利用社区资源延伸服务的“五个依靠”服务管理模式。

*抓好离退休干部精神文化生活。*围绕庆祝新中国成立60周年，隆重召开福建省老同志庆祝新中国成立60周年大会；举办“祝福祖国·情满海西”——全省老干部庆祝新中国成立60周年文艺演出；为全省和驻闽部队离休干部颁发福建解放60周年纪念章。各地各部门通过组织广大老同志召开座谈会、举办书画诗影展、征文活动、知识竞赛、红歌演唱会、金婚庆贺会等丰富多彩的庆祝活动，讴歌对党、对祖国、对社会主义、对改革开放的热爱，赞美今天的幸福生活。深入调查研究，不断整合资源，着力推进老干部活动学习场所建设，积极争取省老干部活动中心改扩建列入省重点项目；协调相关部门筹措资金扶持财政困难县（市、区）老干部活动学习场所建设。深化创建省级老年大学示范校活动，做好首批示范校的回访和第二批示范校的评审工作。在福建电视台公共频道开设《金秋》老年专栏和省新闻广播创办《海西晨曲》老年节目，丰富离退休干部的精神文化生活。

*发挥离退休干部积极作用。*省委办公厅转发《福建省关心下一代工作委员会工作条例》，有力促进了关工委工作的开展。老干部工作部门不断密切与各涉老团体组织的联系，组织引导广大离退休干部通过文艺演出、书画展览、专题座谈等形式，广泛开展庆祝新中国成立60周年活动。帮助协调有关活动经费保障等问题，为他们开展工作、发挥作用提供支持和帮助，激励老同志为加快建设海峡西岸经济区作出力所能及的新贡献。加大涉老团体的宣传表彰力度，在全省离退休干部先进个人推荐评选工作中，评选表彰涉老团体组织中的先进典型。（傅水霖）

【信访工作】 *着力加强对信访工作的领导。*省委、省政府高度重视信访工作，省委常委会议、省政府常务会议多次听取信访工作汇报，研究解决信访工作中的重要问题，提出“畅通渠道，依法依规，通情达理，严于律己；加强督查，加强基础，加强合力，加强配备”的要求。省委、省政府领导亲自研究、亲自部署、亲自下基层调研信访工作，多次对信访工作作出重要批示，协调解决重大信访事项。各市、县（区）党委、政府和省直各有关部门切实把信访工作摆在重要位置，健全完善党政一把手负总责、分管领导具体负责、其他领导“一岗双责”的领导责任体系，党政领导定期召开会议研究信访工作，亲自阅批群众来信、接待群众来访、协调处理重点信访突出问题。

*着力建立健全“五抓”长效工作机制。*省联席会议在认真总结各地信访工作经验的基础上，以省委办公厅、省政府办公厅名义印发《关于建立健全信访工作长效机制的意见》，并认真抓好落实，初步建立起“五抓”（抓预防、抓排查、抓化解、抓查处、抓责任）长效工作机制：源头预防机制，推动各级各部门坚持依法行政，规范行政机关使用自由裁量权和工作人员职务行为，严格依法依规办事、严格按照政策制度办事、严格按科学发展观要求办事，防止因行政不作为、乱作为引发信访问题；开展信访评估试点工作，及时总结试点工作经验，认真查找存在的问题，采取措施不断加以完善，推动各地各有关部门在制定、实施关系群众切身利益的重大决策和重大项目时，对可能引发信访问题的不稳定因素和社会风险进行认真评估、科学论证，从决策源头预防和减少信访问题。矛盾纠纷排查机制，全省建立起纵向由市、县（区）、乡镇党委和政府负责，横向由各职能部门、各企事业单位、社区、社会团体构成的排查化解工作网络；各级各有关部门坚持经常性排查与重点集中排查相结合，坚持属地为主、条块结合全方位排查；各级联席会议办公室、信访局实行每月“一排查、一通报、一反馈”制度；乡镇（街道）实行每半月排查报告制度；村居（社区）实行每周排查报告制度；在重大活动和敏感时段期间实行重大信访事项“零报告”和专报制度，及时掌握和化解可能影响社会和谐稳定的苗头和隐患。矛盾纠纷化解机制，各级联席办、信访局和各有关部门对排查出来的各类矛盾纠纷逐一登记建档，通过明确地域管辖、职能管辖、级别管辖，确定具体责任单位、具体责任人、办理要求和上级督办单位，严格落实“六定”、“五包”责任制；各地各有关部门积极探索建立人民调解、行政调解、司法调解等多元调解机制，采取“标本兼治、综合施策”办法，坚持依法依规依政策解决问题与适度人文关怀相结合，坚持解决问题与教育疏导相结合，妥善化解各类矛盾纠纷和信访突出问题。违法行为查处机制，各地各有关部门在依法依规按政策解决信访人合理诉求的基础上，对极少数信访人聚众围堵党政机关门口、阻断铁路公路交通、扰乱正常教学医疗秩序等违法行为，依照《治安管理处罚法》、《信访条例》等有关法律法规和福建省制定的《关于依法处置进京非正常上访行为的意见》，依法严肃处理。信访工作责任机制，省联席会议建立信访工作效能问责制度，从2009年8月份开始组织省联席办、省信访局、省效能办、省联席会议各专项工作小组，分3个组进行为期3个月的专项效能督查活动；各地各部门按照《信访条例》、《关于违反信访工作纪律适用〈中国共产党纪律处分条例〉若干问题的解释》、《关于违反信访

工作纪律处分暂行规定》,对信访工作中的失职渎职、违纪违法行为,严格责任追究。

*着力落实领导干部定期接待群众来访制度。*根据中央和省委的部署要求,省联席办、省信访局认真抓好领导干部定期接待群众来访制度的落实,督促各地各有关部门结合自身实际,严格按照要求认真制订工作方案,扎实开展领导干部定期接访活动;各地都做到了设区市领导干部每季度安排一天时间接待群众来访、县(市、区)领导干部每月安排一天时间接待群众来访、乡镇(街道)和村(居)领导干部随时接待群众来访。各地在开展领导干部定期接访活动中,认真按照"公示、接访、包案、落实"的要求做好各个环节工作,坚持做到提前2—3天通过当地媒体或政务公开栏,公布接访活动安排和接访领导职务、联系电话、分管工作,以及需要注意的事项等信息;接访过程中,符合法律法规政策的,接待领导现场给予解决;一时难以解决的,交由有关单位限时解决、限时反馈,重点难点问题指定领导包案;不符合法律法规政策的,落实责任单位做好教育疏导工作。各级联席办、信访局对每件接访受理事项进行汇总统计,跟踪督办直至办结反馈。

*着力强化机关干部下访和督查督办工作。*省联席会议把组织机关干部下访督导检查活动,作为推动信访工作落实的一项重要举措。5—9月,省联席会议组织11个带案下访组,抽调省联席会议各专项工作小组和省直有关部门干部组成,深入到各设区的市和31个县(市、区)督导检查中发[2007]5号文件、中办发[2009]3号文件贯彻落实情况,并带着省联席办、省信访局排查的群体性信访突出问题到基层督导督办;各下访组通过召开座谈会、案情分析会、现场查看、约谈信访人等方式,在认真督导检查面上工作情况的同时,对督查案件逐件分析原因、研究对策措施、推进"案结事了"。各地各有关部门根据省联席会议的要求也开展干部带案下访活动,有效促进信访突出问题和信访积案的解决。在抓好带案下访活动开展的同时,省信访局着力抓好重点地区、重点部位信访工作,加强与信访问题比较突出市、县(区)和省直部门领导沟通协调,并实行信访工作联系点制度,通过"走下去、请上来"等办法,及时跟踪掌握重点地区、重点部位的信访态势和信访突出问题处理进展情况,与基层领导共同研究做好信访工作的对策措施。

*着力抓好"信访积案化解年"活动。*按照中央联席会议及中央联席办、国家信访局的部署要求,省联席办、省信访局制定下发《关于开展"信访积案化解年"活动的实施方案》,加强督促检查指导,先后3次汇总检查各地开展情况,从8月份起对每月未办结与新增的信访突出问题等进行滚动督办通报。各级各部门结合本地区本部门信访工作实际,深入排查本地区本部门历年积累的信访积案,逐件进行分析,落实责任单位、责任领导、责任人和办理要求,采取综合施治的办法,破解了一批"钉子案"、"骨头案"。

*着力畅通和拓宽信访渠道。*省信访局大力推进"网上信访",抓好信访服务载体和平台的创新,及时了解社情民意,切实为群众排忧解难。努力为信访人提供便利,督促各地各有关部门在当地媒体和政府网站、信访接待场所公布信访工作部门的通讯地址、电话、网站、电子信箱等信息,并通过发放《信访条例》小册子和《信访须知》等,让群众熟悉了解《信访条例》和相关法律法规的内容,知晓信访的程序、步骤和方法,为信访人提供便利。积极推进"网上信访"建设,省信访局以"省长信箱"为龙头,以电子政务网为依托,建立横向联通各职能部门,纵向贯通各市、县(区)的"网上信访"网络,制定出台了《关于"网上信访"办理工作若干规定》,确保"网上信访"办理工作操作规范、运转正常;各市、县(区)和省直有关部门普遍设立信访网站、领导电子邮箱、专线电话等,利用现代信息技术服务群众信访。在创新信访服务载体上下工夫,及时总结推广福州市开设"12345"便民服务中心、厦门市开设市长专线电话和开展人民建议征集工作、三明市组织领导干部利用农村墟日深入乡镇接访群众、南平市实行信访工作"三下乡"制度(市、县、乡镇领导和职能部门、信访项目官员深入挂点地区下乡接访活动,律师下乡全程陪同接访活动,重点问题下乡督办活动)的成功经验和做法,为群众信访活动提供更加便利的载体和平台。

*着力做好国庆等重要会议、重大活动期间信访工作。*认真做好排查化解工作,省、市、县(区)联席办、信访局结合领导干部定期接待群众来访活动和干部带案下访活动,对可能在国庆期间进京上访的信访突出问题进行全面排查摸底,及时采取措施解决群众反映的合理诉求,暂时无法解决的认真做好疏导解释工作,化解了一批可能进京上访的苗头和隐患。认真做好日常信访工作,省联席办、省信访局坚持把工作重点放在认真做好日常信访工作上,及时妥善处理群众信访问题,防止因处理不及时引发群众越级信访。在全国、省"两会"和"5·18"、"6·18"、"9·8"等重要会议和活动期间,省联席会议和省联席办、省信访局也都进行周密的部署安排,组织力量,由省信访局领导带队驻点组织各地工作组做好劝返接回工作,确保了重要会议和活动的顺利进行,得到省领导的肯定。

*着力加强信访干部队伍建设。*省委、省政府领导重视省信访局领导班子和队伍建设,2009年给省信访局增加了3名副厅级信访督查专员、3名正处级信访督查员职数,增设信访事项复查复核处。省委组织部从省直有关职能部门选派9名干部到省信访局挂职锻炼。各级党委、政府进一步加强信访部门班子配备,调整充实了一批年富力强、具有丰富群众工作经验的基层领导干部到信访部门任职,选调优秀干部充实信访干部队伍,选派干部到信访部门挂职锻炼,加大对信访工作的投入,改善信访接待场所和办公条件。全省信访系统深入开展学习实践科学发展观活动以及"建设工作一流、群众满意信访部门"活动,不断巩固和深化"创建"活动所取得的成果,以潘作良等先进模范人物为榜样,采取集中学习、理论研讨、组织演讲比赛、岗位练兵等方式,不断增强信访干部政治意识、宗旨意识、大局意识,转变工作作风,并加强信访干部的业务学习培训,省信访局组织举办3期信访业务培训班,对各级信访局长和省直有关部门信访工作人员进行培训,进一步提高信访干部的综合素质、工作能力和业务水平,增强了信访干部队伍的凝聚力、创造力和战斗力。

(包云)

【保密工作】 开展“弘扬先进，鼓舞士气”主题宣传活动，推动“五五”保密宣传教育规划落实。结合庆祝建国60周年，在全省保密系统开展了以“弘扬先进，鼓舞士气”为主题的宣传活动，编辑印制《风采—福建省荣获全国、全省保密工作先进集萃》画册，集中记录、展现自1989年各级保密局成立以来福建省保密战线先进人物的优秀风采。深化对各级领导干部、重点涉密人员、国家公务员和保密干部以及社会各层面的保密法制宣传教育，继续发挥党校、行政学院保密教育阵地作用，加强保密教育教学常态化工作；继续在各地各单位中组织监放《刘兵、龙向京窃密案》、《佟达宁窃密案》、《警钟长鸣》和《保密技术演示录像》等保密教育资料片800余场，约20000多人（次）观看。结合全国地方党政机关保密检查，有计划有步骤地组织举办网络管理人员培训班、省直单位保密干部业务培训班等，分期分批对省直单位的网管人员和市、县（区）保密技术干部进行培训。努力办好《保密情况》正刊、增刊及其信息版，为各地各单位了解保密动态、交流工作经验、提高管理工作水平提供了很好的平台。

加大督查力度，推动落实保密科技“十一五”发展规划。3月底至4月初，对全省开展保密科学技术“十一五”发展规划的落实情况开展中期督查，结合对部分设区的市涉密计算机信息系统集成资质单位保密管理情况、涉密载体销毁中心和计算机定点维修、销毁单位工作情况进行检查。加快推进计算机信息系统安全保密体系建设，组织实施“福建省保密监控管理系统（一期）工程项目”建设，并于11月中旬验收通过，该系统年内在省直50家重点单位统一配备使用。

认真开展全国地方党政机关保密检查，促进信息化安全保密工作。共举办10期设区市与省直单位保密检查动员会暨保密检查培训班，193个单位、380多人参训。7月上旬至8月上旬，对20家重点省直单位和厦门、泉州、漳州、龙岩、福州5个设区的市及所辖14个市直单位、5个县（市、区）党政机关保密检查工作情况进行抽查，及时发现问题，督促整改落实。6月，国家保密局先后对福建省7位省委常委及秘书的办公电脑、笔记本电脑的保密管理情况以及7家省、市直重点单位的保密工作情况尤其是涉密计算机及其信息系统、笔记本电脑和移动存储介质的保密管理情况进行认真的巡查、抽查与复查，对福建省计算机信息系统的安全保密工作给予充分的肯定，并对存在的问题提出指导与整改意见。

开展《国家秘密载体销毁管理规定》贯彻落实情况专项检查。认真贯彻落实中办、国办转发国家保密局关于《国家秘密载体销毁管理规定》精神，以省委办公厅、省政府办公厅名义印发《福建省涉密载体销毁工作管理规定》。对全省党政机关、涉密单位进行全面的涉密载体统一清理工作，同时对全省涉密载体承销单位进行保密检查，全省各级党政机关及各涉密单位共纳入清理人员57705人，清理涉密计算机13717台、销毁硬盘（含移动硬盘）2533块、软盘3675张、U盘4791个。

加强保密行政管理，严格保密行政执法。开展全省保密承诺书签订专项工作，全省各设区市共有2786家单位、76896人签订了保密承诺书；省直共有121家单位、21928人签订了保密承诺书。加强对省、市级重要会议和海峡论坛、福州“5·18”海交会、第六届中国·海峡项目成果交易会、中国（厦门）“9·8”投洽会等重大活动的保密管理，积极发挥职能作用，提高保密保障服务水平。制定《关于进一步加强福建省保密会议移动通信干扰器的通知》，对移动通信干扰器的使用范围、生产与销售、审批与采购、安装使用、督促检查等方面提出明确要求。强化军工保密资格审查认证与涉密计算机信息系统集成资质单位保密管理工作，做好军工保密资格审查认证复查，开展评选军工科研生产保密先进集体、先进个人与评选涉密计算机信息系统集成资质保密先进集体、先进个人活动。做好国家统一考试的保密管理工作，全省各地保密部门与有关部门密切协作，加强各类国家统一考试期间的保密管理，组织开展对试卷保密室的检查验收、公开信息发布的保密审查、教育培训、试卷运输交接、保管和使用的保密监管。（章炜）

【中共福建省委书记、副书记、常委、秘书长、副秘书长名单】（以2009年12月底在职者为准）

书　　记：孙春兰*
副 书 记：黄小晶　于广洲
常　　委：陈文清　朱生岭　张昌平　袁荣祥　唐国忠　杨　岳　于伟国　陈　桦*　徐　谦
秘 书 长：杨　岳
副秘书长：张广敏　潘　征　庄稼汉　卢厚实

【中共福建省委所属机构负责人名单】（以2009年12月底在职者为准）

省委办公厅
主　任：张广敏
副主任：卢子玲*　王　佗　陈沈阳　林钟乐　陈祥健

省委组织部
部　长：于广洲
副部长：李　红*　陈向先　李福生　从远东

省委宣传部
部　长：唐国忠
副部长：林　辉　朱　清　蔡小伟　马照南　张宗云

省委统战部
部　长：张燮飞
副部长：翁　卡　庄奕贤　张建珍　李　韧

省委政法委
书　记：徐　谦
副书记：张志南　傅镛堃　李晋闽

省委政策研究室
主　任：潘　征
副主任：王智桢

省委（政府）台办
主　任：邓本元
副主任：林卫国　吴国盛　陈　玲*

省委编办
主　任：陈海基
副主任：方成义　廖世铢　杨　俊

省委省直机关工委
书　记：于广洲
副书记：李元兴　蔡传华　卫榕英*　夏善国

省委教育工委
书　记：陈　桦*
副书记：鞠维强　郑传芳　刘剑津

省委农办
主　任：张立先

副主任:马国林 陈永共

省委党校

校 长:于广洲

副校长:吴玉辉 陈金喜 逄立左 游龙波 王宜新

省委老干部局

局 长:李福生

副局长:王 红* 郑尔旺 沈秀闽*

省委党史研究室

主 任:陈 雄

副主任:叶建中 巩玉闽*

省档案局

局 长:丁志隆

副局长:陈爱群 林 真 陈 宴

福建日报报业集团

社 长:蔡小伟

总 编:梁建平

副社长:薛中文

副总编:张 红* 郑卫华 翁庆华 谢晶思

省社会主义学院

院 长:张燮飞

书 记:庄奕贤

副院长:陈 飞 陈宜安*

省委文明办★

主 任:马照南

副主任:张 萍* 杨玉湖

省委(政府)信访局★

局 长:张添根

副局长:黎 明 翁泽生

省委机要局★

局 长:陈沈阳

副局长:程国栋 林 海 陈巧玲*

省国家保密局★

局 长:李心正

副局长:吴飞鹏 李玉成

【中共福建省各设区市、县(市、区)委领导人名单】(以2009年12月底在职者为准)

中共福州市委员会

书 记:袁荣祥

副书记:苏增添 周振华 方清海 周 宏

常 委:梁建勇 王 玲* 王 鑫 徐启源 陈大强 林 彬 朱 华* 那兴海 杜源生

中共鼓楼区委员会

副书记:林 飞 林碧芬* 李 力

中共台江区委员会

书 记:马必钢

副书记:陈春光 林培清 陈宗胜

中共仓山区委员会

书 记:范美先

副书记:黄 平* 张为民 卢 林 范建敏

中共晋安区委员会

书 记:王明光

副书记:阮孝应 林圣婉* 黄诗扬 陈 斌

中共马尾区委员会

书 记:郑有光

副书记:林新国 杭 东 李 明

中共福清市委员会

书 记:陈大强

副书记:陈伙金 林 贤 王德玉

中共长乐市委员会

副书记:林文芳 王绍知

中共闽侯县委员会

书 记:柯有民

副书记:高 明 张维船 张大斌

中共连江县委员会

副书记:林 峰 陈 彪 姜卫平

中共闽清县委员会

书 记:池 宁

副书记:王长鹰 肖 华 毛行青

中共罗源县委员会

书 记:吴聪先

副书记:何代钦 何宗乐 周应忠

中共永泰县委员会

书 记:黄忠勇

副书记:林 强 陈双春 陈荣生

中共平潭县委员会

书 记:林义铭

副书记:陈文波 金昌明 林 杰

中共厦门市委员会

书 记:于伟国

副书记:刘赐贵 陈炳发 黄杰成

常 委:欧阳建 洪碧玲* 邵 华 黄笑影* 丁国炎 徐 模 钟兴国 詹沧洲 卢士钢 凌 希

中共思明区委员会

书 记:郑云峰

副书记:张灿民 许跃生

中共湖里区委员会

书 记:李栋梁

副书记:张宗芎 林 凡 黄国彬

中共集美区委员会

书 记:黄锦坤

副书记:倪 超* 黄聪敏 洪 成

中共海沧区委员会

书 记:钟兴国

副书记:林国耀 李文东 郑岳林

中共同安区委员会

书 记:高玉顺

副书记:陈 琛* 卢晓东

中共翔安区委员会

书 记:吴南翔

副书记:柯志敏* 许心凌 林进胜

中共漳州市委员会

书 记:刘可清

副书记:陈 冬 江玉平 杨建平

常 委:黄耀光 游婉玲* 李汉生 林晓峰 杨怀榕 谭培根 许荣勇

中共芗城区委员会

书 记:黄春曙

副书记:廖文彬 郭福泉

中共龙文区委员会

书 记:蒋一婷*

副书记:张琳光 黄水木 苏孝道

中共龙海市委员会

书 记:许荣勇

副书记:杨溪峰 陈东升 沈应生 宋龙驱

中共漳浦县委员会

书 记:陈汉夫

副书记:康溪顺(兼) 曾智勇 张慧德

中共云霄县委员会

书 记:黄舜斌

副书记:陈福州 林育东 林秀珍*

中共诏安县委员会

书 记:于南生

副书记:吴文团 何德发 朱铭炜

中共东山县委员会

书 记:王毅群

副书记:吴达金 沈永祥 刘建顺

中共平和县委员会

书 记:林 忠

副书记:洪里专 陈 华 何金才

中共南靖县委员会

书 记:陈忠厚

副书记:张翼腾 郭德志 林 方

中共长泰县委员会

书 记:张祯锦

副书记:王 龙 吴志民 戴平忠

中共华安县委员会

书 记:柯志宏

副书记:沈建平 陈青树 周智生

中共泉州市委员会

书 记:徐 钢

副书记:李建国 朱 明 黄少萍*

吴汉民　廖小军
常　委:朱淑芳* 宋长青　林　武
骆国清　王亚君* 杨益民
沈耀钦　陈加瑶

中共鲤城区委员会
书　记:王瑞强
副书记:李永远　郑志忠　林建扬
周龙隆

中共丰泽区委员会
书　记:许维泽
副书记:许文贵　杨继志　郑进发

中共洛江区委员会
书　记:吕　竞*
副书记:朱团能　肖汉辉　洪飞跃

中共泉港区委员会
书　记:游祖勇
副书记:林华伟　洪顺昌　王庆祥

中共晋江市委员会
书　记:杨益民
副书记:尤猛军　杨国昕　陈健倩*
曾清金

中共石狮市委员会
书　记:黄源水
副书记:黄南康　张贻山　林志建

中共南安市委员会
书　记:骆国清
副书记:陈荣法　曾焕楷　陈觉晓

中共惠安县委员会
书　记:林万明
副书记:吴深生　蔡荣清　曾玉山

中共安溪县委员会
书　记:李建辉
副书记:陈灿辉　黄振奋　黄国富

中共德化县委员会
书　记:陈全顺
副书记:李辉跃　欧阳秋虹*
周炳忠

中共永春县委员会
书　记:王远东
副书记:叶一帆　徐春晖　李国坤

中共三明市委员会
书　记:黄琪玉
副书记:刘道崎
常　委:梁晋阳　裴　旭　徐　铮
程立双　池秋娜* 周银芳
江兴禄　李家荣　张发录
曾祥辉　夏　钢

中共三元区委员会
书　记:王　庆
副书记:杨稚平　张元江　邓秀忠

中共梅列区委员会
书　记:罗　雄
副书记:张丽娟* 刘闽华　廖丽青*

中共永安市委员会
书　记:江兴禄
副书记:涂振锟　汤俊生　江　鸣
郑清华

中共清流县委员会
书　记:纪熙全
副书记:曹建华　廖善朋　余建地
伍武林

中共宁化县委员会
书　记:陈忠杰
副书记:巫福生　杨永生　杨　胜

中共建宁县委员会
书　记:盛福江
副书记:潘闽生　陈海涛　池芝发

中共泰宁县委员会
书　记:曾祥辉
副书记:廖小华* 邓纯霖

中共明溪县委员会
书　记:王　政
副书记:厉　云　王玉明

中共将乐县委员会
书　记:黄建平
副书记:林共妙　李荣根　郑建勋

中共沙县县委员会
书　记:陈瑞喜
副书记:肖长根　余荣生　刘振兴
曾永生

中共尤溪县委员会
书　记:吴建国
副书记:曹榕庆　张元明　林建星

中共大田县委员会
书　记:赵荣生
副书记:陈汉良

中共莆田市委员会
书　记:杨根生
副书记:张国胜　林光大　蔡尔申
常　委:黄进发　吴晓丁　张华英*
徐凡新　林素钦* 林庆生

中共仙游县委员会
书　记:林建华
副书记:林　桦* 陈再新　郑　重

中共荔城区委员会
书　记:陈国林
副书记:胡国防　杨朝东　徐德俊

中共城厢区委员会
书　记:郑春洪
副书记:沈金水　刘晶洁* 黄松林

中共涵江区委员会
书　记:阮开森
副书记:沈伯麟　肖云敏　陈胜兰*

中共秀屿区委员会
书　记:陈志强
副书记:王玉明　朱瑞章　郑亚木

中共南平市委员会
书　记:雷春美
副书记:龚清概　石建华　周秀光
常　委:骆安生　胡祖林　张兆民
郭跃进　陈　杰　张建光
袁忠浩

中共延平区委员会
书　记:张国旺
副书记:黄　雄　刘传德　刘鲁众

中共邵武市委员会
书　记:梁伟新
副书记:武　勇　黄苏福

中共武夷山市委员会
书　记:郭跃进
副书记:胡书仁　杨永华　刘志华

中共建瓯市委员会
书　记:卓立筑
副书记:余　坚　林　飞　陈祥平

中共建阳市委员会
书　记:葛晓华
副书记:袁仁旺　胡宗礼　朱其勇

中共顺昌县委员会
书　记:柳贵清
副书记:朱志华　江永良　张上进

中共浦城县委员会
书　记:黄建生
副书记:陈国发　李建和　陈建新

中共光泽县委员会
书　记:谭　论
副书记:符水俊　江建华

中共松溪县委员会
书　记:曹　聪
副书记:朱仁秀* 董清芳　吴　斌

中共政和县委员会
书　记:黄健平
副书记:陈宗荣　余国荣

中共龙岩市委员会
书　记:张　健
副书记:黄晓炎　陈万里　陈建寿
常　委:江子华　杜乔元　黄海英*
黄福清　朱建平　饶作勋
郭韶翔

中共新罗区委员会
书　记:张天洲
副书记:黄庆辉　严志铭　罗发信
翁　庆

中共永定县委员会

书　记：毛高良

副书记：廖德槐　马水清　王启勇

中共上杭县委员会

书　记：赖继秋

副书记：邱河清　林英健　郭青海　林　旭

中共武平县委员会

书　记：陈盛仪

副书记：王建生　邓穗明　陈厦生

中共长汀县委员会

书　记：卢德明

副书记：林　旭　阙朝阳　林　勇

中共连城县委员会

书　记：林志坤

副书记：江国河　林庆祯　廖继清

中共漳平市委员会

书　记：刘　远

副书记：赖招源　李吉湖　廖深洪

中共宁德市委员会

书　记：陈荣凯

副书记：陈家东　林多香　唐　颐

常　委：游美萍*　傅贤光　林鸿坚　郑民生　谢仰俊　蔡小林　陈元邦　刘茂青　李转生

中共蕉城区委员会

书　记：郑民生

副书记：陈鸿飞　阙庆安　孙焕春

中共福安市委员会

书　记：李转生

副书记：杨培钦　田志勇　何世明

中共福鼎市委员会

书　记：倪政云

副书记：陈其春　陈兴华　王建闽

中共霞浦县委员会

书　记：林建军

副书记：梁奕章　林建人　谢再春　王　斌

中共寿宁县委员会

书　记：李海波

副书记：雷仕庆　王步金　包江苏

中共周宁县委员会

书　记：李过渡

副书记：官明辉　叶贻顺

中共柘荣县委员会

书　记：许青云

副书记：冯新婷*　吴传安　王鼎秦

中共古田县委员会

书　记：章瑞进

副书记：杨　峰　刘伦崧　郑常州

中共屏南县委员会

书　记：陈　辉

副书记：吴毅荣　陈道珍　韦大兴

注：*为女同志，★为二级机构。

（名单由省委组织部信息管理办公室提供）

省人民代表大会

【主要工作】 2009年，省人大常委会共召开6次会议，制定法规5项、修改2项；审查和批准福州市、厦门市法规4项；讨论并作出重大事项决定、决议7项；先后对9项法律法规实施情况进行检查；听取和审议省政府及其部门、省法院、省检察院的专项工作报告12项；组织办理代表提出的议案39件、建议910件；任免国家机关工作人员50人次，全面完成省11届人大二次会议确定的工作任务。

服务海峡西岸经济区建设。国务院颁发《关于支持福建省加快建设海峡西岸经济区的若干意见》和省委八届六次全会通过实施意见后，省政府提出《福建省建设海峡西岸经济区纲要（修编草案）》，常委会认真进行审议，并建议纲要（修编草案）要更好地与国务院若干意见相衔接，与福建省即将制定的“十二五”规划相衔接，更加突出产业合理布局和先行先试举措；常委会提出修编决议草案，提请省十一届人大三次会议审议。常委会听取省政府机构改革的情况汇报，依法决定任免政府组成人员，确保机构改革顺利进行。常委会审议通过促进闽台农业合作条例，确立优势互补、互利共赢、全面合作、共同发展的闽台农业合作原则，明确台湾同胞在闽投资从事农业合作的经济活动与本省居民享有同等的待遇，并在农地使用政策、资金投入等方面作了先行先试的规定。常委会审议通过航道条例，对福建沿海港湾和内河航道、航道设施以及与通航有关设施的规划、建设、养护和管理作出规定。组织起草现代物流业促进条例草案；开展福州（平潭）综合实验区建设、促进两岸人民交流合作的先行区建设等项目的立法调研工作。适应海西建设的新需要，部署开展地方性法规清理工作。常委会听取和审议专项工作报告、开展执法检查、组织代表调研和集中视察，都紧紧围绕推动海西建设重大决策部署的贯彻落实来进行，努力营造有利于海西建设的法治环境。

促进经济平稳较快发展。面对国际金融危机给经济发展带来的巨大冲击，中央作出“保增长、保民生、保稳定”的重大决策，省委认真贯彻，作出相关重要部署。常委会及时调整工作安排，召开省市人大常委会主任座谈会，专题研究全省各级人大服务“三保”工作，加强立法和监督，促进福建省经济平稳较快发展。听取和审议省政府关于“保增长、保民生、保稳定”情况的专项工作报告、关于福建省2009年1—8月国民经济和社会发展计划执行情况的报告，要求省政府着力转变经济发展方式，调整经济结构，抓紧实施产业振兴规划，大力推进重点项目建设，积极促进民营经济发展，统筹协调城乡经济社会发展，切实保障和改善民生，确保全年经济社会发展目标任务的实现。审查批准2009年省级预算调整方案，同意发行26亿元地方政府债券，有效保障积极财政政策的顺利实施，保证增加政府性公共投资资金的及时落实到位，发挥效益。加强对财经工作的监督，听取和审议2008年省本级决算和2009年上半年预算执行情况的报告，审查和批准2008年省本级决算；听取和审议2008年度省级预算执行和其他财政收支的审计工作报告，要求进一步做好下半年预算执行工作，提高财政资金使用效率，加强财政财务管理，着重对政府性投资项目、民生投入等重点财政支出领域开展监督；督促省政府及相关部门积极采取措施落实审议意见。审议通过林权登记条例，规范林权登记程序，设置预告登记制度，明确共有林权权利人持证方式；福建省现有林业方面的法规8项，涉林立法已成为福建省地方立法又一亮点。审议通过气象条例（修订），保障和促进福建省防灾减灾和应对气候变化能力建设。加强对“三农”工作的监督，听取和审议农村土地承包法及福建省实施农村土地承包法若干问题的规定、林木林地权属争议处理条例的执法检查报告和实施“六千”水利工程情况的专项工作报告，在审议中，组成人员建议要稳定完善农村土地承包经营制度，促进农村土地承包经营权有序流转，依法保障被征地农民的权益；继续做好集体林权制度的配套改革，妥善处理林地承包经营中的矛盾和纠纷；持续推进农村饮水安全工程建设，加大水库除险加固力度，加强工程建设管理，健全水利工程管护机制。为应对国际金融危机，提振企业信心，常委会于2008年12月初及时出台企业和企业经营者权益保护条例，2009年即对这项法规实施情况开展执法检查，在充分肯定成绩的同时，针对条例宣传贯彻不够深入、行政权力运行不够规范、各类协会收费问题依然突出、企业维权环境仍不宽松等问题提出审议意见，要求加大条例宣传贯彻力度，营造企业发展的良好环境；常委会还对不同类型企业分别进行调研，提出有针对性的意见建议，帮助企业解决困难和问题。

推动民生改善与社会和谐。常委会在重视经济领域立法的同时，着力加强以改善民生为重点的社会领域立法，审议通过文物保护管理条例（修订）、固体废物污染环境防治若干规定、促进散装水泥发展条例，审议了促进生态文明建设若干规定草案，批准福州市城市公园管理办法（修订）、厦门市社会保障性住房管理条例等一批法规。农产品质量和食品安全是人民群众普遍关注的问题，常委会在听取和审议相关专项工作报告之前，调查了解法律实施和具体工作中的突出问题，提出加大农产品质量和食品安全重点领域、重点环节监管力度，进一步完善监管体制机制，加强监管队伍和检验检测能力建设，加快制定配套法规等建议。加强对环保工作的监督，通过听取汇报、实地查看、开展座谈、公布举报电话和电子邮箱接受群众投诉等方式，检查福建省贯彻实施环境影响评价法的情况；在审议执法检查报告时，组成人员指出环评工作存在规划环评进展缓慢以及重审批、轻监管等问题，要求加大规划环评工作，进一步加强环评市场建设，提升环评工作服务经济社会的能力。组织开展对职业教育法、加强社会保障工作监督的决定的执法检查，针对福建职业教育总体水平不高，在教育事业中发展相对薄弱，不能适应经济社会发展对人才需求的情况，提出进一步加大职业教育投入，加强公共实训基地和教师队伍建设等建议；针对福建社会保险统筹层次较低、社会保险关系转移接续难、城镇居民医保和“新农合”在制度上缺乏衔接、就业形势依然严峻等问题，提出要进一步完善社会保险制度，努力扩大社会保险覆盖面，切实做好就业再就业工作的建议。开展福建省散居归难侨生活情况调研，并就落实“应保尽保”、解决无房危房问题、增加补助经费等提出建议。听取和审议了省政府关于公安工作情况的专项报告，分析了公安工作面临的复杂形势和繁重任务，强调要深入推进“平安福建”建设，认真落实社会治安综合治理各项措施，切实加强公安队伍建设，全力维护社会安定稳定。组织开展消防法及福建省消防条例执法检查，要求进一步加强消防防控体系和工作机制，加大执法工作力度，着力解决火灾隐患，强化农村和社区的消防工作。跟踪监督2008年监狱法执法检查发现问题的整改落实。着眼于促进司法公正，切实维护社会稳定，听取和审议省高级人民法院关于加强民事执行工作、省人民检察院关于加强渎职侵权检察工作的专项工作报告；针对法院“执行难”和检察院办理渎职侵权案件困难的问题，要求法院进一步加强和改进执行工作，用好司法手段，密切审执协调配合，加强对执行不力案件的跟踪督办；要求检察院进一步加大打击渎职侵权犯罪的力度，严肃查办事关国计民生的医疗医药、能源环境、安全生产、工程建设、社保资金、司法执法等领域的渎职侵权犯罪案件。全年共受理群众来信6010件，来访3075批6342人，均按规定程序及时交由有关方面研究处理；针对重信重访现象突出，集体访和异常访时有发生，涉法涉诉、房屋拆迁、土地征用、环境保护等问题群众反映比较集中的情况，加强综合分析和督查督办，积极推动信访问题解决，维护群众合法权益，促进社会和谐稳定。

做好代表工作。常委会召开省市人大常委会主任座谈会，专题研究代表工作，并通过完善代表工作机制，支持和保障代表依法履职。在初任培训和履职培训基础上，举办两期培训班，对代表进行专题培训，安排代表学习宪法、海西建设、“三农”工作、对台交流等方面课程，组织代表就做好审议工作、提出议案建议、开展闭会期间活动等进行经验交流。坚持常委会组成人员分工联系省人大代表的制度，通过各种方式，了解代表履职情况、反映代表履职意见；拓宽代表知情知政渠道，及时向代表通报常委会工作情况；增加邀请省人大代表列席常委会会议的人数，扩大代表对常委会工作的参与。常委会的每次会议都有代表列席，每次重大立法调研都有代表参与，每项执法检查都有代表参加；列席常委会会议和参加活动的代表事先认真准备，会上积极发言，充分反映人民群众呼声，为提高常委会工作质量发挥了重要作用。组织代表以“保增长、保民生、保稳定，推进海峡西岸经济区建设”为主要内容开展专题调研，以“港口规划建设与对外开放”为主要内容开展集中视察。为使代表全面了解福建省情况，安排部分代表开展异地视察，代表们就调整经济结构、节能减排、循环经济、港口整合、九龙江流域污染防治等问题提出许多很好的意见和建议。省11届人大二次会议主席团交付审议的39件代表议案，已全部办理完毕，其中12件议案涉及的立法项目列入常委会当年立法计划；及时交办省十一届人大二次会议期间代表提出的884件建议，闭会期间提出的26件建议。进一步健全办理工作责任制，强化跟踪督办；加强与代表的沟通，组织代表开展视察检查和“回头看”，听取办理工作情况报告，使代表及时了解办理过程。确定关于要求法院加大执行力度、加强财政性投资重点项目建设管理、加大山区饮水安全工程建设等6件涉及群众普遍关心的热点难点问题的代表建议进行重点督办，取得较好的办理效果。从省十一届人大一次会议代表建议中确定20件事关经济社会发展和民生问题的建议，进行继续跟踪督办。

推进常委会自身建设。常委会认真组织学习中国特色社会主义理论体系，认真学习贯彻中央和省委一系列重大决策部署，坚持人大工作的正确政治方向，切实加强思想、组织、作风和制度建设，着力提高依法履职的能力和水平。按照中央、省委的部署和要求，在参加第一批学习实践科学发展观活动结束后，常委会党组就集中力量抓整改落实工作，并开展整改落实“回头看”，紧紧围绕着力提高立法质量、增强监督实效、提高代表履职能力、提高服务保障水平等人大工作中的重要问题，采取措施，标本兼治，健全工作机制，促进科学发展观在人大工作中得到更好贯彻落实。受省委委托，常委会党组在全省组织开展了贯彻落实《中共福建省委关于进一步加强人大工作的决定》情况的调研检查；省委常委会召开会议，专题听取调研检查汇报，充分肯定福建省各级人大工作取得的成效，强调要不断提高对人民代表大会制度的认识，努力发挥好人大职能作用，为推进海峡西岸经济区建设作出更大贡献。省人大常委会和各市、县(区)人大常委会认真贯彻落实，围绕中心，依法履职，不断加强自身建设，全省人大工作迈出新步伐。常委会自觉接受全国人大常委会的指导和监督，积极配合做好立法调研和执法检查；加强与国外地方议会的交流交往，加强与兄弟省(区、市)人大常委会的联系和交流，学习借鉴工作经验；密切与市、县(区)人大常委会的联系，加强工作指导，增强工作合力。常委会工作机构还与省委组织部、省委党校联合办班，对全省人大系统厅处级领导干部进行培训，提高人大干部队伍素质和能力。召开纪念地方人大设立常委会30周年大会，省委主要领导作了重要讲话，回顾我国人民代表大会制度的发展历程，深刻阐述地方人大设立常委会的重大意义，系统总结30年来福建省各级人大及其常委会工作的显著成效和宝贵经验，明确提出做好新时期地方人大工作的具体要求；还通过开展人大制度建设课题研讨和知识竞赛、编印纪念册、举办书画展等丰富多彩的活动，展示人大工作成就，宣传人民代表大会制度优越性，增强做好人大工作的责任感和使命感。

【省十一届人大二次会议】 福建省十一届人大二次会议于2009年1月10—15日在福州召开，会议听取和审议并批准省长黄小晶关于福建省人民政府工作的报告，审议批准省发改委主任张志南关于福建省2008年国民经济和社会发展计划执行情况及2009年国民经济及社会发展计划草案的报告，审议批准省财政厅厅长陈小平关于福建省2008年预算执行情况及2009年预算草案的报告。审议批准省十一届人大常委会副主任刘德章关于福建省人民代表大会常务委员会工作报告，审议批准省高级人民法院院长马新岚关于福建省高级人民法院工作报告和省人民检察院检察长倪英达关于福建省人民检察院工作报告。补选马潞生为福建省人民代表大会常务委员会副主任。经大会审议，通过《福建省人民代表大会关于修改〈福建省人民代表大会及其常务委员会立法条例〉的决定》、《福建省人民代表大会关于修改〈福建省人民代表大会议事规则〉的决定》。经大会主席团会议审议，决定将39件议案交省人大有关专门委员会和工作委员会在大会闭幕后办理，并提出办理情况报告，提请省人大常委会审议决定。大会收到代表书面意见884件，交有关部门办理。

（谢清华）

【福建省人大常委会正副主任、正副秘书长、委员名单】（以2009年12月底在职者为准）

主　　任：卢展工
副 主 任：刘德章　王美香　袁锦贵　郑道溪　庄　先　马潞生
秘 书 长：马潞生
副秘书长：郁　成　林源森
委　　员：王　健　王豫生　白京兆　朱之文　朱增镳　刘文豪　刘昌霖　刘群英*　许长荣　李　红*　李　敏*　吴小南　吴宗华　吴炳清　何锦龙　张大共　陆志华　陈今明*　陈扬义　陈阿涟*　陈宜安*　陈　亮　陈震宙　林乃铨　林　辉　郁　成　郑金贵　赵　浥　钟　安　徐　平　黄建兴　黄培强　黄常谔　黄绳跃　梁　模　傅镛堃　温佳禄　游劝荣　谢兰捷　鄢　萍*　路　平*　詹　毅　蔡振翔　蔡　锋　蔡德奇　颜黎明　魏　刚

【福建省人大法制、财政经济委员会正副主任委员、委员名单】（以2009年12月底在职者为准）

法制主任委员：赵　浥
副主任委员：游劝荣
委　　员：张用惠　陈震宙　林源森　徐　平　温佳禄　颜黎明
财政经济主任委员：刘文豪
副主任委员：刘昌霖
委　　员：朱增镳　陈阿涟*　陈　亮　周秀光　黄常谔　梁　模

【福建省人大常委会各委、办、室正副主任名单】（以2009年12月底在职者为准）

办公厅
主　任：郁　成
副主任：温佳禄　林蔚芬*　林建丰　徐振良

研究室
主　任：蔡德奇
副主任：许长荣
巡视员：潘金顺

人事代表工作室
主　任：陆志华
副主任：李晓吾

法制工作委员会
主　任：游劝荣
副主任：刘启力　徐　平　陈庆耀

内务司法工作委员会
主　任：詹　毅
副主任：陈由诚　吴炳清　张用惠　陈鼎林

农业与农村工作委员会
主　任：黄建兴
副主任：陶陆军

财政经济工作委员会
主　任：刘昌霖
副主任：李玉明　刘朝阳

教育科学文化卫生工作委员会
主　任：王豫生
副主任：李在明
巡视员：赖祖胜

华侨工作委员会(台胞工作委员会)
主　任：何锦龙
副主任：陈新云
副巡视员：卢仁辉

环境与城乡建设工作委员会
主　任：谢兰捷
副主任：徐　江

信访局
局　长：林建丰

【各设区市、县(市、区)人大常委会主任、副主任名单】(以2009年12月底在职者为准)

福州市人大常委会

主　任:练知轩

副主任:陈瑞麒　高　翔*　杨爱金　施能柏　陈树雄　赖昌贤　陈　吉　薛海玲*

鼓楼区人大常委会

主　任:郭秋水

副主任:刘珠妹*　郭光杰　陈哲夫　李松铨

台江区人大常委会

主　任:陈金华

副主任:刘友忠　郑琪鸿*　郑功敏*　宋晓非

仓山区人大常委会

主　任:林木清

副主任:王肇昌　林兆水　王亚罗　林绍彬

晋安区人大常委会

主　任:林恭焜

副主任:洪锡金　王乃平　林存星　魏晓辉*

马尾区人大常委会

主　任:洪星光

副主任:张传森　吴　强　李　贞*　程鸿远

福清市人大常委会

主　任:蔡萍萍*

副主任:陈德栋　蔡金祥　张旗荣　陈建文

长乐市人大常委会

主　任:陈进端

副主任:黄玉钗*　陈依霖　郑宽挺　王命发

闽侯县人大常委会

主　任:潘革生

副主任:陈维华　林善匡　张德兴　曾小榕*

连江县人大常委会

主　任:杨荣铨

副主任:滕忠华　王大荣　王同生*　李　晋

闽清县人大常委会

主　任:郑子升

副主任:温振东　王　强　陈孝贤　陈婉霞*

罗源县人大常委会

主　任:肖国绪

副主任:邱绍勇　柯受安　王永春　邱清崇

永泰县人大常委会

主　任:林睦祥

副主任:张承榕　黄以平　侯文辉　江晓鸣*

平潭县人大常委会

主　任:林本善

副主任:韩祥勇　翁绳武　薛由芳　瞿小华*

厦门市人大常委会

副主任:杜明聪　曾国玲*　苏文金　何清秋　陈昭扬　杨金兴　黄诗福

思明区人大常委会

副主任:童在福　何冠中　韩静江　蔡垂强　林文良

湖里区人大常委会

主　任:梁美丽*

副主任:陈荣镇　陈国财　马明炬　叶春和　谷闽友

集美区人大常委会

主　任:陈锦标

副主任:胡练藩　潘佳庆　夏梅芳*　刘清海　陈清苗

海沧区人大常委会

主　任:许天晟

副主任:陈万泉　洪天文　陈世界　陈素慧*　陈　鹭*

同安区人大常委会

主　任:毛立臻

副主任:苏志强　吴亿年　洪美霞*　吕放动　李永国

翔安区人大常委会

主　任:黄奋强

副主任:颜文箭　朱丰收

漳州市人大常委会

主　任:刘可清

副主任:何红孙　陈易洲　陈庆元　朱福清　李珊珊*　黄双庆　吴景辉

芗城区人大常委会

主　任:胡　钦

副主任:郭亚辉　苏惠卿*　庄溪榕　冯爱珍*

龙文区人大常委会

主　任:邹三分

副主任:周进春　周黎鸣　李绍山　曾朝良

龙海市人大常委会

主　任:许跃国

副主任:吴启山　江国荣

漳浦县人大常委会

主　任:蔡和平

副主任:许奇鸿　林溪河　林兆波　陈美慧*

云霄县人大常委会

主　任:张小梅

副主任:汤全平　曾文幸　陈耀国　陈传生

诏安县人大常委会

主　任:沈玉治

副主任:林爱珠*　何金生　陈文师　陈细勇

东山县人大常委会

主　任:林国武

副主任:何土福　李云霞*　沈松池　林素兴

平和县人大常委会

主　任:周瑞民

副主任:杨怀生　方丽云*　黄耀辉

南靖县人大常委会

主　任:余水旺

副主任:谢绍其　王九分　柯淑华*　王长金

长泰县人大常委会

主　任:于爱莲*

副主任:蔡元泉　杨美恋*　连　彦　沈龙兴

华安县人大常委会

主　任:沈荣藩

副主任:林坤荣　黄建国　刘素秋*　曾阿生

泉州市人大常委会

主　任:傅圆圆*

副主任:洪辉煌　张贻伦　孙增福　魏　坚　周真平*　黄源水　陈家富　颜伟劲

鲤城区人大常委会

主　任:骆建国

副主任:黄衍楼　陈奇龙　陈安玲*　吴建星

丰泽区人大常委会

主　任:颜呈灿

副主任:戴文元　丁灿辉　刘圣树　高炳州　李木火

洛江区人大常委会

主　任:朱清辉

副主任:王华西　蔡金星　廖志芳*　黄永固　王小阳

泉港区人大常委会

主　任:吴建民

副主任:朱合兴　肖惠中

晋江市人大常委会

主　任:王景星

副主任:林进德　丁聪枝　蔡天赞　罗　云　颜子鸿　连泉富

南安市人大常委会

主　任:黄永俊

副主任:黄贞谅　张国进　戴景胜　叶维新

石狮市人大常委会

主　任:黄水源

副主任:卢维祥　林介平　杨式等　廖春园　陈贤明　丁东福

惠安县人大常委会

主　任:吴龙昭

副主任:饶水海　刘忠民　黄泉福

安溪县人大常委会

主　任:唐建华

副主任:吴金溪　宋丽珍*　陈木根　洪爱读　卢宜牯

德化县人大常委会

主　任:苏荣踊

副主任:林开仁　林华武　陈明灿

永春县人大常委会

主　任:林金星

副主任:庄进勇　辜希平　郑福南　颜一鹏　颜松龄

三明市人大常委会

主　任:刘　鑫

副主任:严凤英*　郑国仁　吴俊慰　杨光祺　黄作文　阙维林　陈木星

三元区人大常委会

主　任:林新华

副主任:林新发　卓月珍*　邓裕生

梅列区人大常委会

主　任:蔡绍协

副主任:张勇宁　王永清　张莉英*　陈官钳

永安市人大常委会

主　任:董乐夫

副主任:何爱荣　谢丽全　汤春兰*

清流县人大常委会

主　任:胡登良

副主任:李钦周　邱文宁　林新建　欧阳圣雄

宁化县人大常委会

主　任:林福生

副主任:于福东　张如梅*　黄立勇　张仕权

建宁县人大常委会

主　任:李良臣

副主任:饶胜光　揭留耕　黄友台　吴国根

泰宁县人大常委会

主　任:高惠斌

副主任:江玉兴　林家祥　李先华　杨小雄

明溪县人大常委会

主　任:陈全北

副主任:罗水源　施茂隆　黄海洪*

将乐县人大常委会

主　任:陈宗善

副主任:郑红星*　丁荣光　邱晓明　冯崇平

沙县人大常委会

主　任:赖忠厚

副主任:林九官　陈应添　张林生

尤溪县人大常委会

主　任:林思文

副主任:王桂华*　谢高兴　林景源

大田县人大常委会

主　任:方初海

副主任:陈进塔　温如校　章　玲*　陈钦梅*

莆田市人大常委会

主　任:林光大

副主任:黄永水　陈金扬　郭阿春*　郑合义　吴元珍　王国模

仙游县人大常委会

主　任:李新贤

副主任:蔡秀娟*　郭新环　陈国华　张宗贤

荔城区人大常委会

主　任:卢鸿城

副主任:郑硕华*　黄金发　郑玉瑞　郑金明

城厢区人大常委会

主　任:王国太

副主任:周国森　李光池　周燕英*　赵爱红*

涵江区人大常委会

主　任:潘春玉

副主任:黄立平*　周如敏　邹文波　陈志华

秀屿区人大常委会

主　任:雍文水

副主任:康锦星　林力生　黄国辉　黄永忠

南平市人大常委会

主　任:雷春美*

副主任:陈岩生　简少玉*　郑明洋　陈鼎成　吴荣才　张淑云*　魏林饮

延平区人大常委会

主　任:杨　敏*

副主任:熊时雄　郑名群　陈学樑　董良瀚

邵武市人大常委会

主　任:陈心坦

副主任:孙柏庭　郑国光　邹日娥*　蔡幼群

武夷山市人大常委会

主　任:邓崇新

副主任:冯开勋　何亚平*　陈　闽　马素花*

建瓯市人大常委会

主　任:薛昌泰

副主任:曾谏华　吴完姬*　吴成发　张华炫

建阳市人大常委会

主　任:马建东

副主任:王国治　甘秀华*　刘柏涛　张行书

顺昌县人大常委会

主　任:王崇荣

副主任:叶瑜芳*　黄积金　江训强

浦城县人大常委会

主　任:叶家庆

副主任:陈呈辉　胡香玉*　方青孙　陈金柱

光泽县人大常委会

主　任:张崇泰

副主任:黄青云　张秋发　龚常进　王元帜

松溪县人大常委会

主　任:严建和

副主任:何幼平*　陈惠标　邹建强　危建平

政和县人大常委会

主　任:詹树强

副主任:叶福钦　魏礼情　薛衍钟　洪少锋

龙岩市人大常委会

主　任:黎梓元

副主任:李相生　卢泉昌　余丽明*　王澍珍*　林侨城　郭舒帆　邱亮星

新罗区人大常委会

主　任:张天洲

副主任:吕仁安　张金荣　陈展富

永定县人大常委会

主　任:吴瑞林

副主任:李荣光　杨德如　吕国文

上杭县人大常委会

主　任:陈思忠

副主任:张昌林　赖杭新　黄晓兰*　蔡永华

武平县人大常委会

主　任:王民发

副主任:钟荣秀*　童耀华　石登峰　温万章

长汀县人大常委会

主　任:刘其炎

副主任:李文生　梁茂源　谢先梅　张明松

连城县人大常委会

主　任:傅开照

副主任:林百坤　赖海英　刘保生　吴开达

漳平市人大常委会

主　任:陈永林

副主任:席海勤　郭志敏　陈乐昌　洪美英*

宁德市人大常委会

主　任:林多香

副主任:林坤华　刘必贵　范世尧　李步泉　刘慧宇*　蓝兴贵

蕉城区人大常委会

主　任:汤万泽

副主任:叶协进　周玉成　林碧娇*　肖永春　黄俊敏

福安市人大常委会

主　任:阮玉铃

副主任:李言明　陈平玉　钟隐芳*　林志生

福鼎市人大常委会

主　任:叶荣云

副主任:李承潘　陈德旺　王上秀　蓝　青　刘学斌　郭如盾

霞浦县人大常委会

主　任:曾　春

副主任:林志福　杨荣平　谢　闽

寿宁县人大常委会

主　任:兰清元

副主任:范良满　魏锦发　刘东明　叶斌华

周宁县人大常委会

主　任:林建强

副主任:汤翠玉*　陈佳求　郑仕强　刘佛金

柘荣县人大常委会

主　任:陆成伟

副主任:黄方尧　袁承彪　林良波　张成慧

古田县人大常委会

主　任:胡继虹

副主任:林碧兰*　陈景泗　卓昌旭　彭南平

屏南县人大常委会

主　任:张尊镇

副主任:苏维邦　林根珍　叶江华　黄成凯

注:*为女同志。

(名单由福建省人大常委会研究室提供)

省人民政府

【概述】 2009年,在中共中央、国务院和中共福建省委的正确领导下,福建省各级政府全面贯彻党的十七大、十七届三中、四中全会精神,深入学习实践科学发展观,认真落实国务院支持福建省加快建设海峡西岸经济区的《意见》,坚决实施中央应对国际金融危机的一揽子计划,按照省委的总体部署,全力保增长、保民生、保稳定,加快推进海峡西岸经济区建设,经济社会发展取得新的成效。全省生产总值12236.53亿元,增长12%;财政总收入1694亿元,增长11.7%,其中,地方级财政收入932亿元,增长11.9%;全社会固定资产投资6362亿元,增长20%;外贸进出口总额797亿美元,下降6.1%,其中,出口533亿美元,下降6.4%;按可比口径实际利用外商直接投资101亿美元;社会消费品零售总额增长16.5%;居民消费价格总水平下降1.8%;城镇居民人均可支配收入19577元,实际增长10.9%;农民人均纯收入6680元,实际增长10.1%;城镇登记失业率3.9%;人口自然增长率6.2‰。单位生产总值能耗降低3.2%、二氧化硫排放量下降1.5%、化学需氧量排放减少0.2%的节能减排目标预计可以完成。

【主要政事】 (参见特载“政府工作报告”中“2009年主要工作”部分)

【主要会议】

(一)省政府全体会议

1月15日,省政府召开2009年第一次全体会议。省长黄小晶在会上强调,各级政府各部门要按照省“两会”的部署,进一步推动各项工作落实,确保全年政府工作目标任务的全面完成,以实际成效对人大负责,对全省人民负责。

8月4日,省政府召开2009年第二次全体会议。省长黄小晶在会上强调,各级政府各部门要坚持以科学发展观为指导,认真贯彻《国务院关于支持福建省加快建设海峡西岸经济区的若干意见》,全面落实省委八届六次全会部署,按照“四求作为”的要求,做好下半年各项工作,推动经济社会又好又快发展,在新的起点上加快建设海峡西岸经济区。

(二)省政府常务会议

第16次省政府常务会议,1月4日上午召开。会议听取了省审计厅关于2008年审计工作情况的汇报、省经贸委关于解决盐场困难问题有关事项的汇报,研究了省安监局、监察厅提出的关于莆田市“10·21”特别重大火灾相关责任人员认定及处理意见,省劳动保障厅、财政厅关于2009年调整企业退休人员基本养老金方案和省发展改革委、重点办关于2009年省重点项目的安排意见。

第17次省政府常务会议,1月11日晚上、12日晚上、13日晚上召开。会议听取了省行政审批制度改革工作小组关于新一轮省级行政审批项目清理工作情况的汇报;研究了省法制办提交的《关于贯彻国务院加强市县政府依法行政决定的实施意见》(送审稿),省经贸委、省财政厅、省物价局提交的《关于进一步减轻企业负担促进经济发展的若干意见》(送审稿),省人事厅提交的《关于做好2009年高校毕业生就业工作的意见》(送审稿),省安监局提交的《政府及有关部门安全生产监督管理职责暂行规定》(送审稿),省经贸委提交的《福建省优秀新产品奖评选暂行办法》(送审稿),省国土资源厅提交的《关于进一步加强矿产资源勘查开发管理的通知》(送审稿),省政府法制办提交的《福建省“中国丹霞”自然遗产保护办法(草案)》和《福建省电力设施保护办法(草案)》,省建设厅关于贯彻《国务院办公厅关于促进房地产市场健康发展的若干意见》(国办发〔2008〕131号)加强廉租住房建设有关文件;听取了省国资委关于出资企业负责人经营业绩复核和综合评价初步结果的汇报、省发改委关于福建省新一轮铁路建设资金筹措建设方案的汇报。会议还研究了其他重要事项。

第18次省政府常务会议，1月22日上午召开。会议举办了学习《中华人民共和国劳动合同法实施条例》(以下简称《条例》)法制讲座，研究了省科技厅提出的关于2008年省科学技术奖有关事宜。

第19次省政府常务会议，2月27日上午召开。会议听取了省安监局关于全国安全生产工作会议精神及福建省贯彻意见的汇报，研究了省台办提交的《福建省人民政府关于支持台资企业发展的若干意见》(送审稿)、《福建省人民政府关于进一步加快台商高科技产业集中区发展的若干意见》(送审稿)，听取了省交通厅关于福建省湄洲湾港口开发有限公司组建方案的汇报。

第20次省政府常务会议，3月19日召开。会议听取了省发改委、省统计局关于1至2月福建省经济运行情况的汇报，还研究了其他重要事项。

第21次省政府常务会议，4月7日上午召开。会议研究了省地震局提出的福建省2009年震情形势及进一步加强防震减灾工作的意见，省人防办提出的《关于进一步推进人民防空事业发展的若干意见》(送审稿)。

第22次省政府常务会议，4月14日上午召开。会议研究了省经贸委提交的《关于进一步加强节能工作的意见》(送审稿)。

第23次省政府常务会议，4月24日下午召开。会议研究了省法制办提交的《福建省人民政府2009年立法工作计划》(送审稿)和《福建省林权登记条例(草案)》(送审稿)，省劳动保障厅提交的《关于减轻企业负担稳定就业局势有关问题的通知》(送审稿)。

第24次省政府常务会议，5月5日下午召开。会议认真学习了温家宝总理最近主持召开的原则通过《关于支持福建省加快建设海峡西岸经济区的若干意见》的国务院常务会议精神，研究了省民政厅关于2008年度省级福利彩票公益金安排使用计划有关事项。

第25次省政府常务会议，5月12日上午召开。会议听取了省发改委、统计局关于4月份福建省经济运行情况的汇报，研究了省财政厅提出的福建省地方政府债券分配方案。

第26次省政府常务会议，5月22日下午召开。会议对学习贯彻温家宝总理、贾庆林主席在闽考察重要讲话精神和国务院《关于支持福建省加快建设海峡西岸经济区的若干意见》做出了安排，研究了省发改委提交的《关于进一步鼓励和促进民间投资的若干意见(试行)》(送审稿)，省科技厅提交的《福建省科技人员服务企业行动方案》(送审稿)，省环保局提交的《关于建设项目环境影响评价文件分级审批管理的意见》(送审稿)和省国资委提交的《福建省中小企业信用再担保公司组建运作方案》(送审稿)。

第27次省政府常务会议，6月4日召开。会议研究了省推进依法行政领导小组办公室、法制办提交的《五年来福建省推进依法行政进展情况和今后五年的工作打算》(送审稿)和《福建省2009年推进依法行政工作要点》(送审稿)，听取了《中华人民共和国消防法》法制讲座和省消防总队关于新《消防法》修订调整的主要内容及法律实施中的重点问题的汇报，听取了省海洋与渔业局关于福建省海洋环境保护规划编制情况的汇报。

第28次省政府常务会议，6月15日上午召开。会议听取了省发改委、省统计局关于5月份福建省经济运行情况的汇报。

第29次省政府常务会议，6月29日上午召开。会议研究了省国土资源厅提交的《关于建立地价调节机制促进海峡西岸经济区产业发展的通知》(送审稿)，省法制办提交的《福建省建设工程安全生产管理办法(草案)》、《福建省海域采砂临时用海管理办法(草案)》和《福建省征兵工作条例(修订草案)》(送审稿)。

第30次省政府常务会议，7月13日召开。会议对省人民政府部分领导成员工作分工作了调整，听取了三明市关于泰宁申报世界遗产工作情况的汇报，省残联关于第五届全国特殊奥林匹克运动会筹备工作情况的汇报，省国资委关于福汽集团与北汽控股公司合作的情况汇报。会议根据省委常委会部署，听取省发改委关于加快福州(平潭)综合实验区建设有关问题的汇报，研究部署有关工作。

第31次省政府常务会议，7月20日上午召开。会议研究了省交通厅提交的《关于加快公路建设发展的若干意见》(送审稿)。

第32次省政府常务会议，8月14日下午召开。会议听取了省发改委、统计局关于7月份福建省经济运行情况的汇报。

第33次省政府常务会议，8月24日上午召开。会议研究了省发改委提交的《海峡西岸经济区天然气管网建设规划》(送审稿)。

第34次省政府常务会议，9月2日上午召开。会议听取了宁德市关于第三届海峡两岸茶业博览会筹备工作情况的汇报。

第35次省政府常务会议，9月21日上午召开。会议听取了省发改委、省统计局关于8月份福建省经济运行情况的汇报。

第36次省政府常务会议，9月30日上午召开。会议研究了省质量技术监督局提交的《福建省质量奖管理办法》(送审稿)，听取了省交通运输厅关于全国交通运输系统先进集体、劳动模范和先进工作者评选推荐工作情况的汇报，学习了《中华人民共和国循环经济促进法》，强调了国庆、中秋节期间相关工作。

第37次省政府常务会议，11月17日上午召开。会议听取了省发改委、省统计局关于10月份福建省经济运行情况的汇报。

第38次省政府常务会议，11月23日上午召开。会议讨论了省法制办提交的《福建省实施〈中华人民共和国城乡规划法〉办法(草案)》(送审稿)，研究了省法制办提交的《福建省出租汽车客运管理办法》(草案)、《福建省非机动车管理办法》(草案)，以及省水利厅提交的《福建省水库大坝安全管理规定(试行)》(送审稿)。

第39次省政府常务会议，12月9日上午召开。会议听取了省妇儿工委关于实施妇女儿童发展纲要工作情况的汇报，研究了省国资委关于《福建省省属企业2009～2012年发展规划实施方案》(送审稿)。

(三)省长办公会议

第1次省长办公会议，1月4日上

午召开。会议听取了省农办关于中央农村工作会议精神及福建省贯彻意见的汇报,研究了关于给予龙岩市体育局集体记功奖励有关事宜。

第2次省长办公会议,1月12日晚上、13日晚上召开。会议听取了省建设厅关于《海峡西岸经济区城市群协调发展规划》(送审稿)有关编制情况的汇报、省新闻出版局关于福建省出版发行体制改革方案的汇报,研究了省残联提交的《关于促进残疾人事业发展的意见》(送审稿),听取了省台办关于"海峡论坛"活动方案的汇报。

第3次省长办公会议,1月22日上午召开。会议听取了张志南副省长关于中央扩大内需检查组对福建省新增中央投资项目检查情况的反馈意见,研究了省发改委关于2009年福建省新增中央投资计划编报的建议、省财政厅关于福建省利用2009年地方政府债券额度规模及项目申报的建议,听取了省人事厅关于福建省政府系统事业单位参照公务员法管理情况和下一步审批意见建议的汇报。

第4次省长办公会议,2月27日上午召开。会议研究了福建省第二届突出贡献企业家评选及表彰工作;听取了省安监局、省监察厅、省建设厅关于宁德霞浦"10·30"重大建筑施工生产安全事故调查处理有关情况的汇报,省文化厅、省人事厅关于评选表彰"福建土楼"申报世界文化遗产工作先进集体和先进个人情况的汇报。

第5次省长办公会议,3月25日晚上召开。会议听取了省水利厅、审计厅关于审计署深圳特派办对福建省病险水库除险加固工程进行审计调查有关情况的汇报。

第6次省长办公会议,4月7日上午召开。会议研究了省财政厅关于福建省地方政府债券有关事项、省公安厅提出的《关于简化海外高层次引进人才居留和出入境手续的通知》(送审稿)、省人事厅关于福建省军转干部安置和军转先进表彰工作的有关事宜、省林业厅提出的森林火灾保险方案。

第7次省长办公会议,4月14日上午召开。会议听取了省发改委、省统计局关于一季度福建省经济运行情况的汇报。

第8次省长办公会议,4月24日下午召开。会议听取了省文化厅关于举办第四届福建艺术节筹备情况的汇报。

第9次省长办公会议,5月5日下午召开。会议研究了省发改委提交的《加快平潭开放开发建设两岸合作平潭实验区的若干意见》(送审稿),听取了省科技厅关于福建杰出科技人才评选表彰工作的汇报,省安监局关于霞浦"10·30"重大建筑施工生产安全事故调查处理情况和长乐"1·31"重大火灾事故调查处理情况的汇报,研究了省公安厅提出的关于基层公安民警加班误餐补贴发放有关事项,听取了省编办关于省政府机构改革实施方案的汇报。

第10次省长办公会议,5月22日下午召开。会议听取了省发改委、省建设厅关于第七届中国·海峡项目成果交易会及海峡绿色建筑与建筑节能博览会筹备情况的汇报,省卫生厅、财政厅关于全国医药卫生体制改革工作会议精神及福建省贯彻意见的汇报,研究了省科技厅提交的《关于福建省贯彻落实国务院〈关于发挥科技支撑作用促进经济平稳较快发展的意见〉的实施意见》。

第11次省长办公会议,5月31日下午召开。会议听取了省卫生厅关于当前福建省防控甲型H1N1流感有关工作的汇报,研究安排了贯彻落实国务院《关于支持福建省加快建设海峡西岸经济区的若干意见》的有关工作任务分工,研究部署了福建省重点流域水环境综合整治工作。

第12次省长办公会议,6月4日召开。会议听取了省外经贸厅关于福建省参加上海世博会筹备有关工作的汇报;研究了省经贸委提交的《福建省钢铁及有色金属产业等八个重点产业调整和振兴实施方案》(送审稿),省旅游局提交的《关于进一步推动旅游产业发展的若干意见》(送审稿);听取了省老区办关于福建省原中央苏区县、革命老区争取国家政策支持的情况汇报,省教育厅关于福建省杰出人民教师评选表彰工作的汇报,省农办关于制定新时期农村扶贫标准有关问题的汇报,省人事厅关于第七届全国人民满意的公务员和公务员集体评选推荐情况的汇报。

第13次省长办公会议,6月15日上午召开。会议研究了省发改委提交的《福建省建设海峡西岸经济区纲要》(修编送审稿)。

第14次省长办公会议,6月29日上午召开。会议研究了省发改委提交的《福建省建设海峡西岸经济区纲要》(修编送审稿),听取了省支前办关于召开全省军民共建"三挂钩"工作经验交流表彰会方案的汇报,省民政厅关于评选优秀复员退伍军人工作情况的汇报,还研究了其他重要事项。

第15次省长办公会议,7月13日召开。会议听取了省发改委、省统计局关于上半年福建省经济运行情况的汇报,省双拥办关于2009年度慰问部队活动及经费安排方案的汇报,省林业厅关于中央林业工作会议精神及贯彻意见的汇报,研究了省教育厅提交的《贯彻国务院〈关于支持福建省加快建设海峡西岸经济区的若干意见〉推动教育又好又快发展近期重点实施方案(2009～2012年)》,省民政厅提交的《关于进一步做好拥军优属工作的意见》(送审稿),听取了省人事厅关于第五次全国军转表彰大会暨2009年军转安置工作会议精神及福建省贯彻意见的汇报,省政府办公厅关于《推进闽台金融合作先行先试建立两岸区域性金融服务中心工作方案》的汇报,研究了省发改委提交的《关于加快平潭先行先试综合试验区建设的若干意见》(代拟稿)、福州市关于《平潭县区域战略规划初步思路》和平潭综合试验区开发建设起步阶段工作及需要协调解决的有关问题。

第16次省长办公会议,7月20日上午召开。会议研究了省交通厅提交的《福建省港口体制一体化整合总体方案》,听取了福州市政府和省体育局关于申办第八届全国城市运动会有关工作的汇报,省民政厅关于评选推荐优秀复员退伍军人工作情况的汇报。

第17次省长办公会议,8月7日上午召开。会议研究了省外经贸厅提交的《福建省加强海关特殊监管区建设方案》(送审稿)和《福建省开发区扩区新设整合升级方案》(送审稿),听取了省政府办公厅关于兴业银行入主联华信托有关情况的汇报,研究了莆田市政府提交的《福建省人民政府　国家开发投资公司关于加快湄洲湾(石门澳)产业园开发　推进海峡西岸经济区建设的合作协议》(送审稿),研究了其他重要事项。

第18次省长办公会议，8月14日下午召开。会议研究了省发改委提交的《福建省发展和改革委员会关于今年以来经济形势和做好今后几个月经济工作的建议》（送审稿），听取了省司法厅关于组建福建景弘有限公司实施方案的汇报，省民族宗教厅关于推荐国务院第五次全国民族团结进步模范集体和模范个人有关情况汇报。

第19次省长办公会议，8月24日上午召开。会议研究了省住房和城乡建设厅提交的《海峡西岸城市群协调发展规划》（送审稿），听取了省教育厅关于福建省第二届杰出人民教师评选情况及表彰工作的汇报，省林业厅关于《持续深化集体林权制度改革建设海西现代林业的意见》（送审稿）的汇报。

第20次省长办公会议，9月2日上午召开。会议研究了南平市政府关于海峡两岸茶业博览会从第四届开始在武夷山举办的事宜、省供销社提交的《关于加快新农村现代流通网络工程建设推进农村流通业全面发展的实施意见》（送审稿）、省科技厅提交的关于2009年市、县（区）科技进步考核结果有关事宜、省公务员局提交的全省“人民满意公务员”和“人民满意公务员集体”建议名单、省交通运输厅提交的《福州—宁德港口管理体制一体化建议方案》（送审稿）、省外经贸厅提交的《福建省开发区扩区新设整合升级方案》（送审稿）和《福建省加强海关特殊监管区建设方案》（送审稿）。

第21次省长办公会议，9月21日上午召开。会议研究了省人力资源和社会保障厅提交的《福建省人民政府关于开展新型农村社会养老保险试点工作的实施意见》（送审稿），听取了漳州市政府关于首届海峡两岸现代农业博览会、第十一届海峡两岸花卉博览会筹备工作的汇报，三明市政府关于第五届海峡两岸（三明）林业博览会暨投资贸易洽谈会筹备工作的汇报，研究了省外事办提交的《第四届福建省“荣誉公民”和第六届“友谊奖”候选人名单》（送审稿）。

第22次省长办公会议，9月30日上午召开。会议研究了省发改委提交的第六届泛珠三角区域合作与发展论坛暨经贸洽谈会总体工作方案和筹备工作方案，省经贸委提交的《福建省加快闽台产业深度对接的工作意见》（送审稿）、省信息化局提交的《福建省人民政府关于进一步加快软件产业发展的意见》（送审稿）。

第23次省长办公会议，10月16日下午召开。会议听取了省发改委、统计局关于第三季度福建省经济运行情况的汇报，研究了省林业厅提交的《中共福建省委　福建省人民政府关于持续深化林改推进海西现代林业发展的意见》（送审稿），听取了省发改委关于海峡产业投资基金组建方案的汇报。

第24次省长办公会议，10月19日上午召开。会议听取了省发改委关于福建省“十二五”规划研究编制工作情况的汇报，莆田市人民政府关于福建省第十四届运动会有关筹备工作的汇报；讨论了省公务员局等提出的《福建省引进高层次创业创新人才暂行办法》（送审稿）、《海西产业人才高地建设实施办法》（送审稿）和《福建省“海西青年创业英才”培养实施办法》（送审稿）；听取了省科技厅关于“福建省第二届杰出科技人才”评选表彰工作有关情况的汇报，省审计厅关于“全国审计系统先进集体、先进工作者”评选工作有关情况的汇报，省公务员局、省人力资源开发办关于“全省人民满意的公务员”和“人民满意的公务员集体”评选工作有关情况的汇报。

第25次省长办公会议，11月2日上午召开。会议研究了省发改委、省经贸委提交的《福建省新能源、生物与新医药、建材、物流等4个产业振兴实施方案》（送审稿）、《福建省新材料产业振兴实施方案》（送审稿），听取了省环保厅关于《福建省生态功能区划》（送审稿）编制情况的汇报，省物价局关于福建省电价调整方案的汇报，省机关事务管理局关于省直机关住房有关工作情况汇报。

第26次省长办公会议，11月13日下午召开。会议研究了省政府办公厅提交的《政府工作报告》（讨论稿），还研究了其他重要事项。

第27次省长办公会议，11月17日上午召开。会议研究了省经贸委提交的《福建省物流业产业振兴实施方案》（送审稿）、《福建省节能环保产业振兴实施方案》（送审稿），省发改委提交的《福建省新材料产业振兴实施方案》（送审稿）。

第28次省长办公会议，11月23日上午召开。会议听取了省民政厅关于南平市更名有关情况的汇报，省委老干部局、省卫生厅关于福建省老年医院管理体制调整有关问题的汇报，会议还研究了其他重要事项。

第29次省长办公会议，12月9日上午召开。会议听取了省发改委关于2009年福建省经济社会发展主要指标预计与明年预期目标安排的初步意见，省财政厅关于2010年省委、省政府为民办实事项目建议方案的汇报。

第30次省长办公会议，12月21日上午，受黄小晶省长委托，张昌平常务副省长主持召开省长办公会议。会议听取了省林业厅关于“全省林业工作先进集体和先进个人”评选表彰工作有关情况的汇报。

（章文恕）

【福建省人民政府省长、副省长、秘书长、副秘书长名单】（以2009年12月底在职者为准）

省　　长：黄小晶

副 省 长：张昌平　陈　桦*
叶双瑜　李　川
苏增添　张志南
洪捷序

秘 书 长：冯声康

副秘书长：刘　明　张添根
艾国清　林昌丛
彭照杉　孔繁圣
张福寿　郑新聪
李　强　林依标

【福建省人民政府所属机构、企事业单位负责人名单】（以2009年12月底在职者为准）

省政府办公厅

主　任：刘　明

副主任：黄伟生　刘建崇　王剑华

省发展和改革委员会

主　任：张志南

副主任：陈毓寰　郑栅洁　郑　勇
谢超雄　林锡能　余　军
石建平　龚友群

省经济贸易委员会

主　任：周联清

副主任：卢增荣　陈炎生　钟安平
林宝金　胡渡南　张金铸
马鉴康　郑李亭

省教育厅

厅　长:鞠维强

副厅长:郑传芳　杨　辉　刘　平*　薛卫民　吴仁华

省科学技术厅

厅　长:庄荣文

副厅长:丛　林　杜　民*　李堂杰　何静彦*　周世举

省民族与宗教事务厅

厅　长:王聚仁

副厅长:施　文　林致知

省公安厅

厅　长:牛纪刚

副厅长:王　鑫　张东鸣　张建生　王小洪　李　清　施志强

省国家安全厅

厅　长:艾国清

省民政厅

厅　长:马跃征

副厅长:陈进暖　周扬基　周　瑛*　邱　玮　罗万荷

省司法厅

厅　长:陈义兴

副厅长:薛育卿　陈　勇　肖新建　李跃万　李陵军

省财政厅

厅　长:陈小平

副厅长:陈青文*　张小平　王永礼　孙婷婷*

省人力资源和社会保障厅

厅　长:钟维平

副厅长:丛远东　赖诗卿　陈　翔　颜路光

省国土资源厅

厅　长:魏克良

副厅长:叶　敏　何南飞　陈志忠

省环境保护厅

局　长:马承佳

副局长:丛　澜*　陈　宁　廖　屹　王国长

省住房和城乡建设厅

厅　长:林坚飞

副厅长:王家祥　翁玉耀　李　尧　王知瑞

省交通运输厅

厅　长:李德金

副厅长:唐建辉　许　莹*　吴庭锵　马继列　王兆飞　宋海滨

省农业厅

厅　长:陈绍军

书　记:檀云坤

副厅长:林少雄　黄华康　姜绍丰　刘亚圣

省林业厅

厅　长:吴志明

副厅长:兰思仁　林少霖　张明接　谢再钟

省水利厅

厅　长:杨志英

副厅长:刘子维　吴章云*　林邦树　张天明

省海洋与渔业厅

局　长:刘修德

副局长:黄世峰　李祥春　陈泽銮　王星云

省对外贸易经济合作厅

厅　长:杨　彪

副厅长:张　秋　贺汪洋*　王　健　陈少和　陈安生　向贤彪　王晓阳　孙希有

省文化厅

厅　长:宋闽旺

副厅长:陈　朱　张　远　陈立华

省卫生厅

厅　长:杨　平

副厅长:李德仁　张守臣　林才经　陈秋立　陈文加　阮诗玮　林圣魁

省人口与计划生育委员会

主　任:雍秀英*

副主任:游振伟　任酒玲　方　群

省审计厅

厅　长:俞传尧

副厅长:梁亦秋　王光远　林秋美

省政府外事办公室

主　任:宋克宁

副主任:杨香勤*　王天明　李　宏

省国有资产监督管理委员会

书　记:陈向先

主　任:周联清

副主任:林宝金　郑默人　林文生　余红胜

省公务员局(省人力资源开发办公室)

局　长(主　任):丛远东

副局长(副主任):汤昭平　杨雁雄　吴小颖　黄正风

省地方税务局

局　长:李国瑛

副局长:叶木凯　林　琼*　施维雄　施隆银

省工商行政管理局

局　长:陈乙熙

副局长:潘崇奎　朱昌彬　黄培惠

省质量技术监督局

局　长:黄序和

副局长:吴　赳　林文平　赵雪萍*

省广播电影电视局

局　长:翁　星

副局长:张作兴　胡永新　庄志松

省新闻出版局

局　长:郭振家

书　记:陈秋平

副局长:蒋达德　陈忠财

省体育局

局　长:徐正国

书　记:杨文科

副局长:毛武夷　吴立官　陈忠和

省安全生产监督管理局

局　长:陈炎生

副局长:郭国华　裘松樵　施惠财

省统计局

局　长:陈　建

副局长:张福坤　林文芳　陈志强

省旅游局

局　长:郭恒明

副局长:李毅强　陈扬标　郑维荣

省粮食局

局　长:黄希敏*

副局长:徐桂春　冯利辉

省食品药品监督管理局

局　长:李德仁

副局长:黄有霖　张炳祥　赵　琛　詹积富

省物价局

局　长:姜榕兴

副局长:林作明　赖文达

省政府侨务办公室

主　任:曾晓民

副主任:叶康勇　邓伦成

省人民防空办公室

主　任:黄家铭

副主任:陈灿辉　戴滨辉　胡启泰

省信息化局★

局　长:卢增荣

副局长:邵玉龙　曹建平　林　立　严效东

省政府驻北京办事处

主　任:孔繁圣

副主任:林锡能　林　光

省政府驻上海办事处★

主　任:陈振环

副主任:吴　翔　陈广蛟

省政府驻广州办事处★

主　任:林卫宠
副主任:沈金华　许建设
省政府驻深圳办事处★
主　任:李香灿
副主任:李进敏　王建富
省政府法制办公室★
主　任:张　猛
副主任:黄岩生　林依钦
省政府机关事务管理局★
局　长:彭照杉
副局长:施亚光　陈秀琴* 肖济通　武新生
省公安厅交通警察总队★
总 队 长:陆昌鼎
政　　委:崔宗建
副总队长:张德雨　刘建敏　林寿余
省监狱管理局★
第一政委:陈义兴
局　　长:李跃万
政　　委:林洪麟
副 局 长:陈　强　邬国梁　吴安通
省海洋渔业执法总队★
总 队 长:俞乃福
政　　委:叶建平
副总队长:何敬祥　王友喜　张思荣
副 政 委:陈福茂
省政府水电站库区移民开发局★
局　长:蔡　伟
副局长:张海军　雷　雄　杨昌健　谢尔国
省测绘局★
书　记:何清和
局　长:陈跃进
副局长:陈智仁　林孝文
省知识产权局★
局　长:罗　旋*
副局长:李冬根　林　秋
省铁路建设办公室★
主　任:俞开洋
副主任:章锦贵
省地质矿产勘查开发局
局　长:邵　旭
副局长:江敦岚　王　昆　张建忠
中国海峡人才市场
书　记:丛远东
副总经理:林国梁　吴瑞建
省供销社
主　任:陈则生
副主任:陈依炳　陈旭青
省城镇集体工业联合社
主　任:陆开锦
副主任:李长根　顾　正
省机械设备成套局
局　长:刘群心*
副局长:闵小权　张购良
省地方志编纂委员会
主　任:罗　健
副主任:方　清　江荣全
省政府发展研究中心
主　任:李闽榕
副主任:林振平　赵　彬
省农业科学院
书　记:吕月良
院　长:刘　波
副院长:张伟光　翁伯琦　林天龙
省政府项目投资评审中心
主　任:陈毓寰
副主任:周跃华　林明洙
福建社会科学院
院　长:张　帆
书　记:方彦富
副院长:黎　昕　李鸿阶
省广播影视集团公司
董 事 长:舒　展
副董事长:陈文广　陈坦汶　王　展　陈若凡
省水利水电勘测设计院★
院　长:李小榕*
副院长:陈敏岩　何文兴　林　琳*　何光同
省经济信息中心★
副主任:吴绍济　马亨冰
中国闽台缘博物馆★
书　记:谢清海
馆　长:杨彦杰
副馆长:朱定波　陈健鹰
福建投资开发集团公司
董 事 长:翁若同
总 经 理:王会锦
副董事长:陈山平　梁永新
副总经理:彭锦光　朱学伦　谢荣兴　黄明园*　王　比　李　松*
华闽(集团)公司
董 事 长:杨东成
总 经 理:萨本淦
副总经理:汪小武
省外贸集团公司
董 事 长:张　忠
总 经 理:陈军华
副总经理:洪仕建　黄荣文
省轻纺(控股)公司
董 事 长:吴冰文
总 经 理:郑　震
副总经理:黄国英
省能源集团公司
董 事 长:隋　军
副董事长:许炜华
副总经理:李建寅　姜初炎　林锦瑞
省煤田地质局★
书　记:刘宝生
局　长:林金本
副局长:罗杰东　张钦文
省冶金(控股)公司
董 事 长:欧阳元和
总 经 理:欧阳元和
副总经理:林作鉴　张　榕　李　镇
省船舶集团公司
董 事 长:冯志农
总 经 理:赵金杰
副总经理:黄文定　黄　莼　董飞龙
省汽车(集团)公司
董 事 长:廉小强
副总经理:王志勇
福建炼油化工公司
董 事 长:陆　东
书　　记:陈晓波
副董事长:林　立
副总经理:赵力平　吴文信
福建石化集团公司
董 事 长:林　立
副董事长:周文立
副总经理:倪运东
省机电(控股)公司
董 事 长:陈　亮
副总经理:高汉生
省电子信息集团公司
董 事 长:刘捷明
总 经 理:杨立胜
副总经理:邹金仁
厦门航空公司
董 事 长:洪获生
总 经 理:车尚轮
副总经理:张群治　赵　东　王景民　蔡城堡
福建建工集团总公司
总 经 理:黄建民

副总经理：丘亮新　张仲平
张　玲*

省交通运输集团公司

董 事 长：刘小键
总 经 理：李兴湖
副总经理：刘克坤　卞谦祥
陈　乐

省高速公路公司

董 事 长：唐建辉
总 经 理：吴庭锵
副总经理：邱榕木　黄祥谈

福建中旅集团公司

董 事 长：陈瑞曾
总 经 理：刘依珠*

省机电设备招标公司

总 经 理：陈　武
副总经理：蔡文炜　曾天辫

广发华福证券公司

董事长：黄金琳
总　裁：邹　日

福建新华发行(集团)公司

董 事 长：邓保南
副董事长：王焕然
副总经理：花晓勇　刘子华

兴业银行

董事长：高建平
行　长：李仁杰
监事长：毕仲华*
副行长：康玉坤　陈德康

省农村信用社联合社

理事长：鄢一忠
副理事长、主任：严　正
理　事：兰益江
副主任：张镇雄

【中央有关部委驻闽直属机构负责人名单】（以 2009 年 12 月底在职者为准）

新华社福建分社

社　长：王海征
副社长：褚言义　李大宏

中科院福建物构所

所　长：洪茂椿
副所长：曹　荣　兰国政　黄艺东

国家林业局驻闽专员办事处

副专员：何美成

财政部驻闽专员办事处

监察专员：孟建国
副监察专员：张瑞惠*

国家统计局福建调查总队

总 队 长：魏晓光
副总队长：张晓玲*　陈志良

省国家税务局

局　长：张金水
副局长：连开光　陈　滨　刘孟全
王明茂

省气象局

局　长：董　熔
副局长：林新彬　周京星*　陈　彪
魏应植

省地震局

局　长：金　星
副局长：朱金芳　黄向荣　史舜华

福建海事局

局　长：陆鼎良
副局长：赵亚兴　郑卓凡　李　伟

厦门海事局★

局　长：肖跃华
书　记：郑卓凡
副局长：申亚平　林文璋　王高耀

福建煤矿安全监察局★

局　长：陈炎生
副局长：丁明干

福州海关

关　长：李　国
副关长：钟万明　赵建中　程纪元
李志轩　李保平

厦门海关

关　长：丁学辉
副关长：陈华山　胡　清　钱明城
万志朝　陈国清

福建出入境检验检疫局

局　长：高玉潮
副局长：谢少华　詹开瑞　井　伟
俞一江　于　竞*

厦门出入境检验检疫局

局　长：詹思明
副局长：马启和　蔡家焰　陈华忠
黄丽玲*

省电力公司

总 经 理：李卫东
副总经理：张　磊　陈卫中
段志刚　蔡敬东

华电福建发电公司

总 经 理：黄宪培
书　　记：黄少雄
副总经理：杨富春　李立新
陈瑞兴

华能国际电力福州分公司(电厂)★

书　记：陈振声
厂　长：李来龙
副厂长：陈　辉　赵东明　朱金美
孙耀伟

省邮政管理局★

局　长：赵进修
副局长：胡道平　王　丰

省通信管理局

局　长：杨锦炎
副局长：陈松年　张丽娟*

省邮政公司

总 经 理：康　宁
副总经理：黄建计　董志宏
李新华　方志鹏

省电信公司

董 事 长：刘耀明
总 经 理：刘耀明
副总经理：黄　衍　高金兴
陈锦华　林宝禄

中国移动福建公司

董 事 长：黄立伟
总 经 理：黄立伟
副总经理：林柏江　张　莉*
邱滨玲

中国联合网络通信福建公司

总 经 理：李文林
副总经理：戴　斌　张志冰
刘新平　孙剑广
伍千军　钟　军

中国铁通福建公司

总 经 理：李志伟
副总经理：田宝库　吴恺平
王　鳌　王恒祥

民航福建安全监督管理局★

局　长：李志峰
副局长：游永平　潘　军

南昌铁路分局福州办事处★

主　任：陈为坤
副主任：朱生垣　孙祥生　李遵灵

福建石油总公司★

书　记：杨前战
总 经 理：郝国强
副总经理：刘成勇　陈必文

中航技福建分公司

副总经理：方　艾*

福州精密机械进出口公司

总 经 理：陈发扬
副总经理：周培琪*

省烟草专卖局(公司)★

局长、总经理：杨培森
副　局　长：张　卉
副 总 经 理：揭柏林　李晓陆
林则森

福建中烟公司

总 经 理:卢金来
副总经理:李仰佳 李跃民
陈子强
中储粮福建分公司
总 经 理:陈佐立
副总经理:肖富银 陈 钢
中国冶金地质勘查工程总局二局★
局 长:孙修文
副书记:陈建民
副局长:洪金泉 张庆鹏 黄树峰
大唐国际发电福建分公司
总 经 理:李三虎
副总经理:张树元 高永春
潘松林
中铝瑞闽板公司
总 经 理:谢金辉
书 记:林炳峰
副总经理:李谢华 蔡 峰
银监会福建监管局
局 长:王晓辉
副局长:陈晓南* 于战勇 黄邦锋
胡艳超
保监会福建监管局
局 长:朱增镰
副局长:王 斌 袁克林 吴朝生
证监会福建监管局
局 长:岳仁华
副局长:田荔琴* 黄宗福 林 林
人行福州中心支行
行 长:吴国培
副行长:宋建荣 吴成居 晏露蓉*
宋汉光
中国工商银行福建省分行
行 长:杨春林
副行长:胡 磊 蔡治建 刘 丹
谢少波 范国德
中国农业银行福建省分行
行 长:陈献明
副行长:陈兴株 郑瑞华 石九生
林建通
中国建设银行福建省分行
行 长:陈 轼
副行长:林青山 李文贤 林和发
刘 峰
中国银行福建省分行
行 长:陈 石
副行长:阮 平 翁文森 周天均
陶以平 高红军
中国农业发展银行福建省分行
行 长:夏文生
副行长:陈 群 蔡来法

国家开发银行福建省分行
行 长:张 伟
副行长:赵方强 于丕涛 曾丽卿*
陈 节
中信实业银行福州分行
行 长:董志炎
副行长:林小青
交通银行福州分行
副行长:杜 静 吴建勋 马爱平
汤国庆 林小晶
中国进出口银行福州代表处
首席代表:姚秀英
长城资产管理公司福州办事处
总 经 理:陈鸿珊
副总经理:饶才旺
信达资产管理公司福州办事处
副主任:石三平* 曾永明
华融资产管理公司福州办事处
副总经理:余朝谋 江发铃
东方资产管理公司福州办事处
总 经 理:丁 宁
副总经理:王光远
中国人民财产保险公司福建分公司
总 经 理:林智勇
副总经理:刘登仁 胡毅民
李福涵 郭继敏
骆少鸣
中国人寿保险公司福建分公司
总 经 理:许恒平
副总经理:赵东明 江龙海
黄秀美* 赵国栋
中国人保控股公司福建办事处
副总经理:黄平治

【各设区市、县(市、区)人民政府领导人名单】(以 2009 年 12 月底在职者为准)

福州市人民政府
代市长:苏增添
副市长:梁建勇 朱 华* 杜源生
陈 奇 时小雨 陈为民
徐铁骏
鼓楼区人民政府
区 长:林 飞
副区长:许铭忠 张宏荣 林 颖*
胡道坦 金国栋 刘建兴
徐金泰
台江区人民政府
区 长:陈春光
副区长:杨木泽 林 景 王建东
谢谦华* 严立武 何长嘉

郑则传
仓山区人民政府
区 长:黄 平*
副区长:潘邦瑞 宋仟根 张 涵*
谢 侹 程必康 潘仰武
陈 峰
晋安区人民政府
代区长:阮孝应
副区长:刘昌棋 林继锵 李利民
侯爱平* 董敬用 陈信英
金昌钦
马尾区人民政府
区 长:林新国
副区长:李苏林 李占卫 高洪霖
潘 威 许荔萌* 陈秋伸
福清市人民政府
市 长:陈伙金
副市长:游美兴 林茂清 蔡福勇
陈少华* 陈 生 王建生
陈恒东 游华冠
长乐市人民政府
市 长:林文芳
副市长:王绍知 邓达木 郑祖英
林建秀* 陈 钰 王建忠
林建国 吴文琪 陈增国
庄晨辉
闽侯县人民政府
县 长:高 明
副县长:李永祥 杨传金 欧 建
林建善 许舜举 杜 微*
陈乐森
连江县人民政府
县 长:林 峰
副县长:林伦健 邱香英* 林榕森
张金潮 孙祥光 雷言钦
闽清县人民政府
县 长:王长鹰
副县长:唐为民 王贞锋 华秀敏*
黄 钢 张 彪 刘久兴
罗源县人民政府
县 长:何代钦
副县长:黄 菁* 于红旗 董志干
兰可明 汪孝敏 黄元祥
永泰县人民政府
代县长:林 强
副县长:郭宜超* 王德冠 冯常胜
张仁灿 郑维忠 吴德泉
王寿钦
平潭县人民政府
县 长:陈文波
副县长:欧小宁 张 玲* 陈人寿

林　平* 刘建宁　丁雄生
黄良希

厦门市人民政府

市　长:刘赐贵
副市长:丁国炎　詹沧洲　潘世建
黄　菱* 叶重耕　裴金佳

思明区人民政府

区　长:张灿民
副区长:白玉渊　何瑞福　潘少銮*
黄嘉斌　陈添友　何东宁
林起核

湖里区人民政府

区　长:张宗苎
副区长:黄国彬　陈远志　林延勋
傅晓春* 邹庆键　王　中
林　建

集美区人民政府

区　长:倪　超*
副区长:蔡顺驰　江根云　廖华生
曾文生　范启德　张剑鸣
王良睦

海沧区人民政府

区　长:林国耀
副区长:李文东　周威榕　叶莎莉*
白国华　李培祥　何伯星
邱武伟

同安区人民政府

区　长:陈　琛*
副区长:黄燕添　李　虹　林金煌
叶振杉　黄新英* 洪琴水
许国华

翔安区人民政府

区　长:柯志敏*
副区长:胡亮信　齐晓玲* 曾东生
杨长明　洪国平　吴国梁

漳州市人民政府

代市长:陈　冬
副市长:王耀泉　黄浦江　刘文标
谢毅泰　赵　静* 陈汉夫

芗城区人民政府

副区长:陈禹生　邱晓晖　林日德
戴志嵩　林良海　黄建国
杨素萍*

龙文区人民政府

区　长:张琳光
副区长:陈龙山　王雅秋* 周俊雄
刘亚东　陈勇谋

龙海市人民政府

市　长:杨溪峰
副市长:张文通　洪文安　阮亚祥
郑文全　苏森荣　郑朝昌
蔡建忠　吴芳华* 马建华

漳浦县人民政府

县　长:陈汉夫
副县长:曾智勇　林仲文　王彩云*
刘两溪　陈一森　何晓明
柳亚殊　刘达文　杨志鹏

云霄县人民政府

县　长:陈福州
副县长:张海鹰　詹　伟　何才成
施仲达　谢绍舟　林达祥
郑云冰

诏安县人民政府

县　长:吴文团
副县长:陈云水　蒲少城　郭阿其
沈义和　沈明瑞　蔡力灏*
庄龙图　沈一彬　蔡良候

东山县人民政府

县　长:吴达金
副县长:邱永顺　林亚盛　黄义文
何金水　朱展发　林贤丽*

平和县人民政府

县　长:洪里专
副县长:黄劲武　周建明　林德志
赖敏生　曾　民　赖武平
戴鹏飞　李美桂

南靖县人民政府

县　长:张翼腾
副县长:周志聪　詹文华　黄庆华
余金武　洪泰伟　朱　真*
汤如旭

长泰县人民政府

县　长:王　龙
副县长:徐建忠　黄井南　叶亚强
梁跃辉　郑明福　郭达璐*
池永东

华安县人民政府

县　长:沈建平
副县长:林国强　林炳章　方龙辉
陈树林　许鹃君* 陈育敏

泉州市人民政府

市　长:李建国
副市长:廖小军　黄维礼　洪泽生
潘燕燕* 许昆贞　林伯前
陈荣洲

鲤城区人民政府

区　长:李永远
副区长:陈劲松　陈建通　费森平
苏子卿* 吴毓舟　章新华
陈财水

丰泽区人民政府

区　长:许文贵
副区长:李清景　许贻菲* 上官蓝波
陈伟群　刘建兴　黄景春
詹振生

洛江区人民政府

区　长:朱团能
副区长:黄碧煌* 宋爱华* 林志强
王进足　廖伏树　谢丽华*
余庆锋

泉港区人民政府

区　长:林华伟
副区长:黄文成　林建国　赵琼花*
吴世木　林荣川　陈国才
周允明　江义平

晋江市人民政府

市　长:尤猛军
副市长:洪于权　吴清滨　陈晋永
许宏程　蔡萌芽* 林庆峰
曾献礼　王金战

石狮市人民政府

代市长:黄南康
副市长:林自育　郭丽莲* 林天虎
高文俱　刘德旺　陈元生
洪维陆　杜举胜

南安市人民政府

市　长:陈荣法
副市长:刘志平　李天居　林建辉
吴顺情　姚智寿　李清安
蔡龙群　张瑞平

惠安县人民政府

县　长:林万明
副县长:赖清正　黄斌专　蒋向群
杨树青　陈海涛　黄怀忠
叶李艺　辜惠钦　黄松友

安溪县人民政府

县　长:陈灿辉
副县长:廖皆明　龚培毓　许锦青
林荣超　郑清花* 陈春买
陈文杰　郑乃辉* 王金章

德化县人民政府

县　长:李辉跃
副县长:林合龙　黄耀昆　黄文胜
温文英* 黄金踧　曾宪堡
丁国民　王志安

永春县人民政府

县　长:叶一帆
副县长:康思坚　张传统　余永坚
郑文良　余金南　颜丽明*
王超万

三明市人民政府

市　长:刘道崎
副市长:张发录　林俊德　朱昌贤

陈有极　洪明德　陈凤珠*
王　刚

三元区人民政府
区　长:杨稚平
副区长:刘同军　王小坚　吴小云*
王树勇　陈宝熙

梅列区人民政府
区　长:张丽娟*
副区长:范纯文　胡晓明　刘开林
马玉华*

永安市人民政府
市　长:涂振锟
副市长:张新兴　李昌安　张德乾
李　辉　陈胜智　陈铁晗*
范　明

清流县人民政府
县　长:曹榕庆
副县长:李增祥　黄月珍*　林峥声
邓炳辉　王　争

宁化县人民政府
县　长:巫福生
副县长:杨永生　罗启发　许丽华*
陈瑞镜　李平生　陈　健

建宁县人民政府
县　长:潘闽生
副县长:曾贤平　谢翠姬*　赵圣宏
谢忠喜

泰宁县人民政府
县　长:廖小华*
副县长:郑剑波　邱模辉　林移发
蔡秀琴*　邓秀广

将乐县人民政府
县　长:林共妙
副县长:郑建勋　蔡礼俊　谭维林
廖　明　王亚珍*

沙县人民政府
代县长:肖长根
副县长:吕永青　邓兆盛　罗奕星
邱华英*　乐生龙　陈剑生

尤溪县人民政府
县　长:曹榕庆
副县长:张元明　罗金水　孙扬腾
范建民　赖诗洲　张金华*
苏世斌

大田县人民政府
副县长:熊旭明　陈庆建　张爱兰*
谢　军　苏迎平　余维语

明溪县人民政府
县　长:厉　云
副县长:叶力生　王汉英　方剑锋
陈华洲　谌良福

莆田市人民政府
市　长:张国胜
副市长:林庆生　李力利　张丽冰*
李辉龙　李飞亭　阮　军
傅冬阳

仙游县人民政府
县　长:林　桦*
副县长:黄德根　黄一敏　翁金坤
陈兆清　王世文　林志良
王建煌*

荔城区人民政府
区　长:胡国防
副区长:顾清泉　韩福来　邹志成
蔡国萍*　谢燕武

城厢区人民政府
区　长:沈金水
副区长:陈仁川　陈家顺　郑成华
彭金海　郑锦权　陈洪武
张伯松

涵江区人民政府
区　长:沈伯麟
副区长:林永华　陈玉鹏　陈仍全
邹荔平　姚冰珊*　吴健明
杨小君

秀屿区人民政府
区　长:王玉明
副区长:何金清　邱金财　张一丽*
吴庆茂　陈芳林　林珍发

南平市人民政府
市　长:龚清概
副市长:张兆民　何三保　杨荣郎
陈美琼*　兰斯文　刘山鹰

延平区人民政府
区　长:黄　雄
副区长:吴永辉　陈崇荣　王夏宜
潘敏芳*　王土诚　何明星
应朝阳　郑新辉

邵武市人民政府
市　长:武　勇
副市长:熊贻荣　蔡忠明　龚建春
季翔峰　钱瑞荣

武夷山市人民政府
市　长:胡书仁
副市长:金益满　崔进玉*　林春松
江书华　郑永宏　黄晓东
林振龙

建瓯市人民政府
市　长:余　坚
副市长:陈道华　夏邵平　郑有生
林　勇　叶国壮　姜贵梅*
林瑞良

建阳市人民政府
代市长:袁仁旺
副市长:林贻彬　崔继军　李　宪
施曷宝　刘　寒*　吴远彬
张绍敏

顺昌县人民政府
县　长:朱志华
副县长:廖建永　魏永富　黄青峰
陈　超　易才卿　邱美丽*
叶　舟　何崇敏

浦城县人民政府
县　长:陈国发
副县长:姚少明　凌建军　杨先招*
张建斌　周永和　张昌华
高　立　缪早根

光泽县人民政府
县　长:符水俊
副县长:江建华　陈钟珏*　叶桂芳
刘　雄　肖光彪　谢俊林

松溪县人民政府
县　长:朱仁秀*
副县长:李世珍　黄钟义　童邦沐
蔡廷才　何立平　陈　健
张金龙

政和县人民政府
县　长:陈宗荣
副县长:吴海舰　苏久勤　涂目弟
黄信敏　蔡剑心*　林良行
王松雄　王富国

龙岩市人民政府
市　长:黄晓炎
副市长:黄福清　张秀娟*　郑如占
张斯良　严金静　温锡浩
林兴禄

新罗区人民政府
区　长:黄庆辉
副区长:林　伟　张子平　郭益健
梁学武　陈庆日　邱定峰
邱清宇　张华玉*

永定县人民政府
县　长:廖德槐
副县长:赖秀金*　丘发添　林孝跃
苏贤添　吴清烟　郑华文
黄华凤*

上杭县人民政府
县　长:邱河清
副县长:陈学良　蓝建杭　阙春林
梁八生　杨　震　温能全
蓝富雁　郭育坚*

武平县人民政府
县　长:王建生

副县长：郑锦兴 刘苏平* 王云川
刘 洋 丘善辉 钟日朝
陈在慧

长汀县人民政府

县 长：林 旭

副县长：李善昌 王 华 彭桃兰*
上官兵 邱大武 陈建荣

连城县人民政府

县 长：江国河

副县长：张志佳 吴大智 卢 彬*
蔡静南 林锦华 邱振生
陈金龙

漳平市人民政府

市 长：赖招源

副市长：章惠阳 陈学良 陈天彩
李达武 卢盛荣 许志光
马 勇 吴小玲*

宁德市人民政府

市 长：陈家东

副市长：傅贤光 陈兴生 林 鸿
周秋琦* 刘嘉水 江振长

蕉城区人民政府

区 长：陈鸿飞

副区长：黄少芳 蓝晓平* 吴细香
郭孟希 苏跃中 林兴明
蓝挺佳 刘郑球

福安市人民政府

市 长：杨培钦

副市长：林小楠 陈灼生 陈国清
吕增华 俞道雄 尤长铃
王 津 林瑞全

福鼎市人民政府

市 长：陈其春

副市长：蔡梅生 陈 辉 郑敬国
陈 梅* 陈玉银 颜谋元
何普明

霞浦县人民政府

县 长：梁奕章

副县长：王 斌 黄敏皓* 张长健
郑德勇 赵仕忠 林 健
陈 武 叶久芳*

寿宁县人民政府

县 长：雷仕庆

副县长：雷祖铃 龚岩斌 雷美美*
吴松兰 池云美* 叶奶炳
冯 坚

周宁县人民政府

县 长：官明辉

副县长：陈 华 周 明 陈 熠
蔡文娟* 高军刚

柘荣县人民政府

县 长：冯新婷*

副县长：陈 锋 林 武 吴子伟
吴秀兰* 于华生 陈守榕

古田县人民政府

县 长：杨 峰

副县长：施健儿* 陈景明 肖惠明
肖泽敏 陈绍莲* 卓向晖
缪荣辉 邱栋梁

屏南县人民政府

县 长：吴毅荣

副县长：林勤铃 林如屏* 张良柱
纪 峰 叶岩邦 郑剑锋
周少川

注：* 为女同志，★为二级机构。

（名单由省委组织部信息管理办公室提供）

政协福建省委员会

【主要工作】 主动服务发展大局，在推进海西科学发展中积极参政议政。十届二次全会期间，组织委员围绕省政府工作报告、计划、财政预算报告和“两院”工作报告，全面进行协商议政，坦诚发表意见建议。共向中共福建省委、省政府报送重要提案摘报、会议快报 50 多期，省领导作出重要批示 50 多件次。召开专题协商座谈会，围绕完善粮食安全保障体系、加快乡镇卫生院改革与发展、扶持中小企业经营发展、加强流动人口服务管理等 4 个专题，深入协商讨论。召开常委专题会议，围绕加快重点项目建设、促进外经贸平稳发展、设立海峡两岸金融合作试验区等议题踊跃议政建言，并向省委、省政府报送《十届省政协常委会第七次会议对贯彻落实国务院〈意见〉加快推进海西建设的意见和建议》（送阅件），省委主要领导作出重要批示，要求省直有关部门和相关设区的市认真抓好落实。组织委员围绕扶持中小企业经营发展、推进两岸金融合作、加快产业园创业园建设、增强企业科技创新能力、加快海洋经济发展、促进生态文明建设等课题深入开展专题调研，在调研过程中，坚持以课题为纽带，以专委会为依托，密切与党派团体、基层政协的协作，加强与党政部门的沟通，及时通报情况，联合开展调研，共同分析对策。全年共召开情况通报会、经济形势分析会、调研座谈会 200 多场，形成调研报告 45 篇；许多意见建议得到省政府领导的重要批示，要求有关部门认真研究，充分吸纳。全年共提交提案 995 件，立案 969 件。加强与承办单位的沟通协调，通过组织座谈、实地察看、会商办理等多种形式，推动提案意见建议落到实处。省直部门和设区的市政府等 101 个承办单位共办理提案 1917 件次，全部按时办复。确定了 9 件事关海西发展和民生问题的重点提案，由省政协领导会同省委、省政府领导督促办理，组织提案督办调研 14 次，形成高质量的调研报告 9 份，省领导作出 12 件次的重要批示，69 条建议在省委、省政府有关政策措施中得到吸收和体现。出台《福建省政协委员视察工作实施细则》，制定《2009 年省政协委员视察工作计划》，组织 7 个界别委员视察团，围绕重点建设项目实施、优惠政策在“三资”企业落实、科普场馆建设等开展专题视察。受全国政协办公厅委托，组织驻闽全国政协委员视察温福、福厦铁路建设和春运工作，赴宁夏考察闽宁互学互助对口协作情况，并将有关情况向全国政协办公厅和中共福建省委、省政府提交了专题报告。

广泛凝聚民心民力，在维护社会和谐稳定中积极建言献策。组织委员围绕化解省属本科高校债务、加强农家书屋工程建设、整治九龙江流域污染、提高未成年人劳动教养人员教育经费、推动乡镇卫生院改革与发展、解决异地安置人员医保、加强农村环境整治等课题开展调研，重点就推动文化繁荣发展、构建农村公共文化服务体系、发展教育事业、推进医疗卫生事业改革和发展等问题积极建言献策；关于加快发展社区养老服务业、提高污水处理水平、做好高校毕业生就业工作、做好惠民政策与计划生育利益导向政策衔接的意见建议，得到有关部门的高度重视，推动了社会工程建设。围绕少数民族地区经济社会发展存在的困难和问题，组织委员深入开展调研，及时反映诉求，提出的意见建议得到省政府的充分采纳，决定每年为少数民族乡转移财政支付 1060 万元；将人均收入 3000 元以下的民族村列入省级扶贫工作重点村；优先安排少数民族地区农村饮用水安全项目建设；提高“造福工程”中少数民族搬迁人口的补助标准，推动少数民族地区经济社会发展。继续协助落实宗教房产政策，推动福州开元寺空海纪念堂用地、闽侯雪峰寺道路改造、福建神学院用地问题的解决，维护宗教界和广大信教群众的合法权益。组织医卫界委员和部分专家，赴老区和少数民族地区开展送医送药活动，举办医学讲座，受到群众的普遍欢迎。加强信息策划分析，围绕应对金融危机、扩大就业、防控甲型流感以及群众关心的热点难点问题，有组织、有计划、有重点地收集报送社情民意信息，为“保增长、保民生、保稳定”建言献策。建立健全信息跟踪反馈机制，主动征询党政机关对政协信息工作的意见，积极推动政协信息进入党政机关决策受理程序，适时反馈信息采用和领导批示精神的落实情况，信息工作成效明显提高，全年共报送《政协信息》专报件 863 件，50 多件信息专报件被全国政协办公厅采用；中央和省领导作出重要批示 300 多件次，有关部门书面反馈 60 多件。连续 6 年荣获全国政协信息工作先进单位称号，并连续 2 年荣获先进单位一等奖。

*把握和平发展主题，在促进祖国统一大业中拓展新作为。*会同台盟中央、国务院发展研究中心、经济日报社共同举办海峡经济区高层研讨会，围绕“着力先行先试，扩大两岸交流，发展海峡经济，共创合作双赢”进行深入探讨。发挥特邀委员作用，密切联系台湾岛内重要社团和重要人士，积极开展联络联谊活动，着力做好台湾人民工作。认真督办涉台提案，深入开展在闽台资企业发展状况调研，真情帮助台资企业解决困难。充分发挥基层政协在促进闽台交流交往中的作用，支持各社区市政协发挥优势，组织开展各种形式的闽台交流交往活动，推动了闽台经贸合作、文化交流、人员往来，增强了台湾通报对祖国大陆的认同感。举办海峡两岸青年夏令营和台湾少数民族丰收节，召开参加全国“两会”的闽籍港澳人大代表、政协委员座谈会，举办新任港澳委员和连任港澳委员学习培训班，开展港澳委员为海西发展建言献策征文活动。组织港澳委员赴省外学习考察，邀请港澳委员参加“海峡论坛”和“海峡经济区高层研讨会”。组团赴港澳参加主要闽籍社团换届庆典活动，走访闽籍著名人士，召开省政协港澳委员、海联会理事座谈会，通报工作情况，听取意见建议，鼓励港澳委员充分发挥自身优势，为维护港澳繁荣稳定，促进闽港澳台交流合作贡献力量。认真办理涉侨提案，开展散居社会归难侨情况专题调研，慰问归侨、侨眷，妥善处理华侨华人和归侨、侨眷的来信来访，积极维护华侨华人的合法权益。组织委员考察华侨农场和华侨企业，为改善归难侨职工生产生活献计出力。加强与华侨华人社团的联系，组团赴德国、葡萄牙等国开展联络联谊，派员参加南非第三届世界福建同乡恳亲大会，支持华侨华人社团开展重要活动。认真做好华侨华人来访的接待工作，热情服务巴西圣保罗国际经贸考察团在闽的考察活动。

*全面回顾光辉历程，在扩大政协社会影响中展示新形象。*隆重召开福建省庆祝人民政协成立 60 周年大会，全面回顾人民政协与共和国风雨同舟、团结奋进的伟大历程，充分肯定福建省各级政协组织和广大政协委员在推动科学发展、促进社会和谐中的重要贡献，省委、省人大、省政府、省政协领导出席庆祝大会，省委主要领导作了重要讲话，对做好政协工作提出了新要求。省各民主党派、工商联、无党派人士代表和基层政协组织代表从不同侧面、不同角度，畅谈人民政协的辉煌成就，展望人民政协的灿烂未来。精心制作省政协履职实践资料光盘，征编出版《亲历福建六十年》，充分发挥政协文史资料存史、资政、团结、育人的作用。召开福建省人民政协理论研究会第二次理论研讨会，认真总结福建省政协工作 6 条重要经验，深入探索新形势下政协工作的特点规律。征集人民政协理论文章 110 篇，编辑出版《福建省人民政协理论研究会第二次理论研讨会论文集》，评选表彰 2008—2009 年度优秀政协论文 10 篇。积极申报省社科规划课题，关于“完善民主监督机制”的课题首次列入省哲学社会科学重点课题。承办全国暨地方政协教科文卫体委员会工作座谈会，交流探讨做好专委会工作的经验。着力搭建政协理论研究平台，在《政协天地》开设“理论之窗”、“议政建言”、“研究探讨”等专栏，选登有关政协理论与实践的研究文章，不断把政协理论研究引向深入。举办“人民政协颂”文艺晚会，来自全省政协系统的演员以歌舞、小品、戏曲、诗朗诵等艺术形式，展示政协组织、政协委员服务大局、主动作为的履职风采，受到社会各界的高度评价和广泛赞誉。举办庆祝人民政协成立 60 周年图片展，真实再现各级政协组织和政协委员认真履职的生动场景，客观反映各级政协组织和广大政协委员为促进福建省经济社会发展所作出的积极贡献。充分发挥政协网站、《政协天地》的作用，密切与省主要新闻媒体的协作，在《福建日报》、省电视台、省人民广播电台播发政协稿件 360 多篇，大力宣传中国共产党领导的多党合作和政治协商制度，广泛宣传各级政协组织和广大委员履职为民的感人事迹。

*着力加强自身建设，在推动政协事业发展中开创新局面。*密切沟通联系，走访各民主党派、工商联和无党派人士，定期召开省政协领导与各民主党派、工商联负责人座谈会，秘书长联席会议，及时通报情况，认真听取意见，协调解决问题。支持党派团体在协商议政中挑大梁，重要会议优先安排党派团体作大会发言，重要活动联合党派团体共同开展，重要事项认真听取党派团体意见建议。积极发挥党派团体在民主监督中的重要作用，认真督办党派团体提案，重点报送党派团体反映的社情民意信息，支持党派团体中的政协委员担任“五大员”，直接参与公正执法、依法行政、效能建设、纠风工作的检查和监督。鼓励党派团体在闽台交流合作上先行先试，支持他们举办各种形式的活动，为活跃闽台文化交流、促进两岸经贸合作发挥积极作用。大力支持各民主党派邀请党派中央领导来闽调研考察。建立完善界别工作制度，加强对界别工作的组织领导，为发挥界别优势、开展界别活动提供保障；建立健全界别活动的激励机制，组织开展先进界别评选表彰活动，进一步调动各界别开展活动的积极性，界别工作日趋活跃。坚持每月举办“省政协领导约见界别委员”活动，了解和反映社会不同阶层、不同群体的愿望和要求，界别联系各界群众的重要纽带作用日益突出。各界别以政协会议、活动为平台，以政协提案、信息为渠道，积极反映界别意见，组织界别委员围绕提高企业创新能力、解决中小企业融资困难、促进农民持续增收、加快高速公路发展等问题，深入开展调研，踊跃参政议政，有关意见建议被相

关部门采纳。通过举办连任委员培训班、新委员培训班,举办专题讲座、报告会、研讨会,编发《学习资料》等多种形式,组织委员深入学习领会国务院《意见》、中共十七届四中全会、胡锦涛总书记在庆祝人民政协成立60周年大会上的重要讲话精神和中共福建省委八届六次、七次全会精神。健全委员履职考核制度,开展委员履职情况考核,有效加强对委员的服务管理。制定《关于无固定工作收入的省政协委员参加省政协会议实行误工补贴的暂行办法》,完善委员小组工作机制,增加委员小组活动经费,进一步为委员履职提供保障。制定《福建省政协关于建立政协工作激励机制的暂行办法》,出台《关于委派省政协委员担任民主监督员的服务管理办法(暂行)》,开展优秀政协委员、先进委员小组评选表彰活动,切实调动委员履职的积极性。深入学习领会贾庆林主席、王刚副主席等全国政协领导来闽考察和视察政协机关时的重要讲话精神,切实增强创新政协工作、提高履职水平的紧迫感。建立健全学习实践科学发展观活动的长效机制,组织开展省市县政协机关党建"三级联创"活动,扎实推进党风廉政建设,持续开展争先创优活动,有力促进了机关干部思想工作作风的转变。加强对基层政协的联系指导,通过召开全省设区市政协主席工作座谈会,专委会工作座谈会,联合开展调研视察等形式,进一步发挥全省政协系统的整体功能。

【省政协十届二次会议】 会议于2009年1月8—13日在福州召开。十届省政协委员696名实到655名,33名特邀委员参加会议。会议听取并审议了十届二次会议主席团常务主席梁绮萍代表常务委员会所作的十届省政协常委会工作报告和常务主席叶继革代表常务委员会所作的十届省政协提案工作情况的报告。委员们列席了省十一届人大第二次会议,听取并讨论黄小晶省长所作的政府工作报告和省有关部门负责人所作的计划、预算报告,"两院"工作报告。会议期间,中共福建省委书记卢展工、省长黄小晶和在榕的省委常委、副省长参加全会的开幕式、闭幕式,听取委员大会发言、参加小组讨论,听取意见建议。会议期间,召开"完善福建省粮食安全保障体系建设"、"乡镇卫生院改革与发展"、"扶持中小企业经营发展"、"流动人口服务和管理工作"等4场专题协商座谈会,审议并通过省政协十届二次会议决议和提案审查情况的报告。省政协各专门委员会向会议提交了书面工作总结。会议共收到提案931件,经审查立案902件。共收到大会发言材料123份,10名委员作了大会发言。省政协主席梁绮萍在闭幕会上作了讲话。

【十届省政协主席、副主席、正副秘书长名单】(以2009年12月31日前在职者为准)

主　　席:梁绮萍*
副 主 席:张燮飞　陈　芸　李祖可　叶家松　叶继革　张　帆　郑兰荪　郭振家　邓力平
秘 书 长:叶家松(兼)
副秘书长:林文杰　林肖然　翁　卡　柳　红*　陈　榕*　林　强　金铁平　赖应辉　柳　珂*　林大坚　江尔雄*　陈　峰

【省政协办公厅、专委会负责人名单】(以2009年12月底在职者为准)

主任:林文杰
副主任:陈　澍　林　晓　董　奕
研究室主任:黄树清
委员工作室主任:林肖然(兼)
提案委员会主任:陈新华
专职副主任:陈培昭*
经济科技委员会主任:姜安荣
专职副主任:姚钦华
人口资源环境委员会主任:张学梅
专职副主任:陈榕军*
教科文卫体委员会主任:龚守栋
专职副主任:王　敏
社会和法制委员会主任:陈保明
专职副主任:陈　锐
民族和宗教委员会主任:黄炳泰
专职副主任:邹瑞金
港澳台侨和外事委员会主任:陈毓寰
专职副主任:卢德昌
文史和学习委员会主任:陈维山
专职副主任:程润江

【各设区市、县(市、区)政协主席、副主席名单】(以2009年12月底在职者为准)

福州市政协
主　席:陈扬富
副主席:吴依殿　李纯粹*　陈书碧　何宜刚　吴华瑞　汤森金　陈今明*　陈震宙　王聪深　雷成才

鼓楼区政协
主　席:姚宏逵
副主席:柯岩辉　林文华　程建国　谢裕波

台江区政协
主　席:高珠英*
副主席:陈荣发　陈居根　陈东波　林钦俤

仓山区政协
主　席:余凤玉*
副主席:陈镜溪　杨沂光　郭松钿　许书琅

晋安区政协
主　席:陈秀华
副主席:黄　玲*　林从华　张秉洁

马尾区政协
主　席:范公榕
副主席:林国金　杨友田　江国强　刘晓东

福清市政协
主　席:方裕开
副主席:陈向群　方朝钦

长乐市政协
主　席:林义耿
副主席:陈　真*　曹以强　郑子记　宋丽品*

闽侯县政协
主　席:林善培
副主席:杨正金　张　旗　郑铭魁　叶　玲*

连江县政协
主　席:兰钦明
副主席:郑理端　易立群　陶文平　林　竹

闽清县政协
主　席:许建平
副主席:姚文彬　林国辉　黄忠岑　张　文

永泰县政协

主　席:吴秋惠*

副主席:王寿钦　郑慧中　钟景新

平潭县政协

主　席:翁晓岚*

副主席:林维德　施　强　高　杰

罗源县政协

主　席:雷光秀

副主席:阮　涟　姚建传　黄元祥　何瑞强

厦门市政协(副省级)

主　席:陈修茂

副主席:陈维钦　陈联合　陈耀中　庄　威　江曙霞*　桂其明　翁云雷

思明区政协

主　席:江韵兰*

副主席:杨丽玉*　苏宜尹　朱健强　曾清石　赖晓明

湖里区政协

主　席:吴仁福

副主席:范五玲*　谭苏建　戴宗垒　郭艺勋　林新荣

集美区政协

主　席:汤养初

副主席:杨来水　陈忠信　陈清安　刘金根　宋振荣

海沧区政协

主　席:许成福

副主席:邱建兴　范首春　陈延年　卢国新　郭华云*

同安区政协

主　席:郭永辉

副主席:朱艺芬*　郭焰山　程　欣*　黄福州　陈幼萍*

翔安区政协

主　席:张毅恭

副主席:林　振　蔡伟强　黄　运　邵文化

漳州市政协

副主席:沈元坤　许少钦　吴惠天　林俊山　李惜真　罗春生　杨根玉*　庄振生　陈少青

芗城区政协

主　席:魏方旭

副主席:蔡月莲*　赵慧真*　程海平　高彬彬

龙文区政协

主　席:林雪来

副主席:黄天生　黄志文　吴兆元　潘良顺

龙海市政协

主　席:柯莲英*

副主席:陈和兴　林跃珍*　方锦芳*　高德平

漳浦县政协

主　席:杨国华

副主席:吴川泽　许少麟

华安县政协

主　席:邹忠钦

副主席:赵伯华　陈海澄　林智勇　杨龙辉

云霄县政协

主　席:郑俊生

副主席:陈福来　方可仲　潘培南　林　称

诏安县政协

主　席:沈木聪

副主席:田明辉　许秋平　许建周　陈振闽

东山县政协

主　席:沈平忠

副主席:方丽芬*　刘小龙　谢宝介　吴武坤

平和县政协

主　席:蔡福民

副主席:黄金生　黄泽生　卢振海　陈恩平

南靖县政协

主　席:李战华

副主席:庄振生　张荣仁　戴生来　叶国富

长泰县政协

主　席:戴和兴

副主席:戴聪联　吴金桂　蔡美山　薛明发

泉州市政协

主　席:林荣取

副主席:陈敬聪　许连捷　吴共湖　傅福荣　苏小青*　陈元殿　陈立德　骆沙鸣　陈铭福　王祖耀

鲤城区政协

主　席:吴金球

副主席:黄绍芒　叶传勇　林友竹　林文革

丰泽区政协

主　席:叶　恒

副主席:张福龙　许景南　戴在平　孔繁湘

洛江区政协

主　席:朱清辉

副主席:王泽淮　林新平　陈忠文　黄清凯　杨文格

泉港区政协

主　席:连启明

副主席:郭厚宝　林　森　黄胜富

晋江市政协

主　席:周伯恭

副主席:庄铭理　王庆芬*　朱永远　施能坑　叶荣宗

南安市政协

主　席:戴爱国

副主席:李　军*　林树哲　黄礼愿　周建宣　谢连树

石狮市政协

主　席:丁家全

副主席:佘日杰　王有官　黄章煌　施心新　吴清木

惠安县政协

主　席:庄建辉

副主席:任秋来　程汉川　张其聪　蔡炳河

安溪县政协

主　席:苏宇霖

副主席:许建辉　林秀成　苏志雄　黄明哲　袁霖辉

德化县政协

主　席:吕素珠*

副主席:梁丁云　李文建　楼益樑　陈祥端

永春县政协

主　席:周亚明

副主席:陈发源　张特炉　黄万民　张敏辉

三明市政协

主　席:袁德俊

副主席:刘邦澍　张来水　李茂胜　吕凯明　赖逢良　林传衍　林梁儿　李子林　许清华

三元区政协

主　席:陈　澄

副主席:魏锦春　罗裕明　林金来　罗明四

梅列区政协

主　席:黄勤炎

副主席:蔡燕燕*　黄忠灶　林敬德　朱一勤

永安市政协

主　席:包　才

副主席:王闽燕*　熊　星

清流县政协

主　席:许天赠

副主席：罗梓源 李志明 刘剑英* 雷根旺

宁化县政协

主　席：刘日太

副主席：董香妹* 王盛通 马安平 张金炎

建宁县政协

主　席：陈丁权

副主席：黄敬标 许银燕 董　浩 邹长福

泰宁县政协

主　席：俞德光

副主席：江汉敏 廖应龙 邱源华 严生英

明溪县政协

主　席：颜虎城

副主席：李群秀* 游为贵 林翠玲 陈永洋

将乐县政协

主　席：游永涌

副主席：张益平 俞晓妮* 林永俊 丁建华 林金顺

沙县政协

主　席：潘　峰

副主席：张上忠 林启明 罗光华 冯火珠*

尤溪县政协

主　席：周培春

副主席：潘玉燕* 柯德忠 谢启增 纪优梓

大田县政协

主　席：周隆超

副主席：张友生 高石麟 陈开教 连仁魁

莆田市政协

主　席：杨鹏飞

副主席：陈文儒 许永玉* 柳国荣 陈立人 林玉聪 宋一然 张美宣 陈　元

仙游县政协

主　席：何锦驰

副主席：张镜泉 王建煌* 蔡剑英 余文德

荔城区政协

主　席：赵黎明

副主席：陈紫福 邹金通 李　芹*

城厢区政协

主　席：黄志强

副主席：江文荣 陈庆其 林丽娟* 郭继光

涵江区政协

主　席：刘金发

副主席：郑铭磊 王金炼 范元铨 林震辉

秀屿区政协

主　席：康乃良

副主席：欧丽香* 李翁华 马炳扬 吴金良

南平市政协

主　席：车达卫

副主席：王易风 陈少妹* 黄健儿 郭翠莲* 黄传尧 郭建声 陈增丰 刘　通 林景华

延平区政协

主　席：吴水兴

副主席：刘水平 廖文杰 邓河浩 陈珠琴*

邵武市政协

主　席：邓荣堃

副主席：陈彩琴* 龚常青 杨　华*

武夷山市政协

主　席：肖天喜

副主席：翁明德 林振龙 张贤军 杨佑生

建瓯市政协

主　席：吴剑琴*

副主席：郑加焰 陈高才 陈力华 潘毅刚

建阳市政协

主　席：邱运财

副主席：刘淑妹* 孙　华 杨志平 陈宗财

顺昌县政协

主　席：杨理庆

副主席：林永祥 陈光兴 林瑞英* 李　遂

浦城县政协

主　席：胡利孙

副主席：张先强 吴临亨 季文爱* 冯金亮

光泽县政协

主　席：熊　庆

副主席：黄小杭 林国焕 曾光明 王信实

松溪县政协

主　席：魏炳发

副主席：张奇隆 陈少青 游　峰 陈世光

政和县政协

主　席：郑满生

副主席：宋金兰* 刘　斌 许绍卫 魏敦盛

龙岩市政协

主　席：林仁芳

副主席：林康福 邱惠珍* 郭丽珍* 郑立明 傅新才 李占开 李新春 衷梅英* 黄　玲*

新罗区政协

主　席：严志铭

副主席：张学强 李动生 马晓江* 王信南

永定县政协

主　席：徐建国

副主席：简连章 马建林 吴宏谋 熊　明

上杭县政协

主　席：温文标

副主席：林增奎 蓝国富 李维广 张富英*

武平县政协

主　席：张美昌

副主席：刘立明 林善珂 方锦兴 练交泰

长汀县政协

主　席：陈日源

副主席：上官超鹏 黄昌钰 梁承发

连城县政协

主　席：林家龙

副主席：张小玲* 李水根 朱以文 吴　蓉

漳平市政协

主　席：陈家鸿

副主席：黄笃流 吴余旺 郭晓玲* 林　亮

宁德市政协

主　席：姚智梅

副主席：缪耕山 黄信焜 林　寿 林峰雪* 黄建龙 陶敏辉 蓝秀珍* 陈永清

蕉城区政协

主　席：钟家尧

副主席：柳清祝 林挺生 左允斌 陈　远 郑贻雄

福安市政协

主　席：杨金柱

副主席：李惠长 史建生 刘振荣 林　平 詹　煊

福鼎市政协

主　席：叶梅生

副主席：胡继灼 吴祖霖 王少岩 蔡梅荣 李宗廉 王美山

霞浦县政协

主　席：张祖文

副主席：黄世莉　周　平　徐　菁*
　　　　汤养宗　胡屏辉　郑向光

寿宁县政协

主　席：刘美森

副主席：钟兴成　夏　鹏　王宏雄
　　　　张恒振

周宁县政协

主　席：周孔寿

副主席：刘延兴　肖陈春　陈作春
　　　　郑爱芯*

柘荣县政协

主　席：沈绍芳*

副主席：张增椿　袁铁富　陈新满

古田县政协

主　席：江宋堂

副主席：余深炎　陈贤齐　苏巧香*
　　　　江怀生　戴仁平

屏南县政协

主　席：叶海游

副主席：郑道居　沈久宽　周乃松
　　　　彭东海

注：*为女同志　（杨晓冬）

中共福建省纪委

【主要工作】 坚持标本兼治、综合治理、惩防并举、注重预防的方针，认真执行党风廉政建设责任制，加快推进惩防体系建设，党风廉政建设和反腐败工作思路更加清晰、措施更加有力，取得新的明显成效，为加快海西建设提供了有力保证。福建省规范权力运行、完善中介组织、农村党风廉政建设、案件监督与管理、工程建设领域突出问题专项治理以及纪检监察机关主题实践活动等工作在全国作了交流。贺国强同志指出，福建省反腐倡廉建设"领导重视、措施有力，工作扎实、成绩显著，勇于实践、大胆探索，注重加强自身建设"。国家统计局在福建省的民意调查显示，2009年群众对逐步遏制和克服腐败现象的信心度达84.5%，比上年提高10.3个百分点。

*着力服务发展大局，促进重大决策部署落实。*省纪委八届六次全会研究服务海西、促进发展的举措，制定《关于为加快建设海峡西岸经济区提供政治和纪律保证的意见》；八届七次全会对贯彻党的十七届四中全会和省委八届七次全会精神、加强反腐倡廉建设作出部署。坚持把维护政治纪律放在首位，紧紧围绕保增长、保民生、保稳定开展监督检查，组织9个检查组督查969个项目，提出意见、建议400多条，促进了新增投资项目的落实；会同有关部门开展对节约用地、资源节约和环境保护等政策措施落实情况的专项检查，严肃查处违法违规案件；派出10名纪检监察干部常驻四川省彭州市，推动援建工作廉洁高效进行；开展维护社会稳定和处理信访突出问题的督查，促进社会和谐稳定。

*切实加强作风建设，进一步密切党群干群关系。*省纪委制定《关于全面履行纪检监察职能促进领导干部加强作风建设的意见》，切实履行协助党委抓党性修养和作风建设的职责。以领导干部为重点，加强党性党风党纪教育和理想信念、廉洁从政教育，开展"作风建设与海西先行"研讨活动；加大反腐倡廉宣传力度，建立警示教育基地，举办"海西清风颂"大型文艺演出，组织干部、群众收听收看廉政公益广告展播。严格执行党政领导干部问责规定，问责358人。认真解决领导干部廉洁自律方面的突出问题，查处违规收送礼金138人；严格执行中央有关厉行节约文件精神，党政干部因公出国（境）人次比近3年平均数下降28.3%；查纠"小金库"770个，金额2.21亿元。督促有关部门深化纠风专项治理，继续治理教育收费中的突出问题，食品药品安全专项整治工作取得进展；督查20个项目55.74亿元惠民惠农资金的落实情况，开展支农惠农资金监管试点；清理涉农收费文件12个、项目28项，查处涉农负担案（事）件和其他损害农民利益案件135件，追究45人；取消、停征、减征119项行政事业性收费和政府性基金，年可减轻企业负担20多亿元。推进效能建设，对各级机关服务群众、服务企业的作风和效能进行明察暗访，开展对各设区市政府、省政府24个组成部门和9个直属机构的绩效评估。

*保持惩治腐败力度，增强查办案件综合效果。*全年纪检监察机关新立案件5141件，比上年略有上升，其中涉及县处级以上干部129件，上升17.27%；结案5174件，给予党纪、政纪处分5002人，移送司法机关处理440人。查处商业贿赂案件469件，涉案金额6489.90万元。通过严肃查处一批大案要案，震慑了腐败分子，增强了干部、群众对反腐败的信心。

*严格依纪依法办案。*认真落实中央纪委《关于进一步加强和规范办案工作的意见》，严格执行受理、初核、立案、调查、审理、申诉复查等程序，健全内部制约机制，强化办案工作监督与管理，保障和促进实体公正。规范使用办案措施，尊重和保障人权，确保依纪依法、安全文明办案。

*注重综合效果。*把查处案件与推动经济发展、促进社会和谐统一起来，旗帜鲜明地支持先行先试，着力营造干事创业的良好氛围。查办涉企案件时，注意维护企业合法权益，尊重企业按市场规律办事。畅通信访渠道，全年纪检监察机关共受理信访举报45505件次，发现一批案件线索，同时为1214名受到诬告或错告的党员干部澄清事实。加强重大、典型案件的剖析和整改，注重发挥办案的治本功能。

*拓展源头预防工作。*不断推进改革和制度创新，促进公共权力规范运行。省直部门和设区市积极开展行政权力清理，梳理流程，形成较为完整的权力清单及运行规则；完成新一轮省级行政审批项目清理，削减296项，减幅达30%，成为审批项目较少的省份之一；省级网上审批及电子监察系统正式运行，51个部门619项实现了网上申报和办理，审批时间比法定时限缩短40%以上。各设区市抓好行政服务中心建设，推行设立审批机构成建制进驻、并联审批、标准化服务等做法；建立网上审批及电子监察系统，并逐步向县一级延伸。推进规范行政自由裁量权工作，10个省直部门1095项执法事项进行了细化量化，并建立系统、行业的裁量基准制度；9个设区市规范执法事项25130项，由执法引起的行政复议和行政诉讼明显减少。干部人事制度、司法体制和工作机制、财政管理体制、投资体制等改革继续推进。

*促进市场机制不断健全。*编制全省公共资源目录，将市场化配置项目分为4大类68个科目，配置领域从自然资源向垄断性社会资源和基础设施、公用设施、公共服务领域拓展，配置层面向县、乡、村延伸。继续开展工程建设领域突出问题专项治理，纪检监察机关

查处工程领域案件375件;有关部门侦破串通投标案件18件,抓获犯罪嫌疑人75人,涉案金额32.9亿元,已有56人受到刑事追究;对2008年以来的7351个规模以上工程项目进行排查,纠正一批违规问题;推行1500万元以下房建和市政工程项目随机抽取中标人、预选承包商名录管理等办法,完善招标投标制度。7个省直部门推行建设市场法人和自然人违法违规档案制度,并实现了集中公告、互联互通,已公布档案97个。全年国有产权进场交易332项,成交金额21.68亿元,增值7.02亿元。省属企业开展效能监察301项,避免和挽回经济损失1.1亿元。

促进中介组织逐步完善。全面清理"官中介",全省基本实现市场中介组织在工作、组织、经济、场所方面与政府部门彻底分开。依法取缔"假中介",吊销、注销1082户;坚决打击"黑中介",立案查处违规违法中介组织1071户。出台《关于完善中介组织的工作意见》,初步建成全省市场中介组织信用信息网络平台。

完善监督制约机制。落实党内监督制度,开展领导干部述职述廉41554人次,组织任前廉政谈话9761人次、诫勉谈话2253人次,函询371人次,对786名领导干部进行经济责任审计。加强干部选拔任用工作的监督,促进干部人事工作科学化、民主化、制度化。贯彻《巡视工作条例(试行)》,开展对4个省直单位的巡视,对已巡视的9个单位进行"回头看",启动对4个设区市新一轮巡视,共向被巡视地区、单位反馈问题106个、建议72条。纪检监察派驻机构建设得到加强,监督能力进一步提高。认真贯彻《国有企业领导人员廉洁从业若干规定》,认真落实《关于加强省管国有企业纪检监察机构和队伍建设的意见》,加强对国有企业领导人员的监督。深化政务公开和政府信息公开,继续推进厂务公开和公共企业事业单位办事公开,逐步推行基层党务公开。制定加强农村民主管理和民主监督的意见,完善村务公开目录,推行村里的事村民要知道、要参与、要做主、要监督、要满意的"五要工程";98.3%的乡镇建立会计委托代理服务中心,93.8%的乡镇开展村财计算机网络监管,64.7%的村建立了较为完善的资产资源管理台账。

加强执法监察和效能监察。开展执法监察3862项(次),提出监察建议2769项,纠正违纪违法金额2092.9万元。对全省环保、海洋与渔业系统依法行政情况进行综合监察,查纠各类问题798个、金额4452.5万元。对长乐市"1·31"火灾等6起安全责任事故进行调查,处分69名责任人。完善效能投诉平台,受理9353件,给予效能告诫、诫勉教育、纪律处分969人次。重视发挥监察学会及特约研究员、特邀监察员、效能监督员的作用。

进一步加强自身建设。扎实开展深入学习实践科学发展观活动,深化"做党的忠诚卫士、当群众的贴心人"主题实践活动,创新理念和工作机制,着力提高干部队伍履职能力。全年培训纪检监察干部2875人次,选派54人参加中央纪委举办的县纪委书记培训班;开展纪检监察干部政策法规知识测试,并作为选拔任用的重要依据。通过公务员考录、遴选、双向挂职、交流轮岗等方式,改善队伍结构,提高干部素质。开展创建活动,全省有21个纪检监察机关获得省级文明单位称号。抓好中央《关于加强地方县级纪检监察机关建设的若干意见》的落实,提高了基层的履职能力。　(陈熙满　黄镇华)

【中共福建省纪委书记、副书记、常委、秘书长名单】 (以2009年12月底在职者为准)

书　记:陈文清
副书记:张大共　陈　伦　彭锦清　刘晓东
常　委:陈文清　张大共　陈　伦　彭锦清　刘晓东　沈山煌*　廖廷辉　赵振平　刘宏伟　陈善光　龚堂华
秘书长:陈善光

【各市、县(市、区)纪委书记、副书记名单】 (以2009年12月底在职者为准)

福州市纪委
书　记:方清海
副书记:陈善团　陈建新　陈　旭　连世潮

鼓楼区纪委
书　记:俞章华
副书记:郑富海　罗明炜

台江区纪委
书　记:邓万铣
副书记:黄修睦　林　颖*

仓山区纪委
书　记:张为民
副书记:侯锦唐　陈鉴学

晋安区纪委
书　记:林圣婉*
副书记:傅丽平　李　雄

马尾区纪委
书　记:沈　甦*
副书记:林耀中　吴冠怜

福清市纪委
书　记:林　贤
副书记:林明钿　施　娟*　游友宝

长乐市纪委
书　记:林福明
副书记:林勇魁　李剑鸿*　卓观建

闽侯县纪委员会
书　记:王彦强
副书记:陈　榕　陈炳忠　陈礼木

连江县纪委
书　记:刘　迟
副书记:郑鸿长　罗玉凤*　陈和珍

闽清县纪委
书　记:蔡劲松
副书记:黄敬健　黄德周

罗源县纪委
书　记:吴国辉
副书记:薛承龙　卢然新

永泰县纪委
书　记:阮文光
副书记:檀明光　金尔赠

平潭县纪委员会
书　记:金昌明
副书记:薛理豪　林庆富

厦门市纪委
书　记:黄杰成
副书记:吕世华　黄家列　黄延强

思明区纪委
书　记:陈李升
副书记:薛钟寿　谢石瑞　陈　鸿

湖里区纪委
书　记:林汉义
副书记:周　斌　肖德良

集美区纪委
书　记:黄聪敏
副书记:黄云茜*　王立元　杨建东

海沧区纪委
书　记:李大辉
副书记:郑榕平　王章荣

同安区纪委
书　记:魏晓萌
副书记:陈延才　林进柱
翔安区纪委
书　记:詹天才
副书记:沈金德　许跃民
漳州市纪委
书　记:江玉平
副书记:庄洲全　高国跃　吴卫红*
芗城区纪委
书　记:李禧权
副书记:林素珍*　吴炳南
龙文区纪委
书　记:林东风
副书记:郭谊民　吴启明
龙海市纪委
书　记:沈应生
副书记:高少山　黄启城　林素卿*
漳浦县纪委
书　记:曾剑平
副书记:王一鸣　周艺敏　林晋生
云霄县纪委
书　记:刘　军
副书记:张亚屋　陈文群
诏安县纪委
书　记:余永平
副书记:林　东　张君羽
东山县纪委
书　记:陈四象
副书记:林传买　崔坤亮
平和县纪委
书　记:杨镇发
副书记:周漳平　赖耿生
南靖县纪委
书　记:林学斌
副书记:赖东辉　戴耀鹏
长泰县纪委
书　记:吴丁顺
副书记:林群生　叶阿滨
华安县纪委
书　记:曾勇平
副书记:康春渊　陈福根
泉州市纪委
书　记:朱淑芳*
副书记:陈其焕　曾国民　郑建清
江显木
鲤城区纪委
书　记:刘汉升
副书记:张一龙　吴明强　张亚强
丰泽区纪委
书　记:黄黎波
副书记:杜丕文　陈旭东　杜谋宗
洛江区纪委
书　记:许仰东
副书记:朱仁雄　朱德华
泉港区纪委
书　记:陈守川
副书记:郭厚宝　钟玉平　王国明
晋江市纪委
书　记:曾清金
副书记:王礼南　陈云腾
南安市纪委
书　记:林荣忠
副书记:郭永远　李茂全　潘自力
石狮市纪委
书　记:许锦聪
副书记:叶金宝
惠安县纪委
书　记:林振海
副书记:林贤如　郑明岩　黄河澎
安溪县纪委
书　记:黄振奋
副书记:吴瑞生　周贤明　王礼藕
永春县纪委
书　记:徐春晖
副书记:王新基　李锦辉　李德柱
德化县纪委
书　记:黄国庆
副书记:杨才勇　林国师
三明市纪委
书　记:梁晋阳
副书记:邓观宝　秦　航*　黄建锋
三元区纪委
书　记:邓秀忠
副书记:潘锦胜　李显文
梅列区纪委
书　记:廖丽青*
副书记:卢建好　葛劭玲*
永安市纪委
书　记:江　鸣
副书记:郑碧云*　张俊焘
清流县纪委
书　记:廖善朋
副书记:张华生　严南明
宁化县纪委员会
书　记:刘小彦
副书记:吴茂坤　李明辉　郑翠春*
建宁县纪委员会
书　记:池芝发
副书记:连云进　吴发明
泰宁县纪委员会
书　记:吴成球
副书记:肖利华　邱吉花*
明溪县纪委员会
书　记:卢叶文
副书记:王启良　童作光
将乐县纪委员会
书　记:黄惠元
副书记:张建华　廖跃文
沙县纪委员会
书　记:林昭闹
副书记:李华素*
尤溪县纪委员会
书　记:陈建芳*
副书记:林景泉　赖诗丰　林名端
大田县纪委
书　记:黄金伙
副书记:陈清辉　章建忠　陈永明
莆田市纪委
书　记:黄进发
副书记:梁国章　吴春明　李文清
荔城区纪委
副书记:潘冬英*　陈炳堂
城厢区纪委
书　记:刘晶洁*
副书记:吴国顺　林晋居
涵江区纪委
书　记:肖云敏
副书记:丁绮丽*　刘效忠
秀屿区纪委
书　记:郑金辉
副书记:黄永泉　林元春
仙游县纪委
书　记:邱文高
副书记:林成加　连希聪
南平市纪委
书　记:骆安生
副书记:林亚贵　夏　伟
延平区纪委员会
书　记:刘鲁众
副书记:叶三俤　刘大浪
邵武市纪委员会
书　记:蔡文舜
副书记:陈代安　黄跃进　林国安
武夷山市纪委
书　记:杨永华
副书记:林立芹　刘邦仁　周紫烽
建瓯市纪委
书　记:陈祥平
副书记:黄一强　张梓全　陈嘉宁
建阳市纪委
书　记:陈仕佳
副书记:林文进　郑国祥　陈　容*

顺昌县纪委员会

书　记:陈光水

副书记:刘振旺　范八斤

浦城县纪委员会

书　记:胡锡安

副书记:李汉松　林　红*　张贤明

光泽县纪委

书　记:江贵华*

副书记:黄连福　陈文娟*

松溪县纪委

书　记:陈　军

副书记:艾志勇　徐义明

政和县纪委

书　记:李香甫

副书记:聂建全　郑学满

龙岩市纪委

书　记:江子华

副书记:刘福松　温国能　杨主民

新罗区纪委

书　记:罗发信

副书记:吴良奇　赖　彦　陈金娥*

永定县纪委

书　记:曾繁光

副书记:李耀华　胡海仁　王福文

上杭县纪委

书　记:钟爱华

副书记:郭未阑*　曾广兴

武平县纪委

书　记:李金波

副书记:王春英*　钟达昌　陈永荣

长汀县纪委

书　记:阙朝阳

副书记:董文伦　包建生　周兴文

连城县纪委

书　记:廖继清

副书记:邱贞礼　罗辉进　傅锡发

漳平市纪委

书　记:沈觉新

副书记:陈境年　严永平　林佩贤

宁德市纪委

书　记:游美萍*

副书记:陈　忠　林浩云

蕉城区纪委

书　记:赵榕生

副书记:周挺辉　刘品灿

福安市纪委

书　记:田志勇

副书记:陈公明

福鼎市纪委

书　记:王建闽

副书记:林育平　陈爱兰*

霞浦县纪委

书　记:钟乃安

副书记:王伏佺　卢怀庚

寿宁县纪委

书　记:黄清亮

副书记:刘煜彭

周宁县纪委

书　记:李伏养

副书记:郑金明　叶孙祥

柘荣县纪委

书　记:王鼎秦

副书记:袁佺成　雷连弟

古田县纪委

书　记:林岩峰

副书记:苏巧香*　吴邦成

屏南县纪委

书　记:凌庆贤

副书记:李新生　陈建生

注:*为女同志。　(陈熙满)

民主党派和工商联

【民革福建省委】 精心组织,稳步推进,深入开展思想建设。民革福建省委积极探索建立把学习贯彻科学发展观与推进政治交接教育相结合的长效机制,结合举办纪念建国60周年、福建民革成立55周年、陈绍宽同志诞辰120周年等重要纪念活动,开展宣传教育,推进思想建设,通过纪念活动,全面推进政治交接教育,掀起学习党史党章、继承和发扬发扬民革老一辈热爱祖国、拥护中国共产党的领导,积极投身社会主义革命和建设事业的热潮。广泛开展"四个一活动"(搞一次调研、写一份提案、提一条建议、报一条信息),拓宽广大民革党员参政议政的渠道;全国人大副委员长、民革中央周铁农主席亲自带领民革中央、民革福建省委联合调研组就"构建海峡经济区,促进两岸共同繁荣"课题来闽深入调研,了解福建省与台湾在产业对接、经贸合作、文化交流等方面的情况,向中共中央、国务院提出《构建海峡经济区　促进两岸共同繁荣的建议》;在省政协十届二次会议上,民革福建省委提交10份大会发言,18份单位提案,其中:一份被选作大会发言,3份得到省主要领导批示,一份被选为省政协重点提案;《关于加快新农村现代流通体系建设,拉动农村市场内需的建议》被民革中央选作全国政协提案,《人民政协报》专题报道。在6月中共福建省委调研工作联席会议上,民革福建省委《突破行政区划限制,加快海西建设的若干建议》被评为二等奖,另有两篇获得优秀奖;在12月份省政协评出的87件优秀提案中,民革福建省委有4份提案入选;《协商民主在中国的实践表现及思考》在"人民政协成立60周年暨福建省人民政协理论研究会第二次理论研讨会"上被评为优秀论文。民革福建省委重点抓基层组织建设,注重提升党员素质,加强后备干部队伍建设,截至年底,省直支部换届工作基本完成,各地市组织换届工作有序推进;全省共有民革党员4413人,具有高级职称民革党员占民革党员的比例为18.4%;有各级人大代表97人,各级政协委员396人,副省级干部1人,厅级干部13人,处级干部79人。民革福建省委对专门工作委员会进行了充实和调整,新增设教科文卫体工作委员会、社会和法制工作委员会,把妇女工作委员会扩充为妇女和青年工作委员会。创新思路,推动交流,促进祖国和平统一。民革福建省委积极探索推进两岸交流的新途径,邀请台湾国、亲、新三党参加福建民革重要活动;与福建省孙中山研究会联合组织福建省孙中山研究会参访团赴台交流;开展"海峡论坛"系列活动,全国人大副主任、民革中央主席周铁农出席论坛有关活动;举办第二届海峡两岸少数民族丰收节、"2009年海峡两岸青年论坛"、"海峡西岸2009年台胞青年夏令营"等活动,并和共青团福建省委邀请全国政协副主席、民革中央副主席厉无畏参加"第四届海峡两岸青年联欢节";积极组织向台湾"莫拉克"台风受灾地区捐款,民革福建省委联合省红十字会和省"六台"单位于第一时间向全省发出募捐倡议书,全省民革党员共为台湾灾区捐款40.1万元;联合省扶贫"两会"和福州大学统战部等投身"海西春雨行动",先后赴霞浦县、屏南县、清流县等地开展捐资助学、扶贫助困、送医送药等活动;将逸仙职业学校停办后剩余的资金成立福建省逸仙教育基金会,重点扶持贫困农村教育事业。　(李欣)

【民盟福建省委】 加强思想建设和宣传工作,夯实多党合作的共同政治思想基础。全省各级民盟组织以庆祝新中国成立60周年、人民政协成立和多党合作制度确立60周年为契机，加大对外宣传力度；民盟省委精心组织民盟各设区市委和省直基层举办"光明行"福建民盟庆祝建国60周年文艺演出，歌颂民盟与中国共产党风雨同舟、患难与共的光荣历史；举办盟员书画作品展，出版《福建省民盟盟员书画作品集》，热情讴歌新中国成立60周年和多党合作制度确立60周年来的辉煌成就，展示文艺界盟员的风采；开展"纪念建国60周年征文"活动；通过系列纪念和庆祝活动，展示民盟与中国共产党亲密合作、与新中国共同前进的光辉历程以及广大盟员在各条战线的风采，使福建省广大盟员更加深刻地感受到中国共产党领导的多党合作和政治协商制度的强大生命力，进一步明确肩负的历史使命，坚定走中国特色社会主义政治发展道路的决心和信念。服务海西发展，扎实开展参政议政工作，在省政协十届二次会议上，民盟省委共提交提案19件，大会发言13件，其中大会发言《关于建立重点港湾污染物排放总量控制制度的建议》，反响很好，省长黄小晶作了重要批示；《关于加快发展社区养老服务业，提高居家养老水平的建议》作为重要提案摘报，得到省政协主席梁绮萍、省政府副省长张志南批示，并被确定为省政协重点提案，由省政协副主席陈芸督办。陈芸副主席带领省民政厅、财政厅、卫生厅、劳动保障厅、老龄委、省民盟等相关部门领导深入实地进行重点提案办理调研，在调研的基础上形成《关于福建省开展居家养老服务情况的调研报告》，由省政协办公厅以送阅件形式上报，省委常委、副省长陈桦作了批示；所提建议均被省政府出台的《福建省人民政府关于推进居家养老服务工作的实施意见》采纳；该提案与《关于完善福建省粮食安全保障体系建设的建议》、《关于大力发展高等职业教育，推进"和谐海西"建设的建议》、《关于关注基础教育均衡问题，促进基础教育健康发展的建议》等4件提案被评为2008年至2009年度福建省政协优秀提案。民盟省委围绕海峡西岸经济区建设，就教育的改革与发展、海洋经济、三农、环境保护等问题深入调研，在全省各级民盟组织、各工作委员会及广大盟员的共同努力下，共完成42个课题调研任务；民盟省委选送了5篇调研报告参加福建省统战系统联合举办的第五届"全面推进海峡西岸经济区建设·建言献策论坛"论文评审并全部获奖，其中"关于健全政策性农业保险，保障农业可持续发展的建议"获一等奖。

加强干部队伍建设，稳步推进盟组织发展，截至年底，全省盟员总数8836人，平均年龄53.5岁；全省共有设区的市委会9个，县级委员会10个，县（区）工作委员会10个，基层组织319个。开展后备干部的选拔推荐工作，召开民盟福建省十一届四次全委会，以无记名投票方式对民盟省委领导班子后备干部人选进行民主推荐。

扶贫助困，服务新农村建设。8月，民盟省委在福安举办"烛光行动—新东方社会责任行"初中英语教师培训班，培训教师200余人，对提升农村英语教学水平起到了积极的推动作用。继续开展以服务社会主义新农村为主题的"海西春雨行动"，组织民盟专家深入帮扶点宁德蕉城霍童镇八斗村调研，制订了《宁德八斗村2009—2020年的工作思路》，为八斗村的发展进行科学的规划。民盟省委承办民盟社会服务工作研讨会，会议总结交流全国各地开展"农村教育烛光行动"的经验、体会，全国人大常委会副委员长、民盟中央主席蒋树声出席并作重要讲话。

帮教工作向纵深开展。民盟省委向省政协报送《建议提高未成年劳动教养人员的教育经费》的信息专报件，省政协主席梁绮萍在专报件上作了批示，省政协副主席陈芸带领调研组通过走访、座谈，形成《关于进一步做好福建省未成年罪犯、劳教人员教育改造矫治工作的建议》的调研报告向福建省领导报送，引起中共福建省委、省政府领导的重视；为了使未教人员掌握一技之长，走上社会能自食其力，民盟省委在省未教所举办了第一期未教人员餐厅服务员技能培训班，50名参加培训的未教人员都获得由国家劳动和社会保障部颁发的《初级餐厅服务员职业资格证书》。

（鄢晨枫）

【民建福建省委】 *深入开展学习贯彻科学发展观活动*。在全省各级民建组织中开展以贯彻落实科学发展观为主线、以服务海峡西岸经济区建设为主题、以推进民建事业发展为目的的学习活动，根据《民建中央关于深入学习贯彻科学发展观的安排意见》，做到了以下三个"结合"：把学习贯彻科学发展观活动与重大事件纪念活动相结合，与学习贯彻国务院《国务院关于支持福建省加快建设海峡西岸经济区的若干意见》相结合，与加强宣传阵地建设相结合。紧紧抓住国务院支持海西建设的重大历史机遇，服务海西建设有新作为，主动争取民建中央支持。5月，全国人大常委会副委员长、民建中央主席陈昌智率领民建中央调研组来闽，就"加快海峡西岸经济区建设，促进两岸经贸交流合作先行先试"开展调研考察；省委会联系中共省委、省委统战部，召开全面推进海峡西岸经济区建设座谈会，陈昌智主席表示，民建中央将一如既往地关注、支持海峡西岸经济区建设，以此作为参政议政的重要内容之一，不断加强与福建的联系合作，为福建发展和祖国统一大业献计出力；此外，张少琴副主席、陈政立副主席先后来闽调研考察，原副主席朱相远为建华课堂福建分课堂讲课，为福建省民建组织参政议政工作上新台阶创造良好的契机。

加强调研工作，加强基地建设，探索工作新模式。在发挥原有两个调研基地作用的基础上，新建立了"民建福建省委会创投研究基地"等两个调研基地；全年完成课题成果41项，实现收购课题成果15项。积极建言献策，履职能力有新提高，围绕海西建设和经济社会发展，省委会向福建省政协十届二次会议提交大会发言8篇、提案24篇，其中4件提案得到省领导的批示，两件提案被列为主席督办件；全年编报社情民意信息130多篇，有6篇被中央统战部采用，有16篇被民建中央采用，有12篇被省委办公厅采用，有32篇被省政协采用，其中厦门市委会的2篇信息分别得到了国务院副总理王岐山和中组部部长李源潮的批示；省委会获2008年度全省统战信息工作先进单位二等奖。发挥"五缘"优势、两岸经济文化交流呈新局面，5月，应台湾全球运筹发展协会的邀请，民建福建省委员会组团赴台，为"第二届(2009)海峡物流论坛"做了宣传和邀请工作，经国台办批准，第二届物流论坛正式升格到"海峡"层面，

作为第七届中国·海峡项目成果交易会活动之一和2009年国台办重点交流项目,来自海内外的500多名物流行业企业代表参会;成功举办海峡两岸书画交流笔会,邀请19名台湾书画名家来厦,现场展出了国民党主席吴伯雄、台湾"立法院院长"王金平等台湾政届名流的墨宝,推动了两岸的民间文化交流。推进社会服务工作,在构建和谐社会中有新贡献,全面实施"思源工程",积极组织参与"海西春雨行动";继续在仙游县榜头镇洋山村扶贫点做好"扶贫结对户"工作;据不完全统计,全省民建组织和会员在各类社会公益事业活动中共捐资2200万元。省委会选择在会员企业相对集中的泉州市召开民建省委七届九次常委会,举行"应对金融危机,扶持会员企业发展"专题座谈会,邀请泉州市政府有关部门和会内有关专家学者,共同听取会员企业在发展中面临的困难、问题和建议,共商解决问题的办法和应对措施。

*加强自身建设,民建的组织活力有新提升。*从坚持和完善中国共产党领导的多党合作和政治协商制度的战略要求出发,坚持中心组学习制度,认真学习科学发展观,进一步巩固政治交接活动成果,不断提高政治素质和履职能力;坚持贯彻民主集中制,进一步明确了集体领导和分工负责制度,切实做到重大决策经过集体研究,集体领导、民主集中、会议决定;重新修订全委会会议制度和常委会会议制度,制定了领导班子谈心和述职方案;班子建设继续向着政治坚定、民主团结、工作高效、关系和谐、廉洁自律的目标迈进。加强后备干部人才的选拔、培养,省委会选送2位会员到中央社会主义学院、1位会员到省行政学院培训学习;省委会与省社会主义学院联合举办了骨干会员培训班,全省各地有50多位骨干会员参加了培训;全年有3名后备干部被提拔为省管干部,分别到省直部门、高校和大型国企担任实职;全年发展新会员201人,平均年龄36.9岁,大专以上学历占94.8%,中高级职称占48.5%。截至年底,福建省共有8个市级组织,3个县级组织,8个区工委会,17个总支,184个支部,6个小组;拥有会员5268人,会员平均年龄49.9岁,大专以上占75.9%,有各种专业技术职称的占67.8%,其中中高级职称占50.3%,经济界人士占81%。大力加强机关建设工作,积极推荐、选送机关干部参加各级中共党校、社会主义学院的学习培训;强化服务意识,转变工作作风,联系会员、全心全意地为会员服务;以精神文明建设为抓手,引导干部职工树立正确的人生观、价值观和世界观;坚持以人为本,创建"民主、团结、创新、敬业"的机关文化,把尊重人、理解人、关心人贯穿到机关工作的每个环节;坚持和完善机关干部学习制度,弘扬理论联系实际的优良学风,为建设学习型机关提供制度保证。

(黄畊晗)

【民进福建省委】 *深化教育,扎实推进思想建设,学习宣传和思想政治工作取得新进展。*认真贯彻落实民进全国宣传思想工作会议精神,深入开展学习贯彻科学发展观活动,继续深化主题教育;结合新中国成立60周年、人民政协成立60周年和共产党领导的多党合作和政治协商制度确立60周年,开展寓教于乐、丰富多彩的活动。围绕"唱响共产党好、社会主义好、改革开放好、伟大祖国好"的时代主旋律,激励广大会员更加自觉地接受中国共产党的领导,坚持完善多党合作制度,为推进海西建设多作贡献;组织会内5位书画界会员作品参与民进中央在中国美术馆举办的庆祝中华人民共和国成立60周年、纪念人民政协成立60周年大型书画展览,组织10多幅会员书画作品参加福建统战系统庆祝中华人民共和国成立60周年暨多党合作制度确立60周年书画展;参加省政协纪念人民政协成立60周年文艺会演,与省委统战部、省各民主党派联合开展"祖国在我心中"文艺演出活动;举行全省民进系统"爱国杯"乒乓球、羽毛球比赛;会刊《福建民进》开辟庆祝建国60周年暨纪念多党合作制度确立60周年专栏,配合民进中央、省政协、省委统战部在全会中开展庆祝中华人民共和国成立60周年、纪念人民政协成立60周年和纪念多党合作制度确立60周年有奖征文活动,收集征文30多篇,多篇征文获奖,荣获民进中央授予的征文活动优秀组织奖。

*认真贯彻落实民进全国组织工作会议精神,为建设高素质参政党提供坚强的组织保证。*围绕加强参政议政能力建设的新要求,在组织发展工作中坚持标准,保证质量,按照"在工作中发展,发展为了工作"的原则,"坚持三个为主,注重政治素质,发展与巩固相结合,有计划地稳步发展"的方针,积极稳妥地做好组织发展工作,从源头上保证高素质参政党的建设;在注重政治素质和保持界别特色的前提下,巩固教育、文化、出版主界别人才优势,不断开拓新领域,认真做好其他界别代表性人士会员的发展工作,重点发展其他界别中有专业特长、有代表性、参政议政能力强的人士,进一步改善会的人才结构和知识结构;认真制定有针对性的组织发展计划,下发《民进基层组织工作条例》,制定《基层组织发展对象考察表》,要求各基层组织严格按照组织发展程序和发展对象的条件,认真做好新会员推荐工作;加强对组织发展工作的指导和服务,通过走访会员单位,加强对新会员政治素质、业务能力、思想作风和群众影响4个方面的考察,严把组织发展工作的质量关,截至年底,共有7个设区的市委会,1个县级市委会,156个支部,会员总数为3255人。

*以科学发展观为指导,全面加强参政议政能力建设,提升服务海西发展的质量和水平,参政议政工作取得新成绩。*在省政协十届二次会议上,提交大会发言9件,单位提案18件;大会发言《积极推动闽台文化产业对接与发展》,黄省长小晶批示:"陈桦同志研究,召相关部门,分门别类培育成各自特色的产业";单位提案《尽快调整福建省外贸政策积极应对国际金融危机》、《加快社会救助体系建设、构筑最后一道安全网》被省政协编入《重要提案摘报》,其中《加快社会救助体系建设构筑最后一道安全网》入选《建议重点提案内容摘要》;配合民进中央联络委员会到福州、龙岩、漳州等地开展调研,形成关于"海峡两岸农业合作试验区和台湾农民创业园情况调查"的调研报告,作为民进中央在全国"两会"的提案上报;牵头撰写的调研课题《把政治协商纳入决策程序,完善民主监督机制,提高参政议政实效》获得中央统战部调研成果一等奖;承办"第五届全面推进海峡西岸经济区建设·建言献策论坛",选送5篇高质量的调研报告,其中《推进和深化福建省农村土地流转制度改革的若干

思考》获一等奖;《加强校园网络文化建设,促进青少年健康成长》、《金融海啸对福建经济的影响及对策》获二等奖;《惠民生,拉内需,加快海西经济发展的步伐》、《金融危机对两岸经贸关系的影响和福建的对策》获三等奖。

*发挥优势,拓宽思路,社会服务工作与参政议政工作相结合,取得新实效。*认真贯彻民进中央提倡的把社会服务和参政议政相结合,按照"体现党派特色、发挥民进优势、继承优良传统、创新服务机制"的工作思路,积极开展应对国际金融危机活动,召开"我为应对国际金融危机影响献一策"座谈会,积极向有关部门报送了应对国际金融危机的社情民意信息,专报件《警惕个别外商撤资外逃以及弃企逃债引起的"多米诺骨牌效应"》得到省政协主席梁绮萍、副省长叶双瑜批示。深入开展"三下乡"活动,实施"六送"(送医、送药、送书、送戏、送电影、送讲座)工程,让先进文化和医疗卫生进农村进社区,援助创建"农民之家"、"农民书屋"、"文化长廊"等,深入乡村、社区开展义诊、法律咨询等活动;积极参与新农村建设活动,深入开展"海西春雨"行动,为宁化县淮土乡大王村支持新村道路建设资金8万元;主办为期一年(2008年11月—2009年12月)"助残志愿者培训班",培训人员3000多人,所有参训人员将作为2010年在榕举办的全国特奥会的志愿者。由于在助残培训方面的突出贡献,被省残联评为"助残之星"先进单位。 (王永华)

【农工民主党福建省委】 *大力加强思想政治理论学习。*深入学习贯彻中共十七届三中、四中全会精神,认真学习胡锦涛总书记在纪念《告台湾同胞书》发表30周年、庆祝中国人民政治协商会议成立60周年、庆祝中华人民共和国成立60周年等大会上的重要讲话精神,认真组织学习《六个"为什么"——对几个重大问题的回答》、《国务院关于支持福建省加快建设海峡西岸经济区的若干意见》等,并与学习贯彻全国、省"两会"精神、农工党十四届二中全会精神和中共福建省委八届五次、六次全会精神相结合,使广大党员把思想和行动统一到中共中央和中共福建省委的统一部署上来。巩固政治交接学习教育活动成果,以建国60周年和中国共产党领导的多党合作和政治协商制度确立60周年为契机,不断深化坚持走中国特色社会主义道路主题教育活动;制定《中国农工民主党福建省委员会关于加强思想政治建设的意见》,编发以"开展坚持走中国特色社会主义道路主题教育活动"为主要内容的《学习资料》4期,发行《农工闽讯》23320册,订阅《前进论坛》53568册;开展"颂同心迎国庆"诗歌朗诵比赛,在《农工闽讯》上开设"庆祝建国60周年"和"纪念中国共产党领导的多党合作和政治协商制度确立60周年"征文专栏,收到征文37篇;向农工党中央和省统战系统书画、摄影作品展选送作品12幅(获一等奖4幅、二等奖5幅、三等奖1幅),选送纪念多党合作制度确立60周年征文10篇,向省政协提交理论研究论文1篇、《亲历福建60年》文章5篇;开展新形势下党员思想建设调研,召开基层党员思想状况座谈会并进行全省范围的问卷调查,完成《福建农工党员思想动态分析报告》。

*促成两位农工党中央主要领导来闽调研,为加快推进海西建设献计献策,*在省委会的努力下,全国人大副委员长、农工党中央主席桑国卫于4月率课题组来闽,就"更好发挥福建优势,加快推进两岸经贸合作"深入各地调研,形成《关于加快推进福建对台经济合作的建议》,分别报送中共中央和国务院,同时向中共福建省委、省政府反馈调研成果;11月,全国政协副主席、农工党中央副主席陈宗兴率课题组来闽就"加快福建革命老区新农村建设"深入各地调研,形成《关于进一步加快福建原中央苏区县发展的调查报告》,桑国卫主席在胡锦涛总书记主持召开的党外人士座谈会上,汇报了调研组到福建老区、苏区的调研情况,并提出加快福建老区、苏区建设的建议。议政建言和社情民意信息工作成效显著,提交省政协十届二次会议提案17件,大会发言9件,4件被作为省政协重要提案摘报,省领导批示10件次;确定全省立项课题44个,参与完成中共福建省委下达的重点课题和与省各民主党派、工商联的联合调研课题共4个,形成调研论文70多篇,精选61篇汇编成《调研论文集》,4篇被农工党中央《调研报告》刊登,5篇被中共省委政研室《调研文稿》、《摘要》等刊登;在"第五届海峡西岸经济区建言献策论坛"上,选送的论文获一等奖1篇,二等奖1篇,三等奖3篇;全年共编报《福建农工信息》专报件230件,被农工党中央采用43件、省政协采用73件、中央统战部和中共福建省委办公厅采用48件,全国政协采用17件、省领导批示23件次;根据农工党中央、省政协和中共省委统战部的社情民意信息采用情况通报,省委会在全国30个农工党省级组织中位列第一,在省统战系统、省政协系统8个省民主党派中位列第一。

*切实做好社会服务工作。*响应中共福建省委统战部关于开展"海西春雨行动"的号召,办好"三下乡"、和谐社会联系点、新农村建设服务点等10件实事,以及开展国际科学与和平周、中国环境与健康宣传周等活动,全年共组织党员医卫专家270余人,开展36场健康咨询、医药下乡活动,受益群众1.2万人;发动企业家党员捐款和捐赠各类药品折合人民币达110.4万元;组织党员农业技术专家深入农村,举办培训班28场次,发放资料2000多份,为农户提供各种物资价值12万元,与有关乡镇协作建立的经济作物高产示范基地共500多公顷;累计受理30人次法律咨询,提供法律援助12件,受益群众160多人。

*对台交流工作有新突破。*由省委会创办的福建省中医药研究促进会与台北市中医师公会在台北市共同主办"2009年海峡两岸中医学术论坛",共有来自海峡两岸的中医药专家200余人参加,实现促进会创会以来首次在台湾本岛举办学术论坛;编发《杏林信息》4期,《海峡健康导报》75期,赠送台港澳地区及东南亚国家中医药同仁;厦门市中医药促进会组织20名中医专家参加第四届海峡两岸(厦门海沧)保生慈济文化节"保生大帝颂典"和"保生慈济与闽台中医药文化"研讨会;举办6期中医经络养生保健培训班,参训台湾学员共148名;福州市委会举办"春风亲缘卡"捐赠仪式会,向在榕台商免费赠送由党员提供的1200套"春风亲缘卡",总价值40万元,方便台胞在大陆享受高质便捷的医疗健康服务;漳州市委会组织专家医疗队分别在中国国民党荣誉主席连战的祖籍地马崎村和台湾政要萧万长祖籍地霞涌村开展送医送药活动,捐赠药品价值68600元。

2009年10月23日，由农工党福建省委创办的福建省中医药研究促进会与台北市中医师公会在台北市共同主办"2009年海峡两岸中医学术论坛"。 （吴育文供稿）

推进社会宣传和理论研究工作。加大宣传工作力度，推进社会宣传工作规范化、制度化建设，健全宣传工作网络，举办全省社会宣传暨通讯员培训班，全年在中央和省级媒体上发表宣传报道文章43篇和110篇；继续发挥党务网站宣传阵地作用，被农工党中央授予"2008年度党务网站建设工作先进集体"荣誉称号；共完成理论研究论文11篇，上报农工党中央5篇，上报中共省委统战部2篇；被农工党中央授予"2008年理论研究先进组织工作奖"，理论研究论文获"2008年理论研究优秀成果"二等奖1篇、三等奖2篇；完成《福建省各民主党派志》中1994—2005年农工党福建省委部分的编撰工作，完成《汶川特大地震·抗震救灾志·社会赈灾志(福建篇——省统战系统部分)》农工党福建省委有关资料的整理工作，整理了过渡时期中国农工民主党(福建篇)的相关史料。

组织建设稳步推进。加强领导班子建设，自觉贯彻执行民主集中制，全年共召开主委会议5次、常委会议5次、全委会议2次，中心组学习会3次、领导班子谈心会1次；召开十届四次全委会，以无记名投票方式对省级组织领导班子后备干部进行民主推荐；推荐2名党员担任省政府纠风办民主评议政风行风代表，5名党员分别担任省文化厅、省环保厅和省高院监督员，1名党员担任省检察院特约检察员，4名党员担任福建省侨联青委会常务副会长、常委、委员；推荐19名党员分别参加中央统战部干部培训班、农工党中央中青年党员培训班和省委组织部、省委统战部、省社会主义学院联合举办"第十八期各民主党派人士进修班"、"第四期高校党外代表人士学习班"学习；举办暑期新党员培训班、全省基层骨干党员培训班，与湖南省委会联合举办两省骨干党员培训班，参训党员共197人。深入开展"基层组织建设年"活动，成立省直属工作委员会，全年发展新党员245名，其中中高级职称183名，处级干部1名，硕士以上学历25名；截至年底，全省共有农工党党员7173名，其中医卫界占49.3%，党员结构进一步改善。

（吴育文）

【致公党福建省委】 参政议政。围绕保增长、保民生、保稳定的总体要求和社会热点、难点问题，深入开展调查研究，形成调研成果105篇；领导出席中共福建省委、省政府召开的协商会、征求意见座谈会等5次，就贯彻落实《国务院关于支持福建省加快建设海峡西岸经济区的若干意见》的实施意见、政府工作报告等提出意见建议；向省政协十届二次会议提交党派团体提案11件，大会发言3篇，"关于加强闽南文化生态保护实验区建设的建议"，得到省长黄小晶、副省长陈桦的批示；"关于提高博士、硕士研究生待遇的建议"，引起了副省长陈桦、叶双瑜的重视，批示有关部门立项解决。向致公党中央提交调研素材28篇，被采用5篇，其中"关于加强农产品质量安全监管工作"的调研素材被采用并提交全国政协大会，引起了农业部的重视。调研成果被中共福建省委《调研内参》等刊物刊用的有26篇(次)；编发社情民意信息296篇，其中被全国政协、中共中央统战部、省政协、中共福建省委办公厅和统战部等采用78篇，获国家和省领导批示27篇(次)，"关于规范殡葬行业管理的建议"，获国务院副总理回良玉的批示；关于"反动舆论宣传现象亟待关注"的信息，省委书记卢展工、省政协主席梁绮萍等6位省领导作了批示；"问题保姆层出不穷，加强监管刻不容缓"的信息，省长黄小晶作出批示，促进了省家政协会的成立和《福建省"家政服务培训"实施方案》的出台。

海外联谊。通过组团出访，进一步深化与传统侨团的联系，拓展海外联谊领域。5月，组团赴菲律宾、新加坡访问，促成菲律宾洪门进步党总部捐资人民币50万元新建武夷山新丰中心小学教学楼；9月，承办致公党中央海外及岛内洪门中青年人士研讨班，来自6个国家及台湾地区11个洪门组织的23位人士来闽参加研讨班；12月，首次组团赴台湾进行考察访问，接触19个民间社团有关人士，举行5场座谈会，促进闽台民间交流。社会服务。落实"海西春雨行动"计划，引导和组织党员深入到华侨农场和山区乡村开展义诊、助学、法律咨询等活动；为漳州致公小学捐赠价值4800元的少儿图书；通过不同渠道向台湾"莫拉克"台风灾区捐款捐物折合人民币近30万元；组织撰写的关于《福建省部分农垦农场归难侨医保问题亟待解决》的情况反映，省长黄小晶、副省长洪捷序先后作出批示，促进了有关问题的解决。

自身建设。组织开展纪念新中国成立60周年、中国共产党领导的多党合作制度确立60周年活动，加强新时期党员思想教育，举办"一周课堂"培训，深入学习贯彻科学发展观，不断提高服务经济社会科学发展和促进多党合作事业科学发展的能力；积极稳妥地做好组织发展工作，提升发展质量，截至年底，全省党员总数3879人。11月，召开致公党福建省南平市第一次党员大会，成立了致公党福建省南平市委员会。

（陈超）

【九三学社福建省委】 以思想建设为核心，夯实多党合作的政治思想基础。加强政治理论学习，通过座谈会、暑期读书班、考察学习等形式，深入学习中共中央、福建省委、社中央的重要会议精神以及胡锦涛总书记在重大纪念活动、会议上的重要讲话精神，学习贯彻落实国务院《关于支持福建省加快建设海峡西岸经济区的若干意见》，切实增强广大社员围绕中心、服务大局意识，增强服务海西建设的责任感和使命感。坚持理论联系实际，深入学习贯彻科学发展观，以庆祝建国60周年和多党合作制度确立60周年为契机，开展了一系列纪念和庆祝活动，加强对社员的优良传统教育、形势教育和爱国主义教育，增强思想政治教育的实效性。

积极争取社中央支持，助推海西建设。5月6—8日，九三学社第十二届中央常委会第七次会议在福州举行，与会的领导和常委实地考察福州、厦门、漳州、南平、龙岩等地，对福建九三近年来的工作及海西建设成就给予肯定；由社中央、省政府等主办，社省委作为承办单位之一的“2009年海峡农业科技论坛”于11月18日在漳州隆重举行，两岸专家、学者先后作了主题为“加强两岸农业科技合作，促进两岸农业科技升级”的主旨发言，社中央、社省委等领导出席，两岸农业专家、学者等200人次参加论坛，进一步拓宽两岸农业合作的深度和广度，推动两岸现代农业的更好发展。

围绕海西建设，参政议政取得新成绩。在省政协十届二次会议上，社省委提交大会发言2篇、党派团体提案17件，其中《关于发展福建省科技风险投资业的建议》的提案得到省领导的高度重视，黄小晶省长、张志南副省长分别作出重要批示并被列为2009年省政协主席、副主席督办的重点提案，在此提案的推动下，福建省设立6亿元规模的创业投资基金，出台《关于福建省省级创业投资资金管理办法》及《关于加强科技型企业上市培育服务工作的若干意见》，编制发布6批省级创业投资资金目录；取得国家科技经费支持，设立了省级科技型中小企业创业投资引导资金，推进了福建省科技风险投资业的健康持续发展。在省政协十届三次会议上，社省委被评为2008—2009年度省政协先进界别，3位社员被评为2008—2009年度省政协优秀委员，《加大两个先行区建设中高层次科技人才财政投入力度的建议》等4件提案被评为2008—2009年度优秀提案。社省委申报的《建议海西先行先试优先发展绿色能源》的调研课题得到社中央立项，调研成果被转化为全国政协十一届三次会议九三政协委员联名提案；在社中央以“加快推进省直管县改革”为主题的第四届“九三论坛”上，社省委推荐的论文共有9篇入选；在第五届全面推进海峡西岸经济区建设建言献策论坛上，社省委提交的5篇调研论文分获一、二、三等奖，12份建议被收录到2009年《为全面推进海峡西岸经济区建设提供最广泛的力量支撑——福建统一战线建言献策、理论调研成果汇编》中。

扎实推进组织建设，提升社的整体素质。坚持“人才强社”战略，促进组织健康发展，全年全省共发展新社员156人，新社员平均年龄37.06岁，其中：高级职称50人，占32.05%；中级职称82人，占52.56%；全省现有8个设区市委员会，1个省直工委、1个宁德市委（筹备组），2个县级市委员会，19个基层委员会、152个支社、3个小组，共有社员3121名，平均年龄50.64岁。

服务经济发展，树立良好社会形象。社省委分别与南平市人民政府、漳州市人民政府在福州和漳州举行“九南经济科技合作”、“九漳经济科技合作”协议签字仪式，社中央主要领导、社省委领导与南平市、漳州市政府领导分别出席了签字仪式，7项合作项目在两个仪式上成功签约并正式启动，推动了地方的经济社会发展；积极开展“国际科学与和平周”活动暨“海西春雨行动”，社省委获社中央“优秀组织奖”，13个社地市及基层组织获“突出贡献奖”；积极开展捐资助学活动，帮助南平市建瓯九三丰乐小学10名家庭困难的学生完成小学学业。

（官宝斌）

【台盟福建省委】 履行参政议政职能。盟省委参加中共福建省委、省政府召开的各类协商会、座谈会、情况通报会和调研活动10余次，为促进党委政府科学决策坦诚建言。牵头有关部门组织联合调研组就“设立具有两岸特色的海关特殊监管区域试点”问题开展专题调研，形成的调研成果被中共福建省委政研室采纳，以呈阅件的形式报送给省委常委、省政府副省长参阅，为中共福建省委八届六次全会决定把平潭建设成为先行先试的综合实验区提供重要参考，并以《两岸特色经济合作机制试点链研究》为题结集出版。盟省委还为台盟中央提供提案、建议等素材23件，积极配合盟中央在福建省开展调研等各项活动，推动盟中央就加快海峡西岸经济区建设、构建海峡经济区、支持平潭探索两岸合作先行先试模式等问题向中共中央、全国政协提出政策建议。在省政协十届二次全会上，提交集体提案18件，大会发言9篇，其中：《借鉴台湾农民经济合作组织经验，大力推动福建省农民专业合作组织发展》大会口头发言，得到黄小晶省长的重要批示；《关于打造闽台职业教育合作试验区的几点建议》的提案，被省政协列为重点提案。组织省政协台盟界别委员对闽南文化生态保护区开展视察、调研，其成果得到盟中央领导的充分肯定。在2009年台盟中央参政议政工作评比中，盟省委再次荣获先进集体一等奖；5个设区市委会均获得地市级地方组织先进集体荣誉称号。由盟省委牵头的省各民主党派联合调研课题《建立健全参政议政工作机制，切实履行民主党派参政议政职能》获中央统战部调研成果一等奖。

开展对台联络交往。积极推动台盟中央参与主办首届“海峡论坛”，盟省委参与承办“海峡论坛·海峡经济区高层研讨会”，主动邀请台湾重要嘉宾参加研讨会，并做好会议期间的联络服务工作，确保会议成功举行。与省、市有关涉台单位共同举办“2009年台胞迎新春茶话会”。与省台联等单位共同举办“第二届海峡两岸少数民族丰收节”，盟省委除邀请台湾畲族乡亲和屏东排湾族同胞参加活动外，还单独承办“台湾少数民族部落旅游推介会暨研讨会”，促成福建省旅游业界与台湾中华优质旅游协会等机构签订了3项旅游合作意向书。与其他5个涉台单位共同举办“2009年台胞青年夏令营”；继续承办“2009台南大（中）学生海西乡土文化研习营”，邀请来自台南大学、台南师大附中、台南国中等学校的76名师生参加，成为首个经过台湾教育主管部门正

2009 年 8 月 11 日，由台盟中央、海峡两岸关系协会主办，台盟福建省委承办的 2009 台南大(中)学生海西乡土文化研习营在厦门大学开营。图为研习营全体师生与出席开营式的嘉宾合影。（省台盟供稿）

式批准、以学校名义组团赴大陆的学生夏令营。在“三八”妇女节期间，与台湾“牵手之家”的姐妹们开展联谊活动。

加强台盟自身建设。组织广大盟员开展以统战理论、经济形势、台情研讨等专题学习近 50 场；参与庆祝建国 60 周年，中国共产党领导的多党合作和政治协商制度确立 60 周年以及政协成立 60 周年等纪念活动。举办纪念盟省委恢复活动 30 周年系列活动，召开纪念和表彰大会，表彰部分老盟员和机关工作者；编印“纪念台盟福建省委恢复活动 30 年”盟史图片资料册和《耕耘—盟员风采》等。充实各级领导班子力量，提拔任命了省委会秘书长，台盟福州市委会顺利完成了主委人选的届中调整，台盟泉州市委会调配了专职主委。稳步推进组织建设和后备干部培养工作，新组建台盟福州市仓山区工委，并在莆田市筹备成立台盟组织；全年共发展新盟员 34 人，为 2007 年以来组织发展最快的一年。经省委会推荐，福州市高山族盟员吴宇红被评为“国务院第五次全国民族团结进步表彰大会模范个人”，成为全国高山族同胞中唯一的先进个人代表；盟员张秀兰被评为为省“三八”红旗手。做好社会服务工作。与省红十字会、省台办等单位共同发出倡议书，号召社会各界为遭受“莫拉克”台风的台湾灾区捐款捐物，奉献爱心，全省盟员共捐款 92950 元，体现了血浓于水的骨肉深情。积极参与“海西春雨行动”，继续对福州仓山区 20 名贫困女童进行助学帮扶；两次派员配合台盟中央前往贵州毕节地区开展扶贫考察工作；“六一”前夕，盟省委为该地区赫章县海雀村小学全体学生送去书包等文具，为教育扶贫办实事。

（唐自民）

【省工商联】 提升思路，进一步拓展工商联作为空间。抓住国务院《关于支持福建省加快建设海峡西岸经济区的若干意见》颁布的契机，积极推动对台交流和海西区域内的商会合作，构建海西 20 城市工商联协作长效机制，着力打造工商联工作新品牌；组织召开了两次协作会议，使海西 20 城市工商联协作取得了更有实质性的成果。丰富载体，切实增强思想政治工作的有效性。多次组织各级工商联和广大非公有制经济人士认真学习贯彻中央和省委重要精神，把思想和行动统一到中央对海西的新定位、新要求、新期待上来，结合深入学习实践科学发展观活动，激励和鼓舞广大非公有制经济人士在加快建设海西的历史征程中创造新的业绩；在新中国成立 60 周年之际，充分利用《中华工商时报》、《福建统一战线》等宣传阵地，大力宣传新中国的伟大成就，大力宣传改革开放以来福建省非公有制经济的巨大成就和非公有制经济代表人士的典型事迹，引导广大非公有制经济人士更加坚定走中国特色社会主义道路的决心和信心；精心指导第三批深入学习实践科学发展观活动，紧扣“科学发展、四求先行、构建和谐非公有制经济组织”主题，取得阶段性成果。积极引导非公有制经济组织融入海西建设，实现科学发展。积极动员民营企业参与光彩事业和慈善公益事业，通过“海西春雨光彩行动”，在连城、宁化、仙游、福鼎等地共投入扶贫资金 82 万元，帮助贫困群体，改善生活条件；台风“莫拉克”重创台湾之际，省工商联迅速动员广大民营企业家捐款捐物，得到广大民营企业家踊跃响应；一批“爱国、敬业、诚信、守法、贡献”的民营企业家获得了有关部门的表彰和肯定，树立非公有制经济代表人士良好形象。

深入调研，为推动民营经济平稳健康发展集智聚力。根据省委、省政府的工作重心和全国工商联的工作要求，科学制定《福建省工商联 2009 年度调研课题》，精心部署全年调研工作计划；编辑出版《福建民营经济发展报告》和《调研论文集》。拓宽渠道，为民营企业科学发展创造有利条件。大力组织民营企业参加大型经贸活动，在“6·18”期间，组织设立了“福建省工商联行业商会展馆”，据不完全统计，全省共有 4489 个民营企业家参加“6·18”系列活动，对接项目 3462 个，项目合同金额 407.9 亿元人民币；在“9·8”投洽会期间，邀请全国工商联副主席孙安民莅会，香港福建总会、菲律宾福建总商会等 14 个海外工商社团和北京、上海、陕西、安徽等 6 个省、市的福建商会近 200 名企业家参加活动，并组织 400 多名企业家参加投资海西专场洽谈会，共对接项目 120 多个，投资总额达 116 亿元人民币；还组织民营企业家参加“西洽会”、“中博会”、“泛珠大会”和“非常新加坡品牌展”等各种经贸活动，为民营企业寻求技术、项目、人才和资金支持牵线搭桥。开展民营企业招聘周活动，全省共有 3600 家民营企业参加活动，提供岗位 8 万多个，为“保增长、保民生、保稳定”作贡献。加强自身建设，努力提升工商联的组织吸引力、社会影响力和机关执行力。不断强化组织建设，商会基础得到夯实，福建省陕西商会、闽商投资促进中心已登记成立；对县级工商联建设开展比较全面、深入的调研，并在 8 月召开全省工商联组织工作会议，对县级工商联的组织建设进行了专门研究、探讨；行业商会工作继续加强，成立了福建省油气商会、福建省木门窗商会；健

全机关工作制度，自身建设进一步加强。（郑岚）

【各民主党派和工商联领导人名单】（以2009年12月底在职者为准）

民革福建省委

主委委员：庄　先

副主任委员：黄健儿　方　群　陈立德　柳　红*　夏先鹏　国桂荣*　赖钟雄　黄绳跃

秘书长：柳　红（兼）

民盟福建省委

主任委员：郑兰荪

副主任委员：黄维礼　阮诗玮　高诚辉　陈　榕　吴小南　李明蓉　林治良　蒋方斌

秘书长：陈　榕（兼）

民建福建省委

主任委员：郭振家

副主任委员：林　强　陈今明　王光远　吴志明　黄克安　程思怡

秘书长：郭国华

民进福建省委

主任委员：张　帆

副主任委员：金铁平　杜　民*　陈　奇　魏　刚　郑家建　严可仕　何　强

秘书长：林思宁

农工党福建省委

主任委员：陈绍军

副主任委员：李未明　苏文金　陈震宙　姚元根　刘献祥　施作霖　赖应辉

秘书长：陈　巧*

致公党福建省委

主任委员：王钦敏

副主任委员：卢炬甫　薛卫民　李　敏*　黄如论　陈铭福　鄢　萍*　刘　珂（*，专职）

秘书长：刘　珂（兼）

九三学社福建省委

主任委员：洪捷序

副主任委员：林大坚（专职）　丁　瑜　黄培强　张木清　林绍彬

秘书长：林葆荣

台盟福建省委

主　委：汪毅夫

副主委：简少玉　陈宜安　江尔雄　骆沙鸣　陈紫萱

秘书长：叶　鸣

福建省工商联

主　席：李祖可

党组书记：张剑珍

副主席：陈　峰　邱家赞　陈阿涟

秘书长：俞　杰

注：*为女同志

群众团体

【省总工会】　深入开展以“当好主力军，海西立新功”为主题的劳动竞赛。组织“百万职工大创新”活动，全年实施职工合理化建议6万多条，开展技术革新6430项，实现发明创造1600项，其中获国家专利460项。在第十八届全国发明展上，全省选送的121项优秀职工发明项目，获得23金、25银、35铜、4个专项奖的好成绩。成功举办第四届“6·18”海峡两岸职工创新成果展，共征集职工发明项目1157项，展出229项，对接86项，金额16.27亿元。推进“节能减排企业行动”，通过实施“五个一行动”引导职工为节能减排作贡献。积极开展重点工程“功臣杯”立功竞赛，在福建炼化一体化工程、鼓山大桥等100多个重点项目中开展立功竞赛，引导职工在本职岗位上创造一流的工作业绩。

深化以提高技术素质为重点的职工素质工程建设。继续深化“创建学习型组织，争做知识型职工”活动，共组织5万多家企业、50万个班组、200多万职工参与创争活动。继续举办全省性职工技能竞赛，省级比赛工种达92项，通过竞赛取得职业资格证书和提升技术等级的职工分别占89%和76%。加强职工技术技能培训，在发挥工会系统48所职工学校作用的同时，全省建立职工（农民工）就业培训基地279个，其中有4家被全国总工会命名为“全国工会就业培训基地”，通过联合办学、开门办学、定单式培训等方式，开展各类培训教学300多期。开展“三个一千”送文化活动，在厂矿企业和工业园区建立千家“职工书屋”、举办千场文体活动、播放千场主旋律影片，丰富职工精神文化生活，推进企业文化、职工文化发展。

以60周年国庆为契机大力宣传工人阶级和劳动模范。深入开展评先评模工作，一批先进集体和先模人物脱颖而出，2009年全省有14个集体获全国“五一”劳动奖状，35位职工获全国“五一”劳动奖章；有126个集体获省“五一”劳动奖状，328位职工获省“五一”劳动奖章；省、市、县三级工会授予“工人先锋号”的企事业、机关院所、车间科室、班组（窗口）达2000多个，其中省级

2009年6月18日，由中华全国总工会主办，福建省总工会承办的第四届“海峡两岸职工创新成果展”在福州召开。以“小产品大市场，小发明大智慧，小创造大理想”为理念的职工发明，吸引了海内外4万多人次的嘉宾前来展区洽谈咨询。（林辉　摄）

"工人先锋号"("五一先锋岗")301个。加强宣传一线工人,省总工会与福建电视台开设"海西劳动者""劳动人生"栏目,集中宣传86位一线工人,突出宣传普通工人在应对金融危机中的作用;积极展示劳动模范在建设新中国中的突出贡献,与福建电视台、福建日报、东南网等主流媒体联办"光荣与梦想:共和国建设者""历史的回响:职工标兵""我和我的祖国""时代劳模"等专题栏目和节目,并编辑出版《海西脊梁》、《海西劳动者》等丛书,弘扬了"工人伟大,劳动光荣"的时代主旋律。

*实施工会促进就业"百千万"大行动和送温暖活动。*全省工会职介机构共组织大型职业招聘会173场,接受12.3万多名职工(农民工)求职登记,成功就业4.3万人;培训下岗失业人员11.6万人,其中农民工5.2万人。建立职工创业基地42个,帮助和扶持自主创业109人,带动就业2216人。以"扶贫济困解忧难,温暖和谐在海西"为主题,全省工会共筹集慰问款3872万元,慰问困难职工14万人、其中农民工近9万人。组织"情满返乡路"、"温馨在八闽"、"深情问薪金"等关爱农民工系列活动,为"两节"期间返乡农民工提供专列、专机、专车服务,为留闽农民工安排年夜饭、赠送年货礼包、开通免费拜年电话,并做好防范和追讨欠薪工作。开展"金秋助学"、"千名大学生勤工俭学"资助活动,共筹集助学资金1576.2万元,资助困难职工子女8672人,其中大学生6554人、困难农民工子女3813人。厦门、泉州、龙岩等地建立医疗互助金,积极开展职工医疗互助活动,共组织179万职工参加,2.3万人次获得补助,受惠金额总计达3646.3万元。

*开展企业、职工、工会"共同约定行动"和创建和谐企业试点工作。*提出《关于深入推进"共同约定行动"的意见》,并通过省协调劳动关系三方会议下发《关于应对当前经济形势稳定劳动关系的指导意见》,联合省企业与企业家联合会向全省1万多家规模以上企业印发《同舟共济、共克时艰"共同约定行动"倡议书》;各级工会积极行动,迅速形成了实施"共同约定行动"的社会合力,全省共有3.8万多家企业开展这一工作,覆盖职工267.4万人,基本形成企业不裁员、少裁员,不减薪、少减薪,协商确定薪酬的良好氛围,取得多方共赢的积极成效。继续深入开展劳动关系和谐企业(工业园区)创建活动,较好实现了推行劳动合同、集体合同、职代会制度和建立工会组织"四个100%"目标;在这一基础上,积极开展了劳动关系和谐、环境关系和谐、社会关系和谐"三位一体"的和谐企业创建试点工作,初步形成党委领导、政府推动、工会牵头、部门配合、企业主体、职工参与的创建工作格局。

*进一步加大维护职工劳动经济权益力度和维护职工队伍稳定工作,积极推动从政策层面上解决职工热点问题。*推动企业建立健全工资协商机制,签订工资专项集体合同,并积极推行女职工特殊保护专项集体合同。突出做好"两节"防欠薪保稳定工作,实行企业欠薪报告制度,及时参与解决拖欠职工工资问题。建立职工法律援助和服务队伍,保持"12351"职工热线畅通,加强劳动保障监督工作,共组织2.7万家企业360万职工参加"安康杯"竞赛,在1.9万家企业推行"一法三卡"工作,参与12万多次安全生产检查。省政府与省总工会举行第22次联席会议,对进一步落实"三保"政策、解决中小企业融资困难、加强职工技能培训、建立企业欠薪保障制度、加强工会帮扶中心建设进行深入研究并作出相应决定。

*深入开展"双措并举、二次覆盖"工作。*实施工会组建和会员发展"百日攻坚"行动,初步实现对小型企业工会组织和工会工作的"二次覆盖"。截至年底,全省共建基层工会82163个,涵盖基层单位134622家,比上年分别增长1.42%和2.82%;工会会员632.2万人,增长3.16%。其中非公有制企业工会59719个,涵盖企业97484家,会员424.2万人,分别增长0.88%、4.02%和2.59%。全省建立2820个基层工会联合会,47个工业园区工会联合会,102个行业工会联合会。全省929个乡镇、172个街道全部建立工会,其中乡镇总工会44个;建立村居工会3091个,建制率30%;建立社区工会968个,建制率92%。 (吴作右 纪荣凯)

2009年9月23日,为庆祝中华人民共和国成立60周年,省总工会在福州隆重召开"光荣与梦想"福建省劳模访谈暨《海西背景》、《海西劳动者》首发式。 (薛小秋 摄)

【共青团福建省委】 围绕海西建设大局,勇于担当,积极作为。按照省政府的部署,会同有关厅局,组建省、市两级政策宣讲团,面向全省高校开展大学生就业创业政策宣讲活动,共举办报告会44场,发放各类宣传资料3万多份、视频光盘1000多张。深化中国青年创业国际计划(YBC)项目,在全省建立84个工作站、服务站,招募创业导师650多人,成功扶持383名青年创办了自己的企业。海西青年创业基金进一步扩大,大学生自主创业担保基金正式运行。与邮储银行、交通银行等金融机构合作,向15633名青年发放创业小额贷款6.3亿元。建立共青团青年就业创业见习基地478家,提供12067个见习岗位,6135名青年上岗见习,正式聘用2396名。实施农村青年专项技能培训、进城务工青年“订单式”培训等项目，36877名农村青年接受了培训。组织青年企业家“八闽行”、中央国家机关青联委员“海峡西岸行”活动，承办华夏青商与海西市长合作峰会、华夏学子看海西、高校博士团海西行等活动。全省1000多名青年企业家积极参加“5·18”、“6·18”、“9·8”等经贸交流活动。在全省在建重点工程中开展以“奉献‘十一五’，奋进在海西”为主题的青年突击队竞赛活动，推动各项重点工程优质、高效、按期完成。实施“燎原”行动和“农村青年致富种子工程”，培养了一批农村青年致富带头人。开展“保护母亲河·家园清洁青年行动”，进一步净化、美化、绿化农村人居环境。组织全省20多万名大中专学生奔赴海西建设一线，宣传海西、服务海西、参与海西建设。邀请港澳台学生和闽籍海外留学生为海西发展献计献策。

围绕思想道德建设，创新载体，分类引导。抓住2009年重大活动、敏感节点多的契机，在全省青少年中深入开展爱国主义教育，用马克思主义最新成果武装青年，引导广大青年坚定成才报国、建设海西的信念。分别召开纪念五四运动90周年、纪念少先队建队60周年大会和“永远跟党走，青春献海西”福建青年群英座谈会，组织一批先进青年典型以报告会、座谈会等形式走进高校、走进青年，示范引导，形成宣传教育的良好氛围。开展分类引导青年试点工作，探索增强引导青年针对性和实效性的路径，努力构建面对城市青年、农村青年、企业青年、农民工及其子女、大中小学生等不同类别不同层面的青年思想教育体系。围绕庆祝新中国成立60周年，深入开展“民族精神代代传”、“手拉手”、“爱祖国、爱福建、爱家乡”等主题活动，在全省青少年中唱响热爱党、热爱祖国、热爱社会主义和投身海西建设的主旋律。依托互联网和手机，举办“1919，追寻我们青春的记忆”博客征文大赛、青少年书画作品大赛，网络点击率分别超过10万和20万人次。在敏感时段，全省处级以上专职团干部分赴大学校园，面对青年学生，宣讲形势，答疑解惑，到一线做深入细致的思想工作。

围绕两岸青少年交流，提升品牌，促进合作。抓住有利契机，发挥“五缘”优势，大力推进两岸青少年交流，举办第七届海峡青年论坛，200多名来自两岸以及海外的青年代表参加主题演讲、海西20城市青年圆桌会议、第三届中国青年科技创新馆等活动。举办第四届两岸青年联欢节，1470名台湾青年学生和5000多名大陆青年在福建省6个设区的市共同开展了中华文化大讲坛、两岸大学生校园歌手赛等活动。承办由中华全国青年联合会组织的两岸青年社团负责人圆桌会议，来自中国内地、台湾和香港的53家青年社团负责人参加了会议，共签署12项合作协议。组织省办10余个青少年团组赴台访问，与台湾10家青年社团建立长期合作关系；接待台湾10个参访团；组织省青联访问团、青年农业参访团等5个交流团赴台湾交流访问，促进闽台两地青年经贸交流合作；协助台湾中油股份有限公司与福建省有关部门开展石化产业合作。

2009年6月17日下午，海西城市青年圆桌会议在福州金源饭店举行，来自福建、江西、广东、浙江的20个海西城市青年共同畅谈海西发展，共商交流合作，凝聚青年力量，共同推进海峡两岸经济建设。（祝敏松 摄）

围绕构建和谐社会，服务青年，展示风采。发挥共青团组织活动育人、实践育人和联系广泛的优势，促进服务党政工作中心与服务青年、构建和谐社会的有机结合，在全国率先推行青年文明号创建届期制，有效激发全省1万多家青年文明号集体开展优质服务、推进职业文明建设的热情。广大青年志愿者为6·18项目成果交易会、9·8投洽会、林博会、茶博会等大型活动提供优质服务；启动第五届全国特奥会、上海世博会志愿者招募工作；选拔455名大学生志愿者赴西部地区和福建省欠发达地区开展志愿服务。筹措并发放1163万元，资助2300多名贫困新生圆梦大学。与有关企业合作设立火山岛助学基金、燎原基金等专项基金，发展壮大青少年发展基金。开展“温暖送万家，爱心促和谐”活动，慰问西藏和四川灾区在闽学生、留校大学生、进城务工青年、返乡农民工等青少年群体。开展“共青团与人大代表、政协委员面对面”活动，推动青少年维权制度化、规范化建设。建设12355青少年服务平台，推进优秀青少年维权岗争创活动，确定一批基层青少年维权重点扶持项目。

围绕团的自身建设，夯实基础，活跃基层。结合第二批和第三批学习实践科学发展观活动，分别对农村、城市、学校、企业团的工作进行了部署，坚持眼睛向下、重心下移，强化责任、突出重点，不断加强团的自身建设。分3批选派64名设区的市以上团机关干部到县（市、区）团委进行为期半年的驻点工作，在33家单位推进团队基层组织建设和基层工作试点，在20个乡镇、7个街道开展共青团组织格局创新试点。整合OA、BBS、视频、博客、QQ群等多种方式，发挥“团建创新促先行”网站的功能，网站累计发布团建信息11800多条，访问量达15万人次。多方筹集资金对全省乡镇以上专兼职团干部进行免费培训，全年共办班8期，培训基层团干部943名。认真开展全省村级团组织换届工作，建立和完善市、县、乡、村四级团干部数据库。联合组织部门推行选调生、大学生"村官"、大学生志愿者兼任基层团组织负责人。通过落实全省村团支部书记每月100元津贴的发放，推动基层组织人员到位、工作到位。筹措429.19万元经费和物资，以项目支持、专项补助等方式支持基层。认真做好"全团带队"工作，利用网络对全省少先队辅导员进行免费培训，全省共有65191名少先队辅导员参加了培训，占全省少先队辅导员总数的69.07%。认真开展学习实践科学发展观活动和"回头看"活动，着力解决存在的突出问题，形成贯彻落实科学发展观的长效机制。完善中心组学习、专家辅导、谈心等制度，建设学习型机关。创立晨会制度，全年共完成5轮，有130多人次上台演讲，带动团队和全团学习。2009年8月，团省委荣获"福建省第十届文明单位"称号。（苏贻堆）

【省妇女联合会】 服务大局，引导妇女参与海西建设。认真贯彻落实《国务院关于支持福建省加快建设海峡西岸经济区的若干意见》，提出"开展大学习、推进大发展、促进大和谐、先行大交流、基础大夯实"的贯彻思路。深度挖掘"惠女精神"并赋予其时代新内涵，提炼为"自强不息、团结协作、锐意创新、勇争一流"的新时期福建妇女精神，开展"弘扬惠女精神，巾帼建功海西"主题活动。参加第七届6·18，成功承办全国妇联"巾帼馆"，展示创新成果335项、技术需求129项；邀请中国农科院、中国林科院等专家来闽举办林业项目成果推介会；组织对接项目45个、资金总额达4.79亿元。开展妇女就业援助行动，建立省级以上女大学生创业实践、妇女就业基地57个，举办招聘会181场，提供就业岗位17.9万个，培训妇女2.2万人，帮助5.84万妇女就业。牵头成立省家政服务业行业协会，出台《家政服务行业协会公约》和家政服务员标准。持续深入开展"专家快车农村行"，承办全国农产品女经纪人培训班，与省关工委联合实施"福建农村青年致富种子工程"，鼓励妇女发展珠绣、灯笼、家具等家庭产业。全省共培训农村妇女28.8万人次，培育县级以上"巾帼示范村"1320个、"巾帼示范基地"1103个。

以人为本，切实让妇女群众得"三惠"。把妇女健康检查、小额信贷、女性进村"两委"作为惠及妇女的重中之重工作，认真配合落实省委、省政府的"为城乡低保妇女每两年进行一次免费妇女病检查"为民办实事项目，13.5万名妇女接受检查和治疗；广泛动员社会力量组织"农村妇女健康关爱月活动"，开展宣传、义诊和普查活动360余场，13.8万名妇女受益，为"两癌"免费检查项目在全国推开提供了先行经验。在龙海、延平、福安等10个县（市、区）开展"农村妇女'两癌'检查"国家重大公共卫生项目，2.56万名妇女接受检查。从省农办、省慈善总会争取小额信贷资金3800多万元用于扶持农村贫困妇女发展生产，加大妇女小额担保贷款财政贴息力度，共发放小额贷款1.7亿元。以省委确定"基层组织建设年"为契机推进农村妇女参与村民自治实践，全省女性进村"两委"比例达99.6%，比上届高7个百分点。

维护权益，促进社会和谐稳定。深入开展妇联系统"法制宣传年"活动，推动全省法院系统在全国率先成立维护妇女儿童合法权益合议庭，共受理涉及妇女儿童权益案件20125件，审结19562件。充分发挥妇联信访窗口、12338维权热线和968111婚姻咨询热线作用，坚持每月10日的主席接待日制度。全年全省县级以上妇联共受理信访案件9394件，其中来信495件、来访5714件、来电3132件、网络来信53件，信访总量比2008年下降了11.55%，处理率达95%。

先行先试，拓展闽台妇女交流合作。积极融入"海峡论坛"，在泉州市成功举办"海峡论坛"的系列活动之一——第三届海峡巾帼健身大赛，闽台港澳1000多名运动员参加，成功打造两岸妇女体育文化交流平台。3次组团赴台湾参加第二届海峡两岸女企业家经贸论坛等活动，加强与台湾知名妇女的交往，拓宽与台湾基层妇女的交流面。福州、厦门、泉州、漳州、三明、南平市妇联分别与高雄县、台中市、台南市、嘉义县、花莲县妇女会及台湾妇女菁英联盟签订友好合作协议。组团出席香港妇女庆祝新中国成立60周年、澳门妇女和闽籍乡亲庆祝回归祖国10周年等活动，推进与港澳妇女及妇女组织的深入交流与合作。召开省民主党派、工商联妇女工作联席会，密切与省政协港澳女委员、省妇联港澳执委、特邀代表及海外女乡亲的联系，热情提供服务。

（徐西朋）

【省文学艺术界联合会】 庆祝新中国成立60周年活动。编辑出版《福建文艺创作60年选》，选编作者近1200名，12个分卷，1100多篇优秀作品，共700多万字，集中展示福建文学艺术创作60年的丰硕成果，充分展示"文艺闽军"的创作实力。与省委宣传部联办"献诗·我的祖国"庆祝新中国成立60周年系列活动，向百位福建诗人征集

为庆祝中华人民共和国成立60周年，福建省文学艺术界联合会组织选编——《福建文艺创作60年选》共12卷本丛书。

（省文联供稿）

100首歌颂伟大祖国的诗歌，编辑成精美诗集《献诗·我的祖国——福建百名诗人心灵之歌》，并在福州、泉州分别举办诗歌专场朗诵音乐会，取得良好效果。深入学校、军营、厂矿、企业举办“全省小戏小品小剧场戏剧展演”，深受欢迎。举办“海峡西岸当代书法精品展”、“福建省当代美术精品大展”、“福建获全国奖书家提名展”、“闽黔港澳台书画名家艺术精品联展”、“见证祖国60岁闽籍人士影像展”、“祖国颂”文学征文、第九届水仙花戏剧奖颁奖暨梅花奖演员联袂演出等各文艺门类专题文艺活动，社会反响热烈。文联所属刊物也纷纷推出专辑、专栏，为新中国60华诞讴歌献礼。

海西主题文艺活动。组织“辉煌60年”海西发展巡礼大型文艺家采风活动，包括“文艺家采风团”省内采风和“作家采风团”海西经济圈跨省文学采风，省委常委、宣传部长唐国忠参加出发仪式，为采风团授旗，批示肯定该项活动是“坚持‘三贴近’原则、宣传海西的创新举措”。举办“锦绣海西”大型美术创作笔会，集中福建省美术界国画创作方面的骨干近30人，创作两幅反映福建地域风情与特色的大型画作《丹霞闽粤》、《锦绣海西》长卷，展示海西风采，赠送林芝援藏工程和省政协60周年庆典。联办福建省第四届艺术节“魅力海西”美术、书法、摄影大展，承办中国音协理事会、“2009年中国舞协工作会议暨舞蹈家走进海西创作采风活动”，与有关地市联合承办“第十一届全国美展漆画、陶艺展”等全国性文艺赛事活动，组织成立“海西20城市作家联谊会”，全面提升海西的影响力。

基层和行业文联系列文艺活动。福州市文联主办或联办“海内外三坊七巷楹联征集大赛”及美术作品大展、书画展；厦门市文联举办征文、文艺演出、美术书法摄影作品展及“我为祖国喝彩”文艺创作与采风活动，编辑出版《百首爱国歌曲集》；漳州市文联举办“红歌会”，配合首届海峡两岸农博会、花博会举办了书画精品展；泉州市文联举办“海西建设大型图片展”、“纪念泉州解放60周年大型纪实摄影展”、海内外中华诗词大奖赛及南音演唱电视大赛；三明市文联主办或联办“海峡两岸诗人笔会暨三明诗群诗歌作品研讨会”、“三明十大名片”征文、征歌和摄影比赛活动；龙岩市文联主办或承办“祖国颂”文艺界庆祝新中国成立60周年书画作品巡回展、“千里客家文化长廊暨海峡客家书画精品展”、“福建土楼”国际摄影大赛；莆田市文联举办了国庆广场文艺演出和“莆田看点·乡镇行”文艺采风活动；南平市文联举办以60周年为主题的征文、歌咏活动，策划出版《武夷文苑丛书》；宁德市文联主办或联办“闽东诗群作品朗诵会”、闽东书法界迎国庆60周年大型现场笔会及美术书法摄影作品展；省公安文联举办“第四届全省公安民警电视歌手大奖赛”；农业银行泉州分行文联举办全市农行系统“爱国歌曲大家唱”职工歌咏比赛；省老艺协联合举办全省第六届老干部、老年人书画诗影作品联展，第四届福建艺术节上的海峡两岸书画名家作品展。

优秀作品、优秀人才不断涌现。以精品和人才为重点，深入实施精品战略和人才培养“千百十工程”、“名家名作工程”，成效明显，优秀人才不断涌现，优秀作品不断呈现，在全国的实力和影响力明显增强。通过广泛开展学术交流和采风创作，举办“福建省文学艺术高级讲习班”等各类培训班、讲习班，推荐各门类优秀文艺人才参加全国性的进修、培训、比赛，推动精品的创作和人才的培养。通过加大宣传推介和服务力度，推进人才的培养扶持，召开“哈雷诗歌专场朗诵会”、何葆国长篇小说《山坳上的土楼》研讨会等优秀作品、优秀人才的宣传活动，联合举办李焕之、丁仃等文艺名家的诞辰纪念活动，摄制电视专题片《海西文化名人坊》第5辑，积极开展各级优秀文艺人才评选的推荐上报工作，84位从事新中国文艺工作60年的优秀文艺家获中国文联表彰、1位文艺家获全国宣传系统“四个一批”优秀人才荣誉称号、6位文艺家获全省宣传文化系统第一批“四个一批”文艺人才称号、1位文艺家获得中国民协颁发的“德艺双馨”文艺家称号。初步建立文艺人才信息库，积极发挥文艺名家的示范带动作用。成立省书协女子委员会、漳州书法家协会、宁德电影家协会，新建“漳州书法培训创作基地”等一批创作基地，积极为文艺家的创作生活提供服务。

对台对外文艺交流。成功举办“海峡两岸电视主持新人大赛”、“首届海峡两岸青年舞蹈嘉年华活动”、“海峡两岸首届电影发行放映同业论坛”、第六届“海峡诗会”等活动；组织省文联代表团以及舞蹈、电影等文艺门类代表团赴台交流。赴港举办“闽海锦绣—福建工笔画及书法作品展”。在京举办“纪念冰心逝世十周年系列文学活动”，在沪联合举办“巴金冰心世纪友情”专题展览，组织冰心文学馆代表团赴俄罗斯交流访问。接待美国威尔斯利女子学院教授访问团。

基层基础建设。思想建设方面，以深入学习实践科学发展观活动为重点，着重在整改落实环节上下工夫，圆满完成学习实践活动的各项任务，取得“党员干部受教育、科学发展上水平、文艺为民显成效”的学习成果，群众测评满意率达100%；以学习贯彻党的十七届四中全会精神为重点，大力推进“落实‘四责’要求、奋力‘四求作为’”的学习

2009年8月5日，第二届华东六省一市大学生舞蹈大赛暨首届海峡两岸青年舞蹈嘉年华活动在泰宁落幕。图为省舞协与台湾多元文化艺术团、台湾光彩促进会文化艺术委员会签署海峡两岸舞蹈交流合作协议。
（省文联供稿）

教育，进一步加强党组领导班子思想政治建设和机关思想作风建设。组织建设方面，积极调整充实所属各领导班子，落实反腐倡廉工作责任制，认真做好老干和工青妇工作，培养选拔一批优秀的年轻干部和后备干部，表彰年度岗位考核优秀干部和优秀党员，开展迎接第十届省直机关文明单位检查评比的各项准备工作等活动。基础设施建设上，“三坊七巷”文学讲习所已完成修复建设；省画院正着手全面装修改造；省文联办公环境进一步改善；冰心文学馆完成西大门改造工程，被授予第四批全国爱国主义教育基地，位列本批次全国第五、福建第一。服务会员工作持续推进，制定了“六个一”协会管理制度，召开社团管理工作会议，签订《福建省文联所属社团管理协议书》。基层文联建设稳步推进，建立领导挂钩基层文联制度，组织文艺专家讲师团下基层，形成《关于进一步加强基层文联工作的意见》，完成全省特色文艺示范基地建设的摸底工作，积极扶持推进基层文联建设。（王幼丽）

【省科学技术协会】 全省科协现有省级学会、协会、研究会159个，设区的市科协9个，县(市、区)科协85个，高校科协21个，厂矿科协1169个；会员30余万人，其中省级学会、协会、研究会会员逾15万人。

持续打造院士专家牌，为推动经济平稳较快发展提供科技支撑。推动院士项目成果对接。积极组织院士专家、海外学者参与中国·海峡项目成果交易会活动，2009年科技部、中国科协、中国科学院、中国工程院等四大国家级科技机构全部成为第七届“6·18”活动主办单位；来自全国各地的45位院士、51位专家莅临展会；共征集、推介院士项目767项，其中新征集参展项目200项，重点推介153项，签约总金额2.13亿元；省科协金桥工程领导小组征集企业技术需求620项，开展项目成果对接33个。推动科普教育高位链接，与省直有关部门联合组织“院士专家老区行活动”，由8位院士组成的科普报告团深入莆田、泉州等16个老区县(市、区)的学校、机关和农村，举办36场科普巡讲报告，听众达2万多人次，取得良好社会反响；第七届“6·18”期间，省科协组织58人次院士赴省内10所高校、3所中学、3个厅局、14家企业、9个设区市，开展19场学术交流、4场科学报告会、21场技术指导；目前有33人次院士受聘为福建省各级政府科技顾问；75人次院士受聘为福建省高校客座教授。

推动企业科协快速发展，大力实施“增覆盖、强作用”工程，全省企业科协发展到1169家，新增885家；坚持以企业需求为导向，以科技项目为纽带，大力推动院士专家工作站的建设，全年，全省共建立院士专家工作站11家，院士工作联络站4家，进站工作院士30人、科技人员33人，帮助企业解决重大技术难题5项，实施项目签订合作协议8项，协议金额数亿元；全省企业科协金桥工程建设，“讲、比”活动立项共743项，提出合理化建议2164条，编辑《金桥工程简报》16期。

推动科技服务有效运作，各级科协积极开展技术咨询、技术转让、技术开发、技术服务等活动，促进技术创新与经济发展结合，省科协依托省科技咨询中心大力加强“一盟三站”(中国·海峡技术转移服务联盟、院士工作站、福建科技咨询网站和创新驿站)建设，建立了技术项目库、技术需求库、技术人才库，贮备科技项目7610项(其中院士项目767项)，技术需求553项，联系院士专家354名(其中院士159名)、科研院所93家，形成技术转移信息服务平台，为企业技术创新提供技术和人才资源服务；省科协科技咨询中心实现技术服务合同金额4500万元，被科技部授予首批“科学技术转移示范机构”称号。

持续打造科普创新牌，努力提高全民科学素质。主题科普活动显现新亮点，各级科协，按照大联合、大协作的工作方式，主动协调有关部门单位，开展专题性和日常性相结合的科普工作，推动《全民科学素质行动计划纲要》的贯彻实施；9月，以“节约能源资源、保护生态环境、保障安全健康”和“海西建设集聚人心，科技创新推动发展”为主题的福建省全国科普日活动在全省各地展开，全省共动员1978个部门和单位参与活动，开展重点科普活动604项，举办科普报告574场、科普知识竞赛621场、播放科普影像691场、发放科普资料128万份，直接参与活动公众达130万人次；科普资源共建共享拓展新空间，省科协科普资源共建共享课题组完成《福建省科普资源和基础设施建设的现状和分布》、《福建省现有科普资源建设使用状况及大众科普需求状况》等专题报告，拟定《福建省科普场馆建设规划方案》发放有关单位征求意见；省科协与省发改委、省数字办联合推进福建数字科技馆建设，已完成建设方案优化设计、应用平台规划和分类编码体系应用研究等工作；省科协、省财政厅联合编撰《福建省全民科学素质工程科普教育丛书》，已完成丛书《新农村建设篇》15种书籍和《青少年科技篇》3种书籍编撰，共印出23万册免费赠送基层；农村科普“九个一”工程增添新力度，各级科协积极参与社会主义新农村建设，全省有14个农村专业技术协会、7个农村科普示范基地、10名农村科普带头人，被中国科协、财政部分别授予2009年度全国科普惠农兴村计划先进单位和先进个人称号，共获奖励资金470万元；省科协、省财政厅联合评定20个农村专业技术协会、20个农村科普示范基地、25名农村科普带头人为2009年福建省科普惠农兴村先进单位和先进个人，配套奖励资金250万元；省科协与省财政厅联合印发《关于加强福建省科普惠农服务站建设工作的意见》，安排年度专项经费500万元用于农村基层科普和农民科技培训；目前全省已建科普惠农服务站2500个，科普惠农宣传栏5567个，配备科普惠农宣传员5510人；全省农函大举办各类部训班2930期，培训19.5万人次；培训返乡农民工4.7万人次；培训村干部乡村管理大专班学员845名。科普先进示范创建焕发新活力，继续开展科普先进县(市、区)、科普先进乡镇(街道)和科普示范社区创建活动，第三届福建省科普先进乡镇(街道)和2006—2008年度福建省科普示范社区创建活动评出69个科普先进乡镇(街道)和158个科普示范社区，目前全省共评出37个福建省科普先进县(市、区)，161个福建省科普先进乡镇(街道)和363个福建省科普示范社区；省科协和省委宣传部联合评定32个福建省科普教育基地先进集体和个人。省科技馆新馆项目于12月31日正式立项，选址在福州市北江滨大道闽江北岸中央商务中心区内，用地面积2.67公顷，建设面积达6万平方米。省科技馆投资近200万元改造展厅、增加展品、新建“4D动感影院”，完善展教功能，进一步提高科普服务能力，年参观人数比往年大幅度增长。

持续打造强势学会牌，发挥增强自主创新能力的独特作用。发挥决策咨询平台作用，2009年省科协共提交12件省政协提案。其中《关于促进福建省生物质能发展的政策措施及建议》、《关于建立健全福建省电子政务支撑和保障体系的建议》两项提案被评为省政协优秀提案；《关于加快发展海西现代化多功能休闲观光农业的对策建议》受到省旅游局、省农业厅高度评价并采纳吸收。省级学会无偿完成科技决策咨询和科技服务3768项，完成技术咨询合同228项，反映科技工作者建议424项。发挥学术交流平台作用，与三明市政府联合举办主题为“应对挑战，科学发展”的第九届福建省科协学术年会，省内外院士专家、企业家、科技人员和各界人士700多人参加年会，全省各地共设53个年会分会场，共交流论文400多篇，还举办院士专家项目对接会、海峡两岸专家讲坛、年会主题科普展、百名科技专家科普惠农行动等专项活动；组织发布省自然科学学科发展研究报告21个，举办学术沙龙10期，支持省级学会和高校科协开展专题研究16项。全年省级学会共开展学术交流活动792次，参加人员5.7万人次，交流论文9939篇，其中：参与国际学术会议3243人次，交流论文995篇；参与港澳地区学术会议2647人次，交流论文363篇。发挥评先奖优平台作用，开展福建省科技工作者优秀建议奖、福建青年科技奖、运盛青年科技奖、紫金科技创新奖评选活动，评出第七届福建省科技工作者优秀建议奖8项、优秀建议提名奖11项；评出第十届福建青年科技奖30名，第16届运盛青年科技奖10名，首届紫金科技创新奖10名。

持续打造海峡特色牌，促进闽台及海外科技交流合作。由省科协和台湾中华青年交流协会等单位共同主办的第八届海峡两岸大学生辩论赛在台湾的台中教育大学隆重举办。海峡两岸各选派8支代表队参赛，郑州大学代表队获冠军，台湾东吴大学获亚军。第八届海峡两岸科技与经济论坛由省科协与台湾高雄市中小企业协会共同在台湾举办，大陆9个省市科协组团参加。按照“海峡论坛”组委会部署，邀请100位台湾科技社团负责人参加活动，共同开展学术交流、专题讲座、科技考察、项目合作等活动。邀请台湾专家学者参加第八届省科协学术年会举办的“海峡两岸专家讲坛”；组织省青年科学家代表团赴台开展科技交流；促成省航海学会、省农业机械学会、省青少年科技教育协会、省科技咨询协会、省食用菌学会赴台交流考察。推进海外智力服务海西行动，中国科协批准福建省建立海智工作基地；省科协先后邀请澳大利亚、英国、加拿大、新西兰、日本、美国等知名专家、学者来闽开展项目对接、科技交流、创业服务、育才合作等活动。4月，国际数学联盟执委会年会在福州隆重召开，这是联盟1920年成立以来首次在中国举行年会，深入研讨提高发展中国家数学研究和教育能力等问题。11月，省科协、省农办、省发改委和福建农林大学联合主办第五届国际菌草产业发展研讨会，邀请19个国家100多名科技专家开展专业研讨和合作交流。

持续打造重点群体牌，为培育未来创新型人才服务。青少年科技创新赛事再创佳绩，福建省青少年代表队参加第24届全国青少年科技创新大赛，共获一等奖5个，二等奖6个，三等奖8个，获奖总数列全国第四位；并获得专项奖5个，十佳实践活动1个，实践活动一等奖2个、二等奖3个、三等奖3个，优秀组织奖5个，少年儿童科学幻想绘画一等奖3个；科技辅导员科教制作项目一等奖1个，二等奖1个，三等奖3个，科技辅导员发明项目二等奖2个。省科协选派19支代表队参加第八届中国青少年机器人竞赛，共获一等奖5个，二等奖11个，三等奖3个，获奖总数列全国第四位。福建省选手在全国五项学科奥赛中获得6金13银9铜的好成绩，3人入选国家集训队。在第九届全国“明天小小科学家”评选活动中，福建省选手获得一等奖2项，二等奖3项、三等奖2项，创福建省参加本项赛事历届最好成绩。福建省选手参加第23届全国高中学生化学决赛，获得4金2银好成绩。青少年主题科普活动更加活跃，科普夏令营活动形式多样，省青少年中心举办“节约能源，保护环境”主题夏令营，组织青少年赴武汉、重庆等地实习，开辟科学体验新天地；举办首届福建省中小学校科技辅导员夏令营，提升中小学科技教师的综合素质和辅导能力。省科协国际部与美国鹤庐亚洲文化中心合作举办第六届福建国际英语科普夏令营，聘请13名美籍教师任教，使参训青少年既提高了外语水平，又拓展了科学知识视野。省科技馆举办“感受宝岛魅力，探索自然奥秘”赴台科技夏令营，并发挥资源优势组织暑期青少年科学“动手做”活动。福州市与台湾自然科学博物馆等单位共同举办第三届海峡两岸青少年科普夏令营，组织大陆青少年赴台，与台湾青少年共同开展科普实践活动，增进两岸青少年的情感和科普交流。（彭晓霞）

【省社会科学界联合会】 认真贯彻落实国务院《关于支持福建省加快建设海峡西岸经济区的若干意见》精神，为海峡西岸经济区建设发挥思想库作用。组织召开了福建省社科界学习贯彻国务院《意见》座谈会，编写出版了学习贯彻《意见》读本。主办首届海峡西岸经济区20城市21家社科联协作会，签署协作框架协议，建立海西20城市21家社科联协作机制。先后组织了“新一轮农村改革发展的机遇与选择”、“基本公共服务均等化与有效供给”、“海西建设先进制造业基地发展战略”和“外贸发展新形势与福建对策”等社会科学季谈会，省领导于广洲、陈桦、李川、张帆及有关厅局负责同志分别到会听取专家的意见和建议，与专家进行了交流讨论。举办“福建省百场社会科学专题报告会”，深入基层宣讲科学发展观、党的十七届三中四中全会和国务院《意见》精神、新中国成立60年来的光辉历程和宝贵经验、中央和省委省政府应对国际金融危机的决策部署等，为海峡西岸经济区建设营造了良好的思想理论氛围。组织开展“贯彻落实国务院《意见》百项建言”活动，收到所属学会（研究会、协会），各高校、党校、社科研究机构，各市、县（区）的专家学者和实际工作部门的同志建言计260多篇，评出优秀建言60篇。组织召开了由省社科联、有关高校、党校领导和调研基地所在县（市）领导参加的“福建省全面建设小康社会调研基地”建设联席会议，签订了新的合作协议书。

认真做好社科研究规划工作。在向省领导、实际部门以及高校、社科研究机构等单位广泛征集选题的基础上，编制年度课题指南。全省申报项目 987 项，经匿名评审，立项 206 项，其中重大项目 6 项、重点项目 36 项、一般项目 139 项、青年项目 25 项。年内，福建省获得国家社会科学基金项目 51 项，其中重大项目 4 项，重点项目 1 项，年度项目 46 项。全国社科规划办把“海峡西岸经济区建设重大问题研究”列入《2009 年国家社科基金重大项目指南》。精心组织申报国家社科基金有关闽台文化研究的委托项目，提交的《互动与创新：多维视野下的闽台文化研究》项目申请获得立项。

开展福建省第八届社会科学优秀成果评奖工作。根据省政府颁布的《福建省社会科学优秀成果奖励办法》及其《实施细则》。按照科学、客观、公正、有序、便捷的原则，实行扩大申报成果时限，由具有正高职称的专家学者组成学科评审组，有申报成果的专家一律回避，初评、复评集中匿名评审，一等奖候选成果送省外评审，设立荣誉奖等改革措施，共评出荣誉奖 5 项，一等奖 35 项，二等奖 111 项，三等奖 221 项。

提升社团建设管理和学术研究水平。认真组织所属学会（研究会、协会）和民办社科研究机构积极开展深入学习实践科学发展观活动，国家民政部部长李学举一行到省保险学会调研指导，学习实践活动提高了社团贯彻落实科学发展观和服务海西建设的自觉性、主动性，学会思想建设和组织建设得到进一步加强，全年有 8 个学会和 1 个民办社科研究机构成立了党工组，党工组累计达到 78 个；6 个学会通过标准化学会验收，标准化学会累计达到 44 个。大力扶持学会学术研究，经专家评选确定了 32 项学会专项课题。福建省社科界第六届学术年会以“新中国 60 年·走向新起点”为主题，设主会场和 20 个分论坛。分论坛由各学会、民办社科研究机构和高校、社科研究单位等进行申办，专家评审确定，提升了学术年会质量。与中国自然辩证法研究会、中央党校、广东省社科联联合主办了“中国马克思主义哲学 60 年”理论研讨会，韩树英、杨春贵等 100 多名专家学者出席会议。

积极推进社会科学普及宣传工作。与省委宣传部联合制定下发了《关于进一步加强哲学社会科学普及宣传工作的意见》，社科普及宣传工作列入省精神文明建设考核指标体系，组织有关专家学者开展社会科学普及立法课题调研。与省委宣传部联合组织福建省 2009 年社会科学普及宣传周活动，普及宣传周于 2009 年 9 月 19—25 日举办，省、市、县（区）三级联动，主题为“坚持科学发展·弘扬爱国精神·服务海西先行”，内容包括开幕式、社科普及咨询活动、社会科学知识竞赛、社科普及图片展览、百场社会科学报告会、社会科学普及宣传讲坛、“求是讲坛”理论宣传等，全省共 500 多个学会参加了普及咨询活动，直接参与的群众达 110 万多人，收到省内外知识竞赛答卷 64500 份，《福建日报》设专版对活动进行了宣传报道。每周六组织“东南周末讲坛”，编辑出版了 40 万字的《东南周末讲坛选粹》，进一步扩大和延伸了讲坛的影响。 （李道兴）

【省归国华侨联合会】 理论引领，坚持正确的政治方向。深入开展学习实践科学发展观活动，紧密结合自身实际，精心组织，周密安排，扎实推进，通过学习实践活动，侨联组织服务科学发展、促进民生改善、推动社会和谐的思路和举措更加明确，服务大局、服务群众、服务基层的工作机制进一步健全。省委常委会解决省侨联提出的关于保持现有行政编制等问题，并要求各地党委加强对侨联工作的领导，切实帮助解决实际困难；省侨联召开八届二次常委会，落实省委要求，提出贯彻意见，作出《关于开展“功建八闽、侨兴海西”活动的决议》，号召全省各级侨联对广大归侨侨眷和海外侨胞、港澳同胞进行再宣传、再组织、再动员，在海峡西岸经济区建设大局中作出新的更大贡献。

应对挑战，服务经济建设大局。在省侨联八届一次常委会上通过《关于开展“凝心聚力、应对危机”专项活动的决定》，举办“凝心聚力、应对危机”座谈会；举办“应办金融危机，加快海西发展”为主题的专家讲座。在重点侨资企业中开展“送政策到企业”活动。牵线搭桥，主动举荐侨台商参加第十一届“5·18”海峡两岸经贸交易会、第七届“6·18”项目成果交易会和第十三届“9·8”投洽会；配合福建省物质结构研究所向香港摩根公司提供有关城市垃圾处理和清洁能源开发上的重点科技成果，力促项目与资金对接；省侨联配合宁德市侨联邀请台湾侨联总会理事长简汉生先生、美国华人社团联合总会主席陈清泉先生等 65 位海内外侨领、侨商出席“海峡西岸·环三都澳第十届宁德投资洽谈会”；主动在虹桥教育集团、福州壮安集团与新加坡教育集团之间牵线搭桥，促成双方就在闽合作办学和实施教师交流达成初步意向。服务侨村建设，深化海西春雨行动，调查掌握全省华侨农场所需帮扶重点项目的进展情况，配合中国侨联开展华侨农场的水利设施建设情况专项调研，收集了解宁德东湖塘、漳州常山、连江长龙等华侨农场在发展农业生产中急需改建和新建的水利设施与工程项目，积极争取水利部的专项资金扶持；组织由 7 位主任医师、教授组成的专家医疗服务队，到建宁客坊乡开展义诊，就诊人数近 300 人次，深入当地医院开展医学交流；跟踪落实挂钩村侨捐基础设施建设项目的完成情况，联系侨胞赞助扶贫挂钩村老年活动中心综合大楼的配套建设。继续推动“侨爱心工程”，深化山海协作。争取海外乡亲向西部和福建省山区捐建 3 所侨心小学；支持海外乡亲捐赠各类社会公益事业；组织人员参加“中国侨联侨爱心小学校长培训班”，继续争取南非侨胞资助 38 位贫困生，协助发放“陈金荣文教专项基金”及“庄水金科技文教福利专项基金”，促成泉州一中、南平一中、长汀二中开设“珍珠班”；组织侨资企业家赴成都参加第十届中国西部国际博览会，促成福州汇达房地产有限公司在中西部地区的房地产项目。

喜迎国庆，丰富侨乡精神文明创建活动。积极做好侨界先进评选、表彰工作，省光学技术研究所高级工程师赖爱光被评为“全国侨界十杰”，在开幕式上接受党和国家领导人颁奖；全省有 92 人获得“全国归侨侨眷先进个人”荣誉称号；泉州市侨联被授予“全国侨联系统先进集体”；时任莆田市侨联主席蔡玉兰被授予“全国侨联系统先进工作者”；厦门市侨联等 18 个基层组织获得“全国侨联系统先进基层组织”光荣称号;18人被评为“全国侨联系统先进个人”。大力开展“我爱你,中国”系列活动,举办喜迎祖国60华诞的春节千人游园活动;第五届“国岁杯”文艺调演在榕举行,九个设区市侨联选送12个节目参加调演;“华昇杯”第十九届福建省侨界业余羽毛球邀请赛,共有300多名运动员同场竞技,首次邀请台湾中国国民党归侨联谊会代表队、在榕台湾大学生代表队参加,“以球为媒”,增进了友谊和团结。

*拓展联谊,增强民族的凝聚力和向心力。*全年省侨联接待海外侨胞达400多人次,组团出访匈牙利、西班牙、希腊等国,随团出访俄罗斯、美国、巴西等国,深交老朋友,广交新朋友。与省文化厅联合,组成“亲情中华”艺术团赴新西兰为侨胞举行专场演出;组织演员参加中国侨联“亲情中华”艺术团赴南非、纳米比亚、博茨瓦纳开展慰侨演出。着力民间,推进侨联对台工作,参加中国侨联代表团首次登岛,广泛联系台湾各界人士,走访侨界社团,取得积极成果;成功邀请台湾侨联总会组团赴宁德考察,实现了省侨联与台湾侨团的互访。关心在闽学习的台胞大中学生,做好台胞年青一代的工作。参加在厦门举办的“扩大民间交流、加强两岸合作、促进共同发展”为主题的海峡论坛,做好参会台胞的接待工作。组织省侨联越柬老归侨联谊会成员赴柬埔寨参加世界越柬寮华人团体联合会第四届会员团体代表大会。联合主办“客家公祭母亲河”活动,积极与前来参加活动的台湾同胞进行交流。加强与港澳侨界新生代的联系,积极参与、支持港澳侨界人士及其社团组织的活动,培育爱国爱港爱澳骨干力量。

*维护侨益,拓展为侨服务的渠道。*春节前夕,省侨联领导分别率慰问组深入九个设区的市42个县(市、区)、3个华侨农场、2个华侨塑料厂和9个省直团体会员单位,开展“送温暖、聚侨心”活动,慰问了280户贫难归侨侨眷、17户挂点村困难户、23户归侨知识分子和36位老干部,重点探访了南侨机工及其亲属和华侨农场的贫困侨户,及时为生活困难的部分归侨侨眷送去党和政府的关怀。积极参政议政,省侨联向十一届全国人大二次会议提交建议19件,向省十一届政协二次会议提交大会发言4件、团体和个人提案9件。参加中国侨联参政议政工作会议,向大会提交了经验交流材料并发言。省侨联与省侨办共同完成全省散居社会归难侨情况统计,并参加省“五侨”与省委统战部联合调研组赴9个设区市开展散居社会归难侨情况专题调研,形成初步的调研文稿。努力依法护侨,认真开展“侨法宣传月”和“侨法进社区”活动,会同福州市、鼓楼区侨联在福州华侨新村开展侨法宣传咨询人领导接访活动,发放《侨务法律法规政策汇编》300多册。省侨联建立了驻会领导定期接待侨界群众来访制度,确定每月最后一个工作日为来访接待日,负责解答和处理侨界群众反映的困难和问题,受到侨胞的欢迎。省侨联法顾委积极协调解决融林房地产有限公司等侨资企业5起涉侨重点案件,省侨联与省高院联合组成调研组赴莆田市开展涉侨矛盾纠纷多元调解衔接机制专题调研。全年共受理来信92件,接待来访60多人次。全省各级侨联全年共处理来信来访1000多件次。

(朱根娣)

【省台湾同胞联谊会】 *在先行先试中谋求突破。*通过台籍政协委员提案《切实做好中青年台胞的培养教育工作》,以及福建省人大代表、政协委员的不懈努力,省委组织部同意台联可依照法定的标准和程序面向台湾省籍身份的考生公开招考公务员;2009年秋季全省党群系统公务员和工作人员考试录用中,省台联机关招考台籍公务员1名,实现台联机关定向招收台籍公务员的突破。着力解决中青年台胞的培养教育使用的问题,推荐2名设区的市台联干部到全国台联机关挂职锻炼一年;开展全省行政事业单位台胞干部调研,为与省委统战部联合开展中青年台胞培养使用调研准备基础数据;推荐台胞参加全国台联在中央党校举办的台湾省籍干部培训班、第七期全国台联系统处级干部培训班,努力提高台胞干部队伍素质。接待台湾原住民人文关怀协会、台湾政大财政系学员团等10多个台湾考察团;组织台联干部、理事、高山族同胞入岛进行台湾少数民族交流考察。

*在项目带动中创造品牌。*成功举办第二届海峡两岸少数民族丰收节;来自台湾岛内阿美族、排湾族、布农族、泰雅族等百余名原住民同胞和福建、四川、辽宁等40多名高山族同胞聚会海西,举办“台湾少数民族部落旅游推介暨研讨会”、畲族社区与台湾高山族部落结对子以及丰富多彩的联欢活动;积极参与首届“海峡论坛”活动,配合全国台联邀请并热诚接待台湾少数民族代表,承办全国台联在论坛期间的促进海峡两岸少数民族事业发展座谈会、闽台情缘影像展、高金素梅团队闽台情缘公益演出、台湾少数民族代表参访活动等;继续与省“六台”(省委台办、省人大台胞工作委员会、省政协港澳侨台和外事联络委员会、省民革、省台盟、省台联)单位联合举办海

2009年10月21日,第二届海峡两岸少数民族丰收节在厦门开幕。

(省台联供稿)

峡西岸台胞青年夏令营。

在夯实基础中服务台胞。组织省台联理事赴四川省考察，慰问汶川地震台胞；组织高山族同胞代表赴京观看全国台联举办的台湾少数民族历史文化展。全年下发"生活扶助和老龄补贴"专项资金308万元，全省困难台胞、老龄台胞共2075人收到"两补"专项补助资金，为100名台籍贫困学生发放助学资金，组织城镇下岗和农村台胞193名进行岗位就业及农村种养殖技术培训。"两节"期间，全省台联系统慰问老台胞、困难台胞，发放慰问金近20万元。维护台胞的合法权益，受理台胞来信来访10多件，做到事事有着落，件件有回音。加强与台商、台生的联系沟通，组织在闽就读台生参加全国台联民族文化之旅夏令营，组织台商台生参加在榕台胞新春茶话会，扩大与在榕台商、台生的联系交往面。在努力作为中履行职责。不断谋划省台联工作先行举措，继续整合台联系统资源，推进台联信息工作发展。在全国台联常务理事会暨信息工作会上，省台联信息工作以全国第一受到表彰并在沈阳工作会议上介绍经验与做法。各地台联充分发挥台胞祖籍地的优势，积极承担全省统战系统台情及做好台湾民众工作调研课题，报送10多篇调研文章，为上级有关部门决策提供意见和建议。第八号台风"莫拉克"肆虐台湾，省台联与省红十字会、省"六台"单位及时向社会各界发出募捐倡议。全省台联系统共收到捐款20多万元，由全国台联转捐给受灾的台胞乡亲，体现福建省台胞对岛内乡亲的浓浓情意。（陈雪娇）

【省残疾人联合会】 以贯彻闽委19号精神为主线，完善残疾人工作政策法规体系。广泛宣传、深入贯彻省委、省政府《关于促进残疾人事业发展的意见》，协调有关部门制定配套优惠政策措施并推动设区的市出台实施意见；积极推进福建省《残疾人就业条例》实施办法和《无障碍设施建设和使用管理办法》的制定；开展福建省《残疾人保障法》实施办法的立法调研；进一步健全残疾人信访工作制度，全年处理来信1418件、接访1.3万多人次，办理残疾人法律援助和服务案件1231件。

以推进社会保障和服务体系建设为目标，拓展残疾人得实惠领域。建立"全省重度残疾人困难补助金制度"，每年安排1.16亿元将全部重度残疾人纳入城乡医疗救助，并对生活困难者予以每月30—50元补助；对试点县（市、区）重度残疾人参加最低档新农保个人缴费给予50%减免；以"光明行动"、"残疾人康复年活动"等项目为抓手，使58.2万名残疾人得到康复服务，5.1万人得到康复；实施"双百扶残助学计划"，资助贫困残疾人参加大中专教育；开展"全省农村万名残疾人就业扶助活动"，扶持残疾人开展生产；全年培训残疾人19167名，新安置就业13300名；实施"安居工程"项目，完成残疾人危房改造2410户，其中省残疾人福利基金会募集400万元资助800户；投入残疾人专项扶贫资金3989万元，扶助29481人。

以筹备第五届全国特奥会为重点，扩大残疾人事业影响。围绕全国助残日、国际残疾人日、全国特奥会筹备等重大节日和活动开展宣传，营造关爱残疾人、关心残疾人事业的浓厚氛围。认真牵头做好全国特奥会筹备工作，成功举办倒计时一周年系列活动、"特殊奥林匹克运动（中国·福建）论坛"及省第四届特奥运动会，联合15家省直单位开展"积善助残·情暖海西"爱心捐助活动，倡导全社会关注、支持、参与特奥会。组建省海峡残疾人艺术团，举办2008年度全省残疾人事业好新闻评选和第八届全省残疾人艺术会演，并推荐优秀作品参加全国比赛。组织参加国内外残疾人体育比赛，推进残疾人群众体育，被国家体育总局授予"2009年全国群众体育先进单位"称号。发挥对台优势，建立闽台残疾人工作常态化互访交流机制。

以建设"福乐家园"为带动，提升残疾人工作服务水平。在全省建设统一品牌、为各类残疾人提供生活照料、康复养护、技能培训、文体娱乐等公益性服务场所的"福乐家园"，已建成95家；成立省启能研究指导中心、省海峡盲人按摩指导中心，起省级示范、指导作用；建设"海西助残信息化工程"二期项目，不断完善残疾人工作信息化平台。

以抓牢基层组织规范化建设为载体，夯实残疾人工作组织基础。全省县以上残联全部健全了"党委领导、政府负责"的领导体制；共有43个县级残联达到基层残疾人组织规范化建设标准，90%的乡（镇、街道）残联规范了机构，90%社区和70%以上的村建立残协，选聘6500名残疾人联络员活跃在基层；开展"全省残疾人基层组织建设大检查活动"，帮助解决残联班子和基础设施建设等问题。截至2009年底，为34.3万名残疾人换发第二代《残疾人证》。（杨瑞芳）

【省贸促会】 全年帮助引进各类大项目12项、合同投资总金额11.5亿美元，比上年增长90%；完善外商投诉协调服务体系，为企业提供优质优惠原产地证服务，出证认证数量实现整体增长，新增

2009年9月19日，第五届全国特奥运动会倒计时一周年正式启动。福州市民踊跃参与庆祝活动，欢迎特奥会。（省残联供稿）

注册企业394家，增长10%。面对金融危机的严峻威胁，深入企业开展专题调研，针对企业情况进行个性化诊断、指导，帮助企业增强应对危机的信心，为企业寻找更多的发展机会；召开全省贸促系统保出口保增长工作会议，传达贯彻国务院办公厅《关于保持对外贸易稳定增长的意见》；举办英、美、法、德、加、澳6国领事与福建省企业及有关机构对口洽谈会，帮助企业进一步了解走出去有关程序、事项和国际市场运作情况；举办中美建材对接会、台湾食品对接会等5场项目对接会，达成木材进口、台湾食品贸易、污水处理项目合作等多个合作意向；主办“第五届国际商协会领导人会议暨旅游产业项目对接会”、“第四届中国（福建）消费品全球采购交易会”、“首届中国海峡绿色能源展览会”和“中国·海峡国际绿色能源项目对接会”等，吸引了大量的企业和海内外工商界人士参加，签约项目和金额亦逐年增加，形成良好的品牌效应和社会效应，其中“首届中国海峡绿色能源展览会”和“中国·海峡国际绿色能源项目对接会”首次举办就实现数亿美元的项目签约。进一步创新思路，拓展新的作为空间，创建3个新的工作平台：欧盟创新投资中心华东南办事处（职能覆盖福建、浙江、广东、海南、广西）、海西4省20城市贸促机构联盟和两岸交流合作办公室，这3个平台互为基础、互相支撑、互为平台、相互促进，将广泛地拓展与欧州企业联盟中心、台北贸协等具有重要影响的国际经贸组织和商务机构的友好合作，进一步促进海西各省交流合作，更好地推动海峡西岸经济区内的企业走向世界、发展壮大。

（刘文容）

【福建中华职业教育社】 大兴调查研究之风，不断强化服务意识。社换届后，省政协副主席、社主任郭振家及时到厦门、漳州、三明等市职教社视察，就如何进一步关心支持中华职教社开展调研，与各级党委、政府和党委统战部门主要领导商谈，并参观走访了厦门南洋职业学院、厦门五齐人文培训学校、漳州吉马印刷职业技术学院、漳州立人学校、三明市技工学校等院校，深入了解各类职业院校办学情况。各设区的市职教社在开展学习实践科学发展观活动的推动下，深入各基层组织及团体社员院校进行调研，三明社围绕职业教育工作如何应对国际金融危机，为海西新农村建设服务的课题，先后到清流、宁化、明溪、将乐、永安、沙县等地的劳动部门、职业院校调研，形成调查报告；福州社开展民办学校办学专题调研，及时向政府及有关部门反映存在的困难和问题；厦门社先后组织18所职业院校开展“参观陈嘉庚纪念馆观后感征文”、“第六届职教杯”职业院校篮球赛等活动；并与厦门市消费者权益保护委员会、厦门市诚信促进会、厦门商报共同举办“2009消费者最喜爱教育培训机构”评选活动；漳州社组织各团体社员单位和学校举办第二届“北苑杯”乒乓球比赛；泉州社陪同市委统战部领导到团体社员学校调研，倾听他们在办学过程中所遇到的困难和急需解决的事项，龙岩社充分发挥统战资源优势，帮助龙岩中华职业学校在激烈的中职学校招生市场竞争中稳步推进。

重视做好建言献策工作，牢固树立政治责任意识。召开建言献策工作会议，要求各地方社充分运用社内外各方面优势和资源，注重发挥本社各级组织中140多位人大代表、政协委员的作用，加强建言献策工作。福州社将开展“应对金融风暴，推动职业教育发展”的调研成果以《情况反映》的形式报送市委、市政府。三明社在全国人大教科文卫委到该市调研《职业教育法》贯彻实施情况期间，就进一步贯彻落实《职业教育法》推动职业教育大力发展提交了书面意见和建议，并在全社系统开展“我为应对国际金融危机影响献计献策”活动，向市政协八届三次会议提交的发言提案共11件。漳州社通过社务委员会中的各级人大代表、政协委员向市“两会”提交议案、提案11件，并就义务教育、职业教育师资问题和民办教育等作了5次大会发言。泉州社在市政协会上所作的“关于加大泉州教育资金投入的建议”等2个大会发言得到有关部门的重视，所组织的“两会”议案、提案达到60余份。厦门、龙岩、南平、莆田等社在当地“两会”期间，提交的议案、提案多达80多份，而且始终围绕社会“热点”、“难点”，深入实际，调查研究，发表意见，产生了良好社会效果。

持续推进温暖工程，为构建和谐社会服务。积极与省人力资源和社会保障部门联系沟通，探索社会各方共同参与农民工培训工作的新路子，三明各类以职教扶贫为重点的温暖工程培训达25200余人；漳州社发动团体社员单位开展各类培训达14501人次；长汀社培训返乡农民工和被企业裁减的无技术人员1000人，帮助实现就业1000人；顺昌社针对农民工返乡5000人的现状，先后开办竹木加工、烟叶分级、计算机操作、育婴师（月嫂）等返乡就业创业培训，办班54期，培训3250人，为农民工免费技能鉴定578人；将乐社依托团体社员单位，组织开展各类培训达53期，培训务工人员达4670人次；社温暖工程基地福建中华培训学校根据政府部门新的培训要求，组织实施4个专业13个班级的培训，计划结业1000人，其中技能鉴定考证223人。推动中华职教社和中央电大合作的农村实用技术培训项目在福建省落地，福建省已被总社确定为全国3个试点省之一。认真做好全国温暖工程培训基地的遴选申报工作，上报了长汀、闽清、三明等有关材料；继续举办“温暖工程助学班”，在社属武夷山职业学校投资兴建温暖工程培训基地，福建中华技术学校温暖工程助学行动扩大到550人；泉州社组织团体社员学校招收省内外690名农村贫困学生，减免学费总额约600万元，融资12万元，创立教育基金，资助考上大学的困难学生；顺昌社为20名贫困大学生发放助学金2万元；总社理事、泉州社副主任陈忠文设立50万元专项资金，资助来泉就读的西藏学生；社务委员、泉州社副主任陈荣聪设500万元盛荣集团助学基金，每年提取15万元资助40名大学生。总社理事、莆田社顾问欧宗金每年捐资70万元，奖励品学兼优的学生；漳州社组织团体社员学校，通过减免学杂费、发放助学金等，受益学生达7300人次，金额279万余元。深化发展“高墙”内的温暖工程成果，资助的中华曙光学校仓山监狱分校电工培训班安排2期培训，80名受训学员取得初级“维修电工”等级证书和电工安全操作合格证书；厦门、三明等社与当地监狱部门合作，开展服刑人员的技能培训和心理咨询诊疗等活动；团体社员三明市技工学校与清流监狱合作开办服装制作与设计中专班，录取服刑学员230人就读，是福建省第一个为监狱服刑人员开设的职业技能学历班。

积极先行先试，加强两岸和海外教育界交流合作。首次利用厦门台交会的平台，与厦门市政协、厦门职教社、台湾省教育会成功举办“2009海峡两岸高等职业教育展览会”，召开“密切两岸职业教育合作恳谈会”，两岸大学、企业共签订12项学术交流和校企产学合作协议。应台湾中华文教经济发展学会、台湾成人及终身教育学会的邀请，分别于组织13位新社会阶层人士和莆田、福州、泉州、三明、省直17位专家学者赴台交流考察。福州社先后组团赴台湾及金门澎湖地区考察职业教育。厦门社为2009海峡两岸高职展览会做好前期宣传发动工作，赴台加强与职业教育界人士的交流，并邀请台湾致远管理学院男子篮球队作为台湾本岛大学篮球队首次来厦与厦门市高职联队、集美大学体院队进行友谊比赛。三明社推动三明市技工学校与台湾星采咨询顾问有限公司签订了“闽台合作培养维修电工、钳工高级技师协议书”，承办技工学校师资培训工作。

创新社务活动，推动职教社自身建设。截至年底，全省共有9个设区的市职教社、15个县（市、区）社和3个县级社筹备组；共有团体社员513个，个人社员3545人。精心组织立社25周年纪念活动，整理社史资料，编写25年大事记；开展全省职教社系统表彰活动，表彰福建省职教社系统先进单位20个，先进个人28名。 （邓宪安）

【各群众团体负责人名单】（以2009年12月底在职者为准）

省总工会

主　　席：郑道溪
党组书记、副主席：路　平
副　主　席：彭群芳　江孝善　高清平

团省委

书　记：赖　军
副书记：徐姗姗　吴贤德

省妇联

党组书记、主席：刘群英
党组副书记、副主席：林文秀
党组成员、副主席：陈允萍　马义英　王小玲
党组成员、纪检组长：王秋梅

省文联

党组书记、书记处书处：范碧云
党组成员、书记处书记：杨少衡　罗训诵
党组成员、秘书长：曾　珊
主　　席：张　帆
副　主　席：范碧云　杨少衡　罗训诵　宋闽旺　张　宇　陈奋武　陈济谋　郑怀兴　章绍同　舒　展　舒　婷　曾静萍

省科协

主　席：吴新涛
副主席：叶顺煌　符卫国　柯少愚　赵榜生　顾阿华　谢联辉　郑兰荪　洪茂椿　王钦敏　赖爱光　谢华安　杜　建　陈元仲　孙世刚　郑金贵　李建平　付贤智　陈绍军

省社科联

主　　席：唐国忠（兼）
党组书记、副主席：陈必滔
党组成员、副主席：冯潮华　谢孝荣
副主席（以下兼职）：王碧秀　方彦富　邓本元　李建平　吴玉辉　吴世农　张志南　陈俊杰　陈笃彬　郑传芳　蔡德奇　潘　征　鞠维强
党组成员、秘书长：林兵武

省侨联

党组书记、主席：李欲晞
党组成员、副主席：杨峥嵘
党组成员、副主席兼秘书长：林泽春
党组成员、副主席：谢小建

省台联

党组书记：林卫国
会　长：陈耀中（兼）
副会长：叶露昆　柯连妹　卢绍荀（兼）　陈小凡（兼）　叶劲光（兼）
秘书长：张　岩

省残联

党组书记、理事长：陈　震
党组成员、副理事长：杨小波　李继新　王秀丽

省贸促会

党组书记、会长：赵林如
副　会　长：吴开文　许媄俤
秘　书　长：彭华民

福建中华职业教育社

党组书记：裴晓敏
党组成员：林炳祥
主　任：郭振家
副主任：裴晓敏　李炳祥　刘　平　陈　翔　高诚辉

人力资源管理

【公务员队伍建设】 认真做好参照公务员法管理事业单位审批工作，累计批准2562家事业单位参照公务员法管理，已登记参照公务员法管理人员1.99万人，基本完成参照公务员法管理事业单位人员的过渡、登记工作。认真做好公务员考试录用工作，圆满完成公务员考试录用任务，全年有10万多人参加考试，录用公务员4300多人；顺利完成中央机关及其直属机构2010年度考试录用公务员的笔试考务和福建阅卷点工作；加大从基层选拔公务员力度，省、市两级机关招考具有两年以上基层工作经历的人员达到74%，安排80个专门职位，面向参加“三支一扶”、大学生志愿服务西部和欠发达地区计划等服务基层项目服务期满考核合格的毕业生报考；配合组织部门开展了从优秀村主干招考乡镇公务员工作，从优秀村主干中招考乡镇公务员100名。顺利完成成品油税费改革税务部门接收人员、基层政法干警定向培养招考、铁路公安转制过渡考试等工作。继续推进公安、安全、质监、工商机关专业技术类和行政执法类公务员分类管理试点工作。推进部省共建公务员考试录用测评基地建设，取得阶段性成果，完成了基础性制度拟定、命题专家库组建、测评基地系统软件开发、在线命题测试等前期工

作。认真贯彻《公务员考核规定(试行)》和《福建省公务员考核办法(试行)》,加强考核业务指导,做好2009年度省直行政机关事业单位优秀等次比例审定、考核结果备案,全年省直行政机关参加考核的工作人员达7460名,被评为优秀等次的1373名,称职5926名,基本称职3名,不称职2名,不定等次156名。制定实施《关于严格确定公务员年度考核等次有关事项的通知》。认真做好政府表彰奖励工作,开展全国、全省"人民满意的公务员"和"人民满意的公务员集体"推荐评选活动,大力倡导公务员队伍勤勉敬业、为民负责的优良作风,永泰县公安局城关派出所教导员郑伯武、漳州市公安局巡逻特警支队直属大队分别被评为全国"人民满意的公务员"和"人民满意的公务员集体"。会同有关部门,推荐报送全国18个系统先进集体68个,先进工作者34名、先进模范63名;评选表彰全省系统先进集体298个,先进工作者604名,单项工作先进集体262个,先进工作者721名。大力推进公务员四类培训,在全省行政机关公务员中部署开展《科学发展观和海峡西岸经济区建设》公共课培训4379人。重点指导福建行政学院举办县(处)级任职培训班4期、省直行政机关公务员初任培训班1期,培训240人。举办完成国家公务员局下达的2009年公务员对口培训班3期,培训134人。积极推进古田公务员培训基地建设。

【专业技术人员队伍建设】 加大高层次人才的培养选拔工作力度,福州大学付贤智教授当选中国工程院院士,福建农林大学郑金贵教授被评为全国杰出专业技术人才;选拔推荐国家级新世纪百千万人才工程人选35名。新增9个博士后科研流动站。制定资助博士后人员到国(境)外访问研究规定,开展博士后站点评估和博士后科学基金特别资助工作,招收博士后人员140名,选送45名青年专业技术人才到境内外高校、科研机构开展访学进修。截至年底,全省拥有各类专家3672人,其中:在闽两院院士16人,全国杰出专业技术人才5人,国家有突出贡献中青年专家79人,新世纪百千万人才工程国家级人选64人,享受国务院政府特殊津贴专家2284人、高技能人才9人,省优秀专家327人,新世纪百千万人才工程省级人选888人。设立博士后科研流动站、工作站和项目招收点97个,其中在高校、科研院所设立博士后科研流动站43个,项目招收博士后点2个,在企业、高新技术园区和生产研发型事业单位设立博士后科研工作站52个;累计招收博士后993人。继续实施专业技术人才知识更新工程,实施专业技术人员高研示范班41期、高研普通班107期。继续开展"构建社会主义和谐社会"公共课培训305人,信息网络安全知识普及教育培训17048人。积极开展人事业务培训,编制下达2009年人事业务培训计划24期;做好培训办班计划登记公示工作,汇总、审核、下达省直机关事业单位2009年度培训办班计划,共62个单位1854个班次,其中收费班次826个,并要求各有关单位认真组织实施,努力创新培训方式,按规定做好收费核准、学时登记等工作,提高培训质量。深化改革职称制度,完善人才评价机制,出台图书资料专业职称评审新标准,组织修订艺术、职业院校教师职称评审条件。顺利完成了高校教师、中学教师、工程、经济、卫生、会计、统计、自然科研、新闻、企业政工等20多个系列(专业)高级职务任职资格评审工作,批准确认各类高级职务任职资格9000多人,并办理了资格证书。组织实施专业技术资格考试,顺利完成职称外语、经济、会计、卫生、注册咨询工程师、监理工程师等50多项考试任务,报名考试人数达18万人。积极推进在闽台湾地区居民参加专业技术任职资格评审试点工作,在厦门长庚医院工作的17位台湾医生首批获得大陆专业技术人员高级职务任职资格,这一先行先试举措入选《福建日报》"福建先行100例"。改进机关事业单位技能人才培训考核办法,全年共有17680人报名参加升级考核,其中:初级工3816人,中级工4419人,高级工8092人,技师1353人,涉及24个行业99个工种,全省合格率49.3%;320人取得技师任职资格,20人获得高级技师任职资格。在省直单位和部分设区的市开展职工岗位继续教育网络远程培训,全年有14276人参加网络继续教育的学习。

【人才智力引进】 加强人才引进工作,制定实施2009年度紧缺急需人才引进指导目录,全省引进省外高层次人才510人、海外人才490人。配合组织部门,开展优秀留学回国创新创业人才推荐申报工作,入选国家"千人计划"7人。组织150名海外留学博士参加"海外留学博士海峡西岸行"活动,达成合作意向项目190多项。对留学回国人员科技活动项目和闽港人才合作项目进行择优资助。组织用人单位参加清华大学博士、博士后人才招聘活动,与有意来闽工作的80多名博士、博士后人才进行了洽谈。制定实施《海峡西岸经济区人力资源合作联盟2009—2010年行动计划》,推进海西20城市人力资源交流合作。健全人才市场服务体系,开展农村实用人才服务站试点工作,重点扶持5个农村实用人才服务站,启动农村实用人才公共服务,推进农村人才市场建设。成立福建省首家设在乡镇的专业人才市场福建鞋服专业人才市场陈埭分市场,延伸人才市场公共服务。加强人才市场有效监管,开展清理整顿人力资源市场秩序专项行动;继续开展人才中介机构专项治理活动,布置做好专项治理集中治理、建章立制、检查总结等阶段工作,完成人才中介机构与政府部门"四分开"工作任务;开展人才中介机构信用信息采集、记录归档和发布工作,在福建人事人才网上开辟专栏发布81家机构信用信息,建立人才中介机构基础信用档案,提高人才中介机构的信用度和公信力。加强人才交流会安全防范工作,制定出台《福建省人才交流会突发事件应急预案》,部署加强交流会安全管理和突发事件应急处置工作,下发《关于加强招聘会安全工作的通知》和《关于做好人才交流会甲型H1N1流感疫情防控有关工作的通知》。扎实做好人才市场各项基础工作,开展人才中介机构人事代理、档案管理和人才派遣用工情况调研,加强人才中介服务的检查指导;完成全省319家人才中介机构年度验证、人才市场和人才流动基本情况统计上报工作;加强人才中介服务工作队伍建设,举办第十一期全省人才中介机构从业人员资格培训班;截至年底,全省共有各类人才中介机构319家,从业人员2712人。加强国外智力引进工作,获国家外专局批准引进国(境)外智力项目215项、经费资助1475万元,出国(境)培训项目63个、经费资助233万元;实施省重点引智项目55个,安排引智经费415万元,新确定一批国家级、省级引智成果示范单位。成功举办第七届"6·18"国(境)外专家项目成果展,推介专家项目成果1000余项,230多名国(境)外专家应邀参加"6·18"活动,推动58个项目与企事业单位成功对接,总投资近7.8亿元。全省引进外国专家1.5万人次,有4名外国专家入选国家"友谊奖"。

【毕业生就业与军队转业干部安置】 2009年,全省高校毕业生总量超过20万人,加上中等职业学校毕业生,总数达到36万人,年度就业率为85.1%,其中:毕业研究生为85.3%,本科毕业生为85.9%,高职高专毕业生为84.3%,就业率继续保持平稳,实现省委、省政府提出的年度工作目标。省政府充实加强省大中专毕业生就业工作领导小组,增加省委常委、副省长陈桦同志为第一副组长,在原来13家省直单位的基础上,增加省农业厅、卫生厅为新的成员单位;召开毕业生就业工作现场部署会、毕业生就业形势分析会、全省大中专毕业生就业工作电视电话会议等;加大毕业生就业工作经费投入,省财政预算安排毕业生就业工作专项经费2000多万元。毕业生服务基层就业项目有了新的拓展,扩大实施"三支一扶"计划、选调生选聘生计划、志愿服务计划,启动实施服务社区计划,共招募2530名毕业生到福建省基层服务,比上年增长56.7%;表彰了第二届48名长期坚持在基层工作的优秀毕业生和首批30名优秀"三支一扶"毕业生。认真做好服务基层毕业生的就业推荐和服务工作,落实优惠政策,鼓励毕业生服务单位和乡镇基层人才紧缺岗位积极吸纳服务期满毕业生,全年共安排了81个公务员"专门职位"和68个事业单位"专门职位"面向服务期满毕业生招考。启动实施基层紧缺人才补充计划,招聘1039名农村中小学紧缺学科教师,招聘499名县乡农技机构工作人员,招聘354名乡镇卫生院临床医师充实基层。毕业生就业公共服务水平实现新的提升,推进实施"十百千万"创业助力计划,建立首批13个省级大学生创业培训基地,举办了2期创业师资培训班;建立大学生创业孵化基地,吸纳7个创业团队入驻;开展"寻找海西未来创业之星"活动,遴选培训100名学员进行创业扶持;"6·18"期间举办"首届海峡两岸大学生创业项目对接洽谈会",共征集海峡两岸164家企业251个创业项目参展,达成初步合作意向30多项,现场签订意向协议7个;进一步完善小额担保贷款政策、管理模式和服务方式,改进其他形式小额贷款贴息管理;省财政安排资金设立初始规模为500万元的大学生自主创业担保基金,发放大学生创业小额贷款102笔816万元;发动社会力量成立福建诺奇大学生创业基金会。推进实施"三年三万"就业见习计划,新建省级就业见习基地58家、市级见习基地104家,建立577家高校毕业生就业见习(实习实训)示范基地;全省共征集见习岗位34300多个,到岗见习毕业生人数13000多人,通过见习活动实现就业的毕业生达5000多人,超额完成年度目标任务。出台《关于进一步加强人才储备工作的通知》,进一步加强人才储备工作。强化毕业生求职服务。开展"就业岗位大征集"活动,征集岗位2万多个;举办春季、夏季全省毕业生大型供需见面会和其他区域性、行业性等公益性系列专场招聘会13场,组织4500多家用人单位提供近10万个岗位信息;全省累计举办各类招聘会3987场,共组织22059家用人单位进校招聘,提供32.5万个岗位信息;省级财政对公益性招聘会和免费档案保管、转递服务给予的专项补贴达到261万元。开展毕业生就业援助工作,发动各级人事部门和人才服务机构共为1822名"双困"毕业生推荐就业,为"双困"毕业生发放求职补助金近30万元。实施大学生职业能力提升计划,2名学生获得全国大学生职业生涯规划大赛总决赛优秀奖。实施高校毕业生继续升学计划,为待就业毕业生升学深造畅通渠道,提供机会。毕业生就业政策的完善和落实形成新的机制,1月,省政府出台文件,提出了工作目标任务和八点意见、七项计划、三十条措施;7月,9个省直单位联合下发文件,对下半年特别是毕业生离校后的就业促进工作又进行了部署。为抓好政策落实,先后接受国家4次就业督查,省里也开展了3次督查活动,对5个省直部门和9个设区的市、10个县(区)进行了重点抽查;对全省40所高校开展了毕业生就业工作检查评估,指导和推动政策的贯彻落实。出台实施取得内地(祖国大陆)全日制普通高校学历的台湾学生来闽就业先行先试政策,在全国率先开展国有企事业单位接收台生就业工作,规定取得祖国大陆全日制普通高等学校学历的台生可自主应聘到省内的国有企业单位和各类非公有制经济组织就业,取得硕士(含硕士)以上学位的可通过参加公开招聘应聘到省内事业单位就业,与祖国大陆高校毕业生在工资福利、社会保险、子女教育、职称

2009年2月5日,在福州人民大会堂举办春季大型公益招聘会。 (祝敏松 摄)

评聘等方面享有同等待遇，已接收北京大学、北京中医药大学毕业的两名台籍研究生到省内事业单位就业，被闽台新闻交流联谊会评为“2009年闽台关系十大新闻”之一。毕业生就业管理工作推出新的举措，举办有354名就业指导人员参加的就业指导培训班，开展2007—2009年度毕业生就业工作先进集体和先进个人评选表彰活动；加强毕业生就业工作宣传和政策宣传，营造良好的舆论氛围，通过专报、简报、简讯等形式向领导和社会各界传达工作进展情况。认真贯彻执行军转干部安置工作的方针政策，把军转安置工作作为一项重要的政治任务，加大工作力度，加强组织协调，圆满完成军转干部安置年度工作任务，全年接收军转干部1155名，其中计划分配安置1047名、自主择业安置108名，随调随迁军转干部家属111名；积极探索解决军转安置遇到的困难和问题，认真总结军转干部安置与其在服役期间德才表现、贡献相结合的办法，逐步形成一套较为行之有效的竞争上岗、双向选择、依序择岗的安置分配措施；突出师团职和功臣模范军转干部的安置重点，加大协调力度，妥善解决编制、职数等问题，健全落实责任机制，把军转安置工作任务完成情况纳入绩效考评范围，与评先评优挂钩，作为班子考核和单位绩效考评的重要内容，促进军转安置工作任务的落实；加强军转干部的适应性培训，改进培训形式，丰富培训内容，提高培训实效，帮助军转干部转变观念，熟悉省情，掌握相关知识，顺利完成由军队到地方岗位的角色转换；加强自主择业政策宣传，做好自主择业军转干部退役金的调整和发放工作，积极与企业单位联系，举办专场择业供需见面会，为自主择业军转干部搭建择业平台，加强自主择业军转干部管理。认真做好全国模范军转干部和军转干部安置工作先进单位、先进个人的评选推荐工作，全省有3人被评为全国模范军转干部、2个单位被评为全国军转工作先进单位、2人被评为全国先进军转工作者，在全国第五次军转工作表彰大会上受到表彰；召开第五届全省军转表彰大会，隆重表彰了32名先进军转干部、21个先进单位和13名军转先进工作者。加强宣传教育，抓好部分企业军转干部解困政策的落实，结合实际，研究出台增加企业退休军转干部专项生活补贴有关政策，提高企业退休军转干部生活补贴标准；着眼建立长效机制，加强有关部门的协调配合，较好地保持了企业军转干部的整体稳定。

【工资福利与退（离）休工作】 完成省直垂直管理单位驻县市机构规范公务员津贴补贴的审批工作。根据事业单位岗位设置工作的进程，完成事业单位岗位设置后的职务工资套改。在完成公务员登记的基础上，完成工资套改和规范公务员津贴补贴工作。精心组织全省中小学校实施绩效工资制度，基本完成中小学校实施绩效工资工作。会同有关部门做好乡镇农林水等部门津贴补贴的调研、调整等有关工作。推动带薪年休假制度的贯彻实施，机关事业单位人员执行年休假率近70%。组织省直机关年度考核优秀的公务员休假考察。做好省直机关事业单位特殊困难职工的平时慰问和重要节日的慰问工作。加强退休干部管理服务工作，开展省直离退休老同志参加的棋牌赛、门球邀请赛等文体活动，举办《快乐人生》专题讲座和“闽桂（巴马）健康长寿经验交流会”；向全省征集了67项离退休专业技术人才项目成果参加第七届中国·海峡项目成果交易会；组织离退休老专家组成的“银龄行动”服务团赴山村开展了科技、文化、卫生“三下乡”活动；首次在福州与台湾南阳义学联合举办海峡两岸退休人员文艺联欢、健康养生、旅游观光系列交流活动，展示闽台多元化的文化魅力，拓展海峡两岸退休人员的交流合作。

【事业单位人事制度改革】 积极开展事业单位岗位设置管理工作，全年岗位设置管理实施工作整体推进，已核准岗位设置的单位占40%、岗位占50%，其中82%的省属事业单位完成岗位设置，核准岗位80%，岗位设置工作走在华东六省一市前列；推行聘用制度的事业单位已达到83%，签订聘用合同人数占82%。进一步健全事业单位公开招聘制度，全年事业单位公开招考补充工作人员1.4万人，工作更加规范有序。

【人事宏观管理】 认真开展人才资源统计工作，截至2008年末，全省共有党政人才、企业经营管理人才、专业技术人才253.5万人，比上年增长5.9%，其中：党政人才17.5万人，企业经营管理人才65.7万人，专业技术人才170.3万人，在专业技术人员中有高级专业技术人才11.2万人。人才战略地位进一步提升，省十一届人大三次会议通过《福建省建设海峡西岸经济区纲要（修编）》，设“构建高素质的人才资源支撑体系”专章，将人才支撑体系纳入建设海峡西岸经济区的十大支撑体系之一。编制《海峡西岸经济区（福建）中长期人才发展规划纲要（2010—2020年）（草案）》，提出2010—2020年全省人才发展的战略目标任务、重点项目和政策措施。制定出台《福建省引进国内外高层次创业创新人才暂行办法》、《海西产业人才高地建设实施办法》和《福建省海西创业英才培养实施办法》，分别从人才引进、培养和平台载体建设等方面作出规定，省财政计划每年投入2亿元，用于创业创新高层次人才的引进培养和人才高地建设、海西创业英才培养。处理一批人事行政复议、公务员申诉、人事争议仲裁案件和大量的群众信访诉求，进一步规范人事管理，维护社会的和谐稳定。开展国家公务员局2009年度重点课题《台、港、澳公务员考试录用制度比较研究》课题调研、人力资源和社会保障部重大政策研究课题《加大公益性岗位开发，促进高校毕业生就业》子课题研究；开展“构建海峡两岸经济区人才资源支撑比较研究”论文征集与专题研究活动；福建省人事人才研究所、中国海峡人才市场联合完成的《加快派遣业发展研究报告》荣获2009年全国人事科研成果研究报告三等奖。推进海峡两岸人才交流合作研究，中国人事科学研究院复函同意，与福建省人事厅、中国海峡人才市场联合建立“海峡两岸人才交流合作研究基地”。

（冯家昌　林兆贵）

基层组织建设

【村民自治】 第十届村委会换届选举工作顺利完成。2009年是福建省村委会第十届换届选举年。截至年底，全省应换届村委会14409个，已有14329个完成了换届选举，完成率为99.5%；新当选村委会成员中，党员占53.8%；大专以上文化程度的6117人，比上届增加2109人；平均年龄40.5岁，其中30岁以下的占10.1%。本届选举首次在全省推行村委会妇女成员专职专选选举方式，全省实行村委会女性成员专职专选的村8873个，占61.6%。省委把村级组织换届选举工作作为"基层组织建设年"的重要内容，及时召开会议部署工作；省委办公厅、省政府办公厅出台《关于做好2009年村级组织换届选举工作的通知》；省纪委、省委组织部、省民政厅下发《关于严肃村级组织换届选举工作纪律的通知》；各地普遍建立了工作责任制、会议协调、情况通报、调研督查等制度，及时了解情况，分析问题，研究对策，推动工作；全省有174名厅级干部、1985名处级干部、12111名科级干部参加挂点指导工作，覆盖全省所有乡镇、村。省民政厅编写了《福建省村（居）民委员会选举工作指南》，进一步规范选举准备、选举部署、选民登记、投票选举等具体步骤和内容。各地选择203个基础较好、条件成熟、有代表性的村开展试点，为全面推进换届选举积累了成功经验。全省共举办各种类型培训班3800多期，培训选举骨干22.3万人（次）。在做好村干部考核、民主评议、民主测评等工作的同时，以村集体资金、资产和资源为重点，开展村干部任期和离任经济责任审计工作，公开审计结果，接受群众监督。充分发挥广播电视、报刊、墙报、宣传单、农村现代远程教育网络等宣传工具和阵地，积极开展宣传教育，全省共悬挂宣传条幅4.8万条，张贴标语13.6万张，办墙报专栏5.1万期，印发宣传材料103万份，极大地提高了基层干部群众的民主意识、法制观念和参与热情。

把好选民登记关，针对外出流动人员较多的实际，各地严格依法界定选民资格条件，做好摸底核实、及时登记和公示名单等关键环节；把好推荐候选人关，规范候选人竞职承诺行为，引导选民按照法律法规和有关文件规定，以单独、联合或自荐的方式产生初步候选人，并通过村民会议或村民代表会议把群众满意、政府认可的对象推荐为正式候选人；把好投票选举关，在做好核实选民数工作的基础上，公布投票的时间、地点，对老、弱、病、残行走不便选民设置流动票箱，设立秘密划票处，严格实行"一人一票"的无记名投票方式，公开唱票计票，及时公布选举结果，保证选举工作严格依法按章操作，保证村民的民主权利。换届选举结束后，各地及时指导督促村委会对印章、财务、资产、档案等进行平稳、安全、妥善地移交，全省当年完成换届的村有99.3%完成了移交事宜。同时，认真做好离任、落选村委会干部的关爱工作，从思想、生活、工作等方面给予关心，帮助他们解决后顾之忧，保证村级组织工作的顺利过渡，促进干部群众的团结和谐。认真落实分级培训责任，积极组织开展新当选的村委会干部教育培训活动，省民政厅举办了两期共300人参加的新当选村委会主任示范培训班；各地结合开展第三批学习实践科学发展观活动，依托党校等阵地，充分运用现代远程教育、电化教育等方式，采取专家授课、互动指导、典型示范、座谈研讨等不同类型进行培训，全省已培训村干部2万多人，提高了干部队伍的素质和能力。

*民主决策、民主管理和民主监督制度进一步健全。*深入开展民主法制宣传教育，利用墙报、黑板报张贴宣传标语、口号，综合运用报刊、电台、电视台等新闻媒体，广泛深入地宣传党的十七大、十七届三中、四中全会和省委八届七次全会精神，宣传有关法律法规和政策，增强基层干部群众的民主法制意识，在基层形成自觉学法、守法、用法的社会氛围，依法行使民主权利。加强村民会议、村民代表会议和村务民主决策听证会制度建设，健全完善基层民主决策制度。继续加强村民自治章程、村规民约、财务管理等制度建设，用制度规范约束基层干部群众行为，健全完善基层民主管理制度。继续规范村务公开工作，深化村民委员会报告工作和民主评议工作，健全完善基层民主监督制度。全省村民委员会共有村民代表近50万余人，平均每个村34.4名；98%的村委会制定了村民自治章程，95%的村委会制定了有关生产管理、财务管理、社会治安、计划生育、福利保障、干部目标管理等制度，90%的村委会实行了村委会向村民代表会议报告工作制度，100%的村委会在村民代表会议下设村务监督小组或民主理财小组，100%的村委会设立村务公开栏。

*民主法治创建活动进一步深化。*继续深入开展"民主法治示范村"创建活动，会同司法部门积极向民政部、司法部推荐上报一批村级组织健全有力、法制教育扎实有效、民主制度规范完备、社会和谐稳定的农村"民主法治示范村"先进典型。福建省福清市沙埔镇赤礁村等11个村被司法部、民政部联合授予第四批"全国民主法治示范村"称号。

【社区建设】 坚持以人为本，注重统筹协调，加大创建力度，扎实推动社区建设工作由点及面、由城市向农村逐步拓展、深化和提升，取得显著成效，在全国和谐社区建设工作会议上，福州市鼓楼区、台江区，厦门市思明区、湖里区，泉州市鲤城区被命名为全国和谐社区建设示范城区；福州市晋安区茶园街道等8个街道被命名为全国和谐社区建设示范街道；福州市鼓楼区东街街道军门社区等13个社区被命名为全国和谐社区建设示范社区。

*积极发展社区服务。*着眼于满足居民公共服务和生活服务需求，整合资源，加大投入，不断完善社区服务设施和服务网络，省民政厅会同省发改委共争取中央投资1430万元，支持11个街道社区服务中心、62个社区服务站和福州市鼓楼区社区信息化项目建设；截至年底，全省2183个社区居委会办公服务用房平均面积达239.5平方米，建成综合性社区服务中心（站）1100多个、各类专项服务设施5000多个、社区便民服务网点7.3万个。在强化社区服务载体的同时，社区服务的形式和内容不断丰富，提供社区救助服务，各地以社区为依托，加强对城市低保对象的动态管理，采取邻里互助、结对帮扶、志愿服务等方式，为特困居民提供多方面的救助服务，已有56个县（市、区）建立慈善超市111个，累计救助困难群众80多万人次；提供社区就业和社会保险服务，全省已在2011个社区建立劳动保障工作机构，配备专兼职工作人员3798人，逐步推进社区公益性岗位开发、困难人员就业援助、企业退休人员社会化管理、城镇居民基本医疗保险参保登记等服务；提供社区卫生服务，全省已建立社区卫生服务中心193个、社区卫生服务站381个，街道覆盖率达92%；其中政府举办的社区卫生服务

中心190家，占98.5%；提供社区治安服务，全省已有1752个社区警务室建成投入使用，社区矛盾纠纷排查调处率达95%以上，全年社区居民对社会治安的满意率达94.72%，认为居住地安全和基本安全的达96.09%，均为历史新高；提供居家养老服务，选择100个社区开展了居家养老服务试点工作，为居家老年人提供助餐、助洁、助医、助行、助急等服务；此外，社区文化、教育、体育、环保、计生、助残等服务工作也取得了新的进展和成效。

不断深化社区工作者队伍建设。各地高度重视社区工作者队伍建设，采取有效措施，不断提高干部素质，壮大队伍力量，全省共有社区居委会成员1.1万多人，注册登记的社区志愿者人数达32万多人。拓宽选人用人渠道，各地通过公开招考和民主选举，从大中专毕业生、退伍军人、下岗职工等人员中择优选聘社区干部，逐步改善社区干部的知识结构和年龄结构，2009年全省第七届社区居委会换届选举完成率达99.8%，其中60.6%实行居民代表选举，21.4%实行户代表选举，18%实行全体选民直接选举。全省社区居委会成员具有高中以上文化程度的占82%，比上一届提高5.2个百分点；平均年龄37.5岁，比上一届下降1.4岁，其中30岁以下的占19%，比上一届提高5个百分点。加大教育培训力度，全省参加各类培训的社区干部达5.42万人次，有4000多人参加了由电大承办的社区岗位培训及大专开放教育；鼓励引导社区干部学习社会工作专业知识，组织参加社会工作者职业水平考试，促进理论素养和业务能力的提高。健全激励约束机制，各地采取公开选拔社区干部进入行政事业编制、为社区干部办理社会保险、提高社区干部工资福利待遇、设立社区干部困难补助基金等办法，调动社区干部工作积极性；通过实行绩效考核、民主评议等制度，强化对社区干部的管理监督。发挥典型示范作用，大力宣传优秀社区工作者的先进事迹，引导社区干部增强责任意识，改进工作作风，提高服务质量。组织实施高校毕业生服务社区计划，启动“福建省高校毕业生服务社区计划”，统一招募300名高校毕业生从事社区工作，服务期2年；对统一招募的高校毕业生全部进行岗前集中培训，进一步壮大了社区工作者队伍力量。

稳步推进农村社区建设试点工作。各地普遍调整充实社区建设领导小组；试点单位均成立相应的组织协调机构；围绕新农村建设的总体部署，结合社区建设工作实际，及时制定并下发文件，明确农村社区建设的指导思想、基本原则、工作目标、工作内容、实施步骤和保障措施以及检查验收标准等。初步建立以各级财政和村集体积累资金投入为主、各级涉农部门资金投入为辅、农民自愿集资和社会各界捐助为补充的多元投入机制，为农村社区建设提供必要的资金保障。各试点单位科学编制农村社区规划，加强农村公共服务设施建设，探索构建农村社区服务体系，广泛开展志愿服务活动，提高了农民群众的生活质量和文明程度，促进了城乡经济社会一体化发展。（林振）

【民间组织】 截至年底，全省民间组织共有13951家，其中：社会团体10245个，基金会101个，民办非企业单位3605个。全年共批准成立登记社会团体656个、基金会11个、民办非企业单位282个；办理各类变更登记539个，注销登记119个。全年累计收到网上申报社会团体、基金会、民办非企业单位成立登记审批申请245件，符合政策规定的131件，已办结131件，办结率100%。应对经济危机，组织社团为企业减负。省民政厅民间组织管理局下发《关于社会团体减轻企业负担促进经济发展的意见》，要求各社会团体发挥桥梁和纽带作用，积极响应55家社团发出的倡议书，为企业排忧解难，与企业共克时艰、共同发展；在福建民间组织信息网开辟“福建省社团组织减轻企业负担”专栏，对社团组织减免会费情况进行宣传报道。全省共有865个社会团体开展了对困难企业会员减免会费活动，共计减免企业会员76520家、减免会费3826万余元（其中省级社团129家、1900万元）。“四脱钩”工作全面展开。省民政厅与省监察厅联合下发了《福建省民政厅监察厅关于加快推进行业协会与行政主管部门脱钩工作的通知》，重点解决行业协会与政府部门机构分设、人员分离、职能分开、财产分置，脱钩工作从2009年6月开始，2010年6月结束；2009年列为脱钩对象的共43家，有21名公务员辞去社团兼职。社会组织评估机制全面落实。对评估试点单位获得5A、4A级的社科类社团组织授予牌匾和证书。制定并下发《福建省社会组织评估暂行办法》，全面开展社会组织评估工作。对129个省级经济社团和60个基金会进行评估，经济类社团共评出5A级11个，4A级38个，3A级69个，2A级11个；基金会评出5A级6个，4A级17个，3A级31个，2A级4个、1A2个。行业协会侵害群众和企业利益问题专项治理工作取得初步成效。全年共对30多个社团发出整改通知；对群众举报、经查确有违规收费事实，并对社会造成不良影响的省小康村发展促进会依法进行了处罚；民政部、国家发改委、监察部等七部委《关于规范社会团体收费行为有关问题的通知》基本得到贯彻落实；确定并全面实施社团会费标准票决制度；结合清理社团乱评比乱达标乱表彰专项活动，建立了社团评比达标表彰审批制度。开展民间组织学习实践活动，扩大党组织和党的工作覆盖面。2009年9月开始，省民政厅牵头组织成立省社会组织学习实践活动指导小组，在全省社会组织中开展深入学习实践科学发展观活动，13951个民间组织全部参加学习实践活动，参学率达100%；各民间组织通过集中学习、开门纳谏，广泛征求意见6000多条，整改落实存在问题4024个，一些一时难以解决的问题也相应作出规划或向群众作了说明。省民政厅与省委组织部联合发出《关于加强社会组织党的建设工作的意见》和《关于在深入学习实践科学发展观活动中进一步加强社会组织内部管理制度建设的通知》，扩大党组织和党的工作覆盖面，推动构建“发展、管理、党建”三位一体建设新格局，促使行业协会、学会内部制度得到有效完善。（江泽）

编辑：练方汉

法　制

地方立法

【福建省人大立法】 2009年，福建省人大及其常委会共制定法规5项、修改法规4项；审查和批准福州市、厦门两个较大的市法规4项。在立法工作中，福建省人大及其常委会依法行使职权，紧紧围绕发展第一要务，通过立法推进海西建设，促进经济社会又好又快发展；制定修改一批维护人民群众生命财产安全、保障人民群众合法权益的法规；开展地方性法规清理工作，努力维护法制统一；坚持科学立法、民主立法，扩大开门立法的渠道，编制计划项目向社会征求意见，与群众密切相关的法规草案，通过向社会公布、邀请群众和代表参加等形式，广泛听取社会各方面意见，进一步完善立法工作机制，努力提高地方立法质量。

涉台立法。省人大及其常委会于2009年5月审议通过《福建省促进闽台农业合作条例》，确立优势互补、互利共赢、全面合作、共同发展的闽台农业合作原则，明确台湾同胞在闽投资从事农业合作的经济活动与本省居民享有同等的待遇，并在农地使用政策、资金投入等方面作了先行先试的规定。

地方立法。省人大及其常委会于2009年5月审议通过《福建省气象条例(修订)》，条例结合气象事业发展中的新情况新问题，加强人员密集场所和农村的防雷服务，进一步规范气象预报和服务，并对防雷装置设计审核和竣工验收检测行为进行修改完善，促进防雷装置检测机构市场化发展；2009年8月审议通过《福建省文物保护管理条例(修订)》，对水下文物保护、涉台文物保护、中央苏区革命文物保护等作了专章规定；2009年9月审议通过《福建省航道条例》，对福建省沿海港湾和内河航道、航道设施以及与通航有关设施的规划、建设、养护和管理作出规定；2009年9月审议通过《福建省促进散装水泥发展条例》，立法规范和促进福建省散装水泥发展，对散装水泥专项资金实行“备案不预缴”等规定；2009年11月审议通过《福建省林权登记条例》，规范林权登记程序，设置预告登记制度，明确共有林权权利人持证方式；2009年11月审议通过《福建省固体废物污染环境防治若干规定》，对固体废弃物集中处置设施建设、电子废弃物、农村生活垃圾、废弃食用油脂以及危险废物、一次性医疗垃圾的管理等作出规定。此外，省人大常委会还批准《福州市城市公园管理办法(修改)》、《厦门市环境保护条例》、《厦门市社会保障性住房管理条例》等一批涉及民生法规。　　(罗炳良)

【厦门市人大立法】 2009年，厦门市人大常委会全年共制定法规5件、修订6件、废止1件。在立法工作中，厦门市人大常委会紧紧围绕海峡西岸重要中心城市建设的需要，坚持以科学发展观为指导，以维护广大人民群众根本利益为出发点，以提高立法质量为着力点，不断加强和改进立法工作，较好地完成全年的立法工作任务。

立法保障为民。厦门市人大常委会把保障人民群众根本利益方面的立法摆在突出位置，在全国率先完成社会保障性住房管理的立法工作。为保障教育事业优先发展，修订学校用地保护规定，严格学校选址和变更程序，强调规划一经批准，任何单位和个人不得擅自变更。为促进家庭和社会和谐，作出关于预防和制止家庭暴力的决定，保护公民特别是妇女儿童的合法权益。为加强风景旅游区的建设与保护，及时修订鼓浪屿历史风貌建筑保护条例。针对近年来非法采砂、非法倾废现象屡禁不止，海洋环境有所恶化的现状，适时审议通过海洋环境保护若干规定，创设海洋环境保护信用制度，建立海洋生态补偿机制，严格控制海域排污总量，推动全社会重视海洋环境的保护、开发和利用。为适应新形势下会计人员管理工作的需要，在全国率先审议通过会计人员管理条例，规范会计人员的权利和义务，发挥全市5万多名会计人员在服务经济社会发展中的积极作用。

民主科学立法。厦门市人大常委会在立法过程中，实行开门立法，深入开展调查研究，邀请专家参与立法活动，召开座谈会、意见征求会，广泛听取和吸收各方面的意见和建议，努力提高立法质量；向社会公开立法草案，广泛征求群众的意见建议，提高人民群众参与地方立法的积极性；加强对立法工作的协调指导，密切同有关部门的沟通联系，及时研究解决立法工作中的难点和问题。

立改废并重。厦门市人大常委会把法规的修改、废止放在重要位置，与时俱进，对现行法规中某些明显不适应、不协调的规定，区分不同情况，及时修改、废止，确保法规的公信力和实效性。先后通过对《厦门市无偿献血条例(修订)》、《厦门市学校用地保护规定(修订)》、《厦门市鼓浪屿历史风貌建筑保护条例(修订)》、《厦门市反不正当竞争条例(修订)》、《厦门市产品质量监督管理条例(修订)》等5部法规的修订，废止因《中华人民共和国食品安全法》出台而不再适用的《厦门市饮食食品卫生管理办法》，做到立、改、废相结合。

(温一鹤)

政府法制

【依法行政】 2009年，全省各级各部门不断完善工作机制，强化督促指导，积极推动依法行政工作。认真谋划，确定年度工作重点，加强对依法行政工作的总体部署，年初制定福建省2009年推进依法行政工作要点，确定全年不同阶段的目标任务和工作进度，将任务分解落实到责任单位，明确工作目标；1月，省政府下发《关于贯彻国务院加强市县政府依法行政的决定的实施意见》，从8个方面对依法行政工作提出要求和具体措施，扎实推进福建省市县政府依法行政工作。总结经验，明确总体思路和工作措施，2009年是《全面推进依法行政实施纲要》颁布实施5周年，为更好地做好依法行政工作，全省各地对5年来依法行政工作进行全面总结，针对存在的问题和薄弱环节，研究提出今后工作的总体思路和措施。创建示范，认真抓好依法行政示范县(市、区)创建指导工作，省政府确定连江县等9个县(市、区)为依法行政示范县，并积极研究推进示范县依法行政的措施，大力培育依法行政的先进典型，以点带面，推动工作。深入督导，切实督促市县政府依法行政工作扎实开展，继续实行推进依法行政工作例会、依法行政绩效评估、督促检查等一系列长效指导和督促工作制度。

【政府立法工作】 2009年福建省法制办共报请省人大常委会审议地方性法规草案3件，出台省政府规章4项。在政府立法过程中，注重建立健全规范行政权力运行的相关制度，安排《福建省建设工程安全生产管理办法》、《福建省实施〈城乡规划法〉办法(草案)》等地方性法规、规章的年度立法项目，对推进福建省规范行政权力运行工作发挥了有效作用。积极推行“开门立法”，对每一个立法项目都开展相应的调研活动，并通过召开座谈会、论证会和网上公布立法草案等方式，广泛征求公众意见，集中民智与民意，切实提高制度建设的透明度和公信度。重视专家的作用，法律专家和其他领域专家参与论证或接受咨询，作为一种强制性的程序规则并有相应的制度保障。尝试开展立法后评估工作。2009年就《武夷山景区保护管理办法》、《福建省河道采砂管理办法》两个项目开展立法后评估试点，通过各种形式收集《办法》实施前后的有关信息资料，及时收集分析各方面反应，针对实施中反映的问题，认真总结施行情况，提出修改、完善的建议。

【政府执法监督】 全面清理公布执法依据，认真抓好行政执法主体资格管理，省级行政执法机关明确行政执法职权7489项，9个设区市行政执法机关明确行政执法职权41273项，形成比较完整的权力清单及相应的职责体系；继续加强行政执法证件管理；举办2009年度行政执法资格考试，全省13316人参加行政执法资格考试，其中5182人考试合格；认真筹备2010年全省行政执法证换证工作，制定《福建省行政执法证2010年全省统一换证方案》，探索建立行政执法证件电子化管理制度，推进福建省行政执法证件电子化管理。积极推进规范行政自由裁量权和完善相对集中行政处罚权工作，在10个省直单位开展的规范性自由裁量权试点工作不断深化，共对1095项行政处罚、行政征收等执法事项进行细化量化，初步建立系统、行业统一的行政裁量基准制度；市县两级共规范行政处罚、行政许可、行政征收等执法事项25130项，并向行政强制、裁决、确认等领域拓展；相对集中行政处罚权工作和综合行政执法试点工作有序开展，并逐步向县级延伸，8月，省政府批准武夷山市开展相对集中行政处罚权工作。推行行政指导工作，将工商系统的行政指导先进经验向其他系统推广，确定省经贸委等6家单位参加行政指导试点工作。

【规范性文件备案审查工作】 2009年共办理省政府、省政府办公厅以及有关厅局文件的合法性审查135件，比上年审查的总量增加近50%。全年9个设区市政府报送备案的规范性文件469件，其中给予登记为规范性文件的358件，认定为非规范性文件的111件；市、县(区)政府共接受规范性文件备案5317件，纠正214件。省政府按照《立法法》的规定向国务院报备规章4件；按照《监督法》以及福建省人大常委会有关规定，按时按量做好规章及规范性文件的报备工作，全年共报备规章4件、规范性文件61件。积极推动《福建省行政机关规范性文件备案审查办法》出台，多次组织有关人员对办法进行深入研究和探讨，对办法草案做进一步的修改完善，形成送审稿，报送省政府审议；全省已有9个设区市和73个县级政府出台有关规范性文件备案审查的规定。按照省人大常委会的部署，全省各级行政机关积极开展地方性法规清理工作，省政府系统共清理地方性法规135部；省直部门共清理规范性文件2450件，废止831件，修改179件；9个设区市政府也组织开展规范性文件清理工作。

【行政复议工作】 全年县级以上政府共办理行政复议申请2033件，其中办理向省政府申请行政复议案件75件。全年各级各部门运用和解、调解手段化解行政争议346件。全年省政府法制办制作行政复议意见书7件，占已受理结案数的18%，有效的纠正相关行政机关违法或不当的行为。 (蒋团松)

审 判

【概述】 2009年，全省法院受理各类案件428520件，办结410034件，分别比上年上升17.01%和15.41%，其中省法院受理案件5801件，办结4849件，分别上升57%和48.74%。

【审判工作】 刑事审判。全省法院审结刑事案件34997件、判处5年以上有期徒刑直至死刑6841人，其中省法院审结728件。依法严惩危害国家安全犯罪、严重暴力犯罪、毒品犯罪和多发性侵财犯罪，深入开展打黑除恶、缉枪治爆、打击拐卖妇女儿童、治理黄赌毒和虚假信息诈骗等专项斗争。一审审结危害国家安全和社会治安犯罪案件9649件。加大对经济犯罪、职务犯罪的打击力度，审结此类一审案件3268件，为国家挽回直接经济损失6945.56万元。正确执行宽严相济刑事政策，最大限度地分化瓦解犯罪分子，减少社会对抗。严把事实、证据关，依法宣告无罪8人。认真落实平安综治建设各项措施，参与社区矫正，依法办理减刑、假释案件23820件。加大矫治、预防力度，判处未成年犯4289人，适用非监禁刑1225人。帮助1285名失足青少年重返校园或安置帮教，其中有20人考上大学。

民事审判。全省法院审结民事案件229852件、诉讼标的总额309.87

亿元,其中省法院审结1059件、标的40.95亿元。加强重大经济活动、重大项目建设中涉诉案件的审理,配合有关部门把矛盾纠纷预防在前、化解在先。妥善审理金融纠纷、企业债务及破产、民间借贷、房地产和合同纠纷案件132985件,既严格依法办事,又注重政策考量,尽力帮助当事人和企业渡过难关、发展生产。高度重视涉及民生案件审理,审结医疗、劳动争议、人身损害赔偿、婚姻家庭等案件78275件。妥善审理农村土地承包、经营权流转、林业纠纷等案件3358件,推进农村改革发展。制定落实国家知识产权战略意见,审结知识产权案件1614件。依法公正审理涉外、涉港澳及海事海商案件2962件。

行政审判。全省法院审结行政诉讼案件3448件,其中省法院审结91件。实行提级、指定异地管辖等措施,依法保护诉权,完善行政争议协调解决机制,加强司法与行政的良性互动。抓好非诉行政案件的审查和执行工作,执结征收社会抚养费、拆迁安置及各类行政处罚案件7511件。加强国家赔偿案件审理,全面推行听证制度,审结国家赔偿案件52件,决定赔偿127.61万元。

案件执行。全省法院执结各类案件107273件、标的总额173.22亿元,其中省法院执结346件、标的18.18亿元。全省法院从2008年11月起开展集中清理执行积案活动,执结2007年底前有财产可供执行积案18636件;执结被执行人为特殊主体、申请执行人为特困群体及拖欠农民工工资、建筑工程款等7类重点案件7931件。同时,逐一清理历年来无财产可供执行案件228081件,依照有关规定和程序分类作了妥善处理。

【闽台司法交流合作】 2009年7月,省法院联合中国法官协会、海峡两岸法学交流协会(台湾)共同举办首届海峡两岸司法实务研讨会;中国法学会审判理论研究会依托本院设立"海峡两岸审判理论专业委员会",为促进两岸司法交流合作建立新的平台。全省法院着力推进涉台审判,按照有关规定开展司法互助工作,审结涉台案件1874件,办理涉台司法互助案件170件。

【司法为民】 清案结案工作。强化案件繁简分流和速裁工作,基层法院适用简易程序的占71.41%。强化监督指导职责,创新审判管理机制,定期通报审判质效情况,加大监管力度。依法制裁当事人恶意滥用诉权、虚假诉讼行为,维护正常诉讼秩序。除2009年年底前新收的18486件案件依法正在审理外,全省95.69%的案件得到及时清结,基本实现全年收结案动态平衡和良性循环。审结一审案件244807件,当事人服判不上诉的占90.59%,同比上升0.97个百分点;审结二审、再审案件23490件,改判、发回重审的占13.3%,下降3.53个百分点。

诉讼调解。福建省法院积极探索建立矛盾纠纷诉前化解机制,使矛盾纠纷化解在立案前、诉讼外。省法院调解各类大要案384件;全省一审民事案件调解、撤诉率达69.54%,同比上升5.07个百分点;行政案件协调解决的达39.5%,执行案件当事人和解及自动履行率达63.46%。

案件申诉与信访工作。省法院受理各类申诉、申请再审案件2522件,审结1751件,分别上升220.87%和199.83%。依法接受检察机关法律监督,审结各类抗诉再审案件232件,维持原判、再审调解等154件,改判、发回重审78件。大力开展涉诉信访积案清理活动,化解上级督办重点疑难信访积案258件。推行判前析法、判后答疑制度,加大初信初访办理力度,接处群众来信来访58105件(人次)。

司法便民。福建省法院制定下发《关于进一步加强和规范司法便民工作的意见》,提出40条便民利民措施。推进立案信访窗口建设。在偏远乡村、海岛等设立巡回办案点670个,就地审理案件9231件。全省法院走访企业2254家,提出具体司法建议487条。健全刑事被害人、特困申请执行人和涉诉信访人救助制度,向699名符合条件的人员发放司法救助款313.26万元,为7762件案件的经济困难当事人减缓免交诉讼费1013.84万元。落实人民陪审员制度,加强培训管理,切实发挥作用,1931名人民陪审员参与审判30514人次,参审案件21186件。

【队伍建设】 全省各级人民法院重点强化理论武装,深化社会主义法治理念教育和司法人民性专题教育。全省法院举办各类培训班82期11479人次,其中省法院举办21期2212人次,有315人通过了司法考试。全省一线法官人均结案数同比上升15.41%,其中省法院上升48.76%。组织司法检查和作风纪律大检查,全省法院抽查、自查案件6001件。聘请1206名人大代表、政协委员等担任廉政监督员,在审判、执行等重点岗位设立539名廉政监察员。查处干警违法违纪案件20起30人。改善基层司法条件,中央和省级政法转移支付资金2.38亿元、"两庭"建设专项资金2700万元,全部分配给中级和基层法院;2009年又为人民法庭配备92辆专用警车,实现188个人民法庭全覆盖。建成31个科技法庭,全面完成并启用人民法庭电子签章系统。基层法院办结案件占全省法院结案总数的84.84%。

【福建省高级人民法院院长、副院长名单】(以2009年底在职者为准)

院　长:马新岚*

副院长:张化林　郑　伟　范仁善
　　　　何　鸣　夏冬英*　周瑞春

注:*为女同志。

(李春敏　名单由省委组织部提供)

检　察

【概况】 2009年,福建省三级检察机关共有人民检察院96个,福建省人民检察院下设9个设区市人民检察院,84个县、区(市)人民检察院,2个派出检察院,检察工作人员7263人。

【审查逮捕】 全年各级检察院共批准逮捕各类刑事犯罪嫌疑人34845人,提起公诉46093人。其中,批准逮捕严重暴力犯罪嫌疑人6154人,提起公诉7022人;批准逮捕多发性侵财犯罪嫌疑人13493人,提起公诉15916人;批准逮捕黑社会性质组织犯罪案件28件306人,提起公诉26件350人;批准逮捕拐卖妇女儿童犯罪、淫秽色情网站犯罪、破坏森林资源犯罪嫌疑人766人,提起公诉1841人;批准逮捕非法集资、金融诈骗、非法传销等涉众型经济犯罪嫌疑人184人,提起公诉260人;批准逮捕生产销售伪劣产品、有毒有害食品等犯罪嫌疑人151人,提起公诉226人;批准逮捕侵犯商标权、著作权、商业秘密犯罪嫌疑人31人,提起公诉87人。贯彻宽严相济刑事政策。对3000名犯罪嫌疑人作出不批准逮捕决定,对1420名犯罪嫌疑人作出不起诉决定。妥善化解社会矛盾纠纷,共办理各类控告申诉案件11953件;开展信访积案化解专项活动;在检察办案环节开展刑事和解工作;配合有关部门开展社区矫正试点工作。

【查办职务犯罪】 全省各级检察机关共立案侦查职务犯罪案件1007件、1262人,其中:贪污贿赂等犯罪案件864件、1089人,渎职侵权犯罪案件143件、173人。查办贪污贿赂5万元以上和挪用公款10万元以上案件646件,内有百万元以上案件34件。查办涉嫌职务犯罪的县处级以上国家工作人员51人,内有厅级干部2人。抓获和敦促61名在逃职务犯罪嫌疑人归案。介入重大责任事故调查229起,查办重大责任事故背后的渎职犯罪案件29件31人。开展查办职务犯罪专项工作,立案侦查涉及土地出让、招标投标等领域职务犯罪案件452件562人,涉及国家工作人员商业贿赂案件523件558人,涉及农村基础设施建设、支农惠农资金管理等领域和环节的职务犯罪案件494件636人,涉及非法批准征用土地、环境监管失职等渎职犯罪案件102件108人。

【诉讼监督】 全省各级检察系统共监督侦查机关立案423件、撤案262件;追加逮捕1094人、追加起诉870人;对侦查活动中违法情况提出纠正意见738件次;对认为确有错误的刑事判决、裁定提出抗诉111件;对刑事审判活动中违法情况提出纠正意见67件次。受理不服人民法院生效判决、裁定的民事行政申诉案件1313件,经审查提出抗诉172件,法院再审后已改判、调解、撤销原判发回重审117件;提出再审检察建议46件,法院已采纳26件。监督纠正减刑、假释、暂予监外执行不当86人,对刑罚执行和监管活动中各类违法情况提出纠正意见372人次。落实行政执法与刑事司法相衔接机制,督促行政执法机关向司法机关移送涉嫌犯罪案件196件。试行检察长列席审判委员会、量刑建议改革,各级检察长依法列席法院审判委员会436次;向法院提出量刑建议7675件,法院在审结案件中已采纳6449件,采纳意见率为84%。开展刑事案件技术性证据文证审查,共审查法医学鉴定8215件,发现和纠正存在各类问题的鉴定582件。认真查办执法不严、司法不公背后职务犯罪,依法查办涉嫌贪赃枉法、徇私舞弊等犯罪的行政执法人员236人、司法人员94人;监督纠正虚假诉讼案件18件,查办虚假诉讼背后的职务犯罪案件4件4人。联合有关部门开展看守所监管执法专项检查,处理"牢头狱霸"116人。

【预防职务犯罪】 加强预防职务犯罪工作,开展预防调查302件、典型案例剖析585件、预防咨询330件,提出预防建议584件,职务犯罪预防网点击数达200多万人次,提供行贿犯罪档案查询6282人次。自9月1日起,省、市两级检察院共受理上提一级审查逮捕职务犯罪案件130件152人,经审查,决定逮捕125件147人,决定不逮捕5件5人。监督职务犯罪"三类案件"159件。

【监督制约机制】 深化以纠正违法办案、保证案件质量为中心的检务督察机制。实行刑事申诉案件、不起诉案件公开审查和重大信访案件公开听证制度,对不服检察机关处理决定的42件申诉案件依法复查,决定纠正5件。加强检察门户网站建设,深化检务公开。认真执行修改后的律师法,保障律师依法执法。着力解决突出问题,落实规范执法要求。对全省检察机关扣押冻结款物情况进行专项检查和清理。组织开展刑事审判法律监督专项检查。

【队伍和基层检察院建设】 加强检察教育培训,举办16期全省性业务培训班和司法考试考前辅导班、晋升高级检察官资格培训班,培训干警1971人次。严格执行党风廉政建设责任制,推进检察机关惩治和预防腐败体系建设,查处违纪违法的检察人员9人。加强基层检察院建设,2009年中央新增559名政法编制和中央、省财政安排9447万元专项资金,全部分配落实到基层检察院。福州市鼓楼区检察院等6个基层检察院被高检院评为全国先进基层检察院;全省共有37个集体和60名个人受到省级以上表彰,省检察院和石狮市检察院被评为全国精神文明建设工作先进单位。

【福建省人民检察院院长、副院长名单】(以2009年底在职者为准)

检 察 长:倪英达

副检察长:何小敏 顾卫兵 郑京水 林贻影 黄德安 李明蓉*

注:*为女同志。

(陈国枝 名单由省委组织部提供)

公 安

【概况】 2009年,全省共有设区市公安局9个,县级公安局(分局)88个,行政派出所1175个,总警力39762人,警力总数占全省总人口的万分之11.4。根据国家统计局福建调查总队调查数据,人民群众对公安工作的满意率达90.96%,同比上升1.36个百分点。全省公安机关记集体一等功4个,集体二等功33个,二级英模2名,个人一等功12名、二等功13名。1名个人和一个集体分别被评为全国人民满意的公务员和公务员集体;4名个人、1个集体分别获评全省人民满意的公务员和公务员集体。涌现全国文明单位4个,全国青年文明号、青少年维权岗15个,2006—2008年度全省精神文明建设先进集体58个、先进个人7名。

【刑事侦查】 全年全省共破获刑事案件118606起,抓获刑事作案人员56456名,打掉各类犯罪集团1324个、成员4851名。深化打黑除恶专项斗争,打黑除恶专项斗争绩效居全国第二。落实侦破命案工作机制,及时侦破三明"4·26"跨省系列伪造矿难杀人骗赔案、城厢"3·13"特大入室抢劫杀人案、诏安"5·28"持枪抢劫杀人案等一批恶性杀人案件。全省共立现行命案592起,破获564起,现行命案破案率达95.3%,三明、龙岩、宁德3个设区市和64个县(市、区)实现"命案全破"。省公安厅物证鉴定中心和福州、厦门市公安局刑科所顺利通过国家认可委的现场评审，获得 CNAS 认可资格，新增一级示范室 5 个、一级室 19 个、二级室 14 个，完成 6 个设区市 DNA 实验室建设并实现部、省、市三级联网，形成了全省“一个系统、两级建库、三级比对、四级应用”的指纹比对应用格局。

【禁毒】 全年全省各级公安机关共破获各类毒品刑事案件 2736 起，抓获犯罪嫌疑人 3404 名，缴获各类毒品 1720.84 公斤，破案数、抓获数、缴毒数分别上升 33.33%、41.65% 和 157.48%。成功破获“JDB813”、“8·20”等一批重特大毒品犯罪案件，抓获 6 名公安部督捕在逃重大毒品犯罪嫌疑人。加大排查、管控力度，新发现吸毒人员 7777 名，强制隔离戒毒吸毒人员 1618 人次。推进海洛因成瘾者社区药物维持治疗工作，全省共设立美沙酮替代维持治疗门诊点 15 个，覆盖福州、厦门、泉州、龙岩、宁德、三明、莆田等地，收治吸毒人员 5000 多名；推动社区戒毒工作，全省有 30 个县(市、区)开展了社区戒毒(康复)试点工作。

【经济犯罪侦查】 全年公安机关共破获各类经济犯罪案件 3650 起，抓获犯罪嫌疑人 3070 名，挽回经济损失 1.36 亿元。开展打击假币犯罪“09 行动”，共破获假币案件 98 起，抓获犯罪嫌疑人 218 名，收缴假人民币 3169.98 万元。开展打击整治发票犯罪专项行动，共破获发票案件 49 起，打掉犯罪团伙 4 个，捣毁窝点 11 个，抓获犯罪嫌疑人 75 名，缴获各类假发票 56 万余份；破获与发票相关的逃避缴纳税款犯罪案件 17 起，抓获犯罪嫌疑人 20 名，涉案金额 4859 万余元。开展打击传销百日联合执法行动，共破获传销案件 29 起，捣毁窝点 86 个，打掉团伙 19 个，抓获犯罪嫌疑人 74 名，遣散参与传销人员 2675 名，涉案金额 1076.7 万元，追缴赃款 72 万元。开展打击工程建设领域串通投标违法行为专项行动，共破获串通投标案件 18 起，抓获犯罪嫌疑人 75 名。开展春节追逃专项行动，共抓获网上在逃人员 139 名，其中协助外省公安机关抓获网上在逃人员 12 名，抓获在逃境外经济犯罪嫌疑人 4 名。

【治安管理】 全年全省公安机关共立治安案件 283543 起，查处 238705 起，查处治安违法人员 22 万余人，查获违反治安管理的团伙 1021 个、成员 6000 余人，违反治安管理案件造成财物损失价值 7803 万余元，治安罚款总金额 4.5 亿余元。扎实开展矛盾纠纷排查调处活动，全省共深入排查各类矛盾纠纷 21589 起，化解 20007 起，有力地维护了国庆 60 周年活动期间全省社会安定稳定。福州、厦门两地特警队根据公安部要求飞赴乌鲁木齐市执行维稳任务。破获公安部督办的制售假烟案 2 起、省公安厅督办制售假烟案 7 起，查破案件数、处理人员数、查缴违法涉假物品数达到历年新高，省公安厅治安总队获公安部、国家烟草局授予的全国卷烟打假特殊贡献奖。进一步规范重点单位治安管理，已完成 65 位省级、418 位市级金融安防专家的聘任；发展壮大群防群治队伍特别是保安队伍，并开展保安社会化试点工作，全省治保干部达 54192 人，联防队伍达 56704 人，保安队伍 103694 人。全面完成派出所综合信息管理系统部署应用，并通过公安厅金盾办验收；治安管理地址标注系统建设通过专家验收，为全省警用电子地理信息平台建设奠定基础。进一步放宽直系亲属投靠政策，全省共办理直系亲属投靠户口迁移 102775 人，开展第二代身份证加急业务和缩短正常证办证时限，健全完善户口网上迁移制度，全省共受理跨设区市迁移 71365 人，办结率 98.4%。

【出入境管理】 全年全省各级公安机关为外国人办理各类出入境证件、签证、居留许可 38789 件(次)，为台湾居民办理出入境证件和签注 383583 件(次)。全年共审批公民因私出国(境) 1231293 人次，其中：批准公民出国 330492 人次，批准公民往来香港地区 505258 人次，批准公民往来澳门地区 288999 人次，批准公民往来台湾地区 106544 人次。积极筹备为台湾本岛居民办理来往大陆通行证，为参加首届“海峡论坛”系列活动的 445 名外省籍参会人员办理了赴金门、台湾本岛交流考察出入境证件；5 月 30 日在福州启动暂住一年以上大陆居民赴台湾旅游试点工作；9 月 1 日在全省 6 个口岸启动台湾居民口岸落地办证互联网预受理工作，进一步优化口岸通关环境，方便两岸人员交流往来。

【道路交通管理】 开展整治酒后驾驶专项行动，共出动警力 272220 人次，查处酒后驾车 22656 起，其中醉酒驾车 2729 起，暂扣驾驶证 14764 本，拘留 2122 人。加强高速交警队伍组织机构建设，各设区市高速公路交警支队正式成立。积极拓展便民服务空间，延伸车管服务窗口，继续推进机动车 4S 店经销企业代办牌证和运用互联网自选号牌等便民举措。对创建“平安畅通县区”活动的县(市、区)进行综合评价，厦门集美、海沧、翔安，漳州芗城、南平武夷山达到公安部创建标准。推进实施城市交通“畅通工程”工作，厦门、晋江达到国家一等“畅通工程”管理水平。截至年底，全省机动车辆达 6680951 辆，比上年增加 11.23%；驾驶人总数达 6372665 人，比上年增加 8.41%。

【打黑除恶专项行动】 2009 年全省公安机关开展打击拐卖儿童妇女专项行动，共破获拐卖儿童妇女案件 875 起，摧毁涉拐犯罪团伙 63 个，打击处理拐卖犯罪嫌疑人 508 名，解救被拐儿童 361 名、妇女 237 名；成功破获安溪李地基特大拐卖儿童犯罪团伙案、福安“4·13”特大跨国拐卖儿童案、荔城“6·24”拐骗少女强迫卖淫团伙案等一批涉拐大要案。开展打击整治虚假信息诈骗犯罪“猎狐行动”，共破获虚假信息诈骗案件 2555 起，抓获犯罪嫌疑人 1025 名，涉案金额 1.7 亿余元。与台湾警方建立打击电信诈骗会商机制，积极协同开展“9·17”专案侦查，摧毁一个特大跨境系列电信诈骗团伙，抓获张智盛等犯罪嫌疑人 25 名，成为闽台警方联手打击虚假信息诈骗犯罪的第一起成功案例。

【基层和队伍建设】 各级公安机关不断深化队伍正规化建设，评估、命名 8 个正规化建设示范公安局、27 个达标公安局，全省县级公安机关全部实现基本正规化的目标。全省新增 3673 名公安专项编制；开展“实战技能训练年”活动，成功举办 4 期全省县级公安机关领导专题培训班，全面完成县级公安机关基层所队长轮训工作。全省公安机关共争取近10亿元资金用于基层公安机关的业务基础建设和办案补贴。全省公安机关共配备350兆无线集群电台38207台，全警配备率达96.07%，居全国前列。 (薛金富 兰章福)

司法行政

【概况】 2009年，福建省共有94个县级以上司法行政机关，1101个乡、镇、街道司法所；18个监狱，9个劳教所；416个律师事务所，4930名执业律师；94个公证处，372名公证人员；371个基层法律服务所，2258名基层法律服务工作者；94个法律援助中心，1677个法律援助工作站，295名法律援助专职工作人员；18498个人民调解委员会，185058名调解人员；97个面向社会服务的司法鉴定机构，1204名司法鉴定人员，鉴定业务涉及26个类别。

【监狱工作】 2009年全省监狱劳教系统牢固树立监所安全"首位意识"，深入开展监狱劳教系统专项整顿、专题教育和隐患专项排查整治等活动，监所安全稳定形势总体趋好，有17个押犯单位和9个劳教所实现无罪犯脱逃、无重大狱内案件、无重大疫情、无重大安全生产事故的"四无"目标；各监所认真贯彻教育人、改造人的"首要标准"，积极推动监所精细化管理，努力提升监所管理科学化、规范化、法制化水平。监狱布局调整和体制改革稳步推进，积极落实监狱体制改革中央补助资金1.15亿元和省级配套资金1500万元，监狱布局调整进度加快，新开工和建成一批项目，全年完成投资1.92亿元，新增各类用房3.9万平方米。强制隔离戒毒和戒毒康复工作稳步推进，与8个设区市公安局就强制隔离戒毒收治工作协商一致，截至年底已收治1229人；制发9项强制隔离戒毒管理制度，启动强制隔离戒毒人员诊断评估。

【矛盾排查】 全省各地组织开展以"保增长、保民生、保稳定"和国庆安保为重点的大排查大调处活动，共排查各类矛盾纠纷17万件，已调处16.7万多件，调处率达98.2%；调处成功15.9万件，调处成功率达95.2%。组织开展刑释解教人员排查回访专项活动，全年全省回归社会的刑释解教人员的安置率和帮教率分别达到92.8%和95.9%，刑释解教人员重新违法犯罪率为0.77%，低于全国平均水平。有35个县(市、区)开展社区矫正试点工作，累计接收社区矫正对象5732人，解除矫正1486人。积极引导律师参与处理涉法信访和群体性事件，61个县级以上政府信访部门设立律师接访室，律师参与信访工作达2505人次，接待上访群众2.2万多人次，调处解决涉法信访纠纷案件1528件。

【法律援助】 2009年，全省律师共办理各类案件10.2万件，办理非诉讼业务9200多件，比上年增长5%和7%；公证机构共办理各类公证事项426976件，增长15%；司法鉴定机构共办理各类鉴定案件76395件，增长3.8%；法律援助机构共办理各类法律援助案件16434件，增长10.5%。加大对台法律服务和交流力度，组建17个涉台律师法律服务顾问团，担任309家台企法律顾问、提供涉台法律咨询4929人次、代理涉台诉讼案件1784件、仲裁案件130件、非诉讼法律事务588件；涉台公证办证数41000件，寄送涉台公证书副本38124件。吸引3家台湾地区律师事务所提交设立代表机构申请；1家美国律师事务所获准在厦门设立代表处，实现外国律师事务所代表处在福建零的突破。

【普法工作】 全省司法行政机关成立省普法讲师团，组织送法下乡、送法进社区978场。会同综治、工商、妇联、交警、知识产权局等部门，开展"12·4"法制宣传日、预防青少年违法犯罪、环境保护专项整治等法制宣传活动。全面深化各类法治创建活动，全省9个设区市、60%县(市、区)都开展法治城市、法治县(市、区)创建活动，87.9%的社区开展创建民主法治社区活动，68.5%的行政村跨入国家级和省、市、县级"民主法治村"行列。

【司法考试】 2009年全省共有12355名考生报名参加国家司法考试，其中台湾考生233名；实际参考11127人，参考率达90.1%，为历年最多；合格人员2589人，合格率达23.27%，名列全国前列。

【基层司法建设】 全年全省争取中央及省级转移支付资金2205万元，增长72.6%，保证县(市、区)司法行政基层经费。协调省委编办核定新增583个司法助理员专项编制，专项编制从原来所均1.5个上升到2.1个；省厅筹集400万元启动了40个示范司法所业务用房建设。全省人民调解综合信息服务系统项目通过验收；监狱系统信息化建设项目通过省发展改革委批准立项；完成省司法厅门户网网站升级改造和全省电子政务外网接入工作。

(丁晓东)

社会治安综合治理

【综治领导责任制】 省委省政府主要领导连续11年与各设区市党委书记、市长签订综治领导责任书，各级党委、政府紧抓综治责任制龙头，层层签订(下达)综治领导责任书和部门目标管理责任书，健全综治责任人实绩档案，完善综治责任考评奖惩机制，做到责任到底到边、到岗到人。为增强综治委成员单位齐抓共管的合力，省综治委出台了《福建省社会治安综合治理委员会工作制度》，健全成员单位全体会议、述职报告、联合督导考评、挂钩联系点等7项制度，并根据实际情况，重新调整51个社情相对复杂、综治工作任务较重的县(市、区)作为省综治委成员单位挂钩联系点；省综治委成员单位主要领导亲自带队深入挂钩联系点，指导基层开展工作，督促基层落实责任。由于各级党委、政府综治责任落实有力，群众认为党委、政府抓综治维稳工作紧和比较紧的比率达到86.67%，比上年提高了0.65个百分点。

【社会治安综合治理】 按照省综治委关于开展"三排查一促进"(排查调处矛盾纠纷、排查整治治安混乱地区和突出治安问题、排查管控社会高危人群和重点人员，促进保增长保民生保稳定)的统一部署。全省共排查调处各类矛盾纠纷170353件，调处成功率95.2%；

防止群体性上访 1087 件 8976 人。省综治委确定的 95 个"三排查一促进"挂牌整治点、设区市摸排的 455 个重点整治点，普遍推行乡镇（街道）党政"一把手"和综治副书记、派出所长、整治工作队长捆绑责任制，突出治安问题基本得到解决，群众比较满意。

【基层防控】 省委、省政府连续 4 年把综治基层基础建设列入为民办实事项目，将县级综治业务经费从原先"人均不低于 0.3 元"提高到"按实有人口年人均 1 元标准"安排，纳入财政预算。加强治安防控体系建设，全省已建成 9 个设区的市级监控中心，72 个县（市、区）级监控中心，230 个乡镇级监控室，安装及整合监控点 6.7 万个，联网报警器 3.5 万个。健全基层综治工作网络，推进乡镇（街道）综治服务中心和村居（社区）综治服务站建设，整合乡镇（街道）综治办、派出所、司法所、人民法庭及涉稳部门基层站所力量，推进警务室、治保会、调委会、村级综治协管员、平安中心户长一体运作，实行矛盾联调、治安联防、管理联动、问题联治、应急联勤、平安联创，全省乡镇（街道）综治服务中心的覆盖面达 100%，大部分村居（社区）建立了综治服务站。健全基层群防群治队伍，在继续强化派出所、司法所、人民法庭和城乡（社区）警务室建设的同时，充分发挥驻村下派干部、综治协管员、平安中心户长的作用，大力发展各类群防群治队伍，全省群防群治队伍已发展至 4 万多支 50 多万人。

【流动人口管理】 充分发挥社会治安综合治理大平台作用，持续加强以综治专项工作为重点的社会管理服务，全省已建立流动人口综合服务站（所）900 多个，基本形成覆盖市县乡村 4 级的组织网络。

2009 年 2 月 2 日，省委政法委、省综治办和福州市政法委在五一广场联合举办"迎新春 颂平安 建和谐"赠春联活动。 （黄凌春 摄）

【刑释解教人员安置帮教】 开辟就业安置"绿色通道"，实施就业技能培训"阳光工程"，落实低保待遇，定期摸底排查、跟踪回访；巩固核查纠正监外执行罪犯脱管漏管专项行动成果，建立刑释解教人员、社区矫正对象、监外执行罪犯数据库，强化教育帮扶监管措施，刑释解教人员安置率 94.2%，帮教率 96.8%，重新违法犯罪率降至 0.93%。

【青少年违法犯罪预防】 积极推动《福建省〈预防未成年犯罪法〉实施细则》出台；在社区全面建立预防闲散未成年人违法犯罪工作站（点），组织对全省 1.4 万多个建制村 45 万名留守儿童入户普查活动，开展"手拉手关爱农村留守儿童"主题帮教活动，依托救助管理站挂牌成立流浪儿童救助保护中心，强化政法综治干部、学校教师与留守儿童结对帮扶措施。加强学校及周边社会治安综合治理，集中开展 2 次为期 3 个月的校园及周边治安秩序专项整治行动，加强"平安校园"创建工作软硬件建设，完善以校园"110"指挥中心为枢纽，集人防物防技防于一体的校园治安防控体系，全省有 9450 所学校、幼儿园通过了"平安校园"验收。

【铁路护路】 进一步推进"平安铁路"示范路段活动，组织开展火车站地区及周边治安重点整治专项行动，杜绝爆炸、破坏、重大火灾事故和因治安问题引发的铁路安全重特大事故，铁路交通事故死亡人数、涉路治安案件同比均大幅下降；鹰厦铁路线漳平段被命名为国家级"平安铁路示范路段"。 （孙韬）

编辑：郑莱

福建省军区

【思想政治建设】 坚持把深入学习实践科学发展观活动作为首要政治任务，把培育当代革命军人核心价值观作为思想政治建设的重要基础工程和长期战略工程，紧密结合实际，强化理论武装，突出实践特色，注重解决问题。团以上党委机关工作机制进一步完善，兑现实事1070件，基层单位学习实践活动稳步推进，取得一批认识成果、制度成果和实践成果。坚持用中国特色社会主义理论体系武装官兵、贯注部队，省军区先后组织2次师团干部理论集训，师旅团举办理论轮训78期，党的创新理论武装成效明显。结合建国60周年、古田会议召开80周年，广泛开展“三爱”(爱党、爱国、爱军队)、“三史”(中国革命史、建国60周年发展史、改革开放史)教育和军营文化活动，官兵高举旗帜、听党指挥、履行使命的思想基础更加坚实。军志军史编撰和新闻报道工作取得新进展。

庆祝新中国成立60周年系列活动。指导部队围绕庆祝新中国成立60周年，深入开展“爱党爱国爱军队”教育活动，学习贯彻胡锦涛主席在首都各界庆祝活动上的讲话，唱好“六好”主旋律，营造浓厚氛围。开展系列文化活动，先后组织文艺演出队参加军区卫生工作会议文艺演出和军区第七届业余文艺会演，举办老战士京剧演唱会，组织省军区机关、直属队和部分驻榕单位开展“军歌嘹亮颂祖国”主题歌咏晚会等。结合全国道德模范评选和“双百”人物评选投票工作，组织开展学习英模、争当英模活动。走访慰问老红军、离退休老干部及遗属。

古田会议召开80周年纪念活动。拟就下发《关于广泛开展古田会议80周年纪念活动的意见》。与国防大学党建研究中心联合举办“继承发扬古田会议精神，加强和改进新形势下党的建设”座谈研讨会。组织师旅单位进行网上讨论交流发言，选派26名舞蹈演员参加中央电视台“心连心”艺术团走进古田慰问演出。会同福建省委、省政府召开理论研讨会和纪念大会。

【部队正规化建设】 狠抓条令条例和规章制度落实，先后两次召开不同类型单位正规化建设试点观摩会，部队正规化建设得到加强。强化敏感时期部队管控，广泛开展安全教育和百日安全竞赛活动，健全应急处置机制，形成按级负责、群防群治的良好局面。狠抓重大演训活动安全保密，持续开展违规喝酒、违规上网、违规开车和不正常交往等问题专项治理，建立全区车辆GPS管理系统，组织隐患排查整治，安全管理薄弱环节得到较好纠治。坚持从思想引导、制度健全、文化贯注、军地协作入手抓好“四反”(反心战、反策反、反窃密、反渗透)工作，部队总体比较安全稳定。

城市警备工作。全省9个警备司令部按照“窗口”和“旗帜”的标准狠抓自身建设。全年按照南京军区统一部署，先后开展违规用车、私自开车、酒后驾车、违规喝酒、军风军纪查纠和军车运行秩序整治等专项治理活动，积极协助地方维护社会治安，支持地方做好交通改道、修架桥梁、支前保障等工作，全力保障重要领导来闽视察和大项活动。全年共出勤32500多人次，查纠违章车辆1142台次、查扣假冒军车13台，查纠违规军人245人次、抓扣假冒军人3人，收缴假冒军人证件和各类凭证21件，较好地发挥内治外控作用，维护了军队良好形象。

军转安置工作。自觉贯彻落实第五次全国军转表彰大会精神，认真履职尽责，充分发挥作用，积极主动作为，会同地方不断推进军转安置工作创新发展。荣获“全国军队干部转业安置工作先进单位”，并代表南京军区参加第五次全国军转表彰大会交流，作题为“自觉服务海峡西岸经济区建设，配合地方把转业干部安排好使用好”的先进事迹报告。会同省军转部门召开第五次全省军转表彰大会，明确提出“接收安置团职转业干部所需的领导职数实行三年单列、转业干部安置进党政机关的总体比例不低于75%”等新的规定，为2009年军转安置工作提供了有力的政策保障，进一步优化了军转安置环境。

涉军维权工作。会同福建省委、省政府在厦门联合召开全省军地共建“平安福建”暨涉军维权推进工作会议。驻闽三军、武警部队领导，省综治成员单位领导，各设区市政法委、综治办、双拥办领导，以及先进单位代表共139人参加会议。会上，军地10个单位作典型发言，22个单位作书面交流。会议紧紧围绕融合式发展主题，认真贯彻落实《关于军队参加平安建设的意见》和全国涉军维权工作表彰会精神，分析形势，交流经验，明确任务，研究新形势下推进军地平安共建和涉军维权工作向更高层次发展的思路举措。2009年，福建省军地4个单位、5名个人受到中央政法委和总政治部表彰。福建军事法院被评为“全国涉军维权工作先进单位”。

【后勤保障和基层建设】 坚持面向基层、服务部队、保障作战，按纲施训、专业比武和三级综合演练成效明显。积极开展优质服务活动，基层生产生活质量不断提高。认真完善后勤综合配套整治方案论证，马鞍营区等重点建设项目扎实推进。党委管财“五控法”机制有序推开，领导干部经济责任和工程专项审计落实，住房清理、小金库等专项治理成效明显。坚持全面系统按纲施训，扎实抓好各类试点和新型装备试修攻关。圆满完成民兵报废弹药和地爆器材的集中调运和销毁任务。积极破解基层17个现实问题，促进基层建设科学发展。深化指导员岗位练兵，组织新任连主官岗前集训，加强大学生干部培养，"一线带兵人"实际工作能力得到增强。扎实抓好"两个帮带"，对"小散远直"单位(指部队中人员较少、高度分散、远离机关的基层单位和团以上机关直属的连队及其相当的单位。)进行专题调研和三级联动集中帮建，投入7130多万元用于基础设施建设，基层整体建设水平进一步提升。

新式服装发放。2009年是07式军服三年调整改革最后一年。省军区采取先基层后机关，先海岛后陆地，自行请领与下送相结合的办法，周密筹划安排，精心实施发放，从前期准备到组织发放、后续保障，做到筹划周密、组织严密、服务细心、保障高效，确保了07式军服换装工作圆满完成。全年共进行7次07式军服发放，累计动用车辆745台次，请领发放50多万件(套)，标志服饰60余万枚(付)，为在外集训、上学官兵邮寄服装1000多件(套)，在后方仓库和友邻单位共调号3000余套(件、付)，请服装厂家修改服装60多件(套)，官兵首次发放衣履适体率达95%以上，调换后满意率达100%。

农副业生产。突出"科学、规范、安全、节约"的发展理念，通过采用先进实用的种植技术和推广普及零排放"自然养猪法"等，因地制宜地抓好部队"菜篮子"工程建设。全年共出栏生猪3712头，产肉36.41万千克，猪肉自给有余；产菜170.52万千克，自给率达86%；基层农副业生产总收益达612万元，补助伙食312余万元，日人均补助伙食0.91元。

【部队战备训练】 健全落实战备工作机制，集中修订方案计划，巩固海防战备安全。狠抓新大纲学习贯彻、试点观摩、普及推广和按纲指导，深入开展"岗位练精兵、质量排座次"活动，进一步掀起练兵热潮。全面落实实战化演训检验，促进部队战斗力的提升。

国防动员组织机构暨民兵基层规范化建设观摩会。7月，省军区在厦门召开全省国防动员组织机构暨民兵基层规范化建设观摩会。会议听取厦门市、泉州鲤城区、南平延平区国防动员组织机构建设和基层武装工作经验汇报，观摩厦门市翔安区国动委各办公室、银鹭集团武装部，思明区莲前街道武装部、何厝民兵哨所规范化建设现场，并对全省国动委组织机构和民兵基层建设任务作了明确部署。

民兵预备役多样化能力建设试点活动。8月，省军区在宁德市组织召开全省民兵预备役部队完成多样化任务能力建设试点观摩会。会议听取宁德市试点经验介绍，组织全省8个设区市和2个预备役部队建设成果交流，观看有关多样化能力建设10类2300多件装备器材的室内成果展示，并观摩1100余名民兵预备役人员按照12种方案操作560多台车辆、大型机械的实兵演练。

【国防动员和双拥共建】 以多样化能力和基层规范化建设为重点，狠抓国防动员和后备力量建设融合发展。全面推广试点成果，国防动员组织机构建设更加规范。优化整合力量体系，调整组建应急专业救援分队，后备力量编组不断优化。全面推行遂行多样化任务能力训练，圆满完成各类演训任务，支前保障能力不断提高。适应兵员征集政策调整，圆满完成新兵征集任务。扎实抓好拥政爱民各项工作的落实，巩固和发展军政军民团结的良好局面。2009年，命名表彰双拥模范城(县)67个、爱国拥军模范单位75个、爱国拥军模范52名、拥政爱民模范单位36个、拥政爱民模范32名。110对军地单位被表彰为第五届全省军民共建精神文明先进单位，100位同志被表彰为第五届全省军民共建精神文明先进个人。

征兵工作。坚决执行国务院、中央军委今冬征兵命令，紧紧围绕省军区党委提出的"四个确保"(确保100%完成任务、确保零责任退兵、确保新兵输送安全、确保廉洁征兵不发生问题)目标，以政策法规为依据，以提高兵员质量为核心，加强组织领导，严格审查把关，圆满完成新兵征集任务。

学生军训。省军区牵头组织驻闽部队对全省20所本科院校、52所大专院校(含成人学院)168990名学生进行军训。从8月初展开，至10月20日结束，共协调派出帮训人员4107人(次)。主要进行条令条例、队列、战术基础、军事地形学等内容的训练，开展中国国防、军事思想、军事高技术、高技术战争等军事理论课教学。

省国防知识电视演讲大赛。9月，省军区牵头组织"纪念新中国成立60周年暨古田会议80周年全省国防知识电视演讲大赛"。大赛以"赞颂辉煌成就、建设强大国防、加快海西建设"为主题，由省委宣传部、省军区政治部、省教育厅、双拥办、广播影视集团联合主办。全省9个设区市和6所高校共15支代表队45名选手参赛。驻榕陆、海、空和武警部队官兵以及高校学生代表共200余人现场观看决赛。据初步统计，参加

福建省国防知识电视演讲大赛现场。　(省军区供稿)

各级选拔赛的选手2000多名,其中参加设区市和高校一级选拔赛的近500人,有10万多名干部群众直接参与和观看。这次演讲大赛,军地重视、筹划周密、主题鲜明、参与广泛、安全顺利,取得了良好的社会效果。

“服务海西,法律拥军”主题活动。7月,省军区政治部联合省市县三级地方法院组织军地法官和记者60多人次赴驻闽部队开展“服务海西,法律拥军”主题活动,主要包括大课教育、军地座谈、法律咨询等内容,促进法律拥军活动由阶段性向常态化转变,深受三军官兵欢迎。共授课12场次,提供法律咨询520人次,赠送普法书籍(光盘)3000多册(张)和基层法律书库建设资金5000元,受教育官兵4800余人,部队反响很好。 (詹金平 林海)

武警福建总队

【思想政治建设】 紧紧围绕时代课题,大力加强新形势下思想政治建设,确保部队坚定正确的政治方向。坚持把学习实践科学发展观活动作为贯穿全年的重大政治任务,始终保持大事大抓的强劲态势,三批学习实践活动有序有力推进。扎实开展核心价值观主题教育,在泉州支队晋江中队抓教育试点,广泛开展学术研讨、优质课件评比、读书演讲和“军歌嘹亮颂祖国”歌咏比赛等系列配合活动,促进教育的深入开展。重视抓好经常性思想教育,结合国内外热点问题,积极开展时势政治教育,并扎实抓好“深知兵、真爱兵”活动,组织基层干部骨干研究士兵、关爱士兵、科学带兵,促进内部关系的和谐。认真组织心理工作专题调研,研究制定加强心理工作的意见,成立心理工作办公室,组织“心理服务下基层”活动和国家心理咨询师培训班,心理工作力量进一步加强。广泛开展“法律服务到基层”活动,定期组织法律服务小组深入基层,上好法制课,开展好法律咨询,积极帮助官兵解决好涉法问题。高度重视做好个别人工作,落实工作责任制,搞好帮教转化,促进内部安全稳定。高度重视“四反”工作,开展以防间保密为主要内容的警示性法制教育活动,严格落实防范网络失泄密“十不准”,确保了部队纯洁巩固。年初,新华社《国内动态清样》报道福建总队探索建立“四反”长效机制的做法。

【中心工作】 紧紧围绕党和国家工作大局,全力以赴抓好执勤、处突、反恐和抢险救灾工作,各条战线任务圆满完成。认真落实“三员一兵一组”组勤模式,积极推进监管执勤改革,广泛开展执勤安全“大讨论、大分析、大排查、大整顿”活动和正规化执勤等级评定交叉检查,有效地增强目标安全系数,先后成功处置18起在押犯企图脱逃事件和有碍目标安全的险情,全总队固定执勤目标实现连续13年安全无事故。着眼处突反恐和抢险救灾工作需要,进一步完善预案、落实力量、配强装备,先后举办新大纲集训和参谋长集训,组织各支队特战队员强化训练和尖子比武,部队执行任务能力得到有效提升,先后圆满完成党和国家领导人来闽视察期间警卫、省市“两会”和“9·8”投资贸易洽谈会安全保卫、千名调犯跨省押解和押运等临时勤务2200多起,以及三明沙县扑灭山林大火和抗击“莫拉克”台风等抢险救灾任务51起。不断加大训练场地和配套设施建设力度,先后建成直属支队特战专业小组综合演练场和厦门反劫机中队500米综合障碍场、射击模拟方舱等场地,改善部队训练条件,同时在泉州支队展开信息化建设试点,加大装备建设力度,加强侦查情报工作,为部队执行任务提供有力支撑和保障。年初,总队司令部侦察处被评为全军边海防和重点地区侦察情报工作先进单位;5月份,总队圆满完成武警部队反劫机工作集训承办任务。

【基层建设】 认真学习贯彻武警部队基层建设座谈会精神,进一步引导各级认清经常性基础性工作的重要地位作用,自觉把经常性基础性工作作为部队建设的“固本工程”、“保底工程”、“基础工程”。深入贯彻武警总部《优秀士官代理基层排长职务实施办法》,组织专题调研和先行试点,严格把关、有序推进,有效缓解基层干部力量不足的问题。着眼加强干部队伍教育管理,采取实地、电话、网络视频检查等形式,不定期对基层干部在位履职情况进行突击检查和通报,促进干部队伍尽责守纪。积极探索新形势下经常性基础性工作的特点规律,在龙岩支队召开经常性基础性政治工作座谈会,派出联合工作组深入部队进行大检查,分析形势、查找问题、制定措施,有力地推动工作深入开展。严格落实考察帮建制度,对所有基层党支部进行分类排队、普遍考察,并重点帮建好“小散远直”和多年未评上先进的中队,促进基层自建能力的提高。新修订的《军队基层建设纲要》颁发后,总队迅速作出部署,在部队中兴起学习纲要、宣传纲要、贯彻纲要的热潮,认真组织参加武警总部纲要网上培训,对所有大中队主官进行网上培训,增强各级按纲抓建的意识和能力。围绕考察帮建、落实七项组织生活制度、干部教育管理、心理工作、风气建设等经常性基础性工作,分别在6个单位抓试点、总结经验,并广泛开展“双争”活动,认真落实双向讲评、季度考评、半年初评和年终总评等制度,使各级学有经验、抓有招法、赶有样板,有力调动广大官兵争先创优热情。三明支队一中队被总部树为基层建设标兵中队,泉州支队三中队士官班长张敏被解放军四总部表彰为“全军优秀士官”。

【部队管理】 认真贯彻新颁发的机关、基层“两个正规化管理规定”,在福州支队召开正规化建设现场会,组织各级统一和规范正规化建设标准。注重官兵日常养成,严格落实条令条例,定期组织条令考试、队列会操、警容风纪检查,适时派出工作组,加强对部队一日生活秩序的巡查督导。严格兵员管理,有序推进士官制度改革,并针对兵员管理中出现的新情况新问题,组织士官集中整训和“家门口”兵员清理整顿,积极稳妥地解决伤病残人员滞留部队问题,使兵员管理更加正规。牢固树立安全发展理念,积极探索完善安全工作责任机制,出台实施《主官履行安全管理第一责任绩效考评实施办法》,形成纵向到底、横向到边的网格式安全责任体系。深入开展“安全宣传教育月”活动和“迎大庆、严管理、树形象、保安全”教育整顿活动,先后3次组织部队开展安全隐患排查整治,对营区、执勤目标和军械库、油料库、危险品库等重点部位进行拉网式检查,采取超常措施加强“两节”、“两会”和国庆期间等特殊时期部队管理，有效防范重大安全问题的发生，部队内部安全稳定形势良好。加大警备纠察力度，积极开展打击盗用伪造军车号牌专项行动，纠察违反警容风纪人员20人次，查扣假冒武警车辆5台，查获生产假冒军地车辆号牌窝点2处。

【后勤保障】 以遂行多样化任务为牵引，进一步完善后勤应急保障计划，规范物资储备管理，加大战备经费投入，组织后勤业务比武和后勤应急保障专业训练（综合演练），进一步提高应急保障能力。不断加大后勤人才培养力度，先后举办各类后勤干部及专业兵培训10多期，有效提高后勤保障队伍的专业素质。采取强化审计监督、加强与银行合作、严格账户监控和现金管理、票据使用管理等措施，进一步加强资金安全管理，全年共组织上百次经费预决算、基建工程项目预算和竣工结算审计、领导干部经济责任审计，财经秩序更加规范。狠抓枪弹日常安全管理制度的落实，加强军械库室设施隐患排查整治，新建总队军械仓库，对所有军械库室指纹联管联控系统进行升级改造，有效地提高枪弹管理安全系数。加强车辆安全管理，组织驾驶员复训补训和作风纪律整顿，安装车辆监控管理系统、门禁系统和GPS车辆定位系统，进一步规范车辆运行秩序。积极推进资产管理和公务卡结算改革及副食品采购“农改超”等5项改革，严格按标准程序实施工程招投标和物资集中采购，军事经济效益不断提高。充分发挥双重领导优势，积极争取武警总部和地方支持，继续加大基层设施建设力度，全总队93%的中队实现“四配套”，85%的营区绿化达标。积极搞好干部“安居工程”建设，经济适用房、公寓房建设和清房工作有序推进，干部住房条件明显改善。认真落实医疗保障措施，定期安排专家下基层开展巡诊和健康教育，确保官兵身体健康。（卢闽　陈义耀）

福建省公安边防总队

【爱民固边】 全年走访群众43万户次95万人次，排忧解难3210件，结对帮扶469人，总队大走访做法得到公安部边防管理局、省公安厅肯定推广，被省委《八闽快讯》刊发，4人获评全省公安民警大走访爱民实践活动先进。131个爱民固边模范村创建工作纳入社会主义新农村建设规划，做法得到公安部、部边防管理局和省委农办、创新办等部门的肯定。福州海星、莆田石城模范村获评全国创建文明村镇工作先进。总队警官兼任村官做法也得到省委创新办、宣传部肯定，16名边防大队主官进入当地公安机关班子，9名边防派出所主官进入乡镇党委班子，512名民警兼任村官，1人获评全省“十佳警务区民警”。

【维稳工作】 圆满完成国庆60周年安保任务。辖区刑事破案率、治安案件查处率逐年提升，群众安全感进一步增强。总队船艇编队圆满完成上海世博会海上安保演练任务。制定出台7个方面25项服务保障海西建设的工作举措，优质高效完成海峡论坛、“5·18”、“6·18”、“9·8”等重大活动的通关服务、安保工作。成功处置泉州峰尾“8·31”及厦门阳塘社区“7·20”等重大群体性事件。海警一支队国庆期间成功救助67名海上遇险人员。破获假币案件11起264.75万元。缴获各类毒品800余千克。4起案件被公安部边防管理局评为年度“十大精品（优秀）案件”，居全国边防部队之首。13个单位11名个人获评全省口岸海防打私工作先进，晋江边防大队获评全国追逃工作成绩突出单位。福州、漳州边防支队分别荣获全国社会治安综合治理和边海防工作先进集体。总队抗震救灾医疗队高票当选2008年度“感动福建”十大人物，沈华当选全省“我最喜爱的十大人民警察”。总队教导大队被命名为全国“全民国防教育先进单位”，是全国边防和驻闽部队唯一获此殊荣单位。

【业务基础】 新增一、二级边防派出所11个，改（增）设边防派出所4个，派出所建设、船舶管理工作经验在全国公安边防部队会议上交流，福清市行政、边防派出所联合警务机制得到省公安厅、福州市公安局肯定推广。在全国率先实现海警办理海上案件与地方公安机关联网协作，11名海警支队、大队领导取得公安任职资格证书，海上执勤执法能力显著增强。边检服务水平进一步提升，在全省口岸大通关满意度测评中名列前茅，漳州边检站名列第一，福州边检站服务定式、福州机场边检站“边检指导员”做法被公安部边防管理局、省公安厅转发推广。全省部队执法人员全部实现持证上岗，未发生行政复议被撤销、诉讼败诉或适用刑事强制措施不当等问题，福州机场边检站成立全国边防第一个具有法定资格的物证鉴定室，5个单位被省公安厅评为执法质量优秀单位。先后与海军福建保障基地、检验检疫、海洋渔业、国家安全等部门及浙江等兄弟总队签订勤务协作协议，实现内外有效联勤联动。

【综合保障】 “三个第一”（基层、前方、战士）落实到位，总队党委出台《关于减轻基层负担提高机关效能的决定》，筹集2000多万元为基层办十件实事。投入6000多万元新建一艘618B型600吨级巡逻舰、5艘摩托艇列编投入实战，新增装备车辆93台，购置单兵执勤装具4634件（套），部队基础建设、装备水平大幅提升。完成全省公安网视频监控系统整合、省级海防监控中心、边检网上报检室、海港边检站DMS、AIS系统建设，升级改造各级指挥中心，信息化服务实战效能明显增强。注重公共关系建设，集中走访地方党委政府，各级部队共争取地方经费1.99亿元，新征用地15幅7.95公顷，新建经济适用房10幢804套、公寓住房5幢136套，总队本级纳入地方财政预算增长16.6%。（项建丰　纪雷江）

福建省公安消防总队

【防火监督】 各级公安消防机构联合工商、质监、文化、安监等部门，深刻吸取长乐“1·31”火灾教训，开展8次较大规模的整治火灾隐患攻坚战役，共检查单位50203家，发现并依法整改火灾隐患50767处，其中政府挂牌督办重大火灾隐患单位整改销案69家。对发现的隐患，各地加大查处力度，全年共实施消防行政处罚2745起，对1905个单位和个人予以警告处罚，罚款1740万元，行政拘留83人，责令“三停”（停止施工、停止使用、停产停业）1268家。各地将消防安全宣传普遍列入“平安社区”、“文明单位”建设，通过志愿者行动，拓展宣传外延。全年共组建消防志愿者队伍179个、注册19596人，开展消防宣传活动1752次，举办各类消防培训1120期，直接受教育群众达70万余人。整治火灾隐患的持续高压态势，公民消防安全素质的逐步提高，有力确保全省火灾形势的稳定。

【灭火救援】 各级公安消防部队扎实推进"消防铁军"建设，总队出台《关于进一步加强战训工作的决定》、《打造公安消防铁军三年规划》；举办特勤铁人对抗赛和灭火救援攻坚组等各类培训班、战例研讨班。各地积极落实铁军建设要求，先后组建灭火救援攻坚组125个、化学救援攻坚组14个；依托消防特勤力量，建立跨区域作战机动分队和机动班；福州和厦门搜救犬队建成并投入执勤。在改造完善消防通信网络的基础上，加大指挥中心建设力度，除漳州支队外，总队及8个支队均建成固定指挥中心，福州、厦门、泉州、三明支队还建成移动指挥中心，全省调度指挥体系框架初步确立。在加强硬件建设的同时，各级立足实战，大力开展各类专业训练，特别是以高层、地下、化工、隧道等为重点，组织开展演练2.1万次，有效促进部队实战能力的提升。全年全省消防部队共接警出动1.6万起，出动消防车2.6万辆次、16.1万人次，救助、疏散被困人员16501人，抢救和保护财产价值21.1亿元。

【社会防控】 省委、省政府将消防工作纳入社会综治、平安建设和安全生产目标责任考核范畴，列入"十二五"期间国民经济和社会发展重点专项规划，并召开全省消防工作会议；省、市、县三级政府依托联席会议平台，定期协调解决消防工作重大问题。截至年底，在原9个设区市、16个县级市、44个县城消防规划通过政府审批的基础上，全省131个中心镇、重点镇的消防规划全部通过审批，完成"十一五"计划目标；438个一般建制镇有268个完成消防规划编制，226个通过审批；全年新建消防站32个、市政消火栓1640个；新增合同制消防员501人、文职雇员40人。全省公共消防安全基础建设取得较大发展。

【队伍建设】 始终把思想政治建设置于队伍建设的首位，深入学习实践科学发展观，强化队伍建设举措，不断提升官兵素质，提高服务质量。在执法服务上，围绕海西建设大局，出台《服务加快建设海峡西岸经济区的意见》、《海西建设消防服务若干措施》，主动为国家、省重点建设工程提供优质消防服务；制定《进一步加强消防监督执法工作暂行规定》，开展执法问题自查自纠自改；认真处理群众来信来访，全年办理信访问题127件；加大"人民满意消防队"、"青年文明号"争创力度，拓展扶贫帮困、捐资助学新渠道，不断增进警民和谐关系。在队伍建设上，加强干部管理，继续采取"双考"形式选拔干部，积极向基层和山区部队倾斜干部政策，壮大专业技术和心理工作队伍；坚持从严治警，召开反腐倡廉建设会议，出台加强反腐倡廉建设的决定、十三个严禁，开展纪律作风教育整顿、安全"双百日"竞赛、"争创无违纪基层单位"和"两个禁令"自查自纠等活动，严厉查处有关违法违纪问题；强化典型宣传，建成"消防烈士纪念碑"和"忠华公园"，评选表彰第三届"郑忠华式的消防卫士"，不断改善部队社会形象。

【后勤保障】 省财政厅和公安厅联合出台若干意见，将"消防员人身伤亡保险经费"和"高危补贴"纳入业务费保障体系，经费保障标准化取得长足进步。全年全省部队正常经费预算达3.11亿元，到位3.79亿元，比上年增长21.86%。坚持压机关、保基层，总队补助基层专项经费达1200多万元，落实火调、战训等岗位补贴制度，为全省消防官兵办理人身意外伤害保险。全面开展消防部队"卫生警营"创建活动，47个大、中队被评为"卫生警营"先进单位。加强装备建设，成功举办首届先进消防技术装备推介演示会，出台全省装备建设三年规划，全年共购置灭火抢险车47辆、消防员个人防护和抢险救援器材7万余套（件）；强化规范化建设，组织开展资产清查、债权债务清理、"小金库"治理和打击假发票违法犯罪4个专项治理工作，严肃财经纪律；深化消防站建设，新建改建消防站26个；全面建章立制，出台《总队、支队级党委理财责任暂行规定》等10余项制度，推动党委理财、装备物资采购、汽训改革、资产管理与预算管理相结合等工作，部队后勤管理日趋规范。 （郑荫勇）

武警福建省森林总队

【思想政治建设】 深入开展第二批学习实践科学发展观活动。注重突出实践特色，坚持同步展开、相互促进、共同提高。广大党员干部对科学发展观的理解和把握逐步深化，政治信念进一步坚定，党委班子凝聚力战斗力得到提高。整改落实后续工作扎实推进，特别是干部临时住房、营建等工作取得突破性进展。经测评，群众满意率在98%以上。注重运用第二批学习实践活动成功经验，及时搞好跟进指导，第三批学习实践活动有力有序有效推进。针对抽组官兵分批调入、思想多元等实际，组织开展"讲团结、顾大局、作奉献"、"热爱森林部队、当好森林卫士"教育，抽组官兵当好"第一代创业人"的使命感进一步强化。围绕"培育当代革命军人核心价值观"教育主线，充分发挥"红土地、绿景区、双遗产"资源优势，扎实开展政治教育活动。结合庆祝新中国成立60周年，广泛开展"赞颂祖国新成就"、"我为海西发展作贡献"等主题实践活动。认真贯彻森林部队经常性基础性政治工作座谈会精神，指导部队广泛开展"深知兵、真爱兵"活动，重视抓好法纪教育和送法到基层活动。官兵理想信念更加坚定，核心价值观更加牢固。

【队伍建设】 认真贯彻落实指挥部正规化建设管理工作现场会精神，编发《机关、基层正规化管理实施细则》，对内务设置、登记统计及库、室、场进行规范统一。采取送外培训、实践锻炼、考核评价等方式，加强对干部教育培养，干部队伍能力素质稳步提升。分阶段、分层次开展安全教育整顿和"条令学习月"活动。深入开展"迎大庆、树形象、保安全"教育和安全大排查活动，一些重点、难点问题和安全隐患得到有效治理。认真贯彻落实森林部队军事工作会议精神，举办军事干部集训，集中研究探讨军事训练基本模式、路子和方法，在规范工作指导上取得积极成效。以新的《军事训练与考核大纲》为标准，认真组织预提指挥士官集训、军事训练尖子比武和岗位练兵活动，各级军事训练骨干按纲施训、依法治训能力和参谋队伍整体素质明显提高。认真组织抽组部队专业技能训练，部队遂行中心任务能力得到提升。以扑救辖区重特大森林火灾为背景，组织开展“森林卫士—09”指挥所演习，首长机关指挥控制能力明显增强。针对东南林区山地特点，组织召开“2·12”沙县灭火作战研讨会，进一步研究探讨东南林区山地灭火作战规律。全年累计出动兵力5205人次，成功扑救森林火灾84起，执行各类勤务29次。先后有6个单位、4个党组织、13名个人受到指挥部表彰，1人荣立二等功，50人荣立三等功。

【后勤建设】 为每个基层中队补助2万元启动资金，配发空调、热水器和部分文体器材，投入11万元为福州大队制作不锈钢厨具，改善官兵生活条件。采取社会化保障方式，协调各单位驻地10多家医院与部队签订门诊医疗协议，开设“绿色通道”，有效解决官兵就医问题。积极向福州市政府争取78套廉租房，解决总队机关干部临时住房问题。签订《支队以上党委理财责任书》，编发《总队经费管理实施办法》，开通POS机和银行卡结算业务，严格按预算审批开支，有效规避资金风险，确保年度预算收支平衡。举办财务、军需、营房业务培训，依托地方培训各类专业技术人才4批次197人。

【营房建设】 始终坚持把营建工作作为事关部队建设全局的大事抓紧抓好，多次召开会议，研究工程建设投资、规划设计、工程招投标、甲供材料等重大事项。福建省委、省政府和有组建任务的市、县（区）党委、政府高度重视新建部队的营建工作，将总队营房建设工程全部列入福建省重点建设项目进行管理，有力地推动营建工作。以指挥部《营房建设标准图集》为模本，科学规划营区，做到既相对统一，又具有驻地特色，留有发展余地。坚持公平、公正、公开、透明的原则，全权委托地方招标代理公司实施招投标工作，充分发挥部队纪检、审计和群众监督作用，确保实现“质量有保证，经费不超支，人员不倒下”总体要求。总队所有营建点均已开工建设，2个已搬迁入住，营建工作走在新组建部队前列。

【“2·12”沙县森林火灾】 2月12日14时20分，福建省三明市沙县青州镇涌溪村发生森林火灾。总队前指率220名官兵参与扑救。参战官兵连续奋战3昼夜，转战6个火场，行程750多千米，开设隔离带约3千米，扑灭火点55处、火线19.5千米，出色完成灭火作战任务。

（宋自勇）

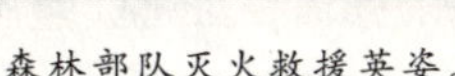
森林部队灭火救援英姿。

（武警福建省森林总队供稿）

编辑：王文灿

外事 侨务 港澳

外 事

【综述】 立足地方站位，在服务总体外交中体现作为。认真做好重要外宾来访接待工作，2009 年全省各级外事部门共接待访闽重要外宾 360 多批近 3800 人次，其中副总理级以上外宾 13 批 223 人次。巩固和加强与东盟各国等周边国家的交往，全年有 5 个东盟国家领导人来闽访问，进一步巩固加强了与东盟各国的友谊，推进了相互合作。配合中央部委在闽举办外事活动，7 月，配合外交部在福州长乐市举办"树立海外中国公民文明形象宣传月"启动仪式；12 月，配合中联部做好在厦门召开的"第五次中越两党理论研讨会"相关工作。

整合外事资源，在促进经济发展中提升水平。提升服务重大经贸活动水平，"5·18"期间，促成新加坡制造商联合会与新加坡驻厦门总领事馆举办海交会首个外国专馆—"非常新加坡品牌展"，是新加坡首次在中国举办国家专馆；"6·18"期间，继续设立"国外高校与企业馆"，展出技术项目 40 个，其中 10 个项目与福建企业达成生产或技术合作意向。推进国际友城间的实质性交往，全年新结好国际友城 7 对（其中省级友城 2 对），友城总数达 63 对，分布于 5 大洲 29 个国家；宁德市实现国际友城结好零的突破，从而实现了全省各设区市友城工作全覆盖。加强闽港闽澳交流与合作，会同香港特区政府部门举办"透过香港走向国际"危机和发展研讨会、香港物流优势研讨会、"闽港合作之旅游品牌优化、创意行销研讨会"等活动，借鉴香港成功经验，促进相关行业发展；促成 7 家福建民企在港上市，闽港合作示范项目成效显著，闽港澳经贸合作不断深化。积极利用使领馆资源，组织 9 场外国驻华使领馆福建经贸推介会，涉及 25 个国家，为双方企业家提供对接合作平台；通过新加坡驻厦总领馆，促成新加坡星桥国际公司与平潭综合实验区管委会签订合作备忘录，参与平潭规划和开发；争取日本总领馆"利民工程"和德国驻广州总领馆援助项目 4 个，援助资金共计人民币 190 万元，服务福建贫困地区发展。

加强出国（境）管理，在坚持"有保有压"中服务大局。强化责任意识，严格审批把关，全年全省共审批因公出国（境）团组和人员 3990 批 13001 人次，同比下降 2.8%，其中审批党政干部团组 1475 批 4707 人次，完成中央下达的因公出国（境）团组数和人数压缩指标；2009 年 8 月，外交部确定福建省作为全国实施因公电子护照的 3 家试点单位之一。强化服务意识，促进对外交往顺利开展，积极采取有效措施，促进民营企业人员"走出去"，全年循因公渠道出国（境）民营企业人员达 1559 批 7504 人次，占全省因公出国（境）总量 39%，位居全国前列；大力推进 APEC 商务旅行卡办理服务，全年为 188 家民营企业报送旅行卡申请 264 个（已有 208 人获卡），报送获卡历年总数与年度数均居全国各省区市第一。开展制止公款出国（境）旅游专项工作，全年全省共制止压缩一般性考察、访问、培训团组 800 批 1650 人次，节约经费开支近 5000 万元；加强党政干部因公出国（境）管理规范化和制度化建设，遏制公款出国（境）旅游。

践行"外事为民"，在处置涉外事务中强化监管。抓好领事保护工作，发放《中国公民海外安全常识》近 3 万册，在门户网站开辟预警栏目；修订《远洋渔船涉外突发事件处置预案》和《对外经济技术合作涉外突发事件应急处置预案》；出台的《境外劳务群体性事件预警机制》，被外交部向全国推广；全年共处置境外领事保护事件 52 起，涉及人数 938 人。多起境外涉我劳务类纠纷得到妥善解决，涉及人数 390 人。强化在闽外国人管理，规范外国副部级以上官员及前政要访闽审核报批手续；做好举办国际会议活动报批报备工作，全年共审核 27 个在闽举办的国际会议；共办理签证通知表 14327 份；共登记、协助处理涉外案件 102 起。抓好外国驻华使领馆管理服务和在闽外国记者事务工作，全年接待来访外国驻华使领馆官员 135 批 390 人次，为各国使领馆官员在福建正常履行领事职务提供保障；厦门领馆区一期工程顺利建成；制定《福建省落实〈外国常驻新闻机构和外国记者采访条例〉工作实施细则》，各设区市均建立外国记者采访协调机制，外国媒体涉闽报道总体客观。

扩大对外宣传，在推进"软实力"建设中展示形象。积极借助外力宣传福建，举办"外国记者海西行"、"外国领事官员海西行"、"外国文教专家及外籍教师海西行"、"外国人看海西"征文等活动，正面宣传报道了福建，增进了沟通了解。持续推进对外文化。"五彩缤纷"对外文化交流系列活动继续开展，德国莱法州拉丁乐团在福州、泉州、厦门高校举办音乐会，福建省学生艺术代表团回访演出受到热烈欢迎；泉州、漳州等木偶剧团参加法国国际木偶节和欧罗巴艺术节，引起热烈反响；中国（厦门）国际友好城市市长论坛，被全国友协确定为全国唯一长期定期举办的友协国际交流活动。努力促进国际教育合作，福建省中德职业培训与咨询中心继续开展合作，德国莱法州资助福建省进行职业技术人才培训项目计划延长 5 年；泉州市与日本浦添市、土耳其梅尔辛伊尼塞市间的中小学生"1+1"住家式交流活动影响不断扩大；福州一中、厦门外国语学校等 6 所中学成为中学汉语国际推广基地校，全省汉语国际推广工作从高等教育扩展到基础教育。

【友好往来】 **蒙古人民革命党干部考察团访闽。**应中联部邀请，以蒙古人民革命党领导委员会人力资源部部长扎·扎丹巴为团长的蒙古人民革命党干部考察团一行15人于2009年1月7—14日访华，其间于1月11—13日访问厦门，主要了解特区的经济、社会发展情况，并实地考察厦门在防治空气污染方面的经验和措施等。

赞比亚多党民主运动干部考察团访闽。应中联部邀请，1月21—22日，以全国执委亨利·姆布希(部长级)为团长的赞比亚多党民主运动干部考察团一行15人访问厦门，考察党建和我国改革开放经验。

菲律宾环境与自然资源部部长何塞·雅典沙访闽。应黄小晶省长邀请，2月12—15日，菲律宾环境与自然资源部部长何塞·雅典沙一行16人访闽，出席在福州举办的第一届福建——菲律宾矿产发展交流研讨会。受黄小晶省长委托，苏增添副省长会见了何塞·雅典沙部长一行，就建立福建省与菲律宾矿业合作的长效机制进行会谈，并达成了广泛的共识。客人还赴龙岩、厦门参观考察。

拉丁美洲国家工会领导人访闽。应中华全国总工会邀请，拉丁美洲4国10个全国性工会组织的领导人(部级)于2月14—16日访问厦门。代表团是出席在北京举办的“2009经济全球化与工会”国际论坛后顺访厦门。

菲律宾副总统诺利·德·卡斯特罗访闽。应厦门市人大常委会主任何立峰邀请，2月16—18日，菲律宾副总统诺利·德·卡斯特罗一行5人访问厦门，菲律宾驻华大使布蕾迪女士陪同。诺利·德·卡斯特罗副总统此行主要目的是拜访厦门市领导，进一步深化厦门与菲律宾之间的友好关系；在厦期间主要考察了厦门市保障性住房建设情况和经验，与厦门市企业家会面，并出席菲律宾陈永栽集团在厦项目动工典礼。

泰国前副总理宋琦访闽。2月19—21日，泰国前副总理兼商务部部长宋琦阁下一行10人访问厦门，拜会了省委常委、厦门市委书记何立峰、厦门市长刘赐贵，了解厦门市经济社会发展情况。

美国对外政策理事会代表团访闽。应中国国际交流协会邀请，2月25日—3月1日，以美国国防部科技委员会主席、前副国务卿威廉·施耐德为团长的美国对外政策理事会代表团一行10人访问福州、厦门和漳州等地。25日，省委副书记于广洲在福州会见了代表团一行；27日，省委常委、厦门市委书记何立峰在厦门会见了代表团。

泰王国玛哈扎克里·诗琳通公主访闽。应中国政府邀请，4月7日，泰王国玛哈扎克里·诗琳通公主一行29人访问厦门。厦门市长刘赐贵在机场迎接并会见诗琳通公主。在厦期间，诗琳通公主会见了国务院侨办李海峰主任等，并栽下一棵象征中泰友谊万古常青的雪松，看望了在此学习的部分泰国学生、泰国军官和获得华侨大学“诗琳通公主奖学金”的学生，出席了厦门大学泰国文化节开幕式剪彩仪式。

奥中友协高级代表团访闽。应中国人民对外友好协会邀请，4月8—10日，以奥地利联邦议会议长、奥中友协监事哈拉德·莱森贝格为团长的奥中友协高级代表团一行16人访问厦门。4月8日晚，省委常委、厦门市委书记、市人大主任何立峰会见并宴请莱森贝格议长一行。在厦期间，代表团还与厦门总工会、厦门大学领导进行座谈，参观鼓浪屿并乘船到海上看金门，增进了对我对台政策的了解。

越南太平省委书记裴世勇访闽。应福建省邀请，4月9—11日，越南太平省委书记裴世勇一行18人访问福州。4月9日，省委副书记于广洲在福州会见裴世勇一行，副省长叶双瑜参加了会见。4月10日，省委常委、福州市委书记袁荣祥会见了裴世勇一行。在闽期间，客人考察了福清洪宽工业村等社会主义新农村建设典范和福州凌立动力有限公司。

缅甸联邦总理登盛访闽。应博鳌亚洲论坛邀请，缅甸总理登盛上将一行34人于4月16—20日访华，期间于18—20日访问厦门。19日晚，省长黄小晶在厦门会见并宴请登盛总理一行。在厦期间，登盛总理一行参观考察了银鹭集团和联想移动通信科技有限公司，并与紫金矿业集团股份有限公司座谈。

荷兰海尔德兰省省长科尼吉访闽。应黄小晶省长邀请，荷兰海尔德兰省省长科尼吉率经贸代表团一行18人于5月9—13日访问福建。黄小晶省长、叶双瑜副省长会见了代表团一行。瓦格宁根市市长范鲁曼与漳州市市长李建国签署了两市建立友好城市关系协议书。代表团一行还分别在福州、厦门与当地企业界举办了行业洽谈会，开展对口洽谈。

罗马尼亚—中国友好协会主席弗洛雷亚·杜米特雷斯库访闽。应全国友协邀请，5月22—27日，罗马尼亚—

2009年4月19日，省长黄小晶在厦门会见缅甸总理登盛上将一行。
(省外办供稿)

中国友好协会主席弗洛雷亚·杜米特雷斯库一行6人访问福建省。访问期间,代表团一行参观考察了福州、厦门、漳州、泉州和莆田等地,了解福建省经济社会发展情况,探讨双方在经贸文化领域的合作。

*新加坡贸工兼人力部政务部长李奕贤访闽。*应省政府邀请,5月17—18日,新加坡贸工兼人力部政务部长李奕贤一行11人来闽参加“5·18”。洪捷序副省长会见了代表团一行,与客人就经贸、旅游、文化等方面的交流合作交换了意见,并与客人一起出席了“非常新加坡品牌展”开馆仪式。

*利比里亚内政部长约翰逊访闽。*应外交学会邀请,6月20—22日,利比里亚内政部长约翰逊率利比里亚州长代表团一行8人访问福州。洪捷序副省长会见了代表团一行。在闽期间,代表团参观了长乐鹤上镇千亩水稻丰产示范片、反季节西瓜基地和登鸿水电站等。

*菲律宾高等教育委员会主席伊曼纽尔·安吉利斯访闽。*应国家汉办邀请,9月3—6日,菲律宾高等教育委员会主席伊曼纽尔·安吉利斯一行7人访问福建师大,商讨中菲合作培养菲律宾本土汉语教师事宜,并赴厦门参观旅游。

*英国前副首相约翰·普雷斯科特访闽。*应商务部邀请,9月5—9日,英国前副首相约翰·普雷斯科特访问厦门,出席第13届中国国际投资贸易洽谈会。

*毛里求斯副总理兼财政和经济发展部长拉·西塔南访闽。*应商务部邀请,9月7—9日,毛里求斯副总理兼财政和经济发展部长拉·西塔南访问厦门,出席第13届中国国际投资贸易洽谈会。

*萨摩亚独立国副总理兼工商部长米萨·特莱福尼·雷茨拉夫访闽。*应商务部邀请,9月7—10日,萨摩亚独立国副总理兼工商部长米萨·特莱福尼·雷茨拉夫及夫人访问厦门,出席第13届中国国际投资贸易洽谈会,并赴泉州访问。

*古巴部长会议副主席卡布里萨斯访闽。*应中国政府邀请,9月7—9日,古巴部长会议副主席里卡多·卡布里萨斯·鲁伊斯一行23人访问厦门,参加第13届中国国际投资贸易洽谈会,出席国际投资论坛并演讲,出席“中古政府经贸混委会”第22次会议及“古巴投资环境说明会”。卢展工书记、黄小晶省长分别会见并宴请了卡布里萨斯副主席一行。

*马其顿副总理弗拉迪米尔·佩舍夫斯基访闽。*应商务部邀请,9月7—11日,马其顿副总理弗拉迪米尔·佩舍夫斯基一行7人访问厦门并参加第13届中国国际投资贸易洽谈会,出席“国际投资论坛”并发表演讲,还出席了“马其顿投资环境说明会”等活动。期间,弗拉迪米尔副总理一行参观了火炬(翔安)产业区和鼓浪屿。

*荷兰经济大臣范德胡芬访闽。*应商务部邀请,9月7—8日,荷兰经济大臣范德胡芬女士一行19人访问了厦门并出席第13届中国国际投资贸易洽谈会。国务委员马凯和商务部部长陈德铭分别会见了范德胡芬部长一行。作为第13届投洽会的主宾国,荷兰在投洽会期间举办荷兰馆日活动、海牙交响乐团音乐会、清洁能源技术论坛等重大活动。

*老挝人革党中央总书记、国家主席朱马里访闽。*应中共中央总书记、国家主席胡锦涛邀请,老挝人革党中央总书记、国家主席朱马里·赛雅颂一行25人,于9月9—16日来华进行工作访问。期间,9月12—13日,朱马里总书记在中联部王家瑞部长的陪同下访问厦门。12日晚,省委书记卢展工会见了朱马里总书记一行。访厦期间,朱马里总书记参观了鼓浪屿、南普陀寺和厦门环岛路等。

*美国俄勒冈州众议长戴夫·亨特访闽。*应福建省邀请,10月7—9日,美国俄勒冈州众议长戴夫·亨特率俄州参众议员和商界代表一行21人访问福建省。省人大常委会副主任刘德章在福州会见亨特众议长一行。在“庆祝福建省与俄勒冈州结好25周年暨两省州企业对接研讨会”上,双方就如何进一步发挥友城优势,拓展和深化交流合作领域,特别是加强在可持续发展、替代性能源、林业、医保等领域的交流合作进行了深入探讨。

*新加坡国务资政吴作栋访闽。*应黄小晶省长邀请,10月26—30日,新加坡国务资政吴作栋率代表团一行57人正式访问福州、厦门和泉州。吴作栋一行此次访闽,主要是实地了解海峡西岸经济区建设情况,特别是平潭综合实验区的有关规划,进一步深化新加坡与福建在经贸等各领域的交流合作。29日晚,省委书记卢展工、省长黄小晶、省政协主席梁绮萍等省领导在福州会见了新加坡国务资政吴作栋及夫人一行。吴作栋一行在福州、厦门和泉州期间,省委常委、福州市委书记袁荣祥、省委常委、厦门市委书记于伟国、副省长、代市长苏增添、厦门市长刘赐贵、泉州市委书记徐钢等分别会见了代表团,向代表团介绍了所在市的经济社会发展最新情况和投资环境及其与新加坡的交

2009年9月12日,省委书记卢展工在厦门会见老挝人革党中央总书记、国家主席朱马里一行。
(省外办供稿)

流简况，并表达了进一步加强与新加坡在经贸等各领域交流合作的愿望。28日上午，在副省长洪捷序等陪同下，吴作栋一行前往祖籍地永春县湖洋镇吴岭村谒祖。

*日本前首相村山富市访闽。*经国务院批准，10月29—11月1日，日本前首相村山富市访问福州。村山富市一行在福州出席了由全日本中国水墨画艺术家联盟主办的"全日中水墨画优秀作品展暨旅日画家宇骏之画展"开幕式及"福州国际导盲犬育成中心"揭牌等活动，并参观游览了三坊七巷。10月30日晚，副省长、福州市代市长苏增添会见了村山富市前首相一行。访问期间，村山富士还专程赴福建师范大学，向福建师大、福州大学的师生作了题为"面向二十一世纪的日中关系"的演讲。

*刚果劳联主席米歇尔·索萨访闽。*应中华全国总工会邀请，刚果和刚果民主共和国（刚果〈金〉）4家最重要的全国性工会组织主要领导人—刚果劳联主席米歇尔·索萨一行16人，于11月13—17日访问武夷山、福州，参观企业、帮扶中心。

*沙特石油与矿产部部长纳依米访闽。*应中石化和福建省政府邀请，11月10—11日，沙特石油与矿产部部长纳依米先生、沙特阿美石油公司总裁兼首席执行官哈利德·法利赫先生，美国埃克森美孚公司董事长兼首席执行官杜勒森先生等两国石油界高层一行68人访问福州，出席在泉港举行的"福建炼油乙烯一体化合资项目投入商业运营庆典仪式"，并与中石化和福建省政府领导就今后进一步加强合作等交换意见。

*越共中央政治局委员、中央书记处书记、中央宣教部部长、中央理论委员会主席苏辉若访闽。*应我党邀请，越共中央政治局委员、中央书记处书记、中央宣教部部长、中央理论委员会主席苏辉若于12月11—18日率越共代表团一行32人访华，期间于12月11—14日出席在厦门举办的"第五次中越两党理论研讨会"，还实地考察厦门银鹭集团和联想移动技术有限公司，走访厦门湖里区金山街道金山小区，并参观鼓浪屿，深入了解海峡西岸经济区建设和厦门特区经济社会发展基本情况。11日晚，中共中央政治局委员、中央书记处书记、中宣部部长刘云山在厦门会见苏辉若一行；13日晚，省委书记孙春兰、省长黄小晶在厦门会见苏辉若一行；中联部部长王家瑞参加了会见。

*喀麦隆人民民主联盟干部考察团访闽。*应中联部邀请，以国际关系和人权书记让一皮埃尔·弗基为团长的喀麦隆人民民主联盟干部考察团一行12人于12月5—18日访华，期间于14—18日访问厦门，考察团此行旨在了解特区的社会经济发展情况和对外开放成就及经验，加强人民民主联盟与中国共产党之间的交流与联系。在厦门期间，代表团考察火炬高新技术开发区、金山社区，参观鼓浪屿、园博苑、南普陀等景点；并赴漳州参观了南靖土楼。

*副省长苏增添访问韩国、日本。*应韩国环境部副部长洪永赛、日本长崎县知事金子原二郎的邀请，3月10—21日，苏增添副省长率福建省政府代表团访问韩国、日本。在韩国期间，代表团走访韩国环境部和济州特别自治道，考察济州国际自由城市开发中心产业园、首尔汉江治理、首都圈填埋地等项目。在日本期间，代表团走访了日本长崎县政府、滋贺县大津市，考察了日本第一大湖琵琶湖综合治理、日本洛东化成工业株式会社酵素生产工厂、马林技研株式会社的工厂和长崎市东工厂等项目。

*副省长洪捷序访问南非、肯尼亚。*应第六届世界福建同乡恳亲大会组委会、肯尼亚自治政府联合会主席塔莱亚·科里斯的邀请，5月22—30日，洪捷序副省长率福建省政府代表团访问南非和肯尼亚。在南非，代表团出席在开普敦举办的第六届世界福建同乡恳亲大会，拜会南非祖鲁国王兹韦利蒂尼、非国大西北省书记马哈佩罗、西开普省省长齐莉等。在肯尼亚，代表团拜会了副总统卡隆佐及其夫人以及肯尼亚自治政府联合会主席科里斯等，考察由武夷公司承建的内罗毕机场货运停机坪项目和我国援建肯尼亚医院项目，看望武夷公司员工。

*省政协副主席叶家松访问德国、捷克。*应德意志联邦共和国莱法州政府和捷克共和国众议院的邀请，5月25日—6月3日，叶家松副主席率福建省政协代表团访问德国和捷克。在德期间，代表团出席在莱法州首府美茵兹市举行的福建省与德国莱法州缔结友好省州关系20周年庆典活动，并就进一步拓展双方在环保、医药、教育、文化、科技等领域合作展开广泛讨论并形成初步意见，代表团还考察莱法州一些新技术新能源企业，走访了由特里尔大学和厦门大学合作建立的特里尔大学孔子学院。在捷克期间，代表团访问捷克众议院，与菲利浦副议长举行会谈，双方交流经济社会发展情况，探讨建立伙伴关系的可能性。

*省人大常委会副主任王美香访问西班牙、奥地利、意大利。*应西班牙坎塔布里亚议会米盖尔·卡尔西亚议长，意大利总统外交顾问科斯莫·利斯，奥地利下奥州州长尔文·普若勒邀请，6月21日—7月2日，王美香副主任率福

2009年12月13日，省委书记孙春兰会见越共中央政治局委员苏辉若一行。

（省外办供稿）

建省友好代表团访问上述3国。在西班牙，代表团代表福建省政府与坎塔布里亚自治区正式签订缔结友好省关系协议书，拜会该区议长。在奥地利，代表团与下奥州政府举行座谈，拜会该州议长，参观节能建筑示范项目和IMC应用科学大学，看望留学生代表。在意大利，代表团拜会那不勒斯省副省长、议会主席以及索伦托市长等，参观坎帕尼亚物流中心，参加有航空、城市规划，环保等企业参加的项目推介会。

*省委常委、副省长陈桦访问新加坡、马来西亚。*10月5—12日，省委常委、副省长陈桦率福建省政府代表团访问新加坡和马来西亚。代表团分别在两地举办了3场海西建设及平潭开放开发推介会，全面介绍海西发展和平潭开放开发情况，两地工商界主要人物分别出席了推介会。代表团着重就平潭综合实验区与新加坡合作问题展开洽谈，与新加坡星桥国际、裕廊国际、吉宝集团、星雅集团、国际港务集团、远东集团、金鹰集团和马来西亚101集团、云顶集团等一批知名企业进行广泛洽谈，取得了良好效果。

*省政协副主席、省委统战部部长张燮飞访问俄罗斯、匈牙利。*应俄罗斯普斯科夫州政府和匈牙利匈中经贸商会的邀请，10月12—22日，省政协副主席、省委统战部部长张燮飞率福建省海外联谊会代表团访问俄罗斯和匈牙利。在俄、匈期间，代表团先后召开4场座谈会，分别走访了俄罗斯福建同乡会、俄罗斯中国闽南商会、匈牙利福建同乡会、匈牙利明溪商会、匈牙利福清商会、俄罗斯普斯科夫州政府以及中国驻俄、匈大使馆等，听取华闽公司驻俄罗斯办事处、匈牙利华侨华人联合总会等方面对福建乡亲的反映，到切尔基佐夫斯基市场关闭现场实地察看，对受影响的闽商进行慰问，并积极协调有关方面做好解困维稳工作。代表团还广泛宣传推介第三届世界闽商大会有关情况，征求和听取在俄、匈闽籍社团和广大闽商的意见和建议。

*省人大常委会副主任刘德章访问美国、加拿大。*应美国俄勒冈州众议长戴夫·亨特、宾夕法尼亚州众议长基思·麦考尔及加拿大卑诗省立法会议员李灿明的邀请，10月20—29日，刘德章副主任率福建经贸代表团访问美国、加拿大。在美期间，代表团出席在俄勒冈州波特兰市举行的福建与俄勒冈结好25周年庆祝活动；在哈里斯堡市与宾夕法尼亚州众议长麦考尔正式签署建立友好省州关系协议书；看望闽籍乡亲和社团，进一步密切福建与海外闽籍乡亲的联络。在加期间，与加拿大卑诗省林业部门和企业洽谈林木业合作事宜，并出席莆田木材行业协会和加拿大木业协会建立战略伙伴关系谅解备忘录的签字仪式。

*省人大常委会副主任郑道溪访问巴西、阿根廷、秘鲁。*应巴西DEPUTADOS联邦议会议员JILMAR TATTO、阿根廷众议院议员JULIA ARGETINAPERIE和秘鲁国家议会路易斯法亚议员的邀请，11月30日—12月11日，郑道溪副主任率团访问上述3国。考察团先后走访了巴西的圣保罗、里约热内卢、伊瓜苏市，阿根廷的布宜诺斯艾利斯市和秘鲁的利马市等城市，了解以上3国生态环境建设与规划、自然保护区生物多样性、河流、湖泊、森林保护的现状以及城市道路建设情况，介绍福建环境保护的重要举措、地方法规和标准的制定以及生态省建设、流域生态保护、城市环保模范城创建的举措，并就相关问题进行交流，促进了3国有关部门同福建省的合作。

*省人大常委会副主任庄先访问德国、瑞士、奥地利。*应德国柏林议会管理处公共事务部、瑞士农业局、奥地利联邦环境局的邀请，11月30日—12月11日，庄先副主任率福建省人大常委会代表团访问上述3国。代表团一行先后拜访了德国柏林议会、瑞士农业局和奥地利联邦环境局，并与有关公务管理人员和专家进行座谈与交流，沿途走访了多个当地农村农户或农场，考察当地现代农业生产和农业合作组织情况、城市防洪以及水资源保护与管理情况；宣传和推介福建改革开放以来取得的成就和海西建设情况，密切了福建与上述3国在经济、文化、教育、农业、环保等方面的交流与合作。

*省政协副主席、省新闻出版局局长郭振家访问澳大利亚、新西兰。*应澳大利亚伯伍德市藏斯多提市长和新西兰惠灵顿市凯利市长的邀请，12月13—22日，省政协副主席、省新闻出版局局长郭振家率福建新闻出版考察团访问澳大利亚和新西兰。访问期间，代表团与澳大利亚伯伍德市和新西兰惠灵顿市的市政官员探讨福建省与两市的新闻出版和文化方面的交流与合作，参加两场图书展销会，访问设在新西兰基督城坎特伯雷大学的孔子学院，考察当地的中文图书市场，与当地福建同乡进行座谈与交流，推介福建的海西战略和福建新闻出版和文化的投融资环境，签署5份协议书或意向书。

【对外交流合作】 *教育对外交流与合作。*国际教育合作有实质性进展，福建农林大学、集美大学中外合作办学工作取得良好的经济效益和社会效益，华侨大学、福州大学、福建医科大学、福建中医学院与国外友好学校之间的合作与交流项目不断巩固，厦门大学、华侨大学、福建中医学院、福建医科大学、闽江学院、漳州城市学院等学校与来自英国、瑞典、澳大利亚、加拿大、新加坡等十几个国家1000多人次的来访团组进行了广泛交流与合作，拓宽了福建高校与国外高校校际交流与合作；全省高校共新招收来自100多个国家和地区的留学生5000多人。汉语国际推广工作水平进一步提升，福建师范大学与菲律宾红溪礼示大学孔子学院申报成功，成为福建首家设立孔子学院的省属高校；选派229名对外汉语志愿者赴东南亚任教，参与派出汉语国际推广志愿者教师的学校增加到8所，成功举办第四期汉语国际推广师资培训班。外国文教专家工作有效推进，组织外国文教专家及外籍教师“海西行”活动，来自英国、美国、加拿大、澳大利亚、日本等12个国家的50多名外国文教专家和外籍教师参与活动；来闽任教的在校长期外国文教专家及外籍教师达752人，短期来闽讲学的外国文教专家及外籍教师达270多人；具有聘请外国文教专家资格的学校达152所，有资格聘请外专外教的单位中大学本科院校及独立学院有20所，高职及成人高校26所，中等教育机构以及各类培训机构共103所。

*文化对外交流与合作。*全年办理对外、对港澳交流项目73批、1210人次。闽港澳文化交流成效凸显，宁德市畲族歌舞团和泉州市木偶剧团赴港参加第三届“中华民族文化周”系列活动，省梨园实验剧团赴澳参加庆祝中华人

民共和国成立60周年和澳门特区成立10周年庆祝活动,省京剧院、漳州木偶剧团、省梨园实验剧团赴港参加香港特区政府、中联办下属机构等举办的艺术节、“中国传统木偶艺术大汇演”以及“2009年国粹香江校园行”等活动,省歌舞剧院、省杂技团赴江西参加《紫荆龙情在江西》电视综艺晚会演出。与东南亚国家文化交流持续活跃,福建省杂技团应邀赴新加坡参加第16届“春城洋溢华夏情”春节演出活动,厦门小白鹭歌舞团赴菲律宾参加第一届国际舞蹈节和舞蹈研究会以及国际旅游文化节,漳州市芗剧团赴新加坡进行商业性演出,莆田市艺术团赴香港、新加坡、马来西亚、印尼进行慰问演出。对欧美日非文化交流实现新跨越,“福建民间艺术展”代表我国参加在俄罗斯举办的上合组织成员国《实用工艺美术联展》;省实验闽剧院和泉州市木偶剧团参加“亲情中华”慰问艺术团,赴南非、纳米比亚、博茨瓦纳等国慰问侨胞演出;配合文化部在闽成功举办《朋友·伙伴·兄弟——中国摄影家眼中的坦桑尼亚、卢旺达》摄影展;省杂技团软功顶技《灯偶》赴俄罗斯参加第四届世界马戏艺术节比赛获得银奖,厦门爱乐乐团大型交响乐《土楼回响》赴加拿大、美国巡回演出和泉州木偶剧团赴美国参加“古今回响——欢庆中国文化”艺术节开幕式演出;福建京剧院经典京剧剧目《四郎探母》赴法国参加第四届中国戏曲节。拓展文化交流互访,举办法国下诺曼底大区《天与地》摄影展,福建木偶艺术团赴法国下诺曼底大区参加国际木偶节,福建博物院与日本爱知县陶瓷资料馆等6所日本博物院联合举办《福建与海上丝绸之路》日本巡回展览。

科技对外交流与合作。全年开展国际科技合作项目48项,“高紫杉醇红豆杉良种选育与苗木快繁研究”、“大功率LED封装技术国际合作研发”、“基于高配位磷化学的蛋白激酶抑制剂设计”等研究成果达到国内或国际领先水平,福建星网锐捷通讯股份有限公司、福建农林大学菌草研究所等6家单位成为科技部国际科技合作基地。“科技外交官服务行动”计划顺利开展,邀请15个国家的29位科技外交官来闽参加科技外交官论坛暨项目推介会,“精油玫瑰品种及技术引进”和“地理知识服务网格平台建设”等项目成功开展。促进科技合作项目成果转化、先后推出科技项目成果628个,技术需求40个,参加第12届北京科博会、第七届中国·海峡项目成果交易会、第13届厦门中国国际投资贸易洽谈会、第11届深圳高交会、第六届东盟博览会等科技展会、项目推介、成果对接活动,成功对接项目130项,项目总投资近23亿元人民币。开展科技交流,共组织科技交流培训考察团13批27人次(包括执行JICA项目)赴发达国家和地区进行考察培训;通过JICA(日本国际协力机构)渠道派员赴日本参加研修、赴美国多元化科技投入体系和科技创新平台建设培训班。加强对外科技合作指导,与中国科技交流中心共同举办“携手海西共创对外科技交流新局面”研讨班,来自我省有关高校、科研院所、企业、科技合作基地和省重点实验室的70多位代表参加了会议。

卫生对外交流与合作。在援外医疗工作方面,第12批援塞内加尔医疗队圆满完成援外任务于9月回国,荣立集体三等功;第13批援塞内加尔医疗队13名队员于9月5日启程;第12批援博茨瓦纳医疗队全年共为博国人民提供门诊、急诊服务44227人次,收治住院病人14122人次,完成各类手术5989台;骨科医师获颁博茨瓦纳Sathya Saik中央基金授予的2007—2009年临床手术成功证书;普外科医师成功完成了博国首例肝门部胆管癌(Ⅳ型)切除及肝门部—空肠盆式吻合术。福建援非抗疟专家组一行4人赴几内亚和塞内加尔组建抗疟中心,中国—塞内加尔疟疾防治中心和中国—几内亚疟疾防治中心于10月27日和11月6日分别举行揭牌仪式,专家组对实验室的设备进行运行调试,并为当地医务人员开展疟疾防治的培训工作。9月,我援博医疗队工作所在医院的一名当地骨科医生,被福建医大正式录取,攻读骨科临床硕士研究生,为福建医学院校接收的首位受援国医学生。在对外交流与合作方面,与新加坡保健集团达成合作意向,由新加坡淡马锡基金会提供培训基金,新加坡保健集团负责项目的具体实施,组织福建110名社区卫生医护和管理人员于2010年至2011年分5批赴新加坡进行业务培训,双方的合作备忘录于2010年1月正式签订。

环境保护对外交流与合作。促进环保对外交流与合作,成功举办中国福建省—德国莱法州环境与发展学术研讨会,进一步促进两省州环保学术交流;召开第四届福建省环境保护项目洽谈会,德国、韩国、日本、新加坡以及台湾地区的环保部门、科研机构、环保企业代表参加项目洽谈会。拓宽对外交流合作渠道,举办国际环保学术交流,邀请荷兰瓦赫宁根大学卢肯斯教授就生物固废污泥处置技术现状及进展进行学术演讲;省环保厅与以色列环保部门建立友好关系,开辟环保国际交流合作新渠道;组织参加澳门国际环保合作发展论坛及展览,促进环保企业对外交流。推进环保合作项目实施,中日环保合作项目——生物发酵舍养猪污水零排放技术试点工作有效推进,福建省零排放技术省级试点企业2009年达到了100家;与亚洲开发银行合作实施的技术援助项目——福建省水质自动监测与生态补偿机制项目进入实质阶段,已完成课题研究并召开了结题会。积极开展国际履约活动,组织实施福建省保护臭氧层能力建设项目,完成全省生产和使用消耗臭氧层物质情况调研,并形成调研报告;持续开展汽车空调制冷剂CFC—12淘汰计划。

【友好城市】 厦门市与希腊马拉松市结好。马拉松位于雅典东北30千米处,是希腊东南部的一个古老市镇,属大雅典市区域,人口约5万,信奉东正教。经济以旅游业、食品加工业、纺织业为主。马拉松市因“马拉松长跑”而闻名于世,成为希腊旅游胜地。2008年1月4日,厦门市市长刘赐贵与马拉松市市长埃蒂珀·尼克·赞[illegible]费共同签署了建立友好城市意向书;2009年1月4日,两市在厦门正式签订结好协议。

宁德市与马来西亚诗巫市结好。诗巫市位于砂拉越州中部、马来西亚最长的河流拉让江畔,是该州的第二大城市,也是砂拉越第三省的主要行政中心和商业市镇,是通往内陆地区的门户。诗巫市人口25.5万,面积1863平方千米,下辖诗巫县、加拿逸县,由华人、伊班人、马来族、马兰诺族及高山族等多民族组成。2004年4月14日,宁德市市长陈荣凯与诗巫市市长吴春祥共同

福建省与国外友城关系一览表

省市	友好省州/城市	结好时间
福建省	澳大利亚塔斯马尼亚州	1981.03.05
	日本长崎县	1982.10.16
	美国俄勒冈州	1984.09.25
	比利时列日省	1986.02.27
	德国莱法州	1989.05.24
	法国下诺曼底大区	1990.12.06
	日本冲绳县	1997.09.04
	意大利那不勒斯省	1998.06.12
	巴布亚新几内亚东高地省	2000.05.16
	巴西塞阿腊州	2001.03.06
	乌克兰敖德萨州	2002.07.11
	印度尼西亚中爪哇省	2003.12.06
	美国弗吉尼亚州	2004.06.08
	南非夸祖鲁-纳塔尔省	2006.12.13
	阿根廷米西奥内斯省	2007.06.27
	西班牙坎塔布里亚自治区	2009.06.23
	美国宾夕法尼亚州	2009.10.23
福州市	日本长崎县长崎市	1980.10.20
	日本冲绳县那霸市	1981.05.20
	美国纽约州锡拉丘兹市	1991.08.25
	美国华盛顿州塔科马市	1994.11.16
	巴西圣保罗州坎皮纳斯市	1996.11.08
	澳大利亚新南威尔士州亚肖尔黑文市	2003.10.15
	圭亚那乔治顿市	2006.05.17
	波兰科沙林省科沙林市	2007.05.19
	肯尼亚蒙巴萨市	2008.05.19
厦门市	英国威尔士加的夫郡	1983.03.31
	日本长崎县佐世保市	1983.10.28
	菲律宾宿务省宿务市	1984.10.26
	美国马里兰州巴尔的摩市	1985.11.07
	新西兰惠灵顿市	1987.06.23
	马来西亚槟榔屿州槟岛市	1993.11.10
	澳大利亚昆士兰州马卢奇郡	1999.09.28
	立陶宛考纳斯省考纳斯市	2001.03.11
	墨西哥哈里斯科州瓜达拉哈拉市	2003.08.15
	荷兰南荷兰省祖特梅尔市	2005.07.14
	印度尼西亚东爪哇省泗水市	2006.06.24
	韩国全罗南道省木浦市	2007.07.25
	希腊马拉松市	2009.01.04
泉州市	日本冲绳县浦添市	1988.09.23
	美国加利福尼亚州蒙特利公园市	1994.02.24
	德国莱法州诺伊施塔特市	1995.11.02
	土耳其梅尔辛省梅尔辛伊尼赛市	2002.04.17
	美国加利福尼亚州圣迭戈郡	2006.11.06
漳州市	日本长崎县谏早市	1991.04.15
	印度尼西亚南苏门答腊省巨港市	2002.09.16
	荷兰瓦格宁根市	2009.05.12
莆田市	美国阿肯色州贝茨维尔市	2007.09.17
	加拿大大不列颠哥伦比亚省坎伯兰市	2007.09.24
南平市	美国康涅狄格州史丹福市	1993.07.02
	澳大利亚新南威尔士州奥尔伯里市	2003.09.06
三明市	美国密执安州兰辛市	1997.09.10
	匈牙利布达佩斯十五区	2009.12.22
龙岩市	澳大利亚新南威尔士州伍龙岗市	2000.11.19
	法国安第尔省普松西市	2008.10.27
宁德市	马来西亚诗巫市	2009.03.19
石狮市	菲律宾南甘马林省那牙市	2000.03.01
	澳大利亚南澳洲伦马克帕林加市	2005.10.19
南安市	日本长崎县平户市	1995.10.20
福鼎市	斯洛伐克特尔纳瓦州特尔纳瓦市	1998.04.29
武夷山市	美国夏威夷火奴鲁鲁市	2005.07.12
	澳大利亚悉尼蓝山市	2009.06.30
厦门市思明区	美国佛罗里达州萨拉索塔市	2007.11.09

签署了建立友好城市意向书；2009年3月19日，两市在宁德市正式签订结好协议。

漳州市与荷兰瓦格宁根市结好。瓦格宁根市位于荷兰海尔德兰省，城市总面积32.35平方千米，人口约3.26万。瓦格宁根是历史名城，以拥有专门致力于生命科学的瓦格宁根大学而闻名。是荷兰食品及营养研究集群所在地。2007年11月19日，漳州市市长李建国与瓦格宁根市市长吉特·范·鲁曼德共同签署了建立友好城市意向书；2009年5月12日，双方在漳州市正式签订结好协议。

福建省与西班牙坎塔布里亚自治区结好。坎塔布里亚自治区面积5321平方千米，人口56.8万人，自然资源丰富。2007年12月，福建省副省长汪毅夫与坎塔布里亚自治区主席米盖尔·安赫尔共同签署了建立友好城市意向书；2009年6月23日，福建省人大常委会副主任王美香与坎塔布里亚自治区工业和科技发展部部长胡安·何塞·索塔在坎首府桑坦德正式签署了《中华人民共和国福建省和西班牙王国坎塔布里亚自治区建立友好省区关系协议书》。

武夷山市与澳大利亚蓝山市结好。蓝山市为新南威尔士州管辖区，位于该州卡督巴地区，共拥有26个城镇，面积1433平方千米，人口77.5万人。蓝山市拥有面积1000平方千米的国家公园，占整个城市面积的70%；2000年，蓝山国家公园被列入世界自然遗产。2001年12月11日，武夷山市与蓝山市签署了建立友好城市意向书；2009年6月30日，双方在蓝山市正式签订结好协议。

福建省与美国宾夕法尼亚州结好。宾夕法尼亚州位于美国东北部，面积11.7万平方千米，人口约1178.5万人。该州是美国天然资源最丰富的州，蕴藏有无烟煤、烟煤、石油；主要农产品有小麦、大麦、燕麦、玉蜀黍、马铃薯和肉牛、乳牛、肉鸡、火鸡和猪等。10月23日，福建省人大常委会副主任刘德章与美国宾夕法尼亚州众议长基思·麦考尔在宾州首府哈里斯堡正式签署《中华人民共和国福建省和美利坚合众国宾夕法尼亚州建立友好省州关系协议书》。

三明市与匈牙利布达佩斯市十五

区结好。布达佩斯建立于罗马帝国89年，位于多瑙河畔，面积525平方千米，人口约211万。该区现有2000多位三明籍乡亲，主要从事服装、鞋帽等商品批发及商场、超市、餐饮经营等。2004年7月，三明市委书记叶继革与布达佩斯十五区区长海都·亚洛斯共同签署了建立友好关系意向书；2009年12月22日，双方在三明市正式签订结好协议。

截至2009年12月31日，福建省已与世界上29个国家建立了63对国际友城关系。其中，省级17对，福州9对，厦门13对，泉州5对，漳州3对，莆田2对，南平2对，龙岩2对，三明2对，宁德1对，石狮2对，武夷山2对，南安、福鼎、厦门市思明区各1对。

（王周雨）

侨　务

【综述】 围绕海西建设大局，以服务广大侨胞和归侨侨眷为主线，开展“工作创新年”活动。发挥侨力资源优势，出台为海西建设提供侨力支撑的措施，开通“福建海外华侨华人经贸协作网”，打造“海外侨商投资与贸易”品牌，创新服务海西建设新手段。涵养侨力资源，开展“闽侨精英故乡行”活动，举办第六届世界福建同乡恳亲大会，拓展新华侨华人和华裔新生代、重点人士和重点社团工作的新途径。调动各方力量，创新海外华裔青少年夏（冬）令营模式，加大力度培训海外华文师资，增强侨务文化宣传影响力，开辟海外华文教育和对外宣传新渠道。维护侨胞权益，以“侨爱工程”和“关爱工程”为重点，着力解决侨界民生问题，建立为侨服务工作新机制。夯实工作基础，加强党的建设，大兴调查研究之风，加快推进信息化建设，带动侨务工作上新水平。

【服务经济建设】 出台12条措施为海西建设提供侨力支撑。省侨办出台服务海西建设的12条措施，从聚集侨力资源、打造侨商投资与贸易平台、涵养侨务资源、维护侨胞权益等方面为海西建设提供服务。厦门、泉州、龙岩等地侨办也制定服务海西建设的具体措施，进一步调动和聚集丰富的侨力资源，参与海西建设，形成“海外联海西、八方聚八闽”的良好氛围。

建设开通“福建海外华侨华人经贸协作网”，为企业“走出去”开拓海外市场开辟新途径。为应对国际金融危机，发挥福建侨商海外贸易网络优势，在“5·18”海交会和第六届世界福建同乡恳亲大会上正式开通“福建海外华侨华人经贸协作网”。该网以海外闽籍社团、商会、科技团体和从事经贸活动的侨商、企业为经贸协作联系点，形成与福建联系紧密，辐射全球的经贸协作网络。经贸协作网开通运行后，侨商和省内企业纷纷加入，现有会员2400多名。利用这一平台举办“海外侨商项目合作对接会”，海外侨商与企业达成多项合作意向，有力地促进了福建企业“走出去”。

以“海外侨商投资与贸易”为品牌，打造吸引侨智侨资参与海西建设新平台。在“5·18”、“6·18”、“9·8”等大型经贸活动中，积极打造“海外侨商投资与贸易”系列活动品牌，先后举办、承办“海外侨商投资与贸易暨厦门商品展”、“海外侨商投资与贸易—福建商品采购对接会”、“海外侨商投资与贸易—6·18项目成果推介对接会”、“2009年海外华商中国投资推介会”等活动，共邀请30多个国家和地区的1610多人（次）侨商参会。“海外侨商投资与贸易”成为侨务部门开展招商引资、招才引智、引商促贸的重要品牌。

以海交会、侨商会、世青会为载体，深化为经济建设服务新内涵。先后召开福建省海交会理事会、侨商会理事会和常务理事会、世界福建青年联会理事会和会长办公会，动员、聚集侨商力量为海西建设和中西部开发作贡献。省侨办和厦门市侨办先后组织7个团组近百名侨商到云南、东北、陕西、甘肃、宁夏等地开展“侨资企业中西部行”活动，组织130多名侨商到平潭综合实验区进行商务考察。为帮助侨资企业应对国际金融危机，省侨办联合省经贸委、外经贸厅开展“送政策进企业”活动，深入侨资企业宣讲应对危机的政策措施，增强企业应对危机的信心。开展明星侨资企业和华侨华人专业人士表彰活动，福建省20家侨资企业被国侨办评为“2006—2008年度全国百家明星侨资企业”，2名海外专业人士获得国侨办举办的第二届百名华侨华人专业人士“杰出创业奖”，105家侨资企业被评为全省明星侨资企业。

【海外联谊】 开展“闽侨精英故乡行”活动。根据海外侨情的变化，把“两新”（华裔新生代和新华侨华人）和“两重”（重点人士和重点社团）作为侨务工作的重点，创新思路，做深、做细、做实华裔新生代工作，精心打造“闽侨精英故乡行”品牌。以省领导名义陆续邀请新加坡陈嘉庚、印尼杨勇辉、菲律宾施嘉骅、马来西亚李深静等为祖（籍）国和故乡做出重大贡献的闽籍侨胞携带第二、三代组成小团组回乡考察，深受海外侨亲的欢迎，在海内外社会各界产生了极大反响，开辟了国外侨务工作的新途径。

第六届世界福建同乡恳亲大会。5月23—25日，在南非新侨区成功举办，共有23个国家和地区的100个闽籍社团1000多名福建乡亲参加大会。恳亲会期间还举行了第一届世界闽侨发展论坛、闽籍社团负责人座谈会、福建旅游推介会等活动，为海内外乡亲拓展商机、共谋发展提供良好的机遇和平台，进一步促进了海外福建社团的团结、联合和发展。

积极参与组织恳亲联谊活动。积极“请进来、走出去”，参与境内外各种恳亲联谊活动，全省各级侨办共接待海外人士及港澳同胞37149人次，其中：重点人士2606人，重点团组486批次，新华侨华人和华裔新生代7486人次；组织214批次792人次出访26个国家地区，其中省侨办出访25批次34人次，联谊工作进一步加强。

【华文教育与侨务宣传】 海外华裔青少年夏（冬）令营办得有声有色。创新工作模式，采取重心下移方式，调动各方面力量共同开展夏令营的积极性；到海外开办冬令营，拓展办营渠道；全年参加夏令营人数达3186人。陈永栽先生自2001年以来连续第9年组织菲华裔学生来福建参加为期50天的菲华裔青少年学习中华文化夏令营。泉州把举办夏（冬）令营作为涵养侨务资源的重要抓手，也是福建省举办夏（冬）令营最活跃地区，永春县一年举办了3个营，石狮市连续17年举办华裔青少年夏令营活动，南安、安溪、惠安等地也积极举办夏(冬)令营。厦门、古田、邵武和武夷山等地努力举办夏(冬)令营,增进了海外华裔青少年对祖籍地的感情。

加大力度培训海外华文师资。确定31所优质高校、中小学、幼儿园作为首批“福建省海外华文教育基地”,培训海外华文教师。通过“请进来”方式培训来自13个国家和地区的541名海外华文教师,其中东南亚本科师资班160人,东南亚幼儿教师大专班16人。通过“走出去”方式赴海外送教上门培训海外华文师资600多人。受国侨办委托外派25名优秀教师到东南亚华校任教,派出229名以大学毕业生为主的汉语教育志愿者到海外开展华文教育。

增强侨务文化宣传影响力。摄制电视专题片《天涯海角福建人》,宣传各界有突出成就的闽籍侨胞,2003年至今已累计拍摄播出4批共164集,闽籍侨胞爱国爱乡、乐于奉献、艰苦创业的感人事迹,在海内外引起很大反响。充分利用“一报一刊一网”,加大对外宣传力度,《福建侨报》与阿根廷《华人超市公会》会刊合作刊登阿根廷版《福建侨报》,至此《福建侨报》已在10个国家与12家华文媒体合作落地印刷发行,每期发行12万份以上;《福建侨务》、福建侨网不断改进,与各地侨刊乡讯积极开展对外宣传,增进海外侨胞对福建的了解,扩大了福建在海外的影响。

【国内侨务】 以开展“侨爱工程”为抓手,华侨捐赠公益事业取得新突破。据不完全统计,全年闽籍侨胞在国内捐赠公益事业超过10亿元,其中在闽捐赠公益事业6.8亿元;省政府表彰54人,授予金质奖章23个,银质奖章19个,铜质奖章12个。改革开放以来,闽籍侨胞累计捐赠192亿元,省政府累计表彰2078人,其中:捐赠千万元以上的有212人,亿元以上的有15人(次)。围绕社会主义新农村建设,积极开展“侨爱工程一万侨助万村”活动,引导侨胞向欠发达地区捐赠,泉州、福州、漳州3个市侨办已落实“侨爱工程”项目19个,落实捐赠资金1.04亿元;省侨办引导美国慈心慈善事业基金会捐赠300万元人民币在福建偏远贫困地区捐建2所学校和13所卫生院,协助美国欣欣教育基金会在闽北山区捐建欣欣小学图书馆。认真做好捐赠管理服务工作,省侨办完成8个侨务类基金会的年审,并针对当前华侨捐赠表彰中存在的问题,深入重点侨乡对《福建省华侨捐赠兴办公益事业表彰办法》执行情况开展专项调研,提出修改意见,进一步规范捐赠管理。

以“关爱工程”为重点,着力解决侨界民生问题。在解决华侨农场归难侨住房、社医保、土地确权、社会负担等问题的基础上,全年下达华侨农场职工社保、医保补助资金5697.31万元,“侨居造福工程”中央预算内补助资金1111万元,华侨事业费1495万元,基本解决了华侨农场历史遗留问题。开展“关爱工程”,把重点放到扶持散居贫困归侨上。省侨办会同省“五侨”(侨办、侨联、致公党、人大华侨委员会、政协港澳台侨委员会)、省委统战部开展散居社会归难侨调研,积极与省直有关部门协调解决贫困归侨社保、住房、补助等问题;省侨办共争取侨捐资金和财政资金271万元,用于帮助受灾归侨侨眷灾后重建和困难救助,并对为抗日战争做出重大贡献的福建省南洋华侨机工及其遗孀发放专项生活补助;各级侨办通过各种形式开展扶持贫困归侨活动,宁德把归侨贫困户补助列入政府预算,厦门解决贫困归侨住房问题,南平实现归难侨医保全覆盖,泉州把贫困归侨扶持工作纳入全市扶贫计划。

加大依法护侨力度,维护侨胞合法权益。根据省人大常委会的部署,对不适合侨务工作顺利开展的地方性法规进行清理。全年办理省人大建议和省政协提案16件。做好侨务信访工作,全省侨办系统接待来信来访6666件次,其中来自华侨华人、港澳同胞、我驻外使领馆2166件,占全年信访总数的32.5%;省侨办全年接待来信来访435件次,其中来自华侨华人、港澳同胞、我驻外使领馆194件,占全年信访总数的44.6%,办结率达100%。认真做好“三侨子女”(归侨青年、归侨子女、华侨子女),身份证明工作,严把政策关,全省共有632名“三侨子女”得到高考加分照顾。落实侨房政策,福州市政府采取有力措施解决侨房清退老大难问题,253户近15000平方米侨房已基本清退完毕;厦门市剩余的59户侨房使用权清退工作已全部落实。结合国侨办“维护侨商投资权益年”活动,开展了侨资企业专项调研,建立省市县侨办与侨资企业挂钩联系制度,各地市侨办挂钩300家侨资企业,其中100家为省、市侨办共同挂钩。省侨办续聘15名省侨办法律顾问团律师,协助处理侨资企业投诉28件。福州、厦门、漳州、莆田等市侨办积极协调解决一批侨资企业反映的热点难点问题和纠纷案件,维护了侨资企业合法权益。 (陈莺强)

港澳事务

【香港文汇报董事、副社长韩力访闽】 2009年1月15日晚,省委常委、宣传部长唐国忠在福州会见来访客人,唐国忠对香港文汇报长期以来为福建的发展、为推进海峡西岸经济区建设营造良好舆论氛围表示诚挚感谢,并向客人介绍了福建经济社会发展和海峡西岸经济区建设情况,希望客人多到福建各地走走看看,更深入了解海西、宣传海西,深化闽港交流合作,实现闽港共同繁荣。韩力表示,香港文汇报将加大宣传力度,以海外视角深度解读、全面报道海西“两个先行区”跨越式发展,持续为推动闽港合作作贡献。香港文汇报高层此行访问了福州、莆田等地。

【省港澳办参加“紫荆龙情在江西”电视文艺晚会】 3月28日晚,“紫荆龙情在江西”电视文艺晚会在南昌举办。作为协办单位,省外办(港澳办)宋克宁主任率福建代表团出席了晚会。由省文化厅推选代表福建出演的舞蹈《出海》和杂技《力量》两个文艺节目,展示了福建富有特色的人文风情,达到了增进了解、促进友谊、推动合作、实现共赢的目的。

【香港福建希望工程基金会访闽团访闽】 4月1日,省委副书记于广洲在福州会见了香港福建希望工程基金会主席、福建省政协委员徐伟福率领的香港福建希望工程基金会访闽团一行,省委常委、副省长陈桦,省政协副主席、省委统战部部长张燮飞参加会见。访闽团此行主要是为2008年捐建的希望小学剪彩,并进行考察访问。

【中央人民政府驻香港联络办公室

宣传文体部赴闽考察团访闽】 4月10日晚，省委常委、宣传部长唐国忠会见了考察团一行。唐国忠对香港中联办长期以来对福建发展和海西建设的有力支持，以及促进闽港交流合作表示衷心感谢，并向客人介绍了福建经济社会发展状况和海西建设近况，希望考察团在八闽大地多走走、多看看，深入了解海西，对福建的发展多加指导。中联办宣传文体部郝铁川部长表示将更好地向香港各界介绍福建、介绍海西，进一步推动闽港全方位交流合作。考察团此行主要目的是了解海峡西岸经济区建设和福建文化产业发展状况，在福州、泉州、厦门进行了参观考察。

【香港驻粤经济贸易办事处主任郑伟源访闽】 4月27日，副省长洪捷序在福州会见郑伟源。洪捷序向客人介绍了福建省情和海峡西岸经济区建设的情况，并希望驻粤办与福建建立更紧密的联系，组织更多香港企业、机构前来参与，进一步加强闽港在经贸、投资、旅游等领域的合作。郑伟源表示驻粤办将进一步加强与福建各相关部门的沟通，推动香港与福建合作，推荐更多港商来闽投资兴业。

【省港澳办与香港贸发局、福州留学生同学会联合举办“中小企业引进战略投资研讨会”】 4月28日，由省港澳办和香港贸发局驻福州代表处、福州留学生同学会联合主办的中小企业引进战略投资研讨会在福州举行。研讨会对当前金融危机对企业的影响进行了分析，并对企业如何面对目前的状况及如何利用金融服务业为企业的发展和运营规避风险提出对策。

【香港证券商协会客人访闽】 应省港澳办邀请，5月6—7日，香港证券学会会长、全国政协委员、香港汇丰证券(集团)有限公司董事长兼行政总裁张华峰，全国人大代表、香港刚毅集团主席王敏刚等一行4人访问福州。客人此行目的主要是考察福州文化产业发展状况，拟投资打造福州城市文化品牌。在福州期间客人一行参观了三坊七巷改造工程。

【港澳特区政府代表出席“海峡论坛”】 5月16—17日，香港特别行政区政府政制及内地事务局常任秘书长罗智光和澳门特别行政区贸易投资促进局执行委员陈敬红分别率团作为港澳特区政府代表出席了在厦门举办的首届“海峡论坛”开幕式和“海峡论坛”大会。

【香港《文汇报》海西采访团访闽】 6月上旬，由香港《文汇报》董事长、社长王树成为团长，董事、总编辑王伯遥为副团长的香港《文汇报》海西采访团一行访闽。6月8日晚上，省委书记卢展工、省长黄小晶在福州会见采访团一行。卢展工说，香港《文汇报》为推进闽港八大合作，加强福建与在港闽籍乡亲的联系搭建了良好的平台，发挥了特殊的桥梁作用，希望《文汇报》一如既往地宣传报道、持续呼应，为推进闽港合作互利双赢，加快建设海峡西岸经济区作出新的贡献。王树成感谢福建长期以来对《文汇报》的关心和支持，希望通过这次实地采访，加大海西宣传报道的力度、广度和深度，更好地服务海峡西岸经济区建设。

【黄小晶会见香港特别行政区行政长官曾荫权】 6月9日下午，省长黄小晶在广西南宁会见出席第五届泛珠三角区域合作与发展论坛的香港特别行政区行政长官曾荫权，双方就进一步加强闽港合作进行了交流。黄小晶希望闽港之间不断拓展八大合作平台的内涵和功能，加强闽港经济合作促进委员会的运作，继续拓展合作渠道，特别是探索合作新模式，推动闽港合作向更大领域、更深层次发展。曾荫权对福建省长期以来对香港特区政府的支持表示感谢，对闽籍乡亲为香港的繁荣稳定作出的积极贡献予以充分肯定，表示欢迎福建企业继续利用香港这一金融服务平台有效筹措资金，开拓国际化发展路线，促进闽港经济更好发展。

【黄小晶会见澳门特别行政区行政长官何厚铧】 6月9日下午，省长黄小晶在广西南宁会见出席第五届泛珠三角区域合作与发展论坛的澳门特别行政区行政长官何厚铧，双方就进一步加强闽澳合作进行了深入探讨。黄小晶对澳门长期以来支持海西建设深表感谢，希望闽澳双方不断创新闽澳四项合作的形式和内容，推动经贸合作向纵深发展。何厚铧感谢福建省长期以来对澳门特区政府的支持，充分肯定闽籍乡亲为澳门的繁荣稳定作出的积极贡献，表示相信闽澳一定会充分利用国家支持海峡西岸经济区加快建设的有利条件，继续深化各方面合作，实现优势互补、互利双赢。

【“海西先行新风采”(港澳)宣传推介活动在香港和澳门举行】 6月24—29日，省委常委、宣传部长唐国忠，副省长洪捷序，省政协副主席、省委统战部长张燮飞和闽港澳经济合作促进

2009年6月24—29日，“海西先行新风采”(港澳)宣传推介团在香港和澳门开展宣传推介活动。同胞同乡携手共唱“爱拼才会赢”。 (福建画报社供稿)

委员会副主任邹尔均率“海西先行新风采”(港澳)宣传推介团在香港和澳门开展宣传推介活动。此次“海西先行新风采”(港澳)宣传推介会主要任务是宣传《国务院关于支持福建省加快建设海峡西岸经济区的若干意见》,宣传海西建设成果,推介投资项目,慰问闽籍乡亲。在港澳期间,宣传推介团分别拜会了香港、澳门特别行政区政府和中央政府驻港澳机构,走访福建社团,举办宣传推介大会、“海西先行新风采”图片展、海西(香港)投资推介会、跨国公司午餐会、闽港澳媒体交流研讨以及福建歌舞戏曲演出等活动。6月26日和6月28日,香港特首曾荫权、澳门特首何厚铧分别会见了宣传推介团。

【澳门特别行政区行政长官何厚铧参加第13届中国国际投资贸易洽谈会】 9月7日下午,省委书记卢展工、省长黄小晶、省政协主席梁绮萍在厦门会见了专程前来参加第13届中国国际投资贸易洽谈会的澳门特别行政区行政长官何厚铧一行。卢展工说,何特首是福建人民的老朋友,每年都亲自率团参加中国国际投资贸易洽谈会,这体现了对投洽会的支持、对福建的支持,希望何特首和澳门特区政府一如既往地支持海峡西岸经济区建设,继续深化闽澳合作,提升合作水平,实现两地共同繁荣。何厚铧衷心感谢福建省委、省政府和福建人民,以及广大在澳闽籍同胞,对“一国两制”方针的落实和澳门建设的大力支持,表示将继续发挥澳门的优势,推动闽澳合作实现新的发展。

【卢展工黄小晶会见香港特区政府代表团和香港工商团组负责人】9月8日上午,省委书记卢展工、省长黄小晶、省政协主席梁绮萍在厦门会见了前来参加第13届中国国际投资贸易洽谈会的香港特区政府代表团和香港工商团组负责人。卢展工对香港特区政府、在港闽籍乡亲给予福建发展的大力支持表示感谢,希望特区政府和工商界朋友继续助力海西,闽籍乡亲继续支持海西,更多港资企业到福建投资兴业,深化闽港八项合作,实现两地共同繁荣发展。香港特区政制及内地事务局局长林瑞麟、香港贸易发展局总裁林天福、闽籍乡亲代表林广兆分别发言,他们说,香港工商界已经连续13年组团参加投洽会,亲眼见证投洽会的成长,也见证福建改革开放30年以来取得的丰硕成果。希望以此为契机,进一步推动闽港交流交往,也希望更多的福建企业借助香港这一国际金融中心的平台走向世界,谋求更大发展。

【何厚铧崔世安分别会见福建省经贸代表团】 10月21—22日,澳门特别行政区行政长官何厚铧和第三任行政长官崔世安分别会见了率团出席第14届澳门国际贸易投资展览会的福建省副省长叶双瑜一行。何厚铧对福建省委、省政府长期以来高度重视闽澳合作,大力支持澳门经济社会发展表示感谢,希望在良好合作的基础上,继续深化拓展未来合作的领域和空间,促进两地更好更快发展。崔世安对福建省委、省政府在他担任澳门特区政府社会文化司司长10年来给予的大力支持表示感谢,表示希望双方加强交流,合作发展,互利共赢。叶双瑜首先转达了卢展工书记、黄小晶省长对何厚铧、崔世安的问候,简要介绍了福建推进海西建设的最新情况,希望双方持续深化落实四项合作,不断创新合作机制,拓展合作领域,提升合作层次,推动闽澳合作实现新突破、取得新成效。第14届澳门国际贸易投资展览会福建展馆共设展位25个,参展企业40多家;展览会期间,举办了葡语国家—福建—澳门经贸交流暨福建电机产品推介会。

【香港民建联代表团访闽】 11月12日晚,受省委书记卢展工、省长黄小晶委托,省委副书记于广洲在福州会见了以全国政协委员、香港特别行政区立法会议员、香港民建联主席谭耀宗为团长,以中央人民政府驻香港特别行政区联络办公室副主任王志民为荣誉顾问的香港民建联福建访问团一行。于广洲向客人们介绍了福建省情和海峡西岸经济区的建设情况,表示将继续深化闽港合作八大平台的内涵和功能,推动两地合作,进一步做好与香港民建联和中央人民政府驻香港特别行政区联络办公室的联络沟通工作,深化合作机制,支持和鼓励更多的香港同胞参与海西建设。谭耀宗、王志民表示,将继续关注海峡西岸经济区的发展,进一步推动闽港之间的交往合作,促进两地共同发展,实现互利共赢。

【闽港合作之“旅游品牌优化、创意行销研讨会”在武夷山举行】 11月12日,由省港澳办、香港特区政府驻粤办、香港特区政府投资推广署联合主办的“旅游品牌优化、创意行销研讨会”在武夷山举行。香港特区政府驻粤办投资推广总监、昂平360有限公司商务及业务发展总管、金蛋集团董事在研讨会上分别做“香港营商环境介绍”、“旅游品牌推广及旅游建设方面的经验分享”、“创业基金的运作模式、投资目标和评估方法介绍”。

【香港《紫荆》杂志社社长刘伟忠访闽】 12月17日,省委常委、宣传部长唐国忠在福州会见香港《紫荆》杂志社社长刘伟忠一行。唐国忠向客人们介绍了海峡西岸经济区建设新进展新成效,希望客人在福建多走走、多看看,深入了解海西,加大对海西的宣传力度,扩大海西对外影响力。刘伟忠表示将充分运用好《紫荆》杂志这个平台和品牌优势,宣传好、解读好海西战略,特别注重从文化方面深入报道海峡西岸经济区丰富内涵和发展成就。

【黄小晶省长率团参加澳门回归10周年庆祝活动】 应澳门特别行政区政府邀请,12月18—20日,黄小晶省长率福建省政府代表团赴澳门出席澳门回归10周年庆祝活动。在澳门期间,黄小晶省长先后出席了庆祝澳门回归祖国10周年大会暨澳门特别行政区第三届政府就职典礼、澳门特别行政区第三任行政长官崔世安举行的欢迎晚宴、庆祝澳门回归祖国10周年欢迎宴会暨文艺晚会,并看望了澳门福建社团乡亲。

(王周雨)

编辑:章文恕

闽台交流合作

闽台经贸合作

【对台经贸】 2009年，全省新批台资项目348项，按历史可比口径统计(含第三地转投资)，合同台资6.79亿美元，实际到资25.33亿美元，增长11.4%；截至年底，台商来闽投资项目10042项，合同台资210.33亿美元，实际到资160.58亿美元。全年对台贸易总额69.91亿美元，其中：进口54.51亿美元，出口15.4亿美元，增长16.13%；截至年底，累计对台贸易总额669.57亿美元，进口569.21亿美元，出口100.36亿美元。

【设立福州(平潭)综合实验区】 2009年7月，省委、省政府正式批准设立福州(平潭)综合实验区，并在以下几个方面取得进展：已获国台办、海关总署等国家有关部门的大力支持；在台湾、香港、新加坡等地宣传推介平潭，推进实验区招商引资工作；推进实验区规划编制工作；推进实验区筹融资工作；推进实验区基础设施项目前期工作。

【落实惠台政策】 鼓励福建企业赴台投资，福建新大陆电脑有限公司、厦门航空等成为第一批入岛投资的大陆企业，一批有意赴台投资的闽企纷纷到台湾考察投资环境。率先开放台湾企业参与福建大型公共工程建设，鼓励和支持台湾企业参与福建扩大内需的基础设施和重大工程建设，首批开放的20个重大工程项目涉及港口、公路、产业等领域。支持台资企业参与大陆扩大内需的重大项目，目前已有捷联电子、厦华电子、漳州灿坤实业等3家台资企业中标“家电下乡”项目，捷联电子、厦华电子中标彩电项目，灿坤实业中标微波炉项目。

【金融合作】 福州保税区率先启动对台离岸金融试点运作；新台币现钞兑换业务试点扩大至全省。富邦证券厦门办事处正式获批；台湾人寿与厦门建发合资成立的君龙人寿在福州设立分公司的申请得到批准。中华映管借壳闽闽东A股成功上市；翔鹭石化、天福茶叶、三德水泥等台资企业完成A股上市辅导。

【协会园区对接】 闽台行业协会对接方面：台湾六大工商团体(工业总会、商业总会、电电公会、工商协进会、工业协进会、中小企业协会)和台湾工商建研会、石化公会、台北市进出口商业同业公会等应邀参加海峡论坛系列活动，这是台湾六大工商团体在大陆首次共聚一堂参加大型涉台活动。2009年5月18日，首届海峡两岸经贸行业协会对接会在福州举办，台湾石油化工、机械装备、纺织服装、轻工食品、电子信息、交通物流等六大行业的203名台湾嘉宾代表32个台湾同业公会莅会，其中台湾电电公会、台湾纺拓会、台湾全球运筹发展协会等16个行业协会组织先后与福建的相应行业机构签订了合作协议、交流合作备忘录或项目对接意向书。闽台园(港)区合作方面：继续推动台湾有关园(港)区与福建建立对口协作机制，1月，台北内湖科技园区发展协会理事长鲍惠明回访福州高新区时，双方签订了福州高新区和台北内湖科技园区交流合作协议，就聘请高级顾问、建立互动机制、设立联络窗口、加强产业合作、促进企业和科技人员交流合作、加强服务贸易合作等问题达成共识。4月，叶双瑜副省长赴台考察时，福建石化行业协会与台湾石化公会签订了全面合作协议。5月，在福州保税港高峰会议上，由台湾基隆港务局局长萧丁训为团长率领的基隆自由贸易港区代表团，包括长荣海运、万海航运、阳明海运、华冈物流等台湾知名企业在内的一行30人，对福州保税港与基隆自由贸易港区如何开展实质性对接，与福州保税区管委会进行了探讨与交流。8

2009年7月，新大陆申请赴台投资已获国家相关部门正式批准，成为首家陆资赴台企业。成立后的新大陆台湾子公司将主要经营新大陆的数据采集器、金融支付、商业税控等产品，在台湾本岛、北亚、东南亚及全球市场销售。 (祝敏松 摄)

月，陈桦副省长赴台考察期间，闽台经济合作促进会与台湾中小企业协会签订了全面合作协议。

【服务台商】 政策支持。《国务院关于支持福建省加快建设海峡西岸经济区的若干意见》和福建省《贯彻落实国务院关于支持福建省加快建设海峡西岸经济区的若干意见》的实施意见及《福建省建设海峡西岸经济区纲要》都予以台商优惠政策；公安部在赴台出入境管理方面出台支持福建先行先试的2项政策措施；5月16日，交通运输部发布进一步促进两岸海上直航的九项政策措施；5月17日，国台办王毅主任在首届海峡论坛大会上宣布8项惠台新政策，国台办、农业部新批准设立莆田仙游、三明清流台湾农民创业园，商务部、国台办发布《关于大陆企业赴台湾地区投资或设立非企业法人有关事项的通知》共10项政策措施；5月18日，国家质检总局发布《关于进一步支持海峡西岸经济区建设的意见》共20条措施。5月23日，《福建省促进闽台农业合作条例》正式出台，这是大陆首个对台农业合作地方性法规。11月，国台办授权福建省部分赴台活动审批权限。4月，福建省人民政府出台《支持台资企业发展的若干意见》，从拓展融资渠道、促进转型升级、促进台商科技产业园区发展、优化投资环境等4个方面推出25条扶持措施，支持台资企业加快发展，帮助台资企业化危机为机遇，实现可持续发展。促进台资企业转型升级。2008年12月，成立了福建省台资企业转型升级服务团，2009年1月，服务团在福州举办全省台资企业应对金融危机、促进转型升级政策辅导班，邀请省有关部门负责人围绕外贸、金融、科技、劳动、工商、税务、通关等方面内容，就近期国家及福建省新出台的扶持企业转型升级、应对国际金融危机的各项政策措施对台资企业进行辅导。4月，全国首个台资企业转型升级培训基地在泉州市挂牌成立，并举行培训基地首场专家论坛——“品牌交流与经管提升策略论坛”。6月，省直有关单位召开“台资企业（福州）转型升级科技政策宣讲会”。10月，福建省出台《福建省鼓励台商投资的产业指导目录》。在推动解决台资企业融资难问题方面，4月，国台办、中国银行在厦门联合举办“中国银行与台资企业合作推介会”，这是国台办首次举办落实新增1300亿元台资企业专项贷款的活动，随后，中国银行与包括台塑集团、冠捷科技有限公司、友达光电（厦门）有限公司在内的全国12家台资企业签订了全面战略合作或授信协议，合计授信总额高达92.86亿元人民币。5月，福建省组织召开“福建银行业机构与台资企业资金供需对接会”，促成14家银行业机构为24家台资企业提供贷款87.31亿元人民币。

【经贸活动】 2009年4月，第13届海峡两岸机械电子商品交易会暨厦门对台进出口商品交易会成功举办，共有212家台湾企业参展，展出508个展位，参会台商2500多人。5月，第11届海峡两岸经贸交易会参展台商274家，覆盖台湾23个县市，共邀请到47个台湾团组逾千人参会，本届海交会签约台资项目38项（不含第三地转投），利用台资2.7亿美元，比上届多1.01亿美元。6月，第七届中国·海峡项目成果交易会通过举办“首届闽台科技创新（生物医药）高峰论坛”、“第七届海峡青年论坛”、“第三届海峡绿色建筑与建筑节能博览会”、“首届中国海峡国际绿色能源展览会”等系列活动，突出对台特色，突出新能源应用和环保产业发展，呈现出一系列新的亮点。9月，第13届“9·8”投洽会举办“第五届海峡旅游博览会”、“第四届两岸经贸合作与发展论坛”、“2009海峡两岸区域经济发展论坛暨青年创业峰会”等系列活动，新设“台湾地区县市招商展区”和“台湾地区精品展区”，扩大“台湾商品展区”，同时由台北世贸中心牵头举办一系列内容丰富的台湾地区馆日活动，这是在投洽会史上首次举办的台湾地区馆日活动，具有特殊意义。11月，第五届海峡两岸林业博览会暨投资贸易洽谈会，吸引了40多家台湾企业参展，举办“海峡两岸生物医药论坛”和“闽台妇女经贸论坛”等系列活动，进一步把两岸合作由经贸领域逐步扩展到科技、文化和社会事业。

闽台交流

【概述】 把握两岸关系和平发展主题，按照大交流、大合作、大发展的思路，以闽台渊源关系为纽带，以举办海峡论坛为契机，以闽南文化、客家文化、妈祖文化、民俗文化和传统艺术为重点内容，精心组织一系列对台交流活动，推动闽台各领域的交流与合作。全年台胞来闽123.4万人次；赴台交流1295批次，11769人次；台湾记者来闽采访60批，146人次；福建省记者赴台采访20批次，150人次。截至年底，台胞来闽1005.36万人次；赴台交流5364批次，48198人次；台湾记者来闽采访810批，2346人次；福建省记者赴台采访100批次，746人次。

【举办首届海峡论坛】 5月，首届海峡论坛在厦门成功举办，参与主办的25个国家部委、28个台湾民间机构以及参加活动的24个兄弟省市、25个台湾县市和上百个台湾乡里长、宗亲会、同乡会、行业协会、宫庙社团，齐聚海西，共襄盛举。海峡论坛突出民间特色，参加的两岸民众达上万人，规模空前，其中台湾同胞8000多人，涵盖台湾25个县市、20多个主要界别和行业。论坛包括开幕式和论坛大会、两岸经贸合作交易会、海峡文化艺术周、两岸民间交流嘉年华4大板块18场系列活动，涉及两岸经济合作、旅游对接、文化沟通、海上直航、县市协作、中医药研究、影视共赏、武术竞技、书法切磋、妇女交流、青年互动、宗亲联谊等方方面面。海峡论坛成为历年以来对台交流两岸合办单位最多、活动规模最大、参与人数最多、界别最完整、民间色彩最浓厚、基层特色最突出的一次两岸民间大型经济文化交流活动，成为继两岸经贸文化论坛、“两会”协商后的又一个两岸交流沟通重要平台。

【入岛交流】 叶双瑜副省长率福建经贸交流考察团赴台开始为期7天的参访交流活动，在台期间，福建经贸交流考察团与台湾地区石油化学工业同业公会等达成一批合作意向，在石化、机电电子光电、信息等产业领域签订31个合作项目。8月，陈桦副省长率福建省经贸文化交流考察团280人赴台开展为期7天的海西推介活动，在台期间，考察团召开了13场海西推介会，发布包括设立福州（平潭）综合实验区在内的10项惠台政策措施，签署了30项合作协议，在港口、光电、物流、城市建设等领域达成一批项目合作意向，开展了一系列丰富多彩的文化教育交流活动，进一步扩大了海西在岛内的影响力。

【闽台旅游对接】 充分利用闽台两地畅通便捷的交通条件、丰富多样的旅游产品优势，在开放旅游市场、整合旅游资源、打造旅游品牌等方面与台湾旅游业界开展多方面合作，共同做大“海峡旅游”品牌。全年，福建居民赴金马澎旅游共788批、17051人次；赴台旅游2018批、51536人次。截至年底，福建居民赴金马澎旅游累计3956批、86939人次；赴台湾本岛旅游累计2266批、57747人次；省外居民经福建省赴台旅游1433批、40472人次。在经福建口岸赴台湾本岛旅游的98219人次中，有84402人次经“小三通”赴台旅游，占85.9%，“小三通”航线成为海峡两岸旅游双向往来的重要通道，福建成为海峡两岸旅游交流合作的前沿平台、主要集散地和重要旅游目的地。闽台旅游合作。5月，福建省旅游协会与台湾六大旅游同业公会代表签署《闽台旅游品质保障合作协议》，共同保障旅游者和旅游经营者的合法权益；大陆25个赴台旅游地省市旅游局共同签署《打造“小三通”旅游黄金通道合作宣言》。7月，闽台旅游界在福州签订《福建旅游发展合作协议》，推动两岸旅游业界优势互补、资源共享、相互宣传，共同打造“海峡旅游”品牌。9月，成功举办了第五届海峡旅游博览会，在往届由台湾七大旅游公会和金马澎旅游机构为主参会的基础上，台湾中南部的旅游机构、旅游企业首次参展。闽台双向旅游。4月，省旅游局与台湾立荣航空公司联合开展“全民小三通、万人游福建”活动；福建省启动“百万游客海峡行”活动，首批出行团队就有500多名游客经由金门中转赴台湾宝岛旅游。7月，闽台签订“闽台一线牵，立荣十万游神州”合作协议，从2009年7月起至2010年6月，台湾岛内24家旅行组团社将组织台湾居民及世界各地游客10万人，从台湾岛出发，一程多站经“小三通”海空航线来大陆观光旅游。

【闽台科教交流】 科技交流合作。8月，大陆首个、也是目前唯一一个国家级对台科技合作与交流基地在厦门台湾科技企业育成中心揭牌，基地将建成最具竞争力的两岸高端产业对接平台、最具活力的两岸研发创新平台、优质完善的两岸科技服务平台、高标准的两岸人才集聚平台；先后举办了第三届海西科技论坛、第三届海峡绿色与建筑节能博览会、2009两岸创意产业合作与发展高峰会等一系列科技交流活动，推动两岸科技合作向更宽领域、更高层次发展。教育交流合作。5月，大陆首家海峡两岸职业教育交流合作中心在厦门揭牌，以海峡两岸职业教育交流合作中心为平台，推动两岸职业教育先行先试。一是启动闽台高职院校联合培训

台中县的王氏宗亲在家门口摆香案，持香火，迎接闽王金身的到来

闽王巡安交流访问团前往台湾顺济宫巡香

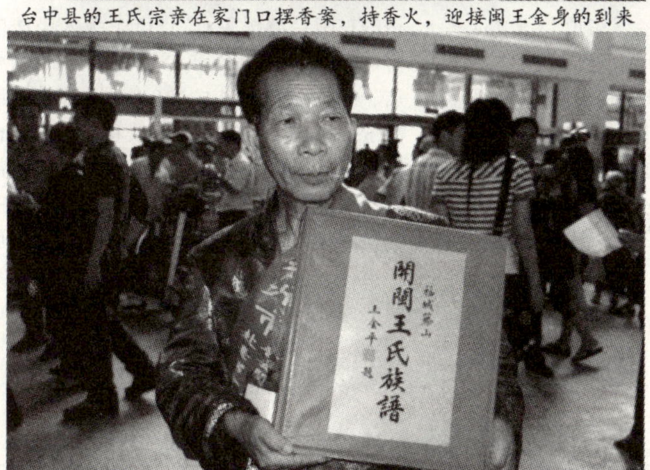

访问团副团长王知德展开《开闽王氏族谱》

马祖乡亲在北竿乡举行隆重的开闽王巡香祭祀大典

2009年6月19日，应台中县王姓宗亲会邀请，由福州晋安区“闽台王审知研究会”组织的闽王金身赴台巡安暨宗亲文化交流访问团一行，护送闽王金身循“两马”航线赴台湾岛内开始为期10天的巡安活动。 （祝敏松　陈锴熙摄）

师资工程，加快建设两岸职业教育师资培训基地。二是推进两岸职业教育教学资源基地建设。三是扩大对台招生，全年招收台湾学生 324 名，截至 2009 年 10 月，累计招收台湾学生 4091 名，目前在校生 858 名。四是启动大学生入岛学习，2009 年秋季，福建选派福州大学、福建师大、福建农林大等 14 所高校首批近 200 名学生赴台湾中兴大学、朝阳科技大学等高校学习，这是福建高校在大陆率先成批次选派学生赴台湾高校学习。五是实施“校校企”和“分段对接”闽台高职联合培养人才项目，2009 年秋季，福建遴选 12 所高校与台湾 17 所高校和 50 余家在大陆的台资企业，在产业发展急需的 28 个专业开展联合培养，办学规模 3140 人；闽江学院等高校率先开展闽台高校“分段对接”联合培养人才项目，与台湾高校合作在 4 个专业领域采取“三加一”方式，选派学生至台湾高校进行为期一年的学习。

【闽台文化交流】 闽南文化交流。2 月，福建省炎黄文化研究会、中华闽南文化研究会首次在台北联合主办海峡两岸闽南文化研讨会；5 月，闽台两地联合举办的“第三届海峡两岸闽南语歌星选拔赛”总决赛在台湾台南市圆满落幕；6 月，在厦门举办了海峡两岸闽南文化生态保护研讨会。民俗信仰交流。围绕妈祖、开漳圣王、关帝、保生大帝、临水娘娘等台湾主要民间信仰的闽台双向交流活动持续不断，先后举办了第三届海峡两岸开漳圣王文化节、第四届海峡两岸保生慈济文化节、第三届闽台对渡文化节暨蚶江海上泼水节、第 18 届海峡两岸（福建东山）关帝文化旅游节暨闽台水产品博览会、古田临水宫祖庙顺天圣母陈靖姑金身首次赴台巡游、第 11 届中国·湄洲妈祖文化旅游节等多项活动，进一步推进了闽台两地之间的民俗文化交流。客家文化交流。3 月，入岛举办了第三届海峡两岸客家高峰论坛，论坛期间在台北市、台中县、高雄市和苗栗县等地举办了客家族谱巡回展，展出了客家族谱 180 多部（册）、88 个姓氏展板约 130 幅及 60 个姓氏资料的多媒体电子读物等；5 月，海峡论坛期间举办了“闽台姓氏族谱和涉台文物展暨宗亲恳亲会”，闽台各姓氏宗亲代表对接交换族谱。宗亲文化交流。4 月，福州市“晋安区首届闽王（王审知）文化节”在福州开幕，约有 1200 人参加了此次活动，其中两岸王氏宗亲代表 800 多人；6 月，福州市闽王金身赴台巡安暨宗亲文化交流访问团一行 85 人，护送闽王金身赴台交流访问，闽王金身是首次入台湾本岛巡安，中国国民党主席吴伯雄、中国国民党荣誉主席连战、闽王后裔、台立法机构负责人王金平分别题词。传统文艺交流。3 月，“福建文化宝岛行”交流团 185 人赴台湾北、中、南部巡回交流，填补了大陆文化团组赴屏东县、高雄县交流的空白；7 月，首届海峡两岸少年儿童美术大展在厦门举行，共展出海峡两岸少年儿童的 393 幅金奖作品；10 月，闽台两地在台湾日月潭联合主办主题为“中秋明月夜，情系日月潭”的《2009 妈祖之光》大型电视晚会；11 月，第二届海峡两岸合唱节在台湾台中市举行，其中大陆赴台合唱人员超过 400 人，这是海峡两岸文化活动大陆演艺团体赴台的最大文艺团组；10 月，在厦门举办 2009 海峡两岸民间艺术节，首次实现两岸戏剧合作，实现了从单纯的闽南文化交流扩展到客家文化、妈祖文化等两岸共同文化的交流与合作。文化产业交流。10 月，第二届海峡两岸文化产业博览交易会在厦门举行，文博会汇集了海峡两岸有代表性的文化企业、文化产品和文化服务，涵盖了创意产业、广播影视、数字娱乐等方面，台湾地区参展展位达到 385 个，共签约项目 82 个，交易金额 87.0477 亿元，比上届分别增长 15.7%、47.46%。10 月，第五届“海峡两岸图书交易会”在厦门举办，参展图书达 20 万种 146 万册（其中，台版图书 3 万种 9 万余册），参展图书总码洋约 2500 万元，来自中国内地和台湾的 600 多家出版社和出版相关单位参展，台湾有 3 家业界协会组团约 500 人参会，设置展位 140 个，参展出版社 210 余家，参展规模为历届之最。11 月，第二届海峡两岸茶业博览会暨武夷山旅游节在福建武夷山开幕，来自海峡两岸的 6000 余名茶商、茶农以及茶业专家聚首武夷山，共有两岸茶企业的展位 56 个，茶博会为台湾茶产区和大陆主要茶产区的交流合作打造了平台。

【服务台胞】 举办闽台人才交流活动。先后举办了第四届台湾地区人才暨大学毕业生大陆就业洽谈会、2009 海峡两岸创意产业合作与发展高峰会议、海峡两岸人才交流与人力资源服务合作大会，开通了两岸人才服务机构首次联合运作的专业人才猎头网站“海峡两岸联合猎才网”；6 月举办海峡两岸人才交流与人力资源服务合作大会，40 家台湾人力资源机构、50 家台湾创业项目单位、19 家台湾文化创意企业前来参会，参会台湾机构数量达到 109 家、参会代表人数达到 184 人，大会对接和签约一批两岸人力资源机构服务机构合作项目、两岸大学生创业项目，举行了项目对接签约仪式和福建省首批 13 家大学生创业培训基地授牌活动。开展劳动技能和职业资格认证工作。福建是劳动和社会保障部确定的开展对台职业技能鉴定的唯一省份，6 月，新开放台胞参加 135 项职业（工业）技能鉴定，至此福建已开考鉴定的 178 个职业工种全部面向台湾台胞开放，迄今为止已有 3500 多名台湾同胞通过鉴定考试获得三级以上职业资格证书；5 月，国台办王毅主任在海峡论坛上宣布，新增统计、审计等 10 类 11 项专业技术人员资格考试项目，至此福建累计对台湾居民开放专业技术人员资格考试项目 28 项。开展台胞就业工作。5 月，福建印发《关于做好取得内地（祖国大陆）全日制普通高校学历的台湾学生来闽就业有关工作的通知》，台生在福建省内就业将与大陆普通高校毕业生在工资福利、社会保险、子女教育等方面享有同等待遇，2009 年有两位台湾学生被福建事业单位录用；6 月，在厦门长庚医院工作的 17 名台湾居民通过相关部门评审，成为首批获得大陆卫生专业高级技术职务任职资格的在闽台湾医生；漳州市中级人民法院聘请一批台商担任涉台民商事案件调解员、顾问，台湾中华总商会会长、海峡两岸法学交流协会理事长廖正豪和当地 9 名台商受聘。7 月，漳州市首次聘请两名台商担任漳浦台湾农民创业园管委会副主任，参与园区事务管理；台湾居民邱冠魁从厦门市律师协会领取到了“申请律师执业人员实习证”，成为福建省第一位取得大陆律师实习证的台湾居民。

闽台直接往来

【闽台海上直航】 2008 年 12 月 15 日，福州、厦门、泉州港启动了与台湾本岛的海上货运直航。2009 年，宁德、松下、秀屿、肖厝、漳州港也先后实现了与台湾本岛的货运直航；截至年底，8 个对台直航港口已完成对台货物吞吐量 2255.68 万吨，集装吞吐量 57.44 万标箱。

【闽台空中直航】 2008 年 12 月 8 日，福州航点启动运营；自 2009 年 8 月 31 日起，两岸空中直航从周末包机发展为平日包机直至实现了两岸常态化定期航班，厦门、福州航点开通了厦门、福州至台北（桃园、松山）、台中的 4 条空中直航航线，航班由每周 4 个航班增加为 23 个航班，客流量持续增长。截至年底，闽台空中直航共运载旅客 20.7 万人次，其中：福州航点 53701 人次，厦门航点 153541 人次。

【闽台直接通邮】 目前，大陆对台唯一水陆路邮件总包互换局设在福州。4 月 24 日，中国邮政对台水陆路邮件监管中心在福州马尾启用，这也是目前大陆唯一对台水陆路邮件监管中心。5 月 16 日以后，福建省内所有寄往马祖的特快专递（EMS）、航空及水陆路邮件等均直接通过“小三通”航线直达马祖，无须经基隆后再返回马祖，信件的往来至少节约 12 个小时。截至年底，福建对台直接通邮函件量 985887 件，特快专递 53426 件，包裹 7390 件；全国经福州邮政交换站的水陆邮政总包 319.69 吨。

【闽台“小三通”】 全年“小三通”航线运载旅客 137.32 万人次，其中：“两门”航线客流量 119.59 万人次，“两马”航线 9.11 万人次，“泉金”航线约 8.62 万人次。4 月 22 日，900 多名福建游客乘坐台湾地区最大的客货滚装轮“台华”轮，首次以包船的方式由厦门直航澎湖和台湾本岛旅游，拉开厦门港对台滚装客运的序幕。9 月 6 日，厦门远洋运输公司的“中远之星”客滚船从厦门东渡国际邮轮码成功首航台中，目前已有每周 4 个往返航次，是继“小三通”航线、两岸海上货运直航、两岸包船客运直航后，两岸首条海上常态化客运航线。

【闽台航运交流】 5 月 16 日，海峡论坛两岸直航圆桌会议在厦门举行，两岸港航界的与会代表围绕全面贯彻落实《海峡两岸海运协议》，扩大两岸在海运领域的交流与合作，加强闽台港口、航运及物流合作等一系列问题进行了广泛的沟通和交流，并就进一步加强两岸航运管理、两岸直航船舶安全管理等方面达成了多项共识；交通运输部在会上发布了 9 项的政策措施，促进闽台航运界的交流与合作。在海峡论坛落下帷幕仅半个月，台湾“立法院交通委员会”、“交通部”等有关部门即来福建省考察“三通”设施，表示将加强合作，共同打造两岸人员、货物往来的综合枢纽。

闽台媒体交流合作

【宣传中央决策部署】 认真组织开展纪念《告台湾同胞书》发表 30 周年系列活动，组织学习胡锦涛总书记对台重要讲话，各级媒体和中央、香港驻闽媒体对此进行大篇幅的报道。大力开展对国务院支持海西建设《意见》的宣传报道，引起了台湾媒体的高度关注。台湾各大媒体争相报道《意见》相关内容，以及海西发展建设情况和福建省先行先试举措等。

【宣传海西】 充分发挥东南卫视、东南广播公司、海峡电视台、厦门卫视等 10 多家对台宣传媒体及中央驻闽媒体和港澳台媒体的宣传平台作用，加大对各重大活动的宣传力度，全面展示海西建设成就；多次邀请台湾媒体来福建进行联合采访，引导台湾媒体对海西发展建设情况进行宣传报道，让台湾记者亲身感受海西，宣传海西。9 月，福建赴京举办“海峡西岸经济区建设情况”中外记者集体采访会，两岸媒体记者参加了采访会，台湾驻京媒体 12 家 17 人全部参加，台湾《旺报》专程从台湾派记者参加。

【宣传报道海峡论坛】 5 月，首届海峡论坛在福建举办，共有 208 家新闻媒体 1281 名记者参会报道，海内外媒刊播稿件（节目）总数达 2058.8 万篇（幅、条）。台湾媒体高度关注，报道重点集中，论坛在岛内引起广泛关注。

【邀请台湾媒体来闽联合采访】 10 月，邀请台湾客家电子报、宝岛客家电台、客家电视台、客家杂志、全球客家邮报、姐妹电台、环球电视台、台湾儒报总社等媒体记者到福建省三明市参访，扩大了三明客家在台湾的影响力，增进台湾民众对客家祖地的认同感。11 月，邀请台湾民众日报、成功电台、台湾时报、胜利电台、葡萄藤社群团等台湾南部媒体记者到福建参访，进一步让台湾各界深入了解海峡西岸经济区的投资环境和台商在海西的生活、经营状况。

【闽台媒体合作】 闽台广播影视媒体合作。1 月 1 日，福州市广电集团与台湾 TVBS 电视台合作的第一档涉台专题新闻电视节目——《海峡面对面》正式开播。4 月，TVBS 与中央电视台中文国际频道、福建广电集团合作推出“直播台湾”大型采访报道，在台环岛直播连续 20 天，向台湾观众展示两岸之间，特别是闽台之间割舍不断的五缘关系。从 6 月 1 日开始，由海峡电视台和台湾中天电视台共同制作的大陆首档文化通栏节目《探密东方》，在台湾中视数位新闻台黄金时段播出，进一步增进台湾观众对中华传统文化的了解，对“根、祖、脉”的认同。11 月，在漳州举办为期 3 天的“中国百家城市台发展论坛”，来自中国内地 25 个省（市）及台、港、澳共 115 家电视媒体参加，增进两岸电视业界的合作。闽台平面媒体合作。4 月，福州日报社与台湾中国时报，福州广电集团与台湾中天电视公司、TVBS 电视台分别签订“增进友好交流协议”，双方将开展新闻业务交流合作，定期互访。6 月，海峡导报与台湾《民众日报》合作，开辟“两岸新闻”专版和“海西专版”，设置“海西在线”、“投资海西”、“海西先行”、“海西资本市场”、“海西旅游圈”、“东西岸交流”等栏目，重点展示海西建设的新进展、新成就。8 月，福建日报报业集团和台湾旺旺中时媒体集团报、民众日报社、澎湖日报社联合主办为期 5 天的“海峡媒体峰会”，来自海峡两岸近 50 家媒体参加峰会，共同探讨海峡两岸媒体合作的空间与前景，搭建两岸长期合作与交流的平台；福建日报与台湾多家媒体签订了合作协议，常年对等数量交换互用时政图文信息。福建媒体赴台驻点。继 2008 年底东南卫视、福建日报首批赴台驻点后，2009 年国台办又批准厦门卫视赴台驻点，并批准台湾东森电视台、中视来闽驻点。

（邓建光）

编辑：章文恕

农业和农村工作

综　述

【概况】 农业经济健康发展。全年农林牧渔业总产值2001.24亿元，增长5%；农林牧渔业增加值1182.74亿元，增长4.7%。粮食总产量666.88万吨，连续3年实现面积、单产、总产量的增长。农林牧渔各业较快发展，全年水产品产量569.67万吨，增长2.8%；肉蛋奶总产量219.50万吨，增长1.0%；造林面积16.94万公顷，超额完成年度计划任务。农产品出口逆势增长，全年实现出口产值34.2亿美元，增长12.8%，出口总量由原来居全国第五位跃升到第三位，其中对台农产品出口3.01亿美元，增长106.9%，继续保持全国领先水平。

农民收支增长较快。全年农民人均纯收入6680元，增长7.8%，扣除价格因素，实际增长10.1%，居全国第7位。农民消费水平明显提高，全年农民人均生活消费支出5015.72元，增长7.6%；农村社会消费品零售总额1465.33亿元，增长16.3%，农村消费市场日趋活跃。

现代农业建设扎实推进。安排1.73亿元现代农业生产发展资金，扶持茶叶、渔业、笋竹、花卉、油茶等特色产业向优势产区集中。开展政银企协作，协调金融机构为省级农业产业化重点龙头企业安排贷款81.1亿元，省财政整合专项资金1.07亿元给予贴息扶持，185家省级以上农业产业化龙头企业实现销售收入706亿元，增长8.9%。引导农业企业争创品牌，评选表彰了20家“福建省品牌农业企业金奖”企业，并给予每家获奖企业100万元奖励。大力推广农业“五新”，组织实施推广项目363项，新机具5200多台（套），推广面积103.6万公顷，带动农民增收12亿元。

闽台农业合作交流成效显著。全年新批办农业台资企业83家，合同利用台资1.7亿美元，实际到资0.9亿美元，利用台资居全国第一。新批仙游、明溪两个台湾农民创业园，目前全省共有4个台湾农民创业园，创业园累计有169家台资农业企业、7家台湾农民个体工商户，引进台资2.81亿美元，成为产业特色明显、典型示范突出的闽台农业合作重要平台。制定了全国首部两岸农业合作的地方性法规《福建省促进闽台农业合作条例》，营造了良好的闽台农业交流合作环境。

农村生产生活条件明显改善。全年财政支持“三农”投入438亿元，增长21%。落实中央和省级惠农直接补贴项目35项、资金近百亿元，农民人均受惠超过350元。争取国家用于农业农村基础设施建设增投资金近26亿元，完成土地开发整理5.83万公顷，改造中低产田1.33万公顷，改造标准化池塘2666公顷，水库除险加固136座，海堤除险加固152千米，新解决133.5万农村人口安全饮水问题，完成6万人造福工程搬迁任务，新建农村沼气池8万户，农村基础设施得到改善。

防灾减灾取得新成效。地质灾害预警救援、台风暴雨预警监测、海上渔船安全监控、动植物疫情防控、森林防火等防灾减灾体系不断健全，“预警到乡、预案到村、责任到人”的防灾减灾工作机制更加完善，实现了视频应急会商指挥系统延伸到村、渔用信息系统终端安装到船的目标。

农村发展活力持续增强。农村综合改革稳步推进，林权制度改革继续深化，林农耕山育林积极性持续提升，义务教育历史债务清理化解工作基本完成，粮食流通体制改革和供销合作社改革稳步推进。党员驻村干部、农村“六大员”、科技特派员、农村实用人才等队伍作用进一步发挥，基层组织建设继续加强，村级换届全面完成，村务公开和民主管理不断深化，党群干群关系进一步密切，农村社会安定稳定。“三农”工作取得的成效，为有效应对金融危机、促进福建省经济社会平稳较快发展作出了重要贡献。（张星辉）

2009年7月16日第五届七省粮食产销协作福建洽谈会在厦门举行。

（福建省粮食局供稿）

农业区划

【概况】 全省农业资源区划工作以"资源监测——区划规划——战略研究——项目示范"为主线，通过拓展农业功能，发展休闲农业、乡村旅游，为社会主义新农村建设和农民增收提供服务。整合各专业部门分散的调查、监测数据和研究成果，在摸清全省农业资源家底和开发利用现状基础上，建立农业资源数据系统，完成了"福建省农业资源可持续利用和作物优化布局咨询服务系统"(精细农业区划)项目建设。开展农业资源监测与评价试点工作，在尤溪、龙海、浦城、霞浦、上杭5个县实施国家级地面样方网点县监测，在水稻生长期间，每半个月向农业部遥感中心提供田间实测数据。组织对辖区内乡村休闲农业项目资源进行摸底调查，开展休闲农业示范点创建活动，扶持10个有一定发展规模、对当地休闲农业发展起到一定示范作用的企业(村镇)。

(杨亚平　王振惠)

闽台农业合作

【概况】 全年新批农业台资项目83个，合同利用台资1.7亿美元，到2009年底全省累计批办台资农业项目2177个，合同利用台资27.9亿美元，实际到资16亿美元，继续保持在全国领先地位，闽台农业合作呈现良好的持续先行态势。扎实推进海峡两岸(福建)农业合作试验区建设，3月，国台办批准设立海峡(福建漳州)花卉集散中心；5月，农业部、国台办批准设立莆田仙游、三明清流台湾农民创业园，出台大陆第一个关于两岸农业合作方面的地方性法规《福建省促进闽台农业合作条例》；11月，成功举办首届海峡两岸现代农业博览会。

【出台法规】 5月23日，福建省第十一届人民代表大会常务委员会第九次会议通过了《福建省促进闽台农业合作条例》，并于5月25日正式颁布施行。该《条例》是大陆第一个关于两岸农业合作方面的地方性法规，共四章三十七条，分别在闽台农业合作的基本原则、从事闽台农业合作台湾同胞的投资待遇、政府的服务和保障职责、鼓励闽台农业合作与交流、闽台农业合作用地、贷款和融资、权益保障等方面作出规定，从更高层面上明确了推动闽台农业合作政策规定和促进先行先试的具体措施，为闽台农业合作交流提供了更加有力的保障。

【项目带动】 在全国率先开展台湾农民创业园建设，在原有漳浦、漳平永福台湾农民创业园的基础上，莆田仙游、三明清流又获得农业部、国台办批准设立台湾农民创业园，迄今全省已有4个国家级台湾农民创业园，为全国最多，成为两岸农业合作的新亮点；全年台湾农民创业园新批办台资农业企业16家，利用台资1380万美元，新登记台湾农民个体工商户2个，莆田仙游台湾农民创业园还建立大陆第一个海峡两岸大学生创业园。三明林业实验区建设继续取得新进展，新批台资农业企业10家，总投资1911万美元。台湾农产品集散中心建设加快推进，闽台农产品贸易在金融危机的背景下，保持了快速增长。全年闽台农产品贸易额突破3.6亿美元，增长81%，其中：对台出口3亿美元，增长107.7%；对台进口0.65亿美元，增长14.6%。厦门成为全国最大的台湾水果进口集散地，厦门港成为台湾水果进入大陆的首选中转站，全年厦门口岸进口台湾水果再创历史新高，共进口370批、4254吨、370万美元，分别增长96.8%、161.5%、153.4%，连续两年稳居全国进口台湾水果第一口岸地位。

【经贸展会】 11月6日—9日，在三明举办第五届海峡两岸林业博览会暨投资贸易洽谈会，围绕"发展绿色产业、建设生态文明"主题，集中展现绿色海西、魅力三明，共有481家境内外企业参展，产品涉及木竹加工产品、工艺品、化工产品、特色农产品、科技成果与实用技术等，现场销售及商品交易订单总额11.36亿元，共签约项目230项，总投资145.73亿元。11月16日—18日，在宁德举办第三届海峡两岸茶叶博览会，展馆面积3.2万平方米，安排标准展位1000个，参展企业630家、2000多人，到会来宾、客商1万多人，参展产品5000多个花色品种，从展品数量到展出内容、从参展企业到参观人数，均创下全国专业茶展会的历史新高。11月18日—22日，在漳州举办首届海峡两岸现代农业博览会暨第十一届海峡两岸花卉博览会，共设4个室内展馆，总面积3万平方米，分设台湾农民创业园展区、闽台农业综合展区、海洋与渔业展区等12个展区，还设立面积达15万平方米的室外展区，包括闽南瓜果园、盆景园、花卉培育基地等，台湾所有县市及大陆25个省(自治区、直辖市)和15个台湾农民创业园参会，参展企业1157家，其中台湾企业281家，与会国内外采购商

2009年11月18—22日，第十一届海峡两岸花卉博览会在漳州举行。图为活动现场。

(祝敏松　摄)

1016家；现场签约闽台农业合作项目50个，总投资5亿美元。12月，在厦门举办第四届中国2009海峡两岸(厦门)农渔业论坛暨产业对接会，论坛首次升格为由农业部和国务院台湾事务办公室指导，海峡两岸农业交流协会主办，全国各地果蔬批发市场负责人、主要经销商以及数十家台湾农、渔业行业协会参会，27个项目在此次论坛上成功对接，签约总金额达2.51亿元。

【交流往来】 闽台农业界的企业、科技、教学、民间团体的双向交流明显增加。5月，邀请包括台湾中南部农民在内的台湾各级农业界人士参加首届海峡论坛。7月，推动两岸乡村对接与交流，组织宁德市蕉城区金涵乡上金贝村等9个乡村参加在上海举办的"两岸乡村座谈"活动，与台湾彰化县溪湖镇等9个乡(镇)签订两岸乡村农业合作备忘录；福建农林大学与台湾中兴大学等多所大学签订合作交流协议。10月，首届台湾籍函授学历班学员在福建农林大学学成毕业；福建省畜牧兽医学会与台湾省畜牧事业发展协会在三明共同举办"2009海峡畜牧业博览会"。11月，组织全省重点茶产区专业人员组成"海峡茶业人才交流团"一行29人赴台观摩台湾茶产业，就有机茶种植、茶叶销售、茶残留去除技术等与台湾业界人士作深入的交流和探讨，为闽台茶业界搭建交流合作平台。

(陈浩　王振惠)

种植业

【粮食作物】 积极落实各项惠粮政策，扎实开展粮食高产创建活动，超级稻、再生稻高产栽培、马铃薯稻草包芯技术和脱毒甘薯、脱毒马铃薯在生产中得以广泛应用，有效促进了粮食单产水平提高，粮食生产再次取得面积、单产、总产"三增长"。全年粮食播种面积123.1万公顷，比上年增加2.07万公顷，增长1.7%；粮食总产量666.88万吨，增加14.67万吨，增长2.2%；平均亩产361.1千克，提高1.8千克，增长0.5%。全年春粮、夏粮和秋粮面积分别为8.37万公顷、27.94万公顷和86.79万公顷，分别增加7760公顷、3606.67公顷和9373.33公顷；春粮、夏粮和秋粮产量分别为31.57万吨、145.43万吨和489.87万吨，分别增加3.46万吨、4.49万吨和6.71万吨。

【经济作物】 全年园林水果产量564.08万吨，增加10.71万吨，增长1.9%；茶叶产量26.57万吨，增加1.84万吨，增长7.4%；蔬菜产量1449.3万吨，增加40.15万吨，增长2.8%；食用菌产量72.24万吨，增长1.6%。

【新技术推广】 粮油作物生产方面：突破超级稻，在全省示范推广农业部认定的超级稻组合18.5万公顷，平均亩产582千克，比一般杂交稻亩增51千克；提升再生稻，推广"双高"(再生率高、单产高)组合、畦厢式栽培、间歇沟灌、重施促芽肥、适当高留桩等关键技术，提升再生稻的成功率和单产；开展冬种示范，重点推广马铃薯脱毒种薯、稻草包芯栽培、晚疫病综防技术和推广高产高油"双低"杂交油菜新品种。水果生产方面：组织实施水果综合配套高产栽培技术，推广实施柑桔、早熟梨营养诊断与配方施肥、果实套袋、柑桔简化与矮形修剪、柑桔完熟栽培等技术，组织建立水果生产示范片；加强柑桔无病苗木繁育工作，加快建设永春、新罗等柑桔无病苗木繁育场(圃)，组织全省柑桔无病苗圃协作，推进柑橘无病苗木的繁育与推广；加大新品种的示范推广力度，先后召开早熟梨、晚熟荔枝、甜柿等生产现场观摩会，进行会议交流、现场观摩，开展品种鉴评。茶叶生产方面：开展优异茶树种质资源保护与利用，新确定15个优异茶树品种和2个种质资源圃，实行保护与开发利用相结合；开展现代茶业项目建设，实施中央财政支持福建茶业现代农业发展项目，抓好标准化、生态茶园建设，推进茶叶品种改良，提高茶叶加工水平；开展茶叶生产与加工培训，重点培训红茶加工技术与工艺、茶叶品质与土壤关系、红茶审评、红茶加工技术实践操作等内容。蔬菜生产方面：在长乐市、福清市建立核心示范片66.67公顷，实施应用农残控制管理系统和西瓜病虫害数据库系统；继续做好农业部丰收计划项目"南方出口型胡萝卜节水高效栽培技术推广"和"中高海拔地区夏秋反季节花椰菜优质丰产栽培技术"。食用菌生产方面：着力推进食用菌工厂化栽培，全省筛选、建立了5家食用菌工厂化规模化栽培示范企业，示范带动食用菌产业生产模式转变，推动食用菌产业升级；大力推广利用菌草、松木屑、杉木屑、竹屑、果茶枝条、落叶树枝等在内的代用料栽培食用菌，全省推广1.5亿袋，创产值3.75亿元；建设12个食用菌标准化示范区，依托示范区建设开展科技种菇与质量安全宣传培训，累计举办各种形式的技术培训班211期，培训菇农16213人次。中药材生产方面：加快中药材种质资源保护，收集保存泽泻、半夏、山药、麦冬、薏苡仁、瓜蒌、栀子、蔓荆子、凉粉草、穿心莲、九节茶等20多种中药材的种质资源，建立中药材种质资源圃；开展仙草、山药和薏苡仁等大宗药材良种的筛选研究，组织仙草、山药等大宗药材良种的配套高产栽培技术示范推广；开展海峡两岸中草药产业交流与合作，征集海峡两岸中草药产业对接项目，共收到省内外项目130多项，其中：台湾17项，福建36项，利用6.18平台专场推荐与对接，海峡两岸共有20个项目在第三届海峡科技论坛上对接签约。

【农业标准化】 组织编写《柑桔黄龙病田间诊断与实验室检测技术规程》、《无公害食品——薄皮甜瓜生产技术规范》、《无公害食品——瓠瓜栽培技术规范》和《无公害食品——瓠瓜》等4个福建省地方标准，其中《柑橘黄龙病诊断与鉴定技术规程》已由福建省质量技术监督局审定并颁布实施。开展种植业标准化生产示范，在全省建设15个省级种植业标准化示范区，开展农民培训和标准化示范；在全省28个县筹备创建41个水果、茶叶和蔬菜等园艺作物标准园，重点抓好生态栽培技术推广、推进标准化生产和建立产品卫生质量安全管理制度等工作。

(杨建榕　王振惠)

林业

【林权改革】 全年完成生态公益林管护机制改革面积272.6万公顷，占应改革面积的96.8%。766.65万公顷森林全部纳入火灾保险范畴，保额575亿元。在5个设区市43个县推行采伐指标“三公”（公开、公平、公正）分配新机制，在永安、延平等地开展采伐管理改革试点，进一步落实了林农对林木的处置权。新增各类林业贷款23亿元，增长26%。林业立法取得突破，颁布实施全国首部林权登记地方性法规——《福建省林权登记条例》；《福建省森林公园管理办法》已到省政府审议阶段；《福建省林木林地权属争议处理条例》有效实施，全年共调处林权争议502起，面积1.38万公顷。

【造林绿化】 全年完成植树造林16.9万公顷，增长17.8%，是1995年以来造林绿化面积最多的一年，其中：完成绿色通道道路两侧绿化3061千米；交通主干线一重山造林绿化1.12万公顷；油茶造林4363公顷；现有林抚育2.97万公顷；种植珍贵树示范村建设1083个；义务植树6860.5万株。第一批中央新增投资沿海防护林项目完成造林和封山育林4.67万公顷；第四批项目投资计划已下达，省级以上投资8750万元已落实。据全国第七次森林资源连续清查成果，福建省森林覆盖率提高到63.1%，继续位居全国第一。

【林业产业】 全年实现林业产业总产值1473亿元，增长11.1%，其中规模以上林业工业产值1165.22亿元，增长18.8%；实现出口交货值147.34亿元，增长4.4%；完成商品材生产635.3万立方米，销售636.7万立方米；生产竹材3.8亿根，增长11.8%；人造板产量702.1万立方米，增长12.4%。中国（莆田）木业投资贸易洽谈会、海峡两岸林业博览会暨投资贸易洽谈会、海峡两岸花卉博览会、“6·18”中国·海峡项目成果交易会、“9·8”中国国际投资贸易洽谈会共签约林业项目417项，总投资232.8亿元；在2009年中国（义乌）国际森林产品博览会（简称森博会）上，福建完成现场交易额720多万元，签订订单、合同、协议等近1535万元。

【资源保护】 全年审核建设项目征占用林地823起，面积6569.8公顷，征收森林植被恢复费4.6亿元。森林防火出台了《省森林防火指挥部工作规则》等7项制度，新造生物防火林带8006千米，开展贯彻《森林防火条例》规范化建设试点，综合防控能力得到提高；全年发生森林火灾510起，发生率为6.2次/10万公顷，占省定控制指标的62%；森警部队组建有序进行，兵力1700人已全部到位，出动兵力3079人次，参加火灾扑救87场（次）。主要林业有害生物发生10.83万公顷，下降25.3%；防治10.56万公顷，防治率97.5%，其中松材线虫病除治率100%。自然保护区、湿地保护建设得到加强，安排资金3724万元用于保护区内林权所有者和区内505户群众搬迁补偿；梅花山华南虎繁育研究中心已成为全国最大的华南虎野化繁育基地。侦破、查处各类涉林违法犯罪案件3.9万起，为国家挽回经济损失1.96亿元。

【科技兴林】 全年争取国家、省、部有关部门林业科研项目35项，获省级以上科技进步奖19项，制定林业行业标准10项。新建种子园166.47公顷，生产各类苗木4.9亿株，良种使用率达46%。“96355”林业服务热线电话新开通14个县（市、区），累计达52个；为林农编印《油茶实用技术》和《林业政策与实用技术——96355林业服务热线1000例》，培训林农和技术员5万多人次。林政管理业务应用系统实现了省、市、县、乡（国有林场）四级全覆盖，森林资源监测管理应用系统覆盖到省、市、县三级及部分林业站，网上信访流转应用平台覆盖到省、市、县三级，被评为全国林业信息化先进单位。

【争取支持】 抓住国家扩大内需、加大生态建设投入的契机，认真筹划建设项目，积极争取国家对福建林业的投入，全年新增加的项目有油茶产业发展、竹业花卉发展、森林火灾保险、国有林场危旧房改造等；大幅增加的项目有两期中央扩大内需沿海防护林、中幼林抚育、重点区位造林绿化、森林病虫害防治、林业科技、林业小额贷款贴息等。国家将福建省列入全国森林火灾保险试点省，中央财政给予30%的保费补贴，豁免重度受灾世行贷款造林项目信贷剩余本息1767万元，安排林业贴息贷款规模14.5亿元。省委、省政府出台《关于持续深化林改，建设海西现代林业的意见》，提高生态公益林补偿标准，规定林业部门行政事业经费由同级财政部门通过部门预算予以核拨，建立造林抚育保护管理投入补贴制度等政策，为今后林业健康发展起到巨大推动作用。

【政策法规】 《福建省林权登记条例》，经福建省第十一届人大常委会第十二次会议审议通过，于2010年3月1日起正式施行，这是全国第一部林权登记的地方性法规。12月15日，中共福建省委、省政府正式印发《关于持续深化林改建设海西现代林业的意见》，这是福建省贯彻中央林业工作会议精神和党中央、国务院《关于全面推进集体林权制度改革的意见》的重大举措。

【资源清查】 根据第七次全国森林资源连续清查结果，福建省森林面积766.65万公顷，森林覆盖率由62.96%增加到63.10%，继续保持全国第一。活立木总蓄积量5.32亿立方米，居全国第七位。竹林面积99.31万公顷，列全国第一位，毛竹总株数19.73亿株。人工林保存面积359.2万公顷，列全国第五位；人工林蓄积量1.96亿立方米，位居全国第一位。 （范广阔）

畜牧业

【概况】 全年畜牧业生产稳定发展，实现畜牧业产值366.91亿元，增长2.9%，占农林牧渔总产值的18.3%。肉蛋奶总产量219.50万吨，增长1.0%，其中：肉类产量175.19万吨，增长3.4%；禽蛋产量28.75万吨，减少12.9%；奶类产量15.56万吨，增长4.6%。全年生猪存栏1315.79万头，减少0.6%，出栏1.94亿头，增长4.5%；家禽存栏8422.16万只，减少9.8%，出栏1.94亿只，减少2.5%；羊存栏103.39万头，增长7.1%，出栏127.55万头，增长5.8%；牛存栏70.28万头，减少0.8%，出栏21.56万头，增长1.3%。全年配合饲料、浓缩饲料、添加剂预混料总产量427.0万吨，增长20.0%；总产值127.2亿元，增长6.7%。饲料添加剂总产量4.5万吨，增长32.8%，总产值7.5亿元，增长

69.9%；动物源性饲料总产量7.6万吨，增长36.9%。全年兽药总产值8.05亿元，销售6.67亿元，其中生物制品产值8500万元；兽用原料药产品远销海外，销售额5658万美元。

【畜禽良种繁殖体系建设】 重点完善种畜场的基础设施和优化种质种群结构，加强畜禽遗传资源保护与开发，进一步提高遗传资源利用效率和畜禽良种覆盖率，促进畜牧业向高产、优质、高效转变发展。实施生猪良种补贴，实施区域涵盖福清市、新罗区、延平区、龙海市、上杭县、武平县、南安县、仙游县、涵江区、蕉城区和沙县等，共补贴41万头能繁母猪，补贴金额为1640万元。实施奶牛良种补贴，全年改良荷斯坦奶牛3.6万头，补贴资金108万元，改良奶水牛1万头，补贴资金20万元，合计补贴资金128万元。实施生猪调出大县奖励，全年中央财政对福建8个生猪调出大县奖励资金5211万元，其中：新罗区1142万元，福清市850万元，延平区699万元，上杭县682万元，永定县559万元，武平县520万元，长汀县456万元，南安市303万元。实施能繁母猪保险，制定下发《关于做好2009年水稻和能繁母猪保险工作的通知》，在全省范围开展能繁母猪保险，全年承保能繁母猪数75.73万头，每头能繁母猪保险金额统一为1000元，保费为60元，其中省级财政承担36元、市县财政承担12元、养殖户承担12元。

【畜禽遗传资源保护】 槐猪、莆田黑猪、连城白鸭、河田鸡、福建兔（黄毛系）、晋江马等品种保种场以及晋江马保护区、福建省石狮水禽保种中心分别被认定为国家级保种场、保种区和基因库；实施河田鸡、福建黄兔、长乐鹅等品种保种场和石狮国家水禽基因库、晋江马保护区等国家畜禽遗传资源保护项目。实施畜禽良种保护及品种改良与推广项目，使福安水牛、莆田黑猪、白绒乌骨鸡、晋江马、闽北花猪、闽北白鹅、戴云山羊得到有效保护，促进了山麻鸭、金定鸭、福清山羊等品种的开发利用。在全国新一轮畜禽遗传资源调查中新发现闽东山羊、闽清毛脚鸡、象洞鸡和《畜牧法》颁布前由省级遗传资源鉴定的金湖乌凤鸡、德化黑鸡经国家畜禽遗传资源委员会鉴定，成为国家认可的新遗传资源，福建地方畜禽遗传资源数达到27个。

【畜牧标准化建设】 开展畜牧五新示范与推广，重点推广4种生猪生态健康养殖模式：猪—沼—果（草、林、菜、茶等）生态型和达标排放、漏缝地面—免冲洗—减速排放等环保型养猪模式，试点应用生物发酵垫料床零排放模式等。制定《福建省2009年畜牧五新示范与推广实施方案》，实施10个畜牧"五新"推广项目，组织首席专家和骨干力量下乡加强对项目的技术指导和培训，全省畜牧"五新"示范县（区）共举办培训班9期，培训近300人次。实施生猪、奶牛标准化场建设项目，129个生猪标准化规模养殖场（小区）建设项目获得国家财政补助7000万元，6个奶牛标准化规模养殖场（小区）建设项目获得补助500万元；确定20个市（县、区）为畜牧业标准化示范区项目县，每个项目县补助10万元。

【重大动物疫病防控】 全年动物疫病稳中有降，连续6年没有发生高致病性禽流感等重大动物疫情，未发现猪感染甲型H1N1流感病例。狠抓强制集中免疫，全面推行以乡镇为基础、以村级动物防疫员为主体，组建动物防疫专业队（组），开展拉网式集中免疫和实行月免疫日制度相结合的工作机制，全年累计开展高致病性禽流感等强制免疫5.49亿头（羽），免疫密度和免疫质量均达到国家规定要求，构筑有效的免疫保护屏障。强化动物疫病监测，全年共开展主要动物疫病监测30.03万头（羽）份，抽检活禽市场禽流感病原学样品1745份。强化动物疫病流行病学调查，在9个设区市22个县（市、区）开展动物流行病学调查，形成流行病学调查报告。强化应急各项工作，进一步完善重大动物疫病防控的责任机制，坚持24小时值班制度、健全和完善省、市、县、乡、村疫情报告网络，强化疫情报告和核查制度，确保做到早发现，早报告，快反应，严处置。强化夏季消毒灭源，部署并组织实施消毒灭源活动，全年共投入经费432.28万元，消毒药品186.11吨（其中省级60.7吨），消毒面积达7324.07万平方米。

【动物卫生监督】 县级动物卫生监督体制改革基本完成，县级动物卫生监督机构设置明确，有独立机构、独立法人和独立编制。实施检疫监督项目建设，每个县配备监督执法车、取证设备等监督执法装备，不断提高动物卫生监督执法能力建设和素质建设。进一步规范产地检疫操作，严禁患病动物、未经强制免疫动物和未佩戴法定动物标识动物出场调运，加大对年出栏3000头以上规模生猪养殖场产地检疫申报管理工作。以饲料质量安全专项整治暨执法年活动为契机，加大饲料专项整治行动，把检测抽样工作和监督执法紧密结合起来，严厉打击违法行为，确保动物产品安全，全年在规模养殖场和屠宰场共抽检生猪尿样70713批次，检出盐酸克伦特罗阳性7批次，阳性率0.01%。

（姚宝珍　王振惠）

渔　业

【概况】 以建设现代渔业为目标，积极调整渔业结构，切实提升渔业产业效益，促进渔民增收。全年水产品产量569.67万吨，增长2.79%；渔业经济总产值1194.85亿元，增长4.14%；渔业经济增加值636.29亿元，增长4.11%；渔民人均收入8291元，增长6.86%。

【水产养殖】 全年水产养殖产量356.93万吨，产值368.25亿元。开展标准化水产养殖池塘建设改造工作，累计完成2726.67公顷池塘标准化改（扩）建工作，投入资金超过2亿元。积极创建水产健康养殖示范区（场），新增农业部水产健康养殖示范场23个。深入开展渔业科技入户示范工程，全省6个县（市、区）共培育发展科技示范户1146户，辐射带动21460户渔户。开展全省水产技术推广体系运行机制创新试点，继续推进渔业"五新"推广工作，推广、指导面积近9万公顷。强化重大水生动物疫病监控，加强养殖病害防治指导工作。全年处理重大水生动物病害事件13起，通过有针对性地进行病害防治技术的跟踪指导、咨询、培训以及科普宣传，维护了病发区社会安定稳定。

【水产加工】 全年水产加工总量213.4万吨，实现产值276亿元，其中出口15.42亿美元，继续居福建大宗农产品出口首位；占全国水产品出口额的14.3%，居全国第四位。项目建设持续推进，通过现代渔业发展项目、海洋渔业重点项目等，扶持水产加工项目建设，部分新、改、扩建加工项目陆续投产，带动新增投资约15亿元。品牌建设卓有成效，评审确定2009—2010年度省级水产产业化龙头企业77家，31个水产品入选省名牌产品，14个水产品入选省著名商标，4家水产加工企业获得省“品牌农业企业金奖”称号。渔业标准化工作扎实开展，全年共下达省级渔业地方标准制修订任务12项，发布实施渔业地方标准13项。

【外向型渔业】 积极推动闽台渔业合作，成功举办“2009海峡(福州)渔业周暨渔业博览会”，参观渔业博览会的人流量超过8万人次，参展和采购客商签约贸易订单8亿元，取得了很好的经济和社会效益。全年出口台湾水产品4.18万吨，增长62.65%；金额2.51亿美元，增长158.54%，台湾成为福建第二大水产品出口目的地。全年水产品出口创汇额15.42亿美元，增长37.56%，福建成为全国水产品主要出口省份中少数出口量和出口额均大幅增加的省份。

【休闲渔业】 加快推进水乡渔村创建工作，与省旅游局审定并公布了第二批水乡渔村项目11个，至此全省已先后公布了2批23家水乡渔村，遍布22个县(市、区)，涵盖休闲垂钓、水产品食购等形式多样、品位多元、各具特色的休闲渔业活动。在中国渔业协会的协作下，成功举办2009中国(厦门)国际休闲渔业博览会，博览会以“两岸休闲渔业产业合作与交流”为主题，展示休闲渔业行业发展的新产品、新技术、新模式，设有休闲渔业模式展、观赏鱼展示、水族器材、休闲垂钓钓具以及休闲食品展等5大版块。成功举办2009海西“水乡渔村杯”海之星矶钓赛，来自省内外以及台湾、香港、澳门地区的60支代表队180名海钓高手，在霞浦县四礵列岛展开2天的浮游矶钓比赛。

【水产品质量安全监管】 扎实开展全省水产品质量安全整治暨执法年活动，推行水产健康养殖，规范水产品育苗、养殖环节用药行为，加大监测力度，强化执法监管，全年产地水产品质量安全监督抽检合格率为98.9%，7个设区市城区水产批发市场100%纳入质量安全例行监测；出动渔业行政、执法人员1.3万多人次，检查养殖场(育苗场)、兽(渔)店8700多家(次)，下发整改通知书170多件，立案查处20起，无害化销毁水产品(苗种)800多玩尾(粒)，建立黑名单制度，在主要媒体公布了检出禁用药物的生产企业名单。大力推进无公害水产品产地认定和产品认证，新认定无公害水产品产地76家、6866.67公顷，新认证无公害水产品80个、1.3万吨。加强水产品质量安全检验检测体系建设，获准筹建农业部渔业产品质量监督检验测试中心(东南沿海)；投入420万元扶持7个设区市局建设水产品质量安全检测站；5个县级水产品质量安全检测站建设项目获得批准。制定出台《福建省海洋与渔业厅关于加强水产品质量安全监管工作的意见》，进一步健全水产品质量安全监管长效机制。加强海水贝类养殖区域划型和管理，全省已有12600多公顷的海水贝类养殖区域完成划型工作，全年安排贝类有毒有害物质监控200批次。

水乡渔村 (省海洋与渔业厅供稿)

【渔业执法】 扎实推动以“护渔2009”为重点的渔业执法行动，强化伏季休渔监管，确保调整后的伏季休渔制度顺利实施。护渔行动期间，全省共出动执法船艇883航次、执法人员8813人次，登临检查渔船13101艘，罚款165万元，维护了正常渔业生产秩序。加大非法捕捞作业打击力度，组织省、市、县三级在闽江和九龙江流域开展声势浩大的专项整治行动，共出动渔政执法船艇52艘次、出动执法人员800多人次，查获没收电鱼工具32件，暂扣电渔船4艘，拆除销毁违禁渔具376件，渔民自行拆除违法捕捞设施和渔具达236件。

【渔业安全管理】 认真组织“渔业安全生产年活动”，深入开展渔业安全隐患排查治理和安全生产大检查，共登临检查渔船约2.5万艘次，组织渔业安全应急演练20场。开展全省性渔业安全宣讲活动，举办大型渔业安全宣讲活动52场、各类渔业安全座谈会近350场、船东船长培训班60期、“四小证”培训班约90期，参加人数达5万多人次。全年共发生各类渔业船舶水上事故57起，下降17.4%；事故造成死亡失踪35人，下降22.2%；沉毁船25艘，下降19.4%。

【渔船信息化管理】 实施“福建省海洋渔业船舶管理信息化系统”建设，实现渔船数据有效统一、合法规范、网上公开、信息共享、随时查询的信息化管理目标。全省渔船管理信息化系统建设分阶段推进，渔船信息化管理泉州试点实船核查工作已全部结束，并顺利转入系统试运行阶段。宁德、福州两市的实船核查工作进展顺利。

【渔业保险】 将政策性渔业保险工作任务层层分解到市、县(区),切实把为民办实事工作落到实处。全年沿海市、县(区)共办理政策性渔工保险121675人,占应保渔工的93.27%,政策性渔工保险覆盖面达93.27%;办理政策性渔船保险7647艘,占应保渔船的76.24%,政策性渔船保险覆盖面达76.24%;共办理政策性渔业保险理赔939起,赔付2230.8万元。

【渔船油补】 按照农业部部署,制订工作方案并成立领导小组,召开全省渔船油价补贴发放工作推进会,促进各市县渔业主管部门在当地政府领导下及时按要做好油价补贴发放工作。全年油价补贴分两批共发放4.12亿元,占应发放4.49亿元的91.81%。

(房月英)

农 垦

【概况】 全省农垦系统有独立核算企业127个,其中:国有农场115个,工业企业5个,其他7个;农垦总人口23.10万人,从业人员11.56万人。土地总面积11.6万公顷,比上年减少4.2%;耕地面积109.1万公顷,减少3.3%;林地面积5.65万公顷,减少6.6%;茶叶面积4240公顷,减少8.4%;水果种植面积1.36万公顷,基本持平;水产养殖面积2000公顷,减少1.0%;猪年末存栏30.57万头,增长7.4%。全年完成生产总值29.12亿元,增长18.1%;人均纯收入6980元,增长6.8%;出口商品交货值4亿元,减少6.0%。工农业总产值76.28亿元,增长11.5%,其中:农业总产值18.37亿元,增长2.6%;工业总产值57.91亿元,增长13.7%;主要产品产量为:粮食产量7.08万吨,基本持平;茶叶产量5500吨,增长1.5%;油料产量4400吨,基本持平;水果产量10.78万吨,减少3.5%;甘蔗产量3.16万吨,减少1.3%;水产品产量3.21万吨,增长3.3%;肉类总产量3.76万吨,增长1.4%;牛奶产量1.18万吨,基本持平;原煤产量10.72万吨,增长14.7%;原盐产量1.18万吨,减少31.8%;精制茶产量5500吨,基本持平;机制纸6.62万吨,增加0.7%;水泥产量44.55万吨,减少0.6%;发电量6786万千瓦小时,减少38.3%;罐头产量1800吨,减少4.2%;软饮料4300吨,增加4.7%;消毒液体奶1200吨,减少12.2%。

【发展现代农业】 检查总结2008年15个示范基地建设情况,续建和新建15个现代农业示范基地,各示范基地作物单产和优质率均提高10%以上,辐射带动面6666.67公顷。开展农业部农垦局茶叶无性系良种和蛋鸡标准化技术推广项目,以福安市农垦茶业有限公司和沙县综合农场为实施点,通过开展新品种推广培训、培育3.33公顷高标准母本园、扩大优良乌龙茶品种生产基地13.33公顷等,实现年产干茶15吨,示范带动周边茶农2万多户。以龙海市程溪农场为实施点,通过完善生产、技术标准,培训、发放标准化生产技术及资料,示范、推广蛋鸡标准化生产技术,辐射带动周边养殖户达150户,使家禽存活率得以提高,品质有所提升。在福安市王家茶场茶叶基地实施"茶叶新品种推广以及标准化生产技术的示范推广"项目,完成新优茶树良种示范基地26.67公顷,茶叶标准化生产示范基地133.33公顷和茶叶技术培训基地建设。云霄县和平农场、福建燕顶茶业有限公司、莆田市秀屿区前沁农场天兰蔬菜发展有限公司被省农业厅评为2009—2010年度省级农牧业产业化龙头企业。

【农产品质量追溯系统】 在农业部农垦局指导下,全省农产品质量追溯系统率先在农垦系统开展,主要是按照生产可记录、信息可查询、流向可跟踪、责任可追溯的基本要求,充分运用计算机技术、网络通讯技术、数字化物流管理技术,对农产品从源头到市场实施精细化管理,记录农产品每个批次(个体)在生产、加工、流通各个环节的质量安全信息,并赋予身份标识,建立具有开放、动态、全程管理特点的乌龙茶产品质量追溯系统,实现农产品从源头到市场质量安全可追溯。福建省安溪八马茶业有限公司承担了"乌龙茶产品质量追溯系统建设"项目,是首家由政府组织开展农产品质量追溯系统建设的企业。

【农工负担监测】 根据《农业部办公厅关于公布农业部第一批国有农场农业职工负担监测点的通知》精神,漳州市后房农场被列入农业部第一批32个国有农场农业职工负担监测点名单,并作为福建唯一一个部级农工负担监测点农场。根据农业部农垦局对国有农场农工负担监测点的要求,选择20个固定监测户进行负担情况实时监测,以便及时准确掌握农场和农工负担情况及变化动态,同时建立完善了监测点的各项体系。

【土地确权】 认真贯彻落实国土资源部、农业部《关于加强国有农场土地使用管理的意见》的精神,省农垦局与省国土资源厅就有关土地确权问题双方确定建立协调联席制度;与省国土资源厅深入漳州市、泉州市等5个垦区的30多个国有农场,调查、协调国有农场的土地确权工作;在调研的基础上,省农业厅与省国土厅联合下发《关于进一步做好国有农场土地确权登记工作的通知》。永春县农场、永春县猛虎桔柑场、永春县天马桔柑场办好土地登记发证工作。安溪县福前农场、芦田茶场、同美农场3个农场已公示发证。漳州垦区在省、市农垦与国土资源部门的督促下,已有5个没有开展土地确权工作的农场向县级国土资源局申报了土地勘界确权的申请材料,市属漳州市后房农场与部队借用地已完成指界确认手续。截至年底,全省共有67个农场开展土地确权发证工作,其中30个农场已完成确权、登记发证工作,已确权面积3.97万公顷,其中林地6613.33公顷。

【招商引资】 全年垦区新落户外来企业26家,总投资折合人民币近10亿元。漳州垦区有3个农场共引进内资企业13家,投资总额5.4亿元;引进港资企业2家,投资980万美元。福州垦区福州市茶叶交易批发市场引资新开发5000平方米、100个店面的"海西茶叶市场"并入运行后,已成为福建第二大茶叶市场;福州市田垱茶场利用山地招租,投资6000万元,建成年出栏10头万生猪的大型生态环保型农牧业生猪养殖基地，部分种猪苗已进栏。三明垦区汇华工业园区“福建三明铸造中心”已进入厂房基础设施建设；明溪雪峰农场引资4.5亿元兴办水泥项目和10万千伏变电站。南平垦区充分利用工业园区优势，引进8家外来企业，投资5000万以上。泉州垦区引进企业4家，其中晋江市紫帽农场与晋江爱乐集团合作开发山地13.33公顷，发展以生态、休闲、观光农业为主的生态型农庄；永春县农场引资创办现代化养鸡场，总投资800万元，已建成标准化养鸡厂房1200平方米。宁德垦区寿宁县龙虎山茶场引进商客投资创建多家茶叶加工企业，全年加工各类茶叶5000多担，产值近2000万元；福安市高坂茶场引进的投资3000多万元的电机企业、水泥搅拌厂等已初见成效；福安市机械化养鸡场引资创建的兽药生产企业已建成投产。龙岩垦区东宝山水泥厂产业转型顺利推进，合作开发的工业厂房到已进驻企业14家，生产人员达1000人，经济和社会效益逐步凸显。（陈祖新）

农业机械化

【概况】 全年农业机械总动力达到1175万千瓦，比上年增长5.62%；农业机械总值98.17亿元，增长10.8%；拖拉机保有量11.1万台，增长13.5%，其中大中型拖拉机2389台，手扶拖拉机10.02万台；联合收割机3907台，增长43.8%；机动插秧机1053台，增长147%。机耕、水稻机插、水稻机收面积分别达到84.55万公顷、9520公顷和18.89万公顷，机耕、水稻机插、水稻机收水平分别达到45.82%、1.11%、21.93%，耕种收机械化综合水平达到25.24%，比上年提高3.64个百分点。

【农机购置补贴】 下发《福建省2009年农业机械购置补贴专项实施方案》和《福建省2009年农业机械购置补贴产品目录》。3月15日，在莆田市荔城区黄石镇召开福建省“送补贴农机下乡”启动仪式。全年中央分两批下达补贴资金共计1.8亿元，省级补贴资金3150万元，全省补贴资金总量2.115亿元，是上年的3.6倍。补贴机具数量创新高，全年新增农业机械13.39万台（套），增长5.12倍。

【新机具新技术推广】 2009年为“农机推广年”，分别在莆田荔城区、泉州晋江市、南平武夷山市、三明清流县举办了四场全省性的大型机具展示、演示会。组织参加两场大型展会，在“6·18”第七届中国·海峡项目成果交易会上，农业展馆突出展示闽台合作有关的农业机械产品；在11月18日首届海峡两岸现代农业博览会上，组织来自海峡两岸47家农机企业参展，其中：台湾企业14家，闽台合作企业5家，共展示农机产品180多台（套），农博会期间还举办了闽台现代农业装备对接洽谈会，14家台湾农机企业与3家福建企业成功进行了对接。机械化育插秧面积大幅增长，全省有48个县开展水稻机械化育插秧技术的示范推广，共投入插秧机、播种流水线等机具993台（套），全年完成机插秧面积9520公顷，增长2.7倍；新增插秧机626台，增长1.26倍；晋江市、荔城区、建阳县和长汀县机插面积超过万亩，达到66.67公顷以上的县（市、区）超过30个；推广机插秧共为农民节本增效超过1000万元，增产粮食约400万千克。

【农机社会化服务】 在春耕、夏季双抢、秋收冬种等重点农时季节，精心调度各类农机具、农机服务队深入田间地头服务农业生产。农机专业合作组织规模壮大，全省现有各类农机作业服务组织2069个，农机户57.78万个，经工商部门注册登记的农机专业合作社264个，涌现出了一批较具规模和影响力的合作形式多样化、投资主体多元化、服务方式市场化的农机专业合作组织。农业机械化服务经营收入89.24亿元，增长12.1%。全年组织下田作业农机具15.51万台（套），耕、种、收面积均创下历史最高水平；组织496台联合收割机开展跨区作业，引进外地联合收割机1085台。

【农机安全生产】 着力抓好“一岗双责”，落实农机安全生产责任制。在整治拖拉机外挂、多功能拖拉机管理、建立部门联合执法机制等方面取得了新的进展和突破。加强对多功能拖拉机的生产、销售、注册登记、使用等各环节进行监督管理，开展联合执法和为期两个月的集中专项整治工作。农机安全生产形势继续保持稳中趋好，全年共发生在国家等级公路以外的农机事故64起，下降37.3%；死亡16人，下降27.3%；受伤53人，下降32.1%；经济损失94.03万元，上升29.8%；农机事故死亡人数低于省政府下达的全年控制考核指标，没有发生较大及以上农机事故。积极开展“三项行动”、“三项建设”，掀起新一轮“平安农机创建”活动，着力提高防患事故能力、行政执法能力和自身队伍建设能力。（蒋节）

水土保持

【水土流失综合治理】 大力推进水土流失综合治理工作，全年共争取中央水土流失综合治理资金4700万元，比上年增加3600万元；共完成水土流失初步治理面积1364.48平方千米。革命苏区县国家水土保持重点建设工程、中央增投项目顺利实施，水土保持示范区初具规模，培育了一批水土保持主导产业，有力地促进了农业增产、农民增收和农村经济发展。积极探索建设生态清洁小流域、水库水源地保护和坡耕地水土流失综合整治等试点工程，充分发挥小流域治理在保护水源、保障饮水安全和提高农业基础设施建设方面的作用。2009年是省政府确定支持长汀水土保持综合治理为民办实事项目工作最后一年，自2000年起省委、省政府每年整合水利、林业、发改等相关部门资金1000万元用于长汀县水土流失综合治理，十年累计治理水土流失面积7.45万公顷，减少水土流失面积4.3万公顷。

【水土保持预防监督】 积极开展水土保持预防监督，配合省人大常委会执法检查组对《中华人民共和国水土保持法》和《福建省实施〈中华人民共和国水土保持法〉办法》执法检查的整改落实情况进行跟踪检查。依法加强对开发建设项目等人为水土流失的监管，深入开展开发建设项目水土保持监督执法专项行动“回头看”活动，全年共组织监督执法检查2198次，检查开发建设项目1823个，查处各类违法违规案件118起。

【水土保持宣传教育】 持续开展水土保持宣传教育活动，制订下发《全省水土保持国策宣传教育行动实施方案》；在《中华人民共和国水土保持法》颁布实施18周年之时，省水利厅与福州市水利局联合在福州五一广场开展宣传活动。以青少年为主要对象的水土保持科普宣传活动不断深化，开展了基点学校水土保持普及教育评估活动，授予建瓯一中等30所学校（基地）为“首批福建省青少年水土保持普及教育基地”；以水土保持基点学校、素质教育基地建设为重点，开展一系列以“水土保持”为主题的校园歌手大赛、征文比赛、绘画现场赛等一系列活动，举办水土保持知识讲座和夏令营等教育活动，全省受教育学生达25万人次。水土保持科教示范园不断完善，继南平建瓯市水土保持科教园被命名为全国第一批水土保持科技示范园后，福州金山、厦门集美、漳州漳浦等3个水土保持生态科教园顺利通过水利部的验收和正式命名。全省水土保持监测网络和信息系统建设二期工程正式启动，9个监测分站已基本完成建设任务，15个野外水土流失监测点正在按计划稳步推进。

（蔡晶）

水利

【水政】 加强水资源监管保护。继续完善水资源论证制度，扩大论证项目的覆盖面，突破原来仅限于水电站开发项目的局面；新批3家乙级资质单位，暂停并要求整改6家丙级资质单位。加强取水许可监督管理，除继续做好取水许可证发换的扫尾工作外，积极开展取水工程或设施的竣工验收工作，进一步规范办证程序，并注重取水许可的事后监督，推进取水计量设施安装。认真做好水资源保护工作，启动以饮用水源保护区为重点的水功能区确界立碑加密工作，开展水库水源地水资源保护专题调研。加大水资源费征收力度，继续推进水资源有偿使用制度，全年实现水资源费征收2.68亿元，其中省级征收1.05亿元。继续推进节水型建设，莆田市节水型社会建设试点工作通过水利部中期评估；泉州市《节水型社会建设规划》通过省水利厅审查并上报水利部。加强河道采砂监督管理，开展全省河砂资源及利用情况调查，写出《全省河砂资源及利用情况调查报告》。推进水行政执法队伍能力建设，全省第一批8个水政监察支队和47个水政监察大队完成了水行政执法队伍能力建设任务通过验收。推进水利立法执法工作，积极调处水事纠纷，全年共调处150多起水事纠纷，维护了社会安定和良好水事秩序；加大查处水事违法案件的力度，全年共查处各类水事违法案件400多起；完善与规范水行政许可审批事项，实现水行政许可项目网上审批受理。

【水利基本建设】 全年列入省重点在建水利项目13项，计划总投资60.69亿元，年度投资14.27亿元；列入省预备重点水利项目6项，计划总投资28.57亿元，年度投资1.57亿元。全年累计完成投资17.53亿元，占年计划123%；到位资金16.42亿元，占年计划115%。省溪源水库全面建成并正式下闸蓄水，减轻了福州地区大学新校区和闽侯上街区域的防洪排涝压力，提高了大学新校区的防洪排涝标准。

【防汛抗旱】 深入落实“预警到乡、预案到村、责任到人”的防灾抗灾新机制，做到部署、人员、预防、抗灾、运作“五到位”，确保人民群众生命财产安全，洪涝灾害损失与往年相比明显减少。及早部署，做好防汛安全大检查，确保防汛措施落实到位；落实责任，通报全省9个重要城市、三大江、四大海堤、20座大型水库和22座防洪重点中型水库防汛责任人，接受社会各界的监督；全面检查，全年共有12303人次参加了汛前安全大检查，检查各类工程9894处；完善预案，全省84个县（市、区）的15331个行政村和居委会全部修订完善落实村级预案；加强会商，省防指先后3次召开防汛气象水利水文会商会议，及时将会商意见通报各地、各部门；强化保障，全省共储备有抢险冲锋舟794艘、橡皮艇164艘、救生衣70624件、编织袋602.86万条，组织防汛抢险队伍6111支21.47万人，开展防汛抢险救生技术培训和实战演练；抗旱保供水，针对中南部沿海夏秋干旱，组织开展洛阳江应急供水工程和仰恩大学、南安石井、龙海、长泰、东山的应急调水工程建设，同时强化大中型水库蓄水用水的科学调度，组织开展多批次人工增雨，有力保障了群众生活用水和重点企业生产用水。

【农田水利】 开展以水利水毁工程修复为重点的冬春修水利建设，2009年冬至2010年春水利建设和水利水毁工程修复任务全面超额完成，全省累计完成投资28.43亿元，完成土石方9977万方，投入劳力8561万工日，修复水利水毁工程5443处，解决农村饮水安全人口133.5万人，新增蓄水能力988万方，新增灌溉面积3700公顷，发展节水灌溉面积3.69万公顷，年增节水能力4692万方。重点实施莆田东圳、泉州山美、龙海北引等3处大型灌区续建配套与节水改造，尤溪坂新、浦城东平、永春桃溪、永定灌洋、上杭湖里等5处重点中型灌区节水配套改造和漳州大水港泵站、泉州晋南泵站、莆田陂头泵站、南平建溪泵站、龙岩湖里泵站、福州莲柄港泵站等6处大型灌排泵站更新改造。启动罗源、古田、涵江、德化、龙海、武平、建宁、宁化、建阳、光泽等10个县（市、区）第一批中央财政小型农田水利重点县建设，每年平均每县中央财政补助800万元，省级财政按1∶1配套，计划实现新增、恢复灌溉面积2106.67公顷，新增节水灌溉面积1万公顷，改善灌溉面积1.31万公顷，受益人口达117.5万人。全面完成永泰、罗源、屏南、蕉城、荔城、惠安、安溪、云霄、东山、连城、三元、明溪、武夷山、光泽县等14个第五批初级水利化县三年建设任务，完成投资4.14亿元。

【地方水电】 在建农村水电站监管工作态势良好，继续把工程安全和质量做为监管工作的重点，加大对在建水电站工程的监管力度，全年农村水电投产97处，新增装机容量19.7万千瓦，未发生重大安全生产事故。农村水电惠农工程建设进展顺利，加快水电农村电气化建设，加强项目的现场核查和动态跟踪，尤溪、大田等六个县提前完成建设任务。积极落实小水电代燃料生态工程建设规划，推动上杭、华安、南靖等三个县纳入全国小水电代燃料生态工程建设计划，争取中央补助资金。小水电清理整顿工作继续深化，整理出《关于全省327座违规小水电项目进一步分类处理的意见》，并在已有安全整改的基础上，以更加严格的环保标准对违规项目提出进一步的分类处理措施；开展水电站最小下泄流量数据采集技术指导，促进第一批27座水电站按时完成在线监控系统安装任务。水能资源管理基础得到夯实，继续认真做好农村水能资源调查评价，完善部分河流及电站数据和补充说明；开展全省农村水电站基本情况摸底和径流式水电站情况调查，了解农村水电站的基本情况。

【水利改革】 5月，福建省水管体制改革总结大会在福州召开，标志着历时7年的全省水管体制改革工作基本完成。改革涉及的省直属、设区市、县各级所属287个水管单位，全部完成定岗定编，改革方案全部获得地方政府和有关部门批准，获得批准人员达5952人，人员经费落实率为93%，工程公益性部分养护维修经费落实率为74%，参保人员落实率为91%，水管单位的管理水平得到明显提升。

【水利风景区】 尤溪县闽湖水利风景区、龙岩市梅花湖水利风景区被评为第九批国家水利风景区，全省共有8家水利风景区被评为国家水利风景区。

（蔡晶）

气　象

【气象服务】 面对复杂天气气候形势，按照"一年四季不放松，每个过程不放过"的要求，密切监视天气变化，加强天气会商和联防，全力以赴做好各项气象服务。省气象局提前4天准确预报第8号台风"莫拉克"动向，及时启动Ⅱ级应急响应，发布《重要天气预警报告》17期，为部署防抗台风工作提供科学的决策依据。公众气象服务更加贴近社会、贴近实际、贴近群众，通过广播、电视、网络、手机短信、报纸、电子显示屏和12121等方式多渠道发布气象灾害预警信息，全年共对外发布各种预警信号168份，发送公益短信1730条，接收达到5200多万人次。专业气象服务效益显著，为海事、交通等部门业务和科研提供专业气象服务；开展为"海交会"、"十一届全运会福建火炬传递活动"等重大活动的专项气象保障工作。发挥气象为农村改革发展和社会主义新农村建设保障作用，进一步完善农业气象灾害监测、预测预警和病虫害发生发展等气象条件预报业务，全年发布460多期农业气象服务产品；组织科技人员深入田间地头开展为农民提供气象咨询服务。开展抗旱增雨和特种农作物防雹工作，全年在近60个市、县、区进行人工影响天气作业862次，共发射人影火箭弹4530发，增加有效降水数亿立方。加强应急能力建设，积极推进应急工作的多部门间协作联动与信息共享，提高气象预警信息覆盖面和时效性；加强乡镇基层气象灾害防御队伍建设，全省共有气象信息员8047名，其中农村气象信息员5588名。开展气象灾害评估系统建设，完成低温冻害预评估、秋冬连旱监测和汛期暴雨灾害评估。《福建省气候变化影响分析评估报告》正式提交福建省决策层。

【业务建设】 加快综合气象观测与信息网络系统建设，完善省、市、县、乡（镇）气象保障体系建设，充分发挥气象观测站网的建设效益；新到位的移动应急通信指挥车与宁德移动天气雷达及龙岩L波段移动探空雷达相结合，移动观测指挥能力大大增强；形成综合采用数字电路、"数字福建"政务网、互联网、3G通信、卫星通信等多种通信形式的全省气象部门通信系统及应急备份通信系统。加强预报预测系统建设，加强短临业务系统建设和数值预报产品的检验和释用，提升定量降水和落区预报能力。深化公共服务系统建设，增强预警信号的制作和发布能力，龙岩、莆田、漳州等地为矿山、楼宇和乡村增设LED气象预报预警信息显示屏。优化"福建沿海及台湾海峡气象防灾减灾服务体系"项目，福州金山防灾减灾大楼、龙岩大气探测中心、南平预警中心相继封顶；三明、泉州新一代天气雷达动工建设。

【气象合作】 依托"中国·海峡项目成果交易会"，省气象台和省气象科学研究所分别与台湾大学签订《海峡两岸2009年气象联合观测试验协议》、《台风暴雨等灾害性天气预警技术交流和研究合作的协议》，创下全国三个"第一"：第一个开展与台湾联合气象观测、第一个开展海峡两岸灾害性天气预警信息交换、第一个建立闽台科技界研修互访机制，初步建立了海峡两岸自然灾害防治交流合作机制。6月20日，省气象局与台湾大学的气象专家聚首福州，首次面对面会商第3号热带风暴"莲花"；8月5日、7日，省气象台首席预报员与台湾气象部门值班预报员两次通过电话会商"莫拉克"台风，闽台气象部门携手防范台风进入实质合作阶段。

（任建龙）

编辑：宋小佳

工 业

综 述

【工业生产】 工业运行企稳向好，对全省经济增长发挥支撑和带动作用。全年全部工业增加值5106.38亿元，比上年增长13.0%，超额完成年初12%的预期增长目标，工业增加值占全省GDP的41.7%，对国民经济增长的贡献率47.6%，拉动全省GDP增长5.9个百分点。全年全省规模以上工业运行逐月回升，一季度受国际金融危机扩散及市场约束、出口受阻等各种因素影响，工业增加值增长4.1%，二季度开始企稳回升，6月份增长11.8%，上半年增长5.8%，前三季度增长9.1%，全年实现4585.23亿元，增长13%，其中12月份当月达到480.21亿元，创月增加值历史新高，增长29.7%，增速为全年最高水平。

各工业类型企业稳定增长，股份制企业增势强劲，外商及港澳台企业触底回升。全年各种经济类型企业均保持增长态势，全省股份制企业完成工业增加值1926.96亿元，占全省工业的比重42%，较上年提高2.7个百分点，增长18.9%；随着国际经济逐步恢复，本轮经济危机受冲击最大的外商及港澳台投资企业生产转好，工业增速从一季度－5%、上半年－0.5%恢复至1—9月3.7%，全年实现工业增加值2145.1亿元，增长8.2%。国有控股工业平稳增长，由上半年－1%提升至全年7.9%；股份合作、集体、其他经济类型企业均保持较快增长，累计分别增长23.2%、18.6%、15.2%。

工业行业全面增长，主导行业发展平稳，近半产品产量实现两位数增长。全年全省规模以上轻重工业增加值完成2336.76亿元、2338.55亿元，分别增长15.7%和10.6%，轻工业较重工业快5.1个百分点，轻重工业比例为50∶50。全省37个工业大类行业增加值全面增长，其中石油加工、木材加工、农副食品、黑色金属冶炼加工、食品、皮革毛皮羽毛、纺织等25个行业实现两位数增长，行业数所占比例为67.6%。全省三大主导产业累计完成工业增加值1569.03亿元，占全省的34.2%，增长11.4%，其中电子增长12%，机械增长6.9%，石化增长18.7%。全年列入统计的360种工业产品有237种产量保持增长，占65.8%，其中增长10%以上有170种，占47.2%，主要产品产量增势良好，如原油加工量增长129.8%、汽车增长52%、水泥增长25.3%、钢材增长21.5%、轻革增长29.3%、纱增长24.4%、服装增长15.2%、人造板增长19.7%、软饮料增长35.2%、化纤增长15.1%、压实机械增长46.8%、电力电缆增长50%、彩电增长16.6%、打印机增长21.3%、电子元件增长50.8%。

工业产销衔接较好，出口逐月恢复。全年全省工业实现销售产值16269亿元，增长10.2%，工业品产销率97.42%，较上年增长提高0.09个百分点，超过年初预期目标1.42个百分点。工业品出口逐月回升、降幅收窄，一季度出口交货值下降17.2%、上半年下降15.8%、前三季度下降10.1%，全年累计实现出口交货值3787.99亿元，下降4.1%，其中12月份工业出口交货值达385.28亿元，增长30.1%，月出口交货值、增速均为全年最高水平。

工业经济效益指数创历史新高，工业利润增速由负转正。全年全省规模以上工业经济效益综合指数190.81%，较上年提高10个百分点，综合指数创历史新高。全省工业主营业务收入16204.76亿元，增长11%；实现利润784.27亿元，由上半年下降9.1%转为全年增长35.6%；工业税金完成514.04亿元，增长12.2%，从业人员352.97万人，增长2.4%，表明工业对社会的贡献继续提高。全省37个工业大类行业实现全面盈利，有30个行业利润保持增长，2个行业（石油加工业和燃气供应业）由上年亏损转为盈利，电力、橡胶、皮革毛皮、电子、纺织服装鞋

戴姆勒生产线　　（闽侯县政府办供稿）

帽、电气机械、有色金属冶炼及压延加工等23个行业利润增速在20%以上。运行质量有所改善，工业企业亏损面由6月末的19.7%缩小至12月末的14.3%，亏损企业亏损额由增长39.7%转为年末下降32.3%；两金占比继续下降，年末全省工业企业产成品和应收账款合计2442.6亿元，增长15.8%，两金占同期流动资产比重38.8%，较上年下降0.3个百分点。

煤电油运供应保障有力，工业用电持续回升。全年全省发电1170.7亿千瓦时、用电1134亿千瓦时，分别比上年增长7.8%和5.7%；工业用电765.5亿千瓦时，增长3.28%。全年全省煤炭调运5866万吨，其中省外调入4078万吨，增长5%；中石化、中石油两大集团配置福建省成品油538.28万吨，下降3%；截至年底，全省主力燃煤电厂电煤库存228万吨，可供满负荷发电17天，成品油库存22.12万吨，其中汽油、柴油可分别销售18.1天、11.5天。全年全省公路货物运输完成40065万吨，增长4.4%；沿海港口货物吞吐量完成30537万吨，增长12.7%；水路、铁路货运量14270.6万吨和3580.3万吨，分别下降6.1%和2%，但降幅分别较前三季度减缓0.9个、5.4个百分点；航空货物运输量和机场货物吞吐量分别完成12.66万吨和27.79万吨，分别增长2%、2.7%。

【工业投资】 2009年全省工业固定资产投资平稳增长，全社会工业投资完成2334.06亿元，比上年增长16.1%，占全省固定资产投资36.7%。城镇工业投资2049.24亿元，增长16.3%，工业投资占全省城镇固定资产投资的36.1%。其中采矿业63.9亿元，增长51.8%；制造业1515.39亿元，增长14%，占工业投资的73.9%；电力、燃气及水的生产和供应业469.95亿元，增长20.2%，占工业投资的22.9%。

优化工业投资结构。全年石化、机械和电子信息三大主导产业完成投资705.81亿元，增长4.3%，占城镇制造业投资的46.6%，其中机械行业增长较快，完成投资380.47亿元，增长26.1%；石化、电子信息业完成投资266.23亿元、59.12亿元，分别下降11.6%和20%。传统优势产业投资平稳增长。轻工、建材业完成投资474.81亿元、118.12亿元，分别增长26%和14%；冶金行业102.48亿元，增长40.3%；纺织业151.85亿元，增长1.3%。电力、燃气及水的生产供应业增长较快，完成投资469.92亿元，增长20.2%，其中电力生产与供应业完成投资408.72亿元，增长15.5%；燃气和水的生产供应业保持较快增长，完成21.94亿元和39.25亿元，分别增长52.3%和73.9%。

加大技术改造投资力度。全年改扩建项目投资完成786.9亿元，增长53.7%，占工业投资的38.4%，比上年提高9.3个百分点；新建投资完成1116.7亿元，增长0.8%，占工业投资56.9%，比上年低8.8个百分点。设备购置与安装工程完成996.57亿元，增长22.3%，占工业投资的48.6%；建筑工程投资812.71亿元，增长10.7%，占39.7%，比上年下降2个百分点。

民间投资占工业投资的比重提高。2009年民间投资完成1230亿元，增长34.4%，占全省工业投资的60%，比上年提高8.1个百分点。民间投资对工业投资增长的贡献率达109.9%，拉动投资增长17.9个百分点。国有单位投资下降，全年完成投资353.56亿元，下降13%；外商投资企业投资放缓，全年完成188.12亿元，下降3.4%；闽台产业对接政策效应显现，港澳台商投资企业投资277.56亿元，增长12.6%。

新开工项目数增加。2009年施工项目5698项，比上年增加298项，其中新开工项目3169个，增加502个。在建项目计划总投资6936.78亿元，增长13.6%，其中新开工项目计划投资1418.29亿元。由于上年宁德和福清核电项目、泉州500万吨重油深加工项目等大项目开工形成较大基数，新开工项目投资规模比上年下降20.9%。

内涵深化技改提升，重点项目投资完成情况良好。2009年326项重点计划项目完成固定资产投资177.12亿元，自开工起累计完成投资346.80亿元。全年建成投产项目117项，福建炼化一体化项目、湄洲湾氯碱年产3万吨1,4－丁二醇项目、南平铝业年产12000吨工业用铝复合型材技改项目、德盛特钢不锈钢宽带建设项目、东南汽车GS轿车技改项目、厦门金龙联合汽车年产1200台节能环保客车技改项目、厦门金龙汽车车身年新增4万台套车身二期技改扩建项目、龙工机械LG863装载机开发生产改造项目、南方路机LB4000型沥青混凝土搅拌设备技改项目、福顺微电子6英寸功率MOS芯片生产线建设项目、晋江南方织造年新增4000万米高档化纤面料布技改项目等一批投资量大项目的建成投产，进一步增强全省工业发展后劲，为建设先进制造业基地奠定良好基础。

淘汰落后水泥产能全省责任目标超额完成。2009年全省共淘汰落后水泥产能498.8万吨，超额完成年度280万吨的责任目标，其中龙岩市淘汰230万吨、三明市淘汰203.9万吨、泉州市淘汰47.9万吨、南平市淘汰17万吨。2007—2009年累计淘汰落后水泥产能2156.7万吨，提前一年超额29.3%完成全省“十一五”计划淘汰1668万吨的任务。　（傅玉聪）

石化行业

【概况】 石化行业是福建省三大支柱产业之一。石化产业布局发生重大变化，产业集中化程度明显提高，57家骨干重点企业实现工业总产值占全行业70%以上；产品结构调整加快，在石化的10个分行业中，石油加工、合成材料、橡胶加工、基础化学原料、专用化学品等5个分行业总产值占全行业85%。一批石化产品产能居全国同行业前列，如翔鹭石化公司的PTA、翔鹭涤纶纺纤公司的聚酯、福州一化集团的氯酸盐、赢创嘉联白炭黑（南平）有限公司的硅酸钠和白炭黑、浦城正大生化公司的饲料级金霉素、邵化化工有限公司的草酸以及永安化工厂的炸药等产品生产规模居全国前两位。石化工业向沿海集聚发展，湄洲湾石化基地建设初显成效，泉州、厦门两地石化产值占全省石化产值64.19%，新建成投产福建联合石化公司炼化一体化一期工程形成了年产1200万吨炼油、80万吨乙烯、130万吨聚烯烃、70万吨对二甲苯生产能力，项目建成投产将带动中下游石油化工、新型材料、纺织、电子、汽车等产业迅猛发展。

【生产效益】 全省拥有规模以上石化企业790户，工业产值首次突破1000亿，达1103.69亿元，比上年增长28.4%，占全省的6.5%。其中石油加工业327.36亿元，增长82.1%；基础化学原料制造业98.80亿元，增长33.7%；涂料、油墨、颜料及类似产品制造业88.31亿元，增长26.4%；合成纤维单体(聚合)制造业163.37亿元，增长13.2%。石化工业产值占全国的1.66%，居第18位。出口交货值93.24亿元，比上年下降11.3%。重点监控的47种主要石化产品中，有29个品种增长，占61.7%。其中原油加工量706万吨，增长129.8%；柴油273.49万吨，增长151.5%；煤油32.28万吨，增长403.6%；纯苯23914吨，增长66.3%；涂料总产量达23.59万吨，增长23.5%。烧碱、电石、精甲醇、化学农药、聚氯乙烯树脂等产品产量下降。完成出口交货值93.24亿元，下降11.3%。经济效益大幅提升，全行业实现利润总额58.69亿元，增长24.3倍，亏损企业亏损额大幅降低，全行业亏损企业149家，亏损企业亏损额为6.38亿元，下降81.4%。

【存在问题】 一是结构性矛盾突出。福建省石化产业起步晚，基础薄弱，炼化企业属燃料型原油炼制，全面建成投产的炼化一体化一期工程乙烯、丙烯原料直接加工成聚乙烯、聚丙烯石化终端产品，属短流程石化产品延伸方案，对石化中下游产业发展带动作用不大，难以形成上、中、下游项目配套的石化产业集约发展格局。传统化工整体技术、装备水平不高，原材料、能源消耗大，产品品种单一，缺少高附加值和高技术含量的高端产品，产品竞争力不强。氟化工多为氢氟酸及氟盐等初级产品。二是沿海优势仍未充分发挥。福建省沿海具备发展石化产业的良好港口及陆域条件，由于石化基地、园区基础设施及水、电、汽等公用工程建设滞后，沿海港湾重点集中布局石化产业的区位优势尚未充分发挥。三是传统化工企业搬迁转移难度大。为适应城市发展需要，一些氯碱、农药等传统化工生产企业面临搬迁改造任务，需要在搬迁改造中实现产品结构调整优化和企业转型升级。

(林华)

机械工业

【概况】 机械工业是为国民经济各部门提供技术装备和为人民生活提供消费类机械产品的重要行业。截至年末，全省拥有规模以上机械工业企业3278家，其中大中型企业332家；资产总额2168.97亿元，从业人员54.85万人；当年实现工业增加值728.37亿元，占全省工业的15.9%。全行业已初步建立了福州(青口)、厦门汽车及零部件、福安电机电器、厦门工程机械4个产业集群；形成了以厦门ABB开关、太古飞机维修、南平电线电缆、龙岩环保机械等为龙头的区域产业生产基地；晋江、南安的装备制造业、龙岩的工程机械、永安的运输机械及零部件、湄洲湾、厦门湾、闽江口和三都澳船舶修造、沙县金沙、福清洪宽(台商)机械制造等一批产业园区和产业集中区也正在建设和规划建设中。培育了一批在全国同行业中具有较强竞争力的产品(如装载机、大中型客车、关节轴承、电除尘设备及脱硫装置、轮胎定型硫化机、陶瓷自动压砖机、特种漆包线等)和具有较高知名度产品(如中小型电机、控制仪表、沥青、混凝土搅拌设备、砌块成形机、针织园盘织机、航空器维修及飞机改装等)，拥有"中国名牌产品"9项、"福建省名牌产品"194项，"中国驰名商标"10个，厦工机械、金龙客车、东南汽车、金旅客车等4个品牌还被列入2009年"中国500最具价值品牌排行榜"完全榜单。

【生产效益】 全年全省规模以上机械工业企业完成总产值2791.84亿元，比上年增长9.2%。其中通用设备制造业和专用设备制造业分别增长19.4%和14.9%，交通运输设备制造业增长12.4%，但电器机械及器材制造业、金属制品业、仪器仪表等行业仅分别增长1.7%、3.1%和3.5%。主要机械产品产销发展不平衡。农业机械(不含变拖)、轿车、路面机械、水轮发电机组、发动机、电力电缆等快速增长，客车、改装汽车、水泵、低压开关板、光学仪器等也有不同程度增长，但集装箱、起重运输机械、飞机维修及零部件等以出口为主的产品下降幅度较大，集装箱生产企业年基本处于停产半停产状态。全年全省生产汽车13.5万辆，增长52%；造船325艘/93.9万载重吨，增长11%/—15%；装载机38126台，下降9.1%；高压开关板2.18万面，下降3.4%；低压开关板3.7万面，增长49.8%；电力电缆9.87万千米，增长50%；变压器372.33万千伏安，下降8.3%。产品出口出现下降，2009年全省机械工业实现出口交货值638.85亿元，下降13.1%，出口率为23.6%，较上年降低5.7个百分点。主要机械出口产品中，船舶、电机、摩托车等有所增长，机械基础件、汽车及零部件、起重及工程机械、飞机维修及零部件、家用电力器具等出口降幅超过15%，金属集装箱出口下降达96.4%。经济效益显著提高，全年全省机械工业实现主营业务收入2687.01亿元，比上年增长8.1%；实现利税206.07亿元，增长24%，其中利润总额144.96亿元，增长24.6%。机械行业亏损面为17%，比上年提高1.5个百分点；亏损企业亏损额11.4亿元，减亏10.8%。

【科技质量】 全年全省机械工业共有10个项目获2009年度福建省科学技术奖，其中厦工股份公司的XG955轮式装载机、厦门金龙联合汽车公司的金龙K07系列旅游客车等4个项目获二等奖，福建东亚机械公司的高性能四冲程摩托车活塞环、龙马环卫装备股份公司的FLM5071GSL清洗扫路车等6个项目获三等奖；有16项产品获得2009年福建省优秀新产品奖(其中一等奖2项，二等奖3项，三等奖11项)。本年全省机械产品被确认为福建省新产品的项目有51项，其中鉴定为国际水平的10项，国内领先水平的32项，国内先进水平的9项，另有278项产品通过了投产鉴定。2009年马尾造船股份有限公司技术中心、福建联合动力设备制造有限公司技术中心等7家企业技术中心被确认为第十三批福建省省级企业技术中心，神州学人集团股份有限公司技术中心被撤销省级企业技术中心资格。至此，全省机械行业拥有49家省级企业技术中心，占全省企业技术中心的20.9%，其中国家认定企业技术中心4家。"真兰牌"可拆式大口径水表DN50—200、"金飞鱼牌"柴油机等53

项产品获得“福建省名牌产品”称号，有278项企业标准经专家审定进行了省级备案。

【存在问题】 一是总量偏小，产品结构不合理。福建省直接受益于国家政策拉动和重点工程带动的产品品种较少，在全省机械工业中所占的比重也较小，如福建省机械产品中受国家政策带动较明显的农机、小排量汽车总量都很小，与重点工程配套的大型机械产品基本没有，而国内长线的装载机、大中型客车、集装箱、普通中小型电机和柴汽油发电机组等产品，省内的生产能力又十分庞大；二是福建省机械工业外向型程度较高，出口交货值占机械工业总量30%左右(全国机械正常时约为16%左右)，居全国各省市第三位，容易受国际市场波动的影响。三是产业结构调整缓慢，基础配套能力不强。能有效提升行业技术水平的项目很少，长线产品产能扩张过猛，同质化严重；基础工艺方面的铸、锻、冲压、热处理和电镀业等提升步伐比较缓慢；基础零部件的电力原器件、液压、液力件、密封、气动元件、齿轮、标准紧固件、模具等水平还比较低。主机产品的配套能力也比较弱，工程机械、汽车、船舶的配套动力和关件零部件必须从省外或国外采购，机械工业生产用金属材料主要来自省外，其中有些材料必须依靠国外进口，如变压器矽钢片、高强度特种钢等。 (陈丽香)

汽车工业

【概况】 全年生产汽车14.995万辆，比上年增长了44.5%；销售汽车14.81万辆，比上年增长了39%，产销量创历史最高水平。其中省汽车工业集团实现汽车生产104367辆、销售102116辆，分别比上年增长79.7%和68.3%；完成工业总产值75.7亿元，增长43.1%；销售收入68.4亿元，增长51.7%；实现利润5638万元，增长5.9亿元；上缴税金5.3亿元，增长22.0%，超额完成年初制定的工作目标。东南汽车实现产量88604辆，销量85354辆，分别增长122.7%和103.6%，实现翻番，刷新产销量历史纪录。

【汽车工业重点项目】 东南汽车公司重点项目按计划完成。一是完成了戈蓝1.8/2.0L轿车技术改造的项目。戈蓝/2.4L是东南汽车公司从三菱汽车引进的A级轿车，为适应市场，规划搭载1.8/2.0L发动机，项目总投资2.1亿元。9月戈蓝2.0L车型全面上市。二是完成了蓝瑟翼神1.5/1.6L轿车技术改造的项目。该车型三菱蓝瑟第九代产品，项目是采用日本三菱汽车先进的蓝瑟轿车生产技术，通过对现有轿车生产线填平补齐的局部适应性改造，并配套引进关键生产设备，实现产品更新换代，12月蓝瑟翼神车型上市。福建戴姆勒汽车工业有限公司一期项目完成，该项目由福建省汽车工业集团有限公司、戴姆勒轻型汽车(香港)有限公司各出资50%组建而成。福建戴姆勒汽车是本省汽车工业开展国际合作、提升规模档次的重要项目，规划总投资24.9亿元，从2007年起被列为省重点建设项目，2007年8月正式启动工程建设，工厂位于福州市闽侯县青口投资区，规划引进戴姆勒公司轻型客车生产技术，进口关键设备，建设焊装、涂装、总装生产线和配套设施，一期规划年产能4万辆。作为戴姆勒全球战略的重要生产基地之一，福建戴姆勒导入戴姆勒旗下的梅赛德斯—奔驰中高档商务车唯雅诺(Viano)、威霆(Vito)、凌特(Sprinter)。2009年3月基本完成厂房基建和设备安装；到6月先后完成了三轮试生产，形成年产4万辆奔驰轻型商务车整车能力。 (杨养臣)

船舶工业

【概况】 截至年底，全省拥有造修船企业、船舶配套企业及相关科研设计单位共260余家，其中游艇建造企业20余家，从业人员近3万人，国有企业以福建省船舶工业集团公司的所属马尾造船股份公司、厦船重工股份公司、东南造船厂为主，民营企业以冠海海运公司为代表。2009年全省规模以上船舶企业完成工业总产值173.5亿元，比上年增长15%；销售收入144.4亿元，增长12%；造船产品产量325艘/939265吨；出口产值92.4亿元、增长19%；实现利润总额5.5亿元、增长74%。新承接订单55艘/112万吨，手持订单141艘/187万吨载重吨。省船舶工业集团系统实现工业总产值70.13亿元，增长15%；工业增加值17.7亿元，增长22%；销售收入69.26亿元，增长20%；利润总额4.17亿元，增长85%。截至年底，集团系统手持订单125艘、合同金额26.9亿美元，生产任务大体排至2011年。全年全省船企新建项目投入17亿元，比上年下降43%。福安马头船业的3万吨船坞一座投入使用，华东船厂18万吨、30万吨、10万吨船坞各一座已初现雏形，将于2010年投入使用，为全福建省新一轮船舶工业快速增长增添新的动力。

2009年12月30日，由福建省冠海造船工业公司建造的命名为“寿山号”80300吨散货轮成功下水。这是迄今为止福建省建造最大吨位的船。 (祝敏松　摄)

【船舶出口】 全年船舶出口12亿美元,列入福建省出口超十亿美元的七个大宗机电产品之一。在船舶出口大类中,拖船及顶推船出口42752万美元,增长92.26%,散货船出口10241万美元,增长42%,海洋钻探平台1671万美元,增长43.84倍。经营船舶出口的企业主要有:厦船重工股份公司的26184万美元,东南造船厂出口22456万美元,马尾造船股份公司9358万美元。出口金额最大的国家和地区依次为德国、新加坡、马来西亚、英国、美国、马绍尔群岛、挪威、巴拿马。民营船企出口崭露头角,是福建省出口的一支生力军。 (朱德志)

轻工业

【概况】 全年全省规模以上轻工企业7751家,完成现价工业总产值5280亿元,比上年增长17.6%,占全省规模以上工业的32%;出口交货值1392亿元,增长0.9%,占全省的34.9%;利税总额373亿元,增长24.7%;实现利润254亿元,增长34.3%。全省轻工行业中产值上千亿有食品工业和制鞋业,产值上百亿的行业有皮革业、塑料制品业、工艺美术业、造纸及纸制品业、家具制造业、电池制造业和照明电器等七大行业,这九大行业产值占全省轻工业产值的90%以上。全省形成了果蔬加工、制鞋业、休闲食品、工艺陶瓷、箱包、家具、茶叶、水产、塑料等多个产业集群和特色轻工区域,大宗产品罐头、糖果、饼干、速冻果蔬、旅游运动鞋、钟表、轻革、塑料制品、伞等产品产量位于全国前列,在国内外占有重要位置,中国名牌产品数量占全省的54%。部分轻工分行业产值居全国前列,精制茶加工和皮革制品制造居全国第1位,日用塑料制造居第3位,食品制造业、工艺美术制品制造居第4位,体育用品制造和纸制品制造居第5位,塑料制品业、家具制造业、文化用品制造居第6位,软饮料制造居第8位。主要产品产量较快增长,其中软饮料(碳酸饮料类、包装饮用水类、果汁和蔬菜汁饮料类)完成313.31吨,比上年增长35.2%;白酒30884千升,增长32%;糖果27.39万吨,增长15.9%;塑料制品144.64万吨,增长11.1%;皮革鞋靴8.93亿双,增长8.5%;日用陶瓷制品1.91亿件,增长6.8%;玩具2.62亿元,增长5.2%;机制纸及纸板339.19万吨,增长2.9%;纸制品195.40万吨,增长2.8%。 (吴维建)

【造纸工业】 造纸及纸制品业包括纸浆制造、造纸及纸制品业,其中商品纸浆制造企业主要集中在闽西北地区,造纸企业主要集中在闽北山区和闽南沿海地区,纸制品业主要集中在经济较为发达的闽南沿海地区。截至年底,全省规模以上造纸及纸制品生产企业641家,其中纸浆企业9家,造纸企业199家,纸制品企业433家。完成现价产值399.3亿元,比上年增长10.2%,出口交货值18.5亿元,增长6.9%,实现利润16.2亿元,下降6.4%。其中造纸工业完成总产值156.2亿元,增长9.2%;出口交货值2.6亿元,下降31.6%;利润0.5亿元,下降87%。纸浆产量51.9万吨,比上年下降18%。机制纸和纸板339.2万吨,增长2.9%,其中新闻纸24.3万吨,下降13.1%;箱纸板80.2万吨,下降25%。纸制品产量195.4万吨,增长2.8%,其中瓦楞纸箱(纸箱)115.7万吨,增长0.6%。全年造纸行业逐季回升,但国外市场未恢复,广东、浙江等地产品大量进入本省,竞争加剧,行业效益不佳。全年全省停产、关闭造纸企业34家,淘汰造纸落后产能5.236万吨。2007—2009年,全省已关停落后造纸企业99家,淘汰落后产能26.08万吨,提前并超额完成"十一五"国家下达的10.2万吨的淘汰计划。 (林苹苹)

【盐业】 全年全省生产食盐53.23万吨,比上年增加13.17万吨;销售盐产品58.71万吨,增加1.52万吨;其中省内销售食盐43.51万吨,增加0.94万吨;省外销售4.6万吨,增加2.63万吨;出口1.23万吨,减少0.22万吨。碘盐质量较好,全省所有碘盐加工厂抽样批质量合格率及碘盐合格率均达到100%,重点监测的各县(市、区)有供应"盐民自用盐"行政村抽样结果显示,碘盐食用合格率有很大提升。

建立福建省食盐应急储备制度,要求全省各地凡在距离食盐配送中心100千米以外的县(市)必须保证储备30吨左右小包装食用盐,保证在接到指令后2个小时内储备食盐进入市场,明确储备食盐的应急动用由省盐业公司指令,当地盐业分公司执行。 (叶小瑛)

【食品工业】 截至年底,全省规模以上食品工业企业数1850个,全年食品工业总产值1781.98亿元,比上年增长18.16%,列全国各省市第10位。其中农副食品加工业920.77亿元,增长18.88%;食品制造业411.15亿元,增长19.63%;饮料制造业294.51亿元,增长20.32%;烟草加工业153.79亿元,增长6.69%。全省食品工业出口交货值246.93亿元,增长17.07%,其中农副食品173.02亿元,增长26.88%;食品制造业67.68亿元,下降1.34%;饮料制造业6.18亿元,增长4.91%。

主要加工食品的产量为:大米88.78万吨,增长2.66%;糕点7.42万吨,增长6.57%;饼干29.88万吨,增长11.28%;果汁及果汁饮料35.14万吨,增长7.61%;软饮料313.31万吨,增长35.20%;包装饮用水类84.92万吨,增长54.28%;乳制品15.87万吨,增长42.06%;鲜、冷藏肉29.11万吨,增长33.44%;白酒3.09万升,增长31.95%;冷冻水产品25.31万吨,增长28.60%;味精(谷氨酸钠)8.80万吨,增长26.22%;冷冻饮品1.28万吨,增长25.80%;罐头162.88万吨,增长14.55%;糖果27.39万吨,增长15.95%;精制茶7.88万吨,增长0.94%;成品糖5.85万吨,降低18.90%;啤酒190.52万千升,降低3.41%;酱油7.65吨,降低12.49%。本省食品产量位居全国各省市前10位的产品有:罐头第1位;糖果第2位;糕点第3位;冷冻水产品、饼干第5位;精制茶第6位;味精(谷氨酸钠)第7位;配合饲料、成品糖、啤酒第8位;软饮料第9位;酱油、饮料酒第10位。食品行业品牌创新成效显著,"武夷WUYI及图"等9个商标获得全国驰名商标称号;福建海壹食品饮料有限公司的"海旺"牌速冻鱼糜制品等156个食品被授予2009年"福建名牌产品"称号。

(林勇毅 江学书)

【塑料工业】 全年全省塑料制品业规

模以上企业1000家，比上年增加150家，从业人员15.8万，增长3.8%。完成工业总产值571亿元，增长12%，出口交货值176亿元，下降9.1%。塑料制品业产量144.6万吨，增长11.1%，总量居全国第八位。塑料制品行业实现利润21.4亿元，增长36.9%。塑料工业品牌、研发创新取得成效，本年塑料制品行业中福建亚太建材有限公司被科技部认定为国家火炬计划重点高新技术企业，有14家企业的产品获福建名牌产品，分别为福建融音塑业公司的“融鹰牌”塑料管材(件)、福建祥龙塑胶有限公司“轩龙牌”塑料管材管件、福州叶下塑革有限公司的图形＋HARP BIRD、“浩福牌”塑料拖鞋、福建茶花家居塑料用品有限公司的“茶花牌”塑料餐具，福建亚太建材有限公司的“亚通牌”门窗用未增塑聚氯乙烯(PVC—U)型材，福清市友谊胶粘带制品有限公司的“友日久牌”BOPP封箱胶带，福建正大集团有限公司的“正大＋ZHD＋图形牌”EVA外底，福建宏玮鞋塑有限公司的“HW. SNCAN牌”TPR、EVA鞋底，福建隆上超纤有限公司的“隆上＋LONGSHANG牌”超细纤维合成革，福建省中意药用包装有限公司的中意牌药用PE塑料瓶，惠安县友达包装用品有限公司的“友达＋图形”牌封箱胶带，福建省南安市新源塑胶有限公司的“图形牌”塑料饮水杯，厦门聚富塑胶制品有限公司的“图形＋聚富牌”拉伸缠绕膜，南亚塑胶工业(厦门)有限公司的“图形＋南亚＋NANYA牌”塑料管材管件。11家企业项目列入福建省企业技术创新重点项目。　(许榕)

【工艺美术业】 福建是工艺美术生产和出口大省，工业总产值和出口交货值均居全国第四位。全省拥有工艺美术企业近万家，从业人员近40万人，其中规模以上工业总产值425亿元，比上年增长12.7%；销售额411亿元，增长11.5%，出口交货值220亿元，下降2%。福建工艺美术产业地区特色明显，福州寿山石雕、脱胎漆器、软木画，莆田木雕，银饰工艺品、仙游古典家具，泉州刻纸花灯、木偶头，惠安石雕，德化工艺瓷，厦门漆线雕，漳州剪纸、华安玉雕、八宝印泥、棉花画、南平、三明竹木根雕等数百个品种，都是独具八闽特色、闻名中外的珍品，在全国工艺美术行业的地位日益凸现。

4月30日至5月3日，第四届”中国(莆田)海峡工艺品博览会“在莆田市中国工艺美术城举办，第四届艺博会以”弘扬中华优秀文化，促进产业合作发展“为主题，邀请海峡两岸、港、澳地区和国外的工艺品生产企业参展，继续提升专、特、优、新、名、高展品比重，更加注重加强展会的产业化趋势。本届艺博会展览4天共吸引参观游客20.1万人次，实现产品成交金额5200万元，签订合同金额4.06亿元，意向合同金额2.68亿元，大师作品拍卖会拍卖作品40件，成交金额661.65万元，实现了为参展商创造价值的办展目的，逐渐成为我国工艺美术行业的名牌展会。10月29日至11月1日，“第四届福建省工艺美术精品争艳杯大赛”举行，大赛集中展示全省工艺美术工作者近年创作的优秀新作品和历届中国工艺美术大师、福建省工艺美术大师的精品，推出大量的精品、新品、佳品，从300多位作者的975件作品中，评选出金奖48项、银奖74项、铜奖115项、优秀奖242项，突出“档次高、规模大、精品多、范围广”的特点，受到各级领导的高度赞扬和社会各界的广泛好评。　(王建)

【家具制造业】 全年福建省家具行业实现工业总产值385亿元，比上年增长13.2%；出口额17.83亿美元，增长7.61%，产值及出口额均排名全国第五；完成产量8318万件，下降0.64%。家具业以私营企业为主，企业数3000家，从业人员约25万人。沿海地区以生产办公家具，板式家具(民用、校用)、中式古典工艺家具、出口美式实木家具、钢木家具、酒店家具、软体家具、厨房家具、竹藤铁艺家具为主，内地山区以生产木质品为主。家具产业集群效益凸显。2009年漳州市规模以上家具企业产值达60.5亿元，比上年增长20.7%，出口交货值达29.92亿元，比上年增长3.16%。莆田市的仙游县红木雕刻工艺精湛，近几年古典家具迅速发展起来，全年古典工艺家具总产值达28.5亿元，比上年增长105.6%。三明市是福建省重点林区，生产的商品木材以及人造板产量均居全省之首，2009年被国家林业局授予“国家林业产业基地”称号，林产及家具产业已成为重点产业之一，11月6—9日举办“第五届海峡两岸林业博览会”，提升了展会规格，促进两岸更好的交流与合作。名牌战略取得成效，已有诚丰，福建家具集团、现代、喜梦宝、森源、国辉、红梅、菲莉、冠达星、精工、永嘉、聚丰、龙威、三福、贡品轩、福艺、龙禧、华邦、恒星、大家之家、涌泉、建潘卫厨、闽星、怀古、飞鸿、坝下明珠、宏龙、杜氏、西华、英发、恒发、新佳美、玉致、新嘉华等近50家家具企业获得“福建省著名商标”、“福建省名牌产品”，有百余家企业通过ISO9001、ISO14001、ISO18001、FSC质量管理体系、环境管理体系、职业健康管理体系、森林管理体系认证，以及绿色产品认证，永嘉、百乐等企业还通过了国际玩具协会行为守则认证(ICTI认证)、国际反恐认证等，诚丰、森源、鼎美等企业获“中国驰名商标”。　(沈洁梅)

【制鞋业】 全省制鞋企业4000多家，全年鞋业总产值1376.18亿元，比上年增长15.2%；销售总额1343.41亿元，增长17.3%，出口交货值465.26亿元，增长3.3%；利润总额86.52亿元，增长42.3%。其中，皮鞋总产值936.98亿元，增长16.8%，销售总额921.36亿元，增长17%，出口交货值260.78亿元，下降2.6%，利润总额74.34亿元，增长49%。塑料鞋总产值131.65亿元，增长22.8%，销售总额122.48亿元，增长23.2%，出口交货值71.61亿元，增长31.2%，利润总额2.46亿元，增长12.7%。全省已设立鞋业省级企业技术中心14家，国家级、省级行业技术中心各1家。全省鞋类企业共获得“中国名牌”称号13项、“中国驰名商标”30多个、“福建名牌产品”称号146项、“福建著名商标”102个。截至年底，鸿星尔克、安踏、特步、361°、匹克等近十家企业在新加坡、香港等海外上市，为本省制鞋龙头企业海外融资、兼并重组，创出一条新路。安踏被确定为国家级鞋类技术中心；石狮富贵鸟注重新型功能产品的研发，开发出保健鞋和蓝领工作鞋等新品种，扩大了国内外市场的需求；鸿星尔克2009年首家获得国家级环保认证的企业；莆田市鞋业协会组织制鞋企业抱团赴沈阳、成都等地开拓专卖市场，效果显著。主要问题是原材料、人工费用等生产要素价格上涨，加大企业生产经营压力；劳动力特别是制鞋普通操作工缺乏；鞋产品科研创新能力总体较弱，产品性能相近，出口市场过于集中，产品附加值低；品牌创建意识不强，品牌知名度低，缺乏国际知名品牌。 （黄豫蕾）

纺织工业

【概况】 全省纺织行业规模以上企业2565家，完成工业产值2123.25亿元，比上年增长12.2%；销售产值2058.45亿元，增长12.2%，产销率达96.95；出口创汇94.59亿美元，生产、销售、出口均居全国第5位。主要产品生产能力：化纤200万吨、棉纺500万锭、坯布40亿米、针织印染80万吨，机制印染40亿米、非织造布15万吨、服装35亿件；主要产品产量：化纤184万吨、纱158万吨、布27亿米、印染布33亿米、非织造布9万吨、服装24亿件，分别增长15.1%、24.4%、10%、6.2%、24.1%、15.2%。

【品牌优势】 通过大规模、多种形式的改造、重组、置换和提升，福建纺织服装行业出现了一批具有明显竞争力的现代化企业集团，涌现出柒牌、七匹狼、劲霸、名师路、佳丽斯、海天轻纺、凤竹纺织等在国内外享有盛誉的知名品牌，全省共有50多个品种获中国名牌产品、中国驰名商标称号，一大批企业获得省名牌、省著名商标称号，许多企业在全国企业竞争力评选中获得殊荣。福建纺织服装通过多年的累积和精心经营，市场综合占有率进一步提升，品牌战略初见成效，逐步形成有区域和行业特色的品牌集群。

【科技创新】 纺织服装业引进国际最新技术设备和生产加工工艺，加强纺织纤维、面料的开发研究，纺织服装的品质得到提升。化纤业引进超细纤维纺丝及后加工技术，新建的聚酯化纤企业采用直体融纺和差别化技术；棉纺织的部分企业引进高档精梳、紧密纺、清钢联、自动络筒、转杯纺等新型纺纱技术设备以及喷气、剑杆等无梭织机等技术设备；针织业的电子提花、高速多功能圆纬机、经编机及后加工设备等广泛应用；印染业引进高效新型染色机、前处理后整理机械以及电子测色配色系统装置等技术装备，重视环保染料、助剂的应用及清洁生产措施。纺织企业注重产品研发，组建了一批产品和技术开发中心和开发基地，其中凤竹、海天、众和、嘉达、宏远、洪良等企业被选为国家纺织品开发基地；劲霸经编和江南大学组建的面料研发中心，依托高校，通过与国际著名公司进行合作，建设劲霸品牌，开发休闲男装经编面料，为发展新型服装面料开辟新的领域；七匹狼与中国流行色协会合作建立“中国流行色协会男装色彩研发基地”，把国内时尚环保面料新技术与新面料与服装产品开发紧密结合；宝德公司建立了福建省童装技术中心，在童装的设计开发上走出一条新路子。企业利用新型纤维和先进技术开发高新产品工作获得较大成效，嘉达纺织的莫代尔、天丝、弹性纱线和织物，凤竹的棉针织面料，海天轻纺SORONA新型针织内外衣等的开发已处于全国领先地位；海天、晓星、盖奇、华懋、洪良、东龙、翔鹭、协盛协丰、嘉达、众和、凤竹等企业开发的高新产品先后入选“中国流行面料”。全省每年都有近百项成果获得国家或省市新产品奖项，如：由东华大学、福建泉州海天轻纺有限公司联合完成的“高导湿涤纶纤维及制品关键技术集成开发”项目、凤竹纺织科技股份有限公司与上海东华大学、山东鲁泰纺织合作开发的《印染废水大通量膜处理及回用技术与产业化》项目先后获国家科学技术进步二等奖；长乐市鑫城化纤有限公司的高速纺涤纶母丝、单丝技术研究及产品开发、凤竹纺织的高档针织弹力织物加工技术研究项目分别获得中国纺织协会科技进步三等奖。服装企业还积极参与行业标准的制定，省服装协会、省纤检所共同制定《立领男套装标准》；七匹狼公司参与夹克标准的制定；卡宾米参与羽绒服装标准的制定；玛莱特公司参与制定了《国家棉服装》质量标准等。

【纺织集群】 以区域特色的服装企业集聚地和纺织各行业特色城镇悄然形成。全省被中国纺织工业协会授予的纺织服装产业集群试点地区有2个基地市、1个特色名城和15个特色名镇。福建长乐、晋江、石狮、永安、尤溪等县市的集群优势逐步凸显。福建纺织服装业已初步形成产业链条完整、集群显著、企业规模扩大、行业特色鲜明和知名品牌众多、整体竞争力增强的全方位发展新格局。 （管秀华）

冶金工业

【概况】 截至年底，福建省冶金工业拥有规模以上工业企业551家，其中大中型企业65家，比上年增加11家；拥有3家国家级企业技术中心，5家国家重点高新技术企业；全行业从业人员约10万人。拥有主要产品生产能力：钢1220万吨、钢材1500万吨、生铁990万吨、铁合金20万吨、精铜1.3万吨、电解铝7.3万吨、铝材70万吨、钨及其化合物3.8万吨、细钨丝130亿米、黄金20吨。全年全省冶金工业完成总产值1226.31亿元，比上年增长20.6%，其中钢铁工业853.23亿元，增长24.03%；有色工业311.17亿元，增长14.4%；黄金工业61.91亿元，增长3.58%。完成出口交货值48.39亿元，下降38.5%；实现主营业务收入1217.34亿元，下降1.57%；实现利润58.74亿元，增长9.92%；实现税金23.86亿元，下降38.11%。全年累计产销率97.32%，比上年提高0.28个百分点。全年完成主要产品产量：钢765万吨，增长21.2%；钢材1342万吨增长21.5%；生铁553万吨，增长7.1%；铁矿石原矿700万吨，增长5.2%；、电解铝7.48万吨，下降0.9%；铝材64.55万吨，增长5.3%；钨及其化合物2.2万吨，下降11%；细钨丝117.74亿米，增长8.5%；黄金20.97吨，和12.3%。铝、钨、黄金等继续保持在全国前列地位：铝材产量列全国第8位，钨及化合物产量列全国第2位，钨品出口量名列全国第1位，细钨丝产、销量列全国第1位，黄金产量名列全国第3位，黄金行业实现利润保持全国第1位。

【名牌产品及科技进步】 本年三钢（集团）有限责任公司的Q345B/C低合金高强度结构钢板、南平铝业有限公司的车辆轻量化节能用铝合金型材等2个产品通过省级新产品鉴定。三钢（集团）有限责任公司的Q345B/C低合金高强度结构钢板、南平铝业有限公司的车辆轻量化节能用铝合金型材、中铝瑞闽铝板带有限公司的1235H14铝箔坯料(准宽幅)等3个产品获得省优秀新产品二等奖。有20家企业的21个产品获得福建名牌产品称号,分别是福建省长乐市永盛金属制品有限公司"YOSENG牌槽钢"、福州市广福有色金属制品有限公司"广福牌铜母线"、南方铝业(中国)有限公司"图形牌铝板(卷)铝箔"、福建天宇钢铁制品有限公司"中宇ZHONG YU+图形牌低压流体输送用焊接钢管"、福清市龙港金属制品有限公司"龙固牌铝合金门窗"、福州德通金属容器有限公司"图形牌三片罐"、紫金矿业集团股份有限公司"图形牌阴极铜"、福建省上杭县九洲硅业有限公司"图形牌金属硅"、福建省顺昌宏丰钢铁有限公司"宏丰+HONGFEWG+图形牌钢筋混凝土用热轧钢筋"、南平市双友金属有限公司"双友牌钢筋混凝土用热轧钢筋"、福建三山(集团)南平市钢铁有限公司"三山+图形牌钢筋混凝土用建筑钢筋"、福建省建阳市硬质合金厂"九曲+图形牌碳化钨"、福建省华银铝业有限公司"闽鑫+图形牌铝合金建筑型材"、福建省南平金弘钢铁有限公司"金弘+图形牌钢丝绳"、南安市三晶硅品精制有限公司"FJSJ牌金属硅"、福建固美金属有限公司"固美+图形牌不锈钢管"、福建三钢闽光股份有限公司"闽光牌拉丝用低碳钢热轧圆盘条"和"闽光牌优质碳素结构钢"、福建明光新型材料有限公司"皓辉牌彩色涂层钢带"、厦门钨业股份有限公司"图形+金鹭牌贮氢合金粉AB5"、福建省莆田市万鑫金属制品有限公司"万鑫牌系列直缝电焊钢管"。2009年淘汰落后生产能力工作顺利推进。全年共淘汰炼钢电炉1座,钢产能20万吨;铁合金矿热炉1座,铁合金产能6000吨,全面完成国家要求的淘汰落后生产能力进度计划。

【存在问题】 一是产业集中度低下。全省大中型冶金企业数仅占全部冶金企业数的11.7%,大型企业仅5家,企业规模普遍偏小,竞争力不强。钢铁行业尤其突出,全省钢生产企业户均钢产量仅50万吨,不及全国平均水平的1/3。二是冶金产品结构不尽合理。板材、管材产量较大增长,但增幅小于建筑材,全省钢材板管仅为24.85%,比上年下降1.65个百分点,与全国50.77%的平均水平相比差距更大,钢材产品结构仍然单一,无论从数量和品种质量上都还不能满足省内经济建设需要。全省生产用钢材缺口达500万吨以上,主要是冷轧薄板、电工板、不锈钢板等附加值较高的产品。此外,铜、铝等产品也需从省外或国外购买解决。三是冶金生产所需原材料自给供应不足。铁矿石缺口严重,进口或省外购买铁矿石已超过需求量的一半以上;炼焦精煤全部从北方调入;钨精矿、稀土矿基本靠外省购买;氧化铝全部从省外调入和进口解决。四是行业技术装备、研发水平相对落后。大多数小企业由于受资金等制约,生产工艺技术装备较为落后,资源、能源消耗大,污染较为严重,还存在属于国家明令淘汰的落后生产能力。

(冯华伟)

建材工业

【概况】 全省规模以上建材工业企业2406家,全年完成工业总产值1356亿元,居全国第8位,其中产值前4位的行业分别是石材350亿元、建筑陶瓷231亿元、水泥174亿元、玻璃62亿元;全行业工业增加值407亿元,居全国第7位;全行业实现利税总额120亿元;建材产品出口总额30.4亿美元,占全国20.1%,居全国第2位;资产总额980亿元;从业人员27.1万人。主要产品产量:石材产量12490万平方米,其中花岗石板材产量11841万平方米,大理石板材产量649万平方米,分别占全国的45.5%和19.3%,均居全国第1位;建筑陶瓷143031万平方米,占全国20.8%,居第2位;水泥5446万吨,占全国3.3%,居第13位;平板玻璃2092万重量箱,占3.6%,居第9位;钢化玻璃757万平方米,占5.1%,居第6位;夹层玻璃776万平方米,占21.4%,居第2位;以福耀玻璃集团为代表的汽车玻璃出口量占全国出口量的55%以上,居全国第一。

【产业结构与产业集群】 水泥工业加快发展新型干法水泥,同时淘汰落后机立窑水泥,"十一五"以来,全省新建成投产新型干法水泥生产线20条,新增新型干法水泥产能2420万吨,累计淘汰落后机立窑水泥2156万吨,新型干法水泥比重由2005年的23.2%提高到2009年的48%。水泥散装率由2005年28.6%提高到2009年的39.02%;新型墙体材料工业积极推进"禁实、限粘、推新"政策,城市城区的占有率由2005年的45.3%提高到2009年的77.5%。玻璃工业结构优化升级,优质浮法玻璃比重大幅提升,全省新增优质浮法玻璃产能1200万重量箱。建材工业集聚效应日益显现,石材业已形成以泉州市南安、惠安、晋江为主的闽南石材产业集群和以福州市罗源、宁德市福鼎及古田为主的闽东石材产业集群;建筑陶瓷业形成泉州、闽清建筑陶瓷产业集群,晋江陶瓷被列为国家星火区域性支柱产业基地,其外墙砖产量占全国同类产品市场的70%,形成了加气混凝土砌块、机械装备、硅酸钙板3个新型墙材生产集中区和闽东南、闽西、闽东北3个新型墙材产业带。

【品牌战略与技术进步】 建材行业积极实施品牌发展战略,全行业已拥有中国驰名商标10件、中国名牌产品1个、福建省著名商标100个、福建名牌产品113个。晋江永和为"中国石材之乡";磁灶为"中国陶瓷重镇";惠安为"石雕之乡"、"建筑之乡"、"中国石雕之都";闽清为"中国陶瓷生产基地县";南安市成为我国唯一的"中国建材之乡"和"中国石材城",是全国最大的花岗石、大理石装饰板材加工基地。晋江市加快实施磁灶陶瓷大市场的发展战略,建成了由天工陶瓷城、下官路建陶市场、钱坡建陶市场和东山二级砖市场组成的区域市场;南安水头闽南建材第一市场已建成全国最大的石材销售、石材荒料集散中心。南安、厦门、晋江每年均举办一年一度全国性的石材、建筑陶瓷博览会,吸引了众多的海内外客商。本省建材企业还积极参加国内外各知名专业展会,有近30万闽籍人士组成的营销网络遍布全国各大中城市,市场拓展能力不断增强。国外营销网络进一步巩固,石材、夹层玻璃、建筑陶瓷产品出口稳步上升。加强科技开发,技术进步的步伐明显加快。水泥工业技术装备水平普遍提高，新型干法水泥技术得到广泛应用。新型干法水泥旋窑生产线利用无烟煤煅烧水泥熟料新技术已经成熟并得到广泛应用，有利于利用本省丰富的无烟煤资源，大幅降低水泥熟料煅烧成本；建陶工业加大科技投入，创建了民办科研所和检测中心，引进国外先进生产技术设备，新增50多条国内外先进的辊道窑生产线，全行业技术装备水平得到提升；新型墙体材料工业采用新技术以粉煤灰、煤矸石、石粉等废渣为主要原料，开发生产具有轻质、利废、保温、隔热等节能型新型墙体材料；浮法玻璃引进和消化具有国际先进水平的工艺与装备，玻璃深加工技术处于国内领先地位，达到国际先进水平。

【存在问题】 一是产业结构性矛盾比较突出。建材产业中低档产品比重偏大，特别是中低档石材、建筑陶瓷和机立窑水泥供大于求，高技术含量、高附加值的石材、建筑陶瓷产品和新型墙体材料比重偏小，落后的机立窑水泥产能仍有2000万吨左右；二是部分产业集中度低。建材企业平均生产规模小，大型骨干企业偏少，部分企业发展后劲不足；三是自主创新能力不足。全行业科技研究开发资金投入少，高技术人才相对缺乏，部分企业自主开发能力弱，产品升级换代慢，制约了行业发展步伐。产业集约化经营、专业化分工、社会化协作程度较低，部分行业合力尚未形成。 （林丽卿）

电力工业

【概况】 截至年底，全省电力装机容量3035.37万千瓦，其中水电装机1098.05万千瓦，占全省电力装机的36.2%，火电装机1882.97万千瓦，占全省电力装机的62.03%，风电45.7万千瓦，占全省电力装机的1.5%。全年发电1170.71亿千瓦时，比上年增长7.82%，其中水电发电275.92亿千瓦时，减少16.79%，火电发电882.30亿千瓦时，增长18.24%。省电网发电最高负荷达2019万千瓦，上升10.63%。福建电网向华东交易送电35.16亿千瓦时，增长87.82%；向外省电网交易购入量1.93亿千瓦时，下降79%。全年全社会用电量再次超过1000亿千瓦时，完成1134.92亿千瓦时，比上年增长5.72%，其中第一产业用电12.04亿千瓦时，增长7.19%，第二产业用电781.15亿千瓦时，增长3.25%，第三产业用电132.07亿千瓦时，增长12.95%，城乡居民生活用电209.65亿千瓦时，增长11.06%。

【全社会用电】 从用电比重情况看，一产比重为1.06%，二产68.83%，三产11.64%，城乡居民生活用电占18.47%。上半年工业用电量负增长，从7月份开始工业用电量正增长，特别是第四季度增长较快，全年工业用电量累计完成765.57亿千瓦时，增长3.28%，其中重工业用电增长8.34%，轻工业用电下降5.94%，轻重工业用电比重为32.3∶67.7。从行业用电看，增速较快的有：石油加工、炼焦及核燃料加工业25.23%，化学纤维制造业21.06%，通用及专用设备制造业18.5%，黑色金属冶炼及压延加工业9.37%。受国际经济环境影响，全省纺织业、服装鞋帽、皮革羽绒及其制品业用电分别下降3.19%和13.17%。城乡居民生活用电仍保持快速增长，全年完成用电量209.65亿千瓦时，占全社会用电量的18.47%，增长11.06%，其中乡村居民生活用电增长14.06%。

【负荷情况】 最大负荷增长迅速，全年全省最高发电负荷为2019万千瓦（出现在8月28日），增长10.63%。最高用电负荷1913万千瓦（出现在8月28日），比上年增长8.88%。最大日用电量为39956万千瓦时，增长8.81%，高于全社会用电量增长速度。全年平均用电负荷率为85%，与上年持平，日最大峰谷差率53%，比上年上升2个百分点，峰谷差率最大日的最大用电负荷为1019万千瓦，下降1.16%。

（杨锦辉）

煤炭工业

【概况】 全年全省生产原煤1788万吨，比上年下降15.9%，其中：省煤炭集团公司生产原煤491万吨，下降0.6%；各设区市乡镇煤矿生产原煤1297万吨，下降16.1%。全年完成煤炭调运5889万吨，下降2.1%，其中省外煤4078万吨，增长5%，省内煤1811万吨，下降12.4%。全省完成电煤调运3465万吨，增长6.3%，其中省外调入3116万吨，增长9.7%，省内调运349万吨，因永安、漳平电厂“以大代小”停发电，下降17.1%。全省电厂电煤库存保持在15天以上，有效保障全省国民经济发展对煤炭的需求。开展煤炭应急储备体系和煤炭储备中转基地建设前期工作，与中国神华集团签订了关于建立煤炭应急储备的框架协议，协议从2009年至2015年，神华集团每年确保安排120万吨以上的优质动力煤作为福建省煤炭实物储备。同时，全省3个煤炭储备中转基地进入实质性建设阶段。

【安全生产】 全省煤炭安全生产状况进一步向好。煤矿矿井经过资源整合和技术改造，矿井安全生产条件得到进一步提高，煤矿安全生产死亡人数得到控制。全年煤矿发生各类死亡事故13起，比上年减少5起，死亡20人，减少1人，百万吨死亡率1.118人/百万吨，发生死亡人数和百万吨死亡率均控制在省政府下达的指标内。省煤炭集团公司、龙岩市、三明市、泉州市百万吨死亡率分别为1.219、1.240、0.652、3.381人/百万吨，均控制在目标内。 （陈展）

林产业

【概况】 全年全省林业总产值1473亿元，比上年增长11.1%。其中规模以上林业工业企业总产值、销售总额、产销率分别增长18.8%、20.1%和0.9%。完成人造板702.1万立方米，增长12.4%，主要是胶合板产量大幅增长28.4%。木质家具831.53万件，下降5.4%；纸浆51.86万吨，下降18.0%；机制纸及纸板339.19万吨，增长2.9%。利税总额79.66亿元，增长10.5%；利润50.02亿元，增长9.9%。全省拥有规模以上林业工业企业2546家，增长7.1%，其中大中型工业企业104家，省级林业产业化龙头企业79家，境内外林业上市企业6家。产业布局趋于合理，产业集中度不断提高，林业专业园区不断涌现，海峡两岸（三明）现代林业合作实验区、莆田秀屿国家级木材加工贸易示范区、建阳"海西林产工贸城"和建瓯"中国笋竹城""两区两城"的建设取得进展，产业集聚效应初步显现。木材市场产销正常，全省完成商品材生产635.3万立方米，下降16.1%；累计完成木材销售636.7万立方米，下降5.9%；木材价格基本恢复、供求基本平衡，库存70.2万立方米，下降30.5%，基本恢复到历史同期水平。人造板产量继续保持快速增长，且品种结构日趋合理。全年全省人造板产量达702.1万立方米，增长12.4%，超出省内木材产量。其中胶合板完成269万立方米，增长28.4%；纤维板170.3万立方米，下降6.9%；刨花板130万立方米，增长1.7%。木竹制品、木制家具、木地板、造纸等产业发展迅猛。木材加工及木竹、藤、棕、苇制造业完成产值298.7亿元，增长11.5%；木制家具完成831.53万件，下降5.4%；纸浆完成51.86万吨，下降18.0%；机制纸及纸板339.2万吨，增长2.94%；木地板515.14万平方米，增长49.1%。林产品质量不断提高，共获得中国名牌产品2个、中国驰名商标8个、国家免检产品7个、福建名牌产品157个。完成出口交货值147.34亿元，增长4.4%。福建省金森林业股份有限公司27571公顷森林也获得FSC森林可持续经营认证，加上永安林业（集团）股份有限公司通过认证的11.62万公顷森林，本省通过森林认证的森林面积已达14万公顷。

【第五届海峡两岸林业博览会暨投资贸易洽谈会】 由国家林业局和福建省人民政府共同主办的第五届海峡两岸林业博览会暨投资贸易洽谈会于11月6—9日在三明举行。本届林博会共签约项目230项，总投资145.73亿元，利用区外资金132.11亿元。

【无患子基地建设】 福建百万亩无患子基地建设规划9月2日通过专家论证，全省将在未来5年建设全国最大的无患子能源林基地。福建百万亩无患子基地由5家公司共同建设，总投资13.7亿元，建设期从2010年至2014年。基地分布在全省的13个县（市、区），拟按照"公司＋基地＋农民专业合作组织＋农户"的产业化运作模式，高起点、规模化、良种化、标准化建设百万亩无患子生物能源林基地。建成后，每年可生产无患子天然洗涤剂5万吨，生物质能源10万吨，以及生物医药等无患子系列精深产品，实现年利润2.5亿元；进入盛产期后，可实现年利润18.5亿元。（范广阔）

医药工业

【概况】 全省药品生产企业131家，药品3083种，其中化学药品1716种、中药1229种、生物制品38种；医疗器械企业246家，其中一类医疗器械企业37家，二、三类医疗器械企业209家；医疗器械品种580种（含诊断试剂），其中诊断试剂105种、耗材144种，按类别分三类87种、二类297种、一类196种。规模以上医药工业企业125家，年产值超亿元的医药企业24家，销售额亿元以上产品7个。拥有资产129.44亿元，全年从业人员2.23万人。全省已规划建设14个特色生物医药产业园。全年医药工业完成总产值131.62亿元，比上年增长14.3%；销售产值125.98亿元，增长14.7%；产销率95.7%，提高2.83个百分点。医药工业出口出现下滑，出口交货值19.05亿元，下降6.8%。销售收入122.44亿元，增长14.3%；利润总额12.11亿元，增长31.31%。全行业大幅扭亏，亏损企业数下降21.1%，亏损企业亏损额下降44.1%。

【新项目、新产品】 全省新药研发和新产品创新取得突破，获得临床批件的新药项目19个，其中一类生物制品1项。获得生产批件的新产品37个，其中化学药品2类新药2个、3类4个，中成药6类1个。全省医药有3个产品获得2009年福建省优秀新产品奖，福建省广生堂药业有限公司"阿甘定"——阿德福韦酯获一等奖，福抗药业股份有限公司头孢美唑钠和福建汇天生物药业有限公司来氟米特片获三等奖。

【生物医药】 全省有基因工程药物、新型疫苗与诊断试剂、中药及天然药物、生化原料药等生物技术制药企业76家，销售产值73.96元，分别占全省规模以上医药企业数和总产值的60%和56.2%。生物制药工业产值增长19.4%，高于全行业生产增幅5.1

第五届海峡两岸林业博览会暨投资贸易洽谈会开幕式。（省林业厅供稿）

个百分点，成为抗风险能力较强的行业。福建省是国家抗爱滋病定点生产点，具有抗爱滋病原料药及制剂5个产品品种的生产，抗病毒治疗肝炎一类新药阿德福韦酯已投产生产，另外2个抗病毒治疗肝炎拉米夫定和恩替卡韦胶囊正在申报生产批件。生物医药研发和产业化有一定优势。新药“重组（大肠杆菌）人乳头瘤病毒16/18型双价疫苗”为预防用生物制品1类新药，是世界上首家采用大肠杆菌表达系统研发的基因工程人乳头瘤病毒疫苗；厦门特宝生物工程股份有限公司是全国首批生产重组人粒细胞巨噬细胞集落刺激因子、人粒细胞集落刺激因子和重组人白细胞介素11等基因工程蛋白质药物的企业之一，技术居国内领先水平；厦门北大之路生物工程有限公司自主开发的一类新药注射用鼠神经生长因子完成产值同比增长33.3%，一类新药虎纹镇痛肽（HWAP—1）获得国家临床试验批准；福建南方生物技术有限公司天然植物提取既从红豆杉中提取紫杉醇原料药，产量比上年提高49.6%。

【中药材及中成药生产基地建设】 全省中药材种植面积约3.33万顷，三明明溪县和南平延平区等开发建设的南方红豆杉种植基地面积达到0.4万公顷，种植规模居全国首位；柘荣太子参GAP基地种植面积0.2万公顷；泰宁雷公藤地道药材种植基地面积0.2万公顷（配套建立雷公藤种质基因库，收集12个省市、40个地市、200个种源植株，种苗基地6.67公顷。全省已建成13个各具特色的中药材种植示范基地，种植面积416.87公顷，带动面积0.42万公顷，其中建瓯的泽泻基地和柘荣的太子参基地已通过了国家食品药品监督管理局的GAP认证。福建中药原料生产、加工基地初具规模，全省建设了全国最大的紫杉醇原料种植提取加工基地，紫杉醇年产量40多千克，年产能300千克；雷公藤多甙和雷公藤甲素、鱼腥草、太子参、肿节风、茶叶提取茶多酚等一批种植、研发、提取、生产基地。全年全省中药工业完成产值35.91亿元，增长19.4%。一批中成药生产企业快速成长壮大，厦门中药厂获评“国家中药现代化科技产业基地建设十周年优秀单位”，该厂生产能力比上年扩大6倍，芪骨胶囊取得中成药6类新药证书，新癀片年销售额达到1亿元；漳州片仔癀医药股份有限公司完成产值3.3亿元，中药3类新药金糖宁取得生产批件，片仔癀年销售额达到2亿元。中药品牌、产品知名度不断增强，漳州片仔癀药业股份有限公司的“片仔癀”商标、泉州灵源药业有限公司的“灵源”商标名列首批“全国重点保护品牌”，漳州片仔癀药业股份有限公司生产的片仔癀、心舒宝片、片仔癀茵胆平肝胶囊等系列产品通过国家首批“原产地标记认证”，“柘荣太子参”荣获“国家地理标志”称号，福州闽海药业有限公司的闽海牌益脑胶囊，福建仙芝楼生物科技有限公司的仙芝楼牌灵芝孢子油软胶囊等被评为福建省名牌产品。（陈东惠）

烟草业

【概况】 全年烟草业保持持续健康发展，实现税利75.1亿元，比上年增长17.7%；实现利润46.8亿元，增长1.9%。其中卷烟利润38.5亿元，烟叶利润8.3亿元。

【烟草农业】 全年全省落实烟叶种植面积6.64万公顷，收购烟叶13.99万吨，上等烟比例达52.4%，烟叶收购等级合格率达78.8%。全省实现烟叶销售收入45.4亿元，烟农户均收入2.35万元，实现烟叶税及附加5.1亿元。全省投入资金6.17亿元，完成烟叶生产基础设施建设项目13763个，与省国土厅联合承担的2万公顷高标准农田建设任务进展顺利。在15个乡镇开展现代烟草农业整乡推进试点工作，烟叶生产水平有新提高，烟农联合互助组、烟农协会、专业合作社等新型烟农组织加快发展，烟叶生产中播种器、起垄机、电动剪叶机、培土机、电动喷雾机等设备运用更加广泛，育苗、机耕、植保、烘烤、烤房维护、分级、运输等专业化服务更加到位，全省现代烟草农业信息化管理平台进一步优化完善，信息化应用覆盖烟叶工作全过程。

【烟草流通】 全省烟草商业销售卷烟771.02亿支（154.20万箱），比上年增长3.24%。其中福建省产卷烟品牌“七匹狼”销售327.83亿支（65.56万箱）、“石狮”销售150.51亿支（30.10万箱）。实现卷烟销售收入241.3亿元，增长9.7%。注重终端建设，推广网上订货、网银支付、网上配货、网络营销等电子商务模式，提高零售客户盈利能力。全省零售客户月均毛利达1325元/户，提高7.3%。加大培训客户力度，全省培训面达6.1万户次，提升客户素质。

【专卖管理】 继续保持打假高压态势，建立120人的专职打假队伍，驻点云霄，全天候、不间断打击制假行为。全年共查处制假窝点3078个，查获假烟99280.2件，烟丝、烟叶等原料5677.16吨，大型制假机械173台，刑拘271人，逮捕93人，判刑294人。注重从流通环节查处制售假烟网络，全省破获制售假烟网络案件19起，刑拘122人。加强证照管理，按时完成2008版零售许可证换证任务，与工商部门建立卷烟无证无照经营联合治理长效机制。创新和规范市场管理，建立专卖市场监管指标体系、专卖终端管理体系、专卖管理绩效考核体系、案件查处监控体系。坚持依法行政，制定《规范烟草专卖行政处罚自由裁量权实施规则》、《烟草专卖行政处罚细化标准》，开发自由裁量信息系统，依法规范执法权限和程序。

（刘国良）

编辑：傅玉聪

建设 环保

固定资产投资

【概况】 积极贯彻落实中央扩内需、促增长的一系列政策措施，在中央积极的财政政策和适度宽松的货币政策的引导带动下，全省固定资产投资克服金融危机带来的不利影响，继续保持较快增长，全年全社会固定资产投资6362.03亿元，比上年增长20.0%，其中：城镇投资5679.44亿元，增长21.0%；农村投资682.59亿元，增长12.6%。城镇投资增幅逐月回升，受全球金融危机影响，年初投资延续上年的下滑态势，在一系列扩大内需政策的刺激下，投资形势逐渐回暖，到上半年，城镇投资增幅由年初的下降12.9%逐月提升至增长19.7%；第三季度投资增幅基本维持在17%—19%之间；第四季度投资稳步上行，到年底城镇投资增速达21.0%，比2008年增速仅低0.6个百分点。第三产业投资比重上升，全年全社会第一产业投资124.11亿元，增长20.9%，增幅比上年回落21.4个百分点；第二产业投资2368.32亿元，增长16.4%，增幅回落13.8个百分点；第三产业投资3869.61亿元，增长22.3%，增幅提高4.6百分点；全社会三次产业投资比重由上年的1.9：38.4：59.7调整为2.0：37.2：60.8。改建和技术改造项目投资快速提升，城镇新建项目投资2669.02亿元，增长18.3%，占全省城镇项目投资的比重为47.0%，降低1.0个百分点；扩建项目完成投资1081.97亿元，增长42.5%，占城镇项目投资的比重为19.1%，提高2.9个百分点；改建和技术改造项目完成投资473.05亿元，增长64.4%，占城镇项目投资的比重为8.3%，比上年提高2.2个百分点。

【投资结构】 全年全社会国有投资2165.66亿元，增长17.8%，增幅回落7.1个百分点，占全省投资的比重由上年的34.7%降至34.0%；民间投资3357.74亿元，增长26.7%，增幅提高2.9个百分点，比同期全社会投资高6.7个百分点，比重由上年的50.0%上升至52.8%，民间投资对全省投资的增长贡献率达66.8%，比上年提高14.7个百分点；外商港澳台投资838.64亿元，增长3.0%，增幅回落11.5个百分点，比重由上年的15.4%降低至13.2%。

【投资特点】 农业投资继续高速增长。全年城镇农林牧渔业投资49.78亿元，增长66.4%，增幅比全省投资高45.3个百分点，其中：农业投资17.74亿元，增长114.7%；畜牧业投资12.40亿元，增长107.2%；林业投资5.73亿元，增长67.7%；农林牧渔服务业投资10.86亿元，增长23.2%；渔业投资3.05亿元，下降11.4%。

部分涉及民生的行业投资迅猛增长。城镇批发零售业投资92.54亿元，增长72.9%；住宿和餐饮业投资86.36亿元，增长33.1%；居民服务和其他服务业投资7.13亿元，增长1.6倍；社会保障业投资8.79亿元，增长4.5倍；社会福利业投资5.50亿元，增长1.5倍；仓储业投资35.26亿元，增长69.8%；邮政业投资3.29亿元，增长2.3倍。

基础设施投资快速提升。全年城镇基础设施投资2145.68亿元，比上年增长36.5%，增幅提高7.2个百分点，比同期全省城镇投资高15.5个百分点；基础设施对全省投资的增长贡献率为58.4%，提高15.6个百分点；从具体构成看，交通运输投资902.46亿元，增长48.0%；市政建设投资582.82亿元，增长37.1%；电力、燃气及水的生产和供应业投资469.95亿元，增长20.2%，其中电力投资408.17亿元，增长15.4%。

制造业投资稳步回升。上半年，受出口下降、资金短缺、订单减少、效益下降等因素影响，制造业投资持续低迷，各月投资基本与上年持平，下半年以来，随着经济的企稳回升，投资跟随逐步回升，7月至11月全省城镇制造业投资累计增幅分别为－0.2%、2.8%、4.6%、5.1%、10.3%，全年全省城镇制造业投资1515.39亿元，增长14.0%，增长态势趋好；分行业看，30个行业中的25个行业投资实现增长，其中9个行业投资增速在30%以上，快速增长的行业主要是烟草、食品、仪器仪表、有色金属冶炼压延等领域。

房地产开发投资止跌回升。1月至11月，全省房地产开发投资降幅持续收窄，累计下降幅度分别为45.4%、26.9%、25.4%、24.4%、22.2%、19.3%、17.3%、11.3%、9.6%、6.1%和2.0%；全年房地产开发投资1136.35亿元，增长0.6%，在经历了连续12个月的下降后，房地产开发投资实现增长；从结构看，建筑安装工程投资731.42亿元，下降2.1%；土地购置费用332.69亿元，增长11.1%；分设区市看，漳州、厦门和宁德房地产投资分别下降11.4%、9.9%和0.1%，其余六个设区市呈现增长的态势。

新开工项目带动作用增强。加强项目储备，加快推进项目前期工作，新开工项目明显增多，全年城镇投资施工项目11952个，增长2.8%，其中新开工项目6620个，增长9.4%；新开工项目完成投资1468.66亿元，增长57.4%。

重点项目建设平稳推进。全年在建重点项目351个，完成投资1493.27亿元，超额完成年度计划；重点项目投资占全社会投资的比重由上年的22.9%提升至23.5%，对全社会投资的增长贡献率为26.7%，拉动全社会投资增长5.3个百分点；其中：交通重点项目45个，完成投资531.10亿元；能源重点项目12个，完成投资303.21亿元；工业科技重点项目155个，完成投资418.01亿元。

多数地区投资较快增长。除厦门市以外，全省其他8个设区市投资均保持增长。增长最快的是龙岩市，完成全社会投资433.97亿元，增长34.5%；投资增幅在30%以上的还有三明、福州、漳州3个市，分别完成投资678.26亿元、1646.72亿元、579.21亿元，增幅分别为32.3%、31.5%、31.2%；南平市投资502.03亿元，增长26.7%；宁德市投资287.15亿元，增长21.0%；莆田市投资362.70亿元，增长20.2%；泉州市投资976.47亿元，增长13.5%；厦门市投资882.12亿元，下降5.3%。

建设资金来源结构出现新变化。全省城镇建设资金到位6414.28亿元，比上年增长24.5%。在到位资金保持增长的同时，资金结构发生较大变化：预算内资金快速增长，全年国家预算内资金508.95亿元，增长32.4%，所占比重由上年的7.46%上升为7.9%；国内贷款比重上升，全年国内贷款1409.38亿元，增长33.2%，所占比重由上年的20.5%升至22%；利用外资呈现负增长，全年利用外资194.77亿元，下降2.1%，其中外商直接投资下降13.1%；自筹资金比重下降，全年自筹资金2877.73亿元，增长10.8%，所占比重由上年的50.4%下降到44.9%。（林建安）

重点建设

【综述】 全年省政府共安排重点项目526个，其中在建项目351个、预备项目175个，年度计划投资1470亿元。实际全年完成投资1493亿元，比上年增加283亿元，增长23.4%，重点建设占全社会固定资产投资的比重达到23.5%，持续7年得到大幅提高。全年实现125个重点项目建成投产，130个重点项目开工建设。全年新增干线铁路里程504千米、铁路电气化改造里程183千米、高速公路通车里程246千米、港口吞吐能力6220万吨、电力装机容量400万千瓦、年炼油能力800万吨、高等院校建筑面积13.3万平方米、医院病床数5000张。

【进展】 交通行业。在建重点项目45个、预备重点项目28个，年度完成投资531亿元。铁路方面，新增干线铁路里程504千米，全省累计运营里程达2128千米，出省铁路通道由4个增加到5个，在建规模超过2000千米；温福铁路开通动车组运营，福厦铁路开通货运试运营，峰福铁路峰南段开通电气化运营；龙厦、厦深、向莆铁路以及福州可门、江阴和湄洲湾北岸港口铁路支线进展总体顺利；合福铁路、赣龙铁路新建双线工程、漳州港尾铁路以及宁德白马、罗源湾北岸、湄洲湾南岸港口铁路支线、向莆铁路三明北站"六线一站"开工；南三龙铁路预可研报告已审查，浦建龙梅铁路预可研报告已编制，其他新一轮铁路建设项目前期工作抓紧推进。高速公路方面，新增高速公路通车里程246千米，全省累计达2013千米，在建里程超过2000千米；泉三高速泉州段、永武高速上杭至武平闽粤界路段、福泉高速莆秀支线已建成通车，厦门东通道（厦门翔安隧道）隧洞已贯通；松溪至建瓯高速公路、福银高速公路福州南连接线、福州至永泰高速公路、龙岩上杭蛟洋至城关高速公路、永春至永定高速公路龙岩段、厦门海沧至漳州天宝高速公路、莆田至永春高速公路莆田段、漳州招银港区疏港高速公路、浦城至建宁高速公路建宁至泰宁段、泉州环城高速公路晋江至石狮段、福广线长泰美宫至陈巷段高速公路等11个项目开工建设；厦漳跨海大桥、平潭海峡大桥等项目主体工程抓紧建设。港口方面，新增吞吐能力6220万吨，总吞吐能力达到2.9亿吨，厦门港成为亿吨大港；福州江阴港区4＃、5＃泊位、福州松下港区2＃泊位、厦门港海沧航道扩建二期等项目竣工投用；福州可门港区（4＃、5＃泊位）、松下港区（0＃泊位、3＃泊）、罗源湾将军帽15万吨级散货码头、厦门海沧港区（14＃—19＃泊位）、莆田东吴港区（东1＃、东2＃和3＃泊泊位）、泉州石湖港区（5＃、6＃泊位）、泉州泰山石化码头及仓储工程项目码头等项目总体进展顺利；宁德三都澳港城澳作业区1＃、2＃泊位、厦门刘五店南部港区散杂货泊位、漳州港古雷港区10万吨级航道工程等一批项目开工建设。

能源行业。在建重点项目12个、预备重点项目3个，年度完成投资303亿元。新增电力装机容量400万千瓦，全省累计达3026万千瓦，提前实现500千伏大环网。宁德和福清核电进展顺利。LNG项目一期站线工程已完工，二期工程（福州至福鼎段）已动工，新增3＃、4＃储罐总体进度完成61%；莆田和晋江燃气电厂1＃和2＃机组已并网发电、3＃和4＃机组设备安装；厦门燃气电厂1＃机组并网发电，2＃机组进行设备调试。宁德大唐火电厂二期1＃和2＃机组已投产发电；华能福州电厂三期5＃机组、永安、漳平和龙岩火电厂"以大代小"改扩建项目已获国家核准，正在抓紧建设；石狮鸿山热电厂、仙游抽水蓄能电站总体进展顺利。福清高山和嘉儒、莆田石城和石井、东山二期风电项目全面建成投产，莆田东峤风电已开工。电网方面，500千伏南平变、连江变、漳州二期、龙岩卓然变已投产；温福铁路太姥山、福安、罗源电力牵引站、永定先锋、浦城丹桂、宁德树兜和韩阳等一批变电站竣工投产；全年投产500千伏主变250万千伏安及线路520千米，220千伏主变192万千伏安及线路876千米。

工业行业。在建重点项目155个、预备重点项目74个，年度完成投资418亿元。建成投产福建炼化一体化、石化1，4—丁二醇项目、南纸林纸一体化、南铝技改、旗滨玻璃Low—E在线镀膜玻璃生产线（全国首条）等一批项目，年可新增1.2万吨复合型铝材、3万吨BDO、18万吨低定量胶印新闻纸等生产能力，年炼油能力由400万吨扩大至1200万吨；省石化合成橡胶、漳州古雷石化、龙岩紫金铜冶炼等一批项目开工建设。戴姆勒汽车、LNG冷能空分等项目进行试生产，石狮PTA工程加快扫尾、进行试生产准备；中化重油深加工、中铝瑞闽板带生产、福欣特殊钢、海峡西岸软包装科技园二期等项目加快建设；东南电化搬迁、金鹰林浆纸一体化等一批重大产业项目正抓紧开展报批等前期工作。

农林水行业。在建重点项目18个、预备重点项目7个，年度完成投资30.6亿元。福建省海洋灾害监测和预警预报系统、福建省海上渔业安全应急指挥系统已开始试运行，同步进行各项工程的验收；福建沿海及台湾海峡气象防灾减灾服务体系基本建成，泉州外走马埭围垦工程海堤工程完工、进行垦区开发前期工作，闽江上游富屯溪防洪二期工程大部分防洪堤段已完工，大中型病险水库除险加固工程开工33座、完成17座主体工程，海堤除险加固工程300千米已完成152.5千米；漳平和漳浦台湾农民创业园加快建设，仙游金钟水利枢纽工程、武平闽台农牧合作创业园等一批项目开工建设。

城建环保行业。在建重点项目33个、预备重点项目13个，年度完成投资108亿元。晋江市垃圾焚烧发电厂扩建首期工程、晋江供水二期工程建成；福州轨道交通近期(1号和2号线)建设规划获批、1号线开工建设；福州螺州大桥、福州三环路二期、福州林浦大桥、泉州火车站配套项目、九龙江北溪引水左干渠改造二期、石狮市中心区城市污水处理厂扩建工程以及宁德市、惠安县、安溪县、南平市中心城区和建阳垃圾焚烧发电厂等一批项目开工建设。

商贸服务行业。在建重点项目51个、预备重点项目35个，年度完成投资70亿元。晋江振东仓储中心、武夷山旅游服务中心、武夷山旅游滨江景观大道等项目已陆续建成投用，福州保税物流园区、海峡西岸国际采购与区域物流中心一期、厦门国家场(厂)内机动车辆质量检验中心、长汀国家历史文化名城保护与开发、惠安崇武青山湾滨海旅游区开发、福安白云山景区等一批项目开工建设。省级粮食储备库新(扩)建项目中，马尾库和长乐库进行监理招标；长汀和南安库可研已批复，进行初设修编；晋江和安溪库扩建项目施工图已送审；漳州浦口库基本建成。

社会事业。在建重点项目37个、预备重点项目15个，年度完成投资32亿元。全年新增院校建筑面积13.3万平方米，医院病床5000张。建成投用省广电中心、福建艺术职业学院新校区、福建体育职业技术学院等一批项目；开工建设省体育中心一场二馆改造、福建中医学院附属人民医院病房门诊综合楼和附属第二人民医院康复分院、福建医科大学附属第二医院东海分院、省少年儿童图书馆、闽北卫校新校区等一批项目；全省乡镇卫生院加强建设工程、省残疾人体育康复就业培训中心、第十四届省运会比赛场馆等一批项目加快推进。 (林庚)

城市规划与建设

【概况】 围绕加快推进海西城市群建设和全面贯彻实施《城乡规划法》，按计划稳步推动城市规划工作。继续推进《海峡西岸城市群发展规划》编制，12月已获住建部批准，并报送省人大常委会审议。经住建部批准，正式启动《福建省省域城镇体系规划》修编工作。做好城市总体规划与土地利用总体规划的衔接，参与全省60多个市、县土地利用总体规划大纲审查。福州、泉州、莆田、龙岩、宁德、永安、建阳等城市开展总体规划修编工作。“全省县级城市规划建设研讨会”在泰宁县召开，探讨推进宜居县级城市建设。全面贯彻实施《城乡规划法》，完善配套制度建设，《福建省实施〈城市规划法〉办法》业经省政府常务会议通过，可提请省人大常委会审议；省政府办公厅下发《关于贯彻实施〈中华人民共和国城乡规划法〉的若干意见》；省住建厅下发《关于进一步加强和规范开发区规划管理的通知》，明确开发区设立、扩区和升级条件及规划管理主体，为开发区管理理顺机制；跟踪《关于加强房地产开发项目容积率管理意见的通知》、《容积率计算规则(暂行)》、《城市规划公示公开暂行办法》、《建设工程规划条件核实指导意见》等相关规范性文件的实施情况；深入开展房地产开发中违规变更规划、调整容积率问题专项治理工作；开展城市停车场规划建设专题调研，提出对策措施。

【规划编制】 编制《海峡西岸城市群发展规划》：1月，经省长办公会议研究并原则通过5月又根据《国务院关于支持福建省加快建设海峡西岸经济区建设的若干意见》进行对接修改，10月，经省委常委会研究并原则通过，12月，获住建部批复。《福建省省域城镇体系规划》修编，修编评估报告上报住建部后，3月份得到正式函复同意修编后，确定由省城乡规划设计研究院、福州市城乡规划设计研究院和厦门市城乡规划设计研究院联合成立项目组，并于2010年年底前完成修编任务。福州、泉州、莆田、龙岩、南平、永安、建阳等7个城市开展城市总体规划修编工作，《福州总规纲要》通过部省联合专家审查，完成规划初步成果；由省住建厅组织专家和省直部门分别对莆田市、泉州和南平市总体规划纲要进行审查并原则予以通过；龙岩完成城市总体规划纲要；宁德完成基础资料收集，规划纲要方案在编；永安、建阳总规成果在编。

【专项治理】 4月，住建部、监察部决定在全国范围内开展关于对房地产开发中违规变更规划、调整容积率问题开展专项治理工作，福建召开全省专项治理电视电话会议，对专项治理工作进行部署，《福建省开展房地产开发中违规变更规划、调整容积率问题专项治理工作方案》制定并下发各地执行；7月，在漳州召开全省专项治理工作座谈会，传达中央领导指示精神和全国专项治理工作座谈会精神，采取以会代训形式对开展专项治理工作的专业知识、政策要求及案件查处等进行培训；9月，在宁德召开规划工作座谈会，明确将专项治理工作纳入到国务院部署的建设工程领域突出问题的专项治理工作，对下一步深入开展这项工作以及更好地整改自查自纠阶段发现的问题提出要求；10月底至11月初，省住建厅和监察厅联合检查组先后对全省9个设区市和8个县(市)的专项治理工作开展情况进行检查，共重点抽查94个建设项目，对是否依据控制性详细规划出让土地、规划许可期间是否违规变更规划、调整容积率和擅自违规调整容积率等方面进行检查，对违法建设的案件进行查处，对补缴土地出让金等进行数据核实。

【城市联盟】 召开第7次厦泉漳龙城市联盟市长联席会议，会议总结2009年度厦泉漳龙城市联盟工作开展情况并提出2010年城市联盟工作计划，审议《厦泉漳龙城市联盟城际轨道系统规划》、《厦泉漳龙城市联盟旅游发展对策建议》和《厦泉漳龙城市联盟供水、污水和垃圾处理项目协调发展研究》等3项规划研究成果。召开闽东北一翼城市联盟工作座谈会，指导福州和宁德两市结合实施《闽江口城镇群发展规划》和《环三都澳区域发展规划》，围绕城市发展战略、规划整体协调、产业资源互补、基础设施共建等方面积极筹划，落实项目合作机制，积极筹备闽东北一翼城市联盟市长联席会议的召开。继续指导泉州、三明两市开展市域内城市联盟工作。

【历史文化名城保护与管理】 根据财政部下发的《国家风景名胜区和历史文化名城保护补助资金使用管理办法》，组织开展2009年历史文化名城保护补助资金申报，建立全省历史文化名城保护补助资金申报项目储备制度。积极申请历史文化名城和历史文化街区保护规划编制经费，用于每年补助2个国家或省级历史文化名城、历史文化街区保护规划的编制。继续跟踪指导“三坊七巷”历史文化街区的保护修复工作，多次组织有关领导、专家开展“三坊七巷”保护修复工作调研；对《三坊七巷文化商业业态策划方案》等相关保护规划的审查。落实2009年历史文化名城名镇名村保护设施建设国债投资资金，加强对资金使用情况的监管，做好全省各设区市按期完成优秀近现代建筑的保护名录的上报工作。

【风景名胜区规划管理】 根据住建部、文化部《关于组织开展“新中国城市雕塑建设成就奖”评选工作的通知》和全国城市雕塑建设指导委员会《关于组织推荐“新中国城市雕塑建设成就奖”评选项目的通知》精神，省住建厅和文化厅联合组织开展“福建省新中国成立以来城市雕塑建设成就奖”评选活动，对全省204件城市雕塑作品进行评选，白鹭女神、林则徐雕像和妈祖雕像等30件作品被授予“福建省新中国成立以来城市雕塑建设成就奖”，并报送参与建设部和文化部的“新中国成立城市雕塑建设成就奖”评选活动，最终厦门郑成功雕像和福州林则徐雕像获“新中国城市雕塑建设成就奖”。

【污水垃圾处理项目建设】 全年完成26个污水处理厂、20个垃圾处理场项目建设。截至年底，全省建成污水处理厂71座，日处理能力302万吨，市县污水处理率达到70%，消减COD1.6万吨；建成垃圾处理场51座，日处理规模17300吨，市县生活垃圾无害化处理率达到75%。加大现场督查力度，联合省监察厅等部门进行全省城市污水、垃圾处理项目督查，通报问题，督促整改；对各设区市污染减排工作情况进行督查；建立项目约谈制度，及时向省政府提供项目后进县市名单，推动地方政府和投资业主、施工监理企业加快治污进度；加强技术指导，在督查项目建设进度的同时组织技术专家现场指导服务，确保在建城市生活污水处理项目质量；多方筹资推动项目建设，积极争取国家资金补助，6月通过国家代发行地方债券12.9894亿元专项用于污水管网建设，11月安排以奖代补专项资金2.0616亿元用于污水配套管网建设。

【发展公交】 全年公交行业投入资金6亿元，新购公交车1500辆，新建公交场站20座，新增公交场站用地面积15公顷，创建公交精品线路14条，建成公交场站22公顷。厦门市续建BRT工程成功大道专线；福州市地铁项目建设规划获国务院批准。开展城郊结合部和农村客运管理体制问题调研，研究城乡客运在管理体制、运行机制、经营方式等方面的一体化发展。继续开展公交“四优”创建活动，评选出省级优秀线路29条、优秀车组111个、优秀驾驶员115名、优秀乘务员48名；开展以节油降耗为重点的公交驾驶员技能竞赛，共有143名驾驶员参赛，有14人分获技术标兵和节油标兵称号；成立福建省建设行业职业技能鉴定站福州公交集团公司鉴定点，开展公交职工职业技能培训及等级认定，促进公交职工加强学习和交流，提高自身素质。投入省级财政3020万元支持福州市创建公交精品线路、更新车辆；争取国家燃油补助7858万元，并从上年燃油补助结余款中安排3000万元用于公交企业新增车辆的燃油补助。

厦门污水处理厂。 （省环保厅供稿）

【城市LNG项目建设】 加强城市天然气建设项目进度协调指导，对门站、调压站建设进度进行现场检查，5个城市天然气项目建设进度正常；5个城市全部接气置换，置换中未发生重大生产安全事故；建设青口、驿坂、朴里3对6组天然气汽车加气站，建设前期工作正在进行。《海峡西岸经济区天然气管网建设规划》编制完成并获省政府批复。

【行业指导与管理】 起草《福建省省级市政公用工程施工预选承包商管理办法》，并征求意见。编制完成《福建省城市饮用水供水设施改造和建设规划》、《自来水行业改革指导意见》。组织编制《城镇供水企业安全运行管理标准》(征求意见稿)和《福建省生活垃圾分类标准》。举办市政工程施工质量安全专业技术培训，集中培训各设区市质监站选送的质监、监理、施工等单位86名技术骨干人员。确定由福州市勘测院研发设区市级的桥梁管理信息系统投入试运行，9个设区市本级桥梁档案基本建立。开展全省9个设区市和5个县(市)的出厂水新水质标准全部106项首次全分析检测，加强城市供水单位消毒剂使用管理，检查104家供水企业消毒剂种类、投加和安全管理等。通过省城市供水水质监测网对福州、厦门、泉州、龙岩、三明、南平监测站进行水质抽检，其中：地表水水源水厂共抽检116份水源水、119份出厂水、109份管网水，地下水水源水厂共抽检15份出厂水、10份管网水。依据《福建省城镇污水处理厂运行管理标准》等规范标准，对全省27座污水厂进行水质督查和运行评估；结合督查和评估，规范污水厂运行管理，促使达标排放。推进环卫作业市场化规范运行和垃圾分类试点工作，283人取得环卫作业负责人岗位证书，评定甲级环卫作业企业8家、乙级企业5家、丙级企业19家，全省共有甲级环卫作业企业40家、乙级企业22家、丙级企业32家。组织城市垃圾填埋场无害化等级评定自查，上报7个垃圾填埋场经建设部组织专家现场检查考核评估全部达到Ⅱ级以上，其中龙岩市黄竹坑垃圾填埋场被评为Ⅰ级。餐厨垃圾分类收集处理，福州市已将方案上报市政府，厦门市在编项目招标文件，三明市项目建成投产。在燃气行业监督中，现场检查6家管道燃气制气厂（气化站）、9个液化气储配站，督促各地对逐一整改存在问题。抓紧修订《福建省管道燃气特许经营协议示范文本》，组织调查36个管道燃气项目特许经营情况，并提出整改意见。

【安全生产】　成都公交事件发生后，在第一时间部署全省公交安全大检查，并专项督查9个设区市和福清、石狮、建瓯等市、县的公交安全工作，检查15个公交企业、13个场站、30条线路、73辆公交车，确保城市公共交通安全运营。每次台风来临，适时启动应急预案，做到提前部署、精心组织、周密安排，对内河排涝站、排水泵站、地下通道、重大市政施工工地的防范工作进行实地检查，有效组织全省城建系统开展防汛抗台工作，保障城市基础设施正常运行。组织对全省市政公用行业安全生产进行重点抽查，抽查自来水厂13座、公交停车场（枢纽站）5座、制气厂3座、燃气设施36处。　（施德善）

村镇规划与建设

【概况】　围绕海峡西岸社会主义新农村建设和城乡统筹发展的总要求，以开展农村家园清洁行动和加强村镇规划建设管理为工作重点，加快村镇规划修编，发挥村镇试点示范项目作用，引导农民科学建房，逐步改善农村人居环境，提高村镇规划建设管理水平。截至年底，全省城市建成区外共有509个建制镇，317个乡，5个镇乡级特殊区域，64203个村庄（自然村）；总人口2695.36万人，其中：建制镇642.11万人，乡105.74万人，镇乡级特殊区域1.17万人，村庄（自然村）1946.34万人；年末实有房屋建筑面积110518.01万平方米，人均住宅建筑面积35.30平方米。建制镇人均道路面积11.17平方米，人均公园绿地面积3.08平方米，用水普及率84.92%，燃气普及率61.80%。

【村镇规划编制】　有序推进村镇规划修编，发挥省级村镇规划事业费“以奖代补”资金的效用，调动各地规划编制积极性。组织开展全省村镇规划编制成果验收评比，对2008—2009年共700项村镇规划编制成果（其中，镇乡131项，村庄569项）进行考核验收，共评审合格村镇规划编制成果431项，其中：镇乡96项，村庄335项，合格率达61.6%；组织村镇规划编制成果评比，评选出优秀获奖成果47项，其中：二等奖镇乡1项、村庄1项，三等奖镇乡20项、村庄25项；给予验收合格的67个镇乡、176个村庄规划编制“以奖代补”专项补助。

【农村家园清洁行动】　农村家园清洁行动继续纳入省委、省政府为民办实事项目和市（县）长环保目标责任考核内容。全年实际完成160个乡镇、2780个建制村的生活垃圾治理任务，超额完成省委、省政府下达的目标任务，并全面完成九龙江流域沿岸1千米范围内乡镇、村庄的垃圾治理。在东山县召开全省农村家园清洁行动现场会，表彰了2006—2008年农村家园清洁行动17个先进市县区、40个先进单位和146个先进个人。组织开展为期5个月的城乡结合部、城中村环境卫生专项整治行动。全年全省列入为民办实事的乡镇、建制村配备保洁员9915人，建成垃圾处理场（站）197座，其中垃圾焖烧炉92座、垃圾填埋场15座、垃圾中转站90座，日处理垃圾3300吨。截至年底，全省累计通过验收合格乡镇624个，建制村7963个，占全省乡镇总数的67%和建制村总数的55%；建成乡镇垃圾处理场（站）670座，建设垃圾池4.59万个，配备垃圾保洁车2.1万辆、运输车748辆，聘请村镇保洁员3.57万人，日处理村镇垃圾约9000吨。

【村镇建设】　持续抓好村镇住宅小区试点规划建设，新增邵武市晒口街道办新丰村同青小区等18个小区作为第11批省级村镇住宅小区建设试点，授予光泽县止马镇福春小区等9个小区为第6批省级村镇住宅优秀小区，全省累计确定11批218个省级村镇住宅小区建设试点和6批40个省级村镇住宅优秀小区。开展工程项目带动村镇规划一体化实施试点，研究确定永安市贡川镇、云霄县云陵镇下坂村、东山县马銮村为试点村镇，指导试点村镇制订试点实施方案，落实试点项目。开展农村危房改造试点前期工作，研究确定选择晋江市、永春县、光泽县、长汀县等4个县（市）作为农村危房改造试点县（市），安排试点县（市）补助资金开展前期调查摸底和制订农村危房改造工作规划。参与《福建省实施〈中华人民共和国城乡规划法〉办法》起草、修改和调研工作，做好乡村建设规划许可证书的定制和发放。

【名镇名村保护】　加强历史文化名镇名村保护，组织引导有条件的村镇申报国家级历史文化名镇名村，召开申报评审会，推荐宁德市蕉城区霍童镇、屏南县棠口乡漈头村等9个镇、8个村申报第5批中国历史文化名镇名村。截至年底，全省共有57个镇村（其中：镇21个，村36个）获国家、省级历史文化名镇名村称号，其中12个镇村（3个镇、9个村）获国家级名镇名村称号。创建特色景观旅游名镇（村），开展评选申报工作，遴选莆田市湄洲镇、武夷山下梅村等20个各具特色的旅游村镇参加全国特色景观旅游名镇（村）综合考核，经住房和城乡建设部、国家旅游局联合评选，莆田市湄洲镇、永定县湖坑镇等2个镇确定为第1批全国特色景观旅游名镇。　（施德善）

建筑业

【概况】 全年建筑行业完成产值2522亿元，增长17.8%，其中总承包和专业承包企业完成建筑施工产值2204亿元，首次突破2000亿元，增长19.0%。全年实现全社会建筑业增加值898.92亿元，增长18.8%，占全省生产总值的7.4%。全年建筑业税收总收入90亿元，增长13.5%，其中：营业税56亿元，占全省营业税21.21%；企业所得税17亿元，占全省企业所得税19.4%。全年房屋建筑施工面积21691万平方米，增长8.3%，其中新开工面积9704万平方米，增长11.5%。全年新签工程施工合同额2495亿元，增长29.8%；施工合同额累计3966亿元，增长26.2%。8个"建筑之乡"完成建筑业总产值559亿元，占全省产值25.4%。

【建筑业改革与发展】 在惠安县召开全省建筑业工作会议，对建筑业企业把握机遇、应对危机、提升素质、规范行为进行动员部署，表彰一批中国建筑工程鲁班奖、省优质工程、省级文明工地的获奖企业以及建筑业"一先两优"的获奖先进企业、优秀个人。实施"走出去"发展战略，拓展省外境外建筑市场，全年出省施工企业638家，比上年增加138家，在全国各省份均有承接业务，完成省外产值842亿元，增长44.4%，其中8个"建筑之乡"县市完成省外产值342亿元，增长23.2%，占全省省外产值40.6%。全省具有对外工程承包资格企业28家，全年完成营业额1.75亿美元，新签合同24项，合同额1.45亿美元。截至年底，全省建筑业企业3163家，其中：总承包企业1243家，占39.3%；专业承包企业1323家，占41.8%；劳务分包企业484家，占15.3%；设计施工一体化113家，占3.6%。全省完成改制企业15家，扶持重点骨干企业调增资质、晋升等级，拓宽业务范围，参与国家增投项目建设。全年新增一级企业34家，增项一级资质50家；新增二级企业71家，增项二级资质125家；全省总承包和专业承包二级以上（含二级）企业数量已占50.7%，专业配套趋于齐全，企业结构趋于合理。推进建筑市场信用体系建设，修订出台建筑业企业、招标代理机构和工程造价咨询企业信用评价办法。

【建筑市场管理】 省政府办公厅转发省住建厅、发改委、财政厅、监察厅《关于在房建和市政工程招投标中推行网上远程评标的工作方案》，组织开展全省推行网上远程评标工作。出台《省管建设工程项目招投标监督管理工作制度》，明确项目勘察、设计、施工、监理和货物招投标监管的招投标职责分工和监管内容。出台合理造价随机抽取中标人办法补充规定，扩大合理造价随机抽取中标人办法适用范围，房建市政工程适用范围由单项合同估算价800万元扩大到1500万元，单独发包的专业工程适用范围由300万元扩大到600万元。出台《福建省房屋建筑和市政基础设施工程施工预选承包商名录管理办法》，由省住建厅会同发改委、财政厅公布2009年度省级房屋建筑工程施工总承包预选承包商名录82家企业名单；全年房建和市政工程施工与货物招标项目5846项，中标价合计708亿元，较预算价下降11.4%，下降幅度总体合理；招标文件备案数5580项，招标文件纠正数1825条；共有2917个工程施工项目采用合理造价随机抽取中标人办法，占施工招投标项目总数55%，中标价128亿元，基本没有投诉；全年2061个项目实施承包商预选制度，1025个项目实施招标代理比选制度。加强企业资质动态监管，组织开展全省建筑业企业资质检查，按红、黄、绿三类实行差异化监管；开展建筑业企业资质检查和工程招标代理、造价咨询企业清理整顿，对不符合资质条件的企业撤回并注销相应资质资格，全年共注销57家建筑业企业资质、39家招标代理机构资格、16家工程造价咨询企业资质，责令152家建筑业企业、4家招标代理机构、7家工程造价咨询企业限期整改。进一步完善防欠长效机制，开展工程担保制度试点，有331项新开工的单项施工合同价1000万元以上房地产项目实施业主工程款支付担保和承包商履约担保，有1043项其他项目也实施支付和履约担保；省清欠办直接受理投诉举报69件，解决拖欠工程款和农民工工资6682万元，有效化解社会矛盾。推进建立建筑劳务分包制度，全省现有建筑劳务分包企业484家，全年共有1089个新开工项目实行劳务分包。

【工程造价管理】 贯彻实施《建设工程工程量清单计价规范》（2008版），制定出台《贯彻〈建设工程工程量清单计价规范〉的实施意见》，取消暂估价，增加甲供材料总承包服务费，规范综合单价调整行为，规范主要建筑材料价格风险承包管理；修订工程量清单计价表格和计价软件数据接口标准，重新颁布《福建省房屋建筑与市政基础设施工程造价电子数据交换导则》和《福建省房屋建筑与市政基础设施工程造价元素的属性值》。适应超高层建筑施工需要，编制超高层建筑超高降效、外墙翻转钢管脚手架等专项补充定额，调整超高层建筑工程垂直运输机械定额消耗量。根据《关于进一步加强建筑起重机械安全管理的若干意见》等规定，缩短折旧年限，增加大修理费用、人员配备及燃料动力消耗，调整建筑起重等大型机械台班计算办法，提高台班单价满足安全施工要求。开展计价依据编制前期工作，为适应福州地铁1号线建设，根据建设部城市轨道工程定额，着手开展地铁定额编制的各项前期工作。按照财政部、国家发改委关于公布取消和停止征收100项行政事业性收费项目的通知要求，自1月1日起取消"建设工程质量监督费"和"工程定额测定费"。调整《福建省房屋建筑和市政基础设施工程概算编制办法》和《福建省建筑安装工程费用定额》（2003版），取消工程质量监督费和工程定额测定费。履行省管项目施工招投标监管职责，具体负责招标文件备案审查和投诉处理，全年省造价总站共受理132个项目招标文件备案和19件招投标投诉。履行公共服务职能，服务工程建设和管理，定期召开造价形势分析会，每季度对主要建筑材料及人工费用市场价格进行分析，评估其对工程造价的影响；缩短主要材料信息价格发布周期，福州等4个地市发布钢筋和水泥日供应价，其他地市按旬发布，及时反映市场行情；组织编辑《2009年福建省建筑节能材料信息价格》、《2009年福建省消防工程材料信息价格》，指导节能和消防工程计价；组织开发《人工和建筑材料信息价格管理系统》，实行网络输送，创新信息搜集和管理方式。组织2009年建筑专业造价员考试考务工作，全省4661人参加造价员资格考试，及格率23%。

【工程质量管理】 全年共受监工程14942个，其中新报监工程5356个，建筑面积5700.96万平方米造价747.75亿元，已竣工验收工程4672个，一次性竣工验收合格率99.8%，未发生重大质量安全事故。全省各级工程质量监督机构在日常监督检查和围绕建设行政主管部门开展综合整治、各类监督执法检查中，共发现工程质量隐患55693起，已落实整改55139起，整改率99%；还有554起新近发现的质量隐患正在落实整改中。全年共发生建筑施工安全事故32起、死亡31人，建筑施工安全生产形势总体平稳。 （施德善）

房地产业

【概况】 房地产市场交易交易活跃，成交量成倍增长，全年商品房销售2991万平方米，增长107.2%；存量房交易1795.5万平方米，增长91.6%；房地产交易总金额2170亿元，增长139%。房地产投资止跌回升，全年完成房地产投资1136.35亿元，增长0.6%，前11个月投资降幅逐月持续收窄，全年实现止跌回升。土地市场交易活跃，随着住房交易量持续大幅回升，开发企业投资信心增强，土地出让市场从第二季度开始出现回暖，部分城市频现“地王”，全年住宅用地供应1507.8公顷，增长148%，其中商品住房供应1173.47公顷，增长225.6%；福州市区招拍挂出让成交91.93公顷，成交总价100.56亿元；厦门市推出经营性用地地块60宗，成交60宗，成交总价296.50亿元。房地产税收增长，全年缴纳税收223.07亿元，增长28.5%，其中营业税征收76.83亿元，增长53.5%。但随着房地产市场回升，下半年部分城市出现房价上涨过快问题，据房地产交易部门合同备案数据，1月份福州、厦门、泉州市区新建商品住房每平方米交易均价分别为6190元、7412元、5145元，到12月分别上涨到9150元、10695元、6550元。

【房地产调控】 年初省政府出台贯彻落实《国务院办公厅关于促进房地产市场健康发展的若干意见》（国办发[2008]131号）的实施意见，结合福建省实际，提出有针对性的政策措施。全省各级各部门认真贯彻国家和省政府促进房地产市场健康发展的政策措施，确保工作落实。降低交易税费，加大对自住型和改善型住房消费的信贷支持力度，有效地拉动消费；加快城市棚户区危旧房改造；完善城市房屋拆迁配套政策，强化拆迁管理；继续开展房地产中介经纪组织专项治理，规范房地产市场秩序。

【城市棚户区(危旧房)改造】 研究出台加快推进城市棚户区（危旧房）改造的政策措施，组织城市棚户区（危旧房）改造规划和年度计划编制工作，9个设区市全部完成2009—2011年度城市棚户区（危旧房）改造规划编制，加快推进城市棚户区改造。

【房屋拆迁管理】 完善拆迁配套政策由省住建厅出台《城市房屋拆迁补偿安置工作的指导意见》，提高拆迁补偿安置标准。强化拆迁重点环节听证，建立拆迁风险评估制度，从源头上减少拆迁信访问题产生。完善信访工作机制，在住建厅建立厅长信箱投诉反馈制度、厅领导约访带案下访制度、处领导随时接访制度。加大拆迁纠纷调处力度，全年受理拆迁信访总量509件，比上年下降10.3%；接待上访人数679人，下降19.6%，其中：集体访532人，下降34.2%；重复访629人，下降27.2%。

【规范房地产市场秩序】 组织专项检查，重点督查房地产经纪机构较集中的福州、厦门、泉州市，规范中介经纪服务行为。落实经纪机构备案制度，全省累计备案1699家中介机构。完善制度建设，制定出台《福建省房地产经纪人协理从业资格制度暂行办法》和《福建省房地产经纪人协理从业资格考试实施办法》；制定并推广使用《存量房买卖居间合同》、《存量房买卖合同》和《存量房委托洽谈合同》经纪合同示范文本，进一步明确存量房交易各方的权利义务，保障当事人的合法权益。制定《福建省房地产估价报告文本质量评审标准（试行）》，加强注册房地产估价师管理。加强市场监管，组织开展房地产开发项目的调查，进一步强化开发、建设和销售监管；对因金融危机影响的项目实施跟踪监管，防范项目开发过程中出现的矛盾和问题；组织房地产开发企业、物业企业资质年度检查，加大违法违规查处力度，全年责令175家房地产开发企业整改，注销222家物业管理企业资质，查处25家开发企业和物业服务企业违法违规行为。

【物业管理】 加强制度建设，由省住建厅制定《福建省商品住宅专项维修资金使用暂行办法》，进一步加强住宅专项维修资金的归集、使用、管理。完善《福建省物业服务收费管理办法》，指导各地出台普通住宅物业服务等级标准及收费指导价。下发《关于加强物业管理小区安全防范工作的通知》，重点排查消防、安全隐患。推进物业管理示范项目建设，全年新增6个全国物业管理示范住宅小区，25个省级物业管理示范项目，累计全省有国家级64个、省级216个示范小区，通过以点带面，推动物业服务整体水平的提高。探索建立物业管理纠纷调解机制，在福州市开展试点，建立街道办事处（乡镇人民政府）社区物业管理纠纷调解机构，配备有一定专业知识和专业技能的专兼职人民调解员，努力构建和谐小区。

【保障性安居工程建设】 保障性安居工程包括廉租住房、经济适用住房和棚户区（危旧房）改造，及经济租赁住房等建设工程。省政府先后召开全省2009—2011年廉租住房建设规划工作会议、全省保障性安居工程建设现场会和全省廉租住房保障工作电视电话会议；以省政府名义印发《福建省2009—2011年廉租住房保障规划》和《关于进一步加快廉租住房建设的指导意见》，由省住建厅、省发展和改革委、省财政厅联合下发年度廉租住房保障工作计划，各设区市相应制订规划和计划；全年中央、省级累计安排廉租住房建设与保障资金10.36亿元；新建廉租住房3.29万套，基本建成1.5万套。全年经济适用住房完成投资18亿元，施工面积319万平方米，新开工面积极90万平方米，竣工1.1万套。启动棚户区

(危旧房)改造工作,2009—2011年全省计划改造2800万平方米;农村危旧房改造试点展开,制定指导工作方案,选择3个县(市)作为改造试点。经济租赁住房建设有突破,福州市筹集经济租赁住房897套,新开工1000套共5万平方米;厦门市建设各类社会保障性住房2.5万套。

【住房公积金管理】 以确保资金安全为前提,以提高资金使用效率为重点,在扩面、个贷、资金安全等方面加大工作力度,积极推动各项业务的全面发展;继续开展住房公积金管理专项治理工作,开展了打击骗取、骗贷住房公积金专项督查。由省住建厅、省监察厅和人行福州中心支行联合下发《关于加强住房公积金提取管理有关问题的通知》,对住房公积金缴存、提取政策进行调整,适当放宽中央、外省市驻闽单位及其职工住房公积金缴存上限标准,调整了几种特殊情况的住房公积金提取政策,进一步规范了住房公积金的缴存、提取管理。全省住房公积金增值收益略有提高,城市廉租住房建设补充资金增幅明显。截至年底,全省住房公积金实缴人数179.90万人,覆盖率39.2%;归集总额794.61亿元,较年初增长23.28%,余额414.88亿元,较年初增长15.54%;累计提取额379.73亿元,较年初增长33.03%;向42.04万户职工发放住房公积金贷款490.32亿元,较年初增长34.15%;余额279.07亿元,较年初增长39.13%;个贷使用率为67.3%;全省国债余额31.73亿元,占缴存余额的比例为7.6%;全年住房公积金实现增值收益6.50亿元,增长3.67%。提取城市廉租住房建设补充资金2.8亿元,增加6294万元,增幅高达30%。 (施德善)

测绘

【概述】 深入贯彻落实国务院、省政府加强测绘工作的意见,召开全省测绘工作会议,全面总结"十五"以来测绘事业发展的经验,对做好今后一个时期测绘工作进行了部署。省测绘局出台《关于做好加快建设海峡西岸经济区测绘保障服务的意见》、《关于适度放宽测绘活动市场准入条件的通知》等,深入探索测绘工作服务大局的新思路、新作为。

【测绘监管】 大力推进地方测绘法规体系建设,完善测绘管理政策措施,制定《福建省测绘市场不良行为记录和公示管理暂行办法》、《福建省测绘项目监理管理暂行规定》、《关于进一步加强福建省测绘项目招投标监督管理工作的意见》,加强测绘日常监管。促进市县测绘行政管理职能落实,加强工作指导和检查考核,推进测绘依法行政。大力整治规范测绘和地理信息市场秩序,认真做好测绘企业和政府部门"四分开"、测绘领域反间谍反窃密专项检查和地理信息市场专项整治工作,省测绘局、省信息产业厅等7部门按照国家统一部署,开展全省地理信息市场秩序专项整治活动,并按照分工进行了涉密地理信息使用管理、导航电子地图制作、互联网地图和地理信息服务、涉军涉外测绘活动等专项检查,共检查地理信息生产单位374家,保管提供使用地理信息单位967家,涉外测绘部门、单位15家,登载互联网地图和地理信息网站1829个。加大测绘行政执法力度,严厉查处有关旅游部门未取得测绘资质擅自违法编制出版地图、部分测绘单位施测成果质量不合格、部分网络商店涉嫌非法公开销售机密级军用地图、个人未经许可在福建擅自采集标注地理信息数据等违法案件,努力做到"问题没搞清楚不放过,整改不落实不放过,处理不到位不放过"。全年批准23家单位的测绘资质申请,受理并审批测绘资质变更事项45项;全省现有持证单位374家,其中甲级15家、乙级34家、丙级105家、丁级220家;完成地图审查66项,审查地图760幅,发放地图审图号63个;公开出版地图56种,发行图书73万册(幅);开展测绘质量检验项目180个,检定各类仪器3068台(把);依法查处测绘案件6件,没收违规地图4200张,责令违规登载"问题地图"的87家网站以及违规保管、提供、使用涉密测绘成果的8家单位限期进行整改。

【基础测绘工作】 大力落实国家测绘局和省政府签订的支持海西建设会谈纪要,推进规划重大项目加快实施,促进测绘保障能力进一步提高。福建省连续运行卫星定位服务系统(FJCORS)项目获国家支持,现代测绘基准体系基础设施建设项目建设7个基岩点,"数字泉州"地理空间框架建设试点获国家测绘局批准立项,全省革命老区1:1000地形图测制项目获国家批准资助。全年省级基础测绘完成1:10000数据更新213幅、1:5000数字线划图测制480幅、数据入库896幅;FJCORS项目完成26个新建参考站选址建设工作;新农村建设用图保障项目完成310个行政村(分布在24个县)的1:1000比例尺数字地形图施测;"数字莆田"地理空间框架建设试点临近尾声,莆田市空间数据库、管理平台及公共服务平台通过专家验收和评审。

【测绘保障服务】 加快测绘成果网络化分发服务系统和地理信息公共服务平台建设,制定《福建省测绘应急保障预案》,积极改进服务手段及方式,促进测绘保障服务海峡西岸经济区建设的能力进一步提高,全年省测绘局向社会提供各种比例尺模拟和数字地形图38721幅,专题图145幅,新农村用图2500多幅、数据成果6500多幅,卫星遥感影像数据53景,航摄像片11051片,大地控制点4008点次,测绘档案279卷5008件,服务用户3966人次,签订基础地理信息数据使用许可协议216份。测绘成果网络化分发服务系统建设工作走在全国前列,市县测绘成果分发服务节点逐步建设完善,测绘成果目录和元数据不断丰富,实现了国家、省、市(县)三级服务系统的互联互通,形成成果使用网络受理、成果审批提供、成果目录发布、成果汇交等规模化服务能力;系统建设至今共发布目录61810条,其中市县级目录23346条。 (陈飞)

环境保护

【环评管理】 为重大项目特别是扩内需项目开辟环评"绿色通道",全年共为201个项目办理了环评文件。发挥《福建省生态环境功能区划》引导作用,做好海西重点产业发展战略规划环评工作。由省政府出台《关于建设项目环境影响评价文件分级审批管理的实施意见》,完善环评市场监管制度,开展工程建设领域突出问题专项整治,健全环评行业管理制度,促进环评市场健康有序发展。

【流域整治】 由省政府出台《关于加强重点流域水环境综合整治的工作意见》和《关于加强建筑饰面石材行业综合整治工作的意见》。全年共拆除禁养区内养殖场2.7万多家，清理存栏生猪250多万头；新建成一批污水处理厂，设市城市、县(市)污水处理率分别提高到75%和70%；新建成垃圾处理场20座(含扩建)，设市城市、县(市)垃圾无害化处理率分别达90%和75%。关闭位于水源保护区、无证和违法排污的建筑饰面石材加工企业838家，制定石材企业差别电价政策，完成闽江、九龙江、敖江干流26座水电站流量在线监控装置的安装、联网。省财政厅、环保厅联合下发重点流域整治专项资金管理办法和资金投向，将闽江、九龙江、敖江流域整治专项资金由原来的每年5000万元、2800万元、500万元分别提高到1亿元、9000万元和1500万元。省政府批准实施流域整治考核办法，省环保厅牵头制定考核评分细则、加强水质监测监控、实施不间断巡查督查等规定，省效能办、省政府督查室牵头开展工作督查。

【饮用水源保护】 省委、省政府继续将饮用水源保护列为民办实事项目。全年共建设水源地截污工程38.3千米、隔离设施52.8千米；取缔关闭饮用水源保护区内排污企业56家，拆除违法建设项目569个，搬迁居民203户；全省设区城市、设市城市和县城饮用水源水质达标率分别为95.2%、96.2%与97.6%，其中县城水源地水质达标率比上年提高2.5个百分点。

【工业污染防治】 开展造纸、纺织印染、制革、食品、化工、制药、电镀、建筑饰面石材等8大行业清理整治，全省已有500多家重点企业开展了清洁生产审核，实现了节能降耗、减污增效。开展重金属污染企业专项检查，检查重金属企业493家，对其中210家违法企业予以严厉查处。组织对全省361家造纸企业进行执法检查，限期整改56家、取缔关闭50家。对医疗废物集中处置单位进行逐一检查。认真落实防范甲流工作。

【核与辐射环境监管】 省政府成立省核电厂事故应急委员会；组织开展宁德核电厂周边环境放射性本底调查监测；落实辐射安全许可证制度，全省辐射工作单位取证率达93.1%；开展全省辐射工作单位安全隐患排查，检查单位406家，收贮废弃放射源150枚。全年未发生辐射安全事故，确保了辐射环境安全。

【城乡环境保护】 省政府下发《关于贯彻落实国务院办公厅实行“以奖促治”加快解决突出的农村环境问题的通知》。实施《福建省村庄环境综合整治规划》，已建全国环境优美乡镇11个、省级53个，另有16个村获得“福建省生态村”称号。省政府批转实施加强机动车尾气环保年检工作的意见，进一步改善城市空气质量。强化对自然保护区等环境敏感地区的环境监管，已建的92个自然保护区有效保护了全省70%以上的主要江河源头森林植被和25%的天然湿地。

【环境监察】 继续开展环保专项行动，全年共出动环境执法人员8.56万人次，检查企业2.88万家，对其中涉嫌违法的414家企业立案调查处理，其中挂牌督办113家。对环境安全隐患重点行业和地区，特别是位于居民集中区、饮用水源保护区等敏感点附近的重点污染企业和化工企业，以及危险化学品生产、使用、运输、贮存、销售单位存在的环境安全隐患进行集中排查，全年共出动执法人员3440人次，检查企业1197家，督促整改137家。开展环境纠纷排查、重信重访治理和环境后督查，全年共出动执法人员7.56万人次，办理群众投诉件2.67万件，维护了群众环境权益。

【环保法规政策】 省人大审议通过《福建省固体废物污染环境防治若干规定》。省政府出台《福建省环境保护监督管理“一岗双责”暂行规定》。加强环保行政监察，开展市、县(区)政府环保工作年度考核。“绿色信贷”政策不断深化，500多条环保信息进入人民银行征信系统，环保违法企业受到信贷限制。福建环保行政处罚自由裁量权标准在全国推广。开展环保执法电子办案系统试点，探索对行政处罚全过程的监督。 (彭守虎)

环保志愿者在行动。 (省环保厅供稿)

节能 减排 降耗

【节能】 全年万元GDP能耗0.811吨标准煤，比上年下降3.81%，2006—2009年全省万元GDP能耗累计下降13.4%。落实节能目标责任制，将2009年度节能目标任务分解落实到各设区市、部门、重点用能企业，按照国家和福建省单位GDP能耗考核办法，组织开展节能目标责任评价考核，落实节能工作问责制。加快淘汰落后产能，全年淘汰水泥落后产能499万吨，关停小火电机组111.95万千瓦。加大资金投入，重点抓好燃煤工业锅炉(窑炉)改造等十大重点节能工程项目建设，全年省级财政共安排6475万元专项资金用于支持223个节能重点项目，年可形成节能量30万吨标准煤；39个项目获得国家补助资金1.47亿元，项目建成后年可节约70.86万吨标准煤。抓好工业、交通、建筑、公共机构等重点领域节能，建立重点用能企业能源利用状况报告制度，组织开展33家重点用能企业能源审计和节能监测工作；开展重点耗能企业的主要能源品种消费计量数据集中采集，全年共有39家重点耗能企业完成能源消费数据联网。大力研发推广节能产品和技术，重点围绕洁净能源技术、高效节能技术、可再生能源研究等方面组织实施一批重点项目；发布福建省节能产品的政府采购清单，推广节能、节水产品共53项；做好财政补贴绿色照明产品的推广工作，全省推广节能灯429万只。健全完善节能政策法规，制定出台《关于进一步加强节能工作的意见》、《福建省固定资产投资项目节能评估和审查暂行办法》，加快《福建省节约能源条例》的立法进度。加强节能监督管理，全省除省节能监测中心和8个设区市节能（监测）中心外，永安、长汀等17个县（市）也相继成立节能中心，初步形成监测服务体系。

【减排】 根据环保部核定，2009年福建年度污染减排任务顺利完成，化学需氧量（COD）排放量37.57万吨，比上年下降0.67%，比2005年下降4.65%，完成年度减排任务；二氧化硫（SO_2）排放量41.97万吨，比上年下降2.15%，比2005年下降8.96%，提前一年实现“十一五”减排目标。

减排管理。省委、省政府高度重视减排工作，每个季度召开的经济形势分析会都把污染减排作为一项重要内容；省人大、省政协将污染减排列为监督检查的重点内容，减排工作联席会议成员单位通力协作，密切配合，共同推进减排工作；省政府建立环保工作“一岗双责”机制，把污染减排列为各市、县政府政绩考核的重要内容，强化各级政府减排第一责任人责任、企业主体责任和部门分工责任；实行项目限批和创建文明城市、环保模范城市、卫生城市、园林城市的污染减排“一票否决”。全年共安排减排资金近20亿元，其中：地方债券补助管网配套资金13亿元，其他中央资金4.85亿元，省级财政资金2.15亿元；省级财政还确定每年安排2亿多元专门用于闽江、九龙江等重点流域的治理和保护，重点扶持COD减排工程治理项目。各市、县（区）级财政也加大对减排工程的扶持力度。

减排政策。实行替代发电和发电量交易政策，全年共实施替代发电75.25亿度。继续实行未完成减排任务的限批政策，实施脱硫电价同电力企业脱硫效率挂钩政策、城市污水处理厂处理运营费同处理效果挂钩政策和钢铁烧结机脱硫差别电价政策。金融机构积极支持减排工程，人民银行福州中心支行、省发改委、经贸委、环保厅联合出台金融机构支持节能减排的指导意见；省投资企业集团会同金融机构积极搭建平台，为污水处理厂和脱硫工程建设提供资金支持和信贷优惠。

减排工程。全年共新建成25座城镇污水处理厂，全省已建市、县污水处理厂总数达到73座，比2005年底增加了近60座，污水处理能力翻了一番以上；厦门、泉州、龙岩已实现各县（市、区）都建成投运污水处理厂。全省装机容量30万kW以上的燃煤电厂已全部安装脱硫设施（海水脱硫或石灰石/石膏湿法脱硫），厦门嵩屿电厂、华能福州电厂、莆田湄洲湾电厂安装脱硫设施的时间均比国家要求提前一年多，并实现连续稳定运行；“九五”期间已在全国率先脱硫的漳州后石电厂和近年新建的大唐宁德电厂、华电可门电厂、国电江阴电厂、南埔电厂等都同步配套脱硫设施，连续稳定运行；全省循环流化床工艺的热电厂已全部实施在线监控，部分电厂还改造脱硫工艺，实行自动添加脱硫剂，减排效果良好。重点非电锅炉及烧结机脱硫设施安装任务基本完成，工业废水深度治理有效推进。厦门电厂、永安电厂、漳平电厂、龙岩恒发电厂、大田益源电厂等列入“十一五”关停和“上大压小”的小发电机组已按规定关停解列；全省累计淘汰（转型）落后水泥产能2022万吨。

减排能力建设。减排“三大体系”（科学的污染减排指标体系、准确的减排监测体系、严格的减排考核体系）能力建设进展良好，污染源在线监控体系建设基本完成，省环保厅监控中心和9个设区市环保局监控分中心已全面建成，部分县（市）环保局监控分中心也已建成投入使用。国控、省控重点污染源在线监控安装任务全面完成，省监控中心已对64个重点废气污染源、65个废水污染源、47座污水处理厂实施在线监控；各设区市和已建县（市）监控分中心也已对重点污染源实施在线监控。全省88个环境监测站已有42个通过标准化建设验收，83个通过计量认证。

【循环经济】 组织实施《福建省“十一五”循环经济发展专项规划》，推进5家国家级循环经济试点单位和省级94家企业、13个园区的循环经济试点示范工作，推动全省循环经济工作全面展开。引导企业开展清洁生产，加大清洁生产审核，选择和公布100家实施清洁生产审核企业名单，开展审核培训并确认公布12家单位为清洁生产审核机构。落实国家资源综合利用的优惠政策，制定出台《关于国家鼓励的资源综合利用认定管理办法》和《关于资源综合利用企业所得税优惠认定管理办法》，鼓励企业积极开展资源综合利用，全年共有85家企业通过资源综合利用认定，全省工业固体废物综合利用率达70%。推进企业实施循环经济项目，省级财政设立了专项资金，对节水、节材、资源综合利用、清洁生产、再生资源回收加工利用等项目给予资金补助，全年共对91个循环经济项目安排补助资金2745万元。

（黄健）

编辑：宋小佳

商贸 服务业

商贸

【综述】 2009年，全省市场消费保持较快增长，全年实现社会消费品零售总额4480.99亿元，比上年增长15.9%；批发零售贸易业实现贸易额3819.11元，增长14.5%；住宿餐饮业实现贸易额580.73亿元，增长24.5%。家具、汽车、食品、服装类成为主要消费热点，全年限额以上批发零售业贸易额家具类、汽车类、食品饮料烟酒类、服装鞋帽针纺织品类分别比上年增长56.5%、35.8%、28.9%和28.2%；金银珠宝类、体育娱乐用品类、家用电器和音像器材类分别增长15.8%、15.5%和13.9%；通讯器材类、石油及制品类分别下降4.9%和8.4%。消费价格指数下降，全省居民消费价格比上年下降1.8%，涨幅比全国低1.1个百分点。春节、十一黄金周期间，全省消费品市场商品供应充足、品种丰富、质量优良、价格平稳，节日市场呈现安定、喜庆、繁荣景象。受金融危机影响，国内外市场需求明显下降，全年主要基础原材料和能源产品市场供求基本平稳，钢材、煤炭、化肥、成品油等生产资料市场供应充足，价格小幅波动。 （张容珍）

【家电下乡】 作为全国第三批家电下乡工作的省份，省里成立家电下乡工作联席会议，制订工作方案，组织省内生产销售企业参与国家招投标。2月1日，全省家电下乡工作正式启动；2月20日，实现全面销售。为加快补贴兑付进度，从8月1日起在全省范围内实施家电下乡补贴资金网点代垫补贴办法，兑付率从全国倒数第四位跃居全国第五位。截至年底，可在全省销售的家电下乡产品共计9大类、4267款型号的产品，可开展家电下乡产品销售的中标企业共64家，已备案销售网点总数5233个，累计销售家电下乡产品80.8万台(件)，销售金额16.7亿元，发放补贴1.99亿元。汽车以旧换新从8月启动至年底补贴89辆86.9万元。福州市开展家电以旧换新试点，至年底收旧88232台、购新70069台、销售2.7亿元，有效引导和促进了城乡消费。

【城市副食品产销】 对省级城市副食品基地实行动态管理，淘汰因水流域污染治理要求关闭的养殖企业，对协议到期的省级副食品基地重新签订协议，增补符合条件的新申请企业，3类基地总数达到202家，其中生猪基地98家、蛋禽基地32家、蔬菜基地72家。省级城市副食品基地严格按照无公害农产品要求进行生产，从源头上保证产品质量和卫生安全。加强地方猪肉储备管理，确保储备猪肉的数量和质量安全，全省已落实猪肉储备11148吨，其中：省级储备1000吨、9个设区市储备4650吨，各县(市、区)储备5498吨。加强重大节日和灾期副食品市场调控，安排资金扶持遭受“莫拉克”台风灾害严重的福州、宁德、泉州部分副食品基地灾后重建，抓好灾区副食品供应调剂工作。建立健全省级冻猪肉储备制度，完善储备调节功能，制定《福建省省级冻猪肉储备管理办法》，明确冻猪肉储备承储企业资质、冻猪肉质量以及入储、在库、出库、动用各环节的管理和监督办法。

【牲畜屠宰管理】 贯彻落实《食品安全法》、《生猪屠宰管理条例》，加强全省牲畜屠宰管理工作，出台《福建省牲畜定点屠宰场设置管理办法》，各设区市全部完成修订辖区定点屠宰场设置实施方案。开展屠宰场清理换证工作，截至年底，全省生猪定点屠宰场点由2003年的462家减少到270家。全面推进牲畜定点屠宰场升级改造，有37家屠宰场通过建设项目验收并通过资质等级认定。继续推进禽类集中屠宰试点，有19个县(市、区)开展禽类集中屠宰试点工作。按照商务部和财政部的要求，省政府成立“放心肉”服务体系建设试点工作协调领导小组，制定《福建省开展“放心肉”服务体系建设试点工作方案》，开展“放心肉”服务体系建设。开展严厉打击私屠滥宰行为专项行动，全年全省共出动屠宰管理执法人员14.37万人次，开展执法检查34735次，查处私宰窝点179个，查处非法屠宰生猪295头、牛8头、羊13头，查获非法屠宰贩卖畜肉88.21吨，查处案件1724起，案值120.02万元，罚没款28.74万元，有效遏制病死肉、注水肉上市现象。全年全省共定点屠宰生猪739.56万头、牛14.34万头、羊16.24万头，分别比上年上升16.4%、0.3%和16%，定点屠宰率分别为：猪98.84%、牛98.13%、羊94.37%。

【成品油市场监管】 做好加油站新、改、扩建项目的审批，截至年底，全省拥有成品油批发企业49家、仓储企业15家、加油站(点)2740座、配送企业37家、加油船120艘以及管理性公司55家。出台鼓励建设农村加油站政策措施，加快农村加油站建设进度。改善行政审批工作，实现成品油行政许可项目政务公开。开展成品油批发市场和无证无照经营成品油专项整治行动，打击非法经营行为，规范成品油市场经营秩序。强化运行调控，重点做好节日、灾期和重点项目及“三夏”农机用油的调控工作。建立健全全省成品油购销存日报、周报和月报监测制度，将成品油市场运行监测工作纳入全省重要生产资料市场监测系统。

【治理“餐桌污染”，建设“食品放心工程”】 贯彻实施食品安全法，重点围绕“五类产品、一个行业”主要食品的污染开展全面治理，加强种养、加工、流通和消费环节的监管，推进食品安全生产加工、市场流通、标准认证、检测预警、企业信用、法制保障、宣传教育“七大”体系建设，开展打击违法添加非食用物质和滥用食品添加剂等食品安全专项整治，取得明显成效。全省 30 项主要食品治理指标有 29 项达到省定年度计划目标要求，如产销环节生猪“瘦肉精”尿样抽样检出率为 0.01%，蔬菜产销环节农药残留抽检不合格率为 1.12%，主要水产品养殖环节药物残留抽检超标率为 2.17%，市县城区市政供水管网末稍水水质抽检合格率为 99.71%，豆腐等豆制品市场卫生指标抽检合格率为 97.14%。全年出动执法人员 74.38 万人次，开展执法检查 25.93 万次，查处违法行为 8074 起，查获不合格食品 1597.57 吨，其中：肉类 236.77 吨，水产品 726.2 吨，蔬菜 12.66 吨，其他食品 621.94 吨；罚款 809.79 万元。

【酒类市场监管】 截至年底，全省各市、县(区)经贸主管部门都开展了酒类流通备案登记工作，办理酒类流通备案登记 19471 家；83 个市、县(区)使用了酒类流通随附单，共发放酒类流通随附单 42026 本。全年出动执法 634 次，出动执法人员 3815 人次，查获假冒伪劣酒品 6266 瓶，案值 130 万元，对未办理备案登记和执行随附单制度的经营者发出责令改正通知书 1533 份。

【农村流通体系建设】 扎实推进“万村千乡市场工程”，全年完成 3000 个农家店和 30 个配送中心建设任务，截至年底，全省“万村千乡市场工程”农家店累计建成并通过验收 14187 个，覆盖 97.7%乡镇和 72.5%建制村。加快实施“双百市场工程”，择优安排 8 个大型农产品批发市场的 9 个项目列入商务部年度计划，提高这些市场的信息化、检验检测和安全监控水平，提高农产品流通效率，带动农业发展和农民增收。继续推进农村集贸市场升级改造，全年省级财政安排 1000 万元资金，支持欠发达地区县乡建设和改造 100 个集贸市场，改善农村消费环境，搞活农村商品流通。推动建设农村商务信息服务体系，利用全省农村信息化资源，建立乡村商务信息服务体系，组织开展农村商务信息员培训工作。

【商贸业节能降耗】 继续推动再生资源回收体系建设，继福州市后，三明市又被商务部列为第二批全国再生资源回收体系建设试点城市。在 2008 年认定泉州、永安等 4 个县市为第一批省级再生资源回收体系建设试点市县基础上，2009 年再认定宁德、南平等 6 个市县作为第二批试点城市。全年安排 200 万元省级财政资金支持 10 个省级再生资源回收体系建设试点城市项目。开展商贸行业节能降耗，确定 8 家商贸企业作为节能降耗示范，并安排省级财政资金予以补助。推广适用的节能节水技术和设备，推动合同能源管理，降低商贸业能耗水平。扩大节能节水商品销售，做好限塑工作，减少商贸服务行业一次性用品和塑料包装使用量。

(陈秀英　张容珍)

【供销合作商业】 2009 年，全省供销合作社系统实现购销总额 353.15 亿元，增长 11.05%；汇总实现利润 5218 万元；上缴国家税费总额 1.47 亿元。继续推进农资、农产品、日用消费品、再生资源回收利用和烟花爆竹安全经营等“五大经营服务网络”建设，新建农资连锁配送中心 19 个，改造、建设农资连锁经营网点 1290 个；培育发展日用消费品连锁经营企业 30 个，改造、建设日用消费品连锁经营网点 1446 个；改造建设农产品批发交易市场 13 个；建设再生资源交易市场(分拣中心)13 个；建设烟花爆竹配送中心 10 个；新建、改造村级综合服务社 810 个。切实搞好农资供应服务和化肥农药冬储，全年共售给农业生产用化肥 224.98 万吨，增长 4.94%；供应农药 37855 吨，增长 13.28%；供应农膜 5801 吨，增长 43.55%。认真搞好 2009—2010 年度化肥、农药冬储工作，截至年底，全省供销合作社系统冬储化肥 97.11 万标吨。开展农村社区综合维修服务体系建设试点，在福清、惠安、仙游、华安、顺昌等 5 个县(市)开展第二批农村社区综合维修服务体系建设试点工作，截至年底，两批 9 个试点县(市)共建立 9 个综合维修服务中心，在 83 个乡镇建立 355 个维修服务部(站)，在较大的中心村建立 274 个村级维修服务点(联络点)，拥有维修服务技术人员 937 人，构建了县、乡、村三级农村社区综合维修服务体系，重点做好家用电器、沼气用具、太阳能用具、电视卫星接收器、摩托车及小型农机具等 6 大类维修服务；积极发展农村合作经济组织，全年新发展专业合作社 215 个，累计发展专业合作社 780 个，入社农户 7.09 万户，带动周边农户 23.86 万户，建立基地 141 万亩，有 135 个专业合作社与龙头企业对接，为农民推销农产品 34.57 亿元；新发展专业协会 42 个，累计发展专业协会 349 个；向全国供销总社推荐 24 个“千社千品”富农工程专业合作社；龙岩市及所属 7 个县(市、区)人民政府已成立了农民专业合作社发展工作领导小组，领导小组办公室设在市、县(区)供销合作社。加强农产品信息服务网络建设，全省系统新增乡镇信息服务站 43 个，新建基层信息服务点 97 个，新增 10 个农产品(农资)价格报送点；改版升级“福建农产品信息网”，增加服务栏目，扩大信息量；全省供销合作社系统各级信息服务中心(站、点)发布各类商品供求信息 28.4 万条，比上年增长 18.71%；通过网上发布商品供求信息促进商品成交金额 25.75 亿元，增长 17.35%。参与农村合作金融服务，龙岩市农合办与市农发行联合发文确定连城县曲溪笋竹等 5 家农民专业合作社为农发行贷款先行先试单位，通过成员联保等形式获得贷款 2215 万元；武平县供销社与邮政储蓄银行开展了互保联保贷款融资业务，仅中山供销社就为农民专业合作社成员融资达 2560 万元；漳州市社资产运营管理中心与温州市漳州商会共同出资组建“漳州市聚芗源农信担保公司”，注册资本 1.01 亿元人民币；上杭县供销社以固定资产和货币资金作注册资本，经上杭县政府批准成立“上杭县供销合作社农业产业贷款担保公司”，注册资本 1000 万元；龙岩市新罗区龙锦生猪专业合作社与信用社合作成立“信用担保基金”。(刘远征)

物流业

【概况】 2009 年，全省社会物流总额 24978.88 亿元，比上年增长 12%，其中：农产品物流总额 1538.14 亿元，占

6.16%;工业品物流总额17510.25亿元,占70.1%;进口物流总额1798.88亿元,占7.2%;其他占16.54%。物流业增加值856.06亿元,增长14.5%,占第三产业增加值的17.0%,比重有所提高。物流业固定资产投资额1125.06亿元,增长45.74%。全年各种运输方式完成货运量5.82亿吨,增长1.7%;港口货物吞吐量3.05亿吨,增长12.8%;港口集装箱吞吐量716.18万标箱,与上年持平。2009年度全省有13家企业获评中国物流百强企业;通过国家3A级及以上物流企业综合评估物流企业23家(其中5A级3家);获评中国物流A级信用企业3家(其中3A级2家);列入国家物流税收试点企业23家。丹麦马士基、荷兰TNT邮政、法国达飞、香港嘉里、台湾长荣等国际知名物流企业纷纷进驻福建,中远物流、中海物流、中邮物流、中外运、中铁物流、招商局物流等中央企业也都在福建设立分支机构,参与物流市场的竞争和发展。福建交通集团、厦门国贸、厦门港务发展、建发物流、福建盛辉物流等省内传统的运输、仓储、货代企业,积极拓展和延伸物流服务功能,加快向现代物流企业转型,形成了多种所有制、多种服务模式、多层次发展的物流企业发展格局。

【物流运作基础设施】 全省规划建设了一批物流园区,初步形成"综合物流园区——物流分拨中心——专业物流配送中心"三层物流节点网络;为产业集群提供"公铁水空"联运、"无缝链接"服务的物流建设项目也正加快建设中,推动物流服务水平的提高。厦门市和福州市分别列入全国性物流节点城市和区域性物流节点城市,以本省为主体的东南沿海物流区域和东部沿海物流通道成为国家重点建设的九大物流区域、十大物流通道之一,海峡西岸经济区物流业的区域布局进一步优化。在"区港联动"方面,共有厦门保税物流园区、福州保税物流园区、厦门海沧报税港区和福州保税港区,目前福建是全国唯一拥有两个保税物流园区和两个保税港区的省份。

【区域物流合作】 为充分发挥福建港口资源优势,多次组织赴江西省举办海峡西岸港口推介会,召开闽赣两省海铁联运联席会议,推动闽西北物流园区、江西向塘物流园区的建设,加强与新余物流园区、昌南物流园区的合作,推动区域物流合作平台的建设。全年周边省份从福建港口进出口的大宗散货466.38万吨,比上年增长78.9%,其中:铁矿石完成303.39万吨,增长27.7%;煤炭135.81万吨,上年没有中转。通过厦门港中转的海铁联运集装箱14400TEU,增长69.9%;通过厦门港中转的国际集装箱17.5万标箱,增长75.1%。部分设区市也通过建立闽粤赣13市、闽西南5市和厦漳泉的区域物流协作机制,加强与周边省份的物流合作,共同做大物流产业。(薛尚泉)

餐饮服务业

【概况】 全年餐饮业保持平稳较快发展,实现营业收入534.01亿元,比上年增长18.8%。

【早餐示范工程】 商务部、财政部在全国组织开展"早餐示范工程"建设试点工作,确定12个省(市)和4个单列市为试点,福建省及厦门市均列为试点,共有8个项目(含厦门2个项目)列入试点建设。"早餐示范工程"建设以大型龙头餐饮企业为主体,围绕为城镇居民提供"便利、安全、实惠"的早餐服务,以大型龙头餐饮企业为主体,以现代化的主食加工配送中心为支撑,以标准化的早餐销售网点为载体,在早餐需求量大、具备基本建设条件的试点省(区、市)建设主食加工配送中心,配套建设标准化早餐供应网点,示范带动社会力量广泛参与,形成规范化生产、统一加工配送和连锁化经营的早餐供应体系,基本满足城镇居民的早餐服务需求。积极推动承办企业按照商务部提出的《主食加工配送中心建设规范》和《早餐经营规范》要求,开展主食加工配送中心早餐店、早餐亭的标准化建设或改造,通过建设和完善食品安全检测、信息管理系统、冷链与配送系统,完善食品安全可追溯制度,保障食品质量安全。

【小吃产业】 为支持沙县小吃品牌建设,加强海峡两岸交流合作,2009年12月6—10日福建省经贸委与三明市人民政府联合主办了"2009中国(沙县)小吃旅游文化节"活动,小吃节包括了中华美食展销活动、名特优产品系列展销活动、沙县小吃技艺传承暨品牌建设座谈会等活动。经过多年培育,福建省沙县小吃业发展已呈现规模化、标准化、品牌化、工业化、集团化、旅游化的发展特点:规模化,全县有1.8万户5.2万人在外经营沙县小吃,占全县总人口的22%和农村劳动力的60%,年营业额近40亿元,年纯收入6亿元以上,沙县小吃已遍及全国所有大中城市和几乎所有的县城,并向东南亚、美国、欧洲等海外市场拓展。标准化,依托沙县小吃培训中心已累计培训1万多人,继续培育沙县小吃示范店,在全国各地培育的沙县小吃经营标准店超过1000家。品牌化,2003年中国饭店协会授予沙县"中国小吃之乡"称号,2006年中国烹饪协会授予沙县"中国小吃文化名城"称号,39个小吃品种被认定为"中华名小吃",63个小吃品种被认定为"福建名小吃",沙县小吃制作工艺被列入第经省级非物质文化遗产名录。工业化,引进投资5200万元的小吃生产企业——金福食品有限公司,可年产沙县小吃冷冻食品3000吨和专用调味品4500吨,年产值1.5亿元;发展原料生产及加工企业40家,带动农户建成菜芋、木薯、辣椒等种植基地1467公顷。集团化,投资2.6亿元建设沙县小吃城,并组建沙县小吃经营(集团)公司,目前已完成投资1.8亿元,入驻商家40余户,初步形成餐馆、娱乐、购物(沙县土特产)模式;并将小吃与旅游有机结合,逐步形成"游淘金名山、品沙县小吃、看肩膀戏(观沙县民俗)"特色旅游模式。

【第四届福建省烹饪技能竞赛】 2009年11月3日至5日在福州联合举行办第四届福建省烹饪技能竞赛活动,以个人赛形式设中式烹调师、中式面点师2个职业工种,按中式烹调师、中式面点师国家职业标准高级工要求进行。竞赛项目设热菜、面点、果蔬雕刻,由理论知识和技能操作两部分组成。竞赛活动涌现出了一大批新人、新品、参赛作品构思精巧、造型各异、风味独特,充分展示了业界新秀对闽菜传统饮食独具一格的承载能力、创新能力、发展潜力。热菜、面点、果蔬雕刻3个比赛项目共产生金牌44名、银牌44名、铜牌30名。 （陈秀英）

粮食市场

【储备管理】 根据国家发改委、粮食局等四部委下发《关于下达食用植物油地方储备规模指导性计划的通知》精神，福建省新增食用油地方储备1.65万吨，其中省级1.35万吨、福州市0.3万吨，并于2009年年底前全部入库到位。扎实开展粮食清仓查库工作，全省共有7836人次参与粮食清仓查库工作，清查库点734个，对54个重点非国有粮食经营企业及转化用粮企业进行了典型调查；邀请233位人大代表、政协委员参与各级清查监督工作，提高了清查工作的透明度和清查结果的公信度。从清查结果看，全省清查工作政策执行到位，完成质量较高，检查结果真实可靠；全省粮情稳定，粮食库存数量账实相符、品质良好、管理比较规范。

【物流设施】 按照省政府确定的"三年建库，十年无忧"的目标，扎实推进新（扩）建省级粮库工作。按照省政府重点项目管理要求和招投标、代建制规定，实行全程代建和部分施工代建。全年完成库区选址及土地征用工作，完成43万吨粮库代建招标，松下、长安、晋江、安溪库的施工图审查和监理招标，长汀、南安库地质勘探和初步设计等前期工作。省储库点的7万吨仓容扩建与50万吨旧仓容的功能提升和技术改造的方案已确定并送审。在市县粮库建设方面，指导市县规划建设与本级储备规模相匹配的、符合现代储粮新技术要求的中心粮库，同时安排省级资金4000万元扶持市县粮库建设；整合资产退城进郊，推进市县粮库建设，仓储设施条件明显改善；全省粮库新扩建和维修年度总投资3.98亿元，新竣工仓容35万吨；有26家粮食类企业和2家油脂类企业取得中央储备粮代储资格，粮食类资格仓容83.39万吨，油脂类资格仓容1.5万吨。粮食批发市场建设方面，福州粮食批发市场、泉州·中国粮食城、漳州浦口粮食交易市场、龙岩闽西粮油饲料城等4个省级粮食批发市场和三明、南平2个区域性粮食批发市场以及福鼎闽浙粮食边贸批发市场均如期完成当年建设任务；截至年底，全省粮食批发市场新增投资6500万元，各级粮食批发市场吸纳各种经济成份的企业1593家，交易量达到650万吨，交易金额130亿元。

【粮食收购】 继续执行粮食储备订单收购直接补贴政策和粮食最低收购价政策，省级粮食储备订单补贴标准由2008年的5元/50千克提高到2009年的10元/50千克，早稻和中晚稻最低收购价由77元/50千克、79元/50千克分别提高到90元/50千克和92元/50千克，进一步调动了农民种粮积极性，确保了政府宏观调控粮源。针对三明市等产区市场收购价格一度跌破政府最低收购价情况，及时启动最低收购价执行预案，全省有23个县（市、区）启动了预案，共收购各级中晚稻储备订单22.2万吨。在粮食收购过程中，各级粮食部门执行粮食储备订单收购直接补贴政策以及最低收购价政策，坚持公开、公平、公正的原则与地方（乡、镇）政府一道将订单分解落实到种粮农户；继续开展收购创优活动，及时足额兑现补贴款，确保中央和本省各项粮食惠农政策落实到位，保护种粮农民利益。全年省内各级共签订储备粮食收购订单42.47万吨，其中：省级30万吨，市、县级12.47万吨，已全部收购到位。

【产销协作】 5月20日，在龙岩举办第八届省内产销区粮食购销协作洽谈会，有500多名粮食企业代表参加，共签订粮食购销合同85万吨。7月16日，在厦门市举办"第五届七省粮食产销协作福建洽谈会"，还邀请了江苏、湖南两个产粮省加盟，省内外有1250多名代表参加，共签订粮食购销合同、协议606万吨，比上届增加50多万吨。根据国家采购调运东北粳稻（含粳米）补贴政策，积极组织本省各类粮食经营企业到东北三省洽谈合作，2008年11月至2009年4月，全省共采购调运东北粳稻（含粳米）43万吨，省内粮食经营企业共获得中央运费补贴1.08亿元。

（张步先　刘惠标）

广告业

【概况】 2009年，全省有广告经营单位7382户，比上年增加1839户，增长33.2%；广告从业人员54752人，增长32.2%；广告经营额81.52亿元，增长45.4%，其中：广告经营额达到10亿元以上的广告经营单位2家，5亿元以上的4家，1亿元以上的15家。广告公司快速成长，全省专业广告公司5424户，增长34.6%；广告从业人员43974人，增长32.7%；广告经营额40.06亿，增长45.9%；人均广告经营额从上年的8.28万元提升到9.11万元。全省已拥有中国一级广告资质企业16家，中国二级广告资质企业4家；拥有福建一级广告资质企业65家，福建二级资质广告企业53家，福建三级资质广告企业67家。个体私营广告企业稳定增长，截至年底，个体私营广告企业6691家，比上年增长33.3%；广告经营额53.45亿元，增加31.3%。国有企业、事业单位经营户数、从业人员增幅不大，但广告经营额增长明显，广告经营额达到26.34亿元，比上年增长44.6%。集体企业、集体事业单位的广告经营户数、从业人员和经营额在整个行业中的比重继续呈现下降趋势。大众媒介广告经营额增幅较大，全年电视广告经营额18.85亿元，增长46.4%，占全省广告经营额的23.1%；报纸广告经营额14.41亿元，增长43.7%；广播广告经营额1.96亿元，增长44.8%；网站广告经营额基数小，对传统媒体尚不构成实质性影响。大众媒介广告经营额的增长主要得益于房地产、汽车等行业广告大户的广告投放量大幅增长，以及众多电视购物栏目、专题广告版面的开辟。户外广告经营额20.12亿元，增长13.6%。从各行业广告增长来看，房地产广告经营额16.24亿元，增长48.7%，占全省广告经营额的19.9%，稳居各行业广告投放量首位；汽车行业广告经营额4.65亿元，增长46.2%；食品、家电、服装、化妆品等日用消费品行业广告经营额分别达6.47亿元、6.04亿元、3.16亿元和3.81亿元；医疗广告经营额5.1亿元；药品广告经营额3.08亿元，所占广告投放比重呈下降趋势。（林森娟）

编辑：傅玉聪

对外经济贸易

综　述

【概况】 2009年，全省外贸进出口好于预期、好于全国，全年完成进出口总额796.6亿美元，比上年下降6.1%，其中：出口533.29亿美元，下降6.4%；进口263.34亿美元，下降5.4%。进出口、出口、进口降幅分别比全国平均降幅小7.8、9.6、5.8个百分点；出口增速居全国第四位、十大外贸省市第一位。外商实际到资低幅增长，全年共批准外商投资项目939项，下降14.7%。按历史可比口径，合同外资90.8亿美元，下降20.5%；外商实际到资100.6亿美元，增长0.4%。按验资口径，合同外资53.6亿美元，下降25%；外商实际到资57.4亿美元，增长1.2%，增幅较全国平均水平高出11.1百分点。“走出去”发展势头良好，全年新批境外投资企业165家（含12家境外机构），协议投资总额（含增资）4.9亿美元，中方协议投资额（含增资）4.36亿美元，比上年分别增长52.7%、64%和75%，协议投资总额与中方协议投资额两项指标均首次突破4亿美元。

【应对国际金融危机】 大力推进部省合作，省政府与国家质检总局联合召开了局省合作第三次联席会议，质检总局发布《关于进一步支持海峡西岸经济区建设的意见》，提出了20条支持海西建设的具体措施；与商务部联合赴阿尔及利亚、刚果（金）以及博茨瓦纳开展贸易促进活动，搭建了福建与非洲的经贸合作平台，为企业开展对非经贸合作创造了良好的条件。大力加强部门协作，持续推进财贸、关贸、税贸、检贸、险贸、银贸合作，财政、国税、海关等部门积极向国家有关部门反映部分商品归类不合理以及提高出口退税率问题；海关及时帮助企业进行海关商品编码归类；国税部门在福州、莆田两市开展出口退税分类管理试点；福建、厦门国检局积极争取国家质检总局等部委降低企业检验检疫收费，帮助企业降低经营成本。通过建立联席会议、会商制度等机制，形成应对国际金融危机的强大合力。

【外贸保增长】 省委、省政府果断采取一系列“保企业、保市场、保份额”的扶持举措，省级财政加大对外经贸发展的资金支持力度，预算安排的外经贸专项资金达到上年的4倍左右。省政府制定出台关于促进对外贸易稳定增长的35条意见，继续实行出口退税超基数地方承担部分由省级财政统一承担政策。省外经贸厅率先在全国实行支持优势特色商品出口、对重点出口企业实行“一对一”服务等差异化政策措施；着力帮助2008年出口规模500万美元以上的企业稳外需、保市场、保规模；精心筛选100多个境外展，引导和支持企业积极参展，有效开拓国际市场，并对参加第105届广交会第三期的企业给予必要的扶持；加大对企业投保出口信用保险的支持力度，帮助企业有效化解贸易风险，缓解融资困难。这些政策措施的实施，使全省优势特色商品出口、一般贸易出口、重点企业出口保持了较好的增长势头，为全年外贸进出口取得总体好于全国平均水平的成效发挥了积极的作用。重点扶持的纺织、服装、鞋、箱包等13类优势特色商品出口230.65亿美元，比上年增长8.9%，比全省平均水平高出15.3个百分点，其中服装、鞋、家具出口增速分别比全国同类商品高36.3个百分点、7.5个百分点和18.7个百分点。一般贸易出口322.75亿美元，占全省出口比重的60.5%，比上年提高4.9个百分点，比全国一般贸易出口增幅高22个百分点。

【对外经贸转型升级】 省委、省政府出台《福建省台商投资区海关特殊监管区和开发区拓展提升方案》，为提升福建开放型经济水平夯实了基础。围绕构建“大物流、大口岸、大外贸”目标，提出外贸物流业发展的总体思路，规划并全面启动龙岩、三明、南平、泉州“无水港”建设，为转变外贸增长方式和提高利用外资水平搭建新的载体和平台。实施品牌带动战略，完善福建省国际知名品牌评价、促进、推广和保护体系，积极推荐品牌企业及优秀企业参加广交会、中国品牌欧洲展、美国展等，推动福建双飞日化有限公司等品牌企业利用金融危机中部分进口商倒闭的机会收购其营销网络和国际知名品牌，帮助品牌企业增强实力，扩大市场份额。推进“科技兴贸创新基地”建设，促成漳州市获得商务部第三批国家“科技兴贸创新基地”称号。积极拓展东盟等自贸区市场，精心组织参加第六届中国—东盟博览会，商务部和省政府联合主办了马来西亚中国商品展，东盟跃升为福建的第三大出口市场。创新利用外资方式，推动泉州利郎、上润仪器等5家企业赴境外上市，吸引5家上市企业返程投资2亿美元；邀请国际35家知名私募股权投资基金与省内250家成长型企业对接洽谈并购重组，72家企业与投资基金进入实质性洽商阶段。创新开发区招商形式和推动出台开发区土地储备政策，探索标准厂房主题招商，推动沿海开发区产业向山区梯度转移，开发区招商引资实现了从“项目等土地”到“土地等项目”的转变。

【对台先行先试】 认真研究先行先试政策，就促进投资、贸易、两岸人员交流交往便利化和区域合作紧密化等方面，提出了先行先试的政策建议。积极推进闽台产业对接，组织陈桦副省长、叶双瑜副省长赴台考察访问，推进了一批在谈大项目，引进了一批新项目；建立闽台产业对接资料库，举办第二届海峡两岸装备制造业项目对接洽谈会、行业协会专场对接会，率先与台塑、统一、友达、东元、大同等台湾大企业集团形成了产业整体对接的合作关系。开发闽台经贸合作新渠道，率先与台湾电电公会、工业总会、工商协进会、中小企业协会及石化同业公会等8个重要工商团体签订《交流合作备忘录》；争取第二届“海峡两岸（泉州）农产品采购订货会”升格列入“9·8”投洽会活动内容；在台北举办“两岸建筑建材暨产品展”。积极扩大闽台服务贸易交流与合作，指导福州、厦门申报“对台服务外包示范城市”。积极加强对台口岸工作，协调省内查验主管单位支持开展两岸客运航线行李直挂试点工作，探索两岸货物便捷通关和闽台口岸平台对接，商谈在福建省保税港区与台湾自由贸易港区之间先行试点，率先互认通关数据、查验结果、海关封志和原产地证明等，促进两岸货物贸易便利化。

【公共服务平台建设】 拓展电子商务平台功能，在全国率先建立区域性国际电子商务应用平台，“晋江专区”正式开通，截至年底，平台累计发展会员企业11156家，累计意向成交额12.17亿美元，确认成交2.09亿美元；继续保持“在线广交会”注册会员全国第一位，累计访问量达5983万次，日均访问量达7.9万次，商务部将福建构建国际电子应用平台的模式向全国推广。推进福建电子口岸平台建设，在电子口岸平台上正式运行的项目31个，在建项目15个，平台直接服务的物流类企业500余户，服务的外经贸企业12000多家。拓展重点联系企业平台，依托商务部的重点联系企业平台，从福建出口重点优势产业中筛选100家省级重点联系企业，使样本容量达到180家，覆盖出口额达到8个设区市（厦门除外）出口总额的35%。有效发挥行业商协会作用，采取政府购买服务的方式，与19家行业商协会签订了委托工作协议，推动行业商协会对行业重点企业开展定点跟踪监测、组织企业开拓国际市场和应对国际贸易摩擦、组织企业共同对外议价、加强行业自律等，使行业商协会在服务外经贸发展中的作用和地位进一步凸显。增强展会平台对外经贸发展的推动作用，精心组织办好第十三届“9·8”投洽会、“5·18”海交会和商交会、“6·18”项目成果交易会等重大经贸活动，精心组织接待境外和台港澳地区重要团组，与新加坡工商联合总会签订合作意向，进一步扩大海西在境外的知名度和影响力。创新开发区平台功能，指导各地开展规划编制、土地调整、环境评估等基础性工作，拓展海关特殊监管区载体功能，积极推动福州保税物流园区、厦门海沧保税港区、厦门火炬（翔安）保税物流中心封关运作。进一步推进海西对外开放综合通道建设，出口货物分类通关改革试点全面铺开，福州、厦门海关分别与全国21和19个直属海关签订了区域通关配合联系办法。

【服务基层和企业】 及时了解掌握企业发展情况，先后多次向全省重点外贸企业开展问卷调查，召开品牌企业座谈会，利用各种展会召开参展企业座谈会，准确了解企业出口成交情况，汇总企业政策建议并帮助企业协调解决问题。建立政银企会商制度，积极协调解决企业融资难问题，组织多场银企对接会，与商业银行探索推广中小企业信贷新模式，积极开展“淡马锡”中小企业贷款的推广工作，与中行在全省推广中小企业信贷模式创新试点工作的成功经验，实现中小企业信贷资金在风险可控的情况下规模不断扩大，并在105届广交会期间组织省工行、建行、农行、中行、兴业银行等金融机构参会，开展银企对接活动，有效保证了有订单企业的生产经营。积极开展贸易摩擦应对工作，密切关注美国轮胎特保案，动员福建省涉案企业参与抗辩，并帮助企业在案件裁决后缓解经营压力，渡过难关；组织部分企业商会赴欧盟参加皮鞋反倾销日落复审听证会和开展游说工作；联合检验检疫部门在全省举办欧盟REACH法规应对培训会，开展输欧产品的符合性评估工作。引导企业用好、用早、用足各项扶持政策，整理编印了5期政策汇编，送政策到企业；通过多期“在线访谈”栏目进行政企互动，宣传福建外经贸促进政策。改革政策扶持资金拨付办法，加快资金拨付进度，进一步提高资金使用效益，受到基层和企业欢迎。加大企业“走出去”服务力度，积极帮助企业争取中非合作基金，解决赴韩国投资遭遇的海外纠纷；规范涉外劳务合作，先后多次派人赴罗马尼亚处理劳务纠纷和突发事件，使事件得到圆满解决。

（王明永）

出口贸易

【概况】 受金融危机影响，全年出口533.29亿美元，比上年下降6.4%。出口额居全国第6位，名列广东、江苏、上海、浙江和山东之后；出口增幅比全国平均水平高9.6个百分点，居全国第4位，仅次于广西、四川、江西。

【出口企业】 全省具有出口实绩的企业共10660家，比上年增加589家，其中：外商投资企业4285家，出口273.95亿美元，下降15.7%；集体私营企业6056家，出口203.88亿美元，增长16.6%；国有企业319家，出口55.46亿美元，下降20.7%。全省出口1500万美元以上的企业共595家，出口350.46亿美元，占全省出口总值的65.7%，其中：出口额5000万美元以上的企业共145家，出口233.6亿美元，占全省出口的43.8%；出口1亿美元以上的企业共58家，出口175.08亿美元，占全省出口的32.8%。出口1500万美元以下的中小企业10065家，出口182.83亿美元，下降9%。

【出口商品】 全省出口上亿美元的大宗商品有29项，合计出口373.68亿美元，占全省出口的70%。传统商品中，服装出口70亿美元，鞋类出口53.31亿美元，纺织品出口22.84亿美元，箱包出口13.23亿美元；机电产品中，计算机及其外设出口59.58亿美元，电视机出口13.72亿美元，船舶出口11.95亿美元。

【出口市场】 全省出口的国家（地区）市场达到220个。对亚洲出口221.81亿美元，下降2.3%；对欧洲出口126.71亿美元，下降13.6%；对北美洲出口117.78亿美元，下降8.7%；对南美洲出口33.07亿美元，下降6.9%；对非洲出口22.67亿美元，增长10.1%；

2009 年全省出口 1 亿美元以上的企业

金额单位:亿美元

序号	企业名称	出口额
	全省	533.29
1	福建捷联电子有限公司	28.59
2	戴尔(厦门)有限公司	17.7
3	友达光电(厦门)有限公司	14.91
4	宸鸿科技(厦门)有限公司	5
5	厦门华侨电子股份有限公司	4.78
6	厦门市嘉晟对外贸易有限公司	4.66
7	厦门松下电子信息有限公司	4.57
8	厦门太古飞机工程有限公司	4.01
9	漳州灿坤实业有限公司	3.75
10	厦门市中信隆进出口有限公司	3.7
11	宇达(中国)投资有限公司	3.43
12	保迪(厦门)物流有限公司	3.34
13	福建佳通轮胎有限公司	2.87
14	厦门象屿太平综合物流有限公司	2.68
15	厦门船舶重工股份有限公司	2.62
16	路达(厦门)工业有限公司	2.45
17	万利达数码科技有限公司	2.35
18	福建华闽进出口有限公司	2.31
19	福建省东南造船厂	2.25
20	厦门建发股份有限公司	2.23
21	福建省三农碳酸钙有限责任公司	2.22
22	厦门嘉联恒进出口有限公司	2.2
23	厦门佳事通贸易有限公司	2.18
24	厦门中外运物流有限公司	2.17
25	厦门锦集进出口贸易有限公司	2.08
26	厦门英南进出口有限公司	2.06
27	福耀玻璃工业集团股份有限公司	1.75
28	福建华映显示科技有限公司	1.74
29	福建财茂集团有限公司	1.67
30	厦门华融实业有限公司	1.64
31	厦门建松电器有限公司	1.61
32	连江清禄鞋业有限公司	1.6
33	厦门国贸集团股份有限公司	1.6
34	厦门 TDK 有限公司	1.56
35	福建省旅游贸易公司	1.53
36	厦门多威电子有限公司	1.51
37	厦门厦顺铝箔有限公司	1.48
38	厦门蒙发利科技(集团)股份有限公司	1.47
39	厦门外代仓储有限公司	1.46
40	福建超大畜牧业有限公司	1.45
41	利胜电光源(厦门)有限公司	1.43
42	厦门市中鹭达进出口有限公司	1.42
43	厦门金龙联合汽车工业有限公司	1.41
44	石狮市龙整进出口贸易有限公司	1.41
45	中国航空技术厦门有限公司	1.4
46	厦门协力五金矿产进出口有限公司	1.31
47	福建华冠光电有限公司	1.23
48	泉州市华田工贸有限公司	1.22
49	福建省船舶工业集团公司	1.22
50	福建省船舶工业贸易公司	1.18
51	厦门通士达照明有限公司	1.16
52	福建省东山海葵水产集团有限公司	1.13
53	厦门宇信兴业进出口贸易有限公司	1.1
54	厦门建发轻工有限公司	1.08
55	厦门协力粮油食品进出口有限公司	1.08
56	厦门合力成进出口有限公司	1.08
57	厦门钢宇工业有限公司	1.03
58	厦门港务物流保税有限公司	1.01
出口上亿美元 58 家企业合计		175.08

对大洋洲出口 11.24 亿美元,增长 3.3%。对美国、欧盟、日本、东盟与香港五大传统市场合计出口 367.69 亿美元,下降 7.7%,占全省出口的 68.9%,其中:对欧盟出口 113.37 亿美元,下降 9.2%;对美国出口 108.42 亿美元,下降 8.3%;对日本出口 50.73 亿美元,下降 23.1%;对东盟出口 60.09 亿美元,增长 15.2%;对香港出口 35.07 亿美元,下降 6%。对中东、拉美、非洲、南亚、澳新、独联体等新兴市场合计出口 114.64 亿美元,下降 2.4%。出口 5000 万美元以上的国家与地区共 73 个,共出口 520.21 亿美元,占全省出口总值的 97.5%,其中出口 1 亿美元以上的国家与地区共 60 个,合计出口 511.08 亿美元,占全省出口总值的 95.8%。

【出口区域】 全省出口的主要增长源在沿海 5 市,厦门、福州、泉州、漳州与莆田 5 市出口总额 506.3 亿美元,占全省的 94.9%。在山区 4 市中,龙岩、三明、南平 3 市出口增长,宁德市出口下降。

2009 年各设区市出口情况

金额单位:万美元

名称	出口额	占全省出口比重(%)
全省	5332902	100
厦门市	2766758	51.88
福州市	1201138	22.52
泉州市	589081	11.05
漳州市	338674	6.35
莆田市	167384	3.14
三明市	76235	1.43
宁德市	69947	1.31
南平市	64456	1.21
龙岩市	59230	1.11

【机电产品出口】 全年机电产品出口 221.48 亿美元,比上年下降 17.6%,占全省出口总值的 41.5%。外商投资企业是机电产品出口的主体,出口 165.53 亿美元,占全省机电产品出口总额的 74.7%。机电产品出口 1000 万美元以上的企业 279 家,共出口 176.8 亿美元,占全省机电产品出口的 79.8%,其中:出口 5000 万美元以上的企业 55 家,共出口 132.75 亿美

元，占全省的59.9%；出口1亿美元以上的企业共28家，共出口114.32亿美元，占全省的51.6%。出口5000万美元以上的国家与地区44个，出口额210.21亿美元，占全省的94.9%，其中出口1亿美元以上的国家与地区有美国、日本、香港、德国等32个，共出口201.15亿美元，占全省的90.8%。加工贸易是机电产品出口的主要方式，出口134.82亿美元，占全省的60.9%；一般贸易出口74.4亿美元，占全省的33.6%；其他贸易方式出口12.25亿美元，占全省的5.5%。

2009年全省出口1亿美元以上的商品

金额单位：万美元

序号	商品名称	出口额	序号	商品名称	出口额
	亿美元以上商品合计	3736818	15	汽车及其零件	60349
1	服装	700201	16	陶瓷制品	59481
2	计算机及其外部设备	595758	17	钢材及其制品	57050
3	鞋类	533139	18	食品罐头	46197
4	纺织品	228411	19	蔬菜	44873
5	石材及制品	224602	20	冻鱼	44253
6	电视机	137177	21	轮胎	43739
7	箱包	132260	22	变压器	35746
8	家具	120785	23	玩具	31291
9	船舶	119450	24	电线电缆	28397
10	健身器材	96589	25	钟表	21906
11	伞	83721	26	烤鳗	20643
12	电机及其零件	78162	27	音响设备	19523
13	灯具	76636	28	飞机及其零件	18095
14	树脂工艺品	62966	29	电热烤面包器	15418

2009年出口10亿美元以上的国别与地区

金额单位：亿美元

序号	国别地区	出口额	比重(%)
1	美国	108.42	20.33
2	日本	50.73	9.51
3	香港	35.07	6.58
4	德国	25.45	4.77
5	荷兰	18.47	3.46
6	马来西亚	16.45	3.08
7	台湾	15.39	2.89
8	英国	14.57	2.73
9	韩国	14.04	2.63
10	菲律宾	11.74	2.20
11	阿联酋	10.82	2.03

【贸易方式】 全年一般贸易出口322.69亿美元，比上年增长1.9%，占全省出口总值的60.5%，比上年提高4.9个百分点。民营企业是一般贸易出口的主要力量，出口192.13亿美元，增长16.8%，占一般贸易出口的59.5%；外资企业出口90.04亿美元，占27.9%；国有企业出口40.53亿美元，占12.6%。加工贸易出口186.76亿美元，下降17.1%，占全省出口总值的35%，其中：进料加工复出口156.84亿美元，下降20%，占加工贸易出口的84%；来料加工装配复出口29.91亿美元，增长2.5%，占加工贸易出口的16%；进料加工复出口的进出差额比率扩大，进料加工出口与进口的比例为2.66∶1。外商投资企业是加工贸易出口的主要力量，出口168.84亿美元，下降17.9%，占91.3%。加工贸易出口5000万美元以上的企业有58家，合计出口128.67亿美元，占加工贸易出口的68.9%，其中出口1亿美元以上的企业有23家，合计出口104.49亿美元，占55.9%。福州、厦门、莆田、泉州、漳州等5市加工贸易出口185.69亿美元，占全省的99.4%，其中福州、厦门两市出口155.6亿美元，占全省的83.3%。大宗加工贸易出口商品主要有：自动数据处理设备及部件、纺织服装、鞋靴、塑料制品、船舶等。加工贸易出口市场集中，出口额5000万美元以上的国家与地区有35个，出口额178.77亿美元，占全省的95.7%，其中出口1亿美元以上的国家和地区有美国、日本、香港、荷兰、德国、台湾等28个，合计出口额达173.81亿美元，占全省的93.1%；其他贸易方式出口23.84亿美元，下降14.3%，占全省出口总值的4.5%。

2009 年全省机电产品出口 1 亿美元以上的企业

金额单位:亿美元

序号	企业名称	出口额
1	福建捷联电子有限公司	28.59
2	戴尔(厦门)有限公司	17.68
3	友达光电(厦门)有限公司	14.91
4	宸鸿科技(厦门)有限公司	5
5	厦门华侨电子股份有限公司	4.78
6	厦门松下电子信息有限公司	4.57
7	漳州灿坤实业有限公司	3.74
8	厦门太古飞机工程有限公司	3.71
9	厦门船舶重工股份有限公司	2.62
10	路达(厦门)工业有限公司	2.44
11	万利达数码科技有限公司	2.35
12	福建省东南造船厂	2.25
13	宇达(中国)投资有限公司	2.07
14	福建华映显示科技有限公司	1.74
15	厦门建松电器有限公司	1.61
16	厦门 TDK 有限公司	1.56
17	厦门多威电子有限公司	1.5
18	利胜电光源(厦门)有限公司	1.43
19	厦门金龙联合汽车工业有限公司	1.41
20	厦门蒙发利科技(集团)股份有限公司	1.3
21	福建华冠光电有限公司	1.23
22	福建省船舶工业集团公司	1.22
23	福建省船舶工业贸易公司	1.18
24	厦门通士达照明有限公司	1.16
25	厦门锦集进出口贸易有限公司	1.13
26	中国航空技术厦门有限公司	1.09
27	厦门中外运物流有限公司	1.04
28	厦门钢宇工业有限公司	1.03
	以上企业合计	114.34

2009 年全省加工贸易出口 1 亿美元以上的企业

金额单位:亿美元

序号	企业名称	出口额
1	福建捷联电子有限公司	28.47
2	戴尔(厦门)有限公司	15.16
3	友达光电(厦门)有限公司	14.89
4	宸鸿科技(厦门)有限公司	4.97
5	厦门华侨电子股份有限公司	4.77
6	厦门松下电子信息有限公司	4.56
7	漳州灿坤实业有限公司	3.69
8	福建佳通轮胎有限公司	2.87
9	厦门船舶重工股份有限公司	2.62
10	万利达数码科技有限公司	2.33
11	福建省东南造船厂	2.25
12	路达(厦门)工业有限公司	2.22
13	福建华映显示科技有限公司	1.74
14	福耀玻璃工业集团股份有限公司	1.7
15	连江清禄鞋业有限公司	1.6
16	厦门建松电器有限公司	1.57
17	厦门 TDK 有限公司	1.55
18	厦门多威电子有限公司	1.51
19	利胜电光源(厦门)有限公司	1.42
20	福建华冠光电有限公司	1.23
21	福建省船舶工业集团公司	1.2
22	福建省船舶工业贸易公司	1.14
23	厦门钢宇工业有限公司	1.03

(彭涌泉)

进口贸易

【概况】 全年进口总值 263.34 亿美元,下降 5.4%,进口规模位列全国第九,次于广东、江苏、上海、北京、浙江、山东、天津、辽宁 8 省市。从贸易方式看,一般贸易进口 135.7 亿美元,占全省进口总值的 51.5%,增长 12.5%;加工贸易进口 96.92 亿美元,占全省的 36.8%,下降 13.3%;其他贸易方式进口 30.72 亿美元,占全省的 11.7%,下降 33.3%。从企业性质看,外商投资企业进口 163.87 亿美元,下降 16.5%,占全省的 62.2%;集体私营企业进口 47.89 亿美元,增长 30.4%,占全省的 18.2%;国有企业进口 51.58 亿美元,增长 13.6%,占全省的 19.6%。进口集中在福州、厦门、泉州、漳州、莆田等沿海 5 市,共进口 258.65 亿美元,占全省进口额的 98.2%,其中福州、厦门两市合计进口 214.87 亿美元,占全省进口额的 81.6%。

【进口企业】 全省具有进口实绩的企业共 6133 家,其中:进口 5000 万美元以上的企业 90 家,共进口 162.9 亿美元,占全省的 61.9%;进口 1 亿美元以上的企业 47 家,共进口 132.87 亿美元,占全省的 50.5%。

【进口市场】 全年与 162 个国家(地区)开展进口贸易,其中:进口 5000 万美元以上的国家与地区 41 个,合计进口 256.43 亿美元,占全省进口总值的 97.4%;进口 1 亿美元以上的国家与地区有台湾、美国、韩国、日本、德国、马来西亚等 35 个,合计进口 252.35 亿美元,占全省的 95.8%。

【进口商品】 进口商品种类广泛,涉及海关统计商品目录(HS 商品分类)中的 22 大类 98 章。进口 1 亿美元以上的大宗商品共 15 大类 28 章。

2009年进口上亿美元的企业

金额单位:亿美元

序号	企业名称	进口额
	福建	263.34
1	友达光电(厦门)有限公司	19.16
2	福建华冠光电有限公司	7.13
3	厦门建发股份有限公司	5.79
4	叶水福物流(厦门)有限公司	5.6
5	厦门国贸集团股份有限公司	5.44
6	戴尔(厦门)有限公司	4.6
7	翔鹭石化股份有限公司	4.51
8	厦门航空有限公司	4.27
9	福建三钢国贸有限公司	4.16
10	泉州福海粮油工业有限公司	3.85
11	厦门太古飞机工程有限公司	3.65
12	福建捷联电子有限公司	3.44
13	福建华映显示科技有限公司	3.43
14	戴尔(中国)有限公司	3.39
15	厦门松下电子信息有限公司	3.09
16	宸鸿科技(厦门)有限公司	3.05
17	厦门厦顺铝箔有限公司	3.01
18	厦门象屿集团有限公司	3.01
19	厦门信达股份有限公司	2.86
20	厦门建发纸业有限公司	2.34
21	全球物流(厦门)有限公司	2.32
22	鸿一粮油资源股份有限公司	2.09
23	中海福建天然气有限责任公司	2.06
24	建发物流集团有限公司	1.94
25	福建康宏股份有限公司	1.93
26	厦门正新海燕轮胎有限公司	1.57
27	华阳电业有限公司	1.56
28	锐珂(厦门)医疗器材有限公司	1.52
29	达运精密工业(厦门)有限公司	1.44
30	厦门华侨电子股份有限公司	1.39
31	福建万达物流有限公司	1.33
32	厦门TDK有限公司	1.3
33	万利达数码科技有限公司	1.26
34	长乐恒锦科技有限公司	1.25
35	厦门中禾实业有限公司	1.24
36	福建统一马口铁有限公司	1.24
37	漳州百佳实业有限公司	1.2
38	福州越海物流有限公司	1.11
39	福建佳通轮胎有限公司	1.11
40	日立数字映像(中国)有限公司	1.06
41	厦门多威电子有限公司	1.05
42	福州康宏豆业科技开发有限公司	1.05
43	柯达(中国)股份有限公司	1.05
44	林德(中国)叉车有限公司	1.01
45	腾龙特种树脂(厦门)有限公司	1.01
46	华映光电股份有限公司	1
47	福建省船舶工业集团公司	1
以上企业合计		132.87

2009年全省进口主要商品

金额单位:亿美元

商品名称	进口额
机电产品*	120.44
高新技术产品*	83.5
液晶显示板	32.77
农产品*	26.13
集成电路	17.03
大豆	10.9
初级形状的塑料	8.25
铁矿砂及其精矿	6.64
自动数据处理设备及其部件	5.82
煤	5.14
苯(环烃)	5.01
花岗岩	4.72
大理石	4.74

注:"机电产品"和"高新技术产品"包括本表中已列名的有关商品

(彭涌泉)

利用外资

【概况】 全年共新批外商投资项目939项。按验资口径,合同外资53.6亿美元,下降25%;外商实际到资57.4亿美元,增长1.2%。按历史可比口径,合同外资90.8亿美元,下降20.5%;外商实际到资100.6亿美元,增长0.39%。全年外商投资企业出口274.05亿美元,比上年下降15.69%,占全省出口总额的51%;进口163.95亿美元,比上年下降16.5%,占全省进口总额的62%。规模以上外资企业工业增加值2145.1亿元,占全省规模以上企业工业增加值的45.9%。涉外税收635.26亿元,占全省税收总额的36.4%。

【设区市利用外资】 合同外资方面,除莆田、漳州两市增长外,其余设区市均呈现下降态势,其中泉州和宁德两市降幅超过48%。实际到资方面,除厦门市实际吸收外资下降17.4%外,其余8市均实现增长,其中:宁德、莆田、龙岩和三明增幅超过10%,分别增长48.7%、40.4%、13.4%和13%;漳州、南平、福州、泉州分别增长9.9%、5.3%、3.1%和1.2%。

【外资大项目】 全年新批总投资千万美元以上项目265项,比上年下降29.5%;投资总额95.4亿美元,下降

23.7%;合同外资42亿美元,下降27.9%。其中,台资项目54项,总投资16.8亿美元,合同台资7.7亿美元,分别下降47.1%、49%和47.2%。

【利用外资主要行业】 制造业合同外资29.4亿美元,比上年下降30.9%,其中:石化行业合同外资6.2亿美元,下降2.2%;机械设备制造业合同外资5亿美元,下降50.7%;电子信息业合同外资3.4亿美元,下降37.8%;服务贸易业合同外资19.5亿美元,下降18.9%。

【外资主要来源地】 主要外资来源地香港、台湾及欧盟的实际到资均实现增长,其中:香港到资30.3亿美元,增长28.3%;台资(含第三地转投资)到资13.2亿美元,增长4.4%;欧盟到资4.4亿美元,增长5.1倍。各主要外资来源地的合同外资均呈下降态势,其中:合同港资42.9亿美元,下降17.7%;合同台资(含第三地转投)6.5亿美元,下降60.3%;欧盟合同外资4203万美元,下降21.6%。 (刘宝玉)

国际经济技术合作

【对外直接投资】 全年新批境外投资企业165家(含12家境外机构),协议投资总额(含增资)4.9亿美元,中方协议投资额(含增资)4.36亿美元,分别比上年增长52.7%、64%和75%。对外投资的规模和水平明显提升,新核准境外企业的协议投资总额与中方协议投资额两项指标均首次突破4亿美元,新批企业数、协议投资总额、中方协议投资额增幅均超过50%。新核准中方协议投资额在500万美元以上(含500万美元)的境外企业20家,投资金额2.25亿美元,占中方协议投资额的51.6%。赴台投资取得突破性进展,福建新大陆电脑股份有限公司成为首家经核准的陆资赴台投资企业,该公司投资收购台湾帝普科技公司股权率先通过商务部和台湾地区经济主管部门审核;厦门国贸集团股份有限公司、厦门航空有限公司也相继获商务部批准在台设立分支机构。境外营销网络建设取得成效,全年新批贸易型境外企业95家,中方协议投资额1.84亿美元,分别占总量的57.6%和42.2%,预计年可带动国内各类产品出口3亿美元,其中:福建双飞日化有限公司、漳州万佳陶瓷工业有限公司以并购方式获取美国企业的知名品牌和营销网络,分别销售日化用品和陶瓷洁具,预计年可带动国内出口3000万美元;福建福铭食品有限公司通过收购一家日本食品公司,整合烤鳗产品的营销网络,预计年可带动国内出口1000万美元。香港与美国成为企业投资的重点区域,全年新批在香港设立的境外企业54家,中方协议投资额(含增资)2.26亿美元,分别占总量的33%和52%;全年新批在美国设立的境外企业19家,中方协议投资额3664万美元,新批企业数已经超过2005—2008年总数。并购投资和多点投资成为新亮点,全年新批境外并购(含参股)项目9个,中方协议投资额(含增资)3098万美元,其中包含3个境外营销网点项目,2个境外资源开发项目;梅花伞业股份有限公司、厦门厦工国际贸易有限公司等8家企业开始在境外多点投资布局,共设立28家境外企业和机构,中方协议投资额1436万美元,主要从事海外市场拓展和营销网点建设,构筑自主的销售网络和市场终端。

【对外承包工程与对外劳务合作】 全年签订对外承包工程和对外劳务合作合同3119项,合同金额4.24亿美元,比上年下降37.9%;完成营业额4.23亿美元,增长5.58%;当年派出劳务人数17945人次,下降35.55%;年末在外劳务人数28063人,下降25.6%。其中,对外承包工程新签合同额1.45亿美元,完成营业额1.75亿美元;中国武夷股份有限公司连续15年入围ENR全球最大225家国际承包商,2009年排名第222位,主要对外承包工程项目有肯尼亚首都美景城、坦桑尼亚国际会议中心、俄罗斯常青集团中密度纤维板生产线等项目。对外劳务合作新签合同额2.79亿美元,完成营业额2.48亿美元,派出劳务人数17870人次;年末在外人数27840人。全年外派对台渔工3709人次。

【对外援助】 全年共承担“发展中国家投资与合作管理研修班”等17项援外培训班任务,共培训来自50多个国家和地区的515名学员。4月,福建农林大学承担的援卢旺达农业技术示范中心项目正式开工建设。联合国工业发展组织中国(福建)食品安全培训项目正式启动。 (朱寅轶)

开发区建设

【概况】 全年全省开发区实现地区生产总值2718.86亿元,比上年增长11.19%,占全省的22.2%;规模以上工业总产值7453.3亿元,增长8.83%,占全省的44.5%;实际利用外资21.61亿美元(按验资口径),下降15.1%,占全省的37.67%;外贸出口275.78亿美元,下降6.06%,占全省的51.7%。福州、厦门、漳州3个设区市开发区工业产值、实际利用外资、外贸出口分别占当地的66.88%、50.68%、90.18%,72.37%、47.66%、41.79%,55.17%、47.27%、67.05%。

【闽台区域合作】 在平潭全岛设立海关特殊监管区的政策建议得到海关总署等国家有关部门的大力支持,平潭综合实验区建设有序推进,积极实行先行先试政策,着力打造两岸合作紧密区域。促进开发区与台湾自由贸易港区、加工出口区、科技园区及行业协会对接,推动中州精密科技、台湾通信、睿鸿光电、福安台湾东元电机等项目增资扩产和开工建设。指导推动福州保税区与台湾基隆自由贸易港区、福州科技园区与台北内湖高新区、福清融侨开发区与台湾工具机暨零组件公会的合作。

【外贸物流体系建设】 为吸引周边地区和中西部省份的进出口货物从福建省中转,规划在闽南晋江、闽西龙岩、闽中沙县和闽北武夷山建设4个“无水港”,认真做好“无水港”选址、土地报批、规划设计、招商引资和海关监管场所申请等工作,武夷山和沙县“无水港”已完成土地征用和招投标、总体规划报批、工程地质勘察和工程设计工作,“三通一平”、电子口岸系统开发、招商引资工作有序展开;晋江、龙岩“无水港”选址工作已经完成,投资主体已经明确,正在抓紧总体规划、项目环评、农保地调整报批等工作。

【山海开发区合作】 在第十二届海峡西岸武夷山国际投资洽谈会期间，举办了“海峡西岸经济区开发区项目展暨对接洽谈活动”，海峡西岸经济区20个城市的60个开发区和相关企业参加，促进了沿海部分开发区项目向山区转移。沿海与山区“结对子”开发区之间的合作进一步深化，全年结对双方已联合召开招商会、对接项目恳谈会等活动30多场次。南平、建瓯等工业园区还派出园区领导到泉州、金山等开发区挂职锻炼，加强对沿海开发区招商。

【海关特殊监管区】 厦门出口加工区与海沧港区、嵩屿港区整合建设海沧保税港区的筹建工作全部完成，并通过厦门海关预验收。福清出口加工区、福州保税物流园区与江阴港区、江阴铁路物流园区整合设立福州保税港区，省政府已向国务院提出申请，海关总署正在牵头办理和征求有关部门意见。全省出口加工区成功拓展了物流功能，业务范围从单纯的保税加工发展到维修、设计、研发、物流，既延长了产业链，又增强投资吸引力。全年福州、福清和泉州等3个出口加工区新引进项目24个，总投资20.6亿元，项目数和投资额分别是前4年累计的2倍和1.5倍。泉州出口加工区争取飞机轮胎维修试点并获商务部特批(属全国出口加工区独有)。经多方积极沟通，海关总署允许全球物流公司在厦门保税区内开展戴尔公司出口计算机等产品的退货维修业务。厦门火炬高新区保税物流中心8月获国家批准，9月6日通过验收，正式投入运行。

【管理与服务创新】 台商投资区等载体建设进一步规范，研究制定并由省政府印发了《福建省台商投资区海关特殊监管区和开发区拓展提升方案》，对全省台商投资区、海关特殊监管区和开发区的拓展、布局、整合、提升作了规划，初步形成以厦门湾、闽江口、湄洲湾等区域为主的产业对接集中区，促进两岸产业深度对接。厦门、福州台商投资区扩区和新设立泉州、漳州台商投资区已由省政府向国务院申报，并得到商务部、国土资源部和住建部的大力支持；莆田、三明台商投资区设立筹备工作顺利推进。根据高标准、高质量的要求和“成熟一个报批一个”的原则，指导推动省级开发区整合、扩区、升级和县级工业集中区升级工作，泉州、漳州开发区升级为国家开发区已经商务部等部门同意，上报国务院待批；建宁翔飞等四个工业集中区升级为省级开发区的申报材料已通过省有关部门审核通过，上报省政府批准。开发区用地、融资、环保工作力度加大，推动招商从“项目带土地”向“土地等项目”转变，省政府明确规定开发区内工业用地可采取政府收储土地的方式，适度提前办理农用地转让与土地征收手续，进行水、电、路和场地平整等基础设施建设，然后以招标、拍卖或挂牌方式出让国有建设用地使用权。探索开发区与银行合作，自2007年6月省外经贸厅与开发银行福建分行签订《开发区与开发性金融合作协议》以来，截至年底，开发银行已向开发区发放基础设施信用贷款余额77亿元，已承诺贷款并签订贷款合同的有88亿元；推动开发区与进出口银行等其他政策性金融机构和部分商业银行合作，进一步解决开发区基础设施建设和区内企业发展融资问题。加强环境保护，省外经贸厅会同省环保厅对全省开发区规划环评和污水集中处理情况进行督查，并把完成规划环评作为开发区新设、扩区的前置条件，截至年底，全省86个国家级、省级开发区已完成规划环评和正在进行环评的有74家，已建(已接入)污水处理厂的有43个，分别比上年增长21%和105%。 (王银细)

闽港澳台经贸合作

【闽港经贸合作】 按历史可比口径，全年新批港资企业373家，合同港资78.3亿美元，比上年增长4.7%；实际到资46.7亿美元，增长10%。按验资口径，合同港资42.9亿美元，下降17.7%；实际到资30.3亿美元，增长28.3%。历年累计批准港资项目23365项，按历史可比口径，实际利用港资447.2亿美元；按验资口径，实际利用港资330亿美元。全年对香港贸易36.16亿美元，下降5.8%，其中：出口35.07亿美元，下降6%；进口1.09亿美元，下降0.01%。

【闽澳经贸合作】 全年新批澳资企业21家，按历史可比口径，合同澳资1.1亿美元，比上年增长15.8%；实际到澳资0.8亿美元，下降39.4%。按验资口径，合同澳资1.3亿美元，增长1.2倍；实际到资0.6亿美元，下降37.3%。历年累计批准澳资项目960项，按历史可比口径，实际使用澳资11.8亿美元；按验资口径，实际使用澳资8.6亿美元。全年对澳门贸易1420万美元，下降9.9%，其中：出口1401万美元，下降9.8%；进口19万美元，下降13.9%。

【闽台经贸合作】 按历史可比口径，全年新批台资项目324项，合同台资7.2亿美元，比上年下降52.1%；实际到资18.8亿美元，增长25.6%；如含第三地转投，利用台资项目数348项，合同台资6.8亿美元，下降64.2%；实际到资25.3亿美元，增长11.4%。按验资口径，合同台资5.4亿美元，下降38.9%；实际到资2.3亿美元，下降10.1%；如含第三地转投，合同台资6.5亿美元，下降60.3%；实际到资13.2亿美元，增长4.4%。历年累计(不含第三地转投)吸收台资项目10042项。按历史可比口径，实际使用台资160.6亿美元；按验资口径，实际使用台资110.7亿美元。全年闽台贸易总额69.92亿美元，下降3.6%，其中：对台出口15.39亿美元，增长16.1%；自台进口54.53亿美元，下降8%；对台贸易逆差39.14亿美元。对台小额贸易总额10357万美元，下降14%，其中：对台出口3144万美元，下降50.5%；自台进口7213万美元，增长23.4%。

(彭涌泉)

编辑：王明永

旅 游 业

综 述

【概况】 2009年，全省接待旅游总人数首次突破1亿人次，达到1001845人次，比上年增长13.1%；旅游总收入1132.62亿元，增长11.3%。其中，接待国内游客9706.41万人次，增长13.4%，国内旅游收入955.18亿元，增长12.2%；接待入境旅游者312.04万人次，增长6.4%，外汇收入25.99亿美元，增长8.5%。

【旅游行业规模】 截至年底，全省共有旅行社708家，其中出国游组团社41家、赴台游组团社10家。全年全省新增旅行社51家，其中由国家旅游局审批的出境游组团社4家、赴台游组团社7家。全省共有星级饭店420家，客房总数为48965间(套)，床位数为85711个。其中，五星级饭店18家，四星级饭店88家，三星级以下饭店314家。全年新评星级饭店35家，其中，五星级饭店14家、四星级饭店14家、三星级饭店17家。

【重大旅游决策】 6月，中共福建省委召开常委会议，专题研究旅游工作，把旅游业确定为福建省重点培育的支柱产业。7月，福建省人民政府出台《关于进一步推动旅游产业发展的若干意见》，提出打造"海峡旅游"品牌的具体扶持政策。明确提出：着力整合旅游资源，优化旅游产业发展格局；着力旅游营销推广，拓展旅游客源市场；着力培育市场主体，激发旅游产业发展活力；着力对台先行先试，打造海峡旅游共同市场；着力完善保障措施，优化旅游产业发展环境。

【旅游规划】 由国家旅游局编制的《海峡西岸旅游区发展总体规划》，于12月底组织评审通过。组织编制《加快建设我国重要的自然与文化旅游中心近期行动计划》，广泛征求意见。组织编制《福建土楼旅游区旅游发展规划》，已通过专家评审，并在其基础上制定《福建土楼旅游整合方案》。编写完成《福建省文化旅游业发展规划》，上报征求相关部门意见。基本完成《全省温泉旅游发展总体规划》初稿。三明、南平、莆田、漳州、福州、宁德等地旅游规划修编工作有序推进。

【入境旅游】 全年接待入境外国游客97.84万人次，下降0.8%；香港地区游客84.19万人次，下降5.9%；澳门地区游客6.58万人次，下降0.07%；台湾地区游客123.43万人次，增长25.3%。

【国内旅游】 全年全省接待国内一日游游客4141.06万人次，占全省接待总量的42.7%。过夜游客中，外省游客为2538.03万人次，比上年增长37.95%，占全省接待过夜游客的45.6%，比上年上升9.7百分点。外省游客消费532.65亿元；本省多日游游客消费290.02亿元，一日游游客消费132.51亿元。

【红色旅游】 省革命历史纪念馆等6个红色旅游经典景区投入基础设施项目资金2140万元。上杭古田红色旅游开发项目列为2009年省重点项目，完成投资3900多万元。加强红色旅游资源整合，把红色旅游与生态旅游、乡村旅游、温泉旅游等相结合，古田会议旧址群第三期维修保护工程与当地新农村建设有机结合，成为闽西新农村建设的亮点。推动红色旅游区域协作，闽粤赣三省七市(福建龙岩、三明、漳州、南平，广东梅州，江西省赣州、抚州)34个中央苏区县(市、区)在古田共同签订《中央苏区红色旅游协作古田宣言》。全国红色旅游工作协调小组办公室在上杭举办有150多人参加的红色旅游导游讲解(师资)培训班。

【乡村旅游】 开展乡村旅游示范点创建和农家乐项目扶持工作，共下拨扶持资金1065万，对全省78个乡村旅游示范点、扶持点给予扶持。根据住房和城乡建设部、国家旅游局《关于开展全国特色景观旅游名镇(村)示范工作的通知》的要求，积极开展创建特色景观旅游名镇(村)工作，莆田市湄洲镇、永定县湖坑镇入选第一批全国特色景观旅游名镇(村)示范名单。与福建师范大学旅游学院合作编制《福建省乡村旅游发展战略》和《福建省乡村旅游服务质量等级与评定》。

【假日旅游】 2009年春节黄金周期间，全省共接待旅游者420.76万人次，比上年同期增长11.7%；其中一日游游客318.6万人次，占全部游客的75.7%；旅游收入24.27亿元，比上年同期增长17.3%。"十一"黄金周期间，全省共接待国内外旅游者672.25万人次，比上年同期增长25%，其中：过夜游客186.89万人次，一日游游客485.36万人次；一日游游客占游客总数的72.2%，旅游总收入36.94亿元，比上年同期增长18.2%。

【导游援藏工作】 落实国家旅游局选派第七批援藏导游员工作任务，选派2名优秀外语导游员进藏工作。其中厦门市援藏导游员肖璐晖被评为"全国第七批援藏导游员西藏自治区先进个人"，受到国家旅游局的表彰。

旅游开发

【旅游投资】 全年全省旅游在建项目335个，总投资412亿元，完成投资

86.7亿元。其中列入省重点项目41个，总投资255.72亿元，全年完成投资30.07亿元。投资额超过10亿元的项目有8个，投资额最大的福州三坊七巷保护与开发项目总投资达到40亿元。

【旅游招商引资】 在第五届旅博会举行的项目招商会和项目签约仪式上，共签约旅游投资项目48个，总投资128.74亿元，利用外资7.8亿美元，其中：合同项目32个，总投资80.14亿元，利用外资7.3亿美元；协议项目7个，总投资12.95亿元，利用外资2000万美元；意向项目9个，总投资35.66亿元，利用外资3000万美元。

【旅游景区(点)与基础设施建设】 指导推动福建土楼、太姥山、鲤鱼溪、冠豸山、九鲤湖、三坊七巷等重点景区建设，促进泰宁创建世界自然遗产、宁德创建世界地质公园工作。完成武夷山、鼓浪屿两个5A级景区复核工作，指导泰宁、湄洲岛争创5A级景区；完成宁德市福鼎太姥山风景区、屏南白水洋旅游区、屏南鸳鸯溪景区、厦门市胡里山炮台、同安影视城、厦门园博苑以及莆田市莆田工艺美术城、泉州市清源山等创建4A级景区工作，将乐玉华洞、福州三坊七巷、鼓山风景区、于山风景区等创4A景区也通过国家旅游局考评。全年增加4A级景区8家，3A级景区7家，2A级19家，取消2A级景区1家；全省现有A级旅游景区78家，其中：5A级2家，4A级37家。

【工农业旅游示范点】 福建省旅游局对各设区市旅游局推荐的"工农业旅游示范点"申报单位进行检查验收，命名晋江市艾派产业园为"省级工业旅游示范点"，闽侯县龙泉山庄农业观光有限公司、南安市香草世界度假村、龙岩市新罗区龙门镇洋畲村、上杭县古田镇五龙村等4个单位为"省级农业旅游示范点"。截至年底，按级别和类型分类，全省共有国家级示范点24家，其中：国家级工业旅游示范点8家，国家级农业旅游示范点16家；省级示范点25家，其中：省级工业旅游示范点10家，省级农业旅游示范点15家。

【信息化建设】 加强多语种网站建设。截至年底，全省已经拥有英语、日语、韩语、德语、俄语、法语、西班牙语、阿拉伯语共8个外文旅游网站。通过政务内网的改造，完成OA系统建设，加强网络安全管理，建立政务网、局域网、互联网网站的安全技术保护措施等工作，切实加强信息系统安全保障工作。12301旅游服务热线工程进展顺利，专项运营维护资金到位，已完成场所装修、综合布线、设备安装调试等工作，基本实现呼入功能。主动对接"中国旅游网"，全年累计上报中国旅游网信息7300条，被采用7211条，采用率为98.78%，其中：图片新闻1040条，首页新闻540条，图文采用量排名保持全国各省之首。

2009年4月19日，石牛山国家地质公园揭碑开园仪式在德化隆重举行。

（德化县政府办供稿）

旅游行业管理

【旅游市场监督管理】 进一步规范市场秩序，提升旅游服务质量，注重解决游客反映的突出问题，着力治理旅行社无序削价竞争，杜绝"零负团费"，解决强迫或变相强迫游客消费问题，通过联合执法，依法查处违法违规旅行社，对出境旅游广告进行全面清查，对存在价格欺诈、内容不真实的广告坚决予以清除。全年全省各级质监所共出动检查人员2381人次，检查14186个旅游团队，检查涉及13560家旅行社、饭店、景区(点)、购物点，行政罚款28552元；共接受旅游咨询反映情况705起，受理投诉367起，全部结案，涉案金额392119.9元，为游客挽回经济损失170231元。

【旅行社管理】 省旅游局与省质量监督局制定颁布《旅行社信用质量等级评定标准》，首批评定20家5A级旅行社和23家4A级旅行社。推行旅行社网上审批制度，实现旅行社行政审批事项的每一个环节和审批结果可在网上操作、网上查询。组织实施旅行社年检工作，全省610家旅行社参加年检，其中：国际旅行社59家，国内旅行社551家，585家通过年检，通过率为96.53%；17家暂缓通过年检，分别受到限期改正、警告等处分；4家国内旅行社不予通过年检，被注销旅行社业务经营许可证。

【导游员管理】 加强对导游人员的日常管理，健全导游人员的IC卡管理、年审培训考核等制度，把好导游办证审核关；加强导游队伍建设，加大对导游员的检查和监督，规范导游人员服务标准和从业行为。实施导游IC卡计分制，严厉查处无证及使用假证从事导游活动和私自转借导游证等行为。全年共检查导游30580人次，查处无证、假证导游47名。截至年底，全省取得导游资格证书累计20460人，其中已办理导游IC卡的13555人。

【旅游饭店管理】 严格执行星级饭店准入制度，维护星级标准的含金量和权威性。采取地区间交叉评定的方式，严把质量关。严格星级饭店退出制度，强化复核工作，对消防安全、设施设备老化严重影响到饭店服务质量和安全的，严格实行退出机制，全面落实星级饭店访查规范各项制度，保证星级饭店持续达标，提升宾客满意度。组织全省满五年期和满三年期的星级饭店共58家进行复核和复评，其中：通过复核（评）饭店47家，因硬件设施设备老化、消防安全不合格被取消星级饭店有11家。

【旅游商品管理】 编辑出版《福建旅游纪念品指南》。组织30家企业前往浙江义乌参加由国家旅游局和浙江省政府联合举办的全国首届旅游商品博览会，并挑选优秀旅游纪念品参加全国比赛，荣获银奖、铜奖和最佳组织奖。组织部分省旅游商品协会会员单位赴台湾考察，并与台湾旅游商品企业共商两岸合作发展事宜。

重大旅游活动

【第五届海峡旅游博览会】 本次博览会由台湾观光协会、台湾旅行商业同业公会总会、台湾旅行业品质保障协会、台北市旅行商业同业公会、台湾"中华两岸旅行协会"、高雄市旅行商业同业公会、台湾省旅行商业同业公会、高雄市观光协会，以及金马澎旅游机构共同协办，于9月在厦门举行，围绕"海峡旅游、合作双赢"主题，突出"海峡旅游"品牌，突出闽台旅游合作。博览会期间，福建师范大学旅游学院与台湾中华两岸旅游产学发展协会签订《闽台旅游产学发展合作协议》，开辟教育合作新领域；漳州市旅游协会与澎湖县两岸交流协会签订《漳州滨海火山地质公园与澎湖列岛地质公园旅游合作协议》，拓宽闽台两地景区对接范围。

（陈三元）

第五届海峡旅游博览会活动现场。（祝敏松 摄）

旅游资源选介

国家历史文化名城 泉州 福州 漳州 长汀 **国家历史文化名镇** 上杭县古田镇邵武市和平镇
国家历史文化名村 南靖县书洋镇田螺坑村 连城县宣和乡培田村 武夷山市武夷乡下梅村
省级历史文化名城 莆田 邵武 建瓯 武夷山

省级历史文化名镇

南平市延平区峡阳镇	连江县透堡镇	安溪县湖头镇
永定县湖坑镇	连城县四堡镇	永安市吉山乡
平和县九峰镇	漳平市双洋镇	新罗区适中镇
邵武市和平镇	武夷山市五夫镇	蕉城区霍童镇
福州市仓山区螺洲镇	永泰县嵩口镇	永安市贡川镇
宁化县石壁镇	清流县赖坊乡	武平县中山镇
顺昌县元坑镇	屏南县双溪镇	

省级历史文化名村

长乐市江田镇三溪村	福安市溪潭镇廉村	连江县筱埕镇定海村
浦城县水北街镇观前村	泉港区后龙镇土坑村	南靖县书洋镇塔下村
南靖县书洋镇石桥村	连城县宣和乡培田村	涵江区白塘镇洋尾村
尤溪县洋中镇桂峰村	武夷山市武夷镇下梅村	连城县庙前镇芷溪自然村
延平区南山镇大坝一凤池村	建宁县溪源乡上坪村	武夷山市兴田镇城村村
三明市三元区岩前镇忠山村	福安市社口镇坦洋村	龙岩市新罗区万安镇竹贯村
永定县下洋镇初溪村	屏南县甘棠乡继下村	福安市溪柄镇楼下村
福鼎市管阳镇西昆村	霞浦县溪南镇半月里村	屏南县棠口乡继头村
周宁县浦源镇浦源村	福州市仓山区盖山镇阳岐村	光泽县崇仁乡崇仁村
福州市仓山区城门镇林浦村	南靖县书洋镇河坑村	福州市马尾区亭江镇闽安村
漳州市龙文区蓝田镇湘桥村	莆田市湄洲湾北岸经济开发区管委会山亭乡港里村	仙游县石苍乡济川村
长乐市航城镇琴江村		

编辑：林丹英

交通运输

综　述

【运输生产】 2009年，全省全社会旅客运输量完成7.61亿人次，旅客周转量完成597.75亿人千米，分别比上年增长4.6%和6.4%；货物运输量完成5.82亿吨，货物周转量完成2477.46亿吨千米，分别增长1.7%和3.2%。

铁路。全年完成旅客运输量2082.70万人次，增长0.8%；旅客周转量103.60亿人千米，下降4.4%；货物运输量3630.90万吨，货物周转量182.70亿吨千米，分别下降1.4%和12.1%。

公路。全年完成营业性旅客运输量7.16亿人次，旅客周转量360.26亿人千米，分别增长4.6%和6.6%；营业性货物运输量4.03亿吨，货物周转量507.23亿吨千米，分别增长5.1%和4.9%。

水路。全年完成旅客运输量1340.34万人次，旅客周转量1.83亿人千米，分别下降2.7%和9.4%；货物运输量1.43亿吨，下降6.1；货物周转量1785.85亿吨千米，增长4.5%。沿海港口货物吞吐量3.08亿吨，增长12.4%；沿海港口国际标准集装箱吞吐量716.17万TEU，下降3.5%。

民航。全年完成旅客运输量1112.39万人，旅客周转量132.07亿人千米，分别增长15.6%和16.1%；货物运输量12.66万吨，货物周转量1.68亿吨千米，分别增长2.0%和1.9%。

【运输市场结构】 全年各种运输占市场份额：旅客运输量，公路、铁路、水运、民航分别占94.0%、2.7%、1.8%和1.5%；货物运输量，公路、水运、铁路、民航分别占69.2%、24.5%、6.2%和0.02%；旅客周转量，公路、民航、铁路、水运分别占60.3%、22.1%、17.3%和0.31%；货物周转量，水运、公路、铁路、民航分别占72.1%、20.5%、7.4%和0.1%。

【交通基础设施】 公路。截至年底，全省公路通车里程89504千米，等级公路里程67512千米，比上年增加1051千米；其中高等级公路9851千米，增加587千米。全省营业性载客汽车3.56万辆、57.25万客位，分别增加1081辆、2.64万客位。全省营业性载货汽车18.55万辆、99.64万吨，分别比上年增加2.40万辆和10.45万吨，其中专用载货汽车17757辆，减少5.6%。

水路。全省拥有港口生产性泊位510个，其中：万吨级以上深水泊位114个，集装箱专用码头38个。全省生产性泊位综合通过能力2.9亿吨，集装箱吞吐能力1022万标箱。三都澳、罗源湾、兴化湾、湄洲湾、厦门湾等主要港湾的进港航道均可乘潮通航10万吨级船舶。全省拥有机动船舶2426艘，474.66万载重吨，2.69万客位。

民航。省内运营的机场有五个，福州长乐、厦门高崎为国际民航组织确定的4E级民用运输机场，可以起降B747以下各型飞机；泉州晋江机场为4D级军民合用机场，可起降B757以下各型飞机；武夷山、龙岩冠豸山机场为4C级军民合用机场，可起降B737、A320以下各型飞机。

铁路。福建境内营业铁路合计2109.7千米，其中铁道部与福建省合资铁路1092.5千米（江西境内35.2千米）。境内共有378个车站，其中特等站2个、一等站14个、二等站26个、三等站75个、四等站173个、五等站88个。

【交通基础设施建设】 全年全省新开工交通建设项目89个，完成投资521亿元（其中高速公路300亿元），比上年增长33.5%。

公路建设方面，厦漳高速扩建、厦成、泉州湾跨海通道等重要通道项目获国家审批，海西高速公路网项目预工可行性研究工作基本完成；全年开工高速公路11个项目，在建25个项目，里程超2000千米，居全国第8位；泉三高速泉州段、莆秀支线2个项目和永武（上杭至武平闽粤界）等路段通车，新增通车里程246千米，海西网高速公路通车里程达2013千米，实现60个县区半小时、71个县区一小时上高速。改造国省道路面660万平方米、近500千米，提前一年完成国道改造任务；与各市县全面签订省道建设协议，全省98个省道建设项目工可审查全部完成，已开工40个、1000余千米，建成14个、200多千米，省道建设全面启动。完成农村公路路面硬化4650千米、新增122个建制村、1250个自然村通水泥路、受益群众约35万人；完成农村公路安保工程5000余千米、改造危桥400多座、撤渡建桥15座；完成陆岛交通码头30座、提前一年完成“十一五”目标。村村通客车工程进一步推进，建成农村客运站120个、候车亭2550个，全省乡镇通班车率99.8%，建制村通班车率76%。

港口建设方面，全年沿海港口完成港航固定资产投资70.3亿元，比上年增长14.1%。新增生产性泊位30个，其中万吨级以上深水泊位14个，新增吞吐能力6066万吨（其中集装箱110万标箱）。港口整合总体方案获省委、省政府批准，厦门港整合巩固提升，湄洲湾港口管理局挂牌运作，福州、宁德港口整合有序推进。沿海港口吞吐量突破3亿吨，厦门港成为福建省首个亿吨港。

铁路建设方面，全年完成投资243.78亿元，比上年增长56.77%；新增双线快速铁路运营里程504千米，新增单线电气化铁路运营里程183千米。铁路重点建设有力推进，温福铁路动车组正式运营，福厦铁路开通货运运营，峰福铁路峰南段开通电气化运营；新开工建设赣龙铁路复线、京福高速铁路福建段、漳州港尾铁路，以及罗源湾北岸、湄洲湾南岸、宁德白马疏港铁路和向莆铁路三明北站等7个项目548千米；向莆、厦深、龙厦铁路以及江阴、可门、湄洲湾北岸支线等1300千米在建铁路继续加快建设。

机场建设方面，三明机场建设进入实施建设；厦门机场、福州机场、泉州机场开展配套改造；新建莆田机场、军民合用宁德机场、武夷山机场迁建等项目前期工作也已启动。

【闽台两岸运输】 闽台“三通”取得成效。福州—基隆、湄洲岛—嘉义、台中和厦门—台中海上客运先后首航，厦门—基隆、台中海上客滚航线率先实现班轮运输。开通闽台集装箱定期航线7条，不定期航线12条，闽台直航集装箱吞吐量达57万标箱，全年对台货物吞吐量2200万吨。开通厦门、福州至台北、台中空中定期和包机航线4条，其中厦门航空公司执飞航班为每周11个往返航班；全年运营旅客15万人次，其中：厦门机场10万人次，福州机场5万人次。开通福州—马祖—基隆（水陆路）、厦门—金门（水路）、厦门—台湾本岛（空中）邮路3条，全国经福州邮政交换站的水路邮政总包1.6万包、320吨；全年完成对台函件95万件，特快专递5万件，电子汇兑600万美元。

“小三通”品牌继续巩固。全年运送旅客138万人次、增长31.8%，2001—2009年累计突破500万人次。部省加大资金支持，福州、泉州、厦门、湄洲岛对台码头和客运站改造基本完成，对台交通基础设施条件进一步改善。

【通信邮电业务】 全年完成邮电业务总量995.77亿元，比上年增长12.7%，其中：邮政业业务总量35.66亿元，增长9.2%；电信业务总量960.11亿元，增长12.9%。全年邮政业业务总收入47.64亿元，增长15.3%；电信业主营业务收入325.51亿元，增长3.6%。年末全省电话用户总数3884万户，新增85万户，其中：固定电话用户1245万户，减少186万户；移动电话用户数2639万户，新增271万户。全省固定电话交换机容量（含PHS交换机容量）1942万门，减少31万门；移动电话交换机容量5741万户，新增1112万户；移动分组数据网容量1508万户，新增463万户；移动短消息中心容量9342万条，新增1234万条；互联网宽带接入端口471万个，新增64万个；光缆线路长度30.3万千米，新增6.6万千米。年末全省电话普及率达107.09部/百人，数据及多媒体业务普及率达29.2户/百人。全年共发送短消息270亿条，新增54亿条。

全省拥有邮政局1362所、邮政报刊图书销售点1359处、邮路854条、邮政汽车总数1938辆。全省邮路单程长度225977万千米，增开邮航3万千米；农村投递线路88940千米。全年完成特快专递业务量2062万件，增长24%；函件2.60亿件，下降2.6%；报刊期发512万份，下降0.7%。省邮政公司全年累计实现总收入29.98亿元，增长5.2%，其中：函件业务3.29亿元，下降1.1%；报刊业务收入2.14亿元，增长11.5%；集邮业务收入2.09亿元，下降2.5%；电子商务业务收入1.09亿元，增长24.2%；包裹业务实现收入0.98亿元，下滑势头有所减缓；邮政速递业务收入5.80亿元，增长1.4%；邮政物流业务收入2.45亿元，增长17.9%；邮政代理金融业务收入9.3亿元，增长8.9%。（李闽）

铁　路

【概况】 福建境内铁路由鹰厦线、外南线、峰福线、福马线、永嘉线、漳龙线、漳泉线、漳州支线、南平东支线、天湖山支线、赣龙线、杭深线（温福、福厦、厦深）、龙岩东支线等组成，2009年铁路营业里程2109.7千米，其中铁道部与福建省合资铁路1092.5千米（东南沿海铁路福建有限责任公司营业里程488.5千米，泉州铁路有限责任公司营业里程238千米，武夷山铁路有限责任公司营业里程220.2千米包含江西境内35.2千米，龙岩铁路有限责任公司营业里程145.8千米）。境内的车务站段有福州车站、厦门车站、福州车务段、南平车务段、永安车务段、漳州车务段和龙岩车务段。在机车车辆装备方面，福州机务段配属机车298台，其中电力机车188台，内燃机车110台；福州车辆段配属客车1809辆，其中：座车513辆，卧铺车471辆，空调车825辆，座位定员5.8万个，卧铺定员2.8万个。年末，境内日均始发客车54对（动车13对），其中：福州车站34对，分别发至北京、上海、深圳、沈阳、洛阳、青岛、合肥、西安、成都、重庆、贵阳、南京、长沙、武昌、南宁、杭州、宁波、温州、南昌、吉安、南平、武夷山、邵武等23个城市；厦门车站17对，分别发至北京、南京、西安、南昌、景德镇、重庆、合肥、上海、杭州、昆明、三明、贵阳、广州、武夷山、龙岩等地；龙岩车站发往北京西1对；泉州车站始发武昌、赣州各1对。在全国铁路年度站车评比中，福州至北京西直达列车Z59/60次、福州至北京K45/46次、福州至上海K163/164次、厦门至北京西K307/308次、龙岩至北京西K571/572次、福州至南京西2001/2002次列车，被评为“红旗列车”。全年境内铁路发送旅客2082.7万人次，比上年增长0.8%；发送货物3630.9万吨，下降1.4%。

【温福铁路开通运营及动车组开行】 2009年3月8日，温州至福州铁路全线贯通。温福铁路北起浙江省温州南站，经瑞安、平阳、苍南，穿越分水关，进入福建省的福鼎、霞浦、福安、宁德、罗源、连江，抵达福州站；线路全长298.4千米，其中福建段229.1千米，（福建段有隧道53座长142.6千米，大中桥梁53座长41.78千米，桥隧占线路总长的80.48%）；为国家Ⅰ级双线电气化干线，设计时速200千米（预留时速250千米的提速条件）。6月30日，温福铁路（福建段）开通试运营典礼在福州樟林火车站举行，8时36分，57236次货物列车满载3340吨货物在温福线行驶。9月28日，温福铁路开行动车组首发仪式在福州车站举行，7时39分，时速250千米的首列动车组开往上海南站。

【福厦铁路全线铺通】 2009年10月18日，全长274.9千米的福（州）厦（门）铁路正线钢轨全线铺通。福厦铁

2009 年 12 月 31 日，福建省内第一条高速铁路——福厦铁路通车。

（祝敏松　摄）

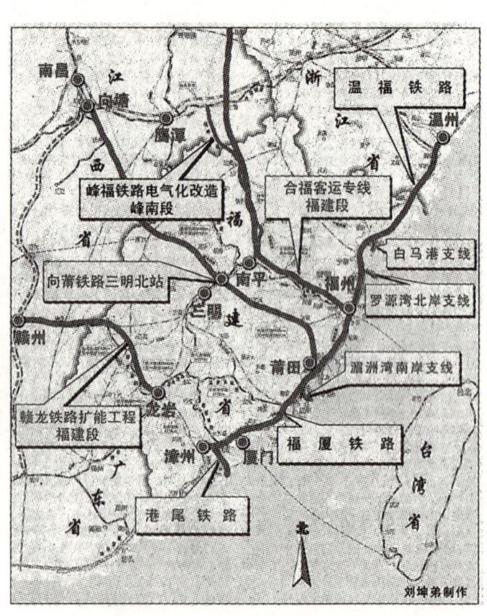

福建铁路三线开通暨“六线一站”开工工程建设示意图。

（南昌铁路局供稿）

路为国家Ⅰ级双线电气化铁路干线，设计时速 200 千米，并预留提速条件，是全国铁路中长期规划“八纵八横”主通道沿海快速铁路的重要组成部分。福厦线新建福州南、厦门北、泉州、莆田、福清、涵江、晋江、高崎共 8 座旅客站房；有大小桥梁 171 座、隧道 39 座，桥隧总长 128.2 千米，占全线总长的 41.7%。

【峰福铁路电气化改造峰南段开通】 峰福线峰南段电气化改造于 2008 年 11 月开工建设，线路标准为国铁Ⅱ级，单线，限制坡度单机 7‰、双机 14.5‰，电力机车牵引，最小曲线半径 400 米，牵引质量近期 4000 吨、远期 6000 吨，到发线有效长度 850 米，半自动闭塞，项目投资总额 9 亿元。2009 年 12 月 2 日，峰福线接触网一次合闸送电成功；12 月 31 日在武夷山南站举行了电气化改造开通仪式。

【福建新一轮铁路建设全面启动】 全年福建铁路建设完成投资 243.78 亿元。12 月 31 日，铁道部和福建省在福州市共同举行温福铁路、福厦铁路、峰福铁路电气化改造峰南段开通仪式暨合福铁路客运专线福建段、赣龙铁路扩能工程福建段、港尾铁路、三条疏港铁路（罗源湾北岸铁路支线、湄洲湾南岸铁路支线、宁德白马港铁路支线）和向莆铁路三明北站建设动员大会，在福建省 9 个设区市设立分会场；铁道部部长刘志军，福建省委书记孙春兰、省长黄小晶出席仪式，共同启动三线开通、六线一站开工按钮，宣告福建新一轮铁路建设全面启动。

【江阴港铁路支线开工】 2009 年 4 月 24 日，江阴港铁路支线正式开工。该支线位于兴化湾北岸，线路从福厦铁路渔溪站出岔，跨越西港至江阴岛，在距江阴港口 2 千米左右规划预留港湾站；正线长度 19.2 千米，疏解线长度约 2.8 千米，线路标准为国铁Ⅱ级、单线，限制坡度 6‰，最小曲线半径 600 米，电力机车牵引，牵引质量 4000 吨，到发线有效长度 850 米，继电半自动闭塞；工期两年半，项目投资总额 20.35 亿元。

【龙厦铁路工程建设加快】 截至年底，龙厦铁路工程累计完成路基土石方 1103.6 万方，占设计数量 97.6%；隧道 43486.9 成洞米，占设计数量 93%；桥梁 24677 延米，涵洞 7671 横延米，均占设计数量 100%；正线铺轨 19 千米，占设计数量的 7.6%；接触网混凝土支柱 1100 根，占设计数量的 64.8%。全年完成投资 17 亿元，占年初下达计划 16 亿元的 106.25%；开工累计完成投资 51.15 亿元，占概算投资 78.92%。

【厦深铁路工程建设进展】 截至年底，厦深铁路工程累计完成路基土石方 1716 万方，占设计数量 78.6%；隧道 17300 成洞米，占设计数量 52.9%；桥梁 20600 延米，占设计数量 44%；涵洞 8730 横延米，占设计数量 74.6%。全年完成投资 25 亿元，占年初下达计划 25 亿元的 100%；开工累计完成投资 52 亿元，占概算投资 46.1%。

【向莆铁路工程建设】 截至年底，向莆铁路工程累计完成路基土石方 4449.5 万方，占设计数量 72.8%；隧道及明洞完成 149309.3 成洞米，占设计数量 45.8%；特、大、中桥完成 110188.9 成桥米，占设计数量 74%；小桥完成 271.6 成桥米，占设计数量 48%；涵洞完成 20366.1 横延米，占设计数量 74.5%；铺轨完成 105.7 铺轨千米，占设计的数量 7.5%。全年完成投资 120.2 亿元，占投资概算总额 534.06 亿元的 22.51%。

【合资铁路】 武夷山、泉州、龙岩铁路有限责任公司和东南沿海铁路福建有限责任公司共完成旅客发送量 468.2 万人，比上年增长 9.8%；完成货物发送量 850.2 万吨，下降 9.7%；换算周转量 67.3 亿吨千米，增长 20.8%。完成运输进款 15.26 亿元，下降 2.19%。

（刘仁）

地方铁路

【海西跨入高铁时代】 温福铁路于 2009 年 3 月 8 日全线铺轨贯通，6 月 30 日开通货车试运营，9 月 28 日开通动车运营；福厦铁路于 2009 年 10 月 18 日全线铺轨贯通，12月31日开通货车试运行；峰福铁路于2009年12月31日开通电气化运营。全省新增高速铁路运营里程504千米、约占全国高速铁路的1/6，新增单线电气化铁路183千米。温福、福厦铁路的开通结束了本省只有单线、低速铁路的历史，海西跨入了高速铁路时代。

【铁路建设】 合福铁路客运专线、赣龙铁路新建双线、港尾铁路和白马港、罗源湾北岸、湄洲湾南岸支线等6条铁路及向莆铁路三明北站于2009年12月31日同时开工建设，新开工项目总投资1050亿元，新开工里程573千米，创造了福建省铁路建设史上当年开工项目最多、规模最大的纪录。南三龙、浦建龙梅铁路开展预可研方案竞选工作；长泉、衢宁铁路等项目前期研究工作不断深化。全省地方铁路完成年度投资298亿元(含地方配套50亿元)，完成年计划200亿元的149%，是历年来福建省铁路建设完成投资最大的一年；累计完成投资620亿元(含站房扩建等地方出资)；各铁路投资完成情况：温福铁路完成年度投资40.4亿元，福厦铁路63亿元，龙厦铁路20.4亿元，厦深铁路25亿元，向莆铁路77.28亿元，峰福铁路5.17亿元，可门支线5亿元，湄洲湾北岸支线5.7亿元，江阴支线6.4亿元。温福、福厦、峰福铁路进入工程扫尾阶段；龙厦铁路、厦深铁路、向莆铁路、可门铁路支线、湄洲湾北岸铁路支线、江阴铁路支线等项目建设全面加快推进。

【部省合作】 2009年3月11日，铁道部党组书记、部长刘志军与福建省领导在京签订了《全面推进海峡西岸经济区铁路建设发展的会议纪要》，就加快构建三纵六横九环海峡铁路网、全面加快在建铁路建设、加快相关项目前期工作、向莆铁路沿线站房建设规模、福州站改造、争取国家资金支持等六个方面达成了共识。2009年12月31日，在福建举行"三线开通、六线一站开工"仪式之际，铁道部刘志军部长和福建省领导在福州再次举行高层会晤，就合福铁路客运专线进一步延伸至平潭岛等有关问题达成共识，部省合作进一步加强。

【铁路管理】 根据省政府分级管理的要求，铁路部门全面推行标准化管理，审计部门加强对征迁资金的审计、监督，各级铁办认真落实党风廉政责任制度和"一岗双责"要求，积极开展廉洁自律教育，推进惩治和预防腐败体系建设，深化重点领域源头治理，铁路建设未发生特、重大安全、质量事故。既有武夷山、泉州、龙岩3家合资铁路公司2009年完成运输总收入8.38亿元，其中：武夷山公司2.6亿元，泉州公司完成3.7亿元，龙岩公司完成2.08亿元，基本实现了委托经营目标。

(黄仕海　陈毓)

公　路

【运力结构】 截至年底，全省营运客车3.56万辆、57.25万客位，分别比上年增长3.1%和4.8%；平均座位16.10座/辆，增长1.7%。其中：班车客运客车1.62万辆、36.97万客位，分别增长0.2%和1.6%；旅游客车2165辆、7.33万客位，分别增长13.5%和17.2%；全省高中级客车占总量(不含出租车)的70.2%，比上年提高3.2个百分点。全省货物营运车辆20.10万辆、108.05万吨位，分别增长13.7%和15.3%；单车平均吨位5.37吨位，增长1.3%。其中载货汽车18.55万辆、99.64万吨位，单车平均吨位5.37吨位，下降2.7%；厢式载货汽车9.26万辆、26.25万吨位，分别增长38.3%和37.6%；集装箱车9809辆、27.35万吨位、1.72万TEU，分别增长0.9%、6.6%和3.6%。

【公路客运】 2009年9月28日温福高铁开通后，对高铁沿线汽车客运市场造成的影响明显，其中闽运总公司(9月28日至12月31日)高铁沿线完成的省际客运量21752人、旅客周转量1083.26万人千米，分别下降58.0%和59.1%；完成市际客运量84288人、旅客周转量1365.45万人千米，分别下降22.8%和21.0%。全省公路客运部门引导企业调整道路客运结构，逐步提高集约化程度；优化、整合客运资源，发挥公路客运点到点的优势，满足社会不同层次、不同形式的运输需求。在旅游客运方面，全面开展道路旅游客运市场专项整治行动，通过重组整合，旅游客运企业达86家，进一步提高旅游客运企业规模化水平。农村客运方面，采取减免农村客运税费、冷热线搭配、线路延伸、片区运营、循环运营等多种运营方式，鼓励发展农村客运，推进"村村通客车"工程，切实解决农民出行问题。2009年，全省道路客运线路班次约7709条、平均日发约54966.5班次，其中跨省客运线路约1845条、平均日发约1077.2班次，跨地(市)客运线路约2880条、平均日发约3715.3班次；完成公路客运量7.16亿人、360.26亿人千米，分别增长4.6%和6.6%。

【公路货运】 全年全省完成公路货物运输量4.03亿吨、507.23亿吨千米，分别增长5.1%和4.9%。其中集装箱运输完成579.82万TEU、8145.12万吨，分别增长0.2%和1.3%。矿建材料、水泥、煤炭及制品和轻工医药产品运输仍位于公路运输货类的前列，占货运总量的比重分别为20.8%、12.3%、10.9%和10.8%。

【运输服务】 完成春运等重大节庆期间运输组织任务。建立健全应对恶劣天气应急预案和交通气象预警机制。开展打击"黑车"专项行动和旅游客运市场整顿，向社会公布质量信誉AAA级运输企业，出台《营运车辆卫星定位安全服务系统管理办法》。落实全国安全生产年、省政府责任落实年及运输企业安全生产主体责任三年行动，保持行业安全稳定。开展"百日治超"行动，有效遏制取消政府还贷二级公路收费后普通公路超限反弹趋势，全省公路超限率控制在4.09%。

【驾驶员培训】 全年机动车驾驶员培训共完成50.76万人次，比上年增长21.0%。截至年底，全省共有驾驶培训机构432家，下降8.5%；拥有教学车辆1.87亿辆，增长19.2%；拥有理论教练员1217人，实操教练员18655人。全年50.76万人参加普通机动车驾驶员培训，4.3万人参加道路运输驾驶员从业资格考试取得从业资格证。机动车驾驶培训教练员从业资格考试首次推行网上受理报名，全年共有8245名考生通过网上报名参加考试，其中3430

名考生经考试合格。

【高速公路建设】 全年开工高速公路11个项目，在建25个项目、里程超2000千米，居全国第8位；完成投资高速公路300亿元，增长59.4%。泉三泉州段、莆秀支线2个项目和永武（上杭至武平闽粤界）等路段通车、新增通车里程246千米。海西高速公路网通车里程达2014.45千米，实现60个县区半小时、71个县区一小时上高速。

【公路建设】 全年新开工交通建设公路项目58个；公路建设投资完成445.6亿元，比上年增长37.2%，其中普通公路投资完成145.6亿元，增长6.7%。改造国省道路面660万平方米、近500千米，提前一年完成国道改造任务。截至年底，全省公路通车里程89504千米（国道3996千米，省道5929千米，县道13477千米，乡道35605千米，专用公路494千米，村道30003千米），公路密度72.18千米/百平方千米。等级公路里程67512千米，占总里程的75.4%，比上年增加1051千米，其中二级以上高等级公路9852千米，比上年增加588千米。全省有铺装路面里程61624千米，比上年增加1945千米；简易铺装路面里程5556千米，减少11.3%；未铺装路面里程22324千米，减少1.5%。

【新农村交通工程】 全年完成农村公路投资33.8亿元，全省实现97%的建制村通硬化公路，新增1250个自然村通水泥路、受益群众约35万人；完成农村公路安保工程5000余千米、改造危桥400多座、撤渡建桥15座。制定《农村公路养护管理考评办法》、《农村公路养护管理登记规定》，逐步健全农村公路养护管理机制。深入推进村村通客车工程，全年建成农村客运站120个、候车亭2550个，新增农村客运83条，投放农村客运车辆132辆，实现乡镇通客车率达100%，建制村通班车率达79.4%。

【公路养护】 全年完成公路养护投资23.75亿元，达历史最高水平。“绿色长廊和谐公路”建设继续全面推进，路面改造476千米，公路绿化2500千米，推进路线宜绿化率达100%，苗木保存率达90%以上，5条国道和大部分省道基本完成绿化任务，国道路面改造提前一年全面完成。加强应急保障建设，完善交通灾害信息系统和抢险应急机制建设，组织全省战备钢桥架设竞赛，投资5500多万元配置挖掘机、装载机等抢险机械设备140多台套。编写养护工程系列丛书，编制普通公路绿化设计、养护、规划等地方标准，规范养护管理系统的数据标准，出台制定《“绿色长廊和谐公路”养护管理考核办法》、《福建省普通公路保洁工作暂行规定》、《专养公路省补专案工程审核审批工作规程》、《福建省公路战备器材管理细则》等规定，加强公路养护水平。

全省公路里程表

指标	总计	等级公路						等外公路
		合计	高速公路	一级	二级	三级	四级	
年底到达数	89503.964	67511.908	1961.145	1854.686	106.459	0	605.953	7284.532
国道	3996.411	3996.411	1869.448	1797.907	71.541	0	81.556	1993.693
其中：国家高速公路	1869.448	1869.448	1869.448	1797.907	71.541	0	0	0
省道	5929.115	5774.798	23.583	23.583	0	0	160.547	3307.365
县道	13476.941	12791.495	68.114	33.196	34.918	0	300.393	1411.918
乡道	35604.416	28219.531	0	0	0	0	62.587	411.691
专用公路	493.925	385.183	0	0	0	0	0	27.94
村道	30003.156	16344.49	0	0	0	0	0.87	131.925

（林伟雯　王烨）

民用航空

【概况】 全年福建民航未发生飞行、空防和地面事故，未发生机务、空管、机场原因造成的飞行事故征候，无火灾和人员伤亡责任事故，继续保持平稳的航空安全形势。全年福州、厦门、泉州、武夷山和连城机场共完成旅客吞吐量1901.66万人次，比上年增长19.6%，其中：福州机场旅客吞吐量首次突破500万，达到545.12万人次，增长20.23%；厦门机场完成1133.02万人次，增长20.73%；泉州机场165.60万人次，增长18.12%；武夷山机场53.57万人次，下降5.22%；连城机场4.35万人次，增长203.23%。全省机场共完成货邮吞吐量27.79万吨，增长2.71%，其中：福州机场6.44万吨，增长7.06%；厦门机场19.60万吨，增长0.32%；泉州晋江机场1.38万吨，增长22.99%；武夷山机场0.37万吨，下降4.28%。

【对台空运直航实现常态化包机和定期航班】 进一步拓展对台空运直航的空间，已开通分别由福州、厦门航点至台北（桃园、松山）、台中的4条空中直航航线，航班任务主要由厦门航空、台湾地区的复兴航空、华信航空及长荣航空等公司执行，航班量由每周4个航班增加为23个航班，两岸空中直航从周末包机发展成常态化包机和定期航班。全年闽台两岸共执行航班949架次，运送旅客15.54万人次，运载货物2955.1吨。

【泉州迈出航空器部件维修及制造第一步】 2009年，两家由世界五百强企业合资的飞机零部件维修和制造项目——晋江邓禄普太古飞机轮胎有限公司和晋江太古势必锐复合材料有限公司在福建泉州出口加工区投产，福建晋江向打造国家航空零部件制造维修特色基地迈出了重要一步。晋江邓禄普太古飞机轮胎有限公司由厦门太古飞机工程有限公司与全球四大飞机轮胎供应商之一的英国邓禄普飞机轮胎有限公司及香港飞机工程有限公司3家共同出资。共投资1115万美金，一期工业用地占地约1.33公顷，项目一年预计可维修16000个轮胎，主要服务于波音737、波音747和空客320等3个重要机型，年产值约400万美元。晋江太古势必锐复合材料有限公司由香港飞机工程有限公司、美国波音势必锐国际控股公司、厦门太古飞机工程有限公司、香港国泰航空有限公司、台湾中华航空股份有限公司和泉州出口加工区投资管理有限责任公司6家共同出资，项目首期工业用地约4公顷，总投资2770万美元。公司经营范围为提供国内外复合材料航空部件或系统的制造维修、进出口、批发、零售及仓储等服务。公司目标是致力于打造并发展为航空器复合材料的维修和制造中心。

【机场旅客吞吐量】 全年福建民用航空运输生产继续保持较好增长势头，福州、厦门、泉州、武夷山和连城机场共完成旅客吞吐量1901.66万人次，提前一年实现福建省民航"十一五"规划提出的吞吐量1860万人次的目标。在全国166个开通定期航班的通航机场（不含香港和澳门）中，厦门机场排名第11位，福州机场排名第26位，泉州机场排名第43位，武夷山机场排名第58位，连城机场排名第136位。 （肖方进）

【厦门航空有限公司】 公司安全飞行18.46万小时，执行航班11.23万架次，未发生厦航责任飞行事故征候以上的不安全事件。签派放行准确率99.77%，比上年提高0.07个百分点；工程机务原因航班不正常千次率2.18，下降6.8%。全年实现运输总周转量13.43亿吨千米，增长14.1%；旅客运输量1112.39万人次，首次突破千万大关，增长15.6%；货邮运输量12.66万吨，增长2.0%；完成营业收入77.71亿元，增长13.7%，大幅度超额完成年度经营指标。航班正常率82.43%，提高1.47个百分点；顾客满意度达到92.3%，提高1.51个百分点；旅客有效投诉率0，货主有效投诉率0；行李运输差错率为万分之零点一二，货物运输差错率为万分之零点零二。

创新营销产品。发展电子商务销售，拓展直销渠道。全年共完成B2B、B2C销售约17亿元，其中B2C网站销售额3.1亿元，占旅客运输量的4.6%，比上年增长6.9倍；95557电话销售额逐月上升，2009年12月达1700万元，成为新的重要直销力量。重点投资项目相继落实，先后投资1.44亿元，完成了厦航飞行模拟机训练中心一期工程、福州配餐车间改造和源泉山庄主体工程，落实了厦航杭州分公司生产用地。投入1.64亿元，用于更新机务特种车辆、部分房产购置和修缮，以及支付模拟机和乘务训练设备等，改善了公司生产运行条件。

2009年，厦航荣获国际航空运输协会颁发的运行安全审计杰出贡献奖。 （厦门航空有限公司供稿）

信息化建设。完成了《厦航航班运行控制系统》等多项专业系统的开发和改造升级，其中《厦航计算机飞行计划系统》填补国内空白。增收节支效果显著，引进11架B737—800飞机，停场退租3架老旧B737—500飞机，确保机型结构更加优化。加大专项成本控制力度，完善采购管理、资产管理和餐食管理，实施新的节油管理办法，协调各地机场减免费用，推进737飞机附件小时包修业务。

专业人才培训加强。全年共有175名飞行学员进入B737初始训练，其中117人已进入本场训练阶段。开办管理人员职业素养和技能、营销服务、团队拓展训练等课程554期，参训人数1.21万人次，培训总课时26.37万。加大与各民航院校的合作力度，先后与民航飞行学院签署飞行学员委托培训协议，与中国民航大学签署战略合作协议。

（黄韶晖）

内河航运

【运力结构】 截至年底，全省拥有内河机动船舶1118艘，其中：客船拥有343艘、9406客位、2.59万千瓦运力，分别比上年减少13.6%、5.6%和17.6%；单船平均载客量27.4客位，增长9.3%；单船平均功率75.5千瓦，减少4.4%。货船拥有771艘、净载24.38万吨位、20.61万千瓦运力，艘数减少12.5%，净载重量和功率增长0.3%和0.8%，单船平均规模达316吨位，增加41吨位/艘、增长15.0%；单船平均功率267千瓦，增长15.1%。

【客货运输量】 受禁止出口天然河砂、闽江限制采砂等因素影响，全年内河货物运输量下降幅度较大，完成货运量2302万吨、货物周转量10.8亿吨千米，分别比上年减少25.0%和17.8%。水上旅游客运锐减，全年完成内河客运量181万人、旅客周转量3050万人千米，减少38.9%和19.8%。

【内河航道建设】 为了解决水口和沙溪口坝下水位下跌对闽江流域正常通航的影响，加快推进水口水电站坝下水位下跌问题和治理工程、沙溪口坝下航道整治工程等课题研究，着力推进内河航道建设项目前期工作，加大内河航道建设资金投入，闽江南港航道整治工程建设得到交通运输部的支持并于2009年底开工建设。

【渡口渡船整治】 全省内河渡口渡船整治工作稳步推进，渡口渡船安全应急预案纳入各级政府公共预案，实行多部门联动，应急能力明显提升。全年共渡运1200多万人次，未发生一起渡运安全事故。全省渡口、渡船、渡工验收达标率达国家要求的90%以上，成为全国公布的第一批结束渡口渡船安全管理专项整治活动的省份之一。全省各级地方海事部门积极开展“安全生产年”活动，加强渡口、渡船安全检查，及时消除各类事故隐患；全年开展水上执法4431次，出动执法人员17412人次、执法车辆3807辆次、海巡艇347艘次，检查渡口码头3140个次、渡船5128艘次，共排查事故隐患571条，限期整改279条，整改率100%，安排资金对80道渡口、90艘渡船进行更新改造，确保了渡口、渡船渡运安全。

（林伟雯 于清波）

海洋运输

【运力结构】 截至年底，全省拥有海洋机动船舶1308艘、净载重量450.28万吨位、集装箱6.67万标准箱位、载客量1.75万客位，艘数比上年下降2.6%，净载、箱位和载客量分别增长21.1%、18.2%和17.0%。其中：客船拥有257艘、1.62万客位的运力，艘数下降1.2%，载客量增长12.8%；单船平均载客量63.02客位，增加7.89客位、增长14.1%。货船拥有1042艘、净载重量449.46万吨位的运力，艘数下降3.2%，净载增长20.9%；单船平均规模4313载重吨，增加858载重吨、增长24.9%。沿海货船拥有956艘、净载重量344.53万吨位的运力，艘数下降5.1%，净载增长18.1%；单船平均规模3603载重吨，增长24.4%。远洋货船拥有86艘、净载重量104.93万吨位，增长24.6%和31.3%；单船平均规模12202载重吨，增长5.3%。

【运输生产】 受国际金融危机的影响，上半年国内散货运输需求大幅下降，高峰时期全省停航近百艘、30多万载重吨的船舶；下半年航运业恢复较快。全年海洋货物运输量完成1.20亿吨、1775.06亿吨千米，基本与上年持平，其中远洋货物运输量完成812万吨、303.56亿吨千米，增长12.7%和35.2%；海洋旅客运输量增长迅速，完成客运量1159万人、旅客周转量1.52亿人千米，增长14.9%和18%。

【对台交通】 加大对台客运基础设施建设，全年累计投资9470万元对7个对台客码头及其配套设施进行改造，福州、泉州、厦门、湄洲岛对台交通基础设施条件进一步改善。闽台海上直航工作取得新成效，率先开通福建沿海与台湾本岛海上客滚运输航线，福州—基隆、湄洲岛—嘉义、台中和厦门—台中海上客运先后首航，厦门—基隆、台中海上客滚航线率先实现班轮运输，实现两岸客运直航的重大突破；海峡论坛两岸海上直航圆桌会议成功举办并取得重要成果。全省先后开通闽台海上直航不定期货物运输航线20条，22家船公司83艘船舶参与运营；闽台海上直航集装箱班轮货物运输航线7条，8家船公司15艘集装箱船参与运营；闽台海上直航客货滚装(集装箱)班轮航线2条，1家船公司1艘客货滚装船参与运营；“小三通”旅客运输定期班轮航线3条，11家船公司14艘船舶参与运营。全年，全省沿海直航港口对台货物吞吐量完成2255.68万吨，对台集装箱吞吐量57.44万TEU；旅客运输共运营13452航次，运载旅客1382093人次，比上年增长51.8%，其中“小三通”旅客运输共运营13410航次，运载旅客1377970人次，分别增长25.7%和31.3%；“大三通”旅客运输共运营42航次，运载旅客4123人次。

2009年全省海洋机动船舶运输量、运力表

	运输量				运力		运输量比上年增长(%)				运力比上年增长(%)	
	旅客		货物		载客量	净载重量	旅客		货物			
	万人	万人千米	万吨	万吨千米	客位	吨位	万人	万人千米	万吨	万吨千米	客位	吨位
总计	1159	15220	11969	17750552	17520	4502756	14.9	18.0	-1.3	4.7	17.0	21.1
其中：沿海	1097	13010	11157	14714915	16102	3447378	16.6	21.2	-2.2	0.0	10.1	18.0
远洋	62	2210	812	3035638	1418	1055378	-8.8	1.9	12.7	35.2	319.5	32.1

（林伟雯）

港口

【港口建设】 2009年，全省完成港航投资70.3亿元，比上年增长14.1%，其中：港口项目62.01亿元，航道项目6.73亿元，陆岛交通项目1.56亿元，港口投资规模及新增生产能力均创历史新高。全年在建港口航道项目78个，其中在建万吨级以上码头项目30多个；松下港区牛头湾作业区2#泊位、江阴港区4～5#集装箱泊位、东渡港区现代码头3#、4#泊位、福建炼化一体化30万吨级原油码头泊位、泰山石化10万吨级码头泊位等30个泊位投入运营，全年新增生产性泊位33个，其中万吨级以上深水泊位新增14个，占全国新增万吨级以上深水泊位的14.6%；新增吞吐能力5959万吨(其中集装箱110万标箱)。截至年底，全省拥有港口生产性泊位510个，泊位设计年通过能力2.93亿吨；其中沿海港口生产性泊位拥有424个，泊位设计年通过能力2.87亿吨(其中集装箱1022万标准箱)；万吨级以上泊位114个。

【港口生产】 全年全省港口货物吞吐量完成3.08亿吨，比上年增长12.4%，其中沿海港口货物吞吐量完成3.05亿吨，增长12.7%。外贸货物吞吐量1.05亿吨，首次突破亿吨，增长33.3%；内贸货物吞吐量2.03亿吨，增长4.0%。从主要货种来看，

2009 年 1 月 3 日，福州闽江口南岸最大综合性码头——福建鑫通码头正式投入运营。

（祝敏松　摄）

煤炭及制品、石油及天然气、铁矿石、钢铁增长幅10%以上，其中：煤炭及制品吞吐量受电厂新增能力和三季度以来用电量增加影响，完成 4351.88 万吨，增长 17.8%；石油及天然气吞吐量由于福炼一体化项目正式投产带动原油吞吐量大幅度增长，全年完成 1751.55 万吨，增长 43.4%；金属矿石吞吐量由于转口贸易的增加以及江西冶金企业通过福建港口进口量增长幅度较大的影响，全年完成 1739.43 万吨，增长 90.7%；钢铁吞吐量完成 960.97 万吨，增长28.2%。港口吞吐量位次有所变动，厦门港港口货物吞吐量突破亿吨，完成 1.11 亿吨，增长 14.4%；福州港货物吞吐量完成 8094.11 万吨，增长 20.2%，位次恢复到全省港口第二位；泉州港全年吞吐量完成 7666.34 万吨，增长 6.1%，位次滑落到全省港口第三位。

【集装箱吞吐量】 全年港口集装箱吞吐量完成 716.17 万 TEU，比上年下降 3.5%，其中：内贸集装箱完成 250.36 万 TEU，增长 9.8%，内贸集装箱占全省集装箱的比重由上年的 30.7%提高到 35.0%；外贸集装箱完成 465.82 万 TEU，下降 9.5%（其中：国际航线完成 431.55 万标箱，下降 5.6%；内支线完成 34.27 万标箱，下降 40.3%）。从主要港口完成情况看，厦门港集装箱完成 468.04 万标准箱，下降 7.0%，居全国沿海集装箱港口第 7 位；泉州港集装箱完成 125.12 万标准箱，增长 3.7%，位列全国沿海集装箱港口第 14 位；福州港集装箱吞吐量首次突破 120 万标准箱大关，完成 122.27 万标准箱，增长 3.9%，位列全国沿海集装箱港口第 15 位。

2009 年全省沿海港口货物吞吐量

	2009 年货物吞吐量（吨）			2009 年比 2007 年增长（%）		
	合计	外贸	内贸	合计	外贸	内贸
合　计	305418134	105189224	200228910	12.8	33.3	4.4
进　港	199895388	60701861	139193527	11.2	64.7	-2.6
出　港	90883898	42091172	48792726	0.0	0.0	0.0
福州港	80941063	28225035	52716028	20.8	80.7	2.6
进　港	56063172	16225638	39837534	27.7	200.1	3.5
出　港	24877891	11999397	12878494	7.6	17.4	-0.1
厦门港	110962841	56348999	54613842	14.4	4.5	26.8
进　港	65600577	27645237	37955340	11.0	15.2	8.1
出　港	45362264	28703762	16658502	19.6	-4.1	108.9
泉州港	76663395	14062026	62601369	6.1	109.4	-4.5
进　港	56429650	13333225	43096425	5.3	112.1	-8.9
出　港	20233745	728801	19504944	8.5	70.3	7.0
莆田港	15423808	2212311	13211497	-14.4	83.4	-21.4
进　港	14529173	2105008	12424165	-14.4	103.5	-22.1
出　港	894635	107303	787332	-14.4	-37.6	-9.8
漳州港	9022566	10465	9012101	42.8	97.1	42.8
进　港	361724	3612	358112	-23.0	-24.9	-22.9
出　港	8660842	6853	8653989	48.1	1270.6	48.0
宁德港	12404461	4330388	8074073	23.2	199.4	-6.4
进　港	6911092	1389141	5521951	20.0	1119.7	-2.2
出　港	5493369	2941247	2552122	27.3	120.7	-14.4

【港口改革】 7月，省委八届六次全会决定将沿海港口整合成福州港（涵盖原福州、宁德港）、湄洲湾港（泉州一莆田）、厦门港（涵盖原厦门、漳州港）三大港口。8月，湄洲湾港口体制整合取得实质性突破，湄洲湾港口管理局和港口开发公司正式挂牌运作。9月，《福建省港口体制一体化整合总体方案》分别通过了省委常委会、省长办公会审议。

【港口合作】 闽赣两省合作协议进展顺利，省内规划建设的晋江、龙岩、沙县和武夷山4个“内陆港”项目前期工作有序进行。随着本省沿海港口硬件设施的进一步完善和闽赣两地政府、企业合作力度的进一步加强，通过本省进出的江西货物快速增长，全年为江西中转大宗散货466.38万吨，增长78.9%，其中：福州港与江西开展铁矿石水水中转业务，厦门港与江西开展海铁联运中新增煤炭货类；厦门港通过海铁联运为外省运送集装箱1.44万TEU，增长69.9%。

2009年全省沿海港口集装箱吞吐量

	2009年集装箱吞吐量				2009年比2008年增长(%)			
	合　计(TEU)	外贸	内贸	货物总重量(吨)	合　计	外贸	内贸	货物总重量
合　计	7161746	4658193	2503554	75247209	−3.5	−9.5	9.9	4.7
进　港	3578937	2299094	1279843	31468594	−3.5	−10.2	11.2	8.6
出　港	3582810	2359099	1223711	43778615	−3.6	−8.8	8.6	2.0
福州港	1222747	853770	368978	12528336	3.9	−6.3	38.9	15.6
进　港	603398	405547	197851	5622197	5.4	−5.4	37.5	27.7
出　港	619349	448223	171127	6906139	2.6	−7.0	40.5	7.4
厦门港	4680353	3732581	947772	40538511	−7.0	−10.8	11.3	3.6
进　港	2325445	1847296	478149	15966748	−7.4	−11.7	14.1	9.2
出　港	2354908	1885285	469623	24571763	−6.6	−9.8	8.6	0.3
泉州港	1251192	64388	1186804	22109370	3.7	36.1	2.4	1.3
进　港	646214	42371	603843	9840119	4.0	23.7	2.8	−0.6
出　港	604978	22017	582961	12269251	3.4	68.7	1.9	2.8
莆田港	7455	7455		70992	30.3	30.3		18.2
进　港	3880	3880		39530	30.8	30.8		28.4
出　港	3574	3574		31462	29.8	29.8		7.5
宁德港								
进　港								
出　港								

（林伟雯　徐伟）

编辑：傅玉聪

信息业

【综述】 2009年，全省电子信息产业实现销售收入2610亿元，比上年增长6.5%；实现增加值700亿元，同比增长11%。其中：信息产品制造业销售收入2200亿元，增长2.5%；增加值514.5亿元，增长8.4%；产业总体规模位居全国第七位。出口交货值1202.7亿元，居全国第五位；软件产业实现销售收入410亿元，增长36.7%，居全国第九位，全行业实现保增长、保稳定的目标。全省各类无线电台站达13.9万个（不含手机和小灵通终端），增长10%；移动电话用户（含小灵通用户）2828万户，普及率达78%；信息化建设继续推进，发展总指数连续9年居全国第七位。

【信息产品制造业】 产业增速位居全国前列。全年信息产品制造业呈现持续回升态势，自9月份首月实现正增长，此后3个月增速不断提高，在全国十强省市中增速位居第三。出口降幅不断收窄，全年累计出口交货值比上年下降5.2%，降幅比全国少0.4个百分点。

产业结构调整优化升级。代表产业发展新兴方向的平板显示、物联网、LED和太阳能光伏等产业发展迅速。其中：平板显示产业实现逆势增长，液晶显示模组、液晶电视及显示器等产业链项目引进实现新的突破，友达、厦华、华映等重点企业增长率都在20%以上，成为拉动行业增长的重要力量。LED和太阳能光伏产业实现产值约130亿元，增长30%，外延片、芯片产能占全国50%以上。通讯设备产业结合国家推进3G和三网融合的需要，加速产业创新和产品研发，产业规模持续扩大，三元达、国脉科技等重点企业增长速度超过50%。微波通信直放站和对讲机占据国内50%以上市场份额，泉州微波通讯产业集群成为全国第一个“创新基金产业集群”试点。物联网产业崭露头角，全年销售收入约100亿元。

企业经济效益不断好转。全年全行业实现利润总额74亿元，增长31.2%；缴税总额20亿元，增长6%。产销衔接良好，全年产品产销率达98.3%，增长0.35%。企业亏损面下降、亏损额减少，亏损面为21.9%，比上年下降1.7个百分点；亏损额比上年大幅减少52.1%。

【软件业】 骨干企业竞争实力提升。全省有33家软件企业收入超过1亿元，其中：10亿元以上企业5家，5亿～10亿元企业5家。全省6家企业进入全国软件百强，其中福大自动化公司列第19位，居工控行业第一；厦门东南融通公司作为金融行业软件服务领先者首次入围。全年全省新申报计算机信息系统集成资质企业12家；共有1036人获得项目经理资质，共有258人获高级项目经理资质。服务于通讯行业的软件企业实现高速增长，三元达增长258%，销售收入首次突破4亿元；星网锐捷等公司全年增长50%以上。

软件人才培养体系初步形成。截至年底，全省已建立软件学院的有厦门大学、福州大学、福建师范大学等，在校生4万人；已形成软件工程硕士、大学本科和高等职业教育以及社会培训等多层次软件人才培养体系。通过产学结合、校企合作，让软件企业全方位、全过程参与办学，共建实训基地，联办软件人才培养基地，初步形成“订单式”的办学模式，全年确定扶持的3家软件人才重点培训基地共培养人才1571人；确定扶持的19家软件企业实训基地与各院校合作开展毕业生实训工作，共实训1743人。

集成电路设计企业逐步成长。全年IC设计业实现产值13.3亿元，增长21%。全省通过国家集成电路设计企业认定的有6家，龙头企业瑞芯微电子成功推出65纳米的音视频芯片，连续4年荣膺国家“中国芯”大奖，2009年独家承担国家“个人移动信息终端SOC芯片研发与应用”的研发。一批经孵化的新兴IC设计企业渐出成果，福州贝莱特公司自主研发设计、具有完全自主知识产权的第一款芯片FBS101摄像自动聚焦芯片成功面市，获得科技部科技型中小企业技术创新基金的扶持；厦门优迅公司自主研发的光纤通信收发芯片，打破国外公司垄断，填补国内空白，获得国家集成电路专项资金扶持。

原创动漫游戏产量大幅提高。全年动漫游戏业实现收入27.5亿元，增长20%；全省原创动画片数量和播出时间持续增加，在国家广电总局新增立项动画片17部929集共9938分钟，制作中的动画片30多部总时长18952分钟，通过广电部门审核允许发行的动画片16部6299分钟；开发游戏产品近30款，新增上线运行10余款。网龙公司获“中国游戏行业2009年度优秀企业”、旗下产品《梦幻迪士尼》获“中国游戏行业2009年度最受期待网络游戏”，旗下产品《魔域》、《征服》已成功地推广至全球6大语言区，实现境外技术服务和运营分成2500万美元，成为中国第二大网络游戏出口商；厦门吉比特的《问道》在线人数突破90万；天盟公司的《众神之战》累积注册用户数230万；厦门青鸟的《快乐精灵》、风云动画的《现金传输系统三维动画》分别获得国家广电总局2009年国产动画精品奖；厦门大拇哥的《加油！宝贝》、福州五彩动漫的《护生》、厦门华榜的《精灵龙课堂屋》、厦门嘉影的《神奇的游戏》分别获广电总局2009年国产动画优秀奖；福建掌上世界的《女儿国online》获金翎奖；风云动画的《城说厦门》获金海豚奖。

软件服务外包发展迅速。福州、厦门成为福建省最主要信息技术服务外包聚集地，收入占全省95%。全省有16家企业通过CMM（软件能力成熟度模型）3级以上认证，其中福建富士通和厦门东南融通通过CMMI5级认证。厦门信投公司和台湾亚发国际合作的呼叫服务离岸外包项目在厦门软件园启动。厦门申请“对台服务外包示范城市”已获得国家九部委认可，享受“中国服务外包示范城市”有关人才、税收、项目扶持等优惠政策。

与台湾软件产业对接成效显著。新大陆公司成为大陆首家经过正式核准赴台投资的企业。台资软件企业来闽投资速度有所加快，全年新增台资软件企业20多家，累计达到85家。在福建省第三届“海峡杯”计算机软件设计大赛上，两岸高校学子近千名组队参赛，展示海峡两岸软件人才综合素养及能力。

【对外经贸】 受国际金融危机的影响，全年全省信息产业出口呈现负增长，为-4.3%。随着经济的逐步回暖，出口降幅逐月收窄，全年出口增幅比前三季度分别收窄15.2、14.2、10.2个百分点。电子元器件出口保持两位数增长，增长28.2%。宸鸿科技（厦门）有限公司出口大幅增长，出口额4.97亿美元，增长46.9%，位居福建省重点信息产业出口企业增幅第一位。平板显示产业出口增长明显，厦华电子出口量、出口额持续大幅增长，位居国产品牌企业平板电视出口排行第一。全年厦华彩电出口量增长90%以上，出口额增长56.7%；厦门友达光电出口27.9亿美元，增长37.1%，超过厦门戴尔位居全省信息产业出口第二位；华映光电在中小尺寸项目的带动下全年出口2.5亿美元，增长2.3%。

软件业出口势头较好。全年纯软件出口9100万美元，增长32.1%。软件应用及嵌入式软件出口保持稳定发展，福富软件继续保持对日纯软件出口的龙头地位，出口1500万美元；福州锐达数码科技有限公司、三元达等企业嵌入式软件出口也恢复增长。在网龙公司的带动下，福州游戏运营出口快速增长，出口超过1800万美元。企业积极开拓国际新兴市场。星网锐捷、新威等企业利用参加国际展会的平台积极开拓中东、非洲等新兴市场；全球第二大PDF生产商——福州福昕软件开发有限公司生产出新一代环保健康型电子消费品——福昕电子书，已打入美国、英国、日本等国家。

【信息化应用与建设】 加快物联网推动工作。省信息化局牵头成立福建省物联网工作协调小组及办公室，组织起草《福建省加快物联网发展行动方案（2010—2012年）》，举办无线海西研讨会、无线海西座谈会、物联网应用成果与项目对接会、物联网研讨会等一系列活动。

继续推进“288工程”建设。动力100移动信息化公共服务平台一期工程和“商务领航”企业信息化平台二期工程相继启动，供应链信息化公共服务平台、基于无线射频的物品溯源信息管理平台、环保节能信息化公共服务平台、食品加工业信息化服务公共平台、茶叶电子商务公共服务平台、鞋业集群信息化公共服务平台等一批项目相继通过验收，“288工程”建设已带动数万家企业应用。

开展企业信息化咨询和推广。推动成立福建省企业信息化协会，开通福建省企业信息化咨询平台，建立信息化咨询专家团队。联合IBM、思科等跨国公司和中国电信、中国移动等电信运营商、信息化服务商、用户、有关专家，共同开展企业信息化咨询、推广活动。举办企业信息化专项咨询服务推介活动、企业信息化成果全省巡展、移动企业信息化论坛等。

开展闽台E化服务团活动。与“中华软协”合作开展“闽台E化服务团”项目，组织台湾企业信息化专家，对福建省服装、医疗、流通、物流4个行业进行现场调研和咨询，形成《福建省企业信息化调研报告》。推动成立闽台信息化合作联盟，由台湾中华资讯软体协会、福建省软件行业协会以及福建省企信息化协会共同签署联盟协议。

促进信息化与工业化融合。起草《福建省“两化融合”行动方案》，与省经贸委联合起草《福建省关于推进信息化与工业化融合的指导意见》、《福建省物流业调整和振兴实施方案》。新增信息系统工程监理省临时资质企业1家，撤销资质到期企业1家。

启动信息大篷车“百村千户”活动。信息大篷车行遍上杭县22个乡镇，开进118个行政村，行程5535千米，开展信息化宣传培训和体验活动150多场次，开设课时数637个，直接参与群众5273多人，有效地提升上杭县农民信息

“288”工程

2个综合性的全省性的企业信息化公共服务平台

1. 数字福建——商务领航企业信息化公共服务平台
2. 企动力——福建企业移动信息化公共服务平台

8个行业性的企业信息化公共服务平台

1. 福建医药电子商务平台
2. 福建省食品加工信息化公共服务平台
3. 福建省煤炭企业信息化公共服务平台
4. 福建省陶瓷行业信息化公共服务平台
5. 福建省台资行业企业信息化综合服务平台
6. 福建省鞋业集群信息化公共服务台
7. 福建省建设行业信息化公共服务平台
8. 福建省农业农资行业企业信息化公共服务平台

8个专业性的企业信息化公共服务平台

1. 福建省企业移动电子商务公共服务平台
2. 福建省分销信息化公共服务平台
3. 福建省企业信息系统IT资源公共服务平台
4. 福建省供应链信息化公共服务平台联系人
5. 福建省可视化应用协同和内控管理公共服务平台
6. 闽台信息化合作公共服务平台
7. 国际多语在线翻译平台（和医疗信息综合平台）
8. 海峡西岸网上贸易电子商务平台

化意识和农村信息化应用，推进农村信息化综合信息服务试点建设。

【信息产业园区建设】 福州、厦门软件园。福州、厦门两个园区全年收入合计221亿元，占全省软件园收入的54%，产业聚集发展能力初步形成。泉州软件园已于2009年11月正式动工兴建。福州软件园新增软件企业87家，成功吸引华为集团、美国合丰集团、金算盘等子公司入驻，园区已入驻企业395家，实现收入120亿元，税收3亿元。厦门市软件园(二期)已入驻企业达436家(包括租房企业160家)，新增外地软件企业39家；园区内员工总数3.08万人；累计销售额101.1亿元，增长44.3%；税收收入3.05亿元，人均纳税近万元。

福清融侨经济技术开发区。全年液晶显示产业实现工业总产值351.3亿元，占全区规模以上工业总产值的67.6%；实现销售收入350亿元，占全区销售收入的66.5%；实现出口交货值45.6亿美元，占全区出口交货总值的88.3%；上缴税收逾5亿元，占全区税收收入的45%。捷联、冠捷、福强等3家企业技术中心已获得省级企业技术中心称号，其中捷联企业技术中心正在申报国家级技术研发中心。在61家液晶显示产业链企业中，有48家通过ISO9000质量体系论证，7家获得高新技术企业称号(新标准)，高新技术产业产值及销售收入分别占全区液晶显示产业工业总产值、销售收入的70%以上。开发区加快"一区多园"载体的建设，已引进捷联液晶显示、捷星显示科技、亿光LED、中强光电、睿鸿光电、易佰特电子、福光光电、天邦电讯等项目入驻，呈现良好的发展态势。

厦门火炬高技术产业开发区。全年完成工业总产值921亿元，占全市规模以上工业总产值的33%，出口额80.38亿美元。三大支柱产业电子信息、光电、电力电器产业分别完成总产值为465.63亿元、353.38亿元、75.37亿元，占高新区工业总产值的比重分别为50.06%、36.80%、8.69%。全年合同利用外资2.26亿美元，实际利用外资2.64亿美元；内资招商总额20.7亿元，合同利用内资10.6亿元。全年共有413家企业落户园区，其中注册资本1000万元以上的企业46家，注册资本1亿元以上的大项目4个。全年共安排企业发展基金和创新创业基金9000万元，增长30.6%。出台高新区鼓励企业技术改造和技术革新试行办法，财政支出1000万元支持园区16家企业实施技改。全年投入750万元创新资金扶持28个技术创新项目，有18个项目获科技部立项支持，总金额达804万元。有342项专利被纳入2009年度厦门火炬高新区企业专利申请资助项目计划。全区共有11家企业获福建省2009年度科学技术奖，52个产品获厦门市2009年首批自主创新产品，6家企业被评为自主创新型示范企业，6家企业成为厦门市自主创新试点企业，4家企业成为自主创新种子企业。高新区已建成5家博士后工作站、27家工程技术研究中心和企业技术中心，拥有联想移动和厦华电子2个国家级企业技术中心。已有各类驰名、著名商标37件，名牌产品22项，其中：中国驰名商标3件，中国名牌产品2项。高新技术创业中心荣获全国技术市场最高奖项——中国技术市场协会金桥奖。 (郭音)

数字福建

【重点项目建设】 按照统建共用、统一标准的原则，开展全省电子政务外网建设，于2009年12月29日正式开通。同日，省社会保障卡及医疗就诊一卡通正式开通，并举行首发仪式，医保卡先在省属医疗机构实现应用。制定印发《福建省人民政府关于福建省社会保障卡项目建设的实施意见》和《福建省社会保障卡建设技术指南》。

深化网上行政审批系统的应用。制定出台《福建省省级网上行政审批管理办法(试行)》、《福建省网上行政审批系统审批事项分类与编码规则》和《省市联动数据交换规范》，为全省网上审批系统信息共享和联网审批提供技术标准。整合已建的审批系统，统一纳入省级网上审批平台，统一受理发布窗口。全省8个设区市已经实现省市联动审批。对非涉密的、尚未上网的省直部门行政审批事项进行梳理，除105项因含涉密信息及其他原因尚不具备网上审批条件外，其余51个部门的619项全部实现了网上审批。从开通运行至2009年底，网上共收36030件，受理35736件，其中办结34517件；审批时限平均缩短40%，按时办结率达到99%以上。

推进全省有线数字电视整体转换，全年全省累计完成整转约161万户；组织新一轮的机顶盒招标，机顶盒的价格降低106元，大大减轻了群众的负担；对有线电视收费政策作了新的调整。

完成"中国福建"政府门户网站改版工作。新版新增全省政府信息公开垂直搜索引擎、论坛、个性化门户、视频直播等功能，重新梳理整合省级网上行政审批受理发布平台和各部门网站的网上办事事项，增加12个场景式网上办事导航项目，新增"工程建设领域专项治理工作"专栏和便民信息查询平台，实现手机版和web版的一体化，进一步强化信息公开、办事服务和公众参与的功能定位。在2009年全国省级政府网站绩效评估中名列第八名。

【业务系统应用】 新型农村合作医疗平台开通运行。3月31日，全省9个设区市的中心平台全部开通运行，运行情况良好；新农合累计约补偿197.5万人次，补偿金额约25.9亿元。完善省应急视频会商指挥系统，系统运行以来累计召开10次全省性的重要会议，达到预期效果，满足设计的要求；按照统建共用的原则，整合1429套视频，达到系统资源共享的目的。

推进省电子口岸平台建设。积极拓展平台应用功能，平台上已正式运行业务系统26个，在建业务系统19个。在福州、泉州两地港口组织实施系统接入工作。积极探索闽台口岸平台对接，完成了平台与台湾地区物流信息平台对接的技术测试工作。

拓展法人、人口基础数据库应用。省法人库已经建成并通过验收，运行情况良好；每周更新一次法人数据，总计更新20多万条；结合项目建设制定《法人基础数据库数据元》(DB35/T 917－2009)和《电子政务信息数据交换》(DB35/T 918－2009)，于5月30日颁布实施。省人口数据库基本建成，每天更新最新人口基础信息，并提供服务。两个基础数据库已经在网上审批、企业年检、财政供养人口管理等多项工作中得到应用。

拓展省超级计算中心应用领域。省超级计算中心在进一步做好中科院物构所、省气象局、省地震局和省公安厅等4个首批应用单位的四大应用项目的基础上，面向信息安全、药物筛选、大型工程计算等领域拓展新应用单位，开辟学科建设的战略性资源，如福州明芳汽车部件工业有限公司用ABAQUS软件进行“汽车坐椅辅助设计”；福大生物科学与工程学院的“茶多酚受体的虚拟筛选”；福大机械工程及自动化学院用ABAQUS软件进行“刹车片制动模拟”；福大化学化工学院和材料科学与工程学院用VASP软件进行“材料性能模拟”；福大物理与信息工程学院用VASP软件计算“态密度”；福大土木工程学院用ABAQUS软件进行“有限元分析”等。

推进部门业务系统建设。省监狱信息化项目、省人口计生信息服务系统、省台湾文献信息服务平台、省数字科技馆、城乡医疗救助系统、工业企业运营服务平台等项目均已启动建设。交通信息资源整合和服务工程已完成省级网络资源整合，初步建成交通数据中心，相继建成一批应用系统。省营运车辆卫星定位安全服务系统已接入300余个运营商及企业工作站、2000余家道路运输企业和3万多辆营运车辆。

【城乡信息化建设】 加强农村信息基础设施建设。新开通20户以上自然村通电话数1101个，实施面向“三农”的信息下乡、手机下乡工程，推广适合农民的信息终端和信息系统；新建海西党建网站和省、市、县三级教学平台；开展农村“千店万点”工程建设；整合涉农信息资源，实施城乡文化共享、“信息田园”工程。

推进农村信息化示范工程建设。省农村信息化工程(一期)列入国家发改委第一批国家信息化试点项目并给予资金扶持。省农业厅制定平台整合建设和信息资源整合、网站整合、网站群及应用系统建设方案，并会同有关运营商，共同制定乡村信息服务站点的投资建设实施方案。乡村信息服务站点的信息机部分由中国移动福建公司负责，全省已发放15000台。

推进“无线城市”建设。以第三代移动通信技术为主，积极推进“无线城市”建设进程。福建电信已率先实现全省9个设区市市区和武夷山市城区无线宽带网络覆盖。福建移动和联通公司已经实现福州、厦门、泉州3个设区市无线宽带网络覆盖。

【信息化保障建设】 完善省级政务信息目录系统和交换系统，完成省级政务信息编目工作，形成2124项业务事项、4478个业务信息、44299个指标、299个数据库、324个应用系统、916个证照信息的目录编制成果，并通过国家级专家验收；开发政务信息目录服务和管理系统，形成电子化的省级政务信息目录，成为电子政务资源管理和使用的重要工具；完成54个单位前置机部署，并开发了基于前置机的共享信息配置发布系统。

顶层设计取得阶段成果并纳入国家试点。截止到2009年12月31日，50个单位已经初步完成业务架构、数据架构、系统架构的设计任务，共有7321项业务事项，聚类为1804个业务线和10类左右的业务域。

强化网络与信息安全保密工作。省网安办完成50家省级重点单位信息系统测评，测试信息系统320个，发现信息安全漏洞5000处，出具信息安全测评报告150份，提出信息系统整改意见2000多项。制定《福建省政务信息系统安全检查实施办法》，对34家省级信息系统重点单位开展政务信息系统安全情况进行抽查，切实保障国庆60周年期间全省政务信息系统安全运行。

(王爱萍)

邮　　政

【综述】 2009年，全省邮政行业总收入47.64亿元，增长15.3%，其中全省规模以上快递企业业务收入20.4亿元，增长17.6%，快递业务量完成7366万件，增长28%。开展海峡西岸经济区快递服务发展规划(2011—2015年)立项研究，启动全省邮政行业“十二五”规划编制工作，修改完善《福建省邮政条例》。加大支持快递业发展力度，协调解决快递业务税率和快递车辆通行难题等。

【邮政普遍服务】 邮政服务“三农”和便民服务稳步推进，在龙岩市开展以“农家书屋”为形式新型村邮站试点工作，年内建成新型村邮站35个。“海西书报亭”和“邮政进社区”两项为民办实事项目进展顺利，全省新安装海西书报亭346个，新增便民服务站1230个，城镇邮政普遍服务水平得到进一步提高。对台水陆路邮件监管中心和邮政物流中心项目相继开工建设，两岸水陆路总包邮件量稳步增长。对台汇兑业务开通，“两门”、“两马”各类邮件总包直封关系确立。全年全省出口函件98.6万件，特快专递5.3万件，包裹7390件，电子汇兑811张/583.2万美元，全国经福州邮政交换站的水陆路邮政总包1.5万袋/307.5吨，其中福建自有水陆路邮政总包2542袋/33.5吨。

【快递服务】 结合快递企业备案情况，组织对顺丰等13个快递品牌开展快递企业基本情况调查。召开快递业务经营许可动员会，指导快递企业进行许可准备工作。强化通信安全监管，对73家快递企业进行国庆安全生产专项检查。与省安全厅联合检查顺丰等快递企业快件处理中心，落实《邮政法》关于快件处理场所设计与建设的要求。召集省内48个品牌129家快递企业，召开国庆安全生产动员大会，传达公安部等六部局《关于加强物流、寄递渠道安全监管工作的通知》精神，签订《国庆邮路运营安全责任书》。组织开展收寄验视制度执行情况测试。加强邮政用品用具监管，全年受理省内外8家信报箱生产企业申报的83个楼盘57103户信报箱，审查52246户信报箱，核发监制认证标牌1016枚。开展用品用具生产企业产品质量市场执法检查，发现4家信报箱生产企业生产不符合标准的产品，责令立即整改，并予以行政处罚。统一要求信报箱生产企业在产品上印制“邮政业消费者申诉热线：12305”，完善信报箱监督的长效机制。(黄宗鸿)

【省邮政公司】 全省各级邮政企业实现总收入35.64亿元，增长11.3%。邮务板块累计实现收入9.21亿元。其中：函件业务累计实现收入3.29亿元，金融保险、政府公用、网络通信等重点行业账单市场持续开发，新增45

个账单品种，账单收入规模排名全国第六；信息和代理业务首次突破1亿元大关，规模居全国第四位，全年缴费金额达到47亿元，实现收入4306万；便民服务站运营模式在全国推广。报刊业务实现收入2.14亿元，增长11.5%；集邮业务实现收入2.09亿元，下降2.5%，专业综合差价率达40.2%；农资分销业务实现收入1717万元，增长16.1%。金融板块实现收入16.77亿元，增长21%；全省邮政储蓄个人存款余额620.11亿元，其中新增存款85.55亿元。代理金融业务实现收入10.46亿元，增长7.6%；全省代理金融个人存款余额455亿元，其中新增存款62.7亿元。速递物流板块实现收入8.7亿元，增长4.7%。其中速递业务累计实现收入5.81亿元，增长1.4%。物流业务实现收入2.27亿元，增长18%；其中：一体化物流收入1.95亿元，增长26.9%，收入规模保持全国邮政系统第一。继续推进终端平台的标准化改造与建设，核定总投资1.31亿元，共改造营业网点269个、投递场所57个、速递揽投点分部229个，新增便民服务站2156个、"三农"服务站623个，新安装海西书报亭369个，投放商易通23160部。积极推进网点信息化建设。在全省424个邮政营业网点建设多媒体信息发布系统，并在141个网点安装了LED门楣屏；完成89个自办手工网点的电子化改造，实现自办网点100%电子化。

【福建省邮集在世界邮展上摘得金牌】 在2009世界邮展上，福建省参展的6部邮集全部摘金，其中：魏文彬的《中国欠资》和林捷凌《风》分别获大镀金奖；洪秋良的《她——在他眼里》、许典财的《烟草——传播与影响》、吴宝国的《国内信函挂号业务（1898—1945）》和陈宇轩的《影子》（青少年类（A组）、2框）分别获得镀金奖。

【"两门"、"两马"邮件总包直封】 5月15日，福州和厦门两地分别举行马尾—马祖（两马）、厦门—金门（两门）邮件总包直封关系启动仪式，这是继2008年12月15日两岸通邮、福州作为大陆的对台水陆路邮件总包交换中心后，两岸邮政在推进邮件总包直接封发上取得的又一成果。

【厦门邮件处理中心奠基】 9月8日，厦门邮件处理中心奠基仪式在厦门举行。厦门邮件处理中心是闽西南各类邮件总包、散件和邮政物流的集散中心，建成后将实现与全国76个邮区，闽西、闽南410个城乡及港、澳、台之间的特快专递、信函、包裹、报刊等总包邮件和物流件的交换与处理。该中心位于集美区后溪镇，占地面积约11.33公顷，分两期建设，由中国邮政集团公司、福建省邮政公司共同筹资建设。其中一期工程建设规模3.8万平方米，总投资约2亿元。 （杨文振）

通信业

【概况】 全年通信业完成业务总量953.7亿元，比上年增长12.09%；完成主营业务收入325.5亿元，增长3.58%；完成固定资产投资125.8亿元，增长20.3%；主营业务成本为154亿元，增长2.32%；实现利润总额76.52亿元，增长42.78%；上缴税费总额28亿元。截至年底，全省固定电话交换机容量（含PHS交换机容量）1942万门，减少31万门；固定长途电话交换机容量65万路端，新增3万路端；移动电话交换机容量5741万户，新增1112万户；移动短消息中心容量9342万条，新增1234万条；移动分组数据网容量1508万户，新增463万户；互联网宽带接入端口471万个，新增64万个；光缆线路长度达到30.3万千米，新增6.6万千米；长途业务电路为94.7万个2M，新增27.8万个2M。全省电话用户总数3884万户，新增85万户。互联网用户1052万户，新增365万户。互联网域名总数达到119.18万个，居全国第五位，其中：CN域名数85.04万个，居全国第六位；全省网民数量1629万人，比上年增长18.1%；互联网普及率达45.2%，居全国第六位；网站数量11.87万个，居全国第八位。从事互联网接入的经营单位57家，从事经营性互联网信息服务业务经营单位230家。全省电话普及率107.09%。全年共发送短消息270亿条，新增54亿条。增值电信业务经营单位1475家，其中省内增值电信业务经营单位435家、跨省增值电信业务经营单位1040家；上市企业7家，厦门三五互联公司获批成为全省首家在创业板上市的企业。

【行业管理】 深入贯彻落实部省合作协议，争取工信部出台《关于支持福建省加快海峡西岸经济区工业和信息化发展的意见》，并将"海峡西岸经济区通信发展研究"列入《中国电信业"十二五"规划》前期预研重点研究课题。省政府办公厅出台加快推进第三代移动通信网络建设与发展、进一步支持通信基础设施建设工作等系列政策，成立第三代移动通信网络建设推进工作协调小组。推动落实中国电信、移动、联通三家通信集团公司与省政府签署战略合作框架协议。闽台通信业交流日益频繁，率先实现两岸通信业中高层互动交流，两岸通信产业联盟首次在厦门签约缔结友好合作关系。海西3G动漫产业基地、手机动漫产业基地着手推进。针对国际金融危机带来的不利影响，引导企业加大3G网络建设和市场开发力度，3G业务开发和市场推广有序开展，TD技术在多个行业和领域得到推广应用。加强对码号资源管理。加大市场检查力度，建立完善监测、通报、联席会议和绩效考核制度。建立网间垃圾短信息联动处置机制，垃圾短信息专项治理活动深入开展。加强电信资费审批备案管理，电信资费综合价格水平比上年下降7.9%。清理减少电信资费套餐9种108个，比上年减少37.5%。下调固定电话本地网营业区间资费上限标准。抓好网站备案与接入管理，审核网站5.79万个，审核网站变更备案13万个，网站备案率达99.96%，基本实现省内网站备案的实名管理。部署开展整治互联网、手机淫秽色情和低俗信息专项行动，建立和完善违规网站和违规企业黑名单管理制度，互联网环境持续好转。9个设区市互联网协会全部组建并发挥积极作用，互联网属地化管理体系初步建立。

【信息化基础设施建设】 充分发挥通信业在信息化建设中的主力军作用，组织实施"拥政、为民、融合、平安、惠农"五大信息化工程，城市信息化建设基础设施日趋完善。全省投入100亿元建设"无线城市"，10个城市的城区步入"无线城市"行列；厦门TD"无线城市”运营应用实现新突破。首批112个社区信息化试点启动建设。全省电子政务外网建成开通。全省20户以上自然村全部实现通电话，农村电话普及率达到82.98部/百人；建制村宽带普及率达92.4%。农村党员干部现代远程教育平台应用加快推进，80%建制村实现城乡文化共享。老、少、边、穷、岛地区通信条件得到进一步改善。全年对接项目258个，总投资超10亿元，有力推动行业战略转型。

【省政府与3家通信集团公司签署合作协议】 8月，省政府在北京先后与中国移动、中国联通、中国电信3家通信集团公司签署共同推进海峡西岸经济区建设的战略合作框架协议。根据协议，未来5年，3家通信集团公司在福建省投资和采购总额将超过1170亿元。协议内容主要包括加快信息化基础设施建设、推进信息服务“三农”和农村信息化项目建设、积极带动信息产业振兴发展和深化闽台通信交流合作等。

（吴江波）

【中国电信股份有限公司福建分公司】 全年全省城乡电话用户1363万户，其中天翼手机用户比上年增长243%，增幅列全集团第三位。重点转型业务快速增长，宽带用户增长23.22%，全球眼用户增长34.78%，“我的e家”客户增长59.68%，“商务领航”客户增长107%。转型业务和业务收入结构进一步优化，非话收入占总收入的51.12%，比上年底提高8.74个百分点。加快农村信息化建设，信息化乡镇达到300个。4月，全省农村党员干部现代远程教育系统开通，涵盖全省90%以上的建制村。中国电信福建公司承接的建设自然村通电话任务共有420个点，至11月底全面完成建设任务。福建天翼无线网络进一步完善。3月31日前率先完成了全省县城以上区域的3G网络建设，至年底基本实现全省乡镇以上天翼3G全覆盖。4月，中国电信福建公司天翼3G在全省9地市正式面市。福建公司在全国率先实现同类高速铁路（温福铁路—福建段）CDMA1X+DO网络的全覆盖。9月23日，福州、厦门、宁德、莆田、泉州、漳州、龙岩、三明、南平9个设区市和武夷山市10个城市迈入无线宽带城市行列，这10个无线宽带城市的用户可随时随地连接高速稳定的无线网络，进行网络办公或娱乐。

（吴腾峰）

【中国移动通信集团福建有限公司】 全年运营收入突破180亿元，总用户突破2300万户，上缴税金超过23亿元。自主创新能力不断增强。在全国率先建设运营中国自主知识产权的国际3G标准TD－SCDMA网，并在厦门建成全球首座“TD无线城市”，逐步推进建设以厦门为龙头的“海西无线城市群”，TD网络技术应用范围不断拓宽。信息化应用卓有成效。根据《关于共同推进海峡西岸经济区建设的战略合作框架协议》，中国移动在福建的总投入将达到550亿元，双方将在九大领域开展深度合作；助力打造“6·18”中国海峡项目成果交易会产业升级、发展交流及项目对接三大平台；在政务信息化、企业信息化和农村信息化建设应用方面，创新提供基于移动通信技术的信息化综合解决方案，在金融、制造、医疗卫生、电力等主要行业信息化方面效果显著，在改善民生、服务民生方面，全力做好重大自然灾害、重要活动应急通信保障。全年共为省内重大活动出动应急保障人员547人次、车辆102台次、应急通信车21台次，圆满完成重大政治经济活动通信保障任务；特别是在国庆60周年前组织完成了全面的应急演练科目，有效保证国庆、中秋期间的通信网络安全。在服务提升方面，开展“便捷服务，满意100”主题活动，强化全员服务意识，提升服务价值。（李畅）

【中国联合网络通信有限公司福建省分公司】 全年移动网用户总规模达到322万户，宽带用户30.4万户，固定电用户31.8万户。加快WCDMA3G网络建设，累计建成开通WCDMA基站5000多个、室内分布系统2000多套、无线容量50万户，实现省内所有市、县城区和重点乡镇、景点的3G网络覆盖。继续完善GSM网络建设，扩大GSM网络覆盖面，GSM基站总数超过1.2万个、载频超过5万个、无线容量达到420万户，省内农村2G网络覆盖水平达到86%。大力实施“宽带提速”工程，实现省内宽带网络100%达到2M接入能力，91.3%达到4M以上接入能力，新建网络具备16M接入能力，全省宽带网络覆盖达到260万户。依托3G网络和综合业务优势，逐步建立起移动通信与宽带网络相结合的综合信息服务体系。先后合作建成“福建煤矿安全监控系统工程”；全面参与“通信信息化助建新农村”活动，开展以南安市梅山镇蓉中村为代表的全省100个明星村镇的“农村文化信息服务平台”建设；构建“海西新农合惠农网”，面向参合群众普及“新农合惠农卡”。深化互联网接入业务安全管理，强化手机SP合作商信息安全责任，建立低俗信息主动预警机制，有效杜绝互联网和手机媒体传播淫秽色情及低俗信息。全年累计清理整改近600个未备案网站，关闭300多个网站的互联网接入，封堵2000多个存在不良内容的WAP手机网站，屏蔽手机SP合作业务近千项。实施全过程服务质量管控，全面改善服务质量，先后启动“落实科学发展观，提升客户满意度”专项服务短板整改工作、推进“3G服务领先行动计划”、建立面向VIP和3G客户的“标准+等级+特色”叠加式服务体系，深入优化中高端客户服务维系工作，推动公司移动网络接通率较年初提升3.8%，宽带修障满意度较年初提高5分，全年实现中高端客户收入保有率80%。

（李学辉）

2009年，福建联通不断加快WCDMA-3G网络建设速度。

（中国联通福建分公司供稿）

编辑：林丹英

福建省人民政府外事办公室

2009年召开新一轮创建动员会

2010迎春晚会开幕式，新老领导共触同心球

2009迎春晚会舞蹈《相约北京相约2009》

省外办纪念改革开放30年演讲比赛

福建省人民政府外事办公室是省政府组成部门，在省委、省政府及外交部的领导下，对福建省执行对外方针政策和处理涉外事务实行统一归口管理。

办党组高度重视精神文明创建工作。提出建设外事“和谐家园”，把文明创建与和谐社会建设结合起来，深入开展群众性精神文明创建活动。党组会专题研究和部署机关党建和精神文明创建工作，并在每次办务会议都通报强调创建文明工作，只要是文明创建议题随时可以上会研究。

办党组特别注重学习型党组织建设，加强学习实践科学发展观，全面提升素质和能力。提出“外事为民，服务先行”的实践主题，推动外事工作为海西建设服务。认真落实中心组学习制度，做到年度有总体规划、季度有学习计划、月份有具体布置，党组书记亲自选教材，亲自联系专家教授到办讲座。

办党组注重建设具有外事特色的机关文化，不断深化“湖海襟怀，精诚致善”的机关精神的内涵。如举办“我亲历、我见证、我参与”征文演讲比赛等纪念改革开放30周年系列活动，举办“祖国，我对你说”歌咏比赛等庆祝建国60周年等系列活动。外办人积极履行和承担社会责任，积极为地震灾区、重大自然灾害、对口扶贫、助教支农等踊跃捐款，展现了对社会对人民的炽热爱心。

制定全省外事系统“结对子”开展“三级联创”的实施意见，提出了“目标一致、责任同担、经验互学、资源共享、机制联动、业务并进”6条措施，省外办机关10个党支部与9个设区市、11个县级外事部门和1个大型国有企业党支部签订“结对子”协议，开展机关党建“三级联创”活动。省市外事部门发挥资源优势，借助“三级联创”平台，为基层排忧解难办实事，受到基层的好评，助推了全省大外事体系建设。

文明创建有力地促进了机关建设以及外事工作科学发展，带来机关面貌的深刻变化：办党组一班人作风更加扎实，与群众贴得更近；机关风更清、气更正；外事工作层次明显提高，为海西为群众服务的效果更加明显。该办连续两届荣获省级文明单位荣誉称号，并多次受到外交部、中联部、国务院港澳办和全国友协的表彰。

福建省气象局

省气象局直属机关党委书记陈彪（图右）与省委常委、宣传部部长唐国忠签订文明创建工作责任书

开展“十佳气象青年”评选表彰活动

开展特奥会爱心捐助活动

福建省气象局干部职工认真学习贯彻党的十七大和十七届四中全会精神，深入学习实践科学发展观，落实国务院《关于支持福建省加快建设海峡西岸经济区的若干意见》，将开展文明行业（文明单位）创建活动做为参与海峡西岸经济区建设，服务发展、服务民生的重要途径。围绕中心，服务大局，在建设“一流装备、一流技术、一流人才、一流台站”的目标中成绩显著，精神文明建设结硕果。在第五届文明行业（第十届文明单位）创建中，福建省气象系统受到福建省委、省政府表彰，获得全省“创建文明行业工作先进行业”荣誉称号，省气象台等7个单位被评为福建省第五届创建文明行业工作先进单位，省气象局等13个单位被评为福建省第十届文明单位。

截至2009年12月，全省气象部门共有79个单位被评为文明单位，其中全国文明单位4个，省级文明单位13个，地级文明单位52个；有18个单位（部门）被授予巾帼文明岗荣誉称号，其中国家级巾帼文明岗3个，省级巾帼文明岗13个；有7个单位（部门）被授予青年文明号，其中省级青年文明号2个。

福建省地震局

省地震局参与主办2009年海峡两岸自然灾害防治交流合作研讨会

省地震局与台湾中央大学地球物理研究所签订合作意向书

省地震局金星局长向国内外专家介绍福建省地震局科技成果

省地震局召开2009年海峡两岸防震减灾学术研讨会

台湾地震专家参观省地震局监测中心

福建省与台湾地区一水相隔，在海峡西岸经济区中居主体地位，与台湾地区地缘相近、血缘相亲、文缘相承、商缘相连、法缘相循，具有对台交流的独特优势。近年来，在福建省委、省政府的推动下，省地震局牢牢把握这难得的发展机遇，充分发挥福建省独特的区位优势，本着“平等、互惠、双赢”的原则，积极推进闽台地震科技交流与合作，努力探索把省地震局建设成为闽台两岸地震科研与人才交流的重要基地，为推进祖国和平统一大业贡献一份力量。

一、抓住机遇、力求作为

2009年，在福建省政府的组织下，省地震局联合闽台两岸多家单位，在福州共同举办“2009年海峡两岸自然灾害防治交流合作研讨会”和“海峡两岸防震减灾学术研讨会”。期间，与台湾中央大学地球物理研究所共同签订4项意向书，并会同省老科协向省委、省政府提交了一份《关于进一步提升我省防震减灾能力的建议》。该建议得到了原福建省委书记卢展工、省长黄小晶、副省长张昌平的高度重视，并分别给予重要批示。

二、先行先试、乘势而上

为了进一步促成与台湾地震研究机构达成的“关于建立海峡地震观测网”合作意向，省地震局向上级部门提出“关于与台湾地震研究机构联合组建台湾海峡地震观测网”的申请，并得到上级及有关部门的一致同意，组网工作得以顺利进行，两岸实时共享地震观测资料。

三、整合优势、主动融入

长久以来，海峡两岸联合开展地壳上地幔深部探测研究就是两岸地震界共同关注的科学课题，福建省政府划拨专项经费支持省地震局开展这项工作。考虑到充分利用台湾方面的人工震源实验的观测资料，不但有助于研究福建省陆区和台湾海峡地区的地壳上地幔构造和地球动力学问题，而且有助于定量评估福建省地震台网对台湾海峡地震的定位精度。2009年，省地震局及台湾同仁，对福建省境内及海峡的“震测实验”的观测进行规划，并于2010年开始实施，此项工作真正达成与台湾同仁协同合作的局面。

四、加强合作、扩大交流

2009年，省地震局组团前往台湾中央大学地球物理研究所学习交流，台湾共派出3批次专家来闽进行闽台地震项目合作交流。省地震局将从海峡两岸经济区发展的实际出发，着力推进两岸地震科技交流合作，提高海峡两岸地震科技水平，并在地震监测预报、震害防御、应急救援等方面广泛交流，加强合作，探索一条合作模式，建立资讯共享和共商的互动机制，为两岸减轻地震灾害做出更大贡献。

省地震局组团赴台考察

兴业银行成立于1988年8月，是经国务院、中国人民银行批准成立的首批股份制商业银行之一，总行设在福建省福州市，2007年2月5日正式在上海证券交易所挂牌上市（股票代码：601166），注册资本50亿元。

开业22年来，兴业银行秉承“真诚服务，相伴成长”的宗旨，致力于为客户提供全面、优质、高效的金融服务，并将银行社会责任与可持续发展理念融入发展战略与公司治理之中，落实到银行经营管理的具体环节，努力构建人与自然、环境、社会和谐共处的良好局面。

从2006年在中国首家推出能效融资项目，为企业提高能源使用效率、开发利用清洁能源和可再生能源等项目提供融资支持；到2007年签署联合国环境规划署《金融机构关于环境和可持续发展的声明》；2008年宣布承诺采纳赤道原则，成为中国首家赤道银行；

再到2009年成立国内首家碳金融专营机构、首笔适用赤道原则项目的落地……兴业银行以“可持续金融”为发展目标的实践创新和突出成果获得了广泛肯定，先后荣获国内外权威机构授予的“年度亚洲可持续银行金奖”、“年度全球可持续交易银奖”、“最佳绿色银行奖”、“优秀自然保护支持者”等殊荣，并连续三年荣获“最佳企业公民”大奖。

2009年，面对严峻的宏观经济形势和复杂的市场环境，兴业银行积极把握经济调整、政策变化过程中出现的市场机会，不断优化业务政策、业务重点、业务结构，开拓进取，奋力拼搏，实现各项业务持续、快速、协调、健康发展，为新中国成立60周年交上了一份满意的答卷。

截至2009年末，兴业银行资产总额为13321.62亿元，股东权益为595.97亿元，不良贷款比率为0.54%。全年累计实现税后利润132.82亿元。根据英国《银行家》杂志2009年7月发布的全球银行1000强排名，兴业银行按总资产排名列第108位，按一级资本排名117位。根据美国《福布斯》发布的2010全球上市公司2000强排名，兴业银行综合排名第245位。根据英国《金融时报》公布的2010年全球企业500强排名，兴业银行按总市值名列第282位。

联华国际信托有限公司
UNION TRUST LIMITED

联华国际信托有限公司成立于2003年3月，是经国务院、中国人民银行批准设立的非银行金融机构，是福建省属唯一一家信托公司，同时也是我国第一批引进境外战略投资者的信托公司。公司总部设在福建省福州市，注册资本5.1亿元。

经中国银行业监督管理委员会批准，联华国际信托有限公司经营业务范围为：资金信托；动产信托；不动产信托；有价证券信托；其他财产或财产权信托；作为投资基金或者基金管理公司的发起人从事投资基金业务；经营企业资产的重组、购并及项目融资、公司理财、财务顾问等业务；受托经营国务院有关部门批准的证券承销业务；办理居间、咨询、资信调查等业务；代保管及保管箱业务；以存放同业、拆放同业、贷款、租赁、投资方式运用固有财产；以固有财产为他人提供担保；从事同业拆借；法律法规规定或中国银行业监督管理委员会批准的其他业务。

董事长 杨华辉先生

开业以来，联华国际信托有限公司始终按照《中华人民共和国信托法》、中国银行业监督管理委员会《信托公司管理办法》、《信托公司集合资金信托计划管理办法》的要求，紧紧围绕“高起点、高标准、高品位，打造一流信托公司”的发展目标，坚持依法合规稳健经营，持续完善公司法人治理，与时俱进转变经营模式，建立健全服务网络，创新丰富产品序列，致力于为客户提供全面、优质、高效的综合性金融信托服务。目前，按照立足福建、服务海西、辐射全国的经营发展战略，联华国际信托有限公司已设立了8个综合管理部门、8个业务发展部门（其中1个专营房地产信托业务部门）、1个客户服务部门，已在北京、上海、深圳、重庆、西安、福州设立了业务服务网络。在全国优秀信托公司评选活动中，联华国际信托有限公司先后荣获“最具成长性信托公司”、“最佳房地产信托计划奖”、“最佳区域理财机构”等多项大奖。

公司总部

地址：福建省福州市五四路158号环球广场25层　邮编：350003
电话：0591-87829966　传真：0591-87877757
网址：http://www.uniontrust.cn

客服热线：400-883-6666

2010年7月3日，紫金山铜矿湿法厂突发含铜酸性溶液泄漏事故，导致矿区下游部分河段水质污染，部分网箱鱼死亡，引发震动全国的重大环境污染事故。公司为此深表歉意！

此次事故，暴露公司对环境安全认识不足，以及在管理方面存在的诸多问题。为了牢记教训，公司确定7月为安全环保月、7月3日为安全环保日。公司将以此为鉴，以高度的社会责任感重塑企业，确保项目的环境安全，继续为中国矿业的发展、社会、股东、员工不断创造新的价值。

★跨越式发展的十年

过去十年中，公司成为A+H上市公司，资产、销售、利润均实现70～100倍的增长，年复合增长率超过50%；公司项目分布于国内20个省（区）和海外7个国家。十年中，公司成为中国著名的黄金及基本金属生产企业；实现了国内金属矿业行业领先的目标，位列《福布斯》2009全球2000强大企业排行榜中第1128位。

★人才汇集、创新发展的十年

过去十年中，公司新增中高级专业人才1573人，科技和创新能力显著增强，在湿法冶金及低品位矿、难选冶矿的技术研究和规模化开发利用方面，居全国领先地位。

★协调发展的十年

过去十年中，公司通过矿山项目开发为当地经济和社会事业发展作出了重大贡献，为社会解决了1.8万人的就业问题；在资助新农村建设、捐资助学、扶贫、赈灾救灾等慈善方面的投入累计8.3亿多元，并主动派出救援队参与了玉树地震灾区和舟曲泥石流灾区救援。2009年，公司获“中华慈善奖”，名列第十三。

★新一轮创业再十年

未来十年，公司将以科学发展观为指导，继续向矿业领域拓展。公司将继续以矿产资源控制为首要任务，以黄金优先、基本金属开发并举为主导思想；以市场国际化为主要方向、项目大型化为基本要求；立足长远，以国际化视野解决发展中的人才问题；加快技术开发和创新，全面改善公司的基础管理；更加重视环境安全，提高履行社会责任的水平；更加重视和谐协调发展，与社会各界建立良好的公共关系，为实现高技术、效益型特大国际矿业集团的宏伟目标而努力奋斗！

福建省质量技术监督局

近年来，福建省质量技术监督局积极投身海峡西岸经济区建设，大力加强质监系统文明建设，不断开拓质监事业发展新局面。

2009年4月29日，省质监局举办第二届“质量杯”书法摄影比赛获奖作品展

坚持素质为先，着力打牢文明创建的基石。注重强化理论学习、强化道德教育、强化廉洁自律，不断增强质监人的思想素质，不断提升质监系统公信力水平。

坚持能力为要，着力打造学习型机关。注重加强领导班子的执政能力建设、加强干部队伍建设、加快人才培养引进步伐，不断提升全系统领导班子建设和管理水平，不断增强质监队伍整体素质。

坚持服务为上，着力营造文明和谐的良好环境。注重加强机关软硬环境建设，强化机关内部管理，推进质监文化建设、创新服务举措、开展文明创建活动，不断优化工作生活环境，不断提升质监部门的形象。

坚持履职为重，着力促进质监事业全面协调发展。注重把文明创建与履行职责紧密结合，在加强质量、标准、计量、认证等工作中，不断夯实文明创建工作基础；在努力确保加工食品和特种设备安全中，不断提升文明创建水平。

目前，福建质监系统文明建设取得了明显的成效，共有县级文明单位有84个，市级文明单位有52个，省级文明单位有7个，省质监局机关首次获得省级文明单位称号。

全省质监系统庆祝新中国成立60周年暨“质量安全年”文艺汇演

2009年2月27日，省局召开全省食品药品监督管理工作会议

2009年5月27日，省局举办机关思想作风建设论坛

2009年2月25日，省局召开深入学习实践科学发展观活动总结大会

2009年8月31日，省局举办福建省系统法律法规知识竞赛

2009年9月27日，省局举办全省系统药监颂文艺晚会

福建省食品药品监督管理局

福建省食品药品监督管理局是省政府新一轮机构改革后主管药品、医疗器械、保健食品、化妆品监督管理的直属机构，现内设13个处室，下设6个直属事业单位。省以下食品药品监管系统实行垂直管理。9个设区市、60个县（市、区）设有食品药品监督管理局。9个设区市、21个县（市）设有药品检验所。

多年来，福建省食品药品监督管理局围绕保障百姓饮食用药安全、促进食品医药经济发展的工作宗旨，坚持科学监管，服务产业发展，深入开展药品市场专项整治，切实加强食品安全综合监督和药品市场日常监管，不断创新日常监管方式方法，着力推进农村药品监督网络和供应网络以及城乡药品监管一体化建设，覆盖城乡的药品供应保障体系基本建立，有力地保障百姓饮食用药安全,促进了医药产业又好又快发展。局领导进一步加大文明单位创建力度，坚持抓省局带系统，抓班子带队伍，夯实创建基础，增强组织活力，加强机关作风建设，树立系统良好形象。深入开展“三级联创”和“创文明单位，建和谐系统”活动，先后开展30多次的集中教育活动，组织开展“服务百姓、服务基层、服务企业”活动，举办“科学监管，服务海西”思想作风建设论坛。省局机关被福建省委、省政府评为第七、八、九、十届文明单位。全省药监系统文明单位比例进一步扩大，在80个参评单位中，共有75个被评为各级党建先进单位和文明单位，占93.8%。

福建省投资开发集团有限责任公司

福建省投资开发集团有限责任公司（简称：福建投资集团）于2009年4月27日成立，是福建省属大型国有独资公司。公司注册资本59.5808亿元,截至2009年底，资产总额262.619亿元，负债总额103.6419亿元，所有者权益158.9771亿元，资产负债率39.46%。公司现有在册员工2243人，其中在岗1883人。集团总部设有15个职能部室和6个非常设专门委员会，下设12家全资或控股子公司和24家参股公司及1个事业单位，另有1家托管公司。

福建投资集团坚持以建设福建、服务海西为宗旨，以实业与金融为主、投融结合、相辅相成、共促发展的“双轮协调互动”为特有经营模式。主要承担省政府赋予的基础设施、基础产业及金融业的投融资、股权管理和资本运作职能。业务范围涵盖电力、燃气、水务、铁路建设、工业区开发建设、石油化工和银行、信托、证券、保险、基金等各项业务以及省政府确定的省内重点产业投融资等诸多领域。

——主要全资和控股公司：华侨投资（控股）公司、华兴集团、铁投公司、贵信公司、中闽水务公司、厦门中闽公司、中闽智和公司、华福置业公司、再担保公司、华兴创投公司、中闽燃气公司及中闽物流公司等。

——主要实业投资项目：福建水口电站、福建棉花滩电站、华能电厂、嵩屿电厂、莆田燃气电厂、福清核电项目、福清嘉儒风电场一、二期工程、福清泽岐风电场、平潭澳前风电场、霞浦大京风电场、福建LNG站线项目、海西天然气管网福州—福鼎段输气管线工程、湄洲湾南北岸供水、福清闽江调水、罗源城市供水、省高速公路LNG汽车加气站、中海油海西宁德工业区、福建高速铁路项目等。

——主要金融及金融服务业投资项目：厦门国际银行、兴业银行、兴业证券、广发华福证券、国泰君安证券、联华信托、永城保险、华兴创投、再担保、省担保、招标中心、拍卖行、三明典当等。

展望未来，福建投资集团将力争通过实业、金融、资本运作的方式打造成为具有核心竞争力和可持续发展的国内知名、福建一流的省级综合性投融资平台。

厦门中闽大厦　　嵩屿电厂　　水口电站

海西经济年度杰出人物

——福建省投资开发集团有限责任公司党委书记董事长翁若同

党委书记、董事长：翁若同

翁若同系福建省投资开发集团有限责任公司党委书记、董事长。近年来,投资集团在翁若同的带领下，科学地制定以战略性、资源性、基础性重大项目为主要投资方向，发展电、气（燃气）、水（供水）、铁路等各产业组群，坚持“做强做大实业”的发展战略与规划；在大力发展实业的同时，提出“做优做精金融与金融服务业”的经营策略，积极激活和拓展金融相关业务，推进实业与金融的共同发展， 形成实业与金融“双轮互动协调发展”的战略方针，不断完善着集团的发展布局。

翁若同同志始终把加强和推进与央企的合作作为工作重点，积极做好项目推介，在促成宁德工业区、三明核电、福清核电等一批大型资源性、基础性、战略性投资项目落地福建的同时，推进中核集团三明核电项目和中海油合作开发溪南港项目，并力促核电设备制造项目落地三明，海洋工程等先进设备制造项目落地宁德。

翁若同同志积极倡导发展循环经济、绿色经济和低碳经济。大力推进福清、平潭、霞浦等沿海风电资源的开发，重点抓好福清核电项目建设，争取三明核电项目年内获准开工建设，推进莆田核电项目前期工作；推进永泰白云抽水蓄能项目的开展；重点抓好罗源、漳浦、宁德、泉港等地的供水工程，推进水资源的开发和合理利用；重点抓好城市公交、高速公路和船舶加气项目建设，认真做好东山玻璃生产线等工业生产用气项目的前期工作，积极探索和争取平潭岛综合试验区和21个小城镇建设供气工程项目。

翁若同同志积极加强与台湾金融机构的合作，推动福建省首家省级政策性创投公司和再担保公司，并发挥了较好的扶持带动效应，为加快福建投资集团构建省级综合性投融资平台，进而更好地实现省级国有资产保值增值目标奠定了良好基础。

投资集团在翁若同同志的带领下，经过全体员工的共同努力，2009年全年实现净利润3.76亿元，完成年度预算的118%。翁若同同志在2008年4月被评为福建省劳模，2009年3月被评为福建省突出贡献企业家，2010年2月被评为2009海西经济年度杰出人物。

嵩屿电厂煤场外景　　LNG槽车　　LNG接收站储罐

中海福建天然气有限责任公司

省委书记孙春兰、省长黄小晶一行参观LNG展览厅

潘桂胜总经理元旦慰问一线员工

中海福建天然气有限责任公司成立于2003年10月10日，注册资金3亿元人民币，由中海石油气电集团有限责任公司和福建省投资开发集团有限责任公司共同出资组建。公司主营液化天然气（LNG)的进口、接收、输配及销售；兼营与液化天然气配套的设备进口与维修；天然气相关行业的投资经营等。

公司投资建设的福建LNG站线项目，是国家和福建省重点建设项目，是中国大陆第一个完全由国内企业自主引进、建设、管理的液化天然气项目。项目一期工程设计接收能力为每年260万吨LNG,包括接收站、码头和输气干线3个部分。LNG接收站及码头位于莆田市湄洲湾北岸秀屿港区，一期工程建设4座16万立方米LNG储罐及一座停靠8-21.5万立方米LNG船码头，输气干线全长356千米，途经福州、莆田、泉州、厦门和漳州5地市，于2009年2月正式向福建省全面供气。

为满足国际国内资源、市场变化的需要，福建LNG新增的3、4储罐正加紧建设，计划于2011年投入使用。按照《海峡西岸经济区天然气管网建设规划》的要求，至2020年，海西天然气管网将达到LNG输气管线3609千米，接收站2座、分输站72座、卫星站96座的规模，最终形成“覆盖全省、对接两洲、纵深推进、清洁安全”的海西天然气管网，形成“供气互保、多源多向”的安全供气格局。

多年来，福建LNG将依靠外力建设LNG接收站成功地转变成自主引进、建设和管理LNG项目的能力。项目的建设带动了大批传统工业和新产业的发展。LNG专用船舶国产化提升了国内船舶工业水平，推进了船舶结构调整和升级;LNG汽车的研发，也加快了传统汽车工业向清洁能源汽车工业发展的进程；LNG接收站项目的建设充分吸引国内设计、制造、施工安装和项目管理等力量参与，大大提升了国内LNG自主建设和管理水平。福建LNG走出了一条国有企业自主创新、发展低碳能源、实现经济发展方式转变的道路。

福建 LNG 接收站全景

中国石油福建销售公司

中国石油天然气股份有限公司福建销售分公司，是中国石油在闽直属分公司，负责中国石油在福建省的成品油市场销售、网络开发、仓储物流等业务。公司成立于1999年2月份，前身为中国石油厦门油品销售中心，2000年12月更名为中国石油福建销售分公司，2008年8月从厦门迁至福州。截至2009年底，公司共有员工3090人，下辖9个地市分公司、5家控股公司；共开发加油站339座，目前运营263座，遍及全省85个市、县；油库总库容36万方，年周转能力132万吨。

公司进入福建10年来，认真履行国有大型企业经济、社会、政治责任，坚持“奉献能源，创造和谐”的企业宗旨，不断创新管理机制和管理模式，大力强化油品营销业务，加强营销网络建设，有序推进商业储备库建设，充分发挥中国石油资源、质量优势，提升中国石油的品牌价值和社会影响力。十年来，累计销售成品油1543万吨，年均增长5.6%；累计实现销售收入541.3亿元，上缴税费6.4亿元；截至2009年底，市场份额达22.2%。

随着海西建设的加快推进，福建经济步入了快速发展的轨道。面对新的发展机遇，公司将深入贯彻落实科学发展观，大力弘扬“爱国、创业、求实、奉献”的企业精神，为福建经济社会发展做出积极贡献。“十二五”期间，公司规划累计投资1000亿元以上，继续扩大成品油经营销售业务，加大营销网络、仓储物流设施建设力度，增加能源战略保障能力；大力推进西气东输三线“引气入闽”、“引气入台”的规划工作和工程建设，在全省建设天然气、成品油输送管网，积极发展绿色能源、低碳经济；大力推进石油天然气在闽深加工和延伸业务，以石油化工大项目促进区域经济快速发展。

关注安全生产。图为公司总经理王广生（右二）深入油库作业区检查输油管线

履行社会责任创和谐。图为公司党委书记王明富（右二）代表公司向省红十字会捐款20万元，救助10名患先天性心脏病儿童

员工在为客户热情服务

员工免费为客户擦洗车辆

泉州 洛江

洛江区委、区政府围绕建设新兴工贸旅游生态城区目标，充分发挥后发和生态两大优势，加快规划建设工贸经济区、商住生活区、休闲旅游与特色农业生态区三大功能区，着力培育和发展机械电子、商住物流、生态旅游和特色农业四大产业，推动经济社会又好又快发展。2009年实现地区生产总值62.52亿元，财政总收入6.21亿元，其中一般预算收入3.77亿元。

工业立区成效明显。2009年实现工业总产值134.69亿元，年均增长21.8%。加快万安开发区、双阳华侨经济开发区等工业园区建设步伐，有序推进洛江经济开发区扩区工作，积极优选企业入园投建投产，形成沿万虹公路约20千米的“工业走廊”。初步形成五金机电、陶瓷树脂工艺、鞋服包袋等3个主要行业，致力发展机械机电、精密五金和电子信息产业，企业规模不断壮大、素质不断提升，全区现有规模以上工业企业180家，产值超亿元企业37家，2009年实现规模以

阳江生态新城总体鸟瞰图

红星美凯龙华祥店

海峡五金机电商城

省级经济开发区洛江经济开发区一角

上工业产值119.14亿元，年均增长24.2%。现有国家级、省级高新技术企业23家，省级创新型示范企业2家，市级技术创新示范企业12家，市级以上行业研发机构17家，通过ISO质量体系认证企业72家，创建1个全国驰名商标、1项国家免检产品，17个省著名商标和8个市知名商标。

城市建设加快推进。投资近5亿元配合泉州市建成大坪山隧道、朋山岭隧道及其接线工程，配合福厦高速铁路、泉三高速公路南惠支线及福厦高速公路扩建工作，加快推进万虹市政道路拓改，并同步推进配套市政设施建设。累计完成固定资产投资123亿元、年均增长27%。完成100公顷的双阳物流园区规划，成功引进嘉太酒类饮料配送中心等6个项目，其中3个项目为省“十一五”商贸物流规划重点项目。占地2.8公顷、建筑面积8万平方米的华祥建材物流中心项目完成建设，引进的国内最大家居连锁企业“红星美凯龙”已投入运营。

虹山瀑布景区

省级旅游名胜区仙公山风景区

泉州 洛江

特色农业稳步发展。2009年全区实现农业总产值5.28亿元，年均增长3.6%；农民人均纯收入7526元，年均增长7.9%。形成禽畜、花卉、水果、蔬菜、林业、中药材等六大特色基地，农业基地规模达6040公顷。现有省级农业龙头企业3家、市级农业龙头企业9家，带动了“公司＋基地＋农户”产业经营格局的形成。实施国家立项农业综合开发土地治理项目建设5440公顷，完成全区26座小（二）型以上水库和108座山围塘除险加固。加大农村劳动力培训力度，转移农村劳动力8.44万人；扎实推行农村合作医疗，全区参合率94.55%，城乡居民最低生活保障制度不断完善，实现“应保尽保”。

乌潭水库

仰恩大学城

洛江新城

社会事业全面进步。扎实开展科技创先工作，荣获“全国科技进步先进区”四连冠和“全省科普工作先进区”称号。实现全区完中校省三级达标、初中校市级达标、小学达到“十配套”标准和每个乡镇有一所中心幼儿园，教育工作顺利通过省“双高普九”督导评估验收。加大基层医疗卫生单位的基础设施和医疗设备投入，不断提高城乡医疗卫生服务水平；深入开展农村先进文化示范工程和全民健身活动，荣获“全国武术之乡建设工作先进单位”称号。荣获省级“计划生育优质服务先进区”、省级文明城区工作先进区“三连冠”、省级双拥模范区“二连冠”、首批“全国白内障无障碍区”和“平安区”等称号。

省三级达标中学、泉州市高中课程改革样本校——泉州第十一中学

旅居印尼爱国侨胞、金光集团创业董事长黄奕聪先生捐资创建的泉州市奕聪中学

省长黄小晶率『四个专题』调研组莅临鲤城区检查指导工作

『泉州古城文化创意产业规划』专题讲座

以金太阳电子、文创电子为龙头的太阳能光伏产业

民生和基础设施重点项目建设

泉州·鲤城

鲤城区是海峡西岸经济区三大中心城市之一泉州的核心区，具备突出的“五缘”优势和区位优势。一直以来，区委、区政府重视发挥千年历史文化名城以及台湾同胞主要祖籍地得天独厚的优势，拓展闽南文化、宗教文化等两岸共同文化内涵，推动文化与经济融合，推动两岸文化产业合作，将鲤城建设成海西富有特色的多元文化旅游中心和闽南文化生态展示区；并以超前的眼光把握两岸产业对接的方向和重点，加快经济发展方式转变和产业结构升级，不断提高产业发展层次和科技水平，形成以高新技术产业为支撑、以现代服务业为主导的产业格局。

2009年，鲤城加大扶持服务企业发展力度，先后出台推动企业改制上市、向企业提供贷款信用担保和促进外经贸发展等政策，有效应对挑战，

经济回升向好。全年完成地区生产总值197.57亿元，比增14.6%；财政总收入12.12亿元，增长5.0%，区级财政收入6.23亿元，增长7.6%。社会消费品零售总额100.75亿元，增长16.2%；居民人均可支配收入.91万元，增长8.6%，居民人均消费性支出12611元，比增6.7%。

以创建创业宜居城区为目标，对接海西基础设施和环泉州湾城市总体规划，坚持高品位、大手笔抓好城市规划建设，打造交通便捷、环境优美、配套完善的泉州中心城区。2009年，同步实施建“新城”和改“三旧”，规划建设滨江新城（晋江沿岸15公里的滨江海岸线区域），启动老城区“三旧”改造项目，实施“创新和创意”的文化创意产业发展战略，明确发展文化创意产业作为古城保护、利用、改造、复兴的重要举措，对闲置或利用效率不高的老厂房、旧仓库进行二次开发，发展制造业设计、数字服务、文化传媒等创意产业，规划建设古城文化创意产业园。

2009年，鲤城区荣获第五次全国民族团结进步模范集体、全国科技进步先进区、首届全国和谐社区建设示范城区、全国文化先进单位、首批全国妇联组织建设示范区、全国中医药特色社区卫生服务示范区、中国民间文化艺术之乡，省第二届文明城区、省知识产权强区等多项称号。国家卫生城市通过复查，再次确认为全国社区教育实验区，争创省级双拥模范区“五连冠”顺利通过考评。

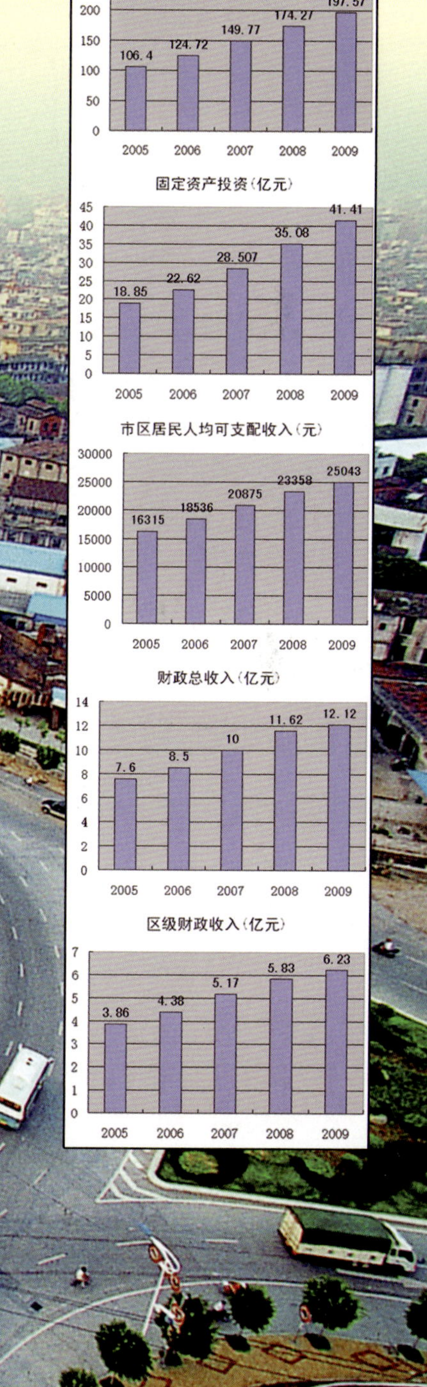

泉州市泉港区

中国石油化工（泉港）园区布置图

10万吨级专用油码头

福建泰山10万吨石化仓储码头

泉港区地处台湾海峡西岸、湄洲湾南岸，前身为肖厝经济开发区，2000年4月设立行政区，现有陆域面积321平方千米，海域面积105平方千米，人口37.7万人，辖6个镇、1个街道、1个国营盐场，是福建省三大主导产业（石化、电子、机械）中的石化产业龙头基地和“两集两散”重要港口之一。

设区以来，泉港区紧紧围绕工业化、城市化、现代化的目标，大力加快石化产业、港口物流和城市要素三大集聚，为石化基地建设和发展奠定了坚实的基础。目前，具备完善的交通网络，拥有进港铁路，总投资150亿元、总装机容量580万千瓦的南埔火电厂已投产发电，公用管廊、林德气体、LNG即将投入使用，水、电、热、气等公用设施齐全。石化园区已开发7.76平方千米，入驻石化大企业42家总投资540亿元，2009年石化产值达317.52亿元。已建成码头泊位10万吨级2座、7万吨级

福建炼油化工新厂区概貌

城市生活园区

峡西岸绿色石化城

笔架山景区

座、5万吨级3座、万吨级1座，在建的10万吨级2座、5万吨级3座、万吨级以上2座，2009年全区港口货物吞吐量突破2000万吨，海关关税突破50亿元。先后获得"中国石油化工园区"、"国家循环经济示范试点园区"和"国家石化产业振兴规划九大基地之一"3个"国字号"品牌。

社会建设统筹推进，2009年实现全国科技进步先进区"四连冠"、国家卫生城市和省级双拥模范区"三连冠"、教育"双高普九"、计生优质服务先进区等"五大目标"。泉港北管、福船制艺分别被列入国家级和省级非物质文化遗产。土坑村、惠屿岛分别被评为省级历史文化名村和泉州十佳魅力乡村。旅游资源丰富，既有涉格灵慈宫、朝天石笏、涂岭古驿道等文化古迹，又有港口码头、生态农业等现代景观。

当前，泉港区全力推动以港立区、石化强区、科教兴区、依法治区"四大战略"向产业基地化、物流园区化、城市公园化、人居社区化、民生工程机制化"五大战略"提升，不断延伸拓展作为空间，努力把泉港建设成为国家级石化产业基地，现代化的集液体化工品、散货、集装箱为一体的综合性大港，生态宜居宜业城市。

生态茶园

中国茶都·安溪

安溪，地处泉州、厦门、漳州中间结合部，面积3057.28平方千米，人口112万，辖24个乡镇、465个村（居）。安溪人杰地灵，置县于五代后周显德二年（即公元955年），迄今已有1055年，境内有千年文庙等各级文物保护单位100多处，安溪清水岩在全世界有分炉300多个。古往今来，安溪名人辈出，清朝名相李光地，文学家林嗣环，数学家陈万策，现代医学家李景昀，地球动力学家陈宗基，原全国政协副主席罗豪才、庄希泉等，都是安溪人的杰出代表。目前海内外安溪人有400多万，其中台湾安溪籍乡亲达230多万人，占台湾地区总人口的10%。

安溪特色鲜明，名茶飘香，是中国乌龙茶（名茶）之乡、世界名茶——铁观音的发源地，位居全国重点产茶县第一位。安溪铁观音，名扬四海，香溢五洲，已成为中国茶叶的著名品牌。安溪还是“中国藤铁工艺之乡”，工艺品畅销世界50多个国家和地区，占全国同类产品交易额40%。

安溪依山近海，交通便捷，未来几年有福(州)广(州)、厦(门)沙(县)、莆(田)永(定)以及泉三高速安溪连接线等4条高速公路从安溪境内穿过，其中福广高速经南安金淘至安溪往厦门路段2011年底将竣工通车。今后，安溪距厦门、泉州均只需40分钟以内的路程，已全面融入泉州、厦门“一小时经

城区一角

茶都交易市场　　中国藤铁工艺之乡

济圈”。

安溪山川秀美，生态良好，位于晋江源头，森林覆盖率近70%，有2万多公顷原始森林、次生林，4000多种野生动植物，气候温和，峰峦叠翠，空气清新；境内还有10多处温泉资源，每天出水量5000多立方米。非常适合养生休闲渡假。

改革开放以来，安溪摆脱贫困，步入小康，持续发展，已成为全国县域经济基本竞争力百强县、全国最具投资潜力中小城市百强县、中国商标发展百强县、中国最具特色魅力旅游名县，福建省经济实力十强县、经济发展十佳县。2009年全县生产总值248.95亿元，工业总产值361.5亿元，财政总收入13.78亿元，农民人均纯收入7701元。

随着大交通高速时代的到来，安溪新一轮跨越发展如火如荼。全县正在实施的各类项目547个，总投资概算650亿元，随着商务部华东片区数据灾备中心暨“EC国际信息技术服务外包产业园”、七匹狼海峡茶博园、连捷世界温泉度假山庄、宝龙城市广场、旺旺福建区域总厂、福建三安大型钢铁联合生产基地等一批大项目的加快建设，一座“宜居宜业宜商宜游”的现代山水茶都已日益成型。

山水园林城市　　城区夜景

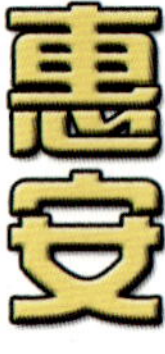

惠安——海峡西岸经济区现代化工贸港口旅游城市

惠安县位于泉州湾与湄州湾之间，依山临海，与台湾隔海相望，是福建省著名侨乡和台湾汉族同胞主要祖籍地之一。全县土地面积720平方千米，海域面积1833平方千米，辖16个乡镇295个村（社区），人口95.32万。境内陆海交通便捷，自然风光优美，人文名胜荟萃，旅游资源丰富，素有“石雕之乡”、“建筑之乡”、“渔业强县”之美誉。拥有全国现存最大最完整的全花岗岩结构“崇武古城”和被誉为“海内第一桥”的全国第一座海港大石桥“洛阳古桥”；崇武镇被评为“中国魅力乡土民风名镇”、“全国最美八大海岸”和“全国十佳古镇 ”；“惠女风情”作为全国独一无二的女性群体民俗风情，是中华民俗文化宝库中的一朵奇葩。

泉州中心城市北翼新城

滨海新城正在崛起。惠安是泉州中心城市北翼新城重要组成部分，也是环泉州湾经济区和环湄洲湾南岸经济区的重要组成部分。近年来，惠安主动对接泉州中心城市发展规划，按照“现代化工贸港口旅游中等城市”的目标定位，科学规划城市布局，全面加快城市化进程，建设生态优美、城乡一体的泉州次中心城市，初步形成“一个中心县城科工贸中心区”、“四个次组团斗尾临港重化经济区、崇武旅游对台经济区、城西高科技产业及生态商住区、南部台商投资区。”的现代化滨海城市框架。

港口开发形成热潮。惠安拥有天然丰富的港口资源，海岸线长达217千米，拥有一批港口条件好、临海腹地大的天然深水良港，其中斗尾港被交通部规划为全国四大中转港口之一，崇武港被农业部确定为国家中心渔港，秀涂港被确定为泉州中心港区之一。随着泉州船厂、中化炼油项目及配套码头等一批重大项目相继投建投产，青兰山30万吨原油码头开港启用，惠安港口将得到极大发展。

坚实的先进产业基地

产业平台做优做强。现有2个省级经济开发区（下设惠南、城南、惠东3个工业园区）以及省级石化基地泉惠园区、惠安台商创业基地、绿谷台商高科技产业基地。

产业集群初具规模。已初步形成国际性的石雕产业基地，以惠泉、达利、中绿为龙头的食品饮料集群，以惠南、城南园区为载体的鞋服箱包产业集群，以科一超纤、万华超纤、宏源织造为龙头的PU、超纤、无纺布、离型纸等轻工材料生产基地。加快培育新兴产业，石油化工、船舶机电、光电及新能源、装备及精密机械等战略性产业蓬勃兴起；重视发展旅游和现代服务业，打响

台商创业基地

惠女、雕艺、滨海、生态等特色文化旅游品牌。目前，全县规模以上工业企业638家、产值超亿元企业70家，拥有5家上市公司。

对台合作基础扎实。围绕打造全国新的台资聚集区目标，采取政府规划、市场运作、以台引台、环境先造方式，高水准开发建设惠安台商基地，整合建成黄塘台商创业基地、绿谷台商高科技产业基地、聚龙小镇等3个功能区。全县累计批准台资项目172个，实际利用台资2.23亿美元。

适度前瞻的基础设施

得天独厚的区位优势。惠安距晋江机场40千米，距福州和厦门国际机场约100余千米，在承接福州和厦门两大中心城市辐射、加强对台经贸文化合作、融入泉州现代化工贸港口城市建设中具有得天独厚的区域优势。

日臻完善的基础设施。福厦高速公路、国道324线、省道201线、福厦高速铁路、漳泉肖铁路纵贯全境，泉三高速公路南惠支线、湄洲湾南岸铁路斗尾支线、泉州湾跨海大桥等正在加快建设中，福厦高速铁路惠安火车站已获铁道部批准，长沙泉州及宁漳高速铁路已列入“十二五”建设计划；供电网络日益发展，全县现有8座11万伏输变电站和2座22万伏输变电站，年供电量可达20多亿度；已建成城南、城北2座日产5万吨自来水厂和10个供水站，可提供良好的供水保障；现代通讯网络健全，达到省级先进水平。

新农村建设（大乍渔民新村）

黄塘溪

万华世旺超纤

泉州船厂一角

福鼎——全力打造海西东北翼滨海旅游工业城市

省委书记孙春兰、省长黄小晶在福鼎市委书记倪政云陪同下考察福鼎化油器企业

"福鼎白茶"入选"中国世博十大名茶"。图为组委会主任为市长陈其春授牌

位于福鼎市的宁德核电项目进展良好

温福铁路纵贯福鼎全境

福鼎是全省最大的有机茶生产基地

太姥山

福鼎是闽东南通往浙江乃至长江三角洲的“北大门”，104国道、沈海高速公路和温福铁路纵贯全境，水陆交通便捷。全市陆地面积1526平方千米，海域面积14960平方千米。总人口57万人，辖17个乡镇(街道、开发区)，共有251个村、29个居委会，其中沿海乡镇有12个。

福鼎是“中国白茶之乡”、“中国名茶之乡”、“中国化油器名城”、“中国十大石材出口基地”；是全国先进文化县（市），两度荣膺“全国双拥模范城”。太姥山是国家重点风景名胜区、国家地质公园、国家4A级旅游景区、中国自然遗产，嵛山岛为“中国最美十大海岛”之一。

福鼎全力打造闽浙边界最具活力的工业平台，不断整合工业园区，推动优势产业向集群化发展，形成了以食品、机电、建材三大传统主导产业和PU革、光学仪器、医药等三大新兴产业为主的地方工业体系，环沙埕湾经济区域正强势崛起。

福鼎系全国十大产茶县市、全省十大渔业县市和闽东重要的海水网箱养殖基地，有芋、柚、茶3类11项产品获国家原产地标记地理标志，已基本形成基地化、规模化、产业化的现代农业生产经营格局。

嵛山岛

随着“东扩、南移、面海”的城市发展战略的实施，福鼎建成区面积扩大到10.6平方千米。城市交通、供电供水、排水排污、垃圾处理以及园林绿化等各项市政工程日臻完善。秦屿小城镇综合改革建设试点工作全面启动。

福鼎市拥有海岸线433千米，占全省的十分之一，有大小港湾41个，岛屿81个。沙埕港水深港阔，海域面积40平方千米，纵深长达35千米，直抵福鼎城区，万吨巨轮出入不受潮汐限制，是国家二类口岸和一级渔港，港口发展潜力巨大。

福鼎城市建设日新月异

福安

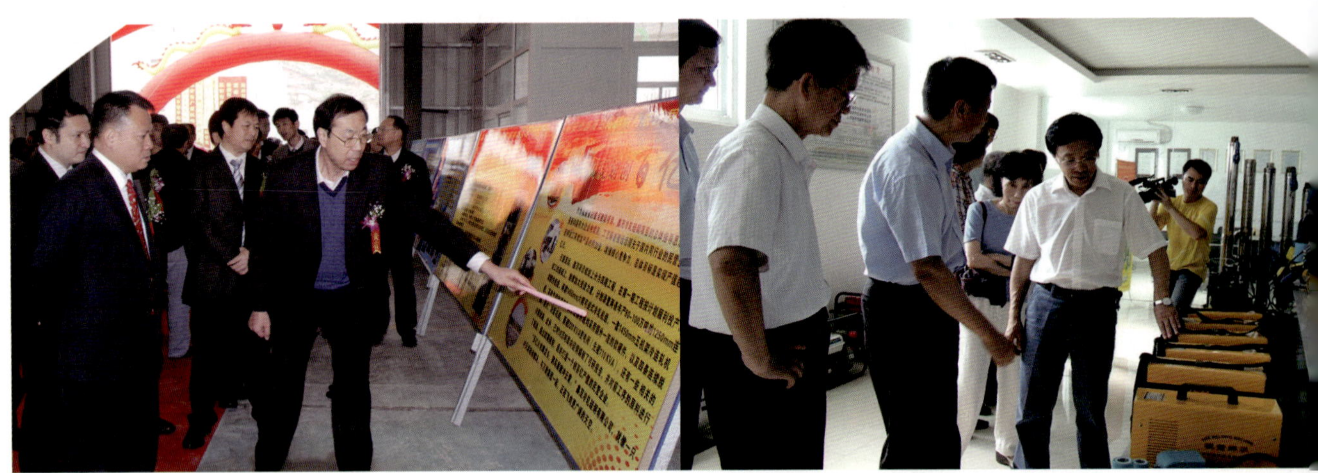

宁德市委常委、福安市委书记李转生在新投产的鑫茂冷轧硅钢企业调研

福安市杨培钦市长陪同院士专家在重点电机企业调研

福安茶艺在钓鱼台国宾馆展示

畲乡有机茶园

国家地质公园白云山石臼景观——石砌成章

国家地质公园白云山石臼景观——飞天井

民企首造万吨轮下水

国家地质公园白云山景区——碧渊潭

福安城区夜景

武夷山

武夷山位于福建省武夷山市境内，武夷山脉北段，闽赣边界。1982年11月被列入首批国家重点风景名胜区，1999年12月被联合国教科文组织世界遗产委员会列入世界文化与自然遗产。世界遗产专家对武夷山的遗产价值是这样评价的："武夷山具有独特、稀有、绝妙的自然景观，属罕见的自然美地带，是人类与自然环境和谐统一的代表"、"是全球生物多样性保护的关键地区；是尚存的珍稀濒危物种的栖息地"、"是代表生物演化过程以及人类与自然环境相互关系的突出例证"、"武夷山古闽族、闽越族文化遗存是古代文明的历史见证"、"武夷山是朱子理学（后孔子主义）的摇篮，是世界研究朱子理学乃至东方文化的基地"。

武夷山风景名胜区面积为79平方千米，拥有典型的丹霞地貌景观，自然风光独树一帜。"三三秀水清如玉"的九曲溪与"六六奇峰翠插天"的三十六峰以及九十九岩的绝妙结合形成巧夺天工的天然山水园林，是山水完美融合的典范。其地貌景观奇特优美，所有山峰翘首向东，千姿百态，势如万马奔腾，雄伟壮观。单斜山、柱状山一峰多姿，移步易景。精华景区九曲溪自然景观奇特，异彩纷呈，变化无穷。一曲，畅旷豁达；二曲，幽谷丹崖；三曲，虹桥奇观；四曲，秀山媚水；五曲，深幽奇险；六曲，天游览胜；七曲，三仰雄伟；八曲，青山奇石；九曲，锦绣平川。两岸景观由一条九曲溪盘绕贯串。游人凭借一张竹筏顺流而下，即可阅尽武夷秀色为武夷山景观之精华，堪称世界一绝。

武夷山风景名胜区管理委员会：0599-5112228
武夷山旅游发展股份有限公司：0599-5105848
武夷山景区旅游指挥中心：0599-5134110
武夷山景区旅游投诉中心：0599-5252884
地址：福建省武夷山市迎宾大道 传真：0599-5113881

福州经济技术开发区

福州经济技术开发区是1985年国务院批准的首批国家级开发区，地处海峡西岸经济区前沿的福州市东南部——马尾。区内设国家级台商投资区、高科技园区、保税区和出口加工区。

该区是现代产业集聚地，是国家显示器件产业园、科技兴贸出口创新基地和生态工业园示范区。现有高新企业82家，上市企业50多家，参与国际、国家和行业标准制修订企业24家120项。2009年全区工业产值超500亿元，地区生产总值202.4亿元，财政收入(不含基金)26.2亿元，全社会固定资产投资81.9亿元。

该区是海峡两岸交流合作先行区和桥头堡。累计批准台资项目233项，台资企业累计实现工业总产值近1000亿元；马尾-马祖一水之隔，相距仅35海里，“两马”交流自2001年开启以来，累计人员往来36.8万人次，海上直航6499航次；民间文化交流不断活跃，“马尾马祖元宵节俗”被列入国家级非物质文化遗产保护名录。

该区是“中国船政文化”之乡和中国海军的“摇篮”。素有“千年古港，百年船政”之称，文化积淀深厚，人文景观丰富，中国船政文化遗址群成为首批“国家国防教育示范基地”。

该区是宜居宜业的现代化新城。马尾依山傍水，生态环境优越，作为全国绿化模范区，全区人均公共绿地面积14.56平方米，居全省之最。一座现代化的马尾新城和琅岐国际旅游岛正如火如荼建设。

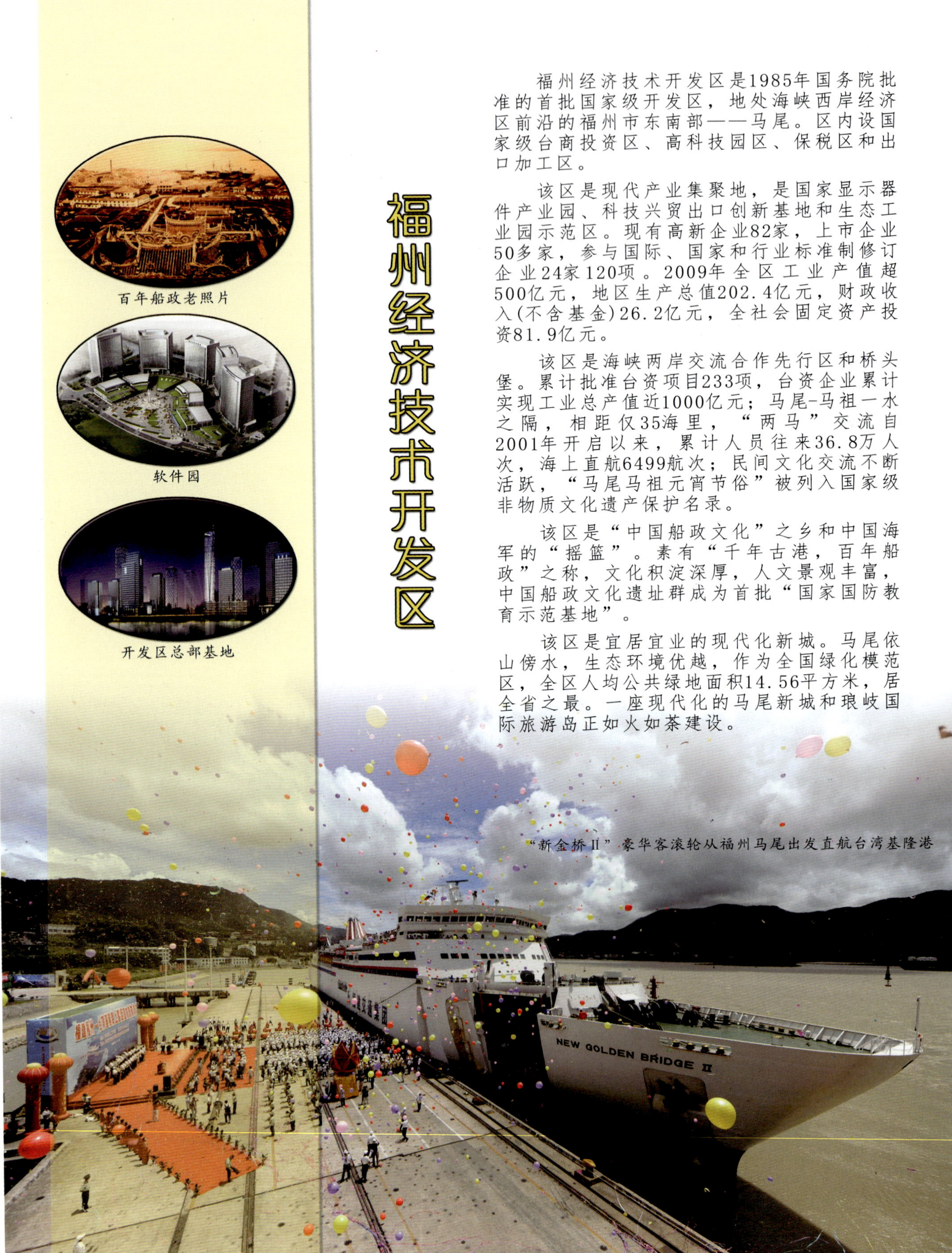

百年船政老照片

软件园

开发区总部基地

“新金桥Ⅱ”豪华客滚轮从福州马尾出发直航台湾基隆港

福建铁路投资发展总公司

公司班子近照（左三为王晓明总经理）

公司开行的福州至深圳列车

负责铁路旧区改造（南平火车站旧区）

归口承建福建境内公路穿跨铁路工程

为三明钢铁厂提供铁路全程运输代理业务

福建铁路投资发展总公司系南昌铁路局下属的综合性多经专业公司，下辖福建铁路房地产公司、福龙客车开发公司、福建铁路广告公司、福建福铁地方铁路开发公司、福州铁路液化石油气经营部、福州火车站经济开发总公司、福州客运段列车服务公司、厦门铁路实业公司、厦门铁路房地产公司、厦门铁路开发公司、永安永盛贸易有限公司等11个企业。公司管理机构设综合、党群、人力资源、计财、经管、企管物价、营销、审计部等8个部门。

公司在总经理王晓明同志的领导下，坚持立足铁路，服务并融入海西经济建设，以为福建省大中型企业提供铁路运输相关服务为重点，大力开展物流、商贸经营、运输代理、铁路客车开行、房地产开发、水产养殖、广告及工程施工等主营业务，公司经营业绩实现20%以上的高速增长。2009年，公司完成收入6.4亿元，实现利润1818万元，补充南昌铁路局主业工资及成本缺口3000万元，全年纳税3300多万元。

截至2009年末，公司总资产10.46亿元，净资产8.25亿元。公司积极参与地方经济建设，累计对外投资总额达2.3亿元。在福建省大型建设项目中，入股福建可门港物流有限公司3%股份，参与可门港建设；参与三明无水港投资建设（占46%股比，控股），为地方经济发展作出突出贡献。

公司被南昌铁路局多元投资发展中心评为2009年度先进单位。公司总经理王晓明荣获福建省五一劳动奖章。

莆田风电公司

——省重点项目建设功臣、省"五一劳动奖章"获得者沈龙山

2007年11月，沈龙山被福建能源集团任命为莆田风电公司总经理，开始了极具挑战性的风电征程。经过一年多的艰苦努力，公司全面完成了福建能源集团第一批风力发电项目建设预定的工期目标，装机容量分别为40MW的石城、石井两个风电场于2009年9月全部建成投产发电，当年完成发电量1.2亿度。目前，两个风电场正常稳定运行，设备可利用率达99%以上。项目的各项经济技术指标完全符合设计要求，实现当年投产当年盈利的骄人业绩。

作为一名管理者，沈龙山认为，一个企业要发展，管理是关键。在项目实施阶段，他紧紧抓住工程要素管理与控制，从公司管理构架搭建到公司制度建设、管理流程设置等核心管理内容方面，提出"因地制宜、统筹兼顾、科学管理"作为项目工程质量、安全、进度、投资四大控制的指导思想。始终坚持"安全第一"的方针，致力于在提高风机设备的可利用率水平、提高机组发电量、实现投资回报目标上下功夫。同时，沈龙山重视设备的退税管理和财务控制等工作，通过充分利用国家有关新能源产业扶持政策提高公司的盈利能力。他充分引导、调动和发挥广大干部职工的积极性和创造性，不断提高员工的业务技能，为公司的后续发展培育队伍。他非常重视工程技术管理和开发，成立了公司技术委员会。

沈龙山十分重视企业的社会责任，重视保护生态和当地群众的利益，多次到现场指导水土保持和耕地、林地的复耕工作。在风场道路建设上，兼顾当地群众的出行交通便利，优化道路设计，尽量实现工程交通道路与当地群众共享。经过企业全体员工的努力，在短短的一年半时间里，莆田的海岸边上竖起了40座2MW的大风车，总装机容量达8万千瓦。

中国铁建中铁二十三局集团有限公司

副总经理：袁全祥

中国铁建中铁二十三局集团有限公司担负施工的向莆铁路FJ-10标段，其主要工程为青云山隧道工程，左线长22175米、右线长21843米，是亚洲第五、我国第四特长隧道，是向莆铁路全线重点控制工程，也是目前福建省境内在建的最长铁路隧道。自2008年8月8日开工以来，在福建省委、省政府以及地方各级政府的大力支持下，该工程在中铁二十三局集团副总经理、向莆铁路FJ-10标指挥长袁全祥的率领下，肩负起“建好向莆铁路、造福福建人民、为加快海西经济建设作出新贡献”的使命和重任，深入贯彻落实科学发展观，扎实推进建设步伐，取得了显著成绩。2009年度，被中华全国铁路总工会授予铁路客运专线建设“火车头奖杯”；被南昌铁路局授予铁路建设项目“标准化项目经理部”；袁全祥同志被福建省政府授予2009年度福建省重点工程“建设功臣”和福建省总工会“五一”劳动奖章，被中国铁建股份有限公司授予2009年度优秀项目经理。

中铁二十三局集团有限公司将牢固树立“百年大计、质量第一”的思想，坚持“以人为本、诚信守法、和谐自然、建造精品”的企业管理方针，确保向莆铁路青云山隧道“安全、优质、环保、高效、有序”，平稳建成，按期贯通，为造福闽赣两省人民做出应有的贡献！

该司承建的向莆铁路青云山隧道出口

该公司承建的向莆铁路青云山隧道进口右线

福州市物价局

福州市物价局是福州市主管和协调全市商品价格、服务价格和收费工作的市政府组成部门，内设办公室、价格综合调控处、服务价格管理处（房地产价格管理处）、行政事业收费管理处，下辖检查分局、成本调查队、价格监测中心和价格认证中心等事业单位。

市物价局认真履行“定规则、当裁判、搞服务”的职能，围绕福州市中心工作，以繁荣经济、服务大众为宗旨，以整顿和规范市场价格秩序、增强经济发展后劲为主线，积极维护正常的市场价格秩序，支持和促进公平、公开、合法的市场价格竞争，为“建设海峡西岸经济区、做大做强省会中心城市”营造良好的价格环境，得到上级党委、政府和上级价格主管部门的充分肯定，分别荣获国家发改委授予的“全国价格举报工作先进集体”，省政府授予的“福建省整顿和规范市场经济秩序工作先进单位”，省物价局、省人事厅授予的“全省物价系统先进集体”，福州市委、市政府授予的福州市第八届、第九届、第十届文明单位，市委授予的“市直机关党建工作先进单位”等荣誉称号。

福州市物价局地址：鼓楼区817北路88号东百大厦16层
邮编：350001
值班室电话：83177301　　87628301
传真：83177302
价格举报热线电话：12358
网上投诉登陆方式：www.fz12358.com

2009年万亿担保规模上榜机构30强

福建省恒

2010年9月，恒实担保公司荣获全国“2009年万亿担保规模上榜机构30强”与“2009年中小企业融资担保创新奖”两项桂冠。11年来，恒实担保不断创新中小企业融资模式，实现了助推地方经济发展和提升自身实力的共赢局面。

在首届海峡两岸电机电器博览会上，董事长黄宝明与平安银行福建分行领导签约

立足产业　催生中小电机之都

恒实担保是福建省首家为民营企业提供融资担保的专业担保机构，1999年，恒实成立之初，恒实担保就将服务的目标定位在那些没有足够抵押品而不能通过正常融资渠道获得贷款又具有发展潜力的电机电器企业，采取股金和基金双轨运作的方式，实行按入股资金10倍以内担保，设立“大小并举、优质优先、劣者淘汰”的担保运行机制。为化解和防范风险，恒实担保实行成员合作制，股东既是公司的资产所有者，又是贷款担保受益者。这种互助性担保公司门槛低，直接为成长型的中小企业股东服务，有利于中小企业发展。同时还设立以连环保为主的反担保机制以及风险预警制度等。通过恒实担保，福安电机电器企业改变了贷款无门的状况，大力推进了电机电器企业的规模实力的提升，加快了福安电机电器产业集群的发展。在恒实担保的推动下，2007年，福安电机电器业产值达102亿元，在宁德率先进入福建省百亿产业集群方阵。2008年，福安电机挺进“全国百佳百亿产业集群”，成为海内外闻名的中国中小型电机出口基地，电机出口量占全国中小电机出口量的30%左右。2009年，福安电机完成产值133亿元，产业集群实现跨越性发展，被授予“中国中小电机之都”称号。

11年来，恒实担保累计为546家民营企业提供融资担保4924笔，担保总额达145亿元。恒实担保的成功运作，有效解决地方民营企业融资难、担保难问题，福安电机电器产值平均年递增22%以上。

应对危机　助力中小企业逆势而上

2008年，金融危机席卷全球，以出口为主的福安电机电器部分企业遭遇资金难题。恒实担保通过全面走访企业和召开银企座谈会，对福安市上规模的200多家整机电机企业进行分类，对接单能力强、稳定增长型的企业，进一步加大信贷资金投放量，确保企业生产不受影响；对发展后劲足的企业，帮助维持资金链的正常运转，同时利用原辅材料价格处于相对较低的状态，促其合理囤积库存，为企业下一步发展做好准备；对正在渡

精英团队

保股份有限公司

难关的小企业，加大引导和扶持力度，鼓励企业增强克服困难的信心，尽量减少危机中

公司2010年上半年工作总结会议

的融资影响，确保企业维持正常经营，促进福安市电机电器产业稳健发展。

在银保合作中，恒实担保按照各银行担保的额度提供20%的保证金存款。严格的贷前审查和风险防范措施，不仅增强了企业的信用能力，还为放贷银行筑起了一道金融风险防范屏障，促进了地方金融环境的优化。2008年，恒实担保融资担保额超过10亿元，新增电机业等工业产值20亿元，新增税收6000万元，新增利润1亿元，新增就业8000人。

铸就繁荣　与地方经济共成长

近年来，恒实担保逐步介入船舶行业、按摩器行业、蓄电池行业、食品行业、贸易行业等，2010年8月底担保企业463家，其中电机企业212家占45.7%，船舶企业30家占6.4%，食品加工业38家占8.2%，其他183家占39.5%；在保余额32.15亿元，其中电机业19.6亿元占总额的60.9%，实现担保业务综合性发展。

在为中小企业提供融资担保的同时，恒实担保还代理开发秦溪洋工业集中区和甘棠工业集中区，目前秦溪洋工业园区已聚集79家电机企业，年产值达50亿元。园区内，整机出口企业和配套企业齐聚，福安电机电器业产业集聚特征更加明显。恒实担保积极参与和策划企业生产经营活动，帮助企业开拓国内外市场；并担当企业与银行之间的桥梁，目前与恒实担保公司合作的银行有17家银行，通过每年举办银企座谈会，向各银行推荐企业融资项目，企业可以了解到各银行的信贷政策，选择适合自已的金融产品；银行也可了解到融资需求，行业发展状况。

在一大批中小企业获得资金、快速发展的同时，恒实担保自身也取得良好的发展。2009年，恒实担保投资1300万元控股福安宸山中学。2009年底，福建省恒实担保股份有限公司东侨分公司成立，成为继福州分公司之后的第二家分公司。2010年，恒实公司上海分公司成立。

经过11年的努力，恒实担保构建了政企银多方共赢的格局，其运作模式得到了国家工信部、福建省政府、金融机构及全国担保业内的充分肯定并作为成功典范推广。恒实担保的运作不仅对福安乃至闽东地区经济的发展以及福建担保行业的发展正产生深远的影响。

公司2009年第2次股东大会

福清市人民检察院

省检察院倪英达检察长在福清调研指导工作

首届省文明单位标兵授牌仪式

陈秋官检察长在“检察开放日”活动上讲话

近年来，福清市检察院坚持高起点，精心组织，实现检察工作与文明单位协调发展，干警素质与单位文明共同提高。该院连续5届被授予省级“文明单位”称号，2009年，被省委、省政府授予首届（2006～2008年度）“文明单位标兵”光荣称号，是全省检察系统唯一获此殊荣单位。一是提高认识，强化领导。成立创建活动领导小组，确定“抓基层打基础，抓党建带队伍，抓创建促业务”的创建思路，形成检察长亲自抓，机关党委专门抓，各支部具体抓的齐抓共管格局。二是主动融入，充分履职。近年来，共批捕各类刑事犯罪嫌疑人4273人、起诉4992人，立案查处各类职务犯罪案件100件128人，营造和谐稳定的社会环境。建立检察救助基金，向50名特困当事人发放近50万元，受到社会各界的好评。通过设置LED检务公开显示屏、开展“检察开放日”活动、邀请人大代表、政协委员列席检委会等方式，增强了执法透明度。三是内强素质，外树形象。坚持“文化育检”，加强学历教育、组织技能培训、开展案例研讨、举行业务竞赛等活动，建立检察荣誉室、谱写院歌、开展文体活动，不断提升干警素养。

2007年以来，该院先后有25人次获得省、市级以上荣誉，11个集体被评为市级以上先进单位，其中，控申接待室连续3次被授予“全国文明接待室”称号，驻所检察室被授予“全国一级规范化检察室”称号。

涵江区国家税务局

涵江区国家税务局下辖涵东分局、江口分局、梧塘分局、白沙分局4个税务分局和1个稽查局，现有干部职工105人，担负涵江区5161户（其中，一般纳税人企业521户，小规模和个体纳税人4640户）的税收管征任务。2009年组织收入105808万元，突破10亿元大关；2010年组织收入123000万元，继续保持高幅度增长。

近年来，全区国税干部职工发扬“勇挑重担，为国分忧”的精神，在做好繁重的税收管征工作的同时，承担起全省国税系统“优化纳税服务推进征管模式变革”试点工作。按照上级指明的方向，本着先行先试思想，以破釜沉舟、壮士断腕的气概，抢抓机遇，革新求变，以优化服务赢人心，向专业管理要质量，在模式变革中促廉政，努力探索并走出了一条服务优化、质量提高、队伍廉明的税收管理之路，取得了丰硕的成果。先后被省委、省政府授予第十届文明单位称号，被福建省总工会授予“模范职工之家”称号，被福建省依法治省领导小组授予法制宣传教育先进单位，被市委、市政府评为普法依法治理“十佳”先进单位，优化服务建设通过省局的考核验收，并获评2007-2009年度市级文明窗口。

图一：省局臧耀民局长、市局黄亮明局长来涵调研征管改革情况。
图二：区委书记阮开森、区长沈伯麟、区人大主任肖云敏慰问国税干部。
图三：区人大领导和委员视察纳税服务工作。
图四：积极开展税收宣传工作。
图五：细致进行纳税辅导工作。

福安市供电有限公司

福安市供电有限公司担负着全市62万人民生产生活供电任务。拥有18个乡镇供电所、110kV变电站4座，目前在建3座、35kV变电站8座，变电站总容量35.995万kVA。2009年供电量为15.08亿kW.h。

历经无数福安供电人的艰苦创业，福安供电从小到大取得了骄人的业绩。公司先后被福建省人民政府授予第九、十届“文明单位”、“省级模范职工之家”，第五届省级文明行业示范窗口，福建省新农村电气化建设先进单位，省电力公司“一流县级供电企业”，抗冰抢险保供电先进集体等荣誉，民主评议行风工作连续3年获得第一名，2008年入选福建工业企业300强，福建省供电企业十强。

团结奋进的领导班子　　用电知识进校园

龙海市供电有限公司

港尾供电所

灿坤工业园区——龙池变电站

龙海市供电有限公司于2007年4月正式挂牌成立。公司现有员工404人，其中专业技术人员188人。公司内设职能部门和生产机构13个，专设机构7个，下设供电所9个，拥有110千伏变电站7站，35千伏变电站4站，变电总容量58.65万千伏安，10～110千伏高压线路1224千米。2009年，公司供电量16.20亿千瓦时，电网最高负荷达到29.8万千瓦。

公司连续11年入选“福建省工业300强”、“福建省纳税300强”，连续5年进入“福建省电力供应行业10强”，连续5届被评为“福建省文明单位”，连续5年名列龙海市民主行风评议第一名；先后荣获“全国模范职工之家”、“国家电网公司新农村电气化建设先进集体”、“全省先进基层党组织”、“福建省第五届军民共建精神文明先进集体”、“福建省一流县级供电企业”、“福建省电力有限公司县级供电企业文明单位”、“福建省电力有限公司抗冰抢险先进集体”、“漳州市纳税大户”、“人民满意供电单位”等称号。

厦门路桥建设集团有限公司

厦门路桥建设集团有限公司是厦门市政府直管的十大国有企业集团之一。自1993年6月成立以来，公司以“筑路架桥、造福人民”为宗旨，以“锐意进取、追求卓越”的企业精神激励自己，积极参与城市基础设施建设，先后建设了厦门大桥、海沧大桥、环岛路、集美大桥、杏林公铁大桥、中国大陆第一条海底隧道一翔安隧道等国家及省市重点工程。力争把每条路、每座桥都雕饰成大地艺术品，为提高城市的品位做出不懈努力。

集团下属有物资、翔通、景观艺术、管理、房地产、旅游等十余家子公司，公司在发展壮大中，锻炼培养了一大批专业技术人员和管理人员，形成了具有深刻内涵和广泛外延的企业文化和一系列规范的企业管理制度。

集团管理层朝气蓬勃、团结一致、廉洁奉公，正按照现代化企业制度的要求，带领广大员工向集团化、多元化的目标迈进。

海沧大桥夜景

厦门路桥建设集团有限公司全景

福建省司法厅劳教局

根据司法部、省司法厅的部署和要求，福建省劳教局认真组织劳教人民警察开展执法大培训、岗位大练兵活动，取得了阶段性的成效。

突出制度考试，抓好学习培训。组织民警认真学习有关场所安全、所政管理、教育矫治、生活卫生、习艺劳动、队伍建设等方面的规定内容，熟悉、掌握劳教（戒毒）工作有关规定。举行首次民警任前业务、廉政考试，规定凡具备拟提任副科、正科或确定后备干部资格条件的民警，在民主推荐前都要参加业务和廉政知识考试。

突出封闭管理，抓好技能训练。局机关及各劳教所先后分批组织1000多名民警到部队参加封闭训练，从训练动员、训练保障、训练内容、训练管理、训练考核5个方面入手，抓好以队列训练、队列指挥、报告、擒敌拳、警棍术、警械和武器使用、夺凶器擒拿等警体技能训练和警容风纪训练为主要内容的集中强化训练。

突出岗位特点，抓好业务培训。先后举办3期全省劳教系统科（大队）长培训班，共有185名科（大队）长、教导员及局机关民警参加培训。首次采取分类编班、异地培训、实地考察等形式进行办班培训，实行全过程封闭式的警务化管理。

福建大唐国

四台机组全景

一期主控室

煤码头

福建大唐国际宁德发电有限责任公司位于福建省宁德市三都澳白马港，成立于2003年12月。电厂分3期建设，规划总装机容量452万千瓦。目前总装机容量252万千瓦，是福建省已投产机组单机容量最大、总装机容量第二大的发电公司。其中：一期2台60万千瓦超临界机组分别于2006年6月、9月投产；二期2台66万千瓦超超临界机组分别于2008年12月、2009年6月投产，两期投资总额97亿元；三期2台100万千瓦超超临界机组正在筹备中。2009年发电量超105亿千瓦时，实现利润总额2.14亿元，供电煤耗完成306克/千瓦时，处于省内最好、国内领先水平。

公司先后荣获大唐集团“安全生产先进单位”、“两型企业”“非计划停运国内一流指标”等称号；荣获“全国热控技术管理先进单位”称号；荣获福建省“主要污染物总量减排先进企业”称号；一期工程荣获“中国电力优质工程奖”；3号机组在2007年第一个完整运行年，在全国132台600MW大机组竞赛中荣获一等奖。

德发电公司

2010年1月5日，省委书记孙春兰在宁电调研

公司的快速成长，受到各级领导的广泛关注。原全国人大常委会副委员长蒋正华，原福建省委书记卢展工，现任福建省委书记孙春兰，省长黄小晶，原中国大唐集团公司党组书记、总经理翟若愚等领导先后到宁德发电公司视察指导。大唐国际党组书记、总经理曹景山同志用“干劲足、士气高、管理好、指标优”这12个字高度评价了公司的领导班子和干部员工队伍，卢展工书记盛赞宁德发电公司是中央企业与地方政府合作的典范。

经过6年多的发展，宁德发电公司已经从一个筹建处发展成为在福建省举足轻重、在大唐国际崭露头角的大型电厂。在公司领导班子的坚强领导下，“宁电人”秉承中国大唐集团公司“提供清洁电力，点亮美好生活”的使命，以科学发展观统领全局，以建设资源节约、环境友好型企业为目标，实现了安全发展、节约发展和清洁发展，成为海峡西岸一颗耀眼的明珠。

福建省重点项目建设功臣、省“五一劳动奖章”获得者
——许振长

许振长同志，2004年任宁德市城市建设投资开发有限公司董事长、总经理、党支部书记。

许振长先后组织实施多项省、市重点工程建设，完成市政基础设施和重点建设项目30多项，累计完成投资近20亿元。2008年省重点项目宁德污水处理工程顺利投产运营，宁德市经济适用住房华庭小区以市优质工程交付使用。2009年省重点项目宁德火车站站前广场顺利完成并投入使用。2010年社会保障性住房项目金涵小区A区顺利竣工，金马路、学院路等10多条城区路网建设快速推进。在他的带领下，公司不断发展壮大，公司注册资本从300多万元增到3000多万元，资产迅速增至4.16亿元，员工从3人发展到100多人，并拥有自来水、燃气、地下信息管道等3家参控股企业。公司先后得到省、市党委政府及相关部门20多项荣誉表彰。

几年来，许振长同志几乎放弃双休日、节假日，利用这些时间下工地现场办公，检查指导解决施工建设中出现的疑难问题。做到了至今为止各重点项目建设未发生一起安全生产事故，也未发生一件行贿受贿的事情；在其不懈努力下，宁德污水处理、经济适用住房和保障性住房实现“零的突破”，为宁德的环保事业和经济房、廉租房建设做出了突出贡献。他的工作得到各级组织和领导的肯定，先后10多次被评为先进工作者、优秀经理，并受到记功奖励。

许振长同志2008年被福建省青年志愿者协会授予“第三届福建省志愿服务事业贡献奖”；2006～2009年连续4年被省、市党委政府评为“重点项目建设先进工作者”；2009年被福建省消费者权益保护委员会、福建省房地产协会评为2006～2008年度“优秀经理”；2009年被宁德市人民政府授予“劳动模范”；2010年被省政府评为“2009年度福建省重点项目建设功臣”，并被省总工会授予“五一劳动奖章”。

金 融

综 述

【金融运行】 2009年，全省各级金融机构严格执行适度宽松的货币政策，全力保增长、保民生、保稳定，金融主要指标在保持快速增长的同时，显示出较强的阶段性特征：上半年，存、贷款增速逐月加快；下半年，存款增幅受IPO重启等因素影响有所回落，贷款增速则冲高后缓慢回落，但全年贷款增量仍比上年翻番。与上半年新增贷款主要投向基础设施领域有所不同，下半年新增贷款主要投向生产、流通和居民住房消费领域，中小企业融资状况有所改善。资金市场价格低位运行，贷款利率持续下跌，银行业利润小幅增长，不良贷款继续“双降”。金融市场交易活跃，非金融企业直接融资比上年增长23.2%，但证券化率和直接融资比重仍较低。保险市场健康发展，年末保险深度和保险密度分别比上年提高0.08个百分点和105.1元/人，保险对经济社会的保障作用进一步增强。

存款保持较快增长，结构短期化特征明显。银行业存款上半年增速持续加快，下半年波动增长，当年总体增幅明显高于上年。全年本外币各项存款折合人民币增加2924.81亿元，比上年多增1126.75亿元，年末本外币存款余额折合人民币较年初增长24.04%。存款来源结构大幅调整，企业存款占比提升，年末中资机构储蓄存款占中资机构各项存款的比重，由上年末的65.81%下降至42.43%，企业存款的比重则由上年末的14.99%提高至39.88%；年末企业存款余额增幅比上年末提高25.56个百分点。活期存款(含通知存款)大量增加，银行资金来源短期化特征明显，全年人民币活期储蓄和企业活期存款增加1919.7亿元，增量为上年的7.06倍，占储蓄和企业存款增量的比重由上年的19.12%猛升至80.03%，存款活期化与居民的投资意愿增强以及企业的生产经营活动重新活跃密切相关。

贷款高位增长有所减缓，投向结构不断调整。与适度宽松的货币政策相呼应，全年贷款增量比上年翻番，金融机构本外币贷款增加3013.97亿元，比上年多增1530.78亿元，年末本外币各项贷款余额比年初增长30.47%。中长期贷款和短期贷款稳步增长，票据融资先增后减，全年中资机构新增中长期贷款为上年的1.85倍，随着票据融资规模的逐季缩减，短期贷款剧增，全年中资机构新增短期贷款为上年的3.37倍；公司类贷款增量继续扩大，全年中资机构公司类贷款加上票据融资增加1932.06亿元，比上年多增629.41亿元；个人贷款增量成数倍增长，其中个人生产经营性贷款占比较上年显著上升，而个人住房和个人其他消费贷款占比下降，全年中资机构新增个人贷款为上年的5.05倍。新增公司类贷款的行业投向结构呈明显的阶段性特征，基础设施贷款上半年大幅增长，下半年增量明显减少；制造业贷款季度分布较为均衡，新增贷款的80%投向石油化工、电子信息、装备制造等重点产业；批发零售业贷款投放逐季增加，占比逐季提高。企业新增贷款主要向中小客户倾斜，若加上个人生产经营性贷款中实际投向小微企业的部分，全年新增小企业贷款占企业贷款增量的58.99%，年末余额比年初增长47.1%。

贷款利率下降明显，货币市场利率低位运行。全年金融机构贷款利率逐季下行，与上年各季度相比降幅较大。分机构看，全国性机构贷款利率较低，地方性机构尤其农村合作金融机构贷款利率明显较高。银行间市场加权利率上半年持续低迷，下半年有所回升，但仍保持在低位；票据市场利率上半年延续跌势，下半年尤其四季度受市场流动性有所收紧以及央票发行利率提高的影响，贴现和转贴现利率水平均呈小幅回升态势。

银行业整体资金运用充分，年末银行业金融机构本外币余额存贷比较上年末上升4.21个百分点，高于全国平均水平15.93个百分点。按五级分类，不良贷款保持“双降”的态势，年末主要银行业金融机构不良贷款余额比年初减少35.1亿元，不良贷款率比年初下降0.77个百分点。全年银行业经营业绩稳定增长，盈利结构有所改善。

金融市场渐趋活跃，企业融资结构有待优化。全年银行间同业拆借市场和债券市场交易活跃，总体资金流向呈现净融入，拆借、债券交易仍以短期融通为主，市场利率在新股发行期间受大额融资需求带动振荡走高，全年同业拆借、债券回购和现券交易三项成交总额增长14.91%。国债柜台交易量比上年大幅增长，年内有5家企业获准在银行间市场发行短期融资券，融资额度比上年增长31.78%。票据市场呈阶段性波动但总体继续增长，票据融资总量上半年快速增长，下半年则逐月减少，全年贴现与转贴现利率在低位窄幅波动，贴现出现负增长；省内首单中期票据——厦门港务控股集团有限公司23亿元中期票据发行。股票市场交易活跃，全年股票交易金额比上年增长136.47%，增幅高于全国平均水平15.78个百分点；证券经营机构盈利水平明显上升，上市公司整体业绩企稳回升，受国际金融危机影响较深的钢铁、汽车等行业逐渐复苏；全年共有20家闽企通过境内外成功上市，融资170亿元，但闽企仅从A股市场融资55亿元，占全省金融体系融资总额的1.7%，低于全国平均水平2.3个百分点。保险市场继续扩容，年末保险公司经营主体增至41家，保险业总资产规模平稳增长；保险的风险保障功能进一步增强，全年保险业承保金额和赔付支出同比分别增长16.4%和5.04%，其中：政策性农业保险和涉农保险覆盖范围持续扩大，出口信用保险的一般贸易渗透率达18.78%。黄金市场交易活跃，全年受黄金价格大幅上涨影响，个人黄金交易及上海黄金交易所会员黄金交易均大幅增长，省内会员单位在上海金交所成交总量增长107.04%，工行、中行、建行等金融机构共办理个人纸黄金交易业务增长13.85%；实物黄金销售情况良好，继四大行之后，其他股份制银行陆续开办实物黄金销售业务。（王勉）

【外汇管理】 发挥外汇服务功能，推进贸易投资便利化。提高进口预付货款和出口延期收款管理政策实施效率，研究解决来料加工企业境内采购代垫款的收结汇问题，为具有真实贸易背景的出口企业开辟“绿色通道”。灵活实施贸易信贷管理政策，简化贸易信贷比例调增和特批额度的审核程序，便利真实贸易背景的企业收付汇，增强外贸企业抵御金融危机能力。简化企业境外直接投资管理程序，下放部分资本项目业务审批权限，全年办理境外直接投资外汇审查金额比上年增长4倍多，完成全国首例对台投资外汇资金来源审查。协助外汇总局在全国推进结售汇数据纳入外汇账户系统改革，工作成效和建议被外汇总局采纳进《境内机构外汇账户管理实施细则》。自主开发业务应用系统，提升贸易信贷和个人外汇监管效率，“贸易信贷辅助监管系统”已在全国31个省级外汇分局中推广使用。深化各项外汇管理改革，外汇流出入“均衡监管”成效明显。借助本省全口径的外汇账户数据，建立进出口收付汇非现场监测机制，实现对涉外贸易主体和交易行为的实时监测；开展经常项目非货物外汇收支监管，完善服务贸易非现场监管流程和分析报告制度。探索改进个人外汇管理手段，及时对分拆结售汇等异常交易现象进行风险提示，在全国率先对银行分拆办理个人现钞结汇业务行为进行依法处罚。创新外汇监管方式，将外汇账户系统中外商投资资本金结汇、利润汇出、外商撤资和直接外债结汇等敏感项目数据，与直接投资相关外汇业务数据进行比对，提升跨境资本流动监测预警分析能力；强化外商投资企业外汇验资询证日常监管，定期将直接投资系统中询证数据，与会计师事务所验资报告数据进行比对，增强资本项目管理有效性；强化银行短期外债指标管理，跟踪监测银行外债借用和偿还情况。深入开展各类外汇专项检查，对银行执行出口收结汇联网核查政策和企业货物贸易信贷登记管理政策检查属全国首创。对台工作先行先试取得新成效，制定的建设海峡两岸区域性金融服务中心工作方案，由省政府印发全省实施，成为推动闽台金融合作的指导性文件；促成人行总行和外汇总局批准扩大新台币兑换业务方案，福建新台币现钞与人民币兑换业务办理范围由沿海五市扩大至全省中国银行网点，全年兑出新台币金额增长4.4倍。（王勉）

【金融监管】 截至年末，全省银行业机构资产总额为22520亿元，比年初增长22.7%。各项存款余额15095.1亿元，比年初增长24%；各项贷款余额12905.8亿元，比年初增长30.5%。不良贷款余额173.5亿元，比年初减少35.1亿元；不良贷款率1.34%，比年初下降0.77个百分点，资产质量位居全国前列。全年实现税后利润218.5亿元，比上年增加13.8亿元。

推动金融机构加大对实体经济的支持力度。出台《福建银行业贯彻〈国务院关于支持福建省加快建设海峡西岸经济区的若干意见〉实施意见》，细化政策举措。推动银企资金供需有效对接，举办和参与银企对接活动近30场，其中全省台资企业资金供需对接会和第七届海交会金融展区对接项目超过300个，金额达137亿元。加强政、银、企合作，支持海峡西岸先进制造业基地建设，持续加大对电子信息、装备制造、石油化工等重点产业以及高速铁路、能源等重点基础设施项目的信贷投入，截至年末，全省中资银行业投向基础设施行业的本外币各项贷款余额为2942.30亿元，较年初增加686.09亿元。全面加强“三农”金融服务，推进新农村支付结算环境建设，填补全省25个零网点乡镇的金融服务空白，使福建成为最早实现基础性金融服务全覆盖的省份之一；向1万多名农村青年发放创业小额贷款4.17亿元，向农村中小金融机构推荐首批25家“农民专业合作示范社”；全年全省银行业涉农贷款增幅达33.94%，高于各项贷款增幅3.44个百分点。帮扶小企业发展，指导督促辖区21家中资银行业金融机构全部成立小企业金融服务专营机构，设立市、县（区）专营网点达165个；提请并协助省政府建立小企业贷款风险补偿基金；小企业贷款快速增长，全年小企业贷款新增839.13亿元，比年初增长44.16%，增幅高于同期各项贷款13.7个百分点。推动引进和设立银行业新机构，全年共新设分行级银行业机构7家，支行

2009年5月30日，福建银监局在福州万象城市广场举行“福建省第二届金融理财博览会”期间，在会场组织开展“防范非法集资活动、保护百姓金融权益”的宣传活动。

（省银监局供稿）

级机构 23 家，组建福建首家财务公司——紫金矿业集团财务公司。加快地方法人机构改革步伐，福州市商业银行更名为福建海峡银行，泉州市商业银行更名为泉州银行，启动龙岩上杭、莆田市区等 6 个农村信用联社改制为农村银行类机构试点工作。

认真落实风险管控措施，有效管控银行业重点风险。针对高息揽存、假按揭等问题，约见银行业高管开展诫勉谈话，并组织签署合规经营承诺书。构建完善银行业风险缓冲机制，采取监管会谈、限制机构准入等措施，推动兴业银行、福建海峡银行提高资本充足水平；督促农村合作金融机构建立多渠道的资本补充机制，全年共增加资本 9.36 亿元，第一批全面完成资格股转换工作，以股份制改革为契机化解剩余 3 家资不抵债社。银行业运行平稳，年末兴业银行和 2 家城商行资本充足率都达到 10% 以上，拨备覆盖率均超过 150%；全省农村合作金融机构整体资本充足率升至 9.31%，拨备覆盖率达 102.34%，抵御风险能力大幅提升。

强化维稳工作，维护金融稳健运行。推动处置非法集资联席会议制度和工作机制推广到 53 个县(市)；协助地方政府对 13 起非法集资活动进行妥善处置。指导银行业协会积极协调电话(短信)诈骗受害者状告银行索赔案件。建立理财业务监测制度，规范银行理财行为。组织开展“银行卡安全用卡宣传月”活动。完成剩余 12 家停业整顿城市信用社市场退出工作，解决城市信用社多年遗留风险问题。

完善创新监管手段，提高监管针对性和有效性。建立全省经济运行和十大重点行业风险监测系统。严格监管票据、房地产信贷、信用卡等业务，召开监管座谈会 358 场，约见高管 459 人次，发出风险提示单和监管意见书 194 份，有效传导监管政策意图。自主研发大客户信贷投向和风险变化分析监测系统，帮助各银行业机构防范信贷风险。深化银行业案件治理，组织开展案件风险排查及“回头看”，督促大部分机构建立存款风险滚动式检查制度。组织开展银行业网点安全专项检查，完成全省 734 家邮储银行二级支行和代理网点内控规范化操作评级工作。加大现场检查查处力度，全年共开展检查项目 187 个，对辖内银行 1229 个分支机构进行现场检查，提出整改意见 1119 条；依法加大处罚力度，对 15 家机构的违规行为进行处罚，累计罚没款 276.36 万元，督促落实处理相关违规责任人 627 名。强化市场准入审核，对风险较突出的银行业机构暂停机构准入。建立完善银行业高管人员不良信息库和考试题库。制定出台中小银行新设机构后评估管理办法，对 9 家新开业半年中小银行分支机构内部管理状况进行后评估。

（林勇生）

银 行

【中国人民银行福州中心支行】 全面落实适度宽松的货币政策，有效应对国际金融危机，围绕“保增长、调结构、扩内需”，加强货币信贷政策与财政政策、产业政策的协调配合。制定出台《福建省金融支持重点项目建设的指导意见》，银行业共对 53 个福建新增中央投资项目累计发放贷款 71.88 亿元，对 183 个省级重点项目发放贷款 871.29 亿元；制定《产业转型升级重点项目银行贷款风险补偿金项目管理办法》，引导金融机构调整授信政策和营销重点，支持 14 个重点产业加快调整振兴；推进绿色信贷政策实施，引导过剩产能领域的信贷结构调整，支持节能减排和企业科技创新；制定“三农”信贷投向指引，率先把林业保险试点扩展至全省，推动林业金融创新进一步深化，当年全省累计发放的林权抵押贷款占全国此项贷款的三分之一；参与拟定金融支持福建海洋经济发展的指导意见，推动海域使用权抵押贷款等涉海信贷产品创新；结合“汽车下乡”、“家电下乡”和农村“万村千乡”市场工程建设，创新推出“补贴＋销售企业担保(承诺回购)”等适合农村消费实际的信贷产品；落实扶弱帮困信贷政策，创新中小企业融资担保方式，引导银行业规范开展专利权、股权等质押贷款，推动担保机构信用评级试点，推广使用企业短期融资券和中期票据，拓宽中小企业融资渠道；改进小额担保贷款管理，积极推动创业和促进就业；落实国家助学贷款新政策，为贫困学生就学及就业提供有效保障；扩大对外贸企业的融资支持，推动完善出口退税抵押贷款和出口信用保险保单项下融资产品，利用国库拨款“直通车”业务加快办理出口退税，引导金融机构将出口退税账户托管贷款的融资比例提高至 90%；加强房地产金融风险管理，及时发现和提示房地产市场运行风险，加大对保障性住房建设的信贷支持力度。

维护辖区金融稳定，构建金融安全网。深化金融稳定协调机制建设，围绕农村信用社流动性风险管理，规范创新型农村金融组织发展和打击非法集资活动，探索与金融监管部门签订监管协作备忘录；依托金融稳定定点监测制度平台，在省内开展金融危机对实体经济影响等 9 项重点监测；高度关注影响金融和社会稳定的苗头和因素，重点加强对辖区高风险法人金融机构的风险监测，深入开展金融稳定评估，传递中央银行维护金融稳定的正面信息；自主构建金融风险提示制度，确保 60 周年国庆期间辖区金融稳定；完善应急处置机制建设，落实《金融风险快报制度》，探索建立“金融机构重大事项报告制度”，在第一时间掌握和处置金融案件和突发风险事件；探索构建农村信用社支付风险应急处置机制，推动创新型农村金融组织建立风险应急处置机制。

不断提升金融服务水平，维护金融消费者权益。完善金融统计制度，深化宏观序列数据库建设，实现统计数据集中系统单轨运行，为经济金融分析研究、预警判断提供基础性数据支持。加强和改进支付结算服务，促进非现金支付业务全面持续发展，全省非现金结算比重达 76%，同比提高 5 个百分点，银行卡渗透率达 54%，比全国平均水平高 80%；大小额支付系统业务量位居全国前列，个人跨行通存通兑业务量居全国首位。中小企业和农村信用体系建设不断拓展，农户信用信息管理系统与农村信用社信贷管理系统实现对接，全省农户信用档案电子化比例由上年 45.23%升至 48.71%；建立全省中小企业担保机构信用评级制度，规范管理征信评级市场。国库服务信息化步伐加快，省内实现税库行横向联网，全年电子缴税金额占税收收入比重由上年 93%升至 97.2%，税款缴库电子化率位居全国前列；推行批量办理出口退税业务新模式，实现财政补贴资金由国库直接拨付。组建全省货币金银业务综合人才、发行基金调拨后备保障、反假货币“三师”队伍，建立现金分析预测模式，全面推进货币发行业务标准化管理；探索撤库地区现金供应新途径，在当年现金投回量高速增长的情况下，有效满足了社会货币流通需要。钞票处理工作标准化管理取得突破性进展，清分产量在全国55个钞票处理中心排名第四，超额完成全年钞票处理工作任务。全面提升反洗钱工作水平，监测发现有情报价值的可疑交易线索大幅增加，协助破获多起涉嫌洗钱案件，洗钱犯罪判决取得突破性进展；在全国率先建立金融城市网反洗钱工作平台，被人行总行选定为全国唯一涵盖所有金融机构的反洗钱监管交互平台试点单位。

（王勉）

【中国人民银行厦门中心支行】 金融机构经营情况。银行业：银行业主体数保持不变，资产规模继续扩大，截至年末，全市共有政策性银行、中外资商业银行、农信社、邮储、信托等各类银行业金融机构33家，其中法人银行业金融机构5家，金融机构数与上年持平；银行业金融机构资产总额4427.56亿元，比上年增长31.57%。资产质量不断优化，损失抵补能力持续增强，截至年末，全市银行业金融机构不良贷款余额为33.62亿元，不良贷款率为1.12%，分别下降9.99亿元和0.72个百分点；拨备覆盖率173.14%，提高59.69个百分点；贷款损失准备充足率199.98%，提高47.39个百分点。利润水平不断提升，盈利结构进一步调整，全年全市银行业金融机构实现税后利润54.97亿元，增长9.08%；资产利润率1.74%，提高0.16个百分点；中间业务收入占比15.31%，提高2.01个百分点。证券期货业：证券期货市场经营机构增多，盈利增长，截至年末全市共有1家法人证券公司、36家证券营业部，证券营业部同比增加8家；有3家法人期货公司、12家异地期货公司营业部，异地公司营业部同比增加4家。全年在厦证券营业部实现营业收入12.73亿元、净利润6.73亿元，分别增长36.0%、36.79%；期货经营机构实现营业收入2.89亿元、增长79.5%，利润总额0.98亿元、增长113.04%。投资者交投活跃，财富水平较大回升，截至年末，全市证券投资者资金开户数为74.03万户、增长11.34%，全年证券交易额12088.80亿元、增长62.89%，年末客户交易结算资金余额为128.99亿元、增长139.89%，总托管市值为894.84亿元；期货投资者开户数为3.57万户、增长107.56%，全年期货交易额为23862.01亿元、增长129.50%。保险业：保险市场体系不断完善，截至年末，全市共有保险公司29家，其中产险公司16家、人身险公司13家，分支机构138家，保险公司数增加3家，分支机构数增加7家；保险公司资产总额为110.49亿元，增长24.33%。保险业务规模继续扩大，全年全市保险业共实现保费收入58.39亿元，增长24.57%，其中，财产险保费收入19.42亿元，增长24.43%；人身险保费收入38.98亿元，增长24.65%；保险深度3.6%，提高0.6个百分点。

货币信贷运行情况。截至年末，全市中外资金融机构本外币各项存款余额3480.44亿元，增长27.62%，增速同比提高17.07个百分点，比年初增加753.30亿元，多增494.20亿元；本外币各项贷款余额2989.65亿元，增长26.18%，增速同比提高15.89个百分点，比年初增加620.20亿元，多增385.12亿元。人民币存款增速持续提高，外汇存款增速逐渐回落，全年全市中外资金融机构本外币各项存款增量为753.30亿元，超过2007、2008年增量累计，本外币存款增速达27.62%，为三年新高；人民币存款大幅增长，截至年末人民币各项存款余额3303.10亿元，增长29.57%，增速同比提高20.13个百分点，比年初增加753.78亿元，多增533.98亿元；外汇存款逐渐回落，截至年末外汇存款余额25.97亿美元，下降0.19%，增速同比降低38.45个百分点，比年初减少0.05亿美元，多减7.10亿美元。人民币及外币贷款快速增长，增幅创历史新高，截至年末，人民币各项贷款余额2752.72亿元，增长23.99%，增速同比提高8.69个百分点，比年初增加532.66亿元，多增226.23亿元；外汇贷款余额34.70亿美元，增长58.74%，比年初增加12.84亿美元，多增21.18亿美元。人民币现金收支延续近年来的净投放趋势，全年全市中资金融机构人民币现金收入3639.33亿元，增长0.67%；现金支出3678.45亿元，增长0.18%；收支相抵净投放现金39.12亿元，下降30.76%；总体上人民币现金收支延续近年来的净投放趋势，现金收支规模与2008年基本持平。非现金支付工具应用日益广泛，全年全市共签发商业汇票1042.23亿元、增长51.52%，支票12757.12亿元、增长9.44%；支付清算系统业务处理能力不断提高，截至年末，全市银行卡发行总量1556.46万张，其中银联标准卡888.54万张；当年新增银联标准卡266.09万张，其中：借记卡208.47万张，占银行卡总量的78.6%，增长1.41%；信用卡36.35万张，占银行卡总量的13.7%，增长24.38%。

金融市场运行情况。银行体系流动性充足，上存资金大幅增加，全年全市银行业流动性总体充足，非法人商业银行（主要是中资银行）当年四个季度末内部资金流向均呈净上存，年末上存余额84.8亿元，环比增长75.2%，比年初净借入的42.2亿元大幅增加127.0亿元。银行资金融通业务保持活跃，场内同业拆借交易额创近年新高，全年全市银行业场内拆借成交26.3亿元，增加1.7亿元，创2006年以来新高，其中净拆出18.9亿元，增长5.0%；在流动性充裕背景下，商业银行同业融资需求下降，全年全市银行业同业存放累计金额1200.3亿元，减少183.2亿元，下降13.2%。票据市场发展加快，票据融资回落至正常水平，全年全市商业汇票承兑累计发生额1071.88亿元，增长52.7%，年末余额400.7亿元，增长47.6%；贴现累计发生额1906.5亿元，增长2.1倍，年末余额115.8亿元，增长8.2%。银行结汇、售汇、净结汇同比萎缩，全年受外汇收支整体大幅下降影响，全市银行业结汇191.53亿美元，下降21.14%；售汇80.05亿美元，下降21.24%；净结汇111.48亿美元，下降21.06%。商业银行黄金业务发展较快，全年个人账户黄金业务累计交易总额24.2亿元，增长38.3%，轧差为净买入0.08亿元；实物黄金业务累计交易总额1.1亿元，其中：自营0.7亿元，代销0.4亿元。

（余淑英）

【中国农业发展银行福建省分行】 夯实管理基础，加强风险防控，加快内部改革，提升队伍素质，推进有效发展，取得良好的业绩。全年累计发放支农贷款 153.3 亿元，年末各项贷款余额 238.8 亿元，比上年增加 58.8 亿元，增长 32.7%；实现人均利润 55.09 万元。

信贷支农力度加大。认真谋划业务发展，深入调研规划加快海西建设的工作建议，报送总行争取规模和政策，提出并落实综合营销的理念和策略，积极开展与省直有关部门和同业的合作。全力做好粮食购、调、储主体业务，保障粮食安全，有 24 个分支行获总行“粮油信贷管理先进行”称号。全年累计对农村基础设施建设、农业综合开发、县域城镇建设等 92 个项目发放贷款 57.83 亿元，非经营性项目区域覆盖率达 65%；累计发放农业产业化龙头企业和农业小企业贷款 43.85 亿元，支持产业化龙头企业 108 家，农业小企业 159 家。

风险防范有力有效。强化风险防控制度保障，建立风险贷款监测管理制度，制定信贷业务责任系数暂行规定和不良贷款问责试行办法，下发信贷担保法律审查实施细则，进一步规范民营企业法定代表人及主要股东个人担保管理。严格贷款准入，加强流程和权限管理，对农业小企业贷款实施差别转授权、贷款准入资格和贷款报备管理；认真开展评级授信工作，改进商业性流动资金续贷项目审查审议工作。突出强化贷后管理工作，着力抓好信贷准入、贷款支付和贷后管理“三关”各环节管理要求的落实。积极研究风险贷款管理和化解有效措施，加强对商业性贷款及重点客户的监测、预警和分析，采取建立风险快报、约谈行领导、派出风险管理督导组、风险提示和案例分析等形式，指导督促有关行化解、清收新增风险贷款，严格新增不良贷款的问责，信贷资产质量继续位居全国农发行系统前列。

经营效益持续提高。增强存款组织意识，加强存款考核奖励力度；加强对可保资源状况的监测分析，积极培育国际业务目标客户；严格信贷计划管理，强化市场利率监测，加强利率定价管理；进一步完善经营绩效考评办法，优化费用支出结构，加强固定资产和基建管理。全年利息收回率 99.03%。

内部改革深入推进。全面推行深化县级支行岗位绩效考核和推行员工双向选择、竞争上岗改革。进一步强化二级分行的基础管理平台作用，建立贷款调查评估和审查中心，实现了支行窗口服务前沿营销、二级分行一级经营管理的目标。拓展支农服务的空间，新建永安、长乐、南安 3 个支行，做好其他拟新设支行的筹建工作。调整省分行内设机构，新设信贷独立审查官，强化对审批信贷事项风险的审核把关；全省 32 个营业机构全面实行综合柜员制；做好市场化用工招聘工作，进一步充实和优化员工队伍结构。 （叶秋英）

【国家开发银行福建省分行】 认真贯彻中央“保增长、调结构、促发展、惠民生”的政策部署，加大信贷均衡投放力度，大力推进项目开发评审，继续强化信贷管理和各项基础工作，各项主要经营指标创历年新高。

积极争取信贷资源向海西倾斜。认真贯彻落实国务院关于支持福建省加快建设海峡西岸经济区的若干意见，争取总行信贷政策和规模资源向海西倾斜，合理把握信贷投向和均衡投放进度。全年发放贷款折合人民币 431.97 亿元，比上年增加 158.81 亿元，增长 58.14%，贷款发放创历年新高。新增贷款主要投向公共基础设施（占 42.79%）、公路（占 16.59%）、电力（占 22.23%）、铁路（占 6.31%）、农林水利（占 2.89%）等重点行业。年末贷款余额折合人民币 868.27 亿元，比年初增加 267.32 亿元，增长 44.48%。年末贷款和受托业务合计余额 1269.11 亿元，比年初增加 222.75 亿元，增长 21.29%。

深化开发性金融合作，加快重点项目开发评审。全年新增项目开发额 1298.79 亿元，比上年增加 609.95 亿元，增长 88.55%；实现贷款承诺额 642.49 亿元，比上年增加 304.59 亿元，增长 90.14%；主要承诺了福建高速公路项目、福清核电综合授信、宁德核电汇票业务和福州、泉州、漳州等市重点城建项目。强化评审管理，严把贷款“入口关”，对重大行业重大项目、四项审批手续基本完备的项目优先评审；对不符合国家产业政策、土地环保政策项目坚决不介入；加强对城市基础设施建设项目政府还款能力的分析，合理控制地方负债规模。

积极稳妥地开展国际合作业务，支持“走出去”战略。全年新增外汇项目开发额 51.2 亿美元，比上年增加 28.8 亿美元，增长 128.57%；实现评审承诺额 18.53 亿美元。发放外汇贷款 2.86 亿美元，年末分行外汇贷款余额 4.2 亿美元。特别是实现对印尼国家电力公司 Indramayu、Rembang、Adipala 和 Sumbar 电站项目的融资，合同签订额 10.05 亿美元，发放贷款 2.5 亿美元；签订巴布亚新几内亚液化天然气项目银团贷款协议，本行以联合牵头行身份获得银团份额 6 亿美元；签订新加坡奥兰公司、印尼国家天然气公司 2 项目银团贷款协议，本行银团贷款份额共计 5100 万美元。上述项目的成功操作对中资银行“走出去”参与国际银团贷款，促进国内企业“走出去”承包工程和成套设备、技术的出口，具有重大意义。

发展基层金融和瓶颈领域业务，支持民生优先。全年共发放民生领域和社会瓶颈业务贷款 170.31 亿元，比上年增加 88.25 亿元，增长 107.54%，其中：发放县域新农村建设贷款 94.86 亿元，中小企业贷款 11.79 亿元，科技贷款 8.39 亿元，节能减排贷款 52.78 亿元，中低收入住房贷款 16.6 亿元，台资项目贷款 13.67 亿元，医疗卫生贷款 2 亿元，教育贷款 6.77 亿元。运用组织增信、风险分担等措施，实施从项目开发、贷款评审、合同签订、贷款发放、资金支付到本息回收的全流程严格管理，较好地实现了防范风险和支持社会瓶颈类客户发展的有机统一。

加快商业化改革转型步伐，不断完善银行功能。发挥“投贷债租”综合优势，推进综合营销，加强业务创新，拓展存款和中间业务，开办信用证、代理保险、银行承兑汇票、票据贴现等新业务，为客户提供高效便捷的金融服务。全年新增开立人民币结算存款户 127 户，目前分行共有本外币结算账户 451 户；年末各类存款余额折合人民币 151.11 亿元，全年日均存款 82.23 亿元；全年实现利润 15.42 亿元，比上年增加 5.26 亿元，增长 51.77%，完成全年利润计划的 123.36%。

强化信贷管理为重点的各项基础工作，资产质量继续保持优质。始终坚持“既要支持经济发展，又要防范金融风险”的方针，在加大贷款均衡投放的同时，主动采取措施提高抵御风险的能力；加强与借款人和有关政府部门的沟通，强化项目资本金的管理，坚持贷款资金支付和资本金按照规定要求到位，确保项目顺利建成；加强平台债务管理，防范信贷风险，主动开展融资平台调研，通过加强预测分析，了解掌握平台负债状况，及早采取有效措施防范风险；严格贷款项目监管，定期开展延伸检查。全年共回收贷款本息208.15亿元，其中：本金164.65亿元，利息43.5亿元，连续29个季度实现贷款本息回收率100%；代理回收受托业务贷款本息166.67亿元；年末不良贷款余额2.25亿元，不良贷款率0.26%，受托业务无不良贷款。 （兰发文）

【中国工商银行股份有限公司福建省分行】 经营效益大幅增长。统筹抓好经营、管理和服务工作，全面完成年度各项经营计划，自身经营发展驶入快车道。拨备前利润49.51亿元，比上年增加7.93亿元；拨备后利润48.12亿元，增加7.36亿元，同业排名第一。经济资本回报率、人均EVA、成本收入比均进入系统前十名。总资产净回报率系统排名第一。在总行对一级分行经营绩效和业务发展考评中排名第7位；绩效等级为B一级；经济增加值排名第8位，保持“前十”之列。

各项业务稳健发展。本外币各项贷款余额较上年增加391.88亿元，增长36%，增量高居四行首位；本外币全部存款余额较上年增加200.4亿元，增长15%；中间业务收入17.96亿元，增加6.75亿元，增长60.2%，增速排名四行第一、系统首位。风险防控更加扎实，在总行内控评价中，继续保持一类行；不良贷款连续9年“双下降”，年末不良贷款占比比年初下降0.82个百分点。

服务海西建设大局。着力拓展融资服务能力，扩大信贷准入和授权授信管理，加大高速公路、铁路、港口、核电、城市给排水、供气、供电、污水垃圾处理等信贷投放，积极支持加快完善两岸直接“三通”基础条件和推动福建沿海港口群整合的信贷业务，项目贷款余额增加83.75亿元。在小企业和个人金融服务需求旺盛区域设立42家小企业专业支行、2家小企业金融业务中心和46家个人贷款中心，构建高效有序的小企业融资和个人融资服务快速通道，小企业融资余额增加113.37亿元，增长69%，居总行小企业贷款业务第一梯队12家分行首位；新增个人贷款179.19亿元，增长82.91%，位列系统第一；国内贸易融资余额增加102.45亿元，增长13倍，国内贸易融资余额、净增额、国内信用证余额、净增额等指标进入系统前五名。

业务创新步伐加快。投资银行业务获总行2009年度“优秀组织奖”，比上年增加1.68亿元，增长61.8%。销售基金131.77亿元，同业占比高达43.02%，稳居首位。信用卡发卡量、消费交易额、透支规模、中间业务收入等主要指标同业排名和总行考评全部第一。电子银行荣获“2009年度电子银行业务突出贡献单位”称号。个人网银、企业网银存量及新增客户、电子银行业务收入等指标均保持同业第一，手机银行(WAP)客户新增和存量客户跃居同业第一，电子银行业务离柜率比上年提升10.8个百分点。企业年金业务签约客户数、年金业务收入、管理个人账户数市场占比均居第一。资产托管业务规模、收入实现双突破，新增托管规模完成总行计划的799%，资产托管业务收入完成总行计划的406%，荣获总行2009年度资产托管业务综合贡献奖。

企业形象日益提升。在福建省第五届“创文明行业，建和谐海西”竞赛活动中，获得第五名，位居同业榜首。福州闽都支行营业室荣获2009年度中国银行业文明规范服务百佳示范单位。全年全辖新建成29家贵宾理财中心、2家财富管理中心、88家标准理财网点、14家离行式自助银行，新增和更新ATM机188台、存取款一体机200台，服务广大客户的能力及水平进一步提升。 （陈思滔）

2009年7月27日，中国工商银行在福州召开海峡西岸经济区业务发展战略研讨会。 （省工行供稿）

【中国农业银行股份有限公司福建省分行】 准确把握宏观经济金融形势的变化，加强“三农”金融服务，加快经营转型，各项工作进展顺利，业务经营保持平稳健康发展。截至年末，全行本外币各项存款余额1721.4亿元，比年初增加275.0亿元；本外币各项贷款余额1372.9亿元，比年初增加297.5亿元；不良贷款继续“双下降”。

注重拓展市场，进一步调整优化客户结构，各项业务实现较快发展。积极落实总行与省政府签署的战略合作协议，加强银政、银企合作，大力支持重点项目、重点企业发展。积极推进小企业金融服务专营机构建设试点工作，成立63家小企业专营机构，中小企业贷款增加102.2亿元。加强个人客户“1＋N”联动营销，储蓄存款增加151.91亿元，个人贷款增加187.31亿元，占全行贷款增量的62.96%，市场份额居首位。新增信用卡18.7万张。大力拓展中间业务，中间业务收入占营业净收入的比重16.73%，比上年提高4.44个百分点。境内外联动营销取得实质性进展，实现国际结算79.46亿美元，增长6.53%。代理保险业务在省内唯一

金穗惠农——社会保障卡首发仪式。（省农行供稿）

逆市增长，市场份额连续12个月保持同业第一，手续费收入6217万元，增长41%。

注重改革创新，全面推进“三农”事业部制改革和服务“三农”试点工作，“三农”服务能力进一步增强。实施重点推进县域支行发展计划，加强“三农”特色产品、担保方式、制度办法和服务模式创新，积极推进惠农卡与“新农合”、“新农保”等民生项目的对接，稳妥推进农户小额贷款工作。全年新增惠农卡78.38万张，激活率98.99%；农户小额贷款新增授信12.44万户，新增贷款38.07亿元。全行涉农贷款余额631.89亿元，比年初增加92.15亿元；全省县域支行本外币各项存款增加169.52亿元，占全行的61.64%；各项贷款增加179.32亿元，占全行的60.28%。

注重打实基础，“硬”转和“软”转一起抓，网点转型起步工作扎实推进。大力整合优化营业网点布局，升格网点187个、搬迁26个、整合42个。加快电子渠道建设步伐，设立自助银行201个，新投入各类自助设备4090台。着力优化柜面业务流程，积极探索劳动组合新模式。大力推动网点文明标准服务建设，导入文明标准服务网点422个，占全行网点数的61%。

注重风险控制，强化内部基础管理，案件防控取得实效。注重有效利用内外部检查成果，认真查找问题的深层次原因，积极研究对策，狠抓整改。积极推进信贷审批体制改革，全面开展信贷法人客户风险排查，推行风险经理派驻制。实施全额资金管理，建立内部转移计价机制，资金营运效益有效提高。健全案件防控长效机制，扎实开展基层营业机构案件集中排查活动，抓好案件专项治理。做好信息系统安全保障工作。加强金库规范化管理，推进安防设施标准化建设。认真落实维稳信访工作，总体保持了平安稳定。（林少伟）

【中国银行股份有限公司福建省分行】 2009年，中国银行股份有限公司福建省分行实现人民币各项存款余额1280.41亿元，其中储蓄存款723.69亿元，企业及其他存款556.72亿元。人民币各项贷款余额1067.60亿元，其中公司贷款682.07亿元，零售贷款385.52亿元。外币各项存款余额20.76亿美元，各项贷款余额23.67亿美元。全年实现拨备前经营利润29.56亿元，风险调整资本回报率（RAROC）43.92%，不良资产比率0.79%，同比下降0.64个百分点。全年全辖共实现考核利润23.57亿元，完成总行预算的125.63%；实现经济价值增加值（EVA）17.13亿元，风险调整资本回报率（RAROC）43.92%；营业费用总额控制在总行核定费用上限范围内。

主营业务。主动融入海西建设，积极整合资源，先后为高速公路公司、宁德核电、宁德大唐发电等省内重点项目核定授信总额超过390亿元，作为牵头行组织了福建省房地产行业第一笔银团贷款。加快非标类零售业务的批量化、规模化发展，各类非标类零售业务产品在全辖快速铺开，实现零售贷款业务的快速增长，其中车贷余额市场份额居市场首位。坚持产品带动，针对客户的避险需求和贸易融资需求，重点推介信用证、福费廷、保函、商业发票贴现等传统结算产品，及时推出融信达、汇利达、出口退税质押融资等新产品，支持外贸企业“走出去”战略，与省高速公路公司合作推出“银速通”产品，市场占有率超过20%。

网点建设与客户服务。改善网点转型条件，全年网点建设开工91家，全面加强网点系统性建设，挖掘网点潜能。加强三级财富管理，全辖共设理财中心33家（年新增9家），财富管理中心6家（本年新增3家），私人银行1家，在基金代销、保险代理、人民币理财、外币理财、外汇交易、贵金属销售等方面为客户提供更加优质的服务。大力推进“基础客户定向营销”，力求实现“5万以上客户有人管，20万以上客户重点管”的客户维护目标。全辖理财客户总量突破6万名。全辖共叙做贸易项下国际结算业务192.30亿美元。实现银行卡收益2.2亿元。电子银行实现网上报关交易量127.81亿元。

风险管控。高度关注国内外经济金融形势及行业发展态势，早预警、早行动，防范潜在授信风险，对国家限制和淘汰的项目和企业严格限制新增授信，大力优化行业和客户授信结构，全年不良授信实现“双降”，连续5年超额完成总行下达的不良化解任务。全辖不良授信资产余额9.68亿元，较年初减少2.5亿元；不良率0.79%，较年初下降0.64个百分点；实现不良贷款化解9.30亿元；拨备覆盖率263.53%，较年初提高61.77个百分点。认真组织案件风险排查、重点存款账户风险排查和印鉴卡排查，全年成功堵截ATM案件136起，欺诈案件5起，涉案金额约748万元，协助公安机关抓获各类作案分子19名。（王李斓）

【中国建设银行股份有限公司福建省分行】 以客户为中心，以市场为导向，深化改革、积极创新、加强营销、规范管理，经营规模持续扩大。截至年底，全口径存款余额2208.08亿元，比年初增加458亿元。一般性存款余额2025.94亿元，比年初增加368.2亿元，其中：储蓄存款增加205.71亿元，企业存款增加162.46亿元。本外币各项贷款余额1584.43亿元，比年初增加302亿元，其中个人贷款余额550.32亿元，比年初增加114.1亿元。

继续推进以经济资本为核心的风险效益约束机制，完善以经济增加值为核心的绩效评价体系，盈利能力进一步增强。全年实现账面利润39.36亿元，比上年增加3.43亿元；实现税前利润38.9亿元；实现经济增加值20.2亿元；经济资本回报率为28.73%；总资产净回报率为1.38%；按国内准则口径的成本收入比为30.59%，同比减少0.6个百分点；按国际准则口径的成本收入比为37.51%，同比减少1.4个百分点。

客户营销力度进一步加大，全年共储备公司类固定资产贷款项目99个、金额1255亿元；累计为中海油海西宁德工业区、中化泉州石化有限公司、福州市地铁1号线项目等55个客户（项目）意向承诺贷款927亿元。房改金融服务水平进一步提高，截至年底，全辖委托性住房资金存款（含委贷基金）余额248.54亿元，当年新增30.32亿元；个人住房公积金贷款余额144.09亿元，当年新增38.28亿元。“八一工程”得到进一步巩固，市场占比为30.1%，同比提高了5.6个百分点。

顺应市场发展形势，加大力度发展中间业务特别是国际业务、电子银行业务、信用卡业务、投资银行业务等战略性业务，高价值市场领域的竞争优势进一步提升。全年实现中间业务净收入17.55亿元，同比增长29.41%；中间业务净收入占主营业务收入的比重为21.33%，同比提高3.42个百分点。累计办理国际结算131亿美元，累计办理结售汇（含远期结售汇签约）86.87亿美元。全辖开通自助银行480家，当年新增63家；投入运行的自助设备2587台，当年新增357台；自助设备与柜面交易量之比平均达265.37%，比上年同期提高101.87个百分点。新增个人网银活跃客户98.92万户，新增企业高级网上银行2128户，实现个人电子银行交易额1.19亿元，电子银行与柜面交易之比达到114%。信用卡净增客户31万户，累计发卡125万张；信用卡当年消费交易额累计达258亿元，账户活动率为63.61%。当年实现投资银行业务收入2.84亿元，同比增长181.2%；当年基于信贷类理财产品共发行30期，发行量达到14.07亿元；资本市场类理财产品发行量为4.57亿元；开放型资产组合理财产品发行量为25.55亿元；股权投资类理财产品发行量为3.9亿元。

继续加大不良贷款催收力度，切实提高风险管理水平。全年处置各类不良资产5.22亿元，其中处置不良贷款5.18亿元，现金回收不良贷款4.37亿元，实现不良资产超值现金回收1.32亿元。不良贷款额16.62亿元，比年初增加1.37亿元；不良贷款率1.05%，比年初下降0.14个百分点。（周林松）

【兴业银行】 贯彻落实国家宏观经济政策和金融监管要求，准确把握经济调整、政策变化过程中出现的市场机会，开拓进取、奋力拼搏，各项业务继续平稳健康发展，主要业务指标均处于历史最高水平。截至年末，全行资产总额13321.62亿元，比年初增长30.49%；本外币各项存款余额9008.84亿元，比年初增长42.45%；本外币各项贷款余额7015.97亿元，比年初增长40.49%；全行净资产余额595.97亿元，比年初增长21.57%；全行资本净额770.13亿元，比年初增长33.43%；资本充足率为10.75%，核心资本充足率为7.91%；全年实现税后利润132.81亿元，增长16.66%；全行不良贷款余额37.79亿元，比年初减少3.7亿元，不良贷款比率0.54%，比年初下降0.29个百分点；拨备覆盖率达到254.93%，比年初上升28.35个百分点，风险抵御能力进一步增强。

业务结构不断优化，经营特色逐步增强。公司业务专业化和综合化服务能力进一步提高，业务规模再上新台阶，截至年末，全行本外币公司存款余额6824.22亿元，比年初增长45.54%；本外币公司贷款余额5325.84亿元，比年初增长43.77%。全行公司客户16.91万户，比年初增长14.44%；其中核心客户2.77万户，比年初增长15.98%，中心客户占公司客户的比例达到16.61%。成立国内首家可持续金融业务专营机构——可持续金融中心，顺利完成国内首笔遵循赤道原则的项目融资；全年共新增节能减排贷款137笔、132.79亿元，累计发放节能减排贷款233笔、165.83亿元，取得了良好的经济和社会效益。稳步推进现金管理等重点业务发展。成立总行小企业部，重构小企业业务运营模式，设立10家小企业中心。同业业务继续抓住银银、银证、银信、银财合作等重点领域，深度挖掘客户需求，切实加强市场营销与产品创新，持续提升同业合作层次，全年共拓展同业核心客户182家；新增上线银银平台产品50个；通过银银平台销售理财产品514.7亿元，增长231.47%；全年实现银银平台结算量261.65万笔，增长356.63%；科技输出新增上线客户6家，实现建设及运维收入3257万元，增长250.22%。第三方存管联网券商88家；第三方存管终端客户达到186.1万户。开展信托理财业务量1292.09亿元，增长104.7%。投资银行业务积极应对市场波动，进一步加快发展步伐，全年共为17家客户完成255.8亿元债务融资工具的注册，为23家企业发行34期债务融资工具，发行规模296.05亿元；联合承销发行金融债30亿元。财务顾问业务有所突破，承担两家公司IPO财务顾问，共募集资金40.67亿港元。零售业务继续推行体制改革，资产、负债、中间业务全面取得新突破。截至年末，全行零售信贷余额1690.14亿元，比年初增长31.08%，零售信贷余额在同类银行中排名前列；零售信贷不良率（不含信用卡）0.15%，资产质量良好。储蓄存款余额1469.08亿元，比年初增长65.26%，增长率连续三年在同类银行中排名第一。个人投资理财业务功能不断强化，全年累计销售综合理财产品1699.4亿元。信用卡业务更加重视质量和效益管理，全年共新增发卡81.38万张，累计发放信用卡571.98万张；全年实现账面盈利1.44亿元，首次扭亏为盈；信用卡不良率2.14%，在国内同业中位居前列。资产管理和新兴业务紧跟市场变化趋势，做大做强特色产品，各项业务平稳、健康发展。全年黄金自营交易累计达548.3吨，增长56.63%，成为国内首批获准开展黄金期货业务的4家商业银行之一；在国内首家推出代理黄金T+D业务，成为代理上海黄金交易所品种最齐全的商业银行，全年累计完成代理贵金属买卖业务921亿元，增长521%，成交量继续保持市场第一。大力发展非基金托管业务，全年新增托管产品711只；截至年末，资产托管规模达到1377.72亿元，增长106%。正式开展标准仓单质押贷款业务，成为渤海商品交易所第一批结算银行之一。

适应业务发展需要，加强全面风险管理。主动应对市场形势变化，持续优化战略布局，灵活调整资产负债和业务管理政策，推动全行业务平稳、均衡发展，避免大起大落。深入开展市场和客户调研，明确信贷业务投向，确保新增贷款质量。细化公司业务风险分类管理，加强特定行业、特定客户风险监控，开展行业限额管理和部分行业压力测试。细化资金营运、投资银行等风险管理流程建设。加强操作风险管理流程评估和案例分析，建立健全信息科技风险关键指标体系，上线推广会计风险监测预警系统，完善主动防御型操作风险管理体系。在全行范围顺利完成全面合规管理体系项目建设，合规风险管理水平不断提升。建立舆情监测和负面信息应急处理机制，有效化解声誉风险。根据监管政策变化，及时完善风险管理基础制度建设，稳步推进新资本协议项目、操作风险体系项目以及信贷系统、风险监测系统升级改造工作，进一步夯实风险管理基础。加强审计监督，持续推进各类审计监督形式的综合运用和有效衔接，启动实施内部控制评估体系项目建设，提高审计监督和内部控制成效。坚持不懈加强案件治理，有效防范案件发生。

稳步推进各项管理变革，营运支持保障能力持续提升。零售事业部制改革基本完成，各分行零售信贷中心全面建立。柜面流程再造试点取得明显成效。完成交易处理中心系统全流程上线推广，交易作业流程再造取得重要的阶段性成果。进一步完善费用管理和资源配置机制，不断提高资源配置和使用的效率；进一步优化各项考核评价和激励约束措施，持续提升内部运营管理水平。推进管理会计相关系统建设，全面加强预算管理。石家庄分行顺利开业，呼和浩特、长春分行正式筹建，积极申请设立台北代表处；收购联华国际信托有限公司各项前期工作顺利完成；截至年末，全行共有44家分行、503家分支机构。电子银行业务快速发展，创利能力稳步增强，无形网络渠道的交易量已接近全行所有营业网点交易量的总和，截至年末，企业网银客户数4.83万户，比年初增长34.94%；个人网银客户数313.69万户，比年初增长94.26%；电话银行客户数466.50万户，比年初增长70.47%；手机银行客户数184.28万户，比年初增长242.54%。全年新增取款机264台，新增存取款一体机544台，全行自助机具运行总数达到3519台。

市场地位和品牌形象继续大幅提升。根据英国《银行家》杂志2009年7月公布的2009年度全球银行1000强排名，兴业银行按一级资本列117位，比上年上升30位；按资产总额列108位，比上年上升16位。另据该杂志公布的中国银行100强排名，兴业银行按一级资本排名第9位，按总资产排名第10位。根据美国《福布斯》2009年4月发布的2009年全球上市公司2000强（ForbesGlobal2000）榜单，兴业银行排名第389名，比上年提升293位；在91家上榜的中国内地企业中排名第17位，在307家上榜的全球银行中排名第62位。根据英国《金融时报》2009年6月发布的2009年全球企业500强排行榜中，兴业银行以168.14亿美元的总市值首次入围，排名第292位，在所有入围的27家中国内地企业中排名第16位。当年在国内外权威机构组织的一系列评比活动中，先后获评2009年度“亚洲可持续银行奖”冠军、“亚洲最佳同业合作银行奖”、“中国最佳企业公民奖”、2008年度“最佳绿色银行奖”、“中国上市公司价值百强”、“十佳最具持续投资价值上市公司第一名”等荣誉。

（常庆伟）

【中信银行福州分行】 围绕“以经济效益为中心，合规经营、风险管控”的工作思路，优化结构、强化管理，核心竞争力和可持续发展能力不断增强。截至年末，分行总资产344.31亿元；本外币各项存款余额266.14亿元，其中人民币各项存款261.78亿元；本外币各项贷款余额为293.68亿元，其中人民币各项贷款283.1亿元；全年实现经营利润5.34亿元；全分行共设立营业网点21家，其中：福州14家，泉州6家，莆田1家。

各项业务保持稳健发展态势。公司业务方面，大力支持铁路、公路、大型水电等基础设施项目建设，适时根据企业需求，推广应收账款质押融资、法人账户透支等产品，带动了业务快速发展；创新客户管理模式，首次为全省战略客户合作伙伴授匾，并提出十大服务举措。零售业务方面，健全服务体系，形成五大类集中营销平台，满足客户差异化需求，依托第三方存管、理财、基金等产品营销，使全年贵宾客户数及基础客户数增幅分别达53%和19%，客户结构进一步优化；积极与优质中介机构合作，丰富个人经营性贷款担保方式，实现个贷业务快速稳健发展，个贷余额

2009年4月15日，中信银行福州分行邀请上海爱乐乐团举行开业10周年——中信之夜大型交响音乐会。

（中信银行福州分行供稿）

突破82亿，当年新增33.32亿元。国际业务方面，紧抓进口开证和信保融资业务，积极推进国内信用证业务、境外机构境内外汇账户（NRA）营销，带动各项业务稳健发展；举办2009年外汇业务战略客户高层论坛——民营企业专场，加深银企合作。资金资本业务方面，先后推出“四合一”、“新四合一”等创新业务，推动了人民币存款、外币资产及国际结算量的增长；积极与中信嘉华银行等机构合作，促进跨境业务发展，提高了综合收益和市场竞争力。

风控能力显著提升。合规体系建设方面，建立风险管理委员会、合规审计部及各兼职合规员的三级合规组织体系，深入开展多场合规专项培训，加大内部审计力度，梳理完善规章制度。风险防控方面，推行客户经理岗前考试、持证上岗，严把授信关口，实行按月监控的风险预警机制，增加贷后检查频度，针对风险隐忧行业及客户开展专项排查，加大不良贷款清收力度，持续优化信贷结构，截至年末，全辖不良贷款率仅为0.38%。内部控制方面，完成账务集中工作，实现全辖后督电子化管理，加强对会计重点岗位、重点环节的排查，加强安全保卫工作，保持了案件零记录。（唐夏芸）

【招商银行股份有限公司福州分行】 2009年，招商银行福州分行妥善应对上半年实体经济下行带来的各种风险和挑战，积极抓住下半年经济复苏及海峡西岸经济区建设提速带来的市场机遇，坚持走内涵集约型的发展道路，业务结构进一步优化，盈利能力不断提升，风险管理能力持续增强，继续呈现效益、质量、规模协调发展的良好态势。截至2009年末，招商银行福州分行折人民币资产总额265.12亿元，新增60.83亿元，增幅29.77%；折人民币自营存款余额220.72亿元，新增39.36亿元，日均195.32亿元，新增42.26亿元；折人民币自营贷款余额205.75亿元，新增46.6亿元；不良贷款余额2827.15万元，比年初减少368.68万元，不良率0.14%，比年初下降0.06个百分点；实现非利息净收入1.61亿元，完成年度预算108.11%；实现考核利润3.76亿元，完成年度预算109.22%。

2009年度，招商银行福州分行年末自营存贷款余额双双突破200亿元。资产结构方面，个人资产业务占一般性贷款的41.37%，比年初上升4.7个百分点。中小企业继续保持良好发展势头，占全部对公一般贷款余额的44.37%，比年初提升1.74个百分点；负债结构方面，活期存款占比58.69%，较年初提升5.84个百分点。储蓄存款占比30.18%，较年初提升3.63个百分点。继续发挥中小企业融资为重点的发展方向，积极支持受危机影响较小、实力较强、符合国家产业发展方向的优质中小企业客户的融资需求，全年新增投放10.87亿元，完成总行下达全年任务的271.75%。同时招商银行福州分行积极为电力、高速、汽车、城市基础建设提供信贷支持，累计新增重点项目、支柱产业、基础设施贷款投放近10亿元。认真研究市场利率水平，牢固树立风险定价意识，切实加强对定价流程的管控，大力发展自主定价能力较强的中小企业贷款和个人经营性贷款，全年一般性对公贷款利率平均上浮1.6%，零售贷款年均收益率达到5.53%，位居全系统前列。招商银行福州分行积极争取高价值客户，客户结构持续优化。中小企业一般性贷款有效客户数为438户，比年初增加103户，完成总行全年计划的294.28%，户数占比为79.49%，比上年末上升1.04个百分点。全年新增标准金葵花客户1706户，新增钻石卡客户115户，新增私人银行客户28户，新增信用卡客户28000户。继续保持信用卡业务的市场领先地位，积极开拓财务顾问、企业债、同业理财等新兴对公中间业务，国业中间收入逆市增长。通过强化潜在风险客户退出、完善风险预警、推进集中化操作、加强贷后直查、加大清收力度等手段，信用风险管理的精细化、标准化水平得以提升，不良资产实现“双降”，资产质量继续保持优良水平。下半年面对信贷规模调控的严峻形势，顾全大局，积极实施贷款疏导计划，贷款规模均按月控制到位，既保证了对公客户营销的连续性，又使信贷结构得到进一步优化。积极配合总行常规审计并做好后续整改工作，认真落实总行案件风险排查和案件专项排查工作要求，全面梳理应急处置管理制度与流程，进一步提升反洗钱工作质量，不断强化柜面业务规章制度执行力，确保各项经营管理工作合规稳健运行，全年无案件、无重大责任事故的“双无”目标得以实现。（林政）

【光大银行福州分行】 注重优化业务结构，加大市场营销力度，不断加强风险管理，努力打造五项工程，实现各项业务的较快发展，资产质量继续改善，综合竞争实力明显增强。截至年底，分行表内外资产总额257.46亿元，比年初增加53.62亿元，增长26%，其中各项贷款余额168.52亿元，新增39.56亿元，增长30.67%。全部存款余额149亿元，其中：一般性存款余额129.2亿元，新增23亿元，增长21.7%；同业存款余额19.8亿元，新增3.75亿元，增长23%。资产质量持续提升，分行不良贷款余额为1361万元，比上年减少1243万元；不良贷款率为0.08%，比上年下降0.12个百分点。盈利水平保持平稳，分行实现税前利润3.1241亿元，完成全年计划的108%。

对公业务保持稳健发展。面对年初复杂多变的宏观经济环境，通过审查审批的导向性管理，提高经营机构的主动营销意识，在合规和风险可控的前提下，当年新增贷款40亿元，新增贷款主要支持地方公共管理及交通行业的发展，如福州市国有资产营运公司10.8亿元、福州市政建设开发公司5.2亿元、福州新榕城市建设发展有限公司3.5亿元、福州京福高速公路有限责任公司4.57亿元等，整体信贷投放结构更趋均衡和优化。贸易金融业务和货押业务克服了金融危机、出口经济下滑等不利因素影响，继续平稳有序开展，实现税前贸金项下非息净收入约2079万元，表内外贸易融资发生额69.68亿元，货押业务累计发生额8.4835亿元。

零售业务全面良性发展。牢固树立以优质客户为中心的经营理念，构建完善客户服务和团队建设两个体系，有力推动了零售业务的发展，较好地实现了客户结构、网点竞争力、渠道建设和品牌竞争力等方面的有力提升。储蓄存款时点增长5.2亿元，完成全年任务的130%；日均增长3.26亿元，完成任务的115%。个人贷款时点新增5.09亿元，完成任务的142%。理财、基金、信用卡等重点产品的贡献度进一步

光大银行968111阳光海都卡发行仪式　　（光大银行福州分行供稿）

提高，被总行授予“信用卡十佳分行”和“营销创新奖”。基金销售6.64亿元，增长324%，多个重点产品销售系统内排名前列。2009年3月21日，分行正式对外发行了与《海峡都市报》的联名借记卡——968111阳光海都卡，逐步在福州市场上打出品牌。

合规风险管理能力得到增强。认真落实授信后管理新制度，不断提高授信后日常管理工作水平和质量，先后开展了对公授信抵质押物专项授信后检查、货押及保函授信业务自查等17项检查，通过专项检查和风险排查，及时有效地排除了风险隐患，推动分行授信业务持续健康发展。坚持每季定期召开合规预警会议，通过多种渠道采集合规预警信号，揭示合规风险点，提高合规预警信号的质量。

机构和团队建设积极推进。机构网点建设工作积极推进，成效明显，泉州分行、福州国货路支行相继顺利开业。为配合分行改革发展事业的需要，通过校园招聘、专场招聘、行内员工举荐、社会招聘等多种方式引进100多名新员工。认真开展阳光服务年活动，逐步规范员工行为标准、网点形象标准、业务流程标准，逐步完善客户服务平台和客户分层服务体系、丰富VIP客户服务内容，加大培训力度逐步提高了员工业务技能和服务水平，工作效率和服务水平得到明显提高，提升了光大银行“精品银行、诚信伙伴”的良好企业形象。（袁开胜）

【中国邮政储蓄银行福建省分行】牢固树立以客户为中心的经营理念，坚持创新求变、科技引领、项目带动“三大战略”，加快转变增长方式，夯实业务基础，坚持服务“三农”、服务中小企业、服务地方经济，不断拓宽服务领域，不断提升市场竞争力。截至年底，各项存款（不含同业存款）余额614.43亿，全年新增存款108.36亿，增幅21.41%；储蓄存款余额569亿元；发行了绿卡通卡和信用卡。客户结构进一步优化，全年全省个人客户数1720.57万户，其中有效客户数349.77万户，新增有效客户数65.63万户。

外币储蓄业务余额规模创新高。通过开展零业务网点培训、激活工作，督促开展汇款转存、超限额转存、购汇转存等工作，加强硬件支撑，配置145台多币种外币鉴别仪，推动业务发展。截至年末，全省办理储蓄业务的网点178个，开立外币储蓄一本通账户10689户，外币储蓄余额达到924万美元，年净增462万美元。

公司存款业务发展初具规模。以支付结算为突破口，通过方案营销、典型经验推广做大做强财政社保类项目和资金归集类项目；通过项目营销、组合营销，积累有效客户群体，提升余额规模。截至年末，共开办公司业务网点89个，地市覆盖率100%，县（市）覆盖率98.48%，公司存款余额44.97亿元，较年初新增32.12亿元。

资产业务健康、快速发展。贷款质量总体优良，贷款逾期率为零：以“信贷商务圈”项目建设为抓手，积极有效地开展小额贷款等零售信贷业务的营销管理工作；采取“立足自主营销，推动同业合作”的模式，突破批发信贷业务发展瓶颈；对项目贷款和大企业贷款，积极加强与牵头行和项目业主信息互通，密切关注相关项目工程进度及其用款需求。全年共发放青年创业贷款1.19亿元；与国家开发银行福建省分行尝试合作“短贷转让”，先后两次共17个项目进行信贷资产转让，累计金额8.73亿元，开创了同业合作的新模式。在零售类贷款方面，通过小额贷款、个人商务贷款、二手房贷款、存单质押贷款的发放，引导全国资金回流地方，有效支持了省内地方支柱产业及养殖户、商贸户。

中间业务持续平稳发展，规模不断壮大。代收代付业务规模和质量迅速提高，积极参与家电下乡、阳光工资、新农保等重点财政项目，扩大了财政资金的代付规模；加大新型缴费业务的开发力度，进一步扩大代收代付业务的规模；代理保险业务改变合作战略，从“一家为主，多家为辅”转向“重点合作，调整结构”，累计代理保费13.22亿元；基金理财类业务以分类经营客户，创新营销模式，结合中高端客户的需求，推出“一对多”产品及“金种子”等高端理财类产品，以精确集中营销的方式对理财类业务进行组合销售，全年销量27.06亿元；国际汇款业务通过调整结构积极开展多样化营销，加大对结售汇等新业务的重视力度，发挥产品优势，推出两岸汇款，业务量降幅逐步趋缓。

风险防控体系初步建立。建立完善由省、地两级分行业务部门牵头的专项业务检查和以县支行业务检查队伍巡回检查为基础的业务检查体系；落实各项会计接棒管理举措，强化执行力。（陈宵）

【外资银行】机构数量保持平稳。截至年末，全省共设立外资银行51家，同年初持平，其中：法人机构2家，分行12家，下设同城支行29家；外资银行代表处8家，较年初新增1家美国大陆银行股份有限公司厦门代表处。

机构改革取得重大突破，拨备覆盖率大幅提高。厦门国际银行的股改工作正式启动并取得重大进展，该行股改框架方案经董事会审议通过，改制申请已经厦门银监局初审并报银监会审批。

新联商业银行经银监会批准，2009年增加注册资本6.0248亿元人民币，新增股东菲律宾国家银行(Philippine National Bank)，注册资本达到10亿元人民币。两家外资法人银行经股改和注资后不良资产均实现双降，资本充足率比年初均有提高。

存贷款业务略有收缩，资产质量有所提高。截至年末，全省外资银行各项贷款余额210.68亿元，比年初减少15.77亿元，下降6.96%；各项存款余额287.47亿元，比年初减少11.36亿元，下降3.80%；不良贷款余额、不良贷款率分别为2.01亿元和0.90%，比年初分别下降0.25亿元和0.10个百分点。

贷款占总资产比例较低，资产形式多样化。截至年末，全省外资银行贷款占总资产比例47.91%，下降0.88个百分点，其中5家贷款占总资产的比例在40%以下，贷款投放比较审慎，其余资产主要包括存放系统内款项、存放中央银行款项、存放同业、投资等。 （林勇生）

【福建省农村信用社联合社】 按照“坚持宗旨、扭住发展、严控风险、狠抓队伍、强化服务、深化改革、构建和谐”的思路，扎实推进各项工作，各项业务平稳健康发展。截至年末，各项存款余额1356亿元，比上年增加227亿元，增长20.14%；各项贷款余额938亿元，增加168亿元，增长21.88%；净资产总额85.12亿元，增加18.23亿元，增长27.26%；不良贷款占比降至5%以内，资产减值准备充足率和拨备覆盖率均超过100%，资本充足率达到9.61%、超过8%，主要监管指标首次全面达到商业银行最低监管标准；实现账面利润22.61亿元，增加2.67亿元，增长13.36%；净利润16.5亿元，增加3.22亿元，增长24.23%；发行借记卡294.1万张，新增111.4万张，增长62.3%；14家联社(合行)获批开办贷记卡业务。

持续提升支农和服务中小企业水平。服务机构建设扎实推进，金融服务实现全省全覆盖，走在全国前列。截至年末，支农贷款余额709亿元，比年初增加122亿元，增长21%；全省获得农信社信贷支持的农户数达到291万户，比年初增加2万户，贷款面42.7%，上升1个百分点；农户户均贷款8817元，增加2085元。涉农贷款、农业贷款和农户贷款均居银行业首位。林业贷款余额33.41亿元，林权抵押贷款余额11.32亿元，其中林农贷款28.22亿元，占全省金融机构林农贷款的79%。海域使用权抵押贷款余额6989万元，该项贷款被中国银行业协会评为第二届服务“三农”及中小企业十佳产品。中小企业贷款余额292.17亿元，增加58.64亿元，其中授信500万以内小企业贷款总量达到111.2亿元，居全省金融机构第一。大力推广“阳光信贷”，为客户提供公开、诚信、高效的信贷服务，提升了农信社行业形象。积极推行生源地助学贷款、计生二女户贷款、青年创业贷款，对农村困难群体实行信贷优惠政策，有力支持农村弱势群体脱困脱贫，履行了社会责任。

扎实推进农信社改制试点工作。根据省政府常务会议精神，在福建银监局的大力支持下，省农信联社指导全省农信社稳步推进试点改制工作，取得了阶段性成果。省政府先后批复9家农村信用联社改制为农村商业银行的实施方案。为确保改制工作有序、稳步推进，省农信联社制定了试点改制基本操作流程、清产核资实施方案等规范性文件，指导农村信用合作联社、农村合作银行合理利润分配、规范股金分红管理、增资扩股等工作，在全国率先完成资格股转换为投资股的工作。

不断改善经营管理和协调服务。按照分类指导的原则，逐步完善绩效评价机制，将大部分监管指标纳入考核指标体系，以科学的评价机制指导业务发展。根据绩效考核情况评出“经营管理十强”、“业务增长十佳”，建立正向激励、反向约束的机制。着眼长期发展，制定实施了涉农及中小企业贷款税前拨备充足率分年达标规划，加大历史包袱的消化力度，提高抗风险能力。加强财务管理系统、信贷管理系统、OA系统、视频会议和培训系统建设，全面实现管理流程网上作业，提升经营管理水平。发挥协调服务职能，拓展与经贸、交警、电力、烟草等部门的业务合作，协调有关部门取消限制农信社承办社保基金的歧视性政策，推动社保卡项目落户农信社，首批新农保9个试点单位中有6个成功落户农信社(厦门海沧、晋江、福鼎、上杭、大田、武夷山)。

强化内控管理。从严问责，召开案件防控专题会议，通报有关案件情况，总结教训，全面部署案件防控工作，严格处罚，以案为鉴，从严治社，严处违规行为，在各项检查中对违规人员进行经济处罚共10167人次，罚款金额270.5万元，给予行政处分228人次。强化检查，开展规章制度执行情况深度排查及大额存款和银行承兑汇票等专项风险点业务排查，组织高风险业务、固定资产管理、反洗钱、信贷资产风险管理、信息科技安全等专项稽核，全年共开展595次专项稽核检查，稽核发现问题的当年整改率达到80.26%，共处罚4508人次，处罚金额81.8万元，起到了较好的震慑和整治作用。狠抓重点，针对高风险联社，采取以点带面、点面结合的方式强化督导，出台扶持高风险社化解风险的奖罚并重政策，努力减少高风险社。健全机制，建立高管人员风险保证金和员工操守基金制度，进一步提升风险防范意识。 （洪耀文）

证　券

【综述】 2009年，福建辖区(不含厦门，下同)资本市场运行平稳有序，上市公司整体质量稳步提高，证券期货经营机构综合实力持续增强，市场交投活跃。截至年底，辖区共有上市公司39家，总市值5,516.06亿元，比上年末增长151.82%，总股本346.06亿股；当年新增太阳电缆、圣农发展2家上市公司，共募集资金15.09亿元；龙净环保、福建高速等2家上市公司实现增发，募集资金28.85亿元；国脉科技、福耀玻璃、兴业银行等3家上市公司通过发行短期融资券、次级债融资113.25亿元；全年辖区通过境内IPO融资、上市公司再融资和其他融资，累计实现直接融资157.19亿元。截至年底，辖区共有2家法人证券公司，2家证券分公司，2家基金管理分公司，1家投资咨询公司，113家证券营业部，14家证券服务部，40家期货营业部，其中当年新增48家证券营业部、新增6家期货营业部；兴业、广发华福2家法人证券公司资产总额362亿元、净资产69.58亿元、实现净利润16.83亿元，比上年分别增长101%、

27%、174%；113家证券营业部及14家证券服务部利润总额29.06亿元，比上年增长46%；全年辖区证券营业部的部均交易量和部均利润总额在全国36个辖区中分别排名第6位和第14位；40家期货营业部利润总额5067万元，年增长70.78%。全年证券交易额37369.85亿元、期货交易额21135.49亿元，比上年分别增长116.96%、58.75%。

培育合规管理文化，强化市场约束力，探索促进市场主体自我约束、规范有序运行的长效机制建设。研究制定和发布围绕合规总监、合规执行监事、合规监察员履行责任的报告、审查、咨询、检查和培训的相关指引，初步形成了完整的合规管理制度体系和工作机制。创新方式深化公司治理整改，通过开展法人治理专项行动、召开董秘座谈会和公司治理整改年活动工作会议、制定上市公司合规管理制度等一系列举措，从深层次解决公司治理问题。继续深化市场主体社会责任建设，督促辖区市场主体采取有效措施落实《福建上市公司、证券期货经营管理机构及服务机构社会责任指引》，积极履行社会责任。整合监管资源，构建上市公司会计信息协同监管机制，先后与财政部驻福建省专员办、福建省注册会计师协会、资产评估协会签署了《监管合作备忘录》，确立了监管信息交流通报、沟通协调和联合检查机制。

加大上市公司、证券期货经营机构现场检查力度，进一步夯实日常监管基础，提高市场规范发展水平。加强信息披露和股价异动监管，提高上市公司透明度。针对国际金融危机带来的普遍压力和全面冲击，加强上市公司2008年年报编制、披露和审计监管，排查、化解上市公司风险。对股价异动和重大市场传闻保持高度关注，督促上市公司及时披露应披露而未披露的信息、澄清不实报道。改进上市公司检查方式，及时揭示、有效化解风险。在常规检查的基础上，加大随机检查和抽查力度，提高了检查效果。全面摸查证券期货经营机构规范运作水平，强化风险动态监控。打击恶意违规行为，维护市场“三公”（公平、公正、公开）原则，对辖区3家涉嫌信息披露不及时和内幕交易等违规行为的公司及时启动提前介入和非正式调查，及时制止了违规行为进一步发展。

稳步推进多层次市场建设，提高辖区资本市场服务经济社会建设的能力。加强上市后备企业培育，联合发改部门、证券交易所、地方政府等有关各方共同加大对优质上市后备企业的培育和服务力度，认真抓好补条件、补基础的“双补”工作，继续着力推进“晋江（重点）突破”战略，加快推动辖区优质企业上市，改善海西板块整体结构，截至年底，辖区上市后备企业共有225家，其中：中小板后备企业190家，创业板后备企业35家。大力支持市场化并购重组，提高上市公司盈利能力，鼓励符合条件的上市公司通过公开增发、发行债券等方式筹集资金做大做强，督促指导*ST三农、闽闽东等上市公司通过重组突破发展困境，实现“脱胎换骨”；实达集团已顺利恢复上市；闽闽东股改方案已实施完毕并恢复上市，重组方案已获证监会批准；*ST三农近6亿元的清欠和股改任务均顺利完成，重组方案也已获得证监会批准，即将恢复上市；龙净环保、兴业银行等公司通过公开增发、发行债券等方式筹集资金提升公司资产质量和盈利能力。支持证券期货机构发展，扩大辖区市场规模，全年新增2家证券分公司、48家证券营业部、8家期货营业部。支持兴业证券开展集合资产管理、直接投资等业务创新。

构建维护辖区资本市场稳定的工作机制，保障辖区市场安全稳定运行。协调有关部门构建维护资本市场稳定的工作机制，采取有效措施分解落实责任。联合省委宣传部、省政府新闻办等部门营造有利于资本市场稳定发展的舆论环境，增加省通信管理局、广电局、新闻出版局为全省打击非法证券活动联席会议成员单位，完善了联合打非的工作体制和工作流程。全面落实维稳责任，要求证券期货经营机构和上市公司全面部署维稳工作、落实维稳责任，全年累计发现并基本化解了29项重大风险隐患。协调省财政厅、恒信证券清算组全面完成了中富证券、恒信证券委托理财个人债甄别兑付的善后，配合福州中院做好闽发证券破产案件的审理，协调解决两家上市公司社团法人股未予确权可能引发的涉稳问题。加大处罚力度，有效打击非法证券活动，探索建立辖区打非（维稳）联络员工作制度，在辖区120家证券期货经营机构设立打非（维稳）联络员253名，并制定相关工作指引；全年对74个涉嫌非法经营的场所进行暗访，现场查处取缔15家非法机构，涉案金额达3000多万元；向公安机关移送了155个涉嫌犯罪的案件与线索，严厉追究当事人的刑事责任；协调关闭了59个非法网站，打非工作取得较大成效。（黄丽）

【兴业证券股份有限公司】 围绕做大做强客户金融资产的主线，加强产品营销，改进客户服务，强化队伍建设，严格财务管理，坚持合规经营，加大风险控制，全面完成董事会下达的财务目标。全年实现营业收入30.67亿元，利润总额16.73亿元，净利润11.46亿元，其中交易服务业务、证券投资业务、固定收益业务保持良好的创利能力；网点战略扩张进展顺利，营业部增至45家（含筹建），形成了申报一批、筹建一批、开业一批的滚动发展局面；业务领域拓展、产品发行和大项目承揽取得突破，直接投资业务获准试点，客户资产管理业务2只产品合计发行33.78亿元，投行夺得兴业银行配股联合主承销商；连续两年获得A类A级分类，公司规范发展水平和综合抗风险能力有了持续提升；完成上市材料申报，公司上市工作取得了实质性进展。

按照业务必须增长的要求，推进业务转型取得一定成效。交易服务业务回升向好，在网点急剧扩张、佣金加速下滑的竞争面前，充分发挥营销能力与客户服务能力，实现各项指标稳中有升，全年交易服务业务实现收入19.27亿元，净利润8.39亿元。私人客户业务围绕代理买卖、集合理财、基金信托产品和期货IB等，大力开展专项营销，有力扭转了市场份额下滑势头，全年累计实现股票基金交易额（纯经纪）1.36万亿元，市场份额1.24%，增长1.68%；累计代销54家基金公司450只基金，销售基金共64.37亿份；股票型基金期末保有额89.39亿元，比年初增加26亿元；加快渠道建设步伐，银行驻点数增至1063个，为客户资产持续增长提供了渠道和平台；全年新开资金账户数9.38万户，新增客户资产130亿元，截至年底托管客户资产2988亿元，增长95%，其中托管总市值2669亿元，市场份额 1.06%，行业排名第 16 位；二级流通市值 1345 亿元，市场份额 0.86%，增长 8.28%。整合成立机构客户部，建立机构客户开发与服统一平台，强化机构客户营销和服务，全年新增交易席位 16 个，实现基金分仓收入 1.48 亿元，增长 58%；全年基金分仓收入的市场份额为 2.28%，增长 1.89%。理财服务水平有所提升，“优理宝”产品体系进一步丰富，签约客户 34185 户，签约资产 430 亿元，延缓了综合佣金率的下滑；加强营业部中台建设和客户服务平台建设，呼叫中心运作良好，客户服务专业化水平逐步提高。投资银行业务局面有所改善，股权融资业务结束调整并逐步走出低谷，实现营业收入 5380 万元，减亏效果明显；全年主承销龙元建设增发、太阳电缆和鼎汉技术的 IPO，累计融资额 17.92 亿元，行业排名第 31 位，市场份额 0.34%，增长 17%；主承销家数行业排名第 22 位；后备项目比较充足，已立项项目 36 个，在会项目 9 个，其中海特高新再融资、高新兴 IPO 已过会。债权融资业务保持良好的发展态势，顺利完成兴业银行 100 亿元次级债的联合主承销任务；顺利加入铁道债承销团；完成公司改制后首个企业债——09 海投债的承销发行；分销 20 多项国债和企业债；全年累计融资额 55 亿元。推进服务海西战略取得成效，与省属大型企业集团和三明等市开展战略合作；为太阳电缆和兴业银行融资 35.5 亿元；上报海源机械、众和股份、宁德市及泉州市城投债等融资项目；为瑞达电子、龙马环卫等 7 家企业引资 3.24 亿元。客户资产管理业务呈现出快速发展的态势，集合资产管理产品取得突破并不断丰富，相继完成卓越 1 号、2 号发行，累计销售 33.78 亿元，发行规模在同期同类产品中居前，同时积极申报卓越 3 号 FOF 产品；定向资产管理业务稳步推进，接受委托客户 52 户，受托资产 4.27 亿元，增长 73%，年末市值 4.60 亿元；全年实现受托资产管理净收入 2889 万元。证券投资业务在控制风险的基础上取得较好收益，股票投资业务实现收入 4.27 亿元，净利润 2.82 亿元，全年股票平均投资收益率 91.79%，与业内券商同口径相比处于领先水平；债券投资业务实现收入 5735 万元，年投资收益率 6.3%，处于行业较高水平；做好债券撮合交易，实现债券交易量 2146 亿元，增长 93%，由年初的第 16 位上升至第 10 位。

运营体系安全高效，为业务转型和客户服务提供了有力保障。建立相对完备的信息系统体系，交易系统经受住了交易峰值考验，保障了客户交易和公司业务发展的需要；基于信息技术的客户服务体系建设正在积极推进；积极尝试差别化技术服务，VIP 交易通道受到高端客户的好评；新一代交易系统上线工作受到上海证券交易所的表彰；妥善处置客户弱密码事件，启动网上交易金盾计划，被中国证监会选定为网上交易安全试点单位，信息安全工作得到监管机构认可。第三方存管提供稳定高效的基础服务，在业务品种增加、结算对象众多的情况下，探索高效的工作机制，提高登记清算、账目核实、估值核算和资产稽核的准确性，日均批处理数据达 39.4 万条，没有发生 1 例风险事件；强化存量账户规范管理，杜绝新增不合格账户，夯实账户规范管理的长效机制，不合格证券账户数低于万分之五；改进柜台操作效率，有效缩短了开户时间，客户满意度提高；强化反洗钱制度执行，做好客户信息补正和识别，提高了反洗钱与日常业务的结合度。

贯彻管理必须领先的要求，财务、合规与风险管理水平继续提升。优化资源配置，强化经营分析，财务管理水平继续提升，围绕公司战略和年度经营计划优化财务资源配置，加大与公司业务转型密切相关的战略性投入，有力地支持了公司转型；加强成本管理，严格控制非策略性日常经营成本，截至年底，公司不与收入挂钩的营业费用预算同比上升 11.37%，其中变动费用同比上升 5.52%。强化公司经营情况和综合经营计划执行情况的分析，分析的深度和广度有所增加，为经营决策提供了较好支持。配合公司公开发行上市，及时高效地完成上市审计及其他各项资料的提供工作，严格按照上市要求开展日常会计核算、会计内控和财务管理等工作，取得较好的效果。强化自有资金管理和配置，在安全高效满足运营周转需要的前提下，通过加强对重点支出的精细化管理、合理进行税收筹划、协定资金利率等多种方式，为公司节约成本、增加收益，大大提升了自有资金的使用效益。合规管理水平显著提升，建立健全合规管理组织体系，明确了从董事会到每一个员工的合规职责，合规专业队伍得到强化；完善公司制度架构，形成一套较完善合理的制度管理体系，并据此对公司现行制度进行全面梳理和修订，使各项工作有章可循；通过运用合规考核、合规检查等多种方式推动合规管理措施的落实，合规管理已全面覆盖各个业务环节，合规成效逐步显现；做好风险控制指标监控和重大业务审核，定期进行压力测试和敏感性分析，风险管理较好地覆盖现有业务，全年没有新增风险事项；自上而下广泛深入开展一系列合规培训和建设合规文化活动，强化全员合规意识，塑造了部门讲合规、人人讲合规的企业氛围。强化稽核审计职能，拓展管理审计，内部审计积极探索新的工作方式，在“查错防弊”审计的基础上，逐步增加管理与效率审计，通过建立稽核数据分析系统和审计管理系统，实现现场和非现场审计的有效结合，加大了对重大事项、风险业务的事前事中审计，使审计工作更加专业和规范，全年完成离任审计、专项审计等各类审计项目 17 个，下达规范管理意见书，督促各相关单位落实整改。

兴业全球基金公司持续健康发展，兴业期货公司业务竞争力显著提升。兴业全球基金公司管理资产规模持续增长，品牌形象进一步提升，发行兴业有机增长基金 19.93 亿元、兴业磐稳增利基金 14.18 亿元，截至年底，共管理开放式基金 7 只，管理资产规模 434.57 亿元，增长 73%；投资管理专业能力处于业内领先，其中兴业社会责任基金年收益率达到 107.60%，在 220 只同类可比基金中排名第 6 位；全年实现收入 6.14 亿元、净利润 2.46 亿元，呈现出持续发展的良好态势。兴业期货公司总体经营稳健，业务竞争力显著提升，商品期货业务快速推开，代理期货交易量市场份额和客户权益分别增长 41.92% 和 125.71%；IB 客户权益突破亿元关口；加强内部控制和风险管理体系建设，确保各项业务与管理合法合规运作，截至年底，客户权益已达到 5.1 亿元，全年实现收入 3962 万元、净利润 321 万元，实现了收购增资后的首次盈利。

（刘志辉）

保　险

【综述】 2009年，福建辖区(不含厦门，下同)保险业务平稳增长，保险业实现保费收入272.2亿元，居全国第16位，比上年增长11.7%，其中：财产险公司保费收入76.1亿元，增长17%；人身险公司保费收入196.1亿元，增长9.7%。各项赔款与给付累计支出78.7亿元，增长6.6%，其中：财产险公司赔款支出45.2亿元，增长15.4%；人身险公司赔付支出33.5亿元，下降3.3%。截至年末，辖区内保险公司资产总额557亿元，比年初增长19.6%；保险深度为2.64%，上升0.02个百分点；保险密度为807元，增加82元。保险市场体系不断完善，全年新增2家保险公司主体，达到41家；保险公司分支机构(含营销服务部)2235家，比年初增加127家；保险中介机构主体73家，其中代理公司46家、经纪公司13家、公估公司14家，初步形成了功能相对完善、分工比较合理，公平竞争、共同发展的保险市场体系。

保险发展环境不断优化。加强沟通协调，与省公安厅联合制定出台《道路交通事故自行协商和简易程序处理办法》，提高车险理赔效率；与省地税局协调推动全省车船税代收代缴工作，加快代收代缴手续费结算进度；积极协调省本级大额补充医疗保险业务因医疗保险政策调整出现严重亏损问题，在省政府高度重视下，各方达成初步解决方案，为省内各市解决类似问题提供了决策参考。加大保险宣传力度，以新《保险法》实施为契机，开展了进农村、进学校和进社区的“保险三进”宣传活动，发放宣传资料、产品简介及宣传品万余份，并成功举办了一场近千名农民朋友出席的宣传晚会；制作并在福建经济电台推出了《生活百“保”箱》节目，邀请业界专家对保险案例及时事热点进行分析解读；举办新《保险法》电视、网络知识竞赛，推广保险理念，普及保险基础知识，扩大了保险业的社会影响。

保险功能作用进一步发挥。大力发展政策性农险，服务新农村建设，全省政策性农险业务保持快速发展势头，全年共实现保费收入2.2亿元，提供风险保障1421亿元，增长72%；累计赔款支出1.4亿元，增长1.1倍；农房保险覆盖全省671万户农民，实现保费收入5000万元；森林火灾保险试点范围扩大到全省，覆盖森林面积达767万公顷，实现保费收入3371万元；水稻种植保险扩大到25个粮食主产县，共承保水稻29.6万公顷，实现保费收入4679万元；能繁母猪保险承保数量全省75.73万头；渔工责任险和渔船保险已在全省沿海各市县展开，覆盖渔工11.2万人、渔船8728艘。积极发展商业养老、医疗保险，服务社会保障体系建设，在城镇职工医疗保险方面，5家保险公司参与第三轮城镇职工补充医疗保险业务，约为270万城镇职工提供了补充医疗保险，累计给付支出达2.5亿元，约占实际发生医疗费用的34.7%；在新型农村合作医疗方面，3家保险公司以受托管理方式参与了18个县(市)“新农合”试点工作，约为516万农民提供健康保障，受托管理基金约4.8亿元，增长33%，已结报补偿费用5.3亿元，增长1.5倍；“新农合”补充医疗业务范围进一步扩大，已有20个县(市)开办了此项业务，累计为292万农民提供大额医疗保障；在农村养老保险方面，已在连江、仙游等7个县区开展了村主干养老保险试点，1830位村支书或村主任参保，实现保费收入126.5万元；在烟农养老保险方面，已在武夷山市开展相关试点，1202户烟农参保，为探索农村养老保险的个性化服务积累了有益的经验。大力发展责任保险，建设“平安福建”，全年责任保险共实现保费收入2.7亿元，增长13.8%；保险金额2.6万亿元，增长87.5%；其中，自然灾害公众责任保险已经在福州、龙岩、泉州、宁德、三明等地区推开；承运人责任险已在全省铺开，实现保费收入4810万元；医疗责任险实现保费收入1572万元；交强险业务为全省259万辆车提供了保险保障，实现保费收入15.2亿元，共为26.1万次交通事故提供了经济补偿，直接促进了道路交通事故救助体系的建立。继续扩大出口信用保险的覆盖面，服务外向型经济发展，为配合国家“稳外需”政策，2009年6月1日至12月31日，出口信用险福建分公司将短期出口信用保险平均费率在2008年基础上下调30%左右，进一步扩大保险覆盖面，为更多的出口企业提供有力的保障服务；全年出口信用保险累计实现保费收入1.3亿元，增长71.8%，赔款支出3369万元；为31.2亿美元的出口贸易提供收汇保障，超额完成省政府下达的30亿美元承保任务，出口渗透率达19%以上，其中为企业对台贸易及农产品出口提供收汇保障分别达到6313万美元、2.2亿美元。

保险市场秩序得到进一步整治。深入开展现场检查，抓住重点业务、重点地区、重点公司，开展对市场秩序的集中整治，对检查中发现的问题均按有关规定分别做出处理，有力地维护了保险市场秩序。创新非现场监管，稳步推

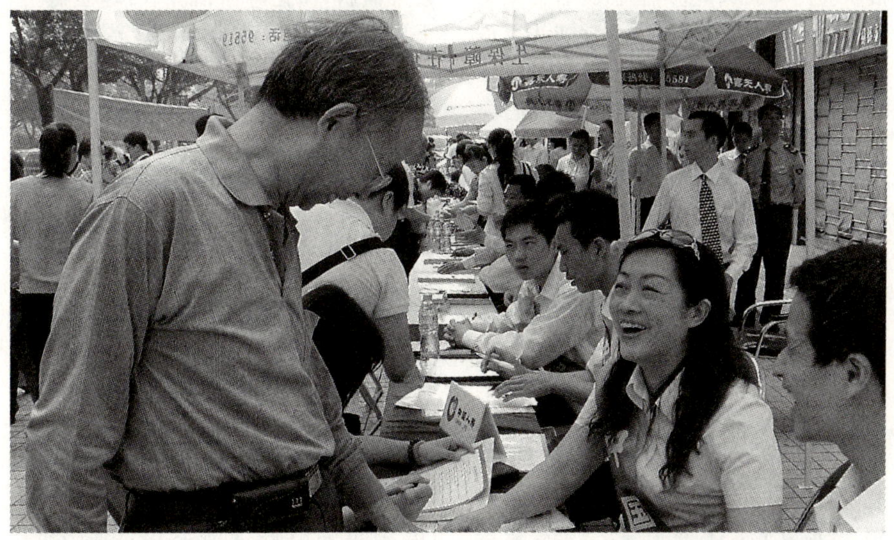

2009年5月12日，福建保监局组织保险公司赴福州市柳河社区开展保险宣传，普及保险基础知识。
(省保监局供稿)

进分类监管，确定重点关注和监管的公司，实施差异化监管；建立财产险公司代理手续费结算“零现金”制度、行政处罚单体通报制度；明确费用补偿型医疗保险理算细则，督促公司落实短意险经营技术标准、理赔服务标准。积极防范行业风险，加强对退保风险监管，对投连、万能险进行重点风险监测，实施季度监测报告及异动情况快报制度；发挥政策导向作用，引导辖内公司着力发展民生型、效益型险种；制定分支机构市场准入评价办法和量化评分标准，引导保险公司理性设置分支机构；推进非车险“见费出单”制度，加强对收付费环节风险的控制，降低保险资金管理风险。深入开展打击“三假”工作，组织航意险保单打假专项行动，取得良好社会反响；初步形成与公安、工商等多部门配合的执法协调制度，开辟了“三假”网络投诉专栏等举报渠道，探索建立有效的打假激励办法。（王凌）

【中国人民财产保险股份有限公司福建省分公司】 围绕“促发展、保效益、防风险”的主基调，坚定信心、振奋精神，锐意进取、克难前行，圆满完成各项目标任务，全年全辖实现保费收入37.1亿元，比上年增长15.3%；赔款支出20.8亿元。业务发展再上台阶，围绕重点工作抓推进，把握政策机遇抓发展，适应形势变化抓应对，着力加强销售能力建设，车险、财产险、船货险等传统业务综合发展能力不断增强；大力拓展责任险等新兴业务，自然灾害公众责任险实现全省覆盖；独家承保或主承保福炼乙烯、晋江燃气电厂、LNG站线等标志性项目和煤炭、电力等统括业务，进一步强化福建财险市场“领头羊”地位。站位全局服务“三农”，赋予农村保险“福建模式”新的内涵，第四轮全省农房统保顺利续转；承保水稻29.6万公顷，覆盖25个粮食主产县；承保渔工11.2万人，渔船8728艘，基本实现“应保尽保”；森林综合保险实现全省统保，在全国首开先河；承保能繁母猪73.2万头；全年承担农险风险责任696.7亿元；先行先试“保险示范区”建设，在龙岩上杭古田镇成功打造全国首个“保险镇”。经营管控不断加强，完善经营管理模式，落实差异化承保策略，推行“见费出单”，强化承保管控，提高承保质量，优化业务结构；全面实施理赔“六个一”工程，落实理赔提速，提高理赔质量，着力降赔增效；全面推行费用预算管理和成本管控；坚持依法合规经营，组织开展数据真实性检查、反洗钱、打击“三假”等专项检查活动，防范经营风险。服务水平有效提升，创新服务方式，深化服务内涵，打造业内第一服务品牌，有序推进实施CRM系统，开展“理赔无忧，四海通行”、“95518语音天使”和亚运世博门票大派送等活动。营造和谐企业文化，积极履行社会责任，推进系统文明建设，完善落实员工关爱工程，基本形成了“以人为本，和谐奋进”的良好氛围。（史建华）

【中国人寿保险股份有限公司福建省分公司】 坚持“稳中求进，调优增效，改革创新，壮大队伍，升级服务，管控风险”的工作思路，实现了持续协调有序健康有效发展。业务保持稳中求进，发展态势健康协调，全年实现总保费收入94.98亿元，占福建（不含厦门）寿险市场份额48.43%，其中股份总保费89.65亿元，基本与上年持平，市场份额45.71%。业务结构持续优化，发展质量显著提升，首年期交占首年新单保费比重、10年期及以上期交保费占首年期交比重、意外险占短期险比重以及续期保费占总保费比重同比上年均有不同程度的提升。改革创新继续深化，公司活力不断激发，实施城区优先发展策略，加大对城区市场政策倾斜；深化财务预算管理，全省上下成本管控意识显著增强，较好管控了成本；深化绩效激励体系改革，真正实现多劳多得、优绩优酬；深化个险销售体制改革，渠道组织运营效率和水平得到提升；率先在全国系统内完成全省所有支公司客户服务中心剥离工作，实行省、市公司共同管理的过渡模式，强化垂直管理和专业化管理，实现了展业与管理分离。队伍建设持续推进，经营管理能力增强，全年共招聘新员272名，截至年底，全省系统营销持证人力26302人，银保队伍1674人，团险队伍365人。（陈成勇）

【中国平安财产保险股份有限公司福建分公司】 围绕“专业化经营、精细化核算、转型中发展、再上新平台”的经营思路，紧抓市场机遇，认真规划，细分市场，科学投入，不断提升公司的经营管理水平和销售业绩，全年保费收入10.928亿元，比上年增长37.7%；实现利润3806.2万元；市场份额由上年度的12.2%提升至14.3%，进一步巩固了平安产险在福建的第二大财产保险公司地位。全年重大承保项目有：2月18日及5月21日，先后与平安产险深圳分公司共同承保宁德核电一期工程1—2号机组及3—4号机组建工险，4台机组建工险总保额合计300亿元；3月31日，承保福建电力系统机损险、财产一切险、供电责任险，保额198.6亿元；4月17日，承保福州海峡国际会展中心建筑安装工程一切险及第三者责任险，保额23.3亿元；6月10日，承保湘桂铁路衡阳至永州段扩能改造工程GTXG—2、GTXG—3标段建筑工程一切险，保额37.5亿元；8月18日，与人保财险、太平洋财险成功共保福清核电建工险，总保额170亿元，其中平安产险共保份额为26.2%。在客户服务上不断改革创新，致力加快服务时效、提升服务品质、改善服务质量，3月24日，平安产险正式施行“万元车险　单证齐全　三天赔付”，福建分公司积极履诺，4—12月分公司万元车险承诺件均结案时效0.28天，万元车险承诺达标率99.73%；在全国首家推出“多渠道车牌批改”、“网上理赔查询”、“违章年审免费代办”、“全客服中心周末服务”等多项创新服务之举，赢得广泛赞誉。10月1日，平安产险福建分公司与中国移动福建公司共同开发的手机投保平台正式投入使用，福建省内的中国移动手机用户通过编写短信、拨打12580方式即可完成平安产险意外健康险的投保、支付、录单等全部程序，并实现实时投保生效。切实发挥保险救灾的基础功能，全年累计支付已决赔款4.3849亿元，其中最大一笔已决赔款是为在2009年2月28日发生沉船事故的泉州安通物流有限公司支付赔款445万元。（王映薇）

【中国平安人寿保险股份有限公司福建分公司】 秉承“专业，成长，责任，分享”的新时期经营理念，与时俱进，开拓创新，全年总保费收入43.9

亿元，比上年增长33%，其中：个险业务收入37.9亿元，增长26%；银保业务收入4.5亿，增长221%；团险业务收入1.39亿，下降8%。现设有福建分公司本部以及泉州中心支公司、漳州中心支公司、龙岩中心支公司、三明中心支公司、南平中心支公司、宁德中心支公司、莆田中心支公司等7家三级机构，16家支公司，1家营业部及89家营销服务部，网点基本覆盖全省各县市。在新保险法出台之际，对平安原有的产品进行升级和改进，同时推出鑫盛，鑫利，鑫祥，无忧意外等新产品，针对各层次的客户对产品进行优化产品组合，为客户提供个性化的产品服务。在推动业务发展的同时，以“人无德不立”、“百业诚为先”的精神，进一步完善继续教育的管理工作，对各层级营销员进行全方位的专业培训，同时在法律法规与职业道德方面进行专题培训，持续推广P—STAR五星服务理念，秉承主动、简单、及时、方便、可靠的服务准则，致力于为客户提供更加专业的服务体验。电子投保书、理赔E报案、问题件E回销、移动保全等一系列“E”化服务使得平安的服务更加便捷化、人性化，海内外急难援助服务的推出更是业内首家。严格遵循反洗钱法及收付费环节风险管控条例的要求，防范、化解各项业务潜在风险，全力保障客户的权益。

（刘知源）

【中国太平洋财产保险股份有限公司福建分公司】 在“加快发展，迎接挑战，不断推动公司价值持续增长”工作思路的引导下，业务规模持续稳健增长，全年全辖实现保费收入7.22亿元，比上年增长19.56%，在福建产险市场的份额为9.49%，居福建保险行业业务规模的前三位。发挥保险稳定功能，积极服务海西建设，成功加入了福建省电力有限公司的财产保险安排，承保了南平电业局以及水口、尤溪流域的3个独立电站，保费规模达1300万；在福建炼化保险项目招标中，以营运险份额第二、货运险份额85%高居榜首；成功续保了湄洲湾电厂、福建LNG、宁德核电3、4号机组、大唐集团宁德电厂、翔鹭石化(营运险份额增加)等保险项目，新保了海峡国际会展中心、福宁和漳州高速公路服务公司、螺洲湾大桥建工一切险等一揽子保险业务，统保了福州旅游局旅行社责任险和意外险，对行业性业务统保进行了尝试。经营管理再上新台阶，保险业务取得新突破，利用车险直接销售费用分析模型，加大对优质业务占比高的营业单位的新增业务支持力度；加强对四级机构查勘定损质量的管控，继续做好对零配件平台的过程监控，抓住核损核价的主动权，提高了全辖车险配件报价水平，车险业务进一步实现精细化管理。转变增长方式，加强渠道建设，努力提高对重点渠道的掌控能力，不断完善渠道管理规范，优化合作模式，筛选、维持一批业务质量较好、客户忠诚度较高、发展后劲较足的渠道合作伙伴；深入细化渠道价值分析，明确对应不同产品和客户的重点渠道及其拓展策略；不断完善渠道专员制度，建立交叉销售、车行专业化团队，渠道业务上取得了较快发展。优化险种结构，积极发展非车险尤其是非车险核心业务，提高盈利能力，全年核心业务(包括责任险、意外险和货运险)实现保费收入6449.10万元，完成预算目标的105.29%。为加强客户关系管理，进一步拓宽服务渠道，基于95500客户服务平台推出了赔款催领、关切回访、气象提示、短信提醒等一系列附加服务。加强回访和投诉管理工作，完善服务质量监督体系，推出车险“三四五”贴心关爱服务承诺等创新服务举措，还推出了限时查勘、小案快赔、绿色服务通道等措施，提高了理赔效率、服务质量和客户满意度，树立了服务品牌。实行财务的省级集中管理，实现了财务管理的科学化、制度化、合规化；深入开展合规检查，全面完成中支机构合规达标考核工作，开展进一步规范财产保险市场秩序自查自纠工作，对应收保费实行重点监控，加强考核力度，切实提高了内控执行力。

（陈鸿铭）

【中国太平洋人寿保险股份有限公司福建分公司】 坚持稳健经营、持续发展的方针，不断优化经营管理模式，提升销售能力和市场竞争力，推动和实现公司的可持续价值增长，全年全辖实现保费收入15.52亿元(含宽限期)，总保费市场份额占比为7.9%，行业排名第三位；短意险市场份额27.1%，市场排名第二位；总赔款3285.04万元，总给付1.77亿元。财务集中管理方面，总结上年全面预算试点工作经验，强化条线概念，以中心作为预算主体，从上至下延伸至各中支条线，并严格按照“分解计划”到“制订规划”再到“费用预算”的步骤进行预算编制，确保预算的真实、细致与科学；6月份预算管控系统在各中支机构全面上线，福建成为在全国太平洋人寿保险系统中第二家全省上线的分公司，实现了业务类费用管控从手工到系统的转变坚持收支两条线，防范资金风险，提高资金管理效率，积极推进零现金工作。人力资源集中管理方面，进一步加强人力资源制度建设，建立科学合理的薪酬福利及考核体；重视人才选聘工作，积极拓宽招聘渠道，通过重点院校、海峡人才网、海峡人才报、机构人才中心、公司内网等多种渠道甄选优秀人才，为公司的发展做好人才储备；围绕企业文化建设，制定内勤员工培训管理办法，通过举办“激情太平洋”新人转正培训、“卓越管理”中层干部培训、“卓越展示”PTT讲师培训等多种层级、多种形式与内容的内训，不断提升员工的个人修养，陶冶员工的情操，提高干部员工的综合技能水平。合规与风险控制方面，倡导“不合规就是最大的风险”、“合规人人有责、合规创造价值”的合规理念，建立专、兼职合规与风险管理队伍，提高员工的合规意识，培育公司合规文化，并做好合规培训工作。信息技术管理方面，以“服务・价值”为主题，加强IT维护和规范管理，在确保信息系统安全稳定的同时，结合各条线IT运用需求，积极创新，自主研发，为支持一线业务发展、提高公司市场竞争力和服务水平做出了应有的贡献；建立县区视频会议系统，提高政令传递速度，节约县区会议费用开支；“企业总机”全辖广泛应用，提高了辖内办公电话的互通速度，也降低了公司的运营成本；根据保监会的监管规定，完成了全省乘意险、航意险、旅游景点险电子化出单的全覆盖、柜面出单的系统上线，以及农信社信保通系统的开发与推广，进一步巩固和提升了公司的市场竞争力，有效促进了团险短意险的快速发展。

（林芝）

编辑：宋小佳

财 政 税 务

财 政

【财政收支】 2009年，全省财政总收入1694.63亿元(含成品油消费税)，比上年增加178.03亿元，增长11.7%，其中：地方级财政收入932.43亿元，完成年初预算的102.4%，比上年增加99.03亿元，增长11.9%；上划中央收入731.64亿元，完成年初预算的100.9%，比上年增加48.53亿元，增长7.1%。全省财政支出(含中央专款和上年结转等支出)1411.82亿元，比上年增加274.11亿元，增长24.1%。全省基金收入549.16亿元，比上年增加104.06亿元，增长23.4%；全省基金支出461.43亿元，比上年增加8.01亿元，增长1.8%。省级地方级财政收入86.47亿元，比上年增加0.87亿元，增长1.02%；省级财政支出264.69亿元，比上年增加74.16亿元，增长38.92%。省级政府性基金收入151.87亿元，比上年减少21.52亿元，下降12.4%；省级政府性基金支出121.55亿元，比上年减少24.42亿元，下降16.7%。

【预算执行】 全省各级财政部门加强收入的组织协调，支持税务等部门依法加强征管，确保应收尽收；加强财政、税务、国库、银行间的协作，认真解决预算执行中存在的问题；抓好非税收入征管，确保非税收入及时、足额入库。重点支出保障有力，加快支出进度，其中：全省农林水事务支出119.83亿元，增长49%；教育支出277.28亿元，增长18.9%；科学技术支出27.53亿元，增长7.4%；医疗卫生支出90.27亿元，增长21.5%；社会保障和就业支出131.71亿元，增长20.5%；环境保护支出32.92亿元，增长134.7%。大力压缩行政事业单位公用经费，全省一般公共服务支出增幅低于总支出增幅17.1个百分点。

【支持经济建设】 积极加大政府投资力度，通过调整支出结构、整合专项资金、发行地方政府债券，省级财政共筹集中央扩大内需投资项目配套资金29.43亿元；通过建立资金下达快速通道，及时拨付中央扩大内需投资28.49亿元；统筹预算内外资金57.9亿元，重点支持公路、铁路、港口建设；统筹中央与省级资金5.95亿元，支持污水管网和污水处理厂建设，改善水环境，保障水资源。支持扩大消费需求，推进家电与汽车、摩托车下乡以及汽车家电“以旧换新”工作，已兑付补贴3.76亿元，带动销售额33.32亿元，补贴兑付率达97.2%，位居全国省、市、自治区第五位；通过“一折(卡)通”等方式，及时发放农资综合直补、农作物良种补贴、种粮农民补贴、库区移民后期扶持资金等涉农资金16.11亿元；提高优抚、城乡低保等低收入群体的补助水平，加大保障性安居工程等民生领域支出；推进新农村服务网络工程和“万村千乡”市场工程建设，扩大农村市场消费；支持“海峡旅游年”和“百万游客海峡行”活动，奖励入闽、入境旅游和闽台双向旅游，对规模较大的旅游设施项目贷款实施财政贴息政策。促进经济结构调整，省级财政统筹18.36亿元，通过设立省级龙头企业资金链应急保障周转金和创业投资资金，成立中小企业信用再担保公司，建立产业转型升级重点项目银行贷款风险补偿金、中小企业信用担保补偿及小企业贷款风险补偿机制，支持发展新兴产业，推动传统产业优化升级；落实结构性减税政策，推动企业增加自主创新和技术改造投入；落实财政奖励、补助和差别电价政策，鼓励企业节能降耗，淘汰落后产能；落实政府采购政策，鼓励优先采购本省节能、环境标志、自主创新产品；清理123项行政事业性收费和政府性基金，减轻企业和社会负担约25亿元。积极推动外经贸发展，在年初安排3.5亿元的基础上再筹集4亿元，重点支持大宗传统特色商品出口，并出台外贸保规模扩增量扶持政策；继续实行省级财政全额承担出口退税超基数地方应负担部分的办法，并加快出口退税进度，缓解了出口企业的资金压力；及时研究提出调高部分传统产品出口退税率的建议。

【民生事业投入】 省级财政筹集就业专项资金4.22亿元，比上年增长37.9%，重点支持自主创业、高校毕业生、困难人员和农村富余劳动力转移就业；妥善运用阶段性缓缴社会保险费等措施，稳定困难企业用工。支持教育文化事业发展，省级财政教育支出31.02亿元，比上年增长6.4%，同时下达专项转移支付16.91亿元，支持全省义务教育阶段生均公用经费提高标准、涉农专业和农村低保家庭中职学生免学杂费、城乡低保家庭高中生助学金补助、中小学教师津补贴、农村义务教育学校寄宿生宿舍和高校重点学科建设等；省级文体传媒支出6.97亿元，重点支持城乡公共文化服务体系建设、闽台文化交流和文化产业发展。支持医疗卫生体制改革，继续完善新型农村合作医疗制度；全面推行城镇居民基本医疗保险制度，将在校大学生和9.18万名国有、集体关闭破产企业退休人员纳入基本医疗保险范围；完善城乡医疗救助制度，将城乡重度残疾人、低收入家庭60周岁以上老年人和重症患者纳入救助范围；完善医疗卫生经费保障机制，支持公共卫生特别是社区卫生和农村卫生发展；及时落实财政资金，确保甲型H1N1流感防控工作顺利实施。支持保障性住房建设，多渠道筹措廉租住房保障资金，出台并落实住房公积金增值分配等政策。

【三农投入】 省级农林水事务支出

22.24亿元，比上年增长33.3%，并下达专项转移支付50.99亿元。加强农业基础设施建设，采取以奖代补、先建后补等方法，重点支持152.5千米海堤和120座水库除险加固、39个小型农田水利建设重点县和专项工程，解决农村133.5万人饮水安全问题，推进土地整理和小流域治理；统筹各类政府性资金，支持4650千米的农村公路路面硬化。发展农村公益事业，重点支持160个乡镇、2780个建制村的环境整治，8万户农村户用沼气建设，6万人“造福工程”搬迁。支持现代农业发展，整合支农资金3.71亿元，集中扶持茶叶、渔业、笋竹、花卉和油茶等特色产业发展；扩大农机购置补贴品种，推进农业科技创新和应用；培育农业龙头企业和农民专业合作组织，推动农业转型升级和产业化。支持农村综合改革，基本完成农村义务教育“普九”化债任务，实际化债21.59亿元；支出1.19亿元，提高村主干补贴标准，为村计生协会会长、妇代会主任、团支部书记发放津贴；扩大政策性农业保险范围；稳步推进农村村级公益事业建设一事一议财政奖补工作，选择16个县开展试点，拓展农村公益事业建设筹资渠道。提高基层政府保障能力，逐步建立县级基本财力保障机制；增加对县(市)财政补助，省级财政共下达财力性转移支付补助76.61亿元。

【管理科学化】 全省各级财政系统认真做好增值税转型改革工作，落实成品油价格和税费改革及政法经费保障机制改革；深化部门预算改革，对省直23个部门的25个预算项目开展绩效评价；省、市两级全面实行国库集中收付，县级非税收入收缴改革扩大到47个县(市、区)，集中支付改革扩大到30个县(市、区)；全年办理国库集中支付23.14万笔，实现“零差错”；深化“收支两条线”改革，全面推进财政票据电子化管理；制定专项资金管理办法，推动资金使用的规范、安全与高效；继续按照集中财力办大事原则，加大资金整合力度，投向省委、省政府确定的重点项目；清理部门历年结余结转，盘活沉淀资金，提高资金效益。监督检查中央和福建省扩内需保增长政策和惠民惠农政策落实情况；规范地方金融企业国有资产管理；牵头治理党政机关和事业单位“小金库”，并严格按照有关规定予以处理和整改；加强财政投资评审，全年净核减3亿元，审减率11%；全年全省审批购买的车辆数较前3年平均数减少761辆，减支1.6亿元；受理网上审批事项3125件，全部提前办结；强化政府性债务管理，清理核实全省政府性债务，为强化管理提供基础。

(王强)

税 务

【国家税收】 全年全省国税总收入完成1127亿元，增长10.2%，扣除海关代征后国税组织入库税收914.9亿元，增收95.5亿元，增长11.7%，迈上900亿元的新台阶，全省58个县市局中亿元县已达42个。剔除燃油税政策增收因素后，组织入库税收884.8亿元，超收1.2亿元，完成年收入计划的100.1%，增长8%。

收入特点。受国际金融危机和结构性减税政策的双重影响，全年税收收入呈前低后高的走势，税收月度增幅自7月份起实现由负转正，第四季度各月增幅均在30%以上，全年国税收入(不含车购税和中央固定收入)占全省财政总收入的比重约占52%，与上年基本持平。全年全省共落实结构性减税优惠政策68.5亿元，其中：实施增值税转型优惠29.1亿元；降低增值税小规模纳税人征收率减免6.7亿元；提高金属矿、非金属矿采选产品的增值税税率，增减相抵实际减免5.4亿元；降低排气量1.6升以下机动车车辆购置税税率惠民6.2亿元；暂停征收储蓄存款利息个人所得税减免4.3亿元；落实企业所得税优惠政策减免13.2亿元；落实高新技术企业税收优惠政策减免3.6亿元。全年消费税入库117.4亿元，增长74%，增收49.9亿元，拉动税收增长6.1个百分点，剔除燃油税因素则增长29.3%；增值税入库523.1亿元，增长5.1%，增收25.3亿元，拉动税收增长3.1个百分点；企业所得税入库237.2亿元，增长9.1%，增收19.8亿元，拉动税收增长2.4个百分点；车辆购置税入库34.7亿元，增长16.1%，增收4.8亿元。各税种中唯一下降的是利息税，受停征政策影响，全年入库2.5亿元，减收4.3亿元，下降63.3%。

税源分析。在重点监控的15个增值税重点行业中，有10个行业陆续实现增长，其中：电子通信、服装皮革和纺织增值税得益于福建省外贸复苏情况好于全国；商业增值税得益于旺盛的城乡消费需求，增长10.5%，增收8亿元；机械运输设备、成品油、卷烟、建材、煤炭等也有5000万元以上增收。电力行业受固定资产抵扣及煤炭税率调整影响，进项税额大幅增加，钢材钢坯和有色金属增值税分别下降29.4%和32.2%。

税收征管。强化户籍管理，落实巡查制度，实施日常检查1.42万人次，清查漏征漏管户1.11万户，组织入库个体集贸市场税收23.86亿元，征收河砂资源等零散税收8622万元；省、市、县三级积极开展纳税评估，推进专业化管理堵漏增收，全省(不含厦门)查补税款约6.82亿元，创历史最高水平；大力清欠，清理陈欠近3亿元；规范“两小票”和机动车销售统一发票的日常管理，积极稳妥地推广应用机动车销售统一发票税控系统，全省全年累计发售机动车销售统一发票9.37万张；做好上年度企业所得税年度申报和汇算清缴工作，实现汇算清缴税款入库47亿元；加强非居民企业所得税管理和非居民在中国境内承包工程税收管理，实现非居民税收收入12.24亿元；加强大企业税收管理与服务工作，开展总局定点联系企业税收自查督导和复核工作，共补缴税款6695.48万元。大力宣传国家提高部分商品出口退税率政策，在全国率先推行出口货物退(免)税分类管理试点工作，全省全年共办理出口退税366.2亿元，增退50.7亿元。

重点税源管理。加大对纳入总局监控的1092户重点税源企业的监控力度，定期通报重点税源企业监控信息，积极启动各项数据分析应用工作，充分发挥税收预警分析作用；全省141户纳税额在5000万元以上的重点税源企业共入库税收收入366.2亿元(不含免抵调库)，对全省国税收入增收贡献达72.5%。

专项治理。开展增值税零税负企业、卷烟零售经营大户、水泥行业、废品回收经营单位和利废企业的纳税评估工作，评估补缴增值税0.95亿元；开展固定资产进项税额抵扣情况专项检查工作，转出不符合规定的固定资产进项税额2.82亿元；对房地产和金融保险业汇算清缴和查补，全年合计增收18.5亿元。

依法治税。全面、系统和完整地清理1994年以来省局出台的文件3190份、中央级税收规范性文件5802份，开发“税收规范性文件信息管理系统”。全年累计清理各类审批事项约30项，积极指导试点《行政处罚自由裁量权执行规则》，深入推行税收执法管理信息系统，严格考核评议和过错责任追究。全年全省共查补各项收入16.22亿元，选案准确率达89.28%。开展对1921户企业的行业税收检查，查处利用CPU骗取出口退税等18件总局、省局督办的重大案件，查处各类发票违法案件262件。严厉打击发票违法行为，共查处各类发票违法案件262件，涉及违法户数342户，涉及发票57.48万份，对稽核比对异常的货物运输发票和海关完税凭证核查情况进行自查和复查，查补税款112万元。

税收服务。在18个基层单位积极推进征管方式变革优化纳税服务工作试点，并取得阶段性成效。改革以优化税收管理员制度、落实税源管理专业化为突破口，变个人管户为集体管户；分局设置户籍管理组和税源监控组，税源分析与纳税评估工作基本上收县级局统筹安排；规范办税厅建设，进一步理清分涉税事项与业务流程，扩大即办涉税事项，明确非即办涉税事项的流转环节、运作时间，努力实现纳税人办理所有涉税事项只找办税服务厅窗口的规范运作。专门建立纳税服务机构，制定了纳税服务工作规划和办税厅管理办法，建立统一规范的纳税服务体系，建立一区一县一办税服务厅的模式，把分散在各职能部门的涉税事项集中到办税服务厅窗口受理，办税窗口由原来的业务分割设置向“一窗式”转变，增值税“一窗式”向一窗多能或一窗全能转变，又逐步向同城通办、国地税联办转变，全省已有111个办税厅进行不同程度的“一窗通办”、“同城通办”、“国地税联办”。依法支持注册税务师行业健康发展，全省（不含厦门）委托税务代理的纳税人约1.5万户。

信息化管理。立足全省信息化建设实际，提出金税三期全省建设框架；加强信息系统的运行维护工作，组织实施网络信息安全保障工作及检查。实现纳税申报和税款缴纳方式的多元化，税库行联网100%覆盖。依托门户网站持续扩展网上办税功能，共有2.68万户防伪税控企业免费试用网上抄报税系统，3.8万户增值税一般纳税人办理了网上认证开通手续，通过网上认证的抵扣凭证占当月进项抵扣凭证认证总数的80%；全年门户网站访问量611.6万次、扣缴税款458.7亿元。

2009年福建税收收入分地区完成情况表

单位：万元

地区	本月入库			累计入库			累计直接收入增长（%）	其中：累计免抵调库		
	税额	比上年同期增减		税额	比上年同期增减			税额	比上年同期增减	
		绝对额	增减（%）		绝对额	增减（%）			绝对额	增减（%）
全省	676122	202044	42.6	9148893	954998	11.7	9.8	1237123	248411	25.1
厦门	152300	14580	10.6	2462251	224345	10	7.8	616500	91500	17.4
小计	523822	187464	55.7	6686642	730653	12.3	10.4	620623	156911	33.8
福州	130893	53304	68.7	2123630	181470	9.3	2.9	273606	129006	89.2
三明	35011	15656	80.9	373909	−17947	−4.6	−5.1	6442	1642	34.2
南平	21088	8128	62.7	273217	15964	6.2	1.9	23800	11400	91.9
宁德	17287	2808	19.4	211959	11337	5.7	6.1	14500	0	0
莆田	27511	6628	31.7	322692	25898	8.7	11.1	52570	−1030	−1.9
泉州	192937	76203	65.3	1903932	403514	26.9	28.5	138445	12045	9.5
漳州	47921	−2071	−4.1	557087	29761	5.6	7.4	100260	−1640	−1.6
龙岩	51174	26808	110	920216	80656	9.6	9	11000	5500	100
1、烟厂	18369	6885	60	515842	68447	15.3	15.3	0	0	0
2、其他	32805	19923	154.7	404374	12209	3.1	1.7	11000	5500	100

注：本表中税收收入不含海关代征；年度考核计划含免抵调库含车购税。

2009 年福建国税各项收入完成情况表

单位：万元

项目	本月入库									累计入库								
	全省			八市			厦门			全省			八市			厦门		
	税额	同比增减		税额	同比增减		税额	同比增减		税额	同比增减		税额	同比增减		税额	同比增减	
		增减额	增减%		增减额	增减%		增减额	增减%		增减额	增减%		增减额	增减%		增减额	增减%
一、国税总收入	908048	366127	67.6	655870	292376	80.4	252178	73751	41.3	11269731	1042540	10.2	7869084	994562	14.5	3400647	47978	1.4
(一)税收收入	676122	202044	42.6	523822	187464	55.7	152300	14580	10.6	9148893	954998	11.7	6686642	730653	12.3	2462251	224345	10.0
其中：中央级	529020	160770	43.7	409258	150473	58.1	119762	10297	9.4	7028372	909090	14.9	5166657	733203	16.5	1861715	175887	10.4
地方级	147102	41274	39	114564	36991	47.7	32538	4283	15.2	2120520	45907	2.2	1519984	−2551	−0.2	600536	48458	8.8
(二)海关代征	231926	164083	241.9	132048	104912	386.6	99878	59171	145.4	2120838	87542	4.3	1182442	263909	28.7	938396	−176367	−15.8
二、出口退税	−312913	−16970	5.7	−167505	12288	−6.8	−145408	−29258	25.2	−3662123	−506831	16.1	−1865623	−235331	14.4	−1796500	−271500	17.8
其中：直接出口退税	−229547	−9816	4.5	−125639	12942	−9.3	−103908	−22758	28	−2425000	−258420	11.9	−1245000	−78420	6.7	−1180000	−180000	18.0
免抵调减增值税	−83366	−7154	9.4	−41866	−654	1.6	−41500	−6500	18.6	−1237123	−248411	25.1	−620623	−156911	33.8	−616500	−91500	17.4

（兰延灼）

【地方税收】 全年全省地税系统累计组织各项收入893.69亿元,增收122.50亿元,增长15.9%,其中:税收收入617.79亿元,增长10.3%,完成年度计划616亿元的100.3%,比省政府下达的地方级收入目标超收8200万元,对地方级财政收入贡献率达到60.7%,比上年提高4.6个百分点,收入总量居全国第11位;其他收入275.90亿元,增长30.6%,其中社会保险费197.90亿元,增长11.4%。不含厦门,基本养老保险费入库101.09亿元,增长14.4%,完成年度任务的102.8%;失业保险费入库7.89亿元,完成年度计划的111.0%。3月份移交地税部门征收的契税、耕地占用税分别入库35.22亿元、10.57亿元。

税费管理。全省地税系统大力开展营业税政策清理,做好新旧政策衔接工作。继续加强货运业、建筑业税收管理,完成自开票纳税人年审工作,重新修订完善建筑业税收管理系统。深入贯彻实施新企业所得税法,开展企业所得税分类管理、税基管理、纳税评估、汇算清缴试点。抓好企业所得税汇算清缴和征管范围调整以及个人工资薪金所得与企业工资费用支出比对工作。大力推广应用个人所得税管理系统,完成年所得12万元以上个人所得税自行纳税申报工作目标,全省(不含厦门)共受理自行纳税申报55635人,申报年所得额149.39亿元。做好“耕契”(耕地占用税、契税)两税的接收及规范征管工作。加强房产税管理,落实统一内外资企业房产税政策,健全房屋租赁税收征管办法。强化土地使用税税源清查成果的综合利用,完善税源数据库;进一步规范土地增值税清算。加强附征税费管征。完善车船税委托代征办法。规范资源税管理。深化房地产模拟评税试点,积极开展应用评税技术核定房地产交易环节计税价格工作。强化国际(涉外)税收管理,加强非居民承包工程和提供劳务税收管理,做好非居民企业所得税申报和源泉扣缴工作,加强税收情报交换,推进反避税工作,全年共组织非居民税收4.2亿元,增长4.93倍。实现灵活就业人员基本养老保险费和残保金由地税统一征收。以非公经济和灵活就业人员为重点,加大扩面增人工作力度。依托规费征管信息子系统,强化基础数据管理和费源结构分析。进一步规范残保金、工会经费征(代)收管理。

税收征管。全省全年共清欠入库税费3.24亿元。推行非正常户管理软件,全面清理历年沉淀的非正常户。应用定期定额管理系统,进一步规范定额核定标准和程序,全省已有28.77万户纳入系统进行核定,年核定税费金额达24亿元。推广应用纳税评估软件,完善纳税评估机制。组织开展总局部署的22户重点税源企业专项评估工作,全省全年累计开展评估21252户,补税入库4.18亿元,增长42%。做好总局定点联系企业征管信息的采集和报送工作。开展总局定点联系企业税收自查和重点复核,并联合国税部门开展税收自查督导,85户企业自查补缴地方税费4938.69万元,加收滞纳金223.31万元。组织实施全省地税发票票种简并工作,将福建省地税发票从原有的140种319样减少至73种128样,并于7月1日起在全省正式启用新版发票。在全省住宿业推行计算机开票,1951家宾馆、酒店使用计算机开票系统,累计开票金额6.78亿元。

依法治税。全省地税系统制定依法行政工作要点,明确部门职责,推进依法行政。加强规范性文件审查、备案和清理,加强行政复议和应诉工作。继续深化税务行政审批改革,取消13项行政审批项目。修改完善税收执法责任制自动化考核管理系统,严格实施执法过错责任追究,全年共追究4910人次。加强监督检查,促进《行政处罚自由裁量权执行规则》、《执行标准》以及《大额减免税审批管理暂行办法》等制度的有效落实。继续抓好对税款核定、发票领用、税款征收、税务稽查等执法环节和减免缓税审批、所得税税前扣除等审批事项的监督,加强对已取消行政审批事项的后续监管。认真落实上年全省税收执法检查整改,全省平均整改率99.75%。推进政务公开的电子化和网络化,实行税收法律法规公开,保障纳税人知情权、参与权和监督权。开展以建筑安装业、股改限售股和IPO限售股减持纳税申报为重点的税收专项检查,严厉打击发票违法犯罪活动,曝光一批制售假发票和偷逃税违法案件,全年共检查纳税户2492户,查出有问题户2404户,组织稽查收入6.66亿元,其中查补税款5.5亿元,罚款6586万元;稽查部门组织企业自查补缴税款及滞纳金7.21亿元。

信息化建设。推广应用全省统一的“网上办税服务厅”,满足纳税人日常办税需要,全省全年共有18.56万户企业通过网上申报,入库税费达430亿元。拓展纳税咨询辅导服务。建立纳税咨询热点问题收集公布制度。规范和加强12366热线管理,开发短信服务平台,与网上12366咨询等形成沟通纳税人的多种平台。减轻纳税人和基层负担。开发和试点推行涉税受理审批管理系统,实现办税服务的全面提速、增效和减负。积极推行“同城通办”涉税事项,全省多数设区市所在市区实现了同城通缴,并有55个县(市)局推行同城通办业务,方便了纳税人就近办税。

2009年3月31日,福建省地税部门启动第10个税收宣传月仪式。

(省地税局供稿)

2009年福建地税各项税收分级次统计表

单位：万元

项目	合计	中央	地方			
			小计	省级	设区市级	县(市、区)级
总计	8936919	1216054	7720865	1588042	3127947	3004876
一、税收收入合计	6177920	1215980	4961940	373141	1966594	2622205
1、营业税	2652265		2652265	364640	1039696	1247929
2、企业所得税	863138	517975	345163	8496	108090	228577
3、个人所得税	1163341	698005	465336		210033	255303
4、资源税	58752		58752		6263	52489
5、固定资产投资方向调节税	10		10	5	5	
6、城市维护建设税	350196		350196		190633	159563
7、房产和城市房地产税	274120		274120		120777	153343
8、印花税	118118		118118		50860	67258
9、城镇土地使用税	237083		237083		68155	168928
10、土地增值税	367789		367789		148857	218932
11、车船税	49470		49470		23226	26244
12、烟叶税	43638		43638			43638
二、耕地占用税	105704		105704		7193	98511
三、契税	352194		352194	44695	200325	107174
四、非税收入合计	2301101	74	2301027	1170206	953834	176987
1、教育费附加收入	162960		162960	6689	84312	71959
2、文件事业建设费收入	15630	74	15556	11318	4238	
3、税务部门其他罚没收入	1485		1485	1313	15	157
4、税务行政性收费收入	3695		3695	2557	1138	
5、社会保险基金收入	1978961		1978961	1089769	803096	86096
(1)基本养老保险基金收入	1414966		1414966	1010861	404105	
(2)失业保险基金收入	104860		104860	78908	25952	
(3)基本医疗保险基金收入	394667		394667		318664	76003
(4)工伤保险基金收入	22468		22468		16386	6082
(5)生育保险基金收入	18573		18573		14563	4010
(6)其他社会保险基金收入	23427		23427		23427	
6、其他非税收入	138370		138370	58560	61034	18776
(1)地方教育费附加收入	72472		72472	52361	20111	
(2)地方水利建设基金收入	35206		35206		26946	8260
(3)残疾人就业保障基金收入	30639		30639	6199	13924	10516
(4)财政专户存款利息收入	53		53		53	
(5)其他收入						

2009年福建地税分税种分设区市收入情况表

单位：万元

项目	全省	福州	厦门	三明	南平	宁德	莆田	泉州	漳州	龙岩	省局直征局
总计	8936919	2078489	2450933	416421	324817	285054	326012	1513372	587279	552696	401846
一、税收收入合计	6177920	1440425	1561395	301385	230183	211281	248444	1188599	417461	440057	138690
1、营业税	2652265	690831	696508	127873	102363	103748	117242	437609	187388	137086	51617
2、企业所得税	863138	141130	222169	34283	23257	21265	32919	226311	46101	87196	28507
3、个人所得税	1163341	271505	294214	55675	40001	44936	37892	236948	70922	68230	43018
4、资源税	58752	2891	142	7437	2758	1220	1587	10830	4526	27361	
5、固定资产投资方向调节税	10	10									
6、城市维护建设税	350196	69769	89662	19760	14375	11662	11684	55145	18245	54729	5165
7、房产和城市房地产税	274120	70240	85333	9266	8277	5991	9501	57557	15378	8907	3670
8、印花税	118118	28891	35929	4893	3227	3437	4769	20260	7825	6484	2403
9、城镇土地使用税	237083	53210	40213	9403	9998	5890	17570	70943	20269	9145	442
10、土地增值税	367789	102866	88319	13197	9986	11346	12716	61383	42436	24039	1501
11、车船税	49470	9082	8906	2275	2796	1786	2564	11613	4370	3711	2367
12、烟叶税	43638			17323	13145				1	13169	
二、耕地占用税	105704	21064	19320	3153	2038	6221	10107	12152	27870	3779	
三、契税	352194	101517	113578	12493	11800	14832	12189	42904	22606	20275	
四、其他收入合计	2301101	515483	756640	99390	80796	52720	55272	269717	119342	88585	263156
1、教育费附加收入	162960	31921	39818	10513	7115	6841	5459	26951	8727	23404	2211
2、文件事业建设费收入	15630	2756	4245	252	286	309	326	2871	658	391	3536
3、税务部门其他罚没收入	1485	386	174	102	64	64	47	389	101	156	2
4、税务行政性收费收入	3695	778	1136	144	267	165	155	601	254	168	27
5、社会保险基金收入	1978961	433877	685168	79898	69806	40998	42352	210487	101448	59207	255720
(1)基本养老保险基金收入	1414966	249283	404102	73004	65160	38164	38075	148293	94315	53346	251224
(2)失业保险基金收入	104860	29661	25953	6894	4646	2834	4277	14636	7133	5861	2965
(3)基本医疗保险基金收入	394667	116728	236914					40403			622
(4)工伤保险基金收入	22468	9145	8992					3921			410
(5)生育保险基金收入	18573	5633	9207					3234			499
(6)其他社会保险基金收入	23427	23427									
6、其他非税收入	138370	45765	26099	8481	3258	4343	6933	28418	8154	5259	1660
(1)地方教育费附加收入	72472	14573	20109	3051	2495	2183	3034	17874	4890	3763	500
(2)地方水利建设基金收入	35206	20481		3645		1460	2950	5070	1213	387	
(3)残疾人就业保障基金收入	30639	10659	5990	1785	763	700	949	5473	2051	1109	1160
(4)财政专户存款利息收入	53	52						1			
(5)其他收入											

（祝维剑）

编辑：郑菜

经济管理

宏观经济调节

【贯彻国务院《意见》】 2009年5月，国务院正式颁布《关于支持福建省加快建设海峡西岸经济区的若干意见》，对加快海西建设提出了明确要求。海西战略上升为国家战略，在服务全国发展大局、推动两岸关系和平发展中的重要作用进一步凸显，海峡西岸经济区建设站在新的起点上。《意见》颁布后，省委、省政府立即发出通知，对学习贯彻工作提出明确要求，通过多种形式全方位宣传海西建设的重大意义、总体要求、战略定位、目标任务和保障措施，动员全省人民把思想和行动统一到中央决策上来，进一步增强加快发展的责任感和紧迫感。7月，省委八届六次全会审议通过了贯彻落实国务院《意见》的实施意见，进一步明确和细化各项目标任务。11月，国务院办公厅印发贯彻落实国务院《意见》的重点工作分工方案，福建及时与国家有关部委对接汇报，认真组织落实各项分工任务。12月，省委八届七次全会提出加强党建工作，为海峡西岸经济区建设提供有力保障。

【有效应对危机】 以贯彻国务院《意见》为契机，坚决实施中央应对国际金融危机的一揽子计划，落实并丰富完善保持经济平稳较快增长的一系列政策措施，经济增长呈现逐季回升的良好势头，经济回升向好的趋势进一步得到巩固。落实强农惠农政策，加大财政支持"三农"力度，落实种粮直补、良种补贴、农资综合直补和农机具购置补贴等政策，发展农业产业化经营，加快"五新"推广步伐，完善农村社会化服务体系，粮食连续3年增产，农林牧渔业总产值增长5%。着力帮扶企业，全面落实扶持中小企业经营发展的36条政策，制定推动工业、外经贸、房地产和金融持续健康发展的32项措施，建立完善信用担保补偿、再担保、贷款风险补偿和资金链应急保障机制，设立创投资金，取消、停止、减征一批行政事业性收费和政府性基金，解决企业遇到的突出问题。进一步扩大内需，加快推进一批重大基础设施项目建设，全面实施中央增投项目，进一步带动民间投资，全年全社会固定资产投资6362亿元，增长20%；完善搞活流通促进消费政策，着力培育消费热点，全年实现社会消费品零售总额4480.99亿元，增长15.9%；果断采取一系列稳外需、扩市场、保份额的扶持举措，及时出台稳定外贸增长的35条政策，全年进出口总额797亿美元，下降6.1%，全省外贸运行好于全国，居十大外贸省市前列。

【转变发展方式】 坚持把调整产业结构作为转变经济发展方式的重要途径，着力发展先进制造业，加快形成具有较强竞争力的现代产业体系。实施产业调整振兴，编制实施14个重点产业调整和振兴方案，不断壮大电子信息、装备制造、石油化工三大主导产业，整合提升传统产业，培育发展新兴产业。策划和生成一批符合产业政策、带动性强的工业新项目，福建炼化一体化、南纸林纸一体化等一批项目建成投产，光电、软件、微波通信等一批新兴产业基地加快形成。促进产业结构优化，2009年三次产业结构调整为9.7∶49.1∶41.2，三次产业协同拉动作用进一步增强；全年工业增加值5106.38亿元、增长13.0%，30个重点产业集群产值占规模以上工业的42%；动漫、创意等新兴服务业和服务外包迅速成长，一批物流园区、节点和配送中心初步建成，旅游、咨询、广告、会展等服务业加快发展，服务业对经济增长的贡献率达39.3%。增强自主创新能力，落实激励政策，拓宽科技投入渠道，强化企业创新主体地位。全省重新认定高新技术企业906家，新增一批国家级创新型企业和省级以上企业技术中心。推进科技重大专项，万吨级煤制乙二醇成套技术、陶瓷纤维等关键技术取得突破，水稻转基因育种、重大传染病防治技术等专项列入国家计划。第七届中国·海峡项目成果交易会对接5008个项目，有效促进技术、资本、人才等创新要素集聚。

【加强协调互动】 按照统筹城乡和区域协调发展的要求，加快推进城镇化，完善区域协作机制，促进区域公共资源均衡配置和生产要素合理流动。优化省域发展布局，完善海峡西岸城市群发展规划，加快形成以区域中心城市为骨干、中小城市和小城镇为基础的城镇体系。推进环三都澳、罗源湾、兴化湾、湄洲湾、厦门湾、漳州古雷等临港区域和武夷新区、龙岩产业集中区、三明产业集中区等重点区域规划和项目布局，培育形成新增长区域。发展县域经济，加强总体规划和分类指导，培育各具特色、充满活力、有利于发挥优势的县域经济体，增强县级统筹发展能力和自主发展能力。加快小城镇发展，确定21个小城镇作为综合改革建设试点，出台实施意见和配套措施，试点工作顺利启动。扶持欠发达地区发展，加强对原中央苏区县、革命老区、少数民族地区、偏远山区、海岛、水库库区的扶持，改善老区生产生活条件。密切与周边地区的协作，加强重大项目建设协调，推进跨省重大基础设施建设，加强旅游开发、环境保护、市场开拓等领域协作，促进共同发展。 (王高辉)

国土资源管理

【土地管理】 加强耕地保护。以加快

构建保障和促进科学发展新机制为主线，实行最严格的耕地保护制度和节约用地制度，省政府与设区市政府签订了耕地保护目标责任书，建立了耕地保护目标责任制并严格考核。认真落实补充耕地任务，建立土地整理复垦开发动态监管系统与用地报批系统联通关系，实现建设占用耕地与补充耕地的联动管理。做好补充耕地储备项目信息备案工作，形成约1.59万公顷的补充耕地储备库。扎实推进土地整理复垦开发，全省实施土地整理和高标准农田建设任务4.67万公顷。开展农村土地整治城乡建设用地增减挂钩调研，完成全省村庄拆旧建新复垦调查、村庄复垦潜力与村庄拆旧复垦建新成本典型调查并形成调研报告；拟定农村土地整治示范点建设方案，启动示范县建设工作。全年全省补充耕地数量超过建设占用耕地数量，连续10年实现耕地占补平衡。

开展第二次全国土地调查。在省政府领导下，在国土资源部、国务院第二次土地调查领导小组办公室指导和省第二次土地调查领导小组各成员单位共同努力下，全省第二次土地调查工作基本完成。整个调查工作历经5年，一是全面查清了全省各类土地（包括农村土地、城镇土地、基本农田）面积、数量和分布情况；二是编制了县、乡级土地利用现状图和标准分幅土地利用现状图；三是建立了土地利用现状数据库、影像数据库及数据库管理系统；四是建立了土地利用现状数据库、影像数据库及数据库管理系统，建立了福建省国土资源空间信息基础数据平台并已逐步应用于国土资源管理等领域；五是培养了一批土地调查技术骨干和业务骨干，土地调查队伍素质进一步得到提升。

拓展作为空间。积极争取国土资源政策支持，努力促进海西建设，提出了贯彻落实《国务院关于支持福建省加快建设海峡西岸经济区的若干意见》的9个方面22条具体举措；通过积极与国土资源部沟通，国土资源部正式提出支持福建省加快建设海西的政策措施。继续坚持"两确保两优先一统筹"的用地政策，科学安排各业各类建设用地，持续保障扩大内需项目的用地需求，全年共审批建设用地796宗，面积1.84万公顷，省及省以上重点建设项目用地和符合产业政策工业项目的合理用地得到及时有效保障。认真组织做好2009年扩大内需急需开工建设项目的用地保障工作，先后组织两批283个扩大内需项目、总投资1173亿元、总用地约0.67万公顷上报国土资源部审查确认，解决了项目不符合现行土地利用总体规划、新一轮土地利用总体规划正在修编、项目无法落地的用地报批难题，保证了扩大内需各项建设依法依规及时落地。

节约集约用地。提请省政府研究出台了关于建立地价调节机制促进海峡西岸经济区产业发展的通知，对全省工业用地出让最低价标准进行了适当调整，按照国家产业政策分别对鼓励、限制的产业实行差别地价政策，运用地价杠杆促进产业结构调整和优化升级，促进资源节约、产业发展和环境保护；同时，明确对工业企业原址扩建或置换搬迁的工业用地，可以协议出让；对具有综合目标或特定社会、公益建设条件的工业用地，可以设定专项条件后招拍挂出让或按综合条件最佳者得的原则招标确定受让人。实施鼓励开发利用低丘缓坡地的政策措施，对符合补助条件的由省级财政"以奖代补"，促进项目建设少占甚至不占耕地，缓解全省耕地占补平衡压力。研究制定单位GDP和固定资产投资耗地考核办法，完成17个国家级开发区、65个省级开发区面积共541平方千米的土地集约利用评价，形成综合评价成果并建立数据库。健全完善建设用地供应备案与在线监控制度，进一步加大土地批后监管力度，组织开展批而未征、征而未供和供而未用土地的专项清理工作，对全省批而未征、批而未供的建设用地，分门别类采取有效措施加以盘活，有效提高了项目落地率、土地利用率。因土地管理特别是土地节约集约利用方面业绩突出，国土资源部奖励福建973.33公顷建设用地指标。

强化土地执法监察。省政府办公厅下发了关于切实做好建设用地动态监管工作的通知，加强"批、供、用、补、查"各环节的全面监管和全程监督，促进建设用地依法依规审批、节约集约利用。加大国土资源违法违规行为查处力度，重点查处城乡结合部等重点区域的违法占地行为和矿产资源开采勘查过程中的违法违规行为。认真组织开展第九次卫片执法检查，福州、厦门、泉州、莆田4市都通过国土资源部的评估验收。福州、厦门、漳州、泉州、莆田、南平及龙海、建阳等地通过国家土地督察上海局的农用地转用和土地征收审批事项督察或土地例行督察。全面落实动态巡查责任制，开通了省、市、县三级12336国土资源违法举报电话，充分发挥村级国土资源协管员的作用，不断推进执法监察关口前移。 （赵珂）

【海洋综合管理】 强化服务保障，促进海洋经济平稳较快发展。编制完成全省2010年围填海计划以及6个《重点海湾海域使用规划》，全年全省共审批用海项目2162宗（含国家，下同），面积8912.57公顷，其中填海项目45宗，面积2760.21公顷，有力保证了工业、能源、交通等重点建设项目的用海需求。组织研究莆田石门澳填海控制线，科学划定23平方千米的填海区域，为重大项目落地创造了条件。组织研究泉州湾秀涂人工岛建设方案，提出秀涂人工岛建设的优化方案，为泉州台商投资区规划提供用海保障。认真执行《关于进一步提高海域使用审批效率的若干意见》，缩短用海审批时限。通过建设省及沿海6个设区市海域使用动态监视监测管理系统，强化对海域使用的有效监控。认真实施《福建省海域使用补偿办法》，做好收回海域的补偿工作。全年征收海域使用金超过11.97亿元（含国家），依法减免海域使用金1.23亿元（含国家）。全面启动《福建省湾外围填海规划》编制工作，积极引导建设项目向湾外拓展。在全国率先出台《福建省海域采砂临时用海管理办法》，对海域采砂临时用海实行论证和评价管理。启动《福建省无居民海岛保护和利用控制性详细规划》编制工作，开展全省海岛命名及标志设置试点。

转移工作重心，开创海洋环保工作新局面。积极探索深化与环保部门的合作机制，共同推进陆源入海污染物的控制，首次开展江河污染物溯源监测，为实施污染溯源和生态补偿提供基础资料；对13个主要海湾、陆源入海排污口及其邻近海域、近岸23个站点的贝类与沉积物等开展海洋环境监测，继续对近岸海水与沉积物质量进行趋势性监测，实现对海洋环境质量的及时跟踪和网络化管理。配合国家海洋局开展泉州湾、湄洲湾等5个海洋倾倒区的选划、论证和延期工作，强化海洋倾废全过程监管。对全省重点涉海工程从施工期到运营期全过程进行跟踪监测，及时发现并查处违法违规向海洋排放污染物的行为，共组织涉海工程环保专项执法行动10多次，查处5宗，罚没款27.5万元。继续推进沿海31处海漂垃圾清理示范区、7处重点景观海滩污染整治和保洁、沿海6市渔港废弃渔船清除和石狮、晋江、云霄、诏安等4个渔港60马力以上渔船“两桶”(即废油回收铁桶、生活垃圾塑料桶)配置等海洋环境综合整治工作，全年全省共清理各类海漂垃圾1000多吨，设置垃圾箱近1000个，配置专用“两桶”2700多个，清理全省渔港和避风港大小废弃船舶1420艘。加强赤潮灾害的预警报，减少灾害损失。推进海洋生态修复等海洋环境保护重点项目建设，实施漳州市八尺门海域生态修复项目和“三湾”环境综合整治项目。加大生物多样性保护力度，建立福鼎市崳屿、莆田市横沙屿和白屿、云霄县石矾塔屿、东山县兄屿和弟屿6个典型海岛特别保护区，完成诏安城洲岛人工鱼礁投放，继续稳步推进中国南部沿海生物多样性项目东山—南澳示范区工作。积极开展增殖放流，全年共投入资金1603.5万元，增殖放流鱼、虾、贝等苗种5.1亿尾(粒)。

依靠自主创新，加快实施科技兴海战略。深化对13个主要海湾数模与环境评价研究，为合理利用海湾资源提供科学依据。深入推进“908专项”调查工作，通过海岛、海岸带、海域使用现状、沿海社会经济基本情况等外业调查，为海洋综合管理提供基础性的数据支撑。开展“入海污染物总量控制和减排技术集成与示范”项目，为总量控制海域污染物减排确定优先目标和控制标准。开展“海湾围填海生态环境影响评价技术导则国家标准研制”，利用已有研究成果对新提出的围填海项目进行深入应用研究，为海洋管理提供科学依据，为合理开发保护海洋资源提供技术保障。积极开展海洋生物制品、海水综合利用等方面的科技自主创新工作，组织实施“贝壳多孔羟基磷灰石基骨修复材料的研发”重点项目，初步制备出牡蛎壳羟基磷灰石与壳聚糖复合骨修复材料；组织研发日产10吨的移动平台型风能海水淡化装置，已在陈城镇岐下村海水养殖区投入试运行；实施“鲍种质改良优化及生态养殖工程技术”研究，进一步优化鲍鱼养殖品种结构，使福建鲍鱼养殖产量稳居全国首位。充分利用“6·18”平台开展项目成果对接，共征集到国内外海洋与渔业科研成果200项、精选海洋与渔业关键技术难题48项和企业技术需求31项，实现对接87项，总投资15.3亿元；对接项目中，有30多项已落地实施，转化为现实生产力。举办水产“五新”项目对接会，共有15个项目在现场成功对接。建立福建省科技兴海信息平台，实现福建海洋与渔业科技成果常年对接。全年共有18项成果通过省部级鉴定和验收，4项科技成果获2008年度省科学技术奖，其中：二等奖2项，三等奖2项。

综合执法。完善海洋与渔业执法协调配合机制，有效配置执法力量与资源，把岸线巡查、打击违法用海、打击非法采砂活动、查处违法倾废与伏季休渔、渔船安全监管、养殖执法等结合起来，协同配合，统一行动，增强执法力度。积极推进海上联合执法，在中国海监总队的部署下，派出15艘执法船艇、150名执法人员首次与台湾“海岸巡防署”金门海巡队在厦金海域开展两岸联合执法行动，这是60年来海峡两岸首次联合开展的海洋与渔业联合执法行动。与公安边防部门签订《关于联合创建“平安海域”的实施意见，开展大规模海上联合执法行动。认真实施“海盾2009”、“碧海2009”等专项海洋执法行动，全年全省办结9宗海盾案件、163宗碧海案件。加大对违法采砂行为的打击力度，全年共查处非法采砂案件131起，违法倾废28起，收缴罚款703.2万元。加快沿海设区市执法专用码头建设，泉州、莆田、漳州等设区市的渔政码头正在抓紧建设中。深入贯彻落实《福建省海洋与渔业执法队伍建设实施纲要》，制定出台《福建省海洋与渔业执法人员守则》和执法督察规定。积极推进市县机构改革，全年新增参照公务员法管理单位23家，全省已有65家纳入参公单位。

加强基础设施建设，做好防灾减灾和安全保障工作。加快“百个渔港”建设，晋江深沪、祥芝、连江黄岐中心渔港已建成；东山大澳中心渔港正在进行扫尾工作；惠安崇武中心渔港和莆田石城一级渔港项目正抓紧建设中；1个中心渔港、2个一级渔港、1个内陆渔港和1个渔政执法码头项目已获农业部批准立项；全年中央和省级共下达9710万元渔港建设补助资金扶持渔港建设。颁布实施国内首个地方性的《渔港建设标准》，编制完成全省渔港建设布局规划。着力防灾减灾。成立福建省海洋预报台，不断拓展和完善海洋灾害预警预报信息系统的建设，风暴潮漫滩预警辅助决策系统、赤潮预警系统、海面风浪流数值预报系统、海上突发事件应急辅助决策系统均已进入业务化运行，为防御海洋与渔业灾害提供了有力的支持。推进“万艘渔船应急系统”建设，全省捕捞渔船共完成终端推广29957台，实施率达94.5%；至今通过该系统已经成功实施海上渔业安全救助16起，被救渔船16艘，获救渔民160多名，挽回直接经济损失数千万元。（房月英）

【矿政管理】 矿产勘查开发。全年矿产勘查共投入3.58亿元，发现政和星溪矿区多金属矿等35个新的矿点和普查、详查基地。加快省部合作进程，确立了福建省2008—2015年公益性地质调查与战略性矿产勘查“218”工作目标，并积极推动台湾海峡油气资源勘查，全面推进矿产资源潜力评价工作。编制完成《福建省重要成矿区带金属矿勘查预留区专项规划》，优化省级地质勘查专项资金找矿成果配置，深部找煤取得突破，估算新增煤炭资源量1.7亿吨，并有望提交铜、钼等大中型金属矿勘查基地2～3个。认真执行勘查区块退出制度，全年退出283平方千米的区块面积。认真落实省政府下达的年度安全生产目标任务，全省无证、越界等非法采矿发生率同比下降80%以上，重点矿区开发秩序持续好转。认真开展矿业权实地核查和矿产资源开发整合，矿业权核查的野外实测工作量全面完成。

地质灾害防治。继续实施地质灾害防治“一百千万”工程，全省地质灾害信息与预警系统建设完成，实现了省、市、县三级的预警预报信息通过系统在第一时间发布；加大重要地灾隐患点工程治理力度，公布省级挂牌督办治理62处；实施441处4000户受地灾威胁村民整体搬迁；持续开展地质灾害群测群防体系建设，制定“十有县”建设实施意见和考核办法，首批17个县(市)达到“十有县”建设要求。突出科技防灾，开展山地丘陵区地质灾害调查与区划，《地质灾害远程会商与应急指挥系统关键技术研究》和《闽东南台风暴雨型地质灾害野外试验与综合研究》项目取得阶段性成果。制订《福建省突发地质灾害应急响应工作方案》，建立健全地灾应急管理体制和机制。切实加强汛期地灾防范，按照群测群防要求，对隐患点和其他汛期易发区域落实了防灾责任人和监测责任人，更新、完善群测群防预警点8137处，确定防灾责任人8137名、监测责任人9911名，发放防灾明白卡40538份、避险明白卡44062份，制作警示牌8225个；全省共编制年度地质灾害防治方案94份，修订地质灾害转移预案7118份，共组织群众转移演练23场次，参加群众达14500人次；汛期共转移群众71786人次，避免因地灾造成可能伤亡3569人，有效保障了人民群众生命财产安全。积极配合实施校舍安全工程，积极指导、督促易造成泥石流、山体滑坡的区域和场所开展安全生产“三项行动”及非法矿山排查、取缔工作，取得明显成效。

地质公园建设。德化石牛山、宁化天鹅洞群、晋江深沪湾国家地质公园先后揭碑开园，全省经国土资源部批准的5批8个国家地质公园建设符合要求，全部完成了揭碑开园工作；福安白云山、连城冠豸山和平和灵通山等省级地质公园先后举行揭碑开园仪式；福安白云山、连城冠豸山经国土资源部批准，获准国家地质公园资格。

储量管理。矿产资源储量利用现状调查工作有序开展，按国土资源部要求完成煤、铁、铜、铅大中型矿区资源储量利用现状调查。矿山储量动态监督管理工作全面推进，矿产资源储量评审管理进一步规范，有效促进矿山企业合理开发利用矿产资源。强化地质资料汇交管理与提供服务，认真开展资料汇交专项检查，开通了地质资料电子阅览室并已正式投入使用。积极为重点建设项目提供服务，简化程序，规范管理，提高效率，完成115项建设项目特别是高速公路、铁路等线性工程压覆矿产资源审批。

(赵珂)

国有资产管理

【完善国资监管制度】 认真贯彻落实《企业国有资产法》，以投资决策、风险控制、经营预算、责任追究为重点，完善国有资产监督管理体制。加强财务监督，建立健全企业财务动态监测体系，初步形成国有资产运行跟踪分析和监测预警工作机制；全面推行财务预算管理，强化财务预算执行情况动态监测，及时把握国有经济运行脉络；开展财务决算集中验审评价工作，着力解决企业会计核算不规范、信息披露不充分等问题，提高企业财务信息的真实性。加强业绩考核，修订完善《所出资企业负责人经营业绩考核暂行办法》，建立企业负责人任期经营责任制，启动2009—2011年任期经营业绩考核工作；确立“年度目标按预算”的考核目标协同和导向机制，根据集团管控类型和能力对企业进行分类考核，加大对企业管理、技术创新能力、节能减排水平的考核力度，将企业新增用于技术转让和研发的投入视同利润，引导企业领导树立科学发展的业绩观。加强薪酬管理，修订《企业负责人薪酬管理暂行办法》，将经营业绩与企业负责人薪酬紧密结合，强化对企业领导人强激励、硬约束机制，在规范企业负责人薪酬的同时，下发《关于所出资企业2009年度试行工资总额预算管理的通知》，积极试行企业工资总额预算管理，改进完善工资总额调控机制，促进企业建立适应市场经济体制的内部分配机制。加强产权管理，完善企业国有产权管理制度，进一步规范省属企业国有产权转让行为，严格控制协议转让，确保国有产权交易项目全部进场交易；加强资产评估管理，在全国率先拟定《所出资企业国有资产评估结果公示试行办法》，对企业国有资产评估结果进行公示，接受资产占有单位、职工及其他知情人员的监督，进一步提高评估结果的透明度，促进评估工作的客观、公正；加强国有控股上市公司管理，转让上市公司国有股权继续实施计划管理，加强对上市公司国有控股股东、实际控制人和信息披露义务人的监督管理；积极利用资本市场创新融资方式，交通集团、能源集团、高速公司、投资集团、冶金控股、轻纺控股通过增发股票、发行企业债券、中期票据或短期融资券等方式共筹措资金205.5亿元；加快海峡产权市场建设，初步建成海西联合产权交易市场，积极推动设立股权柜台交易市场，推动金融资产、行政事业性资产进场交易，并争取国务院国资委将省产权交易中心指定为从事央企产权交易的机构。加强投资管理，强化企业风险意识，督导企业建立预防风险应急预案，先后修订出台《所出资企业重大决策失误责任追究暂行办法》、《所出资企业投资管理暂行办法》等规定，明晰权责定位，对主业内的投资授权由企业负责管理，并建立重要项目报告制度，加大对重大决策失误的责任追究力度，进一步引导企业投资向主业集中，控制非主业投资，提高核心竞争力。

【深化企业改革】 加快推进重组改革步伐，出台《关于加快国有企业改革发展的若干意见》，并列为省委、省政府建设海峡西岸经济区的第十大举措。按照《若干意见》的要求和《部分省属企业整合重组方案》，投资、能源、交通、外贸和华侨实业五大集团重组整合工作完成，相继挂牌成立。将厦门经贸集团有限公司托管给福建汽车工业集团公司，所出资企业由31家调整为16家。通过整合重组，进一步优化国有资产布局结构，提高资本集中度，扩大企业规模，增强企业核心竞争力，新组建的五大集团户均总资产规模提升至132亿元，增长106.3%；交通集团重组后海运运力创历史新高，达到87万载重吨，新增运力相当于再造一个福建省轮船总公司；物资集团、商业集团并入交通集团后，积极开拓市场，扭转了长期亏损局面；重组后的投资集团融资平台作用大幅提升，先后与12家银行签订了837亿元的战略合作协议，综合授信额度达83亿元。在抓好集团公司整合重组的同时，加快推进权属子企业改革改制，已有81家权属企业按计划完成改革，99家权属企业改制工作正在进行中。海峡科化、厦门国际银行等改制上市工作有序推进；闽闽东重大资产重组及股权分置改革方案已获得中国证监会批准。

【加快企业发展】 为凸显省属国有企业在海西建设中的引领、带动和支撑作用，编制完成《福建省省属企业2009—2012年发展规划实施方案》，下发执行。认真贯彻落实国家出台的一系列"保增长、扩内需、调结构"决策部署，所出资企业全年累计完成投资483.02亿元，占年度投资计划的118.64%，比上年增长56%，其中：高速公路完成投资307.92亿元，增长63.6%；工业完成投资67.07亿元，增长62.4%；能源电力完成投资57.59亿元，增长5.05%；港口码头完成投资8.92亿元，增长26.17%；一批重大项目建成或部分建成投产，为实现保增长目标作出重要贡献。与央企合作持续深化，石化集团与中石化、美国埃克森、沙特阿美合作的福建炼化一体化项目，投资集团与中海油合作的LNG站线项目和与中核总合作的福清核电项目，能源集团与广核总合作的宁德核电项目，冶金控股与中国铝业合作的中铝瑞闽板带生产项目，交通集团与中航工业集团合作的八方物流等一批项目建成投产或生成落地，通过合资合作，提升了所出资企业影响力，为企业长远发展打下坚实的基础。

（王建龙）

审　计

【概况】 牢固树立科学审计理念，坚持"服务发展、服务民生、服务和谐社会建设"的审计工作思路，依法有效履行审计职责，为促进宏观经济政策的落实、维护财经法纪、促进依法行政、推进海峡西岸经济区建设发挥了积极作用。全年共完成审计和审计调查项目3127个，查出违规金额31.93亿元、损失浪费金额3.40亿元，审计发现侵犯人民群众利益0.32亿元，应上缴财政5.97亿元，应减少财政拨款或补贴0.54亿元，应归还原渠道资金2.23亿元，应调账处理金额29.10亿元，增收节支6.09亿元；向司法机关和纪检监察部门移送案件60件，涉及金额19.76亿元；向其他有关部门移送处理事项51件；提出审计建议7081条，被采纳3401条；提交审计专题报告、综合报告和信息简报6498篇，被各级党政领导和有关部门批示、采用5721篇（次）。省审计厅实施的泉三高速公路（鲤城段）征地拆迁安置补偿费使用情况专项审计调查项目获得全国地方优秀审计项目；省审计厅实施的温福铁路征迁专项审计调查项目和厦门市审计局实施的厦门市巾帼园2007年度财务收支审计项目获得全国地方表彰审计项目。

【审计业务工作】 财政审计。全年共完成预算执行审计和审计调查554个单位、财政决算审计193个单位，应上缴财政5.14亿元，已上缴财政3.58亿元；省级预算执行审计共涉及7个省直部门和2所高校及所属部分单位，并对政府投资建设保障性住房建设、县乡医疗服务体系建设、农村户用沼气工程建设3项省委、省政府为民办实事项目以及铁路建设资金开展审计调查，对5项省级社会保障资金开展审计。全省审计机关还对政府还贷二级收费公路债务情况进行专项审计调查，为政府还贷二级公路债务余额和里程的认定提供依据；积极参与"小金库"的清理检查工作。此外，行政事业审计全年共完成1088个单位，查出违规金额3.72亿元。

固定资产投资审计。全年共审计435个政府性投资项目，审计投资总金额556.71亿元，查出违规金额4.02亿元，核减投资概算和结算额3.62亿元，查出违规招投标项目30个。加强政府投资审计工作力度，组织开展对50个污水处理和水利工程、保障性住房等增投项目审计，参与省纪委组织的新增投资项目检查，开展对铁路、高速公路建设中征地拆迁和公路、市政等基础设施建设项目的审计或审计调查。各地审计机关结合实际情况，选择当地有影响的重点建设项目开展跟踪审计。投资审计揭示和反映了建设项目工程招投标违规、不按既定标准补偿以及挤占挪用出借补偿资金、内外勾结弄虚作假骗取补偿款以及涉嫌职务犯罪、虚假评估、BOT投资运作不规范等方面的突出问题，一批涉嫌违法违纪问题移送司法、公安、纪检部门处理。根据审计署的统一部署及省政府的要求，组织各设区市审计局对福建省对口支援彭州市灾后恢复重建项目开展跟踪审计，并向社会作了审计结果公告；参加工程建设领域突出问题的专项治理、中小学校舍安全工程建设的审计，取得了较好的成效。

金融与外资运用审计。全年共审计调查金融单位19个，审计和审计调查外资运用项目单位200个，查出管理不规范金额10.33亿元。为摸清全省地方金融机构资产质量和经营状况，促进其提高经营管理水平，组织开展对兴业银行8家分行及11个农村信用合作联社2008年资产质量和经营状况的审计调查。根据审计署授权，组织开展对8个国外贷援款项目178个项目执行单位的公证审计，组织对尚在执行的34个外国政府贷款项目开展审计调查。

经济责任审计。根据组织部门的委托，全年共对736个单位、786名经济责任人开展领导人员任期经济责任审计，其中党委政府领导192名、党政部门领导373名、事业单位领导187名、国有及国有控股企业34名，查出违规金额14.52亿元、损失浪费金额2.57亿元；领导干部涉嫌个人经济问题2人，移送司法机关和纪检监察部门处理的经济责任人6人、其他人员13人。省审计厅首次对2个县（区）的党政主要领导干部一并开展了任期经济责任审计。

专项资金审计和审计调查。全年共完成专项审计172个单位、专项审计调查316个单位，涉及专项资金总额916.95亿元。围绕贯彻落实各项惠民利民政策措施，突出对涉及新农村建设、教育、卫生、社保、残疾人就业培训和帮扶等民生项目资金的审计调查，全年共对488个民生项目开展专项审计或审计调查。

企业审计。全年共审计和审计调查150个单位，查出违规金额9.54亿元、损失浪费金额3.04亿元。根据审计署的授权，省审计厅组织对中国烟草总公司福建省公司开展审计。通过对国有企业的审计，促进公司治理结构的改善，进一步完善企业内部控制制度，促进国有资产保值增值和企业可持续发展。

（温炎生）

统　计

【统计保障】 为应对国际金融危机、

保持福建经济平稳较快发展，全省各级统计部门进一步加强经济运行监测分析，积极扩充统计调查内容，实施对中央扩大投资项目、中心城市劳动就业等方面的统计监测；提高统计监测频率，启动重要价格旬报制度等；开展工业、投资、消费等重要领域的分析研究，及时反映中央和省委、省政府重大决策部署落实情况，准确研判全省经济运行态势。

【统计调查】 顺利完成第二次全国经济普查现场登记、数据处理、抽查评估等工作，基本掌握了全省第二、第三产业的规模、结构、效益和生产要素以及服务业发展状况。全面启动第六次全国人口普查，开展机构组建、方案制订、经费筹措和动员培训等前期准备工作。与科技、教育等部门协同开展第二次全国R&D资源清查。

【统计改革】 开展反映海西建设和科学发展的产业经济、民营经济、绩效管理等统计；实施文化、体育、信息、交通、海洋等产业经济核算；建立固定资产投资项目管理信息抄送制度和中央扩大投资项目跟踪调查制度；将私营单位纳入劳动工资统计范围；开展城乡划分和城镇化率专项调查。

【统计基础】 在加强统计力量上，省和部分市、县统计部门增设了机构和人员；三明、漳州、南平、龙岩、宁德市和部分县（市、区）增设能源监测等统计机构；宁德市政府行文要求核定乡镇统计人员编制。在统计信息化建设上，完成了政务外网与设区市的联通；基本完成乡镇配置或更新统计专用计算机任务；福州市开展统计地理信息系统建设；厦门、漳州和福州市推广应用统计网上直报系统。在统计法制上，进一步规范统计行政处罚自由裁量行为；开展统计监督检查，全年共检查统计调查单位6112个，发现有违法行为单位975个，立案查处680起，公开曝光统计违法案件20起。

（杨洪春）

工商行政管理

【整顿和规范市场经济秩序】 商品交易市场执法。全年共查处商品交易市场（包括各类消费品市场和生产资料市场）违法违章案件4379件（其中适用简易程序处罚案件491件），罚没金额1336.71万元，分别下降20.1%、13.4%。从案件查处的类型来看，掺杂使假、假冒伪劣案件1112件，占总查处案件的25.4%；罚没金额455.96万元，占总罚没金额的34.1%。

流通领域食品安全整治。全年共出动执法人员113382人次，捣毁制假售假窝点274个，取缔无照经营1384户，处理消费者申诉和举报2031件；食品安全快速检测共抽样197887家次，抽样120274组，不合格1037组，合格率99.1%；送检2273组，不合格120组，合格率94.7%；查处食品违法违章案件3406件、罚没金额823.8万元，同比分别增长12.6%、6.4%。

重要商品市场秩序整治。农资市场专项整治取得良好成效，全年共取缔无照经营216户，受理消费者投诉128件，为农民挽回经济损失58.59万元，没收查扣种子4394千克、化肥227623.0千克、农药1864.8千克等违法物资；查处农资市场案件776件，案值627.28万元，罚没金额475.09万元，分别下降16.1%、36.0%、19.6%。全力维护粮食市场平稳运行，继续加强粮食市场监管，规范粮食收购主体，全省共有可入市收购粮食企业544户，比上年减少2.9%，其中：国有粮食收购企业310户，经批准具备入市收购资格的

流通领域食品安全检查现场。

（省工商局供稿）

非国有企业234户。规范成品油市场秩序，全年共查处成品油违法违章案件122件，案值270.83万元，罚没金额98.60万元，查扣油品7.08吨。加强汽车市场管理，全年共查处汽车违法违章案件87起，案值191.45万元，罚没金额34.96元，查扣汽车1辆。

开展“红盾护农行动”。开展“红盾护农保春耕、保夏播、保秋收”三次专项整治行动，严厉打击制售假冒伪劣农资坑农害农行为，全年共查处农资市场案件776件，罚没金额475.09万元。

市场日常监管执法。加强展销会监管，全年核准登记商品展销会161个，查处违法违章案件15件，罚没金额8.08万元。规范烟花爆竹市场秩序，全年共出动执法人员20675人次，检查经营主体11943户，取缔无照经营180户，立案91起，罚没款8.22万元，查获非法烟花276箱、爆竹1987捆。加强旅游市场监管，全年共检查旅游景区（点）490个次，查处案件279件。积极探索和推进食品安全示范店建设，加大农村食品安全示范店建设力度，全面提高农村食品经营规范化水平，确保如期实现工商总局确定的每个行政村有一户示范店的目标。

【公平交易执法】 全年共查处公平交易类案35329件，罚没款1.29亿元，分别比上年下降4.9%、5.6%。其中，不正当竞争案件1374件，比上年减少150件；罚没款1503万元，比上年增加31万元。全年查处商业贿赂案74件，下降65%；罚没款311.27万元，下降3.2%。全年查处传销案26件（其中移送11件），增加136.36%；取缔窝点390个，教育遣散人员6077人次，解救受骗人员316人，移送公安74人。全年查处走贩私案103件，下降37.58%。

【广告监管执法】 继续加大对虚假违法广告的查处力度，保持对虚假违法广告的高压态势，全年共监测和检查各类广告122.4万条次，查处各类虚假违法广告案3478件，比上年增长1.9%；罚没款953.52万元，下降10.7%。在查处的各类违法案件中，虚假广告案931件，占总数的26.7%；非法经营广告案766件，占总数的22%；其他广告案1781件，占总数的51%。从违法类别

来看，查处的案件数排在前五位的类别是食品、医疗、药品、家电、房地产类广告。

开展网上非法广告专项整治工作。全年共检查各类网站1926户次，检查各类网站和手机广告、信息、链接5.05万条次，查处各类互联网广告151件，罚没款63.89万元，分别增长17.9%和125.8%；查处不良广告712件，罚没款416.1万元。

【合同管理执法】 全年共查处合同违法案件2386件，罚没395.54万元。共办理企业动产抵押物登记2240份，主债权金额658.04亿元；变更登记45份，主债权金额6.39亿元；注销登记1078份，主债权金额63.67亿元。全省拍卖企业总户数为204家，其中：国有拍卖公司46家，私有拍卖公司139家，混合所有拍卖公司19家，共备案2528次，现场监拍1314场，成交金额105.38亿元。共受理合同争议186件，调解合同争议154件，调解金额120.71万元，成功率达83%。共制定发布涉农示范文本168个，指导1894户涉农企业与130643户农户签订119009份合同，合同金额26.2亿元，合同履约率99.9%。共举办经纪人培训班33期，培训农村经纪人2088人；结合农业生产经营的需要制定或与有关部门联合制定发布各类涉农合同示范文本168个，有效地规范了涉农产品的交易行为，减少了签约的盲目性。

【企业登记监管】 截至年底，全省实有内资企业284805户，比上年增加22712户；注册资本(金)10721亿元，增加1998.47亿元；其中当年新登记注册内资企业42721户，比上年增加5736户；注册资本(金)1424.50亿元，增加568.87亿元。全省实有国有、集体类企业54228户，比上年减少5.06%；注册资本(金)3485.51亿元，增长13.75%。其中公司制企业18965户，注册资本(金)2711.29亿元，分别占总数的34.97%和77.79%，分别与上年增长3.33%和19.51%。全年共查处取缔无照经营案件16448件，罚没金额4536.25万元；查处内资企业违反企业登记管理法规案件1195件，罚没金额461.47万元；查处私营企业违反登记管理法规案件2822件，罚没金额823.79万元；查处个体工商户违反登记管理法规案件6569件，罚没金额354.13万元；查处“三虚一逃”案件311件，涉案金额1.87亿元，罚没金额601.32万元，向司法机关移送案件2起；查处取缔黑网吧1333户，查封违法经营场所496处，罚款金额420.93万元。为有效促进中介组织规范、有序发展，开展全省市场中介组织专项治理工作，全年共受理群众来信、来访、举报、投诉993起；立案查处市场中介组织案件1101件，涉案金额4689.24万元，罚没金额290.62万元；取缔吊销营业执照550户；使19683户中介组织实现“四分开”，分开率达99.1%。

【保护消费者权益】 全年共受理消费者申诉57153件，比上年减少13.34%；受理举报案件15462件，案件总值1167.98万元，罚没款516.21万元；查处消费者权益案件1315件，案件总值640.02万元，没收金额91.26万元，罚款447.45万元。加大流通环节食品安全监管力度，开展不合格电饭锅和溶剂型木器涂料市场清查行动、建材市场专项整治工作、饮水机市场专项监督检查、不合格原料乳粉追查行动等工作，共查处制售假冒伪劣商品案件1741件，案件总值991.66万元，没收金额68.74万元，罚款707.00万元。完善12315工作机制，2009年8月1日起省工商局12315消费维权短信息平台正式启用“12315”接入代码，使消费者能够快速、便捷地通过短信息平台实现消费维权；畅通“12315互联网申诉举报平台”，及时发布12315数据分析报告、消费提示和消费警示，为各级政府及相关部门提供可靠的决策依据。

【商标管理】 全省注册商标总数184457件，占全省内外资企业数的59.5%，位居全国前列；新增注册商标45352件，比上年增长121.6%。地理标志商标总数66件，居全国第2位；新增地理标志商标22件，比上年增长120%。商标(知识产权)中介机构207家、投资总人数344人、登记雇工总人数1441人，其中新设立商标(知识产权)中介机构35家、投资人数46人、登记雇工人数214人。全年“中国驰名商标”明显增长，总数达到138件，居全国第5位，提前实现了省“十一五”规划目标；省工商局认定391件商标为福建省著名商标，延续认定352件福建省著名商标，注销33件福建省著名商标；向国家工商总局推荐28件商标申请加快注册审查、评审事宜；指导、支持31家企业办理商标专用权质押办理贷款7.5亿元。全年共查处各类商标违法案件3824件，案值2269.52万元，其中：商标一般违法案件418件(涉外案件73件)，商标侵权假冒案件3406件(涉外案件790件)；罚款总额1829.59万元；收缴和消除违法商标标识334.3056万件；移送司法机关追究刑事责任案件12件、移送人数9人，其中涉外案件6件、移送人数4人。 (林森娟)

物价管理

【价格监测与调控】 全省共有8个设区市、17个县级物价局设立了价格监测机构，省物价局建立了5个国家级价格预警监测点、16个重要商品价格监测省级直报点和覆盖主要电厂的电煤监测网络。组织开展10多次针对粮食、化肥、生猪、成品油等重要商品价格市场专题调研。年初，根据国家发改委等部门制定的防止生猪价格过度下跌调控暂行预案，省物价局牵头相关部门制定实施细则，出台鼓励肉制品加工企业扩大生产应对生猪价格过度下跌实施意见、省级冻猪肉储备管理办法等配套政策措施，促使生猪价格逐渐趋稳。6月份，宁德、福州等地陆续发生抢购食用盐现象，各地价格部门及时启动应急预案，抢购风波在短时间内得到平息。配合有关部门制定早籼稻、中晚籼稻最低收购价执行预案，启动中晚籼稻最低收购价执行预案，稳定了市场粮价，保护了粮农的利益。

【资源性价格和环保收费改革】 全年共审核转报3家可再生能源发电企业上网电价，涉及装机容量8.6万千瓦；对9家可再生能源发电企业落实发放国家发改委审核批准的可再生能源电价附加补贴款1.77亿元，涉及上网电量6.4亿千瓦时。2009年1—11月，共向高耗能产业征收差别电价资金

5477万元,涉及电量7.72亿千瓦时,并对石板材行业执行差别电价政策,有效遏制石材无序开采造成的环境污染现象。开展省电网电价空间的清算和对部分电厂经营期电价的清理整顿,腾出电价空间用于疏导电价。实施省电网销售电价调整方案。直接交易试点输配电价得到国家发改委批复,为启动大用户与发电企业直接交易打下良好基础。对平潭用电实行与省网直供区同价,有效改善平潭综合试验区的投资环境。实施油运价格联动,分两次调整非农村道路旅客运输燃油附加费,减轻油价调整对运输企业的影响。调整成品油价区差价水平,统一汽、柴油价区差价。推进综合水价改革,规范自来水价格分类管理制度。推动城市污水、垃圾处理收费工作,全省67个市、县已全部按省政府目标要求完成污水处理费收费标准的审批工作,63个市、县已按省政府目标要求完成垃圾处理费收费标准的审批工作。

【落实民生减负政策】 在贯彻落实国家取消、停止100项行政事业性收费政策的基础上,又取消、减征16项涉企收费,全年为企业减负约12多亿元。在全国率先对土地登记实行按件收费,取消土地抵押服务费,大幅降低土地登记收费标准。清理整顿铁路经营服务性收费,降低铁路增值税专用发票和防伪税控系统技术维护价格。取消政府还贷二级公路车辆通行费,年约减轻公路运输企业和车主负担10.16亿元;取消附加在道路旅客运输票价中的政府还贷二级公路车辆通行费,年约减轻道路旅客负担3.2亿元。贯彻国家基本药物制度,平均降价约12%;分两批次调整公布政府定价药品641个品种1543个增补剂型的最高零售价格;进一步理顺医疗服务价格关系,调价方案实施后,仅省级医院就可为患者减少负担年约3500万元。下调本省固定电话本地网营业区间通话费上限标准,为城乡电话用户年节省通话费用近5000万元。开展电信资费套餐整顿,省内各电信运营企业资费套餐种类数量已从上年的45种288档压缩到36种180档。福州、厦门取消了公交汽车夏季空调费。重新规范数字电视机顶盒IC卡收费,理顺机顶盒价格。全年所有景区门票、交通运输工具价格平均降低20%。

【价格公共服务】 完成国家5大类20种农产品成本调查任务,开展食盐、尿素等项目成本调查工作,龙岩市物价局率先在全省开展民用爆破器材生产企业成本和经营情况调查。重新审定价格评估机构和价格评估人员资质,开展调定价前的可行性咨询论证,制定价格鉴定操作规程实施细则、价格鉴定文书格式标准,与省档案局联合出台价格鉴定档案管理暂行办法,使价格鉴定的制度建设走在了全国价格认证系统的前列。做好涉案财物价格鉴定和复核裁定工作,全年共受理涉案财物价格鉴定37343件,涉案金额28亿元。"价格服务进校园"网站的影响力不断扩大,每年点击量均超过100万人次,点击量累计已达380多万人次。"价格服务进企业"将服务联系点从大中型企业逐步扩展到有行业代表性的企业,晋江积极探索建立价格资讯网,以"会员制"模式定期公布商品和服务价格行情。"价格服务进农家"依托乡镇企业办、经管站、减负办等单位开展服务,价格服务队伍不断壮大;南平、安溪、永定等地不断完善农产品价格信息短信平台,为服务对象提供了可靠的信息支持和政策指导。省物价局门户网站创设"价格服务进景区"子页,公布全省主要景区的门票价格,接受社会监督和游客查询。

【价格监督检查】 组织开展涉农收费、化肥价格、电价、粮食收购价格、涉企收费、医疗药品、教育收费、工程招标代理服务收费、经济适用房和廉租房价格等9个价费专项检查和重点检查。开展反价格垄断执法工作,对宁德市7家机动车驾驶员培训机构涉嫌价格垄断协议案进行调查。整治交通价格秩序,宁德、莆田、漳州、龙岩等地与交通、交警、纠风等部门形成执法联动机制,有效规范客运票价管理。莆田市物价局对"12358"服务平台进行优化,根据咨询投诉地和服务对象的不同需求,设定了相应的接入功能和录音功能,提高了服务水平。全年各级价格部门处理各类价格违法案件1595件,查处违法所得金额5484万元,实现经济制裁金额5301万元,其中:退还用户金额1900万元,没收违法所得金额2967万元,罚款金额434万元,上缴财政3401万元。

(黄李焰)

食品药品监督管理

【食品药品安全先行区建设】 开展建设海峡西岸食品药品安全先行区调研活动,举办"科学监管、海西先行"论坛,有力地促进了药械法规制度体系、日常监管体系、技术支撑体系、应急管理体系、干部人才队伍建设体系、结合职能促发展体系建设。制定《建设海峡西岸食品药品安全先行区实施意见》;促成省政府与国家局就共建海峡西岸食品药品安全先行区达成共识。牵头组织省药学会及有关企业赴台湾考察,初步建立起海峡两岸食品药品安全监管交流合作的沟通渠道,形成部分交流和合作的意向;成功举办了海峡两岸保健食品与药品政策研讨会、两岸医疗器材行业对接会。

【药品安全专项整治】 进一步加强部门间和省际的交流与协作,加大联合和互动整治的力度,着力整治利用互联网发布虚假广告、邮寄假药、非药品冒充药品等突出问题,严肃查处制售假糖脂宁胶囊、非法买卖含麻黄碱类复方制剂等案件。先后开展防控甲型H1N1流感药械质量监管、含麻黄碱类复方制剂销售情况专项检查等42次,检查涉药单位7.52万家次,查处各类违法案件3555件,案件总值1110万多元,没收药械标值199.94万元,罚没款入库1580万多元,取缔无证经营313家,移送司法部门大要案7件,移送工商部门查处的违法药械广告504份。

【药品日常监管】 围绕建设以行政监管为主体、技术监督为支撑、社会监督为补充的监管体系的目标,着眼药械全过程安全监管,制定了加强药械注册、生产、经营管理的具体规定。建立药品注册电子申报审批和信息网上公开制度、注册核查员数据库、药品注册咨询专家库。出台药品GMP、GSP认证现场检查评定标准操作指南、行政执法评议考核、责任追究和执法案卷评查制度及标准。全面启动药品再注册工作、中药注射剂再评价工作,实施生产企业质量受权人制度、"剂型+品种"GMP检查、医疗器械质量体系监督检查,再注册药品30个,再评价中药注射剂7个,全省20家生产企业实施质量受权人制度。完成全省药品GMP、GSP认证检查2573家次。检查医疗器械生产经营企业2088家次,实施医疗器械经营退市机制,注销112家企业。核发药品广告批准文号80份,审查备案815份。探索建立农村药品应急处置联动机制,组织了应急演练,系统应急处置能力进一步提高。

【药品监督网络和供应网络建设】 坚持城乡统筹,强化农村药品质量监管,不断拓展农村药品"两网"建设的广度和内涵,推行驻乡巡村工作和帮扶农村药店质量管理规范行动取得明显成效,老、少、边、岛、渔地区药品供应保障体系基本形成,全省80%的县(市、区)达到"两网"建设示范县标准,农村药品监督网络覆盖100%的乡镇和99.3%的行政村;应急启用监督网络15次,出动网络人员4.23万人次协助检查;农村药品供应网络覆盖100%乡镇和99%行政村。会同卫生部门开展医疗机构的药房、药库改造,共有901个乡镇卫生院完成了药房、药库改造,占全省的82%。

【服务药业发展】 继续开展"三服务"(服务百姓、服务基层、服务企业)活动,出台了支持永春、柘荣等生物医药产业试点县发展的意见,推动生物医药产业的集聚发展。继续开展快受理、快审核、快核查、快上报、快下达批件"五快"服务,全面提升行政效率。全年共受理药品注册申请31个、补充申请316个,其中一类新药4个;获得国家食品药品监督管理局药品注册批件220个,其中:生产批件37个,新药临床批件19个,补充申请批件13个,新药试行标准转正批件4个,中药保护品种批件3个,审批意见通知批件144个;完成二类医疗器械产品注册141个,其中首次注册48个;新办药品批发企业36家、医疗器械生产企业27家和经营企业906家,批准筹建体外诊断试剂经营企业41家,核发《互联网药品信息资格证书》4家。

【技术监督】 强化药品检验检测工作,全年药品监督性抽样13472批次,完成检验13429批次,不合格763批次,不合格率5.66%;筛选药品2.18万批次,快速筛查发现可疑药品5760批次,靶向抽样4180批次。承担5个品种的国家药品评价抽验工作,其中2个品种的质量分析报告被国家局评为优秀报告。加快药品监测评价体系建设,建立起40个老、少、边、岛、渔地区监测试点,全年上报药品不良反应1.99万例、医疗器械不良事件500例、药物滥用2060例,及时处置了酒石酸吉他霉素安全性群体事件评价等11起紧急事件。信息化建设富有成效,全省应急指挥中心视频系统的应用步入正轨,网上受理审批工作全面启动,日常监管在线监控系统建设进展顺利,农村药品电子监管网络建设进入数据采集阶段,电子政务顶层设计与信息化建设硬件配套租赁模式应用快捷,数据库建设与对接工作被国家食品药品监督管理局确定为全国首批试点省份。

【公共管理与服务】 制定全省食品药品监管系统2010—2012年医改重点工作方案。做好国家基本药物目录和福建省补充目录品种的推荐工作。参与药品集中采购工作,制定并实施药品集中采购《生产企业投标资质认定及管理办法》、《配送企业资质认定及管理办法》和《药品配送监督管理办法》,完成了全省第七批基本药物投标生产企业的资质认定和药品经营企业配送资质认定工作。

【食品安全综合监督】 广泛宣传贯彻《食品安全法》及其实施条例,参与整治添加非食用物质和滥用食品添加剂、查处违法生产经营育欣牌果香型固体饮料等专项行动。开展食品安全状况调查,获取有效数据7432个。保健食品生产、经营行政审批工作步入正常轨道,受理保健食品新产品注册19个;制定《全省保健食品安全整顿工作实施方案》,对保健食品研制、生产、流通、使用环节进行整治与规范;开展保健食品广告审查及监测工作,审查广告申请60份,移送工商部门查处的违法广告359份。健全食品安全事故应急工作机制,及时报送了食用河豚中毒事故、误食氯化钡中毒事故、食用织纹螺中毒事故情况,在南平、福州分别开展了应急演练。

(林永兴)

质量技术监督管理

【"质量和安全年"活动】 制定"质量和安全年"活动总方案以及"五个年"(质量宣传年、质量提升年、质量服务年、质量整治年、质量建设年)的具体实施方案,提出"22334"的基本思路,即"建立2个机制(风险预警与快速反应机制、长效监管机制),落实2个责任(企业主体责任、质监部门监管责任),建设3个体系(质量信用体系、质量和安全标准体系、产品质量监督抽查体系),强化3项建设(技术机构能力建设、监管信息化建设、监管队伍能力建设)、夯实4个工程(质量基础工程、名牌提升工程、计量基础工程、认证保障工程)",分阶段持续、深入推进。加大质量安全宣传工作力度,在福建电视台、海峡都市报、东南快报、福建省质监局门户网站等广播、电视、报刊和网络上开设专题、专栏、专版,大力宣传"质量和安全年"活动;强化法律法规宣传,先后邀请国家质检总局领导、法律专家讲解新修订的《特种设备安全监察条例》、《食品安全法》等涉及质监工作的法律法规;在"3·15"国际消费者权益日、"5·20"世界计量日、"6·9"国际认证日、"质量月"、"10·14"世界标准日等联合新闻媒体在开展重大宣传活动;发动企业积极参与,组织召开企业开展"质量和安全年"活动座谈会,12家中国名牌企业在《福建日报》上向全省企业发出《深入开展"质量和安全年"活动倡议书》;向全省4000多家食品生产企业发送《致食品生产加工企业的公开信》,发动企业积极参加"质量和安全年"活动。

【服务型质量技术监督】 坚持把服务作为质监工作的主旋律,发布《福建省质监系统服务企业公开承诺》,承诺为企业发展提供服务措施14条,承诺免收企业相关费用项目8条;出台《福建省质监系统服务全省重点项目建设的措施》,从质量把关、便捷报检、技术攻关等方面提供零距离、全方位服务。

着力减轻企业负担，在全国率先出台《产品质量抽查检验样品付费管理办法（试行）》，自2009年2月1日起，产品质量监督抽查在生产企业和市场抽样时分别按出厂价和销售价付费买样；《食品安全法》正式实施后，对食品进行抽样检验时不收取检验费等费用；对电能表、水表、煤气表等七类民生计量检定项目实行减半收费；对全省村级卫生所、社区卫生服务站在用的血压计等全部免费检定；对乡镇卫生院、社区卫生服务中心在用血压计和集贸市场的电子计价秤、台案秤实行一年2次免费检定。以上累计为企业减负近亿元。创新服务企业方式，总结龙岩市质监局与中国方圆委福建审核中心合作开展的“质监服务进工业园区活动”试点工作经验，向全省65个省级工业园区推广；免费为企业法人代表和质量管理人员办培训班103期，培训人数约8000人；开设质量管理等方面的公益讲座，共举办65场，参与人数近6000人。服务重点工程项目建设，省、市、县三级质监部门成立服务重点项目协调小组，在重点工程项目建设现场提供“贴身式检定”和“一条龙办证”服务。强化质量管理服务，省政府批准实施《福建省质量奖管理办法》后，坚持公开、透明、科学的原则，广泛发动社会各界参与首届“福建省质量奖”评审，对申报企业指标进行公示并开展社会满意度测评投票工作；认证工作迈出新步伐，全省获得强制性产品认证（3C认证）和自愿性认证（主要是各类管理体系认证）证书1.8万张，实验室资质认定601家；产品质量稳步提升，全年全省产品国家监督抽查合格率85.5%，省级监督抽查（含风险监测）合格率90.2%，未发生系统性和区域性产品质量安全事件。强化标准服务，累计制定国际标准4项，另有6项获批立项；累计制定国家标准679项、行业标准562项，发布省地方标准1028项，有15项标准获得“中国标准创新贡献奖”；计制定服务业地方标准30项，有6个项目列入国家级服务业标准化试点。地理标志产品保护成效明显，全省国家地理标志产品增加到40个，总数居全国第三位。农业标准化再创佳绩，已建立81个国家级、134个省级农业标准化示范区；完成第五批21个国家级农业标准化示范区验收，全国良好农业规范（GAP）试点单位72家。强化计量服务，累计获得测量管理体系认证企业175家，居全国前列；加强能源计量工作，国内首家国家城市能源计量中心落户福建，在全国率先开展重点耗能企业能源计量数据集中采集试点工作；全年共检定计量器具92万台件，年耗5000吨标煤以上的企业新增或更换计量器具累计3.4万台件；加强民生计量工作，定量包装商品净含量国家监督抽查平均合格率居全国前列，制作并免费向社会发放10万个电子计价秤监督专用的100克标准砝码。

【平安型质量技术监督】 以保障安全、促进和谐为出发点，对涉及人民群众健康安全的产品质量和食品安全、特种设备安全实行严格监管、严格把关，防止重特大安全事故的发生。加工食品安全监管方面，开展全省食品小作坊、食品添加剂等专项整治；开展食品生产企业质量安全和辖区监管状况等级评定以及加工食品质量安全示范企业、示范村点创建工作。特种设备安全监察方面，健全特种设备生产使用单位、检验机构和安全监察机构的三方责任机制，全省19.63万台（套）特种设备纳入电子监管系统；推行电梯安全管理七项新举措，全省电梯平均手机信号覆盖率已达95.7%；成立“福建省特种设备事故预防与调查处理中心”，组织应急救援演练21场；为重点工程的特种设备把好质量安全关，及时消除省级以上重点工程各类安全隐患1800多处（其中重大安全隐患40多处）、进口特种设备安全隐患12处，直接经济效益5000万元以上。“金质亮剑”执法打假方面，联合相关部门开展农资、建材、家电下乡及计量作弊等专项执法打假行动，组织生产许可证、汽车配件、食品及3C认证产品等专项执法检查，全年全省质监系统行政执法打假出动执法人员48774人次，立案查处案件4889起，货值金额4612万元；创新执法办案工作模式，在福州、三明、泉州和厦门市质监局开展开门审案、全程说理式执法试点工作，行政复议案件撤销率逐年下降，行政诉讼案件保持零败诉；建立12365投诉举报平台，共接受投诉、咨询1.6万件，其中处理举报案件467件，货值281.5万元。（吕康辉）

口岸管理

【综合管理】 口岸客货运量。2009年全省海港口岸外贸货运量1.12亿吨，比上年增长34.7%；海运外贸集装箱吞吐量465.48万标箱，下降9.9%；海港口岸累计出入境旅客139.92万人次，增长24.8%；空港口岸进出境旅客204.27万人次，下降2.6%；空港进出口货运量12.08万吨，下降12.7%；两岸海上直航往来旅客138.28万人次，增长32.1%；两岸海上直航货运量2286.49万吨，两岸集装箱海运完成量57.83万标箱。

口岸开放和口岸管理。口岸对外开放取得新进展，国务院2009年4月批复同意泉州晋江机场对外开放；泉州港口岸石井作业区、厦门港口岸石码港区扩大开放已进入国家有关部门审理阶段；漳州港口岸旧镇、冬古二类口岸和宁德港口岸三沙二类口岸扩大对外开放已征得南京军区同意；完成福建牛头湾港区扩大对外开放省级初验；启动宁德港口岸沙埕港区扩大开放的申报工作；口岸开放范围先后启用了莆田秀屿港口岸4万吨级多用途码头、福清松下港口岸国电码头、漳州港口岸招银港区7#泊位等一批新增涉外码头。口岸运行管理进一步规范，围绕配合国家有关部门开展《全国口岸管理运行绩效评估体系课题》调研和制定出台国家《口岸管理条例》、《口岸查验机构编制管理办法》的调研论证工作，牵头组织全国水运组评估体系课题调研，口岸管理从重开放向重管理转变；利用福建电子口岸平台完成了对现有口岸运行统计分析系统的改造，新系统当年7月份正式投入使用。

口岸大通关建设。部省合作不断深化，国家质检总局再次出台进一步支持海西建设20条具体措施；海关总署领导专程来闽调研，提出27条支持意见。持通关业务改革持续深化，出口货物分类通关改革试点、“属地申报、口岸验放”通关模式和无纸通关改革在海关全面展开；检验检疫实施省内跨检区直通放行和绿色通道制度；繁忙海空货运口岸7天工作制实现常态化，部分大宗散杂货口岸也逐步实行每周7天工作制。持续拓展海西综合通道建设，省委、省政府审议通过《福建省台商投资区海关特殊监管区和开发区拓展提升方案》；厦门海沧保税港区通过国家级验收，正式封关运营；泉州出口加工区获商务部批准，成为全国唯一一个可以开展飞机轮胎维修试点的出口加工区；厦门火炬高新区保税物流中心正式投入运行，进出区货物量在全国第三批17个物流中心中名列前茅；区域通关协作不断拓展，省口岸办与部分省市口岸管理部门签订《泛珠三角区域九省区口岸合作备忘录》，厦门市口岸办与江西赣州市口岸办签署《加强两地口岸合作协议》，共同推进赣州“无水港”建设；福州、厦门海关积极推进“属地申报、口岸验放”跨区域通关协作模式，推动开通与江西南昌、广州梅州等地多条“海铁联运”物流通道；福建、厦门检验检疫局与江苏、浙江检验检疫局建立源头监管协作机制，共同加强异地食品原料基地监管。持续推进福建电子口岸建设，中国电子口岸数据中心原则同意把推进福建电子口岸建设纳入中国电子口岸数据中心支持地方电子口岸建设先行先试的范围，支持实现福建电子口岸平台与中国电子口岸平台对接，使用中国电子口岸身份认证系统；顺利推进福建电子口岸厦门试点工作，逐步完善海沧保税港区信息系统、火炬(翔安)保税物流中心(B型)信息系统等8个具有地方特色的监管服务项目；不断扩大通关平台覆盖范围，福州地区平台完成了建设方案的可研评审，泉州地区平台实现海关、检验检疫、边检、港务、海事等业务系统上线运行。持续创新服务发展举措，省口岸办会同驻闽口岸通关部门出台了支持宁德环三都澳综合开发区建设的具体措施，并与宁德市政府签订了备忘录；福州、厦门海关联合出台《支持福建省加快建设海西经济区的十项措施》，福州海关还研究出台了《福州海关支持福建外贸出口十项措施》和《福州海关支持扩大内需促进经济增长的若干意见》；福建、厦门检验检疫局大力推行《出口工业品产品分类管理办法》，积极推动国家出台减免企业检验检疫收费政策，直接为进出口企业减免检验检疫费用4000多万元，通过开展直通放行、绿色通道等方式为企业降低成本6000万元；省边防总队出台开通边检便民服务直通车等6项措施，厦门边检总站实行“口岸全天候船舶预报预检”和登轮证件“一港通”制度；福建海事局全面推行“船舶零待时”和“7天24小时”服务制度。

对台口岸通关监管服务。按照“先行先试”原则，开通了对台海上直航客滚航线、空中直航定期航班和直接通邮邮路；对台口岸基础设施建设得到加强，先后对4个海上对台客运口岸查验配套设施进行改造；开展两岸客运航线行李直挂试点工作；积极探索两岸货物便捷通关和闽台口岸平台对接，为海峡论坛、“5·18”、“6·18”和“9·8”等重大涉台经贸活动人员货物进出境提供便捷通关保障；省口岸办会同相关部门研究制定《关于加强我省台湾船舶停泊点管理的意见》；福建检验检疫局出台《对台湾地区小额贸易检验检疫管理办法》、《对台湾地区小额贸易食品检验检疫监管办法》和进一步支持对台小额贸易输台水产品检验检疫便利的6条措施，厦门检验检疫局率先对台湾29家甲鱼养殖场进行考核认可，实现海峡两岸农产品基地互认零的突破；福建海事局制定《福建沿海两岸客运直航船舶安全监督管理特别规定》，进一步规范直航船舶监管要求。 （庄劲波）

【海关】 福州海关。全年关区共监管进出口货物总值146.4亿美元，其中：进口56.8亿美元，出口89.6亿美元；监管进出口货运量3425.2万吨，监管集装箱65万标箱；监管进出境运输工具1万余艘(架)；监管出入境人员83.2万人次；征收关税和进口环节税56.51亿元，比上年增长23.1%；查获刑事案件18起、案值1963.58万元，走私行为案件9起、案值1297.81万元，查办违规案件373起，抓获走私犯罪嫌疑人45名。

支持地方建设。全力支持省政府在平潭设立两岸合作实验区和在福州新港设立保税港区，推动这两个项目取得重要进展；牵头与厦门海关共同推出《关于支持福建省加快建设海峡西岸经济区的十项措施》，从深化通关改革等方面全力支持海西建设；深入推进加工贸易转型升级和有序转移；拓展特殊监管区的功能和业务门类，为推动“功能整合、政策叠加”创造有利条件；提升特殊监管区信息化管理水平，促进加工贸易货物内销征税便利化，缩短企业办理内销征税手续的时间；促进两岸经贸交流，支持长乐国际机场作为客运包机航点，实现客运包机常态化，支持马尾对台小额贸易点作为国内唯一的水陆路出口总包邮件交换口岸，开展对台总包邮件的出境监管任务。海峡两岸直接通邮一年来，累计监管对台进出境邮件16071袋、322.07吨，其中进境42袋、0.36吨，出境15929袋、321.71吨。增强服务效能，支持宁德核电、福清核电、中海油福建液化天然气等重点建设项目，建立重大项目提前介入、跟踪服务机制；做好企业分类管理工作，关区A类以上企业与上年相比增加17%；辖区A类以上企业全年进出口总额占关区企业进出口总额的64.16%，关区分类管理受益企业覆盖面日益扩大。

通关监管。加强监管场所管理，规范报关单申报管理，认真实施新的《舱单管理办法》。关区远程监控中心正式投入运行，实现关区所辖监管场所24小时监控。修订完善业务操作规程，涉及审单、查验、船舶监管、行邮监管、对台小额贸易监管以及部门间联系配合等内容，进一步严密通关监管各个环节。全面推进加工贸易监管流程再造和手册电子化应用工作，加大联网监管企业推广力度，并按总署要求对关区全部的联网监管企业开展盘库核查，促进企业规范管理。充分发挥综合执法评估系统作用，定期对关区业务运行情况进行通报、分析和评估，实现对业务职能监控的量化管理和业务工作的质量控制。积极推动出口分类通关改革试点工作，目前已覆盖关区内所有海运、空运口岸业务现场。实行“提前申报、实物放行”、“F”通道、“G通道”等便捷通关模式和预归类、预审价、预化验等各种便利通关措施，新推出“预化验”制度，应用报关单条形码功能，不断提高通关速度。落实“7天工作制”，全年周末累计安排加班9792人次，共审核进出口报关单57857份，通关效率明显提升。全年进出口查验率4.93%，查获率11.61%。进口海关平均作业时间3.71小时，减少17.92%；出口海关平均作业时间0.8小时，减少66.39%；进口货物日放行率73.19%，提高8.56%；出口货物日放行率97.05%，提高10.71%。

税收征管。进一步发挥综合治税小组作用，有效建立治税小组成员单位间的联动机制、工作疑难问题的会诊解决机制和各部门的信息反馈、成果共享机制。充分利用关税监控分析系统、执法评估系统、风险管理系统等各个作业平台，做好风险分析、监控预警工作，加强对重点、敏感、特殊商品的实际征管。从监控指导为主向监控指导和服务现场并重转变，与各现场共同提升归类、审价、原产地管理和减免税管理水平，全年价格水平达到0.98。调整加工贸易及保税货物归类和审价职能，加强对料件和成品内销的税收征管。充分发挥稽查、缉私等后续管理部门的作用，全年各种渠道补税1.15亿元，有效防止税收流失。加强与国库、银行的沟通协调，确保税收及时入库核销，全年税收核销率100%。

规范秩序。坚持不懈地打击重点地区、海域、渠道、行业和敏感商品等走私活动，适时开展打击海上成品油走私、打击旧服装进口等专项行动和联合斗争10余次；严厉打击现行走私，查获海上成品油走私案4起，案值185.78万元。大力遏制非涉税渠道走私势头，全年关区侦办非涉税案件10起，查获毒品海洛因7904.15克、冰毒5536.8克、K粉2491.65克、大麻10225克、摇头丸535粒，淫秽光盘67张；针对关区毒品案件多发的情况，加大对邮递渠道、机场旅检渠道等现场的控制，成功抓获了多名犯罪嫌疑人，其中1名菲律宾籍案犯被判处死刑。加大对知识产权的海关保护力度，全年共查获知识产权案件293起，总案值1224.3万元；引导关区名牌产品进行知识产权备案，全年关区企业在海关总署新增备案知识产权45件，福建省自主知识产权海关备案数跃居至全国第3名。 (黄家峰)

厦门海关。全年关区进出口报关单175.16万张，比上年下降4.5%；进出口记录条数477.38万条，下降1.7%；监管进出口贸易总值613.20亿美元，下降7.4%；监管进出口货运量5606.64万吨，增长23.8%；监管集装箱330.36万标箱，下降12.6%；监管进出境运输工具3.97万辆(架、艘)，增长4.50%；监管进出境人员331.69万人次，增长8.82%；完成税收入库189.92亿元，1.7%；价格水平和归类差异率始终处于绿色区域；办理减免关税3.19亿元，增长48.6%；减免进口环节税9.87亿元，增长48.0%；严厉打击走私犯罪，全年共刑事立案32起，案值5.47亿元；行政立案823起，案值4.64亿元。

形成综合治税强大合力。深入动员部署，正确处理保税收与保增长、优质服务与严密监管的关系，形成上下联动、左右互动、人人参与综合治税的工作局面和氛围。加强组织推动，进一步梳理关区监管通关作业流程，整合关区后续管理力量，建立健全部门间协作配合机制和完善综合治税工作机制。以考核激励调动积极性和主动性，推行税收征管抽样考核制度改革，增强完成税收任务的信心。

确保海关税收量质并举。加强监控分析，重点对占关区纳税额90%以上的前400项主要税源商品开展申报、归类、价格的清理核查，全年归类补税3067万元，增长16.6%；审价补税1.46亿元，增长3.88%；加强批量复审工作，实现对应税应证报关单100%复审，全年复审补税1582万元，增长4.1倍。加强实际监管，督促完善监管场所设施，建立监管场所电子底账库，基本完成舱单管理系统切换准备工作，不断加强对监管场所和运输工具规范管理，逐步形成物流“点、线、面”全程联动监控，有效防止“体外循环”；加强查验绩效评估，全年关区查获补税率11.7%。健全保税监控制度，强化规范申报和动态监控工作，监管实效不断提高；落实内销便利化措施，推行预归类、预审价、单耗预核定等便捷措施，服务扩大内销，全年内销征税11.94亿元，增长58.5%。加强税收执行工作，年内实际追征税款入库980万元。

提升后续管理整体效能。强化税收风险分析布控，依托直属关风险管理平台，建立健全风险布控调控工作机制，充分发挥风险参数的实时甄别和单证分流作用，不断优化布控结构，总体风险布控率和有效率实现双达标。推行稽查绩效考核，努力提高稽查效能，全年共稽查办结企业395家，稽查有效率达41.47%，补税入库7591.44万元。积极开展企业诚信守法宣传教育，全面推广应用“企业信息综合管理系统”，强化动态分类管理，全年共对549家企业进行类别调整，报关单位和报关员管理得到加强。

维护正常进出口贸易秩序。推动关警深度融合，提高关区反走私整体效能，完善缉私科双重管理、纪检监察特派员工作延伸到驻地缉私分局、案件移交配合机制和案审会决策机制，在干部选用、人员调配等方面加大双向交流力度。突出打击重点，紧贴监管一线，围绕重点地区、海域、渠道和敏感商品适时开展打私专项斗争，特别是海上缉私取得新突破，连续查获“3·16”走私成品油案、“2·24”走私汽车切割件案等一批走私犯罪大要案；加大对毒品、濒危动植物、武器及其他非涉税物品走私的查缉力度，全年共侦办11起走私毒品案，查获各类毒品11.35千克。坚持综合治理，依靠地方党政，继续完善“科镇挂钩”等反走私综合治理模式，形成打私合力，保持打私高压态势。积极履行知识产权海关保护工作职责，全年查获各类涉嫌侵犯知识产权案件269起，案值人民币2627万元。

推动支持海西政策有效落实。统筹规划、研究部署厦门关区贯彻落实《国务院关于支持福建省加快建设海峡西岸经济区的若干意见》和总署支持措施，出台一揽子工作计划方案，推动支持海西建设政策措施的有效落实。开展课题研究，形成一批针对性、有效性强的研究成果和政策建议，为总署和地方各级党委政府提供决策参考。加强沟通互动，主动走访地方党委政府，及时了解地方发展新思路、新需求，协调解决地方党委政府、企业关注的一些热点、难点问题，并与福州海关联合推出支持海西建设10项措施，共同把中央、总署支持海西决策部署落到实处。

促进海西综合大通道建设。推行通关作业改革，坚持“先试点、后推广”，在厦门关区全面推行出口分类通关改革，并推广运用通关作业管理系统，快速通行通道比例达50%以上，95%以上的高资信企业报关单享受到快速通行的通关便利，口岸通关环境进一步优化。深化区域通关改革，在巩固和完善与15个海关区域通关合作的基础上，又与深圳、南京、乌鲁木齐等7个海关签订联系配合办法或达成合作意向，完善“属地申报、口岸验放”、海铁联运、海空联运等通关模式，有效落实“应转尽转”，全年关区“属地申报、口岸验放”货运量达 240.24 万吨，增长 1.12 倍；同时完善海上驳运，扩大电子关锁应用范围，简化国际中转手续，大大增强厦门港的辐射力和影响力。积极推动电子口岸建设，扩大通关数据的开放和交换，在一定范围实现通关信息共享，口岸信息化水平进一步提升。

帮扶企业应对危机共渡难关。落实帮扶措施，积极帮扶企业应对国际金融危机挑战。坚持“5＋2”工作制和全天候预约加班制；全面推广“网上支付”及“网上支付银行担保”业务，完善“征税绿色通道”、“审价绿色通道”等便利措施，推广担保通关模式，提高通关效率，降低通关成本。加强对重大招商活动的跟踪服务；拓展重点企业联络员制度实施范围，为 89 家重点企业提供优质服务；帮助企业用好海关 AA 类、A 类企业分类管理、适用“事后交单”通关方式等各项优惠政策；完善“关企热线”，深入企业调研，协调解决金龙汽车转关出口、友达光电公司全球维修项目等问题。进一步改进执法方式，规范处罚尺度，维护企业合法权益，实现打击与保护、管理与服务的统一。

推动保税业务转型升级。大力支持特殊监管区域建设和发展，推动火炬（翔安）保税物流中心顺利封关运作，使其发展成为初具规模的区域性物流中心；完成海沧保税港区预验收工作，并积极协助地方政府做好国家联合验收相关准备工作；支持拓展出口加工区保税物流功能和开展研发、检测、维修业务。积极推进象屿保税区、保税物流园区和东渡港区“三区”整合，制定整合监管机构、实行“三区”统一管理的改革方案，为深化整合奠定基础。深化保税监管改革，加大联网监管力度，关区联网企业达 153 家，覆盖率达 74.23%；完成“流程再造”改革第二阶段试点，保税监管模式不断优化。

促进两岸经贸往来健康发展。立足区位优势，有效服务“大三通”，助推开通厦台“客货滚装”业务；推动两岸空运定期航班的快捷营运和厦门与金门、台湾进出境水陆路邮件总包业务，并持续为海运直航、空运直航提供优质服务，全年共监管两岸直航包机 663 架次，旅客 10.56 万人次；海上直航船舶 1257 航次，货物 561.82 万吨，货值 14.8 亿美元；各类函件 152.55 万件。规范和促进“小三通”，支持开展“海空联运”、“行李直挂”，推动“两门”航线包裹业务发展，促进厦金、泉金航线业务健康持续快速增长，共监管对台客运直航进出境船舶 12081 航次，进出境旅客 128.8 万人次，分别增长 27.7%、32.3%；推行便捷通关，服务对台鲜活产品进口，厦门关区成为全国最大的台湾水果进口集散地，占全国比重达 72%；简化归类手续，提供优质高效服务，推动对台小额贸易和大嶝对台小额商品市场业务迅猛发展，厦门关区监管对台小额贸易额 8675 万美元，增长 69.9%；监管进入大嶝市场台湾商品 30271.43 吨，价值 2935.87 万美元，分别增长 62.23%、48.58%。全力支持两岸交流，主动参与海峡论坛、海交会等涉台交流活动，提供通关便利，服务两岸经贸人员交流。（吴建华）

【检验检疫】 福建出入境检验检疫局。2009 年共检验检疫出入境货物 46.01 万批，货值 229.40 亿美元，其中：出境货物 43.07 万批，货值 151.64 亿美元；入境货物 2.94 万批，货值 77.77 亿美元。全年检出不合格进出口货物 1614 批，货值 13.83 亿美元，货值不合格率 6%；口岸发现 H1NI 确诊病例占口岸入境确诊病例的 82.4%，居全国系统前列；检出出入境动植物疫情 408 种、3735 种次，分别增长 39.7% 和 59.3%。检疫查验出入境人员 90.76 万人次，增长 2.6%；健康体检 4.73 万人次，增长 20.7%，发现病例数 21282 人次，增长 12.9%，其中检出 HIV 感染者 4 例。

甲型 H1N1 流感疫情防控成效显著。把防控工作作为压倒一切的突出任务，从严从紧从细加强口岸防控。特别是 2009 年 8 月份以来，福建局辖区入境的所有确诊病例全部在口岸被发现并移送地方卫生部门。

“质量和安全年”活动深入开展。组织 100 多家重点企业参加《福建省进出口企业质量诚信倡议书》发布会并签名，全面完成了“五个年”的活动目标。食品农产品质量安全保障有力，开展进出口食品添加剂专项整治和食品安全整顿工作，完成 516 家生产企业、1057 家原料基地清查等工作。构建 6 个福建优势特色食品农产品质量安全示范区，牵头制订《福建省人民政府关于推进出口食品农产品质量安全示范区建设的意见》。经报检出口食品被国外通报不合格批次比降 48.1%，进口食品不合格检出批次比增 43.8%。

口岸疫情把关有力有效。加大检疫设备配备和口岸隔离留验室建设力度，完善风险评估、预警机制和船舶风险管理模式，制修订多项作业指导书和技术方案，开展多轮业务培训。动植物疫情疫病防控成绩突出，截获进境植物疫情 1022 批次、3146 种次，其中检疫性有害生物 223 种次；邮检疫情检出总量和检出率居全国前列。

检验监管工作全面深化。检出入境原油、铁矿、煤炭不合格 181 批、5.31 亿美元，不合格率 60.7% 和 15.4%，协助企业对外出证索赔 390.7 万美元；完善进口废物原料检验监管链条，严格进口旧机电、援外物资和出口新兴市场产品检验监管，深化重点产品主产区区域化监管模式。

认证认可有效性不断提升。有力保障企业质量安全控制体系持续有效运行，初步形成检验检疫与地方政府协同组织的对外迎检工作机制，对欧、对韩水产品、对日禽肉迎检工作取得圆满成功；实现 3C 产品认证全过程监管。

法制稽查工作开拓创新。牵头完成总局《出入境检验检疫行政处罚实务教程》编著工作；开展重点敏感业务专项督查；建立健全三级执法监督检查工作机制；在全国系统率先建立数据稽查工作机制，成功破获一系列大要案；办理行政处罚案件 67 件，涉案金额 898.66 万美元，罚没款 237.57 万元。

帮扶企业应对金融危机扎实有效。减少烤鳗检测环节和项目数，免收出口活鳗检验检疫费、四类竹木草制品有毒有害物质抽查验证检测费，免费为企业开展工业品抽查检测、出口非洲产品核价及监装服务，为企业直接降费 3500 多万元，间接降低成本 8000 万元；原产地证签证为企业获得关税减免约 2 亿美元。运行平安行系统，在全国系统率先对出口水产品、食品实施直通放行，直通放行企业数居全国系统第二位，实施直通放行货物 14.28 万批，为企业节约费用约 1428 万元、节约时间约 28 万小时；进口煤炭、铁矿检验放行速度居全国口岸前列；推行诚信监管放行模式，为企业节省通关时间约23万小时；压缩实验室检测周期10%～20%。出台《全力促进福建品牌农业金奖企业加快发展措施》；帮扶企业通过欧盟和韩国官方检查，辖区对欧美注册、认证企业数居全国系统前列；帮扶圣农公司对日注册，促进德化陶瓷、东山水产、闽东电机和大黄鱼出口产业集群发展。在全国系统率先制订出口工业产品分类管理工作规范；先行先试出口电机、竹木草制品和饲料新的监管模式；构建"重在预防、有效监控、快速反应"的进出口食品检验检疫监管体系和出入境食品农产品逃漏检口岸核查新机制；试点出口芦柑基地区域化管理模式；探索"见证评审"监管模式。帮扶企业进口大批量散装木片；服务莆田进口木材检疫除害处理区二期建设；辖区种植养殖基地GAP体系通过认证数量居全国系统前列；新增出口免验企业2家；协助中小企业申请2009年度国际市场开拓资金。

闽台合作交流不断深化。出台《对台湾地区小额贸易检验检疫管理办法》、《对台湾地区小额贸易食品检验检疫监管办法》，推动建立健全福建省台湾船舶停泊点管理工作制度、机制。分析、评估台湾22种水果、13种动物及其产品进境风险。在全国系统率先实施对台小额贸易降费措施。服务两岸会展，进境展品动植物检验检疫工作被誉为"品牌"工作。签署闽台首份涉台检验检疫备忘录；与台方探讨黄岐与马祖对台小额贸易便捷措施；考察台湾农产品生产、病虫害防控等情况，参加第二届两岸农产品检验检疫研讨会并作大会交流。

应对国外技术壁垒及时高效。跟踪研究欧盟REACH法规、双酚A等技术壁垒，联合省外经贸厅开展应对欧盟REACH法规免费培训，为完成预注册的企业争取补助。参与应对出口石膏板质量问题。完成11个TBT、SPS通报评议，配合总局开展技术性贸易措施影响调查。

条块协作工作有新作为。推动国家质检总局率先出台《关于进一步支持海峡西岸经济区建设的意见》。促请福建省政府协调确定对台小额贸易点和台轮停泊点防控机制。与龙岩市政府召开联席会，出台《全面支持龙岩老区经济发展的措施》；与武警福建边防总队签署合作备忘录。检检协作进一步深化，与国家质检总局标法中心签署《开展技术性贸易措施工作合作协议》；与厦门检验检疫局协调解决直通放行、绿色通道制度实施等业务协作中的问题；与黑龙江检验检疫局、内蒙古检验检疫局建立合作机制，推动福建农产品安全快捷输往俄罗斯、东欧和蒙古。

基层基础建设扎实推进。国家质检总局全年为福建检验检疫局新增审批编制计划98名，新批机构2个，追加预算外资金接近3000万元，基建项目立项投资4054万元。争取国家质检总局计划为即将建设的福建检验检疫综合检测设施投入1.2亿元。争取龙岩市国家级矿产品检测重点实验室获总局批复；在辖区三大海港口岸建设动植物防疫消毒和处理设施，完善饲料国家级重点实验室和P2生物安全实验室建设。

科技保障能力明显提升。45项国家质检总局、福建省科技计划项目和行业、地方标准项目立项；主持1项AOAC国际标准化合作项目，在福建省首次实现主持的标准被全国化工标准物质委员会注册登记。争取13个实验室列入总局二次规划国家级重点实验室，5个国家级重点实验室通过验收。国家级鞋类检测重点实验室成为首次获得国际权威行业组织第三方认可的国内鞋类检测机构。保健中心完成ISO/IEC17025质量管理体系建设，HIV确证实验室年度考评再获第一名。重新规划部署10个口岸分支机构视频监控点，扩建31路监控点，改扩建4个视频监控中心。 （陈宇）

厦门出入境检验检验局。2009年共受理报检71.03万批，货值314.31亿美元；实施货物检验检疫28.72万批，货值130.15亿美元。实施轮船检疫1.99万艘次，飞机检疫1.33万架次，集装箱检疫318.15万标箱，快件检疫95.89万件，邮包检疫46.89万件，出入境人员检疫289.45万人次。通过检验检疫，共发现不合格出入境货物1788批，货值6.27亿美元；截获各类动植物疫情456种3997种次。在出入境人员健康检查中发现病例5523人次。

全力抗击甲型H1N1流感疫情。甲型H1N1流感疫情爆发后，迅速启动应急机制，建立一整套科学的处置流程，全面加强出入境人员、交通工具、集装箱、旅客携带物、邮寄物查验和大嶝台轮消毒，严防疫情从厦门口岸传入。开发应用"出入境船舶AIS(自动识别)电子海图监控系统"，率先在全国将目前最先进的船舶自动识别系统应用于甲流防控，实现对入境船舶的全方位、立体式电子监控。妥善处理全国首起入境船员聚集性感染甲流事件。专门为首届海峡论坛、海峡杯帆船赛、厦金横渡赛等海峡两岸重大活动制定防控预案，开设专门通道，与金门卫生检疫部门就厦金航线疫情防控工作建立疫情信息沟通机制。采取人性化服务方式，在旅检通道增设预审台，安排专人指导申明卡填写和多语种解释检验检疫政策，增设体温复测区，采用"人—机—犬"查验模式，确保国门安全和快速通关。自4月25日起至12月31日，厦门检区各口岸共检疫出入境人员212.74万人次，检疫出入境飞机9044架次，检疫出入境船舶14165艘次，共发现发热或有症状病例2744例，发现并转送确诊病例107例，占从厦门口岸入境确诊病例总数127例的84.3%，口岸查获率为全国的2倍，名列全国第一。在入境运输工具和旅客携带物中，查获来自疫区的肉类产品2676批、10661千克，全部按规定进行了处理。

强化把关力度，确保口岸安全。加强进境动植物及其产品检验检疫和病媒生物监测工作，全年从各类进境货物、木包装、交通工具、旅客邮寄携带物中检出疫情和不合格情况3686批次，其中：从旅客携带物中检出有害生物80批，从船舶运输工具中检出有害生物28批，从各类货物中检出不合格1435批，从木包装中检出不合格1782批；截获各类有害生物1109批456种，分别增长108.1%和39.4%。强化进出口食品安全监管，共检出不合格进出口食品78批，617吨，货值125万美元。加强进口旧机电产品、医疗器械、废物原料、矿产品、出口童装、鞋类、玩具及儿童用品、食品接触产品等重点敏感商品检验监管，共检出不合格进口旧机电产品38批、货值114.5万美元，其中14批被依法退运出境；检出不合格进口废物原料7批、252.75吨、货值36.71万美元，依法作退运处理。加大执法稽查力度，组织开展对被国外通报不合格出口商品的专项稽查和打击“飞单”专项行动，深入厦门检区88家企业调查，查明涉案生产企业66家，涉案金额近2000万美元；全年共实施行政处罚241起，处罚金额138.2万元，进一步规范了进出口检验检疫监管秩序。

认真开展“质量和安全年”活动。深入开展质量宣传，以“一条投诉举报热线、一次在线访谈、一场户外宣传、十大维权案例”为载体，推出“3·15”系列宣传活动。认真开展专项整治，共完成451家出口农产品生产企业和283家出口食品原辅料、添加剂生产企业清查；382家出口食品加工企业、930家备案种植和养殖基地的清理整顿。积极构建质量安全长效机制，发布福建省首份进出口商品质量白皮书，为地方政府加强质量管理宏观决策提供参考。出台《关于进一步做好企业诚信管理工作的若干意见》，完善企业诚信管理机制。继续推行出口企业质量安全承诺制，与检区近900家企业签订《出口食品农产品生产企业质量安全承诺书》，落实质量安全责任。

对台检验检疫工作取得新进展。按照国家质检总局特别授权厦门检区作为落实惠台检验检疫政策示范区的要求，积极研究对台先行先试政策，成立全国首家海峡两岸农产品检验检疫技术中心和中国检验检疫科学研究院厦门食品安全研究室。全面落实《海峡两岸直航检验检疫管理办法》，促进两岸人员往来和贸易发展。率先赴台对29家甲鱼养殖场进行考核认可，实现海峡两岸农产品基地互认“零”的突破；全年共进口台湾甲鱼卵76批、约4200万枚，占大陆进口总量的4成，厦门已成为台湾甲鱼卵销往大陆的首要集散地。在保税区对金门高粱酒提前实施酒类标签备案，实现通关“零待时”，使45.8万瓶、332.3万美元、29种金门高粱酒顺利进口。对台湾水果推行“一门式查验十一站式放行”监管模式，全年共进口台湾水果375批、4251吨、货值370万美元，分别增长87.5%、155.8%、150%，占全国进口总量70%，厦门已成为全国最大的台湾水果进口集散地。对台湾出口水泥采取“批量检测、分批监管”特别措施，实现大陆输台水泥“零”的突破，全年出口台湾澎湖水泥46批、9600吨、46.8万美元。继续加强与台湾检验检疫机构及民间组织和企业的沟通与交流，有效建立两岸检验检疫联络机制。

支持海西发展战略。认真贯彻国务院和国家质检总局支持海峡西岸经济区建设的意见，出台进一步帮扶企业保增长促发展的措施，全年直接为企业减免检验检疫费约2200万元。开展农产品、食品、轻工产品、机电产品出口遭受国外技术性贸易壁垒、欧盟REACH法规、国外机电产品能效要求影响等三个专项调查，为出口企业提供技术指南。鼓励和帮助企业用好用足原产地优惠政策，共签发普惠制和区域性优惠原产地证书14.39万份、货值36.41亿美元，约可为企业获得国外关税减免1.8亿美元。积极推动“海铁联运”，支持闽赣对接，扩大厦门港辐射功能。积极与厦门海关、福建出入境检验检疫局沟通协调，不断增加福建省内实施直通放行试点企业。及时掌握投资项目情况，对13个新建、扩建项目的货值达1.56亿美元的进口成套设备实施“项目管理”，促进项目早建成、早投产、早见效。创新特殊监管区域内企业进口旧机电返修复出口监管模式，培植外贸新增长点。采取便捷措施，为到厦门参加第十三届中国国际投资贸易洽谈会等12个大型赛事、展览会客商提供优质服务。积极与当地政府沟通协调，继续对出口农产品推行区域化管理，推进“漳州平和蜜柚”、“厦门翔安胡萝卜”、“漳州南靖麻笋”等出口食品安全示范区建设。做好日本厚生省专家组到厦门检区的各项迎检工作，促使日本解除了自2004年以来对我国毛豆的“命令检查”。厦门东渡港和空港口岸成为国家质检总局指定的首批植物种苗进境口岸。组织做好两批共4724头分别来自澳大利亚、新西兰的奶牛入境检疫工作，有力地支持了四川灾后重建。

积极参与地方电子口岸建设。加快“厦门口岸电子检验检疫系统”的软件开发和推广应用工作，研发并启用了“海港出入境货物检验检疫电子闸口系统”，通过“信息共享、互联互通”，实现对所有出入境集装箱货物全面监管以及港区、堆场现场操作与检验检疫查验的有机衔接。启用集中电子审单系统，实行集中审单制度，提供24小时受理报检服务，使信誉好、诚信度高的企业的进出口商品通过审单指令，实现快速验放，通关速度比传统审单模式提高1/3。实现部分企业ERP系统（即企业资源计划管理系统）与检验检疫电子监管系统对接，进一步提高企业申报数据的可信度和准确率。（吴琼）

【海事管理】 坚持以安全监管工作为中心，以服务海西建设为重点，保持辖区水上交通安全形势稳定。2009年共服务保障进出港船舶90.94万艘次，增长8.8%，其中国际航行船舶3.43万艘次，增长11.3%；海上运输危险货物2549.5万吨，其中30万吨超大型油轮21艘次、原油545.6万吨，LNG船舶16艘次、天然气66.42万吨。组织实施全国海船船员适任统考29期，参考考生20744人次，签发各类船员证件42021本。为省内83艘义渡、半义渡性质客渡船无偿安装小型船舶动态管理及信息服务平台终端，有效提升沿海渡船安全信息水平，确保人民群众水上出行安全。

保障两岸海上往来安全便捷畅通。始终将两岸直航安全作为工作的重中之重，通过加大现场监管力度，制定直航航线应急保障专案，健全应急保障机制，保障两岸直航安全畅通，全年“小三通”航线累计运营1.34万航次，运送旅客137.72万人次，分别增长25.58%、31.33%。针对两岸海运直航正式开启后海上运输多样化趋势，开展客滚船和高速客船安全管理调研，出台《福建沿海两岸客运直航船舶安全监督管理特别规定（试行）》，成功保障了马尾—基隆客运直航和厦门—台中客滚直航航线的开通。加强闽台海事交流合作，应台湾中华海员总工会邀请，对台湾航运企业、船员教育与培训机构等进行考察访问，加强了交流，增进了共识。

加强水上交通安全监管。按照国务院“安全生产年”和省政府“责任落实年”的统一部署，统筹开展采运沙船和施工船舶专项整治、清理整顿外派劳务市场秩序专项行动、非法夹带危险化学品运输专项整治、船舶驾驶台资源管理专项检查等一系列专项整治活动，消除影响水上交通安全的不稳定因素。强化源头治理，全年共实施航运公司审核

149家、船舶审核475艘次。开展“船舶安检质量巩固提高年”活动，全年共实施FSC检查3137艘次，滞留船舶267艘；PSC检查340艘次，滞留船舶51艘次。狠抓重点水域、重点船舶、重点环节安全措施的落实，实现水上交通安全形势的持续稳定。积极组织防抗“莲花”、“莫拉克”等台风，共出动船艇735艘次，出动车辆933辆次，出动人员5472人次，组织疏导船舶2964艘，发布安全信息8805条，实现了“不死人，少损失”的目标。

强化巡航搜救应急管理。召开福建省首次海上搜救厅际联席扩大会议，进一步健全搜救应急联动机制；修订《福建省海上搜救应急预案》，强化海上搜救有效协同与联动。开展巡航救助一体化建设，3月份首次开展以3000吨级大型海事巡逻船为主、空中直升机配合的福建沿海海空联合巡航执法活动，巡航总里程共约345海里，覆盖了福建沿海及重要港口水域，标志着海上巡航执法工作向海空一体化的目标迈进。建立海上搜救联动机制，开展合作交流，与邻省及台湾加强搜救交流合作，全年共组织实施海上搜救行动123次，救助遇险船舶138艘，救助遇险人数1219人，人命救助成功率96.55%。

（林晨）

【边检管理】 认真贯彻落实省委省政府《关于加快推进口岸大通关建设的若干意见》和繁忙海空港货运口岸每周七天工作制等大通关措施，优化通关环境，提升通关效率，全力服务保障海峡西岸经济区建设，全年共检查出入境交通工具15683艘（架）次、人员903707人次，圆满完成了各项边防检查任务。

扎实开展提高边检服务水平活动。开展“边检服务水平养成定式年”活动，全力营造便捷、高效的口岸通关环境，建立健全岗位服务定式，深化岗位服务定式养成，建立健全检查督导制度，进一步推进执勤执法规范化建设。加强边检基础建设，在对全省口岸、港区、码头和执勤点边检标志进行更新改造的基础上，进一步统一规范口岸边检服务提示、边检通道类别、边检执勤设施、服务咨询等设施。推出便民利民服务举措，包括《登轮许可证》“一证通”、“边检指导员制度”、“外国人入出境登记卡自助打印系统”等，为服务对象提供便利，产生了良好的服务效果和社会效应。

圆满完成国庆60周年口岸安保工作。认真贯彻落实国庆安保会议精神，借鉴奥运安保工作经验，严密口岸管控措施，充分利用科技手段实施管防，全面构建口岸群防群治体系，有效确保了口岸的安全稳定。落实口岸管控，严格落实24小时查控值班制度，加强前台资料录入、人证对照工作，发挥口岸监控系统作用，实现全方位电子监控；加大对重点船舶的登轮检查和监护巡查力度，全力确保口岸安全稳定。实施科技管防，空港边检站充分利用API系统提前预警功能，实现出入境管控前移；海港边检站进一步优化码头、执勤现场等监控探头设置，实现对在港船舶、勤务工作数字化、可视化和全方位监管。推行群防群治，会同海关、海事、检验检疫等口岸查验部门强化对执勤现场的监控检查及隔离区管理；将港区企业、代理公司纳入口岸安保体系，进一步充实港区安保力量，为确保口岸和谐稳定奠定了坚实基础。规范劳务秩序，按照省政府部署，联合开展集中清理整顿外派劳务市场秩序专项行动，组织各边检站加大对出国劳务人员的检查力度，并对相关中介公司开展联合检查，有效维护了外派劳务市场的正常秩序。全力做好甲型H1N1流感的防范工作。主动走访口岸检验检疫机构，建立疫情预防联动机制，研究完善防控处置口岸甲型流感疫情应急工作预案并加强演练。

全力服务保障海西建设。组织开展“边检大走访”爱民实践活动，围绕帮助企业渡过金融危机、服务两岸“大三通”、践行海西“两个先行区”建设，组织边检官兵深入口岸码头、企业开展大走访活动，全年共走访出入境人员、口岸员工3916人次、口岸企事业单位365家，帮扶困难群众189人次，化解口岸劳资纠纷20多起。积极配合临港经济发展和港口一体化改革，支持推动宁德沙埕港及环三都澳港口对外开放以及漳州旧镇、冬古二类口岸并入漳州港口岸扩大开放项目，全力服务地方经济发展。响应省政府关于福州—宁德港口和湄洲湾港口一体化改革的决策部署，对口岸形势、边检任务、机构改革等进行调查论证，研究制定相应的边检机构改革初步规划，为实现省政府统一名称、统一机构、统一规划、统一管理、统一服务的目标打下了良好基础。全力做好地方重点项目和重大活动的服务保障工作，会同其他联检单位与宁德市政府签订了《支持宁德环三都澳区域综合开发建设备忘录》，出台设立分片常驻执勤点等7项工作措施；研究出台边检便民服务直通车等措施，积极跟进服务两岸直接往来综合枢纽建设；制定专项勤务保障方案，先后为“海峡论坛”、“5·18”等重大活动提供了快捷、安全、高效的通关服务。

（郑倩）

【海防工作】 在保证完成机构撤并的同时，大力开展创建“平安海域”活动，海防基础设施建设稳步推进，海防管理长效机制进一步完善，管海控海整体合力明显增强，沿海地区社会稳定基础得到加强，有效服务了海峡西岸经济区建设和军事斗争准备。

持续提升海防管控能力。始终把维护海防安全稳定摆在突出位置，军地合力，积极探索，开拓进取，海防管控能力得到持续提升。海防部队保持常年戒备状态，注重看紧盯死海空情况，一线连队坚持巡逻查滩、查岛和岛屿巡防等制度；突出抓完善处置海上突发事件机制建设、强化应急处突措施、建立常态战备机制、加强军警民联防等工作。海军部队严密组织海上巡逻，扩大了海空巡逻范围，积极支援国家有关部门开展海上执法行动，认真组织护渔护航，有效地维护了国家海洋利益；狠抓了战备制度落实、修订完善了各种预案措施、建立健全处置突发事件应急指挥机制、强化了针对性训练，部队完成应急任务和快速反应能力得到明显提升。

强化整治，持续维护沿海社会稳定。各级涉海职能部门，认真履行职责，加强协调，齐抓共管，加强了对沿海地区的管控。把握关键，实施跟进管理，海防管理工作部门积极适应海防形势变化，采取跟进式、服务式管理措施，努力实现“三个管住”，即：管住人，特别是重点可疑人群；管住船，特别是分散的小型船；管住点，特别是容易发生违法犯罪活动的出海点，建立完善以群防为基础、以技防为支撑的防范网络，巩固海防工作的基础。突出重点，开展专项整治，先后开展了反偷渡、反走私、缉枪治爆、整治违规采砂等专项行动，全年公安边防部门查获偷私渡案件130起341人，私自前往台湾渔船从事劳务案件5起42人；抓获组织者、运送者233人；接收审查外国遣返偷渡人员3批30人，台湾私渡遣返人员4批235人；查获各类涉嫌走私贩私案件222起，总案值人民币3537万元；破获贩毒案件68起226人，缴获各类毒品853千克，其中海洛因0.65千克、冰毒10.42千克，缴获各类制毒配剂49.14千克。积极探索两岸海防管理部门的合作途经，海洋渔业部门与金门海巡部门在厦金海域联合开展打击非法采砂执法行动，查获一批违法采挖船只。发挥优势，深化隐蔽战线斗争，深入开展"反渗透、反破坏、反情报、反策反"斗争，强化沿海船舶和来靠台轮管理，始终保持对境内外民族分裂、暴力恐怖、极端宗教"三股势力"和"法轮功"等邪教组织、宗教地下势力的渗透破坏活动的高压态势，严防境内外敌对分子潜入潜出。

培育亮点，深化平安海域建设。印发了《2009年全省平安海域建设工作要点》，认真制定措施，精心培育亮点，拓展载体平台，平安海域建设工作整体水平有了新的提升。沿海各地各级政府建立了工作责任制，纳入了工作目标，纳入了经常性的工作范围，纳入了属地综治考评范畴，完善了"属地政府负责机制"。各地都明确专人负责平安海域建设工作，加大对平安海域建设工作的资金投入，加强对基层创建工作的指导，规范沿海县、乡镇级开展平安海域创建工作。沿海各地采取多种形式为平安海域建设工作做好思想、舆论准备，在重点港澳口等设置210面海防宣传栏，印制宣传材料分发到沿海地区群众中；与当地广播、电视、报刊等新闻媒体连续开展创建工作的系列报道等。健全机制，以考评促工作，按照《福建省平安海域建设工作考评细则》，组织开展建设工作的考评，进一步推动工作的开展。培育典型，深化提升创建工作，厦门市探索建立了联侦联控、联防联治、联调联处、联创联建的军警民平安共建新机制；漳州市开展建设平安海岸线、平安海岛、平安渔村创建活动载体；省边防总队在全省沿海推行警官兼任村官模式，全省127个边防派出所527名警官兼任村官。

海防基础设施建设稳步推进。认真组织项目建设，建设完成一批海防监控设施和海防执勤道路，提高了海防科技管控和服务能力。统筹组织编制规划，对全省海防基础设施建设项目进行勘察调研论证，建立海防基础设施建设项目储备库，编制福建省"十二·五"海防基础设施建设规划上报南京军区和国家边海防办编制《福建省海防监控系统网络建设可行性暨初步设计方案》，通过了省数字办组织的专家评审，并经省发改委立项审批，分步组织实施。加强设备维护管理，组织第一步已建海防监控设施委托管理交接工作，与福建省军区、海军福建保障基地、省公安边防总队协商制定海防监控设施委托管理交接方案并签订协议，再由各级海防办与使用单位签订海防监控设施委托管理协议、办理设施交接手续；组织监控设施研发单位对已建海防监控设施进行巡检工作，对巡检中发现的重大故障进行修复。加强业务技能培训，先后举办一期省市县三级海防办管理干部业务培训班，一期海防监控系统业务技术培训班，采取理论培训、实际带教、业务考核等环节，保证了培训质量。

（陈天凡）

【反走私】 持续保持打击走私的高压态势，层层落实反走私领导责任，形成一级抓一级、层层抓落实的反走私工作格局。将日常管理与专项打击相结合、重大节日严打与重要物品整治相结合，开展元旦、春节、中秋、国庆反走私专项打击行动，查办刑事案件12起、总案值1542万元，查办行政案件121起、总案值6106.73万元；开展打击成品油走贩私活动联合行动，查获无合法手续成品油案件22起，查扣涉嫌违法成品油5788吨、煤油2吨；开展打击治理非法经营走私进口旧服装专项行动，捣毁2个非法经营走私进口旧服装场所，查获旧服装32000多件。强化反走私宣传教育，组织福州海关缉私局、省公安边防总队、省工商局、省检察院、省烟草专卖局等缉私执法部门组成反走私法律法规宣讲团，在福州、宁德、泉州三市沿海地区重点口岸（码头）开展巡回宣讲活动；举办基层干部反走私法律法规培训班，50多名沿海重点县分管领导及镇、村干部参加了培训；在沿海重点乡镇、港澳口设立永久性反走私宣传栏，增强基层干部群众的反走私意识；加强省际边界福鼎、诏安、建宁、浦城、武平5个陆路反走私监控点的建设，进一步提高基层的防控水平。全年共查办走私刑事案件50起，涉案总值5.67亿元；查办走私行政案件1734起，涉案总值8.38亿元。

（薛金富　兰章福）

安全生产监督管理

【安全生产事故】 2009年全省安全生产呈平稳态势，共发生各类生产安全事故17680起，比上年下降11.5%；死亡3413人，下降6.1%；受伤16398人，下降13.6%；直接经济损失1.87亿元，下降6.5%。从重点行业事故起数和死亡人数分析，工业、商贸分别下降5.0%和4.2%，煤矿分别下降27.8%和4.8%，非煤矿山分别下降35.9%和34.9%，道路交通分别下降13.0%和5.1%，火灾分别下降4.9%和26.7%，铁路交通分别下降26.5%和29.0%，渔业船舶分别下降17.4%和22.2%。全省工业商贸、火灾、道路交通、铁路交通、农业机械五类事故死亡3311人，占国务院安委会下达福建年度控制考核指标3510人的94.3%。亿元GDP生产安全事故死亡率为0.28人，与国家下达数持平；工矿商贸企业从业人员十万人死亡率1.87人，低于国家下达的2.21；煤矿百万吨死亡率0.811人，低于国家下达的1.442；道路交通万车死亡率4.37人，低于国家下达的4.84，均控制在国务院安委会下达的目标内，提前实现了福建安全生产"十一五"规划确定的控制目标。

【安全生产目标责任管理】 年初，省政府向9个各设区市和26个省单列考核单位下达了2009年度安全生产控制目标，并通过下达目标责任、定期预警通报、黄牌约谈诫勉、指标监控督办、检查考核奖惩、履职报告点评、责任查处追究等措施，推动安全生产目标责任落实。经考核考评，莆田、厦门、龙岩、漳州等4个设区市政府和省经贸委、省住建厅、南昌铁路局福州办事处、省电力公司、省交通运输集团公司、福建联合石油化工公司等6个单位被评为2009年度落实安全生产目标责任先进单位；省教育厅、省公安厅、省交通运输厅、省农业厅、省质监局、民航福建安全监管局、民航厦门安全监管局、中石化森美(福建)公司、省高速公路公司、省能源集团公司等7个单位被评为完成目标责任优良单位;三明、南平、宁德、泉州等4个设区市政府和省国土资源厅、省海洋与渔业厅、省水利厅、省卫生厅、省旅游局、福建海事局、省公安厅交警总队、中石油福建销售分公司、厦门航空公司等9个省直单位被评为完成目标责任单位,省政府予以通报表彰和奖励。

【安全生产“一岗双责”】 出台《政府及有关部门安全生产监督管理职责暂行规定》实行“一岗双责”,按照“谁主管、谁负责”的原则,明确各级政府及省政府49个部门安全生产职责范围、职责内容及相应责任,以及政府、部门主要领导、分管领导和其他领导安全生产工作职责与监管责任。结合实际,采取强化宣传培训、分解细化职责、加强督促检查、实施问责推动等措施,强化行政“一把手”的责任,强化副职领导分管领域的安全监管责任,强化安监部门的综合监管责任,强化行业管理部门的安全管理责任,强化跨部门联合执法,推动“一岗双责”规定落实。“一岗双责”规定实施一年来,从省政府及其部门到乡镇政府,从省政府领导到各级各部门领导以及广大干部职工,安全生产责任意识明显增强,安全生产监管举措更加有力,安全监管水平有效提升,改变了安全生产监管工作由少数人、个别部门唱独角戏的状况,逐渐形成了“人人动手、人人行动”的局面。

【安全生产企业主体责任】 按照《福建省开展落实企业安全生产主体责任活动的指导意见》和《企业安全生产级别评定标准》,全省各级各有关部门各生产经营单位认真开展落实企业安全生产主体责任活动。各地各行业管理部门将企业单位安全生产现状划分为ABCD 4个级别进行评估、分类管理,按照“A级抓巩固,B级抓提升,C级限期整改,D级给予挂牌督办”的总体要求,强力督促各类企业严格按照法律法规规定,加强安全领导、完善规章制度、增加安全投入、加强安全培训、严格安全管理,全省参与开展活动的企业13.4万家,完成安全级别评定复核确认企业12.22万家,促进了本质安全型企业的建设。

【安全生产监管执法】 认真开展“安全生产年”和“责任落实年”活动,扎实推进安全生产执法、治理和宣传教育“三项行动”,切实加强法制体制机制、保障能力、监管监察队伍“三项建设”,组织安全生产大检查,深化重点行业领域专项整治,依法严厉打击安全生产领域非法违法生产经营建设行为。在全省范围内开展了严查运输企业主体责任、严查驾驶员聘用管理制度、严查车辆技术状况、严查安全管理制度、严查GPS系统使用管理、严查运输安全违法行为处理等“六个严查”活动;开展了公众聚集场所使用易燃可燃装修材料专项检查和“三合一”(集车间、宿舍、仓库为一体)厂房、仓库等消防安全专项整治;认真抓好《福建省建设工程安全生产管理办法》的贯彻落实,深入开展工程建设主体行为综合整治行动;认真落实道路交通运输企业安全工作意见和道路交通“一岗双责”规定等,实施道路交通安全动态监控试点,严厉打击机动车超速、超员、酒后驾驶、疲劳驾驶等严重道路交通违法行为;加大水害防治、顶板管理、超层越界和巷道密闭管理专项整治力度,深化整顿关闭,全年关闭小煤矿19处,推动54对矿井开展资源整合,171家矿井建成三级以上安全质量标准化矿井;对全省地下开采的非煤矿山企业进行全面排查,关闭地采矿山24座、露天矿山160座、尾矿库15座;撤销、注销危化品许可证328家,关闭取缔93家,完成氯碱、合成氨等危化企业安全标准化建设31家。认真抓好事故查处和责任追究工作,全年共查处较大以上事故86起,198人受到责任追究。特别是按照省委常委会、省政府常务会的要求,严肃查处了霞浦县“10·30”重大建筑施工事故和长乐市“1·31”重大火灾事故,79名责任人受到责任追究,并通报全省,开展警示教育。全年开展安全生产执法行动115.24万次,查处无证或证照不全从事生产、经营、建设等违法违规行为2.97万起,整顿关闭和取缔不符合安全生产条件的企业2407个,排查一般隐患19.43万个、重大隐患1115个,整改率分别为95.4%和95.9%;列入治理计划的重大隐患39个,落实治理资金8531万元。

【安全生产管理基础建设】 相继出台《政府及有关部门安全生产监督管理职责暂行规定》、《福建省建设工程安全生产管理办法》、《福建省安全生产事故隐患排查治理和监督管理暂行规定》、《关于进一步强化我省道路交通运输安全生产监督管理工作的意见》等,进一步规范安全生产相关工作。组织部分分管市、县(区)长和安监局长参加国家安监总局组织的业务培训;组织1700多名乡镇安全监管人员进行行政执法培训;委托龙岩学院、省交通技术学院、永春职业中专招收培养煤矿安全专业人才332名。继续加强安全生产应急救援体系建设,省应急救援中心人员陆续到位,工作逐步展开;9个设区市和20多个县(市、区)已经批准建立应急救援中心。坚持新闻宣传、情况通报、信息快报和新闻发言人制度,深入宣传贯彻安全生产法律法规和方针政策;举办海西20城市暨泛珠三角区域安全发展论坛,推进区域安全生产合作;召开了全省安全生产宣教工作会议,省直9个部门联合发出《加强安全生产宣传教育工作倡议》,将安全生产宣传教育工作的成效纳入文明城市、文明行业、文明单位、文明村镇创建的基本内容。厦门市翔安区、龙岩市新罗区被国家安监总局宣教中心分别确定为“宣传教育工作联系点”和“青少年安全生产宣传教育示范基地”。 (洪叶生)

编辑:宋小佳

科学

科技概述

【综述】 2009年，全省科技系统和广大科技工作者深入贯彻落实科学发展观，按照中共中央、国务院和省委、省政府的决策部署，充分发挥科技的支撑作用，全力保增长、保民主、保稳定，突出服务企业、服务基层、服务民生，主动作为，有效运作，为全省经济企稳回升、增强经济发展后劲作出了积极贡献，科技事业取得新进展。全年全省获国家科技项目立项扶持661项、资助总经费约5.9亿元，下达省科技计划项目21批次、安排经费2.59亿元；获评国家科学技术奖8项，评出省科学技术奖204项、省科技重大贡献奖2人、省杰出科技人才30人；申请专利17559件，获授权专利11282件(首次突破1万件)；新增国家科技进步示范县(区)3个，被评为全国科技进步考核先进市、县(区)35个；新制修订国家标准90项；全社会R&D经费占GDP比重首度超过1%，达到1.06%。科技促进经济社会发展指数居全国第5位，高新技术产业化指数居全国第6位。

【科技法规建设】 全面启动《福建省科学技术进步条例》修订工作，11月8日，《福建省科学技术进步条例(修订)》(送审稿)已提请省政府审议。紧扣“科技政策落实行动”的主题，继续以增强自主创新能力为主线，面向基层、服务企业，扎实推进激励创新政策制订、宣传和落实工作，研究制定福建第一批增强自主创新能力实施细则，颁布政策性文件33件(2009年新颁布5件)，其中60%以上的政策与支持企业技术创新密切相关，加快形成激励自主创新政策体系；建立并启动实施企业科技政策辅导员制度，组织207名科技工作者为1000多家科技型企业提供政策宣传、政策辅导、政策咨询等服务，并跟踪、评估、监测政策执行情况，促进科技政策有效落实。全面落实企业研发费用加计扣除、高新技术企业认定、金融支持企业自主创新、政府采购自主创新产品等激励创新政策措施，全年新认定高新技术企业实际减免所得税6.4亿元，占年度应纳税额的33.7%；实行加计扣除的2008年企业研发费用11.11亿元，比2007年度的6.378亿元，增长74.13%。

【科技体制改革】 贯彻落实李川副省长“放活科研机构、放活科研成果、放活科研人员”的讲话精神，在指导、推动省属开发类科研院所改革的同时，更关注院所的健康、持续发展。鼓励和支持院所拓展思路，积极探索改革方式和发展途径，如省纺织所立足实际，及时调整创新创业思路，着手筹建技术经纪机构，积极探索科研院所领办科技中介机构之路。鼓励和支持院所面向市场，围绕企业、产业需求开展技术创新活动，推动科学技术人员面向企业开展服务，真正发挥其在行业技术创新和高新技术产业化中的骨干作用，如省二轻所在科研基础较为薄弱的情况下，坚持一手抓科研攻关、一手抓服务企业，在鞋材行业创建4家省级企业技术中心，建设研发联盟，在管材行业建立1家产业技术开发基地，取得良好的社会效益。积极探索推进省属开发类科研院所公正性机构建设，加大对改革院所的财政投入力度，进一步支持省属开发类科研院所加强技术创新能力建设。继续改革科技计划管理体系，设立省属公益类科研院所基本科研专项，立项省属公益类科研院所基本科研专项计划项目39项(216个专题)，支持省属公益类科研院所开展自主选题研究，加快培养科技人才和创新团队。各省属科研院所发起建立“省属科研院所联席会议制度”，着力构建省属科研院所交流协作机制，实现“抱团”发展，提升全省科研院所整体技术研发水平和服务能力。

【科学技术普及】 举办以“携手建设创新型省份——海西建设、科技先行”为主题的“科技·人才活动周”，面向基层，面向公众，开展一系列内容丰富、形式多样的群众性科普活动。据不完全统计，全省有2554个单位、4.3万名科技人员参加“科技·人才活动周”；组织各类活动6979场(次)，参与群众389.4万人次，其中：举办科技展览454个、参观人数40.6万人次，科技报告会(讲座、研讨会)938场、参加人数12.8万人次，科技知识竞赛114场、参加人数2.24万人次，放映科普影视354场、观众20.2万人次，科技培训1272期、受训人数9.93万人次，开放实验室179个、参观人数6.5万人次；开展科技进社区694个、进社区专家4287人、参与活动人数19.4万人次，科技进校园348所、进校园专家1131人、参与活动人数18.2万人次，科技进企业519家、进企业专家1472人、参与活动人数2.6万人次；赠送科普图书77.9万册、科普挂图4.8万套、科技录像片1844部、科普光盘2.2万套、科技资料80万份。表彰奖励“省科技·人才活动周”先进集体24个、先进个人72人。

(郑雨苹　吴朝庭)

科技计划管理

【科技计划管理创新】 围绕构建新型的科技创新体系，不断创新科技计划管理，适时调整科技计划，促进科技资源向企业积聚。组织制定《福建省区域科技重大项目管理办法(试行)》、《福建省高校产学合作科技重大项目管理办法(试行)》、《福建省科学技术评价管理办法(试行)》、《福建省省属公益类科研院所基本科研专项管理办法(试行)》,进一步完善科技计划项目管理办法,按照科技重大专项、科技重大项目、科技重点计划、基础性研究计划和科技创新平台建设计划等5个体系部署,以适应经济社会发展对科技的需求。启动实施区域科技重大项目,围绕电子信息、先进制造、新材料、新能源、农产品深加工、生物医药和节能减排等领域,有效集成省市县科技资源,突破市、县重点产业发展关键共性技术,共同提升区域产业的科技含量和综合竞争力。启动实施省属公益类科研院所基本科研经费专项,推动制定省属公益类科研院所基本科研经费专项管理办法,设立省属公益类科研院所基本科研经费专项,支持省属公益类科研院所开展自主选题科研项目研究,面向产业,开展技术研发,提高科研院所持续创新能力。建立科技特派员创业示范基地,安排科技经费支持科技特派员创业示范基地建设,对以科技特派员为项目负责人或为项目主要参与人员的科技特派员创业项目予以重点扶持,引导科技特派员深入基层创业,提升科技特派员服务辐射带动影响。制定出台《关于促进技术经纪机构和经纪人队伍发展的若干意见》、《福建省促进技术经纪发展专项资金管理办法(试行)》及其实施细则,设立促进技术经纪发展专项资金,加快发展全省科技经纪行业,进一步建立和完善技术经纪企业和经纪人制度,支持开展技术经纪示范机构试点工作,扶持发展股份制或合伙制的技术经纪公司,加快培育专业化、高水平的技术经纪人队伍,探索在高校和科研院所中设立专业化、准市场运作的技术转移中心(公司),促进科技成果转移转化,实现科技人员与企业需求的有效对接。设立高校产学合作专项计划,制订《福建省高校产学合作科技重大项目管理办法(试行)》,进一步推动全省科研与产业的结合,促进高校与企业之间知识流动与技术转移。持续推进科技创新平台建设,编制《福建省科技创新平台建设规划(2009～2010)》,积极支持技术研发协作、科技成果转化、科技中介服务、科技资源共享等科技创新平台建设。完善项目管理流程,改进项目管理系统,合理简化各类科技计划项目网上申报、评审、合同管理、执行与验收等管理工作程序,绘制科技重大专项、科技重大项目、科技创新平台建设项目、科技重点项目流程图,重新编制省级科技计划的申请书、任务书和验收书格式,并正式启用。

【科技计划项目与实施】 全年共下达科技计划21批次,安排省级科技计划项目经费2.59亿元,其中:新上项目1207项、年度经费2.20亿元,结转项目412项、年度经费3422万元,计划管理与项目监理费250万元。新上项目包括:重大专项6项(含11个专题),年度经费1960万元;重大项目(含区域重大项目)53项,年度经费4740万元;重点项目462项(含奖励创新型企业和福建省技术经纪服务项目),年度经费6655万元;科技创新平台项目37项,年度经费2850万元;自然科学基金项目531项,年度经费2517万元;中小企业创新资金项目73项,年度经费1358万元;公益类科研院所基本科研专项项目39项,年度经费1950万元;资助省属高校项目经费200万元。全省获国家科技项目立项扶持661项、资助总经费约5.9亿元,其中:国家重大专项课题19项、资助经费约1.3亿元,国家科技支撑计划项目8项、资助经费5543万元,国家"863"计划课题12项、资助经费3458万元,国家"973"计划课题28项、资助经费6409万元,国家自然科学基金项目323项、资助经费1.23亿元,科技型中小企业技术创新资金项目182项、资助经费1.11亿元,科技人员服务企业行动项目50项、资助经费2000万元,创业投资引导基金阶段参股试点项目1项、资助经费2000万元,国际科技合作项目8项、资助经费1124万元,国家农业科技成果转化资金项目12项、资助经费780万元,科技富民强县专项5项、资助经费740万元,国家星火计划项目13项、资助经费620万元。

【科技重大专项】 根据经济社会发展需要,认真组织实施与扩内需、保增长紧密相关的科技重大专项,加快全省产业共性关键技术研发与推广应用。在电子信息、光伏产品、新材料、新药创制等领域,启动实施省科技重大专项6项(下设"多功能数字媒体芯片及其应用平台研发及产业化"、"宽带无线接入系统关键技术研究及产业化"等11个专题),计划经费4900万元,年度安排1960万元。对重大专项监理方式进行改革,以专项为单元,采取会议汇报为主、部分现场监理为辅的方式进行监理,提高监理工作的效率和进度,并使首席专家起到对专项进度和执行情况的整体把握和督导作用,取得良好效果。组织对37项在研的科技重大专项专题进行项目监理,全面梳理重大专项执行情况,客观评价执行效果。各重大专项专题实施取得阶段性进展,新申请专利61件,发表论文191篇、专著7篇,制定各种标准或规范30项,通过具有知识产权意义的认证33项(新医药、新农药、新兽药证书和农业、林业新品种、软件产品认定证书等),获各类成果奖14项,推广项目技术成果57项,成果推广及技术转让收入、产品销售收入、技术咨询及服务收入达8.16亿元。累计安排科技经费3.7亿元,聚集社会各类投资25亿元,先后启动实施"新材料与器件开发及应用"、"环境友好材料开发及应用"等38项科技重大专项(下设专题165个,已结题验收90个)。

(郑雨苹　吴朝庭)

科技创新体系

【技术创新体系建设】 全年全省安排科技创新平台建设项目37项、年度经费2850万元,涵盖重点发展的电子信息、新材料、新能源、先进制造、资源与环境、现代农业、生物医药等领域,其中安排经费2650万元,扶持11个省级重点实验室、18个省级工程技术研究中心和7个科技资源共享平台;安排经费200万元用于省重点实验室运行费。全省共有45家省级重点实验室和1个省级农业科学研究野外观测站,其中国家级重点实验室3家。通过福建省网上审批办理平台,发放实验动物许可证4份,即福建中医学院(闽侯旗山新校区)、福建金山生物制药股份有限公司、福建闽东力捷迅药业股份有限公司、泉州医学高等专科学校。加强科学仪器设备协作共用服务,积极参与泛珠三角区域性大型科学仪器设备共享平台建设,共有入网成员单位32家、签约入网大型仪器306台,收录30万元以上的大型仪器设备信息 461 台。组织专家对 2007 年评估通过的 11 家省级工程技术研究中心进行两年一次评估，对 22 家申建工程技术研究中心的单位进行现场评估；从产业特点出发，选择引导 9 家技术水平高、规模大、效益好的龙头企业建立星火行业技术创新中心。全省先后获批建设国家级、省级工程技术研究中心 41 家，其中国家级 4 家，即国家光电子晶体材料工程技术研究中心、国家钨材料工程技术研究中心、国家传染病诊断试剂和疫苗工程技术研究中心、国家环境光催化工程技术研究中心；建立国家级星火行业技术创新中心 7 家、省级星火行业技术创新中心 59 家。加强建设福建省科技企业孵化器科技创新公共服务平台，推动全省孵化器向"专业化＋创业投资＋创业导师"模式发展；全省拥有各类科技企业孵化器 26 家，其中国家级 6 家；拥有各类生产力促进中心 88 家，其中国家级生产力促进中心 9 家（2009 年新增 1 家，即南安市生产力促进中心）、省级生产力促进中心 17 家（2009 年新增 6 家）。积极开展技术创新引导工程，认真组织实施创新型企业试点工作，命名首批"福建省创新型企业"62 家（其中高新技术企业占 90％以上）；培育福建新大陆科技集团股份有限公司、福建龙净环保科技有限公司 2 家企业进入国家级创新型企业行列，福建龙溪轴承（集团）股份有限公司等 5 家企业被确定为国家级创新型试点企业，分别奖励科研经费 100 万元和 50 万元；省科学技术奖新增设立"企业技术创新工程项目"，授予对象限于创新型企业，通过科技奖励引导企业技术创新。启动实施产业技术创新战略联盟构建工作，实现产学研结合机制的有效创新和提升，为进一步推动产业核心技术的重大突破、加快技术创新成果的商业化运用提供制度和技术保障。制定《福建省产业技术创新战略联盟构建实施方案》，于 11 月在泉州启动建设全省第一个省级技术创新战略联盟——竹纤维产业技术创新联盟。厦门市、泉州市等地率先推进市级产业技术创新战略联盟建设工作，厦门市已建立光电子、两岸三地 RFID、电力电气、电子元器件、船舶、水暖卫生洁具及橱柜、运动器材和绿色食品等 8 个产业创新联盟（成员单位达 127 家）；泉州市顺利组建光电产业技术创新战略联盟和数字电视产业技术创新战略联盟，运行良好。全省共认定 129 家企业 253 个项目的 414 个型号产品为省级自主创新产品（共认定 5 批次），并按照《关于开展 2009 国家自主创新产品认定工作的通知》要求，推荐 57 家企业的 90 项产品申报国家自主创新产品认定。

【高新技术及其产业】 全年高新技术与工业科技领域新上区域重大项目 21 项，总投资 6.46 亿元，计划资助 2100 万元，2009 年下达 1890 万元；重点项目 65 项，总投资 2.09 亿元，计划资助 2229 万元，2009 年下达 1673 万元；结转项目 113 项，经费 503 万元。加强高新技术企业认定各环节管理工作，新认定高新技术企业 572 家（含厦门 301 家）；全面落实税收优惠政策，据 2008 年认定的 207 家（不含厦门）高新技术企业统计，共实现利润总额 85.98 亿元，研究开发费用 38.77 亿元，研究开发费用投入总额占全年产品销售收入的 4.36％，年度应纳企业所得税额 15.54 亿元，因享受税收优惠政策实际减免企业所得税 5.2 亿元，占应纳企业所得税额的 33.7％。全省按照新的管理办法，共认定高新技术企业 902 家（含厦门 424 家）。进一步加快省级高新区升级的步伐，组织一批有特色的、有优势的省级高新区或开发区申报国家级高新技术产业基地，其中南安国家光电信息高新技术产业化基地、莆田国家液晶显示高新技术产业化基地和三明国家大型机械装备高新技术产业化基地被认定为国家高新技术产业化基地，福州国家现代服务业产业化基地被认定为国家现代服务业产业化基地。全省共有国家级高新技术产业开发区 2 个、省级高新技术产业开发区 4 个。投入经费 100 万元，遴选 10 家"两甩"示范企业，开展"甩图纸"和"甩账本"应用示范，带动企业投入 2350 万元。高新技术与工业科技启动"高效有机废气催化燃烧纳米催化剂及其净化装置"、"用于控制利用一氧化碳的高效稳定纳米催化材料的研发"等 9 个重大专项专题，总投资 1.99 亿元，省科技厅计划资助 3400 万元，2009 年下拨 1360 万元。在高新技术与工业科技重大专项中，有 13 个专题通过验收、12 个专题通过项目监理，绝大部分项目均按计划进度组织实施，在突破关键共性技术、知识产权、人才培育等方面取得重要进展。

【基础科学研究】 积极探索省自然科学基金计划管理体制改革，根据《福建省自然科学基金管理办法》，对省基金的资助类别进行调整，开始资助"福建省杰出青年科学基金项目"；将"青年人才创新项目"纳入基金管理体系，形成杰出青年基金项目、面上项目、青年人才创新项目等项目类别；对省重点实验室和企业申报的项目给予适当扶持；进一步加强项目结题管理，着力抓好项目执行情况检查和结题等重要环节；将项目结题办理时间由第四季度调整为全年均可办理，及时掌握研究工作动态。全年受理申请省自然科学基金重点和面上项目 1187 项，正式立项资助 531 项 2517 万元，其中：面上项目 334 项 1464 万元；青年科技人才创新项目 165 项 495 万元；杰出青年科学基金项目 32 项 558 万元；获资助的申请者中，具有博士学位的占 65.9％，45 岁以下青年科技人员占 83.2％。全年有 28 个课题获国家"973"计划项目立项、资助经费 6409 万元；获国家自然科学基金立项 323 项、资助经费 1.23 亿元，其中：面上项目 221 项 7069.2 万元，重点项目 10 项 1585 万元，杰出青年基金项目 7 项 1340 万元，青年科学基金项目 71 项 1399 万元，其他项目 14 项 942 万元。全省通过自然科学基金计划的资助和引导，促进学科建设和人才培养，在材料科学、农业、医学、信息、资源与环境等领域取得一批重要研究成果，基础性研究项目获省科学技术奖 16 项，其中一等奖 2 项、二等奖 3 项、三等奖 11 项。

【软科学研究】 全年立项资助省软科学研究计划项目 84 项，其中：指定项目 9 项，委托项目 5 项，重点项目 70 项，安排经费 355 万元。进一步加强项目执行管理，依托项目管理系统及时跟踪把握计划项目工作动态，不定期深入承担单位调研指导，督促协调项目有效落实；严格按照验收规定和程序，督促项目及时结题，并对历史遗留项目进行妥善处理；全年完成省软科学计划项目验收 58 项，并受科技部委托，完成国家软科学计划项目验收2项。组织草拟《福建省自主创新能力提升行动计划》方案，为全省自主创新工作提出科学对策和工作路径；组织起草《全省人才发展纲要》，为有关部门提供专家智力支持和决策建议；组织完成《"台海经济圈发展"战略研究》、《新时期我国粮食价格政策的研究》等一批研究成果，为各级党委、政府和领导决策提供有价值的参考。据不完全统计，全省软科学研究计划项目在国家级核心刊物发表论文300多篇，出版论著20多本，研究成果得到中央、部委和省领导批示12条，得到各级党政职能部门采纳运用20多条，取得重要运用成效。如：《"台海经济圈发展"战略研究》，首次系统全面地提出海峡经济区的概念、内涵、功能定位和发展战略，为国务院及国家有关部委、台盟中央等民主党派在制定《海西发展若干意见》及出台有关配套政策上提供重要参考依据；《新时期我国粮食价格政策的研究》，有关提高粮食采购价建议被国家发改委采纳，并被省政府评为"全省科技工作优秀建议提名奖"；《台湾工业化过程中的现代农业发展战略与策略研究》，研究成果中"关于新形势下推动闽台金融合作先行先试的基本思路"先后得到黄小晶省长、张志南副省长批示，被省政府评为"第七届福建省科技工作者优秀建议奖"，研究成果中"台湾工业化过程中富丽农村建设之探析"获评全国台湾研究会主办的首届台湾研究优秀成果三等奖。

（郑雨苹　吴朝庭）

企业技术进步与自主创新

【企业技术创新】 全年全省工业企业技术开发经费支出总额195.83亿元，比上年增长9.7%，占企业年产品销售收入的1.1%，其中用于新产品开发经费支出129.16亿元，占技术开发经费支出总额的66%；从事技术开发活动人员为9.27万人，增长9.0%，其中高中级技术职称人员2.73万人，增长11.7%。全省工业企业拥有新产品项目数3.95万个，增长18.6%；实现新产品产值2300.21亿元，增长9.1%；实现新产品销售收入2253.65亿元，增长8.8%，其中掌握核心技术的新产品销售收入568.76亿元，增长9.3%，占新产品销售收入的25.24%；实现新产品销售利润176.15亿元，增长8.9%；实现新产品利税总额267.43亿元，增长9.1%；每项新产品平均创造产值581.71万元，每项新产品平均创造利税67.63万元。全年本省新认定省级企业技术中心30家，撤销省级企业技术中心资格2家，新增国家认定的企业技术中心3家；截至年底，全省省级企业技术中心235家，其中国家认定的企业技术中心23家，行业技术开发基地29个，其中2009年新增7个。

【产学研联合】 举办竹纤维、光伏、化油器、工程机械、汽车电子、铸锻、纺织、制鞋、机械、船舶、固体表面涂层材料等十多场工业专场对接会，重点发布国内外高校、科研机构在汽车子、工程机械、光伏材料、制鞋行业等领域开发的可供推广应用的科研成果。组织实施一批产学研联合重点项目，重点支持新材料、电子、机械、食品等领域产品和技术的产学研联合开发，下达省产学研联合开发资金1418万元，依托新组建的5个产学研用技术创新战略联盟，组织实施5个重大行业技术开发专项。

【"6·18"项目对接】 组织参加第七届"6·18"项目成果交易会，交易会的福建工业馆展区面积1000平方米，会议期间到福建工业馆参观、洽谈的人数超过5万多人次。全年共推介企业技术需求710项、项目成果1290多项，实现项目对接531项，比上年增长5.49%，其中：技术需求对接209项，项目成果对接322项。展会期间，还召开海峡两岸汽车电子产业项目对接会、欧洲科技成果推介对接会、闽台生物医药对接会等3场专场对接会，推介了一批国内外创新成果和行业共性技术。

（陈立基）

科技交流与合作

【国际科技合作计划】 组织实施一批科技合作计划项目，新上省级科技合作计划项目48项（其中闽台科技合作项目22项），计划资助总经费650万元，2009年下达583万元，涉及计算机与软件、化学、光电及半导体、新材料、机械等多个领域；组织验收、结题省级科技合作计划项目34项，有力地提升全省自主创新能力和引进、消化、吸收、再创新能力。组织申报科技部国际合作计划项目和政府间科技合作计划项目，获科技部国际合作计划项目立项8项、扶持经费1124万元，即福建龙净环保股份有限公司承担的"物料输送的料性研究及工业应用"、漳州片仔癀药业股份有限公司承担的"片仔癀保肝、对缺血性脑中风的预防和神经保护作用机理研究及注册"、福州大学精密仪器研究所承担的"基于图像识别技术的纳米金免疫层析定量测试仪的研制"、福州大学生物科学与工程学院承担的"生物质及其废弃物转化生物能源的研究"、福州大学土木工程学院承担的"钢筋混凝土拱桥极限跨径研究"、厦门大学能源研究院承担的"纤维素生物质转化制燃料酒精"、厦门大学生命科学学院承担的"计算机模拟结合生物活体研发选择性激酶抑制剂"、厦门大学材料学院承担的"关键应用领域的钴基材料的设计、制备技术及性能研究"。组织专家评审验收到期的科技部项目5项，研究成果均达到国际领先水平。

【国际科技交流与合作】 省科技厅组织境外科技交流培训考察团13批27人次（包括执行JICA项目），赴日本、韩国、意大利、美国、土耳其及港澳等国家和地区进行交流考察、学习培训，取得良好成效，如通过JICA（日本国际协力机构）渠道，派出福建农林大学、省国税、省疾控中心、省地震局、省气象局等单位的有关人员赴日本参加相关领域培训班的研修，组织赴美国多元化科技投入体系和科技创新平台建设培训等，对提高全省科技管理人员的综合管理水平和素质具有积极意义。组织举办第三届"科技外交官论坛暨项目推介会"，邀请15个国家的29位驻华科技外交官到闽推介项目成果、实地调研考察。省内部分项目在与国外开展科技合作方面取得积极成效，如：福建凯裕生物科技有限公司与保加利亚玫瑰研究所合作开展"精油玫瑰品种及技术引进"项目，福州大学福建省空间信息工程研究中心与意大利卡拉布里亚大学、奥地利维也纳大学、爱尔兰都柏林大学合作开展“地理知识服务网格平台建设”项目等，为省内企业、科研机构“走出去”起到积极的引导和示范作用。全省有6家单位获评科技部第四批“国际科技合作基地”称号（福建星网锐捷通讯股份有限公司、福建农林大学菌草研究所、福建省永林竹业有限公司等），实现国际合作方式从一般性的人员交流和项目合作向“项目—基地—人才”相结合的战略转变，有利于整合国际国内资源，提高国际合作成效。

【省际科技交流合作】 借助“6·18”平台，联合海西科技联盟成员单位在福州举办“第三届海西科技论坛暨海峡两岸中草药产业对接洽谈会”，来自澳门、上海、四川等11个省（市、区）科技厅（委）代表和企业代表、投资商及中草药行业专家学者等200多人参加会议，其中台湾代表团共由44家单位53人组成，论坛征集海峡两岸对接中草药合作项目150多项，其中现场签约22项，对推动海峡两岸中草药产业发展、两岸中草药产业合作产生积极影响。省科技厅联合海西科技协作联盟成员单位，与台湾东华大学于12月15日在台湾花莲举办“海峡两岸新材料技术发展趋势研讨会”。省科技厅作为轮值主席单位，组织召开第七次“泛珠三角”区域科技合作联席会议，各省（区）成员单位的代表40多人出席会议。积极参加“泛珠三角”区域各省（区）科技合作交流活动，协办“第三届海峡两岸园艺学术研讨会暨粤闽台园艺科技学术论坛”，参加“第一届中国昆明大院名校科技成果展示交易会”、“首届珠江国际生物医药产业发展论坛”、“第十届中国（广州）国际分析测试仪器/生物技术展览会”、“第六届中国—东盟博览会农村先进适用技术暨高新技术展”等活动。

【闽台科技交流与合作】 福建获科技部批准，成为首个建设国家级海峡两岸科技产业合作基地的省份。省科技厅研究制定《闽台科技合作基地管理试行办法》，新批准设立闽台科技合作基地3个（惠安绿谷台商高科技产业基地、清流台湾农民创业园金星加工区、漳州恒丽电子有限公司等），通过“项目—基地—人才”相结合的方式，建立长期稳定的闽台科技产业合作渠道。先后在泉州、福州、漳州等地举办台资企业转型升级培训班4场，就高新技术企业认定、自主创新产品认定、研发费用所得税前加计扣除、专利申请、科技计划等优惠政策及其申报程序进行解读和培训，帮助台资企业应对国际金融危机，依靠科技创新，尽快进行产业转型升级，促进可持续发展。充分发挥福建区位优势和对外开放优势，不断拓展闽台科技交流与合作的层次和领域，全年组织“福建省生产力促进协会赴台考察团”等9个团组57人次，赴台湾开展科技考察交流，取得良好成效；接待到访的台湾学者和企业家5批72人次。

【科技招商】 先后组织科技展团参加第十二届北京科博会、第七届“中国·海峡项目成果交易会”、第十三届中国国际投资贸易洽谈会、第十一届深圳高交会、第六届东盟博览会等展会，并成功举办高新技术项目推介、高新技术项目成果展示、“投资海西”高新技术项目对口洽谈活动、第三届海西科技论坛、科技外交官论坛、区域科技重大项目签约仪式、科技型中小企业投融资对洽会等一系列活动。先后推出科技项目成果628项、技术需求40项，内容涉及电子信息与现代通讯、环保与资源综合利用、现代工程与先进制造工艺、新材料新能源与新工艺、生物医药与海洋开发、现代生态农业与绿色技术等6个高新技术领域，编印成5本各具特色的项目册。积极推动省内有关企业、单位与国内外60多家商家签订产品代理意向，成功对接项目144项（合同项目73项、协议项目56项、意向项目15项），总投资近23亿元。

【科技兴贸】 积极推动相关企业进行国际交流合作与拓展国际市场，组织多个团组赴境外开展科技培训考察、经贸洽谈和投资环境介绍会；组织举办各类论坛，邀请多位科技外交官和境内外著名专家作专题演讲，推进项目、技术、资金和人才的对接及优化组合，支持推动漳州市和莆田市申报国家科技兴贸创新基地，支持推动福州市申报“中国服务外包基地城市”，为企业进行国际交流合作与拓展国际市场服务；组织相关企业参加各类成果交易会，搭建高新技术成果展示的窗口和交易平台。宣传有关政策，就高新技术企业认定、自主创新产品认定、研发费用所得税前加计扣除、专利申请、科技计划等优惠政策及其申报程序进行宣传和解读，并印制成宣传材料，指导、帮助和扶持科技企业运用鼓励政策，推动企业进行国际交流合作与拓展国际市场。

【厅市会商】 省科技厅与首批2个设区市政府分别建立“厅市科技工作协调小组”，正式启动厅市会商制度。7月24日，省科技厅与漳州市政府在福州召开第一次厅市工作会商会议，省科技厅厅长庄荣文、漳州市代市长陈冬出席会议并签署《福建省科学技术厅、漳州市人民政府工作会商制度议定书》，双方商议将进一步加强合作，集成省市科技资源，致力以科技进步推进漳州创新型城市建设。7月29日，省科技厅与龙岩市政府在福州召开第一次厅市工作会商会议，省科技厅厅长庄荣文和龙岩市市长黄晓炎签署《福建省科学技术厅、龙岩市人民政府工作会商制度议定书》，双方商议共同推进龙岩市国家可持续发展实验区和科技创新平台建设，为龙岩市经济平稳较快发展奠定良好基础。（郑雨苹 吴朝庭）

科技成果与知识产权保护

【科技成果与转化】 2009年全省登记科技成果533项，按成果性质分，应用技术成果493项、基础理论成果40项；按成果完成单位分，由独立科研机构完成63项、大专院校完成83项、企业完成265项、医疗机构完成59项、其他单位完成63项。全省8家科技成果查新机构加强规范化管理，提高查新效率和质量，推动成果鉴定、成果奖励与推广转化应用。

【科技成果奖励】 经省委、省政府批准，评出2009年度福建省科学技术奖204项，其中一等奖12项、二等奖62项、三等奖130项，分别给予30万元、10万元、5万元的奖励；评出福建省科学技术重大贡献奖2人（吴新涛、吴冲浒），每人奖励80万元；评出福建省第二届杰出科技人才30人（尤民生、王侯聪等），每人奖励一部价值30多万元的东南汽车公司产克莱斯勒大捷龙商务车。全省获评2009年度国家科学技术奖8项，其中作为第一完成单位的获奖项目1项，即南京军区福州总医院主持完成的“女性尿失禁的发病及相关盆底缺陷诊疗新技术的研究与应用”；作为参与完成单位的获奖项目7项，即莆田市海源实业有限公司与省水产研究所参与完成的“菲律宾蛤仔现代养殖产业技术体系的构建与应用”、龙岩溪柄电站有限公司参与完成的“碾压混凝土拱坝的新设计理论与实践”、福建农林大学参与完成的“畜禽养殖废弃物生态循环利用与污染减控综合技术”和“竹炭生产关键技术应用机理及系列产品开发”、福州大学参与完成的“钢管混凝土拱桥建设成套技术”和“中国1∶100万数字地貌图研究及其应用”、省植保植检站参与完成的“桔小实蝇持续控制基础研究及关键技术集成创新与推广”。

【知识产权管理和保护】 全年全省专利申请17559件，比上年增长33.21%，居全国第12位，其中：发明专利3842件，增长42.24%；实用新型专利7844件，增长52.58%；外观设计专利5873件，增长10%。获授权专利11282件，比上年增长42.14%，居全国第11位，其中：发明专利824件，增长55.47%；实用新型专利4939件，增长25.96%；外观设计专利5519件，增长58.32%。获评第11届中国专利优秀奖1项。制定出台《关于进一步加强科技创新中知识产权工作的若干意见》、《福建省专利权质押贷款工作指导意见》，把知识产权工作纳入科技创新的全过程，促进创新成果的知识产权化、商品化和产业化。加强知识产权工作体系建设，成立福建省知识产权维权援助中心和福建省知识产权信息公共服务中心；全省有26个县(市、区)成立知识产权局，并设立专利代理机构16家。抓好企业知识产权试点示范工作，新增国家、省、市三级试点示范单位128家；开通企业专利申请和资助绿色通道，受理并及时办结专利许可合同备案540件(增长109.3%)；支持企业建设专利专题数据库6个；建成国家专利技术(福建)展示交易中心、国家专利产业化(厦门)试点基地和福州市知识产权实施与产业化基地。针对企业需求，在福州市率先开展企业专利特派员工作试点，组织首批18名专利特派员与39家企业实现成功对接；开展企业专利交流工作，邀请国家专利审查员赴龙净环保公司等5家企业现场解答企业在专利申请、检索、管理等方面的具体问题；组织福耀玻璃、浔兴拉链等2家企业专利工作交流站申报建立国家审查员实践基地。开通“12330”知识产权维权援助与举报投诉热线；经国家知识产权局批准，成立“中国(泉州)知识产权维权援助中心”。省知识产权局以及福州市、厦门市、泉州市知识产权局被列入国家“5·26”工程。组织开展“雷雨”、“天网”知识产权执法专项行动，全年受理专利侵权纠纷案21件，结案25件(含往年结转)，查处假冒专利案3件。积极开展国际、国内知识产权交流合作，参加中欧海关知识产权专家组会议；积极探索闽台在知识产权领域的先行先试措施，举办海峡两岸知识产权论坛、闽台知识产权交流合作战略专题研讨会；探讨建立闽港、闽台知识产权交流合作机制，与泛珠三角区域内地九省(区)知识产权局共同签署专利行政执法协作协议，组织各设区市知识产权局签署市级专利行政执法协作协议，并充分依托泛珠三角区域各省(区)广泛的专利行政执法协作平台，开展执法协作。

【技术市场管理】 继续贯彻国家对技术市场建设“放开、搞活、扶植、引导”的指导方针，紧紧抓住科技成果转化的中心环节，以高新技术产业化和社会、经济的发展为最终目标，扎实开展技术市场信息网络建设、技术合同认定登记、技术市场经营人才培训和技贸机构培育等工作。组织申报国家技术转移示范机构和技术转移示范项目，被科技部批准为国家级示范机构2个，即福州大学科学技术开发部(中心)、福州技术市场。截至年底，全省共有技术合同认定登记机构7家，认定登记各类技术合同4799项，成交总金额26.23亿元，其中：技术开发合同2265项，成交金额13.29亿元；技术转让合同231项，成交金额6.46亿元；技术咨询合同781项，成交金额9690.68万元；技术服务合同1522项，成交金额5.52亿元。

(郑雨苹　吴朝庭)

社会发展科技

【社会发展科技计划项目】 2009年，全省受理社会发展领域重点项目申报173项，评审立项重点项目57项，计划经费802万元；立项启动“福建省道地药材雷公藤、太子参、泽泻的新药研发”、“人感染禽流感治疗抗体临床前关键技术研究”等2项社会发展领域科技重大专项研究，计划经费1500万元；组织申报国家科技支撑计划项目“短葶山麦冬、雷公藤GAP关键技术及新药研发”，通过可行性论证，获科技部立项资助1700万元。重点抓好项目的结题工作，及时发布《福建省科学技术厅关于抓紧做好社会发展领域科技计划项目管理和结题工作的通知》，通报项目结题完成情况，全年共有到期应结题科技项目120项，其中结题91项、延期14项，结题率达85.8%，比上年提高约5%；提前结题2009年以后到期项目5项。进一步促进项目成果对接，组织筛选“福建省病毒性疾病新药研发平台建设”和“福建省现代分析仪器(光学)研发平台建设”等4个科技重大专项项目及“食品中强致癌苯并芘快速检测仪”等30项社会发展领域特色重点项目参展第七届“6·18”项目成果交易会。组织国家中药现代化科技产业(福建)基地建设领导小组成员单位、设区市科技局、高等院校、科研院所、医药企业的代表100多人参加“2009传统医药国际科技大会暨博览会”，学习交流各地在推动传统医药发展方面的经验，促进科技成果转化和对接，推动福建传统医药和中药现代化科技产业发展，并有5家优秀单位、10位优秀工作者分别得到大会表彰。

【可持续发展实验区】 研究制定《福建省可持续发展实验区2009年度工作要点》，指导全省各可持续发展实验区建设。龙岩市获科技部批准成为全省首个地级市国家可持续发展实验区；东山县国家可持续发展实验区通过科技部组织的专家实地考察验收；指导惠安县申报国家可持续发展实验区，并正式向科技部推荐；继续开展实验区新区考察和发展工作，批准福州市鼓楼区和永安市作为省级可持续发展实验区进行建设;组织有关专家对武夷山市、龙岩市新罗区和南平市3个省级可持续发展实验区建设进行验收;进一步加强实验区宣传工作,下发《关于进一步做好可持续发展实验区宣传工作的通知》,要求各有关实验区要认真总结实验区建设工作经验,大力宣传实验区建设的成果。截至年底,全省共有可持续发展实验区15个,其中国家级3个、省级12个。

【中药现代化科技产业基地】 贯彻落实《国家中药现代化科技产业(福建)基地建设实施方案》,进一步推动中药材GAP示范基地建设,普及和推广中药材GAP相关知识。组织举办"福建省中药材GAP技术培训会",邀请中国医学科学院药用植物研究所相关专家指导授课,并邀请省内2家中药企业作关于如何开展中药材GAP示范基地建设的工作经验介绍,参加培训的代表80多人,取得良好效果。截至年底,全省各设区市选择适宜种植的地区分别开展道地中药材和特色大宗中药材的人工种植,共设立11个品种13个GAP示范基地,中药材GAP种植基地累计辐射面积2660多公顷、带动面积4660多公顷,其中泽泻、太子参、莲子、南方红豆杉、短葶山麦冬、雷公藤、绿衣枳实、青黛和九节茶GAP种植基地累计辐射面积和带动面积均超额完成;建立中药材GAP种植基地的泽泻、太子参、南方红豆杉、鱼腥草等11种中药材种子/种苗繁殖基地,面积25.67公顷,建立种质资源圃5.27公顷,收集优良种源331个;建设完成泽泻、太子参、南方红豆杉、短葶山麦冬、莲子、雷公藤、绿衣枳实、九节茶等8种中药材GAP生产示范基地现场实验室,并按照GAP要求,建成和完善泽泻、太子参、南方红豆杉、短葶山麦冬等中药材产前、产中、产后综合管理体系。

【西部对口科技协作】 根据中西部区域特点,把帮扶与资源开发、产业调整有机结合起来,逐步形成帮扶协作的长效机制。筛选确定"宁夏彭阳有机食用菌标准技术体系研究与示范"等科技对口支援西部项目6项、资助经费120万元。省农科院果树研究所承担的"万州库区枇杷良种繁育栽培技术体系的建立与示范"项目,采用高接换种改造枇杷果园,建立枇杷良种示范区,并添加设备建立滴灌示范区0.33公顷,建立育苗基地培育贵妃等优质苗木1万多株。省农科院土壤肥料研究所承担的"宁夏彭阳有机食用菌标准技术体系研究与示范"项目,着力围绕彭阳县食用菌技术引进推广与产业开发,通过引进新品种、新技术,培育当地技术人才,建设宁夏六盘山食用菌研究中心和科技示范推广园区,集成示范适宜宁夏南部山区食用菌技术体系,有力推进彭阳食用菌产业的快速健康发展。福建农林大学园艺学院承担的"红枣功能成分的分离提取及其综合利用的研究"项目,对红枣功能活性成分(多糖、齐墩果酸)的分离、红色素的提取等工艺进行优化,对红枣功能性产品进行精深加工及其综合利用。福建农林大学园艺学院承担的"真空低温加工杏脯的技术研究及科普教育基地建设"项目,推动新疆维吾尔族昌吉自治州地区筛选适宜加工的杏脯加工品种,探索先进的杏脯加工工艺,为适应国际、国内市场对杏脯的质量要求,对传统杏脯加工技术进行调整与改进,提升新疆杏脯加工制品的国际市场竞争能力。省农科院农业经济与科技信息研究所、福建省援藏工作队承担的"藏香猪健康养殖技术研究与示范"项目,以藏香猪养殖示范基地为基础,以主推技术和实施主体培训为关键措施,进一步完善"专家组—技术指导员—科技示范户—辐射带动农户"的科技成果转化快捷通道,为做强当地藏香猪产业提供科技支撑和人才保障。此外,以闽昌共建科普教育示范基地为依托,建设昌吉州科技培训基地,开展面向农牧民及青少年的科技和科普培训,丰富昌吉州科普培训内容,生动形象地面向社会普及科学技术知识、启发科学思想。

【科技强警与科技拥军】 省公安厅、上杭县公安局、泉州市公安局联合承担实施的"科技强警示范县(市、区)建设关键技术、规范研究与试点"项目通过验收,明显提升公安科技服务实战能力。省公安厅、省科技厅对48个县(市、区)开展的第二批科技强警示范县(市、区)创建工作进行表彰;同时组织召开第三批科技强警示范县(市、区)创建工作部署会,有22个创建科技强警示范县(市、区)参加培训。省科技厅通过项目实施和带动,有力地促进南京军区福州总医院学科建设和人才培养,立项支持南京军区福州总医院科技项目8项、扶持经费220万元。部分科技拥军项目取得重大成果,如"女性尿失禁的发病及相关盆底缺陷诊疗新技术的研究与应用"项目,获评国家科技进步奖二等奖。 (郑雨苹 吴朝庭)

农业科技

【农业科技计划项目】 2009年,全省新上省级农业科技计划项目98项,计划经费4001万元,其中:重点项目54项,计划经费670元;科技扶贫项目5项,计划经费361万元;科研平台项目6项,计划经费470万元;区域重大项目21项,计划经费2100万元;福建省与中科院科技合作项目10项,计划经费200万元;农业科技重大项目2项,计划经费200万元。获国家农业科技计划项目立项18项,资助经费1101.64万元,其中:农业科技成果转化资金项目12项,资助经费780万元;科技特派员项目3项,资助经费140万元;农业科技园区项目1项,资助经费50万元;UNDP项目资助经费91.64万元;科技示范县项目1项,资助经费40万元。全省农业科技计划项目结题验收90项,"粮食作物育种技术研究"、"畜牧业健康养殖关键技术研究与示范"、"特色蔬菜品种创新与高效栽培技术研究"、"福建主要外来有害生物防控技术体系研究"等4项农业类科技重大专项专题通过中期监理,取得阶段性成果。组织实施区域科技重大项目,其中"石狮市海洋生态养殖与特色水产品深加工技术"项目在国内率先开发出"抛光鲣节"新工艺和新产品,通过冷冻鱼片设备的改造和工艺优化,开发出冷冻竹夹鱼鱼片、发光鲷鱼片和刺鲳鱼片等特色新产品系列。

【星火科技】 全年全省组织实施国家科技富民强县专项计划5项、国家级星火计划项目13项,获科技部资助经费1360万元;安排省级星火计划项目(含重大专项、平台项目)134 项,计划经费 1595 万元。星火计划“一县一业科技示范”重大专项的 14 个专题通过省科技厅中期监理;建立中试线及生产线 34 条,新增销售收入 3.6 亿元;示范推广畜禽、蔬菜、茶叶、水稻等新品种 83 个,推广新技术 23 项,建设技术服务平台 12 个,开发新产品 17 个,申请专利 1 件,获评省级名牌产品、驰名商标 3 个,建立农民协会、农民技术合作组织 9 个。“福建省‘一镇一品’技术创新示范”科技重大专项的 9 个专题全部通过专家验收,围绕白樟镇、仑苍镇等 9 个专业乡镇主导产业发展和技术创新需求,通过开发与示范农副产品加工、陶瓷、水暖等行业关键共性技术,建设技术创新平台,开发名牌产品,有效促进产品优化升级和产业集聚,提升乡镇特色产品和优势产业的竞争力。突出抓好星火技术产业带建设和富民强县专项实施,着力示范推广农业“五新”。围绕海峡西岸星火产业带建设组织实施国家级、省级科技项目 66 项,安排科技经费 1295 万元。新增国家“科技富民强县专项行动计划试点县”5 个(石狮市、霞浦县、邵武市、泉州市泉港区、龙岩市新罗区),全省科技富民强县试点县(市、区)总数达 21 个,累计获资助经费 3443 万元。安排农业“五新”示范项目 48 项、下达经费 545 万元,其中新品种 10 项、新技术 33 项。加强农村科技信息化建设和星火培训,初步规划全省星火科技“12396”信息网信息分类体系,先后在泉州市、南平市、屏南县与永安市等地开通“12396”的服务热线;安排省级星火培训项目 3 项,重点支持南平市、三明市、漳州市,围绕特色产业的升级和返乡农民工科技创业开展培训工作;完成国家星火计划重点项目“福建省国家级星火产业带星火科技培训”,重点围绕福建省国家级海峡西岸星火产业带建设,完成农村企业科技培训、现代农村科技知识培训、农村青年带头人等各类星火科技培训 5.51 万人次,建设区域性星火培训网络教学中心 3 个,建成县级以上培训实践基地 45 个。

【科技特派员】 加强科技特派员项目扶持,带动广大科技人员农村科技服务创业的热情,在全省初步形成“高位嫁接、重心下移、互动联动、一体运作”的农村工作新机制。全省在 8 个设区市的 61 个县(市、区),启动建设省级科技特派员创业示范基地 100 个。围绕区域性支柱产业培育与农业“五新”推广,安排科技特派员示范项目 24 项、科技特派员创业示范基地项目 71 项,下达科技经费 1135 万元,促进科技要素带动资金、人才、信息、管理等其他生产要素向农村聚集,增强科技特派员服务辐射带动影响。积极推动设立市级、县级科技特派员示范基地,累计带动建立市级科技特派员示范基地 116 个、县级科技特派员示范基地 44 个,示范推广新技术 362 项,引进新品种 573 个。大力推动科技特派员农村服务创业行动,引导科技特派员领办、创办、协办农村科技型企业,扶持和培育一批农民专业合作社,提高农民组织化程度。全省开展科技特派员工作的设区市从 6 个增加至 9 个、县(市、区)从 48 个增加至 75 个,在派科技特派员 1598 人。实施科技特派员项目 1671 项,项目总投入 20.78 亿元(其中:省级科技项目经费投入 1636 万元,市、县(市、区)配套 2384 万元);创办农业企业 123 个,组建合作经济组织或专业协会 608 个,会员达 40336 人;创业项目直接参与农户 35.32 万户,安置劳动力就业 36.54 万人,辐射带动 114.31 万人。南平市林业局詹夷生、省农科院黄宇翔等 19 位科技特派员被授予“全国优秀科技特派员”荣誉称号,南平市科技局、福建省对口帮扶四川彭州市科技特派团等 6 个集体被授予“全国科技特派员工作先进集体”荣誉称号。强化科技特派员科技信息服务平台搭建,综合应用短信、QQ 群和视频系统等多媒体信息技术,发布农业“五新”技术、开展远程培训和答疑解难,实现科技进村入户。省科技特派员培训基地组织开展培训班 5 期。继续推进“中国农村科技扶贫创新与长效机制探索”国家 UNDP 项目实施,进一步完善“省科技特派员网站暨福建省 UNDP 合作网”,充实省科技特派员人才库。福建省被评为“2009 年 UNDP·中国科技特派员合作项目创新单位”。

【科技进步考核】 积极参与全国 2007—2008 年度科技进步考核,成立省科技进步考核工作领导小组,将考核专项工作直接纳入政府工作部署;市、县(区)政府均成立相应的科技进步考核工作领导小组,加强对考核工作的监督和检查。省科技厅组织召开“全省 2009 年市、县(区)科技进步考核培训会”,系统培训各设区市、县(区)科技局领导、相关工作人员 200 多人,明确考核要求、规范考核做法、统一考核形式和考核指标要求。采取材料审核、听取汇报与实地考核相结合的做法,进行客观、公正的考核。福州市、漳州市、泉州市、莆田市、三明市、龙岩市等 6 个设区市和福清市、龙海市、武夷山市、厦门市思明区等 67 个县(市、区)通过 2007—2008 年度全国科技进步考核,其中福州市等 6 个设区市被评为全国科技进步考核先进市,福清市等 29 个县(市、区)被评为全国科技进步考核先进县(市、区);省科技厅被评为 2007—2008 年度全国县(市)科技进步考核优秀组织单位。

【国家级农业科技园区】 漳州国家农业科技园区全面完成总体规划目标的建设任务,顺利通过综合评议验收,被科技部正式批准为国家农业科技园区;园区成功举办“首届海峡两岸现代农业博览会暨第十一届海峡两岸花卉博览会”,邀请两岸出席嘉宾 5000 多人,参展企业 1196 家(其中台湾企业 281 家),国内外采购商 1016 家;期间,还举办“2009 中国农业市长海西论坛”、“海峡农业科技论坛”、“闽台现代农业装备对接洽谈会”、“海峡两岸乡镇对口交流对接会”、“资本市场与现代农业对接会”等经贸论坛、活动,现场签约省级项目 50 项、市级项目 48 项。“闽荷花卉合作(荷兰)有限公司暨漳州市政府花卉产业驻荷办事处”,正式注册为花荷国际拍卖市场的竞买、竞卖会员,并与荷兰花卉协会合作搭建“B2B 闽荷花卉电子商务服务平台”,拉动漳州花卉出口欧洲的份额,占漳州花卉出口总额的 40%以上。依托天福茶学院,承担商务部为期 50 天的“发展中国家无公害茶叶生产技术培训班”,培训来自 15 个国家的 28 名学员。园区年产值 9.4 亿元,实现净利润 4900 万元、出口创汇 2100 万元,吸纳城镇就业人口 960 人、农业人口 2900 人,人均年纯收入达 9085 元。园区内设立的漳浦台湾农民创业园,成立“闽台农业标准化推广研究中心”，把企业和农户结合起来，推行标准化生产，累计有70家台资农业企业和7个台湾农民个体工商户落户，总投资1.21亿美元。（郑雨苹　吴朝庭）

【福建省农业科学院】 农业科技创新研究。围绕影响和制约福建省现代农业发展的重大关键技术，组织多学科联合攻关，为区域现代农业平稳较快发展提供有力的科技支撑。重点领域创新研究进展良好，重点开展粮油作物关键技术研究及示范推广、畜牧水产健康养殖关键技术研究与示范、植物有害生物灾变规律及综合治理研究、茶叶标准化生产关键技术创新研究、花卉产业现代化关键技术研究与示范等8个领域的创新研究。全年新承担省级以上科研项目228项，项目合同经费9734万元，其中国家级项目45项，占总经费的77%；新上国家自然科学基金项目3项，省自然科学基金项目25项，为历年最多。全年共鉴定项目13个，26个新品种通过省级以上审（认、鉴）定，其中：3个品种通过国家审（认、鉴）定，11个品种获农业部植物新品种权保护授权公告。5项技术获国家专利授权。一批科技成果获得成果奖，“天敌捕食螨产品及农林害螨生物防治配套技术的研究与应用”获2008年度国家科技进步二等奖，“农作物青枯病生防菌ANTI—8098的研究与应用”等2项成果获2008年度福建省科学技术奖二等奖，“枇杷绿色食品标准研究及示范基地建设”等4项成果获2008年度福建省科学技术奖三等奖，“宜优673”与“谷优航148”2个杂交稻新品种通过国家品种审定，“谷优3301”等10个品种通过省级品种审（认）定，“优质白肉枇杷‘贵妃’品种选育及其产业技术研究”等7项成果通过鉴定，10项科技成果取得成果登记号。

科技下乡“双百”行动。在继续推进农业科技创新团队和区域现代农业产业技术支撑体系的基础上，创新工作机制，组织实施科技下乡“双百”行动，选派百名科技人员联系和服务百家农业企业，选派百名科技人员下乡服务农村，组织、遴选一批科技成果，重点集中建瓯、龙海、新罗、蕉城、晋安等5个特色农业县（市），辐射闽东、闽北、闽南、闽西4个工作片区40多个县（市、区），开展优良品种、五新技术、农产品加工等的示范、推广、应用与科技服务工作。实施农业科技下乡“双百”行动采取7项有效举措：项目结合，选派科技人员组成科技特派员研发团队，与农业龙头企业联合承担国家科技创业项目；服务生产，结合当地特色农业产业的发展特点，通过实施项目带动、产业带动，扶持农民专业合作组织，立足服务新农村建设，建立“院—市—企”、“所—县—村”、专业大户、专家大院、研推互动等各种服务模式；点面结合，集中力量抓好科技示范核心区示范点、通过现场会、技术培训，加大面上辐射推广力度；推进百项成果转化，帮助农业企业解决生产技术难题；技术合作，在农业龙头企业建立联合技术创新中心，派出科技人员担任企业总经理科技顾问或助理；技术培训，通过网络远程培训等手段，对企业和农村有关人员开展技术培训及现场技术指导；服务农村，实行长期驻点和流动服务相结合，一部分科技人员扎根基层，持续跟进服务，发现问题，研究问题，解决问题，另一部分科技人员根据需求实行流动性服务，科研和科技下乡两不误、两促进。“双百”行动开展以来，全院共组织114位科技人员2200多人次深入到40多个县（市、区），联系284家企业，转化100多项科技成果，培养农村创业人才200多名，传授辅导乡企乡土人才1000多名。共推广各类作物良种200多个，良种良法结合累计推广示范面积54.8万公顷；推广家禽1000多万羽，猪和草食动物超过40万头（只），累计创社会经济效益18亿元。科技下乡“双百”行动有关做法在“福建省深化科技人员服务企业大会”上作典型介绍。

闽台农业科技交流合作。联合主办“台湾专家海西行”活动，邀请5批35人次台湾专家来院开展学术交流和考察；组织6批21人次专家赴台开展农业科技考察与交流活动；组织开展对台农业研究30周年回顾及两岸学术交流活动；为满足两岸农业科技交流合作的需要，组建台湾文献数据库（农业库），建设福建省最大乃至在国内较具影响的台湾农业文献中心；与“台湾两岸金桥”建立密切的合作关系。进一步深化与美国、德国、加拿大、俄罗斯、瑞典等的科教机构、企业在食用菌、水产、生物防治、农业生态、生物技术等领域的合作研究，取得良好进展。与福建农林大学联合承办国际生物入侵防控大会。接待来自国（境）外专家学者来访19批72人（次），派出22批43人次出国（境）考察交流。

科研基础设施建设。农业高新技术研究中心大楼建成投入使用，科研条件得到显著改善，科研配套设施进一步完善。以农业高新技术研究中心为依托，加快国家级、省部级重点实验室、工程技术中心以及院10个创新团队等科研平台的建设，全年新增省级科技创新平台4个，建立福建省农业科学研究野外观察站及其5个专业分站，全院通过验收或在建的国家、部、省级科技创新平台35个。科研示范基地建设不断推进，实施科研示范基地租赁与建设，在福州寿山、闽侯、漳州及海南省等地租赁105公顷10～30年较长期稳定的科研示范用地。完成福州寿山水稻育种基地基础设施建设；红壤肥力与生态环境野外长期定位观测站持续发展；青口“现代农业科教基地”初具规模。

（王景辉）

社会科学

【规划】 首度编辑省社科规划应用对策研究《成果要报》，全年共编发21期。继续创新和完善社科规划项目申报评审立项工作机制，马克思主义理论研究与建设、全面推进海峡西岸经济区建设、福建地方历史文化研究、学科体系建设研究大专题所有申报项目全部实现匿名通讯函审，并经量化评分，按分数高低确定拟立项项目。继续与省教育工委宣传部合作推出高校思想政治教育专题研究项目，鼓励和支持高校更好地开展思想政治教育研究。与省教育厅合作，共同扶持新建本科院校人文社科研究基地及相关特色研究中心开展文化建设研究，进一步推动省教育厅等部门《关于实施高等学校服务海峡西岸经济区文化建设工程的意见》的贯彻落实。鼓励和支持省级社科门类学会（研究会）开展学术研究活动，激发学会的生机和活力，设学会专项课题。根据福建省哲学社会科学规划领导小组、福建省社会科学界联合会《关于进一步加强与改进社科规划工作的意见》的精神，对新增本科院校、设区市社科联及基层申报单位进行适当扶持。全省共接受申报987项，经评审，实际立项206项，其中：重大项目6项，重点项目36项，一般项目139项，青年项目25项；特别增补9个特别委托项目，由9位社科界不同学科和研究领域的知名专家组织课题组对《国务院关于支持福建省加快建设海峡西岸经济区的若干意见》进行全面深入地解读，撰写书稿，并出版《〈国务院关于支持福建省加快建设海峡西岸经济区的若干意见〉学习读本》。根据学科发展和人才队伍建设的需要，继续设立合作项目，由项目承担单位与省社科规划办协商，在国家社科基金和省社科规划入围项目中选取并确定合作项目，全年共立项110项，筹集项目研究经费180余万元。组织申报国家社科基金项目798项，增长38%，申报数创历史新高；共获得立项46项，经费资助总额430万元。以厦门大学李文溥为首席专家的申报课题《扩大国内需求的宏观经济政策研究》和以胡荣为首席专家的申报课题《农村社会全面进步中的社区建设研究》获2008年度国家社科基金重大招标项目立项，各获得50万元重大项目研究经费资助；以厦门大学林伯强为首席专家参与投标的课题《我国能源资源的开发、利用与储备研究》入围获准转为重点项目，资助经费15万元。根据中宣部领导关于要求福建省组织开展闽台文化研究的批示精神，由省委常委、宣传部长唐国忠为项目负责人，以福建师范大学闽台区域研究中心为依托，同时整合福建社科院、闽台缘博物馆、省五缘文化研究会等单位联合申请的《互动与创新：多维视野下的闽台文化研究》获国家社科基金特别委托项目立项，资助经费50万元。紧紧抓住《国务院关于支持福建省加快建设海峡西岸经济区的若干意见》出台的契机，向全国社科规划办争取对海峡西岸经济区建设重大问题研究的支持，全国社科规划办在2009年国家社科基金重大项目指南发布中第一次将"海峡西岸经济区建设重大问题研究"列入选题条目；在2009年度国家社会科学基金重大项目招标中，厦门大学曾华群、余劲松《促进与保护我国海外投资的法律体制研究》，林伯强《美、日等西方国家新能源政策跟踪及我国低碳经济研究》，庄宗明、刘国深《加快建设海峡西岸经济区重大问题研究》获得立项，各资助经费60万元；曾五一《国家统计数据质量管理问题研究》在招标中入围获准转为重点项目，资助经费20万元。"十一五"以来的4年间，福建省承担的国家社科基金项目总数正好达到200项，提前一年实现省社科联党组提出的"十一五"期间承担国家社科基金项目200项的目标。继续推行项目成果预鉴定制度，根据《关于加强和改进国家社会科学基金项目成果鉴定结项工作的意见》、《关于加强国家社科基金项目资助经费管理的通知》以及《国家社科基金项目经费管理办法》的要求，加强国家社科基金在研项目的中后期管理，认真把好项目报送鉴定前的质量关，取得良好效果，共提交结项鉴定的25项，18项通过专家鉴定，鉴定等级为优良有9项，其中8项推荐成果要报，另7项推荐成果选介。

（李欣）

【福建社会科学院】 2009年，省社科院紧紧围绕海峡西岸经济区建设，加强基础理论和对策研究，以科研为中心的各项工作取得长足进步。全年共组织课题研究117项，发表论文近500篇，出版专著近30部。在权威刊物发表论文16余篇，有14份调研报告获省领导批示。

海西建设问题研究。紧紧围绕海峡西岸经济区建设这个中心，完成"海峡西岸经济区经济增长方式转变研究"、"'十二五'时期海峡西岸经济区总体发展环境研究"、"平潭综合实验区产业发展规划研究"、"福建省创意产业发展研究"、"海峡西岸新一轮农村改革的制度创新研究"等课题。大力开展社会问题研究，承担和立项有关社会问题的课题共有20余项，完成"福建省社会发展指标体系研究"、"社会和谐与制度创新"、"福建志愿服务活动研究"、"福建教育发展研究"等20余项；完成省文明委委托的《福建省贯彻中央文明委〈关于深入开展志愿服务活动的意见〉实施意见》、《福建省推进海峡西岸经济区建设志愿服务活动规划（2009—2020年）》和《福建省精神文明创建规划（2009—2011年）》等建议稿，与省文明办共同完成《福建省志愿服务活动面临的问题与对策》调研报告。重点进行经济发展问题研究，全年共承担和立项有关福建经济发展问题的课题20余项，完成"金融危机对福建经济发展的影响与应对策略"、"金融危机下福建外贸问题的调查与应对"、"推进福建省农村工作机制创新研究"、"福建产业转型升级研究"、"福建石化产业技术需求与发展研究"、"福建省新能源开发利用及节能技术发展与需求研究"、"福建省县域经济财政与转移支付实证研究"等课题。承担福建省"十二五"规划问题研究课题3项，全力为助推福建省经济发展提供理论支持。

文化和文化产业问题研究。全年申报和立项有关福建文化和文化产业问题的课题20余项，完成"当代知识分子的文学叙事研究"、"构建覆盖广泛的网络公共文化服务体系研究"、"文化软实力与精神文明建设"、"空间理论与文学理论研究的新视野"、"新形势下文化管理变革之研究"、"世界华文文学大系"、"华人文化生产与华语市场关系之研究"等课题。积极参与文化强省建设调研。大力加强海峡文化研究，完成"社会视野中的台湾海峡文化区研究"、"现代性与当代台湾文论"、"台湾左翼文艺理论与实践研究"、"闽台满族"、"发挥海峡区域文化优势，促进区域融合发展"、"文化因素对东亚发展道路的影响"等课题，2套有关闽台文化关系研究的丛书大部分已出版。

侨台问题研究。完成"抓住机遇，加强合作，开创两岸关系和平发展新局面"、"两岸关系和平发展时期和平协议研究"、"两岸关系和平发展的民意分析"、"台湾工业化过程中的现代农业发展"、"闽台经贸合作中的金融问题研究"、"持续提升闽台经贸合作水平对策研究"、"台湾'本本化'新浪潮研究"、"推动两岸经贸关系规范化、制度化法律问题研究"等课题；《新形势下推动闽台金融合作"先行先试"的基本思路》获第七届福建省科技工作者优秀建议奖。大力开展华人华侨问题研究，完成"华侨华人与住在国经济融和发展研究"、"国际移民与世界经济发展"、"在'两个先行区'建设中发挥涉外华侨华人作用问题研究"、"新时期侨务对台工作研究"、"华侨华人与福建发展关系研究"、"侨力资源服务福州海西发展大局的思考"、"两岸侨务合作的路径探讨"、"从侨史的视角解读闽南侨文化"等课题。

基础理论研究。全年共申报和立项历史、哲学、法学等基础性课题12项，完成"儒学与当代台湾社会"、"中国特色社会主义理论三大历史性命题研究"、"福建经济史考证"、"福建船政局与'甲戌台湾危机'关系论析"、"30年来近代福建经济史研究述略"、"社会变迁与近世台湾戏神雷海青信仰"、"农村合作金融的法制创新"、"中西思维方式的比较与重构"等基础理论课题。

学术交流。"5·18"期间，积极参与"海峡经济区高层论坛"活动，完成《海峡经济区战略构想》主题报告。参与省委组织的港澳媒体"海西先行新风采"和中央媒体主题采访活动，充分解读和宣传《国务院关于支持福建省加快建设海峡西岸经济区的若干意见》。组织专家学者赴英国、南非、韩国、新加坡及台港澳等国家和地区访问交流21批49人次，接待美国、日本、新加坡、马来西亚、澳大利亚及台港澳等国家和地区的外交官员、学者、记者来院访问交流14批49人次。参与主办或参与上海世博会福建馆主题设计相关工作、"严复思想与中国变革学术研讨会"、"海峡两岸闽南文化生态研讨会"、"增长与改革——危机下的亚洲新兴经济体国际论坛"、"2009年亚太区域合作研讨会"等学术交流活动。《福建论坛》全年有40篇文章被"人大复印资料"和《新华文摘》等转载。《亚太经济》、《现代台湾研究》、《领导参阅》等刊物，也刊登诸多质量好、对福建经济社会发展有指导作用的文章。做好福建省台湾文献信息中心(人文社科馆)的改建工作，目前一期工程已经完工，并向社会开放。进一步调整文献资源结构，补充完善缺藏图书，采集台湾图书近10万册、大陆图书近8万册，采集港台报刊360种，大陆报刊近200种。　(杨登超)

【省政府发展研究中心】 2009年，省政府发展研究中心立足自身职能定位，服务海西发展大局，研究成果不断涌现，对外影响不断扩大。全年完成各类研究成果170多篇，共获得省领导批示23件、30次，比上年翻两番。

重点课题研究。围绕省委、省政府工作大局和决策需要，结合中央有关精神，拟定12个年度重点研究课题计划，经黄小晶省长批示以省政府办公厅文件的方式正式下发。《调整城乡二元结构，推进城乡统筹发展研究》、《关注国际金融危机趋势与影响，积极应对，确保福建省经济平稳较快发展》等一批重点课题成果进入领导决策视野。

重大问题研究。围绕经济社会发展重大问题开展动向性、趋向性研究，形成一批对决策有直接参考价值的优质研究成果，以《专报件》形式报省委、省政府主要领导和相关部门，及时发出经济、社会发展的预警信号，提出超前性意见、建议。如《关于全面进行产业梳理、绘制福建产业图谱的建议》、《福建省应审时度势上马液晶显示面板(LED)项目》等一批《专报件》获得省领导的重要批示。启动《海峡西岸经济区发展报告》蓝皮书编撰工作，计划每年出版一集。

重大调研活动和重要文件起草工作。坚持把服务领导决策，提高研究成果进入领导决策程序并转化为决策意见作为研究工作的重中之重来抓，先后派出20人次骨干人员参加省委"四个专题"调研和省领导率队的各项专题调研，参与起草调研反馈材料和相关调研报告；25人次参与省政府工作报告、全省经济工作会议、全省外经贸工作会议等重要文件和会议材料及省领导讲话稿的起草等工作。与省委政研室联合组队，开展全省县级城市规划建设调研。参与省政府河沙治理专项调研及整治工作。参与起草《打造两岸区域性金融服务中心工作方案》。

研究宣传重大决策部署。坚持把研究和宣传省委、省政府重大决策作为自身一项重要的工作职责，继续组织力量撰写和推出一批重点理论文章在国家级和省级报刊上发表。推出的《乘势而上，有所作为，加快建设海峡西岸经济区》、《争取先行先试两岸经济制度化合作的新突破》两篇重点理论文章，在《福建日报》发表。《争取先行先试两岸经济制度化合作的新突破》、《搭建闽台金融合作大平台》等60余篇文章和论文分别在国家级和省级报刊上发表。《发展研究》和《海峡经济》杂志开辟专栏，组织专稿，积极配合《国务院关于支持福建省加快建设海峡西岸经济区的若干意见》的学习贯彻活动。

联合开展课题研究。积极主动地与省直有关部门和设区市加强联系，联合开展课题研究，其中，与省发改委合作开展《福建省"十二五"规划前期重大问题研究》的组织工作，并承担部分重大项目；与省国土资源厅合作，组织开展《福建省"十二五"国土规划前期研究》，并完成部分前期研究成果；与省海洋与渔业厅合作，承担《"十二五"海洋经济发展规划前期研究》、《福建省海洋经济发展战略研究》等重大课题研究。主动参与国家和省里的重大课题招标，申报国家软科学课题《效益GDP核算体系构建和对省域经济评价应用的研究》通过专家组评审，《创建海峡经济区，推进一体化发展的机制研究》等3个项目列入省科技厅"软科学"课题。

大型论坛和专家研讨会。集中力量承办"海峡经济区高层研讨会"，围绕"着力先行先试，扩大两岸交流，发展海峡经济，共创合作双赢"的主题，来自海峡两岸的知名专家学者、港澳知名企业家、中央有关媒体领导等250多位代表展开研讨；举办"2009亚太区域合作研讨会"，主题为金融危机与东亚区域经济合作、金融危机与海峡经济区、金融危机与福建经济发展，50多名境内外专家学者参加了研讨会；举办"海峡两岸金融合作高层研讨会"。来自两岸金融界和科研机构的近200位专家学者围绕充分发挥海峡西岸经济区先行先试优势，推动闽台金融合作取得实质性进展，进一步推动建立两岸区域性金融服务中心等问题，进行交流和探讨。

(郑勇)

编辑：王文灿

教育

综 述

【概况】 2009年，全省有各级各类学校2.30万所，在校生836.62万人，其中，各级各类全日制学校10349所，在校生582.95万人；幼儿园7137所，在园幼儿107.72万人；各类成人教育学校（含职业技术培训机构）5492所，在校生145.94万人。全省各级各类学校教职工50.08万人，其中，专任教师41.29万人；全日制学校教职工42.56万人，其中专任教师36.80万人；其他学校教职工7.53万人，其中专任教师4.49万人。

【教育政策支持】 省政府印发实施《福建省2010—2012年教育改革和发展的重点实施意见》，对政府在义务教育均衡发展、实施素质教育、加快发展职业教育、加强高校内涵建设、积极发展学前教育和终身教育、加强教师队伍建设、推进教育重点工程建设、健全办学体制和管理制度、落实教育惠民政策和提高教育对外开放水平等十大教育重点工作作出部署安排，力求在提高全民受教育程度、增强教育服务海西能力、促进教育公平、夯实教育发展保障、推动闽台教育交流合作先行先试等问题上取得新的突破。

【教师队伍建设】 2009年全省核增6500个编制用于补充农村紧缺学科教师，公开招聘1039名农村紧缺师资学科教师。实施“农村紧缺师资代偿学费计划”和“经济困难县新补充农村学校教师资助计划”，省级财政对到47个经济较困难县农村中小学任教的高校毕业生代偿学费，资助20个经济困难县600名新补充农村教师的工资性支出。省委、省政府隆重表彰并重奖33位“第二届福建省杰出人民教师”。全省通过实施“农村教师（校长）教育教学能力提升工程”，组织开展农村教师转岗培训，全面提高农村教师队伍素质，省级培训农村教师、校长1300多名，培训2000名农村骨干教师。全面实施中小学教师绩效工资改革，率先在全国提高中小学教师津补贴水平；设立农村教师补贴，提高农村教师特别是偏远山区、海岛农村教师的工资待遇。继续实施“中等职业教育教师素质提高工程”，组织1660位骨干教师进行省级培训，安排经费资助中职学校特聘兼职教师。深入实施高等学校高层次人才培养与引进工程，选派121名高校教师到国内知名高校做访问学者；全省高校现有6人进入国家引进海外人才千人计划，长江学者特聘教授14人、国家杰出青年科学基金获得者31人、国家级百千万人才工程34人、闽江学者特聘教授51人，专任教师中具有高级职称或博士学位的高层次人才达1.46万人，占高校专任教师总数的39.42%。

【闽台教育交流合作】 2009年全省闽台教育交流有团组200批次、2000多人次，福建选派200名高校学生赴台进行为期一年的学习。邀请百名台湾校长参加“海峡论坛”。举办“海峡两岸大学校长研讨会”、“海峡两岸大学生辩论赛”、“福建省高校港澳台学生普通话大赛”等一系列活动。吸收台湾学子来闽就读，现有在闽高校就读台生858人。成立由两岸职业教育界人士共同组成的“海峡两岸职业教育交流合作中心”，全省有30所高职院校与台湾33高校共签订72项合作协议书；12所高校与17所台湾高校、50多家台资企业联合实施“校校企”合作人才培养项目。

【教育惠民政策】 2009年省委、省政府确定的4项教育惠民举措得到有效落实，规划农村义务教育阶段寄宿生宿舍工程项目351个，动工新建面积41万平方米；对城乡低保家庭普通高中学生实施助学金政策，资助标准为每生每学年1500元；对2.2万名涉农专业及农村低保家庭学生实行免除学费；将在

2009年9月16日，福建省23名大学生启程前往台湾，开始他们在台的求学生涯，这是福建省首次由政府出资，成批次、大规模组织高校学生赴台高校学习，标志着福建在校大学生赴台学习项目正式启动。 （林朝阳 报道）

校大学生全部纳入城镇居民基本医疗保险范围,已有90%的在校大学生办理参保登记。实施中小学校舍安全工程,已开工加固、重建项目963个,开工面积183.4万平方米;已竣工加固、重建项目313个,竣工面积57.5万平方米。建立健全家庭经济困难学生助学体系,发放普通高校奖、助学金3.4亿元,惠及学生10.4万人;中等职业学校全日制在校一、二年级学生100%享受国家助学金,发放助学金4亿元,惠及学生27万人;开展生源地信用助学贷款试点工作,惠及学生2862人。全力以赴做好毕业生就业工作,高校毕业生就业率达81.1%。做好进城务工人员随迁子女入学工作,全年接收进城务工人员随迁子女入学58.59万人,其中88.2%在公办学校就读。 (陈晓凤)

基础教育

【概况】 2009年全省共有小学7849所,比上年减少717所;招生40.40万人,增加0.49万人;在校生239.76万人,减少7.39万人;每万人口小学在校生665.3人;适龄儿童小学入学率99.97%;小学毕业生43.90万人,减少6.60万人;小学教职工16.64万人,其中专任教师15.68万人。全省共有普通中学1936所,比上年减少27所。初中招生42.61万人,减少6.98万人;在校生141.52万人,减少9.77万人;每万人口初中在校生392.7人;初中学龄人口入学率达97.47%;毕业生47.79万人,减少1.75万人。高中招生23.85万人,减少0.40万人;在校生71.91万人,减少2.97万人;每万人口高中在校生199.5人;毕业生24.90万人,增加0.68万人。普通中学教职工17.24万人,其中专任教师15.18万人。全省共有特殊教育学校73所,比上年增加9所,在校生3.41万人,减少0.05万人;教职工1753人,其中专任教师1533人。全省共有幼儿园7137所,比上年减少371所;在园幼儿107.72万人,增加8.45万人;3至未满7周岁幼儿入园率90.5%;每万人口在园幼儿298.9人;教职工5.79万人,其中专任教师3.68万人。

【义务教育】 2009年全省小学阶段学龄人口入学率达99.97%,初中学龄人口入学率达97.47%,三类残疾儿童义务教育阶段入学率达90%以上,义务教育各项指标继续保持在全国较高水平;实现“双高普九”目标的县(市、区)增至60个,覆盖全省人口总数的70%。进一步完善2008—2012年义务教育布局调整和学校建设规划,省级安排680万元专项经费推动学校标准化建设,已有400多所中小学通过标准化学校验收。提高农村义务教育生均公用经费定额标准,实现城乡拨款标准的统一,并多方筹措资金化解全省21.89亿元义务教育债务。以省级基础教育资源中心为龙头,形成全省优质教育资源共享网络体系,大力推进农村远程教育工程。推动义务教育师资均衡配置,选择11个县(市、区)开展县域内义务教育师资校际交流试点,进一步完善城镇教师农村学校任(支)教服务期制度。

【高中教育】 2009年全省下达高中阶段招生指导计划46.1万人,其中:普高22万人,中职24.1万人。全省高中阶段招生47.25万人,其中普高招生23.85万人;实现普职招生比例大体相当,高中阶段的普职比例更趋合理;高中阶段毛入学率达80.2%以上,比上年提高3.9个百分点。推进达标高中建设,将普通高中的工作重点由扩大规模转变为提升内涵,突出办学特色。审核批复21所普通高中达标晋级,其中一级6所,二级11所,三级4所,并组织专家组对新申报的9所创一级达标高中进行省级评估。在县级自查、设区市复查的基础上,组织对31所示范高中、一级达标高中办学情况进行省级抽查,促进普通高中提升办学水平和质量。全省有80.2%在校高中生在达标高中就读。组织研究修订省级示范性高中评估方案与评估标准,先后组织5次课题组研讨会对省级示范高中标估方案和标准进行修订。完善“福建省普通高中新课程管理系统”的功能,指导全省普通高中学校顺利导入20多万名高中应届毕业生的学业水平考试成绩和综合素质评价表,形成全省统一的电子档案,为高招提供依据。

【学前教育】 2009年全省级安排的幼儿教育专项资金450万元,比上年增加200多万元,并将其中绝大部分资金用于支持农村乡镇公办的中心园改善办学条件,推进乡镇中心园办园的标准化,提升农村幼教的办学水平。省教育厅开展学前教育事业发展政策性意见专题调研,研究新的历史阶段下推进学前教育事业发展的政策意见,为出台学前教育事业发展指导性意见奠定基础。在全省开展幼儿园收费专项检查,通过幼儿园自查、县(市、区)督查、设区市抽查等方式,进一步严肃财经纪律,规范办园行为。加强省级示范性幼儿园建设,对福州总院幼儿园等16所幼儿园进行省示范性幼儿园的确认。加强0—3岁儿童早期教育师资培训,提高实验区和实验基地园早期教育师资专业素养和教育指导水平。建立以福州、泉州两所儿童发展职业学院为牵头单位的南北早教片区研究和指导平台,组织召开片区实验工作专题会,组织省专家指导组成员分赴13个省级实验区开展专项调研与指导,及时研究解决实验工作过程存在的问题,确保实验工作顺利进行。

【特殊教育】 2009年全省特教学校比上年增加9所,三类残疾儿童义务教育阶段入学率达90%以上。省教育厅组织制定“福建省特殊教育学校标准化重点建设工程”规划方案,启动《福建省特殊教育学校标准化建设评估办法》的研制工作。加强特教学校校长培训,组织全省所有正职校长赴上海参加华东师大专为福建省举办的“特殊儿童康复、教学新理念与新技术”高级研讨班,更新特教校长的教育管理理念。进一步深化特教教研活动,建立全省特殊教育联片教研工作机制,推动各地构建特教学校交流、沟通和研究的平台,提高校长和教师的教育管理、教学及研究水平。免费发放特教资源库硬盘资料,构建特教学校教育教学资源共享平台。切实加强特殊教育学校体艺工作。

【民族教育】 截至2009年年底,全省共有3所学校办内地西藏班,其中初中8个班,在校生320人;高中西藏插班、在校生60人。厦门市有4所一级达标普通高中举办内地新疆高中班,共14

个班，在校生 564 人。办班学校有效开展民族团结教育，同时落实维稳措施，确保学校安定稳定。

【中小学远程教育】 开通“省基础教育资源中心平台”，整合各类优质资源特别是切合本省实际的教育教学资源，为广大中小学教师运用信息技术实施课程教学、提高教学质量提供了有效支撑。继续抓好省级应用研究试点县指导工作，召开远教工程项目校校长培训研讨会，并组织专家组深入基层对远教工程设备管理和应用情况开展专项检查，总结成功做法和经验。全省评估确认 114 所第二批省级现代教育技术实验校，培育一批省级农远教项目现代教育技术实验校，为远教工程应用研究做出示范和表率。

【扫盲工作】 建立全省脱盲测试题库，统一扫盲测试标准，确保扫盲教学质量。印发《福建省脱盲证书样式》，实行以县（市、区）为单位印制，向脱盲人员发放统一样式、统一编号的脱盲证书，加强扫盲工作管理。确立 18 个省级扫盲教育样本乡镇（街道），以点带面，推动全省各地开展扫盲教育。积极组织力量研制出版《福建省扫盲课本》同步教学光盘 5 万套，免费赠送各地，满足居住分散的农村文盲在教师辅导下自学的需要。举办全省扫盲教育教学骨干研修班，编印《福建省扫盲教育工作简报》，举办福建教育信息网“扫盲教育”专栏，向各设区市发送介绍厦门市和连城县扫盲经验的光盘，组织福建教育出版社和福建教育杂志社编辑出版《福建省识字挂历》，免费赠送各地。组织两次扫盲督导检查，督促各地完成 2009 年扫盲工作任务。

【课程改革】 继续深化义务教育阶段课程改革。以深化课堂教学改革，提高教学质量为重点，组织编写《福建省小学新课程学科教学要求》，引导教师准确理解和把握《课程标准》的内涵，组织开展以课题研究为抓手的学科教学观摩研讨活动，促进教师切实转变教学方式和学习方式，提高教学实效性。积极研究深化中考中招制度改革的政策和措施，充分发挥考试与评价制度改革在课程改革中的导向作用，积极推进素质教育。指导各地做好首届新课程高三毕业班复习和高考工作。宣传首届新课程高考改革方案，引导高中学校了解并适应新课改背景下的考试与招生形式，保障首届新课程高中毕业生的顺利过渡。保证高中新课程改革方案平稳实施，实现全部高考科目本省自主命题。

【中小学科普教育】 强化各级教育行政部门和学校开展科普活动职责和要求，以点带面推动各地进一步重视中小学科技教育，中小学开齐开足科学课程，着力培养学生的创新精神和实践能力，提高中小学生的科学素养。加强对青少年科技竞赛的规范管理，成功举办第 24 届福建省青少年科技创新大赛、第七届福建省青少年机器人竞赛、第十届全省中小学电脑制作活动和有关学科竞赛等，表彰一批对科技创新兴趣浓厚、学有所长的学生。推进中小学校科普教育工作。积极组织各地中小学开展“节纸在我身边—2009 年青少年科学调查体验活动”，引导教育广大青少年树立节约纸张、保护环境的观念。在全省开展教育工作者科技论文评选，举办福建省中小学校科技辅导员夏令营，聘请专家现场演示、传授科技实践活动的技能，带领中小学科技教师考察科技教育基地，提高科技辅导员的科学素质和业务水平。

【规范中小学管理】 通过受理举报、达标评估复查等，督促各地和学校全面贯彻落实中小学校历和作息时间有关规定，保证学生的体育锻炼和休息时间，减轻学生的课业负担。对义务教育阶段违规举办重点班和非重点班进行专项清理整顿，义务教育阶段公民办学校各年级必须均衡分班，并均衡配置教师和其他教育教学资源，促进教育公平。规范中考中招工作秩序，切实纠正任何将招生与经济因素挂钩的错误做法，明确中考中招政策由设区市制订，县（市、区）一级不得擅自出台有关中考中招照顾政策。规范义务教育阶段借读生接收工作。从 2009 年 1 月 1 日起取消义务教育阶段借读费收费项目，规范借读生招收行为。加强中小学教学用书管理，进一步健全教科书选用制度，严格教材选用程序，建立各设区市教材选用工作报告、工作检查和责任追究制度，加大监管力度。加强义务教育阶段教辅材料的审读与管理工作，在全省推行新的运行模式，切实减轻学生负担，方便学生家长，促进学校和教师队伍的廉政建设。健全中小学新课程管理系统。组织“福建省普通初中新课程管理系统”各功能模块的测试和评估验收工作，举办 17 场培训班，对全省各市（县、区）教育局和所有初中学校的学籍管理员进行全面培训，指导其用好普通初中管理系统。

2009 年 4 月 23 日，福州市晋安鼓山苑小学的图书馆首次对家长开放。这是福建省首家对家长开放的校内图书馆。图为外来务工人员林修学与他女儿林心雨一起在校图书馆看书。

（祝敏松 摄）

2009年幼儿教育发展情况表

项 目	单位	按城乡分				按办学部门分			
		合计	城市	县镇	农村	合计	教育部门和集体办	民 办	其他部门办
园 数	所	7137	1406	1547	4184	7137	2687	4204	246
入园数	万人	47.32	10.73	12.15	24.44	47.32	25.09	20.70	1.53
在园幼儿园数	万人	107.72	27.86	29.01	50.85	107.72	54.56	48.95	4.21
教职工数	人	57873	23535	17049	17289	57873	18156	36339	3378
#专任教师	人	36750	13829	11486	11435	36750	13840	20979	1931

2009年小学教育发展情况表

项 目	单位	按城乡分				按办学部门分			
		合计	城市	县镇	农村	合计	教育部门和集体办	民 办	其他部门办
校 数	所	7849	535	825	6489	7849	7732	114	3
毕业生	万人	43.90	8.93	11.89	23.08	43.90	42.10	1.79	0.01
招 生	万人	40.40	9.78	10.59	20.03	40.40	38.75	1.65	—
在校生	万人	239.76	55.85	64.75	119.16	239.76	230.80	8.93	0.03
教职工	人	166446	28931	43609	93906	166446	161224	5192	30
#专任教师	人	156779	27039	39917	89823	156779	153008	3747	24

2009年初中教育发展情况表

项 目	单位	按城乡分				按办学部门分			
		合计	城市	县镇	农村	合计	教育部门和集体办	民 办	其他部门办
校 数	所	1330	152	391	787	1330	1230	95	5
毕业生	万人	47.79	9.46	19.44	18.89	47.79	43.05	4.65	0.09
招 生	万人	42.61	10.30	17.55	14.76	42.61	37.50	5.00	0.11
在校生	万人	141.52	31.40	58.08	52.04	141.52	125.54	15.71	0.27
专任教师	人	99446	20357	41070	38019	99446	—	—	—

2009年高中教育发展情况表

项 目	单位	按城乡分				按办学部门分			
		合计	城市	县镇	农村	合计	教育部门和集体办	民 办	其他部门办
校 数	所	606	173	342	91	606	508	98	—
毕业生	万人	24.90	7.73	14.51	2.66	24.90	22.52	2.38	—
招 生	万人	23.85	7.94	13.43	2.48	23.85	21.31	2.54	—
在校生	万人	71.91	23.19	41.09	7.63	71.91	64.60	7.31	—
专任教师	人	52339	17092	29481	5766	52339	—	—	—

（张学强　制表：刘彦明）

高等教育

【概况】 截至2009年年底，全省共有普通高等学校86所，其中：本科院校29所，高职高专院校57所(其中：高等职业技术学院53所，高等专科学校4所)；在校研究生2.90万人，增加1950人，增长7.21%；本专科在校生60.63万人，增加4.37万人，增长7.77%，本科在校生占本专科在校生比例为55.55%；普通高校专任教师3.58万人，增加2204人，副教授以上教师占专任教师数的35.32%。

【高校专业结构调整】 根据省政府陆续出台的产业调整和振兴实施方案，启动软件、装备制造、汽车、钢铁及有色金属、生物与新医药、物流、交通运输、石油化工、新能源、新材料等十二大产业人才培养培训专项规划调研工作，组织制定实施集成电路产业、太阳能光伏产业、工艺美术产业人才培养培训专项规划。开展2009年度高等学校专业结构调整工作，重点支持增设机械类、电气信息类等10类本科专业和机电设备类、汽车类等10类高职高专专业，全年新增本科专业66个、专科专业83个，其中工学类专业分别为37个和50个，工学类专业在校生比例达33.9%。建立以就业为导向的专业结构调整机制，原则上不再增设社会工作、社会学、财政学等16个本科专业，以及文秘、市场营销、应用英语等11个高职高专专业。

【高校本科教学】 全省高校深入实施高等学校本科教学质量与教学改革工程，遴选确定电子信息工程、光信息科学与技术、土木工程等40个直接为福建产业发展服务的省级本科教育特色专业点进行重点建设；在服务产业发展的重点人才培养领域确定40个产学结合的人才培养模式创新实验项目，建设40个省级教学团队，评选100门省级本科精品课程、40名省级本科教学名师、25个省级实验教学示范中心、4个国家级实验教学示范中心以及100项第六届省级教学成果奖励项目，获得国家级教学团队5个、教学名师1人、精品课程8门、人才培养模式创新实验区4个、教学成果奖励10项；进一步加强医学人才培养培训工作，确定从2010年开始，将福建医科大学、福建中医学院临床医学类本科专业生均定额拨款标准系数由1.6提高至3.0，重点加强临床医学类学科专业建设、师资队伍建设和临床教学基地建设；成立福州地区大学新校区教学资源共建共享协作委员会和图书文献信息资源共建共享协作委员会，基本实现新校区高校图书信息资源共享、学分互认、课程互选；在全省本科高校中试行双证书教育，将“双证书”教育列入教学计划，突出职业岗位能力培养和职业素养养成；在全省高校试行“双学位”、“双专业”教育，提高高校毕业生的综合素质和就业竞争能力；组织完成对华侨大学、厦门工学院等4所新建院校检查工作；对即将迎评的福建工程学院、闽江学院、三明学院等6所新建本科院校进行评估前指导；组织福州大学与宁德师范高等专科学校开展实质性对口支援协作。

【高职高专教育】 全年全省确定省级高职精品专业23个、高职教育教学改革综合试验项目13个、高职教学团队20个、高职精品课程100门、省级教学名师32名，获得国家级高职教学团队1个、教学成果二等奖1个；选定省级高职实训基地15个，4个获得中央财政支持，完成对17个中央财政支持的实训基地与28个省财政支持的实训基地的检查验收工作；遴选确定泉州医学高等专科学校、福建对外经济贸易职业技术学院为省级示范性高等职业院校，确定重点建设专业7个；新成立医药护理、商贸两个省级职业教育集团，组织协调高校与行业企业共同落实相关领域的产学结合建设项目；遴选确定福建交通职业技术学院等12所高职院校在制造业、旅游业、现代农业等紧缺人才培养领域与17所台湾职业院校和50多家相关台资企业实施“校校企”联合培养人才项目，率先成批次选派福州大学等14所高校200名学生赴台湾中兴大学、中洲技术学院、建国科技大学、朝阳科技大学等4所高校进行为期一年的学习。全年共举办各类培训班10期，联合培训460人；组织完成对漳州卫生职业技术学院、泉州信息职业技术学院、德化陶瓷职业技术学院、厦门华天涉外职业技术学院和厦门城市职业技术学院的高职高专人才培养工作评估；组织开展全省职业技能大赛，并选派7个代表队参加全国职业院校技能大赛所有项目的竞赛，共获3个二等奖和2个三等奖。

【学位与研究生教育】 制定到2012年、2015年专业学位研究生教育发展规划；厦门大学列入国家首批教育博士与社会工作专业硕士学位授权单位；福州大学新增地质工程、制药工程2个工程硕士授予领域。向教育部报送集美大学和福建工程学院为博士、硕士学位授予立项建设单位，并申请将漳州师范学院增列为博士学位授予立项建设单位，将闽江学院等4所学校增列硕士学位授予立项建设单位。组织开展2009年研究生创新基地建设项目的申报与遴选工作，新确定26个建设项目。继续推进“闽江学者奖励计划”。组织完成福州大学等15所高校81个专业申请增列学士学位授权专业的评审工作。组织开展优秀博士论文评选工作。组织完成全国专业硕士学位考试工作。

【高校科技创新】 大力组织实施高校服务海西建设重点项目建设，遴选确定98个科技创新与成果转化项目、52个经济文化建设与创新项目。全年全省获自然科学基金283项，比上年增长32%，资助经费首次突破1亿元，达1.08亿元。福州大学、福建农林大学各获两项国家科学技术进步二等奖。福州大学傅贤智教授当选中国工程院院士，有6位教授获得国家自然科学基金“杰出青年”项目资助。组织高校积极参加第七届中国海峡项目成果交易会，现场签约34项、总投资2.86亿元；省内外高校全年对接1601项，投资总额310.1亿元。

【高校党建和统战】 加强高校基层党组织建设，积极吸收符合条件的大学生、青年教师特别是学科带头人和学术骨干入党。全省高校大学生申请入党的比例达62.5%，在校生党员比例由上年的10.53%提高到11.3%，研究生党员比例占52%，35岁以下青年教职工党员比例占53%。组织全省高校师生2.2万多人次、370多支队伍，参加“海西春雨行动”，服务新农村建设。通过省政协、省委统战部和各民主党派福建省委等渠道，报送150多篇献策文章，其中30多篇被中央统战部和省有关部门信息内刊采用。

2009 年高等教育发展情况表

项　目	校数(所)	本、专科生			教职工(人)	专任教师(人)
		毕业生(人)	招　生(人)	在校生(人)		
合　计	86	142814	193675	606284	56334	35841
综合大学	28	46881	66106	211756	21252	13120
理工大学	25	40989	59347	176760	15402	9621
农业学院	4	9254	12031	37083	3247	2199
林业学院	1	835	1466	3936	271	197
医药院校	7	7067	11037	35746	4405	2913
师范院校	6	17808	20722	70706	6850	4530
语文院校	2	1307	2268	5950	465	290
财政院校	7	12333	13729	42678	3099	2153
政法院校	2	1593	1826	6030	576	398
体育院校	1	164	729	1098	298	115
艺术院校	3	628	1393	3264	469	305
成人高等学校(举办)		3955	3021	11277		

(许志勇　陈晓凤　制表:刘彦明)

职业教育与成人教育

【概况】 截至 2009 年年底,全省共有中等职业学校 312 所,比上年减少 38 所;在校生数 54.00 万人,比上年增加 4.17 万人;毕业生 14.97 万人,增加 1.32 万人;教职工 2.37 万人,其中专任教师 1.83 万人。职业技术培训学校注册学生人数 125.45 万人,减少 9.24 万人。

【中等职业教育】 全年全省中等职业教育招生 26.55 万人,超额完成教育部下达的招生任务;中职招生占全省高中阶段招生总数的 52%左右,首次超过普通高中招生规模,实现高中阶段教育结构战略性调整。全省高中阶段毛入学率达 80.2%,比上提升 3.9 个百分点。

【技能型人才培养】 积极引导和推动中职学校加大专业结构调整力度,在软件业、制造业、汽车业、电子通讯业、建筑业、物流业、护理业、旅游业、商贸业、现代农业等 10 个紧缺人才专业领域,扩大技能型人才培养规模。新建 15 个省级技能型紧缺人才培养基地,基地总数达 31 个。进一步加强重点专业建设,初步形成与职业岗位相适应的职业教育专业体系,基本覆盖全省经济建设和社会发展所需的技能型人才培养领域。全省中职学校加工制造类、交通运输类、商贸旅游类等紧缺人才专业的毕业生达 10.8 万人,占全省中职当年毕业生总数的 67%,比上年提高 2.5 个百分点。

【人才培养模式改革】 全年全省有 242 所中等职业学校与 2664 家企业(其中台资企业 215 家)开展多种形式的校企合作。在中职学校全面推行学历证书和职业资格证书并重的"双证书"制度,加快建立校内职业技能鉴定站,中职应届毕业生取得职业资格证书的比例达 92.11%。加快组建职业教育集团,新成立建筑建材、旅游、鞋服、闽台合作等 4 个省级行业型职业教育集团,省级职教集团达 7 个;新组建 15 个区域性职教集团,设区市区域性职教集团达 28 个。建立和完善技能竞赛制度,举办 2009 年全省职业院校职业技能大赛,在全国职业院校技能大赛中全省共有 62 个项目获奖,其中获得一等奖的项目数位居各省第 10 位。全省中职毕业生平均就业率达到 96.38%,毕业生越来越受到各行各业的欢迎。

【基础能力建设】 全年省政府共安排 1 亿元地方政府债券资金用于中等职业教育基础能力建设,重点支持县级职教中心主体学校学生宿舍建设;安排 1024 万元省级职业教育专项资金扶持骨干专业实训基地建设。新增 20 个县(市)挂牌成立县级职教中心,累计挂牌成立县级职教中心已达 50 个。新争取 5 所中职学校成为中央财政支持的实训基地项目学校,总数达 38 个;新建 7 个中职省级示范性实训基地,总数达 41 个。集中力量建设一批适应产业发展需要的重点专业,新增中职省级重点专业点 20 个,总数达 208 个。实施"中等职业教育教师素质提高工程",组织 1660 位德育和语文等 7 门公共基础课程骨干教师进行省级培训工作,支持和推动紧缺专业特聘兼职教师工作,落实专业教师到企业实践制度,全省中等职业学校专业教师中"双师型"的比例为 34.85%,比上年提高 3.8 个百分点。

【终身教育工作】 2009 年全省已有 5 个设区市、84 个县(市、区)成立终身教育促进委员会,占全省设区市、县(市、区)总数的 95.6%。福州台江区、漳州芗城区、三明梅列区被确定为全国社区教育实验区，带动全省社区教育、学习型组织建设的广泛开展。充分发挥省终身教育促进委员会的作用，推动省有关部门加强终身教育制度建设，面向本系统、面向基层、面向农村，开展多种形式、多种门类、多种层次的成人继续教育和培训活动，培训各类人员196万人次。发挥广播电视大学、自学考试、老年大学等教育机构的作用，先后开通"福建终身学习在线"、"福建干部学习在线"等一批网络学习平台，为广大社会成员通过灵活多样的终身学习服务。

【自学考试】 全省自学考试在考专业已达137个（其中：本科专业65个，专科专业72个）；面向社会开考的专业73个，开考体制改革试点专业86个，涵盖文、理、农、工、医、教育、经济、管理、政法等多学科门类。有43所高等院校担任主考学校，与15个厅局、行业合作开考33个专业。全省自学考试学历教育报考38.5万人数、76.8万科次，比上年增加4.5万人数、8.1万科次。非学历教育各考试项目报考规模比上年又有长足的进展，全年共组织11个项目14场考试，考生人数合计89.84万人，比上年增加13.63万人，增长17.87%。非学历教育后来居上，成为本省自学考试事业发展的新增长点。

2009年中等职业学校教育发展情况表

项 目	学校数(所)	本、专科生			教职工(人)	专任教师(人)
		毕业生(人)	招 生(人)	在校生(人)		
合 计	312	149669	234002	540020	23747	18290
农林类		4409	20116	32088		453
资源与环境类		758	921	1544		85
能源类		440	443	1940		26
土木水利工程类		4185	6245	16287		251
加工制造类		26935	31433	82350		1012
交通运输类		6477	14027	29314		400
信息技术类		34829	43875	109548		2099
医药卫生类		8883	21872	39612		317
商贸与旅游类		16977	28	64053		827
财经类		16505		62691		1087
文化艺术与体育类		10563		43530		1542
社会公共事业类		2438		8794		195
师范类		4962		24387		420
其他		11308		23882		9576

2009年成人高等学校发展情况表

项 目	学校数(所)	毕业生(人)	招 生(人)	在校生(人)	教职工(人)	专任教师(人)
合 计	7	31092	32661	99471	1817	1061
广播电视大学	2	155	1494	2583	416	180
职工高等学校						
管理干部学院	3	1545	1778	4572	730	484
教育学院	2	3500	1449	6302	671	397
夜大学(业余)		11137	11072	36524		
函授部		12962	16868	47466		
成人脱产班		1793		2024		

（林菁 制表：刘彦明）

编辑：郑菜

文化传播

文化事业

【文化宣传】 2009年，全省文化系统开展庆祝新中国成立60周年和纪念古田会议80周年“两大”系列文化活动；省直文化系统举行“庆‘七一’歌唱祖国、歌唱党”歌咏比赛；闽剧《贬官记》、《王茂生进酒》、木偶戏《钦差大臣》等3台戏入选中宣部、文化部主办的庆祝新中国成立60周年献礼演出活动并先后晋京参演；省芳华越剧团与浙江越剧团联手晋京为新中国60华诞献演；福建彩车“扬帆海西”亮相天安门广场，展示“海西”风采。开展为期4个月的文化市场集中整治行动，有力整顿规范文化市场经营秩序，为新中国成立60周年营造和谐稳定的社会文化环境。举行省直文化系统“继承革命传统，弘扬古田会议精神”为主题的建党88周年和古田会议80周年纪念大会；组织省属艺术院团开展“走进红土地”慰问演出；配合中央“心连心”艺术团慰问龙岩古田等。

【艺术创作】 2009年3月，由福建省文化厅主办、福建京剧院承办、中国京剧杂志社协办的“纪念福建京剧院建院60周年暨李盛斌先生诞辰100周年”优秀剧目展演活动在福州举办。厦门市金莲升高甲剧团的高甲戏《阿搭嫂》、福建省芳华越剧团的越剧《唐琬》分获全国地方戏优秀剧目(南北片)展演二等奖、三等奖。福建省京剧院的京剧《北风紧》荣获第五届中国京剧节新编历史剧一等奖、第11届“五个一工程”优秀剧目奖、“中国戏曲学会奖”。由中国野生动物保护协会、中共福建省委宣传部、福建省文化厅监制，福建省文艺音像出版社原创、摄制原创数字电影《鹤乡谣》获得2009美国圣地亚哥第六届国际儿童电影节组委会“优秀影片奖”。福建省有2人获第24届梅花奖。福建艺术职业学院的独舞《铜雀女》获第八届全国舞蹈比赛优秀表演奖。京剧《北风紧》和莆仙戏现代文明小戏《搭渡》入选2008—2009年度国家舞台艺术精品工程资助项目。省杂技团的杂技《灯偶——空中造型》参加第四届俄罗斯国际马戏艺术节并获银奖。省歌舞剧院选送的《古老的一首歌》、福州市歌舞剧院选送的《妙音鸟》分获“中国江南文化节·江南舞蹈赛”专业组铜奖。福建艺术职业学院荣获第九届文华艺术院校奖“桃李杯”舞蹈大赛专业比赛14个奖项；厦门艺术学校女子群舞《阿婆的幸福生活》在全国第九届“桃李杯”舞蹈比赛中获表演金奖、创作金奖。闽剧《别妻书》、歌仔戏《蝴蝶之恋》、音乐剧《停一停，等等我们的灵魂》等3台剧目获得第11届中国戏剧节优秀剧目奖，越剧《唐琬》(新编)获得剧目奖，省实验闽剧院演员陈洪翔等人获优秀表演奖、王仁杰获优秀剧本奖。莆仙戏《春草闯堂》、闽剧《贬官记》、木偶剧《火焰山》等3部剧目入选文化部“首届优秀保留剧目大奖”。组织院团创排舞蹈专场《我在舞中飞》、闽剧《别妻书》等优秀作品。承办2009年国家社会科学基金艺术课题立项评审会议，福建省项目7项入选；召开第四届“京沪闽”作曲研讨会、“郭祖荣交响作品座谈会”以及举办华东、华中、东北等13省戏剧期刊“田汉戏剧奖”评奖活动；出版《2008年福建艺术研究论集》、《宗教与戏剧研究丛稿》、《音乐知识教程》(上、下)等著作3部共160多万字；完成志书初稿30多万字等。

【第四届福建艺术节】 由福建省人民政府主办，福建省文化厅、省广电局、省文联、广电集团和各设区市人民政府承办的第四届福建艺术节于2009年11月举办，有十大类、百大项活动和演出，京、津、沪等全国一流京剧院团集中在福建省进行近一个月的展演，共举办了100多场演出，是迄今规格最高、规模最大、持续时间最长的一次艺术盛会。

【公共文化服务体系建设】 继续推进公共文化服务体系建设，其中包括省少儿图书馆、省昙石山遗址保护和博物馆二期等项目建设，中央安排支持的革命老区75个乡镇综合文化站建设。全

2009年11月6日至12月6日，第四届福建艺术节成功举办，近400名来自全省各地的社区群众参加了在福州大戏院举办的福建省第三届社区文化节。图为孩子们表演的《莆仙戏娃》，童趣十足，充满天真烂漫的气息。 (福建画报社供稿)

年安排200个乡镇文化站项目(包括中央苏区配套项目),落实省财政下拨1000万元扶持新建200个乡镇文化站共享工程配套设备。安排360万元专项经费用于18个县级文化中心建设,建成206个基层网点。继续举办文化下乡,开展情系闽东——省文化系统文化下乡系列活动。省属艺术院团进入全省相关高校演出近70场次。“福建艺术扶贫”、“三坊七巷历史文化遗产保护规划及数字技术应用”等两项获得第三届文化部创新奖。省图书馆圆满完成文化部全国公共图书馆第四次评估检查工作。基本完成全省公共图书馆的评估定级工作。

【文化产业】 积极参加第五届中国(深圳)国际文化产业博览会,福建展区360平方米,共分广播影视区、文化旅游区、民间艺术区、茶文化区、互动表演区、洽谈休闲区6个部分;由省文化厅组织的“非遗”项目和晋江掌中木偶剧团在民间艺术区、表演区展示和表演;本届文博会福建省代表团共签约6个文化产业项目,累计签约4.238亿元,现场交易额达900多万元。《龙凤多宝格》等工艺品获工艺美术作品金奖4项、银奖4项、铜奖2项。参与主办的第七届中国·海峡项目成果交易会——海西创新、创意产业供需见面洽谈会。在第13届厦门9·8投洽会一投资海西对口洽谈会推出2009福建文化产业投融资项目53项。第二届海峡两岸(厦门)文化产业博览交易会共签约82个项目,总金额87.0477亿人民币,分别增长15.7%和47.46%,其中演艺签约项目共签约项目16个,金额1.95亿元。评选出13家文化企业为第四批省级文化产业示范基地,截至年底,全省共有46家省级以上文化产业示范基地,其中国家级3家。重点推出《福建省文化产业投融资项目》53个,在中国文化产业网发布各种招商项目。福建省7家企业1个项目被认定为2009—2010国家重点文化出口企业和重点项目。

【文化市场管理】 加强网吧管理,部署开展网吧《网络文化经营许可证》年审换证;严格控制网吧变更法人地址;会同省文明办等有关部门聘请网吧义务监督员工作进行组织部署;印发《全省网吧违规行为处罚标准》,统一规范网吧市场行政执法行为;按时完成福建省网吧监控平台与文化部的互联互通建设。加强娱乐演出市场管理和演出市场的培育引导,加强动漫企业认定管理、网络游戏管理和美术品市场管理。开展集中整治,大力净化社会文化环境,组织开展整治互联网低俗之风专项行动,部署开展以网吧市场整治为重点的净化社会文化环境工作等。强化安全检查,全年共出动文化执法人员153180人次,检查网吧等文化经营单位83436家次,其中:网吧25202家次,娱乐14723家次,演出3662家次,音像13073家次,其他经营单位26776家次;立案1989起,停业整顿319家,吊销营业许可证7家,收缴违法音像制品、非法书报刊等78万张(册),罚款830多万元。

【对外对台文化交流】 全年共办理对外、对港澳交流项目61批、1021人次,来访9批、163人次;闽台文化交流项目37批、3602人次(不含营业性交流

德化瓷艺分会场的瓷器精品吸引许多外国客商

海西各城市参展商展示最具代表性的地方文化特色

宝岛台湾的少数民族穿着本民族的节日盛装,在文博会推介本土的特色产品

2009年10月29日,第二届海峡两岸(厦门)文化产业博览交易会在厦门举行。 (福建画报社供稿)

演出项目，其中赴台28批1035人；来闽9批2567人次。

对台文化交流方面。厦门歌仔戏剧团赴台湾宜兰、台北、台中、高雄等4城市进行巡回演出。全年共组织3批"福建文化宝岛行"交流活动，第二批"福建文化宝岛行"5个团队168人前往台南市参加"2009郑成功文化节"，填补大陆文化团组赴屏东县、高雄县交流的空白；第三批"福建文化宝岛行"3个团队195人随同省委常委、副省长陈桦率领的福建省经济文化赴台入岛交流，福建京剧院首度入岛演出，举办福建"非物质文化精品展"，"两岸客家族谱文物展"先后在台北、台中、高雄、苗栗等地进行展出，这是两岸第一次客家族谱交流。林则徐禁烟170年之际，福建人民艺术剧院以"珍爱生命，拒绝毒品"为主题的儿童剧《爱与恨》首度赴金门演出。"福州市闽王王审知金身赴台巡安暨宗亲文化交流访问团"一行85人入岛开展闽王金身首次入岛巡安交流活动，新编歌舞剧《开闽王》随团在台北、高雄、基隆、马祖等地巡演。"相约台中"第二届海峡两岸（台中—福州）合唱节在台中市成功举行，来自海峡两岸和香港地区的16支合唱队伍参与。"2009海峡两岸民间艺术节"首次实现两岸戏剧合作开幕式演出《蝴蝶之恋》。闽台缘博物馆全年接待参观人数超100万人，其中台胞7.5万人。

对外文化交流。省杂技团赴新加坡参加第16届"春城洋溢华夏情"演出活动；厦门小白鹭歌舞团赴菲律宾参加第一届国际舞蹈节和舞蹈研究会以及国际旅游文化节。省艺术馆的"福建民间艺术"代表中国参加在俄罗斯鞑靼斯坦共和国首府喀山市举办的上海合作组织成员国《实用工艺美术联展》。福建图书馆文化交流小组赴法国下诺曼底大区交流访问。与文化部外联局成功举办了《朋友·伙伴·兄弟——中国摄影家眼中的坦桑尼亚、卢旺达》摄影展。以泉州、漳州、晋江3地木偶剧团组成的省木偶代表团参加法国海滨迪莱城举办的国际木偶节演出活动。2008年10月至2009年10月，福建博物院与日本相关方面联合举办"海上丝绸之路的出发点——福建"展览。泉州木偶剧团赴美国参加"古今回响—欢庆中国文化"艺术节开幕式演出。福建京剧院赴法国参加巴黎中国文化中心主办的第四届中国戏曲节，演出经典京剧剧目《四郎探母》等。

【非物质文化遗产保护】 组织第三批省级非物质文化遗产名录的申报、评审工作；省政府公布第三批省级非物质文化遗产名录共88项（含扩展项目6项）；省级"非遗"项目增至288项。积极做好第三批国家级项目的推荐申报工作。福建省申报的"南音"、"妈祖信俗"入选联合国《人类非物质文化遗产代表作名录》，"木拱廊桥营造技艺"入选联合国《急需保护的人类非物质文化遗产名录》。加大对闽南文化生态保护实验区30个示范点（示范园区）建设指导。组织"闽南文化生态保护实验区专题展"参加第二届中国成都国际非物质文化遗产节，获组委会颁发的"太阳神鸟金奖"。对全省"非遗"普查工作进行全面评估验收；全省文化系统共投入10122人，培训41427人，发动社会参与人员65939人，获取普查线索近20万条，对17个门类90303个项目进行了调查（县级以上），形成5742万字的调查记录、700多幅照片、700小时录音和854小时录像等原始资料；在三坊七巷叶氏古居开辟非物质文化遗产博览。古籍保护取得新进展，3家单位列入全国古籍保护重点单位、78部古籍列入《国家珍贵古籍名录》名单。一批非物质文化遗产保护工作单位和个人获得表彰。

【图书馆】 全省有各级公共图书馆85个，其中少儿图书馆5个；总藏量1542.35万件，其中：图书1199.72万件（包括古籍53.31万件、善本4.27万件），报刊193.77万件，视听及缩微制品32.49万件，其他116.37万件；总流通1181.95万人次；新购藏量2.6万种，其中新购图书95.5万件；全年累计发放有效借书证41.41万本，为读者举办各种活动1520场次，其中：组织各类讲座853次，举办展览373次，举办培训班294个，参加读者达96.02万人次。加快推动"文化信息资源共享工程"建设，省级中心已建成1000M带宽的通道，拥有400M专用线路，建成约17T可供使用的数据信息，建成《闽南文化》等专题数据库，着手《福建舞台艺术》、《客家文化》等专题数据库的建设；安排360万元专项经费用于18个县级支中心建设，并建成206个基层网点。

（蔡靖杰）

文学艺术

【文学创作】 福建省文学艺术界联合会为迎接中华人民共和国建国60周年，集中展示福建文学艺术创作60年丰硕成果而组织编辑、海峡文艺出版社编辑出版《福建文过艺创作60年选》，丛书分为中篇小说、短篇小说、诗歌、散文、纪实文学、儿童文学、文学评论、艺术评论、民间文学、戏剧文学、电影文学、歌曲12个分卷，共选入新中国成立以来主要是1998—2008年期间各文艺门类优秀作品1100多篇（部、首），涉及作者近1200名，共700多万字，集中展示福建文学艺术创作60年的丰硕成果。实施福建长篇小说创作精品工程，组织对三坊七巷、闽商、红土地、下南洋、船政等福建重点特色题材的创作。省作协与省炎黄文化研究会先后组织3批共60多位作家，深入德化瓷都产业群、白茶祖地福鼎、坦洋功夫祖地福安、漳州花卉产业群采风创作，撰写出版《中国瓷都》等5部散文报告文学集。北北的长篇报告文学《过台湾》、伊路的长诗《永远犹未尽》入选2009年度中国作家协会重点作品扶持项目。举办或联办第22届福建省优秀文学作品奖暨第四届陈明玉文学奖颁奖座谈会和第二届陈明玉诗学研讨会、2008年度省优秀文学作品奖颁奖活动、首届全球妈祖文化征文、哈雷诗歌专场朗诵会等活动。联合召开海西20城作家联谊座谈会、吴玉辉长篇小说《守护》座谈会、何葆国长篇小说《山坳上的土楼》研讨会、林筱玲长篇小说研讨会、闽粤作家座谈会。《台港文学选刊》推出台港海外作家大陆题材作品专辑，澳门小说、散文和"走近郑愁予"等特色专辑和专号；"原创特区"栏目《平安电话》获得第二届福建省优秀出版物奖"优秀期刊作品奖"。《福建文学》杂志社联合福建省文联文艺理论研究室共同举办"祖国颂"迎接建国60周年征文活动，设立"福建文学60年"专栏，分期推出福建省新中国成立以来最有影响、最有代表性的作家及作品。《故事林》推荐《六十年后的握手》荣获"山花奖"；推荐的新故事作品获得第二届福建省优秀出版物奖“优秀期刊作品奖”。

【文艺活动】 福建省音协举办“第七届中国音乐金钟奖福建赛区赛”，举办“福建省首届青少年音乐节”——钢琴·小提琴比赛，承办中国音协第六届理事会第四次会议暨纪念李焕之诞辰90周年座谈会；组织申报的“福建吟诵第一人”陈侣白的“福州传统诗词吟诵调”列入第三批省级非物质文化遗产。省摄协举办“见证祖国60岁，我的名字叫国庆——60位闽籍人士影像展”、“福建土楼——永定土楼国际摄影比赛”，承办“中外摄影家看福州”摄影比赛作品展，承办“第四届福建艺术节美术书法摄影展”；组织数批会员共500多人次赴江西婺源和省内的泰宁、东山、长乐、尤溪、永春等地创作采风，与贵州、广东等11省市区的摄影协会进行交流。省美协组织专家团赴各地市、院校观摩指导“迎国庆福建省当代美术精品大展暨第11届全国美展”创作活动，举办“锦绣海西”大型美术创作笔会、“第13届福建省东海浪（新人新作）展”，联合举办“庆祝建国六十周年——福建省当代美术精品大展暨第11届美展福建省作品选拔展”、“丁仃艺术作品展暨纪念丁仃先生逝世十周年文集《丁影稀声》首发式”、首届海峡两岸四地花鸟画名家网络盛典邀请展、“海西风骨”2009年福建省实力派青年画家作品展、福建省第六届当代工笔画大展、福建省南北方青年油画家采风写生作品展系列活动。省书协承办庆祝建国60周年——“海峡西岸”当代书法精品展、向祖国汇报向“海西”献礼——福建省国展获奖书家提名展，举办“海西杯”全国书法大赛、“安全交通杯”全省书法大赛，承办“海峡两岸青年书法交流展”；组织福建书法海西行——书法家走进茶都安溪大型采风活动。省剧协举办“海西梨园芬芳”——福建第九届水仙花戏剧奖颁奖暨“梅花奖”演员联袂演出系列活动、庆祝新中国成立60周年全省小品小戏小剧场戏剧展演、第十届福建省水仙花戏剧奖小品小戏奖、小剧场戏剧奖比赛，参与承办第11届中国戏剧节。省舞协与泰宁县政府联合承办第二届华东六省一市大学生舞蹈大赛暨首届海峡两岸青年舞蹈嘉年华活动；承办“2009年全国舞蹈家协会工作会议暨全国舞蹈家走进海西舞蹈创作采风活动”；开展“美育工程爱心直通车”等捐助公益活动。省视协主办“2009海峡两岸电视主持新人大赛”；继续组织“社会主义农村”题材的创作，选送优秀社会主义新农村建设电视片参加全国评奖活动；组织电视艺术工作者赴西藏、新疆采访；编写出版《海峡祠堂大观》。省影协召开“海峡两岸首届电影发行放映同业论坛”，广东、江西、浙江、福建等海峡西岸经济区域的城市电影发行放映同业代表与台湾电影发展事业基金会的发行放映同业代表共同签订了《漳州议定书》；承办“海峡两岸闽南语电影研讨会”，组织福建省电影家协会代表团一行20人赴台湾交流访问。省曲协、省杂协共同组织会员参加“送欢乐、下基层”慰问演出活动。省民文协办以“海西爱心涌动、助学春蕾圆梦”为主题的捐助儿童民间艺术品义拍活动、福建文人剪纸展，协办“鎏金岁月、盛世风范”首届闽台两地鎏金铜佛展暨名家品鉴活动，完成《中国木版年画集成·漳州卷》的编纂工作。省画院先后举办“置换与融通——画家书法、书家国画研究展”、“首届全省画院创研学术展”、“意写心墨——第二回福建中国人物画学术邀请展”、“闽、黔、港、澳、台书画名家艺术精品联展”、“中国书画之乡——浙江浦江江籍书画家作品展”、“甘肃画院赴闽作品交流展”、“琴瑟和鸣——林俊龙、李淑华、洪洁、林任菁绘画艺术展”等展事。省文学院实施福建长篇小说创作精品工程，长篇小说《三坊七巷》已截稿。承办“献诗·我的祖国”庆祝新中国成立60周年活动，完成省文学院文学讲习所的修复建设工程。冰心文学馆在北京联合举办“冰心逝世十周年系列纪念活动”，在上海联合举办《巴金冰心世纪友情》专题展览；荣获“第四批全国爱国主义教育示范基地”荣誉称号。

【艺术成果】 《福建文学》、《台港文学选刊》、《故事林》等文学刊物被评为第四届“华东地区优秀期刊”。《故事林》获得中文期刊网络传播排行TOP100四连冠第四名。原创歌曲《海峡之梦》获第11届“五个一工程”歌曲类优秀作品奖。在“全国优秀流行歌曲创作大赛”中，取得“1金1铜1优秀”的成绩，省文联获得“优秀组织奖”。“全国第十一届美展”中，2件获得银奖。在第24届中国戏剧梅花奖评选中，2人获奖。在第11届中国戏剧节中，7部剧作参评与展演，有3部获优秀剧目奖、2部获剧目奖，8人获单项奖，省剧协获优秀组织奖。在第五届“小荷风采”全国少儿舞蹈展演中，5个节目获得金奖，省舞协获“优秀组织奖”；舞协组织的“福建省广场舞蹈迎新春邀请赛活动”获得“2009全国特色文化广场活动”荣誉称号。在全国第六届楹联大展中，获1金3铜23件作品入展的佳绩；在第三届“兰亭奖”中，2人获提名奖，6人入展；在全国第二届隶书展中，1人获二等奖，3人获提名奖。在“第九届中国民间文艺山花奖”评选中，民间鼓舞鼓乐《漳州大鼓凉伞》荣获“民间艺术表演奖”，省民协获“优秀组织奖”。

【艺术交流】 对台交流方面，成功举办第六届“海峡诗会”，以当代台湾最具影响力，与洛夫、余光中三足鼎立的著名诗人郑愁予为本届诗会焦点，邀请台港澳诗人学者参与，开展诗歌研讨会、朗诵会、创作座谈会和海西文化考察、采风与诗文创作等活动，对促进两岸文化交流产生了积极影响；举办“首届海峡两岸四地花鸟画名家网络盛典邀请展”、海峡两岸中小学生“手拉手·我们同行”大型有奖征文评选活动，承办“海峡两岸青年书法交流展”，协办“首届闽台两地鎏金铜佛展暨名家品鉴”活动，组织省文联代表团及舞蹈、电影等文艺门类代表团赴台交流等。对外交流方面，省文联联合中国现代文学馆、省文联、长乐市委市政府、冰心研究会在北京联合举办“冰心逝世十周年系列纪念活动”，包括“永远的冰心—冰心逝世十周年纪念展”、“冰心文学系列讲座”等活动；国庆期间，在香港举办“闽海锦绣——福建工笔画及书法作品展”；与巴金研究会联合在上海举办《巴金冰心世纪友情》专题展览；组织冰心文学馆代表团赴俄罗斯进行为期10天的文学访问和交流。 （王幼丽）

文物 博物馆

【依法管理文物】 积极促成国家文物

局出台《关于进一步支持海峡西岸经济区文化遗产保护的函》,从6个方面加大对福建文化遗产保护的支持力度。2009年8月,福建省第11届人民代表大会常务委员会第十次会议通过《福建省文物保护管理条例》,2009年10月1日起施行。依法规范文物、考古和博物馆建设等方面的行政许可程序,编制完善文物行政审批审核编目和网上审批项目,规范行政执法、审批审核程序、自由裁量权等行为,提升文物和文化遗产保护管理水平。开展文物行政执法督察工作,跟踪督办、严肃查处全国重点文物保护单位的无尘塔盗掘案、蔡氏古民居建筑群木雕构件撬盗案,市县级文物保护单位的游居敬墓和晋江杨林石经幢盗窃案,省级文物保护单位囊山寺、镇安桥火灾事故和崇仁乡商周时期土坑墓盗掘案等重点案件,分析查摆事故原因,制订整改方案,开展警示教育。组织开展全省文物单位消防安全专项检查,排查隐患、狠抓整改(整治),治理火灾安全隐患。会同公安、海关、工商等部门组织开展专项打击盗窃、盗掘、破坏文物犯罪活动和专项打击水下文物盗挖、哄抢、非法交易犯罪活动。相继为司法部门鉴定涉案文物案件计67起,鉴定文物和工艺品3409件,其中三级文物13件、一般文物1442件,现代工艺品1954件。加强文物鉴定、审核、监管工作和文物拍卖标的审核管理。为各类文物出进境审核鉴定68人次,鉴定文物与工艺品682件,其中三级文物83件、一般文物282件、现代工艺品317件;文物复仿制品鉴定10人次,审核鉴定复仿制品323件;为拍卖行鉴定审核文物拍卖标的19场次,批准上市的拍卖标的5255件,其中一般文物1090件。为9个博物馆鉴定馆藏文物467件,其中二级文物11件、三级文物127件、一般文物329件。

【文物和文化遗产保护】 文物保护维修。全年争取中央专项经费3210万元,龙岩市政府财政投入13800万元,完成古田会议旧址群第三期保护维修工程建设。争取中央专项经费5240万元,省财政配套170万元,用于省级以上文物保护单位中的重点涉台文物保护维修项目。结合第三次全国文物普查开展涉台文物复查、补查,组织编制《福建省涉台文物保护总体规划》。组织编制施琅宅和祠、天一总局、泉州天后宫大殿、东山关帝庙、漳州林氏宗祠、汀州文庙、清水宫、李纲祠、南山遗址等一批重点涉台文物保护规划或保护方案等。组织实施昙石山遗址、三坊七巷建筑群等首批重点涉台文物的维修和保护工程,完成漳州江东桥、莆田元妙观三清殿二期工程等项目竣工验收。组织开展泉州开元寺东西塔勘察、测绘及保护方案编制工作。

第三次全国文物普查。2009年全省各级政府财政到位文物普查经费1040万元,各地加强文物普查质量监控,开展文物普查巡回检查、业务督导和县(市、区)普查验收工作,全面完成福建省第三次全国文物普查第二阶段实地调查工作任务,共登记不可移动文物33515处,其中新发现23190处,复查10325处,发现消失文物1077处。

世界文化遗产保护。做好"武夷山"和"福建土楼"世界文化遗产地监测和保护管理,配合国家文物局开展"武夷山"和"福建土楼"世界文化遗产地巡视和检查。组织编制《"福建土楼"保护总体规划纲要》,全面启动厦门鼓浪屿申报《中国世界文化遗产预备名录》工作,完成申报文本编写和保护规划纲要编制;启动福建船政建筑群、闽东北贯木拱廊桥申报《中国世界文化遗产预备名录》的前期调研工作。"福建土楼"保护荣获联合国教科文组织授予的"遗产保护杰出成就奖"。

【考古勘探发掘与研究】 配合中国国家博物馆水下考古研究中心组织的"福建沿海水下考古调查队",开展福州、莆田、泉州、漳州等沿海地区水下考古查取得丰硕成果。2009年11月,省人民政府核定公布第七批省级文物保护单位203处。福州三坊七巷入选首批全国十大历史文化名街。遴选推荐73处省级文物保护单位和第三次文物普查重要新发现点申报列入第七批全国重点文物保护单位,推荐福州闽安镇等一批名镇、名村申报第五批中国历史文化名镇名村。组织评选新中国成立60周年来福建省在文物保护、文物考古、博物馆新馆建设等方面的重大成就53项,其中文物保护成就20项,文物、考古新发现23项,博物馆新馆建设10项;评选福建省第一届博物馆陈列展览精品20项。举办《庆祝中华人民共和国成立60周年福建文博成就》专题展览。组织开展龙岩核电厂、惠安电厂、云霄沿海大通道、福州绕城高速公路、宁武高速公路(宁德段)、龙浦高速公路(浦城段)等省重点项目的考古调查和勘探工作。启动城村汉城遗址、屈斗宫德化窑遗址等大遗址保护工程项目前期调研工作,完成城村汉城遗址保护工程方案编制和屈斗宫德化窑遗址保护规划立项工作。

【文物交流】 依托厦门市博物馆联合举办"闽台姓氏族谱和涉台文物展暨宗亲恳亲会",集中展示141个姓氏、5759册迁台姓氏族谱资料,其中台湾和金门地区宗亲参展的族谱近300册。推动"两岸客家族谱文物展"到台湾的台北、台中、高雄、苗栗等地展出。

【文物行业管理】 按照国家文物局颁布的《可移动文物技术保护设计资质管理办法(试行)》和《可移动文物修复资质管理办法(试行)》的资质标准和条件,福建博物院和泉州海外交通史博物馆分别获得国家文物局颁发的可移动文物技术保护设计甲级资质证书和可移动文物修复一级资质。组织评定第二批文物保护工程设计、施工、监理等二、三级和暂定级资质,授予福建博物院等2个单位为文物保护工程勘察设计乙级资质,厦门大学建筑设计研究院等3个单位为文物保护工程勘察设计丙级资质,省昙石山遗址博物馆等7个单位为文物保护工程勘察设计暂定级资质;授予福建省建筑科学研究院技术开发部等3个单位为文物保护工程施工二级资质,福州建工古今文物保护工程有限公司等15个单位为文物保护工程施工三级资质,福建恒景建设工程有限公司等5个单位为文物保护工程施工暂定级资质;授予福建省建科工程建设监理公司等3个单位为文物保护工程监理丙级资质,福建国防工业设计院等2个单位为文物保护工程监理暂定级资质。经国家文物局批准,省文物管理委员会文物鉴定小组通过机构资质评估认定。全省有2家拍卖行获得国家文物局颁发的二、三类文物拍卖资质。

【博物馆 纪念馆】 省文物局分阶段推进全省文化文物系统管理的博物馆(纪念馆)开展"文物调查及数据库管理系统建设"项目工作。2009年5月，启动福建省"文物调查及数据库管理系统建设"第一阶段工作，举办全省文物调查及数据库建设项目培训班。选择福建博物院和各设区市级博物馆等10个重点博物馆作为试点单位，先行开展馆藏珍贵文物数据的采集、拍摄、录入等工作，完成珍贵文物藏品数据采集907件(套)，其中一级文物144件(套)、二级文物148件(套)、三级文物615件(套)，拍摄文物藏品图片3289张，共61.629GB。

博物馆(纪念馆)评估定级。经自评自报、国家文物局审核、评估定级，全省文化文物系统管理的博物馆(纪念馆)30%通过评估确定等级，其中:国家一级博物馆4座，国家二级博物馆6座，国家三级博物馆12座。建宁县红一方面军领导机关旧址暨中央苏区反"围剿"纪念馆、闽西革命历史博物馆列入中宣部公布的第四批全国爱国主义教育示范基地。龙岩市博物馆新馆、福州林则徐纪念馆新馆、才溪乡调查纪念馆新馆等一批博物馆(纪念馆)开馆，正式对外开放。

博物馆免费开放。中央财政安排下达福建省各博物馆(纪念馆)免费开放门票收入和运行增量专项经费4073万元，省财政配套安排博物馆提升工程经费1690万元，重点资助闽西革命历史博物馆等2家设区市级馆和将乐县博物馆等20家县级馆，用于安全防范和陈列展示服务水平提升工程。各地以博物馆(纪念馆)为平台，举办各种展览，提升对台对交流功能，福建博物院与日本联合举办"海上丝绸之路出发点——福建"展览在日本各地展出一年。全省公共博物馆(纪念馆)全年接待观众9988千人次，其中未成年人3077千人次，观众数量增加37%，未成年观众数量增加58%。

举办展览。福建博物院举办《晚清碎影——汤姆森眼中的中国(1868—1872)展览》、《红色记忆油画展》、《朋友·伙伴·兄弟——中国摄影家眼中的非洲》摄影展，厦门市博物馆举办《文物保护技术成果展》;全省各地都举办《第三次全国文物普查阶段性成果和普查新发现图片展览》,《涉台文物图片展》;省禁毒委员会和福州市人民政府在福州市林则徐纪念馆新馆隆重举行"全国禁毒教育(福州)基地授牌仪式暨林则徐纪念馆新馆开馆典礼"。古田会议纪念馆基本陈列《古田会议:我党我军建设史上的里程碑》、建宁县中央苏区反"围剿"纪念馆基本陈列《中央苏区反"围剿"陈列》分别被评为福建省第一届博物馆陈列展览精品奖和优秀奖。福建博物院举办《塞上古韵——宁夏文物特展》,福建闽越王城博物馆完成基本陈列展览更新正式对外开放;福建省昙石山遗址博物馆完成昙石山遗址第二期保护工程及遗址厅改建工程。全国重点文物保护单位三坊七巷的"二梅书屋"辟为"福建省民俗博物馆(筹)",举办福建民俗文化文物展览。

(邢新建)

档 案

【概况】 全省现有档案行政管理机构94个，含省级1个、设区市9个、县(市、区)84个。各级各类档案馆113个，其中:国家综合档案馆94个，国家专门档案馆16个，企业档案馆2个，科技档案馆1个。各级各类档案馆现有馆藏档案1131.63万卷、88.05万件，资料138.30万卷(册)。全省已开放档案322.67万卷，开放案卷级档案目录203.17万条、文件级档案目录690.13万条;接待利用档案189651人次，提供利用档案567489卷(件)次。5月26日，经国家档案局评估组评估，厦门市以优异成绩荣膺"全国档案事业发展综合评估先进单位"。

【档案工作】 民生档案工作。省档案馆通过来馆利用、函电查询、网上查询等多种服务方式为资政育人、编史修志、落实政策、办理社保、确认工龄以及土地、房产纠纷等民生问题提供利用服务，全年共接待利用1325个单位、2487人次，利用档案资料17846卷次。各级档案部门加快对涉及民生的各类档案优先进行整理、编目、划控、数字化工作，编制和公布民生档案公开目录和服务指南，方便群众利用。

农业农村档案工作。各级档案部门通过制发文件、举办培训班、召开现场会等形式，继续指导农村各立档单位做好村务公开、民主管理、计划生育、土地承包经营权流转、集体建设用地流转以及土地确权、登记、转让等档案工作。省档案局联合省林业厅对部分市县开展集体林权制度改革档案管理情况进行专项检查;厦门市试行"村档镇管"模式管理村级档案。

经济建设领域档案工作。省档案局对36个重点建设项目160多个参建单位的档案工作进行指导，对24个建设项目进行档案专项验收。各级档案部门继续抓好国有企业、整合重组企业资产与产权变动档案的流向和处置工作。厦门市档案局指导国有企业制定企业档案管理制度。召开省、市属企业档案工作座谈会和民营企业档案工作座谈会，交流企业档案工作经验。

机关档案工作。省档案局对省直37个单位进行了档案整理质量检查，合格率达97.30%，其中省发改委、福建保监局、省烟草公司、国家开发银行福建分行等4个单位通过电子档案管理的检查;协同有关主管部门对32个下属单位进行档案规范化管理检查。

档案法制建设。省档案局认真做好省政府规章调研项目《福建省重大活动档案管理办法》的修改论证工作，并正式提请省政府审议;印发《福建省档案规范性文件制定和管理暂行办法》、《福建省行政执法评议考核暂行办法》等规范性文件;配合省人大常委会在省档案馆和厦门、漳州、南平等9个市、县(区)开展贯彻实施档案"一法一例"执法调研，并向省政府转送了调研报告。

加大档案事业投入。加快市、县国家综合档案馆库建设步伐，加强档案人才队伍建设。对77个省直单位开展档案行政执法检查，对存在档案违法行为的单位发出《责令改正通知书》;评选表彰了全省2004—2008年依法治档先进集体33个、先进个人19名;积极开展档案法律法规和"12·4"法制宣传教育系列活动，先后在10个省直单位开展巡展宣传。晋江市档案局积极参与"三下乡"活动，石狮市档案局以第十二届海博会为平台宣传档案法律法规。省档案局实行档案行政审批事项网上办理受到国家档案局肯定。

档案信息化建设。全省档案馆馆藏数字化进程加快，完成一、二、三阶段馆藏文件级目录数据库建设任务的市、县(区)

档案馆分别为84家、80家和48家。“福建省证照文件信息共享系统”列入2009年“数字福建”工作计划。厦门市档案馆完成馆藏建国后125个全宗文书档案的数字化，可代替原件对外提供利用。

【档案信息资源开发利用】 以纪念新中国成立60周年为契机，各级档案部门大力开发利用馆藏信息资源。省档案局（馆）编辑出版《福建解放档案图集》、《福建知青照片档案》、《闽风民俗印象》、《福建省档案馆成立50周年纪念画册》等4种档案书籍，其中《福建解放档案图集》列入2009年全省宣传思想文化工作重点项目；举办“福建档案珍品展”、“福建知青档案图片展”、“福建‘新光旧影’纪实影展”、“台湾义勇队档案图片展”等5个展览，参观人数近5万人次。“福建民俗风情照片档案展览”分别在宁德、莆田、南平、古田、长乐、寿宁等地巡回展出。省档案馆还联合省广电集团摄制《解放福建》3集文献纪录片，与福建电视新闻综合频道合作拍摄《百年福建》系列专题片，在《福建画报》开辟“八闽珍档”栏目。

【档案馆基础建设】 全省各级档案部门围绕民生指导建档，调整档案接收范围，改善馆藏档案结构，加大档案资源整合力度，从源头上加强民生档案管理，建设覆盖人民群众的档案资源体系取得新成效。省档案局有计划地接收机关、企事业单位到期档案，加大对重大活动档案、名人档案和地方特色档案的接收、征集力度。省档案馆开展全省馆藏珍贵档案评选活动，有40项档案文献入选《福建省首批珍贵档案文献名录》。泉州市征集、接收一批“闽南侨批”原件、扫描件，申报“中国档案文献遗产”项目通过国家档案局初审。龙岩市档案局联合市政协、市委宣传部等开展“龙岩记忆”老照片和重要资料征集活动；建立健全相关档案收集机制，打造经济建设、红色老区、客家文化三大档案工作品牌。厦门继续做好“厦门国际马拉松”、“台交会”等重大活动声像资料的收集工作。泉州收集第六届全国农运会各类档案资料近3000件（张）。南平建立地方特色、重大活动等12个专题档案资料及其目录。莆田加强非物质文化遗产建档及开发利用工作。漳州市档案馆购置《台湾文献汇刊》七辑一百册。石狮市档案馆在《石狮日报》推出“口述档案·追忆石狮文明历史”专栏，开展“口述档案”征集工作。宁德市档案馆抢救整理一批南宋景定、明朝天顺等不同历史时期的珍贵契约文书档案。全省市、县级国家综合档案馆中有国家一级馆5家、国家二级馆13家，市、县级国家一级档案馆数量居全国第二。

【档案馆馆库建设】 省档案馆新馆工程主体工程将于2010年4月实现封顶；鼓楼区档案综合大楼竣工即将投入使用；马尾、屏南、寿宁等地档案馆进行改（扩）建工程；宁德市档案馆新馆建设完成立项审批程序；晋江市档案馆新馆完成设计招标、初步设计优化等工作；泉港区档案馆建设进入改造设计阶段。省档案局精心筹划和部署将福建省原中央苏区县、革命老区县级档案馆建设项目列入国家支持中西部地区县级档案馆建设规划工作。

【政府信息公开查阅】 省档案馆网站查阅政府信息累计达8万多人次。省档案馆政府信息查阅中心共接收40个省直单位送交的政府公开信息纸质文本6600多份，电子文本6500多份。截至年底，省档案馆政府信息查阅中心共接收到发改委等41个省直单位送交的公开信息纸质文本24170份、电子文本23796份，上传政府公开信息目录8977条，原文8977份。进一步完善已公开现行文件利用服务工作，将收集、整理的有关工资、社保、征地、拆迁等已公开现行文件3847份全部扫描、上网提供利用。规范政府公开信息查阅服务工作，逐步完善服务措施，不断提高服务水平。网上点击率80309次，来人来电185人（次），查阅到所需文件77份，为解决拆迁征地、办理房产证、工资工龄、社保、户口管理等社会热点问题提供了政策依据。（蔡敏生　叶建强）

广播影视

【综述】 2009年，全省广播电视人口综合覆盖率分别达97.64%、98.41%。全省有广播电台10座，广播电视台65座，公共广播节目播出套数86套，全年播出时间497291小时，其中播出自制广播节目时间234284小时，比上年增加4171小时；全省有电视台10座，公共电视节目播出套数39套，全年播出时间326197小时，其中播出自制电视节目时间55325小时，比上年增加2511小时；全省有对外广播3套，播出时间13685小时；对外电视节目2套，播出时间17520小时。全年城市影院放映电影11.8万场次，观影人数520万人次，电影票房1.6亿元，分别比上年增长13.2%、39.5%、53.5%。全省广电系统全年实际创收收入34.64亿元，比上年增收2.88亿元，其中：广告收入17亿元，网络收入13.39亿元，其他创收收入4.26亿元。

【宣传工作】 以做好党的十七大、十七届三中、四中全会的学习、宣传、贯彻为主线，精心组织纪念新中国成立60周年宣传报道，组织开展“庆祝新中国成立60周年广播电视节目展播活动”，集中展播广播电视节目120部，各级广电媒体推出了如《60年，见证教育变迁》等201个专题节目；加大海西战略实施5周年的宣传，各级广电媒体开设海西专栏82个。全省各级广播电视系统对台对外宣传力度不断加大。加快“海峡视频网”网站建设，组团赴台参加“台北电视节”，展出福建省广电媒体制作的方言电视节目36部133集和《神医大道公》等5部电视剧及系列闽南语译制片等。积极承办“海峡论坛·海峡影视展映展播周”活动，引进台湾2部电影、1部连续剧和4部327分钟电视纪录片于活动期间在福建省展映展播，精选福建省电视剧《船政风云》和3部纪录片入岛播出。精心组织开展两岸首届电影发行放映同业（漳州）论坛、海西经济区城市电视台发展合作论坛等，积极推动“全球闽南语歌曲创作演唱大赛”、《妈祖之光·相约东南》等品牌活动入岛，电视剧《神医大道公》和《瑰宝》分别成为大陆第一部获准入岛拍摄和入台北故宫拍摄的电视剧，闽台业界交流合作更加活跃。

【精品节目】 全年共评出福建省广播电视新闻奖（广播类、电视类、播音主持作品）和广播电视文艺类、少儿节目类等级奖511件，其中创新奖和一等奖作品98件。电影《突发事件》、电视剧《郑和下西洋》、广播剧《歌唱祖国》获得中宣部精神文明建设"五个一工程"奖;电影《突发事件》获得第13届电影"华表奖";国家广电总局评出的2008年度全国少儿节目精品及动画精品,福建省获奖项目数和奖励金额分别位列全国第五位和第六位;国家广电总局公布的2007～2008年度中国广播影视大奖·广播电视节目奖评选结果,福建省共有24件作品获奖,获奖总数位居全国各省(区、市)第八位,广播类位居第七位;福建省3件作品获得第19届中国新闻奖;国家广电总局公布的52部优秀国产动画片,福建省5部入选,位列各省(区、市)第3名。东南卫视"开心100之大魔竞"入选国家广电总局推介的20个优秀节目形态;福建教育电视台14件作品获得第14届全国优秀教育电视节目奖。

【公共服务体系建设】 积极抓好村村通小片网改造工作、高山发射台站的配套设施建设、设区市至县的微波数字化改造等公共服务覆盖网络的升级改造规划。加强农村中央广播电视节目无线覆盖工程建设和维护管理,全面完成54座高山台站和33座铁塔的验收工作。争取国家对福建省原中央苏区县的广播电视公共服务体系建设扶持资金717万元。积极开展抗灾救灾工作,向国家广电总局和财政部争取救灾资金200万元。完成农村电影放映场次和补贴资金的核实工作,共核定放映场次16万场,比上年增加76.6%。开展农村电影数字放映设备调查,完成181套设备招标,争取国家广电总局新增加补助数字放映设备24套和流动放映车5部;建设农村电影订片远程授权站,规划建设农村电影放映GPS监管系统等。

【行业管理】 全年共落实安全播出保障期77天,有效保障重大节日、重要活动、重点时段的广播电视安全播出。加快广电信号技术监测系统的完善和提升,完成省级监测系统磁盘阵列更新升级,对各设区市电视监测由原来的各地市4套扩容到24套,省广电监测数据处理中心由原来的16套扩展到48套;完成全省54座高山台站无线广播电视发射远程监控系统,对各个发射台的日常运维、数据报表统计、故障处理的监督管理和报警信息的分级分类处置。全年共发出安全播出预警信息17062条。

【广播影视产业】 全省有影视制作经营企业81家,其中民营企业62家,占76.5%。积极协调推进省重点扶持的广电文化产业项目闽台文化影视城(漳州)项目筹建,加快动画产业基地建设步伐,厦门"国家动画产业基地"正式挂牌,福州软件园完成广电总局验收并待正式批准成为福建省第二个国家级动画产业基地。全年完成动画发行许可6299分钟,总量位列全国第八名。加快市、县有线网改造和联网进程,全省有线广播电视传输干线网络总长度138386.49千米,比上年增长2770.58千米;有线电视用户数527.85万户,比上年增加12.13万户;有线电视入户率53.84%,比上年增长0.61%;数字电视用户155.17万户,比上年增长42.27万户。全年新增5家影院,现代数字影厅20个。新媒体新业务发展加快,福建中广传播有限公司组建成立,基本完成各设区市的发射基站布点;获国家批准开办厦门"全心频道"和福州"家禧频道",批准省教育电视台《博视网》、三明电视台《今日三明网》等5家网站开展视听节目服务。

【依法管理】 省广电局从6月10日起承担原由省文化厅负责的电影工作职责,7月20日正式更名为"福建省广播电影电视局"。全省广电系统加强对电视频道黄金时段节目、综艺娱乐节目、涉性节目、现场直播报道节目等的监管,抓好黄金时段广告监管和医疗资讯类广告、电视购物节目管理。完成省收听收看中心技术平台建设,发布违规广告收听收看情况报告18份,发现违规广告节目796次。建立社会投诉机制,全年共接受社会公众广告投诉件30余件,处理反映有关电台电视台问题等的投诉64件。规范违规处罚制度,先后约谈了部分设区局和8家电台电视台负责人,全年正式发函处理有关违规广告151件。加强节目评议工作,全年组织对省电视台新闻频道等6次集中评议,组织视听评议员赴龙岩等地开展了18场巡回评议,全省各级共编发《视听评议通报》等101期。全年共组织影视节目制作经营机构年检81家,完成境外卫星电视节目许可证和地面卫星接收设施安装单位年检353家,审查电视剧、动画片24部737集。全年共办理行政许可审批79项,其中卫星地面接收境外节目许可12项、影视机构许可24项、企事业有线广播电视站5家、国产电视剧制作1件、电视剧发行许可4项、动画片发行许可证15项、信息网络传播视听节目审核许可5项、引进剧审核5项,引进其他广播电视节目8项。加强境外卫星接收秩序的专项整治工作,累计出动执法人员3421人次,检查了81家宾馆饭店,拆除非法设置卫星设施198座,查封和收缴1315面和接收机217台,捣毁非法窝点2个。开展网络传播视听节目清理整顿工作,共搜索出全省开展视听节目服务的网站3339家,全年提交有关部门查处的违规网站58家。 (李静)

新闻 出版

【基本情况】 2009年,福建省新闻出版系统全行业销售收入475.88亿元,利润总额20.78亿元,资产总额597.04亿元,净资产额303.11亿元,增加值105.04亿元,从业人数22.90万人。全省有出版社12家,出版图书3422种,总印数0.77亿册,总印张56.15亿印张,定价总金额8.32亿元;有报纸59种,总印数8.30亿份,总印张387.14亿印张;有期刊176种,总印数0.28亿册,总印张13.29亿印张;有音像电子出版单位6家,出版录音制品98种、87.83万盒(张),出版录像制品330种、398万盒(张),出版电子出版物85种、14.69万张;有音像电子出版物复制单位10家,复制5093.12万盒(张),其中磁带制品90.64万盒,光盘制品2002.48万张。出版物印刷企业销售产值28.11亿元。出版物零售7.49亿册(份)、26.57亿元。版权贸易29项,其中输出版权6项。

【出版宣传工作】 广泛开展庆祝新中国成立60周年活动,各报刊推出一系列浓墨重彩的宣传报道活动,设置"我和我的祖国"、"喜迎60年"等专题专栏。组织出版近40种相关图书、音像和电子出版选题,其中2种入选总署"庆祝新中国成立60周年百种重点图书"选题。举办"福建六十年——从前线到先行区"暨"海西新农村"大型图片展，展出 500 余幅相关照片。开展出版物印刷复制质量监督检查活动，专项检查迎接新中国成立 60 周年的印刷复制产品。赴港澳举办《魅力福建　海西风采》图片展，通过近 300 幅图片展示了海西建设巨大成就和闽港、闽澳之间的密切交往。开展“海西新农村”主题摄影采访活动，组织 100 多位摄影家和摄影记者赴全省采访并刊发相关图片。出版发行《海峡西岸经济区读本》、《海峡西岸经济区在崛起》等众多相关出版物。组织出版发行《金融危机后的国际货币体系》、《全球不平衡中的中国崛起》等图书。组织出版发行《甲型 H1N1 流感防治读本》等出版物，《科学预防甲型 H1N1 流感》挂图是国内首张宣传甲型 H1N1 流感防治知识的专题挂图。

【对台交流】 省新闻出版局组织参与首届海峡论坛活动；台湾 5 个主要行业协会首次一起聚集福建，闽台业界代表 200 多人共同参加海峡论坛，并举办闽台出版印刷发行业座谈会、闽台出版合作项目推介会暨签约仪式等活动。第五届海峡两岸图书交易会设展位 1320 个，两岸参展图书 20 万种、146 万册、总码洋约 3800 万元人民币；销售和采购图书 4100 万元人民币码洋，其中现场销售图书 230 余万元码洋；项目签约 200 项；台湾参展规模为历届之最；首次设立两岸期刊展示区。省刊协与台湾杂志事业协会首次签署《海峡两岸期刊加强交流与合作备忘录》。举办首届海峡印刷技术展览会，设展位 650 个，分 5 个展区，台湾印刷暨机器材料同业公会参与主办，在展馆的印刷设备材料展区专门设立台湾馆，有 17 家台商企业参展，展位 76 个；举办印刷产业发展主题论坛、“金鹰”杯首届海峡印刷技术创意设计大赛、第七届全国包装印刷质量评比活动等配套活动；签约项目 200 个，总价值 7.83 亿元。福建新华发行集团举办第四届金门书展，首次从金门延伸至澎湖、马祖地区。福建省出版总社、福建人民出版社与台北市出版商业同业公会合资成立世界华文文创控股股份有限公司。福建电子音像出版社在台北成立《天下妈祖》网新闻采编点，并与台湾图书出版事业协会达成长期合作协议。福建日报报业集团成功举办海峡媒体峰会，两岸 50 多家主流媒体聚集福州开展交流。

【产业发展】 深入实施精品工程，组织参加第 11 届全国精神文明建设“五个一工程”(文艺类图书)作品评选，《蓝天下的课桌》获得优秀作品奖。在全国图书出版社等级评估中，厦门大学出版社被评为一级出版社，并获得“全国百佳图书出版单位”称号；《海峡通讯》、《中篇小说选刊》荣获“新中国 60 年有影响力的期刊”称号。省新闻出版局和省版协联合开展第二届福建省优秀出版物奖评选活动，全省有 146 种图书获得 156 个奖项，59 种期刊、11 种音像、电子和游戏出版物获奖。开展包装产品质量评比活动，162 件产品获得全国奖励。晋江磁灶印刷工业园被中国包装联合会命名为中国包装印刷(晋江)基地。组织参加法兰克福书展中国主宾国活动，赴美国、澳大利亚等多个国家举办福建图书展。新闻出版系统 4 家企业被评为 2009—2010 年度国家文化出口重点企业。在第六届国际儿童电影节评选中，福建省文艺音像出版社制作出版的数字电影《鹤乡谣》，获得优秀影片奖、最佳电影摄影奖。福建省有互联网出版服务资质单位增至 5 家。网龙网络有限公司投资建设海西动漫创意之都。

第五届海峡两岸图书交易会于 2009 年 10 月 30 日至 11 月 1 日在厦门国际会展中心举行。 (省新闻出版局供稿)

【公共服务】 省政府把农家书屋工程列为 2009 年为民办实事项目之一，全省 3382 农家书屋基本完成，其中省财政投入 1350 万元，扶持设立 1500 家农家书屋，并对困难地区村图书室改造给予补贴；先后召开全省山区片、沿海片两场农家书屋现场经验交流会；积极发动社会力量参与农家书屋工程，全省收到捐赠农家书屋 321 家、353.96 万码洋图书；组织对上年度建设的农家书屋中的 126 个书屋进行抽查验收，达标率 95.24%。第三届“全民读书月”活动广泛开展，努力营造良好读书氛围，促进学习型社会建设；厦门“书香鹭岛活动月”活动在中宣部、总署的表彰活动中获“全民阅读活动优秀项目”奖。省刊协组织福建省 55 种期刊在龙岩、三明、宁德 3 市组建 10 家红土地期刊阅览室。

【产业管理】 制定净化社会文化环境工作分解方案，提出服务未成年人思想道德建设的措施；指导各报刊增加服务青少年的内容，加强对侵害未成年人权益现象的舆论监督。以“辉煌 60 年”为主题，广泛开展第 17 届青少年爱国主义读书月活动，引导青少年读好书、用好书；加强对校园周边出版物市场的监管，清缴以未成年人为对象的有害出版物。强化对手机出版的监管，加大整治手机淫秽色情和低俗信息力度。加强对游戏出版物的内容审查，监督指导网络游戏开发和运营企业安装和使用网络游戏防沉迷系统。加强报刊审读队伍建设，坚持专题审读和重点审读相结合，强化对报刊内容导向、编校质量与规范出版问题的监管。开展报刊年度核验工作，坚持“一看、二审、三查、四析”，严格把关。

加大虚假违法及低俗广告治理力度，组织2次报纸虚假违法广告刊载情况专题审读和检查。开展监督抽查活动。做好新版新闻记者证换发工作，完成换证4000多本。全面实施书号网上实名申领工作，制定书号网上实名申领的管理办法和工作程序(试行)，除少量预拨书号外，其余书号均通过网上书号实名申领系统核发，创新书号管理机制。组织对已出版的图书、在编书稿和重大选题备案情况进行全面检查，开展专项图书质量检查和重点审读。

【扫黄打非】 全年多次开展封堵查缴违禁出版物行动，严把非法出版物入口关、生产关、运输关、市场关和网络关。开展软件预装市场、网络侵权和盗版教材教辅的专项整治行动，受理查处侵权案件213件，移送司法机关11件，收缴各种侵权盗版制品107多万件。开展全省非法出版物集中销毁活动，集中销毁非法出版物135万册(盘)。先后查处27起大要案，其中厦门"7·16"批销非法音像制品案、泉州"11·22"手机网站传播淫秽物品牟利案等4起案件被全国"扫黄打非"办列为挂牌督办案件。全省"扫黄打非"行动共查获"制黄"、"贩黄"、非法出版等违法案件129起；查缴非法出版物65万多件；取缔游商、地摊非法经营摊点1899个；取缔关闭印刷复制企业15家；取缔非法网站415个，删除、屏蔽网络有害信息5382条。

【版权保护】 举办首届福建版权创意精品展，展示莆田、德化的333件木雕、陶瓷工艺精品，向第三批25家省版权保护重点企业授牌；举办版权保护与产业发展高峰论坛、专家评选和群众推荐版权精品等活动，促进了版权产业单位交流合作。举办版权保护重点企业和版权中介机构业务人员培训班，就海关版权保护、作品版权登记的相关知识以及规范中介组织代理行为等方面内容进行培训。全省新增作品版权登记6829件。省版权局率先直接受理登记除计算机软件之外的台、港、澳作品的版权，受理登记台、港、澳个人作品20件，企业法人作品150件。继续推进企业软件正版化工作，150家企业基本完成正版软件采购、安装等工作。

【体制改革】 组建海峡出版发行集团有限责任公司，由省出版总社及其下属单位、福建新华发行(集团)有限责任公司及其下属单位、福建教育出版社及其下属单位以及海峡书局出版社有限公司组成，总资产35.13亿元，净资产24.43亿元，为国有大型文化企业，由省委宣传部领导，省新闻出版局进行行业管理。积极推进出版发行单位转企改制，有10家图书出版社、5家音像和电子出版单位、3家杂志社由事业单位转制为国有文化企业，厦门对外图书交流中心转制并组建为厦门外图集团有限公司，福建新华发行集团、厦门音像出版社被评为全国文化体制改革优秀企业。(严桂忠)

2009年12月30日，海峡出版发行集团成立挂牌仪式在福州举行。

(省新闻出版局供稿)

地方史志编纂

【概况】 2009年，福建省地方志工作机构有福建省地方志编纂委员会1个，设区市方志委(办)9个，县(市、区)方志委(办)82个(其中与政府办、党史办合设6个)，1个市辖区和1个县级市未成立机构(但地方志书编纂工作正常开展)；专职地方志工作者800余人，其中在编人员511人，在岗455人；聘请人员300余人，兼职修志编鉴人员近万人，在职在编人员中本科以上学历有207人、大专学历有185人。全省第二轮修志计划编纂的93部市、县(区)志中，已出版6部，交付出版2部，已评稿12部；有8个设区市50多个县级方志委(办)开编地方综合年鉴；计划编纂的90余部省志分志中，启动72部，其中3部交付验收、10部完成初稿。

【地方志书出版】 《福建省志·闽台关系志》 由省方志委组织编纂、省台办牵头，福建社会科学院、厦门大学、福建师范大学等单位共同承编的《福建省志·闽台关系志》，2008年12月由福建人民出版社正式出版，69.5万字。该志是有史以来第一部记述福建与台湾历史渊源与现实关系的专业分志，由概述、地理关系、人口播迁、台湾姓氏渊源与地名渊源、台湾行政建置、共御外侮、文化关系、教育、科技、交通运输、经济贸易、传播媒体、闽台相关机构、附录等部分组成，反映闽台地缘近、血缘亲、文缘深、商缘广、法缘久的同根同源关系，记述福建先民筚路蓝缕、迁徙台湾、开发台湾、建设台湾以及两地同胞胼手胝足共建家园的感人史迹。

《福建省志·社会科学志》 由省方志委组织编纂、省社会科学界联合会承编的《福建省志·社会科学志》，2009年8月由福建人民出版社出版，71.3万字。该书记述哲学、经济学、政治学、法学、教育学、文学艺术、语言与文字学、历史学、社会学、新闻学等学科研究活动与成果，以及社会科学管理的历史与现状，注重反映具有福建特色的学科及闽学研究，华侨史研究，海外交流史研究，台湾、香港、澳门暨海外华文文学研究，福建方言研究，经济特区、开放区经济研究等具有福建特色的专业研究，具有学术性、地方性和时代性相统一的特点。

《仙游县·郊尾社区志》 2009年5月，仙游县《郊尾社区志》出版，是莆田市二轮修志中出版的第一部社区志。该书共15章36万字，卷首分题词、序、概述和大事记，卷末设附录和修志始末。内容涵盖社区的村居建置、自然环境、人口家庭、经济文化、人文习俗、宗教信仰等，突出地方特色，弘扬时代精神。

《闽东老区志》 2009年8月，由宁德市老区办组织编纂的《闽东老区志》出版发行，全书共8章，24万多字。该志以丰富翔实的资料和生动感人的史实，系统地记载闽东从新民主主义革命时期到改革开放近80年的革命史和建设史，重点反映中共闽东地方组织建立、发展和壮大的历史进程，以及新中国成立后，闽东老区人民继承革命传统、艰苦奋斗、建设美好家园的历程。

《漳州市渔业志》 2009年9月，由中国农业出版社出版发行，全书120万字。该志全面、系统地记载漳州市渔业发展的历史与现状，主要反映漳州市海域辽阔、滩涂广布、江河众多、水生物种丰富多样等资源环境条件的优势与特色等。同时，设立渔文化专章，记载颇具闽南地方特色的渔区生活生产习俗、谚语的故事、美食、工艺品等；全志由序言、图照、概述、大事记、18章专章、附录等组成。

《龙门滩水库志》 2009年11月，由泉州市龙门滩引水工程管理处编纂的《龙门滩水库志》出版发行。该志共有4卷8章，12.8万字，翔实地记述了龙门滩引水枢纽工程建设、管理的历史和现状，展示了引水枢纽工程运行20多年来的光辉历程。

《莆田市第一医院志》 2009年11月，由莆田市涵江区方志办编纂的《莆田市第一医院志》，由中州古籍出版社出版发行。该志小16开精装、60万字，是全省第一部正式出版的地市级医院志，记载了1959—2008年莆田市第一医院走过的半个世纪沧桑历程，为后人留下可查阅的历史资料。

《厦门新闻志》 2009年12月，由中共厦门市委宣传部和厦门市新闻工作者协会组织编纂、鹭江出版社出版。全书共64万字，设有报纸、广播电视、驻厦新闻机构、新闻团体、新闻教育、新闻管理和人物5篇、19章及附录，并配有92幅照片。这书以翔实的资料，忠实地记录厦门自1872年第一张报纸《厦门航运报》创办后至2005年厦门新闻发展的历程，记录厦门新闻工作者走过的道路，同时也反映了厦门社会百年翻天覆地的变化。

《德化县姓氏志》 2008年12月，德化县方志办编著的《德化县姓氏志》由方志出版社出版发行，全书71.9万字。该书详细记载德化县200多个姓氏的由来、演变、发展历史和现状，以及不同历史时期德化各姓氏中涌现出的杰出人物。

《福州市·三坊七巷志》 2009年6月，福州市方志办组织编纂的《三坊七巷志》由海潮摄影艺术出版社正式出版发行。《三坊七巷志》全方位地记述三坊七巷的风貌、变迁、古迹、名人和掌故，并突出了三坊七巷的书香文化和民俗文化，明晰其在闽都文化和新时期福州精神中的重要地位。

《永定客家土楼志》 2009年9月，永定县委、县政府主办，永定县方志办编纂的《永定客家土楼志》由方志出版社出版发行。该志除概述、大事记、附录外，分土楼起源与发展，土楼类型、分布与传播，土楼建造，土楼特色，土楼群和名土楼选介，土楼文化，土楼研究，土楼人物，土楼管理与保护，土楼申报“世遗”，土楼旅游等11章，50余万字，并配有土楼照片200余幅，图文并茂、内容翔实，是一部集客家土楼建筑、文化等方面知识的地情书籍。

《沙县风物志》 2009年12月，沙县方志委编纂的《沙县风物志》由福建音像出版社出版发行。该书共26万字，设6章25节，充分展现了千年古邑、“闽中明珠”沙县的风物大观。书中附有200多幅精美照片，达到图文并茂的效果。

【地情书编纂出版】 《先行的脚步——福建改革开放30年纪事》 2009年2月，省方志委组织9个设区市方志委（办）共同编纂，由海潮摄影艺术出版社出版。该书由《福建篇》及9个设区市分篇共10个分册组成，共33.4万字。采用条目体与编年纪事本末体相结合的体裁，以图文并茂的方式，记录福建省改革开放30年来政治、经济、社会、文化等方面发生的大事、要事、新事、特事。

《三明名优产品》 2009年6月，三明市方志办组织编纂的《三明名优产品》由海峡文艺出版社出版发行。该书共有9章，33万字。精选收录近3000年间产自三明境域的249个名优产品，以图文并茂的形式彰显三明悠久的历史文化，展示了三明名优产品的独特工艺，从一个侧面反映了三明历史的发展轨迹。

《晋江辉煌60年》 2009年9月，由晋江市方志办和晋江市地方志学会编撰，14.6万字。该书图文并茂，采用记事本末的写法，以丰富的史实，展示晋江解放60年来在政治、经济、文化、社会事业各方面的辉煌成就。

《南靖传统名产》 2009年12月，由南靖县方志委组织编纂、陈春梅撰写的《南靖传统名产》一书出版发行。全书近10万字，记录了南靖麻竹、香蕉、芦柑、兰花、高山茶、巴戟天、香鱼等40种传统名产的历史沿革、品质特征，是一部南靖名产的“小百科全书。”

【旧志整理出版】 2001年开始，经省政府批准，省方志委从历代各级所修的地方志中，选择部分省、府、州、县志进行点校，组成福建旧方志丛书出版。至2009年，已陆续出版宋淳熙《三山志》，明《邵武府志》、《建宁府志》、《福安县志》，清《汀州府志》、《浦城县志》、《将乐县志》、《平和县志》、《泰宁县志》，清、民国《连城县志》，民国《明溪县志》、《大田县志》等。

【地方志之窗网站建设】 该网站将首轮三级志书全部上网，库内共收录志书309部、约3.55亿字，图片1.7万张。网站栏目设置，增设闽南文化、客家文化、妈祖文化、红土地文化、船政文化、畲族文化、朱子文化等福建特色文化栏目，增强网站的趣味性和吸引力。

【《福建省志·文化艺术志》和《福建省志·闽台关系志》获奖】 2009年11月，由省方志委组织编纂，省文化厅牵头承编，省文联、福建师范大学参编的《福建省志·文化艺术志》荣获福建省第八届社会科学优秀成果奖一等奖，这是20多年来福建省地方志书首次获此殊荣。由省方志委组织编纂、省台办牵头，福建社会科学院、厦门大学、福建师范大学等单位共同承编的《福建省志·闽台关系志》，获得优秀成果奖三等奖。

（林浩）

编辑：郑莱

卫生体育

医疗卫生

【深化医药卫生体制改革工作】 2009年4月，中央深化医改政策出台后，福建省成立了由黄小晶省长任组长，陈桦、李川、张志南3位副省长为副组长的省政府深化医药卫生体制改革领导小组。省委常委会、省长办公会专题研究医改工作，2009年6月6日省政府批转省发展改革委、卫生厅等部门制定的《福建省2009年医药卫生体制改革实施方案》。7月14日，省政府召开全省深化医药卫生体制改革工作会议，全面动员部署医改工作。黄小晶省长、陈桦副省长多次主持召开省医改领导小组工作会议和医改专题会议，研究医改重点难点问题。省卫生厅积极参与研究制定医改方案，督导检查，深入调研，出台医改配套文件。全省卫生系统认真贯彻医改工作部署，落实医改任务，深化医改工作开局良好。

新型农村合作医疗工作扎实推进。新农合制度覆盖全省76个县(市、区)2467万农业人口，参合农民2350.29万人，参合率95.26%，比上年提高3.68个百分点。自7月1日起，将当年出生新生儿纳入新农合保障范围；全省新农合筹资标准提高到100元/人·年，最高支付限额达到当地农民人均纯收入的6倍以上；乡镇卫生院、县和县以上(县外)定点医疗机构的住院报销比例分别达到80%、60%和40%；门诊特殊病种扩大到10种。三明、莆田、龙岩等市开展大额医疗费用补充补偿，切实减轻了农民大病负担。统一启用新农合管理应用软件，提高基金管理水平与效率，实现异地就诊信息即时传输，参合农民住院即时结报从县域向设区市定点医疗机构扩展。全年新农合住院补偿165.48万人次，次均补偿1517.83元，比上年提高9.07%；住院补偿比例47.2%，比上年提高3.2个百分点。

国家基本药物制度稳步实施。9月2日，省政府办公厅转发省卫生厅、省政府纠风办等部门制定的《关于进一步规范医疗机构药品集中采购工作的实施意见》，批准成立省医疗机构药品集中采购中心，建立政府主导的省级药品集中采购平台，启动基本药物集中招标工作。11月7日，省卫生厅、发展改革委等8部门联合下发通知，将68个城市社区卫生服务中心和18个县(市、区)的194个乡镇卫生院列为首批实施基本药物零差率销售改革试点单位，在全省30%的公立基层医疗卫生机构率先实施国家基本药物制度。12月22日，省卫生厅印发《福建省基层医疗卫生机构用药目录(2009版)》，确定基层医疗卫生机构使用的基本药物455种，其中国家基本药物307种，本省增补品种148种；从2010年1月1日起，全省所有政府开办的基层医疗卫生机构(乡镇卫生院和社区卫生服务机构)全部配备和使用基本药物。

城乡基层医疗卫生服务体系进一步加强。1月，省政府出台了《关于进一步加快乡镇卫生院改革与发展的意见》，对乡镇卫生院实行分类管理，建立“以县为主”的管理体制和人员经费公益性保障机制。实施乡镇卫生院加强建设规划，安排110个乡镇卫生院业务用房改扩建和环境改造项目，新建、改造业务用房20.4万平方米，拆除D级危房3万平方米；为300所乡镇卫生院配备基本诊疗设备，92所乡镇卫生院配备救护车；完成153所乡镇中心卫生院远程医疗会诊项目网点建设。开展乡镇卫生院人员编制核定工作，新增编制6494名；鼓励医学类专业大学毕业生到农村基层医疗机构服务，招聘354名临床专业本专科毕业生经过培训后充实到乡镇卫生院工作；完成500名乡镇卫生院卫技人员临床技能进修和3万余名乡村医生规范培训。完善千名医师帮扶农村医疗卫生机构工作，选派280名城市三级医院医师对口帮扶52所县级医院，720名县级医院医师帮扶360所乡镇卫生院。

社区卫生服务工作加快推进。推进社区卫生服务机构标准化建设，重点建设14所社区卫生服务中心。开展社区医生进家庭活动，组建社区卫生服务团队898个，覆盖208万户家庭656万居民，初步形成以建立居民健康档案为基础，常见慢性病管理和老年人保健为重点，医患双向联系、主动服务和上门服务的社区卫生服务新模式。加强社区卫生人才培养，培训全科医师686人、护士630人。在福州(台江区、鼓楼区)、厦门(思明区)和漳州等市试点推行社区卫生服务中心(站)一体化管理、建立双向转诊机制、实行药品统一采购配送和零差率销售改革。

基本公共卫生服务均等化工作稳步开展。在全省启动向城乡居民免费提供的9类基本公共卫生服务项目。在12个县开展建立农村居民健康档案试点，建立居民健康档案691.5万份。建立基本公共卫生服务绩效考核机制，实现考核结果与经费补助挂钩。

落实艾滋病、结核病等相关政策和防治项目。为艾滋病患者免费提供抗病毒治疗；全省新涂阳肺结核患者发现率71.5%，治愈率89.9%。落实扩大国家免疫规划，第一类疫苗接种率保持在90%以上，乙肝疫苗首针及时率达96.79%。对全省554.45万名8月龄～14岁儿童实施麻疹疫苗强化免疫，全年麻疹发病率为0.278/10万，比上年下降92.43%，实现了国家确定的发病率控制在1/10万的目标。

新增重大公共卫生服务项目加快实施。开展增补叶酸预防新生儿神经管畸形项目；实施城乡低保妇女每两年进行一次妇女病检查项目，免费为13万余人检查妇女病；落实中央补助“两癌”检查项目，免费为1.2万名农村妇女进行乳腺癌检查，1.36万名农村妇女进行宫颈癌检查；为全省约180万名8～15岁儿童免费补种乙肝疫苗，提前两年完成国家下达的任务；实施农村孕产妇住院分娩补助项目；落实百万贫困白内障患者复明工程，免费手术治疗患者12930例，超额完成国家下达的任务。

公立医院改革稳步开展。省政府研究确定厦门市作为公立医院综合改革试点城市，并推荐上报国务院医改办作为国家重点联系改革试点城市。开展公立医院改革试点的前期调研工作。组织编制实施全省医疗机构发展规划，以县及县以上医疗机构为重点，合理扩充医疗资源，全省新增床位5012张。福建省立医院心血管病综合楼、省人民医院病房门诊综合楼等省重点项目进展顺利，列入中央预算内新增投资安排的24个县级医院建设项目全部动工。

卫生信息化建设扎实推进。组织编制《福建省居民健康档案信息系统省级平台建设可行性研究报告暨初步设计方案》，启动全省居民健康信息系统项目。在全省推行社保卡就诊“一卡通”取得实质性进展，省属10家医疗单位率先实现社保卡作为就诊卡通行通用。

【甲型H1N1流感疫情防控】 4月底以来，面对甲型H1N1流感疫情在全球快速蔓延态势，全省卫生系统坚持依法科学防控，完善联防联控机制，针对疫情不同阶段的特点，及时调整防输入、缓扩散、减危害的防控策略和措施，在全国率先开展境外入境人员的健康管理，对入境人员采取定点观察、随访等医学措施，累计达到12万多人；做好重点场所、重点人群和重点环节的疫情防控，及时科学处置聚集性疫情，使福建比全国推迟一个月进入流行高发期，且流行强度明显低于国内高峰值。做好药品和物资储备，设立定点救治医院，开展医务人员培训，严格控制院内感染，加强重症病例救治，按计划完成206万名重点人群疫苗接种任务。加强新闻宣传和健康教育，及时向社会发布疫情信息，宣传防病知识，增强公众信心。自5月24日福建确诊首例输入性甲型H1N1流感病例至12月31日，全省共报告甲型H1N1流感确诊病例4752例，住院治疗1834例，治愈4327例，累计重症病例286例，死亡13例。甲型H1N1流感疫情防控取得阶段性成果，最大限度地减轻了疫情对福建经济社会发展和人民群众生产生活的影响。

【公共卫生工作】 从强基础、抓队伍、建网络入手，推动全省公共卫生服务体系建设，公共卫生服务能力进一步提升。组织开展鼠疫、霍乱等18种重点传染病监测预警工作，全省设立178个疾病监测点，疾病监测预警能力进一步提高。建成传染病疫情与突发公共卫生事件信息报告管理系统，全面覆盖疾病预防控制机构、卫生监督机构、县及县以上医疗机构以及乡镇卫生院，实现信息报告的动态性、实时性和网络化管理，为卫生应急决策指挥和多部门联防联控提供了科学依据。加强疫苗冷链系统建设，更新添置一批冷链设备。疾病预防控制绩效考核工作全面推进，公共卫生项目责任制得到落实，全年全省甲乙类传染病报告发病率380.63/10万，孕产妇死亡率22.67/10万，婴儿死亡率7.7‰；全省国家免疫规划针对传染病的发病率维持在较低水平，持续保持无脊灰状态。依托“12320海西健康热线”开通“福建省心理援助热线”，向广大群众提供便利的心理危机干预服务。继续在福州市台江区和闽清县实施重性精神疾病管理治疗项目，探索全省精神卫生防治的模式。继续开展“亿万农民健康促进行动”和“全民健康素养促进行动”等活动，建立福建省健康素养监测网络，在10个县（区）开展公民健康素养巡讲活动。组建3支省级卫生应急机动队，初步建成省突发公共卫生事件应急指挥视频会议系统，开通应急值守短信平台，卫生应急和快速反应机制进一步完善，保障了防控手足口病疫情、甲型H1N1流感疫情等工作的有效开展。实施儿童医疗救治体系建设，全省儿童医疗救治能力进一步提高。推进产前筛查、诊断技术网络建设，加强助产技术指导和培训，基层助产机构服务能力进一步提升。做好婚前医学检查工作，全省婚前医学检查率达91.5%，继续保持全国首位。禁止非医学需要鉴定胎儿性别和选择性别人工终止妊娠专项治理工作取得初步成效。

以创建卫生城镇（区）活动为载体，以农村改厕和水质监测为重点，积极开展爱国卫生工作，城乡环境卫生进一步改善。在全省开展以“清洁城乡，保护健康”为主题的第21个爱国卫生月活动暨迎接新中国成立60周年爱国卫生运动。新增永定、泰宁、惠安、尤溪4个省级卫生县城，完成对亭江、岳峰2个国家卫生城镇的复核。组织完成1.6万户改厕任务；完成38个项目县1125处已建农村饮水安全集中供水工程水质卫生监测任务。

【医疗服务监管】 深入开展医院管理年和“医疗质量万里行”活动，持续推进创建“平安医院”工作，医疗服务质量和管理水平不断改善。组织开展医院评价督导，评审确认4家三级专科医院（含妇幼保健院）和98家二级综合医院。在全省三级医院组织开展病历质量评比，省立医院、福建医大附属第一医院参加卫生部组织的病历质量评比活动分获一、二等奖。新设心血管介入、临床用药等5个省级医疗质量控制中心。开展医疗机构设置审批专项治理工作。强化临床合理用药管理，对1200名医务人员进行抗菌药物临床应用培训，39家医院被纳入国家合理用药监测网络。福建省2009—2011年乙类大型医用设备配置规划通过卫生部核准，2009年全省核准配备和更新乙类大型医用设备53台。开展控制医药费用工作核查与监管，实行同区域、同等级、同类型医院执行统一控制指标，82%的县及县以上医疗机构每门诊人次收费水平和出院者平均医药费用指标的增长控制在核定幅度内。总结推广漳州市、福鼎市的经验做法，推动建立医患纠纷第三方调解和医疗责任保险机制，全省累计通过“平安医院”考评的县及县以上医疗单位208家，达标率为84.2%；厦门、漳州、龙岩、宁德等市公立医疗机构全部通过“平安医院”考评。

【卫生监督执法】 加快推进卫生监督体系建设，履行卫生监管职责，扎实开展食品、职业病、公共场所、消毒产品等各项卫生监督工作。为37个县级以上卫生监督机构补助配备执法车辆等装备。贯彻《食品安全法》，履行餐饮服务监管职责，加强集中式餐饮具消毒服务机构监管，组织餐饮消费环节重点监督检查，打击违法添加非食用物质及滥用食品添加剂行为；餐饮服务单位食品原料索证和台账验收制度进一步落实，持证率94.2%，量化分级管理率96.7%，食品安全状况明显好转，食物中毒发生率显著降低。推进卫生监督工作向农村基层延伸，龙海市农村卫生监督网络建设初见成效。在住宿行业率先推行公共场所卫生监督量化分级管理，全省量化分级管理率53.18%，厦门市量化分级管理率达到84.7%。建立重点企业职业病危害预警监测网络，排查企业职业危害隐患，监督检查职业病危害重点企业4440家，会同有关部门联合开展涉尘作业场所和高毒物品危害治理专项行动，全年安全生产责任制工业卫生指标控制工作落实良好。继续保持打击无证行医和非法采供血行为的高压态势，与公安机关建立联席会议制度，加强协调配合，移送涉嫌犯罪案件20起，维护了群众身体健康和生命安全。

【中医药工作】 广泛开展中医药知识宣传普及活动，成功举办"中医中药中国行"大型科普福建宣传活动和2009海峡两岸中医药发展与合作研讨会。推进7所地市级以上重点中医医院和10所县级中医医院项目建设；启动中医医院等级评审，确认3所三级甲等中医医院和2所三级乙等中医医院。推动14个国家重点专科（专病）建设。确定省级农村中医特色专科（专病）11个。持续推进"农村中医工作先进县"和"有中医药特色社区卫生服务示范地区"创建活动，漳浦县被确认为"全国农村中医工作先进县"；继续推动乡镇卫生院示范中医科项目建设。福州市、漳平市开展了药品零售企业设置中医坐堂医试点，省人民医院等单位开展了中医"治未病"试点。发挥中医药特色优势，积极参与甲型H1N1流感防治工作。第四批全国老中医药专家学术经验继承工作和第二批全国优秀中医临床人才研修项目工作稳步开展，中医类别全科医师岗位培训启动实施，乡村医生中医专业中专学历教育继续实施。加强中医药科研支撑条件建设，遴选确定3个省级中医临床研究基地，有9个实验室被国家中医药管理局确定为中医药科研三级实验室，省中医药研究院经络感传研究室列入国家重点研究室建设计划。

【卫生科研教育】 加强卫生科研项目申报和管理，组织推荐、受理科研项目639项，其中省部级81项、厅级558项；已获资助项目274项，其中省部级26项，厅级248项。组织项目成果评审56项，推荐申报科技奖励46项，获省科技奖33项，其中二等奖以上10项。对卫生教育联合攻关计划40个在研项目进行中期检查，验收6个到期项目。开展省级大型医院重点学科现状调查，编制起草《福建省2010—2015年医学重点学科建设规划》。加强实验室生物安全管理和培训，开展一、二级生物安全实验室备案管理，抽查98个医疗卫生单位病原微生物实验室，受理审查高致病性病原微生物运输和实验活动16起，组织编写《病原微生物实验室从事病原微生物实验活动及其防护等级》、《一、二级生物安全实验室基本要求》等实验室备案全套文件。规范人类辅助生殖技术的管理，泉州市中医院试行夫精人工授精技术通过复评。加强医用特殊用品的出入境管理，全年共受理医用特殊物品入境申请12项。广泛开展医学科普宣传活动，为群众提供义诊和健康咨询服务，免费发放科普宣传资料。加强继续医学教育管理，申报列入国家级继续医学教育项目45项，审批公布省级继续医学教育项目326项，学术会议156项；评估确认第二批58个省级继续医学教育基地。

【卫生行风建设】 编制《省卫生厅行政权力目录》，进一步规范了行政权力运行。卫生公共资源市场化配置工作稳步推进。医疗卫生单位公开工作进一步规范。加强重大投资项目资金监管，保证了中央和省投资卫生建设项目顺利实施。开展"小金库"专项治理取得实效。继续深入开展治理医药购销领域商业贿赂工作，公布2批11家不良记录企业名单。医务人员医德考评制度全面落实，民主评议卫生政风行风活动持续开展。社会公众对全省医疗服务总体评价满意率为80.34%，比上年提高7.82个百分点。

（邱俐洪 陈涌）

体　育

【群众体育】 按照科学发展观要求，坚持把事关国民体质健康的群众体育工作作为体育事业发展的重中之重。在组织建设上，重新调整省市县全民健身领导小组，各级政府分管领导亲自挂帅，有关部门通力合作，强化政府对体育事业的主导作用。在群众健身场地建设上，继续实施"农民体育健身工程"，并作为2009年省委、省政府为民办实事项目；省体育局从体彩公益金中安排资金7600万元，并争取到国家体育总局的乡镇体育健身工程试点经费900万元，在全省新建1900个村级农民体育健身工程点和75个乡镇体育健身活动中心；9个设区市也从地方体彩公益金中划拨资金，增加当地农村体育健身工程点建设，更新健身器材。在群体活动组织上，以8月8日"全民健身日"为主线，以"全民健身、活力海西"为主题，结合十一届全国运动会和国庆60周年等重大时间节点，共组织县级以上群体活动1000余项；福州市举办全国健身登山大赛一系列活动和开展国民体质监测进工厂、进农村、进军营、进社区、进机关"五进"活动，参与群众达百万人之多；厦门市举办国际马拉松赛，吸引了37个国家和地区的5万多人参加；泉州市实施"月月有活动"工程，开展了连续14年的百队千场篮球赛和广场轮滑赛等活动；南平市举办武夷山国际山水茶体育旅游节，为体育休闲和旅游结合探索了有益的经验；龙岩市积极扶持企事业单位和体育社团举办有客家特色的健身活动，有效延续了红土地奥运情结。在社会体育指导员培训上，全省培训各级社会体育指导员3242名，累计达到34310名，其中国家级123名、一级2835名、二级9513名、三级21842名，超额完成了国家体育总局"十一五"规划任务。在学校体育场馆开放上，省体育局从体彩公益金中向全省397个试点学校发放补助经费794万元，配合省教育厅完成试点校挂牌工作；福建省学校体育场馆向社会开放工作的力度在全国居先，在2009年全国群体工作会议上做了经验介绍。在十一届全运会期间召开的全国群体工作先进表彰会上，福建省有70个单位、60名个人分别被评为全国群体工作先进单位和先进个人，4个县市被评为实施农民体育健身工程工作先进单位，3个俱乐部被评为先进青少年俱乐部，2个学校场馆被评为向社会开放先进单位。省体育局等10个单位获得2009年全国全民健身活动优秀组织奖，25个单位评为全国全民健身活动先进单位。

【竞技体育】 在第十一届全运会上，福建省夺得19枚金牌、11枚银牌、21枚铜牌和996.5分的总分，金牌数实现历史新突破，居全国第9位；奖牌数居第10位，总分居第12位。游泳名将齐晖夺得3金1银；强势项目蹦床夺得男、女团体两枚金牌；羽毛球男子单打、男子太极拳、赛艇男子双单连续两届夺冠；男子沙排、男子帆船470金牌又重回福建选手手中；男子散打成为福建新的金牌增长点；女子跳高夺金，实现了福建田径近20年来金牌零的突破。福州市有10人次获得金牌、3人次获得银牌、5人次获得铜牌，奖牌数位列全省第一，金牌数与龙岩并列第一；龙岩市有10人次获得金牌、4人次获得银牌、3人次获得铜牌。为保持竞技体育可持续发展，省政府办公厅转发了省体育局、教育厅、财政厅、省公务员局和省编办共同制定的《关于加强福建省竞技体育后备人才培养工作的意见》，各设区普遍研究制定了具体贯彻落实的措施。

【体育产业】 省体育局联合国家体育总局科研所和省内有关专家深入调研福建省体育产业和体育设施规划布局，

在第十一届全运会女子跳高决赛中，福建队选手郑幸娟以1米95的成绩夺得冠军。　（省体育局供稿）

完成了全国首次体育产业专项调查，研究制定《福建省体育及相关产业专项调查资料开发应用课题研究管理办法》。认真贯彻国务院2009年出台的《彩票管理条例》，紧紧抓住“产品、渠道、品牌”三大重点，通过创新体制机制优化内部管理，加强队伍建设，在保证安全运营的前提下，销售量达到34.8亿元，比上年增长14.36%，位居全国第五，市场份额连续9年位居全国第一。以晋江体育产业基地为代表的福建体育用品业有了新的飞跃，在北京体博会上，福建有100多家企业参展，展位1000多个，占全部展位的1/5。全省体育产业增加值从上年占全省生产总值的2.74%增加到2.95%，对经济增长贡献率达到4.15%；体育产业从业人员达55.64万人，占全省全部从业人员的2.68%。

【体育设施建设】 针对全省体育设施严重不足的矛盾，进一步加强体育设施建设，省体育局组织的“一场两馆”改造、体育职业技术学院二期工程有序展开；莆田市2010年第十四届省运会场馆建设基本完成；福州市海峡体育中心、漳州市体育场等一批大型体育设施被列为地方市政建设重点工程。省体育局投入体彩公益金1000万元，带动17个县、区、市投入资金1.8亿余元，新建体育场馆17个。截至年底，绝大多数设区市已经具备承办省级运动会能力；福清、同安、晋江、石狮、建宁、建瓯、龙海、仙游等县市区体育场馆建设也已初具规模。

【体育交流和队伍建设】 借助闽台体育交流首次列入“海峡论坛”的有利时机，成功举办“海峡两岸体育交流座谈会”；先后组织“海峡两岸传统武术交流大赛”、“第三届海峡两岸巾帼健身展示大会”等系列交流活动。厦门市被国台办和国家体育总局授予“对台体育项目交流基地”，举办的首届海峡杯帆船赛和厦金横渡等活动开创了两岸体育交流的先河。积极组织参加国家体育总局和第十一届全运会组委会在济南举办的“中国体育60年辉煌成就展”参展工作，并荣获优秀组织奖。举办2009年全省体育行政执法培训班，建立和完善省、市、县三级体育行政管理部门执法人员档案库，提高了依法治体的能力和水平；研究制定《福建省2010—2012年体育人才培养规划》，初步形成运动员、教练员、体育管理、产业经营等重点人才的培养体系；省体育职业技术学院各项事业稳定发展，初步建立校企合作机制，毕业生就业率达到80%以上，高于全省高校毕业生就业平均水平。

（王琦生）

编辑：王明永

社会生活

人民生活

【城镇居民生活】 收入水平。2009年全省城镇居民人均可支配收入19577元，增长9.0%；扣除物价上涨因素后实际增长10.9%，同比增幅提高0.1个百分点。城镇居民收入总体呈上升趋势，各项主要收入有升有降。(1)居民增收的六成多来自工资收入，成为收入增长的首要因素。人均工资性收入达14211元，增长12.2%，对总收入增长的贡献率为76.9%，拉动居民收入增长7.8个百分点，工资收入成为收入增长的首要因素。(2)财产性收入和转移性收入对收入贡献较小。人均财产性收入和转移性收入分别为1173元、4253元，增长23.1%和9.6%，对总收入增长的贡献率为11%和18.6%，拉动收入增长1.1和1.9个百分点。(3)受整体经济形势影响，经营净收入下降。人均经营净收入2055元，同比减少6%。城镇居民收入增长的主要原因：一是受市、县(区)公务员规范津补贴政策以及提高中小学教师津贴标准的影响。从2009年1月份开始，全省各县(市)机关单位陆续兑现公务员的津补贴，福州市部分周边县(市)参照省会城市市区津补贴水平高标准兑现，提高了机关公务员整体收入水平，对其他阶层人员收入增加也起着示范作用；同时为加强中小学教师队伍建设，2009年初各地中小学校逐步上调在职教师津补贴标准，推进绩效工资改革。二是政府“保增长”措施成效显著。2009年以来省政府促进就业政策力度明显加大，城镇居民就业面从2008年的53.8%扩大到2009年的55.1%，上升1.3个百分点，有效地推动城镇居民收入的稳步增长。三是改善了城镇企业职工基本养老保险。根据省政府《关于调整企业离退休人员基本养老金的通知》，对参加城镇企业职工基本养老保险省级统筹的企业退休、退职人员给予调整基本养老金，从2009年1月1日起，全省月人均增加130元，有效地保障企业退休人员的基本生活水平。

消费水平。全省城镇居民人均消费支出13451元，增长7.6%，扣除物价上涨因素实际增长9.5%，提高1.3个百分点。扩大消费成效显著，消费实际增幅为近3年最高。一是家庭设备用品支出增长加快，成为2009年消费增长点。全年城镇居民人均家庭设备用品及服务支出859元，增长19%，增幅提高7.1个百分点。其中家庭设备耐用消费品支出增长29.9%，提高26.2个百分点，成为2009年居民消费增长的主要因素。二是汽车消费大幅增长。全年城镇居民家庭平均每百户家用汽车购买量为1.53辆，比上年增长1倍；车辆用燃料及零配件人均支出304元，增长17.6%。家用汽车购买量的增加，使城镇居民人均交通支出达到1103元，增长18.7%，提高7.8个百分点。三是家庭网络消费明显提高，引导消费新方向。2009年末每百户接入互联网的计算机达到67.3台，增长9.8%。家庭网络消费支出也明显增加，城镇居民人均上网费为134元，增长12.9%；网上购物支出人均为31元，增长1倍，增幅提高40.8个百分点。四是文化娱乐支出增长较快。全省城镇居民人均文化娱乐服务支出497元，增长15.3%。其中，团体旅游支出373元，增长19.1%；健身活动支出14元，增长49.1%。五是衣着支出和居住支出稳步增长。城镇居民人均衣着支出1172元，增长6%，拉动消费支出增长0.5个百分点。居民人均居住支出为1395元，增长7.3%，增幅提高4.2个百分点。六是医疗保健支出继续稳定上升。城镇居民人均医疗保健支出592元，增长9.4%。其中药品费支出243元，增长3.7%；医疗费240元，增长17.5%；滋补保健品支出90元，增长21.7%。七是金银首饰等奢侈品消费增长快。城镇居民人均金银珠宝首饰消费支出83.9元，增长23.3%，居民金银珠宝首饰消费占消费支出的比重从上年0.5%提高到2009年的0.6%。

耐用消费品拥有量。耐用消费品拥有量进一步提高。一是大众家电全面普及。平均每百户城镇居民家庭拥有彩电175.45台，增长3.5%；电冰箱103.91台，增长2.1%；洗衣机100.28台，增长2.0%；家庭空调器175.36台，增长6.7%。二是交通通讯工具快速进入居民家庭。每百户拥有固定电话已达93.56部，移动电话216.68部，已基本普及；每百户家庭拥有摩托车52.07辆，助力车32.94辆，拥有家用小汽车9.57辆。三是卫生方便的小家电日益普及。平均每百户家庭拥有微波炉、热水器、消毒碗柜分别为78.2台、108.98台、46.34台，增长3.2%、1.9%和5.1%。四是文娱耐用品拥有多样化。每百户城镇居民家庭拥有摄像机8.64台，增长12.5%；拥有组合音响32.63套，家用照相机43.57架，钢琴3.75架，其他中高档乐器5.11件。五是家庭信息化水平日趋提高。城镇每百户拥有家用电脑89.15台，增长10.2%。

居住条件。居住条件有所改善。人均住房建筑面积37.5平方米，与上年持平。从住宅建筑式样来看，单栋住宅、四居室、三居室的住户分别从上年的14.58%、7.69%和40.15%提高到2009年的14.59%、7.94%和40.88%。从使用卫生设备情况来看，有厕所浴室所占比重由上年的96.39%提高到2009年的96.91%。从燃料使用情况看，使用煤的住户由上年的2.47%减少到2009年的1.68%；使用其他燃料的住户由上年的

6.13%提高到2009年的7.22%。装修住房的住户由上年的81.47%提高到2009年的82.48%,有35.24%的家庭拥有空调设备,有90.03%的住户拥有私人的房屋产权。 (杨威)

【农村居民生活】 2009年福建省农民人均纯收入6680.18元,继续居全国各省(市、区)第七位;比上年增加484.11元,增长7.8%,增幅同比下降5.5个百分点;扣除价格因素实际增长10.1%,增幅上升1.8个百分点。

收入特点。全年全省农民人均工资性收入2678.36元,比上年增加256.89元,增长10.6%,占全年纯收入的比重为40.1%,上升1.0个百分点;对当年纯收入的贡献率达53.1%,拉动农民人均纯收入上升4.1个百分点。其中,在本乡地域内劳动得到收入人均1605.96元,增长13.7%;人均外出从业得到收入754.39元,增长12.0%。农民人均家庭经营纯收入3330.18元,比上年增加184.10元,增长5.9%;占全年纯收入的比重为49.9%,仍然是农民收入的主体。家庭经营纯收入对当年纯收入的贡献率达38.0%,拉动农民人均纯收入上升3.0个百分点。分三次产业看:全年农民人均第一产业经营纯收入2250.43元,比上年增加133.34元,增长6.3%;占家庭经营纯收入的比重达67.6%,同比上升0.3个百分点;对当年纯收入的贡献率达27.5%,拉动农民人均纯收入上升2.2个百分点。其中,人均农业纯收入1518.11元,比上年增加98.10元,增长6.9%;人均林业纯收入191.96元,比上年增加16.58元,在2008年增长17.2%的基础上,继续增长9.5%;人均牧业纯收入342.71元,比上年减少12.27元,下降3.5%;人均渔业纯收入197.65元,比上年增长18.5%,增幅上升12.3个百分点。农民人均从事第二产业得到的纯收入295.84元,比上年增加18.47元,增长6.7%;占家庭经营纯收入比重为8.9%。人均从事第三产业得到的纯收入783.91元,比上年增加32.29元,增长4.3%;占家庭经营纯收入比重为23.5%。全年农民人均非生产性纯收入671.64元,比上年增加43.12元,增长6.9%。其中,财产性纯收入199.93元,增加20.90元,在上年增长21.9%的基础上继续增长11.7%;转移性纯收入471.71元,增加22.22元,增长4.9%。

消费水平。全年全省农民人均生活消费支出5015.72元,比上年增加353.78元,增长7.6%,增幅下降7.4个百分点;扣除价格因素,实际增长9.9%,增幅与上年持平。恩格尔系数(食品消费支出占生活消费支出比重)为45.9%。消费结构呈现出生存资料比重下降,发展和享受资料比重提高。在生活消费支出中,"吃穿住"消费支出的比重为68.1%,比1983年下降12.9个百分点;文体教娱、医疗保健的消费支出比重达12.8%,比1983年提高10.2个百分点。农民生活消费结构不断升级,食品消费更加多样化,全年人均食品消费支出2304.14元,增加141.84元,增长6.6%;非粮食类食物消费量、品种不断增加,膳食结构更为合理,人均蛋奶及其制品消费量8.41千克,猪肉消费量16.1千克,家禽消费量7.18千克,牛羊肉消费量0.68千克,鱼、虾、蟹、贝类水产品消费量15.78千克,水果消费量13.8千克。衣着打扮日趋城市化,农民衣着一季多衣、一人多款,多样化、成衣化、时装化已成为农村衣着的主流,人均衣着消费支出291.72元,增加28.13元,增长10.7%。农民盖房装修热情不减,居住支出增加明显,人均821.21元,增加43.70元,增长5.6%。交通通讯支出人均570.24元,增加35.56元,增长6.7%。文教娱乐支出人均421.69元,增加31.55元,增长8.1%,消费范围由以前主要是学杂费等少量的项目扩展到音像制品、计算机零配件、电脑软件以及成人教育费等。医疗保健支出人均219.02元,增加21.18元,增长10.7%。

居住条件。2009年农民人均居住支出821.21元,比上年增加43.70元,增长5.6%。年末农民人均居住面积46.76平方米,在上年扩大1.63平方米的基础上,继续增加0.63平方米,增长1.4%。其中钢筋混凝土与砖木结构的面积达41.81平方米,占89.4%,比重比上年提高4.2个百分点。

耐用消费品拥有量。年末农民每百户拥有摩托车89.45辆,比上年增长1.9%;彩电122.53台,增长3.5%;空调26.98台,增长14.7%;电冰箱62.69台,增长9.9%;洗衣机59.78台,增长4.0%;热水器59.84台,增长4.2%;微波炉21.92台,增长7.0%;抽油烟机18.68台,增长13.3%;家用计算机17.86台,增长28.5%;手机182.64部,增长10.0%;生活用汽车2.36辆,增长38.7%。 (林际品)

就业 劳动 工资

【就业】 2009年,全省各级人力资源和社会保障部门按照把稳定和促进就业作为人力资源保障部门重中之重的工作,采取有力措施扶持中小企业发展、稳定就业岗位、稳定职工队伍,保持全省就业局势的基本稳定。至年底,全省城镇新增就业67.23万人,下岗失业人员再就业9.43万人,完成任务的125.73%;帮助城镇就业困难对象再就业3.98万人,完成任务的165.83%;期末城镇登记失业率为3.90%,控制在4.5%以内。全省各级各有关部门密切配合,至4月份省级已全部出齐7个相应文件,主要涉及高校毕业生就业、创业带动就业、减轻企业负担、特别职业培训计划、农民工工作、就业服务系列活动等。加强就业专项资金筹措管理,积极探索改革资金管理办法,按照"三挂钩"(即:与省政府就业目标责任制任务数挂钩、与地方工作绩效挂钩、与地方财政投入和财力情况挂钩)原则,规范就业经费补助范围、补贴标准、资金申报和审批程序。全面开展就业系列服务活动,省直有关部门以高校毕业生、失岗农民工和就业困难人员为重点,常年开展就业服务系列活动,其中省直7部门联手的"八闽行巡回招聘"活动,在全省共举办79场(其中主会场16场,分会场63场),参会企业达5520家,共提供就业岗位23.43万个,参会求职人员达30.63万人,达成初步就业意向7.12万人次。开展创业型城市试点,三明市、厦门市已被列入首批创建国家级创业型城市名单,发放小额(担保)贷款2.99亿元,鼓励支持农民工返乡创业。开展失业动态监测预警,扩大失业动态重点监测面,在福州、厦门、泉州3个全国重点监测试点城市的基础上,在莆田和漳州两市各选择20家、其他设区市各选择10家有代表性的企业作为省级监测重点，建立定期分析、报告制度，及时掌握失业动态以及劳动力市场供求状况。全面完成农业富余劳动力转移培训就业工程，全省新增农业富余劳动力转移就业45.20万人，完成全年任务的113%；组织农业富余劳动力职业技能培训29.85万人（不含阳光工程），完成全年任务的114.81%。劳动保障“三基”（基础工作、基层组织和基本能力建设）工作持续加强，截至年底，全省所有街道、97.04%的乡镇建立劳动保障工作平台，97.02%的社区、93%的建制村配备专兼职劳动保障工作人员，60个县（市、区）基本建成人力资源数据库，形成实名制的城乡劳动力信息基础台账。

【职业培训】 各级人力资源和社会保障部门以返乡农民工、城镇下岗失业人员、新成长劳动力和困难企业职工为重点，实施特别培训计划，组织开展劳动预备制培训。制定高技能人才队伍建设中长期规划，完善高技能人才培养政策，实施“产业技工培养计划”、“闽台合作提升技工教育教师素质五年计划”，建立高技能人才培养基地，开展福建省首席技师、福建省优秀高技能人才评选表彰活动。全年组织职业技能鉴定42.62万名，新增高级工5.45万名，技师5115名，高级技师966名，9名高技能人才获得国务院特殊津贴，1名技校教师获得省杰出人民教师光荣称号。持续推进闽台职业培训交流合作，台胞来闽职业技能鉴定通道不断扩大，178个职业鉴定（工种）全面向台湾同胞开放，累计有3000多位台胞获得国家职业资格证书。两岸职业培训项目建设加快，新签订“闽台合作大学生创业孵化中心”等12个闽台职业培训项目。引进台湾优秀师资和创业项目。全年共组织1500多名大学生参加创业培训，促进了大学生创业。进一步深化技工院校改革，组织实施“产业技工培养计划”，主要依托技工院校，建立起15个集技工培养和公共实训功能为一体的产业技工培养基地。组织实施劳动预备制培训，全年全省共招收4867名“两后生”参加劳动预备制培训。组织“闽台交流合作提升技工教育教师素质五年计划”，共开展15个项目，18个培训班，共有706名技工院校教师参加了培训。加强职业技能鉴定质量管理，加强对全省9个设区市鉴定指导中心软硬件条件建设的指导，完成对9个设区市2A首次资质认证工作。加强质量管理体系认证的内审和管理评审，分别与9个设区市鉴定中心以及省属职业技能鉴定站签订了《质量管理责任书》。建立“红黑榜”制度和预警机制，对优秀鉴定站给予表彰，对不合格鉴定站进行质量通报，有效推进福建省职业技能鉴定工作上新水平。

【劳动关系与劳动工资】 全年共降低四项社会保险费率减收9.26亿元。落实劳动合同制度，以提高农民工劳动合同签订率为重点，农民工劳动合同签订率由82.2%提高到85.3%。全省各类企业劳动合同覆盖率由与“三年行动”实施前的70.3%提高到98.3%，职工劳动合同签订率由66.7%提高到92.7%。大力推进劳动用工备案工作，制定劳动用工备案办法和工作方案。全省举办劳动用工备案系统培训班42期，已备案用人单位2.7万户、职工81.9万人。开展工资集体协商“要约行动”，努力扩大集体合同覆盖面。截至年底，全省累计签订有效集体合同2.8万份，涉及企业3.6万户、职工370万人，其中签订区域性、行业性集体合同1033份，涉及企业1.02万户、职工92.7万人；签订工资集体合同1.02万份，涉及职工128万人。推动协调劳动关系三方机制进一步向街道（乡镇）延伸，全省各类企业劳动合同覆盖率达98.5%、职工劳动合同签订率达93%，用工报备的企业达2.5万户、员工达71.7万人。普遍开展创建和谐工业园区、和谐企业活动，对2009年各地市推荐的966家劳动关系和谐企业、10家劳动关系和谐工业园区进行验收和评估。进一步完善工资支付机制，各地相继建立了建设领域农民工工资保证金制度。建立欠薪应急保障金制度，全省9个设区市、78个县（市、区）已制定本地区欠薪应急保障金实施办法，并筹措欠薪应急保障金1.04亿元。进一步规范国有企业工资分配监管。福州、厦门、泉州、南平等市规范工资总额管理，做好企业工效挂钩和工资总额包干核准工作，全年全省共核发《企业工资总额使用手册》近2万本。妥善处理国有企业改革劳动关系工作，严格按照国家有关政策做好改制改组、关闭破产企业职工安置方案的审核，加强对企业劳动关系处理工作的指导、监督和服务。全年省级共安排6160万元资金，帮助122家国有企业解决在改制、关闭破产和经济性裁员中资金不足问题，妥善安置了7520名职工。

【劳动争议仲裁】 各级劳动争议处理机构建立方便劳动者申诉的“绿色通道”和案件处理快速反应机制，基本做到快立案、快结案，全年共受理劳动争议案件3.65万件，结案率达95.6%。建立乡（镇）、街道劳动争议调解委员会，构建县（区）、镇、村（社区）“三级联动”的立体化调解网络，延伸调解工作触角。全省共建立103个仲裁庭，其中达标仲裁庭91个、部分仲裁机构拥有了独立办公场所，内部功能划分和人员配备更加合理。加强人员培训，通过集中培训和严格考试、考核，授予兼职仲裁员资格，有效缓解办案压力，全年新增专兼职仲裁员137人。强化流程管理，制定下发《福建省劳动争议仲裁常用文书样本》供全省统一试用，建立以审限跟踪为重点的案件流程管理制度，统一审限计算标准，将案件审理各环节纳入信息化管理，实现审限监督的透明、即时。2009年全省立案受理案件的当期结案率达90%。

【劳动监察】 全省各级劳动保障监察机构积极探索应对国际金融危机中监察维权的有效途径，开展劳动监察员送法进企业活动，指导企业规范用工，妥善处理劳动关系；通过对企业进行摸底调查，对生产经营困难企业特别是外向型加工制造和建筑施工企业实施重点监控，及时发现并解决苗头性倾向性问题；完善行政处理行为，以劳动保障监察建议书等形式向企业提出完善劳动用工管理办法；建立重大劳动保障违法案件要情报告制度，对重大违法行为做到早发现、早处置、早报告，服务企业，有效维护劳动者权益。积极推进“两网化”管理，各地从划分网格、建设网络、建立队伍、收集信息等4个关键环节入手，稳步推进网格化管理工作并取得了阶段性成果。全省已建立网格化监察管理的55个县

(市、区)中，建立网格2386个，配备人员3014人，已采集企业信息101424户。部门联动集中开展整顿人力资源市场秩序、整治非法用工打击违法犯罪及农民工工资支付情况专项行动。全省劳动保障监察全年共检查用人单位3.4万户，涉及劳动者218.5万人，接受投诉举报1.77万件；督促补签劳动合同41.5万份，为13.6万名劳动者追回工资3.15亿元。（林达）

社会保障

【城镇企业职工基本养老保险】 至2009年底，全省参加企业基本养老保险人数(含离退休)511.92万人，其中参加企业基本养老保险职工人数(在职)423.27万人，企业领取基本养老金的离退休人数88.65万人；企业基本养老保险基金总收入147.14亿元(其中征缴收入141.43亿元)，企业基本养老保险当期结余23.94亿元，企业基本养老保险基金累计结余146.86亿元。省企业退休人员养老金水平进一步提高，全省月人均养老金达1138元，8个设区市(厦门市除外)和央属行业为1085元，88.66万企业离退休人员基本养老金按时足额社会化发放。强化社会化管理，建立以人力资源社会保障部门为主，相关单位配合，企业退休人员广泛参与的服务管理模式，企业退休人员社会化管理服务工作机制得到巩固完善。截至年底，全省应纳入社会化管理服务的企业退休人员84.6万人，已实行社会化管理服务的81.8万人，社会化管理率为96.7%，纳入社区管理的人数为71.7万人，社区管理率为84.70%。企业年金完成整体移交，严格按照《企业年金试行办法》和《企业年金基金管理试行办法》规定，落实企业年金税收优惠政策，鼓励和支持企业建立企业年金制度，做好企业年金方案和基金管理合同备案工作，促进企业年金工作发展。全年新批复的企业年金101户，涉及新参加企业年金职工2.2万人，企业年金基金缴费规模8455.7万元。截至年底，累计4773户企业建立企业年金制度，涉及职工26.77万人，年金规模达24.19亿元。推进全省养老保险基金专项治理，抓好整改，妥善解决好历史遗留问题。截至年底，全省已对3.5万户企业和72.3万名企业参保职工参加基本养老保险、缴纳基本养老保险费情况进行实地稽核，完成参保人数稽核任务121.7%；对75.1万名企业离退休人员养老金领取资格进行核查认证；全省共收回企业基本养老保险欠费1.1亿元，完成人力资源社会保障部当年下达给福建省8000万元清欠任务的137%。成立全省社会劳动保险业务档案管理工作小组，制定《全省推进社会保险业务档案管理工作实施方案(讨论稿)》，通过对数据库进行扫描及开展业务数据质量通报等方式，重点开展清理垃圾数据、补齐缺漏数据、修改错误数据、身份证号码升位等工作，狠抓2008年前历史数据的比对清理，严把2009年新增业务数据入口关，基本做到信息不准确不进库。

【机关事业单位养老保险】 机关事业养老保险进一步完善相关制度，服务事业单位改革，力求基金收支平衡。严格执行政策规定，通过核查清欠，强化基金征缴，全省基金征缴率达97%，全省机关事业单位职工参保人数54.17万人。出台《关于进一步完善省直机关事业单位养老保险政策有关问题的通知》，就养老保险费缴纳和缴费年限的认定、单位主体不存在人员的养老金清偿预留、聘用制干部聘任手续以及个人账户退还等方面的政策问题作了明确。加强业务档案管理，按统一标准修建档案库房，聘请专业档案人员协助整理历年业务档案，率先与省档案局联合印发《福建省机关事业单位社会保险档案管理补充规定》，进一步规范了福建省机关事业单位养老保险业务档案管理。

【农村社会养老保险】 8月，省政府成立由分管副省长为组长、省直19个相关部门参加的省新农保试点工作领导小组。12月，国务院新农保办批复同意福建省晋安区、海沧区、福鼎市、荔城区、晋江市、龙海市、上杭县、大田县、武夷山市等9个县(市、区)列为首批新农保试点单位；省政府出台《关于开展新型农村社会养老保险试点工作的实施意见》，9个试点县(市、区)政府都出台新农保试点实施办法，制定了工作方案。同时，不断健全完善政策体系，制定下发包括组织领导、宣传发动、财政补助、经办规程、基金管理、信息化建设、金融服务、机构建设、档案管理等22个新农保配套文件，基本形成较为全面、系统的新农保政策体系。组织市、县政府及有关部门负责人政策培训、印发政策宣传提纲。全省9个设区市和52个县(市、区)出台实施意见，初步建立起被征地农民就业培训和社会保障制度。

【医疗保险】 截至年底，全省城镇基本医疗保险参保人数1137.19万人，其中城镇职工参保503.71万人，城镇居民基本医疗保险参保633.48万人。基本医疗保险基金收入87.01亿元；基本医疗保险基金支出67.51亿元，基本医疗保险基金当期结余19.50亿元，基本医疗保险基金累计结余152.73亿元。大学生纳入城镇居民基本医疗保险工作基本完成。全省大学生登记参保53.1万人，参保率达90.1%，全省已有206名参保大学生因病住院后享受到了相应的医保待遇。妥善解决医改后关闭破产国有、城镇集体企业退休人员的医保问题，全省医改后关闭破产国有、城镇集体企业9.19万退休人员及10.33万困难企业职工(含退休人员)已全部纳入城镇职工基本医疗保险。泉州、龙岩2个设区市率先开展城镇职工医疗保险设区市统筹。截至年底，全省城镇职工医疗保险统筹基金当期收入45.83亿元，当期支出37.54亿元，总体上做到了基金收支平衡。全省城镇居民医疗保险基金当期收入5.79亿元，当期支出4.81亿元，当期结余0.98亿元。进一步提高参保人员的医保待遇水平，城镇职工、城镇居民医疗保险统筹基金平均报销医疗费75%和50%。推广使用医疗保险管理稽核软件，加强对定点机构延伸审计。省本级、福州、厦门、泉州等地借助稽核软件，对医疗保险数据进行多维数据查询与分析，提高管理效率。省本级共稽核门诊费用358.7万人次，剔除违规费用83.23万元；稽核住院费用1.72万人次，剔除违规费用60.7万元。加快社会保障卡建设，根据省政府部署，采取专人负责，定期调度，限时办结等措施，确保按时发放社保卡。2009年12月，省本级社会保障卡首次发放。加大全省联网异地就医的管理力度，通过全省联网有效解决异地就医实时结算难题。全省当年持卡异地门诊就医13.16万人次，医疗总费用2512.53万元；异地住院就医21749人次，医疗总费用3.99亿元；异地购药8.81万人次，医疗总费用728.56万元。 （林达）

【失业保险】 全年共使用失业保险基金支付困难企业社会保险补贴2393万元，支付灵活就业人员社保补贴6080万元，惠及2.37万人。扩大失业保险基金支出范围试点工作方案已报经省政府同意。失业保险参保人数保持趋缓上升势头。年末福建省参加失业保险人数348万人（其中农民工参保人数90万人），增长3%。全省失业保险基金收入11.31亿元（其中征缴收入10.44亿元），失业保险基金支出4.31亿元，失业保险基金当前结余7亿元，失业保险基金累计结余46.23亿元。全省（不含厦门）失业保险征收为7.89亿元。全年基金总支出4.30亿元，占全年筹集额的41%，增长了8%。年末领取失业金人数36057人，全年共为85802位失业人员发放失业保险金，月人均领取失业保险金标准489元。共为11.72万位农民合同制工人发放了一次性生活补助3541万元。全省累计减征失业保险费4.4亿元。 （黄欣）

【工伤保险】 继续实施农民工参加工伤保险"平安计划"二期，全面启动商贸、餐饮、住宿、娱乐等服务业企业参保。出台工伤保险市级统筹意见。全省完成工伤认定2.12万件，劳动能力鉴定7253人。截至年底，全省工伤保险参保人数达到379.29万人，增加33.17万人，增长9.58%；农民工参加工伤保险人数达到155.89万人，增加15.73万人，增长11.22%。工伤保险基金收入5.03亿元，工伤保险基金支出2.51亿元，工伤保险基金当期结余2.52亿元，工伤保险基金累计结余19.33亿元。提高工伤职工的待遇保障水平，全年享受工伤保险待遇人数2.22万人，比上年增加1040人；工伤职工定期待遇得到调整，其中1—4级工伤职工的伤残津贴调整幅度为100—300元。推动解决老工伤人员待遇问题，全省9个设区市关于落实解决老工伤人员的待遇文件全部出台。提高工伤保险统筹层次，会同省财政厅出台《关于印发福建省工伤保险实行设区市统筹实施意见的通知》，年底全省各设区市启动工伤保险设区市统筹。2009年1月1日起，在闽中央企业尚未参加工伤保险的可以在省本级参保，中央企业经确定符合享受待遇条件的老工伤人员及工亡职工供养亲属同步纳入省本级工伤保险。截至年底，已有43家企业单位的6.53万人纳入工伤保险。

福建省社会保障卡首发暨医疗就诊一卡通开通仪式。

（省人力资源和社会保障厅供稿）

【生育保险】 生育保险继续落实扩面目标责任制，保障参保职工权益。至2009年底，全省城镇职工生育保险参保人数达317.78万人，增加43.83万人，增长16.00%，其中机关事业单位参保44.14万人，企业参保273.64万人；生育保险基金收入3.64亿元，增长0.55%；生育保险基金支出2.65亿元，增长54.97%；生育保险基金当期结余0.99亿元，生育保险基金累计结余6.81亿元。 （林达）

社会救助

【城乡低保】 年初，统一为全省城乡低保等对象发放一次性生活补贴资金共9692万元，其中：城市低保对象每人150元，农村低保和五保对象每人100元。同时，继续执行中央和省政府2007年以来出台的一系列提高城乡低保补助水平政策，保障困难群众的基本生活。为进一步规范城乡居民最低生活保障工作，提高工作质量和管理水平，在广泛征求各级民政部门及省直17个部门或组织意见的基础上，《福建省城市居民最低生活保障工作规范》和《福建省农村居民最低生活保障工作规范》于4月底下发各地施行。在全省有条件的地方，推进临时救助制度建设。从已实施县（市、区）情况看，效果良好，成为社会救助体系的重要一环。截至年底，全省纳入最低生活保障的城市居民共83687户185182人，全年累计发放保障金3.20亿元，全年月人均补差144元。全省纳入最低生活保障的农村居民人数为710259人，人月均补助68.3元，年发放农村低保金5.84亿元。 （程维）

【农村五保供养】 《福建省农村五保供养工作实施办法》列入省政府规章调研计划。绝大部分县（市、区）均制定并提高供养标准，供养标准最高的是晋江市为年5520元，最低的是闽清、永泰、平潭、诏安县为年1200元。全省农村五保人数为97384人，月人均补助166.3元，年发放农村五保供养金1.97亿元。继续实施百所农村敬老院建设项目，新建项目与改扩建项目调整为85所和15所，并继续被列入省委、省政府为民办实事项目。至年底前，全省100所新建、改扩建项目的建设任务已基本完成，共有农村敬老院689所、床位15600张，集中供养五保对象5800多人。 （纪荣富）

【救灾救济】 2009年，全省灾情相对

平稳，但冰雹、龙卷风、暴雨、洪涝、台风灾害仍然频发，全省灾害损失程度较常年相当，但部分县市受灾损失严重，主要是宁德市受8号台风“莫拉克”正面袭击，受损比较严重。8月9日，第8号台风“莫拉克”在霞浦县北壁乡登陆，时逢天文大潮，给福建省造成严重危害，部分县市损失严重。针对灾情，民政部启动四级救灾响应，福建省也相对启动救灾三级响应。从8月15日开始，省民政厅组织17个核灾工作组对8号台风受灾情况特别是房屋因灾倒损情况进行核查；及时启动农房保险，协调各地人保财险公司，对因灾倒塌或损坏的农房，做好理赔工作。为帮助灾区进一步做好受灾群众安置和灾后恢复重建工作，省级下达救灾应急款和恢复重建补助资金共计3100万元。

切实安排好冬春期间受灾群众的基本生活。省里及时下拨中央二批冬春灾民生活补助款4200万元，帮助灾区群众解决缺粮等生活困难问题。恢复重建工作进展顺利。到2010年春节前，全省835户需恢复重建灾民住房户已全部完成恢复工作，并顺利迁入新居。加快省级救灾物资储备库建设。省级救灾物资储备库建设被列为民政重点建设项目，经过近一年的选址、环评、勘探、设计、审核、土地平整、投标等前期准备，于2008年底正式开工建设，仓库选址于连江县丹阳镇桂林村，仓库库区占地面积为10.47公顷，总建筑面积为1.44万平方米，项目总投资8000万元。做好农房统保试点工作。全年全省共理赔9216户，赔付款2765万元。 （林艳）

【医疗救助】 截至年底，全省城市医疗救助支出1900万元，增加67.62%，救助人数20347人次；其中：大病救助8038人次，支出救助资金1643万元，人均救助2044元；门诊救助12264人次，支出救助资金257万元。农村医疗救助基金共支出6213万元，其中：资助82.5万人参加新型农村合作医疗，支出救助资金1613万元；累计救助77766人次，支出救助资金4600万元，增长66.55%。从救助形式看，全年大病救助31284人次，支出救助资金3849万元，人均救助金额为1230元；门诊救助46482人次，支出救助资金751万元。 （林晓渊）

【救助管理】 全年全省各救助站共接待求助人员4.83万人，经甄别实际救助4.79万人，受助率达98.56%，救助数量比上年度增长47.6%。其中：救助保护流浪未成年人3265人，增长17%。在受助人员中，外省籍人员35822人，占74.6%；本省籍人员9237人，占19.2%；地址不详人员3098人，占6.5%；老年人7685人，占16.1%；未成年人3265人，占6.8%；病残智障人7362人，占15.3%。针对街头生活无着流浪乞讨人员增多问题，各救助站创新工作方式，开展主动救助活动，对流浪乞讨人员进行劝导、引导和提供食宿、衣物、通讯、医疗、购票返乡、护送回原籍以及介绍推荐就业等服务。其中提供食宿的有33491人次，占69.8%；提供通讯联系的有16198人次，占33.8%；提供乘车凭证和现金返乡的有43726人次，占91.1%；提供医疗救治的有1936人次，占4.1%；长期滞留救助站受助的有117人。

加大救助保护设施建设力度，逐步形成救助服务网络体系。全省8个设区市（不含厦门）、4个市（县）13个流浪未成年人救助保护设施建设项目纳入国家“十一五”规划，争取中央级补助资金1115万元已全部拨付到位。福州、莆田、三明、永安4个单位已交付使用，厦门、龙岩、宁德、邵武、南安、长汀、仙游7个项目已开工建设。全年新挂牌成立南安、尤溪、将乐、清流、光泽、武夷山、建阳、顺昌、政和、福鼎、秀屿、涵江等12家救助站，全省救助站数量增至45个。 （杨铁军）

拥军优属

【双拥】 2009年，各地各部队深入开展创建双拥模范城（县）活动，省委、省政府、省军区共命名68个双拥模范城（县），表彰74个爱国拥军模范单位和48名模范个人、35个拥政爱民单位和32名模范个人。全年各级共投入经费2.8亿元，完成基础设施、训练设施、文化设施和生产生活设施项目858个，科研项目49个，先后保障“东海—××”军事演习、实弹训练、国防施工等重要军事活动10余次，有力推进项目拥军、科技拥军和支前保障工作。驻闽部队和武警官兵共投入兵力10万多人次、车辆机械1万多台次，支持地方各项建设项目260个，参加抢险救灾等急难险重任务400多次，挽回经济损失2亿多元。 （魏锦喜）

【优抚】 全省共有重点优抚对象105880人，其中：伤残人员12532人、“三属”（烈属、因公牺牲军人遗属、病故军人遗属）15545人、“两红”（在乡退伍红军老战士、红军失散人员）1806人、在乡复员军人30442人、带病回乡退伍军人10906人、参战退役人员34503人、原8023部队146人。共有优抚事业单位60所（1所优抚医院、59所光荣院），列为县级以上保护单位的烈士纪念建筑物127处。全年共下达优抚经费4.45亿元（不含厦门），其中：抚恤补助经费中央财政2.69亿元（包括提标经费1799万元）、省级财政1.13亿元（包括提标经费1188万元）；医疗补助经费中央财政3714万元、省级财政2537万元；建房补助经费省级财政40万元。此外，中央财政对优抚对象的一次性生活补贴人均180元也于春节前发放到位，共约1900万元。2009年，全省绝大多数县（市、区）财政部门已设立基金专户，并在民政部门设立基金专账，确保资金核拨、支付和发放的安全运行。

制发《福建省民政厅关于加强革命烈士纪念设施管理保护工作的通知》，重点整合归并散葬烈士墓。2处省级烈士纪念建筑物重点保护单位（东山战斗烈士陵园、厦门烈士陵园）被批准为国家级重点保护单位。4处国家级烈士陵园（林祥谦烈士陵园、闽中革命烈士陵园、东山战斗烈士陵园、闽西革命烈士陵园）争取到国家发改委扩大内需增投项目，投入1683万元用于改扩建，其中：中央财政1300万元，地方配套383万元，已基本完成任务。全年受理优抚对象来信220件，接待来访67批378人次，较好地维护全省稳定大局。全年共受理申报评残人员76名，审定新评人员33名，调升等级12名；共批准革命烈士4例，有5人被授予革命烈士光荣称号；共完成285名军队退伍军人、转业军官（士官）、离退休干部的换证及

36名残疾军人的补证工作。（卢六周）

【安置】 全省退役士兵安置工作坚持自谋职业为主，重点安置为辅的原则，采取多形式多渠道的安置方式，确保重点安置对象得到妥善安置。全年共接收退役士兵14912名，其中，城镇入伍退役士兵4608名，转业士官537名，农村入伍退役士兵10160名。

中央和省级财政向全省下拨2881.5万元城镇退役士兵自谋职业一次性经济补助金的补助经费，推动城镇退役士兵的安置进度，全省城镇退役士兵安置率达96%，其中：福州市100%，厦门市100%，漳州市99.1%，泉州市93.4%，三明市95.8%，莆田市76.8%，南平市100%，龙岩市100%，宁德市90.3%。全年有5000多人参加培训。中央财政下拨293万元用于城镇退役士兵职业技能补助，退役士兵重点安置对象培训以及2008年冬季转业士官在待分配期间管理教育（含培训）、医疗补助等。全年军休干部安置去向审定196人（退休士官21人），161人符合条件；其中：退休干部145人，退休士官16人。2009年度实际接收安置军休干部169人。军休干部住房制度改革工作全面展开，在试点工作的基础上，举办了2期业务培训，对经济适用住房价的评估、军休干部应享受的住房补贴等前期工作进行规划和部署。组织8批次580人次军休干部到武夷山疗养，举办全省军队离退休干部运动会（门球单项），560多名军休干部参加预赛、决赛。（陈晓丹）

民族宗教事务

【民族事务】 国家民委出台《关于贯彻落实〈国务院关于支持福建省加快建设海峡西岸经济区的若干意见〉的意见》，从创新民族工作机制、加快民族乡村经济社会发展、促进民族贸易和民族特需商品生产发展、加强民族文化抢救与保护、加强民族教育和干部培训工作、开展少数民族对台交流与合作等6个方面支持海西民族工作；先后出台为民族乡财政转移支付1060万元、将"造福工程"少数民族搬迁人口额外增加补助部分从每人300元提高到600元、拟将经济发展滞后的70多个村分两批列入省直单位整村推进帮扶、民族村安全卫生饮用水建设经费补助享受全国中部地区标准并比规划提前一年完成等优惠政策。

下拨1981万元重点扶持民族乡村基础设施、特色产业、文体卫基本设施等305个项目建设，其中推动实施建设73个民族村饮水工程，补助支持少数民族1558户7207人实施"造福工程"，扶持18所民族中小学寄宿制改扩建工程，为33个民族村援建"新农村图书室"，扶持5个民族体育项目训练基地建设。全省562个民族村，已全部通电、通邮、通电话，基本实现村道硬化，455个村通有线电视，299个村通有线广播，153个村有文化站。

推动省民协委各成员单位和有关沿海发达县市区共投入帮扶资金800多万元支持民族乡发展；召开全省扶持高山族发展工作经验交流会，拨95.34万元补助307名高山族困难群众参加保险，拨500万元扶持179户高山族家庭发展和支持高山族博物馆建设；开展创建民族团结进步新农村和民族特色村寨保护活动，安排31个民族村进行试点工作。

投入670万元继续实施民族中学和中学民族班少数民族学生助学金发放工作，资助少数民族学生9142人；春节慰问少数民族贫困户240户、少数民族贫困学生620人，发放慰问金28.2万元。将高校民族预科班办学经费纳入省财政预算核拨范围；举办全省少数民族传统运动项目射弩比赛；组织少数民族运动员参加全国板鞋竞速、高脚竞速、蹴球、陀螺邀请赛等少数民族运动项目比赛。

【宗教事务】 规范实施行政许可，加强许可的后续监督与依法行政工作，建设省级网上审批系统，共受理行政许可申请122件。推进宗教活动场所换证工作，采集审核宗教活动场所换证材料3245份，基本完成第一批换证工作。开展创建"和谐寺观教堂"活动，在全省开展宗教活动场所财务规范管理试点工作，选定53个宗教活动场所作为试点，培训财务人员、健全管理制度。召开全省民间信仰活动场所联系点管理工作经验交流会和部分专家学者座谈会，组织开展专题调研，总结交流工作经验，深化联系点管理工作。

完成指导省伊斯兰教协会换届工作，推进省道教协会和省天主教会换届筹备工作，指导天主教厦门教区顺利完成主教选举工作。完成五大全省性宗教团体办公用房装修搬迁入驻工作。推动各宗教团体加强制度建设，完善议事机制和季谈会等制度。对全省性宗教团体工作补助经费进行检查，举办宗教团体财务人员培训班，推动宗教团体财务管理工作规范化。继续推动有关宗教团体办好宗教院校，进一步规范课程设置，加强招生管理，提高办学质量。做好福建佛学院学校建制专升本的筹备、申报工作，国家宗教局批准试办本科。指导有关团体制定教职人员认定工作实施意见办法，培养爱国爱教教职人员推动有关宗教团体举办各种形式培训班18个班次，参训人员达到2165人次。省民宗厅获得国家宗教局"全国宗教培训工作先进单位"的荣誉。召开全省宗教界"服务社会、服务海西"工作会议，向多年来表现突出的34个先进集体授牌和33名先进个人颁发证书。促成香港圆玄学院和福建泉州开元寺、长乐普济寺、福州裴仙宫、石狮城隍庙、福清基督教城关堂等宗教活动场所为贫困山区、少数民族地区投入资金200多万元开展捐资助学、扶贫济困等活动，组织全省佛教界、道教界、基督教界向台湾莫拉克台风灾区捐款1700多万元。

推动对台宗教文化交流交往，指导和支持宗教界举办"闽台两地佛教界人士座谈会"、2009海峡两岸（永春）佛手禅茶高峰会、福鼎资国寺世界禅茶文化论坛和武夷山天心永乐禅寺第三届禅茶文化节、福清石竹山道院举办海峡两岸道教圆梦之旅暨第二届中华梦文化节、东山关帝文化节等活动，参加在无锡和台湾两地举办的第二届世界佛教论坛、在金门举办的"白圣长老思想行谊学术论坛"暨"海峡两岸祈求世界和平大法会"，在澳门举办的庆祝祖国60周年华诞和回归10周年祈福法会等有关活动。通过第四届海峡两岸（厦门海沧）保生慈济文化节、中国云霄国际开漳圣王文化节、海峡两岸三平祖师文化旅游节等平台，增进两岸民间信仰信众交流交往。（王学荣）

库区移民

【移民搬迁安置】 完善移民安置管理制度。制定出台《福建省水利水电工程建设项目实物调查前通告发布有关事项的通知》、《福建省水利水电工程移民安置规划大纲审核办法(试行)》、《福建省水利水电工程移民安置规划审核办法(试行)》和《福建省水利水电工程移民安置验收办法(试行)》等规范性文件。

移民安置工作。开展水口水电站坝下水位治理工程建设征地实物指标调查细则的审查工作;完成厦门莲花、龙岩何家陂等水库工程移民安置规划大纲和移民安置规划审核审批,共审核概算7.86亿元;做好龙岩白沙等4座水电站库区移民安置规划调整审查和补偿概算调整的协调、指导工作。加强仙游抽水蓄能等7个在建库区移民搬迁安置规划的实施管理。全年共完成移民搬迁安置1457户、6247人,拆除库区房屋23.48万平方米,复建住房面积3.48万平方米,复建库区道路33.63千米、重建桥梁7座,恢复各种电力、电信线路213.21千米,实施库区周边防护工程711米,完成库底清理验收面积0.84平方千米;落实耕地配置人数532人,调整配置耕地17.73公顷。

移民安置监督。制定出台《福建省库区移民综合监理管理办法》和《福建省库区移民综合监理现场人员岗位责任考评办法》。组成7个监理部,分别对仙游抽水蓄能、金钟水利枢纽和漳平华口等17个在建库区移民搬迁安置工作实行全过程监督管理。

【后期扶持政策实施】 组织开展直补资金发放对象核增核减工作,全年共核减直补对象2402人,核增直补对象1337人;做好寿宁牛头山等在建水利水电工程移民人口登记遗留问题处理,共补充登记资金直补对象894人,并及时发放直补资金。做好仙游抽水蓄能等3座新建水利水电工程移民后期扶持人数的申报、核定工作,新增核定3292人。全年共安排道路、饮水、农田水利、环境整治、社会事业、生产开发等扶持项目1724个,总投资3.02亿元,其中移民资金投入2.01亿元。大中型水库库区和移民安置区基础设施建设和经济发展规划实施进展顺利,全年共安排扶持项目625个,总投资3.59亿元,其中移民资金投入1.35亿元。全面启动库区基金征收,对全省列入征收范围的69个水电站企业开展基金征收工作,征收入库资金3568万元。全省小型水库前期工作全面完成,通过调查,摸清扶助范围,全省涉及小型水库3593座小型水库,总库容28.7亿立方米。其中,小Ⅰ型水库759座/21.2亿立方米,小Ⅱ型水库2834座/7.5亿立方米。在广泛征求意见与建议、开展风险评估的基础上,制定《福建省小型水库移民扶助资金和项目管理暂行办法》。移民对福建省后期扶持政策实施工作的总体满意率达到了97.9%,比上年度上升了0.5个百分点。

后期扶持项目和资金的监管更加到位。制定出台《福建省大中型水库移民后期扶持基金管理信息系统使用管理暂行办法》、《福建省移民资金财务管理系统使用管理暂行办法》、《福建省移民稽察特派员暂行办法》和《大中型水库移民后期扶持规划实施情况稽察工作程序(试行)》等规定,开展移民项目建设领域突出问题专项治理工作,全面开展自查自纠工作,确保后期扶持项目资金的安全有效运行。移民群众对福建省后期扶持项目和资金管理工作的满意率达95%。

【库区新农村建设】 全年投入移民资金1.95亿元,实施库区道路交通建设项目888个,完成硬化村道501.6千米、村内道路13.92万平方米,新建桥梁5座,有效改善557个建制村1324个自然村72万移民及连带影响人口的出行问题。全省2901个由政府集中安置移民自然村已有2321个通往主村道路路面得到了硬化,占总数的80%。投入5811万元,实施饮水项目401个,完成新建过滤池、清水池448个,给水管网1109.5千米,解决243个建制村570个自然村25万移民及连带影响人口的饮水安全问题。全省由政府集中安置的移民自然村已有2611个饮水安全问题得到解决,占总数的90%。投入1818万元,实施农田水利项目145个、完成修建渠道85.8千米,机耕道31.6千米,改善117个建制村237个自然村的农田灌溉面积297.8公顷,受益移民及连带影响人口14万人。移民对改善库区基础设施做法和成效的总体满意率达96.9%。

库区社会事业稳步发展。投入1979万元实施社会事业项目90个,改建、新建37个移民村文化中心,总面积1.91万平方米;新建农贸市场1752平方米,健身公园和休闲活动场所3个,标准篮球场1个,受益人口27.4万人。重点组织实施16个库区周边险情治理工程,核定投资2202.84万元,已通过竣工验收项目10个,累计完成投资1493.37万元,建成防护坡共1557.82米,消除库区周边险情安全隐患。棉花滩库区纳入全国坡改梯综合治理试点,中央下达投资1500万元,生态保护试点顺利启动。在全省库区389个建制村组织开展"库区家园清洁行动",共安排扶持资金2374万元,实施村庄垃圾治理项目447个,建成垃圾焚烧炉71个、垃圾处理站(场)60个、垃圾池1821个、配置垃圾车725辆、垃圾桶(箱)64632个,整修沟渠18.75千米,改善47.05万移民及其连带影响人口的居住环境。

库区民生。全省列入年度计划的直补资金对象506549人,全年发放直补金3.04亿元,直接增加移民收入。突出解困增收,全年共扶持种植果、茶、竹等1764.73公顷,网箱养鱼3767箱,池塘养鱼761.2公顷,养殖家禽家畜9.9万头,受益人口9.4万人。全年投入扶持资金673万元,实施移民培训项目169个,举办各类培训班458期,共培训移民38214人(次),实现劳动力转移9998人。其中,举办职业技能培训班35期、培训移民2990人;举办实用技术培训班423期、培训移民35251人(次)。推进多层次、多形式的职业教育培训,招收353个移民子女,分别在古田、福清和龙岩等3所职业学校接受免费中等职业学历培训。投入350万元,在全省开展"温暖在库区,倾情为移民"活动。抓好震后重建,在水口部分库区共实施项目38个,已竣工验收30项,完成投资458.62万元,建成防护坡共2831米,受益移民群众3985人,全年全省移民人均纯收入6029元,比上年增收731元,增幅13.8%。

"小康库区百村行动"持续推进。全年下达库区移民扶持资金2750万元，安排建设项目115个，其中：农村道路项目51个，受益移民群众65653人；农村饮水项目11个，受益移民群众16463人；农田水利项目5个，受益移民群众4122人；乡村环境整治项目17个，受益移民群众23111人；社会事业项目26个，受益移民群众39813人；生产开发项目5个，受益移民群众5785人。经过两年的项目扶持建设，列入"小康库区百村行动"的100个移民村的村容村貌和整体发展环境发生根本性变化，多数移民村成为当地新农村建设的示范村。（叶御宝）

老区建设

【老区发展】 2009年，中央财政革命老区专项转移支付拨给福建省老区资金达2亿元，由省财政直接转移支付分配到福建省20个原中央苏区县和部分重点老区县。共安排3863万元用于补助老区乡村的基础设施建设、生产发展、社会事业、扶贫开发和科技示范等项目。加大对革命老区的扶持力度，国家对福建省革命老区（含原中央苏区县）补助资金7.06亿元，安排省级预算内投资2.9亿元用于老区乡村基础设施和教育、卫生、文化等公共事业建设，改善老区人民的生产生活条件。"十一五"期间全省新建和改扩建农村敬老院500所，其中大部分建设项目都安排在革命老区。省委农办全年下达给龙岩、三明、南平、宁德等4个山区老区市造福工程指标4.18万人，扶持计生贷款户8400户，贴息指标641.8万元，占全省比重75.5%。省交通厅2009年建成三明、南平、龙岩、宁德等4个山区老区市农村公路水泥砼路面2723千米，占全省规模的55%。省水利厅共投入省级以上补助7.3亿元重点用于改善革命老区水利基础设施。省卫生厅争取国家有关部委先后4批共安排补助老区县卫生建设项目154个，总建筑面积86万平方米，总投资16.46亿元。省建设厅争取住房和城乡建设部、国家旅游局在考核、命名全国特色景观旅游名镇（村）及示范工作方面给予福建省重点倾斜，遴选参评的20个村镇全部是中央苏区或革命老区村镇。全年确定省级村镇住宅小区建设试点18个，其中老区17个，占94%。省广播电视局改造提高4199个老区建制的广播电视村村通工程。

【优待抚恤】 2009年10月1日起，"无依无靠"、"有依无靠"、"有依有靠"革命"五老"人员（老地下党员、老交通员、老苏区乡干部、老接头户、老游击队员）生活补助标准每人每月又增加60元，现行每人每月标准分别为：400元、305元、250元，全年省财政安排革命"五老"定补经费3914万元。实行革命"五老"医疗补助制度，全年补助资金1177万元，其中：省级下达763万元，市、县两级配套414万元，为革命"五老"医疗提供一定保障。2009年全省纳入最低生活保障的农村贫困人口有71.03万人，人均月补68元，全省列入农村低保的人员中，老区人口占70%，其中有一部分是革命"五老"及其遗偶。元旦、春节期间开展下乡走访慰问活动，安排省级慰问金等共计63万元，组织全省老区系统安排节日慰问经费合计471.5万元。在元旦期间和建国60周年国庆期间发放一次性生活补助，其中：元旦、春节每人补助180元，国庆每人补助100元，共计531.5万元。

【宣传工作】 为庆祝新中国成立60周年，纪念古田会议召开80周年，编撰《福建中央苏区纵横》21册系列丛书；拍摄31集《八闽红土地》电视纪录片；闽西老区龙岩市组织举办"新中国成立60周年"闽西成就展、召开"纪念古田会议80周年"理论研讨会、中央电视台"心连心"艺术团赴闽西老区慰问演出等活动。12月，省老区办开通"福建革命老区"网站，广泛宣传老区革命传统。（余昌颖）

人口和计划生育

【概况】 2009年，全省人口出生率为12.20‰，死亡率为6.00‰，自然增长率为6.20‰，进一步形成统筹解决人口问题的局面，省政府与国家人口计生委签署《共同促进海峡西岸经济区人口和计划生育工作合作协议》，向各设区市和省直有关部门下达2009—2010年的人口计生工作责任书，出台有利于人口计生工作的社会经济政策。全省的婚检率达到90%左右，较好地发挥婚检作为降低出生缺陷第一道关口的作用。推进流动人口"一站式"的工作模式，加强流动人口计划生育的服务与管理；开展人口和计划生育综合改革、后进转化、社会经济政策与计生优惠政策的衔接、流动人口服务管理"一盘棋"、基层服务体系建设、生育服务证管理等6个重点课题的专题调研，研究探讨解决重难点问题，取得初步成果。加强对人口大县和基础差的县的检查督促，并对人口计生工作出现"滑坡"的2个"省优"县给予预警告，对弄虚作假的1个县取消"省优"资格。加强计划生育服务体系建设。截至年底，中央第一批新增投资项目的14个县站，已完工12个；第四批增投项目的6个县站开工4个。优生实验室建设进展顺利，省人口计生科研所和8个设区市服务站的优生实验室建成并投入使用。

【综合治理】 标本兼治出生人口性别比偏高问题。省委、省政府向各设区市和省直有关部门下达综合治理出生人口性别比的责任目标要求。省人口计生领导小组专门召开电视电话会议，对全省计划生育药械市场专项整治行动暨综合治理出生人口性别比行动进行动员部署，卫生、公安、药监、工商、人口计生等10个部门制定《福建省计划生育药械市场专项整治行动实施方案》，区分责任，明确任务，提出具体措施和要求。专项活动开展以来，全省共开展监督检查9305次，出动人员42513人次。检查计划生育药械生产、经营企业和使用单位25503户，查处无证1371户，警告403户，责令改正848户，停业整顿204户，移送公安部门案件3件。制定"出生人口性别比重点治理县"跟踪管理制度和实施方案，在10个县（区）开展为期3年的"重点治理"。全年查处"两非"案件939例。开展全员流动人口计划生育信息统计工作，建立省级流动人口计划生育信息库，全面启动PADIS（人口宏观管理与决策信息系统）流动人口子系统，实行流动人口计划生育信息动态管理。探索开展出生人口、孕妇B超检查和终止妊娠实名制。仙游县加强出生人口性别监管的措施，通过实行B超电子监控和孕妇检查、孕产接生、终止妊娠实名登记，做到关口前移，有效堵塞工作上的漏洞。出台《关于加强医疗机构新生儿出生等医学信息管理的通知》，将在2010年在全省全面推行B超电子监控和孕妇检查、孕产接生、终止妊娠实名登记制度。

【政策扶持】 省委、省政府把农村部分计划生育家庭奖励扶助标准由每人每年600元提高到960元、农村二女绝育家庭的一次性奖励由500元提高到800元，奖扶政策惠及27573人，二女奖励政策惠及28716户。各地认真组织实施小额贴息贷款帮扶工作，省财政划出850万元扶贫款用于计生户贷款贴息，帮助11120户计生困难家庭贷款1.18亿元发展生产。90%以上的县(市、区)对农村独生子女和二女家庭女孩给予中考加3—6分的奖励，农村一女户和二女户参加新型农村合作医疗由财政对其个人缴费部分予以补助。“造福工程”对2686户独生子女和二女户增发2500元补助金，仅省财政就增加补助资金671.5万元。独生子女伤残死亡和计划生育手术并发症对象享受重度残疾人待遇。

【提升服务管理能力】 开展计划生育优质服务先进县(市、区)创建活动。全年全省有6个县(市、区)被评为“国优”，8个县(市、区)进入“省优”行列。获得国优、省优的县占全省县(市、区)总数的82.5%。大部分县(市、区)开展免费优生检测服务，省级财政对开展孕前优生健康检查的试点县(市、区)，分别拨付10万元的启动经费。调整计划生育手术经费标准。全省免费避孕节育技术服务项目由原来的12项增加到14项，收费结算标准平均增幅约70%；明确各级财政承担避孕节育技术服务经费的比例。开展便民维权行动，组织全省人口计生系统分别开展请农民兄弟、流动人口、基层人口计生干部评议计生活动。开通“12356”群众信访维权电话，在全系统开展行政执法案件评查活动，加大对行政违法案件的查处力度，组织民评代表下基层进行明察暗访，及时解决损害群众利益的突出问题。省、市、县三级人口计生部门有20个单位被授予第十届省级精神文明单位荣誉称号。福建省人口计生信息服务系统建设项目通过专家评审，正在组织实施。加强队伍建设，制定《福建省人口计生队伍职业化建设试点工作方案(试行)》，并在福州市鼓楼区等8个县(区)进行试点。组织编写《福建省村级人口计生工作手册》，加大村计生管理员的教育培训力度。推进群众自治。总结推广基层计生协会“三联创”工作经验，全省基本形成乡(镇、街道)、村(居)、小组三个层次协会组织互相推动、整体推进的创先格局。全省先进乡(镇、街道)计生协会达286个，占总数的25.6%；合格村(居)和一流村(居)协会合计12801个，占村(居)总数78.4%；“五好小组”8.1万个，占小组总数55.4%。 (姜邦琳)

婚姻家庭

【婚姻登记】 截至2009年底，全省办理结婚登记363487对，其中：内地居民结婚登记356144对，台湾居民结婚登记2980对，香港居民结婚登记596对，澳门居民结婚登记90对，外国人结婚登记3677对；办理离婚登记43146对，其中：内地居民离婚登记42129对，台湾居民离婚登记391对，香港居民离婚登记200对，澳门居民离婚登记9对，外国人离婚登记417对。1月1日，正式运行福建省在线婚姻登记系统，实现省内婚姻登记信息化联网，截至年底，全省88.2%的县级和10.4%的乡镇婚姻登记机关实现婚姻在线登记。

【收养】 截至年底，全省共办理收养登记1129件，其中：内地公民收养1002件，港澳居民收养16件，台湾居民收养13件，华侨收养1件，外国人收养登记97件。 (连峰)

【家庭】 筹办成立巾帼·家庭志愿者协会，现有巾帼·家庭志愿者队伍2611支，巾帼家庭志愿者9.5万多人。全省“平安家庭”创建户达848.1万户，“平安家庭”示范社区(村)覆盖面为73%。建立经费保障机制，安排20万元作为省级创建活动专项经费；厦门、福州两市分别投入创建经费135万元和92万元；全省共投入“平安家庭”创建经费524.8万元。制定“平安家庭”创建活动滚动管理办法，1939户“平安家庭”被摘牌。全省县级以上妇联共举办《福建省实施〈妇女权益保障法〉办法》学习讲座354期，相关宣传活动893场。开展“十一五”家庭教育规划中期评估，启动家庭教育大讲堂暨农村远程家庭教育系统，借助省委组织部农村党员现代远程教育系统网络优势促进家庭教育在农村地区的普及。推动创建“有场地、有制度、有活动、有队伍、有数据资料库”的“留守流动儿童之家”11所，在全国农村留守流动儿童示范家长学校捐建“爱心书屋”23个。为儿童公益事业筹集善款150.9万余元。 (徐西朋)

社会人群

【妇女儿童】 2009年，全省各级政府及相关部门认真实施《福建省妇女发展纲要(2001～2010年)》、《福建省儿童发展纲要(2001～2010年)》，全面落实省政府第15次常务会议和第四次全省妇女儿童工作会议精神，妇女儿童发展取得明显成效。妇女参与国家和社会事务管理的程度进一步提高。在闽全国人大女代表14人，占22.95%；省级人大女代表131人，比上年增加1人，占23.6%。在闽全国政协女委员4人，占10%；省级政协委员中女性138人，占19.83%。全省省(部)级以上女领导干部占10.71%，比上年提高3.13个百分点；地(市)、厅(局)级女领导干部占13.7%，比上年提高0.76个百分点；县(处)级女干部占16.19%。省级党委、政府领导班子中女干部配备率达100%；地级党委、政府领导班子中女干部配备率均达100%；县级党委领导班子中女干部配备率为79.76%，县级政府领导班子中女干部配备率为90.48%。妇女参与基层民主建设比例进一步提升。扎实推进女性进村“两委”并提高主干比例，全省女性进村“两委”比例达99.6%，比上届高7个百分点。其中进村支委比例达48.6%，比上届高3.7个百分点，女支书593人，比上届增加129人；进村委比例达68.9%，比上届高11.9个百分点，女村主任267人，比上届增加25人；村委会女性成员专职专选的村占60%。妇女参与海西经济社会建设水平有所提高。全省女性从业人员998.07万人，比上年增加45.13万人，占46.02%；全省城镇单位女性就业人员202.9万人，占42.81%，从事第一产业、第二产业、第三产业工作的女性分别占总数34.96%、44.36%、40.50%。截至2009年12月上旬，全省非师范类毕业生总数为137743人，就业率为85.4%，其中女性毕业生68464人，就业率为86.9%，高出平均就业率1.5个百分点。全省派遣"三支一扶"高校毕业生571人，其中女性毕业生314人。妇女儿童受教育程度有较大提高。全年全省幼儿入园率达90.5%，小学阶段入学率达99.97%，初中阶段入学率达99.47%；高中阶段毛入学率达80.2%，其中女性毛入学率达78.3%，分别比上年提高3.9%和5.7%；成人妇女识字率达86.6%。妇女儿童卫生保健水平进一步改善。全年全省婚前医学检查率达91.48%，比上年增长9.57%。全省孕产妇系统保健管理率和7岁以下儿童系统保健管理率分别达85.94%和91.53%；孕产妇住院分娩率达99.66%；孕产妇死亡率达22.67/10万；婴儿和5岁以下儿童死亡率分别由2008年的8.84‰和10.57‰下降至7.7‰和9.21‰。妇女儿童生存、保护和发展的环境日益优化。全年全省农村改水收益率达98.4%；农村卫生厕所普及率达72.94%，比上年提高2.46%；村级妇幼保健人员配备率达93.49%。全省城镇职工生育保险覆盖率达79.61%。 （徐西朋）

【老年人】 截至2009年底，全省60周岁及以上老年人口为482.39万人，约占全省总人口的13.3%。其中65周岁及以上老年人口为337万人，约占全省总人口的9.3%；80周岁及以上老年人口为70万人，约占全省总人口的1.93%。在60周岁及以上老年人口中，有男性老年人240.71万人，约占49.9%；女性老年人241.68万人，约占50.1%；城镇老年人口为208.39万人，约占43.2%；乡村老年人口为274万人，约占56.8%。

老年社会保障。75.23万名企业退休人员月人均养老金从1085元提高到1232元。第一批新农保试点工作在9个县(市、区)开展，陆续向符合条件的年满60周岁老年农民发放基础养老金。9.19万名关闭破产企业退休人员纳入城镇职工基本医疗保险范围。"社区医生进家庭"项目继续实施，包括老年人保健在内的9类基本公共卫生服务正式启动，建立65岁以上老年人健康档案41万份。23.2万农村老年人纳入农村低保，约占农村低保总数的28.9%。城乡低保对象、重点优抚对象、社会福利机构收养的"三无"(无生活来源、无劳动能力、无法定抚养义务的公民)人员、农村五保对象和低收入家庭60周岁以上老年人全部纳入城乡医疗救助范围。

老年社会服务。省政府出台《关于推进居家养老服务工作的实施意见》，居家养老服务工作明显加强。继续新建、改扩建100所敬老院，动工或立项市县社会福利中心建设项目32个。"爱心护理工程"试点单位增加到29家。全省各类养老服务机构达1018个(其中民办机构117个)、床位5.2万张，老年人床位拥有率增至10.78‰。

老年社会优待。全省所有设区市和福清、长乐、晋江等地已落实老年人凭证免费乘坐市区公交车。对60周岁以上无固定收入的重度残疾人，按城市每人每月50元、农村每人每月30元的标准增发生活补助金。调整机关事业单位年满70周岁以上退休人员的高龄补贴；探索给高龄老年人发放生活补贴；在福州启动"关爱空巢老人志愿服务行动"。

老年人精神文化生活。全省有各级老年大学(学校)8183所，在校学员57万人。成功举办福建省第六届老干部、老年人书画摄影作品联展、老年人健身展示大会等活动。全省市、县(区)、乡镇(街道)和近1.5万个村(居)都成立老年人体育协会。 （魏金鲜）

【残疾人】 全省现有残疾人221.1万，占总人口的6.25%，涉及家庭人口近800万。其中：视力残疾35.6万人，占16.1%；听力残疾61.3万人，占27.73%；言语残疾2.7万人，占1.22%；肢体残疾49.9万人，占22.57%；智力残疾19.1万人，占8.64%；精神病残疾16.3万人，占7.37%；多重残疾36.2万人，占16.37%。无生活自理能力的重度残疾人41万。

残疾人康复：开展"全省残疾人康复年活动"，实施白内障复明手术19008例(其中省委省政府为民办实事"光明行动"免费为12930名贫困残疾人实施手术)，配用助视器并进行视功能训练799人；新收训聋儿440名，受训后入普幼、普小151名，完成聋儿家长培训1091名；全省投入精神病防治康复工作经费近860万元，对10.48万名精神病患者进行治疗及康复训练，为8038名贫困患者提供医疗救助；全省对3583名肢体残疾人和780名贫困智障儿童开展康复训练；全年发放残疾人辅助器具250种、26300多件，其中为贫困残疾人免费发放8195件。

残疾人教育：全省有特教学校63所、普校附设特教班75个，在校生26840人，残疾儿童少年入学率达95%。全年资助残疾儿童少年入学3173人，各地用于残疾人助学的资金达200多万元。全省已建9所特教普通高中、4所残疾人中等职业教育机构和115所残疾人职业技能培训机构，残疾人中高等教育、职业培训水平显著提升。125名残疾人参加高考，录取率达98%。

残疾人就业：全省现有城镇残疾人就业10.36万人，农村残疾人就业34.68万人，其中2009年新安置就业1.33万人。县级以上残联均建立残疾人就业服务机构，共举办152场残疾人就业招聘会，帮助2238名残疾人达成就业意向或实现就业。全省建立盲人按摩机构217家，已有13845名盲人就业。全省建立托养服务机构47家(其中民办非公企业11家)，受服务的残疾人达1231人，其中智障人士占66%。

扶贫和社会保障：争取中央康复扶贫贷款3467万元，省财政配套全额贴息，扶持23家集中安置残疾人就业的企业。全年财政投入残疾人专项扶贫资金3989万元，社会各界投入帮扶物资达4720万元，29481名贫困残疾人得到扶持，实际脱贫11546人。全省建立残疾人扶贫开发基地138个，安排和扶持贫困残疾人6973人。全省投入2976万元(含社会捐助)实施"安居工程"项目，为2410户贫困残疾人新建房或危房改造。全省城镇残疾人(含职工和居民）参加社会保险10.46万人，农村残疾人参加新农保近100万人；已纳入最低生活保障范围的残疾人23.61万人，其中城镇5.25万，农村18.36万人。

（杨瑞芳）

社会福利和慈善事业

【社会福利】 社会福利事业加快发展。省政府出台《关于推进居家养老服务工作的实施意见》和《全省居家养老服务试点工作方案》，确定100个城乡社区为试点单位，开展居家养老服务试点工作，共投入省级福彩公益金补助经费300万元。截至年底，全省各类养老服务机构达1018个（其中民办机构117个），共有床位5.2万张，老年人床位拥有率增至11.9‰，比上年增加2个百分点；全省建成、动工或正式立项的项目达32个（其中设区市项目5个，县级项目27个）；计划投入资金12.84亿元（其中省级补助资金7150万元）。实施“儿童福利机构建设蓝天计划”，在全省建设集养护、救治、教育、康复、特教于一体的儿童福利机构，截至年底已有漳州、三明、龙岩、泉州等4个设区市完成建设任务，厦门、福州、莆田、宁德等4个设区市正在施工；实施“重生行动——全国贫困家庭唇腭裂儿童手术康复计划”，为84名患有唇腭裂及相关畸形的贫困家庭未成年人免费进行手术康复治疗；实施“残疾孤儿手术康复明天计划”，共下拨省级福彩公益金80万元，使142名孤残儿童得到矫治；“六一”期间，为全省儿童福利机构的孤残儿童发放慰问金52万元。实施“肢残助行工程”，安排省级福彩公益金150万元，为1000名贫困肢残人员免费装配假肢矫形器或助行器；为促进有劳动能力的残疾人就业，主动转变职能，下放福利企业资格认定权限，简化行政审批程序，截至年底，全省共有福利企业421家，安置残疾人就业1.19万人。（周昊）

【慈善事业】 2009年，省慈善总会共募集善款9984.93万元（含物折款），其中本省募集3310.08万元。全年共投放善款1.08亿元（含物折款），实施的慈善项目主要有：援助四川地震灾区，投放善款1532万元，用于援建彭州市军乐镇幼儿园、敬老院，彭州市升平镇博爱小学教学楼和仁寿县龙正中学、星光小学教学楼。支援遭受“莫拉克”强台风袭击的台湾灾民重建家园，投放善款100万元。实施“助孤工程”，列支善款180.44万元，共助养孤儿2776名。资助8所中小学修建校舍或添置设备，资助贫困大学生1238名，列支善款1386.488万元。资助饮水工程10项、修路工程10项，列支善款388万元。资助新成立的6个县级慈善会项目款共93万元，用于援建慈善超市、修路、资助贫困高中生和大学生上学及助残。支出定向捐款63万元，资助4个涉老机构。开展“慈善情暖万家”活动，走访慰问孤儿、孤寡老人、残疾人、特困户等494户，共发放慰问金15万多元。继续开展“微笑列车”唇腭裂矫治工作，新增矫治人数916名，共补助经费274.8万元；继续开展“格列卫”等药品救助，为208人（次）白血病、肺癌、肾癌、肝癌等患者发放价值6347.09万元的救助药品。

（彭景舜）

红十字会

【概况】 2009年，全省有红十字会基层组织2442个，会员485620人，志愿者75920人。全省9个设区市和50个县（市、区）红十字会下文明确理顺管理体制，8个设区市和30个县级红十字会专职常务副会长已配备到位。加强基层组织建设，在全省红十字会基层组织推行建立“爱心互助金”，在部分省属高校试点设立“紧急救助系统”，指导创建“红十字博爱超市”。

【创新筹资模式】 坚持以项目为载体，加强外联，开放办会，拓宽筹资渠道。推出救助贫困白内障患者施行复明手术的“光明天使基金”，为公交汽车、出租车、运营客车等驾乘人员进行现场救护知识与技能培训的“生命天使基金”和救助患有子宫肌瘤贫困女性的“伊人天使基金”，开通全省红十字会“10639639”短信募捐特服号。逐步实现募捐筹资工作由“活动主导型”向“项目牵引型”的转变，全年全省各级红十字会共接收和募集爱心款物2.6亿元，其中省级0.6亿元。

【人道救援救助】 落实对口支援彭州市灾后恢复重建项目，省红十字会对口援建彭州的28个项目，竣工26个。持续开展“红十字博爱送万家”活动，全省共筹集款物价值465.11万元，救助困难群众1.7万户近7万人。继续实施“红十字系列博爱救助行动”，受益困难群众达3万多人次。推进初级卫生救护培训工作，共举办救护师资培训（复训）班6期，培训复训师资287人、红十字救护员1万多人。全省采集检测入库造血干细胞志愿捐献者血样6000人份，实现捐献造血干细胞移植9例。推动遗体器官捐献和无偿献血工作，全省有816人报名登记自愿捐献遗体，113

福建省举办援助台湾“8·8”水灾地区赈灾晚会，筹集善款800多万元。

（省红十字会供稿）

人登记自愿捐献器官，14 人实现角膜捐献，32 人实现遗体捐献。

加强两岸交流合作。充分发挥中立组织的独特优势，与台湾、金门、马祖红十字会组织开展双向交流互访活动，举办青少年夏令营等联谊活动。继续联系联络、交接见证海峡两岸双向遣返作业，共遣返作业 4 批 268 人次。实施两岸救援接力行动，通过红十字生命救助绿色通道护送 35 起 38 名患病台胞直航返回台湾。深化两地红十字组织交流合作，发挥“海峡两岸红十字水上安全救生员训练基地”作用，联合举办两期“红十字水上安全救生员训练班”，进一步拓展两岸红十字生命救助领域。就两岸红十字组织进一步开展人道交流与合作提出构想，并向总会请求支持。积极开展闽台灾害人道救援救助，率先为台湾“8·8”水灾捐助 100 万元人民币，牵头联合有关部门举办援助台湾灾区赈灾晚会，现场认捐善款 8743.4 万元，组团赴台考察慰问，深入定向援助高雄等 6 个受灾严重县，表达福建乡亲慰问之情，深入了解灾情与需求，多层次协商重建项目对接，充分彰显闽台之间血肉相连的“五缘”情谊。（林东）

防震减灾

【防震减灾科技项目与成果】 2009 年，主要开展的科研项目有：地震烈度速报研究、面波成像研究与应用、地震应急指挥三维基础地理信息系统及震害快速评估系统研究、市县防震减灾信息管理系统应用研究。地震烈度速报系统研究项目承担首都圈和川滇地区地震烈度速报任务，取得较好的社会效益；面波成像研究与应用项目在国内率先开展利用福建省数字地震监测台网的脉动记录反演福建地区面波群速度并应用于地震预报的研究；地震应急指挥三维基础地理信息系统及震害快速评估系统研究是省地震局在全国地震系统中率先成功开发和应用的软件系统，震害快速评估系统部分研究成果已作为行业标准被《地震应急基础数据库格式规范》采纳；市县防震减灾信息管理系统研究实现在震时有效了解地震应急信息分布，提高市县的地震应急响应能力，完善市县的应急指挥系统功能。

【完善地震监测预报】 与广东省地震局协作加强闽粤两省地震重点危险区震情跟踪工作，建立地震监测预报工作联动机制，开展两省流动重力联测；改革震情会商会工作机制，采用召开地市局年度会商会形式，分析预报综合评比获 2008 年度全国分析预报工作评比Ⅱ类单位第一名；加强监测预报基础研究工作，2009 年度安排科研基金 8 万元，开展结合地震监测预报实用型课题研究，科技人员在各类学术刊物上发表论文 50 余篇；提高监测预报人员素质，举办台站节点维修维护培训、台站监测仪器维修维护培训和地下流体水氡、气氡固体源使用专业培训共 3 期培训班，培训技术人员 150 余人次，派出参加中国地震局系统专业培训学习达 10 余人次，举办全省地市局、台站专业学科视频讲座 3 次。

【防震减灾体系建设】 全年全省 9 个设区市地震局都实现与福建省地震局指挥中心视频互联互通，建立和完善突发事件信息报告制度；12322 防震减灾服务热线正式投入运行；建立福建省地震应急预案管理系统，福建省 9 个设区市政府和 85 个县（市、区）都制订了地震应急预案，建立省、市、县三级政府预案体系，共制定省、设区市及县政府地震应急预案 95 部，各级政府抗震救灾指挥部成员单位的地震应急预案 919 部，各类生命线工程、学校、社区、人员密集场所、重点企事业单位等的地震应急预案 477 部；与广东省地震局联合制定《闽粤交界地震重点危险区 2009 年度地震应急联动方案》，12 月 10 日，闽粤两省地震局在福建省云霄县开展首次地震应急联动演练；加强与华东地震应急联动协作区的联动，参加在扬州举行的 2009 年度华东地震应急联动协作区地震应急综合演练和华东地震应急联动协作区地震应急指挥技术系统联合演练；推进福建省标准化地震避难场所建设，全省已建成泉州刺桐公园、晋江世纪公园等标准避难场所 7 处，全省已有 663 处疏散场所（含避难场所），面积 2845 万平方米；全省地震救援志愿者队伍已有 378 支，可动员志愿者的社会力量达 7 万人。

重点推进高速公路重要构造物地震安全性评价工作，对 2007 年 11 月 1 日以来新建的高速公路项目地震安全性评价情况进行排查；加强医院安评工作监管，促进省立医院、协和医院医技大楼安评工作的落实；推进校舍地震安全工程，初步完成省直 17 所中小学校址地震安全排查工作；重点指导福州市地震局推进农居示范工程，陆续建成 5 个示范点；福建省地震安全性评定委员会收到并完成评审的地震安全性评价报告 79 项；罗源湾港区、江阴半岛港区地震区划报告通过国家安评委评审；开展地震行政执法人员的执法证件换证工作。

印发《关于开展 2009 年福建省科技·人才活动周防震减灾宣传活动的通知》，印制《机关企事业单位（社区）防震减灾手册》20 万册，分发全省各企事业单位人手一册，为全省 9 个设区市制作供电视台播放的《蟾童Ⅱ》beta 带，并刻制 3000 片 DVD 光盘，发放到全省各县（市、区）地震办。全省地震系统共投入经费 107.2 万元，参加活动的单位有 152 个 720 人，举办科技报告会、科技下乡、进社区、展览、知识竞赛、培训、讲座等 1161 场次，发放科普宣传材料、挂图等 71 万余册，受益人数 125 万余人。完成首批省级防震减灾科普示范学校评审认定。根据《福建省防震减灾科普示范学校认定与管理办法》，在 81 所申报学校中，采取量化评分标准，评审出厦门一中等 30 所中小学达到或基本达到要求，并予以认定。泉州市科技馆地震科学专题展区通过国家级防震减灾科普教育基地评审，为福建省第 6 个国家级基地。（郑小菁 王林）

灾害事故

【自然灾害】 2009 年，福建省汛情相对平稳，主要遭受 6 场暴雨袭击、3 个热带气旋登陆、6 个热带气旋影响和秋冬季南部沿海局部地区干旱影响。灾害呈现出“雨季偏晚，年降雨量偏少；径流偏小，洪水量级偏低；蓄水偏少，局部发生旱灾；气旋较多，强度总体偏弱”的特点。受台风、暴雨、洪水影响，全省 9 个设区市 83 个县（市、区）、818 个乡镇、237.96 万人受灾，直接经济损失 30.87 亿元，其中水利设施直接经济损失 6.21 亿元，洪涝灾害损失与往年相比明显减少。最高峰时作物受旱面积16.01万公顷,受灾面积8.47万公顷,粮食损失6.18万吨,经济作物损失4.83亿元,37.83万人因旱发生饮水困难。（蔡晶）

雷电。年内共发生雷灾241起,造成19人死亡,6人受伤,雷电灾害造成一定经济损失。（任建龙）

【火灾】 全年全省共发生火灾3524起,死亡51人(不包含放火死亡4人),受伤22人,直接财产损失8442.9万元。与上年同期相比,火灾起数下降4.9%,死亡人数下降32%,受伤人数上升120%,直接财产损失下降2.2%。发生1起重大火灾,死亡15人,受伤22人,直接财产损失10.97万元。（林福林）

【交通事故】 道路交通事故。全年全省共发生道路交通事故13643起,死亡2916人、受伤16264人、财产损失4706.1万元。与上年相比,事故起数下降12.96%、死亡数下降5.05%、受伤数下降13.87%、财产损失下降4.71%。

（薛金富　兰章福）

水上交通事故。全年全省内河共发生2起内河水上交通事故,死亡4人,沉船3艘,直接经济损失15万元,各项指标与2008年度比稳中有降。福建沿海辖区发生一般等级及以上水上交通事故16起,沉船2艘,直接经济损失约1695万元,死亡或失踪10人,四项指数三降一平。全年组织实施海上搜救行动123次,救助遇险船舶138艘,救助遇险人数1219人,人命救助成功率96.55%。（何倩　林晨）

2009年6月,福建省开展岛礁海陆空联合救生演练。（福建海事局供稿）

殡　葬

【概况】 2009年,全省共火化遗体187432具,平均火化率达95.2%,比上年增长1.4个百分点,超出"十一五"殡葬改革火化率指标2.2个百分点。有8个设区市火化率达90%以上,依次是厦门(100%)、泉州(99%)、龙岩(98.5%)、南平(97.5%)、三明(95.6%)、漳州(95.5%)、福州(93.2%)、莆田(92.2%)。

【基础设施建设】 2009年省财政下拨殡葬专项经费500万元,主要用于补助殡仪馆建设和公益性骨灰楼堂(公墓)建设。全省建成并投入使用的殡仪馆已达61所,南靖、明溪2县殡仪馆正在建设中,尚有永泰、永春、平和、华安4个县正在筹建中。各级民政部门坚持抓好骨灰安置设施的建设,全省共建有经营性陵园69个,公益性骨灰楼堂(公墓)4695个;其中:公益性骨灰楼堂2607个,公益性公墓2088个。

【殡葬管理】 全省民政部门围绕"文明祭祀、平安清明"的主题,在加强应急管理、倡导祭祀新风、做好服务保障等方面做了大量工作。从民政部在福建省确立的8个清明节观察点的统计数据(骨灰总量17.6万)看,3月28日至4月6日,共接待祭祀人数107.2万人次,车量10.9万辆,祭祀人流在4月4、5、6日3天达到高峰,分别是50万人次、29万人次和16万人次。祭扫人数较上年有明显增长。由于加大宣传,加强对祭祀活动的引导、疏导和监测,形成上下联动机制,清明节期间没有发生任何安全事故。

【公墓清理整顿】 3月中旬,省民政厅召开全省公墓清理整顿工作会议,邀请物价、公安、国土、环保、建设、工商等部门和各地市相关领导共同商讨公墓清理整顿工作,修订《全省清理整顿公墓工作方案》,明确清理整顿工作目标及清理整顿重点。会后,各地对清理整顿公墓工作进行动员部署、全面清查和集中整改。（林志宏）

编辑:林丹英

福州市

【基本概况】 福州简称“榕”，位于福建省东部、闽江下游，与台湾隔海相望，是福建省省会，国家历史文化名城，首批对外开放沿海港口城市，全国著名的侨乡和台胞祖籍地，东南沿海传统的商贸重镇和海峡西岸新兴的工业城市。建城至今已有2200多年历史，现辖5区2市6县，总面积1.2万平方千米，其中城区规划面积1043平方千米，至2009年底建成区面积182.96平方千米，常住总人口687万人，其中市区人口271万人。属亚热带海洋性季风气候，年均气温16～20℃，平均日照数1700～1980小时，年均降水量900～2100毫米。市花茉莉花，市树榕树，市果福桔。形成以昙石山文化、船政文化、三坊七巷文化、寿山石文化等为代表的闽都文化品牌。福州是祖国大陆离台湾最近的省会中心城市，先后获得国家卫生城市、中国优秀旅游城市、国家园林城市、国家环保模范城市、全国绿化模范城市等称号。“十一五”以来，福州市先后被评为中国制造业十大最具竞争力城市、世界特色魅力城市200强、中国最具投资价值金融生态城市、市民最满意城市，并连续保持全国创建文明城市工作先进市、全国科技进步先进市、全国双拥模范城等荣誉。

【经济社会综述】 2009年，全市生产总值2604.04亿元，比上年增长13.0%。财政总收入(不含基金)达325.44亿元，增长12.9%；其中，地方级财政收入达195.26亿元，增长15.6%。全部工业增加值891.64亿元，增长13.7%。农林牧渔业总产值达410.88亿元，增长5.4%。全社会固定资产投资额达1646.72亿元，增长31.5%。社会消费品零售总额1338.64亿元，增长16.9%。出口总额达120.11亿美元，下降11.6%；实际利用外资(验资口径)达10.32亿美元，增长3.1%。城镇居民人均可支配收入达20289元，实际增长10%；农民人均纯收入达7669元，实际增长8.3%。全市居民消费价格总水平下降0.8%。城镇登记失业率为3.3%。人口自然增长率为6.1‰。

经济发展。为积极应对国际金融危机的挑战和冲击，福州市先后制定出台了支持工业产品开拓市场、扶持高成长性企业发展、鼓励重点外贸企业扩大出口、帮助企业减轻负担等一系列政策举措，市本级财政为扩内需保增长投入资金64亿元，各项税费减免和补助政策减轻企业负担3.2亿元。一是农业和农村经济稳步发展。粮食生产保持稳定，水产、果蔬、食用菌、茶叶、竹木等特色优势产业发展加快；209家农业产业化龙头企业年产值达337.1亿元，增长12.2%，带动农户85.3万户。二是工业生产逐月回升。197项工业新增长点项目新增产值195亿元，南北“两翼”对工业增长贡献率达43.2%，戴姆勒汽车、德盛镍合金等50项重大工业项目建成投产。三是高新技术产业增势强劲。实现高新技术产业工业产值1503亿元，增长20%，瑞芯、网龙等一批企业已走在全国同行业前列，福州申报国家动画产业基地通过验收。四是自主创新能力进一步提高。新设立8家省级企业技术中心，新成立6家行业技术创新中心，新大陆科技集团被评为国家级创新型企业。五是现代服务业提速发展。海峡水产品、农副产品、汽车等交易中心动工建设，成功举办第二届亚太批发市场大会暨第三届中国(福州)国际农产品贸易对接会等6场国家级会展活动。六是消费对经济增长的拉动作用进一步增强。住宅、旅游等消费持续升温，落实家电、汽车下乡及以旧换新等政策成效明显，“万村千乡”市场工程建设扎实推进，农村市场消费增速首次快于城市。

项目建设。实施市级重点项目289项，完成投资561.7亿元。中央4批228项新增投资项目完成年度投资任务。向社会公开承诺的在国庆、元旦前竣工、开工的57项重大项目建设任务如期完成。温福、福厦高速铁路建成通车，福州发展跨入高铁时代。动工建设福永高速公路、福泉高速公路福州段扩建等一批项目，全市在建高速公路里程达254.48千米。福州港新建成5万吨级以上泊位4个，年货物吞吐能力达8200万吨，年集装箱吞吐能力达242万标箱。福州(长乐)国际机场年旅客吞吐量突破500万人次。福清核电站建设加快推进，三山嘉儒风电场、高山风电场建成投产。轨道交通1号线动工建设。

城市建设。开展新一轮城市总体规划修编和会展岛等重点区域城市设计。海峡国际会展中心、火车南站建设及火车北站改扩建等拓展新区的重大项目进展顺利。海峡金融商务区动工建设。首批500万平方米旧城区及危旧房(棚屋区)改造开始启动。完成茶亭街主干道等24项路桥工程建设，改造提升西二环等3条主干道。新辟国货路等3条公交专用道，新增更新环保公交车704辆，公交出行率达22.1%。城区环卫机械化清扫率从28%提高到48%。实施西湖、左海截污工程，西湖和内河水质明显改善。大学新区防洪排涝主体工程基本完成。城区主干电网及电缆下地工程启动实施。完成鼓楼、台江、晋安等城区天然气气源转换。集中清理中心城区违法建设和综合整治鼓岭取得初步成效。拆除违规违章设置的户外广告牌 2500 面，完成城区 836 幢建筑物立面整治，治理乱张贴等城市管理专项整治行动成效明显。建成开放西湖公园大梦松声景区、环西湖左海步行道、乌山北坡公园、鼓楼前公园，改造提升茶亭公园、屏山公园、左海公园、温泉公园，新增城市公共绿地面积 60 万平方米。

开放改革。设立福州（平潭）综合实验区，规划编制、招商引资、资金筹措等工作扎实推进，平潭环岛路等一批重大基础设施建设开始启动。成功举办第十一届“5·18”海交会和首届海峡论坛·县市主题日、海峡渔业周暨第四届渔博会等重大活动。实现福州至台湾本岛空中双向直航常态化和海上客运直航。福州商业银行更名为福建海峡银行。新大陆科技集团成为大陆首家经正式核准的入台投资企业。招商引资质量进一步提高，新引进 33 项千万美元以上大项目和 4 家世界 500 强企业，合同外资达 8.19 亿美元；高新技术产业、现代服务业利用外资占全市合同外资总额的 54%。体制机制创新力度加大，公共资源市场化配置项目向基础设施、公共服务等领域拓展。以 4 个投融资平台、6 个产业集团、6 个专业公司为主构架的国资运营格局初步形成。交建公司、建工集团顺利发行企业债券，填补福州市国有企业债券融资的空白。华映光电等企业在境内外成功上市。

社会事业。义务教育免除学杂费等政策全面落实，12 个县（市）区实现“双高普九”，高中阶段毛入学率达 98.2%。新建 6 所中小学，全面完成中小学校舍安全排查鉴定。职业教育加快发展，民办教育、学前教育规范化管理切实加强，农民工子女入学难等问题得到较好解决。医疗卫生服务水平进一步提升，市二医院急救中心大楼、传染病院新病房大楼、儿童医院门诊裙楼投入使用。甲型 H1N1 流感等重大疾病得到有效控制。市红十字会获得全国红十字会先进单位称号。建成市艺校新校区一期工程，成功举办庆祝新中国成立 60 周年文艺晚会等大型文化活动，“读书月”、“激情广场”等群众性文化活动蓬勃开展，电视剧《郑和下西洋》等一批文艺创作精品获得国家级大奖，在第四届省艺术节上福州市获奖总数居全省首位。完成林则徐纪念馆改扩建和二梅书屋、林聪彝故居修复，“三坊七巷”入选中国十大历史文化名街。积极培育文化旅游品牌，鼓山、于山、“三坊七巷”获国家 4A 级旅游景区称号。全民健身活动广泛开展，在第十一届全运会上取得 7 金 3 银 5 铜的优异成绩。

享有“中国十大历史文化名街”美誉的福州三坊七巷。 （福州市政府办供稿）

改善生态环境。积极组织实施陶瓷企业改燃气降耗减排、电力企业烟气脱硫改造、绿色照明等重点工程。建成闽侯城关等 3 家污水处理厂，动工建设连坂污水处理厂等 6 家城镇污水处理厂和福清垃圾焚烧厂，城市污水处理率达 81%，生活垃圾无害化处理率达 98.1%。城区空气质量优良率达 96.7%，区域环境噪声、交通噪声均优于国家规定标准。闽江南北港、敖江、龙江等重点流域水环境综合整治成效明显，饮用水源水质优于国家标准。闽江下游水域清理整治取得阶段性成效。

民生保障。2009 年初确定的 16 件 57 项为民办实事项目基本得到落实，取消公交车空调收费、提高村主干补助标准等一批惠民措施深受欢迎。农村生产生活条件进一步改善，完成 17 座病险水库除险加固、11.06 千米海堤强化加固，解决农村 25.63 万人饮水安全问题，实施“造福工程”搬迁 5000 人，新建改建农村公路 402.8 千米、农村寄宿制学校生活用房 4.19 万平方米、户用沼气池 3820 口、农家书屋 486 家、农村敬老院 6 所、农民体育健身工程点 345 个、农民体育健身活动中心 14 个，改造提升乡镇综合文化站 30 个、乡镇卫生院 25 所。城乡就业保持稳定，城镇新增就业 15.23 万人，实现农业富余劳动力转移就业 5.51 万人。社会保险覆盖面不断扩大，企业退休人员基本养老金和城镇职工、居民基本医疗保险待遇持续提高，在榕大学生全部纳入城镇居民基本医疗保险范围，城镇职工和居民基本医疗保险累计参保率达 96.2%，新型农村合作医疗参合率达 95.3%。人民群众对社会治安满意率达 94.5%。

【城市快速轨道交通】 2009 年，国家正式批复福州城市快速轨道交通近期建设规划。该规划以福州中心城区为核心，由 7 条轨道交通线路组成，线网总长 184.2 千米。地铁 1 号线已于 2009 年动工建设，2014 年可望全线通车。

【危旧房（棚屋区）改造】 加快推进中心城区危旧房（棚屋区）改造，是福州市贯彻落实中央关于抑制房价过度上涨、促进房地产市场持续健康发展一系列决策部署的重要举措。从 2009 年下半年开始，福州市明确提出力争用 3～5 年的时间基本完成中心城区 1500 万平方米危旧房（棚屋区）改造任务，首批实施 500 万平方米改造。为此，福州市制定出台《关于加快推进城区危旧房（棚屋区)改造的实施意见》和《补充意见》,规定福州市危旧房(棚屋区)改造实行政府主导、市场运作、群众参与,不以赢利为目的,主要改善中低收入群体和困难群众居住条件,为群众提供配套齐全、设施完善、节能环保、更加宜居的居住环境。

【行政权力阳光运行平台】 该平台是福州市充分运用现代信息技术,进一步促进行政权力规范、透明、廉洁、高效运行,提高依法行政、科学行政、民主行政、阳光行政水平的一项创新举措。它依托"中国福州"门户网站运行,主要由网上行政审批、行政处罚、公共资源交易、中介诚信管理和行政监察等5个系统构成,基本涵盖政府管理、公共服务主要内容。网上行政审批系统,目前已有50个市属部门和电业、广电、煤气等3个公用企事业单位通过定制的流程纳入系统开展网上审批服务。网上行政处罚系统,将全市47个执法部门5399项行政处罚事项、处罚的法律依据、处罚标准、处罚结果以及执法人员的资格等信息全部在互联网上进行公开。网上公共资源交易系统,使招标方(采购方、出让方)、中介代理、评标专家、投标方(供应商、竞买方)等各方主体能够通过网络公开、公平、公正地进行交易。市场中介组织信用信息平台,将福州地区所有市场中介组织的信用信息在网上统一发布。网上行政监察系统,对容易产生腐败的重点部位和权力运行的关键环节设置57个监察点。 (林炽)

鼓楼区

【经济社会概况】 2009年,全区生产总值472.89亿元,比上年增长16.3%;规模以上工业产值167.01亿元,增长16.3%;社会消费品零售总额367.56亿元,增长19.9%;城镇以上固定资产投资267.28亿元,增长33%;财政总收入22.11亿元,下降2.4%,地方财政收入13.83亿元,增长2%;实际利用外资(验资口径)1.81亿美元,增长1.88%;出口总额21.02亿美元,增长1.45%;内资到资325.40亿元,增长117.1%;城镇居民人均可支配收入22877元,实际增长10.4%;二氧化硫排放量削减6.8吨。在全市绩效管理活动中,连续3年获得优秀。

服务业。全区社会消费品零售总额占全市总量近1/3,永辉、沃尔玛等大卖场年销售额超10亿元,大洋百货和东街口百货年销售额接近10亿元,全区限额以上企业增加160家。《鼓楼区旅游业总体发展规划》编制完成,三坊七巷、于山被评为国家4A级旅游景区。全年接待游客突破600万人次,旅游总收入80亿元。全年累计引进注册资金50万元以上的楼宇企业1845家,对接面积29.3万平方米,税收入盘率98.5%。税收超千万元楼宇有75座,其中超亿元楼宇有13座。以金融、保险、会计、物流为主体的生产性服务业,依托五四路中央商务区向周边地区辐射发展的格局逐步形成。

高新技术产业。福州软件园加快五期产业区建设,福晶公司研发生产基地于海交会期间正式动建;动漫产业通过国家级动画产业基地的验收;瑞芯公司获得国家核高基专项支持;顶点软件、中金在线、嘉园环保等企业列入创业板上市重点辅导企业。园区全年完成技工贸总收入120亿元,增长20%;软件出口3000万美元,增长10%;实现税收3亿元,增长24%;荣获"中国软件和服务外包杰出园区"称号。福州高新区洪山园引进神州数码等16家企业入驻鼓楼科技大厦;"鼓楼6·18产学研对接会"签订的10个项目有6个进入正常的生产营运;园区全年完成技工贸总收入80亿元,增长14.6%,实现税收3.2亿元。全区现有高新技术企业96家,被省科技厅列为福建省可持续发展实验区。

招商引资。引进台湾君龙人寿、美国万宝盛华等现代服务业企业设立分公司或办事机构,推动沃尔玛、屈臣氏等世界500强企业升级为区域总部。"5·18"期间共签约项目27项,总投资2.2亿美元,协议外资1.6亿美元,其中:合同12项,合同外资0.8亿美元;"6·18"期间,完成对接项目56项,企业技术需求项目25项,项目总投资3.7亿元。"9·8"期间,共签约项目16项,总投资3.3亿美元,协议外资2.0亿美元,其中合同项目6项,协议外资1.6亿美元。

城市建设。全年共实施城建项目43项,完成拆迁量近30万平方米,动迁居民4000多户,回迁项目20个,4500多户得到回迁安置。启动、完成贤南井大等11片旧屋区拆迁改造工作,乌山西路黎明片、凤仪家园安置房全面竣工,新建、续建凤湖片、丞相坊、公正新苑、蔡厝里、白水塘、琼河等安置房,面积共计126万平方米,其中2009年竣工面积27万平方米。三坊七巷搬迁项目安置鹤林新城提前一年回迁。乌山历史风貌区北坡公园、鼓楼前公园、左海公园北大门、屏山公园西北片、温泉公园二期改扩建及五凤公园等项目建成并对外开放,完成东街口、北大路、湖滨路口等街头绿地建设,全年新增公园绿地15公顷。完成杨桥西路、东大路等路段共350幢建筑的景观整治工作。华屏路、东水北路、通湖路、鼓西路等一批市政道路建成通车,七转弯巷等22条小街巷改造工程全面完成,孝义巷等4条小街巷入选福州市十大魅力小街巷。

社会事业。区财政共安排科技三项经费1220万元,支持中小企业的科技创新。成立鼓楼区知识产权局,专利申请量总数为1421件(其中发明专利542件、实用新型专利596件、外观设计专利283件),比上年增长32.29%。延安中学、鼓一小、湖前、钱塘、斗南小学等约3万平方米教学综合楼竣工并交付使用;校园安全工作率先启动,茶园山小学、屏山小学、鼓实小3栋教学楼抗震加固工程竣工;全面落实九年义务教育,保障经济困难家庭、进城务工人员子女平等受教育的权利;实施"名师工程",推进"学区教育共同体"建设,新招收100名教师;被评为"全国推进义务教育均衡发展先进区"和"全国终身教育示范区"。成功举办第三届福州南后街元宵灯会,三坊七巷名列全国十大历史文化名街之首,"闽都乡学讲习所"共开设65期讲座。新建洪山、水部、五凤3个社区卫生服务中心和7个社区卫生服务站,全区10个社区卫生服务中心全面达标。全面落实计生基本国策,计生各项指标均达省级先进区水平,全年新婚婚检率达100%。全省首家公办的"海西宝贝"早教中心竣工。

民生保障。加大就业指导、小额担保贷款、就业援助、劳务派遣等就业再就业工作力度,鼓励自主创业、灵活就业、自谋职业，全年再就业率为91%，“零就业家庭”实现动态脱零的目标。重视高校毕业生就业问题，全区共举办11场高校毕业生招聘会，提供1725个岗位，落实972个岗位。加大对低收入家庭的补贴和救助力度，扩大“低保户边缘户”救助范围，全年为784户低保户发放低保金308万元；为1445名优抚对象发放优抚金1215.4万元；区慈善总会多渠道筹措善款211万元，资助困难群众7000多人次。积极开展城镇居民医疗保险扩面工作，全区居民参保人数达8万多人。开展居家养老服务，各街镇均设立200平方米以上的居家养老服务中心，建立了16个社区居家养老服务站。列入省委、省政府为民办实事的鼓楼社会福利中心于国庆节前竣工。开元社区和杨桥河南社区“福乐家园”等为智障人士服务的机构运转良好。

【公园建设】 2009年完成乌山北坡公园、北坡路网及周边绿化、通湖路入口广场、东上山道建设以及紫清园景区、澹庐古民居修复等工程，景区总面积超过15公顷；温泉公园二期完成中心广场、旋水鸣音广场、激情广场、环园路网等工程，新征地拆迁3.33公顷，公园总面积达14.33公顷；屏山公园西北片征地1.8万平方米，共拆迁建筑面积1.27万平方米，屏山及镇海楼得以充分显现；左海公园新北大门改造为古建筑风格，内外绿地面积近1万平方米，完成环湖步行道二期建设，将西湖、左海联成一体。新建五凤公园，面积4.7公顷。建成鼓楼前公园，位于鼓屏路和鼓西路交叉口处，占地约4000平方米，将挖掘出的7个历史断层和古井、陶器等文物覆盖上钢化玻璃，北侧的浮雕墙展示古城福州的历史风貌；西侧设置“铜壶滴漏”等体现历史传统元素，成为福州历史文化中轴线八一七路上的一个特色亮点。 （贾学勤）

台 江 区

【经济社会概况】 2009年，全区生产总值167.66亿元，比上年增长15%；社会消费品零售总额201亿元，增长19%；商品销售额634.89亿元，增长19.93%；工业总产值95.05亿元，增长4.8%，其中规模以上工业总产值88.34亿元，增长4.9%；全社会固定资产投资146.63亿元，增长42.9%；财政总收入12.94亿元，增长1.9%，其中地方级财政收入7.36亿元，增长14.2%；合同外资1.84亿美元，增长12.86%；实际利用外资（验资口径）0.98亿美元，增长7.41%；出口总额4.09亿美元，增长39.27%；进口总额1.17亿美元，增长13.39%；城镇居民人均可支配收入1.9万元，增长8.8%。

商贸服务业。颐高数码港、宏图三胞五一旗舰店、苏宁电器元洪店、光明桥珠宝玉石城等相继开业，宝龙城市广场、万象商业广场年销售额增长超过20%。东方百货群升店正式开业，汇集古驰、巴宝莉等一批国际知名品牌，实现高端商贸销售额6000万元。福建百联被认定为中国驰名商标，福建天丰等6个品牌被认定为福建省著名商标，福州金香等16个品牌被认定为福州市知名商标。承办全国中心城区商务商贸研讨会第33次会议暨福州市第四届寿山石、珠宝客商交流大会，举办台江区首届金秋购物旅游文化节等10多场大型商贸活动，商品销售额超200亿元。出台《台江区引进地区总部企业办法（试行）》，一丁集团、先科实业等33家企业先后成立地区总部。

滨江旅游业。滨江休闲广场正式落成。引进福建八方海上客运有限公司实施专业化运作，闽江游游船增至6艘，总运力达600客位，新辟青芝山生态游等5条特色线路。闽江游项目年接待游客达2.7万人次，年营业额突破230万元，闽江游线路跻身“福州十佳旅游线路”。

招商引资。“5·18”海交会、“9·8”投洽会等招商活动共签约外资项目41项，总投资5.51亿美元，协议外资4.13亿美元，为历年最好成绩。举办福州滨江总部经济发展论坛、福州城市新中心发展论坛等商务活动，全年新注册内资企业4272家，内资到资54亿元，增长48.7%，增速居全市首位。引进大连万达集团、中国建设银行福建省分行、福建海峡银行、深圳航空等一批重点项目；中华水电、日本星际等创投类企业首次落户。

城市建设。实施海峡金融商务区一期、闽江北岸中央商务中心一期等5片成片旧屋区改造，拆迁占地面积59.10公顷，拆除建筑面积60.46万平方米。安置房建设顺利推进，彬社新村已竣工，桂园怡景一期主体结构封顶，鳌港苑三期、红星苑一期开工建设。茶亭街、长乐南路、台江东路、宁化路等主次干道相继通车，完成新港里等10条小街巷改造和龙岭顶等19条小街巷维修，星安桥巷等3条道路入选福州市“十大魅力小街巷”。完成台江路等10条道路沿线374幢建筑景观改造。

社会事业。安排科技计划项目经费720万元，扶持中小企业增强自主创新能力，顶点软件、福抗药业等10个项目申报国家、省、市级科技计划项目。完成十四中与三十七中、福州商务职高与外贸职专整合工作，推进教师人事收归县（区）管和教师校际轮岗交流试点工作。交通路小学新校区建成投入使用，完成台三小、三十八中塑胶跑道建设。制定中小学校舍安全工程三年规划，首期投入1490万元启动危旧校舍安全改造。完成第三次全国文物普查，启动福州商会“八角亭”、高氏文昌阁修复施工，采峰别墅、张真君祖殿等4处文物被列为省级文物保护单位。组织参加“两马同春闹元宵”活动，台四小少儿“十番”乐队首次应邀赴台湾马祖地区表演。建成“健身路径”10条，8名台江籍运动员代表福建省参加第十一届全运会，获得3金、2银、1铜的优异成绩。台江区荣获“全国群众体育先进单位”称号。新扩建鳌峰、茶亭社区卫生服务中心，新增社区卫生业务用房1600平方米，全区9个社区卫生服务中心全面达标。新港社区卫生服务中心和市六医院、鳌峰社区卫生服务中心和市一医院实现联办。通过“中国人口早期教育暨独生子女培养示范区”评审验收。

社会保障。实现下岗失业人员再就业2703人，安置城镇失业人员3879人，吸收农村富余劳动力3537人，“零就业”家庭全部得到就业安置。投入2600多万元全面落实各项优抚安置政策，城市低保实现“应保尽保”。社区居家养老服务点增至18个，3000多名老人享受到日托养老服务。城镇居民基本医疗保险参保人数达5.9万人，完成率120%。重新修订《台江区低保对象医疗补助暂行办法》，每户低保对象医疗补助标准再次提高30元。区残疾人综合服务中心建成投入使用,"福乐家园"顺利开办。腾退侨房129户5160平方米,完成腾退总量的96.9%。

社区建设。全区100平方米以上的社区居委会办公用房达67%,增长23%;浦东社区、滨江社区等11个社区入围"福州市和谐社区先进单位"评选,中亭西社区、福人社区等19个社区通过省、市文明社区考评,台江区荣获"全国和谐社区建设示范城区"称号。强化流动人口服务管理,人民群众对社会治安满意率达95%以上。

法制廉政建设。启动第三个依法治区五年规划,建成全市首个社区法治网站集群。开通网上审批及效能监察系统,全区共有19个局的80个大项、176个细项列入网上审批。完成"福州台江"门户主网站新一轮改版,达到福建省县级政府网站绩效考核标准。制定出台政府采购实施细则、政府投资项目立项(备案)审批流程。认真开展"小金库"专项治理工作,自查自纠面达100%。加强财政投融资评审工作,组织评审各类投融资工程预结算项目109个,节约财政资金1141万元。加强重点领域、重点项目和涉及民生专项资金管理使用情况审计,共清查收回各类专项资金结余100万元。

【福州海峡金融商务区】 项目位于福州市闽江北岸鳌峰片区,西至长乐南路,东至前横路,南临闽江北岸,北至鳌峰路,用地范围总面积约63.51公顷,其中一期占地面积26.17公顷,为市、区两级重点建设项目。项目由国际一流的建筑设计单位——日建设计株式会社(日本)负责规划设计,目前,项目一期拆迁任务基本完成,中国建设银行福建省分行、大连万达集团、福建海峡银行、福州达特贸易有限公司等一批重点项目已成功入驻。其中福州万达商业广场项目于2009年7月30日正式进场动工建设。

【闽江北岸中央商务中心】 项目规划用地范围西起上浦路,东至西二环路,北起工业路,南至北江滨大道,总用地面积1.09平方千米。其中:保留建筑用地24公顷,市政道路用地21.73公顷,公建及教育用地14公顷,可出让用地49.73公顷。项目一期征地拆迁工作涉及拆迁户数4728户,总拆除建筑面积约49.66万平方米,现已完成拆迁总量的96.9%。 (黄泺)

仓山区

【经济社会概况】 2009年,全区生产总值198亿元,比上年增长11%;全部工业总产值459.9亿元,增长6.7%,其中规模以上工业总产值419.9亿元,增长7%;全社会固定资产投资273亿元,增长33.1%;出口总值12.3亿美元,下降10.9%;实际利用外资1.54亿美元,下降6.3%;社会消费品零售总额138.8亿元,增长20.8%;财政总收入14.5亿元,增长22.6%,其中地方级财政收入7.7亿元,增长14.5%;城镇居民人均可支配收入18497元,增长11.7%,农民人均纯收入10112元,增长7.6%。

工业经济。新增规模以上工业企业31家、亿元以上企业17家,实现产值10.5亿元。福湾片(二期)和义序机电园工业载体建设成效突出,澳蓝实业、宏英实业等5个项目建成投产,科正机电、嘉杰实业等8个项目厂房建设已封顶。新创金日涂料、金飞鱼柴油机等12个福建省名牌产品。把加快推进重点项目征地拆迁作为加大投资、拉动增长的重要抓手,全年共承担62个项目、0.11万公顷的拆迁交地任务,完成交地540.60公顷、拆除建筑面积120万平方米。商贸服务业持续提升。龙福机电交易市场、好又多则徐店、苏宁则徐店、金山新区的永辉江南水都店、新华都金山店等商贸项目建成开业,师大学生街被省经委评为特色商业街。全年引进天福茗茶、拓福绿色建材等外资项目29项,总投资8.68亿美元,协议外资3.8亿美元,实际利用外资1.54亿美元;引进宏道实业、照丰投资等内资项目183项,总投资44.77亿元。陈靖姑故居被评为国家2A级旅游景区。

城乡建设。基本完成海峡国际会展中心、火车南站、鼓山大桥、福峡路、福湾路、三环二期、三江路、林浦路、南江滨休闲道C1—C3段、霞洲路、金山公交停车场、金山轻轨站、省残疾人康复中心等35个项目的拆迁交地任务;螺洲大桥、状元路、连坂路、南港防洪堤、江夏小区、地铁1号线则徐广场站、市残疾人康复中心、金山医院、连坂污水处理厂等27个项目的拆迁交地工作在推进完成之中。东部新城主框架初现端倪,大型标志性项目——海峡国际会展中心、火车南站站房工程基本建成。

全年建成各类安置房58.25万平方米,实现回迁5222户、期房选房1456户;其中:东部新城建成安置房12.4万平方米,实现回迁1085户;南江滨旧屋区建成安置房15.19万平方米,实现回迁1228户、期房选房1456户;首山片旧屋区建成安置房5.72万平方米,实现回迁630户;程埔片旧屋区建成安置房3.75万平方米,实现回迁350户;金山片区建成台山小区、金闽一期、金骏二期、建华小区、上塘小区等安置房21.19万平方米,实现回迁1929户。

强化市容保洁和内河管理,组织大型拆除违建行动203次,拆除违法建筑975处、32.12万平方米。完成六一南路、连江南路、316国道等道路沿线153栋建筑物景观改造。修复46条支路小巷,修补改造农村"断头路"、破损道路5800米,更新农村自来水管道9000多米。全面完成连家船整治,加强闽江流域(仓山段)水环境综合治理,实现西北区、城门和义序3个水厂饮用水源水质稳定达标;投入1385万元,搬迁取缔全区462家养猪场,基本实现全岛禁养;加大节能减排力度,抓好城区禁煤工作,取缔36家违法排污企业,实现COD减排1049吨,二氧化硫减排172.41吨。

社会事业。安排区级科技计划项目经费761万元,获得上级各类科技扶持资金1800多万元,带动企业投入研发资金约5亿元,促进产业技术升级和科技成果转化。全年新申请专利650件,新认定高新技术企业17家,共有15个项目被评为福州市科技进步奖。邮科通信、金山制药等4家被列入省级创新型试点企业,新代实业、瑞达电子等5家企业入选国家知识产权试点(示范)企业,星网锐捷、海源自动化入选省知识产权优势企业。被评为福建省知识产权强区。投入资金2120万元,落实外来工子女与本地生源同待遇、义务教育阶段学生免收学杂费、农村学生免收课本费等政策。筹措专项经费1.26亿元,推进学校新建重建工作,金山桔园小学建成投入使用,胪雷小学、浦下小学、永南中学、红山中学完成了一期工程立项审批，福湾、黄山、浦新保障房配套小学完成项目建设报批，二十九中实训楼、麦顶小学新校舍建设基本完成，全区新增校舍面积达1.64万平方米。完成415座中小学校舍抗震排查鉴定、建档工作，投入3500多万元，首期启动仓山小学、城门中心小学等6所学校危改项目。全区现有各级骨干教师570人，占全区教师总数的24.9%。在省政府组织的教育工作对县（区）督导考核中，被评为一类地区优秀等级。顺利通过“全国文化先进区”复查。新增陈氏五楼、林森公馆等9处省级文物保护单位。高湖舞龙灯、跃进太平鼓等6项非物质文化遗产被列为福建省第三批非物质文化遗产保护名录。新建“农家书屋”18家、农村全民健身路径11个、健身工程6项，实现街道文化站对外开放。仓山籍运动员在第十一届全运会上获得2金、1铜，区老体协运动员林玉平、朱雅智在全国老年人太极拳（剑）比赛中分获金银牌。新增规范化预防接种门诊2个，落实甲型H1N1流感、乙肝等疫苗接种20.35万人次。金山、临江、仓前社区卫生服务中心建成。全区参合农民16.39万人，参合率达96.8%，基金累计使用率达104%。高危孕产妇管理率达100%，婴幼儿死亡率为2.55‰，孕产妇死亡率为0，顺利通过省级评估验收。全年共兑现计生各类奖励176.48万元、惠及3159人，全区人口出生数4330人，人口出生率为10.42‰，政策符合率为98.55%；出生人口性别比为106.29∶100，下降0.77个百分点。

民生保障。全区现有城乡低保对象3472户、7804人，全年共发放低保金1556.68万元。全年发放各类救助金和救助物资135万元，发放抚恤金、定补经费353万元。开展潘墩、胪雷和浦下等3个村被征地农民养老保障试点工作，对60岁以上老人每人每月发放130元养老补助金，共有1499人受益。城镇居民参保人数8.36万人。建立东兴社区、夕阳缘等10个居家养老服务站点，实现城镇下岗失业人员再就业1994人，转移吸纳农村富余劳动力3812人。

【平安建设】 启动社区矫正试点工作，接收社区服刑人员248名。全年排查各类矛盾纠纷7772起，调处7322起。查处“两非”案件4例，取缔无证诊所85家，立案查处违规医疗机构31家，罚没药品器械总价值达21.43万元。查处违规网吧15家，收缴违禁书刊和非法音像制品1.57万件。没收私宰肉品3630千克，捣毁地下私宰加工窝点5个，取缔无证中小餐馆137家。

（吴建雄）

晋安区

【经济社会概况】 2009年，全区生产总值215.8亿元，比上年增长12%；财政总收入14.53亿元，增长20.9%，其中地方财政收入8.08亿元，增长12.7%；规模以上工业总产值216.5亿元，增长0.2%；全社会固定资产投资额175亿元，增长22%；社会消费品零售总额207.4亿元，增长21%；城镇居民人均可支配收入20239元，增长4.4%；农民人均纯收入10434元，增长8.5%；人口自然增长率控制在5.55‰。

经济发展。全区工业总产值和规模以上工业总产值与上年持平。推进工业载体建设，落实福兴经济开发区改造提升工作，金城投资区整合厂房面积1.1万平方米，金城民营工业集中区工业用地交地20.47公顷。深化企业自主创新工作，14个项目列入国家和省、市级科技计划，13家企业被新认定为高新技术企业、省创新型企业或市专利示范企业，连续5次荣获“全国科技进步先进区”称号，并首次获得“全国科技进步示范区”称号。商贸服务业持续发展，全区新增8家限额以上商贸企业。

商贸服务业。加快流通服务业的发展，全区共完成社会消费品零售总额209.56亿元，增长21.3%，增幅列五城区第一。制定《晋安区商贸服务业近期规划》的初稿。全区已备案家电下乡销售网点33个，销售各类下乡家电6820台（部），销售额超1000万元。家电“以旧换新”销售量达11699台，金额超4000万元。新建成农家店30家。完善优化社区商业服务功能及商业结构，鼓山镇浦东社区、王庄街道五里亭社区被评为“省级社区商业示范社区”、“全国社区商业示范社区”，新增限额以上商贸企业7家，其中1万平方米以上大型专业市场2家，1000平方米以上生鲜超市3家，大型星级酒店1家，1000平方米以上餐饮店1家。

城乡建设。积极协调推进东城区、五四北片区、鼓岭片区、桂湖片区规划编制工作，全区商贸服务业近期规划、旅游发展总体规划和福建寿山国家矿山公园核心区域规划编制基本完成。组织实施全区土地利用总体规划修编工作，完成了138.73公顷市级土地开发整理任务。继续推进温福铁路、机场高速二期、三环路、绕城高速、鼓山大桥等国家和省市重点建设项目拆迁安置工作，顺利完成温福铁路25万平方米安置房回迁和火车北站站改工程拆迁任务；实施向莆铁路、琴亭湖、龙安路等项目拆迁交地工作。33个区级重点项目建设扎实推进，完成投资20.19亿元。王庄、洋下、浦下三大片区危旧房改造摸底工作全面结束。积极配合市里做好市政道路建设和景观改造，东二环路（晋安段）一期景观改造工程基本结束，福新中路、秀峰路、塔头路等人行道改造工程顺利实施，招贤路等24条小街巷道路修复和9条道路路灯安装工程全面完成。拆除各类违法建筑面积9万平方米。进一步加大畜禽养殖污染整治力度，二水源水环境和集镇集中式饮用水源得到有效保护。严格落实污染物减排总量控制工作，全区二氧化硫排放量下降6%，化学需氧量削减1.3%。创建绿色社区52个、绿色学校23个，日溪乡日溪村、寿山乡石牌村获得省级生态村称号。

农业。全面贯彻落实各项惠农支农政策，完成播种面积0.13万公顷。加快农业产业化步伐，满堂香名优茶种植基地建设等7个农业扩大生产项目顺利实施。完成346.67公顷中央新增投资项目纵深沿海防护林建设，新建生物防火林带35千米。完善北峰山区道路设施，完成国家森林公园至岭头、日溪至梓山、过仑至宜夏等道路的拓宽改造，修建村道17千米。启动寿山乡、日溪乡、宦溪桂湖片区电网改造。行政村通讯信号覆盖率达到100%。芙蓉村中楼少数民族村搬迁工程顺利完成。建设农村户用沼气池300口，新建、改建无害化户厕300个、垃圾池143个，完成了8个行政村自来水管网铺设任务，全区卫生无害化厕所普及率达93.5%，农村自来水普及率达90.3%。

社会事业。第二次荣膺“福建省文明城区”称号。投入835万元修建状元岭等4条登山道,投入500多万元建成鼓山、象园、寿山文化站,投入250万元改建区少体校。寿山石获得国家地理标志产品保护,国家矿山公园建设逐步完善,寿山石观光洞等项目顺利实施。积极推进王审知文化、寿山石文化、白马尊王文化对台交流工作,闽王金身巡安台湾暨宗亲文化交流等活动取得圆满成功。通过省、市教育工作的督导评估,区第二实验小学投入使用,潭园小学动工兴建,安排了600多万元用于添置和更新学校教学设备。为18.6万名社区居民免费建立了健康档案,完善茶园、象园、岳峰的社区卫生服务中心医疗条件。甲型H1N1流感防控工作扎实有力,共投入各类防控救治资金300多万元。深入开展城镇居民基本医疗保险工作,累计参保5.3万人(不含新农合)。积极推进新型农村合作医疗工作,农民参合率提升到97.4%。计生政策符合率达到99.49%。投入150万元新建9个社区办公用房,茶园街道荣获“全国和谐社区建设示范街道”称号。

人民生活。区委、区政府为民兴办的36项实事项目全面完成。扎实推进就业再就业工作,全面落实小额担保贷款、创业培训等优惠政策,全年共安排公益性岗位425个,新增就业2.6万人,城镇下岗失业人员实现再就业1459人,转移农村劳动力2163人。城乡低保实现动态化管理,全年累计发放低保资金884万元,做到了应保尽保。认真做好被征地农民养老保障试点工作,西园村、鹤林村已有557名村民开始领取养老补助金。 (林宏新)

马尾区

【经济社会概况】 2009年,全区生产总值197亿元,比上年增长15.3%;财政收入26.2亿元,增长11%,地方财政收入15.2亿元,增长16.8%;出口总值16.7亿美元,增长8.1%,实际利用外资1.6亿美元,增长14.3%;城市居民人均可支配收入23695元,增长9.8%;农民人均纯收入10563元,增长7.3%。

工业。落实扩内需、调结构、保增长一揽子计划和政策措施,促进企业转型升级,有力保障工业生产持续增长。全年完成工业总产值500.8亿元,比上年净增65亿元,增长17.6%;企业规模不断壮大,产值亿元以上企业达75家,增加12家。深入实施“企业技改年”活动,14个技改项目建成投产,完成技改投资15亿元,中钢、马尾造船等企业通过技改提升和产品结构调整实现规模扩张,力鼎动力、万德电气等一批高新企业依靠自主产品抢占市场,在应对金融危机中显示出强劲的竞争力和抗风险能力。华映光电、上润精密等4家企业成功上市,全区累计培育和引进上市公司51家,从资本市场融资近百亿元投入扩大再生产。

农业。全年农业总产值7.2亿元,增长7.1%。全面落实粮食直补、良种补贴、农资综合直补和农机具购置补贴政策,新引进和推广国内外良种、技术20多项,农业龙头企业不断发展壮大。全区35个村1.09万公顷生态林的管护主体得以落实,全面完成马尾区生态公益林管护机制改革任务;推进森林资源抚育更新,新增人工造林173.33公顷;安排砍伐拔除松材线虫病疫情发病松林面积333.33公顷,有效防治松材线虫病。启动魁岐片防洪排涝二期、迷云水库建设。

第三产业。网游动漫、工业设计、服务外包等新兴服务业迅速成长,国脉科技、新日鲜等一批企业总部基地加快形成。海峡水产品交易中心一期基本建成。船政文化游跻身福州市“十佳旅游景区”和“十佳旅游线路”,带动全年旅游收入2.7亿元,增长8%。家电下乡、以旧换新等内需拉动有力,市场购销两旺,全年实现社会消费品零售总额40.7亿元,增长16.5%。第三产业增加值47亿元,对经济增长贡献率比上年提高了4.2个百分点。

项目建设。全年新建、续建重点项目97项,年度完成投资46.3亿元。积极配合做好国家、省、市重点项目建设,有力保障温福铁路、福厦铁路顺利通车;沿海防护林建设、琅岐万亩片六期海堤除险加固等中央新增投资项目全面完成;飞毛腿3G移动电源、坤孚科技、长安、快安污水处理厂新改扩建工程等18项重点项目建成或基本建成。全年完成固定资产投资81.9亿元,增长30.6%。

两岸交流。完成对台客运、货运码头改造,开通马尾至高雄、基隆海上货运定期航线,全年运量23.8万标箱。闽台游海上直航、在榕暂住人员赴台游成功首发台湾本岛,全年经“两马”航线往返两岸人员9.1万人次,增长26%。中国邮政在马尾区建立两岸邮政速递物流配送中心。台湾商品批发市场营销趋旺,销售网络不断向省外扩张。

城乡建设。改扩建青洲路、马江大道等市政道路,新增道路面积4.5万平方米,建成罗星22万伏变电站,新辟公交线路2条,增加公交车27辆。启动君竹片、魁岐片等危旧房改造工程,年

2009年7月13日,福州至台湾基隆海上客运直航在马尾首航。

(马尾区政府办供稿)

度完成拆迁15.4万平方米，启动13.2万平方米安置房建设。天马山体育休闲公园一期、船政滨江廊道一期等工程建成向社会开放。城市长效管理切实加强，完成主次干道、小街巷路面改造2万平方米，雨污管道清疏30万米，整治无物业小区110个，制止、拆除违章建筑3万多平方米。坚持以城带乡、统筹发展，投入社会主义新农村建设资金4000多万元，完成第二轮“双百工程”6个示范村11个项目建设，提前通过全市“农村家园清洁行动”验收，上岐、盛美等7个村和亭江镇被评为示范点。实施琅岐江滨路、东岐段等10千米主次干道“亮灯工程”，基本实现全岛主干道亮灯。闽白公路建成通车，茶洋山公路初步建成。保持全省创建文明城区先进称号，亭江镇获“全国创建文明村镇先进集体”，马限社区被评为“全国和谐建设示范社区”。深化“平安马尾”建设，投入2000多万元实施“技防工程”，新建79个居民小区视频监控系统。

民生保障。全年统筹用于改善民生的资金占财政总支出的30.6%。就业形势总体稳定，成功推荐就业2万人次。社会保险“五大险种”扩面任务全面完成。城镇居民基本医疗保险覆盖率100%，新型农村合作医疗参保率97.3%。企事业单位职工退休金、村居主干待遇稳步提高，被征地农民养老保障试点顺利启动。开展孤寡老人居家养老服务，设立区残疾人“福乐家园”。

社会事业。国家高新技术产业标准化示范区、科技兴贸出口创新基地建设成效显现，获得“全国科技进步先进区”称号，高新技术企业产值占全部工业产值的65%，重新通过国家认定的高新企业34家。新设立省、市级企业技术中心8个，新增专利授权量369件、中国驰名商标1件，参与国际、国家和行业标准制修订并发布90项。冠城大通成为全国电线电缆标准化承担单位，新大陆科技集团被评为国家级创新型企业，鸿发光电智能高速球、顶点数码证券交易系统等6个项目获得科技部技术创新基金奖励。中小学标准化建设稳步实施，完成亭江中心幼儿园、实验幼儿园扩建工程，完成天后宫修建工程。船政古街、船政衙门等二期工程，以及一批涉台文物修复工作全面启动，船政博物馆评为国家三级博物馆，船政文化遗址群成为首批“国家国防教育示范基地”。区图书馆评为国家二级图书馆。

【生态文明建设】 落实节能减排目标责任制，全面完成全区污染源普查，ISO14001区域环境管理体系持续稳定运行，生态工业园区建设有序推进，全年二氧化硫排放量削减8.1%，化学需氧量削减5%，空气质量稳定在优良水平，饮用水源水质达标率100%。中钢、福人木业等15家企业投入3000万元实施节能技改工程，21家企业循环经济试点全面实施；华映光电锅炉油改电、大地管桩烟气脱硫项目、禁煤区内17家企业清洁燃料改造等重点减排工程完成投入运行。注重从源头控制环境污染，闽江流域马尾段水环境综合整治、白眉饮用水源保护、畜禽养殖污染治理等工作得到加强。森林覆盖率达47.7%，新增各类绿地15.5万平方米，创建全国绿化模范区通过国家考核。马尾区环境保护和节能减排工作跃居全国53个国家级开发区第7位。

（吴惠）

福清市

【经济社会概况】 2009年，全市生产总值411.35亿元，比上年增长7.3%；地方财政收入21.05亿元，增长26.3%，蝉联全国科技进步先进县市、中国商标发展百强县市称号，并入选中国产业发展能力百强县（市、区）十强和中国战略性新兴产业最具竞争力县（市、区）二十强。

工业经济。全年工业总产值909.2亿元，增长8%，其中规模以上工业产值851.68亿元，下降2.5%。融侨开发区“一区多园”特色逐步凸显，开放度居于国家级开发区前列，出口加工区、洪宽机电园累计引进项目19项，总投资达24.24亿元。江阴经济开发区、元洪投资区工业产值双双突破60亿元，分别增长18.8%和22.3%。福清核电项目6台机组连续建设，截至年底累计完成投资94.17亿元，三山嘉儒风电、高山风电实现并网发电，永强力加、泰明电力等机电龙头企业实现产值近30亿元，能源、机电等新兴主导产业粗具雏形。

农业经济。全年农业总产值91.34亿元，增长5.5%。加快农业现代化步伐，设施农业总面积约0.13万公顷，并涌现出绿叶、绿丰、嘉叶等一批每亩收入3万元以上的高效益典型企业。新增省名牌农产品4个，省、福州市级农业标准化示范区项目6个，天马饲料荣获省品牌农业企业金奖。新引进台湾优良农产品项目7项，总投资4130万美元。

第三产业。社会消费品零售总额133.52亿元，增长16.9%。积极推进汽车交易市场、大型百货超市、大型建材超市以及海峡商品交易中心等“三大市场一中心”建设。首家汽车4S店开业，创元五星级酒店、先施量贩和物流加工基地先后动建。与台湾基隆成功联办海峡两岸道教圆梦之旅暨第二届石竹山梦文化节，东壁岛旅游度假区、天生林艺园分别获评国家3A级旅游景区和省首批“水乡渔村”休闲渔业示范基地，全年接待游客超过百万人次。福州新港码头公司新开辟国际航运干线4条，全年集装箱吞吐量突破50万标箱，连续3年获评中国十佳集装箱码头。

招商引资。全年新批外资项目19项、增资项目15项、合同外资额2.39亿美元。实际利用外资1.33亿美元，内资实际到资38.63亿元，分别增长0.6%和17.5%。突出加强融台合作，新引进先施量贩、永鋐电镀、洪宽台湾立体休闲观光果园等一批台资项目。

城乡建设。投入4.5亿元，新、拓建城市道路11千米，建成或基本建成火车客运站迎宾大道、福政大道、福和大道等5条市政主次干道。完成玉融山公园二期建设，动建滨江体育公园，新增绿地面积19.38万平方米。开展繁华路段广告牌专项整治，实施福政大道沿线夜景灯光工程。完成14座水库和3条海堤除险加固工程，累计建成433个行政村安全饮水工程；建成环村林带30千米，绿化示范路95千米、省级生态村3个，绿色示范村31个；新建农村水泥道路50千米，客运站9个，候车亭78个，陆岛交通码头2座。

社会事业。累计投入3432万元，全面化解2005年以前形成的农村义务教育债务，完成校舍安全排查监管工作，实施57栋中小学校舍抗震改造，新建校舍面积11.5万平方米。融籍运动员取得第18届亚洲田径锦标赛1金和第11届全运会2金1铜的优异成绩，市少体校被评为“国家高水平体育后备人才基地”。获评全省第十届创建文明城市工作先进城市。全年城镇新增就业人数3.07万人，转移农村富余劳动力5775人。社保“五险”扩面征缴工作取得新的成效，城镇居民医疗保险参保率提升到90%以上；新农合参合率达96.23%，受益群众人均补偿1530元；被征地农民养老保障工作在试点基础上全面推开，部分符合条件的被征地农民已领取养老金。社会保障性住房建设力度加大，第一期212套1.5万平方米建成并开始配租配售，第二期1126套5.28万平方米建设全面启动。

【福清核电站】 福清核电项目位于福清市三山镇前薛村，共规划6台百万千瓦级二代改进型压水堆核电机组，总投资近千亿元。一期工程1、2号机组已分别于2008年11月和2009年6月正式动工。截至年底，1号机组反应堆厂房筒体第九层钢衬里已安装完成，2号机组反应堆厂房较计划提前三个月实现第一罐砼浇注，3—4号机组完成负挖，5—6号机组获准开展前期工作，已累计完成投资超过百亿元。预计首台机组将于2013年底建成投产，整个工程6台机组计划于2018年全面建成投产。

【龙江整治】 龙江水环境污染综合整治自2006年3月全面启动以来，共投入整治资金3.5亿元，拆除流域内畜禽养殖场1337家，面积达95.3万平方米，流域上游东张水库汇水区已实现无畜禽养殖污染。龙江流域水环境达标率稳定在75%以上，比整治前提升47.3%。实施龙江两岸绿化美化工程，先后投资4500万元，建成融侨园、福耀园、滨江休闲带、富贵园等富有山水特色的现代景园。（王贻术）

长乐市

【经济社会概况】 2009年，全市生产总值254.67亿元，比上年增长14.3%；财政总收入(不含基金)21.82亿元，增长13.1%，其中地方财政收入11.65亿元，增长16.3%；工业总产值739.61亿元，增长15.8%，其中规模以上工业总产值677.41亿元，增长15.0%；农业总产值45.02亿元，增长5.5%；全社会固定资产投资101.52亿元，增长18.5%；实际利用外资7960万美元，增长36.7%；出口总值(海关口径)2.31亿美元；社会消费品零售总额60.25亿元，增长19.0%；经济综合实力继续位居全国“百强”、全省“十强”县(市)行列。

工业。深入开展“结构调整年”活动，推动产业体系趋向合理，全年完成工业总产值739.61亿元，增长15.8%，其中规模以上工业总产值677.41亿元，增长15.0%。主导产业加快升级，以延伸链条、技术改造、产品换代为重点，力促纺织、冶金业平稳发展，力恒锦纶聚合一期、吴航不锈钢热轧宽带等30项产业升级项目建成投产，两大产业全年实现规模以上工业总产值492亿元，增长12%。园区规模有效扩展，“长乐人创业基地”启动建设。华能三期5#机组完成主体工程安装，元成豆业建成投产，省粮储备库、福州面粉、明一食品等项目动建，成功引进央属企业中储粮项目。

福清核电1、2号机组现场施工全景照。（福清市政府办供稿）

农业。坚持把稳定粮食生产放在首位，兑现各项惠农支农资金1822万元，提高农民种粮积极性，全年粮食播种面积1.76万公顷，总产量9.6万吨。17家省、福州市农业产业化龙头企业实现产值11.7亿元，带动近3万农户增收2.36亿元。大力发展现代农业，设施农业、订单农业面积分别达0.09万公顷、0.2万公顷。组建各类农民合作社、农业专业协会13个。加快新农村建设，累计投资8100万元，实施新农村建设项目105项；6个乡镇、35个村通过“农村家园清洁行动”省级年度验收。加大水利基础设施建设，基本建成三营涝片排涝、下洞江干流整治等工程，潭头二级渔港二期、梅花渔港疏浚工程建成。有效防控动植物疫情疫病，成立福州市第一家农作物病虫害专业防治队，建立覆盖乡镇(街道)的应急视频会商指挥系统和区域气象自动监测站。

第三产业。文化创意、临港物流等现代服务业实现突破，网龙动漫一期动建；松下物流园区围垦工程可新增用地200公顷，新引进招商、中信、平安等股份制商业银行。传统商贸业加快升级，豪生长山湖国际酒店及沃尔玛、永辉等大型购物广场开业。旅游业加快发展，建成闽江河口湿地百榕街公园二期、森林公园勤山古道等景点，冰心文学馆被评为国家3A级旅游景区，海滨邹鲁文化之旅获评“福州市十佳旅游线路”。

招商引资。水务招商取得成功，引进威立雅水务公司。全年内资实际到资22亿元，合同外资9353万美元，实际利用外资7960万美元，出口总值2.31亿美元。

城乡建设。坚持规划先行理念，基本完成乡镇总体规划修编。长乐新区进入实质性建设，动建筹岐拆迁安置房、福州外语外贸职业技术学院一期工程,7个房地产项目动建。完善市政设施,实施河下江清淤、里仁桥至朝阳二桥驳岸建设等工程,建成森林公园公交首末站,基本建成城西综合停车场。推进基础设施建设,松下港牛头湾作业区2#7万吨级泊位建成投用,0#5000吨级泊位完成主体工程,3#15万吨级,18#、19#和元载码头5万吨级泊位动建;通关能力得到提高,福州海关驻机场办事处升格为长乐机场海关,牛头湾作业区扩大开放获国务院审批并通过省级验收。建成机场南进场路、演屿高速互通、松下码头疏港路拓宽工程,峡漳路拓宽改造工程动工。东区水厂动建,建成潭头、滨海2座11万伏变电站。

科技创新。自主创新取得新进展,承办福建省纺织行业(福州)项目对接会暨中国新型纤维开发与应用论坛,金磊纺织等10个科技项目获省、福州市科技计划立项,鑫城化纤公司高速纺涤纶丝项目获福州市优秀新产品二等奖;全年实施亿元以上技改项目18项,总投资35亿元;加快设备更新换代,引进自动络筒等先进设备450台(套)。17项产品被评为省名牌产品,7件商标被评为省著名商标。华威化纤在新加坡主板成功上市。

社会事业。撤并14所中小学校、拆除校舍危房1.2万平方米、新建校舍1.8万平方米,落实“两免一补”资金2090万元,完成农村“普九”债务削减937万元。新改扩建13座乡镇文化站,实现乡镇文化设施全覆盖,建成少年儿童图书馆、进士馆、武术馆、戏剧馆、规划馆、廉园等文化场馆,长乐博物馆被评为“国家三级博物馆”并荣获“福建省十大博物馆建设成果”称号,长乐图书馆、档案馆均被评为“国家一级馆”,建成人民会堂乡镇(街道)议政厅和新闻发布中心;加大文艺精品创作,长乐市参与摄制的电视剧《郑和下西洋》获第十一届“五个一工程”奖,历史剧《董奉传奇》获“第六届中国戏剧文学奖”铜奖,编辑完成18个乡镇(街道)乡土文化丛书;文化交流成果丰硕,长乐“爱之声”合唱团赴台参加“第二届海峡两岸合唱节”获金奖,闽剧《长乐公主》参加省第四届艺术节并囊括戏剧汇演七大奖项。吴航、漳港社区卫生服务中心设置转型基本完成,新型农村合作医疗筹资标准由90元提高到100元,全年财政投入2234万元,参合率达96.14%,城镇居民基本医疗保险参保率达88.9%。加快农村健身路径进村工程建设,提前一年实现建制村建设一条健身路径目标,荣获“全国农民健身工程建设先进单位”称号。

民生保障。市本级财政集中统筹用于改善民生的支出达3.07亿元,占总支出的19.7%。就业形势保持稳定,全市城镇新增就业7546人,农村劳动力转移就业6748人,城镇登记失业率1.9%,低于省、福州市平均水平。社会保障水平提高,“五险”覆盖面进一步扩大,提高各类低保及优抚、革命“五老”对象补助标准,全年发放低保金、生活补助金1752万元。完成8个革命老区村安全饮水工程。已关闭破产的国有、集体企业退休人员全部纳入医保。财政支付渔船渔工险、自然灾害公众责任险等民生保险350万元,兑现燃油补贴资金1863万元。慈善事业加快发展,成立力恒、航城慈善分会,慈善总会已筹集善款3300万元。加快保障性住房建设,首期经济适用住房、限价住房进入分配供应阶段,廉租住房一期完成主体工程。71项为民办实事项目进展顺利,完成投资6亿元。城乡居民收入稳步提高,城镇居民人均可支配收入20900元,增长10.3%;农民人均纯收入8996元,增长8.3%。

生态环境。严格落实节能减排目标责任制,强化重点水流域综合整治,重点领域和企业节能减排取得新成效,年削减二氧化硫排放量10%,削减化学需氧量3%,完成减排年度目标任务。加强饮用水水源保护,黄石、下洋、东屿生活污水处理站投入运行,搬迁炎山水源地沿岸7家煤场,全部拆除4家工业企业排污口,完成二级水源保护区周边19家养猪场拆除任务,全部取缔三溪水库上游37家养猪场。投入2626万元实施文岭、罗联、梅花等农村安全饮水工程。完成城区污水处理厂9千米管网铺设,滨海污水处理厂主管网工程建成,18家重点企业烟气脱硫工程改造和25家印染企业生产污水实现达标治理,建成3座乡镇垃圾转运站和15座乡镇垃圾焚烧炉。加大生态工程建设,持续推进莲柄港河网、陈塘港河道、洞江流域综合整治,实施闽江河口湿地保护区生态恢复工程,整治文岭东湖、潭头西湖;加大造林绿化力度,改扩建石屏山森林公园、江滨公园等园林绿化景点,玉田镇、猴屿乡被评为省级环境优美乡镇。全年完成造林更新面积1560公顷,建成区绿化覆盖率40.2%,绿地率37.2%。

【峡漳线拓宽改造工程】 峡漳线(203省道长乐段)起于漳港环岛,止于闽侯峡南,全长25.4千米,途经漳港、鹤上、营前等乡镇(街道),是福州国际航空港对外辐射的主干道,也是长乐主要交通运输通道。工程计划投资3亿元,对峡漳线进行路面拓宽改造及两侧绿化景观改造。项目分两期建设,一期漳港环岛至北山环岛、营前大桥至峡南26米原路幅改造工程于2009年12月1日动工;二期漳港环岛至北山环岛在原26米路面改造基础上拓宽至36米,北山环岛至上湖环岛拓宽至36米8车道,上湖环岛至营前大桥拓宽至48米10车道工程。（陈耕）

闽侯县

【经济社会概况】 2009年,全县生产总值196.89亿元,比上年增长18.4%;农业总产值33.95亿元,增长6.8%;工业总产值360亿元,增长26%,其中规模以上工业总产值303.33亿元,增长28.9%;财政总收入45.79亿元,增长9%(不含基金财政总收入30.21亿元,增长13.5%),地方财政收入32.16亿元,增长13.1%(不含基金地方财政收入16.58亿元,增长27.3%)。继2008年后再次成为全省唯一的经济发展“十佳”、经济实力“十强”双优县。

工业。新增规模以上企业22家,新增产值3.17亿元,高新技术产业实现增加值41.3亿元,增长45.8%。V3菱悦、蓝瑟翼神销路良好,东南公司全年共生产各类型汽车8.86万辆,完成产值61.5亿元,增长53.4%;戴姆勒奔驰汽车进入试生产;获原、本特勒等6家新配套厂已投产,配套厂共实现产值62亿元,增长21%。积极拓展内外销市场,工艺、食品、轻纺分别实现规模产值37.42亿元、22.35亿元、12.62亿元,增长9.3%、39.3%、13%。促进建材业健康发展，完成规模产值40.98亿元，增长38.5%。闽侯经济技术开发区升级为省级开发区已报省政府待批，一期43家企业已投产39家，在建4家，二期基础设施建设基本完成，投(试)产6家，在建25家，一、二期共实现产值27亿元。海峡汽车产业城安排重点在建企业33家，已建成8家，正在安装设备14家。海峡汽车文化广场一期17.33公顷已完成土地平整及河道护岸整治，区内道路、通信电缆等基础设施基本建成，9家汽车4S店土地已交付使用。31家高新技术企业有意入驻海西高新技术产业园，福抗医药、福建久策已通过总评会审。全县园区规模工业企业450家，规模工业入园率88%，年创产值285亿元。

农业经济。农民人均纯收入7127元，增长8.5%。认真落实各项强农惠农政策，发放各种补贴8663万元，增长70.2%。蔬菜、水果、食用菌、高山茶等特色农业规模不断壮大，新增农民专业合作社16家，成立橄榄交易中心，促进产销对接。大力扶持龙头企业和重点基地，旺成食品获省农业企业品牌金奖，新增5家市级龙头企业，全县44家县级以上龙头企业和重点基地实现产值15.4亿元。加快农村基础设施建设步伐，投入9750万元完成农村公路网络项目78千米、危桥改建及渡改桥项目7项，饮水安全、山塘加固等农村水利基础设施建设共投入1.07亿元。实施"造福工程"搬迁88户500人、库区移民后期扶持项目31项。进一步完善小额贴息贷款政策，年发放小额贴息贷款711户2265万元。

第三产业。海峡(南通)农副产品批发物流中心进展顺利，奥特莱斯城市综合体正式签约并启动，苏宁物流已奠基开工，医药、烟草、电器仓储、农副产品、粮食批发物流、汽车4S店、品牌折扣店、直升机销售服务等一批专业市场相继入驻，已初步形成福州地区最大的物流配送中心。城乡市场进一步繁荣，社会消费品零售总额达51.51亿元，增长23%。兑现"家电、汽车、摩托车下乡"、"以旧换新"等补贴1.5万件787万元。房地产市场明显回暖，完成投资32.56亿元，竣工33万平方米，销售54万平方米，新开工69.5万平方米，缴交税收2.83亿元。制定出台了规范乡村旅游的指导意见，棋盘寨、白沙湾、龙台山等7家被评为省级乡村旅游示范点，新增2家省级农业旅游示范点、1条市十佳旅游线路，全年接待游客突破百万人次，旅游年收入达1.9亿元。

招商引资。成功举办"5·18"海峡两岸经贸交易会闽侯专场招商会，全年新批外资项目13项，增资18项；新批合同外资1.84亿美元，增长70.8%；实际利用外资(验资口径)1.32亿美元，增长16.9%。注重招商选商，引进了奥特莱斯、苏宁物流、升达机械、凯帝服装等总投千万美元以上项目10项。

城乡建设。3个城市组团建设全面提速。甘蔗组团：县城污水配套管网投入使用，新区江滨路景观改造顺利完成，115县道(光明—昙石)路面拓宽改造春节前可望完成，省市艺校、员工公寓(一期)建成使用，源泉酒店主体竣工。上街组团：侯官防洪排涝工程基本完成，闽江南港南岸堤路(一、二期)完成总量80%，防洪排涝体系逐步形成，2009年汛期已初见成效。乌龙江大道南屿段已通车，上街旧街改造路网工程完成总量75%。青口组团：市政、防洪排涝等设施日益完善，螺洲大桥连接线、奔驰大道建设进展顺利，东南员工公寓(一期)建成，凯景酒店主体竣工。同时，全力配合建设福厦铁路、向莆铁路、绕城高速、福银高速南连接线等19项省市重点项目，已交地473.33公顷。加强项目征地拆迁工作，加大违法建设查处力度，全年项目拆迁和拆除违法建筑共76.74万平方米。

社会事业。连续5届保持全国科技进步先进县称号，成为全国首批国家知识产权强县，新增海源机械等3家高新技术企业，17个项目获省市科技部门立项，投入750万元实施县级科技项目83项，设立首届县科技进步奖，南通、尚干被评为省科普先进乡镇，县地震办荣获"全国县级防震减灾工作先进单位"称号。教育工作持续加强，全县教育投入5.15亿元，增长28.1%。"两免一补"惠及6.5万名学生，统筹安排1.1万名进城务工人员子女就学。加固重建中小学校舍3万多平方米。教育两项督导以高分和优秀等级通过省级验收。在全省县级电视台率先推出《监督与落实》、《话说闽侯》等专题类节目，县图书馆通过国家二级馆达标考评，县档案馆被评为省级依法治档先进单位。甘蔗街道昙石村被评为全市唯一的全国文明村，尚干镇、青口梅岭村被评为省文明村镇，白沙、青口分别通过省、市级卫生镇考核验收，8个乡镇、53个村通过"家园清洁行动"省、市级验收。上街、南屿、白沙等中心卫生院完成改扩建，村级卫生服务机构覆盖面达95%。

民生保障。新增就业1.25万人。健全完善新农合医疗制度，参合率达98.51%，年补助4962万元，受益2.67万人次。落实城乡低保1.4万人，发放低保金1377万元，实现动态管理下的应保尽保。发放被征地老龄农民生活补助4800万元，3.75万人得到实惠。创新被征地农民保障机制，在上街高校周边，投入2100多万元统筹代建2.1万平方米临时商业店面，租金收益惠及1.01万人，人均年增收1500元左右。加快安置房建设，全年建成36万平方米。强化住房保障机制，98户城镇住房困难家庭得到廉租房保障。

【上街大学新校区防洪排涝体系】 整个体系设计的防洪排涝标准为防御闽江洪水标准为100年一遇，防御溪源溪山洪标准为50年一遇，排涝标准为10年一遇涝水不漫溢。根据上街大学新校区所处的流域地形地貌和水文特性，采取"蓄泄、排、挡"等工程措施，做到高水高排，低水低排，最终形成"一堤(闽江下游南港南岸防洪堤)、一库(溪源宿洋水库)、二洞(溪源泄洪洞和大清坑引洪洞)、三河(整治邱阳河、溪源江、轮船港)、三站(兴建侯官水闸、厚庭水闸和榕桥节制闸，加固改建葛岐水闸)"的综合防洪排涝体系。工程总投资14.91亿元，于2005年10月动工，溪源宿洋水库已经完工，闽江南港南岸堤路已基本完成。 (程金莲)

连 江 县

【经济社会概况】 2009年，全县生产总值157.75亿元，比上年增长14.4%；工业总产值155.19亿元，增长27.1%，其中规模工业产值140.65亿元，增长27.6%；农林牧渔业总产值98.64亿元，增长5.6%；进出口总额达3.43亿美元，增长12.2%；实际利用外资3317

万美元，内资到资15.60亿元；财政总收入（不含基金）12.35亿元，增长22.4%；城镇以上固定资产投资90.0亿元，增长16.2%；社会消费品零售总额36.20亿元，增长18.8%；农民人均纯收入6974元，增长7.2%；城镇居民人均可支配收入17143元，增长10.7%。

工业经济。全年全部工业增加值达43.88亿元，增长36.8%，年产值在亿元以上的重点企业达15家，能源电力、食品加工、皮革制造、交通运输设备制造等重点行业均保持了30%以上的高速增长，冠海公司建造的全省最大的8万吨船舶成功下水。工业增长点加快形成，12项工业新增长点项目新增产值23.60亿元，增长45.2%，17个工业项目开工建设。促进企业技术创新，组织实施重点技改项目12项，对接“6·18”项目成果39项。鼓励企业“走出去”取得突破，连江远洋渔业有限公司在韩国成功上市，成为连江县首家在国外上市的公司。

农业经济。农业产业化规模扩大，28家农业产业化龙头企业实现销售收入25.88亿元，带动6.7万户农民增加收入。大力拓展高优水产养殖和远洋捕捞，全年水产品产量64.0万吨，增长3.0%。申报定海丁香鱼、连江虾皮和连江鲍鱼为国家地理标志，组织官坞、日兴、旭隆等公司争创省名牌产品。连台农业合作交流进一步活跃，引进台湾火龙果、熏制牡蛎罐头等种植加工技术，黄岐镇与台湾彰化鹿港镇建立养殖对口交流合作关系。

第三产业。加强对台贸易工作，完善对台码头、验货中心等设施，推进对台小额贸易。注重城区商业网点建设和商业资源培植，加快发展城区服务业，逐步形成多个人流、物流相对聚集的特色商业区。海峡钢贸城、荣泰电子物流等项目落地江南，与可门港物流产业形成区域联动。贵安旅游开发取得实质性进展，贵龙温泉旅游度假村开业，省商业高等专科学校、海峡文化村等项目加紧建设，新引进海峡职业技术学院、溪利畲族旅游、时代华奥等项目，创意推出天竹畲族风情园、三屿休闲垂钓中心等乡村特色旅游产品，提高连江旅游整体形象和知名度。

城乡建设。交通基础设施建设全面推进，温福铁路动车组开通，并在江南花坞设站点；琯浦公路道澳至东岱段、贵安开发区经四路、福飞路贵安段以及潘渡至山岗段改造等项目全面竣工，福州绕城高速公路连江段、可门铁路支线、疏港公路文山至港区段、江滨公路城关至潘渡段、敖江三桥、绕城高速贵安互通连接线公路等项目加快建设。人民广场、连江火车站及站前广场投入使用，马祖路、文笔东路、金安路等新区路网基本完工，敖江路三期工程动工建设。加强新区道路及沿街绿化景观建设，南江滨公园基本建成，新增公共绿地面积9.7万平方米。继续实施灯光夜景工程，安装丹凤东路、文山路、文汇路、马祖路和华光路等路灯。城区污水处理厂稳定运行，污水处理率达75.3%。城区公交线路特许经营权实行公开招标，新型液态天然气公交投入运营。城乡电网布局逐步优化，黄岐半岛地区建成高压线路环网，3个乡镇17个村完成新农村电气化改造。

社会事业。中小学校舍安全工程启动实施，建成校舍面积1.73万平方米。文笔中学初中部建成招生，教师进修校新校区投入使用，连江一中、尚德中学晋级省一级达标学校。首次承办全国性大型赛事——2009年全国汽车场地越野锦标赛，举办县第十二届运动会等重大赛事。公共卫生体系建设逐步完善，县医院综合病房大楼建设进展顺利，乡镇卫生院完成提升改造工程。社会保障水平进一步提高，“五险”累计扩面8879人。城镇低收入家庭住房保障范围扩大，5900平方米经济适用房和廉租房交付使用。连江县被评为省级创建文明县城先进县。

【可门经济开发区】 2009年可门港实际货物吞吐量达1300万吨，最大靠泊货轮达17.48万吨，为福建省建港以来开进的最大散货船舶。港区30万吨级主航道、15万吨级南航道已建成投入使用。15万吨级华电储运10号泊位建成，是全省最大的干散货泊位；可门物流4号、5号泊位工程进展顺利；目前整个经济区固定资产投资130多亿，由南方石化（福建）有限公司在可门港拟投资7.5亿元建设的油品化工码头泊位正式获省发改委核准。至此，可门港区获核准码头泊位已达16个，签约项目9项，总投资770多亿元，一个临港产业群已初具规模。

【贵安温泉旅游文化节】 为宣传推介温泉旅游品牌，连江县创意推出贵安温泉旅游文化节，并以此为平台成功举办第四届“亲情回归”恳谈会，签约内外资项目63项。组织举行全国汽车场地越野锦标赛、畲族民俗乡村游研讨会、连江贵安温泉旅游发展论坛和“贵安温泉杯”高尔夫球邀请赛等多场大型活动以及西方财富五星级酒店、海峡文化村等15个内外资项目动工投产仪式，进一步扩大连江县“中国温泉之乡”、“中国十大温泉休闲基地”品牌效应。

（游永亮）

闽清县

【经济社会概况】 2009年，全县生产总值73.78亿元，比上年增长10.8%。含水口财政总收入7.83亿元，增长6.7%；其中地方财政收入4.71亿元，增长15.4%。不含水口财政总收入6.26亿元，增长16.9%；其中地方财政收入4.31亿元，增长20.4%。工业总产值99.9亿元，增长11.3%；其中规模以上工业产值87.00亿元，增长13.1%。农业总产值21.8亿元，增长5.5%。海关出口总值7451万美元，比降4.1%。实际利用外资160万美元，增长3.2%。社会消费品零售总额19.4亿元，增长18.3%。全社会固定资产投资11.2亿元，增长17.2%。农民人均纯收入6337元，增长6.5%。城镇居民人均可支配收入14383元，增长8.3%。

工业经济。全县新增规模以上工业企业7家，年新增产值1.2亿元。成功整合白樟溪南坂旧工业区土地7.33公顷，投资8000多万元的大业陶瓷项目在区内落地建设。云龙潭口工业集中区新建成企业5家，区内10家规模以上企业年产值达3亿元。金陶等30家陶瓷企业投资1.9亿元实施技术创新。新增省名牌产品和著名商标6件、市产品质量奖和知名商标8件。

农业经济。完成粮食播种面积1.24万公顷，推广再生稻0.28万公顷，建立超级稻示范片4000公顷。新植油茶800公顷、金银花166.67公顷、名优茶叶20公顷，新建橄榄、脐橙等名优水果基地66.67公顷，建成反季节银耳等名优食用菌生产基地3个。引进恒大农业科技公司，建成设施农业基地10公顷。闽清毛脚鸡获得农业部畜禽遗传资源品种认证。组织特色农产品参加了亚太农贸会等国内外各种展销会。进一步深化林权改革，实施3.17万公顷生态公益林创新管护机制改革，完成造林面积3200公顷。注重加强农业生产基础设施建设。完成3座小(二)型水库除险加固工程，建成98个山地蓄水池，改善农田节水灌溉333.33公顷，治理水土流失11.1平方千米。实施梅溪、下祝433.33公顷中低产田农业综合开发土地治理。进一步完善农村防灾减灾体系，禽流感、口蹄疫动态免疫率达100%。

第三产业。引进苏宁电器等知名商业连锁企业。完成《闽清县旅游发展规划》和《闽清县温泉旅游发展规划》编制，黄楮林、大明谷温泉景区设施进一步改善，塔庄七叠温泉项目加快建设。全年共接待游客45.2万人，实现旅游直接收入5423万元。新成立东融等2家中小企业贷款担保公司，成功出让县中小企业担保公司国有股权，全县9家中小企业贷款担保公司为企业担保贷款年末余额达1.3亿元。通过财政补助和盘活企业闲置资产等方式，筹资化解县一建、三建等建筑公司部分债务，增强集体建筑企业活力。闽清一建被中国建筑业协会评为全国建筑业先进企业。全年新创办建筑企业1家，提升建筑企业资质等级5家，实现建安产值34.6亿元，增长42.2%。

招商引资。举办“十八坂”商品交易会和“5·20”招商专场会，台湾宜兰等地台商、华商先后组团莅梅考察和洽谈投资兴业。成立广东闽清商会。抓住水口公司多经产业整合契机，引进福建华弩集团有限公司在梅注册。制定出台鼓励建筑和物流企业回归奖励政策，引进回归建筑企业1家、物流企业1家。

城乡建设。完成新一轮《闽清县城市总体规划》修编和城区梅溪北岸及天行片区控制性详规、县铁合金厂区及周边地块修建性详规编制。组织开展城区和集镇地籍调查，9个建制镇完成镇区总规编制。完成学林天下、阳光城等房地产项目开发和学林路高架桥、龙洲公园等城市基础设施建设，实施西大路人行道绿化和台山公园园林道路及部分建筑整修。城区防洪堤二期工程正式动工建设。成功出让天行新区首幅地块。202省道三溪至塔庄林洞段改造工程完成设计方案。基本完成123县道东桥至下祝段和池园福斗等5座危桥改造，新建成2个农村客运站，硬化通自然村道路路面27千米。开通城区至一中新校区、白樟下炉、闽侯汤院公交专线。

环境治理。进一步巩固建陶企业含酚废水和粉尘综合治理成果。出台陶瓷企业使用清洁能源奖补政策，富兴、百纳等11家陶瓷企业投入使用天然气，工业企业年使用天然气气量达692万立方米。完成城区饮用水源一级保护区1.6千米防护栏和4个建制镇饮用水源保护区标志牌建设，划定全县畜禽禁养区、养殖场禁建区。闽江闽清段国控断面和梅溪流域省控断面水质达到国家地表水功能区标准，城区饮用水水质达标率100%。正式动工建设城区污水和垃圾处理项目。6个乡镇和70个行政村开展农村家园清洁行动。清查处理已批违建102户，强制拆除违章建房70处1.7万平方米。拆除废弃烟囱104根，取缔非法小电镀点14处、小炼油点6处。

社会事业。“全国科技进步县”和“市陶瓷行业公共服务平台”建设项目通过科技部审核验收。全年共申请专利39件。组织开展中小学校舍安全排查，完成二实小等7所农村中小学寄宿制学校建设和金沙镇九年义务教育一贯制学校食堂、教学综合楼建设。一中新校区按期建成投入使用，一中双安图书馆和白中中学张仕国、黄拔妃教学综合楼竣工落成。安排240名城区和农村教师轮岗交流，选派19名城区优秀教师到农村支教。全年化解农村义务教育“普九”债务1422万元，基本解决相关历史遗留问题。动工建设县医院新病房大楼，完成池园、东桥中心卫生院医技综合楼主体工程和梅溪、雄江卫生院装修改造工程，实施塔庄、东桥卫生院环境治理项目建设。调整乡村医生津贴发放方案，通过财政包干补助解决乡镇卫生院职工医保问题。全年征收社会抚养费822万元。人口自然增长率10.56‰，计生率94.69%。完成县体育中心田径场塑胶跑道铺设，完成2个国家级乡镇农民体育健身活动中心、35个省级农民体育健身工程点、15条县级健身路径和7个乡镇综合文化站、51个村级“农家书屋”建设。

社会保障。建立健全乡镇及村级劳动保障服务网络。全年新增城镇就业人员2695人，下岗失业人员实现再就业110人。新增农村劳动力转移就业5635人，实现劳务派遣1563人。全县共有1331家企业纳入省级统筹养老保险，429家单位纳入城镇职工基本医疗保险。争取到已关闭国有及县属集体企业退休职工医保省级补助资金5774万元，全县共有15300人次参合农民和1600人次参保居民得到住院及特殊门诊补偿计2310万元。新建和购置廉租房58套，30户城区居民获得住房困难货币补贴9万元。完成白樟白云小区等一批地灾点治理工程，搬迁地灾点及边远山区群众205户900人。实施教师及其他事业单位人员住房公积金制度。完成290个村(居)委员会换届选举。新建白樟敬老院，改扩建上莲敬老院，县残联爱心楼建成投入使用。全县共有760人次农村困难家庭人员和67人次城市低保对象获得医疗救助78.6万元。

【闽清一中新校区】 闽清一中是一所省二级达标的百年老校，原校区面积偏小，制约了学校的进一步发展。为创建省一级达标中学，闽清县委、县政府将闽清县一中校园整体搬迁至梅溪镇上埔村。新校区占地8.8公顷，总投资1.2亿元，总建筑面积达51502平方米，建设的单体项目主要有：3座教学楼，4座学生宿舍楼，2座教师工作房和实验楼、图书馆、办公楼、食堂、体艺楼、运动场(包括标准田径运动场1个、篮球场8—10个、排球场6个、羽毛球场8个、网球场1个、标准游泳池1个)以及地下停车场、水塔、配电房等。 (许孙泉)

罗源县

【经济社会概况】 2009年，全县生产总值78.88亿元，比上年增长25.1%；

工业总产值164.75亿元，增长31.3%，其中规模以上工业产值143.20亿元，增长58.7%；农业总产值27.7亿元，增长3.0%；财政总收入5.84亿元，增长22.2%，其中地方级财政收入3.72亿元，增长22.6%；社会消费品零售总额20.20亿元，增长17.8%；全社会固定资产投资总额56.52亿元，增长25%；实际利用外资2380万美元，下降3.2%；外贸自营出口总值4050万美元，增长1.1%；城镇居民人均可支配收入1.5万元，增长11%；农民人均纯收入6319元，增长7.1%。

工业经济。按照“产业链、产业集群、产业基地”的方向，大力推进结构调整，促进转型升级，重点推进冶金、建材、能源、化工、船舶修造、轻工食品、机械制造等七大产业平稳较快发展。工业经济大幅增长。德盛镍5项目、宇星彩板15万吨热镀锌生产线、三金烧结炼铁炼钢、时代包装二期、永荣不锈钢一期、金闽再造烟叶一期5000吨生产线等6个项目实现投产，共创产值47.3亿元。华东造船厂、三金高速线材、德盛镍25、宇星彩板等重点项目建设进展顺利，18项省市级重点项目完成投资24.08亿元。引进项目取得成效。“5·18”海交会签约项目13项，总投资2.31亿美元，协议外资1.26亿美元，增长21%；“6·18”交易会项目成果对接42项，技术需求对接17项，总投资34.80亿元；“9·8”投洽会共签约项目24项，总投资1.43亿美元，增长11.2%。

农业经济。加大农业投入，协调农行信贷资金1.48亿元用于发展现代农业。食用菌、林竹果茶、畜牧、水产等农业特色产业巩固发展。完成食用菌生产1.6亿袋，实现产值2.7亿元；完成低产果园改造1400公顷，新开垦种植乌龙茶200公顷。调优水产养殖结构，开辟湾外浅海水养殖新区，建设国家级长毛对虾原种场。15家市级产业化龙头企业完成产值4.3亿元，增长9%。新成立农民专业合作社14个，带动农户增收。

服务业。建成瑞都酒店和新东方酒店；开展家电、汽车摩托车下乡及以旧换新活动；推进“万村千乡”市场工程建设，以直销店、加盟店、流动超市等方式，拓展农村贸易；商贸餐饮、社区服务、住房消费、文化娱乐等生活性服务业得到发展；商品房完成销售21.5万平方米，实现销售额7.6亿元，增长56.5%；年末全县金融机构各项存款余额28.1亿元，增长25.2%，各项贷款余额22.45亿元，增长68.4%。全年服务业产值达15.2亿元，增长13.7%，占地区生产总值的18.36%。

城乡建设。建成闽星佳园二期、筑家蓝波湾一期、蓝湾明珠一期住宅小区，动建东方星城、科瑞公寓、南洋小区等新兴小区；建成渡头大桥，完成九大中心西侧、闽辉新村南侧、西环路县电大至西大路等路段工程改造；建成高速路水古出口段绿化景观，完成南溪河道清理和两岸绿化；进一步完善凤山公园配套设施；动建污水处理厂二期和开发区岐鹤路管网工程。继续巩固第一轮22个“双百工程”村建设成果，启动第二轮22个“双百工程”村、鉴江省级示范村和上长治、西洋、福湖3个市级重点特色村建设工作；完成177户800人造福搬迁、33千米农村公路、8个行政村950户户厕改造、200口农村沼气池和4个乡村沼气服务站等工程建设；完成3个乡镇24个行政村垃圾整治并通过市级验收。

港区建设。碧里作业区5号5万吨级多用途泊位投入试运营，罗源湾北岸码头年吞吐能力达800万吨。罗源湾北岸清除渔排3.5万箱。温福铁路罗源站动车组客运专线9月底开通，罗源湾北岸铁路支线动工建设；筹建104国道水古至上楼段拓宽工程、省道201线碧里至鉴江和鉴江至宁德界公路等项目。建成南榜水库、滩内拦河坝及滩内水厂；碧里至三金、白花至寿桥等5个110千伏输变电工程完成建设，寿桥等7个输变电项目通过省环评验收。

社会事业。“秀珍菇关键技术示范推广及产业培育”项目通过省级科技富民强县项目审核并上报科技部；“三农科技创新服务平台”等3个项目被列入福州市2009—2010年科技计划项目；“智能温控工厂化栽培白色金针菇”技术试验成功并投入生产。“双高普九”成果巩固提高，民中、二中分别通过省二级、三级达标校市级评估验收，三中被福建省认定为福州八县首家“实施素质教育工作先进学校”；抓好中小学校舍安全工程，学校办学条件不断改善；职业中学在校生达1876人，毕业生就业率98%，顺利通过省重点职中评估验收。县图书馆被省读书协会列入援建项目，飞竹、霍口、鉴江等3个乡镇综合文化站完成改造，新建或改建39个“农家书屋”；飞竹居塔里自然村、松山八井村分别入选国家级和省级民间文化艺术之乡；编制完成全国重点文物保护单位陈太尉宫保护规划；提前完成全县第三次全国文物野外普查工作，被评为省级文物普查优秀县和市级文物普查工作标杆县。投资3300万元建成县医院综合大楼并投入使用，完成飞竹和鉴江卫生院改扩建工程；新型农村合作医疗参合率99.9%，发放补偿金2058万元，新农合综合评价位居全省第一；新增城镇职工医疗保险3175人，城镇居民医疗保险覆盖率90.1%。新建一批农民体育健身设施，成立县体育总会。

【城区“五大新区”建设】 分阶段、分步骤推进三道、渡头、松山、西门和起步等五大新区建设。其中：三道新区占地面积16.53公顷，计划建成凤莲、莲花和盛世名城等小区，配套建设二级汽车站、莲花山公园和酒店、金融网点等设施；渡头新区以已建成的渡头桥为界，东西两片各占地66.67公顷，建设筑家蓝波湾、东方星城等住宅小区，并配套罗源湾小学和幼儿园，建成后将实现城区与开发区对接；松山新区规划面积333.33公顷，将配套正祥·特区四星级酒店、罗源湾医院等；西门新区规划面积100公顷，首期开发建设保障型用房占地4.33公顷，并以此带动整个西门片区的改造建设；起步新区规划面积200公顷，计划打通起步岭隧道，形成车道、步行道双洞隧道，使起步镇与城区连为一体。

【食用菌产业】 食用菌是罗源农村经济发展的五大主导产业之一，具有悠久的栽培历史。近年来，罗源县委、县政府加快推进农业产业化进程，大力发展食用菌生产，食用菌发展呈现三大特点：1. 生产规模化。目前全县食用菌集中生产100万袋以上的企业有6家，50万袋以上的有43家，30万袋以上的有65家，15万代以上的109家，全县有438座工厂化食用菌生产固定厂房，形成一批专业大户和专业村。2. 品种多样化。除秀珍菇、香菇、蘑菇等当家品种外，还积极发展茶新菇、金福菇、竹荪、大杯蕈、毛木耳等品种，并不断引进、培育新品种，呈现当家菌种和其他菌类多元化发展格局。3. 营销网络化。罗源食用菌销售以骨干企业、营销大户为主，采取"公司＋基地＋农户"的形式，围绕市场建立营销网络。全县从事食用菌产品销售的企业或联合体有19家，从事营销的人员有2000多人，在广州、深圳、上海、北京、温州等14各大中城市建立了营销网络。2009年，全县生产袋栽食用菌1.6亿袋、床栽食用菌2100万平方尺，总产量6.726万吨，年产值3.77亿元，其中秀珍菇1.276亿袋，总产量占全国70%，成为全国最大的秀珍菇生产基地。

（周茂亮　雷桃金）

永泰县

【经济社会概况】 2009年，全县生产总值61.60亿元，比上年增长12.6%；财政总收入(不含基金)2.51亿元，增长16.6%，其中地方级收入1.61亿元，增长20.3%；城镇居民人均可支配收入13978元，增长11.8%；农民人均纯收入5576元，增长7.3%。城乡居民储蓄存款余额26.8亿元，增长20.6%；各项贷款余额16.2亿元，增长52.2%。社会消费品零售总额19.52亿元，增长18%。

农业。全县农林牧渔业总产值达31.96亿元，增长5.7%。制订并实施《永泰县现代农业园区建设实施方案》。农业产业化进程加快，重新申报确认市级农业龙头企业14家；农民专业合作组织达29家。新增省级农业标准示范区1个(永泰县芙蓉李)、市级农业标准化示范区1个(岚山红芽芋)；天山绿色农业试验示范基地等6家企业被列为省、市副食品基地。农产品加工新增福建省著名商标1个(久佳)、福州市知名商标4个(加蜜佳、永庆、李乡、藤山)。实施造林绿化工程，完成植树造林0.33万公顷。完成水利投资7441万元，建成农村饮水安全工程7个，除险加固水库8座。建设省级高标准农田102.4公顷。投入420万元，建立粮食风险、自然灾害公众险、农房保险、森林火灾保险等风险基金。大幅度增加涉农补贴，共发放涉农补贴资金2012万元，增长42%，受益农户62107户。

工业。全县工业总产值28.78亿元，增长6.9%，其中规模以上企业62家，产值19.46亿元，增长5.8%。打造台口高新技术园和永泰创意产业园等工业经济发展的新平台。工业新增长点金泰纺织二期、CHC燃料油二期项目顺利推进，山茶精油、顺达食品搬迁、数码打印设施、柏瑞葡萄酒等项目相继签约落地。

建筑。制定实施《关于促进建筑产业更好更快发展的若干意见》，"优秀建筑之乡"品牌效应初显，永泰建筑工程公司列全省30强第13名，创省优质工程1项。全县一级房建总承包企业2家，二级总承包企业达16家，完成建安产值62.7亿元，增长30.1%；县内房地产投资3.7亿元，增长84.7%，销售11.6万平方米，增长60.9%。建筑业和房地产业入库税收1.01亿元，增长78.79%。

旅游。编制完善《大樟溪两岸旅游景观规划》等系列规划，出台《关于促进永泰旅游业跨越发展的若干意见》。云顶景区、赤壁温泉度假村、樱花泉、天门山生态农业旅游区等项目共完成投资1.43亿元。青云山旅游基础设施部分项目已开工建设。全县"农家乐"发展到100多家。举办永泰首届美食旅游节、永泰(温州)旅游推介会，并在央视四套播出永泰旅游专题片。青云山(御温泉)、天门山、赤壁等景区入选福州"十佳旅游景区"，峡谷探幽激情之旅(三日游)入选福州"十佳旅游线路"。全年接待游客138.3万人次，增长20%，创旅游产值3.43亿元，增长30.4%。

项目建设。全年完成全社会固定资产投资30.17亿元(含铁路、高速公路)，增长59.7%。争取中央新增投资项目4批32项，已竣工13项，完成投资1.1亿元，共获得中央补助资金4555万元、中央预算内投资984万元、省级预算内投资1470万元、政府债券资金5474万元、银行融资1.41亿元。实事、重点项目30项共完成投资7.6亿元，其中：11项实事项目全面动工，完成投资1.52亿元；19项重点项目，共完成投资6.08亿元。

城乡建设。泰盛豪庭、吉祥小区、恒润御景湾、格林兰景、唐乾明月等5个项目均超额完成年度投资计划，累计达2.75亿元。南区自来水厂扩建、垃圾无害化处理场、污水处理厂、刘岐大桥、城区防洪堤等市政基础设施项目相继开工建设。规范户外广告审批管理，开展违法建设专项清理整治和文明县城创建活动。向莆铁路永泰段完成主线征地拆迁，贯通隧道6座；福永高速公路于6月25日动工建设，征地拆迁工作全面展开。完成省道改造41.6千米、县道改造63.6千米、乡村道路建设37.8千米。完成长庆35千伏和马洋二期110千伏变电站新扩建工程。省级示范村、市县级重点特色村建设取得成效。完成造福工程搬迁209户850人。初步建立农村家园清洁行动长效管理机制，20个乡镇、258个行政村(居)全面提前完成垃圾整治任务。新增沼气用户750户，全面完成客运站亭、自然灾害避灾点建设。

改革开放。依法依规划解一批在矿山开采、土地征用、房屋拆迁、企业改制过程中的历史遗留问题。推行政府投资项目预决算审计，健全国有资产监管体系。成立县建设工程交易管理中心。完成网上审批暨行政效能监察系统建设项目招投标并组织工程施工。各类招商活动共签约外资项目3项，总投资2830万美元。新批合同外资1240万美元，实际利用外资625万美元。出口总值1149万美元，增长16.1%。内资实际到资额3.95亿元，增长28.3%。通过政府贷款贴息，扶持企业自营出口，新增自营出口企业3家，全县增加到18家。

民生保障。城镇居民、关闭破产国有和城镇集体企业退休人员及困难企业职工医保实现全覆盖。参加新型农村合作医疗26.64万人，参合率达92.3%。参加城镇居民医疗保险19250人，企业职工基本养老保险12000人(其中离退休人员2880人)，农村社会养老保险11263人，失业保险8322人。尝试开展被征地农民社会保障试点工作。继续实施农村劳动力技能培训，全年培训农民3311名，实现转移就业5064名。新增城镇就业2250人，再就业138人，城镇登记失业率为2.05%。重视困难群众生产生活，新建廉租住房2580平方米。

社会事业。实施“科普惠农兴村活动计划”，部分建制村实现农村科普“一站一栏一员”示范建设，同安席草产业协会获得“全国科普惠农兴村先进单位”称号。组织参加“6·18”海峡两岸职工创新成果展，获得金奖1个、银奖2个、铜奖1个。推进教育布局调整，全县小学从2000年的384所调整至2009年的117所，里岛小学实现与城峰中心小学分离，成为城区独立建制学校。颁布实施《永泰县中小学、幼儿园布局规划和实施方案（2008—2020年）》。“双高普九”通过省级评估验收。城乡建设职业中专学校被评为省级重点校。永泰一中城南校区一期工程建成并投入使用，县特殊教育学校正式招生。投入1161万元实施中小学校舍安全工程和建设8个农村中小学寄宿制工程。化解农村义务教育债务126笔1519万元。改造乡镇综合文化站5个，完成县图书馆内部装修。新建、改建村级“农家书屋”55个。方壶岩摩崖石刻、青石寨、方广岩、樟坂乡贤第、金山堂等被列入福建省第七批文物保护单位。塔山公园改造一期工程基本完成，文庙修缮工程竣工，嵩口古建筑群保护性修复工程开始启动。县医院门诊综合大楼前期工作正式启动。嵩口等4所卫生院改造提升工程全面竣工。新建健身路径15条、农村体育工程36个、乡镇农民健身活动中心1个。组队参加第七届全国武术之乡比赛，获得3金4银3铜的成绩。社会治安群众满意率达96.4%，位居全市第一名。

【福永高速公路永泰段开工建设】 福永高速公路起于闽侯南屿镇，途经永泰葛岭镇、城峰镇、赤锡乡，止于梧桐镇与仙游县交界处，涉及永泰4个乡镇26个村。全长66.3千米，永泰境内约51.068千米。全线采用双向6车道标准，设计时速100千米，路基宽33.5米。项目概算投资80.6亿元，计划工期4年。先行工程主线征地于9月底全面完成。房屋拆迁取得突破，完成先行工程A6、A7合同段应拆迁房屋的丈量面积20331平方米。截至年底，工程完成路基土石方开挖50.3万立方米，填方48.9万立方米，完成隧道掘进377米，完成桩基107根。（陈文琳）

平潭县

【经济社会概况】 2009年，全县生产总值73.58亿元，比上年增长11.5%；农业总产值40.20亿元，增长5.3%；工业总产值18.62亿元，增长30.0%，其中规模以上工业产值15.08亿元，增长46.0%；财政总收入（不含基金）4.65亿元，增长41.3%；一般预算收入3.55亿元，增长47%；出口总值265万美元，增长4.3%；外资实际到资542万美元；合同外资607万美元；社会消费品零售总额26.31亿元，增长17.0%；农民人均纯收入5864元，增长7.3%；城镇居民人均可支配收入16430元，增长10.7%；全社会固定资产投资16.87亿元，增长33.2%；人口自然增长率为8.08‰。

工业经济。鼓励和扶持企业进行技术改造，利亚三期、雄鹰二期等修造船重点技改项目完成。工业总产值和规模以上工业总产值增幅均超过30%。县内建筑业产值达8.6亿元，增长12%。全年新增散货运输船70多艘，增加运力140万吨，海运业总运力达到900万吨。

农业经济。全年土地流转面积达420多公顷，新增“菜篮子”蔬菜基地6个，农村土地整理、农业综合开发利用项目经省有关部门验收合格。不断拓宽渔业发展空间，海水养殖面积达3000多公顷，新增远洋渔船12艘，水产品加工产量达7.92万吨。加大动物卫生监督和农资市场监管力度，抓好疫病防控和应急物资储备，严厉打击扰乱农资市场秩序和破坏海洋环境等违法行为。全县203个村（居）全面实现村集体会计委托代理和电算化网络监管。

商贸旅游。全县中型超市发展到6家，全年备案登记的家电下乡销售网点17家、销售额1500万元，家用电器、通讯器材、摩托、服装、化妆品等专业市场形成一定规模。启动《平潭县旅游产业总体规划》、《海坛风景名胜区总体规划》、《坛南湾景区详细规划》编制工作，完成石牌洋旅游码头、王爷山步游道设施修建任务，对龙凤头海滨浴场等景区进行综合整治，开辟猴研山新景点。石牌洋景区位列“福州十佳旅游景区”第三名，“平潭滨海二日游”被评为“福州十佳旅游线路”之一。

城乡建设。翠园南路建设改造工程完成投资560万元。东环南路、万北路等市政道路建设完成前期工作。总投资6100万元的城区污水管网改扩建工程开工建设，投资2400万元、日处理2万吨的城区西区污水处理厂扩建工程和日处理3万吨的城区东区污水处理厂建设项目正式启动。实施水毁修复工程45处，加固千亩片海堤1条。编制完成《平潭县农村饮水工程建设规划》。东澳中心渔港和东庠葫芦澳一级渔港项目前期工作有序推进。

社会事业。全年用于发展教育事业的各项支出5900多万元，完成8个寄宿制学校和城南学校二期工程建设任务，特教学校正式投入使用，125所学校共310幢校舍安全排查鉴定工作全面完成，消除危房2.68万平方米。城关地区中小学、幼儿园招生体制改革取得实效。投入2880多万元用于公共卫生建设，做好乡镇卫生院改造提升工作。县医院连续5年被评为“福建省文明单位”，并被省卫生厅授予“国家二级甲等综合性医院”，农村卫生协会被评为“全国先进卫生协会”。完成20个村级“农家书屋”建设任务，闽剧《南归梦》囊括第四届福建省艺术节暨福建省第二十四届戏剧会演所有大奖，闽剧《福州女人》和《苏三苦诉》分别获得全省纪念改革开放30周年现代戏征文剧本奖和第四届世界福州十邑闽剧票友大奖赛优秀奖。平潭县9位运动员参加福州·冲绳武术比赛，夺得8金6银4铜。参加全市“农村百队千场”篮球赛总决赛荣获第二名。启动35个农民健身工程项目，建成两个农村体育中心，35个村级篮球场和35套健身路径。全县192个行政村除无线覆盖的7个村外，185个村的电视收视质量整改工作全面完成。对全县小岛乡镇10座微波设备全面进行更新改造。注重扶持渔农业科技成果转化，组织技术专家深入企业调研，开展技术培训，扩大科技示范推广面。加强基层基础网络建设，乡镇服务所全面改造升级。

民生保障。全县所有婚育妇女均免费享受计划生育技术基本项目服务。全面落实农村二女结扎户养老保险和奖励制度。免费为农村二女结扎户和独生子女户办理新型农村合作医疗保险。参加新型农村合作医疗的农民达24.9万人，占农村人口数的81.17%。完成200口农村户用沼气池建设任务，配套建设5个农村沼气服务网点。全县参加养老、医疗、失业、工伤、生育等5项社会保险的人员14.9万人，发放各类退休金和保险金1.29亿元。切实做好就业再就业工作，提供就业岗位6590个，新增城镇就业2014人，下岗失业人员实现再就业102人，农村富余劳动力转移就业4610人。城乡低保对象达9796户、20222人，年发放低保金2064.24万元。继续实施法律援助民生工程，为弱势群体提供法律援助229件（次），300多名困难群众获得无偿法律援助。总投资985万元、首批建设94套共6775平方米的廉租房顺利推进。

【深化改革】 加强事业单位岗位设置工作，截至年底，约80%的事业单位完成了岗位职数设置工作，已审批的单位正按有关规定制定岗位实施方案，并陆续开展岗位聘用工作。加强工资收入分配制度改革，继续做好规范公务员津贴补贴工作，认真落实公务员职务和级别相结合的工资制度，科学制定中小学教师绩效工资实施方案。加强财政体制改革创新，继续推进“乡财县管乡用”改革，进一步规范收支管理，提高财政资金使用效益。创新投资评审机制，严格财政性工程项目招投标制度，强化预决算审核，杜绝随意变更现象，有效节约财政性资金。加强殡葬体制改革，严格建立殡葬管理责任制，确保大岛遗体火化率达到100%。支持乡镇、村居建设公益性骨灰楼（塔、堂）。加强企业改制等工作，县酒厂、工业供销公司、平顺公司、外贸公司、中福公司、国际公司等企业改制工作有序推进。 （张巧玲）

编辑：林丹英

厦 门 市

【基本概况】 厦门地处我国东南沿海，背靠漳州、泉州平原，在台湾海峡南部西侧与宝岛台湾和金门岛隔海相望。全市由厦门岛、鼓浪屿、内陆九龙江北岸沿海部分地区和厦门湾沿岸组成，辖思明、湖里、集美、海沧、同安、翔安6个行政区，陆地面积1573.16平方千米，海域面积390平方千米。全市常住人口252万，其中户籍人口177万，是著名的侨乡和台胞的主要祖籍地，通行方言为闽南语。厦门属亚热带气候，年平均气温在20℃左右，年均降雨1350毫米。厦门是一个美丽的港口风景旅游城市，是海峡西岸重要中心城市，是国家经济特区、计划单列市、副省级城市，相继获得联合国人居奖、全国文明城市、中国人居环境奖、全国双拥模范城市“六连冠”等荣誉，2007年荣膺“跨国公司最佳投资城市”，2009年荣膺“全国十大会议目的地”，在全国重要城市公共文明指数测评中获得第二名。

【经济社会综述】 2009年，全市生产总值1737.23亿元，比上年增长8.0%，其中：第一产业增加值20.49亿元，增长0.5%；第二产业增加值821.03亿元，增长6.2%；第三产业增加值895.71亿元，增长10.2%；三次产业结构为1.2∶47.3∶51.5。按常住人口计算，人均生产总值68938元，增长6.7%。万元生产总值耗电809千瓦时，比上年下降5.16%，万元生产总值能耗0.579吨标准煤，下降3.38%。财政总收入451.41亿元，增长10.1%，其中地方级财政收入240.56亿元，增长9.2%；城镇居民人均可支配收入26131元，增长9.1%；农民人均纯收入9153元，增长8%；城镇登记失业率4.01%；居民消费价格指数97.3；人口自然增长率8.6‰。

工业。把培育平板显示、计算机与通讯设备、输配电及控制设备等13条产值百亿至千亿的产业链（群）作为先进制造业发展的重点。全年工业总产值2886.21亿元，增长2.0%；工业增加值678.18亿元，增长6.1%；工业经济效益综合指数为179.49，提高13.75个点。新增规模以上工业企业212家，规模以上工业产品产销率99.30%。电子、机械、化工三大支柱行业全年完成产值2049.59亿元，占全市规模以上工业的73.6%。冠捷科技、景智光电、许继高压、ABB增资、松下电子增资等项目进展顺利，国家太阳镜生产基地落户厦门。成立厦门产业技术研究院、食品检测中心和食品科技孵化园，国家级LED检测中心基本建成，中科院城市环境研究所通过验收。新认定高新技术企业303家，新增2个国家级、22个省部级科研机构，联想移动公司获国家级企业技术中心认证，宏发电器、雅迅网络成为国家创新型企业。“创建知识产权示范城市”通过评估，全市发明专利授权量增长43.8%。启动首届厦门市政府质量奖。新增9个中国驰名商标。厦门理工学院成为全省唯一的国家级创新工程师培养与实训基地，火炬高新区成为全省唯一的国家级海外高层次人才创新创业基地，位列全国高新区投资环境竞争力第四名。

现代服务业。把总部经济、港口物流、文化创意等10个行业作为现代服务业的发展重点，引进嘉里物流、联邦快递、柯达物流中心、中国医药集团物流中心、吉祥航空等企业和项目，厦门机场始发和经停航线新增20条，厦门口岸出入境人员突破300万人次；东莞证券、国信期货等在厦门设立营业部，5家企业在境内外上市，2家企业获批即将上市；新增软件企业108家，软件业产值230亿元；温德姆、佰翔等高星级酒店开业，“闽

2009年5月17日，全国首个海峡两岸农产品检验检疫技术中心在厦门揭牌。

（厦门出入境检验检疫局供稿）

南神韵”旅游一台戏实现公演；全年接待游客突破2500万人次，增长15.1%；全年举办展会1700多场次，“石材展”成为世界第二大石材专业展。

对台交流合作。确定了先进制造业、软件与信息服务等10个重点对接合作领域，成为全国首个国家级对台科技合作与交流基地和对台体育合作与交流基地；成立了全国首个海峡两岸农产品检验检疫技术中心。全年对台进出口总额42.01亿美元，年末全市累计批准设立台资（含第三地）项目2940个，合同利用台资48.35亿美元。大陆首家台资旅行社——厦门灿星国际旅行社开业。厦门口岸进口的台湾水果占全国总量七成，进口量和货值超过前4年总和。率先开辟两岸客货滚装运输新航线并实现班轮化运作。厦金“小三通”每日航班增至36个，全年进出旅客120万人次。实现厦金邮件总包直封、厦门—台北邮件直封直达。厦航在台湾设立分公司。在全国率先启动台湾居民来往大陆签注自助受理业务。首届海峡论坛成功在厦门举办。厦门市政府代表团成功参访台湾，成为大陆第一个以地方政府名义组团和第一个由政府市长率团的赴台参访团。在全国率先开展在厦台湾地区居民专业技术职务任职资格评审试点。台交会、文博会、图书交易会、保生慈济文化节、郑成功文化节等活动顺利圆满举行。

固定资产投资。全年全社会固定资产投资882.12亿元。全市共安排147个重点建设项目，完成投资324.1亿元，占全社会固定资产投资的36.7%。福厦高速铁路建成通车，我国第一条深海隧道——翔安隧道全线贯通。厦门港货物吞吐量突破1亿吨，成为海西首个亿吨大港；厦门机场旅客吞吐量突破1000万人次；厦航成为国内第六家年客运量超千万的航空公司。环东海域、五缘湾、杏林湾、湖边水库、厦门新站等重点片区开发顺利推进，规划总面积167.6平方千米，累计完成投资400亿元。启动新城规划，开展厦门新机场、第二东西通道、城市轨道交通等重大基础设施项目前期工作。

对外开放。海沧保税港区面积9.51平方千米，是目前我国开放程度最高、功能最齐全、政策最优惠、通关最便捷的海关特殊监管区域，一期工程已建成并通过国家验收。厦门市被列为中科院在全国重点布局的技术创新与成果产业化基地、科技部首批国家“十城万盏”半导体照明示范工程试点城市。全年外贸进出口总值433.14亿美元，其中：出口276.68亿美元，进口156.46亿美元，贸易顺差120.21亿美元。全年新设外商投资项目325个，实际利用外资22亿美元（按历史可比口径）。全年引进千万美元以上项目54个，共有11个国家（地区）48个500强公司在厦投资86个项目。接待外国代表团160批次；新增2个国际友城。成功举办第13届中国国际投资贸易洽谈会、国际马拉松赛、国际海洋周、国际动漫节、国际龙舟赛、国际友城市长论坛。

2009年10月30日，第二届厦门国际动漫节COSPLAY盛典在厦门软件园举行。

（厦门市政府办供稿）

新农村建设。全年农林牧渔及服务业总产值33.26亿元；农业产业化龙头企业实现总产值170.56亿元，增长6.4%，带动本地农户12.31万户。新增3个国家级农业标准化示范区、2家福建省农业企业品牌金奖。农村富余劳动力转移就业2.4万人。实施20个旧村改造、12个老区山区村建设、13个山区村饮水工程，新增40个行政村开展农村家园清洁行动。新建改建通行政村和自然村公路143千米，通自然村道路硬化率达75%，公交车通村率达94%。在全省率先实现了“村村通宽带”；农村有线电视入户率达到95%。基本养老保险累计参保人员5.23万人。农村基本医疗保险登记人数达45.67万人，参保率98%；完成58个标准化村卫生所建设。新建2个镇综合文化站、20个村文化室、97个农家书屋。

社会事业。全年财政资金投入59.8亿元，增长13.5%。被评为“全国推进义务教育均衡发展工作先进地区”。教育综合竞争力在中国社科院发布的城市竞争力比较研究报告中名列15个副省级城市第三。完成中小学校新（扩）建14所，新增学位1.6万多个，进城务工人员子女义务教育进入公办校就学比例达67%；免除城乡义务教育各项收费1.17亿元。市妇幼保健院扩建、中山医院内科病房楼、第一医院急诊综合楼等项目建设顺利，完成24个社区卫生服务中心和28个农村卫生所标准化建设，市民健康信息系统在全国率先实现健康信息区域共享。南音入选联合国教科文组织“人类非物质文化遗产代表作名录”。成功举办中国戏剧节、海峡两岸民间艺术节、厦金海峡横渡、全国沙滩排球锦标赛等文体活动。

民生保障。出台我国第一部社会保障性住房管理地方性法规。15个在建社会保障性住房全年完成投资9.1亿，竣工11786套。为全体市民办理自然灾害公众责任险，将全市大学生纳入城乡居民基本医疗保险，完善建筑矿山企业农民工工伤保险。设立道路交通事故社会救助基金。继续提高全市企业退休人员养老金。对就业困难群体实行就业援助和社保补贴，开展厦门本地生源毕业生首次就业（见习）推荐服务。重视生态建设和环境保护工作，荣获全国节水型城市。强化机动车尾气、扬尘、工业废气等污染控制，空气质量优良率上升近2个百分点。

【13条百亿至千亿产值产业链(群)及10个现代服务业产业群】 面对2008年下半年以来的国际金融危机，厦门市委、市政府坚持把保增长与调结构相结合，大力发展先进制造业和现代服务业，把培育平板显示、计算机与通讯设备、输配电及控制设备、生物与新医药、汽车、工程机械、航空工业、船舶、农副产品与食品加工、运动器材、水暖及厨卫、烟草加工及销售、现代照明和太阳能光伏13条产值百亿至千亿的产业链(群)作为先进制造业发展的重点，把培育营运中心、金融、物流、软件和信息服务、商贸、会展、旅游、文化创意、服务外包、科技研发与服务10个产业群作为现代服务业的发展重点，编制发展规划并组织实施，取得较好的成效，产业结构进一步优化。

【与台湾十个产业对接合作】 在两岸关系发生重大积极变化的新形势下，厦门市委、市政府提出了在先进制造业、软件与信息服务、金融保险、服务外包、旅游会展、航运物流、文化创意、商贸、邮政通信、农业种苗和农产品加工等10个方面加强与台湾进行对接与合作，并编制发展规划，积极组织实施，实现与台湾产业的优势互补与互利双赢，取得较好的成效。

【教育服务产业发展行动计划】 为适应和服务全市经济社会发展需要，厦门市委、市政府制订了《教育服务产业发展行动计划》，建立学校与产业链、产业集群、重点企业的对接服务机制，大力推广订单培养为主的校企合作。市属高校对接产业发展专业107个，占所有专业的66%；中职学校将130多个专业调整为90个对接专业，调整幅度达31%。成立机械、商贸职教集团，成员涵盖外资企业、台资企业和外地中职学校。在厦大理工实训楼、集美职校、市技师学院挂牌成立“厦门市高职实训基地”，推进了职业教育实训资源的共创共享。 (黄向阳 王玫)

思明区

【经济社会概况】 2009年，全区生产总值528.13亿元，增长12.1%；财政总收入83.98亿元，增长10.0%，其中：地方级收入53.49亿元，增长13.7%，区级收入20.01亿元，增长10.2%；实际利用外资3.26亿美元；实际利用内资194.2亿元；固定资产投资204.21亿元，增长5.3%；工业总产值202.89亿元；社会消费品零售总额277.38亿元。荣膺“2009年度中国中小城市科学发展百强”(第16位)。

经济持续健康发展。重点跟踪汇总房地产、现代服务业等动态数据，做好“7+1”(商务、商贸、旅游、软件、文化、会展、房地产和光电光伏)产业集群(产业链)的规划编制工作，明晰产业发展导向和重点，全力推动110个经济增长点项目。重点对255家规模以上工业企业和100家限额以上商贸企业实行区领导对口挂钩联系，帮助解决融资、用工等方面的实际困难。修订完善和出台扶持高端商业品牌、企业上市、生产型企业出口、企业招工财政补贴、集中区购房企业按揭贷款贴息和担保扶持等政策措施。安排科技研发资金4784万元，启用区电子商务大楼，扶持企业自主创新和科技平台建设。筼筜、梧村、嘉莲、莲前等街道财政总收入均突破10亿元，街道财政收入已占全区财政总收入90%以上。

第三产业。商务营运中心建设不断深化，总部和楼宇经济创造的财税收入占全区财政总收入比重达32%，成为海西首个“中国总部经济实践基地”。观音山国际商务营运中心启动区入驻企业180家，纳税1.66亿元；自建区共引进企业13家，纳税6.32亿元。大洲、宝龙、禹洲、明发、三五互联等5家企业成功上市，辖区内上市企业增至10家。出台《加快总部经济发展暂行办法》，观音山企业服务中心正式成立，综合环境配套不断完善。商品房销售收入177.16亿元，增长76.7%，对经济增长的贡献率达38.3%。汽车消费火热，共销售2.06万辆，增长57.3%。磐基名品中心和马可孛罗酒店精品中心等精品店营业收入超亿元，成为高端消费辐射的有力支撑。旅游集散中心建设扎实推进，旅游业发展规模进一步壮大，接待国内外游客1904万人次，增长14.8%；旅游总收入237亿元，增长10.3%。旅游基础设施建设力度加大，温德姆和平、牡丹国际、海悦等高星级酒店开业；华林建设与日航酒店签约，帝元维多利亚酒店和香山国际游艇码头等旅游项目建设不断推进。精心打造鼓浪屿和“海峡游”两大特色旅游品牌，鼓浪屿家庭旅馆数量增至70家，带动鼓浪屿游客聚集，全年达525万人次，增长4.75%。

项目带动。全区52个重点工程项目累计完成投资40.86亿元。加大征地拆迁工作力度，全力推进片区改造工作，8个月内基本完成西郭片区征地拆迁工作，农科所、将军祠西片区全面启动，自行车厂、人民体育场、龙山文化创意产业园区等片区前期工作不断推进。成功出让12个招拍挂地块，总用地面积26.7万平方米、成交金额56.2亿元。完善集中区配套建设，力促企业入驻、投产和达产，同安工业集中区思明园工业总产值位居各园区之首，观音山启动区累计完成投资3.42亿元，8家自建企业投资均超千万元。招商引资工作取得突出成效，引进创冠环保、泰普生物、世茂房地产等千万美元以上项目6个、亿元以上内资项目39个。中铁物资、中航技、大唐国际等一批央企、省企落户运营。“9·8”投洽会共签约项目138个，投资总额166亿元；开工开业投产项目36个，总投资30亿元。在“6·18”项目交易会共签约8.64亿元，实现项目对接金额2.62亿元。继续推进质量立区和品牌带动，新增中国驰名商标2家，成为全市唯一的省级质量兴市绩效评价试点区。

社会事业。各项社会事业协调发展，荣获“全国和谐社区建设示范区”等荣誉称号。社会就业态势保持稳定，新增就业3.18万人，城镇下岗失业人员实现再就业1.26万人；为灵活就业人员兑现社会保险补贴6.47万人次5681万元；兑现招收聘用下岗失业人员社会保险补贴4306人次421万元；办理就业困难人员认定1.63万人，就业困难人员实现再就业9556人；不断创新基层劳动保障服务方式，社区劳动保障“三基”(基层组织、基础工作、基本能力)建设“七大员”(劳动就业协理员、劳动争议调解员、劳动法律监督员、劳动关系指导员、劳动保险经办员、退休管理服务员和劳动政策宣讲员)模式在全省推广。征集1060个大中专应届毕业生见习岗位，帮扶104名重点贫困生就业；积极推广“中国青年创业国际计划”，有针对性地辅导有创业意向的毕业生。社会保险覆盖面进一步扩大，城镇居民和未成年人医疗保险参保人数新增1.31万人，继续实施“村改居”居民抗大病医保资金补助，对企业困难退休人员大病医疗进行补助，企业退休人员社会化管理率达99.7%；完善“低收入人群数据库”，发放最低生活保障金1670万元；继续发挥“爱心超市”和“安康计划”的救助平台作用，“安康基金”累计收入1800万元，开展安康服务6654人次，当年支出352万元；社区居家养老和“福乐家园”试点工作有序推进；成立区社会保障性住房服务中心，受理住房申请16470户，已入住2110户。全区居民人均可支配收入27436元，增长8.2%，居民生活水平持续提升。圆满完成95个社区换届选举工作，社区工作者队伍素质和年龄更加优化，待遇进一步提高；开展家政服务工程，试行社区服务呼叫资源外包；设立民政部培训中心厦门基地。完成10件为民办实事项目。完成人民小学分校（浦南校区）、松柏小学、思明第二实验小学等一批新建扩建项目，思明小学扩建等前期工作取得进展，全面启动校舍安全工程3年规划；1814名来厦务工人员子女经派位进入公办小学就读，派入率达81%；不断拓展优质义务教育资源，与厦门大学、双十中学开展合作办学，引导和规范民办教育；深化中小学教师人事制度改革，公开选任10名小学副校长；落实中小学教师绩效工资改革；深入推进课程改革实验，加强学前教育，区属中学中考成绩继续位居全市前列。积极应对甲型H1N1流感疫情，落实综合防控措施，着力抓好学校防控，完成甲流疫苗接种5.1万人；加强卫生监督工作，加大食品安全监管力度。优化婚姻登记一站式服务，全区婚检率提高至90%以上；出生人口政策符合率达98.1%，幸福工程、人口早教工作经验在全国、全省交流，成为全市唯一年终考核免检单位。成功举办全国沙滩排球锦标赛；在市第十八届运动会上获得金牌总数、团体总分第一的优异成绩。举办第二届区老年运动会。

文明创建不断深化。以总分第一名的优异成绩再次被评为省级文明城区，顺利完成全国公共文明指数测评工作。强化市容考评与监管，市对区市容考评成绩继续名列全市前茅。集中开展环岛干道、成功大道、仙岳路景观绿化与整治。完成新华路、龙山北路、开元路等市政道路改造和维护。开展环保专项执法行动，有效调处工业项目噪声、废气污染信访问题。完成10个“安静居住小区”和24个“绿色社区”创建工作，加强重点污染源监管，推进环筼筜湖、环岛路污染源调查和整治工作，完成中山公园截污工程，协调推进石胄头污水处理厂改扩建工程建设，狐尾山污水上山二期扩建等项目投入使用，基本完成2009年区长环保目标责任书。加快山地公园建设，新增6千米登山健身道。持续推进垂直绿化，新增园林绿地33.47公顷。

【创建和谐社区】 近年来，在全区社区中开展“一社区、一创意、一特色、一品牌”的创建活动，各社区根据自身条件、特点，采取各具特色的举措，打造适合本社区居民的服务项目，并涌现出一大批社区服务品牌，先后有振兴社区“道德法庭”、深田社区“悄悄话室”等12个社区服务品牌，获评“厦门市创建和谐社区十大金点子”；阳台山社区“社区人才库”等7个社区服务品牌获得“厦门市社区建设创意奖”。为推进社区品牌建设和和谐创建活动深入持久，还将以提高社区服务水平，提升社区居民的满意率、幸福感为目标，推动社区服务品牌由“一居一特”向“一居多特”发展和延伸，使社区居民能享受到更为多样化的社区服务。 （韩诗莹）

湖里区

【经济社会概况】 2009年，全区生产总值430.6亿元，比上年增长4.5%；财政总收入44.58亿元，增长11.46%，其中区级财政收入10亿元，增长5.7%；城镇居民人均可支配收入28411元，增长8.7%。

制造业。高新龙头企业支撑强劲，全年净增产值亿元以上企业13家，宸鸿科技、厦华电子等高新企业实现高增长。研发能力强、拥有自主核心技术的敏讯信息、麦克奥迪实现快速增长。一批内销型企业阿海珐输配电、欣贺服饰、唯美制衣等企业迅速成长。园区集聚效应开始显现，同安工业集中区湖里园工程建设全面完成，产值40.5亿元；环东海域湖里工业园一期全面建成，产值11.2亿元；高新技术园区实现税收2.5亿元。

现代服务业。商贸业营业额675.2亿元，增长20.6%；社会消费品零售额133.8亿元，增长17.1%。房地产市场完成投资81.6亿元，出让土地面积56万平方米，成交金额98.8亿元。完成东镀古玩城、凯迪克商务中心等项目改造。联发2号厂房、依澄大厦、建工15号厂房等项目改造顺利推进。制订实施《湖里区旅游业发展总体规划》，举办“五缘湾金秋之旅”、游艇帆船展销会等活动，五缘湾游艇帆船基地顺利推进，成为湖里旅游新亮点。

重点项目。全年固定资产投资完成182.1亿元，增长14.1%；市、区两级重点项目完成投资67.4亿元。成功大道、环岛干道、金山路（环湖里大道）等重要交通干道相继建成通车，湖里大道改造基本完成。五通海空联运码头扩建工程一、二期完工，机场三期回填工程完成；五缘湾片区骨干路网基本形成，湖边水库片区道路、绿化景观带等基础设施建设全面展开。象屿国际物流中心、湖里城管综合楼完成主体建设，联发电子广场主体封顶，特意购购物中心和红星美凯龙项目启动。高林保障性住房一期交付使用；金福缘新城安置房主体建设基本完成，金山国际安置房一期竣工，金林湾花园A区开工建设，蔡塘、后坑等7幅新发展用地取得批准。

征地拆迁和旧村改造。全年征地102.73公顷，拆迁261万平方米。调整充实八大片区征地拆迁指挥部，采取“指挥部＋街道＋公司”的片区改造模式。东部城市综合体项目在40天内完成全部征地43.33公顷，签订拆迁面积98.64万平方米。湖边水库、五缘湾、湖里高新技术园等市重点片区征地拆迁工作顺利推进。基本完成墩上、岭下、下边等旧村改造，启动钟宅、乌石浦、高林等旧村改造。

招商引资。通过采取园区推介、产业链招商、央企对接等形式，有效拓展招商资源。全年合同利用外资2.37亿美元，实际利用外资2.25亿美元，增长

23.6%;引进500万美元以上项目8个。引进内资72.2亿元,合同利用内资179亿元。新引进内资注册资本500万元以上项目237个,主要集中在物流、商贸、投资担保等现代服务业领域。

社会事业。实施积极就业政策,帮助就业困难群体就业和创业,开展本地生源毕业生首次就业(见习)推荐服务,全区2009年应届大中专毕业生就业率达70%。社会保险覆盖面继续扩大,为全体市民办理自然灾害公共责任险;在全市率先实施被征地人员参保零风险政策,鼓励被征地人员参加基本养老保险,参保率88.2%。选取湖里和殿前街道作为试点,建立基层劳资纠纷防控体系。启动社会福利服务中心项目建设。全区低保对象实现应保尽保。受理各类法律援助案件284件。累计受理保障性住房申请1669户。与厦门双十中学合作办学,开办湖里实验中学和湖里实验小学;动工建设寨上中学和区教师进修学校附属小学,加快推进禾山街道和金山街道公办幼儿园建设,全面启动校舍安全工程;新增4200个学位,减免农民工子女借读费、学杂费3530万元;进城务工人员子女义务教育进入公办校就学比例达53%;禾山中学、吕岭幼儿园分别通过省二级达标高中校、省级示范园考核验收;建立民办学校督导专员制度,加大对辖区民办中小学、幼儿园的监管力度。开工建设区公共卫生大楼,出生人口计生政策符合率96.2%。在全省率先将"幸福工程"帮扶项目拓展到流动人口家庭。荣获"全国文化先进单位"称号。成功举办首届厦门(湖里)城市诵读节、首届社区文化艺术节、元宵民俗文化节,第二届海峡两岸文博会乌石浦油画村、优必德漆线雕、惠和石文化园3个分会场活动。好立工艺、万石画艺等9家企业被认定为厦门市第一批重点文化企业,吉比特公司被认定为省级文化产业示范基地。

【改善城区环境】 区属道路全面实现保洁市场化运作,道路机械化清扫率大幅提高。新增园林绿地31.8万平方米。完成乌石浦、昌华、五缘湾等12座清洁楼和海山等7座公厕改造。环卫综合基地完成主体建设。全年查处违法建设1887起,面积16.6万平方米,强制拆除3206起,面积34.3万平方米。成功大道、环岛干道和仙岳路3条道路景观绿化整治工程取得阶段性成果。城市建成区绿地率达34.5%。环境空气质量优良率为99%,同比提高2.6%。 (蔡培育)

集 美 区

【经济社会概况】 2009年,全区生产总值242亿元,比上年增长2.1%;工业总产值505亿元,下降11.6%;全社会固定资产投资164亿元,增长1.1%;财政总收入30.04亿元,增长11.01%,其中地方级财政收入11.51亿元,增长11.22%;合同利用外资2.12亿美元,实际利用外资1.84亿美元;国内招商实现55亿元;社会消费品零售总额46.5亿元,增长16.2%。

应对危机措施有力。深入落实中央、省、市提出的保增长各项政策,完善15条促进工业经济发展的措施,出台扶持重点企业、星级饭店、物流业等政策和办法。全年共兑现各类帮扶鼓励资金4645万元。设立工业发展专项资金,增加区担保公司注册资金至1亿元,加强政银企对接,帮助企业融资50亿元。鼓励企业开拓国内外市场,全年信保出口金额达3亿美元。

重点项目。全年开工建设重点项目71个,实现投资75亿元;完成征地374.27公顷,拆迁77万平方米。火车新站主站房主体工程建成,福厦高速铁路实现通车。杏林湾片区基础设施不断完善,西亭核心区首期征地启动,滨水小区社会保障房交付使用。厦门城市液化天然气利用工程、沈海高速公路拓建工程(泉厦至厦漳)、电力进岛第一通道等省市重点建设项目超额完成年度投资计划。

优化产业结构。三次产业比例调整为0.9:60.6:38.5,三产比例提高5.2个百分点。工业支柱产业进一步壮大,机械、电子、轻纺、化工四大支柱产业产值占规模以上工业总产值81.4%。新增规模以上工业企业139家;引进12个投资额3亿元以上的项目,福建中烟工业公司等国内知名企业落户集美区。玉柴发动机(一期)、民兴工业等23家企业投产。民营企业新注册资本18.8亿元,增长71.13%。工业产品内销占工业销售产值的65.2%,提高8个百分点。台资企业增资扩展园区进展顺利,全年共引进台资项目35个,总投资2.6亿美元。

现代服务业。全年第三产业增加值93亿元,增长17.2%;第三产业总投资95.63亿元。岛外单体规模最大的人人乐购物广场开业,圣果院商业中心、华大西商业街、杏西广场、侨英商业广场等开工建设,喜盈门家居正式签约入驻。建设双龙潭生态运动景区,引进正新汽车主题公园,建立自驾游服务体系,锦江之星等知名连锁商务酒店开业。全年共接待国内外旅游240万人次。中奥影迪动画、"集美集"高校文化创意空间等项目落地。

科技品牌带动明显。全年科技经费投入2418万元,促进企业提高科技创新能力,被评为"全国科技进步先进区"。高新技术企业产值占规模以上工业产值的47.6%。新增高新技术企业55家;19个项目列入国家级、市级科技计划;"6·18"交易会成功对接50个科研项目,总投资5.27亿元。新增中国驰名商标4件,省级著名商标11件,市级著名商标13件。新增福建名牌产品企业17家、厦门优质品牌企业6家。全区获得授权专利数197件。

节能减排。扶持瑞新热电技术改造,推广节能灯11万盏,万元GDP能耗年度下降2.52%。完成主要污染物排放总量控制目标,全年二氧化硫排放量、化学需氧量分别削减7.55%和0.68%。扩建杏林污水处理厂和集美污水处理厂。开展坂头水库保护区和重点流域环境排污整治。圆满完成第一次全国污染源普查。

新农村建设。累计建成22个农村集体发展经济项目,年收益4139万元。建立10个无公害生产示范基地,建成农民专业合作社9家,带动农户495户,社员人均纯收入11300元。补助农村劳力就业社保费640万元,全年转移农村富余劳动力1955人。投入1500万元建设新农村自来水、道路、绿化、排水沟等基础设施。建立城乡环卫一体化管理体制,村庄(社区)环卫保洁、公共照明每年投入800多万元。

社会事业。城镇居民人均可支配收入20660元,增长9.3%;农民人均纯收入9875元,增长9%。实施义务教育阶段教师绩效工资改革；硬件设施建设投入2.14亿元，竣工交付使用27个项目，建筑面积8.5万平方米；抓好校舍安全工程评估鉴定工作；集美大学新校区入选新中国成立60周年百项经典暨精品工程；集美职业技术学校获评全国教育系统先进单位；厦门理工附属中学、厦门理工附属中专挂牌成立。基本完成后溪卫生院扩建工程；启动区公共卫生大楼建设；成立杏林社区卫生服务中心；投入731万元更新基层医疗设备。出生人口政策符合率达98.4%，外来人口办证数同比上升26.4%，社会抚养费征收到位率为89%，继续保持“全国计划生育优质服务先进单位”称号。举办“嘉庚杯”、“敬贤杯”海峡两岸龙舟赛和厦门集美全国汽车越野锦标赛；区文体中心、杏滨文化广场等建成启用，福南堂电影厅、世纪嘉华电影厅相继营业；新建13个农家书屋；成立区少体校；“集美端午龙舟赛”、“灌口凤山大使公信仰”列入市级非物质文化遗产名录。被评为第二届全省文明城区。投入2900多万元完成城区主要广场、公园、道路等基础设施建设，启动集美大桥集美侧、杏东路、杏滨路等重点区域绿化美化景观工程，建成月美池公园和古树名木小公园25处，新增人行道7.2万平方米、城市绿地9.2万平方米、生态风景林146.67公顷，保持全市绿化考评前三名；启用杏林、兑山等4座清洁楼；创建一批绿色学校、绿色社区。杏林街道成为全市唯一“全国和谐社区建设示范街道”。“村改居”社区建设不断规范，村居换届选举基本完成。

民生保障。出台本地生源大中专毕业生和本地劳力就业鼓励政策，实施青年创业就业工程，举办专场招聘会44场，达成就业意向3942人。建立和完善劳动纠纷预警机制，妥善处置各类劳动投诉案件895件，涉及5304名劳动者。新增1487人参加被征地人员养老保险、1399人领取养老金；全年发放低保金430万元，困难老人补助金、教育救助金等303万元；医保参保率超过99%，88621人免费参保。区社会福利中心主楼封顶，完成工程投资1600多万元。获评全国白内障无障碍区，全国残疾人社区康复示范区、全国老龄工作先进单位、全国社区红十字服务示范区争先创优工作通过省级验收，建成区残疾人“福乐家园”。出台军人子女教育优待等政策，连续五年获评全省双拥模范区。

【杏林台商投资区设立20周年】 1989年和1992年，国务院相继在杏林和集美批准设立国家级台商投资区。20年来，累计批准设立台外资企业974家(其中台资企业超过600家)，合同利用外资27.3亿美元，实际利用外资18.9亿美元；产值超10亿元的企业8家，形成了工程机械和客车制造、电子信息、精细化工、轻纺服装、钨制品深加工五大产业集群，工业增加值对全区生产总值增长的贡献率保持在40～50%，投资区的各项主要指标居全省各开发区前三名。

【绿洲计划】 自2009年起，集美区在全市乃至全省率先实施社会救助一揽子计划——“绿洲计划”。按照“全方位、多层次、广覆盖”的总体要求，以政府救助为主导，以社会互助为补充，以制度建设为重点，构筑以城乡低保、灾民救济、五保供养等基本生活保障制度为主体，以医疗、教育、住房救助和就业、法律援助等专项救助制度为辅助，逐步形成城乡一体化、管理规范化、组织网络化、服务社会化的新型社会救助体系。

（方碧勇）

海沧区

【经济社会概况】 2009年，全区生产总值206.73亿元，比上年增长5.0%；工业总产值606亿元，下降7.9%；区级财政收入12.9亿元，增长2.9%；全社会固定资产投资133.1亿元，增长13%；城镇居民人均可支配收入23544元，增长10.5%；农村居民人均纯收入11957元，增长7.9%。

工业经济。落实融资担保补贴、出口信保补贴、市场开拓经费等扶持政策，帮助企业解决融资困难、产业升级、市场开拓问题，6月起单月工业产值回升到金融危机前的平均水平。唐传木糖醇、法拉电子等22个项目投产，阳光恩耐照明等48个项目开工，厦顺高精PS板、厦船重工三期、金桥生产线技改等项目开展顺利。

产业转型。强化科技创新、品牌带动，新增认定17家高新技术企业。实施产业结构调整，着力培育生物医药、电子信息等8大百亿产业链、产业集群及厦顺铝箔、烟草工业、钨业新能源等七大百亿企业集团。实现三产增加值56.3亿元，增长14.2%。永辉超市、养生补品市场开业，社会消费品零售总额增幅继续位居厦门市前列。

招商引资。重视外资引进工作，嘉隆盛实业等35个项目落户海沧；合同利用外资1.59亿美元，实际利用外资3.32亿美元。引进阳光恩耐照明、新阳纸业等36个内资项目，投资总额23.5亿元。完成22.1万平方米通用厂房招商，引进118个生产性项目。

城市建设环保。推进保税港区一期建设并通过预验收，完成海澳码头、海沧航道扩建二期工程。厦漳高速扩建、海沧大桥西引道、翁角路拓宽改造工程开工，厦深铁路、厦漳大桥进展顺利。完成征地面积149万平方米、拆迁面积40.7万平方米。强化环境保护与节能减排，实施污水处理厂工艺升级改造工程，关闭东孚垃圾填埋场，完成节能减排指标任务。

社会事业。通过国家科技进步先进区考核，被确定为第三批科技进步示范区、列入全国知识产权强县工程。继续实施一系列减免学杂费、发放职业学校学生生活费等教育惠民政策，建成海沧实验中学高中校区、天心岛小学。实施孕产妇免费产前检查和产后访视。全区出生人口政策符合率达98.42%。成功举办第四届海峡两岸保生慈济文化节。启动体育中心一期工程建设，建成一批体育健身工程。

民生保障。基本建成海沧湾公园一期，建成生态风景林196.40公顷，新增城市园林绿化面积75万平方米。完成22个村庄规划编制，启动钟山社区整体改造。实现农村富余劳动力转移培训786人次、转移就业2487人；实现被征地人员养老保障政策层面全覆盖，新增参保2164人、退养2191人。

【海沧大桥西引道立交工程】 7月23日动工兴建，工程全长约1.8千米，总投资约1.2亿元，主要建设总长735米、双向2车道的下穿海沧大桥西引道的喇叭型立交工程。

【海沧保税港区一期通过预验收】 12月9日，厦门海关牵头厦门市政府、厦门检验检疫局等单位组成预验收小组，对海沧保税港区一期进行预验收，确认海沧保税港区一期已完成各项工程及配套项目建设，围网及监控系统均已配备，已按海关要求对区域内进行全区域、全天候、全封闭监管。预验收合格后，厦门市政府将致函海关总署，申请总署牵头组织国家各部委对保税港区一期进行验收。（陈意安）

同安区

【经济社会概况】 2009年，全区生产总值130亿元，比上年增长8%；工业总产值290亿元，增长3.5%；农业总产值14.1亿元，增长4.5%；财政总收入20亿元，增长10.9%，其中地方级财政收入9.7亿元，增长7.7%；全社会固定资产投资88亿元；城镇居民人均可支配收入24420元，增长12.6%；农民人均纯收入7830元，增长8.6%；居民消费价格指数97.1。三次产业比例调整为6.1：53.9：40.0。

工业经济。全年新增规模以上企业16家，达到458家，实现产值268亿元，其中产值上亿元企业52家。食品、纺织、皮革、建材、电子等支柱产业实现产值147亿元，占规模以上工业产值的55%，其中食品工业产值82亿元。同安工业集中区实现产值117.2亿元，增长45.6%。

三产发展。平安银行、民生银行、光大银行陆续进驻，大唐商业街、凤凰城商业街开业经营，凤祥商业广场开工建设，新华都商场启动招商。佳事达南门生鲜超市、莲花生鲜超市相继开业经营；"万村千乡市场工程"50个新建农家店全面投入运营。全年社会消费品零售总额24.5亿元，增长12.2%。新西桥片区、凤祥三期、国际银行研发中心（一期）等地块顺利挂牌出让；大溪地、芸溪居住公园、禹洲大学城、古龙御园等一批高档社区楼盘基本建成，全区在建楼盘面积232.6万平方米，商品房屋销售面积71.5万平方米，增长6.3倍。孔庙、北辰山、金光湖、竹坝南洋风情度假区等景点景区基本建成；五峰村、莲畲村成为厦门市乡村旅游示范点；成立游客咨询服务中心，优化旅游服务环境，全年接待游客196.5万人次。引进盛辉物流、宏高货运等物流龙头企业；50万平方米厦门建材物流园扩大经营，首期8万平方米名家居国际家居建材中心正式营业，闽南果蔬批发市场实现交易额23.2亿元，增长13.7%。

项目建设。推进岛内外一体化的海翔大道、白云大道交地施工，福厦高速铁路全线通车，福炼一体化成品油管道铺设完工，沈海高速公路拓宽工程同安段基本建成，南安（金淘）至厦门高速公路、国道324复线、城市液化天然气利用工程等一批重要基础设施建设项目加快推进。全区60个省市区重点项目开工在建39项，累计完成投资32.3亿元。引进益扬电子、红彤彤食品、高时物流等投资总额超500万美元项目7个，合同利用外资1亿美元，实际利用外资1.9亿美元；国内引资总额15亿元。争取中央增投资金9000多万元，拉动企业投资10亿元。

城市建设。优化滨海新城区规划，推动环东海域综合整治工程建设，累计完成投资167亿元。建成通福路、美溪路、丙洲大桥等道路桥梁工程89千米；加快建设丙洲岛防洪调蓄工程、丙洲片区护岸工程、丙洲酒店等一批重点工程。突破旧城改造拆迁节点，大力推进城区交通路网改造，南北通道A段全面贯通，同莲路实施拓宽，环城北路一期1.5千米市政化改造工程基本完工。同新北路、百货大楼片区改造取得阶段性成果，苏颂公园、铜鱼池等城市公园和景观点建成开放，杜桥、朝元等4个"城中村"整治工程顺利完成。

新农村建设。2008年14个旧村改造新村建设重点村和老区山区村建设通过验收；2009年9个重点村和7个老区山区村建设加快推进。莲花水库建设完成前期工作，移民造福工程有序进行。农村交通路网加快建设，建成通自然村硬质化道路90千米，开通11条农村客运线路、7条山区学生接送专线，覆盖96个建制村，通达率86.5%。汀溪镇、莲花镇山上村、半山村饮水工程加快实施。农村文化设施逐步完善，建设11个村级文化园、62个农家书屋。建成"一村一品"专业村29个，农民专业合作组织43个，注册集体商标43件。培育4家国家级、5家省级和8家市级农业龙头企业，新建40公顷无公害种植业基地和1个种苗繁育基地，农业产业化水平有效提升。除险加固13座小型水库，修建27处小型农田水利工程，新增节水灌溉面积666.67公顷。农村股份合作经济取得成效，西湖商贸综合楼等6个股份化项目出租收益。建成同安工业集中区、环东海域"金边"工程58万平方米，完成股权量化配售12.85万平方米。大力化解镇村债务5111万元；实现农村劳动力培训3247人，转移9270人。

社会事业。高分通过"对县督导"省级验收。启悟中学通过省一级达标校验收。建成梧侣学校（初中部）、新民中心小学等一批中小学校。首届孔子文化节、第二届民俗文化节、建国60周年大庆等文体活动成功举办。建成3万平方米同安文体中心（含文化馆、图书馆、科技馆、影剧院）。加快建设梧侣文体活动中心，配套完善工业区文体设施。中国/联合国人口基金第六周期生殖健康/计划生育项目顺利实施，低生育水平基本稳定，人口自然增长率控制在7.8‰，出生人口政策符合率96.9%。婚姻一站式服务工作取得成效，婚检率达100%。老年大学顺利通过省级示范校创建验收。

人民生活。全年新增参保2129人。城乡居民医疗保险全面推行，新增参保5011人。发放低保金865万元、医疗救助金54万元。继续推行农村住房统一保险制度，75701户参保。东山、溪边社区启动居家养老试点，残疾人"福乐家园"投入使用。5.4万平方米城北社会保障性住房顺利建成。首批1.5万平方米竹坝侨居造福工程交付使用。（林明桐）

翔安区

【经济社会概况】 2009年，全区生产总值125.79亿元，比上年增长23.79%，其中：第一产业增加值6.41亿元，第二产业增加值96.28亿元，第三产业增加值23.09亿元，三次产业的比例为5.10：76.54：18.36；全社会固定资产投资完成101.68亿元，下降7.1%；财政总收入8.48亿元，增长10.45%，其中地方级财政收入5.26亿元，增长5.1%；农民人均纯收入7586元，增长7.9%。

工业经济。专项安排企业帮扶资金1770万元，落实税费减免等各项优惠政策，强化政银企合作，通过动产抵押等渠道助力企业实现3.6亿元融资。全区规模以上工业企业增加15家，达168家；产值383亿元，增长28.6%，其中产值超5000万元的有64家，超亿元的有40家。友达光电产值再超百亿，银鹭集团等三家企业获厦门市"十佳工业企业"称号。"兴盛"食品获中国驰名商标，"新阳洲"水产等19家企业产品获省市著名商标。火炬(翔安)产业区通用厂房二、三期、育成中心二期项目建成使用，景智光电开工建设，麦克奥迪竣工投产。盛达工贸等工业用地挂牌出让，瑞虎包装、源广泉鞋业开工建设，银鹭高科技园区三期A地块开发建设基本完成，泓信聚合等正式投产。

第三产业。全年社会消费品零售总额10.7亿元，增长16.5%。翔安南街正式开业，新店农贸市场和火炬生活配套区生鲜超市投入使用，人人乐、苏宁电器等知名连锁店签约汇景购物广场。兴恒酒店、金门湾大酒店分别获评三星级和四星级酒店。年末各商业银行人民币存款余额75亿元，增长8.8%；贷款余额52亿元，增长7.7%。火炬B型保税物流中心封关运作，实现出口交货值4亿美元。全区56家运输企业年纳税额突破5000万元。奥体中心古宅大峡谷山地运动休闲基地正式授牌。全年接待海内外游客173万人次，旅游总收入4.5亿元，增长11%。

招商引资。签订"翔安闽台五缘文化艺术园"和"闽台高科技种苗引繁示范基地"等项目，意向投资额达10.7亿元。引进葛洲坝六公司等知名企业。建立"翔安—崇州"区域经济合作机制。成功举办第二届"百商聚翔安"推介会，参加"9·8"投洽会，签约27个项目，总投资额119.5亿元。全年合同利用外资0.88亿美元，实际利用外资1.03亿美元，批准外资企业项目13个；批准内资项目308个，注册资本13亿元。

基础设施建设。全年完成基础设施建设投资49亿元。翔安隧道全线贯通，福厦高速铁路建成通车，福厦高速公路扩建顺利推进；翔安大道二期建设基本完成，翔安东路(海翔大道—东坑路段)建成通车，滨海东大道、马新路、东坑路、洪厝路、美上路等扎实推进。翔安水厂正式供水，上庄110千伏变电站建成使用，LNG燃气电厂投产发电，福炼一体化成品油管道完成铺设，污水截流一期工程加快建设；东部固废垃圾填埋场一期投入使用，日处理600吨的污水处理厂即将投入运行。

人居环境明显改善。通过全国城市公共文明指数测评和省文明城区考评。全年共处理各类生活垃圾5.8万吨，增长50%。改造巷西路、巷南路等一批人行道，市政路灯亮灯率达98%。全年投入2.7亿元用于环保事业，基本完成第一次全区污染源普查工作，制定区畜禽养殖分区划定调整方案，有效治理污染源。完成人力资源大厦、翔运大厦等LED夜景工程建设，开工建设翔安隧顶公园，全年新增城市绿地面积86.1公顷。马塘村顺利通过全国文明村复查验收，新店镇、内厝镇被评为"福建省第十届文明村镇"。

新农村建设。全区0.17万公顷农产品种植基地通过无公害、绿色、有机农产品生产基地认证。培育各级农业产业化龙头企业31家，农民专业合作社70家，鑫毓祥等四家合作社荣获厦门市"十佳农民专业合作社"称号。审核批准14个村庄规划，完成141.5万平方米农村集体发展用地的选址工作。全年投入6600万元用于新村建设和老区山区村建设，溪尾等16个村通过市级验收；西坂、郑坂59幢"金包银"项目全部封顶，44幢交付使用，出租面积达2.9万平方米。大嶝街道社区服务中心正式启用。累计投入5500万元，新建农村公路77千米，村村通公交率达93%。在全省率先开通10条1元农客公交线路。启动沿海突出部村居自来水管网改造规划，完成153.8公顷生态景观林改造工程。

强农惠农全面落实。加大支农贴补力度，财政对"三农"投入达7.1亿元，增长10.1%。发放种粮直补、机动渔船油价、家电下乡等补贴534万元，累计化解镇、村债务1.86亿元。内田等5座中型水闸通过安全鉴定，红坝等36座水库大坝完成白蚁防治工作，蔡厝海堤等一批水利工程已除险加固。组织开挖抗旱大井等方式开展抗灾防灾和生产自救，动工建设银鹭汀溪二期引水工程。新建生物防火林带18.6千米。落实企业招用就业困难人员社保补贴等政策，分类组织92期培训，举办63场招聘会，全年共转移农村劳动力6088人，培训1607人。

社会事业。全年投入教育事业3.3亿元，高考专科以上的上线率达94.35%，高分通过省级"对区督导"考评；改善办学条件，马巷中心幼儿园等6所公办幼儿园全面开班，逸夫小学综合楼等一批校舍建成使用。全年投入6800万元用于医疗卫生事业，同民医院晋级"二甲"医院，内厝卫生院等一批卫生基建项目投入使用，建成标准化村居卫生所40家。投入2360万元科技资金，扶持舫昌、源水等企业进行科技创新与研发；洋江蚝油等7家企业被评定

2009海峡两岸慢速垒球邀请赛在厦门翔安举行。 (翔安区政府办供稿)

为高新技术企业；成功举办区校科技合作项目成果对接会，与厦门大学等4所高校签订合作共建协议。投入1050万元建设大嶝、马巷文化活动中心，9个基层群众性的文化室和农家书屋投入使用；成立区文学艺术界联合会、闽南童谣文化研究会，组建中国第一支民间闽南语“新圩女”合唱团、内厝柯依达宋江阵表演团。大嶝金门县政府旧址列为省级涉台文物保护单位。举办海峡两岸慢速垒球邀请赛、万人健步行等健身活动，参加第十八届市运会获得金、银、铜牌共计155枚。

民生保障。修订被征地人员基本养老保险实施办法，提高参保补助标准，全年财政补助1538万元，新增参保人数1891人；将全区大学生纳入城乡居民基本医疗保险，全区参保率达98.85%。为全区居民办理自然灾害公众责任保险和农村政策性住房保险。落实医疗救助33.5万元。发放帮扶退养渔民等各类生活补助2000多万元。发放低保金847万元，基本实现动态管理下的应保尽保。成立区慈善会，募集认捐资金650多万元。区红十字会组织献爱心和博爱超市活动，募集捐款、捐物32.7万元。福乐家园正式开园，大嶝、新店、马巷等敬老院完成整合。发放就业社保补贴133万元，对就业困难群体实行就业援助。全区机关事业单位共招收见习生123人。

【大陆首条海底隧道贯通】 11月5日，我国大陆首条海底隧道——厦门翔安海底隧道历时4年多的建设终于全线贯通。该隧道起自厦门岛五通，止于翔安区西滨，全长8.7千米，其中海底隧道长约6.05千米，跨越海域约4.2千米，最深处在海平面下约70米。该隧道设计使用寿命100年，完全由我国自主设计施工，是中国内地第一条大断面海底隧道。

【成立“民间艺术农民画培训基地”】 11月17日，翔安区首个民间艺术农民画培训基地正式开班，市级非遗传承人梁金城、陈珠庭受聘传授技艺。翔安区农民画为市级非物质文化遗产，在全国范围内声名远扬。翔安区作为全国首批“现代民间绘画之乡”，率先在蔡厝小学、舫阳小学成立区农民画培训基地，全额免除学员学费，并提供培训所需的一切材料。 （黄英灿）

编辑：林丹英

漳州市

【基本概况】 漳州地处福建沿海南部，属亚热带季风性湿润气候，年平均气温21℃，平均日照在2000小时以上，平均降雨量1500毫米左右，无霜期达330天以上。辖区面积1.26万平方千米，其中耕地16万公顷，山地82.53万公顷，海域面积1.86万平方千米，海岸线长715千米，全省第二大河流——九龙江横贯全境，其干流长258千米，合支流共长为1923千米。漳州平原为全省最大的冲积平原，其面积566平方千米。全市辖2区1市8县，下设121个乡、镇、街道，224个城镇社区、居委会，1666个村委会。年末全市户籍总人口471.77万人，常住人口480.00万人，城镇化水平43.3%。人口出生率为11.7‰，死亡率为5.2‰，人口自然增长率为6.5‰。

【经济社会综述】 2009年，按照“依港立市、工业强市、开放活市、科教兴市”的总体要求，推动全市经济持续稳步发展。全市生产总值1178.01亿元（按可比价计算，下同），比上年增长13.3%。其中：第一产业增加值218.65亿元，增长5.2%；第二产业增加值519.98亿元，增长15.1%；第三产业增加值439.37亿元，增长15.0%。三次产业比例为18.6∶44.1∶37.3，结构比呈逐年优化的趋势。人均地区生产总值24619元，增长12.6%。

农村经济。全市农林牧渔业总产值386.43亿元，增长5.2%；其中农业产值183.41亿元，增长4.7%；全市粮食播种面积11.77万公顷，粮食产量68.56万吨，分别增长3.3%和6.5%。蔬菜、瓜果产量235.36万吨，增长0.35%；茶叶产量4.66万吨，增长9.7%；水果总产量244.11万吨，增长1.6%；花卉业产值12.75亿元，比上年略减。农业产业化发展进程加快，全市142家市级以上龙头企业实现产值146.8亿元，增长19.5%；市级龙头企业105家；有19个产品获得绿色食品标志使用权，其中10个产品获有机食品和AA级食品双认证。全年新批办台（外）资农业种养加工项目83个；合同利用外资9922.6万美元；其中台资项目45个，合同利用外资6096.2万美元。全年改造中低产田6067公顷，生态综合治理完成4680公顷。林业产值11.99亿元，增长10.8%。全年共完成造林面积5307公顷；其中：用材林2820公顷、防护林2300公顷。幼林抚育完成4.67万公顷；成林抚育面积6540公顷。牧业产值46.70亿元，增长2.5%；肉类总产量24.43万吨，增长0.88%。禽蛋产量2.08万吨，增长7%。渔业产值124.82亿元，增长6.4%；水产品年产量141.87万吨，增长2.7%。年末全市农业机械总动力191.88万千瓦，增长0.7%。

工交邮电。全年工业总产值1652.83亿元，增长17.6%；实现工业增加值453.54亿元，增长14.4%，对全市经济增长的贡献率为44.2%。规模以上工业企业完成产值1436.18亿元，增长16.0%。全年新增工业企业286家，总数达2112家。其中，产值超亿元的企业265家，比上年增加31家，实现产值989.74亿元，占全市规模工业的68.7%，对规模工业增长的贡献率达77.5%。私营工业实现产值420.96亿元，增长37.2%，对规模工业增长的贡献率为49.0%。在规模以上工业中，国有企业产值57.72亿元，增长11.6%；集体企业产值10.54亿元，增长22.5%；股份合作企业产值16.22亿元，增长21.9%；外商及港澳台商投资企业产值819.41亿元，增长12.1%；其他经济类型企业产值14.62亿元，增长30.9%。发电量252.17亿千瓦时，增长11.5%。全市交通运输、仓储及邮政业实现增加值63.25亿元，增长7.4%。其中，邮政业务总量3.34亿元，增长12.4%。公路运输货运量3609.42万吨，增长2.5%；水路运输货运量995.56万吨，增长4.8%；公路运输

2009年11月18日，首届海峡两岸现代农业博览会在漳州举行。图为博览会现场。
（漳州市政府办供稿）

货运周转量38.93亿吨千米，增加8.7%；水路运输货运周转量4.61亿吨千米，增长62.4%。公路客运量5336.98万人，增长3.1%，水路客运量134.81万人，增长5.7%；公路运输旅客周转量27.55亿人，增长0.4%，水路运输旅客周转量2598.33万人千米，增长11.3%。沿海港口货物吞吐量达4043.63万吨，增长18.6%，集装箱吞吐量34.35万标箱，下降12.4%。全年建筑业增加值66.45亿元，比上年增加24.1%；房屋建筑施工面积2037.54万平方米，下降5.4%。

财税金融。全年财政总收入113.79亿元，比上年增收12.21亿元，增长12.0%。其中，上划中央收入42.84亿元，增长4.3%；地方级财政收入70.95亿元，比上年增收10.46亿元，增长17.3%。财政支出120.73亿元，增长30.9%，其中，教育支出23.28亿元，增长38.7%，科学技术支出1.47亿元，增长15.0%，社会保障和就业支出13.48亿元，增长31.0%，医疗卫生支出8.98亿元，增长24.4%，农林水事务支出14.19亿元，增长133.3%。年末金融机构本外币存款余额868.12亿元，增长20.6%。储蓄存款余额507.04亿元，增长15.4%。本外币贷款余额655.80亿元，增长32.3%。

项目建设。全社会固定资产投资完成579.21亿元，增长31.2%。其中：城镇以上投资516.28亿元，增长32.3%；农村固定资产投资62.92亿元，增长22.6%。在城镇投资中，第一产业投资增长170.6%，第二产业投资增长50.5%，第三产业投资增长16.9%；城镇以上非国有投资达368.69亿元，增长32.9%。全年在建项目投资完成416.98亿元，增长50.0%。本年竣工房屋建筑面积240.75万平方米，增长34.7%，其中：竣工住宅建筑面积202.27万平方米，增长34.0%。房地产开发投资99.31亿元，下降11.4%。商品房销售面积276.59万平方米，增长56.8%。210个市级重点项目完成投资258.6亿元。古雷石化完成投资42.8亿元，腾龙芳烃、翔鹭石化两个启动项目及重件码头、填海造地等配套项目动工建设；台玻第一条生产线开工建设，旗滨玻璃第二条生产线成功点火；厦成漳州段、福广长泰美宫至陈巷段、招银疏港3条高速公路以及港尾铁路动工建设。全市共有287个项目进入新增中央投资计划盘子，获中央新增投资补助6亿元。

外经内贸。全年新批利用外资项目154个，其中投资额1000万美元以上的有38个；注册合同外资7.85亿美元，增长1.7%；实际利用外资5.50亿美元（验资口径），增长9.9%。新批外资项目主要来自台湾和香港，其中，台资项目70个，实际到资3.40亿美元，增长40.0%，香港项目70个，实际到资1.37亿美元，下降35.0%。新批外资项目中第二产业项目116个，实际到资4.85亿美元，增长19.7%。对外承包工程新签合同额349万美元，下降68.0%；完成营业额539万美元，增长10.0%；对外派出劳务人员433人，下降52.6%。全年货物进出口总值47.99亿美元，下降9.8%，其中：出口33.87亿美元，进口14.12亿美元，分别下降12.6%和2.1%。全年实现社会消费品零售总额400.21亿元，增长16.8%。

社会事业。致力于发展高新技术，全市11个县（市、区）再次通过全国科技进步考核。截至年底，全市高新技术企业实现产值365亿元，增长11%。自主创新能力不断增强，累计共有39个项目列入国家级火炬计划项目，全年各级星火计划项目24项，其中国家级5项。全年有33项优秀科技成果获市科技进步奖；专利授权量789件。拥有各级各类学校3633所，全年招生23.76万人，年末在校生共计93.14万人。其中，普通高等学校7所，全年招生1.82万人，年末在校生共计5.68万人；中等职业学校招生2.16万人，年末在校生5.62万人；普通高中招生2.61万人，年末在校生8.36万人；初中招生5.80万人，年末在校生17.65万人；小学招生5.28万人，年末在校生34.24万人；幼儿园入园5.87万人，年末在园幼儿13.56万人。教育投入力度进一步加大，义务教育“两免一补”政策全面落实，受惠学生53多万人；高中阶段毛入学率82.1%，高考上线人数超过3万人。全市共有艺术馆12个，文化馆11个，博物馆11个，图书馆10个，专业艺术团体11个，电影放映单位10个，影剧院1家。《闽南日报》年发行2112万份，《漳州广播电视报》年发行234万份。全市拥有广播电台11座，电视台13座；广播综合人口覆盖率98.7%，电视综合人口覆盖率98.9%。地方特色文化得到弘扬，出台闽南文化生态保护实验区建设规划，实施乡镇综合文化站改造工程29个，成功举办海峡两岸木偶节。全市拥有各级医疗机构284家、床位数9307张；卫生技术人员11586人。新建、续建乡镇卫生院38所，填平补齐基本诊疗设备43所。农村合作医疗工作扎实开展，参加合作医疗的村民已达348.80万人，参合率为97.83%。全市第十一届运动会于9月22—28日在芗城举行，共有3618名运动员参加了16个项目的比赛，其中有34项打破市运会纪录。主要污染物排放量基本控制在省下达的控制指标之内。其中二氧化硫排放量1.85万吨。九龙江漳州段水质达标率95.8%。全年万元GDP能耗下降2.6%，COD排放2.72万吨，比上年减排1.92%。

人民生活。全年城镇居民年人均可支配收入16616元，增长10.0%；人均消费性支出11615元，增长7.0%；农民年人均纯收入7054元，增长8.4%；人均生活消费支出5079元，增长5.9%。城镇与农村居民家庭的恩格尔系数(即居民家庭食品消费支出占家庭消费总支出的比重)分别为44.1%和46.2%。城乡居民储蓄存款余额507.04亿元，增长15.4%。

社会保障。社会保障体系进一步完善，共为9.63万名企业离退休人员支付养老金11.00亿元；发放失业保险金3235.30万元，确保基本养老金及失业保险金百分百按时足额发放。有40.04万名企业职工和7.23万名机关事业单位人员参加社会养老保险；纳入工伤保险24.53万人，3400人享受工伤保险待遇；参加女工生育保险有19.13万人，1600人享受生育保险待遇。有16.57万人参加农村基本养老保险；40.97万人参加城镇职工基本医疗保险。20项为民办实事项目全面完成。新增城镇职工养老保险1.38万人、医疗保险8.47万人。在全省率先出台城镇灵活就业人员参加基本医疗保险试行办法和市直国有集体企业困难职工大病医疗保险二次补偿暂行办法，有效解决部分困难群众医保问题，参保患者平均报销比例提高7.6%。新农合参合率97.83%，城镇基本医疗保险覆盖率98.8%，分别提高5个和32个百分点，补助标准进一步提高。20项为民办实事项目全面完成，加快保障性住房建设，解决5869户城市低收入家庭住房困难。

【第十三届漳台经贸恳谈会】 第十三届漳台经贸恳谈会暨首届海峡两岸(福建漳州)农产品交易会于4月9—13日在漳州市举办，海峡两岸共有357家企业团体参展，应邀到会的客商共有325人，分别来自台湾、港澳、美国、加拿大、英国、日本、澳大利亚等13个国家和地区，其中：台商200人、港澳客商59人，应邀到会的大型采购团共28个团组，444家企业，700多人。本届恳谈会共推出招商项目240个，总投资58.4亿美元。会议期间，全市完成签约合同项目95个，总投资7.54亿美元，注册外资4.18亿美元。其中：工业项目73个，总投资5.70亿美元，注册外资3.12亿美元，分别占总数的76.8%、75.7%和75.5%；台港澳项目73个，总投资5.22亿美元，注册外资3.02亿美元，分别占总数的76.8%、69.3%和72.3%；上千万美元项目27个，总投资5.63亿美元，注册外资3.04亿美元，分别占总数的28.4%、74.8%和72.8%。

(何时文)

芗城区

【经济社会概况】 2009年，全区生产总值118.97亿元，比上年增长12.57%。其中：第一产业增加值5.75亿元，下降2.5%；第二产业增加值52.81亿元，增长15.50%；第三产业增加值43.06亿元，增长15.07%。三次产业结构比为4.96∶58.85∶36.19。全年固定资产投资66.82亿元，增长14.23%。财政总收入12.67亿元，增长11.47%，其中，地方级收入7.55亿元，增长77%。荣获全国社区教育实验区、中国民间艺术(灯谜)之乡等。

工业经济。全年工业总产值250.33亿元，增长15.82%，其中规模工业总产值218.03亿元，增长17.69%，产业集群凸显。汽车汽配和钢铁两大战略产业产值85.74亿元，增长30.72%，分别占工业总产值34.25%和规模工业总产值的39.33%。正兴车轮集团有限公司实现工业产值54.58亿元。三宝冶金(福建)集团有限公司上缴税费1.21亿元。全年净增规模工业企业11家，净增工业产值超亿元企业4家，全区工业产值超亿元企业达到43家。新办注册资金300万元以上工业企业30家，注册资金总额6.83亿元，其中已投产16家。金峰经济开发区完成金星路西段、金星路东段、金塘路等路网建设，承载项目显著增强，全年新增工业用地53.47公顷，新平整工业用地171.27公顷。全年实施投资500万元以上工业项目89个，累计完成投资13.67亿元。

第三产业。全区实现第三产业营销额211.11亿元，增长15.0%，其中：商贸流通业营销额为147.93亿元，占全区第三产业营销额的70.07%。全年区级商贸税收5.1456亿元，增长22.81%，占全区财政总收入40.61%。全年净增纳税100万元以上的第三产业10家。新办注册资金200万元以上的第三产业158家，注册资金总额7.77亿元。全年商品房销售面积82.08万平方米，增长64.28%；建安房地产业税收3.37亿元，增长9.76%。在全区建立137家家电下乡销售网点，销售家电下乡产品15798台，销售额3387万元，销售总量和销售网点位居全市县(市区)第一。

招商引资。全年签约内外资项目27个，签约合同外资1.5亿美元，其中“4·9”漳台经贸恳谈会、“9·8”中国投洽会和“11·18”海峡两岸花博会共签约项目24个，注册外资额1.29亿美，至年底注册外资履约率达68.43%。全年新批外资投资项目15个(工业项目7个、第三产业4个、其他4个)，注册合同外资额8914.05万美元，增长43.43%；实际利用外资3825万美元，增长1.24%。

城市建设。完成江滨路二期整治等地块征迁工作，路网桥梁建设全面提速，大学西路中段、瑞京路西延伸段二期已开工，学府路、腾飞路西段、大学西路东段等3条道路建成通车，城市建成区面积达31.41平方千米，城市化率73.92%，查处违章占道经营4000多起、“摩的”营运2477起、小轿车及货车非法营运158起、超限超载案件56起，拆除违章建筑3.61万平方米，建成延通市场，增划市区停车位7500多平方米，组建城管执法二大队，把执法范围延伸到农村，城镇建设管理更加规范。新设立城市社区8个。

农村经济。全年农业总产值11.60亿元，农民人均纯收入7297.4元，增长5.07%。新增区级以上龙头企业5家、专业合作组织8家，全区26家农业龙头企业，实现产值和营销额16.5亿元，带动基地农户户均增收1200元。金峰、信华食品被认定为福建省企业知名字号，信华食品荣获福建省品牌农业金奖企业称号，获省政府奖励100万元。发放种粮补贴、良种补贴、农机补贴和能繁母猪补贴 546.32 万元。生态公益林管护机制改革占生态公益林的 90.7%。农村基础设施建设加快，整治三湘江支渠 738 米，修复水毁工程 5 处，完成饮水工程 2 处、危桥改造 8 座、红色旅游公路二期工程和绿色家园三年创建活动。村容整洁行动扎实开展，清理垃圾 2 万多吨，拆除旧厕 150 多座、废圈 1500 多间。

社会事业。科技进步通过国家级考核，3 个项目入选国家科技项目，新办民营科研机构 1 家。授权专利 195 项。芗城第二实小、正兴学校顺利招生，北斗中学科学实验楼竣工投入使用，16 所学校 1.4 万平方米的校舍得到修缮。竞技体育荣获十一届市运会"金牌、总分双第一"。芗城医院通过"二级甲等"综合医院复审，农村卫生院全面实行分类管理。建立 30 岁以上居民健康档案 15.21 万份。计生工作继续保持全国计划生育优质服务先进单位标准，建立 3 个流动人口一站式管理服务试点，人口自然增长率 5.86‰。

人民生活。城镇居民人均可支配收入 17842 元，增长 9.7%。农民人均纯收入 7281 元，增长 5%。新增城镇居民就业 7511 人，城镇登记失业率 2.76%。转移农村劳动力 5172 人。社会保障更加有力，各类保险覆盖面不断扩大，新农合农民参合率达到 98.24%；城镇居民医疗保险参保人数达 9.39 万人，净增 4380 人；扩建敬老院 1 座、幸福园 2 座；年发放城乡低保金 1039 万元，增长 0.9%；年发放廉租房补助资金 335.51 万元，增长 136%。新开工建设安置房 15.06 万平方米，安置拆迁户 762 户。

【九龙江水流域芗城段整治】 截至年底，累计投入资金 1.87 亿元，出动干部群众 2.28 万人次，推进九龙江水流域环境综合整治。率先在全市关闭、拆除九龙江流域禁养区内 46.38 万平方米的畜禽养殖场；在禁养区内外，配套新建沼气池 4739 口、生化池 5513 口，此外，新建水冲式公厕 167 座，实现每个自然村至少有 1 座水冲式公厕的目标；新配备保洁车辆 210 部，新建垃圾收集池 525 座，新建垃圾焚烧窑 19 座，有效解决农村垃圾问题；清理漳州第一自来水厂、漳州第二水厂水源保护区内的建筑物及农作物，造林绿化面积 135.2 公顷；关闭拆除九龙江流域禁禁区内 14 个采砂堆放场（点）；新建污水提升泵站 2 座，铺设管网 11.54 千米，对接排水大户 12 家，日增处理污水近千吨；关闭违法排污企业 10 家，处罚 6 家，督促 14 家企业完成污水处理设施建设，全区单位生产总值能耗、二氧化硫排放量、化学需氧量均完成年初预期目标。

（杨海波）

龙文区

【经济社会概况】 2009 年，全区生产总值 56.6 亿元，比上年增长 13%。财政总收入 4.15 亿元，增长 13.8%，其中地方级财政收入 2.76 亿元，增长 23.9%。规模以上工业产值 106 亿元，增长 17%。全社会固定资产投资 43.5 亿元，增长 22.3%。外贸出口 2.4 亿美元，增长 0.2%。实际利用外资 2880 万美元，增长 28%。社会消费品零售总额 21.7 亿元，增长 38.1%。城镇居民人均可支配收入 15831 元，增长 15.1%。农民人均纯收入 7700 元，增长 9%。

扩大内需。13 个项目获得中央扩大内需补助资金 4195.5 万元，全部开工建设，完成投资 1.58 亿元，4 个项目建成。投资拉动作用明显，全区 50 个区级以上在建重点项目完成投资 23.5 亿元，16 个市级以上在建重点项目完成投资 11.2 亿元，2 个省级在建重点项目完成投资 1.23 亿元。84 个投资 500 万元以上工业项目完成投资 13.9 亿元，50 个项目投产，比上年增加 27 个。全面落实汽车下乡、家电下乡、汽车以旧换新等优惠政策，扩大市场消费，社会消费品零售总额增幅位列全市第一。汽车销售持续升温，全年销售汽车 12643 辆、增长 62.7%，销售额 13.3 亿元、增长 60.5%，拉动社会消费品零售总额增长 32 个百分点。

工业经济。全区新增规模工业企业 25 家，总数达 210 家，其中产值超亿元企业 27 家，比上年增加 3 家。产业园区加快建设，投入 1 亿多元完成蓝田开发区东干道等道路设施建设。主导产业支撑有力，食品加工、家具制造等主导产业完成产值 84.2 亿元，增长 14.6%，拉动规模工业增长 13.4 个百分点。规模工业完成税收 2.52 亿元，增长 4.7%，占全部工业税收的 82.5%。全区新增 1 个中国驰名商标、9 个省著名商标和 4 个省名牌产品，双飞日化成功并购运营 2 个美国知名品牌，航标卫浴控股美国西方窑业公司，科能电子控股新加坡 1 家上市公司。

城市建设。规划布局拓展完善，组织编制龙文北部新区发展规划和蓝田开发区北部片区及朝阳、郭坑工业集中区控制性规划，调整核减 1000 多公顷基本农田，拓展城市建设发展空间。城市道路加快建设，新浦东路一期和十三号路竣工通车，六号路开工建设，龙江北路、新浦东路二期、九龙江大桥及接线工程等城市主干道征地拆迁、设计等前期工作准备就绪。龙江路污水提升泵站、管道燃气 LNG 供气工程等项目建成投用。市青少年活动中心、市中级法院审判大楼、市检验检疫大楼、区地税大楼竣工投用，市消防特勤站基本建成，市妇女儿童活动中心奠基开工，市劳动保障服务中心、区行政综合服务中心项目用地获批。明发商业广场、华美达广场等商贸服务项目开工建设。毅达福隆、万嘉世贸广场等项目开工，全年完成房地产投资 17.6 亿元，销售商品房面积 36.1 万平方米，实现销售额 14.1 亿元。

招商引资。招商引资势头良好，主动到香港、台湾、广东、江苏等地招商，洽谈跟踪项目 23 个，总投资 48.4 亿元。成功承办第十三届漳台经贸恳谈会，积极组团参加"9·8"、"11·18"等重大招商活动，共签约外资项目 10 个，总投资 1.04 亿美元。出台实施《龙文区对台产业对接方案》，规划建设台商光电、台商光学、台商科技 3 个专业产业园区，主动承接台湾高科技、现代服务业等产业转移。外贸出口增幅高出全市平均水平 12.8 个百分点，全区新增外贸出口企业 13 家。

三农工作。农业产业化进程加快，拥有国家和省、市级重点农业龙头企业 13 家。加强农村劳动力就业培训，鼓励农村富余劳动力进厂务工、进城经商，促进农民向非农产业转移，新增转移农村劳动力 2703 人。农村面貌明显改善，区财政全资投入 1000 多万元，深入开展农村家园清洁行动，并在全市率先采取财政按人口补助经费的形式，建立农村卫生日常清理保洁机制，行政村全部通过省家园清洁行动验收。投入2592万元，完成下洲排涝站、湘桥水闸护坡等12个水利项目；新建19条自然村水泥道路，绝大多数自然村实现道路硬化；实施3个农村饮水安全工程，实现城市规划区内村村通自来水。推进生态示范村建设，石洲村通过省级生态示范村验收。

社会事业。教育投入持续加大，投入3500万元建成龙文实验小学，并投入使用。投入近7000万元收回毅达学校，设立漳州第九中学。蓝田开发区实验小学奠基开工，龙文中学综合楼、学生宿舍楼和朝阳中学学生宿舍楼完成设计、招标等前期工作。医疗卫生加快发展，总投资2.5亿元的龙文医院项目开工建设，总投资1000多万元的朝阳社区卫生服务中心启动建设。投入科技经费659万元，实施省、市、区科技项目22个，组织申报国家和省级技术创新重点工程项目14个，7家企业通过国家级高新技术企业认定，140件发明获专利授权，再次通过全国科技进步县区验收。成功对接“6·18”项目成果43项，征集企业技术需求19项。落实计生奖励扶持政策，稳定低生育水平，计生人口出生率11.87‰，政策符合率95.25%，继续保持省级计生优质服务先进县区水平。扩建步文、郭坑2个文化站，推进数字电视整体转换，成立云洞岩风景区管委会，加快发展城市休闲旅游业，全区实现旅游收入1.9亿元。

民生保障。扩大新型农村合作医疗覆盖面，全面推行城镇居民医疗保险。惠民政策有效落实，投入7089万元全面落实义务教育“两免一补”、教师绩效工资等政策，全面完成农村义务教育债务化解工作。实施“幸福工程”，筹集220万元救助463户贫困母亲家庭。安置房建设全面推进，漳华苑、景山安置小区、龙文花园等8个安置房项目加快建设，全年交付使用安置房面积23万平方米。启动实施蓝田镇农村危困房改造试点工作，探索解决城市规划区内农民住房困难问题。生态建设得到加强，落实环保目标责任制，主要污染物排放总量控制在市政府指标范围内。重视饮用水源保护，集中式饮用水源地水质达标率达100%，全区环境质量明显改善。

【九龙江流域(龙文段)水环境整治】 投入2000多万元开展九龙江流域水环境综合整治，禁养区内养殖场全部搬迁、关闭或拆除，共关闭养殖场1851座，拆除养殖场和养殖设施40多万平方米，减少生猪存栏十几万头，从源头上减少养殖业对水环境的污染，九龙江北溪水质明显改善，达到三类以上水质标准。 (游松船)

龙海市

【经济社会概况】 2009年，全市生产总值294.79亿元，比上年增长13.1%；工业总产值592.3亿元，增长15.5%，其中规模以上工业产值541.82亿元，增长11.7%；农林牧渔业总产值58.12亿元，增长4.7%；财政一般预算收入31.34亿元，增长13.02%，其中地方级财政收入17.4亿元，增长21.7%；全社会固定资产投资完成113.25亿元，增长23.8%；城镇居民人均可支配收入14853元，增长14.2%；农民人均纯收入7188元，增长9.8%；居民消费价格总水平下降1.2%。

工业经济。全市工业增加值159.21亿元，占生产总值比重54.0%，完成工业税收17.91亿元，占财政总收入比重达57.15%。工业发展后劲持续增强，全市累计实施投资500万元以上工业项目192个，项目总投资59.4亿元。其中：新投产工业项目103个，投资总额24.7亿元；在建工业项目89个，投资总额34.7亿元。企业发展规模持续壮大，全年新增规模工业企业64家，总数达405家。其中：产值上亿元企业88家，比上年增加12家。企业竞争力持续提升，新获省著名商标7件、省名牌产品17个和漳州知名商标14件，“紫山”被国家工商总局认定为中国驰名商标。推进企业上市初见成效，全市共有后备上市企业26家，其中鸿一企业、紫山集团、华发实业3家企业已进入上市前的辅导期，海新食品、金冠包装2家企业已和证券中介机构签订上市服务协议。企业自主创新能力不断增强，有3个技改项目纳入全省工业内涵深化技改提升工程。

三农工作。全面落实粮食直补、良种补贴、农资综合直补、机动渔船燃油补贴、农机具购置补贴等涉农补贴政策，以及家电、汽车、摩托车下乡和以旧换新政策。全年财政用于三农的投入2.63亿元，增长50.24%。粮食播种面积1.64万公顷，实现产值3.08亿元，增长11.59%。造林绿化面积2000公顷。农业产业化进程加快，紫山集团、厨师食品被认定为国家级重点龙头企业，绿宝集团、同发食品等4家企业被评为省级品牌农业金奖企业，全市县(市)级以上农业产业化龙头企业达61家，拥有绿色食品标志使用权18个、无公害农(水)产品标志使用权和产地双认证23个；成功举办第十一届百花村花卉交易会，完成国道324线龙海段景观绿化。

项目建设。加大项目策划、生成、运作力度，加快推进项目建设。全市62个在建重点项目完成投资57.28亿元，占全社会固定资产投资50.69%。其中：列入漳州市级以上在建重点项目25个，完成投资28.12亿元；列入省级在建重点项目9个，完成投资12.97亿元。争取四批新增中央投资项目25个，项目总投资4.85亿元，完成投资3.36亿元，其中8个项目已完工，15个项目在建，2个项目正在加紧做好前期工作。强化项目对接力度，在“6·18”交易会上，落实成果对接项目37项，项目总投资13.6亿元，征集企业技术需求项目22项。漳州西环城路九湖段等已竣工通车，厦漳跨海大桥进入主体施工阶段，招银疏港高速、港尾铁路动工建设，城乡基础设施进一步改善。

对外开放。全市共新批外资项目21个(含增资项目12个)，注册合同外资1.2亿美元；实际利用外资1.22亿美元；出口总值8.35亿美元。重大招商活动再创佳绩，“4·9”、“9·8”、“11·18”和香港投洽会共签约项目68个，总投资10.3亿美元，注册外资4.62亿美元；已报批项目20个，投资额1.3亿美元，注册外资8047万美元，履约率分别为29.4%、12.6%和17.4%。其中已投产项目8个，已筹建项目3个。加强对台互访交流，共接待台胞2192人次、台轮21船次，组团赴台经贸考察2团23人次，成功洽谈一批台资项目。

城市建设。加强城市建设管理。实施运作51个城区重点建设项目，计划财政性总投资52.66亿元，累计完成投资13.55亿元，已有32个项目进入施工建设，其中续建项目11个，新开工项目21个。西浮路（榜山段）道路改造工程、城市污水处理厂、紫云公园山门、人民路污水管网配套工程、角江路三期等13个项目已竣工投用。组织实施房地产项目36个，总投资107.58亿元，完成投资16.54亿元，累计完成投资48.29亿元，已有27个房地产项目进入施工建设。

人民生活。积极争取第一批全国新型农村养老保险试点县（市）顺利获批；政府出资为全市人民办理自然灾害公众责任险；全市新增城镇就业人数8012人，农村劳动力转移就业11260人；健全完善新型农村合作医疗制度，参合率达98.7%，位居全省前列，补偿封顶线由2万元提高到4万元；城镇居民医疗保险顺利实施，参保人数达2.62万人；城乡低保实现动态管理下应保尽保，全市纳入城乡低保对象10724户、23678人，累计发放低保金2418.7万元；对867户城镇低收入家庭住房困难户发放廉租房租金补贴170万元，207户实行廉租房实物配租。双第农场“侨居造福工程”470套、程溪农场敬老院已竣工投用。市委、市政府确定的17件为民办实事项目全部落实。

社会事业。被评为“漳州市首届文明城市”。荣获“全国科技进步考核先进市”称号，有6家企业获得国家级高新技术企业认定。被省政府授予“教育工作先进市”，龙海职业技术学校通过省重点中等职业学校验收。荣获“全国实施农民健身工程先进县（市）”；市文化交流中心大楼已封顶并进入装修阶段。强化节能减排措施，突出抓好工业集中区违法排污行为专项整治；进一步加强九龙江流域（龙海段）水环境综合整治，九龙江北溪断面水质从2009年2月份起全部达标；整治废旧塑料加工、造纸制革专项工作取得成效；与漳州合建的垃圾焚烧发电厂项目完成前期工作。继续保持“全国计划生育优质服务先进市”，计生考评位居漳州市第二名。

【便民新农合】 龙海市积极为新农合参合农民搭建服务平台，推出“当天出院，当天报销”的即时结算措施，率先成为全省首个乡镇卫生院全部启用网络系统管理的县（市、区）。近年来，龙海市逐步完善新型农村合作医疗制度，推行便民惠民新措施，惠及广大农民，参合率逐年提高，从2007年的90.15%提高到2009年的98.7%。农民“小病拖、大病挨”的情况有所减少，“因病致贫、因病返贫”问题得到缓解。

（王燕国　林建阳）

漳 浦 县

【经济社会概况】 2009年，全县生产总值125.60亿元，比上年增长13.3%；全社会固定资产投资100.4亿元，增长123.7%，其中城镇以上固定资产投资91.9亿元，增长148.1%；财政总收入8.16亿元，增长21.4%，其中地方级收入5.14亿元，增长23.6%；城镇居民人均可支配收入13191元，增长11.1%；农民人均纯收入7208元，增长8.7%；全社会消费品零售总额51.15亿元，增长12%。

工业经济。全年工业总产值95.8亿元，增长21.4%，其中规模以上工业产值76.87亿元，增长24.8%；规模以上工业企业总数179家；新增伟伊化纤、桂宏工业等6家亿元企业，亿元企业总数达15家。实现工业税收3.57亿元，增长20.6%。天福、肯博、一帆等5家企业纳税上千万元。新批外资项目22个，注册外资1.73亿美元，增长55.8%；实际利用外资7962万美元，增长10.2%；出口总值2.92亿美元，增长3.9%。全县69个重点项目完成投资72.8亿元，增长163.2%。古雷石化启动项目于5月8日顺利开工，已完成投资42亿元。湘电风机、车城汽配、宏记电器等26个工业项目建成投产，台玻工业、一帆三期、日产游艇等一批重点工业项目加快建设，厦深铁路漳浦段、省道漳东线改线工程以及古雷5万吨供水工程、110千伏变电站、重件运输道路、重件码头、填海造地工程等配套项目全面实施。

农村经济。实现农业总产值68.9亿元，增长4.5%。新办农产品加工企业35家，农字号规模企业达36家，实现产值23亿元，自营出口8600万美元。新办农民专业合作组织97家，新注册农产品品牌54个，丰收园大葱、新润速冻蔬菜等9个产品被评为省级名牌产品，天福茶食品获“漳州十大名产”称号，丰盛食品有限公司荣获福建省品牌农业企业金奖。台湾农民创业园新引进台资企业9家，总数达77家，年产值20.1亿元。开展冬春水利建设，投入1.62亿元，修复水毁工程175处，新增节水灌溉面积133.33公顷；投入3835万元，实施祖妈林、赤兰溪、眉力等3座水库和7座小型水库除险加固；投入1890万元，强化加固六鳌、旧镇、霞美、漳浦盐场等乡镇场病险海堤；完成土地整理562公顷；建设商品粮基地306.67公顷。

城乡建设。投入3.8亿元，实施龙湖路中段道路改造，涉及拆迁面积16万平方米、拆迁户近1200户，为漳浦有史以来最大的旧城改造项目。投入1423万元，建设府前街、中华路、印石路、文昌路和金鹿路东段道路；投入5815万元，建设县城区污水处理厂和垃圾处理场。实施迎宾路、金浦路、青年路等主干道亮化、绿化、美化工程。新农村建设扎实推进，完成5个乡镇总体规划修编，实施106个村规划编制。深入开展家园清洁行动，建成垃圾焚烧炉2座、垃圾中转站2个、农村户用沼气池2000口，新建公厕82座，安装村道路灯2530盏，创建绿色示范村50个，荣获“福建省家园清洁行动先进县”称号。

社会事业。投入3872万元落实义务教育阶段“两免一补”政策，发放职校助学金126.5万元，为453名大学新生提供252万元的生源地助学贷款。投入5041万元加固、重建校舍4.8万平方米。考录63名本专科毕业生充实教师队伍。荣获“漳州市高考先进县”称号。在全市率先创办农村科技信息服务平台和企业科技创新服务平台，申报国家级科技计划项目3个、省市级5个，通过全国科技进步考核县验收。建成6个乡镇综合文化站和59家省市级农家书屋。在市十一届运动会上总分名列全市第二。新录用56名大中专毕业生充实医疗卫生单位。实施特大病种补偿，新增佛昙、杜浔2处特殊病种门诊办理点。荣获“全国农村中医工作先进县”称号。新增城镇就业人数7105人，城镇登记失业率控制在3.5%以内。妥善解决51名三级转业士官的就业问题。建设经济适用房和廉租房333套，基本解决医改后关闭破产国有城镇集体企业退休人员和困难企业职工参加医疗保险问题。全县人口出生率12.18‰,出生人口政策符合率96.36%。环保总量减排目标全面完成,实施鹿溪饮用水源综合整治与保护,实现水质达标。10件为民办实事项目全部完成。

【漳州古雷石化基地】 2008年,福建省批准实施《漳州古雷区域发展建设规划》,将古雷区域开发建设定位为“海西石化基地”,成为福建省两个石化基地之一。古雷石化基地现已建成5000吨级建材码头和滚装码头各1个,日供水5万吨的水厂1个以及26千米的疏港公路。此外5万吨级化工公用码头、30万立方米液体化工储灌区、10万吨级航道工程等基础设施快速推进。2009年5月8日,首个重大石化启动项目开工,标志着古雷石化园区进入实质开发阶段。该项目包括2个子项目——腾龙芳烃(漳州)有限公司投资138亿年产80万吨对二甲苯(PX)项目、翔鹭石化(漳州)有限公司投资50亿年产150万吨精对苯二甲酸项目(PTA)。当年完成投资42.8亿元。 (陈海田)

云霄县

【经济社会概况】 2009年,全县生产总值58.32亿元,比上年增长12.9%;财政总收入2.9亿元,增长22.94%;其中,地方级财政收入2.3亿元,增长25.79%;全社会固定资产投资完成16.72亿元,增长18.2%;验资到资4000万美元,增长33%;外贸出口2800万美元,增长11.38%;社会消费品零售总额25.2亿元,增长15%;居民消费价格总指数104;城镇居民人均可支配收入11825元,增长13.7%;农民人均纯收入6561元,增长9.7%;人口自然增长率7.39‰。单位生产总值能耗下降3.2%,化学需氧量排放减少89.5吨。

工业经济。以发展电光源产业为主攻方向,全力推进工业经济发展。提出“打造电光源之都”的产业发展目标定位,不断完善产业配套,筹集资金1亿多元投入节能光电科技产业园区基础设施建设,启动光电学院、光效体验馆、国检实验室、检测中心等产业配套项目前期工作。云霄县节能光电科技产业园区分别被商贸部、科技部和教育部列为国家级科技兴贸创新基地和“蓝火计划”光电产业技术转移示范基地,并作为全省三大光电产业园区之一,列入海西建设发展纲要。创新招商方式,突出抓好项目履约、投建和投产。全县共签约项目51个,其中:内资项目38个,计划投资16亿元,注册资本4.29亿元;外资项目13个,计划投资1.05亿美元,注册资本0.66亿美元。全年共引进电光源项目25个,成功签约福建光电学院和全国最大的节能灯镇流器板卡生产企业(宝润光电)2个龙头大项目。全县已投产光电企业有25家,实现产值10亿元。全年实现规模以上工业总产值41.17亿元,增长27.7%。

三农工作。积极发展枇杷、水产、名贵树木等特色现代农业,加快推进农业产业化经营。认真贯彻执行党的农村政策,兑现粮补资金1026.6万元,化解农村债务7729.61万元。注重农业基础设施建设和农村环境整治,投入资金近亿元,改造中低产田266.67公顷,改造危桥4座,建成农村水泥路42.6千米,修建沼气池3600口,实施广播电视“村村通”工程,完成41个村光纤联网,顺利通过“省级绿化模范县”考评。

文化旅游产业。突出“开漳文化”主题,成功举办第三届中国云霄海峡两岸“开漳圣王”文化节暨电光源企业高峰论坛、“6·18”电光源项目成果(云霄)专场对接会、第三届漳州市旅游节。云霄逐渐成为潮汕、厦门等地区游客旅游目的地。全县实现旅游总收入8000万元,比上年增长30%;第三产业实现增加值23.09亿元,增长12.8%。

项目建设。着力发挥生产性项目和重点项目建设带动作用,开展建设用地清理活动,依法清理一批长期占而不建的问题项目。完成工业投资7.42亿元,增长47.9%;7个省、市重点项目完成投资9.53亿元。牢牢抓住加大投资扩大内需的政策机遇,争取中央增投项目21个,争取中央补助资金4275万元,带动相关投资4亿多元。县委、县政府新办公大楼和路网、国电漳州核电项目、山前一级渔港、滨海大通道等一批重大基础设施项目前期工作有序推进,基本具备开工条件。

财税工作。建立财源培育激励机制,培育壮大支柱财源;改善税收征管手段,挖掘税源潜力。财政总收入和地方级收入持续高位增长。组建城投和国投公司,争取金融机构授信额度4亿元,资金按照项目建设进度分批下达,已到位资金近2亿元,有效解决重点项目建设资金不足问题。调整优化支出结构,合理调度使用资金,严格控制行政办公费用,全力保障教育、医疗卫生、社会保障等民生工程的重点支出。累计投入2.06亿元用于教育事业,增长37.44%;投入1.09亿元用于社会保障事业,增长42.36%;投入5460万元用于医疗卫生事业,同口径增长32%。全年财政总支出7.37亿元,增支2.23亿元,增长43.72%。

民生保障。加大教育投入,推进城乡教育均衡发展,全年共减免中小学义务教育阶段学杂费2283万元,投入近5000万元,开工建设学校项目28个,整合小学33所,教育督导顺利通过省级评估,总评达到二类县区“良好”等级。投资近1000万元建成县医院急诊大楼、火田卫生院住院楼、陈岱中心卫生院医技楼及和平卫生院门诊楼;提高新型农村合作医疗参保和补助标准,2009年参合率达到97.46%,农民住院受益率达到4.8%。妥善处理企业改革历史遗留问题,安置国有企业职工及遗属人员242人,把全县162家关闭、破产、困难企业5000多位退休人员和职工纳入职工医保范畴,并提高企业离退休人员养老金发放标准。扩大社会保障覆盖面,共发放低保金1234万元、五保供养金402万元、医疗救助金124.6万元,城乡困难群众基本生活得到有效保障。严格落实节能减排目标责任制,投资7025万元建成污水处理厂及其配套管网,投入3000万元建设垃圾处理厂,政府年度环保工作排在全市前列。投资1000万在县城主要路口设置13个高智能监控卡口,组建治安巡逻队伍,实行城区24小时巡防,城区“两抢一盗”发案率下降42.6%。出生人口政策符合率93.5%,被省人口计生委授予“省级计划生育优质服务先进单位”称号。

【节能光电产业发展规划】 1.发展目标。经过3—5年的时间,引进300家电光源企业,培育形成电光源产业集群,实现产值100亿元以上,把产业园发展成为在全国具有一定知名度的电光源产品生产基地。2.发展重点:以研发LED应用产品研究、生产为重点,带动发展大型节能灯企业、与LED照明相关的太阳能板等应用产品的研究生产、LCD液晶平板显示、PLED高分子发光二极管、OLED小屏幕激光显示产品的研发与生产。3.产业结构。建立专业级市场,产品品种、元器件、原材料齐全,基本实现产业园自给自足,有效节约企业物流成本;吸引数家产品、技术、生产方面发达成熟的龙头企业进驻,带动其他配套产业形成,最终发展出完整的产业集群;建设适合高素质人才常驻的、高品位的、完善的生活配套设施,做到"引得来,留得住";把产业园打造成为人才引入平台,技术孵化器、信息网络平台;发展循环产业,建立完善的污染物处理体系,注重再利用,防止二次污染,要求入驻企业达到环保节能、资金密集、科技含量高的要求。

(张建华　陈贵民)

诏安县

【经济社会概况】 2009年,全县生产总值80.91亿元,比上年增长13.2%。农业总产值43.1亿元,增长5.7%。财政总收入3.22亿元,其中地方级财政收入2.45亿元,分别增长15.1%和13.3%。全社会固定资产投资28.34亿元,其中城镇以上固定资产投资24.06亿元,分别增长23.4%和25.2%。城镇居民人均可支配收入11498元,农村居民人均纯收入6554元,分别增长12.0%和8.9%。全社会消费品零售总额36.87亿元,增长14.1%。出口总值1.09亿美元,增长18.1%。三次产业比例为31.6∶34.8∶33.6,首次实现二产比重超过一产比重。

工业经济。初步形成以食品加工、纺织服装为主导,生物科技、电子能源等新兴产业加速发展的工业发展格局。全年工业总产值82.98亿元,增长19.3%。诏安工业园区新开发100公顷的新区,已有金泳乐实业、明德化工、永亨针织、华荣玩具等8个项目入驻;金都工业集中区完成控制性详规、总平模型设计、展示沙盘、PPT演示等工作,主要路网全面贯通;梅岭临港工业园基础设施加快完善,已有水产食品加工、船舶修造、能源电力和港口码头工贸等15个规模企业入驻,投资7000万元的梅岭5000吨东昌综合码头开工建设。全县净增规模以上工业企业15家,总数达到157家,实现产值65.11亿元,完成出口交货值18.24亿元,分别增长27.1%和16.4%。工业用电量1.28亿千瓦时,增长12.8%。工业企业完成税收8907万元,增长18.32%。年产值上亿元企业由上年的4家增至9家。产业聚集度稳步提升,全县食品加工和纺织服装规模工业企业91家,实现产值41.99亿元,税收4896.45万元,分别占全部规模工业企业的58.0%、64.5%和69.0%。现有水产品加工企业71家,冻库年冷藏能力13万吨,年加工能力20万吨。

项目建设。全县30个重点项目完成投资8.87亿元。80个投资500万元以上的在建工业项目完成投资12.45亿元,全年共签约50个项目,项目总投资29.16亿元,其中第二届海峡两岸(诏安)青梅节暨书画艺术节签约项目35个、总投资22亿元。重大项目前期工作进展顺利,闽粤边界粮食现代物流园初步规划设计已经完成,梅岭风电项目初步可研通过专家评审,国电(诏安)电厂项目预可研通过专家评审。

基础设施。投建国道324线(诏安段)改造工程、桥东—梅岭疏港大道改造工程、海利自来水厂、城区自来水改扩建工程、桥东110kV变电站等一批重大基础设施项目,启动火车站连站大道、南环城路、垃圾处理场、城市污水处理厂、青少年校外活动中心等一批市政设施建设,进一步完善县域基础设施。城区面积达到14.2平方千米。

新农村建设。加快城乡公共基础设施对接,完成霞秀公路改造工程、官红公路建设,全县实现村村通水泥路。推进实施四都、西山和仙塘海堤强化加固工程,农村自来水改扩建工程,西潭、建设和金星农村饮水安全工程,80%的农村实现安全集中供水。组织实施三姑娘灌区节水配套改造(二期)工程,紫梅坑水土流失综合治理等项目,完成人工渔礁投放任务,农业基础设施进一步完善。深入开展"家园清洁行动"和"家园整治"活动,拆除旱厕2300多间、无人危房569间和猪禽圈舍1360多处,清理排水排污沟77.4千米,硬化村道70千米,种植苗木32万株,建成1座农民休闲公园、3个农村幸福园和4个农村文体活动中心,新农村建设取得明显成效。田厝村和林头村被列为省新农村建设联系点,田厝、林头、溪雅和下河等4个村被列为市级示范村,蚌寮、桥园等35个村被列为市级家园整治示范村。

民生工程。投入2.55亿元实施14个为民办实事项目,启动建设总投资592万元的80套经济适用房。落实惠民利民各项政策,累计兑现"两免一补"政策补助3076万元、农资综合直补1193.6万元、粮食直补113万元、石油价格补贴1802.6万元,发放汽车、摩托车、家电下乡补贴149.63万元,发放低保金1755.81万元。实施医疗卫生体制改革,建成秀篆、太平、红星、深桥等乡镇卫生院病房大楼和综合大楼,加快县医院新住院大楼以及霞葛、西潭等一批乡镇卫生院建设,推广中医院"药房托管"做法,"新农合"参合率由上年的76.4%上升到90.4%,累计发放各类基本社会保障金1.47亿元,城镇新增就业人员4609人。渔船渔工政策性保险工作走在全省前列,渔船、渔工参保率均达到100%。

社会事业。出台实施《诏安县中小学校布局调整实施方案》和《诏安县中小学校舍安全工程实施方案》,加快推进中小学校布局调整优化和校舍安全建设。"乌龙茶品质改良技术集成及产业化"项目成为省科技厅支持的"一县一业"重点科技项目。加大书画产业培育力度,成功举办第二届海峡两岸(诏安)青梅节暨书画艺术节,加快完善乡村文化设施,建成4个乡镇综合文化站,被文化部命名为"中国民间文化艺术(绘画)之乡"。积极组织申报原中央苏区县,并获得中央党史研究室确认,是全国唯一的沿海苏区县。

【润科生物工程(福建)有限公司】 该公司总投资4亿元、注册资金5000万元、占地面积21.33公顷,是运用现代生物工程技术从事微生物包括海洋微藻及高山被孢霉等生物技术研究、开发、生产、销售的高科技企业。主要产品润科牌"DHA粉剂"和"AA添加剂"是一种高端婴儿奶粉营养素,获得中国知识产权局发明专利保护,是目前国内同类企业中最大(全球第二大)生产厂家,主要供应给蒙牛、伊利、亨氏、圣元、雅士利、贝因美、南山、完达山等国内知名乳制品企业。公司分3期投建:2009年建设第一期工程,投资1.1亿元建成400吨发酵车间;2010年将建设第二期工程,计划投资5000万元,增建400吨发酵车间和GMP微胶囊添加剂车间及其他配套生产车间;2011年将建设第三期工程,计划投资2.4亿元,用于开发建设2个新项目,实现规模化、集团化生产。企业全部建成投产后,将年产1000吨AA添加剂和1500吨DHA添加剂,产值达10亿元,纳税5000万元以上。 (吴建阳)

东山县

【经济社会概况】 2009年,全县生产总值59.00亿元,比上年增长15.1%;工业总产值71.1亿元,增长33.7%;规模工业产值62.21亿元,增长30.2%;农业总产值30.9亿元,增长5.9%;全社会固定资产投资24.7亿元,增长35.2%;社会消费品零售总额20.57亿元,增长14.3%;财政总收入4.23亿元,增长32%;地方级财政收入2.89亿元,增长33.4%;城镇居民人均可支配收入12857元,增长14.7%;农民人均纯收入7567元,增长8.1%。

工业。全年规模以上工业增加值15.6亿元,增长30%;新增规模企业16家,合计126家。工业固定资产投资完成14.1亿元,增长89.7%;投资上亿元的工业企业5家。旗滨玻璃已完成投资30亿元,第二条日熔化600吨在线LOW—E镀膜玻璃生产线点火试产,集团总部及研发中心开工建设,5000吨级码头建成投入使用;风力发电二期扩建完成,33台风机全部并网发电;融丰食品3条生产线建成投产;总投资5亿元的海魁公共保税仓主体工程竣工;全省最大单体冷库(库容4万吨)的东之星水产二期项目开工建设。

旅游业。明确东山建设国际旅游海岛发展定位,形成《建设国际旅游海岛行动计划》。成功举办第十八届海峡两岸(福建东山)关帝文化旅游节暨闽台水产品博览会、2009东山国际帆船文化节。九仙山景区综合开发项目正式启动;庄园、马里兰2家五星级酒店奠基;按三星级标准改造的金沙大酒店和金阳光大酒店开业;新增新典、海之韵、新东方3家旅行社。全年共接待境内外游客137.2万人次,增长16.3%,实现旅游收入4.94亿元,增长15.6%。

财政金融。财政总收入和地方级财政收入增幅均实现30%以上的增长,总收入突破4亿元大关,实现三年翻一番;全年共争取项目资金2.29亿元,成功融资1.83亿元,有力保障日常运转、民生工程、基础设施和重点工作的资金需求。金融部门支持地方发展力度加大,年末人民币存贷款余额达30.86亿元和30.45亿元,分别增长25.5%和63.1%;重点规模企业银行授信额度突破20亿元,实际放贷15.72亿元,比年初增加7.39亿元。

农业经济。芦笋投产1200公顷,产量2.06万吨,拨出专项资金100万元,扶持鲜笋、冻笋进入上海、武汉、福州等大中城市的超市、市场。水产品总产量28.79万吨,增长2.6%,新增钢质渔船168艘,总数达到624艘。农村基础设施进一步完善,国家中心渔港配套建设全面完工,建设西埔湾、白埕—乌礁湾等农村公路38.8千米,建成岐下、田尾、东门屿3个陆岛交通码头;总投资2372万元、8.68千米的陈城、杏陈、长山尾和康美等六期海堤除险加固项目完工。建设沿海防护林1100公顷;开展"三湾整治"行动,深化海洋环境治理,海水质量持续改善。家园清洁工作继续走在全省前列,全县共有6个镇、47个村通过省、市重点治理镇村验收。农村就业渠道继续拓展,新转移农村劳动力4283人,技能培训2585人,农民人均务工收入3087元,增长22.2%。

城镇建设。东山岛发展战略规划成果向公众展示,修订西埔、铜陵两镇及马銮湾片区控制性规划。完成新城路、湖海路等重点路段建设改造,配套完善排洪排污、红绿灯、LED显示屏等市政设施,新增夜景工程20处;总投资8835万元岛外引水第一水源引蓄水改扩建一期工程开工建设;全长19.76千米、总投资4.6亿元的疏港公路破土动工;总长14千米、概算13亿元的海西高速公路东山岛联络线筹建处8月份正式揭牌。房地产市场完成投资4亿元,施工面积60.8万平方米。双东污水处理厂和铜钵氧化塘建成投入运营,垃圾无害化处理场开工建设,主要污染物减排完成年度任务,环保目标责任制全面完成。

民生保障。全年投入惠民资金4.8亿元,人均受惠2250元。29个中央增投项目和26个为民办实事项目进展顺利;完成8个行政村通自来水;县福利院综合楼、殡仪馆骨灰堂竣工投入使用;城乡低保实现提标扩面,农村最低生活保障面由2.08%扩大到3.86%,增加保障对象2429人;新农合参合率连续两年达到100%;城镇基本医疗保险参保87425人,超额完成市下达任务。顺利完成了县航运公司、木材公司、水产造船厂、印刷厂等一批企业改制,安置职工1344人。劳动保障服务

享有"天下第一奇石"美誉的东山风动石。 (东山县政府办供稿)

平台建设实现100%覆盖，安置城镇失业人员4253人，城镇登记失业率为2.73%。

社会事业。全年投入科教文卫等社会事业1.81亿元，增长50.7%。东山国家可持续发展实验区通过验收；新一轮土地利用总体规划修编完成。持续稳定低生育水平，全县人口自然增长率控制在5‰，计生服务水平不断提高，连续4年保持“省优”称号。获“漳州市高中教学质量先进县”称号，东山一中通过省一级达标校验收。实施医药卫生体制改革，县医院通过二甲复评验收，新院建设正式启动，文博中心基本完工，公安110指挥中心、广电综合大楼建成投入使用。两岸文化交流日益密切，多次组团赴台开展经贸文化交流，关帝神像巡安台湾；“东山陆桥”作为福建省唯一项目入选中国地理百年大发现。双拥支前工作再次荣获“省级双拥模范县”称号，首次被评为福建省第十届创建文明县城工作先进单位，澳角村蝉联第二届“全国文明村”称号。

【外贸出口】 全年出口5.24亿美元，增长76.2%。新增水产品加工出口企业12家，出口上千万美元14家，其中海魁集团水产品出口超亿美元；水产品出口4.82亿美元，占全部出口额的92%，增长82.6%，继续位居全省县级首位。全年港口货物吞吐量141万吨，增长19.4%。

【品牌战略】 新增海魁、顺发水产2个中国驰名商标，3个福建名牌产品和3个福建省著名商标；“东山芦笋”、“海魁水产”入选漳州市(农副产品)十大名产，白芦笋正式列入中欧互认地理标志保护产品；辉永泰参与起草制定的《登山动力绳》国家标准经国家标准委批准并发布实施。 (谢栋华)

平和县

【经济社会概况】 2009年，全县生产总值72.50亿元，比上年增长13.3%。其中：第一产业增加值30.63亿元，增长6.3%；第二产业增加值15.22亿元，增长26.9%；第三产业增加值26.65亿元，增长13.8%。财政总收入3.17亿元，其中地方级财政收入2.24亿元，同口径分别增长20.5%和28.8%。年末金融机构各项存款余额42.2亿元，各项贷款余额17.3亿元，分别比年初增长26.2%和46.3%。

工业经济。全年工业总产值42.2亿元，增长22.3%，其中规模工业产值30.67亿元，增长27.8%；新增工业企业38家，总数达357家，其中：规模工业企业111家，新增22家，净增7家，亿元产值企业8家，增加1家；全部工业上缴税收1亿元。全年新建续建工业项目176个，累计完成投资10.5亿元，增长19%。其中：投资500万元及以上项目64个，完成投资7.9亿元，增长17.6%。引办亿元项目实现新突破，投资1亿元的圣大工业硅、投资3亿元的闽能光电项目实现一年内建成投产，投资1亿元的宝寨木业和分别投资2亿元的鸿星陶瓷、国立汽配项目相继开工建设。新开工建设蜜柚气调保鲜库7个，新开工建设蜜柚深加工项目2个，协议项目1个，蜜柚酒、蜜柚蜜饯、蜜柚果汁等系列产品产量稳步提升。

农村经济。完成农业总产值54.27亿元，增长6.9%。主要农作物产量：水果107万吨(其中蜜柚78万吨)、蔬菜44万吨、茶叶8703吨，分别增长10.1%、5.2%和6.3%。落实种粮直补及良种补贴1516万元，农机具购置补贴642万元；完成大溪、安厚、五寨、坂仔4个乡镇近6万人安全饮水项目建设；完成333.33公顷中低产田改造和下村、寨里、产坑、高坑、吉坑1573.33公顷小流域综合治理。产业化经营不断延伸，“平和琯溪蜜柚”驰名商标管理进一步规范，《琯溪蜜柚》国家标准顺利颁布；建立琯溪蜜柚出口基地1.07万公顷、标准化基地4000公顷、无公害示范基地0.67万公顷和沃尔玛直接采购基地；调整大田种植结构0.13万公顷，种植茶叶133.3公顷，新增规模养殖户1500多户，建成特色专业村17个。

旅游商贸。完成社会消费品零售总额31.25亿元，增长16.1%，市场物价平稳。旅游接待人数121万人次，旅游直接收入1.14亿元，分别增长11.5%和14.1%。景区建设进一步加快，成立海峡两岸三平祖师文化联谊会，三平风景区被确定为闽南文化生态保护试验区示范点，新增“三平祖师信仰习俗”和山格慈惠宫“闽台乞龟民俗”两处省级非物质文化遗产；灵通山成为漳州市第二个省级地质公园；大芹山建成全省最大有机茶观光园。土楼文化旅游开发进一步提升，芦溪绳武楼与全球文化遗产基金会达成合作开发协议，崎岭下石“土楼桥上书屋”获得国际建筑经典大奖。四星级标准的平和洲际大酒店、五星级标准的大芹山名峰山庄相继投入运营。新增10家村级综合服务站、25家农家店、50家连锁店；推进“万村千乡市场工程”，全县行政村覆盖率达80%、商品配送率达50%以上。

项目建设。全县完成全社会固定资产投资22.75亿元，增长25.7%，其中城镇以上完成投资15.4亿元，增长21.9%。全县66个重点项目完成投资14.8亿元，其中省、市项目11个，完成投资5.3亿元。闽能光电等一批工业项目竣工投产，省道东东线大溪至安厚段、九大线B标段建成通车，福广高速平和段项目完成初步设计。2008年底以来共争取扩大内需项目30个，得到国家、省资金补助6666.8万元。其中：2008年项目12个，完成投资3409.9万元；2009年项目18个，完成投资1.05亿元。品牌创建成效明显。新申报注册商标140件，新增省著名商标3件、市知名商标4件、QS认证2家、GAP标准认证2家、省名牌产品5个，24个工业产品列入漳州市名优地产品目录。

招商引资。成立珠三角地区平和商会及驻东莞、晋江招商联络处。全年共洽谈项目84个，签约项目36个，协议投资额10亿元，其中签约亿元项目4个、5000万元至1亿元项目2个，已有19个项目投产；新批外商投资项目16个，实际利用外资1120万美元、增长10.3%。

城乡建设。城乡规划不断完善，编制完成《延寿山公园详细规划》、《一江两岸景观规划》、《中山公园扩建设计》和文峰、大溪等7个乡镇集镇总体规划。灵通步行桥投入使用；县城污水处理厂和生活垃圾处理厂建设基本完工，进入调试阶段；延寿片区康桥丽景房地产项目开工建设；玉溪片区占地15公顷的宝善公园粗具雏形；文昌路、龙溪路、阳光路及文锦路(一期)建成投入使用。完成文锦路、迎宾路绿化建设和改造更新，新增绿化面积1.4万平方米。

完善城市街道标志，增设31个标准路标牌、1处红绿灯、12处交通指路牌及禁行标志。完成危桥改造16座，在建新建5座；南胜、大溪、五寨农村客运站建设加快，完成玉溪等10个候车亭建设；完成15个村16个农网项目改造，南胜镇新农村电气化镇建设通过市级验收；“家园清洁行动”3个乡镇和73个村整治通过省市验收；投入1300多万元，实施24个“村容整洁”示范点道路硬化、空地绿化、文化体育休闲活动场所（公园）建设；完成农村户用沼气池建设2800口。大溪镇被评为“省级绿化示范乡镇”，坂仔镇山边村、大溪镇江寨村被评为“省级绿化示范村”。

民生保障。城镇居民人均可支配收入12174元，农民人均纯收入6733元，分别增长14.1%和8.1%。新增城镇就业4650人，下岗失业人员再就业889人，转移农村劳动力12316人，劳务派遣7518人。被列为“全国农民工培训转移示范县”。新增“五险”扩面12856人，发放养老保险金1.56亿元，失业金563万元。确定城乡低保户6835户15519人，发放低保金1885万元。完成建设廉租房和经济适用房112套，新开工建设廉租房74套。创新县社会福利中心公办民营管理机制，完成五寨乡敬老院和3所农村幸福园建设；落实城乡医疗救助878人次。完成“造福工程”231户1000人，组织实施29个库区移民后期扶持项目。

社会事业。组织申报国家级、省级科技立项6项，“蓝火计划”及产学研项目对接6项；与福建农林大学签订县校合作协议书，开展全方位农业科技合作；2007—2008年度科技进步考核通过国家验收。防震减灾信息化管理系统平台建成投入使用。教育“普九”化解债务1.16亿元。完成2个国家级乡镇体育活动中心和25个农家书屋建设，4个乡镇综合文化站改扩建工程、32个农民体育健身工程有序推进。九龙江流域水环境综合整治顺利完成，流域水环境质量达标率和集中式饮用水环境达标率均为100%；“国家级生态示范区”试点县建设通过省级验收。

【平和西部农业提升工程】 为充分利用西部地区丰富的土地、山地、劳力资源，增加农民收入，平和县要求西部各乡镇围绕做好“大田种植结构调整、山地开发”因地制宜发展规模种养殖。一年来，西部各乡镇共调整大田种植结构1302.67公顷，种植蔬菜1119.87公顷、烟叶82.67公顷、其他作物100.13公顷；新增规模养殖户1593户、茶叶种植146公顷。全年人均增加收入近400元。（黄泽斌）

南靖县

【经济社会概况】 2009年，全县生产总值89.49亿元，比上年增长13.1%。其中，第一产业增加值26.66亿元，增长5.7%；第二产业增加值37.08亿元，增长15.8%；第三产业增加值25.76亿元，增长15.5%；三产比重调整为29.8∶41.4∶28.8。

工业经济。深入实施“工业强县”发展战略，出台促进工业发展40条，拨出300万元作为工业发展基金，鼓励企业技术进步、节能减排和开拓市场，组织21家企业赴欧洲、香港及国内主要城市参展，在福建漳州名优产品（郑州）展示洽谈会、第六届中国·东盟博览会等展会上，签订购销合同2亿多元；支持成立2家民营中小企业担保公司，开展政银企融资对接会，为中小企业融资1.28亿元。新办工业企业140家，投建投资上500万元的工业项目90个，带动工业固定资产投资13.1亿元；新增规模以上工业企业38家，总数达205家，实现规模以上工业产值122.77亿元，增长13.0%；规模工业品产销率96.4%，工业税收2.5亿元；工业总产值137.2亿元，增长19%，工业增加值占GDP比重38.0%。电子信息、食品加工、机械冶炼三大主导产业和造纸包装、建材化工、新能源三大重点产业完成产值106.6亿元，占规模工业产值86.8%。成立县机械行业协会，成功举办中国·海峡项目成果交易会工业专场——福建省机械行业（南靖）项目对接会，与福州大学签订装备制造产业战略合作框架协议，对接项目50个，现场签约项目11个，总投资2亿元。新增1个中国驰名商标“双赢”；万利达集团被评为“电子信息百强企业”并成为首批“国家创新型示范企业”，三德利公司被认定为国家级高新技术企业；两项产品被认定为省“2009年自主创新产品”，3个项目获省市科技进步奖，LED路灯等9个项目分别列入国家、省、市科技计划。

三农工作。全县农业总产值46.5亿元，增长5.7%；实现农民人均纯收入6685元，增长8%。新增三通食品等12家龙头企业、和溪潮辉食用菌等4家农村专业合作社；推广温氏农牧、亚细亚食品等订单农业模式，发展种养户300户，产供销一体服务网络逐步形成。新增国家地理标志产品2个、省名牌农产品1个、省著名商标2个，2家企业通过中国良好农业规范认证，建立漳州首个出口麻笋备案基地。引进咖啡等高新优品种18个，推广香蕉标准化栽培等新技术12项，实施蜜柚保鲜等科技项目15项。山城、南坑分别与台湾高雄大树乡、台南东山乡结成合作交流“对子”，建成全省首个咖啡观光园和台湾咖啡种植示范基地。举办兰花精品展、茶王赛，积极组织66家企业参加首届海峡两岸现代农业博览会，成功举办南靖高山生态茶（北京）展销推介会等展会，现场签订购销合同3亿元。

财税金融。全年财政总收入7.1亿元，增长15.9%；地方级财政收入4.6亿元，增长45.3%；金融机构各项存、贷款余额分别为41.7亿元和29.5亿元，分别增长10.3%和34.9%。

项目建设。实行项目工作“一票否决”制度，举办百个项目奠基剪彩活动，友利达纸业、中福木业、华澄生物科技等一批生产性项目，龙厦铁路客运站等一批基础设施项目，佰竹林国际温泉度假山庄等一批旅游休闲项目相继投建投产；总投资2亿多元的27个中央扩大内需项目顺利推进，带动72个县在建重点项目完成投资28亿元，增长19.9%，其中26个市在建重点项目完成投资22.8亿元；6个省在建重点项目完成投资6.39亿元；全社会固定资产投资39.3亿元，增长46%；城镇以上固定资产投资27.7亿元，增长48.2%。

招商引资。完善落实《招商引资考评奖惩办法》，开展招商引资活动月活动，有效利用“4·9”、“9·8”、“11·18”等招商平台，成功在香港、台湾等地举办招商推介会，推动全县新批外资企业27家，合同利用外资6219万美元，实际利用外资验资数2601万美元；外贸出口企稳回升，海关出口总值 2.97 亿美元。

旅游经济。出台促进旅游发展 20 条，开展酒店建设年取得成效，万豪、马克西姆、湖滨和御苑等一批星级酒店项目动工兴建；筹资 4 亿多元，引进聚叶长青等一批项目落户漳龙休闲度假区，旅游接待能力不断提高。完成福建土楼景区、书洋镇区总体规划以及云水谣景区修建性详规；建立健全土楼保护和景区门票等管理办法，景区管理逐步规范。成功举办第二届福建土楼（南靖）文化节暨第三届漳州旅游节，举行“寻根谒祖·生态土楼行”、福建土楼·故里南靖全球旅游形象大使网络选拔赛和福建土楼旅游“全球巡回宣传推介”等活动。成立土楼风情民俗演艺中心，启用福建土楼风景邮政日戳，发行福建土楼文化系列丛书，闽南文化影视基地初现雏形。全年接待游客 147.9 万人次，增长 35.6%。国家 4A 级旅游景区创建工作通过省级验收。

社会事业。社会消费品零售总额 23.14 亿元，增长 12.3%。投入 6000 多万元，完成农村水利建设项目 231 个，加固防洪堤 82 千米、除险加固水库 23 座等，投入 6000 多万元，继续为教育办 10 件实事，南靖一中 4 座教学楼和标准运动场、职教中心实训大楼等一批教育设施竣工投入使用。投入 6000 多万元，完成靖城卫生院迁建和丰田等 4 所卫生院改造提升工程；义务教育“两免一补”、中职涉农专业及农村低保家庭学生免学费资助等政策有效落实，受惠学生达 8.1 万人次；投入 1540 万元，实施库区移民后期扶持项目 69 个，建设奎洋上洋等 8 个移民小康村，发放库区移民直补 800 万元，受益移民 1.33 万人；投入 5700 万元，新建沼气池 2000 口，完成和溪水土保持和南坑等 4 个镇饮水安全项目建设，受益群众 5 万多人。

民生保障。全年完成失业人员转业转岗培训 1399 人，新增城镇就业 4009 人，下岗失业人员再就业 804 人，城镇登记失业率 2.98%；完成农业富余劳动力技能培训 3699 人、转移 5869 人。及时足额发放城乡低保金、五保补助金和各种临时救济款 1193 万元，有效保障 1.51 万名困难群众生活，南靖县被评为全国基层低保规范化建设典型县；落实优待义务兵家属 311 人、抚恤补助 1533 人；有效发挥县慈善总会作用，多渠道救助困难群众 1.25 万人次。修订城乡医疗救助办法，把带病回乡退伍军人、1954 年 11 月后入伍参战退役人员、城乡重度残疾人纳入城乡医疗救助对象，1.88 万人享受医疗救助；下调城镇职工参加基本医保自付资金比例，2.92 万人受益；上调企业退休人员基本养老金，受益群众 6892 人；调整企业缴交失业保险金比例，按时足额发放失业保险金；新型农村合作医疗基本实现应保尽保、参合率居全市首位，城镇居民医疗保险参保率居全市前列。

城镇建设。投入 3 亿元，全面实施县城十大建设项目，城区由 7.8 平方千米扩大到 14.2 平方千米。总长 12.8 千米、路宽 50 米的县城环城路和荆江路扩建、兰陵路延伸段、建设东路延伸段等一批市政道路相继建成投入使用；紫云寺扩建工程动工建设，文化中心、麒麟山公园一期、江滨公园六期、月眉公园二期、南苑公园一期等一批公益项目投入使用；建成区绿化率 31.6%，人均公共绿地 8.1 平方米，县城人居环境越来越美。通过省级文明县城和卫生县城验收，被评为“省级园林县城”。大力实施村容整洁工作，投入 1500 万元，完成 54 个村容整洁重点村整治工作，带动全县村容村貌进一步净化美化。完成龙山涌北、和溪林中等 13 个省市县新农村示范点建设，新建 18 个文化健身中心、7 个农民公园，农村文化生活日益丰富；继续实施路桥建设改造工程，投入 7800 多万元，完成农村“上衔下延”水泥路建设 36.8 千米、危桥改造 28 座，有效解决群众出行难、出行险问题。危桥改造工作成效显著。

（余海平　黄瑜玲）

长泰县

【经济社会概况】 2009 年，全县生产总值 61.75 亿元，比上年增长 15.3%，增幅居全市第一；财政总收入 5.52 亿元，增长 27.8%，其中：地方级财政收入 3.13 亿元，增长 30.1%；城镇居民可支配收入 13920 元，增长 12.5%，农民人均纯收入 7060 元，增长 9.8%。荣获全国首届文明县城、省级园林县城称号，连续 3 年获得全省经济发展十佳县称号。

工业经济。全年工业产值 113.4 亿元，增长 26.1%，其中规模工业产值 99.10 亿元，增长 26.6%。新增规模工业企业 30 家，总数 208 家，其中：产值上亿元企业 24 家，税收上千万元企业 6 家。安安超纤、攀达实业等 45 个工业项目建成投产，其中投资上亿元项目 5 个；飞鹿电器等 45 个工业项目新开工建设，其中投资上亿元项目 11 个。制定出台《进一步减轻企业负担若干意见》，中央和省市各项扶持政策落实到位；开展企业大走访活动，银企座谈会落实贷款 8.1 亿元，企业生产经营中的困难和问题及时有效解决。

项目建设。118 个重点项目完成投资 33.83 亿元，24 个省市重点项目完成投资 15.9 亿元，一批生产性项目建成投产，一批事关发展、事关民生的基础设施项目投入使用。其中：工业项目 73 个，完成投资 18.37 亿元；农业项目 11 个，完成投资 3.17 亿元；旅游项目 10 个，完成投资 4.07 亿元；城建及基础设施项目 14 个，完成投资 5.46 亿元；民生项目 10 个，完成投资 2.77 亿元。厦成、福广两条过境高速公路开工建设，境内里程 48.69 千米，总投资 38.9 亿元，设有 2 个枢纽互通、4 个落地互通；坂里丹岩至龙涓半林、职校至旺亭、后坊至东孚、田头至枧头 4 条道路和 8 座危桥完成改造，农村水泥路建成 68.3 千米。成功举办 4 场文化旅游节。项目争取对接成效显著，向上争取项目资金 2.8 亿元，新增中央预算内投资 3395.7 万元。全社会固定资产投资完成 42.52 亿元，增长 31.6%，其中城镇以上投资 39.35 亿元，增长 36.1%；工业投资 23.1 亿元，增长 45.7%。

招商引资。全年新批办 15 家外资企业，注册资本 1.3 亿美元，实际利用外资 6812 万美元；新批注册 500 万元以上内资企业 35 家，注册资金 7.76 亿元。引进投资超 5 亿元项目 4 个，增加 3 个，超亿元项目 16 个，增加 9 个。引进闽华超细纤维、新泰化工、鸿大革业、新德福化工等一批精细化工产业项目；引进房更美陶板、协盛陶板等 10 多家陶瓷企业，建筑陶瓷产业初步形成。闽虹文化、龙人古琴等 2 个文化旅游项目引进落户。

三农工作。全年农业总产值16.86亿元，增长5.9%。各项惠农政策得到落实，财政支农力度加大，安排农林水支出1.06亿元，增长67.3%。新种茶叶205.33公顷、芦柑26.67公顷，种植蔬菜0.91万公顷、蘑菇120万平方米。植树造林0.22万公顷，被确定为沿海现代林业发展试点县，荣获“全省林业工作先进集体”称号。锦信“倩果”牌芭乐被确定为福建省名牌农产品，“长泰芦柑”被评为漳州十大名优水果，4种农产品通过农业部无公害产品、产地认证。村容整洁有力推进，县财政安排专项资金540万元，十佳优美村庄首次评选，建成62个水冲式公厕，种植树木20多万株、绿化10.1万平方米，农村环境卫生明显改善。活盘水库除险加固工程顺利完工，陈巷防洪工程启动实施。

城乡建设。投入2.33亿元，建成12个城建项目。城区绿水景观工程建成投入使用，总投资9300万元，两岸景观长4.7千米，绿地面积21.33万平方米，形成“一江两岸、左右延伸”的开发新格局。县城东区、西区污水处理厂、垃圾处理场投入使用，日处理污水4.5万吨、生活垃圾60吨。改扩建龙泉南路、天长北路等7条街道，总长2.9千米，进一步完善城区路网。解放路片区改造基本完成，人和农贸市场动工建设。审批岩溪、枋洋、林墩、旅游区4个集镇区规划，编制7个中心村规划和11个重点村整治规划。改造陈巷、岩溪、坂里3个镇区主干道。

社会事业。9家高新技术企业获得认定，12个项目列入国家、省市科技计划，申报各类专利89件，31件专利获得授权，荣获全国科技进步考核先进县和全省科普先进县称号。县二小、兴泰实验小学等一批教学楼、宿舍楼相继建成，新增建筑面积2.65万平方米，县二中与岩溪中学完成合并，以优良成绩通过省市教育工作督导评估。乡镇文化综合站建设在全市率先完成，7条健身路径和6个“农家书屋”建成使用，“春之歌、夏之舞、秋之赛、冬之戏”系列文体活动丰富开展，在漳州市十一届运动会上获得金牌总数第三名、总分第四名。启动实施医药卫生体制改革，新农合参合农民16.73万人，参合率99.8%，全年9359人次领取医疗补助1614.8万元。人口自然增长率6.51‰，出生人口政策符合率95.54%，年终考评名列全市第一。

民生建设。完成10大项35小项为民办实事项目，总投资3.49亿元。启动实施原有关闭破产国有企业退休职工医疗保险和失地农民养老保障制度。发放各类救助金1021万元、最低生活保障金491.4万元，枋洋敬老院和湖珠、石横2个幸福园建成。移民后期扶持政策落实，26个项目顺利实施，争取上级补助资金1025万元。环境保护有力推进，环保责任制有效落实，节能减排任务全面完成；养殖业、石材业、矿区及流域水环境整治成效明显，生猪养殖划定禁养区，关闭搬迁养殖场2304家、面积30万平方米，工业污水基本实现达标排放，闭坑矿区绿化137.13公顷；经济开发区规划环评和林墩、枋洋、陈巷、岩溪4个石材加工集中区规划通过审批，珪后、旺亭2个省级生态村通过验收。用地报批10批次134.67公顷，顺利通过国家土地督查。获得省级双拥模范县“五连冠”。

【“省级园林县城”建设】 长泰县高度重视“省级园林县城”创建工作，以建设“绿色、和谐、健康的宜居生态环境”为目标，以城区公共绿地建设为重点，充分利用长泰依山傍水的特点，见缝插绿，沿江造绿。至2009年底，建成区绿化覆盖面积137.42公顷，绿化覆盖率36.18%，绿地率31.84%，人均占有公共绿地面积9.57平方米，基本达到“省级园林县城”的指标要求。12月15日，被评为“省级园林县城”。

【绿水景观工程建设】 县城区绿水景观工程是长泰县迄今为止投资最大的城建项目。该工程位于龙津溪城区段，景观建设始于溪东大桥上游约350米，止于绿水工程橡胶坝址，两岸景观长达4.7千米，绿地面积21.33万平方米，水域面积近千亩。总投资9300万元，主要建设拦河坝393.3米(其中橡胶坝180米)，泵房、水闸各1座，排污引水渠道、溢流段；建设驳岸工程及两岸绿化、步道、亭阁、广场、码头等景观工程；建设截污管道550米。2008年12月15日开工建设，分橡胶坝体及驳岸工程建设、乔木种植、景观工程建设等3个阶段进行，2009年12月完工。

(连海生)

华 安 县

【经济社会概况】 2009年，全县生产总值35.83亿元，比上年增长13.9%。全社会固定资产投资24.4亿元，增长23.1%；其中：城镇以上投资21.24亿元，增长22.6%。财政总收入2.69亿元，增长15.7%；其中：地方级财政收入1.69亿元，增长35.9%。外贸出口255万美元，增长23.8%；实际利用外资884万美元，增长0.6%。城镇居民可支配收入12646元，增长14.3%；农民人均纯收入7273元，增长7%。连续第三年被评为“福建省经济发展十佳县”。

工业经济。全年工业总产值44.16亿元，增长23.1%；其中：规模以上工业企业60家，产值31.79亿元，增长25.3%。在厦门成功举办推介会，现场签约项目25个，总投资21.2亿元；全年新引进工业项目54个，总投资31.25亿元。全县新投产工业项目32个，总投资12.99亿元。工业区新引进22个项目，总投资24亿元，工业集中区被省信息化局授予“福建省光电产业园”称号，光电产业园被商务部、科技部授予“国家科技兴贸创新基地”称号。

农业经济。全县农业产值17.97亿元，增长3.4%。启动首个“国家级铁观音茶叶绿色食品原料标准化生产基地县”创建工作，全省茶叶“五新”技术集成推广现场会在华安县召开，中圳村“五新”技术集成推广示范片被农业部授予“全国绿色防控示范点”称号；全县建立茶叶示范基地433.33公顷，生态茶园2000公顷、无公害茶园5333.33公顷。全县干毛茶产量1.4万吨，创产值13.8亿元。实施20个总投资3.96亿元的为民办实事项目，累计完成投资2.45亿元。

固定资产投资。争取中央扩大内需项目17个，总投资1亿元，中央新增投资2356万元。全县16个省、市重点项目完成投资13.58亿元。投入2800万元，完成35千米农村公路硬化和5座危桥改造。投入1000多万元，实施“绿色通道”工程。抓好38个总投资10.05亿元的城建项目。推进城南新区和旧机砖厂片区开发建设，龙祥嘉园等一批房地产项目竣工投入使用，全年房地产投资1.93亿元，增长28%；销售商品房 8.07 万平方米，增长 41.1%。按照四星级标准建设的华安大酒店正式投入使用，并成功加盟全球最大酒店连锁机构—最佳西方财富酒店。

人民生活。实施 20 个总投资 3.96 亿元的为民办实事项目，累计完成投资 2.45 亿元；完成 12 处重点水利水毁修复和新圩、华丰、仙都 3 个乡镇安全饮用水工程等水利项目，建成 1200 口沼气池；“造福工程”完成 209 户搬迁，其中省级造福工程示范点上雪新村首期 64 户顺利搬迁入住。落实惠农惠民政策，农民直接受益 5731 万元。开展村级公益事业建设一事一议财政奖补试点工作，当年兑现财政奖补资金 137 万元。保障体系更加完善，“新农合”参合率达 95.2%，兑现补偿金额 1260 万元，受益农民 1.16 万人次。城乡低保扎实开展，全县农村低保 5460 人，城市低保 1580 人，共发放保障金 794 万元。关心老年人，加快发展福利事业，县老干部活动中心顺利完工，丰山、新圩 2 座乡镇敬老院，仙都村、日新村 2 个幸福园正抓紧装修；县社会福利中心和县骨灰堂、公墓等项目正抓紧规划建设。重视重度残疾人救助工作，发放生活和医疗救助金 41.8 万元。

社会事业。被评为“全省科技进步先进县”。教育事业稳步发展，顺利通过省政府“双高普九”达标验收；投入 1600 多万元实施上坪小学、际头小学等 30 多个校园建设项目；落实义务教育“两免一补”资金 785 万元，教师绩效工资制度顺利实施，完成湖林中学撤并和上坪 3 所小学合并。福建（华安）土楼获得世界遗产证书，完成全国第三次文物普查；组团参加市运会并荣获 4 块金牌。加强乡镇卫生院建设，高安和良村卫生院建成投入使用，县民宗局荣获第五次全国民族团结进步先进集体。县林业局荣获“全国森林防火先进单位”称号。加强国防和双拥工作，实现连续 38 年无退兵。稳妥推进人事制度改革，新聘用大学毕业生 76 名；取消政府还贷二级公路收费站，妥善安置 23 名人员。（陈振海）

编辑：林丹英

泉州市

【基本概况】 泉州市地处福建中部沿海、台湾海峡西岸，是国务院首批历史文化名城、古代“海上丝绸之路”起点、全国著名侨乡、台湾汉族同胞主要祖籍地及福建省三大中心城市之一，辖 4 区 3 市 5 县和泉州经济技术开发区，陆地面积 11015 平方千米，海域面积 11360 平方千米，2009 年末全市常住人口 786 万人（不含金门县，下同）。属亚热带海洋性季风气候；森林覆盖率 58.7%；矿产主要有铁、锰、金、煤、石英砂、花岗岩、高岭土等 20 多种；海岸线长 541 千米，湾多水深，港阔浪小，可供建港的岸线 45 千米，主要分布在湄洲湾（南岸）、泉州湾、深沪湾和围头湾。泉州保留着以南戏、南音、南少林、南建筑为代表的文化遗产和梨园戏、高甲戏、打城戏、提线木偶等全国特色剧种。拥有各级重点文物保护单位 686 处，其中国家级 20 处，主要有：开元寺和东西双塔、清源山老君岩、伊斯兰清净寺、草庵摩尼教佛像、安平桥、崇武古城等。

【经济社会综述】 2009 年，全市生产总值 3069.50 亿元，比上年增长 12.5%，其中：第一产业增加值 116.74 亿元，增长 2.3%；第二产业增加值 1778.68 亿元，增长 13.6%；第三产业增加值 1174.08 亿元，增长 11.6%。三次产业的比例为 3.8∶57.9∶38.3。人均地区生产总值为 39227 元，比上年增长 11.6%。晋江、石狮、惠安、南安、安溪入选福建县（市）“经济实力十强”，晋江、惠安、石狮、南安、安溪入围全国县域经济基本竞争力百强县（市）。继续荣膺国家卫生城市称号，荣获全国综合治理最高奖“长安杯”、全国创建文明城市工作先进城市、全国科技进步先进城市“七连冠”、中国十大品牌城市、中国大陆最佳商业城市、共和国 60 年中国最具投资潜力城市等荣誉。

农业经济。全年农林牧渔业总产值 205.17 亿元，增长 2.5%；粮食播种面积 16.38 万公顷，增长 2.3%；粮食总产量 82.60 万吨，增长 1.7%；水果产量 45.43 万吨，下降 0.3%；茶叶产量 4.93 万吨，增长 9.8%；蔬菜产量 114.44 万吨，增长 2.7%；食用菌产量 5.05 万吨，增长 1.8%；油料产量 5.45 万吨，下降 1.7%。新增“福建省品牌农业企业金奖”3 个，农业“三品”认证 36 个，永春芦柑成为福建省最大单个创汇农产品，安溪铁观音获评“中国世博十大名茶”。

工业经济。全年工业总产值 5688.13 亿元，增长 15.5%，其中规模以上工业完成 4883.59 亿元，增长 14.5%。在规模以上工业中，五大传统产业共完成产值 3156.82 亿元，现价增长 13.2%，纺织鞋服、建筑建材、工艺制品、食品饮料和机械制造业分别增长 16.1%、9.1%、4.0%、6.1%和 17.9%。五大新兴产业共完成产值 718.39 亿元，现价增长 33.1%，其中：石油化工业完成产值 594.71 亿元，增长 35.4%；电子信息业完成产值 72.73 亿元，增长 31.5%；汽车及配件业完成产值 35.17 亿元，增长 21.6%；修船造船业完成产值 4.68 亿元，下降 25.1%；生物医药业完成产值 11.10 亿元，增长 12.9%。全市轻重工业比例为 61.7∶38.3。新增产值超亿元企业 121 家；新增上市企业 10 家，融资 52.88 亿元。微波通信产业集群成为国家创新基金首个产业集群试点；新增国家级企业技术中心 1 家、省级以上创新型企业 8 家；43 家企业参与各级标准制修订；实现全国科技进步先进县（市、区）“满堂红”。新增中国驰名商标 8 件、地理标志证明商标 2 件，5 个县（市）入选“中国商标发展百强县（市）”。

第三产业。全年社会消费品零售总额 1055.20 亿元，增长 16.8%；共接待国内外旅游人数 2162.7 万人次，实现旅游总收入 222.8 亿元，分别增长 11.1%和 12.3%；完成邮电业务收入 84.89 亿元，增长 2.4%。港口实现投资 9.7 亿元，青兰山 30 万吨级原油专用码头、石湖 4＃泊位投入使用，泉州湾深水航道工程通过验收，肖厝 4＃泊位基本完工；开通泉州一台中港货运直航，建成泉州电子口岸平台，组建泉州港口发展股份有限公司；完成港口货物吞吐量 7666.34 万吨、集装箱吞吐量 125.12 万标箱，分别增长 6.1%和增长 3.7%。福厦铁路泉州段、泉三高速公路泉州段等项目建成通车；新增公路里程210.67千米，全市通车总里程达14130.31千米；泉州晋江机场获准对外开放，旅客吞吐量165.6万人次，增长18.1%。各种交通方式完成货物运输量9834万吨、货物周转量618.75亿吨千米，分别增长0.4%和9.5%；完成旅客运输量14135万人次，旅客周转量66.54亿人千米，分别增长5.3%和11.2%。居民消费价格总水平比上年下降2.2%。

对外经贸。全年进出口总额81.79亿美元，下降3.8%，其中：出口58.91亿美元，增长1.7%；进口22.88亿美元，下降15.5%。批准设立外商直接投资合同项目103项，比上年下降26.4%；按历史可比口径统计，外商实际到资23.53亿美元，增长0.1%；按验资口径统计，外商实际到资17.20亿美元，增长1.2%；外商直接投资项目平均合同外资额为931万美元，新批外商投资超千万美元的项目为66家；外商投资企业开业投产133家。`签订对外经济技术合作合同1106项，增长6.4%；完成营业额2713万美元，增长2.3%。批准境外投资企业22家，境外投资金额558万美元。

固定资产投资。全年全社会固定资产投资976.47亿元，增长13.5%，其中：城镇项目投资740.31亿元，增长14.6%；房地产开发投资146.72亿元，增长8.8%；农村投资89.44亿元，增长12.2%。在城镇50万元以上项目投资中，第一产业投资1.99亿元，增长31.2%；第二产业投资405.67亿元，下降2.5%；第三产业投资332.65亿元，增长45.7%。在建重点项目完成投资340.64亿元，其中：中化重油深加工项目完成投资34.14亿元，炼化一体化完成投资29.75亿元，晋江燃气电厂完成投资8.37亿元，石狮PTA项目完成投资10.51亿元，海峡西岸国际采购与区域物流中心（一期）项目完成投资8.54亿元。

财政金融。全年财政总收入316.16亿元，比上年增收52.55亿元，增长19.9%，其中一般预算收入150.05亿元，增长9.4%；财政一般预算支出186.90亿元，比上年增加25.55亿元，增长15.8%。年末，全市金融机构本外币各项存款余额2718.37亿元，比上年末增长23.6%，其中城乡居民储蓄存款余额1654.52亿元，比上年末增长20.8%；各项贷款余额2160.24亿元，比上年末增长32.0%；全年金融机构现金收入5783.73亿元，现金支出5915.01亿元，收支相抵现金净投放131.28亿元，比上年少投放9.31亿元。全市保险业实现各项保费收入54.57亿元，增长9.9%。

城乡统筹。加大三农投入，全年支农支出18.22亿元，兑付各项补贴资金2.78亿元；投入新农村建设资金16.6亿元，筹资5375万元帮扶30个省、市级扶贫开发重点村。新增农民专业合作社273家。完成“造福工程”搬迁8000人。成功举办泉州龙眼（沈阳）推介会、第二届海峡两岸农产品采购订货会。农业基础设施不断完善，外走马埭围垦工程海堤，洛江、泉港、惠安应急供水工程，深沪、祥芝国家级中心渔港，山美水库大坝防渗加固等工程顺利竣工。有效防抗“莲花”台风、严重干旱、动植物疫病及森林火灾。出台实施《关于进一步加强城市工作的若干意见》及5份配套文件。完善城市总体规划修编，2980平方千米的城市规划区和980平方千米的中心城区范围获省政府原则同意，各主要片区规划和城市轨道交通线网规划、快速交通干线系统规划编制完成。47个城建项目完成投资54亿元，中心市区建成区面积98平方千米，全市城镇化率57.5%。出台落实支持总部经济发展和人才引进培养的政策，启动东海、城东、江南总部经济聚集区规划建设。深化中心市区道路交通综合整治，取缔摩托车非法营运载客，中心市区交通秩序继续好转。

环境保护。推进节能减排，组织实施20个循环经济示范项目，关闭环保落后企业750家，淘汰水泥落后产能269万吨，实施制革、电镀等8个重点行业综合整治，建陶行业脱硫整治基本完成。近海水域环境污染治理、重点流域水环境综合整治及“两江”上游水资源保护全年累计投入资金15.15亿元，近海水域水质达标率75%，晋江干流上游水质保持在Ⅱ、Ⅲ类标准，全市生活污水处理能力提高到58.25万吨/日。中心市区饮用水源达标率为99.5%，晋江流域水质监测省控断面Ⅲ类水质达标率为100%。城市生活垃圾处理率100%；城市污水处理率85.2%。建立市级生态公益林补偿制度，造林绿化1.35万公顷，治理水土流失1.36万公顷。

社会事业。全年预算内投入教育经费48.74亿元，增长15.2%，其中落实“两免一补”（免杂费、免书本费、逐步补助寄宿生生活费，下同）经费3.83亿元；改造中小学校舍面积27.87万平方米；新增144所省级农村义务教育标准化学校，22.33万名外来务工人员子女平等接受义务教育；中职招生突破4万人；高中阶段教育毛入学率达81%；新增2所高等职业院校。推进医药卫生体制改革；有效防控甲型H1N1流感疫情；泉州医高专附属人民医院实现整合搬迁，市第一医院新院竣工，泉州医疗中心（一期）主体工程启用，福建医大附属二院东海院区开工建设；30所乡镇卫生院标准化建设任务完成；村卫生所、社区卫生机构覆盖率均达96%以上。全市人口出生率12.1‰，人口出生政策符合率91.2%，继续保持低生育水平。泉州南音入选人类非物质文化遗产代表作名录；泉州非物质文化遗产博物馆建成开馆，梨园古典剧院投入使用，确定首批150个古城区闽南文化保护示范园区展示点；完成26个乡镇综合文化站建设和改造。首届海峡印刷技术博览会成功举办。泉州市运动员在第11届全运会上取得5金4银5铜的好成绩。

人民生活。全年城镇居民人均可支配收入22913元，农民人均纯收入8563元。城镇登记失业率1.21%，城乡就业率居全国前列。社保覆盖面继续扩大，支付金额标准提高。参加职工养老、医疗、失业、工伤和生育保险人数增加27.54万人次，参加新农合和城镇居民基本医疗保险人数分别达到528.76万人和37.23万人，城乡低保对象增加8437人；企业离退休职工月人均养老金达1031元，职工医保统筹基金最高支付额提高到6.5万元，新农合最高支付额达到农民人均纯收入6倍以上，未成年人参加城镇居民基本医疗保险的财政补助标准提高到80元，全年发放低保资金1.87亿元。

和谐建设。推进保障性住房建设，建设经济适用房、廉租房等保障性住房13343套、96.58万平方米。深入开展人民调解和“信访积案化解年”活动，深化社会治安综合治理,开展“严打”、禁毒、整治“三合一”消防隐患等专项行动,平安建设持续走在全省前列。深入贯彻实施《食品安全法》,食品安全状况进一步改善。

【应对国际金融危机】 全面实施“一揽子计划”,用好、用足、用活国家和省“三保”(保增长、保民生、保稳定)政策措施,加强应急保障机制建设。强化对企业的服务扶持,逐月召开经济分析会、工业生产调度会,加强企业生产要素保障;建立市、县两级领导挂钩联系亿元以上企业制度,及时出台减轻企业负担、支持企业上市、促进外经贸发展、加强信用担保体系建设、扶持规模以下成长型工业企业等54份政策文件,落实配套扶持资金近11亿元;补办土地证372宗、房产证1322宗;深化政府银行企业合作,努力稳住企业资金链,新增银行贷款524.06亿元,增长32%;减免各类税收9亿元,减少企业行政事业性收费3.88亿元;全力帮助企业开拓国际市场,办理出口货物退(免)税46.75亿元,实现出口额58亿美元。

【重点流域水环境整治】 按照省政府部署,泉州市政府研究出台《泉州市重点流域水环境综合整治工作方案》,以晋江、洛阳江流域和重要水库为重点,组织开展重点流域整治工作。全年共投入重点流域整治资金6.7亿元,其中下达晋江、洛阳江上游水资源保护补偿资金2000万元,带动上游水资源保护资金投入2.36亿元,重点流域2009年年度整治任务基本完成,14个省重点流域整治项目均取得较好的时序进度。市政府继续实施晋江、洛阳江上下游水资源保护补偿机制,补偿专项资金自2010年起调整为每年3000万元,将再实施5年。

【全面规范行政处罚自由裁量权】 泉州市政府于2009年4月起,市县两级着手梳理行政执法权力,共涉及法律1756部(次)、行政法规3161部(次)、部委规章5149部(次)、地方性法规1404部(次)、省政府规章1075部(次)、规范性文件1144部(次),涉及条文数48566条(次);共梳理出行政职权39727项,细化标准89873项,市政府依此制定2210项执法程序和2117项配套规定,于6月1日通过全市统一行政执法信息平台和部门网站等各种形式对外公布。7月1日起,市县两级所有行政执法机关、法律法规授权的组织和依法受委托的单位全面执行规范后的行政自由裁量权标准。同日,市行政执法信息平台启用,全市行政执法行为实现数字化、网络化、一体化的管理和监察,推动规范行政自由裁量权工作扎实有序推进。

【第12届海峡两岸纺织服装博览会】 本届博览会于2009年4月18—21日举行,共达成意向成交额67.02亿元,比上届增长11.37%,其中服装类占46.39%,服装机械占22.38%,面料占12.03%,辅料占15.31%。展会共吸引观众158万人次,比上届增长21.54%,其中境内外的专业客商达1.67万人,参展台湾企业展位数达到674个。

【第11届中国(晋江)国际鞋业博览会】 本届博览会于2009年4月19—22日举行,共设鞋机、鞋材、成品鞋等三大主展区。来自16个国家和地区以及国内20个省(市)的400多家知名企业参展;共吸引近5万人次观众观展洽购,其中国(境)外专业客商近千名,累计达成合同交易额57.6亿元,比上届增长8.27%;签订外商投资项目10个,总投资4.61亿美元,合同外资1.99亿美元。

(廖良结　林艳旭)

鲤城区

【经济社会概况】 2009年,全区生产总值197.57亿元(含清濛开发区),比上年增长14.6%;三次产业比重为0.15∶58.26∶41.59。财政总收入12.12亿元,增长5.0%;财政支出5.67亿元,增长14.61%;区级财政收入6.23亿元,增长7.6%。全社会固定资产投资41.41亿元,增长18.1%。新批外商投资企业5家,增资7家,合同利用外资0.59亿美元;出口商品总值3.67亿美元。社会消费品零售总额100.75亿元,增长16.2%;市区居民消费价格总指数下降2.6%;居民人均可支配收入1.91万元,增长8.6%;居民人均消费性支出12611.29元,增长6.7%。

工业经济。全年工业总产值189.19亿元,增长11.7%。315家规模以上工业企业完成产值169.82亿元,增长12.2%,占工业总产值90.7%;31家产值超亿元龙头企业完成产值97.89亿元,占规模以上工业企业产值57%,增长22.8%。电子通信、纺织鞋服、机械汽配等三大支柱产业完成产值146.75亿元,增长12.7%。其中,电子信息产业完成产值19.12亿元,保持20%以上的增长速度;雷克通信等9家3G企业完成产值5.26亿元,增长46.1%;钧石能源、文创科技、金太阳电子、文创太阳能等4家光伏企业完成产值6.31亿元,增长37.6%。

城区建设。全年完成投资9.04亿元,建设17个重点建设项目,其中延陵安置小区(一期)、石崎安置小区等7个安置房建设项目完成投资3.32亿元,建成2964套37.96万平方米。全面推行市容卫生网格化管理模式,实现市容卫生管理地域无缝覆盖。组织拆除违法建设265宗1.92万平方米;投入880万元建设园区、临江工业区等污水支管网,疏通南环路、笋江路等污水管网,新区污水收集量达到8500吨/日;投入836万元做好新区8个重点社区人居环境综合整治。启动旧厂房、旧城区、旧村庄“三旧”改造。

社会事业。全年投入教育经费1.52亿元,积极推进区域教育优化、教育均衡发展示范区创建、社区教育服务、三品课堂研究等;投入财政975万元,实施义务教育学校绩效工资制度。继续完善公共文化服务体系建设。有效防控甲型H1N1流感、手足口病等疫情;规范建立居民健康档案15万份。全区人口出生率9.42‰,人口出生政策符合率97.91%。荣获第五次全国民族团结进步模范集体、全国科技进步先进区、首届全国和谐社区建设示范城区、全国文化先进单位、全国社区教育实验区、中国民间文化艺术之乡、省第二届文明城区、省知识产权强区等多项称号。争创全国中医药特色社区卫生服务示范区和省级双拥模范区“五连冠”顺利通过考评。

商贸服务业。区政府着力发展文化创意产业,开发闲置的老厂房、旧仓库推出16个古城文化创意产业招商项目，发展制造业设计、数字服务、文化传媒等创意产业，其中元和创意会馆(一期)建成试营业，T淘园、六井孔文化创意园已动工，泉州首部闽南语动画片《蔡六》开机制作，视通光电三维动漫初具规模。年度新引进9家企业区域总部，中石化森美(福建)、安利(中国)泉州分公司、亿兴电力等10家总部企业全年创税1.8亿元，增长12.54%。创建特色商业街和商业示范社区等专业街市，南环路汽车贸易走廊被认定为省特色商业街，限额以上汽车类商品实现零售额19.92亿元，增长23.9%；临江街道溪亭社区和海滨街道海清社区被认定为省商业示范社区。

科技创新。2009年鲤城区政府全力支持科技创新，重新修订"科学技术奖励规定"，奖励金额由50万提高到100万。全年下达区本级科技三项费用1080万元，获上级科技经费3310.8万元；重点扶持优化产业结构的高新技术项目，组织实施科技项目140项，其中国家级科技计划项目24个，列入省工业内涵深化技改工程重点项目计划7个；"非晶硅—微晶硅叠层薄膜太阳电池成套关键技术"研发项目被列入国家"863"计划。微波通信产业基地被国家创新基金确定为全国首个重点扶持的产业集群。新搭建电子科学与工程公共技术服务平台和军民两用电子公共技术服务平台。新增6家市级知识产权试点单位，3家市级第一批知识产权示范企业；3家企业被确定为国家级知识产权试点单位。兑付上市、名牌商标等奖励以及技改贴息、出口增量等补贴3367万元。新增12个省著名商标、3个省名牌产品，鸿星尔克荣获中国驰名商标。鸿星沃登卡、格来德集团在境外成功上市。

【全国文化先进单位】 鲤城区发挥历史文化名城优势，实施"文化强区"战略，自2007年以来，共投入120多万元，完善街道文化站、文体活动中心、社区文化活动室以及人才学校等三级文化网络，配齐、配强77个社区文化协管员；2009年，区、街道、社区三位一体的文化信息资源共享工程覆盖率100%。实行公益性文化事业单位全额拨款；先后投资1000多万元建成区文化馆、区图书馆、更新改造侨光电影院、东湖电影院等；继续打造"温陵女子南艺坊"、"泉州拍胸舞"、"闽南特色广场健身舞"闽南文化生态特色品牌，组建民间职业剧团以及206支、3000多人的群众民间文艺表演队伍。提前完成第三次全国文物普查工作，完成82处不可移动文物点和151处新发现不可移动文物点的野外普查复查和信息数据录入。推进民间舞蹈、民间音乐、民间文学、民间美术、传统手工技艺、民俗、杂技与竞技等7类24项国家、省、市、区四级非物质文化遗产保护名录。区档案馆创建"国家一级档案馆"通过考评验收。2009年11月，获文化部颁发的"全国文化先进单位"荣誉称号。

【完善社会保障及救助体系】 2009年，全区年度就业和社会保障支出1.19亿元，增长23.4%。25件为民办实事项目完成投资3245万元。新增就业人数1.45万人，城镇登记失业率在0.86%以内。参加企业基本养老、职工医保、居民医保、失业、工伤、生育保险人数分别为43102人、36190人、166500人、40100人、36555人、36488人；企业退休人员养老金从上年人均837.86元提高到964.18元；推进伍堡社区等11个社区居家养老服务社会化试点。开展住房保障，经济适用房建设完成投资7215万元；审批出售限价住房及经济适用住房900户；核实享受低收入家庭住房保障604户1688人，其中入住江南雅园廉租房60户140人，其余544户发放廉租住房补贴发放金额103.91万元。完善社会救助，全年为1092户2648人低保对象发放低保金541.9万元，实现应保尽保；医疗救助4200多人次58.5万元，并投入资金187万元用于生活救助、临时救助和慈善资助。

(吴英明　蔡晓莉)

丰 泽 区

【经济社会概况】 2009年，全区生产总值249.41亿元，增长12.7%；三次产业比重调整为0.56∶45.93∶52.51；工业总产值348.137亿元，增长7.8%，其中规模以上工业产值305.977亿元，增长8.0%；财政总收入14.72亿元，增长0.1%，其中地方一般预算收入9.46亿元，增长5.73%；全社会固定资产投资64.47亿元，增长30.5%；社会消费品零售总额101.78亿元，增长19.5%；居民人均可支配收入19798元，增长12.15%；荣获全国科技进步先进区。

工业经济。以电子信息、软件开发、装备制造为主的高新技术产业发展态势良好，18家规模以上高新技术企业实现产值44.53亿元，现价增长25.6%。区高新技术企业孵化基地建成并投入使用，泉州微软技术中心落地运营，泉州软件园动工建设。纺织服装、包袋制鞋、树脂工艺、机械制造等传统优势产业实现规模以上产值44.53亿元，其中53家年产值超亿元企业实现产值234.03亿元，增长10.8%。新增上市企业1家、省重点企业2家；组织22家企业申报福建省名牌产品。自主创新能力持续提高，组织65个对接项目参加第七届中国·海峡项目成果交易会，实施市级以上科技计划项目24个、科教兴区重点项目60个、重大技术改造项目14个，新增市级以上各类技术(行业)中心5家，获市级创业奖1项、市科技进步奖3项，专利授权175件。

服务业。全年全区新增限额以上商贸服务企业41家；47家限额以上住宿餐饮企业实现零售额4.38亿元，增长26.3%；21家年零售额超5000万元的限额以上企业实现零售额34.79亿元；增长31.9%。组织企业参加大连旅交会等旅游推介会，南少林寺片区改造、锦绣庄民间艺术园、南威软件大厦、燕尾侠动漫影视等项目加快推进。

外经外贸。全年新批外商投资企业及增资项目15家，投资总额1.05亿美元；成功签约4个大项目、投资总额1.32亿美元，外商实际到资(验资口径)7000万美元，增长6.6%。加大市场拓展力度，组织175家企业参加国内外大型展洽会45场，成功举办泉州市第一届雪花啤酒文化节。鼓励企业开展信用保险业务、申报海关A类企业，新增海关A类企业26家，实现海关出口商品总值6.36亿美元。鼓励企业引进国外先进技术、先进设备实施升级改造，实现海关进口商品总值5869万美元，增长40.2%。

重点项目建设。继续落实重点建设项目投资15.62亿元，完成25个区级重点项目和12个为民办实事项目年度建设任务；新增融资5.36亿元，争取中央增投项目补助资金2470万元。全力做好36个省、市级重点项目分解下达给丰泽区的相关工作，完成征地151公顷，拆迁房屋78.05万平方米，确保辖区内省、市重点项目建设的顺利推进。

社会事业。完成区文化馆和一批健身路径维修建设，新建、改建社区书屋18个，新增全国职工书屋示范点2个、市级职工书屋示范点6个。有序推进第二次非物质文化遗产普查和第三次全国文物普查工作。编印《丰泽区姓氏志》。安排财政资金2306万元用于卫生保洁、环卫基础设施建设；完成博东路、温雅路以及次干道、背街小巷道路破损翻修改造，打通美桐街等路段，城市卫生环境明显改善，组织拆除违法建筑371宗4.83万平方米。

生态城市建设。积极发展城市生态旅游农业；做好泉州湾河口湿地、桃花山海鸟保护区保护工作。开展整治违法排污企业保障群众健康环保专项行动，强化行业环境监管、整治和畜禽养殖污染治理，保障环境安全。深入开展近海水域环境污染治理，完成城东、北峰组团污水收集管网和泉淮社区排水排污工程年度建设任务。加强节能减排工作，实施市节能、循环经济项目3个。万元生产总值能耗下降2.3%。

民生保障。实施职教中心学生宿舍楼等一批教育重点项目建设，泉州九中被确认为省二级达标高中校，小学十配套达标街道创建面达87.5%；落实“两免一补”资金988万元，发放助学金476万元；外来工子女占义务教育阶段学生总数的58.5%；中考成绩优秀率位居全市第一；大力发展职业教育，规范发展民办教育，泉州电子科技学校被教育部认定为国家级重点中等职业学校。设立4个残疾人康复训练服务站，新建3个社区卫生服务站。成功举办第九届中国泉州—东南亚中医药学术研讨会。人口出生率9.33‰，政策符合率97.64%，出生性别比109.74。发放低保金、生活补贴和灾害、医疗、教育、慈善等各类救助金673.4万元、房租(住房)补贴383.7万元、渔船燃油补贴504万元。城镇居民基本医疗保险参保人数55317人；增长10.6%，发放医疗费1050万元。加强再就业工作，发放技能培训补助费49.5万元；新增就业人数13015人，城镇登记失业率0.82%。投入政法综治专项经费4653万元，加强社会治安综合治理。

【推进义务教育均衡发展】 全年共新建、改建、扩建小学15所、中学5所，扩大教学用地6.7公顷，新增校舍面积11.24万平方米。教师经济待遇全面落实，中小学生均公用经费高于省定标准，省、市教育专项资金足额到位。努力拓宽教育投入渠道，积极发动社会捐资助学，2007年以来筹集社会各界捐款1000多万元，投入学校维修加固经费600多万元，投入购置教学仪器、器材经费1000多万元。完成丰泽区教育城域网建设，光纤覆盖全区所有公办中小学校、幼儿园，实现全区学校的信息交流和资源共享。在全省率先出台外来工子女入学接受义务教育享受与本区居民子女同等待遇的政策，全区小学外来工子女在校生占62.39%，初中外来工子女在校生占50.03%。2009年11月荣获“全国推进义务教育均衡发展工作先进地区”称号。

【服务与扶持企业】 2009年区委、区政府加强政策服务，帮助企业争取上级扶持资金3447万元，整理上报需办理“两证”(土地证、房产证)企业441家，制定65条扶持措施并安排财政扶持资金1845万元。帮助企业解决生产经营中的困难和问题80多个。加强融资用工服务，组织企业参加创业投资推介会、融资对接会，培训各类劳动者2.1万人次，引导外来务工人员有序就业12.4万人。 (卢承志)

洛江区

【经济社会概况】 2009年，全区生产总值62.52亿元，比上年增长10.4%；财政总收入6.21亿元，增长11.4%，其中一般预算收入3.77亿元，增长18.4%；工业总产值134.69亿元，增长15.6%，其中规模以上工业产值119.14亿元，增长17%；农业总产值5.28亿元，增长0.8%；全社会固定资产投资25.31亿元，增长22.8%；社会消费品零售总额13.23亿元，增长15.1%；出口商品总值2.49亿美元(海关口径)，下降10.9%；农民人均纯收入7526元，增长7.2%。

工业经济。落实各级帮扶政策措施，帮助企业争取和落实各级奖励、补助资金1812万元。办理企业用地抵押登记92宗236.3公顷、产权抵押登记1882宗141.42万平方米，取得抵押贷款33.3亿元。建立5000万元的企业续贷周转金，帮助企业缓解资金周转压力。新投建企业23家、投产26家，续建及新开工工业厂房面积32.4万平方米、竣工28.3万平方米。新批注册资金50万元以上企业62家，总投资3.52亿元。外商实际到资2908万美元，增长12.4%。累计申报和实施省、市技改项目企业12家，投入科技资金6.5亿元；新增省级高新技术企业2家、市级技术研发机构3家。申报省著名商标认定7项、市知名商标认定3项；通过各类管理体系认证企业4家。

城镇建设。积极配合福厦高速铁路、泉三高速公路南惠支线建设及沈海高速公路扩建工程在洛江区域的建设任务，完成县道304线(罗溪东环路)拓改工程建设，滨江大道三、四期、双阳片区市政道路、塘西至洛阳道路抓紧建设，万虹市政道路拓改加快推进。完成双阳中心城区6.6千米供水管网、1.1千米污水收集管网、滨江大道4千米污水主干管道、河市至马甲7.5千米路灯工程、110kV马甲变电站建设，220kV洛江变电站及配套线路抓紧建设。

三农工作。全年投入涉农资金2463万元；粮食总产量2.99万吨，储备粮食5000吨；完成龙眼低产园改造2672公顷、高接换种23.3公顷；新增蔬菜基地20公顷、中药材20公顷、油茶26.7公顷、名优水果13.3公顷。通过国家级有机食品认证1家，申报水产品、禽类无公害农产品认证各1家，提升常年连片无公害蔬菜基地2片、禽类基地2个。新增省、市级龙头企业各1家，阳光集团等农业企业发展势头良好。累计投入建设资金1.1亿余元，完成32千米通行政村公路提级改造和较大自然村公路硬化，新建标准化公厕30座、农村户用沼气池300口，完成全区有线数字电视整体平移。新转移农村劳动力2273人。新型农村合作医疗参合率达94.55%，发放城乡低保金和临时生活补助558.8万元。投入67万元开展农房保险和自然灾害公众责任保险。完成8个自然灾害避灾点建设。

第三产业。全年新开工房地产面积25.34万平方米、竣工22.86万平方米，房地产完成投资6.21亿元；商品房预售合同备案面积45.17万平方米，增长131%。基本完成杏园小区3.37万平方米经济适用房建设，建设安置房、廉租房和各类安居房1.77万平方米。省级风景名胜区仙公山完成新山门及南北亭新景区建设，绿野生态山庄、泉州盆景园建设加快推进。生态旅游业持续发展，实现旅游总收入6653万元。

社会事业。扎实开展科技创先工作，荣获全国科技进步区(四连冠)。实施市级以上科技项目26项，争取科技项目资金652万元。投入545万元推进中小学校舍和设施建设，完成9幢6565平方米校舍抗震加固，累计拨付856万元用于义务教育"两免一补"。马甲中心卫生院、罗溪卫生院、虹山卫生院综合楼投入使用；加强甲型H1N1流感等重点传染病防控工作。完成罗溪综合文化站改造和马甲镇农民体育健身中心、36个农民体育健身工程点、10家农家书屋建设。扎实开展非物质文化遗产、第三次全国文物普查和文物保护、地方志编修工作，荣获省级文明城区工作先进区(三连冠)、省级双拥模范城(二连冠)、首批"全国白内障无障碍区"称号。申报和实施2009年省、市节能循环经济项目企业10家，万元GDP能耗降至0.557吨标准煤，节能率2.4%。 (刘志家　赖再发)

泉港区

【经济社会概况】 2009年，全区生产总值151.17亿元，比上年增长16.5%；财政总收入46.95亿元，增长254.13%，其中一般预算收入6.11亿元，增长3.09%；工业总产值503.6亿元，增长26.8%；外商实际到资额(验资口径)7535万美元，增长30%；社会消费品零售总额36.81亿元，增长16.58%；城镇居民人均可支配收入15039元，增长10.21%；农民人均纯收入8806元，增长7.69%；城乡居民储蓄存款23.73亿元，增长30.45%；金融机构贷款余额238.54亿元，增长74.74%；年末户籍人口38.06万人。

三农工作。全年全区共投入资金8521万元，着力扶持10个省、市、区新农村建设示范试点和1个市级、10个区级重点帮扶村。以科技服务促进新农村建设，新建信息服务点100个、"三农"实用新技术培训实践基地6个。实施强农惠民工程，投入753.9万元解决5个镇18个行政村2.81万人饮水难问题，完成农村公路提级改造35千米、乡村路灯建设60.5千米、造林绿化636.7公顷、封山育林466.2公顷。全区市级以上农业产业化龙头企业实现销售收入6215万元。

工业经济。全年规模以上工业产值495.5亿元，增长27.22%。石化行业实现产值317.52亿元，增长68.9%。38个重点在建项目完成投资63.34亿元；中国首个一次性规划投资最大的中外合资石化项目—福建炼油乙烯一体化项目顺利投入商业运行；一体化二期完成项目方案规划和可研报告；投资总额14.2亿美元的台湾石化专区年产100万吨乙烯项目完成签约；1,4-丁二醇、林德气体、东鑫石化、泉宁塑胶等16个项目已经竣工或投产。新增省级科技特派员示范基地1个、市级工程技术研究中心2家；15家企业18个项目申报自主创新奖项；对接57个"6·18"项目成果；被科技部列为全国"富民强县"示范县(区)。

城市建设。10个市政项目总投资1.5亿元，改造、新建川沙路东段、盐田路等6条城区道路连接线，建设镇级垃圾转运站4个，完成配套市政管网改造4条，新增道路绿化12.79万平方米，城区主干道路灯亮化率达98%。完成柳亭花卉盆景园总体规划修编，建设绿化隔离带15千米，新建城市生态园林4平方千米。新建安置房、廉租房面积9万多平方米，柳山安置区一期9幢安置房全部封顶并通过初验；南北五路培植成为商贸示范街，新民街西段形成餐饮一条街。

社会事业。实现全国科技进步先进区(四连冠)、国家卫生城市和省级双拥模范区(三连冠)、教育"双高普九"、计生优质服务先进区等"五大目标"。完成18件23项为民办实事项目。实验幼儿园通过省级示范园验收；全区高考本科上线率37.8%。文体事业全面繁荣，成功举办首届海峡传统文化(北管)交流研讨会；成立农民体育协会；新建31个"农家书屋"、22个省农民体育健身工程点和5个全国文化信息资源共享工程基层服务点。深化社会治安综合治理和平安泉港建设，建成区、镇视频监控中心和450个"全球眼"监控点；社会治安满意率达92.8%，平安建设知晓率86%。落实环保目标责任，完成污水管网、在线监测监控系统等9个近海水域污染整治项目。成立区慈善总会，募集资金4060万元，广泛开展助残、助困、助学等活动。

民生保障。全年纳入城乡低保范围的对象为6724户、8544人，比上年增加239户、219人，发放低保金比上年增加138万元。全区参加新农合人数32.53万人，参合率达到98.6%，居全市前列。全年共有20099人次享受住院补偿，发生医疗费用9314.41万元，补偿资金3371.02万元，人均补偿1677.21元；848人次享受门诊补偿，补偿资金97.69万元。投入78.5万元为25个住房困难的低保户重建、修缮房屋，改善低保户和受灾群众的居住条件。下达自然灾害补助资金47万元，发放社会临时救济金20万元。推行低保金国库发放。在界山镇开展被征地人员养老试点工作。组织15442人参加技术培训，帮助7299名待业群众就业，为2830名失地失海农民提供就业机会。

【主枢纽港建设】 泉港区位条件十分优越，港口水深港阔，常年不冻不淤，距台湾基隆港178海里，距高雄港194海里，海岸线总长56千米，适宜建港的深水、中级、浅水岸线长21.4千米，可建万吨级以上码头泊位的深水岸线长9.8千米，是福建省较为集中的深水泊位群。口岸园区较为完善，已开辟为国家一类口岸，肖厝海关等口岸系统高效便捷运作，并被列入首批对台直航点。目前已投入使用的码头泊位10万吨级2座、7万吨级1座、5万吨级3座、万吨级以上2座，2009年实现港口吞吐量达1500万吨；在建的万吨级以上5座，其中10万吨级1座、5万吨级2座、万吨级以上2座，这些码头泊位全部投产后港口吞吐量可超过5000万吨，届时泉港区将建成海峡西岸最大的石油化工港区和区域性物流中心，在泉州打造“亿吨大港”中占据半壁江山。

（钟云申）

晋江市

【经济社会概况】 2009年，全市生产总值798.89亿元，比上年增长12.5%；三次产业比例调整为1.7∶63.9∶34.4；工业总产值1724.48亿元，增长14.1%；财政总收入81.53亿元，增长13.8%，其中地方财政收入37.07亿元，增长13.2%；全社会固定资产投资230.23亿元，增长20.7%；全社会消费品零售总额208.99亿元，增长15.2%；农民人均纯收入9828元，增长6.8%；县域经济基本竞争力居全国第七位，经济实力连续17年保持“福建省十强县（市）”首位。入选“中国50家投资环境诚信安全区”。

经济建设。晋江市委、市政府积极帮扶企业应对危机，先后出台9个系列19份经济发展扶持政策，兑现奖励资金3.1亿元，引导重点企业税源回流、改制上市、技术改造等，新增中国驰名商标2件、产值超亿元企业46家、上市公司7家、国家级企业技术中心和创新型试点企业各1家。新增各项贷款126.07亿元；新增用电量4.9亿千瓦时；报批项目用地394公顷，争取核减和异地代保基本农田保护指标0.58万公顷。76个在建重点项目完成投资69.9亿元，26个项目获中央补助1.2亿元。拓展发展空间，建立经济开发区规划面积从56平方千米扩大到80平方千米；泉州出口加工区、包装印刷产业基地、体育产业基地、装备制造业基地建设有序推进。发展外资外贸，新设境外商务机构8个；新批外商投资增资项目58个，实际利用外资5.7亿美元，累计合同外资突破百亿美元大关；三资企业总产值1012.4亿元，突破千亿元大关；外贸出口逆势增长，增幅高出全省21个百分点。全国首家县级中国国际电子商务平台晋江专区正式运营；围头保税物流仓库启用；美旗物流城一期主体工程封顶；金玛、马哥孛罗等高档酒店建成或开业。

城市建设。实施行政中心、桥南、田美、湖光西路等片区建设，启动滨江商务区、滨海运动休闲产业带等新区建设。推进交通道路建设，基本完成晋南快速通道、和平南路、湖光路、阳光路、七一路等18条道路的拓宽、建设，启动世纪大道南延、双龙路东延、陶城路等一批城市主干道建设，按期推进沿海大通道陈埭外线晋江仙石至石狮水头段建设。沈海高速公路晋江段扩建工程征迁任务基本完成；泉三高速晋江段正式通车；福厦高铁晋江站即将投入运行。推进市政园林建设，实施八仙山公园二期、晋江人生态公园项目，完成金溪路、福兴路、晋光路、江滨路南延伸线、和平南路二标段等一批市政道路绿化和景观改造。

社会事业。推进科技创新，实施143项科技计划项目，4个项目列入国家级科技计划，新增9家省级高新技术企业。加快教育均衡发展，高考本科上线率52.4%，完成农村薄弱校校园改造40所，新改扩建校舍10万平方米，在全国率先开设“川、渝、皖、赣”来晋务工人员子女高中教学实验班。立案查处“黑网吧”56起，建成“农家书屋”100家，完成数字电视平移4.52万户、双向网络改造4.03万户；晋江灯谜入选第三批省级非物质文化遗产名录；市图书馆蝉联“国家一级馆”，市博物馆成为“国家二级馆”；举办晋江市第四届文化艺术节、参与第四届“海峡杯”篮球赛，承办第14届“国际奥委会主席杯”全国百城市自行车赛总决赛、2009—2010赛季CBA晋江赛区比赛。推进市医院晋南分院、英墩华侨医院、西滨卫生院、深沪卫生院等一批医院建设，有效防控甲型H1N1流感疫情。人口出生率11.44‰，政策符合率94.46%。加快旅游开发，衙口、围头、灵源山景区成为国家3A级旅游景区；培育8个工农业旅游示范点，国家地质公园顺利开园。荣获“全国科技进步先进市”七连冠、“全国首批实施国家知识产权强县工程市”、“福建省第二届文明城市”、“全省双拥模范城”七连冠，教育工作以“优秀”等级通过泉州市“对县督导”跟踪复评，“全国文化先进县”高标准通过核查验收。

民生保障。扩大社会保障覆盖面，城乡最低生活、基本养老、基本医疗、被征地人员养老、新型农村合作医疗等各项社会保障对象达到120.6万人次，增长11.8%。启动首批1648幢危房翻建，建成计生户、低保户、贫困残疾人、特困侨胞安居工程364套，建设曾普小区、许厝社区经济适用房及陈埭南片、深沪、经济开发区来晋务工人员廉租住房，新增廉租住房保障对象558户。募集善款1.4亿元，慈善系列工程投入9188万元，救助2.24万人。群众社会治安满意率94.33%，安全生产事故发生起数下降20.3%。落实预防和调处劳动争议措施20条、流动人口服务管理措施15条，10人以上劳动争议案件发生起数下降56.55%。支援彭州市通济镇灾后重建3276万元。全年民生保障支出19.26亿元，增长20.7%。

（吕金城）

2009年8月13日，第14届“国际奥委会主席杯”全国百城市自行车总决赛暨2009年全国少年自行车锦标赛在晋江市举行。

（晋江市政府办供稿）

南 安 市

【经济社会概况】 2009年，全市生产总值413.43亿元，比上年增长13.1%；财政总收入30.5亿元，增长11.6%，其中一般预算收入16.4亿元，增长18.1%；社会消费品零售总额146.8亿元，增长15.0%；金融系统贷款余额269.9亿元，增长31.6%；城镇居民人均可支配收入19128元，增长11.0%；农村居民人均纯收入8724元，增长8.2%。跻身全国县域经济基本竞争力百强第32位、最具投资潜力百强第33位、中小城市科学发展百强第46位，入选最具区域带动力百强和中国改革十佳县市，荣获全省知识产权强市和科技成果转化试点市称号。

工业经济。全年工业总产值762.7亿元，增长14.8%。规模以上工业企业885家，净增38家；产值592.46亿元，增长13.5%，增幅持续居泉州市前列。光电产业基地获批省级产业园，滨江基地获批省级装备制造业重点基地。新增1个国家级示范生产力促进中心、12家国家级高新技术企业、13个行业（企业）技术中心和工程技术研究中心；获25件省级自主创新产品、598件授权专利；新增2家国家专利试点企业；荣膺1件当年全省唯一的国家专利优秀奖。名列全国商标发展十强县市。

内外经贸。全年签约项目总投资41.5亿元，实际利用外资（验资口径）1.3亿美元，增长34.8%；引进市域外内资12亿元，增长19%。对台发展呈现新格局，海峡科技生态城项目参加“9·8”投洽会省团集体签约，泉金航线第二查验口开通运行。

项目建设。固定资产投资总额首次突破百亿元大关，各类重点项目完成投资89.5亿元，全年投产重点工业项目73个，新落地76个项目。新获批40个中央增投计划项目，增投补助额居泉州市前列。

城乡建设。南安大道、江北大道、泉三高速和福厦高铁南安段建成通车，泉州环城高速南（安）石（井）路段、南惠线南安段、沈海高速复线金（淘）安（溪）路段建设进展有序，垃圾焚烧发电厂实现并网发电，16座乡镇垃圾中转站建成使用，城市污水管网进一步向周边乡镇延伸。石井客运码头和滚装码头基本完工，万吨级航道疏浚任务顺利完成。全年完成三农建设投入3.8亿元，5个泉州市级以上新农村建设试点村和40个市级示范村顺利实施。

南安市区。 （南安市政府办供稿）

民生保障。正式启动村主干养老保险；镇卫生院标准化建设加快推进，行政村卫生所（室）覆盖率达100%。有序实施助残十大工程、扶贫开发、慈善救济和困难群体帮扶、67个库区安置建设项目和21个老区村项目。扎实推进省级住房供应体系试点工作，1143套廉租房和338户造福安居工程进展顺利，住房保障制度更加健全。各类就业技能培训1.8万人，新增城镇就业1.9万人。

社会事业。建成全国首个国家级文艺院团共建基地，荣获“中国高甲戏之乡”称号。在全省率先成立县级对台人才交流服务中心。市八运会取得圆满成功。蝉联全国科技进步先进市、文化先进市和群众体育先进市，实现省级双拥模范城六连冠。城市环境考核继续保持全省领先水平，近海水域整治成果位居泉州市前列，石粉碎石综合利用成为全省循环经济亮点。第四届世青会等系列活动成功举办，侨捐资金连续16年超亿元，创全国独例。

【扶持企业】 2009年区委区政府制定19条服务扶持企业发展新举措，引进劳务用工2.9万人，兑现各类补助和奖励7573万元，取消和停征行政事业性收费21项，减轻企业负担1.8亿元，落实政策性减税1.7亿元，新办“两证”抵押融资1027件，落实信用担保1.2亿元，新增银行贷款64.8亿元，有效改善企业生产经营环境，促进企业良好运营。

【武荣公园】 武荣公园沿晋江西溪而建，总长度6.2千米，占地面积100公顷，总投资约1.55亿元，规划分为城市风情园、产业文化园、历史文化园、动感游乐园、滨水生态园等5个主题园区，是集景观、生态、休闲、文化、娱乐、健身于一体的开放式滨水生态公园，也是目前福建省最长的滨水公园。以武荣公园为主体的南安市西溪两岸生态环境整治项目成为福建省唯一荣获2009年“中国人居环境范例奖”的项目。

（赖世凉）

石 狮 市

【经济社会概况】 2009年，全市生产总值325.32亿元，比上年增长12.9%，第一、二、三产业增加值分别增长0.2%、15.9%、10.3%，三次产业比重3.9∶54.3∶41.8；财政总收入28.08亿元，增长8%，其中一般预算收入15.4亿元，增长10%；社会消费品零售总额165.3亿元，增长15.8%；城镇居民人均可支配收入26407元，增长9.5%；农民人均纯收入11555元，增长8.7%；城乡居民储蓄余额234.5亿元，增长18.7%。经济竞争力位居中国县级市第11位、全省首位，荣膺全国十大活力县级城市。

经济建设。全年工业总产值558.8亿元,增长15.1%,其中规模以上工业总产值459.27亿元,增长16.7%。纺织服装业产值254.8亿元,增长11.5%,占规模以上工业产值55.4%。石湖港货物吞吐量1666.6万吨、集装箱吞吐量76万标箱,分别增长22.3%和12.6%。金融机构新增本外币贷款35亿元,存贷比达63.2%。对台小额贸易加快发展。农业总产值25.1亿元,增长0.6%。水产品加工业产值15.2亿元,增长1.3%;5家省级水产产业化龙头企业通过新一轮认定。全社会固定资产投资105.9亿元,增长30%;101个在建重点项目完成投资81亿元,占固定资产投资76.5%;协盛协丰一期投产,鸿山热电厂、PTA等一批大项目即将建成投产。成功举办第十届CCTV模特电视大赛(海峡赛区)、中国休闲鞋高峰论坛。社会消费品零售总额165.3亿元,增长15.8%。自营出口实现8亿美元,增长5.2%;实际利用外资(验资口径)2.1亿美元。

自主创新。石狮市荣膺全国科技富民强县试点县,通过全国科技进步先进市考核;新增国家级科技项目4个、省级6个、泉州级24个;8家企业通过高新技术企业认定;8家企业参与修订6项国家标准;孵化基地引进研发中心、中试企业、服务机构18家。

城市建设。城市建成区面积扩大到32.6平方千米,绿化覆盖率35.1%;大北环、外西环顺利完工,垃圾综合处理厂扩建工程、220kV香山变、110kV城西变竣工投产,中心区污水处理厂扩建工程试运行,引水二期输水管线工程顺利开工;完成7个交通复杂路口的灯控改造。市财政投入5000万元,扶持13个重点村建设;各镇均通过"家园清洁行动"省级达标验收,达标率100%;新增3个省级示范村镇,荣膺泉州市唯一的省级先进市;率先在泉州市实现村村建成"世纪之村"信息化服务平台。完成市长环保责任目标,基本完成近海水域污染治理年度任务;市区空气质量优良率达96.7%。单位生产总值能耗下降2.8%,二氧化硫排放量下降17.9%,化学需氧量排放量下降6.8%;特种设备节能减排取得新突破;对104家污染企业实行全天候监控,查封、勒令整改违法排污企业191家。

社会事业。全市完成改造18所中小学校舍,化解农村"普九"债务工作,推进农村义务教育合格校建设,4所高校在校生达13540人。再次荣膺全国文化先进市、省级文明城市。成功举办第三届闽台对渡文化节;新建改建35家农家书屋;灯谜被列入省级非物质文化遗产保护名录;姑嫂塔、六胜塔、林銮渡荣获省级文物保护成就奖;中国石狮网正式开通。开展国庆60周年系列文体活动,成功举办第16届全国冬泳锦标赛。

人民生活。健全医疗卫生服务网络;全力做好甲型H1N1流感等传染病防控工作。出生人口政策符合率93.8%。城镇新增就业1.9万人。组织实施"全国农民工综合服务示范城市"工程。高校毕业生就业率稳中有升。出台被征地人员养老保障方案;城乡低保共发放低保金1120万元;新农合筹资标准提高到每人每年130元;继续荣获省级双拥模范城称号。提前完成彭州新兴镇援建任务。华侨捐赠公益事业5000多万元。

【福建石狮鸿山热电厂】 鸿山热电厂坐落于福建省石狮市鸿山镇,规划建设总规模5200MW,分3期建设,其中:一期工程建设2台国内目前最先进单机容量最大的600MW超临界抽凝供热发电机组,总投资56亿元,由福建省能源集团有限责任公司全资兴建;二、三期各建设两台1000MW超临界发电机组。项目全面建成投产后,将成为总投资达200亿元、营业收入超100亿元、利税20亿元的沿海大型火力发电基地之一。一期工程于2008年12月3日获得国家发改委核准;12月28日主体工程正式动工,计划2010年底投产发电,项目列入福建省"十一五"能源发展规划,是福建省在建重点项目。

(李秉源)

惠安县

【经济社会概况】 2009年,全县生产总值344.52亿元,比上年增长12.9%,其中:第一产业增加值20.80亿元,第二产业增加值201.70亿元,第三产业增加值122.02亿元,三次产业比例为6.0∶58.6∶35.4;财政总收入(不含基金)26.22亿元,增长10.3%,其中一般预算收入15.79亿元,增长10.0%。荣膺2009年"全国中小城市科学发展百强"第45位、"全国最具投资潜力中小城市百强"第30位及"全国最具区域带动力中小城市百强",位居"第九届全国县域经济基本竞争力百强县(市)"第29位。

工业经济。全年工业总产值592.53亿元,增长19.5%。规模以上工业企业638家,实现产值492.46亿元,增长21.2%;产值超亿元企业70家,比上年增加15家。工业项目新引进29个、新开工46个、新投产61个。申报省市重点技改、节能技改、循环经济项目98个。获中国驰名商标企业1家,推荐申报省著名商标、名牌产品24家。建筑企业完成施工产值145.6亿元。

农业经济。全年农业总产值36.26亿元。粮食播种面积2.67万公顷。落实各级强农惠农政策,发放种粮、良种、购机等补贴1812.5万元,发放渔船燃油补贴1322万元。新建扩建特色农业基地15个,新成立农业专业合作社2家,引进休闲农业项目2个、农业企业1家,新增无公害农产品2个。崇武国家中心渔港建设已完成工程量的65%。水库除险加固、海堤加固、饮用水安全等工程扎实推进。新农村建设持续开展,示范村建设投资3122万元,启动建设项目208个。推进"农村家园清洁行动",4个达标镇和40个达标村全部通过省、市验收。全县完成造林绿化面积867公顷,动物防疫和森林防火有效加强。

项目建设。140个在建重点项目开工121个,完成投资87.6亿元。联合石化30万吨级原油码头建成并开港靠船注油;中化炼化项目主厂区办公楼及配套建设扎实推进;青兰山码头及仓储项目围堤工程已合拢,厂区方案优化及1200万吨炼油项目前期工作已启动;泉州船厂修船项目加快施工,造船项目陆域用地征地安迁、项目核准及环评批复已完成;外走马埭围垦工程海堤工程已完工;湄洲湾南岸疏港铁路斗尾支线、福厦高速铁路惠安段、泉三高速公路南惠支线惠安段、福厦高速公路惠安段拓宽改造等一批基础设施建设工作有序推进。

对外经贸。全年实现自营出口5.3亿美元，增长5.8%；出口企业退税1.61亿元。实际利用外资(验资口径)1.21亿美元，增长15.4%。新设立大岞渔港对台贸易点获批；崇武港成为全省最大的台湾自捕鱼登陆口岸；实现对台小额贸易额170万美元，增长36%。

环境保护。近海水域环境污染9项综合整治项目已完成7项。县城污水处理厂、惠南工业园区污水处理厂一期工程、台商创业基地污水处理站建成并投入使用；县城污水主管网改造工程基本完成，支管网建设加速推进；县垃圾焚烧发电厂主体工程已开工建设，37个垃圾中转站已有14座完成主体工程。削减二氧化硫排放量169吨、削减化学需氧量排放量700吨。

城乡建设。县城中心区范围已拓展至24.36平方千米，已建成21平方千米。38个在建城镇项目建设全力推进。市政设施配套进一步加快，11个新开工城市公用基础设施项目建设完成投资1.77亿元；完成了8.55千米夜景路灯安装工程，投资350万元建设了城北文体休闲公园；国道324线惠安城关段复线工程水泥混凝土路面基本贯通；完成城西大道工程二期2.56千米建设，启动三期1.71千米建设。

社会事业。落实教育优先发展，投入教育经费6.97亿元；启动中小学校舍安全3年工程，创建农村中小学合格校297所。加快科技创新，申请获批市级以上科技计划项目21个，新增省级高新技术企业1家；实现 "全国县(市)科技进步先进县"六连冠。新建扩建洛阳、东岭、小岞综合文化站，建设农家书屋59家、农民体育健身工程50处；完成妇女青少年活动中心主体工程、革命烈士纪念馆主体工程；基本完成全县非物质文化遗产普查工作。启动新疾病控制中心大楼、县妇幼保健院及乡镇卫生院建设；全力防控甲流疫情，实现无二代病例和重症病例。计生工作"省优"水平得到巩固提升，出生率12.26‰、政策符合率96.44%。新广电大厦主体大楼封顶，有线电视入户率达79.36%。对口支援四川灾区重建任务顺利完成。 (丁庆雄)

安溪县

【经济社会概况】 2009年，全县生产总值248.95亿元，比上年增长11.0%；农业总产值33.04亿元，增长5.0%；工业总产值361.50亿元，增长13.2%，其中规模以上工业总产值278.85亿元，增长15.1%；财政总收入13.78亿元，下降12%，其中一般预算收入8.72亿元，下降0.2%；全社会固定资产投资61.98亿元，增长28.7%；实际利用外资4803万美元，增长11.7%；出口总额2.24亿美元，下降1.47%；全社会用电量22.92亿千瓦时，增长10.6%，其中工业用电量12.68亿千瓦时，增长10.2%。再次进入全国县域经济基本竞争力百强县、全国最具投资潜力中小城市百强县、中国商标发展百强县、全国科技进步先进县、福建省经济实力十强县行列，获得"全国重点产茶县"第一位、"中国最具特色魅力旅游名县"等荣誉。

茶业生产。全年涉茶行业总产值73亿元，增长15%。引导茶农与茶企建立利益共同体；举办培训219场，参训人员近3万人次；茶叶质量速检中心等一批项目投入运营；组建"安溪县新合作农业生产资料有限公司"，全面规范农资市场；启动"百座茶山绿化工程"，新建生态茶园示范片1360公顷，退茶还林、还果373公顷。海峡两岸(福建·安溪)茶业合作示范基地获批，并列入闽台现代农业合作示范区管理范畴。海西茶业基地被农业部确定为全国农产品加工创业基地。出台扶持政策引导19家茶企回乡设立总部。全县茶叶制优率提高10个百分点，均价增长12%；7家企业入选全国百强茶叶企业，新增5件涉茶著名商标、7件知名商标；"安溪铁观音"获得"改革开放30周年福建最具影响力最具贡献力品牌"、"中国世博十大名茶"(第一位)、中国"2009消费者最喜爱的绿色商标"等荣誉。

工业经济。全年工业固定资产投资61.98亿元，增长28.7%。新增规模以上工业企业26家，新投产生产性项目26个。累计投资17亿元，完成企业技改工程55个，实施市级以上科技计划项目48个。三安钢铁100万吨棒线材项目竣工投产，1000立方米级炼铁高炉技改及配套工程成功启动；三元集发200万吨旋窑水泥项目有序推进；泰兴特纸、旺旺食品、玮凯服装等一批企业完成技改扩建。制定出台安溪县石材行业综合整治方案，首批关闭石材加工企业94家、花岗岩开采企业25家；关闭石灰石矿5家，淘汰落后水泥产能15.3万吨；万元GDP能耗下降3.2%，化学需氧量、二氧化硫排放量分别减排319吨和1500吨。

第三产业。三次产业比调整优化为8.4∶54.2∶37.4，以食品加工、纺织服装、包装印刷为主的三大新兴产业产值增长30.5%。引进宝龙城市广场、安溪世界温泉山庄、乔丹织造等一批投资超亿元的大项目。旅游业总收入11.17亿元，增长8.5%。社会消费品零售总额78.47亿元，增长16.9%。金融部门新增贷款17.5亿元。城区商品房销售面积50.25万平方米。

城乡建设。全力推进年度31个重点城建项目、15个基础设施项目、15个商贸旅游项目和64个新农村建设项目，累计完成投资15.68亿元。城区新竣工商住面积53.25万平方米，新增市政道路2.6千米、园林绿地12.1万平方米；城区生活垃圾焚烧发电厂建设扎实推进，新建污水管网11.12千米，改造"雨污分流"管网4.2千米；安溪县中心粮库、县农产品批发市场建成投入使用。完成21座水库及山围塘白蚁防治、4座小(二)型水库除险加固和6个乡镇的农村饮水安全项目建设。新建3个乡镇垃圾无害化填埋场和3个垃圾中转站。有3个乡镇41个村"家园清洁行动"通过省市达标验收。省道206线魁斗至南安诗山安溪段拓改工程、135千米县道提级改造全面竣工，福广高速南安(金淘)至厦门安溪段、城区东二环路建设顺利推进。新增1座220kV、3座110kV输变电工程。造林更新3867公顷。治理水土流失面积7167公顷。

人民生活。城乡低保对象2.09万人，基本实现"应保尽保"。职工养老、失业、医疗、工伤、生育保险覆盖面不断扩大，参保数增加1.02万人次。新型农村合作医疗参合率98.08%，结报补偿1.14亿元，人均补偿金额提高

393.82元；城镇居民医疗保险参保率70%，兑现补助金额621万元。新增城镇就业8507人。对11个经济薄弱村进行扶贫开发，落实帮扶项目82个、资金710万元。完成“造福工程”200户、“安居工程”185户。统筹2320万元推进303项农村公益事业一事一议建设。兑付“家电下乡”、“汽车摩托车下乡”补贴785.5万元、农机购置补贴3500万元、农民种粮直补2203.54万元。农民人均纯收入7701元，增长8.2%；城镇居民可支配收入12815元，增长11%。

社会事业。全年教育经费投入5.98亿元，增长8.93%；清偿教育债务5399万元；完成全县中小学校舍抗震普查工作，改造中小学危房4.88万平方米、新建校舍5.3万平方米。尤俊村建成全省首个农业文化观光体验园，湖头米粉获得国家地理标志产品保护。有线数字电视整体平移增至3.12万户。医药卫生体制改革有序开展，实施7家丙级基层卫生院药品零差价试点工作，扎实推进湖头陆大医院、剑斗卫生院等一批项目建设。

【茶叶质量可追溯机制】 2009年，安溪县开展学习法国葡萄酒庄园管理模式活动，构建从茶园到茶杯的全程质量可追溯机制，主要做法是“一个要求”、“四项制度”、“五项管理”、“六个环节”。“一个要求”，即落实“生产有记录、信息可查询、流向可跟踪、责任可追究、产品可召回、质量有保障”的总体要求；“四项制度”，即建立种植环节农事管理记录制度，加工环节进货、加工台账制度，销售环节规范标志制度，监管环节信息管理制度等；“五项管理”，即狠抓产地环境、加工制作、包装标志、产品流通、市场服务等管理；“六个环节”，即重点抓好化肥、农药、兽药、饲料等农业投入品市场监管、生产用药、生产档案、技术培训、加工销售、检验检测等6个环节。 （章丽香）

德化县

【经济社会概况】 2009年，全县生产总值88.64亿元，比上年增长8.0%；三次产业结构比例调整为7.8∶54.1∶38.1；财政总收入7.3389亿元，下降6.53%，其中地方财政收入4.297亿元，增长5.05%；金融机构本外币存款余额49.39亿元，比上年末增长20.6%；贷款余额36.11亿元，增长17.8%。

工业经济。全年工业总产值109.5亿元，增长2.9%，其中规模以上工业产值92.48亿元，下降0.7%。新办工业企业123家，增加规模以上工业企业10家。陶瓷用电3.75亿元千瓦时，增长23.5%；天然气用量2394万立方米，增长34.2%。陶瓷产值71.3亿元，增长3.4%；矿业产值14.34亿元，其中金矿产值1.6亿元、税收1572万元，分别增长38.52%、249.33%。新增水电装机容量1000千瓦，规模以上电力业产值3.7亿元。

农业经济。全年支农支出1.25亿元，增长34.91%。完成省道9.9千米及县乡道路71千米提级改造。建成8个乡镇农村饮水安全工程，完成水土流失综合治理0.27万公顷，被评为全省冬春水利建设和水毁工程修复先进县；被确定为中央财政小型农田水利重点县、全国测土配方施肥项目县。德化黑鸡列国家畜禽遗传资源保护名录，被评为省名牌农产品。新增无公害农产品5个。新注册农民专业合作社40家，德化黑鸡专业合作社被评为省农牧业产业化龙头企业，2个专业合作社被列为全国“千社千品”富农工程专业合作社。建成全省最大的无患子苗木基地，完成育苗23.3公顷450万株。被列为国家油茶产业发展重点县和油茶林基地建设示范县，新植油茶林233公顷，改造低产油茶林560公顷。23个县级以上新农村示范村和扶贫开发重点村建设初见成效；4个乡镇、44个村“家园清洁行动”通过省级验收。被列入省村级公益事业建设财政奖补试点县，获奖补348万元。农村劳动力转移就业7317人。全县农业总产值13.1亿元，增长2.5%；农民人均纯收入6811元，增长6.5%。

第三产业。全年第三产业增加值33.77亿元，增长8.7%。成功举办省陶瓷艺术与陶瓷旅游品设计创新评比大赛、石牛山国家地质公园揭碑开园活动；列入省级工业旅游示范点2个；岱仙湖获省“水乡渔村”称号；被评为省优秀旅游县。全年接待游客85.9万人次，增长27.3%；旅游收入4.69亿元，增长26.8%。商品房销售20.83万平方米，销售额5.81亿元，分别增长255.5%、251.7%；二手房交易9.03万平方米，成交额1.13亿元，分别增长82.1%、120%。社会消费品零售总额30.23亿元，增长12.4%；居民消费价格总指数95.8。

内外经贸。新增中国驰名商标1件、中国陶瓷行业名牌4件、省著名商标4件、省国际知名品牌企业4家、使用德化白瓷地理标志产品专用标志企业25家、自营进出口企业12家。全年出口交货值57.6亿元，增长1.8%，其中日用陶瓷出口6053万美元，增长46.3%；自营出口（海关口径）1.39亿美元。

项目建设。全年全社会固定资产投资24.23亿元，增长28.3%。38个重点项目动工建设34个，完成投资7.89亿元；40个一般项目动工建设34个，完成投资0.78亿元。对接国家扩内需项目264个，获补助2.16亿元。新引进项目31个，总投资7.25亿元，实际到资1.96亿元；实际利用外资（验资口径）313万美元，增长2.6%。

民生事业。2009年度新农合、城镇居民医保实际补偿比分别为45.1%、44.8%；城镇居民医保并入新农合，全县总参合率96.8%；甲型H1N1流感得到有效防控。新建“造福工程”集中点2个、廉租房40套；完成搬迁安置541户2251人；宝美职工公寓（一期）593套限价房竣工出售。连续6届荣膺“全国科技进步先进县”称号。建成2所幼儿园，完成第三实小扩建；全县落实“两免一补”资金1111万元；高考每万人口本科上线率连续9年居泉州市前列；县老年大学被评为全国先进老年大学。陶瓷博物馆被评为国家二级馆，《德化县姓氏志》正式出版。城区污水处理率、垃圾无害化处理率分别达80%、97%。新增省级环境优美乡镇1个。新增耕地120公顷，连续10年保持耕地占补平衡。全县人口出生率11.68‰、政策符合率96.24%。被评为省双拥模范县、首届全国文明县城。社会治安满意率保持泉州市首位。

【海峡两岸（德化）首届生物多样性与森林保护文化暨中国第三届生

物多样性保护与自然保护区管理建设研讨会】 由中国生态学会、国家林业局自然保护区研究中心，台湾大学生物多样性研究中心、东海大学热带生态学与生物多样性研究中心，福建省生态学会共同主办，福建戴云山国家级自然保护区管理局承办，于7月27—29日举行。中科院、工程院、林科院、复旦大学和台湾大学、东海大学等以及中国生态学会、福建省生态学会的80多位专家学者齐聚德化，围绕海峡两岸生物多样性、森林保护文化、生态旅游、自然保护区建设管理等方面展开研讨。福建戴云山国家级自然保护区管理局还与台湾大学生物多样性研究中心、东海大学热带生态学与生物多样性研究中心共同签署《学术交流合作协议书》，建立了海峡两岸生物多样性与森林保护文化交流合作常态机制。

【第一届德化月记窑国际陶艺家(柴烧)研讨会】 德化月记窑有近四百年历史，是目前德化县保存完好且最为久远的龙窑，是德化古龙窑的活化石。3月初，旅德泉州籍艺术家吴金填在德化创建月记窑国际当代陶瓷艺术中心。10月21日，第一届德化月记窑国际陶艺家(柴烧)研讨会在月记窑国际当代陶瓷艺术中心开幕，来自美国、英国等9个国家11位国际陶瓷艺术家和20多位国内陶瓷艺术家在这里开展为期20天的产品创作和艺术交流研讨等活动。 (徐良春 阮乃朝)

永 春 县

【经济社会概况】 2009年，全县生产总值148.81亿元，比上年增长9.9%；规模以上工业产值130.66亿元，增长13.6%；农业总产值21.97亿元，增长1.8%；财政总收入8.14亿元，增长6.2%，其中地方一般预算收入5.35亿元，增长6.5%；全社会固定资产投资24.15亿元，增长25.1%；社会消费品零售总额40.38亿元，增长12.2%；农民人均纯收入7215元，增长7%；城镇居民人均可支配收入13768元，增长11.0%。

农村经济。全面落实惠农利农政策，投入农业发展资金1.11亿元，兑付惠民富民财政补贴资金3475万元。全年粮食播种2.46万公顷，产量12.78万吨；认真做好粮食收储工作，增加粮农收入60万元。农业八大基地实现产值20.36亿元，占农业总产值的93.3%。7个农民饮水工程、280座山地水利蓄水池、2座小(二)型水库除险加固等水利工程全面完成。全国绿色食品原料(芦柑、茶叶)标准化生产基地通过验收，永春芦柑、永春佛手获得地理标志证明商标注册，新增无公害农产品6个、农业和林业产业化省级重点龙头企业3家。成功举办2009海峡两岸(永春)佛手禅茶高峰会，促进永春茶产业发展。全年完成植树造林0.21万公顷、绿色通道一重山绿化84公顷，获得“全省林业工作先进集体”称号。新农村建设扎实推进，省市县示范村和整治村的60个项目、村级财源的31个项目建设初见成效。全年拆除旧房11万平方米，新建房屋16.5万平方米。率先在全市推行林权抵押贷款，新增农民专业合作社26家。

工业经济。全年工业增加值66.14亿元，增长11.3%。新办企业48家，总投资3.9亿元；新增规模以上工业企业21家，规模以上工业产值占工业总产值的比重达74.8%。县财政投入2512万元、银行融资1500万元，县工业园区累计进驻企业113家，其中投产企业89家，创产值45亿元，增长28%。盘活存量土地和闲置厂房40.4公顷。新增省名牌产品3个、省著名商标4件、市知名商标6件，永春老醋获得国家地理标志保护产品。21个工业技改项目全面完成，总投资2.88亿元，新增产值4.9亿元。煤炭资源整合和矿井技术改造深入推进，完成3对矿井技改任务。

第三产业。全年第三产业增加值63.14亿元，增长11.3%。建成一批商贸流通项目，大型商贸企业新华都购物广场入驻永春。改造提升农家店92家，销售“家电下乡”和汽车、摩托车下乡产品22500多台7130多万元。全年接待游客人数和旅游总收入分别增长26.2%和24.1%。全年新增货运车辆371辆，50辆出租车投入运营。桃城二期、桃源天地、君悦江山等小区建设步伐加快，全年完成房地产投资4.25亿元，增长55.4%。

对外交流。全年新批三资企业9家、增资1家，合同利用外资3028万美元，增长0.3%；实际利用外资历史可比口径4110万美元、验资口径2700万美元，分别增长15.1%、17.2%。海峡两岸(永春)现代农业科技合作交流进一步密切，新增永春台湾农业合作项目3个。组织20家企业参加12场国际性展销活动，获意向订单2168万美元。新开拓伊朗、伊拉克、立陶宛等8个国际市场。芦柑出口创汇首次突破1亿美元。外贸出口总额2亿美元，增长8.9%。

民生保障。社会保险覆盖面继续扩大，城镇职工参加养老、工伤、生育、医疗、失业保险人数分别增至3.08万、3.03万、2.69万、4.48万、1.7万人。全年发放城乡低保金1181万元。完成各类劳动者培训1.59万人，城镇新增就业8052人，城镇登记失业率1.7%。保障性住房建设扎实推进，新建廉租住房160套，发放廉租住房租赁补贴7.1万元。“造福工程”搬迁1827人，建成贫困残疾人安居工程10户、计生二女户安居工程65户、低保家庭安居工程25户。地质灾害隐患点群众搬迁安置38户，新建乡镇社会福利中心2所、乡镇残疾人康复服务站4个。

社会事业。全县共有省级文明单位16个、文明乡镇5个、文明学校3所和军民共建精神文明先进集体1对。实施各级科技计划项目77项，被评为“全国科技进步先进县”、“国家级林业科技示范县”。落实“两免一补”经费2260万元，撤并小学4所，拆除中小学旧校舍5115平方米，改造新建校舍1.68万平方米，新设立奖教奖学基金会10个；永春职业中专创建国家级重点职业中专通过省教育厅专家组验收评估。永春漆篮、永春老醋被列为省级非物质文化遗产保护名录，新增省级文物保护单位1处、县级非物质文化遗产保护项目20项，新发现文物点140处；建成5个乡镇综合文化站、3个示范乡镇、15个示范村和32个农家书屋；荣获“中国民间文化艺术之乡”称号。新型农村合作医疗参合率、行政村卫生所覆盖率达100%；5所乡镇卫生院改扩建工程基本完成，有效防控甲型H1N1流感。人口计生工作保持低生育水平，全县人口出生率11.02‰，政策符合率94.13%。全面完成县长环保目标责任书年度各项任务，万元生产总值能耗下降4.4%，化学需氧量、二氧化硫排放量分别削减1.1%和4.2%，县污水处理厂负荷率、城区生活垃圾无害化处理率分别达90%和97%，新增省级环境优美乡镇、生态示范村各1个。

【生物医药产业】 永春县被确定为全省生物医药产业发展试点县，启动福建省永春生物医药产业孵化公共服务平台一期建设。成功举办福建省生物及新医药产业发展(永春)论坛，签约项目24个，总投资4.44亿元。修正药业、天馨生物、雷恩生化等已投产企业生产经营正常，克里贝尔等项目投建，一批在建企业有序推进，生物医药产业健康发展。

【福建省生物及新医药产业发展(永春)论坛】 2009年10月18日，由省经贸委、发改委、科技厅、农业厅、林业厅、台办、药监局、泉州市人民政府、中国·海峡项目成果交易会组委会办公室主办，永春县人民政府承办的“福建省生物及新医药产业发展(永春)论坛”在永春县隆重举行。共签约项目24个，总投资4.44亿元，其中：孵化器团队进驻项目4个，永台生物技术合作项目6个，科研合作项目4个，工业投资项目10个。生物医药专家、企业、科研院校举行了项目对接洽谈活动和产业发展专家座谈会，达成投资意向项目21个，总投资1.56亿元。

【海峡两岸(永春)佛手禅茶高峰会】 2009年11月20日，由海峡茶业交流协会、福建省佛教协会、台湾茶协会、台湾中华茶禅文化协会联合主办，福建省茶叶学会闽台茶叶合作研究分会、泉州市茶文化研究会、泉州市佛教协会、永春县茶叶同业公会联合承办的2009海峡两岸(永春)佛手禅茶高峰会在永春县隆重举行。共签约合作项目7项，其中：茶叶购销合同1份，总价款人民币900万元；项目合作协议书1份，总投资70万美元；项目合作意向书5份。

(黄培坦)

泉州经济技术开发区

【经济社会概况】 2009年，全区工业总产值226亿元，增长32.4%，其中规模以上工业产值225.4亿元，增长32.4%；实现财政收入10.04亿元，增长15.5%，其中地方级一般预算收入4.05亿元，增长18.4%；外商实际到资(验资口径)7600万美元，增长108%；出口商品总值3.75亿美元。

项目建设。开发区4个市重点建设项目、2个市预备重点项目共完成投资1.5亿元，其中三星电控公司高压开关部件精密铸造项目建成投产。组织企业参加第七届中国海峡项目成果交易会，实现对接项目65项，总投资额23.3亿元。实施一批挖潜改造项目，重点实施技改项目22项，固定资产总投资15.2亿元，年度完成投资8.2亿元。抓好中央投资项目申报，宏远公司“5千吨/年新溶剂法竹纤维纺织关键技术研发及产业化”项目、神州电子“ABS—S直播卫星数字电视接收机产业化”项目、鸿昌机械“年产600台套节能利废型砖机生产线”项目等3个项目列入中央投资计划，共获扶持资金2078万元。

节能降耗。积极推进企业节能改造和节能技术研发。吸纳永大新能源、万得利节能等一批企业入驻孵化基地开展节能技术研发攻关。开发区年度累计申请节能技术发明专利1项、实用新型专利4项。全区工业单位能耗低于全市平均水平，能源使用效率位于全市前列。

技术创新。抓好国家级高新技术企业孵化基地建设，引进新概念环保、格林生物等6个孵化项目。全区新增国家级工程研究中心1家、市级行业技术中心1家。科技部批准开发区建设国家火炬计划电子信息特色产业基地，电子信息特色产业新增产值近8亿元，实现翻番。神州电子等7家企业联合区外有关企业及福州大学、华侨大学等高校组建泉州市数字视听产业技术创新战略联盟。列入科技部中小企业创新基金重点扶持项目2项、一般项目7项；省科技计划项目5项，市科技计划项目12项，获得国家、省、市研发资金扶持951万元。开发区企业申请各类专利137件；共有76项专利获得授权，其中实用新型专利39件、软件著作权5件、外观专利32件。全区34家高新技术企业完成工业产值79.55亿元，占全区工业产值的37%，比上年提高3个百分点。

产业发展。全年新增上市企业1家，后备企业1家，全区上市及上市后备企业达到21家，占规模以上企业的20%，其中9家企业列入市重点上市后备企业、7家企业列入省重点上市后备企业。建立开发区品牌后备企业库，全区市级以上品牌产品产值占工业总产值的比重达到66.5%。

城市建设。完善市政设施和园林绿化，实施亮化绿化工程，完成德泰路北段景观灯改造和3号路路灯安装；完成园区绿化、补植、完善16058平方米，建成区绿化覆盖率达39.9%，绿地率36.39%，人均公共绿地面积达9平方

2009年11月20日，海峡两岸(永春)佛手禅茶高峰会在永春县举行。

(永春县政府办供稿)

米。开展市政设施排查，投入资金298万元对区内市政道路等设施的修复完善。加快污水管网二期建设，完成2950米污水输送压力管道、污水收集管的铺设及两个污水泵站的改造。加强开发区小餐饮、小理发、小旅馆等行业专项整治，经整改合格新发证185家，总发证数达382家，经营持证率由52.3%提升至99.22%。

【投资环境建设】 开发区加快电子政务建设，完善社会服务管理体系，继续推进行政审批制度改革，提升服务水平。缩短审批时限，规范行政自由裁量权。网上审批服务项目从原来的68项增加到80项（其中区一级审批由44项合并为33项），所有审批服务项目压缩审批时限共达100个工作日。（黄志腾）

编辑：郑菜

三明市

【基本概况】 三明市地处闽中，土地总面积2.29万平方千米，全市常住人口264万，辖12个县（市、区）。三明文化积淀深厚，宋代大儒朱熹、杨时、罗从彦，以及清代画坛“扬州八怪”之一的黄慎、书法大家伊秉绶等都出生在三明，宁化县石壁村被誉为“客家祖地”。三明是著名老区苏区，全市12个县（市、区）11个是老区，其中7个县是原中央苏区县，宁化县是4个红军长征出发地之一。三明自然资源丰富，森林覆盖率76.8%，生物丰度指数和植被覆盖指数居全省首位；拥有泰宁世界地质公园和36个国家级旅游品牌、50多个省级旅游品牌；探明储量并可开发利用的矿产49种，其中重晶石储量居全国第五位，石灰石、钨、萤石储量居全省首位，煤储量约占全省42%，尤溪铅锌矿是华东地区最大的有色金属矿，宁化钨矿是全国单体最大的钨矿。三明产业基础扎实，形成以冶金、汽车与机械、电力、化工、建材、纺织等产业为主的工业格局，建成福建省最大的钢铁产业基地、林产工业基地，集聚全省最大的钢铁、造纸、化肥、建材企业。三明城市特色鲜明，荣获创建全国文明城市工作先进城市、国家卫生城市、国家园林城市、全国双拥模范城、中国优秀旅游城市等称号。

【经济社会综述】 2009年，全市生产总值800.24亿元，比上年增长13.2%；三次产业结构为18.3∶45.7∶36.0；全社会固定资产投资678.26亿元，增长32.3%；地方级财政一般预算收入37.96亿元，增长15.2%；按可比口径实际利用外商直接投资2.61亿美元，增长10.1%；外贸出口7.62亿美元，增长8.6%；社会消费品零售总额206.65亿元，增长20.1%；城镇居民人均可支配收入16500元，实际增长11.1%；农民人均纯收入6327元，实际增长9.6%；居民消费价格指数98.5%；城镇登记失业率3.6%；人口自然增长率5.8‰；单位生产总值能耗下降5.48%左右；SO_2削减率为5.5%，COD削减率为0.2%。

交通能源建设。泉（州）三（明）高速公路全线通车，永（安）武（平）高速公路三明段基本完工；永（安）宁（化）高速公路全线施工，建（宁）泰（宁）高速公路动工建设；三明中心城市快速通道和三明至明溪、尤溪至莆田兴化湾、厦门至沙县、永安至漳州高速公路三明段完成可研报批；省道改造开工里程365千米，建成农村公路750千米。南三龙铁路预可研报告通过审查，浦建龙梅铁路完成预可研设计方案评选工作，长永泉铁路前期工作稳步推进，向（塘）莆（田）铁路三明北站动工。三明沙县机场优化场址通过国家民航局审查，可研报告上报国家发改委，进场公路动工建设。三明示范快堆核电项目取得明显进展，永安火电厂扩改等项目加快实施；500千伏高压电网实现“南联北接”，地区电网输送能力提高。

金融信贷。全年金融机构新增贷款151.63亿元，比上年增加1.4倍，其中中小企业新增贷款81.07亿元，增长28%。争取地方政府债券转贷资金3.23亿元；新增开发性金融资金34.04亿元；30家担保机构提供贷款担保58.72亿元，增长51.1%。三农公司资产重组方案获有条件通过；永安智胜公司进入证监会首次发行股票审核程序。自2008年第四季度以来，共争取291个中央新增投资项目，获得中央预算内投资5.43亿元，建成168个项目。

对台交流合作。成功举办第五届海峡两岸林业博览会暨投资贸易洽谈会、首届闽台妇女经贸论坛、第15届世界客属石壁祖地祭祖大典暨第三届宁化石壁与客家世界学术研讨会等重大活动；加快建设海峡两岸现代林业合作实验区，规划建设海峡两岸林业博览园、永安闽台现代竹业合作示范园；清流台湾农民创业园升格为国家级台湾农民创业园。

工业经济。全年全市规模以上工业总产值974.28亿元，增长10.8%；工业经济效益综合指数201.3，实现利税48亿元。机械及汽车、纺织产业产值分别突破100亿元。23个项目列入国家科技计划，90个项目列入国家、省技术创新和技改提升项目，新增14家国家高新技术企业，高新技术产业产值突破100亿元，占规模工业产值的比重从上年的5.3%上升到12%。4家企业获批筹建国家专业标准化委员会工作组。

农业经济。全年全市落实强农惠农资金6.47亿元，民生水利基础设施建设资金2.6亿元；农林牧渔业总产值233.22亿元，增长6%；粮食产量113.26万吨，居全省第二位，宁化县被评为全国粮食生产先进县；林竹、果蔬产业产值超过50亿元；3家企业获省品牌农业企业金奖，设立3个全国农产品加工创业基地；新增8个省级农业标准化示范区，新增4件国家地理标志产品保护和40个绿色食品、无公害农产品，组织制（修）订3项国家标准和20项省地方标准；农民专业合作社达到858个，居全省首位。

服务经济。三明“无水港”项目开工建设，宁化闽赣边贸建材交易市场、新华都三明购物中心建成开业。三明市被商务部确定为全国商务综合执法试点城市。新设立14家建筑业企业，建筑业产值达97亿元，增长43.8%。商品房销售面积193.45万平方米，增长143.4%。泰宁申报世界自然遗产通过世界自然保护联盟专家考察评估。新增3家、新建11家四星级以上旅游饭店，游客接待量增长20.5%，旅游总收入增长22.6%。

区域经济。全年市区生产总值186.89亿元，占全市的23.4%；市本级地方财政收入9.77亿元，增加1.31亿元，增长15.4%；市区徐碧新城中央商务区加快实施，五星级酒店、沃尔玛购物广场等项目动工，白沙旧城改造持续推进，台江大桥主体工程基本建成；市、县(区)联办园区实现产值增长40.9%，税收增长35.5%。各县(市)形成生物医药、优质烟叶、苗木花卉等一批海西特色产业，东南一翼的地区生产总值和财政收入分别增长13.1%、8%，西北一翼的地区生产总值和财政收入分别增长13.9%、19.1%。

体制改革。持续深化集体林权制度及其配套改革，推进林木采伐管理制度改革，新增林权抵押贷款4.48亿元，永安市成为全国林业改革与发展示范区。新增农村土地承包经营权流转面积0.53万公顷。启动市直行政事业单位国有资产管理体制改革。取消和停征100项行政事业性收费，落实增值税转型改革政策，为企业和社会减负7.33亿元。

对外开放。国家、省、市外经贸扶持资金达到3000万元，实现出口退税4.65亿元，外贸出口从8月起实现增长。设立大田、尤溪沿海产业转移集中区，建设宁化、建宁、泰宁闽赣边界产业、物流园区，引进区外资金86.75亿元。全市非公有制经济产值增长22.5%、税收增长16.1%，新增65家产值超亿元、68家纳税超百万元的非公有制企业，引进4家总部经济企业落户市区。

生态环保。实施30个重点节能项目、54个资源综合利用项目；淘汰落后水泥产能211万吨，新增新型干法水泥产能600万吨。实施73个减排项目，强化流域水环境综合整治，完成污水管网建设改造107.67千米，建成6座污水处理厂和3座垃圾无害化处理场，市区生活污水处理率达到80%以上；拆除禁养区内养殖场178家。饮用水源水质达标率100%，市区第二水源项目加快推进，市区空气优良天数占总天数的94.2%。18个乡镇被授予福建省环境优美乡镇，3个村被授予福建省生态村。连续11年实现耕地占补平衡。三明市被确定为全国第二批再生资源回收体系建设试点城市。

社会事业。宁化县"双高普九"达标，初中毕业生升学率达94.5%，高考本科上线率居全省前列。全市组建6个职教集团、6个职教中心，新增3个省级重点专业和1个省级示范性实训基地、1个省级技能型紧缺人才培养基地。引进287名高层次人才和紧缺急需专业本科毕业生，实施22个国(境)外智力项目。建成海西(闽中)科技馆、数字科普馆，设立三明市林业产业院士工作站；三明市和永安市、泰宁县被评为全国科技进步先进市(县)，9个县(区)通过国家科技进步考核。清流赖坊被评为中国历史文化名村；8个乡镇入选中国民间文化艺术之乡；永安闽台文化创意产业园列入省重点扶持计划。将乐县被评为国家级、清流县和大田县被评为省级计划生育优质服务先进单位。开展全民健身运动，永安市被评为全国实施农民体育健身工程先进县市。全年新增城镇就业2.47万人，转移农村劳动力4.97万人。三明市被确定为创建国家级创业型城市。企业退休人员养老金人均月增加127元，城市、农村低保人均月补助水平分别提高11元和5.3元。

民生项目。全市完成58个农村中小学寄宿制学校宿舍、食堂建设工程。完成乡镇卫生院、社区卫生服务中心和计划生育服务站(所)年度建设与改造任务；对边远建制村卫生所实行专项资金补助；提高农村部分计划生育家庭奖励扶助标准；完成贫困白内障患者复明手术、残疾人康复工程年度任务。新建、改扩建27个乡镇综合文化站，建成190个"农家书屋"，完成有线数字电视整体转换4.43万户。政策性农业保险试点工作扎实推进，自然灾害救济救助公众责任保险实施；17所农村敬老院新建、改扩建任务基本完成；建成754套廉租住房、1020套经济适用住房。24个乡镇、330个村通过省级农村家园清洁行动验收；完成农村户用沼气池建设、农村危房改造、"造福工程"年度任务。完成7个对口支援彭州市红岩镇项目建设。治理"餐桌污染"、建设"食品放心工程"取得成效，农产品质量安全检验检测体系不断完善。

【产业集群】 机械及汽车产业是三明"4+1"产业集群("4+1"产业集群分别为冶金及压延、林产业、机械及载汽车、矿产品、生物医药)之一，2009年，拥有规模以上企业208家，规模企业从业人数1.62万人，实现产值110.08亿元，增长41.6%，占全市规模以上工业产值的11.3%；拥有厦工集团三明重机公司、福建华橡自控技术有限公司、三恒集团公司等一批在省内外具有较大影响的重点骨干企业。纺织产业拥有规模以上企业178家，规模企业从业人数2.43万人，实现产值116.35亿元，增长36.3%，占全市规模以上工业产值的11.97%；主要纺织设备有：纱锭约90万锭、自动络筒机50台、各类制造机近9000台、染整线17条、无纺布生产线14条。

【清流台湾农民创业园】 2009年5月17日，中共中央台办、国务院台办在首届海峡论坛大会正式宣布，新增设立福建三明清流台湾农民创业园，成为目前全国15个国家级台湾农民创业园之一。该园是海峡两岸(三明)现代林业合作实验区的重要组成部分，规划总面积1.3万公顷，建设珍稀苗木花卉、特色养殖、生态休闲、林产加工等4个产业带。建园3年来，已引进嘉德农业、大丰山旅游、三合农渔牧等22家台资企业，涉及种植、养殖、旅游、农副产品加工等多个产业，总投资8000多万美元，引进台湾良种29个，引进台湾技术18项，推广面积0.23万公顷。

(吴大优)

三元区

【经济社会概况】 2009年，全区完成规模以上工业总产值64.83亿元，比上年增长42.2%；农业总产值10.5亿元，增长5.8%；全社会固定资产投资46.05亿元，增长39.5%；实际利用外资2103万美元，增长10.5%；农民人均纯收入7419元，增长8.5%；社会消费品零售总额14.78亿元，增长15.6%；地方财政一般预算收入完成1.55亿元，同口径增长12.6%；城镇登记失业率3.32%，人口自然增长率2.64‰。

农业经济。全年累计安排各类支农资金3221万元，增长17.3%。开展各类农业技术培训，受训农民1万多人次。3年初级水利化县建设全面完成，新增节水灌溉面积1283公顷，山地水利2万立方米，村级供水工程受益人口4万多人。巩固发展10家省、市级龙头企业，带动农户9900多户，恒祥农牧、正华达农牧2家企业跻身省级龙头企业。发展农民专业合作社39家，带动农户4200户。“绿园蔬菜”、“盛荣柑桔”、“鸿源柑桔”3家合作社发展为省级示范合作社。发展“一村一品”专业村31个。培育“金三元”、“依欣源”、“竹洲”、“佳宁”、“农旺”5个省级农产品品牌，培育绿色食品4个、无公害农产品达26个。“回瑶油桃”获全区首个国家地理标志产品品牌。

工业经济。全年新增规模以上工业企业13家，工业产值超亿元企业净增3家，总数达18家。企业实施技改升级、节能减排、增资扩产项目总投资9.4亿元，增长147%。18家企业21个品牌列入全市优势品牌库，创省名牌产品4个、省著名商标12个。毅君机械、畅联电子、新创科技3家企业列为国家级高新技术企业。汇华集团成为全省最大的先进缸套生产和研发企业、首批“福建省创新型企业”；毅君机械公司发展为国内规模最大的汽车子午线轮胎模具铸造生产企业；丰润化工白炭黑生产规模居全国第四位，药用白炭黑全国市场占有率第一。新增生物医药企业4家，18家在产的生物医药企业完成产值增长33%。全区草珊瑚种植面积533公顷，与福建省中医学院建立草珊瑚药材研发、生产合作关系，成功申报“中国草珊瑚之乡”品牌，列为全省生物医药产业发展试点县。13家规模以上化工企业产值同增长长超过30%。

城市建设。继续按“沿山、沿河、沿线”三线开发的思路拓展城市发展空间。争取荆东生物医药集中区、台江大桥、海西金属材料交易市场等重大建设项目贷款近14亿元。全年商品房新开工23.6万平方米，竣工11.17万平方米，其中安置旧房户近7万平方米。顺利完成三明胶合板厂、横坑山、火车站旅社等地块23.3公顷土地的挂牌出让。台江新区完成防洪堤工程建设，土方回填面积33公顷，实现台江大桥主梁合拢。全年新开发工业用地147公顷，荆东工业集中区、黄砂化工园区、吉口工业园区、荆西工业园区、大坂物流园区列入市级产业振兴规划，道路、供水、供电、排水等配套基础设施不断完善，其中黄砂化工园区完成333公顷用地规划，平整土地40公顷，初步具备三明农药厂搬迁条件。

商贸旅游。全年限额以上批发零售、住宿及餐饮业零售额增长6.8%。“家电下乡”销售额1657万元，兑付财政补贴200万元。白沙水果批发市场升格为省级专业批发市场；海鑫型钢交易市场建成启用，年交易额达30亿元；五金专业市场破土动工。新增货运车队、物流公司5家，新增运输车辆278辆；福特汽车4S店投入运营。总投资5亿元的林博园项目启动实施；忠山十八寨完成新村建设和仿古立面装修，列入全省乡村旅游培育景点；全年旅游接待人数和旅游收入分别增长26%和22%。

【中国草珊瑚之乡】 2009年8月，三元区被中国经济林协会正式命名为“中国草珊瑚之乡”，成为目前国内唯一获此殊荣的地区。生态公益林套种草珊瑚项目已被列入省级林业科技示范园区（项目）和福建高校服务海西重点项目。截至年底，全区已建成草珊瑚种子园、采穗园20公顷，在生态公益林下套种草珊瑚533公顷，成为全国最大的草珊瑚基地，并与福建省中医学院建立草珊瑚药材研发、生产合作关系，与厦门中药厂签订了《肿节风GAP种植研究与产业化》技术开发（合作）合同，计划共建草珊瑚GAP示范基地133公顷，2—3年内完成国家GAP申报认证。

（林新查）

梅列区

【经济社会概况】 2009年，全区实现规模以上工业总产值102.6亿元，比上年增长19.4%；规模以上工业增加值19.6亿元，增长17.9%；全社会固定资产投资42.1亿元，增长28.3%；社会消费品零售总额46.1亿元，增长19.2%；农业总产值3.74亿元，增长5.8%；出口总值1.76亿美元，增长6.7%；实际利用外资（可比口径）2505万美元，增长16.7%；地方级财政一般预算收入2.37亿元，增长15.8%；农民人均纯收入7263元，增长10%（扣除物价因素）；年末城镇登记失业率为3%；人口自然增长率控制在4.08‰；二氧化硫排放量下降10%，完成工业化学需氧量控制目标。

工业经济。全区规模以上工业总产值突破百亿元，新增规模以上工业企业19家，总数达141家，其中超亿元企业18家、超十亿元企业3家；冶金压延、机械加工、农林产品加工、化工四大主导产业规模以上产值达68.2亿元，占全区比重的66.5%。闽光冶炼、星王锻造、正邦冶金等6家企业列入2009年省级创业投资目录。实施千万元以上技改项目22项，完成技改投资4.8亿元，增长155%；实施节能和循环经济项目9项，全面完成节能减排任务。

品牌建设。健盛食品股份有限公司“明健盛”获中国驰名商标；“盛安”、“瑞云”、“明福”等商标获省著名商标；华盛冷冻食品获省名牌产品。闽光冶炼公司被中国铸造协会确定为“全国优质铸造生铁基地试点企业”。

园区建设。全年新收储工业用地83.3公顷，新开发41.3公顷；园区新增规模企业7家，规模以上企业达37家，产值达45亿元；总投资近2000万元的小蕉水厂建成并投入使用，园区绿化面积6.8万平方米，完成高源工业园主干道路灯安装，园区路网、安防等基础设施逐步完善。

第三产业。全区现有限额以上商贸企业75家，社会消费品零售总额继续保持全市第一；第三产业对财政贡献率突破70%。新华都、苏宁电器、金色阳光家居等大型商贸企业相继开业，建成列西茶文化一条街；引进龙裕冶金、广厦钢管等总部经济5家，总部经济税收突破3000万元；引进沃尔玛购物广场，徐碧新城16万平方米的配套商业设施加快建设。梅列区被中国商业地产联盟评为“2009年中国商业地产最具投资潜力城区”。

物流园区。城市物流园区完成投资1.2亿元，新收储土地42.6公顷，开发土地46.7公顷，25个项目成功入驻，盛辉物流、一品农林、明易物流等投资亿元以上项目开工建设，东风本田、一汽大众等汽车4S店建成并投入营业。

城市建设。徐碧新城、滨江新城、上河城、阳光城等重点房地产项目进展顺利；建成梅列大桥分流匝道，列西污水处理厂15个配套管网建设完成；投入400多万元对背街小巷、地下管网等公用设施进行改造；全年房地产完成投资13.6亿元，增长18.7%，完成建筑业产值16.4亿元，增长54%。

社会事业。高考万人上线率居全市第一；为在校农村独女、二女结扎户学生发放伙食补助每人每年1000元；开通农村“周末学生班车”线路5条，惠及全区78%行政村学生。梅列区被省委、省政府授予“2006—2008年度省级文明城区”称号，被列为“全国社区教育实验区”；列东街道获“全国和谐社区建设示范街道”，三明八中获“全国和谐校园创建活动先进学校”，圳尾社区获“全国文明社区”称号，渔溪村被评为省级“巾帼示范村”；

民生保障。全年新增城镇就业2383人，帮助633户农村困难家庭实现一户一就业。加大对弱势群体的扶持力度，率先在全市建立临时救助制度，率先在全市成立首家居家养老服务站。

平安梅列。深化“平安梅列”创建，安排43万元在辖区安装50个视频监控点，社会治安满意率达98.5%，居全市首位，综治工作连续3年获全市第二名；强化安全生产监管，安全生产4项指标明显下降，全年未发生较大安全生产事故。

（王培敏）

梅列新城　　（福建画报社供稿）

永安市

【经济社会概况】 2009年，全市生产总值149.92亿元，比上年增长13.7%；规模以上工业总产值214.05亿元，增长26.2%；全社会固定资产投资85.7亿元，增长27.7%；农林牧渔业总产值27.1亿元，增长5.8%；社会消费品零售总额42.9亿元，增长14.5%；出口总值5728万美元，增长7.3%；实际利用外资2590万美元，增长11%；财政总收入12.6亿元，增长10.6%，其中地方级一般预算收入7.4亿元，增长17%；城镇居民人均实际可支配收入16127元，增长10.3%；农民人均纯收入6760元，增长8.4%。综合经济实力在全省“十强县(市)”由第七位升至第六位。

工业经济　全年全市规模以上工业增加值实现73.3亿元，增长26.8%；纺织、林竹、机械、化工和建材五大工业产业规模以上产值占全市的77.5%。工业效益稳中有升，工业经济效益综合指数220.4、增长17%，新增规模企业35家，新增年产值上亿元企业18家。项目建设持续推进，26项列入三明市千万元以上工业重点项目完成投资22.5亿元，完成年目标的184.3%；万年水泥二期、乳化炸药生产线、森发科技等一批项目相继投产或试生产，火电厂2×30万千瓦项目获批并累计完成投资7.85亿元，永林林板一体化、安砂旋窑水泥等一批重大在建项目加快建设，大唐永安资源综合利用电厂2×30万千瓦项目上报国家发改委核准，总投资10亿元的中国名牌汽车福建商用车生产基地项目签署了合作意向书。电力保障不断增强，110千伏洪田变等项目相继投产运行，220千伏兴坪变等项目前期工作进展顺利。产业优化升级步伐加快，累计淘汰落后水泥产能118.5万吨；6家企业被列为国家级高新技术企业，2家企业被确定为福建省首批创新型企业；永安煤业、福建纺织化纤集团等20家企业跻身2009年度国家大中型企业行列；“飞捷”牌轴承商标荣获中国驰名商标称号，“智胜”、“金林凯”、“吉通板业”获福建省首批百家“企业知名字号”，“永林蓝豹”荣获福建改革开放三十年最具影响力·贡献力品牌奖。园区经济不断壮大，尼葛开发区实现规模以上工业总产值28.2亿元，增长43.2%；完成固定资产投资9亿元，增长32.3%。汽车工业园实现规模以上工业总产值13.6亿元，增长27.9%；完成固定资产投资5.1亿元，增长16.8%；生产汽车1.47万辆，增长8%。贡川水东工业园列入海西三明台商投资区产业园区，乡镇工业集中区规模不断扩大、实力不断增强。

农业生产。全年全市完成粮食总产量11万吨，增长2.8%。林改工作持续深化，被确定为全国唯一的林业改革与发展示范区，列入首批国家级林业科技示范县(市)、全省现代农业(竹业)生产发展示范县(市)，建成福建南方珍贵树种繁育中心，启动建设全省首家林竹产品仓储交易中心。在继续抓好速丰林、竹林“两个百万亩基地”的同时，重点抓好烟叶、蔬菜、水果、茶叶等特色种植基地建设；新培育种植互叶白千层147公顷、仙草73公顷、百香果53公顷；成功引进金线莲组培种植技术，被命名为“中国金线莲之乡”；华融禽业跻身全国水禽企业20强行列；“永安鸡爪椒”获国家地理标志产品保护认证，“永安黄椒”获国家地理标志证明商标；新增农民专业合作社164家；永林股份被评为省级品牌农业金奖企业、林业十强龙头企业。全年支出1.12亿元，实施土地开发整理1300公顷，改造商品粮基地中低产田348公顷，完成农业综合开发土地整理320公顷、烟田基础设施项目245个，修复重点水利水毁工程74处。惠农政策有效落实，下拨粮食直补资金1400多万元，水稻良种补贴380多万元；销售下乡家电、汽车、摩托车1万多台(件)，发放补贴494万元；引导农户购置农机2800多台，争取补助资金377万元；完成“万村千乡”市场工程农家店47个、配送中心3个，市供销社荣获中华全国供销合作总社“60年60

社服务旗舰社”称号。

第三产业。全年全市实现第三产业增加值55.82亿元，增长7.1%。本外币贷款余额88亿元，比年初增加33亿元，增长59.8%。融资渠道不断拓宽，华夏担保等3家公司增资扩股，新成立鸿森中小企业信用担保公司，国投公司融通建设资金2.8亿元，中国银行业首笔适用赤道原则贷款项目一永安火电厂项目获得兴业银行贷款7.3亿元，永安智胜公司进入证监会首次发行股票审核程序。全年接待游客180万人次，实现旅游收入8.5亿元，均增长20%；建成名流商业中心、名流家居城、粮食仓储物流中心，建材装璜、粮油批发和五金水暖等一批专业市场加快建设，重点专项物流网络逐步形成。全年商品房销售面积43万平方米，增长99.6%；销售额15亿元，增长148%。

社会事业。全年投入教育资金2.5亿元，健全城乡教师交流机制，落实教育系统绩效工资和边远乡村教师补贴政策，扩大“两免一补”范围，提高生均公用经费标准，妥善解决外来务工子女就学问题，推进寄宿制学生食宿改善工程，成立职业教育中心，市技工学校和省汽车工业技工学校顺利合并。完成35个村农民体育健身工程、53个农家书屋，被评为全国农民健身工程先进县(市)，列入省文化产业发展四大区域之一。闽台(永安)文化创意产业园被列为省重点扶持计划；燕西街道被评为国家级城市体育先进社区；市体育馆被评为全国全民健身中心；安砂、小陶文化活动中心被评为全国农民健身活动中心。完成70所村级卫生所规范化建设和罗坊、贡川、小陶卫生院改造项目，燕南社区卫生服务中心、市立医院门诊医技楼项目加快建设；有效防控甲型H1N1流感。新安社区被评为全国和谐社区建设示范社区，忠义社区荣获省级“居家养老试点”社区。连续6年保持全国人口和计划生育优质服务先进市，计生“三结合”小额贴息贷款经验在全省推广。创建文明城市考评成绩居全省山区县级市第一名，被评为全省创建文明城市工作先进市。实现省双拥模范城“六连冠”目标。投入700多万元继续做好四川彭州对口支援工作。被评为全国科技进步先进县(市)、福建省知识产权强县，列入福建省可持续发展实验区。

社会保障。全年投入资金1.2亿元。开展创建国家级创业型城市；城镇新增就业3800多人，城镇登记失业率3.58%；转移农村劳动力4800多人，开展就业培训5000多人；发放小额担保贷款和劳动密集型企业贴息贷款2700多万元。各项社会保险综合参保率达100%，城镇职工基本养老保险金按时足额发放达2.8亿元；城镇医保、工伤、生育等险种运转正常，企业退休人员养老金人均提高128元；新农合保险补偿支出2032万元，参合率达99.6%。全面加强城乡居民最低生活保障制度建设，发放保障金650多万元；三明市县级首家社会福利中心建成投入使用。完成30个村级人饮工程提升改造，增加安全饮水人口2.8万，新建保障性住房1900多套。 (郑毅)

贡川文物古迹众多，目前镇内仍有保存较为完好的正顺庙等5个市级文物保护单位。

今天的古邑依稀可见当年抗战留下的历史痕迹。

横跨于文川溪上的浮桥，仿佛一条凌驾于绿丝带上的珠链，为古老的吉山平添了些许古朴。

桥身用丹霞石砌成拱形的会清桥为省级文物保护单位。

美丽的永安风光

(福建画报社供稿)

清流县

【经济社会概况】 2009年，全县生产总值35.07亿元，比上年增长14.1%；农林牧渔业总产值13.7亿元，增长6.2%；规模以上工业总产值24.85亿元，增长28.7%；全社会固定资产投资25.49亿元，增长35.3%；财政总收入1.85亿元，增长5.2%，其中县级一般预算收入9389万元，增长17.3%。农民增收有较大突破，人均增收570元，增长10.1%。

特色农业。特色农业成为清流县农民增收的重要渠道。苗木花卉初步形成以省道沿线乡镇为主的苗木花卉产业带；淡水鱼养殖全年水产品产量1.6万吨，产值1.8亿元；黄羊养殖规模扩大、效益提升，逐步向加工、销售、流通等领域延伸；烤烟生产再创新高，产量12.5万担，产值1.13亿元，增长11.7%。台湾农民创业园升格为国家级园区。"清流溪鱼"获国家地理标志保护产品、国家级集体商标暨省名牌产品；"鸿翔"鲜切花获省名牌产品。清流县被列为国家梨产业技术体系建设项目示范县、基层水产技术推广运行机制创新试点县、省绿化模范县。全年各类农业基础设施投入达1.19亿元，为现代农业发展夯实了基础。

规模工业。全年实现工业总产值24.85亿元，增长28.7%；规模以上工业企业新增13家，产值亿元以上企业2家。氟化工、林产工业、煤炭、轻纺雨具等产业实现产值17.85亿元，占全县规模以上工业总产值的71.8%。工业项目完成投资15.08亿元，红火水泥、高宝矿业、捷鸿木业、220kV龙津变电站等一批投资上亿元的生产性大项目竣工投产；展化化工六期、闽山化工搬迁扩建、气枪厂、清云铝业、永福化工增资扩建等项目建设加快；金星加工区水、电、路等基础设施进一步完善，新增投产企业3家，新引进企业4家，完成投资1.57亿元，实现产值1.2亿元，增长30%。

第三产业。加快专业市场建设，推动第三产业加快发展，实现增加值12.65亿元，增长16.0%；社会消费品零售总额8.24亿元，增长18.1%。全年销售商品房609套，销售面积6.97万平方米。新增个体工商户651户。全县拥有私家车2600多辆。高赖温泉休闲城、灵台山客家民俗城加快建设；九龙湖景区积极开展二次招商；龙津国际大酒店已对外营业。

财政金融。县级财政收入结构更趋合理，税性收入占县级一般预算收入的比重继续保持在90%以上。积极向上争取财政转移支付和各种专项补助资金3.32亿元。全县金融机构各项存款余额22.08亿元，增长26.0%；各项贷款余额14.23亿元，增长62.9%；存贷比为64.4%，比上年提高14.6个百分点。

城市建设。全年实施总投资22亿元的32个城建项目，完成投资3.7亿元，其中金鼎时代广场、龙祥大厦已竣工，雁塔二期改造、永顺花园等项目加快建设，居民居住条件得到改善；以东城区、屏山路、城区外环路为重点的路网建设持续推进，城市构架进一步拉开。完善功能重配套，九洲商厦已开业，凤翔步行街、汽车物流中心建设进展顺利，商贸结构逐步改善。新建二级汽车客运站、城区生活垃圾无害化处理场投入使用，自来水厂及供水系统改扩建、污水处理厂建设和夜景二期工程、单面街二期、水南街景观工程顺利完工，翠园前街沿河景观建设加快，城市魅力进一步显现。

项目建设。全年共引进项目58个，总投资18.3亿元，完成投资4.6亿元。90个县级重点项目开工建设86个，完成投资22.2亿元，36个项目竣工投产或部分投产。争取中央增投项目36个，到位补助资金5356万元；获省级预算内投资补助项目21个，补助资金1679万元。认真落实省、市扶持中小企业发展的意见，为企业争取到项目资金补助761万元。

基础设施。全年完成投资10.4亿元，其中高速公路投资9亿元。永宁高速公路清流段全面开工；省道204线原交警大队至西门桥路面改善完工；新矶大桥2月1日已剪彩通车；龙津峰头(宁化界)经大路口、嵩口、围埔、沙坑、沙芜至洞口(永安界)60.3千米公路纳入省道307线规划，并全线动工；大路口至嵩口桥梁隧道年内竣工。新矶大桥至嵩口、雷公铺至峰头(宁化界)、塘凤经元山至高赖公路等扩建新建工程基本完工；完成农村公路项目40.7千米；浦建龙梅铁路和长永泉铁路项目前期工作有序开展。

人民生活。城镇居民人均可支配收入1.43万元，增长13.1%；农民人均纯收入6209元，增长10.1%；城乡居民储蓄存款余额12.9亿元，增长20%。居民消费价格总水平比上年下降2.2个百分点。发放种粮农资综合直补、良种、购置农机具、家电、汽车、摩托车下乡等补贴2382万元。通过全国科技进步县考核，闽台科技合作基地升格为国家级基地，获得2个国家级科技项目。成功举办全县首届体育运动会，完成24个村级农民健身工程。赖坊古村落被国家文物局确定为重要新发现；以沙芜狐狸洞、赖坊"马氏宗祠"为主的涉台文物保护工程全面启动；新增林畲红军遗迹等5个省级文物保护单位。落实义务教育减免补助1031万元，教育基础设施投入3250万元，实验小学教学楼、城关小学教学楼、职教中心培训大楼投入使用，嵩溪中小新校区完成主体工程，农村寄宿制学校建设加快推进，三中、嵩口中学、里田学校宿舍、食堂投入使用，长校中小、沙芜学校宿舍抓紧施工；完成余朋、沙芜、温郊3个乡综合文化站和18个"农家书屋"建设，20户以上通电自然村全面实现广播电视村村通。

【国家级台湾农民创业园】 2006年，清流县提出建设台湾农民创业园的设想，当年7月，经三明市政府批准设立清流台湾农民创业园；2008年1月，升格为三明(清流)台湾农民创业园；2009年5月17日，国台办主任王毅在首届海峡论坛大会上正式宣布新增设立福建三明清流台湾农民创业园，成为全国15个、全省4个国家级创业园之一。目前，创业园共引进台资企业35家，总投资1.16亿美元。

【赖坊中国历史文化名镇(村)】 清流县赖坊乡的赖武、赖安村及官坊村保存着自宋、元以来所形成的聚落格局与形态。赖武、赖安村现存古街区面积约10万余平方米，官坊古街区面积约为5万余平方米。赖坊古村落，构成明清时期客家村落骨架的街巷，水网系统布局完整、保存完好，至今仍是格局整个村庄条块的界限；作为组成客家古村落的各个建筑单元，样式多样化，既有围屋式典型客家宅院，还有府第式、碉楼式、棚屋式和吊脚楼式等各式建筑模式，各建筑单元外表风格素朴，但装饰手段及技法多样化，以木雕、砖雕、石雕等为主的“三雕”艺术，图案设计精致，技法娴熟，功力遒劲，灰塑、壁画、彩绘等装饰手段亦有突出表现，与“三雕”艺术一起，共同构成赖坊古民居装饰艺术的长廊；村内各类古建筑按功能有序分布，交通、商贸、学校、城门、山寨等社会性基础设施和宫庙祠堂、祖屋、民居等各建筑单元保存完整，堪称古代闽西客家建筑的“活化石”。2007年12月被省政府授予第三批省级历史文化名(镇)乡；2008年10月被住房与城乡建设部和国家文物局授予第四批中国历史文化名镇(村)。 （李昌荣）

宁化县

【经济社会概况】 2009年全县生产总值48.14亿元，比上年增长13.4%；三次产业结构为32.1∶33.6∶34.3，二产比重首次突破30%；地方级一般预算收入实现1.72亿元，增长17.1%；全社会固定资产投资完成47.82亿元，增长30.1%。连续两年被评为全省经济发展十佳县，位置比上年上升了1位。

工业经济。全年新增规模以上工业企业18家；实现规模以上工业产值26.71亿元、增长27.8%；工业企业实现税收1.26亿元，增长77.5%。

农村经济。全年完成农林牧渔业总产值25.0亿元，增长5.9%。粮食实现增产增收，收购烟叶34.5万担，烟农售烟收入3.2亿元，被授予“全国粮食生产先进县”。

第三产业。全年全县实现社会消费品零售总额13.5亿元，增长19.8%；新增商业面积近10万平方米。全年商品房销售面积、销售额分别增长533.7%、470.8%。旅游文化产业加快发展，全年接待游客57.5万人次，旅游收入突破2亿元，分别增长20.4%和20.8%。

基础建设。永宁高速公路全线施工，浦建龙铁路完成预可研评审工作。总投资2.6亿元的省道205线宁化城关至建宁界、省道307线宁化城关至清流界两条公路即将开工建设，基本完成丁坑口路段改建工程，硬化农村公路48.6千米，新建农村客运站点1个，新开通农村客运线路5条。投入2652万元，完成110kV高堑变二期主变扩建工程，实施35kV石壁主变增容技改工程以及一批城网改造项目。累计投入2.32亿元，实施烟基建设、中低产田改造、商品粮基地建设、国家农业综合开发高标准农田示范片、土地整理、民生水利等项目建设，改善了1.1万公顷农田耕作条件；完成3座水库除险加固，治理水土流失2510公顷，实施集中供水工程54个，被授予“全省冬春修水利建设及水毁工程修复先进县”；完成26个村的新农村建设规划，新建沼气池1500口，120个行政村新装移动信息机。全年完成投资1.14亿元，实施边贸路一期、中环北路一期、江下路、客源路一期、中环路平交口改造、南门转盘等项目建设，新增城区路网4千米；何家园至城南工业园防洪堤工程完工；新改造自来水供水管网12.7千米、人行道4万平方米、铺装燃气管道3千米；城区绿水工程动工建设，建成一批夜景工程、市民广场等配套设施。新引进三级施工总承包企业2家，实现建筑业产值3.66亿元，增长106.6%。

人民生活。全年财政性资金投入2.48亿元，为民办实事项目全面落实。发放“两免一补”、困难学生助学金、免学费补助金等2257万元；完成7个农村中小学寄宿生宿舍工程项目建设，新建成学生宿舍食堂2.4万平方米。完成县中医院门诊大楼扩建工程，县医院门诊大楼主体竣工，完成4所乡镇卫生院改造提升和1所乡镇卫生院急诊科、20个规范化村卫生所建设；全县新农合农民参合率达91.4%，全年共核报城乡居民基本医疗保险费4023万元，实施农村医疗救助1063人次，并免费为153名贫困白内障患者实施复明手术、48名残疾人发放康复床。体育中心一期建成投入使用，新建乡镇综合文化站3个、村级文化活动室48个、村级农民健身工程30个；新建“农家书屋”38个。全面完成2009年以前关闭破产国有和城镇集体所有制企业2700多名退休人员的医疗保险问题；共为5191户城乡低保户、五保户发放低保金1201万元；完成新改扩建农村敬老院2所；深入实施农村劳动力转移培训就业和城镇“零就业家庭”帮扶工程，转移农村劳动力5500人，新增城镇就业人员2050人，城镇登记失业率控制在3.66%以内。发放粮食综合直补、农机具补贴、良种补贴、家电下乡补贴、计生奖励和农村“六大员”津贴共5387万元，落实农村住房、水稻种植、森林火灾等惠民保险，共兑付赔偿金565万元；完成19个多要素自动气象观测站网点建设。建成廉租房和经济适用房432套、安置房154套共5万平方米，为102户廉租住房户发放租赁补贴；完成“造福工程”搬迁199户、残疾人“安居工程”22户。深入开展“安全生产年”活动，事故发生率下降50%。强化严打整治行动，刑事案件发案数下降3.8%，侦破率达66%，社会治安秩序良好。 （张清东）

建宁县

【经济社会概况】 2009年，全县生产总值35.08亿元，比上年增长14.2%；农林牧渔业总产值15.21亿元，增长6.4%；规模以上工业总产值25.22亿元，增长36.1%；财政总收入1.195亿元，增长12.9%，其中地方级一般预算收入8098万元，增长21.7%；验资口径实际利用外资500万美元，增长62.9%；出口总值1659万美元，增长3.7%；城镇居民家庭人均可支配收入13105元，增长13%；农民人均纯收入5755元，增长9.7%；社会消费品零售总额7.79亿元，增长17.1%；居民消费价格指数97.9。年末金融贷款增幅比存款增幅高出12.95个百分点，全社会用电量实现增长24.9%，全县个体工商户新增注册842户，增长78.8%。

项目建设。2009年全县120个重点项目建设扎实推进，完成投资17.65亿元，占年度计划的86.5%；43个新建重点项目中有33个转入在建实施，转化率达77%；35个重点项目竣工或部分投产。建泰高速公路顺利开工；向莆铁路(建宁段)建设进展较快；浦建龙梅铁路前期工作进展顺利；35千伏花桥变建成运行，经济开发区110千伏变电站建设项目可研通过评审，220千伏变电站建设项目前期工作正在推进；累计实施基本农田标准化建设1.09万公顷，占全县耕地总量的65.2%；全县农机总动力突破11万千瓦，居全省前列，全年兑现购机补贴748万元。占地10.7公顷的铙山纸业新厂区开工建设，总投资6亿元的省级重点铙纸低定量高档特种纸扩改项目进展顺利；生物质能源产业项目启动实施，完成2000公顷无患子种植，产业发展规划通过省专家组评审，占地11.3公顷的生物质能源专业园区正式动工；富强石材加工区一期建设完成投资1.09亿元。

固定资产投资。全社会固定资产投资29.84亿元，增长23.5%；全年向上争取各类项目资金3.19亿元，其中中央增投项目11个，新增中央预算内投资资金2106万元；全年新增金融贷款2.51亿元；筹集财政性资金4.34亿元，争取开行、农发行、世行等政策性银行贷款以及地方债券1.23亿元，缓解重大基础设施建设带来的投资压力。

工业经济。全年新增规模以上工业企业16家，总数达81家；文鑫公司万吨莲系列产品搬迁技改、华新万吨素食产品生产项目投产，富强石材二期技改扩建、日鑫菌业工厂化栽培食用菌二期项目加快推进。福建建宁经济开发区累计完成投资1.45亿元，建成标准厂房3万平方米，已入驻规模以上工业企业15家，全年实现产值7.5亿元。

农业经济。全年实现粮食总产10.05万吨，建莲3500吨，水果8.64万吨，烟叶产量12.53万担；完成更新造林1.3万公顷；无患子、油茶、魔芋、畜禽等特色种养业加快发展，被列为全省首批油茶产业发展重点县、菌草产业发展试点县、农技推广体系改革与建设示范县。

第三产业。金铙山索道、隧道、栈道和步道建成使用，白石顶游客中心、坪岗山庄加快建设；全年接待游客15.41万人次，旅游收入7250万元，分别增长20.1%和20.6%；荷花酒店、云深国际花园酒店、建宁大饭店相继建成。

品牌建设。完成11项省级标准主导制修订，新增省名牌产品2个、国家绿色食品标志认证3个、省无公害农产品认证3个。

招商引资。全年新批外商投资企业1家，引进内联项目29个，合同利用县外资金14.55亿元，实际到资6.02亿元，增长19.9%。外贸出口保持平稳，新增自营进出口企业2家。非公经济加快发展，实现产值增长28.2%，税收增长11.96%。（谢明锋）

泰宁县

【经济社会概况】 2009年，全县生产总值39.53亿元，比上年增长12.8%；地方财政一般预算收入首次破亿元，达1.06亿元，增长14%。游客接待量243万人次，增长21.5%；实现旅游收入8.57亿元，增长21.9%。完成全社会固定资产投资33亿元，增长26.9%；实现社会消费品零售总额9.15亿元，增长22.3%；新批外资2020万美元，增长13.2%；实际到资（验资口径）792万美元，增长13%；完成出口1895万美元，增长4.3%。全年累计向上争取各类项目资金4.44亿元，新增区内外金融机构贷款7亿元。

农业经济。全年完成农林牧渔业总产值13.5亿元，增长6.3%。粮食生产连续6年喜获丰收；金湖乌凤鸡被确定为国家级遗传资源品种并恢复发展；烟、茶、菌、渔等特色农业产业化步伐加快。直接投入4000余万元实施农业基础设施建设项目，在全省率先建立了农田水利设施长效管护机制。有序流转耕地0.15万公顷、林地0.17万公顷。顺利通过省级新农村电气化县验收。

工业经济。全年新上规模以上工业企业12家；完成规模以上工业总产值25.85亿元，增长29.2%。“恒立”牌商标和杉优木制工艺品分别获得“省著名商标”、“省名牌产品”称号，陶金峰新材料被确定为首批省级创新型企业，天顺祥木业通过ISO14000环境体系认证，金湖碳素获得3A级标准化良好行为认证。

城市建设。完成火车站、城西等片区详规。和平中街道路改造、城区备用水源、金溪流域防洪堤二期、城区垃圾处理场等项目建成投入使用，金湖御景和水南村危房整体改造等项目快速推进。实施金富园改造，拓展城区LED夜景，规范车辆停放和户外广告设置，整治违法建筑和“四乱”现象，城市管护机制不断完善，城市更加整洁有序。

生态建设。全年植树造林0.27万公顷，木材采伐指标从上年18万立方米缩减至10万立方米；在“世遗”提名地范围内实施禁柴改燃，严厉打击盗砍滥伐现象，森林资源保护进一步加强。深入推进农村“家园清洁行动”，基本建立金湖上游流域垃圾处理系统和上清溪上游污水处理系统，上青乡、新桥乡和双坪村、余源村分别被授予省级环境优美乡镇、省级生态村。规范了河道采砂，全面禁止取土洗砂；关闭畜禽禁养区内所有养殖场；实施水电站最小下泄流量监控，流域综合整治成效明显。

社会事业。教育工作获省对县督导优秀等级；泰宁一中成为省一级达标高中；泰宁四中建成招生；农村义务教育工程顺利实施。再次荣获全国科技进步先进县称号，雷公藤GAP关键技术及新药开发等项目列入部、省科技项目盘子，省级“知识产权强县”试点有效推进，泰宁世界地质公园被命名为“全国科普教育基地”。通过全国文化先进县复查，完成第三次全国文物普查、非物质文化遗产普查，上青乡（桥灯）被评为“中国民间文化艺术之乡”，新编梅林戏《邹应龙》代表三明参加全省戏剧会演并荣获6项大奖。泰宁县医院升格为“二级甲等”综合医院，农村医疗卫生服务体系更加完善。保持省计生优质服务先进县称号，县计生服务站顺利落成，人口自然增长率5.34‰。荣膺第二届省级文明县城。国防和民兵预备役不断加强，首次荣获省级双拥模范县称号。

人民生活。实现城镇居民人均可支配收入14343元、农民人均纯收入6207元，分别增长13%、9.1%；居民消费价格指数98%；城镇登记失业率3.68%。城乡低保实现应保尽保，关闭破产国有和城镇集体企业退休人员全部纳入医疗保险。落实11项为民办实事项目，库区移民后期扶持项目顺利实施。经济适用房、廉租房、“造福工程”搬迁等项目进展顺利，困难群众居住条件不断改善。

【泰宁申遗工作】 2009年9月26—27日，世界自然保护联盟（简称IUCN）专家考察团格里姆·沃博伊斯博士、禹卿植博士一行莅临泰宁县，实地考察评估中国丹霞申报世界自然遗产工作，IUCN专家通过实地考察、查看资料、现场座谈等形式对泰宁的地质、地貌成因，遗产价值，遗产完整性以及保护管理状况等进行了详细考察。中国丹霞是我国2010年申报世界自然遗产唯一推荐项目，由福建泰宁、贵州赤水、湖南崀山、广东丹霞山、江西龙虎山、浙江江郎山等6个系列提名地组成。按照程序，IUCN专家实地考察评估后，考察形成的评估报告，将提交2010年第34届世界遗产大会最终表决，对中国丹霞联合“申遗”能否成功将产生至关重要的作用。

【城市规划建设】 泰宁县围绕打造“海西最美的山城、三明最靓的看点”的目标和“生态文化旅游城”的定位，坚持把城区当景区建设，依托历史文化和自然生态两大资源，形成了“显山、露水、透绿、见景”的城市个性。特别是在城市建筑风格的塑造和定位上，传承和延续古城历史文脉，奠定形成以“粉墙、黛瓦、坡顶、翘角、马头墙”为五大符号及灰白色调组合的风格，并结合泰宁典型的山水城市特点，构成了“青山、绿水、粉墙、黛瓦”的城市主要色彩，在地理特征与历史文脉相结合等方面探索出一条成功的道路。2009年10月22—23日，全省县级城市规划建设专题研讨会在泰宁隆重召开，泰宁城市规划建设经验在全省范围内推广。

【第二届中国丹霞（泰宁）文化旅游节】 2009年8月5—8日，由福建省文化厅、旅游局、体育局和三明市政府主办的第二届中国丹霞（泰宁）文化旅游节在泰宁县隆重举行。本届旅游文化节由中国县域旅游经济论坛暨海西旅游强县发展研讨会、“一片丹霞飞不去，发现美景在泰宁”全国风光风情摄影大赛颁奖仪式、全国山地户外运动挑战赛以及“丹霞泰宁杯”第二届华东六省一市大学生舞蹈大赛暨海峡两岸青年舞蹈嘉年华活动等4项活动组成。有关部委领导、省市有关领导和来自全国各地的近千名各界人士参加了开幕式，共同见证了“汉唐古镇、两宋名城”的丹霞盛会。 （邹贵龙）

明溪县

【经济社会概况】 2009年，全县生产总值26.61亿元，比上年增长13.2%；三次产业结构为31.7∶33.8∶34.5；农林牧渔业总产值13.25亿元，增长6.2%；规模以上工业总产值20.70亿元，增长20.2%；全社会固定资产投资22.42亿元，增长22.6%；社会消费品零售总额7.04亿元，增长18%；外贸出口1272万美元，增长4.3%；实际利用外资385万美元，增长10%；地方级财政一般预算收入7357万元，增长15.31%；城镇居民人均可支配收入13485元，实际增长13.1%；农民人均纯收入6192元，实际增长8.6%；居民消费价格指数98.7%；城镇登记失业率3.57%；人口自然增长率2.91‰。

农业经济。全年完成粮食播种面积1.80万公顷，粮食总产9.2万吨，开展超级稻示范，王桥粮库储备粮扩建项目顺利实施。巩固扩大生物医药、畜牧业、林竹、烟叶、木薯、茶果等六大特色农业基地，建立生态农业示范片20片；规模种植金线莲400万株，新增速生丰产林0.16万公顷。南山现代农业园区示范推广新品种10个、新技术3项，建立示范基地200公顷。不断推动品牌创建，“明溪淮山”获国家农产品地理标志产品保护，“新绿海”淮山、“山帆”雪橙获绿色食品认证，“枫华”雪莲果获无公害农产品认证。

2009年8月5—8日，第二届中国丹霞（泰宁）文化旅游节在泰宁举行。 （泰宁县政府办供稿）

工业经济。五个产业实现规模以上工业产值13.48亿元，占全县工业产值的54.5%；新增规模以上工业企业7家，完成规模以上工业增加值6.64亿元，增长18.3%。十里埠生态经济区完成起步区总体规划和环评工作，并列入省级工业开发区审批名单；110千伏变电站建设基本完成。工业园区新征土地48公顷、平整土地20.2公顷；新引进11个项目，入园企业累计达44家，其中规模企业17家，实现工业产值4.83亿元，占全县规模以上工业总产值的23.23%。沙溪瑶奢片列入海峡西岸三明台商投资区。

外经内贸。全年共签约合同项目147项。引进明溪籍海外乡亲返乡投资项目5个，投资总额1.1亿元。新增出口实绩企业6家，海斯福公司成为引领全县外贸出口的龙头企业。新型服务业加快发展，四方物流等规模物流项目引进实施；宏盛汽车货运公司等3家商贸运输企业注册落地；美金贸易商行等2家企业发展为限额以上商贸企业；淮山交易市场等农产品流通网络初步形成。

品牌建设。“新绿海”淮山、“三老”肉脯干、“溪禾香”大米进入三明市优势品牌库；明信公司、长虹公司列入2009年创福建省名牌产品计划；百事达公司获福建省品牌农业企业金奖，该公司食用变性淀粉列入2009年第一批国家标准制修订计划。

城乡建设。完成县城总体规划和土地利用总体规划修编，启动城区6平方千米控制性详规编制；完成3个乡镇集镇建设规划和数字化地形图测绘，完成9个村庄新村规划。南关溪旧城改造持续推进，拆除房屋建筑面积1.36万平方米，收储土地3.22万平方米；城中村改造、长途汽车站搬迁、下白莲行政办公区建设有序推进，征收土地28.6公顷；完成房地产开发2.5亿元；投资1900多万元，实施新大路、公园路、东方军路等主街道路改造。农村建新房313户8.41万平方米，新建农村户用沼气池800口，开展垃圾集中处理行政村27个，新建垃圾池137处；"造福工程"搬迁居民1100人，王桥省级造福工程示范点开工建设。永宁高速公路明溪段及明溪连接线动工建设，省道204线明溪至将乐界公路征拆有序开展，完成2个乡镇通乡公路和6个通自然村公路项目；建立农村公路养护长效机制，开通3个乡镇部分通村客运班线，所有通班车行政村全部建成候车亭。

民生保障。全面兑现城乡义务教育阶段学生"两免一补"资金532万元，受益学生9090名；发放农村寄宿制学生免费营养早餐工程资金139万元，受益学生1816名；接收286名外来务工人员子女进城就学；高考万人本科上线率居全市第四位。完成县计生服务站扩建和县医院门诊楼、3个乡镇卫生院改造提升，规范建设15个村卫生所；完成全县所有乡镇新农合网络平台建设，全县参合率达93.17%。启动有线数字电视转换工程，新增有线电视联网行政村3个，新建农家书屋16个、农民体育健身工程点21个，建成瀚仙综合文化站和枫溪乡国家级乡镇农民体育健身活动中心试点工程，成功举办明溪首届全民运动会和红豆杉之乡艺术节。新增就业1310人；新增小额担保基金300万元，发放再就业小额担保贷款316万元。投入446万元，完成21个苏区老区办实事项目和23个库区移民后期扶持项目。企业退休人员养老金补助标准人均提高126元，养老保险基本实现跨省转移接续。发放城市低保金140万元、农村低保金333万元，城乡低收入群众实现应保尽保。开工建设1个乡镇敬老院，完成36套廉租住房、72套经济适用住房分配选房，新改建96套廉租住房，发放廉租房租赁补贴7.57万元。

【南山国家级现代农业示范园区】该园区位于城郊南山，始建2001年，面积667公顷，是集生产、科研、示范于一体的农业科技示范园区。园区已累计完成投资6000多万元，完善组培中心和农业科技推广中心的配套设施建设，引进、试验、示范、推广新品种100多个，新技术23项。引进生产芳香樟、桉树、药用植物、光皮桦、台湾金线莲等12个植物品种，生产各类组培苗木达1000万株以上，带动周边农户2500多户，增加800多个就业机会，实现增收800多万元。先后被列入三明市国家农业综合开发科技示范园、财政部农业科技推广示范基地、省级农业现代化示范园区。园区加快引进台湾新品种、新技术，引进台湾甜柿、水稻、萝卜、越瓜、东升南瓜、橙色小番茄、迷你小桔瓜、黄金香甜瓜等"台湾优新品种"38个，在城关乡坪埠村、大富村和上坊村，夏阳乡紫云村建立闽台农业合作示范基地，建立台湾金线莲组培、种植示范基地和大棚高标准种植台湾名优果蔬示范基地。

（林桂）

明溪县是福建省内陆新兴侨乡。图为侨乡新貌。（明溪县政府办供稿）

将乐县

【经济社会概况】2009年，全县生产总值44.08亿元，比上年增长13.7%；规模以上工业总产值实现42.6亿元，增长33.4%；城镇以上固定资产投资28.85亿元，增长40%；出口总值2.75亿美元，增长75.5%；地方级财政一般预算收入2.03亿元，增长25.2%；金融机构存、贷款余额双双突破30亿元大关，分别达30.95亿元、30.01亿元，分别增长21.8%、43.8%；社会消费品零售总额9.68亿元，增长18.9%；城镇居民人均可支配收入14592元，增长10.5%；农民人均纯收入6218元，增长8.1%；居民消费价格总指数98.6%。

农业和农村经济。全年全县粮食总产量8.08万吨，优质烟叶收购量稳定在9万担以上，烟农总收入、户均收入、担均价、亩产值均再创历史新高。实现竹山产值2.37亿元，竹加工产值2.05亿元；生产各类食用菌1.8万吨，实现产值1.2亿元，被省政府列为海峡西岸建设"惠农工程"示范县和全省菌草产业发展试点县；投资7780万元完成县级以上农业项目179个。8家农业龙头企业列入市级龙头企业，4家农民专业合作组织列入市级示范社，107名农村经纪人取得执业证书。1000多名村民搬离边远乡村，喜迁新居；5个集镇改造持续推进，金溪河沿岸6个乡（镇）10个村生态环境综合整治顺利实施，全县13个乡（镇）全面实现垃圾无害化处理，24个行政村垃圾治理任务全部完成。

工业经济。全县规模企业总数达86家；规模以上工业增加值16.53亿元，增长27.1%；5个重点产业完成产值38.1亿元，增长29.9%。规模以上工业经济效益指数220.72，提高29.86个点；工业对财政的贡献率达77%，比上年增加2个百分点；纳税100万元以上企业新增16家，达48家。工业项目固定资产投资完成19.06亿元，增长39.9%；经济开发区累计投入资金4亿元，平整工业用地365公顷，各项基础设施不断完善；金牛水泥、瑞奥麦特轻合金、新达建筑保温材料、春晓工业园等一批重点工业项目顺利实施。实施循环经济项目15项。新增中国驰名商标1个("东南牌"碳酸钙),省著名商标2个("雄风"电器、"三福"鞋楦);三农碳酸钙公司、新达保温材料公司分别参与国际、国家标准制订,世界最先进的金属半固态快速成型技术、国家863计划的ITS诱导导航仪生产项目、华虹科技等高科技项目落地,工业科学发展水平不断提升。

城市建设。全年总投资近10亿元的城市建设项目按照序时进度完成。总投资近2亿元的城区新自来水厂、城区污水处理厂、三华桥拓宽改造工程等项目全面完成;总投资约6000万元的三华南路、府前路、新将北路改造全部完成,府前广场投入使用。旅游业快速发展,玉华洞—天阶山申报4A级旅游景区工作加快推进,玉华洞景区配套设施建设逐步完善,经营收入首次突破1000万元,增长26%。房地产业健康发展,完成投资2.45亿元,增长12.8%;商品房销售总额2.28亿元,增长141%。

项目建设。总投资约20亿元的10件要事基本完成。城镇以上固定资产投资28.85亿元,增长40%;26个中央增投项目完成投资9067万元。重点项目建设进展顺利,8个省、市重点项目完成投资7.05亿元,156个县级以上重点项目完成投资34.3亿元。全年安排投资500万元以上重点前期工作项目70项,总投资54.8亿元;储备千万元以上项目175个,其中亿元以上项目11个。项目工作机制进一步完善,8个招商引资工作组全年签约项目24项,总投资22亿元;在谈项目30项,总投资12.7亿元;共对接项目115项,总投资21.7亿元。

财政金融。地方级一般预算收入首次突破2亿元大关,完成年初预算的110.8%,增收4079万元。全年本外币贷款余额突破30亿元,增长43.8%,其中企业贷款20.4亿元,约占2/3;县级新增贷款9.15亿元,政策性银行贷款4.09亿元,全年金融资金增加13.24亿元。新批办贷款担保公司2家、扩大资本金1家;全县担保公司合计发放担保贷款3.78亿元,签订合同322笔,涉及企业117家。向莆铁路的加快建设、金牛水泥三线的投产、城区基础设施项目的竣工。

社会事业。"农村中小学寄宿生食宿改善工程"新投入280万元,实现低额缴费、全餐供给,二女结扎户、独女户和低保户等家庭学生全部免费用餐,10.7公顷学生实践基地的管理和使用水平进一步提高,惠及全县所有乡镇16所学校3073名寄宿生。实施国家、省科技项目3项,完成"全国科技进步县"创建验收工作。创建"第十届省级文明县城"通过考评验收。"四大文化"(杨时文化、乡土文化、苏区文化、英雄文化)建设成效明显,"闽学鼻祖"杨时入选全市首届十大名片;新发现距今已有千余年的宋代擂钵窑址,填补了国内空白;龙池砚获国家地理标志产品保护。荣获"全国计划生育优质服务先进县"称号。继续保持省级文明先进县城称号,荣膺双拥模范县六连冠,顺利通过全国科技进步县考核,被评为全国计划生育优质服务先进单位。

人民生活。总投资近2亿元、惠及全县人民的20件为民办实事项目全面完成。完成农村公路硬化42千米,全县行政村通水泥路达98.51%;投入资金1000多万元建设廉租房105套,有效缓解部分住房困难家庭的住房问题;集福利院、光荣院、儿童福利院、救助站于一体,总投资2300万元的社会福利中心建设加快,已完成主体工程。新增就业1558人,城镇登记失业率3.49%。城乡低保对象基本实现"应保尽保"。新型农村合作医疗保障水平提高,全县农民参合率达90.05%,住院补偿10738人次,补偿金额1122万元。

(邱宗毅)

沙县

【经济社会概况】 2009年,全县生产总值85.80亿元,比上年增长13.9%,其中:第一产业增加值15.64亿元,增长5.7%;第二产业增加值40.14亿元,增长18.1%;第三产业增加值30.02亿元,增长12.9%。人均地区生产总值35600元。三次产业结构为18.2∶46.8∶35.0。全社会固定资产投资87.72亿元,增长25.8%,其中:城镇以上投资75.38亿元,增长26.2%;农村固定资产投资12.34亿元,增长23.4%。社会消费品零售总额21.49亿元,增长20.1%;居民消费价格下降1.9%;消费品价格下降2.3%;服务项目价格下降0.7%。外贸出口1.05亿美元,增长14.4%,其中民营企业9596万美元,增长18.5%;实际利用外资2500万美元,增长11.0%。财政总收入6.36亿元,增长13.4%,其中地方财政收入3.88亿元,增长16.0%;基金收入2.98亿元,增长23.3%;上缴中央收入2.48亿元,增长9.6%;财政支出7.31亿元,增长69.1%。金融机构年末各项存款余额65.84亿元,增长28.6%,其中城乡居民储蓄存款余额38.96亿元,增长23.3%;各项贷款75.47亿元,增长41.1%。全县单位地区生产总值能耗降低3.8%,二氧化硫排放量下降18%,化学需氧量排放减少8%。全县年末常住人口23.9万人,其中城镇人口11.78万人,占总人口49.3%。2009年经济实力居全省县级第17位,获福建省县域经济城乡统筹优秀奖。

工业经济。全年完成工业总产值158.7亿元,增长20.9%,其中规模以上工业增加值40.92亿元,增长31.3%;工业经济效益综合指数184.5。规模以上工业企业172家,新增加26家;产值超亿元企业达35家。林产加工、机械制造、生物化工三大产业工业产值87.17亿元,占全县规模以上工业产值57.8%。其中林产加工业产值57.69亿元,增长11.8%。机械制造业产值21.50亿元,下降8.5%;生物化工业产值7.98亿元,增长57.0%。新增省著名商标2个,省名牌产品3个,4家企业参与制(修)订12项国家和行业标准;麦丹生物集团获批筹建全国食品工业标准化技术委员会工业发酵分技术委员会食品用L苯丙氨酸工作组,并被省政府授予福建省品牌农业金奖企业荣誉称号。

园区经济。省级开发区金沙园和金古工业园、木竹加工区等工业集中区新开发工业用地212公顷;新入驻企业38家,投产企业23家,完成规模以上工业产值74.74亿元,增长30.9%。金沙园:全年固定资产投资19.63亿元;完成规模以上工业产值63.58亿元,增长40.7%;征迁补偿土地86.7公顷,开发工业用地93.3公顷;基础设施投资3.2亿元,新建标准厂房11.8万平方米;新开道路3.5千米,铺设排水管网8千米,其中污水管网3.25千米;绿化12万平方米。金古园:全年固定资产投资

13.46 亿元，完成规模以上工业产值 10.98 亿元；征迁补偿土地 128.2 公顷，开发工业用地 55 公顷；基础设施投资 0.33 亿元，完成土石方工程 408 万立方米，道路硬化及排水工程 1.4 千米，绿化面积 2.1 万平方米，被评为省级循环经济示范园。

农村经济。全年完成农林牧渔业产值 25.85 亿元，增长 6.1%；竹业、鸭业、茶果业三大农业主导产业实现产值 12.7 亿元，增长 4.72%。培育沙县小吃标准店 1500 家，全县外出从事沙县小吃经营户 1.84 万户 5.3 万人，年营业额达 36 亿元，纯收入超 6 亿元；“沙县小吃”入选三明十大名片之一。全县土地承包经营权流转 0.94 万公顷，其中耕地 0.77 万公顷，比上年增加 506.7 公顷，占全县耕地总面积 61.65%，抛荒地复耕 658 公顷，复耕率 52.9%。新增农业项目 33 个，培育土地流转典型 30 个、“一村一品”36 个、农庄经济 15 个，引进外来承包人员 1276 人。全县 28 家县级以上农业产业化龙头企业固定资产总额 11.2 亿元，辐射基地 2.7 公顷，带动农户 2.19 万户；组建农民专业合作经济组织 33 个，带动农户 1.79 万户；新建农业示范基地 6 个，无公害农产品基地 3 个，新增绿色食品、有机食品、无公害农产品 5 个。加大农业基础设施投入，完成投资 4065 万元，修复水利水毁工程 64 处，水库除险加固 2 座，夏高灌区项目基本完成；土地整理 0.17 万公顷，新增耕地面积 156 公顷。全年林农办理林权抵押贷款 1993 万元。

招商引资。全年共签约项目 150 个，总投资 82.9 亿元；新批外商投资企业 6 家，外资出口企业 7 家。金沙园全年新签约项目 18 个，总投资 8 亿元，其中投资亿元以上项目 3 个，新开工企业 19 个，建成投产企业 13 个，当年开工投产项目 8 个。金古园全年签约项目 32 个，总投资 11.64 亿元，其中投资亿元以上 4 个，新开工企业 10 个，建成投产企业 6 个，当年开投产 1 个。争取中央扩大内需新增投资项目 35 个、资金 4110 万元，全年累计投资 5 亿元；全县 127 个县级以上重点项目完成投资 38.81 亿元，占年度计划 179.30%。

城乡建设。泰和路、大洲大桥、向莆铁路三明北站、省道 304 线官庄至夏茂段改造工程开工建设，金鼎城、龙湖天城、罗布家园、长富家园等住宅小区基本建成，建城区新拓展 1.7 平方千米。城区基础设施不断完善，城市禁养区 71 家规模畜禽养殖场全部拆除，投入 4380 万元新建园林绿化景观、夜景、停车场、标准公厕等公共服务设施，建成府前、城东社区办公场所。完成 70 千米农村公路、60 千米安保工程和 6 座危险桥改造，建成农村客运站 2 个、候车亭 10 个，开通城区至青州城乡公交车；县第三水厂水源工程开工，南阳等 2 个乡镇安全饮用水工程竣工；实施连片 20 户以上农民新村建设 39 个，完成“造福工程”搬迁 123 户 600 人，绿化植树 13 万株。凤岗街道西郊新村一期 160 户 54000 平方米新房竣工，青州镇青湖小区被评为省级“造福工程”示范点，南霞乡和 24 个建制村通过省农村家园清洁行动验收。完成农村电网改造，被省政府评为“新农村电气化县”称号。全年接待游客 47.11 万人次，增长 20%；旅游收入 2.82 亿元，增长 21%。

社会事业。全年组织实施县级以上科研项目 38 项，其中：国家级 1 项，省级 2 项，市级 2 项；新增国家级高新技术企业 1 家。全县 136 家企业与省内外高等院校、科研院（所）建立合作关系，签订 78 项科技成果对接项目，成立三明市机械制造公共技术服务平台、硅化工产业中心实验室，设立金沙园院士工作站。举办各类科技实用技术培训班 240 期，培训人员 1.2 万人次。建成凤岗中心小学综合楼和郑湖中心小学学生宿舍楼等 8 个农村义务教育寄宿制学校食宿工程，沙三中教学楼开工建设，化解农村义务教育债务 1746.8 万元；小学入学率和毕业升学率达 100%，本一上线人数达 150 人，其中 600 分以上 56 人，被省政府评为教育工作先进县。建成县体育中心田径场标准塑胶跑道并投入使用，完成虬江、夏茂文化站和 24 个村级文化室、40 个农家书屋、4 个乡镇文化信息资源共享工程建设。举办和参加各类体育项目活动 40 项，参赛运动员 8010 人。县跆拳道、游泳代表队在三明市年度比赛中获团体总分第一名。在第 11 届全运会上，沙县籍田径选手刘仁灶获男子 4×100 米接力赛第五名，胡倩获女子三级跳远第六名。总投资 5000 万元的县中医院整体迁建项目和夏茂、青州、大洛等 3 个中心卫生院门诊楼投入使用，完成 49 个村卫生所规范化建设，县医院住院大楼开工建设。完成城乡 48 处有线电视网络改造，全县有线电视网入户 3.9 万户，广播电视人口覆盖率 98.6%。计划生育政策符合率 94.21%，人口自然增长率 5.7‰。

民生保障。全年城镇居民人均可支配收入 15898 元，增长 13.1%；年人均消费支出 10680 元，增长 11.7%。农民人均纯收入 7128 元，增长 6.7%；年人均消费支出 5579 元，增长 8.7%。单位在岗职工平均工资 25080 元，增长 15.7%。新增城镇就业 2886 人，下岗失业人员再就业 1298 人，城镇登记失业率 3.47%。农村劳动力转移培训 3660 人，实现就业转移 5386 人。全县参加企业基本养老保险 25156 人，企业退休人员养老金人均月增 128.50 元；机关事业单位养老保险 7200 人，失业保险 22102 人，工伤保险 21340 人，生育保险 14400 人；城镇职工医疗保险 29885 人，城镇居民基本医疗保险 16226 人，农村养老保险 27679 人；新型农村合作医疗保险 176402 人，参合率 95.3%；全县农村低保人数 4522 人，发放低保金 518.1 万元，人均增加 78.80 元；城市低保人数 1614 人，发放低保金 285.6 万元，人均增加 135 元，城乡低保率分别达 2.56% 和 2.57%。保障性安居工程完成 84 套 4200 平方米的廉租房和 120 套 8400 平方米的经济适用房建设。

【创新农村土地流转机制】 沙县位于福建省中部偏西北，总面积 1815 平方千米，年末户籍总人口 25.07 万人，耕地面积 1.25 万公顷，林地面积 13.7 万公顷。近年来，随着沙县小吃的发展，全县有 5 万多农村劳动力外出经营沙县小吃，农村土闲置或抛荒现象日趋突出。2006 年以来，沙县在稳定农村土地承包经营基本制度的基础上，在坚持土地承包经营权 30 年不变的前提下，积极引导农民进行各种形式的土地承包经营权流转。截至年末，全县引进外来承包人员 4013 人，流转土地 0.94 万公顷，其中耕地 0.77 万公顷，占耕地总面积 61.65%；抛荒地复耕和开发 658 公顷，复耕率 52.9%；组建农民专业合作经济组织 65 个，新建现代农业示范园 4 个，基础设施投资 239 万元；农业

项目贷款财政贴息200万元。全县农民人均纯收入达7128元。（黄光建）

尤溪县

【经济社会概况】 2009年，全县生产总值83.14亿元，比上年增长12.6%，其中：第一产业增长5.5%、第二产业增长21.3%，第三产业增长9.7%；农林牧渔业总产值42.97亿元，增长5.8%；规模以上工业产值62.47亿元，增长9.8%；全社会固定资产投资62.98亿元，增长26.1%；地方级财政一般预算收入2.67亿元，增长2.18%；实际利用外资2480万美元，增长11.9%；出口总值3349万美元，增长8%；农民人均纯收入6390元，增长7.8%；城镇居民人均可支配收入14416元，增长9.2%；全社会消费品零售总额18.83亿元，增长13.6%；城镇登记失业率3.69%；人口自然增长率3.55‰。

农业经济。全年共发放粮食直补资金2399.85万元，购置农机补贴521.27万元；粮食播种面积3.49万公顷，良种覆盖率96%，总产量17.23万吨；新植茶园323公顷，改造417公顷；新植金柑28.4公顷；新扩建竹林丰产基地1267公顷，低产竹林改造2800公顷，“尤溪绿竹笋”获得国家地理标志产品保护；新植油茶林228.5公顷，低产改造614.4公顷，被列为国家级油茶示范基地建设试点县。种植烟叶2133公顷，完成烟叶收购10万担。全县15家市级以上龙头企业产值突破5亿元，带动农户9万多户，农户从中获得收入1.5亿元。全县农业专业合作社累计达143家，参加农户12700多户，实现农民收入7000多万元。投入资金1.15亿元实施了国家级农业综合开发土地治理、土地整理、农村水利、烟基工程、库区后期扶持等项目建设，全县新增耕地63公顷，改造中低产田303公顷。

工业经济。县财政安排500万元企业发展基金，全年共发放企业贷款贴息等补助资金184.6万元，向12家企业滚动借出还贷周转金6740万元，减免行政事业性收费910万元。全年各金融机构为工业企业提供贷款27.67亿元，有效保障了企业生产的资金需求。全县新增规模以上工业企业11家，实现规模以上工业产值62.47亿元。纺织、林产两大主导产业增幅分别达到30.3%和37.5%。全面开展选矿企业废水循环利用工程建设，有13家选矿企业完成改造，实现废水循环利用。

项目建设。全年固定资产投资8.01亿元，实际完成投资4.93亿元。43个省市县级重点建设项目累计完成投资18.68亿元，远固新型建材、新胜峰木业等一批项目建成投产。尤溪经济开发区共投入资金1.59亿元，新开发城西园三期用地200公顷，吸引26家投资千万元以上项目在园区落户。向莆铁路尤溪段建设顺利进行。在全省率先实行代建制，完成48千米省道304线路面改善工程，开工建设西城至八字桥公路改建工程；全年共完成153.9千米农村路网建设。

人民生活。全县农民人均纯收入6390元，增长7.8%；城镇居民人均可支配收入14416元，增长9.2%；居民消费价格总指数为98.1。全县农村新型合作医疗参合人数345177人，参合率96.76%；城镇居民基本医疗保险参保人员达30878人。全县共有7183户18660人获得城乡最低生活保障救助，年发放低保金1.18亿元。实施自然灾害救济救助公众责任保险，落实投保金42万元。城镇新增就业人数2825人，增长13.09%；城镇登记失业率为3.69%，下降0.31个百分点。新农村建设扎实推进，县财政安排资金600万元，带动各乡镇、村投入资金1.27亿元，新建项目524个。继续开展农村房前屋后种植珍贵树活动，全县新植珍贵树种33.26万株，村居环境得到改善。

社会事业。财政共投入资金9385万元，实施15个为民办实事项目，着力解决十大困难与问题。全年化解农村义务教育“普九”债务共5894万元，化解率达100%。建成96套廉租住房和480套经济适用住房。推进公共文化服务体系建设，建成2个乡镇综合文化站、54个农家书屋、43个农民健身路径和1个文化信息资源共享工程县级支中心；成功举办纪念朱熹诞辰879周年系列活动。

城市建设。完成投资3.15亿元推进水东新城开发建设，闽中大酒店及宾馆商住小区、B区商住房项目成功挂牌出让并正式动工建设，拆迁安置区、县中医院等新城建设项目按序时推进。加强城市基础设施建设，水东大桥已累计完成投资4960万元，占计划的52.8%；城区生活污水处理厂和生活垃圾无害化填埋场已正式建成启运；城市管道液化天然气项目开始实施一期工程；城区水厂扩容和管网改造工程完成投资975万元，占计划的35%；全市首家县级交通物流园——沈城物流园完成一期工程建设，已有30家二、三类机动车维修企业搬迁入园。

【中国革基布名城】 全县纺织工业企业有236家，其中产值上亿元的企业有5家；纺织工业总产值53亿元，占全县工业总产值的42%；实现利税1.66亿元，吸纳从业人员近1.8万人，成为尤溪工业支柱产业。纺织业的主要产品有纺织用纱、PU革坯布和基布及PU革、PVC革，年产革基布7.6亿米，产量占福建省革基布总量的55%以上；2009年9月1日，尤溪县被中国纺织工业协会授予“中国革基布名城”称号。（郭宜德）

大田县

【经济社会概况】 2009年，全县生产总值66.00亿元，比上年增长13.6%，其中：第一产业增加值15.80亿元，增长5.9%；第二产业增加值30.90亿元，增长20.2%；第三产业增加值19.30亿元，增长11.0%；三次产业结构为24.0∶46.8∶29.2。地方级财政一般预算收入2.99亿元，增长13.8%；一般预算支出6.71亿元，增长35.6%。城镇居民人均可支配收入15455元，实际增长15%；农民人均纯收入6084元，实际增长9.3%。

农村经济。全年农林牧渔业总产值25.95亿元，增长6.2%。粮食生产稳定发展，全年播种面积2.52万公顷。优势特色产业加快发展，新增茶园361公顷，总面积突破0.4万公顷，0.34万公顷茶叶生产基地被列入第六批全国绿色食品原料标准化生产基地，茶农实现人均纯收入8300元。“福梅”辣椒获“福建名牌”，“大田肉兔”申报国家地理标志产品保护，福塘米粉加工区被农业部认定为全国农产品加工创业基地。新增省级农牧业产业化龙头企业2家。农村生产生活条件逐步改善，完成土地整理406.7公顷，兴修水利和烟田基础设施建设受益面积740公顷。

工业经济。全年规模以上工业总产值73.99亿元,增长25.0%。新培育规模以上工业企业14家,年产值超亿元的企业达15家;工业经济效益综合指数206.2;实现利税总额4.53亿元。建材水泥、冶铸机械、煤炭等传统支柱工业加快转型升级,新岩旋窑水泥项目全线投产,红狮旋窑水泥项目一期工程加快建设;积极引导26家冶铸企业和30家机械加工企业建立协作关系;苏桥煤矿、原美化工投产,元沙煤矿开工建设。企业创新能力增强,南生科技有限公司获批筹建"全国工具酶标准化工作组",金门油压机制造公司被确认为省高新技术企业,华闽纸业有限公司乳胶纸填补国内空白;"占昌"、"宝山"获省著名商标;新增市知(著)名品牌产品5件。全县投入工业项目区建设资金7892万元,新平整工业项目区土地160.7公顷,京口工业集中区被列为省级山海协作示范园区;建筑面积11万平方米的福塘标准厂房投入使用,项目承载能力不断增强。

城乡建设。城区规划区面积从26.33平方千米扩大到34平方千米,建成区面积扩大到6.4平方千米;凤翔名府、锦绣福田等一批高层楼盘交付使用;岩城广场、白岩广场和老年人、青少年、妇女儿童活动中心相继建成,河滨西岸夜景、河滨东路、玉山桥和石牌互通口至福塘路段环境综合整治工程全面竣工,赤岩路和城区生活污水处理厂建成投入使用。新增集镇面积4.4万平方米,建设三宝、太华华麟等9个小区成为农村集镇建设亮点;新增新村建设面积8.7万平方米。全县治理水土流失面积2073公顷,水土流失得到控制。

投资消费。全社会固定资产投资完成73.40亿元,增长27.8%,其中城镇以上固定资产投资33.95亿元,增长39.5%。加大投资力度,年度确定61个重点项目,其中13个项目列入省、市重点项目,总投资1亿元以上项目18个,均为历年之最。42个在建和新开工项目完成投资16.92亿元,增长25.3%。新增中央投资农村公路项目7个;完成村通村公路4个项目、通自然村公路19个项目。前坪、太华110千伏输变电工程建成并投入使用,石牌小汤泉220千伏输变电工程建设进展顺利。全社会消费品零售总额17.82亿元,增长17.1%;房地产开发完成投资5.22亿元,增长22.2%。组织家电下乡10150台(件)、汽车和摩托车下乡2512辆,新购置农机具3593台(套),发放财政补贴资金879万元。

第三产业。新华都、苏宁电器等知名商贸企业入驻岩城;"满田春"山海协作市场、农副产品物流配送中心、农资配送中心、茶叶要素市场等专业市场规划建设;"万村千乡"市场工程覆盖全县所有乡(镇)和60%的行政村。仙亭山森林公园二期、白岩公园提升改造、岩城大酒店、土堡建筑修复工程等旅游项目有序推进,全年实现旅游收入0.33亿元,增长20.1%。

外向型经济。组织参加各种招商专场招商会,共引进或达成意向项目109个,吸引区外资金39.8亿元;实际利用外商直接投资可比口径1955万美元,增长11.3%;实现外贸出口3205万美元,增长5.3%。

个私经济。新增个体工商户1786户,新办私营企业186家,总数分别达5465户、849家;新增注册资金5.14亿元,总注册资金21.03亿元;新增从业人员4402人,总从业人员19451人。非公经济实现产值61.8亿元,增长17.1%;上缴税收3.24亿元,增长16.7%;当年新增上缴税收超100万元的非公企业5家。

民生工程。城区地表水厂水源区库面网箱养殖清理工作基本完成;城区污水处理厂完成设备安装并通水试运行;生活垃圾无害化处理场主体工程动工建设;新建中小学校舍2.2万平方米,改造危房1.1万平方米;改造提升乡(镇)卫生院8所,民生医院建成投入使用;建设经济适用房、廉租房240套、1.4万平方米;13个乡(镇)、19个行政村实施"造福工程",安置搬迁户227户、1050人;8个省级扶贫开发重点村实施项目60个;新建农村沼气池1000口;建设5个乡(镇)农村饮水安全工程,受益人口2万多人;新建4个乡(镇)综合文化站、58个农家书屋、25个农民健身工程点;完成芳联堡、安良堡等7处古堡建筑的抢救性修复;实施有线数字电视整体转换工程。实施农村劳动力转移就为业培训3905人、创业培训577人,"阳光工程"培训1590人;新增转移农村富余劳动力5096人。

社会事业。全面化解义务教育"普九"债务,兑现义务教育绩效工资,教育工作以优秀等次通过市政府督导评估复查,本科上线人数首次突破2000人。获"福建省计划生育优质服务先进单位"荣誉称号。有效防控甲型H1NI流感疫情。企业职工养老、医疗、失业三大保险覆盖面分别达到98.8%、95.5%、96.8%,工伤保险在全省率先延伸到商贸服务业领域。新型农村合作医疗保险参合率达92.4%,人均筹资水平提高到150元。城乡就业持续加强,被列为全省统筹城乡就业试点县。被确定为全省首批、全市唯一的全国新型农村养老保险试点县。荣获"全国科技进步县"称号。开展第三次全国文物及非物质文化遗产普查,7座土堡、3处古建筑、3处涉台文物列入第七批省级文物保护单位。完成了第二次经济普查。

【全国新型农村养老保险试点县】 2009年,国务院决定在全国10%的县(市、区)开展新型农村社会养老保险试点,大田县被确定为全省首批、全市唯一的全国新型农村养老保险试点县。新型农村社会养老保险制度采取社会统筹与个人账户相结合的基本模式和个人缴费、集体补助、政府补贴相结合的筹资方式,年满16周岁、不是在校学生、未参加城镇职工基本养老保险的农村居民均可参加新型农村社会养老保险。个人缴费实行按年度缴纳,缴费标准设为每年100—1200元,以每100元为一个缴费档次,参保人自主选择档次缴费;政府对参保人缴费给予财政补贴,补贴标准为每人每年30元,其中对农村重度残疾人、农村低保户、农村计生对象中独生子女死亡或伤残、手术并发症人员等缴费困难群体,政府按每人每年50元标准为其代缴养老保险费;农村45—59周岁生育两个女孩或生育一个子女的夫妻,在每人每年30元缴费补贴的基础上,省财政再增加20元缴费补贴。年满60周岁、符合相关条件的参保农民从2009年12月起开始领取55元/月的基本养老金。全县符合新农保参保条件的有23.26万人,其中16—59周岁的19.94万人,60周岁以上的3.32万人。 (杨廷美)

编辑:郑莱

莆田市

【基本概况】 莆田市史称“兴化”，位于福建省沿海中部，北连福州，南接泉州，东南与台湾省隔海相望，与台中市仅距72海里。年均气温18℃～21℃，属亚热带海洋性季风气候。现辖仙游县，荔城、城厢、涵江和秀屿4区，以及湄洲岛国家旅游度假区管委会和湄洲湾北岸经济开发区管委会。有汉、回、畲、壮、苗等33个民族，2009年末常住人口286万人，旅居海外的华侨、华裔及莆籍港、澳、台同胞60万人，其中华侨、华裔47万人。拥有陆域面积4119平方千米，海域面积1.1万平方千米，海岸线总长534.5千米，其中大陆岸线长271.6千米，海岛岸线长262.9千米。盛产鳗鱼、对虾、梭子蟹、丁昌鱼等海产品，龙眼、荔枝、枇杷、文旦柚“四大水果”驰名中外。文化底蕴深厚，古迹众多，有风景名胜和文物古迹250多处，留存以妈祖、莆仙戏、南少林、三清殿为代表的文化遗产，是福建省“历史文化名城”之一。拥有湄洲湾、兴化湾、平海湾三大海湾，湄洲湾港是“中国少有，世界不多”的天然深水港湾，水深港闭，风平浪静，不冻不淤，10万吨级船舶可自由进出。其中秀屿港是一类对外开放口岸和台轮停靠点。

【经济社会综述】 2009年，全市生产总值691.42亿元，比上年增长14.5%。一、二、三次产业增加值分别为76.59、375.03、239.80亿元，分别增长5.0%、15.7%、15.6%，三次产业比例由上年的12.3∶56.5∶31.2调整为11.1∶54.2∶34.7。人均地区生产总值24260元，比上年增长13.9%。2009年再次被中国城市品牌大会评选为“中国最具发展潜力城市”。

农业生产。全年农林牧渔业总产值127.37亿元，增长5.5%。粮食种植面积5.5万公顷，增加1900公顷；油料种植面积1.56万公顷，增加613.33公顷；蔬菜种植面积3.26万公顷，增加860公顷。粮食产量31.03万吨，增长2.3%；油料产量4.36万吨，增长6.0%；蔬菜产量101.02万吨，增长2.8%；水果产量16.07万吨，下降9.6%；肉蛋奶总产量18.92万吨，增长8.2%；水产品产量70.88万吨，增长3.4%；完成人工造林总面积0.2万公顷，增长283.3%；商品材产量11.49万立方米，增长21.8%。新增省级农业产业化龙头企业11家，市级以上龙头企业带动农户60万户。度尾文旦柚获得国家地理标志产品。

工业经济。全年工业增加值318.95亿元，增长14.3%；工业总产值1060.18亿元，增长19.4%，其中规模以上工业产值959.09亿元，增长19.9%。规模工业企业净增168家，总数达1166家。规模以上工业产品销售率98.61%，比上年提高0.54个百分点。全社会工业用电量23.22亿千瓦小时，增长5.1%。规模以上工业企业实现利润32.60亿元，比上年增长88.3%。新增中国驰名商标1个、国家出口免验产品1个、福建省名牌产品16个、福建省著名商标20个；全市共有中国驰名商标10个，中国名牌产品9个，国家出口免验产品2个，福建省名牌产品122个，福建省著名商标85个。中国鞋业创新示范基地落户莆田。全社会建筑业实现增加值55.51亿元，增长27.3%；全市资质等级以上的总承包商和专业承包建筑企业完成建筑业总产值85.96亿元(按注册地口径)，增长34.9%；房屋建筑施工面积1196.18万平方米，增长22.3%；房屋建筑竣工面积335.63万平方米，增长22.7%。

第三产业。全年第三产业增加值239.80亿元，增长15.6%。交通运输、仓储和邮政业实现增加值31.51亿元，增长7.6%。各种运输方式完成货物运输周转量59.07亿吨千米，增长8.3%；各种运输方式完成旅客运输周转量38.26亿人千米，增长5.6%。港口完成货物吞吐量1542万吨，下降14.4%。完成邮电业务总量26.33亿元，增长11.5%。房地产开发投资完成63.33亿元，增长0.4%；商品房销售面积137.87万平方米，增长54.1%，其中：现房销售面积13.75万平方米，期房销售面积124.11万平方米；商品房销售额58.03亿元，增长90.4%；全年接待国内外游客718.90万人次，增长11.0%；实现旅游总收入62.60亿元，增长11.8%。社会消费品零售总额246.13亿元，增长14.49%；其中，城市消费品零售额206.42亿元，增长15.6%；批发业零售额31.09亿元，增长1.1%，零售业零售额176.20亿元，增长18.5%，住宿餐饮业零售额27.74亿元，增长17.9%。在限额以上零售业零售额中，粮油、食品、饮料、烟酒类增长81.4%，化妆品类增长133.0%，日用品类增长134.9%，体育、娱乐用品类增长66.8%，家具类增长247.0%，汽车类增长59.7%。

固定资产投资。全年全社会固定资产投资362.70亿元，增长20.2%，其中：城镇投资增长23.9%，农村投资增长4.3%。第一产业完成投资5.25亿元，增长13.8%；第二产业完成投资126.05亿元，增长9.1%；第三产业完成投资231.40亿元，增长27.4%。285个在建、预备重点项目完成年度投资228.6亿元，其中：192个在建重点项目完成投资204.19亿元，93个预备重点项目完成投资24.41亿元。

城乡建设。城镇化进程加快，城镇化水平达47.2%，提高0.9个百分点。94个城建项目完成投资85.7亿元。完成新一轮土地利用总体规划、城市总体规划等专业规划。城市“三纵四横”主干道路、19条县(区)市政道路建设加快，福厦铁路莆田段、莆秀高速公路、城港大道一期、迎宾大道、莆兴路等13条道路竣工通车。新农村建设加快，累计完成38个集镇、600个中心村总体规划和332个村镇住宅片区详细规划。继续建设100个新农村示范村，着力帮扶20个重点贫困村。782个行政村实施农村家园清洁行动，农村生活垃圾无害化处理率达80%以上，被省政府评为“农村家园清洁行动先进市”。农业综合生产能力增强，建设高标准农田2000公顷，新增节水灌溉133公顷，治理水土流失2466.67公顷，除险加固水库24座，强化加固海堤20.6千米，整治城乡河道57千米，新建扩建标准渔港3个。建成农村水泥路399千米、农村户用沼气池7570口。继续实施农村饮水安全村村通工程，惠及人口90.5万人。“造福工程”、“阳光工程”分别惠及3700人、7200人。落实大型库区移民后期扶持资金3816万元。镇海街道、长寿社区和常太镇岭下村分别获“全国和谐社区建设示范街道”、“全国和谐社区建设示范社区”和“全国巾帼示范村”称号。

对外经贸。全年进出口总额23.47亿美元，增长1.1%，其中：出口16.74亿美元，下降2.5%；进口6.73亿美元，增长11.2%；进出口相抵，顺差10.01亿美元，减少1.1亿美元。新批准设立外商直接投资项目27个，下降25.0%；按历史可比口径统计（含增资），合同外资金额3.92亿美元，下降3.8%；实际利用外商直接投资6.59亿美元，增长17.1%；按验资口径统计（含增资），合同外资金额1.71亿美元，下降8.5%；实际利用外商直接投资1.83亿美元，增长40.4%。

财税金融。全年财政总收入63.15亿元，增长19.6%，其中地方级财政收入37.91亿元，增长28.3%；财政支出62.59亿元，增长37.5%。全年财政用于农林水、医疗卫生、环境保护、城乡社区事务、社会保障和就业投入23.86亿元，增长59.2%，占财政支出的比重为38.1%。全年国税总收入（含海关）36.88亿元，增长8.7%，其中税收收入（含海关）36.86亿元，增长8.8%；全年地税系统组织各项收入32.60亿元，增长26.0%，其中税收收入24.84亿元，增长17.7%。年末金融机构本外币各项存款余额608.85亿元，增长25.6%；金融机构本外币各项贷款余额497.33亿元，增长42.5%。年末金融机构人民币各项存款余额594.96亿元，增长25.5%；金融机构人民币各项贷款余额492.15亿元，增长42.1%。

人民生活。农民人均纯收入6921元，实际增长8.6%；城镇居民人均可支配收入17308元，实际增长11.0%。农民人均生活消费支出5131元，增长7.6%；城镇居民人均消费性支出11560元，增长8.5%。农村居民家庭恩格尔系数为46.3%，降低1.1个百分点；城镇居民家庭恩格尔系数为41.4%，降低0.4个百分点。农村居民人均住房面积66.2平方米，城镇居民人均住房建筑面积40.5平方米。年末参加企业基本养老保险人数20.08万人，参加机关事业单位养老保险在职人数2.71万人，参加城镇职工基本医疗保险22.37万人，参加城镇居民基本医疗保险39.68万人，失业保险参保人数15.29万人，企业工伤保险参保职工14.74万人，事业单位工伤保险参保人数达1.13万人，参加生育保险12.01万人。年末企业领取基本养老保险金的离退休人员2.91万人，全部实现养老金按时足额发放。年末领取失业保险金人数0.42万人。共有城市居民最低生活保障对象13462人，农村居民最低生活保障对象88749人。年末各类社会福利机构床位1574张。全年销售社会福利彩票6034万元，筹集社会福利资金2111万元。民政部门累计接收支援灾区捐赠款物3275万元，其中捐款2071万元。

社会事业。全市有1家企业荣获国家创新型试点企业称号；培育省高新技术企业28家，省自主创新产品8个，省级企业技术中心18家，市级企业技术（研发）中心44家。全市共获授权专利278项，其中发明13项，实用新型126项，外观设计139项。有1个科技成果获国家科技进步二等奖，2项成果获省科技进步三等奖。全市共有国家级质量技术检测中心1个，法定计量技术机构2个，法定产品质量检验机构1个；共有专业地震台站9个，前兆观测台5个，测震台2个，强震台3个，GPS观测基准站1个。普通高等教育招生4863人，在校生16466人，毕业生4626人；各类中等职业教育招生22547人，在校生50033人，毕业生13751人；普通高中招生24463人，在校生70761人，毕业生24183人；初中招生45139人，在校生13.95万人，毕业生46162人；小学765所，小学招生35802人，在校生21.67万人，毕业生47158人，小学适龄儿童入学率100%，初中毕业生升学率（含中职）97.9%；特殊教育在校生2930人；幼儿园在园幼儿82933人。全市义务教育阶段公办学校全部免除学杂费，受益学生65.22万人；公办义务教育阶段享受免费教科书学生比例提高到87.2%，达61万人次；对农村寄宿生进行生活补助，受益寄宿生6.92万人，寄宿生生活补助资金合计1405万元；完善普通高中助学制度，对在普通高中学校（含民办）就读的城乡低保家庭学生提供每生每学年1500元助学金，共落实资金68.8万元，受益学生1578人；中小学生公用经费标准提高到小学350元/生·年、初中550元/生·年。全市共有专业艺术表演团体3个，剧场、影剧院3个，群众艺术馆1个，文化馆5个，公共图书馆3个，博物馆2个。“妈祖信俗”申报世遗成功。全面开展新型农村合作医疗，全市参合人数245.34万人，参合率96.5%；全年支出新农合补偿2.51亿元，人均补偿1675元。从2009年7月1日起，全市开展当年出生的新生儿参合补偿工作。加强围产保健工作，全市孕产妇系统管理率为83.6%，孕产妇死亡率为15.9/10万，婴儿死亡率为6.5‰。承办福建省少年儿童田径、射箭等六个项目锦标赛；在省级体育比赛中，获得9金、8银、7铜；参加第十一届全国运动会决赛，获得1.5金、9铜。全市拥有农民体育健身工程点120个，国家级乡镇农民体育健身活动中心试点单位5个，全国群众体育先进单位5个。

环境保护。全年单位生产总值能耗下降4.55%，二氧化硫排放量下降8.37%，化学需氧量排放减少0.51%。全年节能减排投入13.3亿元，增长5.5%；市控20家重点企业能耗下降3%，节约3.5万吨标准煤；工业用水重复利用率、固体废弃物利用率、清洁能源结构比重分别提高到65%、70%、49%。实行最严格的耕地保护制度，继续清理工业闲置土地，拆除违法占地建筑5.5万平方米，审批建设用地1130.07公顷，开发整理土地3300公顷，连续10年实现耕地占补平衡。环保基础设施进一步完善，湄洲湾电厂等3个脱硫项目和仙游城区污水处理厂投入运行，4座污水处理厂加快建设，新铺设污水管道172千米，新增城市污水日处理能力11万吨。农业面源污染有效治理，东圳、外度库区等重点水域的畜禽养殖污染整治得到加强，全市拆除禁养区内畜禽场857家、面积41万平方米。植树造林6333公顷，森林覆盖率57.3%。城市空气质量达到二级标准。海洋水环境质量保持全省最高水平。木兰溪水质功能达标率为86.1%，萩芦溪水质功能达标率为75.0%，城市内河水质功能达标率为37.5%。饮用水源地古洋水库、东圳水库水质达标率分别为100%、91.5%。

【妈祖信俗成功申遗】 2009年9月30日，妈祖信俗被联合国教科文组织正式列入《人类非物质文化遗产代表作名录》，这是我国首个信俗类世界级遗产。

（李振海）

仙 游 县

【经济社会概况】 2009年，全县生产总值119.38亿元，增长10.7%，三产比例为15.3：43.7：41.0；全社会固定资产投资63.3亿元，增长22.3%；财政总收入8.01亿元，增长33.3%，其中地方级财政收入5.667亿元，增长52.7%；外贸出口总额2.3亿美元，增长4.5%；实际利用外资3700万美元；社会消费品零售总额39.75亿元，增长15.3%；金融系统存款余额108.86亿元，增长25.2%，贷款余额61.34亿元，增长54.7%。

项目建设。全年100个重点项目完成投资39.1亿元；获批土地658.40公顷，征地280公顷，拆迁8.7万平方米；新增贷款余额21.7亿元，新增政府性融资13.9亿元。42个中央增投项目获国家补助9471万元，补助金额位居莆田市县区第一名。仙游抽水蓄能电站主体工程动工建设，通风兼安全洞、进厂交通洞全部完成；金钟水利枢纽工程大坝坝体填筑完工，引水隧洞掘进15.4千米；仙港大道全线完成路基工程和部分路面铺设；福厦高速铁路仙游段完成铺轨；莆永高速公路仙游段动工建设。

工业发展。全年工业总产值140亿元，增长11.7%；工业增加值47.7亿元。新增规模以上工业企业37家，212家规模以上工业企业完成产值118亿元，增长17.2%；完成销售额115.9亿元，增长18.5%，产销率98.3%，产销衔接良好。工业集聚平台持续拓展，仙游经济开发区新增投产、竣工项目22个；城郊工业集中区新增投产项目15个。宝泉工艺产业园、循环经济示范园区、新型建材产业园、石化产业园、郊尾民营创业园等全面启动，循环经济示范园区列入省级循环经济试点园区。获福建名牌产品13项、著名商标7个、知名商标7个；新创省级企业技术中心1家，市级企业技术中心2家，获国家发明专利5项。

农业生产。全年农业总产值31.3亿元，增长3.6%；农业增加值18.3亿元，增长3.1%。粮食播种面积2.53万公顷，总产量14.6万吨，与上年持平；肉蛋奶总产量4.03万吨，增长7.1%；蔬菜产量19.5万吨，增长4.8%；水产品产量1.52万吨，增长3.2%；水果产量5.73万吨；食用菌产量3.95万吨；植树造林3493公顷。台湾农民创业园被批准为国家级台湾农民创业园，累计入园台资农业企业25家，新增水果130多公顷。新增农业专业合作社38家，度尾文旦柚列入国家地理标志保护产品，山益牌台湾甜柿获国家绿色食品标志使用权，大喜牌铁观音获全省名优茶鉴定评比大赛金奖。

仙游抽水蓄能电站开工典礼。 （仙游县政府办供稿）

第三产业。全年第三产业增加值48.94亿元，增长13.8%，其中运输邮电仓储业、批发零售业、住宿餐饮业、金融业、房地产业增加值分别增长6.1%、14.2%、11.9%、32.5%、9.3%。全年实施房地产项目32个，商品房施工面积108.6万平方米，增长47.1%；竣工面积17.3万平方米，增长13.3%；销售面积15.1万平方米。旅游业加快发展，完成全县旅游发展总体规划，全年接待游客94万人次，旅游综合收入1.3亿元，增长12%，荣膺"中国梦文化之乡"称号。

城乡建设。城市建成区面积达13.8平方千米，人口13.5万人，城镇化水平达38.5%。56个重点城建项目完成投资17亿元，鲤城北一环路完成路基工程和路面铺设，鲤南内一环路等6条主次干道竣工。鲤中片区改造工程基本完成，完成安置房建设和选房，木兰滨河新村建成，拆迁户全面回迁，木兰公园投入使用；鲤南安置房竣工23幢，鲤城东北部和鲤中片区安置房竣工38幢。首批62户220人住房困难家庭入住廉租房。龙华镇貂峰村和大济镇溪车村被评为省级示范村，枫亭镇、龙华镇、盖尾镇被评为市级示范镇，8个村被评为市级示范村。完成庄仙线榜头至岭下段、城象线社硎至菜溪段等县道改造工程，度凤线改造工程开工建设，实施农村公路项目108.5千米、县道安保工程89.5千米，改造危桥7座。新建集中式水厂9处、村级饮水工程194处，解决农村41.3万人饮水安全问题。寨岭垃圾无害化处理场交付使用。16个乡镇201个村农村垃圾整治工作成效明显，乡村环境卫生持续改善。

民生工程。15个为民办实事项目顺利实施。城镇居民人均可支配收入13285元，增长10.5%；农民人均纯收入5863元，增长8.1%。新增农村富余劳动力转移就业1.6万人、城镇就业5108人，城镇登记失业率控制为3.95%。义务教育"两免一补"政策全面落实，城乡低保资金按时足额发放。实施城乡困难家庭医疗救助制度，新型农村合作医疗参合率达98.3%。失业、工伤、生育保险扩面工作超额完成，免费为白内障患者实施复明手术290例。

53个扶贫开发项目完成投资1820万元,造福工程搬迁475户2160人。荣获"省级双拥模范县"称号。

社会事业。第五次蝉联"全国科技进步先进县"称号。新增省三级达标学校1所,12个农村寄宿制学校项目投入使用,5个抗震加固项目基本完成。化解农村义务教育债务1.2亿元。新增省级文物保护单位4处、省级非物质文化遗产3项;新建乡镇文化站6个、农家书屋30个;完成文庙修缮;少体校和综合训练馆基本竣工,新增农村体育健身点35个。在全省率先实施出生人口、孕妇B超检查和终止妊娠实名服务管理。提升改造赖店、郊尾等6个卫生院,动工建设县医院医技大楼。4个省级土地整理项目通过验收,耕地总量实现占补平衡;拆除违法用地、违法建设373宗7万多平方米,拆除规模化畜禽养殖场225家13.9万平方米。生态环境持续改善,森林覆盖率达69.6%,菜溪乡通过省级环境优美乡镇验收。城区污水处理厂一期工程投入试运行。第九次蝉联"省级文明县城创建工作先进县"称号。

【仙游台湾农民创业园】 仙游台湾农民创业园位于仙游县北部山区,涵盖钟山、游洋、石苍等8个乡镇,区域面积458平方千米,其中:耕地5333.33公顷,山地4.07万公顷,涉及农业人口23.1万人。2006年8月,正式启动台湾农民创业园建设,同年列入海峡两岸(福建)农业试验区重点项目;2007年6月,挂牌成立"仙游县台湾农民创业园管委会";2009年5月,被农业部、国台办批准为国家级台湾农民创业园。至目前入园台资"农字号"企业25家,投资3500万元,累计开发山地260多公顷,其中种植台湾甜柿基地1667公顷,成为大陆最大的台湾甜柿基地。获市级农业产业化龙头企业的台资企业2家,"山益"牌甜柿和"嘉丰"牌桔柚为绿色食品A级产品。 (朱政逢)

荔城区

【经济社会概况】 2009年,全区生产总值122.27亿元,增长15.3%;财政总收入12.06亿元,增长20.1%,其中地方级财政收入7.02亿元,增长21.2%;全社会固定资产投资80.57亿元,增长10.2%;外贸出口3.09亿美元,增长6.2%;合同利用外资8231万美元,实际利用外资8622万美元;社会消费品零售总额38.8亿元,增长16.2%;一、二、三产业结构从2008年的10.3∶62.8∶26.9调整为9.4∶63.5∶27.1;金融系统年末人民币各项存款余额92.98亿元,贷款余额78.77亿元,分别比年初增加21.88亿元、23.46亿元。

项目建设。143个在建项目完成投资58.18亿元,57个预备项目完成投资4.17亿元,107个前期项目有序推进。才子二期、步远体育用品等80个项目竣工投产,三棵树水性涂料、红星美凯龙等77个项目新开工建设。全年争取中央增投项目17个,获得上级补助资金5573万元;物流园配套设施、荔城经济开发区路网建设等9个重大项目列入全省扩大内需项目用地计划,用地面积258公顷。全年共签约各类项目92个,投资总额41.17亿元,新落地项目78个,投资总额21.33亿元。重大利用外资项目——新加坡上市公司投资的闽中食品深加工项目落地并开工建设。参加第七届"6·18"项目成果交易会,对接项目132个,投资总额26.6亿元。

工业发展。全年工业总产值207.07亿元,增长18.3%,其中规模以上工业产值188.4亿元,增长19.6%。新增规模以上企业27家,总数达266家,其中亿元企业达42家;33家企业产值增幅超100%,23家企业产值增幅在50%~100%。实施技改项目92项。新增省著名商标9件、福建名牌产品8项;"中国鞋业创新示范基地"、"中国鞋业出口基地"落户鞋服城。成立区工业服务中心、区融资办和3家担保公司,在全市率先开展"商标权质押贷款"业务。土地利用总体规划大纲编制完成,争取建设用地占用耕地指标1153.33公顷。新建成2个22万伏变电站。黄石工业园区二期控规通过审批,坑园工业集中区控规编制完成,荔城经济开发区二期、三期控规通过审批,完成星峰路、环园东路路基建设。

农业经济及新农村建设。全年农林牧渔业总产值19.1亿元,增长5.8%。新增市级龙头企业4家,市级以上龙头企业达19家。"闽中"牌产品打入欧美、东南亚市场,"新美"牌西红柿获得"第七届中国国际农产品交易会金奖"。新增各类专业合作经济组织5个,达到63个。完成农村公路建设项目46个、县乡道路安保工程46千米,铺设水泥路面35.7千米、改造危桥9座。基本完成北洋河道二期整治工程,完成中小河流治理前期规划工作。在全市率先完成饮水安全村村通工程,自来水入户率达97.2%。完成河道清淤60千米,修复水利水毁工程27处,除险加固小山塘36座,完成海堤除险加固5.2千米,节水灌溉213.33公顷。新建成户用沼气池2000口。西天尾镇、龙山村、渭阳村分别被评为省级农村"家园清洁行动"优秀示范镇、示范村;新度郑坂、北高埕头、西天尾溪白被评为市级新农村建设精品村。

第三产业。三信·金鼎购物广场开业,沃尔玛、永辉、新华都、东百等连锁超市、百货商场陆续落地,全市首家台资酒店——帝宝花园大酒店正式营业,海源国际酒店试营业,旷远、冠豪等13家星级酒店加快建设。莆田工艺美术城获得"国家4A级景区"和"福建省版权产业基地",莆田鞋业服装城全面开业。家电、汽车和摩托车下乡活动深入开展,累计补贴农户449万元。黄石商贸物流园列入省物流产业调整和振兴计划重点建设项目,鹭燕医药等一批物流企业入驻,双赢物流等第三方物流企业试运营。新增2家一级建筑企业,1家二级建筑企业。全年新开工房地产面积224.3万平方米、竣工110.2万平方米;商品房销售面积63.0万平方米,增长22%。

城市建设。护城河五期、文献路东拓、高速路互通口、西庚等片区改造征迁完成或基本完成,护城河三期、鞋服城入口处等片区改造征迁全面启动,拆迁面积39.02万平方米。新开工安置房面积55.6万平方米,竣工面积20.6万平方米,交房面积14.1万平方米,回迁户数936户。完成重点路段绿化40多千米,人均绿化面积接近6平方米。整治违章搭建291起,拆除建筑面积2.69万平方米。

民生工程。全年投入资金3.14亿元,基本完成10大类为民办实事项目。按时足额发放低保金和失业保险金、养老保险金、退休金7450万元。加强就业服务和农村劳动力技能培训，新增城镇就业4512人，转移农村劳动力3156人。巩固扩大新型农村合作医疗参合面，参合率达96%。免除城乡义务教育阶段学杂费2300多万元，免费提供教科书310多万元，补助寄宿生生活费130多万元。

社会事业。被省政府评为"教育工作先进县区"；20所学校被省、市评为"素质教育示范校"；莆田四中获得"全国五一劳动奖状"，黄石中心小学被评为"全国教育系统先进集体"。莆田八中、二十四中、九中分别通过省一级、二级、三级达标校评估验收；启动校舍安全工程建设，新建面积3.27万平方米；率先开展教师人事"区管校用"省级试点工作。公共卫生体系建设不断加强，全面落实传染病、地方病防控措施，有效控制甲型H1N1流感、登革热等疾病传播；在全市率先全面启动农村医疗卫生基础设施改造，新建、改扩建面积1万多平方米；区医院被评为"二级甲等医院"。科技工作扎实推进，获科技部立项项目2项、省市立项项目17项，新增市级以上企业技术中心4家。文体事业进一步繁荣，《天子与娇客》获第四届省艺术节暨第24届省戏剧会演9项大奖；建成2个镇综合文化站、10个文化示范村；荣获"全国全民健身活动先进县区和优秀组织奖"。人口与计划生育工作继续得到加强，区计生服务站通过省一级验收。实施土地整理项目180多公顷，第二次全国农村土地调查通过验收。被评为"全国白内障无障碍区"、"全国农村留守儿童工作示范县区"、"省级双拥模范区二连冠"。

安定稳定。严厉打击各种违法犯罪活动，破获各类刑事案件1662起；社会治安防控体系逐步完善，建立510个视频监控点，新增200个视频探头、46个规范化警务室。镇海街道被评为"全国和谐社区建设示范街道"、长寿社区被评为"全国和谐社区建设示范社区"。

（俞金椿）

城厢区

【经济社会概况】 2009年，全区生产总值120.06亿元，增长15.7%；财政总收入8.24亿元，增长25.7%，其中地方级财政收入5.74亿元，增长28.4%；全社会固定资产投资59.51亿元，增长17.7%；出口总额3.09亿美元，与上年基本持平。一、二、三次产业比例调整为7.2∶42.6∶50.2。先后荣获"全国平安建设先进区"、"全国科技进步先进区"、"全国计划生育优质服务先进区"、"省级文明城区"、"全省双拥工作模范区"和"全省林业工作先进区"等称号。

工业经济。全年工业总产值116.88亿元，增长17%。新投产企业41家，规模以上工业企业总数达154家；规模以上工业产值100.76亿元，增长19.6%。工业经济效益综合指数达211.3%。自主创新逐步加强，新增省名牌产品5项、省著名商标2件、市知名商标8件，新申报中国驰名商标1件。清华园电器通过国家高新技术企业认定，万邦电子通过省经贸委评定专利产品8个，天喔食品等4家企业建成市级技术研发中心。

第三产业。全年社会消费品零售总额69.65亿元，增长19.2%。限额以上商贸零售企业净增5家，总数达45家，实现限上销售额10.43亿元，增长25.7%。房地产销售总面积37.87万平方米，增长140.9%。全年接待游客170万人次，增长25.9%；实现旅游收入1.7亿元，增长23.2%。扩大内需各项政策全面落实，城乡消费日趋活跃，兑现"家电下乡"补贴资金342.6万元。

农业生产。全年农林牧渔业总产值13.78亿元，增长5.9%。14家农业企业成功申报市级产业化龙头企业，全区市级以上龙头企业达17家，全年实现销售收入15亿元，带动农户约4万户，促进农民增收2.5亿元。

城乡建设。顶墩、洋西、龙桥直街三大片区部分安置房实施工程招投标，龙德井片区改造完成摸底和规划论证，文献广场、顶墩大卖场土地使用权成功出让，雷山巷二期、鲤鱼山二期等片区改造项目启动。八二一大街南伸、延寿路东段贯通工程进入招投标程序。组织实施华亭镇"一镇一品"科技项目、常太标准化果园及枇杷品种改良等14个市重点农业项目，累计完成投资1.41亿元，莆田市水产养殖生物病害防治等7个项目正在组织验收。完成县道城石线改造3千米、通自然村道路水泥硬化42.7千米，新建标准化候车亭20个。冬春修水利工程完成投资4259万元。4个镇文化站建设全面启动，68个村级农民健身工程投入使用，其中东海镇大埔村获得"国家级农民健身公园"称号。常太镇被评为"全国创建精神文明先进乡镇"，常太镇岭下村被授予"全国巾帼示范村"称号。投入财政补助资金200万元，完成81个村庄片区详细规划。

项目建设。全年列入市、区跟踪督查项目198个，完成投资69.5亿元，其中竣工投产项目85个。列入中央新增投资项目14个，争取上级补助资金1556万元，其中10个项目实现竣工。莆秀高速公路、城港大道城厢段建成通车，福泉高速公路扩建工程、港口铁路支线城厢段征地拆迁全面完成，滨海大道城厢段一期B标段实现开工。全年实施工业项目69个，年度完成投资8.63亿元；天喔食品PET车间、华润混凝土、天怡肉制品等项目建成投产，英博雪津啤酒二厂生产线改造完成并投产，莆田LED产业园总体规划开始启动，华林经济开发区竹林路北侧12个项目陆续动工。全年新登记注册企业541户，注册资金19.77亿元。全年合同利用外资6272万美元（验资口径），增长139.0%；实际利用外资1211万美元（验资口径），增长11.2%。新引进的人和新天地公共设施项目，总投资达19亿元人民币，实现当年度开工。

社会事业。科技工作取得重大突破，由海源实业与中科院海洋所等单位共同完成的"菲律宾蛤仔现代养殖产业技术体系的构建与应用"成果荣获国家科技进步二等奖。拓展"6·18"等平台，对接科研项目，上报国家和省市科技部门立项17个，争取科研补助资金390万元。教育事业全面发展，全年财政投入3000多万元，新建校舍4.76万平方米，31所农村薄弱校建设加快实施。全国第三次文物普查、全省非物质文化遗产普查全面完成；省运会乒乓球馆主体封顶。区疾控中心业务大楼投入使用，区医院新址建设前期手续基本完成。严格落实节能减排目标责任制，全年削减工业COD86吨、$SO_2$1.55吨。加快环保设施建设，铺设华林经济开发区、太湖工业园和东海污水管网管道19千米。加强重点流域水环境综合整治和重要饮用水源保护，划定禁养区、禁建区，关闭拆除各类养殖场429家11.9

万平方米，东圳水库一级保护区内养殖场已全部拆除。

人民生活。持续增加民生工程投入，12件重点惠民实事基本完成。抓紧安置房建设，已竣工12个，累计回迁3128户。认真落实廉租房政策，全年发放补助235户30多万元；坂头100套廉租房动工建设。94个村饮水安全村村通工程通过验收，解决不安全饮水人口12.87万人。覆盖城乡居民的养老、医疗、失业、工伤和生育保险等社会保障体系基本建立，各项保险金和城市低收入家庭住房补贴及时足额发放，其中城市低保、农村低保财政补助金发放810万元。新型农村合作医疗共补偿农民就医1.47万人次2329万元。建立12315消费维权站点203个，受理消费申诉举报1000多件，为消费者挽回经济损失300多万元。拓宽就业渠道，新增城镇就业4572人，转移农业富余劳动力2601人，城镇登记失业率控制在2.19%。城镇居民人均可支配收入18215元，增长10%；农民人均纯收入7487元，增长7.5%。 （柯立）

涵江区

【经济社会概况】 2009年，全区生产总值200.23亿元，增长14.1%；全社会固定资产投资总额66.6亿元，增长19.6%；财政总收入16.78亿元，增长13.5%，其中地方级收入8.01亿元，增长32.4%；城镇居民人均可支配收入18215元，增长10.0%；农民人均纯收入7102元，增长7.4%。

工业经济。全年工业总产值435.12亿元，增长17.6%。规模工业企业达到336家，新增30家；规模工业产值、销售收入、利税分别完成400.37亿元、390.82亿元、23.42亿元，分别增长18.2%、17.3%、22.3%；规模工业增加值135.53亿元，增长12.5%。红太阳精品有限公司主持制定国内食品行业“卤蛋”和“即食海带”生产标准，“国圣”品牌荣获中国驰名商标，全区现有4个中国名牌、3个中国驰名商标、37个省级名牌产品、27个省级著名商标和27家省市级企业技术中心，品牌数量和产品研发水平居全市各县区之首。

农村经济。全年农林牧渔业总产值21.13亿元，增长7.6%。粮食生产稳定，农业产业结构调整步伐加快；新增5家市级以上农业产业化龙头企业，新增“华林蔬菜”省级品牌农业金奖企业，23家龙头企业累计实现产值46.25亿元。农业基础投入加大，争取扩大内需水利建设专项资金6493万元，实施陂头泵站改造等一批农田水利工程。完成22个村庄规划设计和论证，新增1个省级村镇住宅示范小区，枫林小区被评为“第六批省级优秀住宅小区”，新农村建设作为全省建国60周年建设成果进行专题展播。各项惠农支农政策全面落实，投入财政支农资金3803万元，增长35.6%。萩芦潭井省级“造福工程”示范点建设加快，庄边上院等10个省、市、区级贫困村扶贫开发成效明显。新增通自然村道路硬化50千米，被评为“全省万里公路建设管理先进区”。

城区建设。配合推进新一轮土地利用和城市建设总体规划修编，城市建设用地范围由31平方千米扩展至55平方千米。大力实施城市建设“东拓西进、南延北伸”发展战略，完成城建投资18.65亿元，加快中心新区选址论证、塘北片区开发和国际商贸城建设，同步推进宫口、孝义等片区旧城改造，城市建设新格局初步形成。福厦铁路涵江段铺轨完毕，涵江站基本竣工，促成兴尤高速公路涵江段走向调整。加快推进南环城路、河滨路、新涵大街北伸和塘北路建设，实施北环城路改造和福厦路涵江中心城区路段拓改与电缆下地工程。铺设污水主干管28千米，新建改造路灯240杆，维修市政道路1万平方米，增设道路消防栓35个。

社会事业。全年投入民生事业费用5.59亿元，增长43.6%。加强甲型H1N1流感等疫病防控，推进医院达标复评和卫生院建设，医疗服务水平和应急能力得到加强。致力提高城乡居民医疗保障水平，全面落实城镇居民医疗保险制度，新型农村合作医疗参合率达99.58%。推进养老保障事业，萩芦夕阳红老人公寓建成并投入使用，白塘敬老院开工建设。连续5年保持“国家级优质服务先进区”水平。完成赤港侨居廉租住房一期工程，推进卓坡经济适用房和配建廉租住房建设。全面完成农村饮水安全“村村通”工程，大力推进萩芦溪流域水环境综合整治，拆除养殖场189家14.63万平方米，城乡饮水安全得到保障。落实安全生产“一岗双责”，在全市率先成立应急救援中心，安全生产形势良好。加强治安视频监控系统和治安岗亭建设，安装“全球眼”183个，其中高清晰探头60个。强化信访稳控化解工作，开展多元化司法调解，化解矛盾纠纷6314件，调处成功率达93.2%。科教兴区战略深入实施，“全国科技进步先进区”创建实现“四连冠”，顺利通过教育“两项督导”省级考评，实现“全省教育工作先进区”创建目标。成功举办车鼓催春大连奏、第三届文化艺术节暨建区25周年焰火晚会。荣获“第十届创建省级文明城市先进城区”称号。完成少体校综合训练馆建设和白塘、新县文化站改造完善工程。新增省级农民健身工程点22个，梧塘镇被确定为国家级试点单位。荣获“省级双拥模范城区”称号。

【筹备建立莆田台商投资区】 该区位于莆田市中心组团城市——涵江区中心城区东南部、西部，规划期内总面积约43平方千米，近期（2009—2020年）开发面积约18平方千米，其中建设用地约15平方千米；远期（2020年以后）约25平方千米。该项目已形成《福建省莆田台商投资区发展战略规划报告》，于2009年12月16日由市政府组织省内专家评审通过。

【涵江区夕阳红老人公寓竣工】 该公寓位于萩芦镇双亭村，是由社会力量创办的综合型养老机构，也是目前全省规模最大、设施最完善的养老机构。从2006年开始筹建，于2009年竣工并投入使用。该公寓占地面积约8.67公顷，总投资6970万元，建筑面积6.3万平方米。其中：养老院5幢18720平方米；医疗保健综合服务楼1幢1168平方米；生活设施3幢7112平方米，能接纳1850位老人。 （林祖泉　陈林芬）

秀屿区

【经济社会概况】 2009年，全区生产总值96.6亿元，增长19.1%，其中：第一产业增加值18.8亿元，增长5.0%；第二产业增加值56.6亿元，增长26.1%；第三产业增加值21.2亿元,增长13.3%;三次产业结构比例为19.4∶58.6∶22.0。全社会固定资产投资72.4亿元,增长20.9%;实际利用外资(历史口径)4007万美元,增长46.3%;外贸出口总额3.85亿美元,增长0.8%;社会消费品零售总额24亿元,增长23.3%;农民人均纯收入7021元,增长6.8%。

项目建设。重点项目开工104个,完成投资66.3亿元,其中:110个在建重点项目开工99个,完成投资65.4亿元;29个预备重点项目开工4个,完成投资0.4亿元;60个前期重点项目开工1个,完成投资650万元。全年新开工、竣工(投产)项目136个,总投资194亿元,累计完成投资159亿元,其中工业类项目56个,总投资153亿元,累计完成投资137亿元。国投(石门澳)产业园基础设施项目开工建设;莆头作业区项目开始钻探。莆秀高速公路建成通车;福厦铁路实现货运试通车,莆田火车站房基本完工;湄洲湾港口铁路支线、向莆铁路秀屿段正在施工建设;城港大道二期秀屿段、沁峤路东段、环城北路三期已动工,其他疏港道路前期工作扎实推进。城市总体规划和土地利用总体规划修编基本完成,新增4000公顷工业和城市项目用地。

工业经济。工业总产值实现131.9亿元,增长33.2%,其中规模以上工业产值实现121.9亿元,增长35.5%。新增规模企业50家,规模企业总数185家;新增亿元企业5家,亿元企业总数15家。实施品牌战略取得新成效,保兰德箱包荣获"中国驰名商标"、"中国箱包领先品牌",凌志首饰荣获"福建省著名商标",三山木业、奇嘉化工荣获"莆田市知名商标"。

招商引资。全年共招商102个项目,总投资83.3亿元,其中工业类项目64个,总投资67亿元。能源产业方面,加快推进LNG产业园建设,引进了冷能空分、精细胶粉等项目;充分发挥风力资源优势,引进南日风电三期、石井风电二期、石城风电二期等重大项目;总投资38亿元、年产量100万吨的鞍钢冷轧钢板(莆田)项目已落地;规划建设福建佳通工业园,鼓励佳通延伸炭黑、合成橡胶、钢帘线等产业链项目;引进福人木业项目,实现林产品加工产业的升级;望海国际大酒店开始营业;福建十建建设有限公司、福建中宏投资建设有限公司等6家建筑工程项目已在秀屿区注册并正式运营。

城市建设。全年49个城建项目完成投资7.3亿元,新增城市道路26千米,城港大道一期、莆兴路、环城北路二期建成通车,佳通西路、工业大道扩宽工程基本完工,中心城区路网更加完善,开通莆田市区到木材加工区的公交专线。安置房建设顺利推进,6个安置区竣工验收。廉租房开工建设204套,完成建设114套。综合功能配套不断完善,集休闲、娱乐、健身于一体的市政公园投入使用;秀屿体育馆已封顶;污水处理厂开工建设,污水管网完成铺设38千米。

农村经济。全年农业总产值33.5亿元,增长6.5%。新增3家全省农业产业化龙头企业;全区36家市级以上农业产业化龙头企业产值达13.9亿元,占农业总产值的41.5%。天兰农业荣获"福建省名牌农产品",怀然农业荣获"福建名牌产品"及"莆田市知名商标","南日鲍"成为全省第一个水产类证明商标。农业设施项目建设进展顺利,石城一级渔港已完成投资3015万元,完成工程量的93.8%;平海一级渔港前期工作加快推进。东峤赤岐、东庄石象海堤已完工,南日岩下海堤已完成投资1740万元,完成总投资的83.0%。全年共拨付家电下乡补贴382万元,对种粮农民农资综合直补950万元,机动渔船油价财政补贴2374万元。

财政收入。全年财政总收入7.02亿元,增长38.9%,其中地方级财政收入4.35亿元,增长65.3%;税性收入5.22亿元,增长16.7%;工业税收3.98亿元,增长12.1%。全年财政总支出8.32亿元,增长54.2%。融资工作有效推进,各金融机构对秀屿区的授信额度为6.42亿元,已到位5.75亿元,到位率89.6%。

社会事业。组织实施科技创新项目10个,实现科技成果对接项目104个,32项专利获得授权,顺利通过全国科技进步考核复评。莆田十一中通过省三级达标验收;落实教师绩效工资,提高教师住房公积金标准;全区机关企事业单位参保率达97%;新型农村合作医疗参合率达96.4%。纳入城乡低保6569户,达19985人,全年共发放低保金1812.9万元。10个为民办实事项目得到全面落实,饮水安全村村通工程顺利推进,累计通自来水村达126个。开拓省外劳务市场,引进外来务工人员4582人。群众对社会治安满意率保持在95%以上,社会更加安定稳定。

(周春雨)

湄洲湾北岸经济开发区

【经济社会概况】 2009年,全区生产总值20亿元,增长8.1%;规模以上工业产值15.4亿元,增长24.19%;全社会固定资产投资9.9亿元,增长110%;财政总收入1.56亿元,增长4%。

基础设施建设。各项基础设施建设扎实推进,一期日供水5万吨的北岸自来水厂投入使用;一期日处理污水4万吨的污水处理厂"三通一平"工作基本完成;疏港道路建设步伐加快,东吴疏港道路(城港二期)东吴段和忠门段恢复施工,东吴疏港公路东埔至东吴段4.76千米路坯形成;工业路基本完成路基填方工程;东吴中大道和莆禧路完成土地预征工作;湄洲湾港口铁路支线东埔段2.54千米路基已填土约21万方,完成工程量的90%。

项目建设。中国中铁股份有限公司投资25亿元的妈祖城核心区基础设施建设全面铺开,莆禧路桥、环城路和东仙采石场正在施工,填砂造地工程已启动,全年完成投资约2.5亿元;省交通运输集团和省港航局投资40亿元建设的东吴港区8个泊位码头年度完成投资1.9亿元;国家投资公司投资39亿元的湄洲湾煤炭中转基地项目正式开工,涉及190.87公顷围垦征用等前期工作进展顺利,完成投资8500万元;省交通运输集团投资54亿元的罗屿作业区泊位码头和物流园区启动地质钻探、养殖情况摸底等前期工作,完成投资1000万元;莆田一中妈祖城校区两幢高中部教学楼装修工程完工,完成投资945万元;港里社区完成投资1978万元;妈祖文化体育公园项目完成投资2000万元;林浆纸一体化项目完成投资3245万元。

社会事业。安全饮水村村通工程已基本完成建设任务,实现通水。忠门镇中心卫生院医技大楼投入使用;各类保障金、救灾资金及时拨付到位；新农村合作医疗工作取得明显成效，全区参合农民 11.4 万人，参合率 92.7%，全年共补偿农民 5994 人次，实际补偿医疗费用 1249.7 万元，人均住院补偿 2042 元。教育均衡发展，“两项督导”通过市级复查；全面完成校舍安全工程排查、校舍鉴定工作，累计投入资金 716 万元改善学校办学条件。全区新建视频监控探头 62 个，各级联防队共配备巡逻汽车 4 部，摩托车 101 部。（林建家）

编辑：林丹英

南平市

【基本概况】 南平市位于福建省北部，闽江上游，地处武夷山脉北段东南侧，闽浙赣 3 省结合部，是福建北大门，俗称闽北。地处东经 117°00′—119°25′、北纬 26°30′—28°20′之间，属中亚热带湿润季风气候。境内常年平均气温 17℃～19℃，日照 1700 小时～2000 小时，无霜期 250 天—300 天，年平均降雨量 1684 毫米—1780 毫米。辖 1 区 4 市 5 县、115 个乡镇、24 个街道办事处；土地总面积 265.5 万公顷，占福建省陆地面积的 21.7%。2009 年末户籍总人口 310.10 万人；有 29 个民族，其中汉族占全市人口的 98.8%；少数民族中，畲族人口最多，其次是回族、苗族、满族、壮族。境域自然资源丰富，林地面积 2964 万公顷，森林覆盖率 75.1%，是福建省重点林区，有“南方林海”、“中国竹乡”之誉。境内有 1 江 3 溪 176 条支流，水域面积 11.01 万公顷，天然河川径流量 267.2 亿立方米，水能资源理论蕴藏量 387.37 万千瓦，居全省第一位。矿产资源丰富，已知矿产 50 多种，已探明储量 30 多种，其中钽铌矿、萤石矿、硫铁矿为优势矿种。生态环境优美，是华东地区不可多得的旅游资源密集区之一，有中旅游资源实体 150 多处，其中国家级、省级以上景点占 1/3，“奇秀甲东南”的武夷山是全国仅有的 4 个“世界自然与文化遗产”地之一，集国家级风景名胜区、国家级自然保护区、国家级旅游度假区和福建省旅游经济开发区于一身。

【经济社会综述】 2009 年，全市生产总值 621.65 亿元，比上年增长 13.9%；三次产业结构为 22.5∶39.7∶37.8；规模以上工业产值 599.31 亿元，增长 13.41%；农林牧渔产值 229.12 亿元，增长6.3%；社会消费品零售总额 225.22 亿元，增长 15.3%；全社会固定资产投资 502.03 亿元，增长 26.7%；实际利用外资（验资口径）6167 万美元，增长 5.3%；外贸出口 6.45 亿美元，增长 1.8%。全市财政总收入 52.26 亿元，增长 9.7%；地方级财政收入 31.39 亿元，增长 11.9%。市本级财政总收入 15.29 亿元，增长 15.70%，完成年度预算 104.91%；市本级地方级财政收入 7.34 亿元，增长 11.63%，完成年度预算 101.48%。旅游接待总人数 1186.09 万人，旅游收入 137.37 亿元，分别增长 15%和 20%。城镇居民人均可支配收入 15867 元，实际增长 10.4%；农民人均纯收入 6116 元，实际增长 10.2%；城镇登记失业率 3.52%。年末金融各项存款余额 626.71 亿元，增长 24.79%；贷款余额 493.82 亿元，增长 26.42%。万元 GDP 综合能耗下降 4.2%，二氧化硫减排 5.1%，化学需氧量减排 1.12%。

主动融入海西建设。市委、市政府围绕海西建设的功能定位，编制旅游发展总体规划，实施一批重大旅游基础设施项目，为构建大武夷旅游经济圈打好基础；围绕建设闽浙赣三省交界新兴中心城市，完成闽北新兴发展区域战略规划编制，着手编制总体规划，做好区域保护和控制工作，武夷新区建设被省委、省政府纳入海西建设的重大战略布局；围绕构建现代立体交通体系，一批高速公路和高速铁路相继开工建设，武夷山机场扩容和新机场规划选址前期工作加快推进，闽浙赣交界重要交通枢纽的布局基本形成。

基础设施建设。武邵、宁武、龙浦、松建 4 条高速公路同时在建，总里程 430 千米；邵光、南平绕城、建闽、延顺、顺邵高速公路前期工作加快推进。京福高速铁路南平段 200 千米开工；峰福铁路电气化南平段改造工程竣工；南三龙、浦建龙梅、衢宁铁路前期工作加快；向莆铁路南平连接线工程进展顺利，南平东支线铁路改建方案已经确定。首座 500 千伏变电站投入运行，闽北电网实现从 220 千伏向 500 千伏网架提升；光泽凯圣生物质热电厂建成投产；邵武火电厂改扩建项目初步可行性研究报告通过省内专家评审。加强政银战略合作，获得银行贷款授信额度 148 亿元。

工业经济。2009 年全市工业产值超亿元企业 110 家，新增 20 家，其中产值超 5 亿元企业 19 家，新增 7 家。南纸六号机组、南铝工业用铝复合型材技改等 37 个重点项目建成投产，太阳电缆 500 千伏超高压立塔交联电缆等一批项目加快建设。新创中国驰名商标 3 件、福建省著名商标 40 件，福建名牌产品 27 个。太阳电缆、圣农发展同时在深交所上市，募集资金 15.08 亿元。闽北经济开发区、南平工业园区和荣华山产业组团建设初具规模，全年基建投资 12.77 亿元，建成标准厂房 25.74 万平方米，引进企业 57 家。县（市、区）工业平台加快拓展，一批工业项目入驻；着力培育旅游养生、生物、创意等特色产业。按照建设国际性旅游度假城市要求，推进茶博馆、印象大红袍山水实景演出等一批项目建设，成功举办第 12 届海峡西岸武夷国际投资洽谈会和国际山水茶体育·旅游节、首届海峡两岸大圣文化旅游节，武夷山成为海峡两岸茶业博览会固定举办地，政和佛子山和顺昌宝山被评定为国家级风景名胜区，浦城匡山获批国家级森林公园，建阳大历溪森林狩猎项目获得批准。积极参与各种重大经贸活动，先后在泉州、杭州、广东、香港、台湾等地举办招商活动，签约项目 63 个，总投资 93 亿元。积极搭建银企对接平台，推进担保体系建设；南平农村商业银行、延州小额贷款公司获得省有关部门批准。

城市建设。完成南平中心城市安济新城概念规划和黄墩片区、大家厂片区、后谷组团控制性规划等编制工作。滨江路改造工程、朱熹路建设工程和沿江亲水平台一期工程顺利完成，狮子山隧道打通，西城大桥建成，常坑大桥、剑州大桥、黄墩大桥、闽江大桥、闽江路、滨江东路一期工程加快建设。完成中心城区LED夜景三期工程和主干道人行道铺设等配套工程，实施玉屏山、九峰山公园改造工程，全面推行环卫保洁市场化运作，城市管理得到加强。各县(市、区)启动一批基础性、功能性和产业性城建项目，邵武市大力实施城市亮化、美化、彩化、净化工程；建阳市建成嘉禾大道、宋慈广场和滨江大道亲水景观平台；浦城县加快推进梦笔大道、兴华北路、城东路建设；武夷山市完成武夷大道改扩建工程；建瓯、顺昌、松溪、光泽、政和等县(市)加快推进城市建设；建瓯、浦城污水处理厂投入试运行，光泽、松溪、政和污水处理厂完成主体工程，顺昌污水处理厂开工建设。

中心村镇建设。全市先行规划建设的22个中心镇、313个中心村，已有19个镇、249个村完成规划，179个中心村启动建设，10510户农民按规划建房。规模农产品加工企业648家，新增18家；农民合作经济组织1433家，新增223家；农村信息服务站点919个，新增334个。农业“五新”(新品种、新技术、新肥料、新农药、新机具)推广100项，农作物良种覆盖率96%。完成土地开发整理复垦2666.7公顷，新增耕地346.7公顷；实施烟基项目受益农田098万公顷，中低产田改造、标准化农田建设、高标准鱼塘改造0.3万公顷。完成农村公路路网工程600千米。水库除险加固14座，治理水土流失1.35万公顷。新增农村饮水安全人口13.1万人。全市97%的乡镇建成简易垃圾处理场，70%的建制村实现垃圾简易处理。新建沼气池9500口。全市商品林登记发证面积126.7万公顷，96.7%的集体商品林完成登记发证，97.1%的建制村完成生态公益林管护机制改革。召开深化推进“南平机制”工作会议并举办十周年成就展，持续推进农村工作机制创新。

社会事业。认真落实教育优先发展战略，实施中小学合格校建设、农村中小学现代远程教育工程，新建农村寄宿制学校宿舍和食堂40座。武夷山市通过省“双高普九”评估验收。南平四中恢复办学，南平高级中学通过省一级达标校评估验收。闽北职业技术学院完成搬迁，福建林业职业技术学院江南校区投入使用。支持武夷学院提高办学水平，恢复福建农林大学南平校区办学。举办南平市第二届科技成果交易会，签约项目54个，总投资7.8亿元。可持续发展实验区通过省上验收。公共卫生服务加强，甲型H1N1流感有效防控。加强社区卫生服务中心建设，南平市人民医院被评定为三级乙等中医院。乡镇卫生院公益性运行机制改革顺利推进，实行人员工资财政统一支付。完成20户以上自然村广播电视村村通建设和8个高山台无线覆盖工程，82%的建制村实现广播电视光缆联网，建成有线数字电视整体转换市级平台。成功举办南平市第二届艺术节、武夷山全国脚斗士精英赛、环世界遗产地——武夷山旅游景区公路自行车赛、邵武全国汽车拉力锦标赛等活动。持续稳定低生育水平，人口自然增长率为6‰，80%的县(市、区)成为国家、省计生优质服务县。武夷山、光泽、邵武、建阳4县(市)被认定为原中央苏区县。积极开展群众性精神文明创建活动，开展全国、省道德模范人物推荐和第二届“感动闽北十大人物”评选活动，6个单位、5个村镇被评为全国文明先进单位(村、镇)。妇女、儿童、老龄和残疾人工作得到加强，社会福利和慈善事业稳步发展。援建彭州市九尺镇工作进展顺利。

民生保障。市委、市政府确定的18件为民办实事项目全面完成。全年新增城镇就业人员2.48万人，农村劳动力转移就业5.39万人。基本医疗保障制度覆盖城乡居民，新农合人均筹资额从90元提高到100元，参合率96.33%，城镇职工和居民参保人数完成省定任务。实施廉租住房项目15个、2406套、11.70万平方米，已竣工908套、4.16万平方米，发放廉租住房租赁补贴348.47万元。实施“造福工程”搬迁1万人。发放家电下乡补贴3019万元。群众对社会治安满意率96.31%。深入开展重点行业和领域的专项整治，建立医患纠纷调解处理机制，强化食品药品安全管理，安全生产形势总体平稳。国家级生态示范区创建通过验收，积极开展生态市建设，推进节能减排工作，实施闽江流域水环境综合整治，加强饮用水源保护，禁建区内规模养殖场治理率达100%。国防动员、民兵预备役和双拥共建等工作有新进展。

【南平市省级可持续发展实验区通过验收】 2009年12月29日，南平市省级可持续发展实验区建设工作通过省级可持续发展实验区验收组验收，标志着南平市成为福建省首个设区市省级可持续发展实验区。南平市创建省级可持续发展实验区工作始于2002年，7年来，通过各县(市、区)与市直各部门的不懈努力，全面完成各项创建指标、任务与优先建设项目，实现创建省级可持续发展实验区的预定目标。全市的综合实力明显增强，基础设施改善，社会事业进步，技术创新能力增强，民生水平提高，民主法制和精神文明建设增强。

【京福高铁南平段举行开工仪式】 2009年12月31日上午，南平市委、市政府在武夷山举行京福高铁南平段开工动员大会。南平市委、人大、政府、政协和军分区领导和铁路方面的代表、专家，县(市、区)主要领导、分管领导，市直有关单位领导，京福铁路沿线乡镇(街道)负责人，工程设计和建设单位代表及社会各界群众等1000多人参加开工仪式。京福高铁为双线电气化客运专线，在闽北境内全长198千米，总投资约270亿元，经由武夷山、建阳、建瓯、南平、古田、闽清，至福州。根据规划，京福高铁武夷山至福州段计划将于2012年底开通；通车后最高时速可达350千米，届时，乘京福高铁列车1小时抵福州，2小时抵上海，6小时达北京，闽北将建成南来北往、东连西接、高度畅通的铁路网，成为福建省的重要铁路交通枢纽。 (刘积卫 张善丹)

延 平 区

【经济社会概况】 2009年，全区生产总值152.74亿元，比上年增长12.9%；三次产业结构由上年14.4∶52.7∶32.9调整为13.1∶52.2∶34.7；财政总收入20.44亿元，增长14.7%，其中地方财政收入10.66亿元，增长11.5%。

工业经济。全年规模以上工业总产值68.51亿元，占全社会工业总产值81%；5个产业集群产值48.81亿元，占规模工业产值71.3%。新增规模企业12家、亿元以上企业2家和“五南式”企业（“五南式”企业主要是指由南平市南孚、南铝、南缆、南纺、南纸等5家骨干工业企业延伸出来的年产值（或销售额）5亿元以上，发展前景较好、潜力较大，投资欲望和社会责任感强，符合国家产业政策和南平市产业发展规划、企业发展战略（规划）明确可行，处于产业链核心位置，对产业发展具有较强的带动作用，对促进财政增收和劳动就业作用较为明显的工业企业，下同）2家，新创省级著名商标2个、省级名牌产品3个。炉下工业平台新落户3个项目，大横绿色产业区、南平工业园区分别完成新征用地103.6公顷、113.3公顷。

农村经济。全年农业总产值32.43亿元，增长7%。粮食播种面积1.84万公顷，产量9.4万吨。78家农业产业化龙头企业销售收入33.5亿元，增长23.1%；农民专业合作经济组织84家，新增35家。新增无公害农产品认证18个、省名牌农产品2个、农业部绿色食品1个。新建林业四大基地521.7公顷，销售木材22.84万立方米。同时，完成65个村规划编制，41个中心村开工建设33个。

项目开发。全年全区社会固定资产投资完成59.1亿元，增长28.6%。19个省市重点项目完成投资8.21亿元。争取新增中央投资项目17个、扶持资金4502.1万元。全年实施总投资1000万元以上项目252个，其中5000万元以上项目57个、新开工项目197个；列入区级储备库项目289个，总投资496.7亿元。第七届“6·18”交易会共对接项目成果110项，已开工36项。

商贸旅游。全年全区社会消费品零售总额64.4亿元，增长16.6%。居民消费价格总指数98.4%，下降1.6%。商品房销售面积31.98万平方米，增长40.36%。旅游接待总人数192万人次、总收入14.89亿元，分别增长12.9%、25.69%。金融机构人民币存贷款余额达197.2亿元、216.1亿元，分别增长20.57%、20.45%。

基础设施。西城大桥建成通车，完成峰福铁路峰南段电气化改造和南古公路改造，向莆铁路南平连接线、合福高铁开工建设。实施2个小流域治理、5座水库除险加固等一批农业基础设施项目；完成53个村人饮工程、1100口户用沼气池、80.6千米农村公路硬化和30个农村候车亭建设。

改革开放。成立区延森公司、国投公司。元力公司上报省证监局备案并开始上市辅导。新批外资企业9家，实际利用外资验资口径813万美元，增长15.3%；山海协作项目注册资金23.75亿元，增长101.9%；外贸出口8368万美元，增长14.65%。

社会事业。西芹镇被评为省级第三届科普先进乡镇，2个社区被评为省级科普示范社区。实施教育基础建设项目13个。完成4个乡镇卫生院改扩建工程。实施3个乡镇综合文化站改造，太平、峡阳农民体育公园被评为国家级农民体育活动中心。出生人口政策符合率90.98%，人口自然增长率3.36‰。

人民生活。城镇居民人均可支配收入和农民人均纯收入分别达16500元、6934元，实际增长10.25%、11.27%。城镇新增就业2876人，下岗失业人员再就业1387人，再就业561人，新转移农村劳动力7613人，城镇登记失业率3.45%；城乡分别有2549户、3771户、4678人、7455人纳入低保。

生态建设。取缔64家小规模林产加工企业。禁养区内86家规模养殖场拆迁任务基本完成，禁建区内规模养殖场治理率达100%。完成2个乡镇垃圾处理场、44个村家园清洁行动和1100口户用沼气池建设，2个乡镇4个村申请省环境优美乡镇、省生态村验收。单位生产总值能耗1.4吨标准煤，下降0.48%。

【王台现代农业示范园区】 园区总面积1.08万公顷，规划建设“一个现代农业服务中心、一个农业休闲农业观光带、八大示范基地”，重点发展优质水稻、绿色蔬菜、现代烟叶、生态养殖、绿色苗木、观赏花卉、观光农业和无公害瓜果等特色产业，建成南方山区生态农业的示范片、福建现代农业发展的样板点、闽江上游现代循环农业和闽北对台农业合作的先行区。

【南古公路改造工程竣工】 该工程由南平十里庵至洋后（古田交界），贯穿延平区及建瓯迪口等7个乡镇（街道）46个村落，涉及10万人口。项目建设总里程64.1千米，总投资近8000万元，工程按三级公路标准分二期建设，历时3年竣工至2009年底全面实现通车。

（李月光）

邵武市

【经济社会概况】 2009年，全市生产总值89.31亿元，比上年增长15%，其中第一、二、三产业增加值分别为16.84亿元、37.92亿元和34.55亿元，分别增长5.7%、23.4%和10.5%；三次产业结构为18.9∶42.5∶38.7。财政总收入突破7亿元大关，达7.02亿元，增长4.5%，其中地方级财政收入4.4亿元，增长12.9%。县域经济综合实力排名上升至全省第11位。

农业经济。农林牧渔业总产值27.29亿元，增长6.0%。粮食、烟叶、林业、畜牧水产、茶叶、食用菌等主导产业规模继续扩大，粮食播种面积3.73万公顷，增长1.8%；总产量20.67万吨，增长1.7%，其中稻谷产量16.5万吨，增长3.3%；烟叶种植0.4万公顷，总产18万担；食用菌、水果、茶叶产量分别为6912吨、4.02万吨、7427吨，分别增长5.2%、1.98%和8.3%；肉类产量1.94万吨，增长3.1%；水产品产量1.57万吨，增长5.4%。

工业经济。全社会工业总产值达到115.44亿元，增长27.6%，规模以上工业产值107.64亿元，增长19.0%。精细化工、林产加工、纺织服装等三大主导产业产值68.8亿元，增长19.7%；机械制造、食品加工等新兴产业加快发展，生物医药、电子信息等高新产业开始起步。全市规模企业198家，其中亿元以上企业24家，新增6家；5亿元以上的新“五南式”企业5家，新增3家。工业经济效益综合指数183.6，提高18.8个点；工业产品产销率98.1%，提高2个百分点。全市新增“福建名牌产品”4个、省著名商标8个。省级邵武经济开发区实现规模工业产值31.1亿元，增长48.8%，占全市规模工业比重28.9%；实现税收8500万元，增长

30.8%。节能减排力度加大，全市万元GDP能耗下降4.6%，主要污染物减排任务全面完成。

商贸旅游。社会消费品零售总额40.63亿元，增长18.8%，其中：批发零售贸易业零售额34.3亿元，增长17.9%；住宿餐饮业零售额5.5亿元，增长23.7%。外贸出口总额9799万美元，增长27.3%；有出口业绩的企业26家，新增4家，其中出口额百万美元以上企业13家，累计出口9263万美元，占全市出口总额的94.5%。全年接待旅游总人数156.6万人次，增长17.6%；实现旅游总收入2.55亿元，增长18.1%。

固定资产投资。全社会固定资产投资74.51亿元，增长17.4%，其中：城镇固定资产投资54.96亿元，增长22.6%；房地产开发投资6.34亿元，增长0.2%；农村固定资产投资13.21亿元，增长7.6%。争取到中央新增投资项目20项，获得补助资金3918万元，主要用于保障性廉租房、农村基础设施、社会事业和企业自主创新等领域，拉动地方配套投资2.3亿元。新开工项目451个，增加52个，其中当年新增实际完成投资额1000万元以上项目204个，增加65个，完成投资41.9亿元，增长39.2%。

城市建设。完成解放路、古城路、越王大桥改造，新建严羽大道，更新公交车辆，拓展公交网络，城市交通更加便捷；完成八一中路、李纲路、华光路人行道改造，建成溪南路、溪北路夜景工程，实施迎宾大道、五一九路、溪南路、白渚公园、316国道纪念碑公园等绿化彩化工程，城市面貌焕然一新；生活污水处理厂建成使用，管道燃气项目顺利推进，城市功能更加完善。

社会事业。通过科技部“全国科技进步县（市）”考核评审。教育“双高普九”成果得到巩固提高，在全省率先实现农村义务教育阶段学生免费上学。农村医疗和社区卫生服务体系建设继续加强。深入挖掘张三丰等历史文化资源，成功举办全国汽车拉力锦标赛、龙舟邀请赛，被文化部命名为中国民间文化艺术之乡。人口计生工作连续5年被评为全国计划生育优质服务先进市，人口自然增长率控制在6.12‰。双拥共建工作连续第六次被评为全省“双拥模范城”。社会保持安定稳定，群众社会治安满意率居南平十县（市、区）首位。

2009年10月28日，邵武市晒口街道办事处新丰村田边组村民在自家新建楼房门前阳台挂上大红灯笼，喜迁新居。 （祝敏松 摄）

人民生活。城镇居民人均可支配收入16545元，增长6.9%；农民人均纯收入7066元，增长8.3%；居民消费价格指数101.6；城镇新增就业2825人，城镇登记失业率控制在3.57%。2009年确定的十大类17项为民办实事项目顺利推进，百姓生活不断改善。

【邵武定为原中央苏区县】 邵武市地处闽赣边界，西邻中央苏区闽赣省驻地黎川，西南联建宁、泰宁中央革命根据地，东接闽北苏区首府崇安，处于建黎泰苏区与闽北苏区相连接的重要地位。1931年6月8日，中央红军首次攻占邵武城；同年7月将邵武党团小组扩建为中共邵武特区委，并组建了邵武特区苏维埃政府；1932年3月，建立了中共邵武县委；1933年1月，将邵光县革命委员会分立为邵武、光泽，成立邵武县苏维埃政府；同年5月，邵武划入中央苏区闽赣省以后，邵武苏区的发展进入鼎盛时期，邵武县苏维埃政府下辖16个区苏维埃政府。一直持续到中央红军长征前夕，邵武县苏维埃政府仍下辖15个区，分布于现今11个乡镇，占乡镇总数的73%，红色区域占总面积的87%，成为中央苏区的重要组成部分，是中央苏区鼎盛时期的建制县。2009年5月4日，中共中央党史研究室正式批复，认定今邵武市“当时属于中央苏区范围”。 （连新民）

武夷山市

【经济社会概况】 2009年，全市生产总值55.90亿元，比上年增长13.7%；财政总收入4.80亿元，增长10.86%，其中地方级财政收入3.49亿元，增长15.3%；社会消费品零售总额22.2亿元，增长17.5%；全社会固定资产投资88.65亿元，增长22.5%；外贸出口4831万美元，比降7.58%；城镇居民人均可支配收入16439元，增长7.9%，农民人均纯收入7050元，增长8.4%。

项目建设。全年实施重点项目62个，其中45个在建重点项目完成投资18亿元，占年度计划106%；省、南平市重点项目24个，完成投资11亿元，占年度计划112%，其中，茶博馆项目完成主体工程及周边绿化，滨江景观大道度假区段投入使用，省道303线快速通道项目完成南源岭至仙店村村尾段建设。全年完成项目储备202个，计划总投资155亿元；争取新增中央投资项目11项，累计总投资1.54亿元，策划、申报2010年争取中央资金储备项目62个，总投资21亿元。全市新批外商投资企业11家，合同外资1.54亿美元，山海协作项目注册资金15.50亿元，引进总投资5000万元以上工业（旅游）项目12项。

旅游经济。全年接待游客495.09万人次（按新口径计算），增长10.8%；其中接待境外游客16.07万人次（按新口径计算),增长2%;实现旅游总收入30.21亿元,增长12%。开展"百城万车游武夷"、世博会门票武夷山票套销售等活动,成功承办"山水茶"体育旅游节、全国角斗士精英赛等一批有影响力的节事活动,出台发放景区门票、组团奖励等促销政策,开通了长沙—武夷山航线和苏浙沪5地市高速旅游直通车。建立500万元会展业发展基金,不断深化对台旅游合作,邀请台湾立荣航空公司、旅行商业同业公会等到武夷山采风,在厦金轮渡游船上开展旅游广告宣传,与台湾雄峰旅行社合作设立武夷山旅游台湾推广中心。英国《每日邮报》刊登新经济基金会选出的"世界上10个最让人感到快乐的地方",中国武夷山榜上有名,获得"2009中国品牌旅游城市"荣誉称号。

工业经济。全年工业总产值30.78亿元,增长20%,其中规模以上工业产值26.93亿元,增长30.3%。建立金融企业向工业企业贷款考评奖励机制,推进茶叶深加工小区建设;完善武夷新区基础设施;加大环保监测执法力度,提高企业节能环保水平;研究编制《武夷山市新兴产业规划》,加快推进创意产业项目建设。

茶产业。全年茶叶产量6600吨,增长25.98%;茶业总产值10.36亿元,增长28.71%。全市茶叶企业取得省著名商标10个、闽北知名商标39个。完成866.7公顷现代茶园改造。启动现代茶叶科技服务中心项目规划建设,成功申报"正山小种"红茶地理标志证明商标,"武夷山大红袍"荣获中国驰名商标,被评为"全国特色产茶县";协助拍摄制作《武夷茶文化》,并在中央电视台成功播出;武夷岩茶(大红袍)进入上海世博会联合国馆。

农业经济及新农村建设。全年农业总产值18.07亿元,增长6%;粮食总产量15.3万吨,增长12.7%;烟叶总产值7776.4万元,增长11.9%;竹业总产值5.49亿元,增长6.2%。落实粮农综合直补、"家电下乡"补贴等支农惠农投入2375万元。投入878万元继续开展水利化县(市)建设,投资1605万元修复水毁水利工程23处;投资1214万元完成洋庄、星村农业综合开发项目;投资1710万元完成烟基工程154项。新建农村户用沼气池1000口、沼气服务站10个,新开竹山机耕道120千米。实施"造福工程",搬迁198户、880人;完成10座危桥改造建设,新建22座候车亭及星村镇客运站;深入开展农村改水改厕工作,新增无害化卫生厕所1800户。11个中心村启动建设,482户农户开始动工,全面建成250户。农业企业新增注册商标265个,新创福建省著名商标4个;完成耕地流转0.21万公顷、林权流转0.25万公顷,发放林权抵押贷款5964万元;完成新增2个乡镇的"乡财市管"改革工作。新增规模以上农业龙头企业7家,总数达到50家,带动建立生产基地4.67万公顷;成立农民专业合作社30个,新发展农村供销服务点5个。

社会事业。先后投资3000多万元实施"双高普九"工作并顺利通过省级评估验收。全年投入788.4万元用于城市绿化、美化。完成污水处理厂扩建二期工程及三期2.6千米管网建设,第二污水处理厂及7.6千米配套管网工程开始施工。全市115个行政村全部建成了农村综合信息服务站,完成村民电脑职业技能认定培训和普及培训10520人。完成82套教师周转房建设,投资100万元实施兴田汀浒小学地质灾害防治工程。全年发放城市低保金385.6万元,农村低保金397.8万元、农村"五保"供养资金126.65万元、特困群众帮扶帮扶金38.9万元、家庭医疗救助金31.73万元,新农合基金累计支付1586万元。完成140套廉租房建设,100套保障性住房完成主体工程。社会抚养费征收率达74.59%。完成农村劳动力转移3582人,城镇新增就业2052人。

【武夷山被确认为原中央苏区县】 2009年5月15日,武夷山市(原崇安县)被中共中央党史研究室确认为中央苏区县。此前,中央党史研究室多次派人到武夷山进行实地考察,查阅史料,确认根据现有资料可以证明崇安县(今武夷山市)在20世纪30年代初期曾属于中央苏区闽赣省管理区域,并据此认定今武夷山市当时属于中央苏区范围。

【武夷山国际山水茶体育·旅游节】 12月5—8日,中国武夷山国际山水茶体育·旅游节成功举办。此次活动融体育、旅游、文化、茶业于一体,将海峡旅游展、茶业博览会、环世界遗产地自行车赛、全国脚斗士精英赛等特色活动融会一起,整合成为丰富多彩的旅游节庆,充分展示大武夷的世界遗产中心、中华养生基地、闽越文化根源、国茶名品故乡的品牌形象。活动吸引海内外游客2万多人,中央电视台、韩国KBS电视台、福建电视台、人民日报体育版等境内外几十家媒体派出近200名记者云集武夷山进行跟踪报道。与此同时,还举办中国武夷山国际茶业博览会,以茶叶展销为主,兼顾茶饮料、茶保健品、茶具、茶叶加工机械等,共吸引105家台湾茶企业参加此次茶业博览会。(吴涛)

建瓯市

【经济社会概况】 2009年,全市生产总值87.19亿元,比上年增长14.6%;农林牧渔业产值40.4亿元,增长6%;工业总产值80.74亿元,增长25.5%,其中规模工业产值72.96亿元,增长28.4%;全社会固定资产投资63.29亿元,增长35%;外贸出口6988万美元,增长14.7%;实际利用外资5498万美元,增长5%;实施山海协作项目88项,项目注册资本金12.23亿元,增长89.7%;社会消费品零售总额30.91亿元,增长18.3%;财政总收入4.89亿元,增长3.3%,其中地方级财政收入3.14亿元,增长3%;城镇居民人均可支配收入15318元,增长9.4%;农民人均纯收入7152元,增长7.7%;城镇登记失业率3.48%;人口自然增长率11.5‰。

农村农业。农村基础设施建设力度加大,完成中低产田改造、土地整理0.1万公顷;修复水毁工程155处,除险加固水库4座,新建农村饮水安全工程49处,新增节水灌溉面积120公顷,建成山地水利5000立方米,治理水土流失面积0.315万公顷;新增造林面积0.48万公顷,新开竹山机耕路158.6千米,新建防火林带143千米;完成农村公路硬化67.3千米。继续开展农村家园清洁行动,新建沼气池800口、垃圾焚烧炉(池)52个、卫生公厕8座。"造福工程"完成搬迁980人。认真落实种粮直补、良种补贴和农机具购置补贴等强农惠农政策，落实“家电下乡”补贴2.21万件、596.8万元，落实“汽车、摩托车下乡”补贴260万元。

工业经济。全市规模以上工业实现产品销售收入69.09亿元，增长28.8%，产销率达96%；实现税金2.12亿元，增长22.4%；实现利润2.47亿元，增长61.4%；工业经济效益综合指数为185.1。产业集聚步伐加大，食品加工和竹木加工产业分别实现产值18.85亿元和35.28亿元，增长35%和37.2%，占全市规模工业的76.2%。重点企业培育取得新成效，34家重点企业实现产值34.82亿元，入库税收8880万元，分别占全市规模工业的49%和67.3%。全市产值超亿元企业19家，新增9家，产值超2亿元企业5家；纳税超百万元企业39家，新增11家。

重点项目。全市新上当年投资500万元以上项目135个，其中投资2000万元以上工业项目24个。全年实施重点建设28项，完成投资8.65亿元，占年计划的102%。中国笋竹城建设进展顺利，完成基础设施建设投资8100万元，平整土地82.7公顷，总投资8亿元的商贸中心动工建设；累计完成征地457.3公顷，建成平台233.3公顷，引进入园企业57家。东峰、东游、川石、南雅、徐墩、吉阳等乡镇互通口工业平台规划建设力度加大。松建高速公路征迁工作全面启动，峰福铁路电气化改造顺利推进，建闽高速公路和京福高速铁路前期工作进展顺利。小松500千伏和东安220千伏输变电工程投入试运行，城区电网改造基本完成，电网运行的可靠性和抗风险能力明显增强。

社会事业。认真实施教育优先发展战略，在省政府“对县督导”评估和督导考核中获得双优秀。全面实施教师绩效工资和岗位设置工作。继续改善办学条件，投资1705万元新建校舍11栋，消除农村中小学危房6144平方米。加大城乡文体设施建设力度，建成23个村级农家书屋和20个村级农民健身点。总投资2000万元的闽源文化广场土建工程基本完成。通过文化部“全国文化先进县”复查，被评为“中国民间文化艺术之乡”，“建瓯唱曲子”、“建瓯弓鱼”被列入省级非物质文化遗产名录。积极发展医疗卫生事业，将乡镇卫生院人员工资纳入国库统发，总投资2330万元的市立医院门急诊大楼封顶。完成20户以上自然村广播电视“村村通”。进一步加强人口和计划生育工作，全市人口出生率10.64‰。

民生保障。全面落实就业和再就业扶持政策，城镇新增就业2408人，下岗失业人员再就业1403人，城镇就业困难对象再就业541人，新增农村富余劳动力转移就业7846人。加强社会保障工作，发放城镇困难居民和农村困难群众低保金1478万元，发放社会保险补贴279.6万元，发放下岗失业人员失业金162万元。全市参加新型农村合作医疗39.8万人，参合率96%，共有35.6万人次获得医药费补偿3933.5万元，参加城镇职工及居民医疗保险6.1万人。全面取消义务教育借读费，免除义务教育阶段学生学杂费2159万元，为农村义务教育阶段学生免费提供教科书61.7万册，免收寄宿生住宿费134万元，发放农村义务教育阶段寄宿生生活补助费和中职学校学生补助共543.5万元。

【闽源文化艺术节】 2009年9月28日，为期20天的闽源文化艺术节在素称“八闽首府”的建瓯新区文化广场开幕。活动内容主要有：庆祝新中国成立60周年歌咏晚会及图片展；茶、酒、笋竹、锥栗小吃文化节；企业风采彩车巡游；招商推介活动；闽派古琴演奏会、京剧、闽剧、越剧票友会等民间技艺会演以及第三届世界旅游形象大使福建赛区总决赛等等。期间，来自台湾的“孔门代言人”江逸子先生向建瓯市孔庙捐赠孔子及“十哲”铜像，并在孔庙举行的文化讲坛开讲座。全市有国家级非物质文化遗产1项、省级2项、市级16项。此次闽源文化艺术节充分展现建瓯“闽国古都，八闽首府”的文化内涵，丰富了群众文化生活，加强了闽台文化交流，提升了建瓯整体形象。（康树章）

建阳市

【经济社会概况】 2009年，全市生产总值66.4亿元，增长15.3%；规模以上工业总产值74.2亿元，增长23.4%；农林牧渔业总产值28.12亿元，增长6.2%；财政总收入4.78亿元，增长7.2%，其中地方级财政收入3.12亿元，增长15.1%，税性比重达86.3%；全社会固定资产投资66.57亿元，增长30.6%，工业项目投资比重达56.2%；外贸出口7274万美元，增长29.0%；山海协作项目注册资本金18.45亿元，增长57.8%；社会消费品零售总额22.46亿元，增长14.9%；城镇居民人均可支配收入15312元，增长9.8%；农民人均纯收入6314元，增长8.5%；城镇登记失业率3.59%；人口自然增长率5.37‰。2009年蝉联全省县域经济发展“十佳”县市第二名。

农村经济。实施乡村公路硬化项目9个，完成县道硬化17.25千米、通自然村公路硬化22.55千米。累计投资8394万元，完成2座小型水库除险加固，修复水毁工程130处，治理水土流失0.13万公顷，改造中低产田592.3公顷，建设农（烟）田保护面积0.11万公顷，建立水稻集成高产示范片1333公顷，落实水稻保险1.67万公顷。全面落实惠农政策，发放种粮直补2267.6万元，受益农户达5.2万户。农业特色产业进一步做大，烟叶种植面积达0.31万公顷，总产16.4万担，实现产值1.2亿元，成为全省第五大烟叶主产区。“建阳桔柚”获得国家地理标志产品保护。葡萄种植面积达0.35万公顷。中心村镇建设进一步加快，13个试点村已完成征地77.7公顷，实现“三通一平”38.3公顷，落实建房1276户，开工建设715户。

工业经济。规模以上工业产值占工业总产值的88.3%，提高2.3个百分点；规模工业产销率达96.6%，经济效益综合指数为189.7，上升15.7个点。全力培育壮大龙头、领军企业和产业链中的核心企业，新增汽车锻压件、鑫泉木业等6家亿元企业，武夷味精、三爱药业年产值达5亿元，实现建阳市“五南式”企业零的突破。“武夷味精”、“武夷酒业”先后获得中国驰名商标，9家企业获得福建名牌产品。

项目开发。全年争取中央增投项目18个，项目补助资金3744.5万元。新上1000万元以上开工项目168个，增长32.3%；完成投资42亿元，增长50%。新上5000万元以上工业（旅游）项目33个，增长32%；完成投资16.7

亿元，增长56%。18个省、南平市重点建设项目顺利实施，完成投资6.95亿元，占年计划的123%。全面完成宁武高速公路建阳段征地拆迁任务，境内6个标段全线动工建设。引进外商投资企业8家，合同利用外资9023万美元，增长25.4%。山海协作引进投资1000万元以上工业（旅游）项目58个，引进注册资金6000万元以上且当年实际完成投资5000万元以上的重大工业（旅游）项目8个，项目总投资6.3亿元，总注册资金5.5亿元，实际到资5.8亿元，其中汇峰林业、碧全家居注册资金均达1亿元。

城市建设。聘请浙江城乡规划院对城市总体规划进行修编，完成5个城市功能区控规编制。加快完善城市道路、路灯、停车场、公园等基础设施建设，先后建成宋慈广场、水景工程、城市排涝站、崇阳溪亲水平台一期、朱熹大道一期等一批城建项目，改造城市道路6.22千米，新增城市公共绿地3.5万平方米、停车场2666平方米，城市公厕全部免费开放使用。启动建设朱熹大道二期、民主北路拓宽改造、水东片区拆迁改造、环城公路一期、LED夜景、潭山公园改扩建等16个项目，总投资4亿多元。

民生保障。扩大养老、失业、医疗、工伤和生育保险参保面，城镇居民基本医疗保险覆盖率达90%，农村合作医疗覆盖率达98.5%。城乡就业体系不断完善，城镇新增就业2816人，新增农村劳动力转移就业5248人。落实被征地农民社会保障工作，按照年龄层次分别实施社会养老保险和老年养老补助。加快社会公共福利事业发展，全面实施自然灾害公众责任保险，新建将口镇敬老院。扎实做好甲型H1N1流感等疾病防控工作，全面启动9项农村公共卫生服务项目，75%的村级医疗机构完成药房规范化建设。加大城乡安居工程建设，造福工程搬迁235户1050人，146户城市最低收入住房困难家庭发放廉租房租赁补贴。完成“惠民花苑”一期324套廉租房建设，256户符合政策对象已入住。开展农村“家园清洁行动”，完成2个乡镇32个建制村的垃圾治理工作，建设农村户用沼气800口。实施农村饮水安全工程28个，受益人口1.2万人。

社会事业。加强科技成果推广应用，获国家专利授权量9件。巩固提升“双高普九”成果，整合优化教育资源，成功实现三中、西门小学整体平稳搬迁。新建中小学校教学楼、餐厅和宿舍8000多平方米。加快城乡卫生保健网络建设，完成崇雒、漳墩卫生院门诊综合楼和水吉卫生院住院部建设并投入使用，新建童游社区卫生服务中心。巩固国家级计生优质服务先进县（市）成果，计生综合考评位居南平各县（市、区）第二，完成8个乡镇计生服务所新扩建，完成市计生服务综合大楼改造。加强文体设施建设，建成麻沙农民健身服务中心和16个村级农民健身点，设立农家书屋20个，加快建设市体育场改建工程和漳墩、将口文化站。完成7个边远行政村800多户有线电视光缆联网，启动数字电视整体转换工程。加强生态环境保护，书坊乡被评为省级环境优美乡镇，黄坑桂林、长见村通过省级生态村验收。被评为“省级双拥模范城先进市”。建阳被中央党史研究室确认为原中央苏区县。

【武夷新区】 作为未来新区城市产业支撑的闽北产业集中区海西林产工贸城—武夷新区，概念性总规划面积3820平方千米，其中698平方千米核心启动区已开始建设，建阳的童游、莒口、将口、崇雒4个乡镇被纳入规划区内。目前累计推出台地1000公顷，引进入园企业110家，总投资86.91亿元，总注册资金20.39亿元，完成固定资产投资33亿元，已初步形成竹木加工、机械制造、电子科技等产业集群。

【交通环境改善】 建阳将成为集“铁、公、空”三位于一体的闽北现代立体交通枢纽中心。浦南高速公路南北穿境，武邵高速公路2010年10月1日将通车，宁武高速公路2012年通车后，到宁德三都澳良港只需2个小时。时速120千米的横南铁路贯穿全境。时速200千米客、货两用的浦建龙梅快速铁路2010年底动工，将口、麻沙将设两个站点。时速350千米的京福高速铁路动工建设，设立于将口的武夷山东站将是该线闽北最大的站点，并将与规划建设的武夷国际新机场无缝对接，2014年通车后，建阳到福州50分钟，到北京只需6小时。

（沈文斌）

顺昌县

【经济社会概况】 2009年，全县生产总值44.91亿元，比上年增长14%；财政总收入3.01亿元，增长0.1%，其中县级财政收入1.73亿元，增长12.2%；社会消费品零售总额15.47亿元，增长14.4%；城镇居民人均可支配收入13818元，增长9%；农民人均纯收入6172元，增长7.1%；银行存款余额39.14亿元，贷款余额22.97亿元，分别比年初增长24.2%和21.4%。

工业经济。全社会工业总产值42.5亿元，其中规模工业产值37.1亿元，增长12.4%。化工、建材、电力、竹木、食品保健品等五大产业产值31.82亿元，增长7.5%。新培育规模企业6家，17家重点扶持培育的亿元工业企业完成产值25.63亿元，增长17.7%。新创省著名商标4件、闽北知名商标22件，“幸福来”商标在新加坡、台湾和香港成功注册；新创福建名牌产品6个；“顺昌芦柑”、“顺昌竹荪”获国家地理标志认证。新屯工业园新征土地1.65公顷、收储山地17.9公顷、平整土地21.3公顷；郑坊闽台农林产品加工平台新征土地36.7公顷土地25.3公顷，新入驻企业5家。

农村经济。落实中心村镇规划、建设资金1890万元；24个试点村落实征地57.1公顷、平整土地38.5公顷。农林牧渔业总产值16.05亿元，增长6.2%；粮食总产7.85万吨；更新造林0.21万公顷；生产柑桔9.19万吨、食用菌5911吨，新建工厂化食用菌企业9家；种植烟叶906.7公顷，总产4.1万担；生猪存栏6.5万头，牛存栏3.4万头，羊存栏1.6万头，家禽存栏51万只。在福州成功举办顺昌柑桔暨农产品展销会；新建各类农民专业合作社31家；升升木业等5家企业分别被评为省、市农业产业化龙头企业。新完成人饮工程建设10个，人饮工程普及率达86%。改造中低产田300公顷，除险加固水库7座。新建农村户用沼气池1200口，69个村通过家园清洁行动验收，2个乡镇、4个村分别获得省级“环境优美乡镇”和“生态村”称号。农民农田参保面积1000公顷。争取各项惠农资金5094.56万元。取消12项涉农收费项目,减轻农民负担2163万元。

项目建设。全年共实施项目开发189项,完成固定资产投资19.1亿元,增长21.1%;争取中央新增投资项目资金及省级预算内基建资金(含地方债券)5000多万元。全年合同利用外资6481万美元,增长5.2%;实际利用外资3754万美元,增长5%。

城市建设。实施城建项目26个。城区北岸防洪护堤贯通项目正式启动;"岸线阳台"开工建设;城南路拓宽改造、富金湖文化长廊及龙山观景台、蝶景湾景观工程基本完成;顺昌植物园、污水处理厂等项目开工建设。开征城区污水处理费和垃圾处理费。新增城市公交路线4条。房地产项目新开工建筑面积25.15万平方米,竣工9.78万平方米。城市绿化面积216.8公顷。

社会事业。完成农村义务教育"普九"化债任务,累计化债2275万元。顺昌一中创省一级达标校通过省教育厅前期考察评审。新建农村寄宿生宿舍4座。埔上镇获国家级"农民体育健身活动中心"称号,全县新建村级农民健身工程点16个、"农家书屋"28个,改造乡镇文化站2个。被评为省级"实施农村电影放映工程先进单位"。完成全县乡镇卫生院和社区卫生服务中心核编定岗工作。免费婚检率达100%。新农合参合率达98%。完成2个乡镇中心卫生院中央增投项目建设;县医院搬迁项目正式启动。被评为"福建省计划生育优质服务先进单位"。新完成4个村、13个自然村与县乡有线广播电视光缆联网。

民生保障。全县城乡义务教育"三免一补"(免课本费、免杂费、免文具费。"一补"是指对小学半寄宿制学生和初中困难学生生活给予补助。)和提高公用经费标准投入1337万元,受益学生2.24万人。农村劳动力职业技能培训4047人,新增城镇就业人员2168人,新转移农村劳动力5309人;"4050"下岗人员再就业582人;劳务派遣员工4801人;城镇登记失业率3.71%。城镇职工基本养老、医疗、失业、工伤和生育保险参保人员分别达到2.5、3.05、2.35、1.5、0.83万人。向3467户7557人发放城乡低保金724.61万元。大历敬老院和县社会福利中心开工建设。争取廉租房建设补助资金495万元;西岗小区一期120套廉租房工程开工建设;发放廉租房补贴资金13.2万元。

2009年9月8—10日,首届海峡两岸齐天大圣文化旅游节在顺昌县隆重召开。

(福建画报社供稿)

【首届海峡两岸(福建顺昌)齐天大圣文化旅游节】 由顺昌县齐天大圣信仰文化交流协会、齐天大圣祖庙董事会和台湾马祖水部尚书公府、台湾大圣王文化研究会共同主办的首届海峡两岸(福建顺昌)齐天大圣文化旅游节于9月8—10日在顺昌举行。本届旅游节,共举行齐天大圣民俗表演、齐天大圣祭祀仪式、张纪中版《西游记》外景地高老庄暨齐天大圣朝圣广场奠基仪式、齐天大圣踩街巡安活动、海峡两岸齐天大圣文化交流暨旅游发展座谈会、顺昌宝山齐天大圣文化游签约仪式、投资项目推介暨特色产品展示会等10余项活动。

【顺昌宝山国家级名胜风景区】 顺昌宝山风景名胜区位于顺昌大干镇、元坑镇境内,距顺昌城区36千米。景区总面积89平方千米,由石宝峰、石寨沟、老鹰岩、十八节峡谷、七台山、峨山6个景区和金斑喙凤蝶生态区组成。2009年12月被评为国家级风景名胜区。目前,已入册景点146处,其中国家一级景点11处。宝山风景区属火山岩地貌,风景秀丽,自然景观和人文特色十分鲜明,最为突出的有四大特征:一是酷似西游的奇石胜景,主要有宝山猿祖、唐僧师徒、八戒思归等。二是典型多样的动植物,景区内有维管束植物198科,753属,1536种;有兽类、鸟类、两栖类、爬行类、鱼类等脊椎动物71种,无脊椎动物26种;有宝山古银杏群落、万亩毛竹林、宝山奇松、宝山杜鹃花等。三是丰富厚实的历史遗存,境内有"通天大圣庙"9座和"通天大圣"祭坛(碑)46处(通),分布在全县12个乡镇32个村,主要遗存有干仙寮、滴水洞、七台寺、吴氏宗祠、水帘洞、山狸洞、宝山寺大殿、南天门遗址、双圣庙双圣祭冢等;四是渊远流长的"大圣文化"。

(黄维雄)

浦城县

【经济社会概况】 2009年,全县生产总值54.92亿元,比上年增长13.6%;三次产业结构为29.8∶33.1∶37.1,二、三产业比重比上年分别提高了0.6个和0.9个百分点;规模以上工业产值35.56亿元,增长13.7%;农林牧渔业总产值25.64亿元,增长6.1%;财政总收入突破3亿元大关,增长4.93%;地方级财政收入2.10亿元,增长4.9%;全社会固定资产投资52.32亿元,增长26.3%;社会消费品零售总额21.79亿元,增长13.6%;城镇居民人均可支配收入14285元,增长9.4%;农民人均纯收入6107元,增长7.8%;实际利用外资3605万美元,增长5.0%;外贸出口6750万美元,增长6.6%;各项存款余额52.39亿元,增长20.28%;贷款余额

26.95 亿元，增长 19.99%；城镇登记失业率 3.52%；人口自然增长率 5.33‰，年末户籍人口 42.12 万人。

工业经济。全年工业总产值 43.78 亿元；规模工业发展到 135 家，其中产值超亿元企业 7 家，纳税超千万元企业 5 家；生物制药、林产食品、轻工轻纺、机械电子四大产业实现产值 33.3 亿元。荣华山产业组团完成基建投资 4.4 亿元，征地 213.3 公顷，建成通用厂房 2.2 万平方米，签约项目 41 个、已开工项目 11 个。浦城工业园区建成通用厂房 2.5 万平方米，入驻企业 34 家，实现税收 3200 万元。绿康生化、旭禾米业获省著名商标；仙楼竹胶合板、三协细木工板、仙芝楼灵芝孢子粉获省名牌产品。

农村经济。粮食、烟叶、竹木、畜禽、菌菜五大主导产业和精米、油茶、笋竹、丹桂、灵芝、薏米、特色烟叶、白鹅 8 个特色农产品发展壮大，列入首批全国无公害农产品生产示范基地县；粮食总产 28.9 万吨；收购烟叶 11.33 万担；新植丹桂 333.3 公顷；建立 200 公顷“浦城·薏米”国家级农业标准化示范区和 2 万平方米灵芝标准化种植示范区。成功申报“中国油茶之乡”。全省最大有机灵芝产业园开工建设。全县规模农业产业化企业 85 家，实现产值 18.35 亿元，增长 22.4%。农民新建住房 1627 户。农村综合改革稳步推进，土地承包经营权流转有序展开，林权证抵押贷款达 7514 万元。

城市建设。全面完成城西、城北交叉路口路面改造，梦笔大道、兴华北路、城东路“三条城市通道”基本实现单向通车；城区生活污水处理厂一期工程建成投入试运行，完成 3 县联盟垃圾焚烧发电项目征迁等前期工作。匡山国家级森林公园申报成功，匡山景区完成控制性详细规划编制，建成景区公路；丹桂山庄建成营业，梦笔新区五星级酒店启动建设。金融、保险、物流等现代服务业加快发展，第三产业对经济增长的贡献率达 50.59%。

项目开发。全年开发项目 272 项，完成投资 44.08 亿元，其中：75 项重点项目完成投资 24.53 亿元，204 项工业项目完成投资 26.93 亿元。引进市外资金实际到资 14.06 亿元，增长 68.6%；争取国家基础设施增投项目 27 项，总投资 1.03 亿元，完成投资 5418.42 万元。龙浦高速公路全线开工建设，浦南高速公路官路连接线基本建成；205 国道（浦城段）改造全面完成，省道 302 线（浦城段）拓宽升级全线竣工；农村公路工程完成 28.7 千米。220 千伏丹桂输变电、110 千伏九秋输变电工程投入运营，110 千伏九牧输变电、2 条 35 千伏变电站和城网改造进展顺利。

社会事业。“灵芝孢子粉破壁及深加工技术”获国家发明专利。全面启动“双高普九”，“校安工程”新建校舍 12 个、16840 平方米，消除 C、D 级危房面积 17571.3 平方米。第三次全国文物普查和非物质文化遗产普查工作通过省上验收，浦城丹桂茶制作技艺入选第三批省级非物质文化遗产名录，完成三山会馆抢救性保护维修二期工程，“中国剪纸艺术之乡”成功申报；建制村有线电视联网率达 83%。县医院被评定为二级甲等医院，河滨街道社区卫生服务中心改造转型通过市级验收。深化“平安浦城”建设，建立医患纠纷调处机制，群众对社会治安满意率达 97.2%。荣获 2006—2008 年度南平市精神文明县城称号。

人民生活。全年发放惠民资金 2.04 亿元；新增城镇就业 2144 人、再就业 1358 人，发放城镇就业补助 556 万元；农村劳动力转移就业 7742 人。企业养老、失业、医疗、工伤、生育保险参保人员达 11.56 万人；提高城镇职工基本医疗保险最高支付限额标准和农村困难家庭医疗救助标准；城镇居民基本医疗保险参保率达 90%；提高新型农村合作医疗补偿标准，调整扩大补偿范围和药品目录库，参合农民 31.23 万人，参合率 92.42%；将 2001 年医改后关闭破产国有、集体企业的退休人员 1110 人纳入职工医保；乡镇卫生院公益性运行机制全面建立，297 名编制内职工工资实行财政全额核拨。廉租住房一期 96 套全面建成投入使用，二期 104 套即将交付使用。 （兰章平）

光 泽 县

【经济社会概况】 2009 年，全县生产总值 29.2 亿元，比上年增长 13.1%；农林牧渔业总产值 18.28 亿元，增长 8.3%；规模以上工业总产值 24.75 亿元，增长 12.8%；全社会固定资产投资 9.7 亿元，增长 18.8%；社会消费品零售总额 9.27 亿元，增长 14.1%；财政总收入 1.87 亿元，增长 16.7%，其中县级收入 1.1 亿元，增长 16.9%；农民人均纯收入 5294 元，增长 6.8%；城镇居民人均可支配收入 13379 元，增长 5.7%；城镇登记失业率 3.41%；年末户籍人口 15.83 万人。

特色产业。全年工业总产值 28.37 元，增长 19.3%。现有规模工业企业 40 家，其中年产值超亿元的工业企业 3 家。食品加工、林产加工、矿产品深加工、工艺箱包等四大特色产业加快发展，共完成产值 22.42 亿元，增长 13.4%，占全县规模工业总量的 90.6%。圣农集团实现工业产值 16.71 亿元，增长 21.4%，是本县首家年税收超 3000 万元的龙头企业。林产加工业，以沪千人造板等为龙头的规模林产品加工企业实现产值 4.02 亿元；总投资 1.6 亿元的油茶种植加工项目已落地，促进竹木企业向精深加工方向发展。美迪化工三期技改和大唐化学、圣火燃化项目正加紧实施。品牌建设取得突破，“圣农”商标荣获中国驰名商标，“熊猫”商标荣获省著名商标，“沪千人造板”已申报省名牌产品。

农村发展。全年粮食总产量 9.07 万吨，增长 7.03%；饲养加工肉鸡 6800 万羽，增长 29%；种植烟叶 0.26 万公顷，实现农业人口人均一担烟的目标；中药材种植 733.3 公顷，其中厚朴种植被列为省级农业标准化示范区；竹林抚育 1.27 万公顷，实现竹业产值 1.8 亿元；植树造林 0.57 万公顷，其中林农股份合作造林 0.11 万公顷。投资 3300 万元，完成 13 个中心村村庄规划编制，启动 10 个中心村建设。改造和新建鱼塘 61.3 公顷，渔业产量 5002 吨，增长 56.3%。投资 5529 万元，改善农田 1953.3 公顷，新增耕地 86.7 公顷。投资 1320 万元，实施水库除险加固 2 座，修复水毁水利工程 86 处；完成 2 个乡（镇）18 个村整村推进人饮工程建设，建成村（组）供水工程 35 处，解决农村 9337 人的安全饮水问题。投资 344 万元，新建农村户用沼气池 800 口，建设乡村沼气服务网点 7 个。

城市建设。坚持规划先行，使城市

规划面积由原来的24平方千米扩大到50平方千米，全县城区控规覆盖率将达95%以上。集中力量开展城市征地、拆迁工作，已累计征地88公顷。城市主干道文昌西路拓宽改造已开工建设，完成拆迁1.8万平方米。加大商品房开发力度，新建商品房7.3万平方米，增长61.1%。108套廉租房已封顶，污水处理厂一期工程、城区生活垃圾填埋场即将建成投入使用。完成22幢大楼LED景观灯建设，新增城区绿地1200平方米。

基础设施。工业园区建设，金岭工业园总规划面积2000公顷，一期规划400公顷，已累计完成投资1.36亿元，征地218.7公顷，开发建设用地147.3公顷，各项配套条件也日趋完善，基本实现水、电、路、讯"四通"，已有9个项目签订入园协议，总投资9.71亿元，预约用地64公顷。电网改造，完成投资4976万元，其中110千伏金岭变电站、110千伏故坪双回路投入营运，凯圣生物质发电两台机组成功并网发电，220千伏鼎盛变电站前期工作顺利推进。道路交通，投入资金3315万元，硬化农村道路46.6千米，改造危桥11座，总投资500万元的富屯溪大桥已开工建设。通讯业完成投资3700万元，完善无线网络基础设施建设。

社会事业。实施市级科技项目2项、县级科技项目10项。投资2200万元，新建中小学校舍14座。投资130万元，完成寨里、止马卫生院改扩建工程，社区卫生服务中心通过市专家组考评，甲型H1N1流感防控措施有力。投资100万元，完成司前、杭川综合文化站建设，举办第四届全县农民运动会，开展农民文艺会演、社区龙舟表演赛等群众文体活动。投资230万元，完成3个行政村光纤联网、城区部分小区网络改造和九里峰高山台建设。寨里、崇仁2个省级环境优美乡（镇）、5个省级生态示范村创建工作通过省级验收。圆满完成第二次全国经济普查任务，启动了第六次全国人口普查前期工作。

民生保障。实施为民办实事项目20项。城镇登记失业率3%，低于市控目标1.4个百分点。养老保险、医疗保险、新农合、城乡低保等保障面进一步扩大，共计发放各类保障金1.31亿元，增长12.8%。兑现保障性住房补助和购置农机具、汽车摩托车家电下乡、石油价格、大中型水库库区移民后期补贴等资金1597.5万元。兑付种粮、良种补贴和定购粮直补1692万元。落实免除义务教育阶段学杂费、教科书、寄宿生生活补助930万元。实施造福工程搬迁980人，补助资金254.6万元。实施"光明行动"60例、贫困残疾人安居工程25户，补助资金23.8万元。

【福建圣农发展股份有限公司成功上市】 2009年10月21日，福建圣农发展股份有限公司（股票简称：圣农发展，股票代码：002299）首次公开发行的A股股票正式在深圳证券交易所上市，成为闽北10个县（市、区）第一家上市公司。福建圣农发展股份有限公司是一家集饲料加工、种鸡养殖、种蛋孵化、肉鸡饲养、肉鸡屠宰加工，我国规模最大的自繁、自养、自宰白羽肉鸡专业生产企业，也是我国长江以南规模最大的白羽肉鸡生产企业。2008年，圣农鸡肉成为北京奥运村的鸡肉食品。2009年1月被著名商业杂志《福布斯》列为"2009中国潜力企业200强"。"圣农"牌冻鸡标准综合体系被作为福建省肉鸡饲养加工行业统一示范标准。"圣农"商标是中国驰名商标，"圣农"牌冻鸡是福建名牌产品。公司现有员工6000多人，总资产21.8亿元，2009年工农业产值27.75亿元，实现销售收入14.4亿元。（邱学文）

松溪县

【经济社会概况】 2009年，全县生产总值20.49亿元，增长13.2%；财政总收入1.1558亿元，增长11.9%，其中地方级财政收入7923万元，增长17.8%；全社会消费品零售总额8.61亿元，增长13%；农民人均纯收入4476元，增长6.7%；城镇居民人均可支配收入11857元，增长9.4%。年末金融各项存款余额25.5亿元，增长30.1%；各项贷款余额13.9亿元，增长51.6%。

工业经济。实现工业总产值15.44亿元，增长18.4%。规模以上工业企业发展到55家，新增8家，实现产值11.44亿元，增长25.7%；规模以上工业经济效益综合指数达133.4，比上年提高8.8个点。"松溪绿茶"获国家地理标志证明商标，"松溪绿茶"、永顺机械"永动"、华韵竹木"好管家"商标获得省著名商标，永顺机械获得"福建省高新技术企业"称号，亚达集团被确定为省品牌农业金奖候选企业。

农村经济。实现农业总产值11.94亿元，增长6%。落实粮食直补，农资综合补贴、农作物良种补贴和农机具购置补贴等强农惠农政策，粮食播种面积1.26万公顷，粮食总产量6.46万吨，增长4%。茶、竹、烟、菜四大特色产业喜获丰收，其产值占农业总产值的比重为31.6%，比上年提高2.1个百分点。投入新农村建设资金5500多万元，启动建房1800户，其中建成一层以上960户。完成土地治理547.3公顷，新增耕地34.5公顷、节水灌溉面积620公顷，改善灌溉面积0.12万公顷，完成烟基项目118个，修复水毁水利工程18处，建成山地蓄水池8个、竹山机耕道52千米，硬化自然村公路10.5千米、改造农村公路危桥5座。

项目建设。列入全县在建和预备重点建设项目28项，其中在建20项，完成投资3.75亿元，占全社会固定资产投资的53.6%。在建项目中的农村饮水安全工程，标准化生态茶园、烟基设施、土地整理、城市污水处理厂、亿田硅业、天天喜油脂化工建设及农业综合开发、永顺机械厂扩建等10个项目按时完成；省道302线松溪段改造基本完成。全年完成固定资产投资7亿元，增长31%。引进项目85个，注册资金9392万元，总投资2.1亿元，其中工业项目20个，总投资1.5亿元，注册资金500万元以上项目5个，1000万元以上项目1个。山海协作引进资金2.5亿元，增长12%。

改革开放。下派村支部书记36名，圆满完成村级组织换届选举工作。林权制度改革不断深化，完成林权登记6.73万公顷、发证6.2万公顷，登记、发证率分别为93%、93.4%，生态公益林管护机制进一步完善。"非转经"（国有非经营性资产转经营性资产）资产收益增长40%，上缴利税700多万元。全年实现外贸自营出口1180万美元，实际利用外资194万美元。

社会事业。开展科技项目评奖活动，落实科技项目26个，开发新产品和推广科技成果40项。完成农村中小学危房改造和农村中小学寄宿制学校项目4个,中小学教师绩效工资改革稳步推进,教育"两项督导"顺利通过省级评估验收。建立县乡村区域性远程会诊系统、合理用药电子监控系统,启动建设村级医疗卫生服务中心点。实现20户以上自然村广播电视"村村通",广播电视综合覆盖率达98%。完成旧县、茶平乡文化站改造,在建渭田、花桥、河东、松源4个乡镇文化站,建成11个农家书屋、16个农村体育健身点。被评为"省级计生优质服务先进单位"。

民生保障。全面落实强农惠民政策,共发放各类补助金1100多万元。新增城镇就业1680人,城镇登记失业率为3.74%。城镇居民医保全面完成市里下达的任务,新农合参合率达98%。出台被征地农民就业培训和养老保险政策,失地农民基本生活得到保障。多方筹措资金,扩大下岗失业人员社保补助范围。城乡低保实现应保尽保,发放救济金681万元。实施"造福工程"和"复明工程",搬迁225户850人、为130名贫困白内障患者免费实施复明手术。新建沼气池1060口。保障性住房建设进展顺利,发放廉租住房补贴10.6万元。年初确定的10件为民办实事项目除了北环路中段、廉租房建设受征地拆迁影响需延期完成外,其他8个项目全面完成或按时序进度完成。

【松建高速公路开工建设】 松溪至建瓯高速公路全长106.536千米,其中松溪境内40千米,设3个互通口1个服务区,途经20个行政村1个农林场。全线采用双向四车道高速公路标准建设,设计行车速度为每小时100千米,路基宽度26米,项目概算总投资68.07亿元,松溪境内约24亿元,2009年全线开工建设,计划2012年建成通车。

(刘美娟)

政和县

【经济社会概况】 2009年,全县生产总值20.61亿元,比上年增长13.2%,其中一、二、三产增加值分别完成6.87亿元、5.95亿元、7.79亿元,分别增长5.3%、17.3%、16.4%。财政总收入完成1.28亿元,增长23.5%,其中县级财政收入8310万元,增长32.3%,税性收入占地方级收入比重为79.8%,提高4.4个百分点。全社会固定资产投资完成6.9亿元,增长38.7%。社会消费品零售总额9.23亿元,增长14.5%。城镇登记失业率为3.47%。城镇居民人均可支配收入12900元,增长9.7%;农民人均纯收入4682元,增长6.9%。全县金融机构存款余额22.4亿元,增长38.8%;贷款余额9亿元,增长36.8%。

农业经济。全年农林牧渔业总产值10.87亿元,增长5.5%。40家规模以上农产品加工企业完成产值6.9亿元,增长48%。新增2家市级农业产业化龙头企业。粮食生产稳定,竹、茶、烟等农业规模化、产业化、组织化进程加快。烟叶种植面积920公顷,产量4.6万担,其中清香型烟叶红花大金元920公顷、1.9万担,成为全省最大的种植基地。竹产业、茶产业产值分别达5.1亿元、4.1亿元。

工业经济。全年工业总产值15亿元,增长12%,其中规模工业发展到58家,完成产值10.6亿元,首次突破10亿元大关,增长27.8%。外贸出口额1243万美元。融资渠道取得新突破,工商银行等4家境外金融单位将业务拓展至政和,授信贷款6000万元,到位3000万元。全年引进固定资产投资500万元以上生产性项目16个、完成投资1.5亿元,全县23家企业新建、扩建厂房8.9万平方米、新上生产线14条。

品牌创建。佛子山被评为国家级风景名胜区。"政和工夫"注册中国地理标志保护产品证明商标。"店小二"、"茗匠"、"政和白茶"、"政和工夫"4件商标被评为福建省著名商标,全县省著名商标达7件。白牡丹、茂旺红茶、茗匠竹茶盘3项产品获福建省名牌产品,全县省名牌产品达6个。官湖化工公司松脂酸钠可溶性粉剂获省优秀产品。

项目建设。宁武、松建高速政和段建设启动,完成征地505.3公顷、投资1.86亿元,政和至建瓯11万伏电力线路建设完成投资1800万元、完成工程量80%,石屯、杨源楼下35千伏变电站竣工投入运行,城区绿水二期工程竣工,污水处理厂投入试运行,城区夜景一期工程完成,石屯工农、星溪富美等9个中心村示范点建设序时推进,新建沼气池212口、垃圾焚烧炉18座,绿化一重山68公顷,新建标准农田132公顷。

社会事业。科技工作连续3次通过国家科技进步县考核,被列为科技富民强县试点县。省对县"两项督导"评估通过市级核查,"普九"债务有效化解,新建校舍1.6万平方米。第二轮县志修编基本完成;新建3个乡镇综合文化站、14个村篮球场。东平、岭腰、镇前卫生院改扩建项目竣工,甲型H1N1流感防控有序有效,"母婴平安120"(中国扶贫基金母婴120公益项目,以救助)项目深入开展,卫生"初保"通过市级验收。高山区4个乡镇广电主干网投入使用,城区有线数字网络升级改造在全市率先完成。出生人口政策符合率为87.9%,人口出生率为9.4‰。第二次全国土地调查通过省市验收,第二轮矿产资源规划修编基本完成。

民生保障。全年转移农村劳动力3678人,下岗失业人员实现再就业609人,新增城镇就业1628人,新增城镇职工基本养老、失业、医疗、工伤、生育保险6845人。新农合参合农民16.4万人,参合率95.5%,补偿医疗费用1191万元;参加城镇居民医疗保险9300人。农房全部纳入统保、城乡居民纳入自然灾害责任保险。落实九年义务教育"两免一补"资金2100万元,发放城乡低保544万元、农村"五保"158万元、医疗救助155万元、水库移民直补209万元、农资综合直补850万元、良种补贴370万元。西苑新村经济适用房和东平、铁山敬老院完成主体工程,"造福工程"搬迁1080人。10个乡(镇、街道)、130个村(社区)、150个机关企事业单位、94.6%的家庭达到平安创建标准。

【政和工夫红茶】 政和工夫红茶为福建省三大(政和、坦洋、白琳)工夫红茶之一,产于以政和县为主产区的福建北部,是福建红茶中最具高山茶品质特征的一种条型茶。政和工夫主要以政和大白茶为原料,经萎凋、揉捻、发酵、烘干、精制和拼配等工序加工制成,有养胃健脾、改善心脏供血、降低胆固醇和血糖、壮骨等功效。政和工夫红茶按品种分大茶、小茶两种。大茶系采用政和大白茶制成,是闽红三大工夫茶的上品,外形条索紧结肥壮多毫,色泽乌润,内质汤色红浓，香气高而鲜甜，滋味浓厚，叶底肥壮。小茶系用小叶种制成，条索细紧，香似祁红，汤稍浅，味醇和，叶底红匀。百年的政和工夫，凭借其独特的品质蜚声海内外，产品远销俄、美、英、法、伊朗、科威特等国家。2009年，“政和工夫”红茶成功注册中国地理标志保护产品证明商标，被评为福建省著名商标和名牌产品。（赖传贵）

编辑：郑莱

龙岩市

【基本概况】 龙岩位于福建省西部，通称闽西，地处闽粤赣3省交界。全市现辖7县(市、区)、133个乡(镇)、街道办事处，1900个村(居)委会，人口293万。属中亚热带季风气候，年平均气温19℃～21℃。面积1.91万平方千米，占全省土地面积的15.7%，居全省第三位。平均海拔460米。已发现矿物种类64种，其中：金、银、铜、铁、无烟煤、高岭土、石灰岩等16种矿物探明储量居全省首位；马坑铁矿是华东第一大铁矿，紫金山铜矿是全国第二大铜矿，东宫下高岭土矿是全国四大优质高岭土矿。是福建省3大林区之一，森林覆盖率78%，居全省第一位。水利资源理论蕴藏量245.85万千瓦，可装机容量209.56万千瓦。有古田会议旧址和世界文化遗产福建(永定)客家土楼等景点；有5个国家4A级旅游景区、2个国家级自然保护区、4个国家森林公园、6处全国重点文物保护单位，1个中国优秀旅游县、1个国家工业旅游示范区；有“华南虎的家园”梅花山，“华东第一洞”新罗龙硿洞，奇丽壮观的石门湖、龙湖等著名景区。国家级历史文化名城长汀被誉为“八闽客家首府”。

【经济社会综述】 2009年，全市生产总值824.88亿元，比上年增长14.0%，其中：第一产业增加值114.99亿元，增长4.0%；第二产业增加值414.00亿元，增长15.5%；第三产业增加值295.88亿元，增长15.8%。三次产业比例调整为13.9∶50.2∶35.9。

固定资产投资。全社会固定资产投资433.97亿元，增长34.5%，其中：城镇以上固定资产投资367.78亿元，增长44%；农村固定资产投资66.2亿元，下降1.4%。按三次产业分，第一产业投资9.1亿元，增长83.4%；第二产业投资201.4亿元，增长24.6%；第三产业投资204.6亿元，增长45.6%。房地产开发投资49.65亿元，增长23.7%。

工业经济。工业总产值965.1亿元，增长20.4%，其中：规模以上工业总产值845.61亿元，增长16.8%；规模以上工业增加值327.8亿元，增长14.6%。烟草加工、机械制造、矿产三大产业工业总产值350.8亿元，增长12.4%，占规模以上工业总产值的42%，其中：烟草加工业总产值85.62亿元，增长7.3%；机械制造工业总产值159.99亿元，增长28%；矿产工业总产值105.2亿元，下降1.9%；建材产业总产值106.2亿元，增长26.2%。净增规模以上工业企业106家、累计1248家，净增产值亿元以上工业企业25家、累计159家，新增上市企业2家、累计6家。新增国家重点实验室1个、国家产品质检中心1个、国家级矿产品检测重点实验室1个，新增市级以上企业技术中心25家、累计71家。新增中国驰名商标3件、省著名商标22件、省名牌产品23个，累计分别为10件、80件、80个。

农业经济。农林牧渔业总产值189.7亿元，增长4.6%。粮食总产96.07万吨，增长3.1%。种植烤烟1.78万公顷，收购烟叶75.5万担。完成造林2.39万公顷。出栏生猪514.8万头，实施300个生猪养殖场和30个畜牧专业村的标准化改造工程。水产品总产量6.02万吨，增长17.3%，其中：淡水养殖产品产量5.23万吨，增长21.5%；江河捕捞产量0.79万吨，减少2.4%。漳平金绿源茶多酚项目正式投产，连城精武白鸭加工、长汀森辉现代农业园等项目建设进展顺利。农产品加工产业实现产值92.3亿元，增长36%。新增农民专业合作社317家，累计510家。连城兰花、漳平水仙茶获国家地理标志商标，连城地瓜干被评为中国驰名商标，漳平水仙茶和永福高山乌龙茶获第六届中国国际茶叶博览会金奖，漳平木村公司被授予省品牌农业企业金奖。新增绿色食品3个，累计48个。完成30个乡镇、289个村规划。年末拥有农业机械总动力100.87万千瓦，增长5.1%；全年江河治理投入资金1.41亿元，修复水毁工程878处，新建或加高加固堤防15.34千米，疏浚河道22.1千米。

第三产业。社会消费品零售总额261.97亿元，增长19.1%。接待旅游总人数132.87万人次，增长21.1%，其中：国内旅游人数131.23万人次，增长21.1%；境外游客1.64万人次，增长28.1%。旅游总收入55.37亿元，增长10.4%。交通运输、仓储和邮政业实现增加值50.65亿元，增长13.2%。公路、铁路完成货物运输周转量82.57亿吨千米，增长21.3%，其中：铁路13.77亿吨千米，增长22.8%；公路68.8亿吨千米，增长20%。全年完成旅客运输周转量42.47亿人千米，增长10.1%；年末全市公路总里程为11901千米，其中：高速公路216千米，二级以上高等级公路里程1017千米；年末铁路营业长度362千米。邮政业务收入1.89亿元，增长10.7%；电信业务收入17.49亿元，增长11.9%；年末固定电话用户63.4万户；移动电话用户189.6万户；全市电话普及率91部/百人；互联网用户179万户，宽带接入端口22.3万个。商品房销售面积213.98万平方米。年末全市民用汽车保有量13.33万辆，增长29.7%，其中私人汽车保有量10.62万辆，增长37.7%；民用轿车保有量7.15万辆，增长43.2%，其中私人轿车保有量6.38万辆，增长47.1%。

城市建设。市博物馆、会议中心投入使用。完成登高公园改造、旧城区滨河拓宽改造、龙岩大道一二期绿化、人民广场亮化等49个项目，农贸市场、人行天桥等市政公用设施建设得到加强，交通综合整治初见成效。中心城市建成区面积扩大到36.3平方千米；常住人口33万人；城市道路长度320千米，人均城市道路面积13.4平方米;人均公园绿地面积9.8平方米,建成区绿化覆盖率40.2%,建成区绿地率36.5%;生活垃圾无害化处理率96.5%,污水处理率达83.1%,每万人拥有公交车12.2标台,自来水普及率达99.3%,燃气普及率达95.9%。

财政金融。全年财政总收入(不含基金收入)134.4亿元,增长13.4%,其中地方级财政收入54.3亿元,增长17.4%;财政支出(不含基金支出)88.56亿元,增长29.6%。年末金融机构本外币各项存款余额686.75亿元,增长31.1%;金融机构本外币各项贷款余额578.4亿元,增长46.7%;农村合作金融机构人民币贷款余额97.85亿元、比上年末增加19.29亿元,金融机构人民币个人贷款余额175.87亿元、比上年末增加75.47亿元。保险企业各项保费收入18.2亿元,增长10.7%;财产险赔款支出3.83亿元,增长19.3%;人身险各项业务支出2.35亿元,增长11.9%。

经济效益。规模以上工业经济效益综合指数达272.54,高出全省平均水平81.73个百分点;工业产品销售率97.4%;实现税金80.62亿元,增长11.4%。规模以上工业企业实现利润84.15亿元,增长6.6%,其中:股份制企业53.84亿元,增长9.3%;外商及港澳台投资企业12.98亿元,增长86.9%;私营企业11.38亿元,增长36.6%;国有及国有控股企业49.25亿元,下降9.8%。

对外经贸。外贸进出口总额6.81亿美元,增长26.3%,其中:进口0.89亿美元,增长11.0%;出口5.92亿美元,增长29%。按历史可比口径统计,合同外资金额5.6亿美元,下降11%;实际利用外商直接投资1.8亿美元,下降25.9%。按验资口径统计,实际利用外商直接投资1.52亿美元,增长13.4%。批准设立外商直接投资项目65个,比上年减少20个。

个私经济。新登记注册资本100万元以上的私营企业896户,累计达3837户、增长30.5%。其中注册资本1000万元以上的私营企业273户,累计达981户,增长42.4%。

社会事业。取得科技成果25项,其中省部级以上应用科技成果24项;科技成果中达到国际先进水平3项,国内先进水平18项。受理专利申请701件,增加314件;授权专利350件,增加153件。共认定高新技术企业24家,其中当年新认定15家。完成古田会议旧址群三期维修保护工程和闽西革命历史博物馆、闽西革命烈士纪念馆陈列改版,古田会议纪念馆被评为国家一级馆。全面完成43个广电服务新农村建设重点示范工程,新增数字电视用户16.5万户。在国内外的各项比赛中,龙岩市运动健儿取得3项4人次世界冠军,1项3人次亚洲冠军。公共卫生服务体系不断健全,防控甲型H1N1流感成效明显。连续19年完成省下达人口控制计划,被确定为"全国人口和计划生育工作综合改革示范市"。完成农村劳动力转移就业技能培训3.5万人;城镇新增就业2.6万人,城镇失业率3.35%,比省控目标低1.15个百分点。汀江、九龙江、闽江流域水环境综合整治稳步推进。各县(市、区)均建成污水处理厂和垃圾处理场。生产安全事故1308起,死亡312人,比上年分别下降6.0%和6.3%。

人民生活。城镇居民人均可支配收入16572元,增长10.6%;城镇居民人均消费性支出13262元,增长15.9%。农民人均纯收入6252元,增长8.2%;农民人均生活消费支出4815元,增长7.3%。城镇居民家庭恩格尔系数为37.1%,农村居民家庭恩格尔系数为46.6%。年末全市参加城镇基本养老保险人数35万人,增加1.82万人;参加农村社会养老保险人数14.76万人。年末全市城镇社会福利机构136个,床位3098张。农村社会保障服务网络的乡镇覆盖率达100%。全市城区有1.52万人享受到最低生活保障救助,农村有9.49万人享受到最低生活保障救助。

【国家可持续发展实验区】 2009年4月,经科技部批准,龙岩市成为福建省九个设区市中第一个国家级可持续发展实验区。8月,中央学习实践科学发展观领导小组办公室将龙岩市坚持突出规划部署先行、突出产业结构优化、突出科技创新引领、突出生态环境保护、突出城乡统筹和民生保障、突出科学考评导向等"六个突出",扎实推进国家可持续发展实验区建设经验作为全国学习实践科学发展观的成果向全国推广。同月,科技部同意支持龙岩创建全国第一个可持续发展产业示范基地,并将产业示范基地定位为围绕科技部政策资金资源、国家"十二五"规划产业政策和工业信息产业部产业振兴政策,立足于龙岩资源优势和产业发展基础,力争用5～10年时间,将龙岩建设成为国家重大科技成果转化基地、台湾高新技术产业往大陆转移的承接地和国际科技合作基地。

【古田成为全国首个"三农"综合保险覆盖镇】 2009年5月,上杭县古田镇政府联手人保财险龙岩分公司,在全镇推广"三农"综合保险,即在原有农房统保、"新农合"大病补充医疗保险、自然灾害公众责任险等基础上,新增小额农村家庭财产保险、农村小额人身保险、农民小额信贷保险、务工农民小额保险、部分风险较高的作物种植保险、村干养老保险等一批贴近农民实际的险种。保费由政府、集体、个人三方筹集,目前政府、集体出大头,以后将全部由农民承担。截至年底,全镇参保率达86%,覆盖全镇21个村,其中15个村人人参保;保费收入103万元,承保总额度2.8亿元,为农民提供包含房屋财产、人身安全、种植养殖等多方面的保险,成为全国首个"三农"综合保险覆盖镇。

(石阳辉)

新罗区

【经济社会概况】 2009年,全区实现辖区生产总值309.8亿元,比上年增长15.3%;三次产业结构调整为6.1∶61.5∶32.4;财政总收入92.1亿元,增长17.2%,其中地方财政收入30.6亿元,增长20.5%;实际利用外资3.1亿美元,增长13.4%;外贸出口3.1亿美元,增长29.8%。荣膺"中国中小城市科学发展百强"、"中国最具区域带动力中小城市百强"。

工业经济。全年新增规模企业80家,累计达498家;完成规模工业产值475.9亿元,增长14.9%;完成规模工业增加值177.5亿元。机械、建材、农副产品加工三大主导产业快速发展,其中建材产业产值65.71亿元，占全市的61.9%份额。福建龙州工业园区产值在全市八大工业园区中率先突破百亿。获“中国铸造之乡”称号。新增5家国家高新技术企业、7家市级企业中心；第七届“6·18”项目成果对接转化多项指标位居全省第一；列入首批实施国家、省知识产权强县名单。新增省著名商标6件，累计29件；省名牌产品5个；累计33个。加大企业帮扶力度，龙津担保公司成为海西专职服务中小企业的最大政策性担保机构，设立全省资本金最大、全市首家小额贷款公司，辖区担保企业达109家，总注册资本达15.8亿元。

现代农业。全年农业总产值31.8亿元，增长5.7%。建成230个标准化规模养猪场，236个场通过无公害论证，成为海西最大的无公害生猪基地。全区0.17万公顷农产品种植基地通过无公害、绿色农产品生产基地认证，105个农产品获无公害、绿色农产品认证标志，位列“中国果菜无公害十强区”。龙岩咸酥花生获国家地理标志商标，“洋畲特早熟蜜柑”获第七届中国国际农产品交易会金奖。全区市级以上农业产业化龙头企业增至37家，农民专业合作社增至53家，森宝集团成为全省首家供港冻肉生产企业。启动新罗区闽台现代农业综合示范区规划建设，岩山闽台高山生态农业示范区初见成效。

第三产业。全年社会消费品零售总额109亿元，增长22.2%。海西龙门物流园区一期初具规模，引进12家汽车4S店和10家专营店，二期建设全面启动。龙岩中高档百货商场启动建设，东市场、莲东、北城市场建成或基本建成，华润水泥、米兰春天等企业总部入驻龙州“6·18”创业园。旅游经济持续升温，启动龙岩动漫科技产业园、紫金山体育公园、云顶五星级酒店等城市重大旅游项目建设。成功举办第二届“乡村旅游节”，承办第七届海峡客家旅游欢乐节有关活动，全年接待游客275万人次，增长23%；旅游收入13亿元，增长15%。万安梅花湖被评为国家水利风景区。

项目建设。全年全社会固定资产投资201亿元，增长60.4%。引进龙岩动漫科技产业园等5个投资超10亿元项目；全市首家特大型央企华润日产4500T/D水泥生产线落户新罗区并开工建设。滚动实施83个投资超亿元重大项目推进计划，龙工精密铸锻一期等28个项目建成投产。园区承载能力持续提升，龙州、龙雁等各类园区累计入驻企业341家，龙州工业园区被评为“全国百佳科学发展示范园区”、“中国十大最佳投资环境工业园区”和“海西十佳品牌工业园区”。

城乡建设。城乡基础设施不断完善，龙厦铁路建设有序推进，赣龙铁路扩能工程、双永高速公路、何家陂水库顺利开工，坑口火电二期、龙岩500千伏输变电工程投入运行。中心城市“三大板块”和“绿亮美”工程建设有力推进，中心城市建成区面积拓展至36.3平方千米。连续七届获全省“创建文明城区工作先进城区”称号。被列为全国森林采伐管理制度改革试点，全年耕地流转面积占耕地总面积的25.3%。农村公路建设养护工作保持全省前列，农村公路总里程延伸至1903千米。白沙中心镇建设试点启动实施，创办全省首家劳动密集型移民创业园。龙门洋畲、大池等6个村镇获“省级文明村镇”称号。

生态建设。全面完成年度减排任务，规模工业万元产值综合能耗下降15.54%。加快推进水泥工业结构调整，中心城区一重山18家水泥企业全部关闭，辖区累计淘汰落后水泥产能802万吨，中心城区空气质量二级以上天数上升至346天。大力发展循环经济，全国首家专门从事粉煤灰再生综合利用的龙能粉煤灰项目一期顺利竣工投产。全年投入治污资金1.5亿元，关闭拆除猪场6393户、159.2万平方米，清栏生猪66万头，完成生态治理面积0.25万公顷，辖区流域水质明显改善，省控断面水质达标率同比上升8.3%，内河断面达标率同比上升4.1%。全年新增3.6万公顷生态林，荣获“省级绿化模范区”称号。建立沿河两岸1千米范围内垃圾清理长效机制，3个乡镇77个村通过省农村“家园清洁行动”年度验收，万安镇、江山乡分别通过国家级、省级环境优美乡镇验收。

社会事业。国家科技富民强县工程获立项，省级可持续发展实验区通过验收，被推荐创建国家可持续发展先进示范区，获“国家科技进步示范区”称号。竞技体育再创佳绩，新罗籍运动员陈晓婷、何雯娜分别在世界性、全国性大赛上夺金。城乡卫生服务体系逐步完善，新型农村合作医疗参合率提高到97.8%。人口自然增长率控制在6.53‰以内。群众对社会治安满意率达92.75%。征兵工作获全国表彰，实现全省双拥模范城“五连冠”。

人民生活。城镇居民人均可支配收入18295元，增长10.6%；农民人均纯收入8570元，增长7%。就业和再就业服务持续加强，新增城镇就业3812人，下岗失业人员再就业2583人，农村劳动力转移就业7546人，城镇登记失业率控制在3.01%，下降0.99个百分点。龙岩福利中心一期交付使用。扶贫开发扎实推进，造福工程搬迁288户1000人，白沙岩下造福工程成为省级示范典型。

【中国铸造之乡】 新罗区是海西重要的机械铸锻生产基地，辖区现有铸锻造生产企业50多家，铸锻件生产能力50万吨以上，主要产品有车桥、龙门铣和磨床系列、各种加工中心系列、车床系列、大型发电机、水轮机、纺织机械、叉车及锅炉配件等铸锻件。龙头企业——龙工铸锻是亚洲规模最大的精密机械铸锻件制造企业，年产精密铸锻件25万吨。2009年被国务院发展研究中心、县域经济专家委员会等部门评为“中国铸造之乡”。

【万人“采茶灯”表演获得上海大世界基尼斯纪录】 “采茶灯”是蜚声海内外的龙岩民间艺术瑰宝，起源于龙岩市新罗区苏坂乡美山村，迄今已有270多年的历史；20世纪80年代初期，中国艺术研究院登记并保存龙岩“采茶灯”原始曲谱，并由文化部编入《中国音乐史音响典谱资料》，曾作为“口头文化遗产”被联合国教科文组织收藏。2005年被列为福建省首批非物质文化遗产。2009年9月10日作为第七届海峡客家旅游欢乐节开幕式主要表演节目的万人“采茶灯”在龙岩盛大举行，共有10100名群众参加表演，成功获得上海大世界基尼斯纪录和中央电视台《想挑战吗》挑战成功证书，并获第十二届大世界基尼斯最佳项目奖。

（邓冰　邓国凡）

龙岩民间歌舞“采茶灯”万人表演盛况。

（新罗区政府办供稿）

永定县

【经济社会概况】 2009年，全县生产总值94.62亿元，比上年增长8.4%；三产比例调整为17.5∶48.3∶34.2；财政总收入11.51亿元，其中地方财政收入5.68亿元，增长9.7%；城乡固定资产投资完成27.2亿元，增长16.7%；社会消费品零售总额29.3亿元，增长16.2%；实际利用外商直接投资5500万美元，增长20%；城镇居民人均可支配收入15546元，实际增长10.7%；农民人均纯收入6832元，实际增长11.2%。

农业经济。全年农林牧渔业总产值26.96亿元，增长4.6%；大田经济作物面积1.44万公顷，增长9.24%；粮食总产11.0万吨，增长16.9%；植树造林0.31万公顷，增长8.9%；农产品加工业产值8.5亿元，增长22.2%。

工业经济。全年规模以上工业总产值76.00亿元，增长8.1%。非资源工业占规模以上工业总产值比重达31.5%，比上年提升9.4个百分点，其中机械制造、电子光电两大产业分别实现产值7.5亿元、8.5亿元，增长55.3%、194%。

旅游发展。围绕打造海峡两岸客家文化交流平台和世界级旅游目的地的目标，加快旅游发展步伐；成立了旅游产业发展委员会，开工建设湖坑田河游客服务区、景区游步道等一批景区基础设施，开通土楼旅游网，福建土楼博物馆顺利开馆。全年共接待游客216万人次，增长56.5%；实现旅游总收入9.08亿元，增长64.4%。

项目开发。全年共策划储备5000万元以上项目45个，总投资58.8亿元；新开工项目15个，新竣工投产项目5个。全年安排县级以上在建重点项目35个，总投资73.7亿元，完成投资16.7亿元，其中列入省、市重点项目10个，总投资37.1亿元，完成投资10.4亿元。43个项目列入新增中央投资计划，共争取中央投资6057万元。一汽凯鲍重卡、龙岩金叶复烤技改扩建、华润旋窑水泥、客家土楼国际大酒店等一批重大项目实现开工建设。

基础设施。引进同济大学进行城市发展战略性研究和重点区域的城市设计。开工建设客家文化城、民兵训练基地、县福利中心、计生服务大楼等一批项目，完成体育路改造、古镇沿河大道、垃圾无害化处理场、污水处理厂及其配套管网等一批城建项目建设。东环路、北环路等城区路网建设全面完成，西环路开工建设。双永高速公路永定段、龙岩中心城市至坎市新罗快速通道和岐岭至湖坑伯公凹、下洋至初溪、湖坑至高头隘背、大溪至下洋廖陂四条旅游公路全部实现开工建设。

社会事业。代表龙岩市通过国家婚育新风示范单位现场考评。县医院、坎市医院分别通过“二级甲等”、“二级乙等”综合医院评审验收。顺利通过国家科技进步考核，被评为国家科技进步先进县、全市科普先进县。福建土楼保护规划项目获得了联合国教科文组织亚太地区文化遗产保护杰出成就奖。在市第十三届运动会上，永定县金牌总数居全市第一位。再次获得省级“双拥模范县”称号。实施创建全国绿色照明示范县工程，县财通过补贴的方式，为全县城乡居民免费发放节能灯。

民生保障。五保供养模式受全省表彰。提高新农合住院补偿比例和封顶线标准，实行新农合封顶线上补充医疗保险，全县共有38.95万名农民参合，参合率92.51%，发放住院补偿金2714万元，受益群众2.49万人次。实施城镇居民基本医疗保险制度，参保人数2.8万人。开展失地农民创业培训，建立全县城乡人力资源和就业服务工作情况数据库。被省综治委推荐为全国平安建设先进县。县困难职工帮扶中心被评为全省首家全国帮扶中心先进集体。

【首届世界永定同乡恳亲大会】 首届世界永定同乡恳亲大会于2009年11月14—17日在永定县举行，共有937名海内外来宾参会。大会期间共收到各类捐资675万元，签约6个项目，总投资33.8亿元。大会通过世界永定同乡恳亲大会章程，确定第二届世界永定同乡恳亲大会将于2011年在马来西亚霹雳州（怡保）召开。

【高新园区】 龙岩市政府与永定县政府在原永定工业园区的基础上以51∶49的比例出资共建龙岩经济开发区高新园区。园区规划面积50平方千米，首期开发28平方千米，围绕打造国家级经济技术开发区重点发展汽车工业园、龙工配件园、留学生创业园、光电产业园、仓储物流园五大园区。园区以大型工业项目为带动，重点培育和发展汽车制造、工程机械、环保机械、光电制造等主导产业。其中，汽车等机械制造产业首期规划用地1057.33公顷，电子(光电)等产业首期规划用地284公顷。

（吴添运）

上杭县

【经济社会概况】 2009年，全县生产总值108.34亿元，比上年增长14.6%；三次产业比调整为17.7：56.4：25.9；财政总收入11.6亿元，增长3.8%，其中地方级收入6.7亿元，增长10.4%；全社会固定资产投资49亿元，增长44.2%；社会消费零售总额26.8亿元，增长18.6%；实际利用外资4469万美元；外贸出口3214万美元，增长32.8%；城镇居民人均可支配收入14129元，增长11.6%；农民人均纯收入5636元，增长8.5%；年末金融机构各项存款余额129.42亿元，比年初增加46.35亿元；各项贷款余额60亿元，比年初增加27.89亿元。被评为“福建省经济发展十佳县”。

工业经济。全年工业固定资产投资21.8亿元，增长47.7%；规模以上工业总产值88.43亿元，增长10.5%；矿产冶金产业实现产值63亿元，增长12.5%，其中铜产业产值32亿元，增长14.6%；光电产业实现产值2亿元，增长75%。“百家千户”培育工程实效明显，净增规模工业企业8家、总数达103家；净增亿元企业2家，总数达15家。建筑业新增一级资质企业2家、二级2家，资质企业总数达58家，实现总产值85.76亿元，增长14.7%。

农村经济。全年投入各类支农资金1.18亿元，增加2626万元。评定“一村(多村)一品，一乡(多乡)一产业”专业乡镇4个、专业村75个。全年农林牧渔业总产值31.13亿元，增长4%；粮食总产16.05万吨；水果3.59万吨；茶叶952吨；收购烟叶15.89万担；完成造林0.34万公顷；新植油茶233.33公顷；实现林业总产值7.57亿元。建立生猪标准化示范场46家，出栏生猪98万头，其中槐猪1.5万头；肉类总产量8.06万吨；水产品总产量1.11万吨。完成农产品加工业总产值8.46亿元，增长11%。

第三产业。房地产业完成投资2.1亿元，实现商品房销售收入3.06亿元，增长61.6%。古田会议旧址群维修保护三期工程全面完成；毛泽东才溪乡调查纪念馆新馆建成开馆；古田会议纪念馆被评为国家一级馆。古田五龙村被评为省级农业旅游示范点；旅游设施不断完善，全年接待游客137.6万人次，增长15.2%；实现旅游总收入3.49亿元，增长26.9%。

项目建设。蛟城高速完成投资6亿元，上杭大道一期工程与永武高速武平至上杭段在国庆实现同步通车，龙翔大道全线贯通。南阳110千伏变电站建成运行，古田、步云农网改造进展加快，蛟洋220千伏变电站前期工作顺利推进，郭车110千伏变电站技改增容、麒龙110千伏变电站开工建设。两个县办工业区完成基础设施投资3.68亿元，新引进项目14个，新增固定资产投资15.51亿元。20万吨铜冶炼项目完成投资6亿元，紫金山铜矿资源综合利用技改工程、联泰钢构年产3万吨钢构产品等项目开工建设，太阳铜业一期3万吨铜杆、九洲硅业1200吨5N级多晶硅等项目竣工投产。

城乡建设。紫金矿业学院上杭教学基地、紫金公园休闲设施建设基本完成。县产业服务中心、城东农产品市场建成投入使用。城区新增公共绿地1.3万平方米，城市绿化覆盖率达30.6%。城区污水处理厂、垃圾无害化处理场全面建成。中心村镇规划建设和路灯、垃圾填埋场、户用沼气池等新农村建设稳步推进，全县有5个乡镇、78个村“家园清洁行动”通过省级验收。

民生保障。上杭县列入全国第一批新型农村社会养老保险试点县并启动实施；农村贫困人口母婴平安项目补助范围扩大，将当年出生婴儿纳入医疗保障；被征地农民社会保障制度进一步完善，发放养老补助149.8万元；古田三农综合保险示范工作在全国率先开展。保障性住房建设稳步推进，建成经济适用房168套、廉租房178套、安置房170套。扶贫开发整村推进计划持续落实，完成“造福工程”搬迁2000人。新建革命基点村人饮工程35个，硬化道路50千米。新增城镇就业3148人，劳动力转移就业6810人，实现下岗失业人员再就业1319人。15项重点为民办实事项目已完成11项。

社会事业。紫金矿业国家级重点实验室获批设立；被科技部评为全国科技进步先进县。教育“双高普九”工作通过省级验收；高考重要比较指标连续六年位居全市第一。县医院通过二级甲等综合医院评审；少体校通过“国家高水平体育后备人才基地”复评验收。被评为全国计划生育优质服务先进单位。荣获“省级双拥模范县”和“第十届全省创建文明县城工作先进县城”称号。

【紫金铜冶炼项目开工】 2009年3月11日在上杭县举行项目开工仪式。紫金铜业20万吨铜冶炼项目是2009年省重点项目，固定资产投资额26亿元，项目一期建设规模为年产20万吨电解铜，附产黄金约5吨、硫酸70万吨，年销售收入在67亿元以上，年利税5.4亿元。

【海峡族谱文物展】 2009年3月18日至4月27日，首次由两岸客属团体共同举办的海峡族谱文物展在台湾的台北、台中、高雄和苗栗4县(市)展出，历时41天，共展出由上杭客家族谱馆负责整理的各个时期客家族谱180多部(册)、88个姓氏展板约130幅以及图片和“60姓客家宗族史迹”等多媒体读物展品，国家二级、三级和一般文物上百件，充分展现闽台客家同宗共祖、血脉相连的历史事实和福建的“五缘”(地缘近、血缘亲、文缘深、商缘广、法缘久)优势。

（曾小勤）

武平县

【经济社会概况】 2009年，全县生产总值61.56亿元，比上年增长14.6%。其中：第一产业增加值15.8亿元，增长3.6%；第二产业增加值20.70亿元，增长24.2%；第三产业增加值25.06亿元，增长14.2%；三次产业结构调整为25.7：33.6：40.7；财政总收入3.04亿元，增长14.5%，其中地方级财政收入2.04亿元，增长18.6%；全社会固定资产投资35.63亿元，增长47.1%；社会消费品零售总额18.92亿元，增长

18.8%；城镇居民人均可支配收入12566元，增长10.8%；农民人均纯收入5780元，增长8.9%。被评为全国基本农田保护先进县，全国粮食生产先进县。

农村经济。全年农业总产值26.87亿元，增长4.3%；粮食播种面积3.75万公顷，粮食总产20.5万吨。生猪、烤烟、茶业、食用菌、果蔬、竹业等传统特色产业和仙草、野生花卉、象洞鸡等新兴产业累计实现产值13.97亿元，占农业总产值的52%。引进省外专业合作社建立农业基地2个，新开工农产品加工企业7家，新培育市级农业产业化龙头企业10家，新发展农民专业合作社26家。新增省著名商标4件、市知名商标3件，著名商标和知名商标持有量位居全市前列；获得省名牌产品2个、绿色食品认证4个、有机食品认证2个；"武平绿茶"被核准为地理标志证明商标，"象洞鸡"成为武平县首个国家级畜禽遗传资源品种。

工业经济。全年工业固定资产投资18.24亿元，增长21.7%；工业总产值46.11亿元，增长38.1%；其中规模以上工业企业产值33.49亿元，增长34.4%；新增福建(武平)塔牌水泥有限公司、新洲(武平)林产化工有限公司、中恒通机械制造有限公司3家亿元企业，累计达8家；新增规模以上工业企业22家，累计达115家。矿产品加工、机械制造、农林产品加工、建材、电子等重点产业实现产值27.26亿元，增长41.5%，占全县规模以上工业企业总产值的81.4%；"IZUMI"(依苏米)、"春景"被认定为省著名商标，"媄洁"被认定为省企业知名字号。新注册建安企业4家，资质建筑企业在地总产值6.14亿元，增长134.4%。

第三产业。现代物流、金融保险、大型商场、商务家政、文体娱乐、旅游休闲等服务业功能不断完善提升，对经济增长的贡献率达43.9%。各项存款余额36.47亿元，比年初增加7.68亿元，增长26.7%；各项贷款余额27.01亿元，比年初增加9.41亿元，增长53.5%。新成立房地产公司2家，开发建设紫金大厦、成安丽景、东方新城、碧水绿洲、博士源住宅小区5个，商品房销售面积7.94万平方米，增长19.2%。全年接待游客38万人次，实现旅游总收入8305万元。扶持发展限额以上贸易企业12家，举办首届(武平)闽粤赣边商品交易会暨小吃文化节，至尊娱乐城、红树林娱乐城、金池商务宾馆等娱乐休闲项目竣工运营。

基础设施建设。组织实施新增中央投资项目32个，完成中央增投资金1.47亿元。投入交通基础设施建设资金3.24亿元(不含永武高速)，增长90.5%。永武高速上杭至武平段建成通车，省道205线湘店店下至永平段全面建成，古武线十方至东留(闽赣界)高速公路完成初设审查，省道205线城关至下坝段前期工作全面完成，硬化农村公路88千米，改造危桥13座。投入678万元，建成35千伏民主变、武东变、110千伏岩塔线，开工35千伏东捷线、武中线改造工程。投入1.56亿元，完成园区征地拆迁114.67公顷、道路建设3.8千米、土地平整106.67公顷，供水、供电、通讯、排污工程25个，园区基础设施逐步完善。投入农业基础设施建设资金1.46亿元，完成2个乡镇集镇供水和18个村人饮工程、水库除险加固9座、重点水毁修复78处，实施农田基本建设0.3万公顷、烟基项目57个、高标准烟田建设866.67公顷，建设农村户用沼气池2550口、累计达9593口。

城乡建设。第九期旧城改造完成拆迁补偿450户，补偿资金1.8亿元，安置房已动工建设，安置地完成"三通一平"；闽粤赣边客家生态文化城进入实施阶段，将军广场、影剧院、青少年宫等完成规划设计；法院、平川中心学校、实验幼儿园、仁济医院完成迁建选址；污水处理厂、生活垃圾无害化处理场投入运营，城区机械化定点屠宰场基本建成。完成碧水公园映碧湖建设及南门大桥除险加固，新建丰平路、育才路(一期)。完成岩前、象洞等12个乡(镇)集镇总规修编，规划实施蛟湖开发、十方商业一条街、岩前产权式酒店等88个集镇建设项目，中堡、武东、大禾及56个村"家园清洁行动"通过省级验收，十方镇被确定为市中心镇建设试点；60个"一村一品"示范村、10个村庄整理试点村、10个综合示范村初步建成各具特色的新农村样板典型。

生态建设。加快节能技术改造升级，实施了福建塔牌纯低温余热发电、新洲林化循环硫化床锅炉技改、金鸽白水泥综合节能改造、德兴化工锅炉技改及余热回收等节能改造项目。实施水泥工业结构调整。万元规模工业增加值能耗下降18.3%，削减二氧化硫300吨、化学需氧量350吨。加大重点流域水环境整治力度，开展生猪养殖业污染治理专项行动，关闭拆除养殖场381家，完成988个猪场治理设施建设，重点流域水环境明显好转。依法保护、合理开发和利用土地、矿产、森林和水资源，完成造林绿化0.35万公顷，森林覆盖率保持在79.6%。县城环境空气质量、区域环境噪声平均值、交通干线噪声平均值等指标均符合或优于功能区划要求。

体制改革。稳步推进农村综合改革，完成17个乡镇"三农"服务中心和8个村级"三农"服务站建设，设立"三农"政策督察室，基本建成覆盖县乡村三级的农村社区综合维修服务体系，成立17个乡镇土地流转服务中心、92个村土地流转服务站流转耕地0.41万公顷，占耕地总面积的18.24%；完成130个行政村生态公益林管护机制改革，占应改行政村的97%。完善国资营运监管体系，组建国投集团公司、交通国投公司、资产管理中心、安居服务公司和天信担保公司，强化国投集团公司企业经营和监督管理职能。累计盘活资产筹资1.55亿元、贷款融资1.82亿元。深化财政国库集中支付改革，集中支付扩大到57个单位。完成县水泥厂改制，安置职工229人。

招商引资。组织参与"6·18"、"9·8"等招商引资活动取得新成效。策划储备项目216个，总投资194亿元；新签约固定资产投资1000万元以上合同项目47个，总投资13.2亿元，新开工、新竣工投产固定资产投资1000万元以上项目分别为25个、22个，在建或竣工投资亿元以上项目23个；新批外商投资企业9家，实际利用外资(报表口径)2620万美元，增长21.4%；引进市外国内资金9.8亿元，增长9.6%；外贸出口2283万美元，增长179.4%。

民生保障。支农惠农政策全面落实，全年发放农资综合直补资金2246万元、粮食直补资金110万元、农作物良种补贴资金626万元、农机购置补贴资金384万元、家电和汽车摩托车下乡补贴资金742万元、石油价格补贴资金89万元,免除义务教育阶段学杂费1682万元,补助农村义务教育寄宿生生活费162万元。养老、失业、医疗、工伤、生育保险覆盖面继续扩大,全年发放离退休人员养老金1.07亿元,支付医保费、失业保险费、工伤保险费、生育保险费2789万元;7136户1.82万人纳入城乡低保,发放低保金1464万元;为329名医改后关闭破产企业退休人员办理参保手续;启动机关事业单位人员工伤生育保险和公务员医疗补助及退休人员住房工龄补偿工作,及时提高在职人员住房公积金提存比例和企业离退休人员、工伤职工待遇。实施被征地农民就业培训和社会保障,269人纳入养老补助。安排新农合基金3017万元,参合人数扩大到30.2万人,2.1万人(次)得到补偿,补偿金额2924万元。新增城镇就业3132人,城镇下岗失业和就业困难人员实现再就业1741人,城镇登记失业率3%。培训新型农民3300人,新增农村劳动力转移就业4150人。扎实推进驻村帮扶工作,协调争取各类帮扶资金6087万元。完成造福工程搬迁2300人,发放补助资金621万元。

社会事业。科技创新步伐加快,被评为全国科技进步县。利用"6·18"对接项目成果86项。投入6019万元实施22所中小学、幼儿园迁建或改扩建工程。武平一中学生方洋以总分678(658+20)分获全省文科投档分状元,武平一中学生程美华以总分720分获全省理科原始分状元。投入1200万元新建县医院病房大楼,投入1056万元实施县中医院迁建工程,投入350万元实施乡(镇)卫生院建设。开工建设海西中山百家姓博物园。投入900万元建成7个乡镇综合文化站、55个光华图书阅览室、23个农家书屋。《梁野神韵》在市文化周活动中获得八个奖项,是获奖最多的县份;《走出围屋》剧目在省二十四届戏剧节中获得四个奖项。在市第十三届运动会上获得金牌59枚、银牌38枚、铜牌20枚。保持省"优质服务先进县"荣誉。城区数字电视转换工程全面完成。新建成2所乡(镇)敬老院。完成新一轮县级土地利用总体规划(2006—2020年)大纲修编,并通过省国土厅批准。

永武高速公路通车典礼。 (武平县政府办供稿)

【永武高速(上杭至闽粤界)通车】 永武高速于2007年4月动工修建,线路全长42.59千米,投资概算约28亿元,按双向车道高速公路标准建设,设计行车时速100千米/小时,沿线共有35座桥梁,156个涵洞甬道,2座隧道,其中岩前龙井隧道长达3029米,设上杭、武平、岩前和闽粤界4个出口,在武平十方设有1对服务区,2009年9月29日建成通车。它结束武平县境内没有高速公路的历史,使武平在4个小时之内可达厦门、汕头、深圳、珠海四个经济特区。

【仙草产业产销两旺】 武平仙草有着悠久的种植历史,早在两三百年前仙草在下坝乡就有种植,近年来,武平县制定出台仙草产业发展示范工程实施方案,并通过县里向市里申报一村一品产业发展专项资金,给予农民仙草专业合作社资金扶持,促进仙草产业规模不断扩大。2009年全县仙草种植面积2000多公顷,实现产值近2亿元,为种植户带来人均增收1200余元。武平的仙草成为"王老吉"等生产厂商长年收购的对象,成为当地农户增收的新途径。

【首届(武平)闽粤赣边商品交易会暨小吃文化节】 11月25日至12月2日,首届(武平)闽粤赣边商品交易会暨中华小吃文化节在武平龙洲商贸新城隆重开幕,来自江西、福建、广东及其他省、市的300多家客商前来参展,其中商贸企业240多家,小吃企业80余家,娱乐企业15家,展销面积1.2万平方米。 (吴汝丰)

长汀县

【经济社会概况】 2009年,全县生产总值72.69亿元,比上年增长14.9%,其中:第一产业17.05亿元,第二产业26.00亿元,第三产业29.64亿元;财政收入4.13亿元,增长22.9%,其中地方级财政收入2.44亿元;全社会固定资产投资35.15亿元,增长33.7%;社会消费品零售总额22.73亿元,增长19.2%;城镇居民人均可支配收入9560元,增长10.9%;农民人均现金收入5356元,增长9.1%。

工业经济。全年工业总产值65.64亿元,增长34.9%,其中规模工业总产值54.23亿元,增长36.3%;工业增加值19.41亿元,增长20.5%。规模以上工业企业125家,工业固定资产投资18.79亿元,增长25.8%。纺织服装、机械电子、农副产品加工、稀土精深加工等产值突破50亿元大关,达50.1亿元,增长37.9%,占全县规模工业总产值的92.3%。新增省名牌产品7个,总量达15个;新增省著名商标5个、市知名商标6个。省市把打造全国稀土产业基地、建设稀土产业园列入重大产业规划,按照"科学规划、合理布局、控制总量、有序开发、延伸加工、持续发展"的总体思路,重点发展稀土精深加工产业;稀土产业园规划面积8.78平方千米,总投资60亿元,重点打造五条稀土精深加工生产线，形成五大产业集群。

招商引资。全年签订外引内联合同项目138个，总投资39.6亿元，利用县外资金37.67亿元，实际到资17.84亿元，增长10%；新办外商投资企业27家，实际利用境外资金6300万美元，增长9%；外贸出口总值1.1亿美元，增长30.5%。

农业经济：全年农林牧渔总产值28.49亿元、增长4.3%；粮食播种面积3.82万公顷，粮食总产量16.91万吨；种植烤烟0.49万公顷，收购烟叶22.88万担，烤烟种植规模保持在全市第一、全省第二；出笼鸡412.64万羽；出栏生猪68.29万头，建设生猪标准化规模养殖场41个；实现竹业产值5.2亿元，新植油茶示范林200公顷，被列为省现代竹业生产发展资金项目县和国家油茶林示范基地建设项目县；植树造林0.34万公顷，是近几年造林面积最大的一年。加快土地流转步伐，全县土地流转面积0.55万公顷，占全县耕地总面积的27%。完善农田水利基础设施建设，实施国家农业综合开发项目，改造中低产田840公顷，完成土地整理420公顷，新增耕地50.37公顷。投入3679万元建设烟基项目354个。继续实施汀江上游水源涵养林建设工程，新造汀江上游水源涵养林240公顷，完成防洪堤建设3.5千米。

社会事业。城镇居民基本医疗保险与新型农村合作医疗实现统一实施，同步推进，新农合参合率达99.5%，支付补偿金4322万元，4.3万人受益，城镇居民参保7.7万人。扩大城乡低保覆盖范围，提高低保补助水平，确保全县10104户23933人的最低生活保障，基本实现应保尽保。全年共接待游客66.92万人次，增长14%；实现旅游总收入1.94亿元，增长15.5%。完成全县城乡非物质文化遗产普查，列入县非物质文化遗产目录20427条，被评为全国文物工作先进县和全国十大历史名县。开工建设中小学校校园安全工程1.83万平方米，完成寄宿制学校项目9800平方米，办学条件持续改善。人口自然增长率为6.43‰，政策符合率94.84%。实现城镇新增就业3535人、新增农业富余劳动力转移就业6678人、城镇下岗失业人员再就业2055人，城镇登记失业率为2.31%。建成廉租住房12幢822套3.89万平方米，解决457户低保住房困难户和365户低收入无房户的住房问题。实施造福工程，搬迁368户1500人。实施水库除险加固8座，建成绿水新庄水利枢纽、策武绿泉水库等工程，新增农村安全供水20处，受益人口1.17万人。实现COD治理工程减排量418.7吨，超额完成上级下达69吨的任务。投入1.8亿元，完善“两纵三横”大交通网络，开工建设省道205线城关至濯田公路三期工程，建成农村公路116.8千米，率先在全市开展农村公路养护试点工作，完成农村公路安保工程113.6千米，完成4座渡改桥建设及20座危桥改造，被省政府授予“年万里农村路网工程先进县”称号。

（黄俊豪）

连 城 县

【经济社会概况】 2009年，全县生产总值62.40亿元，增长14.3%，其中：第一产业增加值14.77亿元，增长3.7%；第二产业增加值22.89亿元，增长21.3%；第三产业增加值24.74亿元，增长14.1%。三次产业增加值比重调整为23.7∶36.7∶39.6。工业总产值64.14亿元，增长30.9%；农林牧渔业总产值23.9亿元，增长4.3%；全社会固定资产投资34.81亿元，增长27.1%。财政收入3.18亿元，增长2.4%；基金收入1.43亿元；地方级一般预算收入2.06亿元，增长13.4%；财政支出6.86亿元，增长32.4%。年末金融系统存款余额29.86亿元，比年初增长18.7%，其中城乡居民储蓄存款余额18.53亿元，增长16.2%；金融系统贷款余额19.78亿元，增长34.1%；人寿、财产保费收入0.64亿元，支付赔款及给付0.32亿元。实际利用外资1486万美元，外贸出口总值1132万美元。社会消费品零售总额21.21亿元，增长19.0%；城镇居民人均可支配收入1.29万元，增长11.3%；农民人均纯收入5762元，增长9.0%；城镇登记失业率2.89%；规模以上工业增加值能耗下降18.1%。

工业经济。全年规模以上工业产值52.78亿元，增长30.8%；规模以上工业增加值22.3亿元，增长27.4%。规模以上工业企业从上年的124家发展到139家，亿元企业从上年的11家发展到15家，纳税百万元以上企业20家，规模以上工业企业纳税1.13亿元。光电、矿冶、化工、机械四大主导产业不断壮大，完成产值26.1亿元。积极运作中小企业信用担保中心和连鑫担保公司，提供贷款担保6090万元。“一园两区”平台进一步完善，实现产值19.7亿元。

项目建设。实施新增中央投资项目37个，争取中央和省级资金4896万元、地方政府债券4004万元，其中13个项目竣工投产。完成市“三二一”项目计划策划储备项目96个，新开工和新竣工投产项目78个。10个省市重点项目完成投资7.6亿元，4个项目实现竣工投产。投资1000万元以上生产性项目签约83个、开工59个、竣工投产27个，其中投资超亿元项目10个。成立行政(项目)服务中心。

三农工作。全年农作物总播种面积4.8万公顷；烤烟总产值首次突破亿元；粮食生产超额完成任务，被评为省粮食生产先进县；完成造林绿化0.37万公顷，发展油茶346.67公顷；连城黄兔出栏210万只，连城白鸭出栏256万只。培训农村劳动力1.58万人次，累计转移9.2万人，实现劳务收入4.87亿元。农产品加工业实现产值13.7亿元。培育市级龙头企业7家，新增农民专业合作社40家。“连城红心地瓜干”集体商标成为闽西首个农产品中国驰名商标，“连城兰花”获地理标志集体商标，“健尔聪”获省著名商标、省名牌产品。成立土地流转担保贷款基金和规模经营风险基金，引导土地流转0.41万公顷，发展规模经营0.25万公顷。投入老区与扶贫开发资金1288万元，实施扶贫开发整村推进重点村8个，完成“造福工程”搬迁301户1450人。完成53个村庄垃圾治理，新建5个乡镇垃圾焚烧炉，推广沼气池建设800口。实施水稻保险，发放农资综合直补、良种补贴、能繁母猪饲养补贴等补贴3299万元。销售家电、汽车摩托车下乡产品4520万元，发放补贴513.9万元。启动新农合补充医疗商业保险，累计补偿1.8万人次2485.7万元。

第三产业。完善冠豸山、石门湖、竹安寨、培田古民居等景区配套设施；实施海峡客家论坛中心、新泉温泉旅游度假中心等项目建设。全年接待游客176.6万人次,旅游总收入7.2亿元。冠豸山机场旅客吞吐量4.4万人次,冠豸山火车站货运发卸车16.3万吨,客运量14.2万人次。商品房销售面积11.6万平方米。

城乡建设。投资1.8亿元,完成省道204线四堡至文亨段改建35.8千米、县道改造42.2千米、危桥改造13座,农村公路建设78.4千米。完成农田基建面积0.38万公顷,修复水毁工程104处,治理水土流失0.16万公顷,解决农村1.17万人饮水安全问题,完成初级水利化县建设任务,基本完成朋口110千伏变电站建设。新建廉租房2万平方米、安置房3.9万平方米。城市生活垃圾处理场、城市污水处理厂及配套管网建成试运行,实施城市“绿亮美”工程,完成莲中路路灯和北大西路人行道改造。完成3个乡镇总体规划修编及40个村规划编制,新增小城镇建设面积10万平方米。

社会事业。顺利通过省对县教育督导考核,化解教育普九债务2400万元;实施中小学校舍安全工程3200平方米。完成24个农家书屋、35个农民健身工程,提升改造6个乡镇综合文化站;新增省级非物质文化遗产4项、省级文保单位1个。获得省级以上体育奖项18人次。实施朋口卫生院整体搬迁和县医院异地新建,完成15个卫生院改造提升工程。重点流域水质基本达标,饮用水源地水质达Ⅱ类水质标准,全县空气质量保持优质水平。被评为创建第十届省级文明县城工作先进县城,连续第六次被评为省级双拥模范县。发放农村义务教育阶段“两免一补”等补贴2655万元。发放农村低保金1707万元、城市低保金208万元。筹集医疗救助基金278.3万元,发放抚恤和定补经费490万元、救灾救济款140万元。12.3万人次参加养老保险、医疗保险、失业保险工伤保险和生育保险等社会保险。16件为民办实事项目基本完成。

【冠豸山入选国家地质公园和国家自然遗产】 2009年8月,冠豸山地质公园入选国家地质公园;10月,冠豸山风景名胜区被列入国家自然遗产名录。冠豸山地质公园总面积为104.67平方千米,由面积93.81平方千米的冠豸山园区和面积10.86平方千米的赖源园区构成,是以壮年早期单斜式丹霞地貌、丹山碧水、溶洞等地质遗迹为特征的大型地质公园。地质类型为中低山、低山、山陵和盆地,森林覆盖率为89%,有8个植被型、30个群系和36个群丛,有脊椎动物资源33目97科418种。冠豸山丹霞地貌石墙群(峰墙群)、单斜式峰丛是中国丹霞地貌最典型代表,有很高地貌学研究价值;赖源溶洞是福建乃至东南地区海拔最高岩溶洞穴群,该类型遗迹具有研究新生代地壳运动,流水侵蚀、岩溶发生、发展与演化,古气候学、岩石学、地貌学等科学价值。

【连城红心地瓜干被授予中国驰名商标】 2009年4月,“连城红心地瓜干”集体商标被授予中国驰名商标,是闽西首个农产品中国驰名商标,实现连城中国驰名商标零的突破。连城红心地瓜干迄今300多年历史,被誉为“闽西八大干”之首。1980年,连城县统一规范使用“连城红心地瓜干”名称;2003年11月,取得连城红心地瓜干原产地标志认证;2006年8月,成功注册“连城红心地瓜干”集体商标;2007年,成功申报“连城红心地瓜干”地理标志,“连城红心地瓜干”集体商标被认定为福建省著名商标。2009年,全县地瓜种植面积0.77万公顷,年加工地瓜制品产量11万吨,年创产值超过7亿元;共有加工销售注册企业38家,其中获“QS”认证21家。

(黄建茜)

漳平市

【经济社会概况】 2009年,全市生产总值82.96亿元,比上年增长14.7%;三次产业结构比例为15.4 : 35.6 : 49.0;农林牧渔业总产值20.47亿元,增长4.8%;工业总产值69.05亿元,增长17.9%,其中规模以上工业产值60.4亿元,增长19.2%;全社会固定资产投资48.08亿元,增长30%,其中城乡50万元以上固定资产投资45.95亿元,增长30.7%;财政总收入5.51亿元,其中地方级一般预算收入3.23亿元,增长6.9%;城镇居民人均可支配收入13202元,增长10.7%;农民人均纯收入6294元,增长8.8%;外贸出口6652万美元,增长58.3%;实际利用外资4150万美元,增长1.2%;社会消费品零售总额24.13亿元,增长16.2%;居民消费价格指数98.9;城镇登记失业率2.98%;万元规模工业增加值能耗下降40.4%;年末各项存款余额46.54亿元,比年初增长20.7%;年末各项贷款余额41.26亿元,比年初增长36.3%。

工业经济。全市规模工业企业153家,比上年新增15家;产业结构不断优化,电力、建材、轻纺三个主导产业实现产值26.1亿元,现价增长27.2%,占规模以上工业总产值的43.2%。园区规模工业实现产值24.01亿元,占全市规模工业产值的40.1%,实现税收5000万元。正盛无机材料股份有限公司挂牌成立,进入上市辅导期。加强产学研项目联合开发,金绿源、正盛等32家企业与高校或科研院所建立协作关系;新建龙岩市级技术中心1个。初步形成木制品、化工产品、工艺品三大出口主导产品。新批外资企业11家,总数达53家。正盛公司被命名为中国硅化物产业基地;化工集中区被评为省循环经济试点园区。

农业经济。全年粮食播种面积1.36万公顷,增加331.3公顷;粮食产量7.81万吨,增长4.8%;完成造林面积0.15万公顷,增长87.6%;出售商品材19.48万立方米,增长6.9%;蔬菜种植面积0.87万公顷;花卉种植面积900公顷;茶叶种植面积0.47万公顷,产量4787吨;毛竹面积2.21万公顷,森林储积量1489万立方米,森林覆盖率77.9%;生猪出栏27.6万头,增长6%;家禽出栏165.8万只,增长1.9%;肉类总产量2.26万吨,增长4.7%;水产品产量7507吨,增长15.3%。农业产业化进程加快,新增龙岩市级以上龙头企业5家,总数达19家。新获省品牌农业企业金奖1个、名牌产品1个、著名商标3件、知名商标5件。组团参加第六届中国国际茶叶博览会,获6块金牌、4项优质奖。农民专业合作社发展到69家。整合支农资金,抓好和平镇东坑村等8个业农村示范项目。农田基本建设力度加大,投资2555万元实施农田基本建设123.13公顷。实施农村人饮安全工程,解决饮水不安全人口560人。推广适用的农业机械,购置各类农业机械 1637 台。漳平台湾农民创业园暨永福镇新农村建设综合推进实验区建设成效凸显，现落户园区企业 49 家，总投资 18.15 亿元。

第三产业。商贸服务业经营业态更加多样，农村“万村千乡市场工程”农家店商品配送率达 55%以上，物流配送点、货物运输中心逐步形成，公路货运量 486.5 万吨，增长 66.6%。全年接待游客 26.8 万人次，增长 15%；旅游总收入 8900 万元，增长 16.6%；完成永福镇旅游规划编制，争创全国农业旅游示范点通过省旅游局初评，基本建成首批 10 个农业旅游示范点。商品房实际销售面积 23 万平方米，实现销售额 5.16 亿元。漳平民泰村镇银行筹建工作顺利推进；组建工业园区担保公司。

项目建设。强力推进重点项目建设，全年策划储备项目 77 项，新开工项目 36 项，完成投资 6.2 亿元；新竣工 16 项，完成投资 4.55 亿元。十大重中之重项目完成投资 17.22 亿元，在建 32 个重点项目完成投资 22.03 亿元；漳平火电有限公司“上大压小”工程获国家发改委核准，累计完成投资 6 亿元；红狮水泥二期及余热发电项目顺利投产。工贸新区平整土地 54.67 公顷，项目新签约 7 个，新开工 2 个。配套基础设施进一步完善，西园大桥及工业路二期基本建成贯通，建成日供水 4000 吨自来水过渡池。

交通。“双永”高速公路开工建设，全年完成投资 4.57 亿元；“南三龙”高速铁路完成线路走向及站点选址。完成省道 208 线双洋至卓宅路段路面重铺 20 千米，省道 308 线永福集镇路段 2.2 千米动工建设，启动省道 203 线半华至城区路段晋级改造工程。总投资 7000 多万元桂月线全线竣工通车，三级公路标准县道 604 线溪口至吾祠段正式通车。完成危桥改造 23 座。

人居环境。实施城市建设与管理项目 14 项，完成投资 2.85 亿元。总规模为日处理污水能力 4 万吨的污水处理厂投入使用；西园中心镇启动建设，汽车客运中心等项目开工建设，房地产项目、城区夜景工程持续推进。环境质量保持总体良好，城市空气质量达到国家二级标准，化学需氧量、二氧化硫排放量在龙岩市下达总量控制指标内。全年筹集资金 1363 万元整治九龙江流域及海漂垃圾项目 29 个，主干流漳平段三个省控监测断面全部达到国家地表水Ⅲ类水质标准，市区主要饮用水源水质达标率 100%。关闭拆除生猪养殖场 3793 户，清栏 10.26 万头；开展农村家园清洁行动，建成农村无害化卫生厕所 800 个、垃圾池 1739 座。

惠民政策。龙岩市唯一被省列入农村“一事一议”财政奖补试点县。发放种粮直补 733.58 万元、良种补贴 217 万元、石油价格改革补贴 47.97 万元、“家电下乡”补贴 502 万元、农业购机补贴 228.67 万元、农村库区移民建设及直补 517 万元。一期 96 套经济适用房和 24 套廉租房建成并交付使用。全面落实义务教育阶段“两免一补”政策，共发放“两免一补”资金 1264 万元；完成农村义务教育历史债务化解 4715.49 万元。完成 109 户“造福工程”、16 户“安居工程”建设。完成筹资 540 万元支援彭州灾后重建。实施为民办实事项目 13 项，完成投资 2.38 亿元。提高城乡居民低保补助标准，发放低保金 4509 户 1042 万元，惠及 10118 人。有序开展城乡医疗救助，救助 237 人次，发放救助金 68.42 万元。向工业园区企业输送员工 1187 人。

社会事业。国家级可持续发展实验区建设顺利实施，科技工作连续第五次顺利通过国家科技进步考核，全年组织申报国家级科技项目 3 个；组织申报省、龙岩市级科技项目 20 个，其中获省立项 3 个、龙岩市立项 5 个。教育水平不断提高，全市职业中专 2 所，在校生 3473 人；普通中学 23 所，在校生 16450 人；小学校点 193 所，在校生 15296 人；幼儿园 25 所，幼儿在园数 4382 人；特殊教育学校 1 所，在校生 60 人。全市卫生机构 375 个，其中村卫生所 299 个，企业和学校医务室 48 个；全年投入 550 万元建成 5 个乡镇门诊病房综合楼并投入使用；投资 7121.4 万元兴建的妇幼保健院和中医院已整体迁建并投入使用。永福、赤水等 7 个乡镇已建成文化中心，新设立及改扩建农家书屋 38 家；“村村通”广播电视工程开通 MUDS 无线数字发射基站 11 个；全年完成无线数字机顶盒入户 600 户；投入 160 万元实施燕尾山高山发射台改造工程。竞技体育比赛获得省级比赛金牌 13 枚、银牌 6 枚、铜牌 9 枚，在龙岩市第十三届运动以团体 3591 总分获县市组团体总分第 2 名、县市组金牌榜第 3 名。

（陈海珍）

编辑：林丹英

宁 德 市

【基本概况】 宁德俗称闽东，是海西东北翼正在崛起的一座新兴滨海港口城市。下辖蕉城、福安、福鼎、霞浦、古田、屏南、周宁、寿宁、柘荣 9 个县（市、区）和东侨经济开发区，124 个乡镇（街道办事处），土地面积 1.35 万平方千米，人口 330 多万，旅外侨胞和港、澳、台同胞近 50 万人。区位优势明显，地处我国大陆黄金海岸线中段和长江三角洲、珠江三角洲及台湾省三大经济区的中间位置，北接温州，南连福州，西傍南平，东望台湾，独具“北承南联、西进东出”的区位优势。港口资源富集，拥有大陆海岸线 1026 千米，其中三都澳内深水岸线 88 千米，可规划建设 3 万吨级以上泊位 150 多个，其中 20—50 万吨级泊位61个，具有发展成为国家主枢纽港和国际性大港的美好前景。山海物产丰富，山上有丰富的森林、毛竹资源，盛产晚熟荔枝、晚熟龙眼、无核柿等果蔬佳品，海上盛产大黄鱼、对虾、二都蚶、牡蛎及海带、紫菜等名优特海产品。旅游资源独特，宁德旅游有“山海川岛、畲族风情、宗教文化和红色旅游”四大特色，拥有福鼎太姥山、屏南白水洋两个国家级风景名胜区和国家地质公园，宁德三都澳、霞浦杨家溪、周宁鲤鱼溪等一批省级风景名胜区，还有被誉为“中国最美的十大海岛”之一的福鼎俞山岛，被评为国家级森林公园的支提山森林公园；2007 年 1 月，“闽东北亲水游”线路被中央电视台经济频道评选为“CCTV 全国完美假期十佳线路”之一。

梭子蟹

鳗鱼

三都澳鲍鱼

宁德美食 (福建画报社供稿)

【经济社会综述】 2009年,全市生产总值612.28亿元,比上年增长13.3%;财政总收入44.67亿元,增长11.6%,其中地方级财政收入27.54亿元,增长13.7%;全社会固定资产投资287亿元,增长21%;外贸出口总额下降15.1%;验资口径实际利用外商直接投资5672万美元,增长48.7%;社会消费品零售总额202.03亿元,增长14%;居民消费价格总水平下降1.1%;城镇居民人均可支配收入15147元,增长9.8%;农民人均纯收入5838元,增长8.0%;城镇登记失业率4%;人口自然增长率6.3‰;单位生产总值能耗降低0.7%。

农业农村。农林牧渔业总产值196.53亿元,增长6.2%。粮播面积和粮食产量保持稳定,茶叶、食用菌、水产、林竹等主导产业不断发展壮大;建成国家级农业生产示范区3个、省级示范区12个,省级以上农业产业化重点龙头企业实现销售收入29亿元,增长18.3%。福安、福鼎入选“全国十大产茶县”,霞浦被评为“中国海带之乡”、“中国紫菜之乡”。坦洋工夫、福鼎白茶被评为中国驰名商标;福鼎白茶、蕉城天山绿茶、霞浦海带、霞浦紫菜经核准注册为地理标志证明商标,全市地理标志证明商标达18个。社会主义新农村试点示范村建设扎实推进。农村基础设施逐步改善,实施土地治理0.32万公顷,修复病险水库11座,完成海堤除险加固工程25.5千米、农村公路工程348千米,建成危桥改造项目40个、农村客运站7个、农村候车亭160个,完成17个乡镇429个村垃圾治理任务,新建农村户用沼气池9500口。

工业经济。全年工业增加值200.54亿元,增长13.9%,新增规模以上企业108家。实施省工业制造业重点项目22项,完成工业投资150亿元,增长41.3%。国有及国有控股企业实现工业总产值83亿元,增长15.9%;主营业务收入65亿元,增长15.4%;利税总额8.5亿元,增长569.2%;闽东电力利润增长近1倍,创上市以来最高。福安、福鼎分别被授予“中国中小电机之都”、“中国化油器名城”称号。福安亚南电机、福鼎大吉剪刀被评为中国驰名商标;29家企业获得省著名商标,19种产品获得省级名牌产品称号。

项目建设。市财政投入项目前期工作专项经费1700万元,100个重点项目完成投资151亿元,增长22%。温福铁路正式开行动车组,宁德率先进入海西高铁时代。宁武高速公路宁德段全线动工,白马港铁路支线开工建设。104国道改造全面完成,宁古二级公路、霞浦盐田至溪南疏港二级公路以及4个5000吨级码头项目加快推进。积极争取前4批中央新增投资项目802项、总投资38.9亿元,其中列入国家金宏网管理项目220项、总投资20.6亿元,已竣工项目82个。

消费需求。全年接待游客突破600万人次,旅游收入46.4亿元,增长10.3%;白云山景区被评为国家级风景名胜区。全年商品房销售面积159万平方米,增长132.8%。全年汽车销售额2.8亿元,增长57.9%。中国海峡大茶都、古田食用菌批发市场项目列入商务部“双百市场工程”;东方伟业沃尔玛购物广场完成主体工程。改造农贸市场17个,建成生猪、蔬菜等副食品基地40个,“万村千乡市场工程”配送中心4个、农家店421个;家电、摩托车下乡和汽车以旧换新扎实推进,全市家电下乡销售额1.8亿元。

城市建设。以承办第三届茶博会为契机,实施一批市政基础设施建设,会展中心扩建工程、五星级会展酒店一期工程、宁德火车站站房和站前广场一期工程等城市配套服务设施,东湖北岸景观公园、人民广场等城市景观设施,高速公路宁德南北互通口扩建工程、福宁路一期工程以及万安路、华庭路、尚德路、金马路、塔山路等市政道路相继建成投入使用,东湖清淤工程扎实推进,水、电、广播电视、通讯、互联网等全面覆盖新城区。城市卫生、园林绿化、户外广告、建筑工地、集贸市场等专项整治深入推进,市容市貌明显改善。

改革开放。农村综合改革扎实推进,集体林权、海域和内陆水域使用权、小型农田水利设施产权等各项改革取得明显成效。国有资产监督管理体系逐步完善,财政、流通、城市管理以及教育、科技、文化等领域的体制改革不断深化。福建海峡银行宁德分行正式开业。三都澳水域开放取得实质性进展。与马来西亚诗巫市缔结友好城市,与美国、英国、德国的4个城市签署友城意向。招商引资成效明显,宁德投洽会共签约合同项目158个、投资总额204亿元,履约率达75.9%。积极落实稳定外贸增长的各项政策措施,船舶、水产等重点行业出口保持增长,新增外贸资格备案企业96家。宁台交流合作更加紧密,第三届海峡两岸茶业博览会成功举办,共有300多名台湾嘉宾到会,73家台湾茶企100多个展位参展,展会共签约投资、购销等合同127个、总金额111亿元,其中台资3685万美元;先后3次组团赴台开展交流及推介宁德活动;陈靖姑金身首次巡游台湾和甘国宝诞辰300周年纪念活动圆满成功;宁德—基隆经济文化对口合作协调处挂牌成立;台湾嘉义县阿里山乡和南投县竹山镇分别与福鼎点头镇、福安社口镇签署茶产业合作协议;福安东元电机项目加快推进;霞浦与台湾顶新国际集团签订食品加工项目协议;全年实际利用台资245万美元,全市台资企业达95家,对台进出口贸易额3407万美元,增长104.5%。

生态环境建设。敖江古田段、闽江古田段、交溪、霍童溪、七都溪等重点流域整治扎实推进，石材加工企业整治成效明显，主要流域水质功能区和县级以上饮用水源水质达标率100%，敖江流域古田段水质浊度≤60%的比例达79.2%。县级以上饮用水源地整治建设项目基本完成，104个县乡饮用水源保护区基本建立监管长效机制。建成福安、古田、柘荣3个污水处理厂和周宁垃圾无害化处理场，城市内河水质明显改善。土地、矿产资源保护力度加大，连续11年实现耕地占补平衡。

民生保障。20件21项为民办实事项目如期推进，其中17件18项为民办实事项目全面完成，3件3项跨年度项目达到即期目标。全年新增城镇就业2.51万人、下岗失业人员再就业1.03万人、农村劳动力转移就业4.25万人。基本医疗保障制度覆盖全市城乡居民，新型农村合作医疗参合率达87.9%，解决医改后关闭破产和困难企业职工参加城镇职工医保1.5万人。城乡居民最低生活保障基本实现应保尽保，被征地农民社保政策暂行意见正式出台。新建经济适用房1334套、城市低收入家庭廉租房1273套，发放廉租住房租赁补贴1000户。"造福工程"和滑坡险情村搬迁5553户25217人，完成灾后重建377户。福安、寿宁社会福利中心加快建设，新建和改扩建农村敬老院13所。援建四川省彭州市升平镇的6个项目相继投入使用。

社会事业。自主创新能力不断提高，新认定高新技术企业14家、市级企业技术中心20个，成功对接"6·18"项目468项、总投资56.1亿元；42项关键技术专项列入国家和省计划，大功率全数字电机、汽车混合动力系统、稳定型二氧化锆、大黄鱼种质保持利用与健康苗种培育等关键性技术取得突破。教育事业稳步发展，中小学校舍安全工程完成重建、改建8万平方米，高中阶段毛入学率、幼儿入园率分别达72.8%和89%，分别提高7个和2个百分点；宁德师专新校区和宁德职业技术学院建设步伐加快，宁德师专"专升本"通过国家高校设置评议委员会评议。重大疾病防控和卫生应急处置能力继续增强，甲型H1N1流感疫情防控依法、科学、有序进行；宁德市医院开工建设，改造提升县级医院4所、乡镇卫生院17所、社区卫生服务中心2所。举办庆祝新中国成立60周年系列文化活动和闽东红军独立师成立75周年纪念活动，"中国木拱廊桥传统营造技艺"被联合国批准列入首批急需保护的非物质文化遗产名录；"2131"电影放映工程和农村书屋建设成效居全省各设区市前列。在第11届全运会上取得2金1铜的好成绩，市第三届运动会成功举办。低生育水平保持稳定，连续16年完成省下达的人口控制目标。

【环三都澳区域开发】 宁德市政府进一步完善和明确环三(环三都澳区域,下同)发展的功能定位、发展布局和目标任务，着力构建环三发展规划体系，与环三总体规划相配套的专项规划

台湾茶叶专家参加茶叶国际高峰论坛

来自新加坡的客商品尝福鼎白茶

福鼎茶艺表演

永春佛手禅茶表演

2009年11月16日，第三届海峡两岸茶业博览会在宁德市开幕。来至海峡两岸的茶商、茶业专家学者以及美国、加拿大等国来宾聚首宁德，共同推动两岸产业的交流与合作。

(福建画报社供稿)

编制或修编基本完成。已有17个省直部门出台支持措施。周边地区与环三区域的协作更加紧密,江西上饶市与宁德市签订共同建设出海通道、加强旅游交流合作框架协议,浙江丽水市、衢州市也就合作事宜与宁德市达成初步协议。启动区溪南半岛开发扎实推进;海西宁德工业区管委会正式挂牌成立,2009年12月工业区正式开工建设。大唐国际发电股份有限公司与宁德市签订《关于在宁德投资建设项目的合作框架协议》,双方就共同推进火电、风电、核电、潮汐能电站、煤炭集散中心、白马港铁路支线等项目达成合作意向。宁德核电一期工程加快建设,累计完成投资130多亿元。大唐火电二期两台机组投产运营,华能核电、聚合物锂离子电池、镍合金、大型钢铁、海上风电、大型造船、豪华游艇、精细化工等一批在建在谈项目加快推进。在宁德投洽会上,环三区域签约项目82个,总投资183亿元,占全市签约项目投资总额的60.2%。 (张李招)

蕉 城 区

【经济社会概况】 2009年,全区生产总值97.38亿元,比上年增长13%;农林牧渔业总产值29.42亿元,增长4.9%;财政总收入3.60亿元,增长8.6%,其中地方级财政收入2.49亿元,增长9.1%;全社会固定资产投资32.61亿元,增长15%;全社会消费品零售总额41亿元,增长10.9%;城镇居民人均可支配收入15650元,增长9%;农民人均纯收入5781元,增长7.4%。

农业经济。全年新植高新品种茶园200多公顷,茶园面积0.75万公顷,产量5600吨;各类水果种植面积0.43万公顷;渔业总产量13万吨。全区规模以上农业产业化经营组织发展到108个,市级以上龙头企业38家;拥有福建省著名商标7件、福建名牌产品8件、注册地理标志证明商标2件。连续3年获得全省水利建设及水毁集中整治先进县荣誉称号;完成31个行政村安全饮水工程建设、255.7公顷水土流失治理、600多公顷标准化农田建设;新建应急防汛视频会商系统、防汛指挥决策系统以及覆盖全区的洪水预警站点。39个村开展“农村家园清洁”行动并通过省级验收。

工业经济。全年规模以上工业总产值48.55亿元,增长26.8%;新增规模以上工业企业7家。工业制造业固定资产投资完成3.18亿元,增长12.3%;实施8个工业技改项目。锂离子电池高科技项目一期建成投产,二期主体工程开工建设。雷东、漳湾、金涵、飞鸾4个工业集中区的建设步伐加快,10家企业落地动工建设。三屿围垦、礁碗游艇产业园用海报批加快推进。

第三产业。旅游产业加快发展,建设上金贝畲家寨、斗姆岛、凤凰山农业旅游区等旅游项目。全年共接待国内外游客42.5万人次,旅游总收入1.2亿元,增长20%。建成华洲水产品批发市场、硕丰蔬菜批发市场。认真组织开展“家电下乡”和“汽车摩托车下乡”活动,有力拉动了农村消费市场。组织开展“万村千乡”工程,新建农家店74个。建立全市第一个家政服务网络中心。

重点项目建设。23个重点在建项目完成投资8.54亿元,超额完成年度投资计划;其中列入省、市重点在建项目5个,完成投资4.45亿元,占年度计划的116.9%。共有26个新增投资项目取得国家、省、市预算内补助3800多万元。温福铁路开通动车组,104国道蕉城段改造全面完成,宁古路蕉城段改建工程正在抓紧建设。

招商引资。行政服务中心全年受理审批申请件967件,办结率97.5%,行政审批效能明显提高。招商引资成效突出,全年实际利用外资1760万美元,增长27.4%;在各种招商洽谈会上共签约项目7项,其中外资项目3项,合同利用外资1.8亿元人民币。外贸出口实现逆势增长,外贸出口达8420万美元,完成了市下达目标任务的125%。新增9家民营企业取得进出口经营权。帮助企业争取各项出口扶持资金100多万元,成功协调大黄鱼加工出口企业增加出口退税2000多万元。

人民生活。城镇新增就业3000人,城镇登记失业率控制在3.9%以内。完善社会救助体系建设,全区享受农村低保的对象5300户10600人,享受城镇居民最低生活保障的对象900户2800人;实施全区城乡低保对象医疗救助,全区农村居民住房统一保险和自然灾害公共责任保险。城镇居民医疗保险进展较快,参保人数居全市第一名。关心库区移民生产生活,全年实施后期扶持项目21个,总投资443万元,发放直补资金235万元。

社会事业。全区中考优秀率连续3年名列全市前茅,5所农村中小学通过省农村中小学“四有”(有宿舍、有饭堂、有冲凉房、有厕所)合格校评估验收。认真落实义务教育阶段“两免一补”政策,全区减免和补助金额达1772万元。投入780万元,实施中小学校舍安全工程,完成10所农村中小学学生宿舍、食堂建设。化解“普九”基础建设历史债务2100万元。全区农民参合率达86.7%,全面落实农村特困家庭新农合个人缴费部分由区财政负担政策。建成28家农家书屋,完成31个农民体育健身工程点建设。在全运会取得一枚金牌,市运会上取得金牌总数和团体总分第二名的好成绩。连续11年实现耕地占补平衡。被列入2009年福建省再生资源回收体系建设试点县区,建成回收规范网点40个。

【蕉城区上金贝村】 上金贝村是一个纯畲族村,距宁德城区6千米,人口303人,地域面积3.5平方千米。境内自然环境优美,畲族服饰、语言、饮食、民俗等民族文化元素保存完好;人文历史悠久,建有唐大中八年的金贝寺和建于明朝的烽火台以及600多年来史学家苦苦寻找的明朝建文帝陵寝等众多历史景观。中国著名明史专家、南京大学教授潘群为上金贝古墓亲笔题写“明朝第二陵”。2007年新农村建设以来,该村发展多种经营,建设“新农村建设示范园”、“畲族村寨风情园”、“郊区生态休闲园”、“民族特色村寨”等具有民族特色的各种园区。上金贝村被评为国家“AA”级旅游景区,荣获省级“先进基层党组织”、“文明村”、“生态村”和“宁德十大最美乡村”等称号,农民年人均收入从2006年的4200元跃升至2009年的6400元。 (连光付)

福 安 市

【经济社会概况】 2009年,全市生产总值142.84亿元,比上年增长12.6%;

工业总产值248.88亿元，其中规模以上工业产值218.09亿元，增长5.3%；农林牧渔业总产值32.67亿元，增长6.5%；全社会固定资产投资37.26亿元(不含大唐火电厂)，增长16.6%；出口总额3.58亿美元，下降31.8%；实际利用外商直接投资3731万美元，增长5.8%；财政总收入10.93亿元，增长9%，其中地方级收入5.55亿元，增长8.3%；社会消费品零售总额48.45亿元，增长10.6%；城镇居民人均可支配收入15233元，增长10.6%；农民人均纯收入6250元，增长8.2%；居民消费价格指数98.3%；城镇登记失业率4.2%；人口自然增长率8.11‰；万元地区生产总值耗能下降0.7%，化学需氧量排放控制在0.555万吨以内，二氧化硫排放量控制在0.089万吨以内。县域经济居全省“县域经济发展十佳”第三位。

工业经济。加快产业结构调整，推进发展方式转变，三大主导产业完成产值204亿元，占工业总产值的82.0%，其中：电机电器业产值133亿元，增长8.8%；船舶修造业产值52亿元，增长4%；食品加工业产值19亿元，增长26.7%。福安被授予“中国中小电机之都”荣誉称号；“亚南”成为福安机电产品类第三枚中国驰名商标，4家机电企业获得2008—2009年度省国际知名品牌，跻身全国商标百强县第55位。国家中小型电机质量检验中心批准设立，新增国家级高新技术企业5家、省级企业技术中心6家、省级创新型试点企业7家，组建成立宁德船舶科学研究所，申报产学研项目3个。6家机电企业获“绿色通道”资质，3家企业被评为省“十一五”制造业信息化应用首批示范企业，9家企业被评为宁德市级专利示范企业。新增规模以上企业17家，大唐火电二期、50万吨鑫茂冷轧硅钢一期等项目建成投产。10家担保公司为企业担保融资74亿元，恒实公司成为“中国担保五百亿上榜机构”。

农业经济。粮播面积2.16万公顷，粮食产量10.31万吨。茶业、葡萄、水产、畜牧四大农业产业产值20.52亿元，占农业总产值的62.7%。毛茶产值3.74亿元，增长15%，其中红茶产值增长415%；葡萄产值3亿元，增长7.1%；水产品产值8.93亿元，增长8.9%；畜牧业产值4.85亿元，增长1.7%。福安入选“全国十大产茶县”，成为福建省首批无公害茶业生产示范基地；“坦洋工夫”获得中国驰名商标，实现本市农业国家级品牌“零”的突破，其制作技艺列入第三批省级非物质文化遗产名录。“福安巨峰”被评为省级名牌农产品，并获全国葡萄优质果评选银奖，福安被授予“建海峡西岸葡萄之乡，树全国果业发展楷模”称号。新植改植换种茶树优新品种667公顷，建立标准化、绿色食品生产基地667公顷，新增葡萄设施栽培80公顷，完成沿海防护林建设0.5万公顷，低产油茶林改造200公顷。实施山海协作项目2个，新增农民专业合作社317家，56家农业龙头企业销售收入19亿元。

城乡建设。全市城镇化水平47.2%。14个省、宁德市重点在建项目完成投资9.36亿元，12个本级重点在建项目完成投资2.94亿元。温福铁路动车开通，福安火车站正式启用。城市污水处理厂、潭头水电站基本建成。国道104线福安段改善工程完成改造；改造县道22.4千米、乡道24.5千米、村道8千米，建成下白石尾陆岛码头、溪潭上湾桥，建制村水泥公路通村率达99.3%，荣获省农村公路年万里工程攻坚奖。市政设施投入1.55亿元，修复拓改城市主次干道，新增市政道路长度3.8千米、园林绿地面积3.2公顷，龟湖两岸生态走廊基本建成。完成房地产投资5.56亿元，增长3.4%。

社会事业。新增城镇就业6038人，下岗失业人员再就业2017人，转移农村劳动力8107人。新农合参合农民39.49万人。市本级财政补助“造福工程”、地质灾害隐患点1529万元，完成搬迁1040户5300人，被宁德市评为第一名。实施国家科技人员服务企业计划项目1个，省、宁德市科技项目9个。福安一中被确认为省一级达标高中，十中通过省三级达标高中验收，在宁德市首个实现所有普高达标。闽东唯一开设中职教育的12年制特殊教育学校建成投入使用。在宁德市第三届运动会上创下金牌、奖牌、团体总分“三个第一”的历史最好成绩，柔力球队代表福建省参加第一届全国老年人体育健身大会获得佳绩。第三次全国文物普查被列为全省标杆县市，第二次全国经济普查工作居宁德市第一。闽东苏区纪念馆建成开馆，坦洋村、楼下村被评为省级历史文化名村。新建3个卫生院综合楼，改建5所卫生院综合楼和1个社区卫生服务中心，防控甲型H1N1流感工作取得成效。年度出生人口政策符合率78.02%，殡改平均火化率76.1%，节能减排工作得到加强，空气和水环境质量继续控制在国家二级标准内。

【福安茶业】 福安是“中国茶叶之乡”，是历史名茶“坦洋工夫”的原产地。全市现有茶园面积2万公顷，茶叶企业316家，其中年销售额500万元以上的规模企业50多家，省级重点龙头企业2家，入选2009年全国茶行业百强企业3

畲乡有机茶园。 (福安市政府办供稿)

家，授权使用“坦洋工夫”商标的茶叶企业38家，3万茶商逐鹿国内外市场，在30多个省市开设“坦洋工夫”直销网点300多家。福安是全国最大的绿茶、花茶主产区、最大的茶树良种繁育基地，享有“全国无公害茶叶生产示范基地市达标单位、先进单位”、“全国绿色食品(茶叶)原料标准化生产基地县”、“全省绿茶农业产业化标准化示范市”等荣誉称号。茶业为主的食品工业是福安三大主导产业之一，全年毛茶产量2.74万吨，茶业商品总值26.20亿元；红茶产量3200吨，商品总值13.2亿元，连续12年增产增收。“坦洋工夫”红茶创制于1851年，名列“闽红”三大工夫红茶之首；1915年，“坦洋工夫”获巴拿马万国博览会金奖，成为英国王室指定特供茶；“坦洋工夫”先后获得国家地理标志保护产品、中国证明商标、中国驰名商标等，被指定为中华名人特供茶。融茶叶交易、质量检测、茶艺展示、产品会展为一体的中国海峡大茶都一期正式运营。

【福安旅游】 国家级风景名胜区、国家地质公园白云山位于福安市西北部，包括白云山、九龙洞、龙亭溪峡谷、黄兰峡谷、金钟山等5个景区，规划面积约96平方千米，主峰白云山海拔1450米，为闽东两大高峰之一，山下环绕龙亭溪、首洋溪、蟾溪、黄兰溪、秀溪5条溪流，景观资源十分丰富。主要有：形状多样、规模巨大的石臼群等地质、地貌奇观；奇峰异石、流泉叠瀑、纵深峡谷、原生天然林融为一体的山岳、峡谷风光；佛光、云海、日出等神奇的气象景观；十分罕见的微型中国睡莲——午时莲及南方红豆杉、猕猴、云豹、娃娃鱼、鸳鸯等珍稀动植物并存的多样化生物种群。白云山以其独特的自然魅力和极高的科研价值，备受国内外地质专家关注，正与太姥山、白水洋联合申报世界地质公园。九龙洞景区基础设施基本建成，景区具备运营条件。境内还有开闽第一进士薛令之故里、全国历史文化名村溪潭廉村和富春溪畔绵延数十里的原始森林、被称为“活化石”的瓜溪刺桫椤省级自然保护区、独具畲族风情的溪塔葡萄沟、素有“闽东的延安”之誉的柏柱洋革命老区。集自然风景名胜和红、古、茶、畲、廉文化为一体的福安将成为海西新崛起的旅游胜地。

（林成增　郭耀华）

福 鼎 市

【经济社会概况】 2009年，全市生产总值107.56亿元，比上年增长15.6%；全社会固定资产投资39.97亿元，增长10.3%；外贸出口1.06亿美元，增长33.7%；实际利用外资(验资口径)993万美元，下降21%；财政总收入8.3亿元，增长16.1%，其中地方级财政收入5.31亿元，增长16.8%；万元GDP能耗下降0.7%，二氧化硫排放量、化学需氧量排放量分别削减24.14%和13.23%；城镇居民人均可支配收入15579元，增长10%；农民人均纯收入6090元，增长9%；人口自然增长率为6.2‰，年末户籍人口57.59万人，常住人口53.45万人。

农业经济。全年农林牧渔业产值26.5亿元，增长6.8%。实施农业综合开发和中低产田改造，完成粮食播种面积1.68万公顷，总产7.92万吨。加快农业产业化进程，农业产业化经营组织发展到531家，新增省、宁德市级龙头企业6家，全市35家农业产业化龙头企业产值21.7亿元，增长23.3%。农业品牌建设成效显著，被列为全国十大产茶县(市)之一，“福鼎白茶”荣获“中国驰名商标”，精品白茶“太姥银针”入选“上海世博会十大名茶”，福鼎槟榔芋获“福建省著名商标”。点头镇与台湾嘉义县阿里山乡结为茶业产业发展合作乡镇。

工业经济。全年工业总产值149.74亿元，增长25%；工业增加值44.28亿元，增长11.7%，对经济增长的贡献率达31.3%；新增规模以上工业企业30家，全市258家规模以上工业企业产值127.22亿元，增长26.6%；新增产值超亿元企业15家，累计已达37家。汽摩配件、食品、石材、皮塑、泵阀、医药化工等六大重点产业占全市规模以上工业产值79%；摩托车、通用机化油器产量分别占全国市场的40%和58.5%，合成革产量占全国市场的16%。20家企业21个品牌被评为省名牌产品，荣获“中国化油器名城”称号，“大吉”牌刀剪获“中国驰名商标”。全年签约项目29个，投资总额70.75亿元，增长29%；实际利用市外资金64.29亿元，增长27%。工业经济综合评比位居宁德市第一名。

第三产业。第三产业实现增加值41.58亿元，增长23.7%，对经济增长的贡献率达58.1%。全年实现社会消费品零售总额36.06亿元，增长16.6%。全年接待游客166.2万人次，旅游收入7.3亿元，分别增长21.3%和21.1%。太姥山风景区列入第六批世界地质公园推荐名单，被评为国家4A级旅游景区和国家自然遗产；嵛山岛被列入福建省特色景观旅游名镇；管阳雁溪入选“海西之美十佳景点”；4家旅行社被评为3A级旅行社。商品房销售19.23万平方米，增长133.1%。创立恒兴村镇银行、柏洋惠民担保有限公司、嵛山信用村等新型农村金融服务组织，年末存款余额76亿元，比年初增加17.69亿元；贷款余额137.18亿元，比年初增加56.92亿元。

福鼎新城。　　（福鼎市政府办供稿）

城乡建设。推进百胜新区、桐南新城、潮音岛新区等项目建设，城市建成区面积扩大到10.6平方千米。实施二水厂二期扩建，改善城区供水管网布局，建成城市生活垃圾卫生填埋场，市区污水处理厂日均处理生活污水2.4万吨。建设鼎文化公园和一批绿化工程，新增城市公共绿地4万平方米。完成农村公路58千米、危桥改造6座、公路4条，实施一批病险水库、海堤除险加固，建设叠石、前岐、硖门、贯岭4个乡镇农村饮水安全工程、45处村级供水工程，解决3.2万人饮水困难。完善地质灾害防范机制，搬迁群众1069户3678人。

社会保障。全年新增城镇就业5503人，下岗失业人员再就业1788人，农村劳动力新转移就业7312人，培训农村劳动力3933人并实现对口就业，城镇登记失业率控制在4%以内。启动新型农村养老保险试点工作，为60岁以上农民发放基础养老金，落实城乡低保对象1.89万人，新型农村合作医疗42.94万人，城镇居民基本医疗保险1.95万人，解决关闭破产国有企业、城镇集体企业退休人员和困难企业职工参加医疗保险问题，城镇职工基本医疗保险3.31万人。实施农村住房统保，全市12.48万户农户参保。推进保障性住房建设，新建经济适用房100套、廉租房84套，发放廉租住房租赁补贴83万元，低收入家庭住房困难群众“住有所居”问题得到逐步解决。

【福鼎白茶产业】 被中国茶叶流通协会评为全国十大产茶县(市)，全市茶园面积1.15万公顷，茶叶年产量1.34万吨，增长3.6%；毛茶产值5.4亿元，增长3.85%；白茶年产量0.41万吨，增长4.2%。大小茶叶加工企业381家，上规模企业25家，省级龙头企业4家，地、市级龙头企业9家，具有进出口经营权企业5家；7家企业进入全国百强茶业企业行列；营销人员9000多人，创办营销网点800多个，遍布全国各大中城市；有品牌商标企业76家。全市涉茶产业总产值13亿元。山区农民人均茶叶收入1280元。全市推广无公害茶园1万公顷，建立10个有机茶和绿色食品认证基地733.3公顷，5个无公害茶园认证基地2533.3公顷，组建11个茶叶专业合作社。获得知名商标6个，省级著名商标3个，省名牌产品6个。“福鼎白茶”获得“中国驰名商标”、“国家地理标志保护产品”；品品香牌“福鼎白茶”被评为“中国名牌农产品”、“证明商标”。“福鼎白茶”制作技艺列入省政府非物质文化遗产保护名录。福鼎白茶(太姥银针)荣获“上海世博十大名茶”称号。

【社区建设】 全市城区设有14个社区居委会，常住人口9.8万人，另有16个社区居委会分布其他7个乡镇。近年来，福鼎市以建立联动机制为着力点，投入1000多万元，建设综合型社区服务楼；建立社区卫生服务中心和社区卫生服务站，开展社区卫生基础调查和居民家庭健康体检，建立居民家庭健康档案82367人，实现居民健康档案、儿童计划免疫和孕产妇保健的数据化管理；组建“社区医生进家庭”服务团队15个、工作人员135人，以团队服务联系卡、关爱优惠卡等方式，组织开展义诊、讲座及健康教育宣传活动，提供医疗、保健、康复、计生等方面卫生服务。全年共提供免费用工登记16564人次、求职登记11785人次、职业指导11785人、组织培训下岗失业人员1527人、介绍成功9006人；税务和建设部门共为1424人提供再就业税费减免达184.28万元。开展创业一条街、创建充分就业社区、零就业家庭创建的“三创”活动。办理担保贷款399万元，贷款贴息13.19万元。有创业一条街5处，充分就业社区13个、创业家庭100多户、自谋职业创业登记766人，创业带动就业10000多人。城市低保基本实现应保尽保，14个社区居民基本参加城镇基本医疗保险。投入2000多万元建成20处户外活动场所，确定13个文艺协会与13个社区结对，设立社区文化基地，举办“邻里节”“社区文化节”等活动，丰富群众生活。

(王祥康　冯作建)

霞浦县

【经济社会概况】 2009年，全县生产总值79.87亿元，比上年增长12.1%；财政总收入3.16亿元，增长13.4%，其中地方级财政收入2.37亿元，增长15.5%；农业总产值36.90亿元，增长6.9%；工业总产值47.15亿元，其中规模以上工业产值30.72亿元，增长26.7%；社会消费品零售总额35.47亿元，增长17.1%；全社会固定资产投资23.41亿元，增长2.9%；城镇居民人均可支配收入14461元，增长11.2%；农民人均纯收入6322元，增长7.5%；城镇登记失业率3.94%。

工业经济。全年规模以上工业企业83家，净增11家。工业增长点加快形成，高速公路互通口工业集中区有15家不锈钢项目动工建设，其中有10家企业基本完成主体厂房；总投资8000万元的三铭明胶项目建成投产，投资7000万元的甲醇汽油项目进入小批量生产；近年新引进的8家合成革企业产值超6亿；华昆工具“HKR及图”、东吾洋绿色食品“中洋及图”获得福建省著名商标；目海茶厂的“目海毛峰”评为福建省名牌产品。

外经内贸。三沙口岸年货物吞吐量2万多吨，输入台湾水产品2204吨、五金机械配件171吨。总投资3600万元的福宁供销商贸城动工建设。全年共接待境内外游客86.5万人次、旅游总收入6568万元人民币，分别增长5%和8%。全年出口总值1537万美元。全年报批、注册内外资项目15个，注册资本金1.64亿元；实际利用外资1515万美元，内资到资5.18亿元。全县融资性中小企业信用担保机构全年累计为14家企业提供担保融资3500万元。

项目建设。实施31项中央新增投资项目，投资总额3.34亿元，争取中央资金及省配套资金1.34亿元。全年重点项目完成投资11.82亿元，占城镇固定资产投资的63.2%。盐溪疏港公路、赤岸大道等项目加快建设；西洋、盘前、竹江等7个泊位交通陆岛码头全部竣工，新建和改造县、乡、村公路40千米。海西宁德工业区和大京风电场项目于2009年12月动工建设，福宁湾核电、海上风电等项目前期工作有序推进。

城乡消费。农村流通网络进一步健全，改造农贸市场2个，建成生猪、蔬菜等副食品基地5个、“农家店”65个；家电、摩托车下乡和以旧换新工程扎实推进，农村消费增速达到7.2%。全年房地产销售面积26.55万平方米，销售额10.66亿元，分别增长358.0%、369.6%。

农业农村。全面落实强农惠农政策,发放各项涉农补贴1.73亿元,直接受益农户6.3万户。全年农业增加值20.07亿元,增长6.5%;粮播面积1.75万公顷,粮食总产量8.05万吨;认证无公害农产品、绿色食品、有机食品16个;各类农民专业合作社达105家;荣获"中国海带之乡"、"中国紫菜之乡"称号,"霞浦海带"、"霞浦紫菜"获得国家工商总局地理标志证明商标注册证书;13家市级以上龙头企业实现销售收入2.8亿元,带动2.6万户农民增加收入。农业基础设施逐步改善,实施土地治理384.3公顷,修复病险水库3座,强化加固海堤8.1千米,完成4个七要素气象自动站建设,安全饮水工程受益103个村近4.3万人。农村家园清洁行动持续开展,6个乡镇48个行政村通过省级验收,涌现出长春传胪、下浒柏溪、柏洋董墩等一批省级示范村和生态村。"造福工程"和地质灾害险情村搬迁771户3436人,并有473户搬迁入住。切实推进9个省市扶贫开发重点村工作,全年到位资金1100多万元。

城乡建设。完成新城区等城市三维模型设计及牙城、长春、下浒、水门等4个乡镇总体规划。实施一批市政基础设施建设,霞浦火车站、站前广场、赤岸大道北段投入使用,赤岸大道南段、山河路延伸段、高速公路连接线等路网加快推进;县城区绿地新增面积32089平方米,安装长溪路、长溪支路、太康路、赤岸大道及火车站等路灯;完成福宁大道与长溪路、赤岸大道与福宁大道、六一七路与赤岸大道交叉口红绿灯设置及福宁大道、长溪路、三河路等交通标志线工程。城区污水处理厂稳定运行,污水处理率达75%。违法建筑、流动摊点、户外广告等专项治理深入推进,市容市貌得到改观。城乡电网布局逐步优化,小沙110kV变电站、柏洋35kV线路工程相继竣工投运。节能减排有效推进,组织实施17个重点减排项目,关停1家违反环评审批的化工企业,取缔13家污染小企业。

社会事业。持续开展科技创新活动,通过国家级科技进步县考核,并被科技部列为科技富民强县试点县。义务教育保障能力增强,拨付"两免一补"资金2310.87万元,完成农村"普九"债务化解工作,实施18所校舍安全改造工程,撤并3所农村初中。优质教育资源不断扩大,霞浦八中开办招生,霞浦六中晋级为省三级达标高中,霞浦三中、霞浦五中通过省义务教育标准化达标验收。加快建立公共卫生服务体系,甲型H1N1流感防控工作有序进行;完成溪南、海岛、沙江等卫生院医疗用房建设,新建县中医院病房楼。出版《霞浦县非物质文化遗产保护丛书》15本,完成2个乡镇综合文化站、63个村(居)农家书屋建设;建成30个农民体育健身工程点和1个国家级农民体育园。摩尼教遗迹及文物发现入选2009年福建十大重大发现。体育健儿在市运会取得金牌总数第四名的好成绩。人口与计生工作扎实开展,人口自然增长率控制在7‰以内。全年平均火化率达92.02%。三沙镇陇头村评为全国民主法制建设示范村。

民生保障。全年新增城镇就业4222人,城镇下岗失业人员再就业1645人,新增农村劳动力转移就业5993人,公开招考107名高校毕业生进入事业单位。全县城镇企业职工基本养老保险15933人;机关事业单位养老保险9149人,失业保险15076人;城镇(职工)基本医疗保险26600人,工伤保险14432人,生育保险8935人;参加新型农村合作医疗农民36.6万人,参合率91.2%。解决关闭破产国有、集体企业退休人员及困难企业职工参加医疗保险3400多人。458套经济适用房开始分配,发放廉租住房补贴14.5万元。13个乡镇(街道)获得"平安乡镇(街道)"称号。排查矛盾纠纷1237件,调处成功1181件,调成率95.47%。双拥工作连续6届评为省级"双拥模范县"。

【海西宁德工业区】 海西宁德工业区是环三都澳区域开发建设的核心区和启动区,位于霞浦县西南方的溪南半岛,规划面积约228平方千米,开发面积100平方千米(含42平方千米的填海造地),拥有条件优越的近30千米自然深水岸线,可建1—30万吨级码头泊位92个。2009年6月,福建省与中国海洋石油总公司签署了《关于加快三都澳溪南半岛开发推进海峡西岸经济区建设的合作协议》。中海油和福建省方面将投资230亿元,在溪南半岛设立工业区,命名为海西宁德工业区,设立"海西宁德工业区管理委员会",成立中海油海西宁德工业区开发有限公司,定位为省级工业区,并积极争取设立为国家级开发区。产业布局主要以临海工业为基础,以石油储备、LNG(液化天然气)及其综合利用、石油化工和装备制造业为主导产业,以港口和物流业、出口加工业、现代服务业为配套产业。具体分成三个步骤实施:近期,填海造地约17平方千米,重点实施1000万吨原油储备、2000万吨炼油、260万吨/年LNG接收站及管网工程、LNG冷能利用等配套产业,烯烃厂,芳烃厂,工业区规划范围内的二级疏港公路、高速公路、铁路,配套专用码头以及工业区内供水、供电等基础设施项目和霞浦县溪南镇城区建设;中期,重点发展石化下游产业一期、仓储物流业、装备制造业一期、出口加工业、集装箱港口及霞浦县台江村滨海行政管理区建设;远期,重点发展石化下游产业二期、仓储物流业、装备制造业二期、出口加工业及霞浦县沙江镇综合服务区建设;力争到2015年工业区建成区面积达到20平方千米,2020年建成区面积达40平方千米以上。2009年12月19日,海西宁德工业区填海造地工程正式启动建设,标志着中国海洋石油总公司与福建省联手设立的海西宁德工业区进入实质性开发建设阶段。 (叶明璋)

寿宁县

【经济社会概况】 2009年,全县生产总值29.95亿元,比上年增长14.5%;农林牧渔业总产值13.49亿元,增长6.0%;工业总产值30.25亿元,其中规模以上工业产值23.60亿元,增长24.4%;全社会固定资产投资13.36亿元,增长23.7%,其中城镇固定资产投资10.06亿元,增长49%;社会消费品零售总额11.45亿元,增长16.2%;农民人均纯收入5218元,增长7.7%;财政总收入1.60亿元,增长9.6%,其中地方级财政收入8509万元,增长17.8%;组织国税收入1.03亿元,增长8.2%,国税首次突破亿元大关。

农业经济。粮播面积1.20万公顷,粮食总产量6.03万吨。新植乌龙茶186.7公顷。双秋茶业、裕发茶业等2家乌龙茶加工示范企业及新增的10家小型乌龙茶加工厂投入生产或试加工。组建寿宁县高山乌龙茶业有限公司，注册“三言堂”商标，推出寿宁高山乌龙茶品牌。天福缘“京鑫”牌金骏眉红茶荣获第八届“中茶杯”全国名优茶评比特等奖。福建天禧御茶园茶业有限公司列入全国百强茶叶企业。省、市级农业产业化重点龙头企业8家。甲坑油茶基地被确定为省级临时采穗圃，斜滩苗圃被确定为省级油茶育苗基地。发展“菌草代料”食用菌300万袋，复垦抚育毛竹0.29万公顷，种植名优特水果333.3公顷。修复水利水毁工程70处，恢复灌溉面积233公顷。建设农村饮水安全工程5个。改造硬化通自然村公路18个项目29.2千米。实施群养农村公路安保工程71千米。

工业经济。全年新增规模以上工业企业10家，规模以上企业总数达到47家。金汇高碳铬铁、三祥特种新材料二期、天乘不锈钢制品二期、兴达铸造等10个工业项目完成固定资产投资3.6亿元。三祥公司硅酸盐实验室顺利通过国家认可委员会合格评定，成为闽东首家、全省同行业唯一获得国家认可的企业实验室，该公司扩大再生产高纯度氧化锆项目列入国家十大产业调整振兴规划中央投资项目。松燕电器被认定为福建省企业知名字号。规划面积3平方千米、可集聚劳动力上万人的寿宁工业园轻工业集中区动工建设。

第三产业。西浦旅游建设投入资金1200多万元，完成景区环境整治、鲤鱼溪建设、景区民房改造、古民居状元祠修复、千年名村牌楼建设等；犀溪漂流和野外拓展项目完成进出口公路硬化及管理楼建设。全县已动工和正在规划建设的房地产建筑面积近70万平方米，建成后预计可提供住宅面积50多万平方米。新建西门桥农贸超市及96个农家店。销售家电下乡产品3080台，销售额近600万元。城关公交线路正式开通。全年完成客运量109万人次，货运量450万吨。全县金融机构各项存款余额和贷款余额为18.07亿元和16.16亿元，分别增长21.3%和15.2%。

项目建设。全县57个重点项目完成投资11.63亿元，其中列入省、市重点的7个项目完成投资3.27亿元，占年度投资计划的118.9%，位列全市第二，被宁德市委、市政府评为2009年度全市重点项目建设先进县。已列入中央投资项目盘子的27个项目，累计完成投资1.41亿元，其中12个项目全面建成。东部新城完成投资3亿多元，新城区已经呈现基本轮廓。寿宁六中、新县医院、县计生服务大楼、梦龙文化公园、景山林场经营部办公楼等配套项目有序推进。龙庭国际、东方商住城等房地产项目动工建设。税务大楼、法院审判大楼等项目竣工落成。寿庆二级公路新投入建设资金1000多万元；寿政公路基本完成前期工作；托溪至庆元界、凤阳至周宁界等县道改建项目扎实推进。下党屏峰水电站建设进展顺利。110kV武曲变电站工程投入运行；35kV南阳变电站二期扩建、35kV芹洋变电站扩建、35kV城关变电站技改、县城区主干电网改造等工程全面完成；牛头山二级水电站、百丈电站接回县电网运行。全年完成工业用电量3.48亿千瓦时，增长8.2%。

对外经济。全年项目成果对接31项，总投资4.8亿元。签约项目17项，合同引资15亿元，实际到资11.71亿元，增长7.4%。新报批外资项目2个，合同利用外资1311万美元，增长66.45%；实际利用外资（历史可比口径）685万美元。外贸出口898万美元。

社会事业。全年投入教育经费1.35亿元，增长33.5%；化解农村义务教育“普九”债务2966万元；省级“对县督导”教育评估顺利通过；寿宁一中重新确认为省二级达标高中；县职业技术学校通过省级重点职业学校验收；寿宁六中、一中、二中等一大批新建或扩建项目全面实施；总投资300多万元的农村远程教育项目投入使用。县医院搬迁工程基本完成门诊楼主体和病房楼、医技楼基础建设，斜滩、南阳卫生院门诊病房楼投入使用；甲型H1N1流感等重大疫情防控救治扎实有效；全年免费接种一类疫苗13.29万人次。全县人口和计划生育政策符合率为76.47%。完成梦龙文化公园一期工程；新建3家农村文化站、21家农家书屋、19个“农民体育健身点”。木拱桥营造技艺被联合国教科文组织列入世界急需保护的非物质文化遗产名录。中共闽东特委含溪旧址列入省级文物保护单位。

人民生活。完成“三合一安居工程”（集“造福工程”搬迁、地质灾害点搬迁及治理和灾后重建“三合一”的安居工程）617户3015人的迁建任务。全年累计发放低保金1344万元。全县参加新农合对象17.88万人，参合率达到89.39%，全年兑现医药费用补偿1541万元。城镇居民参加基本医疗保险1.12万人，参加新农合2.6万人，合计参保率86%。全县城镇新增就业817人，农村劳动力新转移就业2716人，城镇登记失业率控制在3.9%以内。启动建设首期经济适用房及廉租房90套。利用原南山文武学校改建县社会福利中心。

【福建省天禧御茶园茶业有限公司】 该公司位于寿宁县（南阳）工业园区，创办于2003年，现厂区占地面积1.67公顷，拥有现代化标准厂房6000多平方米。御茶园茶业有限公司集茶叶种植研发生产、茶具产品设计开发生产、茶叶衍生产品开发生产、加盟连锁经营、网上购物、茶文化研究推广及茶叶深加工为一体的茶叶综合性企业。于2009年11月通过ISO9001：2000质量管理体系认证，HACCP食品安全管理体系认证。先后在北京、哈尔滨、上海等地区建立了200多家连锁专卖店。建立茶叶生产基地267公顷（生态茶园面积200公顷、有机茶园67公顷），并通过中国农业科学院杭州有机茶认证中心认证为“有机茶生产基地”。2009年底投资300多万元引进迄今为止福建省唯一一条茶叶加工全自动清洁化不落地生产流水线，对于进一步实现茶叶品质标准化、清洁化及加工自动化起到了积极作用。2009年荣列中国茶行业百强企业第28名。（朱永丹）

周宁县

【经济社会概况】 2009年，全县生产总值22.91亿元，比上年增长12.2%，其中：第一产业增加值4.06亿元，增长5.3%；第二产业增加值10.27亿元，增长15.9%；第三产业增加值8.58亿元，增长11.7%。全社会消费品零售总额7.96亿元，增长15.0%。实际利用外资630万美元，增长4.5%。全社会外贸出口935万美元，增长16.4%。农民人均纯收入5476元，增长8.0%。

农业经济。全年农业总产值6.77亿元，增长5.7%。粮播面积0.79万公顷。茶产业加快发展，干毛茶产量7120吨、产值1.19亿元，其中名优茶产量500吨、产值3800万元；实施国家现代茶业项目，投入2700多万元，建成标准化生态茶园213公顷、茶树病虫害测报点3个，改良茶树品种300公顷；“官思”茶商标上报国家工商总局审批。扶持省市级农业龙头企业7家，培育农民专业合作经济组织达20家。农业基础设施继续完善，投资848.6万元，完成土地整理76.7公顷、中低产田改造166.7公顷、标准农田建设112公顷；投资1000多万元，修复水利水毁工程87处，除险加固水库2座，完成河道清淤3千米，新建防洪堤4.5千米。整村推进扶贫开发取得新成效，投入29个省市县扶贫开发重点村帮扶资金达620万元、实施项目58个。在外企业家积极参与新农村建设，成立各类基金会27个、筹集资金3700万元，捐赠家乡公益事业资金2000多万元。

工业经济。全年工业总产值29.48亿元，增长19.6%，其中规模以上工业产值23.44亿元，增长21.3%；完成销售产值23.26亿元，产品销售率97.9%。投资2.07亿元实施工业制造业技改项目14项。品牌带动扎实推进，累计注册商标87枚，其中省著名商标2枚、市知名商标2枚，企业商标质押贷款实现零的突破。招商引资取得成效，签约内外资项目16个，投资总额9.32亿元。山海协作领域不断拓宽，落实项目资金80万元。

财贸金融。全年财政总收入1.60亿元，增长3.6%，其中地方级财政收入8438万元，增长4.8%。金融机构年末各项存款余额34.51亿元，增长6.8%，各项贷款余额20.58亿元，增长63.6%。

基础设施。完成全社会固定资产投资7.34亿元，县城主干线人行道、中园路(步行街)改造、城市绿化、夜景工程、生活垃圾无害化处理场等一批市政设施投入使用，污水处理厂完成主体工程和城区管网铺设。河滨商贸大厦、税务大楼、烟草大楼相继竣工。农村环境不断改善，建成农村户用沼气池810口、垃圾焖烧炉13个，2个集镇和83个行政村垃圾集中治理工作通过省市验收。“造福工程”及地质灾害点搬迁350户1500人。实施4个乡镇农村饮水安全项目，解决8770人的饮水安全问题。拓改省道302线七步段3.2千米，完成公路20.8千米、道路安保工程54.7千米、改造危桥5座，建成纯池客运站。投资2000多万元，新建110kV八蒲输变电一期工程，扩建35kV黄埔输变电二期工程，实施城网10kV以下技改项目。

社会事业。争取教育项目资金1077万元，新建、改建学校9所、1.1万平方米；投入资金1600万元，完成一中新校区A、B幢教学楼扫尾工程和实验楼主体工程；县职专申报省部级重点职业技术学校通过省级验收，“普九”债务1567万元全部化解；高考本科上线665人，万人比居全市第三位，本一上线人数同比翻番。公共卫生体系不断健全，完成县中医院住院大楼及7所乡镇卫生院改造提升工程，及时开展甲型H1N1流感疫情防控，免费为农村低保妇女体检及少年儿童接种麻疹、乙肝疫苗，社区卫生服务工作有序推进。成功举办首届县农民运动会和道德模范评选活动。全面完成非物质文化遗产普查，第三次全国文物普查实地调查工作通过验收；玛坑杉洋林公忠平王祖殿申报国家级重点文物保护单位通过省级初评，并上报文化部审评；新建乡镇综合文化站2个、农家书屋30个、农村宣传文化站(室)9个、农民体育健身点14个。初婚婚检率达100%，全年火化率达91.5%。县政府被评为“全国维护妇女儿童权益先进集体”。

【旅游推广】 完成《周宁县旅游总体规划》和蝙蝠洞、滴水岩、官山、陈峭等景区详规的编制以及重点地块地形图的测绘。品牌打造取得突破，九龙漈、鲤鱼溪申报国家AAAA级景区文本通过省初检；九龙漈、鲤鱼溪、官山、蝙蝠洞等景区景点列入宁德世界地质公园申报范围；方广寺祈梦习俗、杉洋林公忠平王祖殿护神习俗、端源制陶工艺列入宁德市非物质文化遗产。旅游宣传推介力度加大，以鲤鱼溪为题材的纪录片《鱼祭》荣获第24届中国电视纪录片金鹰奖和全国民俗影像作品金奖。邀请央视7套《乡村大世界》栏目组拍摄制作了《天上人间·魅力周宁》专题片，并于10月播出，取得良好宣传效果。

（周陈斌）

柘荣县

【经济社会概况】 2009年，全县生产总值22.81亿元，比上年增长13.6%；财政总收入1.006亿元，增长13.3%，其中地方级财政收入5722万元，增长14.2%。

工业经济。全社会工业总产值34.9亿元，规模以上企业56家，完成产值30.5亿元，增长24.8%，其中年产值亿元以上企业、年纳税500万元以上企业均达5家。全年完成药业产值8亿元，增长39.3%，占规模以上工业总产值的26.1%；上缴税收1467万元，增长29.1%；新药阿甘定—阿德福韦酯获省优秀新产品一等奖，并进入省采购平台；禽类抗病毒新药太子参抗毒素顺利投产。柘荣刀剪标准联盟正式签约，医用刀剪产品注册通过9个系列88个规格品种。“广生堂”被认定为省企业知名字号；中天铜业漆包扁铜线系列产品荣获省名牌产品称号；“鼎鼎”商标被认定为省著名商标；“瑞祥天人”、“了尘”、“永德利”、“威德利”被认定为宁德市知名商标。

农业经济。农林牧渔业总产值6.7亿元，增长5.5%。农民人均纯收入5282元，增长7.4%。粮播面积0.84万公顷，粮食总产量3.33万吨。中药材种植面积0.37万公顷，其中太子参0.17万公顷、白术533.3公顷、木瓜206.7公顷。“柘荣太子参”生产标准化示范区被列入全国示范项目，太子参地方标准经省质监局审定通过。全年新植乌龙茶166.7公顷，全县乌龙茶面积533.3公顷。建立油茶高产示范基地67公顷，完成抚育垦覆133公顷。发展食用菌1100万平方尺(袋)、反季节蔬菜0.16万公顷、淡水养殖420公顷。“天禾”商标被认定为省著名商标，天禾大叶红荣获省名茶奖，东艺彭山红和天康凤里红荣获省优质茶奖，彭山翠芽入选海峡两岸茶博会纪念茶。茶叶研发加工园区动工建设。修复小型水利210处，改善恢复灌溉面积667公顷，完成3

个乡镇13个村饮水安全工程和龙溪水库水土保持生态项目建设。人工造林更新面积0.15万公顷,建设生物防火林带30千米。完成28个村庄垃圾专项治理,新建农村沼气池115处1750户。硬化农村公路10.4千米,新建客运站4个、候车亭20个。

项目建设。完成全社会固定资产投资8亿元,增长16.7%,其中城镇固定资产投资6.99亿元,增长19.5%。全年实施在建重点项目25个,完成投资3.8亿元,占年度计划的101%。实施中央新增投资项目25个,累计完成投资1.3亿元。城区防洪堤改造提升工程、星级宾馆启动建设,污水处理厂完成主体工程并通水试运行,医药物流园区交易中心大楼、东狮山高位供水工程、户外大型视频系统建成投入使用,国道104线柘荣段路面改造全面完成。东狮山旅游公路水泥硬化全面完成,柘荣生态旅游网开通运行。新增城区绿地面积13万平方米,建成区绿地率达35.9%,绿化覆盖率达41.4%。

改革开放。金融改革成效显著,年末金融机构存款、贷款余额分别增长39.7%和34.6%。农村综合改革有序推进,富溪镇岭后村流转土地承包经营权133.3公顷,楮坪乡洪坑村流转集体林权承包经营权236.7公顷。力捷迅药业与台湾一条根实业社合资成立太子参综合开发实业公司,天人药业、三本高科、闽光电机等企业与台湾相关企业达成项目合作意向,全年引进企业40家,完成外贸出口150万美元。

社会事业。被评为第十届创建省级文明县城工作先进县城。通过全国县(市、区)科技进步考核。各类教育均衡发展,高考上本科线人数突破800人;完成县职业技术学校等5所学校宿舍楼和实验小学综合楼建设。"柘荣马仙信俗"被列入省级非物质文化遗产保护名录;东源木拱桥传统营造技艺被捆绑列入联合国急需保护的非物质文化遗产名录;新增双城城堡、凤岐吴氏大宅、溪口袁氏宗祠、溪口永安桥等4个省级文物保护单位。县医院住院大楼动工建设,宅中、东源、楮坪、富溪卫生院改造完成,甲型H1N1流感防控工作有效开展。人口自然增长率为5.8‰。环保目标责任制有效落实,东源、城郊省级环境优美乡镇创建工作通过省环保厅验收。通过全省地质灾害群测群防"十有县"考核。全年火化率达91.75%。第二轮《柘荣县志》总纂修编通过专家评审,第二次全国经济普查、第二次全国文物普查、全省非物质文化遗产普查工作全面完成。

柘荣县生物医药产业园。 (柘荣县政府办供稿)

人民生活。新增城镇就业635人,城镇登记失业率3.8%,实现下岗失业人员再就业425人、农村劳动力转移就业1125人。职工养老、失业、基本医疗、工伤、生育等五大保险新增参保人数3025人,关闭破产国有、城镇集体企业退休人员医疗保险问题基本解决。全县6660人纳入城乡低保范围,发放保障金620万元。新型农村合作医疗与城镇基本医疗保险并轨运行,参合人数达7.76万人,参合率85.9%。落实"两免一补"、中等职业教育和普通高中低保家庭学生助学金900万元,实施农村寄宿制学校"免费营养早餐工程",受益寄宿生3000多人。完成"造福工程"和地质灾害点群众搬迁300户1500人。社会消费品零售总额5.5亿元,增长13.7%,居民消费价格总水平涨幅同比下降1.7%。

【海西药城】 柘荣县药材资源非常丰富,具有开发利用价值的中药材多达296种。近年来,柘荣立足资源优势,提出构筑"闽东药城"的目标,大力发展药业产业,药业经济迅速壮大。目前,全县药材种植面积0.37万公顷,已开发利用的中药材30多种,建立了太子参、重楼、木瓜、元胡等10个中药材科技产业化基地,初步形成了以太子参为主体,特色突出、品种多元的药材生产经营格局。县内建有太子参集贸市场、医药物流园区,并与全国10多家药材专业市场建立了信息联系或设立经销点,每年中药材交易量达5000多吨,交易额近亿元,成为闽东和浙南重要的药材集散地。县内集聚了以力捷迅、广生堂为龙头的8家药业及其关联企业,全县"准字号"产品258个,"食健号"产品23个,兽药品种26个,主要制药企业的药品生产线达20多条,产品涵盖化学药、中成药、西药、保健药、动物药五大领域。特别是国家一类新药——阿德福韦酯的投产,填补了福建省自2002年来国家一类新药的空白。近3年来,柘荣县医药工业基本保持35%以上的增速,占规模以上工业产值的1/4强,成为县域经济主导产业。

【游氏仙姑祈福仪俗】 游氏仙姑祈福仪俗源于闽台民间对游氏仙姑的信仰,此俗肇于宋,盛于明清,近千年来长盛不衰,经历代传承,发展成为一种独特的民俗文化活动,是柘荣县颇具特色的一种民间信仰民俗活动形式之一。以祈福仪俗为载体,台湾同胞在人同祖、神同缘的共同仪俗中增进了海峡两岸情感交流和对中华民族草根文化的认同。2009年4月,首届海峡两岸游氏仙姑祈福文化节在柘荣隆重举行,来自台湾的各界人士共100多人参加了盛会。以这次文化节为契机,柘荣县进一步拓展与台湾各领域的交流合作,力捷迅药业与台湾一条根实业社合资成立了太子参综合开发实业公司,天人药业、三本高科、闽光电机等企业也与台湾相关企业达成项目合作意向。

（游国武）

古田县

【经济社会概况】 2009年，全县生产总值69.19亿元；比上年增长12.8%；财政总收入3.89亿元，地方财政一般预算收入2.36亿元，增长8.1%；农林牧渔业总产值32.81亿元，增长6.2%；社会零售品销售总额27.2亿元，增长16%；利用外资（验资口径）325万美元，增长30%；外贸出口1169万美元，增长4.8%；年末金融机构本外币存款余额49.2亿元，贷款余额25.7亿元；全社会固定资产投资12亿元，增长9.2%。被授予创建省级文明县城工作先进县城、全国食用菌发展十强县、省级教育工作先进县，列为2009—2011年度中央财政小型农田水利重点县、全省村级公益事业建设一事一议财政奖补试点县、财政支农资金整合试点县。

农村经济。大力发展特色农业，新增食用菌工厂化、规模化栽培基地4家，食用菌鲜品总产量54.8万吨，产值17.4亿元，分别增长15.9%和11.8%；水果、水产、林竹、畜禽、茶叶等产业持续发展。农业品牌成效明显，新增有机食品3个，绿色食品1个，无公害农产品2个，QS认证企业15家，部分食用菌产品和脐橙已进入沃尔玛等大型超市。蔬菜、生猪、肉禽、蛋禽等四大“菜篮子”基地巩固发展，居民生活必需品稳定供应。突出土地、林权制度改革，集体林权确权面积16.3万公顷，颁发林权证12067本，累计流转林木面积0.21万公顷，林权抵押贷款突破1亿元，受益农户6000多户。农民专业合作社达到62个，乡镇金融服务网络实现全覆盖。强化人才支撑，选派25名大学毕业生、13名专业技术人才、28名驻村干部下乡助农。大幅增加“三农”投入，发放农村综合直补资金2138万元，惠及农民7.3万户。完成农村公益事业一事一议财政奖补项目184个；农村路网工程路面硬化31千米，安保工程和危桥改造全面完成；建成村级安全饮水项目67个，新解决3.6万农村居民饮水安全问题；国家农业综合开发土地整理项目在吉巷开工；2个乡镇71个行政村通过“家园清洁行动”验收，完成农村户用沼气池1130口；“造福工程”和地质灾害险情村搬迁3000人。

工业经济。工业总产值66.6亿元，其中规模以上工业产值49.07亿元，增长19.6%。7个在建重点工程和8个预备重点工程完成年度投资4.1亿元；落实新增和扩大内需中央预算内投资项目21个，争取资金4459万元，县级财政配套投入1217万元。推进工业经济发展，扶持铁王精密铸造、华强特钢、古田药业、冠达胶合板等重点企业发展生产；引导企业新上项目，天宝钼矿二期技改、海鹰工贸银耳深加工技改、欧诚工贸厂房改扩建等项目加紧实施。鼓励各类金融机构支持企业发展，简化中小企业贷款手续，扶持重大项目建设，新增各项贷款7.7亿元，增长42.7%。在原有2家担保公司基础上，新成立6家，最大可担保额度3.38亿元，累计担保总额1.3亿元。加大食用菌加工基地二期、黄田库区工业集中区、芝山石材加工基地建设力度，加快城西新区开发步伐，经上报审批，征地、收储、整合工业商业用地达到67公顷。积极开展招商引资工作，签约内外资项目25项，总投资19.8亿元；征集企业技术需求54个，项目成果对接42项。发挥驻外商会作用，引进本土企业家回归办企业4家，投资1亿多元，新成立古田江苏商会。外贸出口逆势增长，全县新增自营出口权企业3个。

基础设施建设。京福高速铁路合肥至福州客运专线已全线动工建设，经过古田县并在洋上村设立古田北站；宁古路古田段全线动工，完成年度投资1.5亿元；吉巷永安至梅花地路段改造竣工通车，卓洋至宁古路连接线、新华至泮洋公路改造工程加快建设。启动松台口至古田溪水电站路面改造工程，基本完成滨河路建设项目征地工作，廉租房一期工程开工建设，桃溪水库下闸蓄水，自来水厂日供水3万吨扩建工程正式启动，城区污水处理厂建成主体工程并试通水，110千伏城关变电站技改进入施工阶段。

人民生活。各项民生政策有效落实，民生支出占财政一般预算支出的比重达到54%。城镇新增就业3187人，城镇登记失业率控制在3.67%以内；城镇居民人均可支配收入达到1.33万元，增长10.5%。新增农村劳动力转移就业5629人；农民人均纯收入达到6782元，增长8.1%。库区移民后扶政策全面落实，累计投资6577万元，完成177个项目，重点移民乡村发展提速，库区移民安置点基础设施进一步完善，库区发展稳定，移民安居乐业。家电、摩托车、汽车下乡财政补贴兑付率排名全省第一。认真实施10件为民办实事项目，其中8项全面完成，2项跨年度项目达到预期目标。不断完善城乡社会保障体系，城乡居民最低生活保障基本实现应保尽保。为1662人落实就业困难人员社会保险补贴，531人享受行政事业单位高龄退休人员住房工龄补贴，企业退休人员人均基本养老金达932元，571户城乡困难家庭得到医疗救助，成功实施120例贫困白内障患者免费复明手术，发放救济款161万元和农户小额信用贷款1892万元，困难群众基本生活得到有效保障。

社会事业。科教事业成效明显，争创全国科技先进县工作扎实推进，申请专利81件，公开授权39件。以“优秀”等级通过省对县教育“两项督导”考核评估；完成普九债务化解任务，化解金额达2869万元；高考本科上线人数达1277人，古田一中在全市率先通过省级素质教育先进校评估；落实各项教育惠民政策，启动农村校舍安全工程、青少年学生校外活动中心和实验幼儿园异地搬迁项目。总投资3560万元的县医院综合业务大楼开工建设，平湖、卓洋、凤都卫生院新改造住院综合楼投入使用。放映农村公益性电影3300场，完成与充实改造59个农家书屋，建成溪山书画院二期主体工程，通过“全国文化先进县”复查，开展首次非物质文化遗产普查和第三次全国文物普查。人口自然增长率控制在7‰以内。敖江流域古田段水环境综合整治工作迈出实质性步伐，闽江、敖江古田段水质稳定在三类标准以上。有效应对甲型H1N1流感疫情。顺利完成村（居）换届选举任务。启动第二轮“平安古田”建设，严厉打击各种违法犯罪行为，社会治安满意率达到96.03%。全年没有发生重特大事故。食品药品安全和公共卫生安全防控体系更加健全。荣获第五届中国国际食用菌烹饪大赛·遵化杯邀请赛团体金奖,巩固了食用菌饮食文化在全国的领先地位。

【临水夫人陈靖姑信俗列为国家非物质文化遗产名录】 临水夫人陈靖姑,是闻名海内外的妇幼保护神,其信仰在我国南方各省及海外广泛流传已1200余年,是中国传统文化的重要组成部分。据宋元史志记载,陈靖姑出生在唐大历二年(公元767年),她生前学习闾山派道法,扶困济贫,乐善好施,其殁后受到官民的普遍敬仰。唐贞元八年(公元792年)古田临水始建龙源庙(古田临水宫前身)祭祀,享官民香火。宋淳祐(公元1241—1252年)以来,陈靖姑被朝廷敕封为"崇福慈济夫人"、"顺懿夫人"等。历经千年,海内外信众尊陈靖姑为"临水夫人"等,形成了一种跨疆域的信仰习俗文化。目前全世界有临水分宫分庙5000多座,信众8000多万人,分布于26个国家和地区。2008年6月,陈靖姑信俗被国务院批准列入第二批国家级非物质文化遗产名录。2009年10月应台湾广大信众的迫切要求及邀请,古田县成功举办了古田临水宫祖庙临水夫人金身巡游台湾活动。

(黄振恒)

屏南县

【经济社会概况】 2009年,全县生产总值28.80亿元,比上年增长14.3%,三次产业增加值分别增长5.5%、15.0%、18.3%;三次产业结构为23.3∶35.9∶40.8;财政总收入1.69亿元,增长0.3%,其中地方级财政收入首次突破亿元大关,增长8.3%;金融机构各项存款余额16.62亿元,增长30.9%,各项贷款余额21.88亿元,比年初增加8680万元;完成固定资产投资8.76亿元,增长11.6%;全社会消费品零售总额8.83亿元,增长15%;农民人均纯收入5270元,增长9.4%;实际利用外资(验资口径)2000万美元,增长416.8%;出口总值729万美元,增长3.6%。

农业经济。农林牧渔业总产值11.2亿元,增长5.7%。发放各类涉农补贴1275万元。全县粮播面积1.08万公顷,粮食产量5.98万吨。反季节蔬菜、林业、食用菌、畜牧渔业、水果、茶叶等主导产业不断壮大,中药材、油茶、无患子能源林等新兴产业得到发展。新增市级以上农业产业化龙头企业3家,总数达到13家;新增农业合作组织26家,总数达到45家。22个新农村试点村全年共落实各类项目136个,全年建成农村户用沼气1050口。完成"造福工程"和地质灾害险情村搬迁298户1500人。8个省、市扶贫开发重点村共争取上级扶贫资金200多万元。荣获全省林业工作先进集体称号。

旅游经济。全年接待游客82.8万人次,实现旅游综合收入3.31亿元,均增长37.5%。成为全省唯一拥有两个国家AAAA级旅游区(白水洋、鸳鸯溪)的县份。先后成功举办白水洋文化旅游节、甘国宝诞辰300周年纪念活动、中国地质学会旅游地学与地质公园研究分会第24届年会暨白水洋国家地质公园建设与旅游发展研讨会、第三届中国廊桥国际学术研讨会等大型活动,甘国宝文化和廊桥文化对台交流成功开展。

工业经济。工业总产值25.32亿元,增长18.4%,其中规模以上工业总产值19.69亿元,增长21.0%。化工、电力、食品、木竹制品和石材等优势产业完成产值占规模以上工业产值的65.2%。新增8家规模以上工业企业。完成工业制造业投资1.72亿元,增长27.1%。省重点建设项目双氧水主体工程基本完成,可望上半年建成投产。健神食品、采杰皮具、乡下厨房、泰洋机车等4个工业项目落户际头工业园区并开工建设。成功对接"6·18"交易会项目35项,项目总投资1.5亿元。

项目建设。34个县级重点建设项目完成投资6.14亿元,完成年计划的100.2%;7个省、市重点建设项目完成投资2.02亿元,完成年计划的102%。共争取前4批中央新增投资项目18项(次),争取补助资金2680万元。完成市级储备库项目48项,项目总投资30.43亿元。宁武高速公路屏南连接线动工建设。京台高速公路屏古联络线进入初步设计阶段。城区供水水源工程实现初步通水,城区用水难问题得到有效解决。城区定点屠宰场建成并投入使用。屏东"农改超"市场项目落成开业。污水处理厂完成主体工程。建成双溪35kV变电站和旺坑至佳洋110kV线路,路下35kV变电站完成主体工程,全年电网建设投资5138万元。全年完成房地产开发投资2.32亿元,增长141.5%;商品房销售面积5.11万平方米,增长261.9%。

社会事业。小学、初中入学率分别为99.9%和98.7%,高中阶段毛入学率、幼儿入园率分别为61.2%和98%。首批农村中小学标准化建设样板校通过省级验收。中小学校舍安全工程完成重建、改建面积7001平方米。县医院通过二级乙等医院评审。以屏南为主申报的中国木拱桥传统营造技艺被联合国教科文组织列入《急需保护的非物质文化遗产名录》。新增4项省级文物保护单位、1位国家级非物质文化遗产代表作传承人和1项省级非物质文化遗产代表作项目。被文化部授予中国民间文化艺术之乡称号。文体综合馆完成主体工程。人口自然增长率控制在7‰以内,计生一流村(居)、合格村(居)协会达标率为84.2%。顺利通过2007—2008年的全国科技进步县专家组考核。白水洋国家地质公园被授予全国科普教育基地称号。万元GDP能耗和化学需氧量、二氧化硫排放量控制在省、市下达指标范围内。全年完成造林1985公顷,完成"绿色通道"建设545公顷。死亡人口火化率保持100%。被评为全省农村家园清洁行动先进县。

人民生活。全年新增农村劳动力转移就业2115人,新增城镇就业819人,其中下岗失业人员再就业511人;农村居民享受低保9423人,城镇居民享受低保470人,发放低保金918万元;城镇职工养老、失业、医疗、工伤、生育保险扩面工作取得进展,发放保障金3244万元;农村居民和城镇居民参加医疗保险分别为141246人和2519人,发放医疗保险金1521万元;发放行政事业单位高龄退休人员住房工龄补贴317万元。完成翠园小区廉租房项目主体工程。全年投入库区移民后期扶持政策补助资金270万元。 (苏久楹)

编辑:郑莱

平潭综合实验区

【基本概况】 平潭简称“岚”，位于福建省东部沿海，东濒台湾海峡（与台湾隔海相望，距台湾新竹仅 68 海里，是祖国大陆距台湾最近点），西隔海坛海峡（与福清市、长乐市相邻，距离福州长乐国际机场约 70 千米），南与莆田市南日岛斜角相望。全区陆域面积 392.92 平方千米，由 126 个岛屿组成，主岛海坛岛面积 324.12 平方千米，为全国第五大岛、福建第一大岛。现辖 15 个乡镇，203 个村（居）委会，总人口 39 万人，其中城区常住人口 13 万人。2009 年全区生产总值 73.58 亿元，财政总收入 4.65 亿元，城镇居民人均可支配收入 16430 元，农民人均纯收入 5864 元。岛内现有产业主要有海水养殖、远洋捕捞和以旅游业为主的商贸服务业，岛外产业以海上运输业和隧道工程业为主，其中海上运输业有各类民营运输船 900 万载重吨，隧道工程企业承建的隧道工程量约占全国总量的 70%。

平潭地貌类型主要有丘陵、台地、滨海、平原、湖泊、滩涂和海岸。主岛海坛岛地势呈南北高、中部低，岛上最高峰——君山海拔 434.6 米。属南亚热带气候，年平均气温 19～19.9℃，年平均降雨量 900～1200 毫米。全岛人均水资源量为 453 立方米。平潭是国家新能源开发试验岛，风能资源丰富，可供开发的风能资源在 100 万千瓦以上（已开发建成 10.6 万千瓦）。全岛森林覆盖率达 32.9%，是“全国造林绿化最佳县”之一。岛上近地面局部风力明显减弱，根据近 15 年的观测，全岛年平均风速 4.0 米/秒，较前 45 年平均风速减弱约 36%，生态环境明显改善。海岸线长达 408 千米，岛上拥有众多避风条件良好的港湾和深水岸线，深水泊位 10 多处，海滨沙滩总长 70 千米，海蚀地貌遍及全岛，有八大景区被评为国家级风景名胜区。平潭岛是太平洋西岸国际航线南北通衢的必经之地，目前每天经平潭东部海面航行的中外轮船达 2000 多艘，也是东南沿海对台贸易和海上通商的中转站，全国最早批准设立的台轮停泊点、台胞接待站和对台小额贸易县之一，两岸民间直接交往活跃。

平潭县具有独特的地理位置。

（平潭综合实验区管委会供稿）

【设立综合实验区】 决策出台。2009 年 5 月 14 日，国务院正式颁布《关于支持福建省加快建设海峡西岸经济区的若干意见》。根据《意见》中关于“在现有海关特殊监管区域政策的基础上，进一步探索在福建沿海有条件的岛屿设立两岸合作的海关特殊监管区域，实行更加优惠的政策”这一精神，中共福建省委八届六次全会上作出设立福州（平潭）综合实验区的决定。《决定》提出“要积极探索开展两岸区域合作，建立两岸更加紧密合作交流的区域平台，努力把平潭建设成为探索两岸合作新模式的示范区和海峡西岸经济区科学发展的先行区”。8 月 27 日，根据福建省人民政府闽政文［2009］269 号文件，任命杜源生同志为福州（平潭）综合实验区管委会主任。9 月 3 日，根据中共福州市委的榕委干［2009］160 号文件，任命杜源生同志为福州（平潭）综合实验区党工委书记。至此，平潭综合实验区组织机构正式成立。

各方关注。国务院《意见》出台后，省委、省政府和福州市委、市政府高度重视综合实验区开发建设工作，省政府常务会议研究赋予实验区一系列特殊优惠政策，省、市领导卢展工、黄小晶、于广洲、袁荣祥、陈桦、苏增添等都对实验区工作作过具体指导。省、市有关部门积极为实验区工作筹划运作，落实相关具体政策。11 月 14 日，中共中央政治局委员、全国政协副主席王刚莅临考察指导，并对平潭的先行先试、开放开发作出重要指示。随同考察的还有全国政协港澳台侨委主任、海峡两岸关系协会会长陈云林，国家发改委副主任、国家能源局局长张国宝，全国政协副秘书长蒋作军，海关总署副署长孙松璞，国家开发银行行长蒋超良，中国大唐集团公司总经理翟若愚以及中办调研室、国家发改委地区经济司、全国政协办公厅秘书局、理论研究局、研究室等有关单位同志随同考察。福州（平潭）综合实验区的设立，还得到社会各界的广泛关注。由人民日报、新华社、经济日报、光明日报、福建日报等 10 多家中央、省级主流媒体组成的“走读新时代海西精神”采访团对实验区进行了采访和报道，对实验区的建设充满期待。日本《朝日新闻》报社也专门组团赴平潭采访实验区建设情况。来自日本、韩国、新加坡等一大批海内外机构、财团和知名企业，以及福建侨商会、美中经贸科技促进总会等商业协会纷纷到平潭考察，有意参与平潭开发建设。省海洋与渔业厅、环保厅、林业厅、外经贸厅、交通运输厅、国土资源厅、财政厅、检验检疫局、通信管理局、公务员局、旅游局、工商局、国税局等有关部门陆续出台相关政策，支持和推动平潭综合实验区建设。

规划编制。坚持“高起点、高标准、高水平、高层次”的原则，突出两岸“共同规划”理念，组织编制平潭区域总体发展规划及分区、分专项规划。实验区管委会按照“大规划、大功能”的思路，采取战略性规划、总体规划委托编制与规划咨询评估同步开展、交叉进行的工作方案，各专项规划同步推进，做到各专项规划服从总体规划，总体规划指导各专项规划并相互衔接、相互配合。按照省委八届六次全会确定的福州（平潭）综合实验区的发展定位，省发改委牵头制定实验区发展规划纲要，为总体发展规划及其他相关规划提供指导依据。9月中旬，省城乡规划院、省工程咨询中心正式启动实验区总体规划编制工作（含产业发展专项规划）。按照两岸合作规划的要求，邀请台湾中兴公司、新加坡星桥集团的规划专家参与规划咨询评估工作，台湾中兴公司于12月中旬向管委会提交了咨询评估报告。至12月底，委托上海同济城规院编制的《战略性规划》（即概念性规划）已完成专家评审；《城市建设总体规划》、《滨海新城Ⅰ区控制性详规》、《旅游发展总体规划》、《环岛公路建设规划》、《土地利用总体规划修编》、《水资源配置利用规划》、《两岸滚装码头建设规划》等专项规划也已经取得阶段性成果。

平潭海峡大桥施工现场。 （平潭综合实验区管委会供稿）

【基础设施建设】 平潭海峡大桥建设进展顺利，完成年度投资4.10亿元，累计完成投资7.86亿元。环岛公路线路方案和“工可编制”已经完成总长约18千米的一期工程3个路段。组织实施305省道平宏线娘宫至中湖路段改建和景观绿化工程。长平高速公路（第二大桥）项目已委托相关单位开展专题论证，海上地形测量和地质钻探工作全面展开，并完成通航论证中间成果和“预可”报告。完成全岛港址论证报告。建成渔限、草屿、吉钓、塘屿4座陆岛交通码头的主体工程。投入4000多万元建设电网工程，110千伏二回路工程基本完成，110千伏北厝变电站二期扩建工程已完成初设审查和前期环评工作，110千伏前进变电站已完成土建工程。7月1日起电价执行省电网直供区同类电价标准，累计减轻全县企事业、居民负担3604万元。投入200多万元完成城区11.5千米供水主干管改造，投资208万元、受益人口1.8万人的19个行政村供水工程全部完成。按照“一次性规划、分期分段实施”的方案建设，开工建设环岛路，先期动工鹅头尾段、龙王头段和竹屿口段。

【两岸交流】 10月21日，叶双瑜副省长率代表团赴港澳访问，就合作开发平潭岛进行重点推介。同时，管委会组织专门力量，着手规划澳前镇水产品加工贸易区，先期启动两岸经贸合作。实验区成立以来，台湾各类社团组织、中介机构、工商企业纷纷赴平潭考察，台湾新竹市、金门县、马祖县政府负责人也率团赴平潭考察，商谈合作事宜，新竹市市长林政则于10月30日参加在平潭猴研山举行的祖国大陆距台湾最近距离点揭碑仪式。 （周晓庆）

编辑：林丹英

闽籍院士

周良辅　男，1941年7月出生，福建古田人。神经外科教授，博导。1965年毕业于上海第一医学院医学系。现任上海神经外科临床医学中心和上海神经外科急救中心主任、复旦大学上海医学院华山医院神经外科主任、上海华山神外（集团）研究所所长、WHO神经科学研究和培训中心副主任。1986年在美国明尼苏达大学神经外科Fellow. 专长神经外科，包括脑和脊髓肿瘤、颅脑损伤、脑血管病、先天性病变等。近来主要从事微侵袭神经外科，如显微外科、颅底外科、神经导航外科、内镜外科，以及立体定向放射外科和肿瘤干细胞等研究。

现任美国《NEUROSURGERY》、《Surgical Neurology》、欧洲《Neurosurgical Review》和日本《Neurolgia medico-chirurgica》杂志国际编委。发表论文200余篇，SCI收录50余篇，主编专著7本。培养博士生和博士后33人，硕士生12人。

2009年当选为中国工程院院士。

付贤智　男，1957年7月出生，福建邵武人。光催化专家，教授，博导。1978至1991年在北京大学化学系物理化学专业学习，获学士、硕士和博士学位，并留校从事博士后研究，1993年赴美国威斯康星—麦迪逊大学从事博士后研究。1997年作为“闽江学者特聘教授”由福建省引进到福州大学工作。福州大学化学化工学院教授、光催化研究所所长、国家环境光催化工程技术研究中心主任、福州大学校长，并担任国务院学位委员会化学学科评议组成员、福建省科协副主席、解放军总装备部防化技术专业组副组长、中国可再生能源学会光化学专业委员会主任委员等学术兼职。

回国后，付贤智院士针对光催化科学和应用的重大科学技术问题，开展了系统深入的研究工作，并将光催化技术应用成功地拓展到环保、建材、军工、电力等领域，主持并完成了国家科技攻关重大项目、国家973计划课题、国家自然科学基金重点项目等20余项国家和省部级科研项目，以及一批与军队、企业合作的应用研究项目，取得了丰硕的基础研究、技术开发和产业化成果，获发明专利授权21项，发表论文165篇，为我国光催化科学进步和产业发展作出了突出贡献。付贤智院士先后获国家科技进步奖二等奖1项、军队科技进步一等奖1项、省部级科技进步一等奖2项，省部级科技进步二、三等奖各1项。

2009年当选为中国工程院院士。

先进人物

【2009年全国五一劳动奖章获得者】

吴忠清	中国移动福建公司涵江分公司劳务派遣工
郑兰英	建阳市环境卫生管理处保洁员
陈鸿坤	厦门市土地开发总公司总经理助理
赵　青	利胜电光源（厦门）有限公司党支部副书记
欧阳永金	厦门市市政建设开发总公司副总工程师
方鹏飞	龙海市供电公司书记、经理
陈刚峰	漳州蓝田经济开发区规划建设局公共事业管理科科长
吴端雅	福建烟草机械公司部门经理
彭锦图	中国电信股份有限公司南安分公司总工程师、经理
李　巍	福建省三钢（集团）有限责任公司烧结厂综合车间副主任
陈培青	莆田市广播电视中心涵江记者站站长
马昭森	中国农业银行福州市鼓楼支行党支部书记
胡志伟	南平市总工会工人
陈国华	福州天宇电气股份有限公司结构车间主任
汤卫东	周宁交通局工程管理站站长
林　福	宁德电业局送电线路专责
吴国裕	厦门市翔安区新店镇霞浯社区党总支书记
鲍光耀	华映光电公司机械工程师
李　娟	泉州金星大酒店餐饮部主管
潘梓金	福建斯特力气动工具有限公司装配组组长
丁水波	特步（中国）有限公司总裁
康　宁	福建省邮政公司党组书记、总经理
郑金贵	福建农林大学农业部海峡两岸农业技术合作中心首席科学家
陈桂林	福州市城乡建设发展总公司代总工程师
吴晓玲	长泰县教师进修学校教师
朱克文	三明市第二医院骨科主任
张烈湖	龙岩第一医院消化内科主任
叶启旺	霞浦县海洋与渔业局水产技术推广站副站长
林华强	福建省建设工程质量安全监督总站副科长
邵萍萍	晋江劳动和社会保障局局长
陈美玉	南孚电池有限公司党委副书记
钟万福	龙岩市总工会党组书记、副主席
柯明星	福建森宝食品集团股份有限公司副总经理
刘依目	福建省物价局机关工会副主席
李　臻	厦门航空有限公司售票部

【2009年福建省五一劳动奖章获得者】

徐智勇　王换苏　陈艳红
林　平　林能俤　翁秀华
翁允峰　连　枝　李文平
冉　坪　黄丽娜　郭东平
李子舟　叶崖青　林　炫
王德芹　郭　丹　钱秀榕
冯昭兴　杨永和　卢少新
詹江芳　梁　晖　林传铭
黄乃澄　陈木旺　林云萍
刘永健　冉　平　林　颖
庄志云　林桂云　曾　平
魏贤容　谭从奎　严小为
郭银土　钟少川　欧阳隆谷
张元安　黄国平　黄闽榕
陈剑斌　陈志南　方天愿
叶　炯　吴乃明　朱玲玲
杨建良　颜海容　曹传文
王桂英　吴炳煊　林乐全
邓碧智　庄锦东　魏开炬
刘　淞　曾华珍　曾群英
纪文滨　邹秀红　阳贵华
吴灿东　吴明仁　李水根
蔡劲松　汪小玲　姜国材
张玉仙　蒋新征　毛维国
张春楼　许杏花　张启荣
李　康　董再发　魏治文
沈　乐　庄祖奇　沈永成
邱亚山　陈飞腾　卢昌荆
邱鹭瑛　连建华　林颖韬
陈水利　陈冬凝　陈宏斌
陈美暖　周柳洪　何兴基
陈素珍　叶　飞　朱凤英
黄世鑫　张　田　吴希纯
洪卫东　焦小娥　徐远钦
赵晓红　季厚平　林杰成
柯希平　陈国华　程丽波
吴建斌　杨与胜　林　全
刘龙清　蔡经义　杨伯凡
孔祥尧　郑泽治　方加龙
洪国斌　周冬松　陈　伟
郑　勇　吴良萍　戴明彝
顾天堂　刘龙滨　洪冰凤
吴娇娇　洪泉益　陈国祥
戴金字　吴东进　甘玉锐
李豫福　沈添火　郑宗安
郭　昕　吴秋生　占火芝
苏麒璋　陈子山　翁亚明
宋建新　王增加　林仁生
黄春森　陈秀玉　黄祥敏
林寿雁　施养市　葛永梅
洪秀珠　张文水　李跃进
陈少治　吴扬帆　李文迹
杨文福　吴志雄　杨昭明
方闽红　陈文海　陈德兰
赵加靖　颜沧波　郭祥清
蔡炎辉　史建波　欧阳华
陈国海　李长金　吴彩连
李建航　陈　颖　周　超
郑　飞　黄振杰　郑定耀
金建明　陈维堃　吴奇伟
杨　英　蔡阿昌　金　敏
张步瑞　杨从华　徐炳春
章聪颖　李志清　李兴华
袁秀英　卢洪早　阎宏桥
张　民　王世勋　许新生
吴荣桂　李三虎　陈卫中
吴炯亮　朱金美　段志刚
林炎照　郑标传　蔡师民
熊文孝　屈　晟　李天友
陈冬燕　黄明祥　林碧霞
王伟荣　张燕清　黄炜杰
简国林　何传时　陈玉树
赖桂华　叶培辉　刘　强
钟隆安　杨伟明　刘松喜
石林垣　胡宗浩　黄永忠
张爱民　陈利杰　王荣康
赖荣明　余选明　黄一和
周兴銮　宋嘉泉　姚晓芳
谢礼焙　庄长兴　吴小龙
林　梅　程绍祥　王　峰
陈伏佑　张　帆　程良清
陈晶晶　王宝贵　王德强
张天桂　徐建太　李仪峰
周孙寿　蓝　东　吴文信
吴允清　姚景华　王万全
苏丽萱　柯阿玲　杨发新
游爱金　吴秋红　王玉翠
蔡金标　黄淑珍　曲圣伟
周大利　郭耀庭　郑幸娟
朱忠寿　郑超群　陈　诚
林　凌　林　林　李　健
张元榕　沈春马　张庆军
樊海平　张　杨　周　斌
张艳璇　王林芳　何雯娜
董国滨　高俊彦　黄珊汕
潘荣灼　江荣铭　刘灵玲
林　瑛　吴奇宝　吴婧琳
朱光明　陈可钰　张媛媛
闵越民　王志忠　郑晓鋆
王建新　池美娇　池宇宁
陈瑞兴　黄诗媛　马　杰
阙志城　齐　晖　杨伊杰
杨　松　林　丹　陈琪林
叶　帅　苏达金　汤仙虎
俞大康　黄国锦　陈文斌
昝　捷　颜建明　彭希纪
孙　健　刘献伟　林　波
王向党　李　强　叶　瑾
郑　峰　胡星刚　傅志强
卓贤麟

【第十三届中国青年五四奖章获得者】

谢思惠　福建省福安市泽民农业专业合作社理事长

【第六届福建青年五四奖章(标兵)获得者】

王钦杰　许建成　李智海
张　军　陈忠晟　林　丹
郑仕标　贺　曦　涂崇禹
覃晓清

【福建青年五四奖章获得者】

丁　昊　王凤民　邓志强
孔　敏　叶色亮　史晓方
白建胜　兰　海　兰华升
朱祥斌　任　斌　刘　辉
刘荣忠　庄辰明　许清流
孙玉林　孙劲梅　杨邦清
杨兴忠　苏志强　李　勇
李　健　李　楠　李长兴
肖绍平　吴文恩　吴伟杰
吴志成　吴丽钦　吴荣山
吴荣光　吴建伟　岑晓华
何雯娜　汪世华　张　军
张　胜　张广华　张四海
张兴华　张年雄　张芳华
张国王　张逞滨　陈达钦
陈岳峰　陈家明　陈朝晖
陈舒华　陈静明　武焕章
林　云　林　瑜　林一虎
林立武　林永斌　林利添
林姝敏　范元丰　欧阳志园
罗勇安　郑小鹏　郑友松
郑少颖　郑庆樟　郑新才
胡凤翔　姚建有　袁洪斌
袁晓昊　翁连进　涂颜淼
陶文平　黄　斌　黄飞虎
黄宇翔　黄志强　黄旺树
黄炳福　黄毓斌　章国平

康斌祥 谢启龙 鄢庆枇
雷岩平 詹可伟 蔡雨安
滕　达 潘建菁 潘德滨

【福建省新长征突击手】

陈展弘 郑永楷 吴万林
林　建 朱泽斌 权庭师
许丽英 林　东 唐　桢
任　兵 曾　旻 张遵安
张　晓 林　辉 卢奇旻
周伯超 陈礼发 巨东红
庄新明 郭　军 吴歆宇
陈超伟 陈国海 陈鸿文
陈惠凤 陈文贵 陈小明
何伟东 林　易 曾俊辉
郑秀海 韩　平 罗　睿
陈　岩 黄志军 王志宏
王少芳 林　财 林盛春
汤元彰 吴振东 黄海滨
曾振辉 郑序紊 刘可为
郑添枝 谢华忠 陈锡仙
潘庆年 张丽华 汪群华
黄明珠 黄锴波 邓才生
欧争青 蔡国民 翁　强
苏建波 邓阿茂 李世东
郑子伟 林宗储 戴文森
郑琦晶 李　强 侯立华
谢文革 夏建斌 兰　勇
李俊辉 林绍昕 郭绯红
王建辉 施晓莉 陈发胜
许仁贵 苏志台 张经涛
徐新雄 罗　伟 曾宪清
陈　聪 吴志垣 陈通杰
陈家军 汪晨斌 杨高峰
陶怡芳 缪水金 叶德奕
徐志飚 李杨梅 范志稳
黄晓中 何建进 谢荔梅
杨　翊 郑友松 王　辉
黄　瑜 洪永新 方　承
林　凌 杨健刚 肖维军
程阳春 王乾廷 刘树滔
郑家建 张燕飞 陈礼辉
黄小红 张　尉 陈力予
何忠东 谢春明 陈文勇
李　春 吴灿雄 庄建煌
汪锡伍 梅　雷 刘万民
谢延旺 贺　曦 王国青
张永贺 钱宏伟 王　新
李国勇 张　蕾 吴金花
彭宏亮

【全国三八红旗手】

柯　华　福州市疾病预防控制中心检验科科长
林燕滨　福州市交通局重点办主任
林姝敏　福州市歌舞剧院副院长
邹雪玉　长乐市植保植检站站长
陈绍瑄　厦门市第一幼儿园园长
林秋红　厦门海沧佳味馆饮食有限公司董事长
苏　侦　厦门市地方税务局规费征管处处长
许丽端　厦门市翔安区新店镇党委副书记
黄玉虾　东山县陈城镇岐下村村主任
许英香　漳浦县妇幼保健院副院长
吴秀丽　南靖龙山顺发加油站总经理
肖淑琼　漳州市公安局芗城分局户政中心主任
甘端蓉　泉州市妇联主席
吴新文　晋江市青阳街道中和中心小学校长
郑雪英　石狮市亿胜服饰有限公司董事长
曾华汝　永春县蓬壶镇仙岭村村委
吴晓玲　沙县审计局局长
陈秀云　尤溪县珊元畜牧有限责任公司董事长
郑淑淋　大田县公安局中队长
朱玲玲　永安市农业局土肥站站长
林惠玉　莆田市妇联主席
吴小舟　莆田万家惠购物广场有限公司总经理
代丽英　莆田市荔城区西天尾镇三山村党支部书记
方碧娟　莆田市天宇林业开发有限公司总经理
陈美妹　南平市延平区妇联主席
洪顺金　邵武市洪顺养殖专业合作社理事长
潘丽贞　南平市人民医院副院长
吴金花　解放军第九二医院精神病科护士长
邓菊芳　龙岩市妇联主席
胡　静　福建畅丰车桥制造有限公司董事长
沈腾香　长汀县策武乡南坑村党支部书记
包枝容　屏南县妇联主席
陈桂清　周宁县玛坑乡首章村党支部书记
游爱金　柘荣县实验小学语文教研室主任
刘　玉　宁德市第一中学语文组组长
胡玉荣　寿宁县胡玉荣面制品加工坊
李　红　省立医院副院长
夏　青　福州实验小学副校长
林丹晴　省公安厅法制处科长
张艳璇　省农业科学院植物保护研究所二级研究员
林　瑛　省实验闽剧院院长
任君翔　福建日报社记者通联部主任
刘巧云　省森林病虫害防治检疫总站检疫科科长
江启森　省女子监狱副监狱长
郑丽绥　晋江市公安局科员
郑　起　福州大学化肥催化剂国家工程研究中心研究员
吴荔涵　莆田市特殊教育学校党支部副书记
吴健敏　煤炭集团厦门京闽中心酒店总经理
林　如　福建省南纸股份有限公司销售部部长
高瑛瑛　泉州市儿童医院副院长
吴建跃　建宁县人口与计划生育局局长
方丹芬　省特种设备检验院人力资源部部长兼监察室主任
谢　曲　厦门市湖里区吕岭社区残疾人联络员
李　真　福州海关查私处副处长
陈莉莉　福建出入境检验检疫局食品监管处科长
刘一宁　中国电信厦门分公司10000号客服中心经理
倪晓嵘　中保财险福建分公司系统团委书记
王素芳　省电力勘测设计院变电工程专职设计总工
鄢　蕾　福建水口发电有限公司会计
赵　彬　省妇联宣传部调研员

【福建省三八红旗手】

郑幸娟 何雯娜 黄珊汕
刘灵玲 张媛媛 吴婧琳
郑晓鋆 池宇宁 齐　晖
陈　霞 徐玉霞 郑梅彩
郑黎虹 张继红 吴亚芬
林　莺 林　嵘 康素群
张宗英

（省总工会、团省委、省妇联供稿）

编辑：王文灿

地方文献、法规、规章选登

关于福建省2009年国民经济和社会发展计划执行情况及2010年国民经济和社会发展计划草案的报告

（2010年1月25日在福建省第十一届人民代表大会第三次会议上）

福建省人民政府副省长　福建省发展和改革委员会主任　张志南

各位代表：

受省人民政府委托，我向大会报告福建省2009年国民经济和社会发展计划执行情况及2010年国民经济和社会发展计划草案，请予审议，并请省政协委员和其他列席人员提出意见。

一、2009年国民经济和社会发展计划执行情况

2009年，全省认真贯彻党的十七大、十七届三中、四中全会精神和省委部署，深入学习实践科学发展观，认真落实国务院支持福建省加快建设海峡西岸经济区的《意见》，积极应对国际金融危机，扎实推进海峡西岸经济区建设，保增长、保民生、保稳定取得明显成效。初步统计，全省生产总值11950亿元，比上年增长12%，比预期目标高2个百分点；财政总收入1694亿元，增长11.7%，其中地方级财政收入932亿元，增长11.9%。

（一）三次产业协调发展。农业生产稳中有升，第二产业支撑有力，服务业发展进一步加快，三次产业结构由上年的10.7∶49.1∶40.2调整为9.9∶48.6∶41.5。

第一产业增加值1182.9亿元，增长4.7%，比预期目标高0.2个百分点。农林牧渔业总产值2001亿元，增长5%。粮食播种面积1846.52万亩，增长1.7%；总产量667万吨，增长2.2%。肉蛋奶产量219.5万吨，增长1%；水产品产量571万吨，增长3%；水果总产量564.56万吨，增长2%。植树造林250.8万亩。184家省级农业产业化重点龙头企业销售收入707亿元，增长9%，带动农户277万户。实施土地整理70.5万亩，建设高标准农田40.5万亩；修复病险水库120座，完成海堤除险加固152.5公里；新建改扩建17个标准渔港；建成8万户农村沼气池；解决133.5万人的农村饮水安全问题；完成农村路网工程4650公里。

第二产业增加值5812.4亿元，增长12.9%，比预期目标高1.4个百分点。其中工业增加值4918亿元，增长12.1%，对经济增长的贡献率达45.8%；建筑业增加值894亿元，增长18.6%。规模以上轻、重工业增加值分别增长15.7%和10.6%。民营工业增加值2706.77亿元，增长15.1%。37个工业大类行业中25个实现两位数增长。三大主导产业增加值1569亿元，增长11.4%，其中电子行业增加值385亿元，增长12%；机械行业增加值728亿元，增长6.9%；石化行业增加值456亿元，增长18.7%。高技术产业增加值增长7.8%。全社会发电量1171亿千瓦时，增长7.8%；用电量1135亿千瓦时，增长5.7%。

第三产业增加值4954.2亿元，增长12.5%，比预期目标高1.5个百分点。其中批发零售业、住宿餐饮业、运输仓储邮政业、金融保险业增加值分别增长15.2%、6.9%、1.2%和25.4%。现代物流业发展壮大，货物周转量增长4.5%，旅客周转量增长6.9%。沿海港口货物吞吐量突破3亿吨，增长12.8%，集装箱吞吐量716.2万标箱；厦门港步入亿吨港行列。机场旅客吞吐量超过1900万人次，增长19.6%，其中厦门机场旅客吞吐量突破1100万人次。金融运行良好，本外币各项存款余额15098亿元，增长24%，贷款余额12906亿元，增长30.5%；新增20家公司在境内外资本市场发行上市、3家实现增发，募集资金210亿元；10家企业成功发行债券和短期融资券，融资85亿元。软件、动漫、创意等新兴产业加快发展，软件及系统集成销售收入410亿元，增长36.7%。

（二）扩大内需成效明显。投资结构不断优化，中央增投项目进展顺利，重点项目建设加快推进；搞活流通促进消费政策进一步完善，市场消费保持较快增长。

全社会固定资产投资6362亿元，增长20%，比预期目标高5个百分点，其中城镇投资5679亿元，增长21%；农村投资683亿元，增长12.6%。全社会民间投资3357.7亿元，增

长26.7%，比上年提高2.9个百分点，对全社会投资增长的贡献率达66.8%。争取国家安排我省四批中央增投项目2258个，总投资647亿元，下达投资计划182.8亿元，其中中央投资48.76亿元；全年完成投资185亿元，近1000个项目建成或基本建成。

全年安排重点项目526个，其中351个在建项目完成投资1493亿元，增长23.4%。125个重点项目建成或基本建成，130个重点项目开工建设，其他在建项目加快推进。全年新增干线铁路里程504公里，总里程达2128公里，在建规模突破2000公里；新增高速公路通车里程246公里，总里程达2013公里，在建规模突破2000公里；新增港口吞吐能力6220万吨，总吞吐能力达2.9亿吨；新增电力装机容量400万千瓦，总装机容量达3026万千瓦，全省500千伏大环网提前建成。

社会消费品零售总额4481亿元，增长16.5%，比预期目标高1.5个百分点。消费结构升级，汽车类零售额385.23亿元，增长35.8%，体育娱乐用品类增长15.5%；商品房销售面积、销售金额分别增长67.5%和107.4%；家电、汽车、摩托车下乡和家电、汽车以旧换新试点有序推进。旅游消费持续增长，旅游总收入1132.62亿元，增长11.3%。市场物价保持稳定，居民消费价格总水平下降1.8%。

（三）改革开放持续深化。体制机制创新取得新进展，各项扶持举措有力促进出口降幅逐季收窄，利用外资质量提高，闽台港澳侨合作更加密切。

农村综合改革稳步推进，土地承包经营权流转有序开展。新组建五大国有企业集团，推动省属国有企业强强联合。增值税转型、成品油价格和税费改革顺利实施，公路养路费等6项收费和政府还贷二级公路收费全部取消。医药卫生体制改革实施方案确定的年度任务基本完成。城乡统筹综合配套改革试验扎实推进。省市县政府机构改革稳步推进，完成新一轮行政审批项目清理工作，省级审批项目精简30%。积极整合港湾资源，港口一体化管理体制改革加快推进，促进海峡西岸港口群加快形成。

继续实行出口退税超基数地方负担部分由省级财政统一承担，省级财政全额承担9.72亿元。进出口797亿美元，下降6.1%，其中出口533亿美元，下降6.4%；进口下降5.4%。进出口、出口、进口降幅分别小于全国平均水平7.8、9.6和5.8个百分点。民营企业出口203.89亿美元，增长16.6%。纺织、服装、鞋、箱包、玩具五大传统商品出口162.57亿美元，增长9.8%。农产品出口34.22亿美元，增长12.8%。对新兴市场出口下降2.4%，对传统市场出口下降7.7%。

新批外商投资项目939项，按可比口径实际利用外资101亿美元，增长0.4%。农业实际利用外资3.36亿美元，增长97.1%；服务业利用外资23.56亿美元，增长14.9%，占全省实际利用外资比重达23.4%，同比提高3个百分点；三大主导产业利用外资36.2亿美元，占全省制造业实际利用外资比重达53.7%。

闽台贸易额70亿美元，其中对台出口15.4亿美元，增长16.1%。实际利用台资25.3亿美元，增长11.4%。闽台海上直航客运量138.2万人，增长31.7%，货运量2255万吨；空中直航运送旅客15.93万人次；启动福州（平潭）综合实验区建设，成功举办首届海峡论坛，闽台农业合作、教育、科技、文化等领域交流交往更加密切，“海峡旅游”品牌影响扩大。新增在港上市企业7家、融资额127.96亿元；闽港闽澳贸易额36.3亿美元；实际利用港澳资47.6亿美元，增长8.4%。福建海外华人华侨协作网开通运行，引进侨智力度加大，侨力侨资优势进一步发挥。

（四）民生保障得到加强。社会事业全面发展，城乡居民收入较快增长，就业和社会保障工作成效明显，人民生活不断改善。

新建和维修加固中小学校舍110万平方米，支持42所职业院校教学实训设施建设。高中阶段教育毛入学率由上年的76.3%提高到80.2%。普通高校招生19.37万人，高等教育毛入学率由上年的23%提高到24.4%。改造完善26个县级医疗机构、147个乡镇卫生院、14个社区卫生服务中心，新增病床5000多张。支持200个乡镇综合文化站建设，加强一批旅游、历史文化名城（村）和抢救性文物基础设施建设。新建1900个农民体育健身工程点，我省运动员在第十一届全运会上取得19金11银21铜的历史最好成绩。人口与计划生育工作不断加强，人口自然增长率6.2‰。

城镇居民人均可支配收入19577元，实际增长10.9%；农民人均纯收入6680元，实际增长10.1%。城镇新增就业67.2万人，年末城镇登记失业率3.9%；下岗失业人员再就业9.4万人，转移农村劳动力45.2万人。应届高校毕业生年度就业率达84.1%。城镇企业职工基本养老保险参保人数423.26万人，增长5.4%；失业保险参保人数348.14万人，增长2.8%；城镇居民医疗保险试点扩大到全省，参保人数633.48万人。18.6万城镇居民和80.4万农村居民享受最低生活保障。新型农村合作医疗参合率达95.3%。新建3.29万套城市低收入家庭廉租住房，完成“造福工程”搬迁6.01万人。省委、省政府确定的21项为民办实事项目如期完成。

（五）发展质量继续提高。企业效益稳步回升，自主创新能力增强，节能减排力度加大，生态省建设持续推进。

规模以上工业效益综合指数190.81，比上年提高10个点；工业品产销率达97.42%；企业利润784.27亿元，增长35.6%；企业应收账款和产成品库存占流动资产平均余额的比重为38.8%，比上年回落0.3个百分点，其中产成品库存占比12.4%，比上年回落0.5个百分点。安全生产形势平稳，亿元生产总值生产安全事故死亡率下降14.7%。

科技投入力度加大，渠道进一步拓宽。启动实施50个区域科技重大项目，新上6个省级科技重大专项；2个国家工程技术研究中心通过科技部验收；新建19个省级工程技术研究中心、11个省级重点实验室、7个科技创新公共服务平台。第七届“6·18”共对接项目5008个，项目对接的常态机制进一步完善；“数字福建”政务外网、网上审批等一批项目建成使用。

单位生产总值能耗降低3.2%、二氧化硫排放量下降1.5%、化学需氧量排放减少0.2%的节能减排目标预计可以完成。全年关停小火电机组119.5万千瓦，淘汰落后水泥产能499万吨，新型干法水泥比重提高到55%。全省30万千瓦以上燃煤机组已全部安装脱硫设施，省控重点排污单位在线监控和联网全面完成；建成23个污水处理厂和20个垃圾无害化处理场，城市污水、垃圾无害化处理率分别为75%和

91%，比上年提高2.3个和3个百分点；农村家园清洁行动完成160个乡镇、2780个建制村的垃圾治理任务，主要江河流域和近岸海域整治成效明显。饮用水源地保护、重要生态功能区建设得到加强。

在看到成绩的同时，我们也清醒地看到我省经济回升的基础还不牢固，国际金融危机和外需不足的影响还在延续，贸易摩擦加剧，外经贸持续增长的压力加大；经济结构性矛盾比较突出，产业规模不大，新兴产业项目不多，自主创新能力有待提高；部分工业行业和一些中小企业生产经营仍较困难；城乡公共服务发展不平衡；农民持续增收难度较大；环境保护、生态建设任务艰巨等困难和问题，我们要采取有效措施加以解决。

二、2010年国民经济和社会发展主要预期目标和任务

政府工作报告提出了今年经济社会发展的目标任务，全省生产总值增长10.5%左右，这是全面贯彻落实国务院《意见》、加快海峡西岸经济区建设的需要，是扩大就业、增加居民收入、改善民生、维护社会稳定的需要，在实际工作中力求更好更快。我们要认真落实党中央、国务院和省委各项决策，促进全省经济社会持续较快发展。

(一)夯实农业发展基础。完善扶持粮食生产的政策措施，稳定粮食播种面积，提高粮食产量，支持茶叶、水产、花卉等特色优势农产品规模化生产，实现第一产业增加值增长4.5%。创新农村工作机制，加强农业科技服务，实施农业“五新”推广示范工程，扶持农业产业化龙头企业发展，带动农民增收。加大防灾减灾体系建设力度，抓好重大动植物疫病的防控，做好防汛抗旱工作。推进农业基础设施和农村民生工程建设，实施土地整理50万亩，完成现有33座大中型病险水库除险加固和302.5公里海堤强化加固任务，加快渔港建设进度，新建农村沼气池6万户，继续实施130万人农村饮水安全、大中型灌区续建配套与节水改造工程，完成农村路网工程5000公里，加大农村电网建设力度，改善农村生产生活条件。

(二)推进产业调整振兴和转型升级。组织实施我省14个重点产业调整振兴方案，落实950个制造业重点项目的实施意见，加快21个重点产业集群和基地建设，以产业链延伸为主线，以工业园区为载体，着力提高产业集中度，完成制造业投资1800亿元以上，实现第二产业增加值增长13%、工业增加值增长13.5%。扶持新能源、生物医药及新药、节能环保、新材料、信息网络、海洋经济等一批战略性新兴产业项目建设。落实促进创意产业发展的举措，建设一批文化创意产业园区。实施300个重点技改项目，加快改造提升传统产业，淘汰落后产能。通过重大项目带动促进产业结构调整，加快炼化一体化二期、中化炼油、古雷石化、中国化工江阴重油、厦门高新技术产业基地、三都澳溪南半岛工业区、湄洲湾石门澳产业园及三明、南平、龙岩产业集中区等一批重大项目的前期工作和建设进度。加快发展面向生产、面向民生、面向农村的现代服务业，实现第三产业增加值增长11.5%。推进43个服务业在建重点项目建设，年度投资100亿元以上；积极扶持软件开发、服务外包基地建设，支持现代物流、电子商务业发展，大力发展金融业，鼓励家政服务、养老服务、社区商业等便民服务业发展；拓展闽货营销网络，提高闽货市场占有率。

(三)增强投资对经济增长的拉动力。加快实施中央新增投资项目，落实鼓励和扩大民间投资的各项举措，实现全社会固定资产投资增长16%。加强重点项目建设，安排重点项目523个，总投资14351亿元，其中在建项目366个，年度计划投资1720亿元；计划建成或基本建成120个，新开工120个。扩大与央企、台资和外资企业的战略合作，加快推进重点港湾和产业园区项目落地，积极培育新增长区域。加快推进基础设施建设，抓好14条在建铁路项目，开工建设南三龙、浦建龙梅等铁路项目，铁路投资255亿元；抓好25条续建高速公路，开工建设10条高速公路，高速公路投资400亿元；建成8个深水泊位，港口投资80亿元，新增港口吞吐能力3000万吨；实施现有机场改扩建工程，加快新建、迁建机场前期工作，民航投资45亿元；加快建设福清、宁德核电，推进核电后备厂址前期工作，完善和推动省外联网、省内主干电网、智能电网建设，能源投资390亿元，新增电力装机容量480万千瓦；抓好城市轨道交通、市政道路、供水等项目建设，市政设施投资700亿元。

(四)推动外经贸持续稳定发展。继续实施稳外需、扩市场、保份额的措施，实现外贸出口增长8%左右。推进重点商品出口基地建设，加大对机电和高新技术产品出口的扶持。积极开拓中国—东盟自由贸易区市场，巩固欧美、日本等传统市场，拓展拉美、非洲等新兴市场，支持优势企业建立境外营销和服务网络。加强对外经贸企业融资服务，扩大出口信用保险覆盖面。扶持行业协会发展，指导企业有效应对贸易摩擦。鼓励进口先进技术、关键设备和重要资源。完善口岸大通关，推进“无纸化”通关建设，加快建设“无水港”，鼓励发展“飞地港”。推动开发区转型升级。提升“5·18”、“9·8”等展会实效，做好招商引资项目的服务工作，按可比口径实际利用外商直接投资不低于80亿美元。

(五)积极扩大消费需求。实施更加积极的就业政策，统筹做好零就业家庭、就业困难人员、大中专毕业生等重点人群就业工作，提高企业离退休人员基本养老金、部分优抚对象待遇和城乡居民最低生活保障水平，千方百计增加城乡居民收入，增强消费能力，实现城镇新增就业65万人、城镇登记失业率控制在4.3%以内；城镇居民人均可支配收入实际增长8%、农民人均纯收入实际增长5%、社会消费品零售总额增长15%。完善农村流通体系，推进“万村千乡”、“双百”市场和“新网”工程。拓展城乡消费市场，推进家电、汽车、摩托车下乡和家电、汽车以旧换新，完善售后服务。加快普通商品房建设，合理引导住房消费，抑制投资投机性购房需求，保持房价基本稳定。新开工廉租住房135万平方米、2.7万套，改造一批城市棚户区(危旧房)。积极发展旅游消费，完善重点旅游基础设施，引导城市周边和乡村休闲旅游产品规范化建设。加强市场监管和供应保障，稳定市场价格，实现居民消费价格总水平涨幅控制在3%左右。

(六)深化闽台港澳侨合作。推进闽台电子、石化、机械、船舶、冶金等产业深度对接，建设一批闽台现代农业合作示范区和加工区，扩大闽台贸易规模。高起点编制和实施福州

(平潭)综合实验区规划,加快基础设施建设,加强产业支撑,推动设立海关特殊监管区;促进福州、厦门台商投资区扩区和新设立泉州、漳州台商投资区。完善对台口岸集疏运条件,加快建设两岸交流交往、直接"三通"的主要通道和平台。积极争取开办新台币离岸金融业务,推动人民币作为闽台贸易结算货币,促进闽台金融机构双向投资。加强闽台旅游合作,推出一批"海峡之旅"精品线路,扩大双向旅游规模。积极推进闽台文化产业合作。精心办好第二届海峡论坛。扩大闽港合作八大平台和闽澳四项合作的效应,推进联合招商,拓展闽港、闽澳在先进制造业、现代物流、金融、旅游等领域合作渠道。办好第三届世界闽商大会,开展多种形式的联谊活动,切实维护侨胞合法权益,积极吸引侨力侨智侨资。

(七)加快城镇化进程和区域协调发展。实施海峡西岸城市群发展规划,做大做强中心城市,加快小城镇建设,城镇化率提高到52%。推进20个重点小城镇综合改革建设试点,加强规划指导,统筹城乡、区域协调发展,在户籍制度改革、房地产开发、城乡建设用地、基础设施建设、公共服务等方面出台相关政策,调动各方积极性,推动小城镇规模化、特色化发展。加大对原中央苏区、革命老区、少数民族地区、海岛、库区的投入,改善欠发达地区生产生活条件。加强区域协作,办好第六届泛珠论坛暨经贸洽谈会,推进跨省铁路、公路等重大基础设施建设,建立更加紧密的区域合作机制。

(八)持续推进生态省建设。严格落实节能减排目标责任制,实现单位生产总值能耗降低3.2%,完成二氧化硫和化学需氧量年度减排任务。加快建设沿海防护林体系,加强生态公益林保护与恢复,抓好重要水源地、湿地保护和自然保护区管理,完成植树造林220万亩。完善闽江、九龙江、敖江等流域生态补偿具体办法。推进重点流域整治,深化重点区域、主要海湾和近岸海域污染防控,深入开展农村家园清洁行动。抓好节能减排设施建设,新建、扩建19个污水处理厂和10个垃圾无害化处理场,完成十大重点领域200项节能重点工程,发展循环经济和低碳经济。抓好重点污染源在线监控,依法查处治理设施不运行和违法排污行为。重视资源合理开发和保护,促进土地、海域和岸线资源节约集约利用。

(九)加大改革创新力度。深化农村综合改革,稳妥推进土地承包经营权流转,完善集体林权制度改革配套政策。实施省属企业三年发展规划,落实支持民营经济发展的各项政策措施。推进资源性产品价格和环保收费改革,开展用电大户与发电企业直接交易试点,完善污水、垃圾处理收费制度。稳步开展省直管县财政管理方式改革,抓好增收节支,加强政府债务管理。继续推进港口一体化管理体制改革。支持在闽金融机构深化改革,支持企业上市和发行债券。精心组织编制"十二五"规划,推进形成主体功能区布局。加大科技投入,提高研究与试验发展经费支出占生产总值的比重。办好第八届"6·18"项目成果交易会,打造国内外有影响的产学研合作大平台。推进国家级重点实验室、国家工程技术中心、企业技术中心和行业技术开发基地建设,加快实施年度重大科技专项和区域科技重大项目。

(十)着力促进民生改善和社会稳定。落实责任单位,办好惠民实事项目。加快义务教育学校标准化建设,实施中小学校舍安全工程,重建和维修加固一批中小学校舍;建设一批中高级技能型产业人才培养基地。继续深化医药卫生体制改革,加强乡镇卫生院、社区卫生服务中心等基层医疗卫生机构和专业公共卫生机构建设。加快社保卡和居民健康信息系统建设,扩大社会保险覆盖面。加强甲型H1N1流感等重大疫病的防控工作。完善医患纠纷预防和处置机制。加强人口计生服务网络体系建设,人口自然增长率控制在7‰以内。建设年百所乡镇综合文化站,实施农村电影"2131"放映工程和农家书屋工程,扎实做好有线数字电视整体转换工作。继续实施群众体育健身工程。建设百所农村敬老院和10个县级社会福利中心,建立500个社区居家养老服务中心站。继续治理"餐桌污染",建设食品放心工程。落实安全生产责任制,实现亿元生产总值生产安全事故死亡率下降11.5%。继续深化平安创建活动,维护社会安定稳定。

各位代表!我们要紧密团结在以胡锦涛同志为总书记的党中央周围,以邓小平理论和"三个代表"重要思想为指导,深入贯彻科学发展观,认真落实省委的决策部署,自觉接受省人大及其常委会的法律监督、工作监督和省政协的民主监督,抢抓机遇,凝心聚力,乘势而上,全面完成今年国民经济和社会发展的目标任务,为加快建设海峡西岸经济区作出新贡献。

关于福建省2009年预算执行情况及2010年预算草案的报告

(2010年1月25日在福建省第十一届人民代表大会第三次会议上)

福建省财政厅厅长 陈小平

各位代表:

我受省人民政府委托,向大会报告2009年预算执行情况和2010年预算草案,请予审议,并请省政协各位委员和其他列席人员提出意见。

一、2009年预算执行情况

按照省十一届人大二次会议决议和《政府工作报告》的有关要求,全省各级财政部门认真贯彻中央和省委省政府"保增长、保民生、保稳定"的决策部署,落实国务院支持福建省加快建设海峡西岸经济区的《意见》,把握机遇,有效作为,充分发挥财政职能作用,推进海峡西岸经济区建设。

(一)全省财政预算执行情况

1.全省财政一般预算执行情况

省十一届人大二次会议通过的2009年全省代编预算:地

方级财政收入预算927.4亿元，全省财力预算1145.69亿元，相应安排全省支出预算1145.69亿元。

据快报统计，2009年全省财政总收入1694.42亿元，比上年增加177.83亿元，增长11.7%。其中：全省地方级财政收入实现932.3亿元，完成年初预算的100.5%，比上年增加98.9亿元，增长11.9%。全省地方级财政收入加预计中央体制净补助252.29亿元，全省总财力为1184.59亿元，比上年增加141.49亿元。全省财政支出1403.82亿元（含中央专款和上年结转等支出），比上年增加266.1亿元，增长23.4%。

2. 全省政府性基金预算执行情况

全省政府性基金收入680.63亿元，完成预算的119.8%，比上年增加116.77亿元，增长20.7%；全省政府性基金支出590.24亿元，比上年增加17.92亿元，增长3.1%。

（二）省级财政预算执行情况

1. 省级财政一般预算执行情况

省十一届人大二次会议通过的2009年省级地方级财政收入预算为80.85亿元，省级财力预算为187.08亿元。执行中，经省人大常委会批准，中央代理我省发行的政府债券资金中2亿元用于省级支出，省级财力预算调整为189.08亿元，相应安排省级支出189.08亿元。

据快报统计，2009年省级地方级财政收入实现86.43亿元，完成预算的106.9%，比上年增加0.83亿元，增长1%；省级财力为194.66亿元。省级支出264.67亿元（含中央专款和上年结转等支出），比上年增加74.14亿元，增长38.9%。

2. 省级政府性基金预算执行情况

省级政府性基金收入151.88亿元，完成预算的84.4%，比上年减少21.51亿元，下降12.4%（主要原因是实行燃油税费改革后，地方取消了养路费和公路客货运附加费收入）；省级政府性基金支出121.55亿元，比上年减少24.42亿元，下降16.7%。

以上快报数在决算编制中还会有所调整，决算编成后再报省人大常委会审批。

（三）2009年预算执行及财政工作的主要特点

1. 千方百计抓好增收节支，圆满完成全年预算任务

在我省经济增长回升向好的基础上，全省各级财税部门围绕全年预算目标，积极组织收入，努力做大财政蛋糕，确保省委省政府各项重点支出的需要。

财政收入持续增长。加强收入的组织协调，支持税务等部门依法加强征管，确保应收尽收。加强财政、税务、国库、银行的协作，认真解决预算执行中存在的问题。抓好非税收入征管，确保非税收入及时、足额入库。同时，中央财政进一步加大了对我省的支持力度，共下达转移支付309.14亿元，比上年增加87.5亿元，增强了我省财政实力。

重点支出保障有力。加快支出进度，切实保障重点支出，其中，全省农林水事务支出119.83亿元，增长49%；教育支出277.28亿元，增长18.9%；科学技术支出27.53亿元，增长7.4%；医疗卫生支出90.27亿元，增长21.5%；社会保障和就业支出131.71亿元，增长20.5%；环境保护支出32.92亿元，增长134.7%。压缩行政事业单位公用经费，全省一般公共服务支出增幅低于总支出增幅17.1个百分点。

2. 有效落实积极财政政策，全力扩内需保增长

综合运用预算、贴息、奖励、补助等措施，发挥财政资金“四两拨千斤”的作用，增强投资、消费、出口对经济增长的协调拉动，促进我省经济持续较快发展。

加大政府投资力度。通过调整支出结构、整合专项资金、发行地方政府债券，省级财政共筹集中央扩大内需投资项目地方配套资金29.43亿元，并及时拨付中央下达的资金28.49亿元，确保项目顺利实施。统筹预算内外资金57.9亿元，支持铁路、公路、港口等基础设施建设。

努力扩大消费需求。积极推进家电与汽车摩托车下乡工作，已兑付补贴3.76亿元，兑付率达97%，带动销售额33.32亿元。通过“一折（卡）通”将农资综合直补、良种补贴、省级储备订单粮食直补等涉农补贴共16.11亿元直接发放到农民手中。提高优抚、城乡低保等低收入群体的补助水平，加大保障性安居工程等民生领域支出。支出0.28亿元，积极推进“万村千乡”市场工程。支出0.86亿元，支持拓展入闽、入境和闽台旅游市场。

促进经济结构调整。省级财政统筹18.36亿元，通过设立省级企业资金链应急保障周转金和创业投资资金，成立中小企业信用再担保公司，建立产业转型升级重点项目银行贷款风险补偿、中小企业信用担保补偿及小企业贷款风险补偿机制，支持加快构建新兴产业，推动传统产业优化升级，鼓励企业技术改造，积极开拓国内外市场。积极发挥政府采购政策功能作用，鼓励优先采购本省节能、环境标志、自主创新产品。清理123项行政事业性收费项目，减轻企业和社会负担约25亿元。

支持外经贸发展。省级外经贸发展资金支出7.3亿元，比上年增加4.48亿元。在大幅增加投入的同时，继续实行省级财政全额承担出口退税超基数部分的政策，管好用好资金，并加快出口退税进度，着力扶持重点企业和大宗优势特色商品出口，支持外贸保规模扩增量。及时研究提出调高我省部分传统产品出口退税率的建议，收效明显。

3. 扎实推进农村综合改革，促进农村经济社会发展

把支持农村经济社会发展作为保增长的重要方面，切实落实好各项惠农强农政策，推进新农村建设。省级农林水事务支出22.24亿元，增长33.3%。同时，下达专项转移支付50.99亿元。

加强农业基础设施建设。采取以奖代补、先建后补等方法，重点支持152.5公里海堤和120座水库除险加固，支持39个县的小型农田水利设施建设，解决133.5万农村居民饮水安全，推进土地整理和小流域治理。

发展农村公益事业。支出4.07亿元，重点支持160个乡镇、2780个建制村的环境整治，8万户农村户用沼气建设，6万人造福工程搬迁，改善农村人居环境。

发展现代农业。整合支农专项资金3.71亿元，集中扶持茶叶、渔业、笋竹、花卉及油茶等产业发展，支持农业科技创新和推广、闽台农业合作和品牌农业企业做大做强。兑付农机具购置补贴2.12亿元，加快推进农业机械化。

支持农村综合改革。农村义务教育“普九”债务化解工作基本完成，实际化解债务21.59亿元。支出1.19亿元，提高村主干补贴标准，为村计生协会会长、妇代会主任、团支部书记发放津贴。推进政策性农业保险工作。

4. 大力推动保民生、保稳定各项工作，促进社会和谐

以“保民生”为工作落脚点，坚持“雪中送炭”，进一步调整优化支出结构，集中财力推进以改善民生为重点的社会事业发展，维护社会稳定。

积极促进就业。省级财政筹集就业专项资金4.22亿元，比上年增长37.9%，重点落实鼓励高校毕业生就业的优惠政策，加大自主创业的政策扶持力度，积极支持农民工和农村劳动力转移就业。妥善运用阶段性缓缴社会保险费等措施，稳定困难企业用工。

推进教育文化事业发展。省级教育支出31.02亿元，比上年增长6.4%。下达专项转移支付16.91亿元。主要用于提高中小学公用经费保障水平，免除中职学校家庭经济困难学生及涉农专业学生学杂费，实施城乡低保家庭高中学生助学金制度，新建41万平方米农村义务教育阶段寄宿生宿舍。省级文体传媒支出6.97亿元，重点支持城乡公共文化服务体系建设、闽台文化交流和文化产业发展。

推进医药卫生体制改革和社会保障体系建设。省级医疗卫生和社会保障支出29.74亿元。下达专项转移支付58.06亿元。继续完善新型农村合作医疗制度；全面推行城镇居民基本医疗保险制度，将在校大学生和9.18万名国有、集体关闭破产企业退休人员纳入基本医疗保险。完善医疗卫生经费保障机制，推动公共卫生特别是社区卫生和农村卫生协调发展。及时落实资金，做好甲型H1N1流感防控工作。

提高基层政府保障能力。完善“六挂六奖”补助办法，逐步建立县级基本财力保障机制，进一步增强县市财政的保障能力和发展动力。增加对困难县(市)财政补助，省级财政共下达财力性转移支付补助76.61亿元，确保中央和省委省政府各项惠民政策落到实处。

5. 继续深化财政改革，进一步提升理财水平

按照突出重点、统筹兼顾的原则，有序推进财税各项改革，规范财政管理，加强财政监督。认真落实省人大有关决议对财政工作的要求，对审计提出的问题及时整改，进一步提升依法理财、科学理财、民主理财水平。

推进财税改革。认真做好增值税转型改革工作，落实成品油价格和税费改革及政法经费保障机制改革。对23个省直部门的25个预算项目开展绩效评价试点。省市两级全面实行国库集中收付制度，县级改革试点扩大到30个。财政票据电子化改革取得新成效。

加强资金管理。进一步完善财政资金使用管理办法，确保财政资金使用规范透明、安全高效。继续按照集中财力办大事原则，加大存量资金整合力度，统筹使用结余结转资金，切实提高财政资金使用效益。

强化财政监督。加强对中央和省扩大内需政策及惠民惠农资金落实情况的检查。认真开展党政机关和事业单位“小金库”专项治理工作。推动实施会计准则，提高会计信息质量。强化财政投资评审，净核减3亿元，审减率11%。

上述工作成绩的取得，得益于省委省政府的正确领导和人大的依法监督、政协的民主监督及社会各界的关心、理解和支持。但财政运行中仍然存在着一些困难和问题：财政增收的基础还不稳固，财政收支矛盾比较突出，部分县市保障能力仍然较低，地方政府债务增长较快，财政监督有待进一步加强。这些问题将通过今后的发展和工作的改进逐步解决，也恳请各位代表、委员一如既往地给予指导和支持。

二、2010年预算草案

2010年全省及省级预算编列如下：

全省代编预算：

全省财政总收入预计1889.08亿元，比上年增加194.66亿元，增长11.5%。其中：全省地方级财政收入预算为1034.8亿元，比上年增加102.5亿元，增长11%。地方级财政收入加预计中央体制净补助243.28亿元，全省总财力预计为1278.08亿元，比上年增加93.49亿元，增长7.9%。全省财政支出1278.08亿元。

全省政府性基金收入预算为707.12亿元，比上年增加26.49亿元，增长3.9%；政府性基金支出为707.12亿元。

省级预算：

省级地方级财政收入预算为90.62亿元，比上年增加4.19亿元，增长4.8%。省级财力为198.88亿元，比上年增加4.22亿元，增长2.2%。省级财政支出198.88亿元。

省级政府性基金收入预算为160.91亿元，比上年增加9.03亿元，增长5.9%；省级政府性基金支出为160.91亿元。

2010年是实施“十一五”规划的最后一年，也是全面落实国务院《意见》的关键一年。总体看，我省经济积极向好趋势显现，但经济回升的内在动力仍然不足，经济结构性矛盾还很突出，新的减收增支因素还将出台。综合分析影响经济发展和财政收支的各种因素，预计2010年财政收支紧张的矛盾仍将十分突出。完成全年地方级财政收入增长11%的目标，对于进一步巩固经济回升向好基础，加快推进海西建设，为“十二五”规划启动实施创造良好条件至关重要。因此，全省财政部门要全面贯彻落实中央和省委省政府的各项决策部署，继续实施积极财政政策，坚持集中财力办大事，统筹协调促发展。重点做好以下工作：

(一)努力发挥财政职能作用，促进经济持续较快发展

增加基础设施建设投入。省级财政安排预算内基本建设资金15.65亿元，比上年增加1.42亿元，增长10%。继续统筹预算内外资金，大力支持铁路、公路、港口等基础设施建设。

继续扩大消费需求。安排1亿元，进一步做好家电和汽车摩托车下乡工作。安排1亿元，用于保障性住房建设和棚户区改造奖补。安排0.6亿元，加大农机具购置补贴力度。安排5亿元，支持加强产品质量和食品药品监管，改善消费环境。支持重点旅游项目建设，促进旅游消费。

积极支持外贸出口。安排外贸发展专项资金3.78亿元，并预安排出口退税超基数省级财政全额承担部分10亿元，重点扶持优势特色商品出口，支持开拓国际市场和重点商品出口基地及公共服务平台建设，促进外贸增长方式转变，提升外贸发展水平。

(二)着力支持经济发展方式转变，增强经济发展后劲

促进产业转型升级。统筹安排工商发展资金3.78亿元，主要用于实施产业振兴规划、产业结构调整，培育新兴产业和新的经济增长点。安排1.05亿元，用于中小企业信用担保风险补偿和小企业贷款风险补偿，引导和激励金融机构加大

中小企业的信贷支持。

支持科技进步和自主创新。加大科技投入，安排科技经费6.63亿元，增长9.3%。继续落实鼓励企业自主创新的财税政策，重点支持核心技术和关键技术研究、创新平台建设及科技成果转化。新增安排2亿元，实施引进高层次创业创新人才政策。

改善生态环境质量。安排环境保护经费3.17亿元，主要支持重点流域、重点区域的环境综合整治，完善环境执法监测体系，鼓励推广应用节能技术，支持发展循环经济、清洁生产。安排3.78亿元，支持生态公益林保护。

(三)加大统筹城乡发展力度，积极推进新农村建设

夯实现代农业发展基础。安排支农经费15.34亿元，增长4%。重点支持农业基础设施建设和农业综合开发，促进农业发展方式转变，提高农业综合生产能力。安排粮食风险金及粮库建设资金4.27亿元，保障粮食安全。

加强农村公共服务体系建设。省级财政统筹11.78亿元，重点支持农村饮水安全工程、农村公路网、户用沼气建设和村镇规划；完善政策性农业保险试点；支持建设农村社区综合维修服务体系，提升“万村千乡”市场工程服务功能。

推进农村综合改革和社会事业加快发展。新增安排1亿元，稳步推进村级公益事业建设一事一议财政奖补试点；增加安排0.34亿元，支持县市建立基层组织负责人的基本报酬制度。继续加大农村教育、医疗卫生、社会保障、环境保护等方面的投入，加快农村社会事业发展。

支持农村扶贫开发。安排1.28亿元，重点用于开展山海协作、实施农村劳动力转移培训和少数民族地区扶贫。继续捆绑部门资金，集中用于省级扶贫重点村建设。继续实施地质灾害搬迁和造福工程。

(四)突出以人为本，切实保障和改善民生

支持教育优先发展。安排教育经费25.44亿元，增长3.8%。同时，安排对下专项转移支付26.62亿元。主要用于支持义务教育经费保障机制改革，推进实施中小学校舍安全工程建设，完善国家助学体系，确保国家助学资金落实到位。此外，安排2亿元，支持重点大学重点学科建设。

加快发展医疗卫生事业。安排医疗卫生经费11.86亿元，增长5.7%。同时，安排对下专项转移支付27.53亿元。主要用于提高新型农村合作医疗和城镇居民医疗保险补助标准，扩大城乡医疗救助范围，健全公共卫生服务经费保障机制，支持实施基本药物制度和公立医院改革试点。

完善社会保障体系。安排社会保障和就业经费19.64亿元。同时，安排对下专项转移支付12.7亿元。主要用于支持高校毕业生、农民工、就业困难对象就业，切实保障失业人员、城乡低收入群体、农村困难群众、优抚对象等的基本生活。

促进文化繁荣发展。安排2.09亿元，重点支持文化基础设施建设、文物保护、对台对外文化交流、公共文化和农村文化建设，加快文化体制改革，扶持文化产业发展。

继续办好惠民实事。坚持集中新增财力用于为民办实事。新增项目主要有城乡基本公共卫生服务、特殊教育学校提升工程、新型农村社会养老保险试点、农村妇女重大公共卫生服务、社区居家养老服务中心站建设等。为确保中央和省委省政府各项惠民政策的落实，省级财政共安排补助市县支出184.05亿元，同比增加35.08亿元，增长23.5%。

(五)坚持依法理财，推进财政科学化精细化管理

深化财政管理制度改革。继续清理部门连续结余结转两年以上的项目资金，进一步加大统筹使用力度。深入推进国库集中支付改革，确保财政资金运行安全高效。

加强管理基础工作。建立和完善财政基础信息数据库、项目库和基本支出标准体系。加强乡镇财政基础工作和基层建设，建立健全涉农财政补贴信息管理系统，切实保障涉农补贴、家电下乡等惠民政策落到实处。

强化预算执行管理。在落实结构性减免税费政策的基础上，密切跟踪收入形势，确保应收尽收。强化部门预算责任，加快支出进度，提高预算支出执行的均衡性，确保重点支出需要。继续压缩行政事业单位公用经费，严格控制一般性支出。扎实推进财政支出绩效评价工作。

健全监督机制。加大对扩内需政策资金及惠民资金使用情况的监督检查。加强行政事业单位资产及收益监管。加强政府性债务管理，防范财政风险。继续开展“小金库”专项治理。加快注册会计师、资产评估师行业发展。

各位代表，今年的财政工作任务十分艰巨而光荣。我们将在省委、省政府的正确领导下，认真贯彻落实省委八届六次、七次全会精神，自觉接受人大的依法监督和政协的民主监督，深入贯彻落实科学发展观，不断加强自身建设，勇于创新，扎实工作，努力完成各项财政任务，为加快建设海峡西岸经济区作出新的贡献。

福建省人民代表大会及其常务委员会立法条例

(2001年2月14日福建省第九届人民代表大会第四次会议全体会议通过　根据2009年1月15日福建省第十一届人民代表大会第二次会议《关于修改〈福建省人民代表大会及其常务委员会立法条例〉的决定》修正)

第一章　总　　则

第一条　为规范地方立法活动，提高地方立法质量，维护国家法制统一，根据《中华人民共和国立法法》的规定，结合本省实际，制定本条例。

第二条　福建省人民代表大会及其常务委员会制定、修改和废止地方性法规，常务委员会批准较大的市的地方性法规和审查报请备案的政府规章，适用本条例。

第三条 地方立法应当严格遵循立法法规定的各项基本原则。

地方立法应当从本行政区域的具体情况和实际需要出发，不得同宪法、法律和行政法规相抵触。较大的市的地方性法规，不得同本省的地方性法规相抵触。

第四条 省人民代表大会及其常务委员会依照宪法、法律规定的权限，制定地方性法规。

下列事项由省人民代表大会制定地方性法规：

（一）法律规定由省人民代表大会规定的事项；

（二）属于本省的需要制定地方性法规的特别重大事项；

（三）规范省人民代表大会自身活动需要制定地方性法规的事项。

下列事项由常务委员会制定地方性法规：

（一）法律规定由常务委员会规定的事项；

（二）省人民代表大会按照法定程序授权常务委员会规定的事项；

（三）规范常务委员会自身活动需要制定地方性法规的事项；

（四）其他应当由常务委员会制定地方性法规的事项。

第五条 常务委员会可以根据国民经济和社会发展需要编制立法规划。省人民代表大会常务委员会法制工作委员会应当会同常务委员会其他工作机构、省人民政府法制工作机构，根据立法规划、省人民代表大会主席团决定的和提案人提出的法规案，在广泛征求社会各方面意见的基础上编制年度立法计划，经常务委员会主任会议同意，印发常务委员会会议。

第二章 省人民代表大会立法程序

第六条 省人民代表大会主席团可以向省人民代表大会提出法规案，由省人民代表大会会议审议。

省人民代表大会常务委员会、省人民代表大会专门委员会、省人民政府，可以向省人民代表大会提出法规案，由主席团决定列入会议议程。

第七条 一个代表团或者十名以上的省人民代表大会代表联名，可以向省人民代表大会提出法规案，由主席团决定是否列入大会议程，或者先交省人民代表大会法制委员会审议、提出是否列入会议议程的意见，再决定是否列入会议议程。

法制委员会审议法规案的时候，可以邀请提案人列席会议，发表意见。

第八条 向省人民代表大会提出法规案，在省人民代表大会闭会期间，可以先向常务委员会提出，经常务委员会会议依照本条例第三章规定的有关程序审议后，决定提请省人民代表大会审议，由常务委员会向大会全体会议作说明，或者由提案人向大会全体会议作说明。

第九条 常务委员会决定提请省人民代表大会会议审议的法规案，应当在会议举行的一个月前将法规草案及其说明、有关资料，发给代表。

第十条 列入省人民代表大会会议议程的法规案，大会全体会议听取提案人的说明后，由各代表团进行审议。

各代表团审议法规案时，提案人应当派人听取意见，回答询问。

第十一条 列入省人民代表大会会议议程的法规案，由法制委员会根据各代表团的审议意见，对法规案进行统一审议后，向主席团提出审议结果报告和法规草案修改稿，对重要的不同意见应当在审议结果报告中予以说明，经主席团会议审议通过后，印发会议。

第十二条 列入省人民代表大会会议议程的法规案，主席团常务主席可以召开各代表团团长会议，就法规案中的重大问题听取各代表团的审议意见，进行讨论，并将讨论的情况和意见向主席团报告。

主席团常务主席也可以就法规案中的重大的专门性问题，召集代表团推荐的有关代表进行讨论，并将讨论的情况和意见向主席团报告。

第十三条 列入省人民代表大会会议议程的法规案，在交付表决前，提案人要求撤回的，应当说明理由，经主席团同意，并向大会报告，对该法规案的审议即行终止。

第十四条 法规案在审议中有重大问题需要进一步研究的，经主席团提出，由大会全体会议决定，可以授权常务委员会根据代表的意见进一步审议，作出决定，并将决定情况向省人民代表大会下次会议报告；也可以授权常务委员会根据代表的意见进一步审议，提出修改方案，提请省人民代表大会下次会议审议决定。

第十五条 法规草案修改稿经各代表团审议，由法制委员会根据各代表团的审议意见进行修改，提出法规草案表决稿，由主席团提请大会全体会议表决，由全体代表的过半数通过。

第三章 省人民代表大会常务委员会立法程序

第十六条 常务委员会主任会议可以向常务委员会提出法规案，由常务委员会会议审议。

省人民政府、省人民代表大会专门委员会，可以向常务委员会提出法规案，由主任会议决定列入常务委员会会议议程，也可以先交有关专门委员会审议或者常务委员会有关工作机构审查、提出报告，再决定列入常务委员会会议议程。如果主任会议认为法规案有重大问题需要进一步研究，可以建议提案人修改完善后再向常务委员会提出。

第十七条 省人民代表大会常务委员会组成人员五人以上联名，可以向常务委员会提出法规案，由主任会议决定是否列入常务委员会会议议程，也可以先交有关专门委员会审议或者常务委员会有关工作机构审查、提出是否列入会议议程的意见，再决定是否列入常务委员会会议议程。不列入常务委员会会议议程的，应当向常务委员会会议报告或者向提案人说明。

第十八条 列入常务委员会会议议程的法规案，除特殊情况外，应当在会议举行的七日前将法规草案及其说明、有关资料，发给常务委员会组成人员。

第十九条 列入常务委员会会议议程的法规案，一般应当经三次常务委员会会议审议后再交付表决；各方面意见比较一致的，可以经两次常务委员会会议审议后交付表决。批准及修改、废止的法规案，各方面的意见比较一致的，可以经一次常务委员会会议审议即交付表决。

第二十条 常务委员会会议第一次审议法规案，在全体会议上听取提案人的说明和有关专门委员会审议意见的报告或者常务委员会有关工作机构的初步审查报告，由分组会议进行审议。

常务委员会会议第二次审议法规案，在全体会议上听取法制委员会关于法规草案修改情况和主要问题的汇报，由分组会议进行审议。

常务委员会会议第三次审议法规案，在全体会议上听取法制委员会关于法规草案审议结果的报告，由分组会议对法规草案修改稿进行审议。

常务委员会审议法规案时，根据需要，可以召开联组会议或者全体会议，对法规草案中的主要问题或者有争议的问题进行讨论。

第二十一条 在常务委员会会议第一次审议法规案前，有关专门委员会、常务委员会有关工作机构应当开展调查研究和论证工作，可以邀请常务委员会组成人员、专门委员会成员、常务委员会其他工作机构的负责人参加会议，发表意见。

第二十二条 常务委员会分组会议审议法规案时，提案人应当派人听取意见，回答询问。

第二十三条 列入常务委员会会议议程的法规案，由法制委员会根据常务委员会组成人员、有关专门委员会、常务委员会有关工作机构和各方面提出的意见，对法规案进行统一审议，提出修改情况的汇报或者审议结果报告和法规草案修改稿，对重要的不同意见应当在汇报或者审议结果报告中予以说明。对有关专门委员会、常务委员会有关工作机构的重要意见没有采纳的，应当向有关专门委员会、常务委员会有关工作机构反馈。

法制委员会审议法规案时，可以邀请有关专门委员会成员、常务委员会有关工作机构的负责人列席会议，发表意见。

第二十四条 列入常务委员会会议议程的法规案，法制委员会、有关专门委员会、常务委员会有关工作机构应当听取各方面的意见。听取意见可以采取座谈会、论证会、听证会等多种形式。

采取听证会形式的，应当在举行听证会十五日前将听证会的内容、对象、时间、地点等在本行政区域范围内发行的报纸上公告。

第二十五条 列入常务委员会会议的重要的法规案，经主任会议决定，可以将法规草案在本省的报纸上公布，征求意见。

第二十六条 列入常务委员会会议议程的法规案，在交付表决前，提案人要求撤回的，应当说明理由，经主任会议同意，并向常务委员会报告，对该法规案的审议即行终止。

第二十七条 列入常务委员会会议议程的法规案，常务委员会组成人员对其中的个别条款意见分歧较大的，经主任会议决定，可以对个别条款先行表决。

第二十八条 法规案经常务委员会三次会议审议后，仍有重大问题需要进一步研究的，由主任会议提出，经联组会议或者全体会议同意，可以暂不付表决，交法制委员会进一步审议。

第二十九条 列入常务委员会会议审议的法规案，因各方面对制定该法规案的必要性、可行性等重大问题存在较大意见分歧搁置审议满两年的，或者因暂不付表决经过两年没有再次列入常务委员会会议议程审议的，由主任会议向常务委员会报告，该法规案终止审议。

第三十条 法规草案修改稿经常务委员会会议审议，由法制委员会根据常务委员会组成人员的审议意见进行修改，提出法规草案表决稿，由主任会议提请常务委员会全体会议表决，由常务委员会全体组成人员的过半数通过。

第四章 批准、备案与适用

第三十一条 报请批准的较大的市的地方性法规，由主任会议决定列入常务委员会会议议程，或者先交法制委员会审查、提出报告，再决定列入常务委员会会议议程。如果主任会议认为报请批准的地方性法规合法性有问题需要进一步研究的，可以建议报请批准机关修改后再向常务委员会报请批准。

法制委员会审查报请批准的地方性法规时，应当邀请常务委员会有关工作机构的负责人列席会议，发表意见。

第三十二条 常务委员会对于报请批准的较大的市的地方性法规，应当对其合法性进行审查，同宪法、法律、行政法规和本省的地方性法规不相抵触的，应当在四个月内予以批准。

常务委员会审查认为报请批准的较大的市的地方性法规同宪法、法律、行政法规和本省的地方性法规相抵触的，应当作出不批准的决定。

第三十三条 报请批准的地方性法规同省人民政府规章相抵触的，由常务委员会按下列规定作出处理决定：

（一）常务委员会认为报请批准的地方性法规不适当的，可以要求报请批准机关对不适当部分进行修改，也可以直接对不适当部分进行修改；

（二）常务委员会认为省人民政府规章不适当的，在批准较大的市的地方性法规的同时，应当要求省人民政府对规章不适当部分进行修改，或者撤销省人民政府规章。

第三十四条 较大的市的地方性法规报经批准后，由较大的市的人民代表大会常务委员会发布公告予以公布。

第三十五条 省人民代表大会及其常务委员会通过的地方性法规和批准较大的市的地方性法规，由省人民代表大会常务委员会按照有关规定报全国人民代表大会常务委员会和国务院备案。

省人民政府制定的规章和较大的市的人民政府制定的规章应当在公布后的三十日内报送省人民代表大会常务委员会备案。

第三十六条 省人民政府报请备案的规章，由常务委员会有关工作机构进行研究，提出意见，送法制委员会进行审查。

第三十七条 省人民政府、省高级人民法院、省人民检察院和设区的市的人民代表大会常务委员会认为省人民政府规章、较大的市的地方性法规及其政府规章同本省的地方性法规相抵触的，可以向省人民代表大会常务委员会书面提出进行审查的要求，由法制委员会会同常务委员会有关工作机构进行审查、提出意见。

前款规定以外的其他国家机关和社会团体、企业事业组织以及公民认为省人民政府规章、较大的市的地方性法规及其政府规章同本省的地方性法规相抵触的，可以向省人民代表大会常务委员会书面提出进行审查的建议，由常务委员会有关工作机构进行研究，提出意见；必要时，送法制委员会审查，提出意见。

第三十八条 法制委员会审查认为省人民政府规章、较大的市的人民政府规章同本省的地方性法规相抵触的，可以向制定机关提出书面审查意见。制定机关应当在两个月内提出是否修改的意见，并向法制委员会反馈。

第三十九条 法制委员会审查认为省人民政府的规章同宪法、法律、行政法规和本省的地方性法规相抵触而制定机关不予修改的，应当向主任会议提出书面审查意见和予以撤销的议案，由主任会议决定是否提请常务委员会会议审议决定。

法制委员会审查认为较大的市的人民政府的规章同宪法、法律、行政法规和本省的地方性法规相抵触而制定机关不予修改的，应当向主任会议提出书面审查意见和要求省人民政府予以变更或者撤销的议案，或者要求较大的市的人民代表大会常务委员会予以撤销的议案，由主任会议决定是否提请常务委员会会议审议决定。

第四十条 改变或者撤销地方性法规、政府规章的权限是：

（一）省人民代表大会有权改变或者撤销它的常务委员会制定和批准的不适当的地方性法规；

（二）省人民代表大会常务委员会有权撤销本级人民政府制定的不适当的规章；

（三）省人民政府有权改变或者撤销下一级人民政府制定的不适当的规章；

（四）较大的市的常务委员会有权撤销本级人民政府制定的不适当的规章。

第五章 其他规定

第四十一条 向省人民代表大会及其常务委员会提出的法规案，在列入会议议程前，提案人有权撤回。

第四十二条 交付省人民代表大会及其常务委员会全体会议表决未获通过的法规案，如果提案人认为必须制定该法规，可以按照法律、法规规定的程序重新提出，由主席团、主任会议决定是否列入会议议程；其中，未获得省人民代表大会通过的法规案，应当提请省人民代表大会审议决定。

第四十三条 省人民代表大会通过的法规由大会主席团发布公告予以公布，常务委员会会议通过的法规，由常务委员会发布公告予以公布，并及时在常务委员会公报及本省的报纸上刊登。常务委员会公报刊登的法规文本为标准文本。

第四十四条 地方性法规的修改和废止程序，适用本条例第二章或者第三章的有关规定。

法规部分条文被修改或者废止的，必须公布新的法规文本。

第四十五条 地方性法规解释权属于同级人民代表大会常务委员会。

较大的市的人民代表大会常务委员会对经批准的地方性法规进行解释的，应当在地方性法规解释通过后的十五日内报送省人民代表大会常务委员会备案。

地方性法规有以下情形之一的，由同级人民代表大会常务委员会解释：

（一）法规的规定需要进一步明确具体含义的；

（二）法规制定后出现新的情况，需要明确适用法规依据的。

法规解释同法规具有同等效力。

第四十六条 省人民政府、省高级人民法院、省人民检察院和省人民代表大会专门委员会以及设区的市的人民代表大会常务委员会，可以向省人民代表大会常务委员会提出法规解释的要求。

第四十七条 常务委员会法制工作委员会会同常务委员会有关工作机构研究拟订法规解释草案，由主任会议决定列入常务委员会会议议程。

法规解释草案经常务委员会会议审议，由法制委员会根据常务委员会组成人员的审议意见进行审议、修改，提出法规解释草案表决稿。

法规解释草案表决稿由常务委员会全体组成人员的过半数通过，由常务委员会发布公告予以公布。

第六章 附 则

第四十八条 本条例自公布之日起施行。1994年11月19日福建省第八届人民代表大会常务委员会第十三次会议通过的《福建省人民代表大会常务委员会制定地方性法规的规定》同时废止。

福建省人民代表大会议事规则

（2007年1月29日福建省第十届人民代表大会第五次会议全体会议通过
根据2009年1月15日福建省第十一届人民代表大会第二次会议《关于修改〈福建省人民代表大会议事规则〉的决定》修正）

第一章 总 则

第一条 为了规范和保障省人民代表大会依法行使职权，提高议事质量和效率，根据《中华人民共和国宪法》和《中华人民共和国地方各级人民代表大会和地方各级人民政府组织法》等有关法律，结合本省实际，制定本规则。

第二条 省人民代表大会按照民主集中制原则，集体行使宪法和法律赋予的职权。

第二章　会议的准备

第三条　省人民代表大会会议举行前，省人民代表大会常务委员会(以下简称常务委员会)负责准备下列事项：

(一)决定开会日期，提出会议议程草案；

(二)提出主席团和秘书长名单草案；

(三)决定列席会议人员方案；

(四)在省人民代表大会换届时，根据需要，提出设立省人民代表大会计划和预算审查委员会及其人员名单草案；

(五)听取和审议常务委员会代表资格审查委员会关于省人民代表大会代表资格的审查报告；

(六)听取和审议会议安排意见的报告；

(七)审议常务委员会工作报告稿；

(八)审议上一次代表大会主席团交付常务委员会审议的代表提出的议案审议结果的报告；

(九)审议上一次代表大会代表建议、批评和意见办理情况的报告；

(十)会议的其他事项。

第四条　省人民代表大会会议举行前，常务委员会应当组织代表进行专题调研、集中视察，了解经济、政治、文化、社会发展情况和人民群众关注的热点难点问题，听取原选举单位和人民群众的意见，为代表参加会议依法履职作准备。

第五条　省人民代表大会会议举行的一个月前，常务委员会应当将开会日期、地点和建议会议审议的主要事项通知代表，并向社会公布；常务委员会、省人民政府、省高级人民法院、省人民检察院应当征求代表对拟提请会议审查的工作报告稿的意见，并在预备会议举行前将工作报告提交大会秘书处印发代表和列席人员。

临时召集的省人民代表大会会议不适用前款规定。

第六条　省人民代表大会会议举行前，代表按照选举单位组成代表团，驻闽解放军代表单独组成代表团。

代表团全体会议推选团长、副团长。

代表团团长召集并主持本团全体会议，组织审议会议议案和报告，反映本团的审议意见，传达、贯彻主席团会议的决定和有关事项，处理本团的其他事项。代表团副团长协助团长工作。

代表团可以设若干代表小组，代表小组会议分别推选小组召集人。小组召集人按照本团安排负责召集本组代表的活动。

第七条　省人民代表大会会议举行前，召开预备会议。预备会议议程是：

(一)选举主席团和秘书长；

(二)表决会议议程草案；

(三)在省人民代表大会换届时，根据需要，表决省人民代表大会计划和预算审查委员会人员名单草案；

(四)其他事项。

第八条　预备会议由常务委员会主持。每届省人民代表大会第一次会议的预备会议，由上届常务委员会主持。

第九条　预备会议召开前，各代表团审议拟提请预备会议选举和决定的事项。常务委员会主任会议根据各代表团审议情况，可以提出调整意见，提请预备会议审议决定。

第三章　会议的举行

第十条　省人民代表大会会议每年至少举行一次，一般于第一季度召开。

常务委员会认为必要，或者有五分之一以上省人民代表大会代表书面提议，可以临时召集省人民代表大会会议。

第十一条　省人民代表大会会议由常务委员会召集。每届省人民代表大会第一次会议，在本届省人民代表大会代表选举完成后的两个月内，由上届常务委员会召集。

第十二条　省人民代表大会会议有三分之二以上代表出席，始得举行。

第十三条　省人民代表大会会议主席团成员在代表中产生。

除每届省人民代表大会第一次会议外，省人民政府组成人员、省高级人民法院和省人民检察院的负责人不担任主席团成员职务。

第十四条　主席团主持省人民代表大会会议，履行下列职责：

(一)领导代表大会各代表团及委员会的工作；

(二)向会议提出议案和决议草案；

(三)组织审议列入会议议程的议案和报告；

(四)依法提出常务委员会组成人员、专门委员会组成人员，省人民政府省长、副省长，省高级人民法院院长，省人民检察院检察长的人选；

(五)主持会议选举，提出选举和表决人选办法草案；

(六)决定议案、罢免案、质询案的审议程序和处理意见；

(七)发布公告；

(八)决定会议的其他事项。

第十五条　主席团会议有三分之二以上的主席团成员出席，始得举行。

第十六条　主席团第一次会议由常务委员会主任召集。必要时，由本次大会秘书长召集。

主席团第一次会议推选主席团常务主席若干人，推选主席团成员若干人分别担任每次大会全体会议的执行主席，并决定下列事项：

(一)副秘书长的人选；

(二)会议日程；

(三)表决议案的办法；

(四)代表提出议案的截止日期；

(五)会议的其他事项。

第十七条　主席团常务主席召集并主持主席团会议，履行下列职责：

(一)对属于主席团职权范围内的事项向主席团提出建议；

(二)根据需要对会议日程安排作必要的调整；

(三)召开代表团团长会议，就议案和报告的重大问题听取各代表团的审议意见，进行讨论，并将讨论的情况和意见向主席团报告；

(四)就重大的专门性问题，召集代表团推选的有关代表进行讨论；

(五)决定会议的其他事项。

第十八条　主席团常务主席会议讨论重大的专门性问题

时，省人民政府及其有关部门、省高级人民法院、省人民检察院的负责人应当列席会议，汇报情况，回答询问。会议讨论的情况和意见应当向主席团报告。

第十九条 代表团审议议案和报告，采取代表团全体会议和代表小组会议的形式。

第二十条 省人民代表大会会议设立大会秘书处。大会秘书处根据需要可以分设若干工作组。

大会秘书处在秘书长领导下，办理主席团交付的事项和处理会议日常事务。副秘书长协助秘书长工作。

第二十一条 省人民代表大会代表应当出席代表大会会议。因病或者其他特殊原因不能出席的，会前应当书面向常务委员会请假；会议期间应当书面向代表团团长请假，并由代表团书面报告大会秘书处。

代表未经批准两次不出席代表大会会议的，其代表资格依法终止。

第二十二条 下列人员列席省人民代表大会会议：

（一）省人民政府的组成人员，省高级人民法院院长和省人民检察院检察长；

（二）本省选出的全国人民代表大会代表；

（三）设区的市人民代表大会常务委员会主任、人民政府市长；

（四）县（市、区）人民代表大会常务委员会主任；

（五）常务委员会副秘书长、各工作机构负责人；

（六）常务委员会决定邀请列席的其他机关、团体负责人和有关人员。

第二十三条 省人民代表大会会议公开举行。

会议举行情况应当通过新闻媒体及时报道。大会秘书处根据需要举行新闻发布会或者记者招待会。

大会全体会议可以设旁听席。旁听的具体办法由常务委员会规定。

第四章 议案的提出和审议

第二十四条 主席团、常务委员会、专门委员会、省人民政府可以向省人民代表大会提出属于省人民代表大会职权范围内的议案，由主席团决定列入会议议程。

省人民代表大会代表十人以上联名，可以向省人民代表大会提出属于省人民代表大会职权范围内的议案，由大会秘书处向主席团提出议案处理意见的报告，由主席团决定是否列入会议议程，或者先交有关的专门委员会审议，提出是否列入会议议程的意见，再由主席团决定是否列入会议议程。专门委员会审议时，可以邀请提案人列席会议，发表意见。

第二十五条 列入会议议程的议案，提案人应当向会议提出关于议案的说明，并提供有关的资料。

第二十六条 列入会议议程的议案由各代表团进行审议，也可以由主席团并交有关的专门委员会进行审议、提出报告。

代表团审议议案，提出议案的机关必须派熟悉情况的负责人以及有关人员到会听取意见、回答询问。

专门委员会审议议案，涉及专门性问题时，可以邀请有关方面的代表和专家列席会议，发表意见。

第二十七条 列入会议议程的议案经审议后，由主席团审议决定提交大会全体会议表决。

议案在审议中有重大问题需要进一步研究的，经主席团提出，由大会全体会议决定，可以提请下一次代表大会会议审议，或者授权常务委员会审议决定，并报下一次代表大会会议备案。议案在交付表决前，提案人要求撤回的，应当说明理由。经主席团同意，会议对该议案的审议即行终止。

第二十八条 省人民代表大会代表十人以上联名，可以对列入会议议程的议案或者准备交付表决的决议草案提出书面修正案。修正案最迟应当在大会表决议案和决议草案的十个小时前提出，由主席团决定是否提交大会审议和表决。

第二十九条 主席团决定不列入本次会议议程的议案，交常务委员会或者有关专门委员会在闭会后审议。

决定交专门委员会审议的议案，有关专门委员会应当在闭会后六个月内提出审议结果的报告，提请常务委员会审议。常务委员会应当将审议结果向下一次代表大会会议报告。

第三十条 省人民代表大会代表向大会提出的建议、批评和意见，以及提出的议案经主席团决定作为建议、批评和意见处理的，按照《福建省人民代表大会代表建议、批评和意见办理工作规定》办理。

第三十一条 省人民代表大会审议地方性法规案，按照《中华人民共和国立法法》和《福建省人民代表大会及其常务委员会立法条例》规定的程序办理。

第五章 审查工作报告、计划（规划）和预算

第三十二条 省人民代表大会全体会议听取常务委员会、省人民政府、省高级人民法院、省人民检察院的工作报告后，由各代表团进行审查。

第三十三条 报告机关应当根据代表的审查意见对工作报告进行修改。大会秘书处负责将修改后的工作报告及其说明印发会议。

第三十四条 省人民代表大会会议听取和审查各项工作报告后作出相应的决议。

主席团根据各代表团的审查意见提出各项决议草案，提请各代表团审议后提交大会全体会议表决。

第三十五条 省人民代表大会会议举行一个月前，省人民政府有关部门应当将国民经济和社会发展计划（规划）草案及计划执行情况、预算草案及预算执行情况的主要内容，提交省人民代表大会财政经济委员会进行初步审查。省人民政府有关部门根据初步审查意见修改相关内容。

第三十六条 省人民代表大会举行会议时，省人民政府应当向会议提出关于国民经济和社会发展计划（规划）草案及计划执行情况的报告、关于预算草案及预算执行情况的报告，并将国民经济和社会发展计划（规划）主要指标草案、按规定科目编列的预算收支表草案和预算执行情况表一并提交大会秘书处印发会议，由各代表团、财政经济委员会或者计划和预算审查委员会，以及其他有关专门委员会进行审查。

财政经济委员会或者计划和预算审查委员会根据各代表团和其他有关专门委员会的审查意见，对国民经济和社会发展计划（规划）草案及计划执行情况的报告、预算草案及预算执行情况的报告进行审查，向主席团提出审查结果报告，经主席团会议审议通过后印发会议。

第三十七条 主席团根据各代表团的审查意见以及财政经济委员会或者计划和预算审查委员会的审查报告，提出关

于国民经济和社会发展计划(规划)的决议草案、关于预算及预算执行情况的决议草案,提请各代表团审议后提交大会全体会议表决。

第三十八条 国民经济和社会发展计划(规划)、预算经省人民代表大会批准后在执行过程中需要部分调整的,省人民政府应当将调整方案依法提请常务委员会审查和批准,并予以公布。

严格控制不同预算科目之间的资金调整。预算安排的农业、教育、科技、文化、卫生、社会保障等资金需要调减的,省人民政府应当提请常务委员会审查和批准。

第三十九条 工作报告、计划(规划)报告和预算报告未获代表大会表决通过的,处理办法由主席团研究决定。

第六章 选举、罢免和辞职

第四十条 常务委员会组成人员的人选,省人民政府省长、副省长的人选,省高级人民法院院长和省人民检察院检察长的人选,由大会主席团或者省人民代表大会代表三十人以上书面联合提名。

全国人民代表大会代表候选人由各政党、各人民团体联合或者单独推荐,或者由省人民代表大会代表十人以上联名推荐。

专门委员会的主任委员、副主任委员和委员的人选,由主席团在代表中提名。

第四十一条 候选人的提名人应当向会议介绍候选人的基本情况,并对代表提出的问题作必要的说明。

第四十二条 省人民代表大会会议选举、补选常务委员会主任、副主任、秘书长、委员,省人民政府省长、副省长,省高级人民法院院长,省人民检察院检察长,全国人民代表大会代表,按照《中华人民共和国地方各级人民代表大会和地方各级人民政府组织法》和《中华人民共和国全国人民代表大会和地方各级人民代表大会选举法》的规定进行。

会议表决专门委员会组成人员人选,按照大会表决人选办法进行。

主席团提出选举和表决人选办法草案,提请各代表团审议后提交大会全体会议通过。

第四十三条 省人民代表大会进行选举,采用无记名投票方式,表决人选采用无记名投票方式或者按电子表决器方式,得票数超过全体代表的半数的,始得当选或者通过。

选举或者表决结果、候选人的得票数当场宣布。

第四十四条 省人民代表大会举行会议时,主席团、常务委员会或者十分之一以上代表联名,可以提出对常务委员会组成人员、省人民政府组成人员、省高级人民法院院长、省人民检察院检察长的罢免案,由主席团交各代表团审议后,提交大会全体会议表决,或者依照本规则第八章的规定,由主席团提议,经大会全体会议决定,组织调查委员会,由下一次代表大会会议根据调查委员会的报告审议决定。

主席团或者十分之一以上代表联名,可以提出对由省人民代表大会选出的全国人民代表大会代表的罢免案,由主席团交各代表团审议后,提交大会全体会议表决。

罢免案应当写明罢免理由,并提供有关的材料。

第四十五条 罢免案提交全体会议表决前,被提出罢免的人员有权在主席团会议上或者大会全体会议上提出申辩意见,或者书面提出申辩意见,由主席团印发会议。

第四十六条 常务委员会组成人员,省人民政府省长、副省长,省高级人民法院院长,省人民检察院检察长在代表大会会议期间提出辞职的,由主席团将其辞职请求交各代表团审议后,提交大会全体会议决定;大会闭会期间提出辞职的,由主任会议将其辞职请求提请常务委员会审议决定是否接受辞职。常务委员会决定接受辞职后,报下一次代表大会会议备案。

第四十七条 省人民检察院检察长的选举、罢免和辞职,经会议通过后,应当依法报最高人民检察院检察长提请全国人民代表大会常务委员会批准。

罢免由本省选举的全国人民代表大会代表的决议,应当依法报全国人民代表大会常务委员会备案。

第七章 询问和质询

第四十八条 各代表团对议案和报告进行审议时,有关机关和部门应当派负责人到会,听取意见,回答代表提出的询问。

主席团和专门委员会对议案和报告进行审议时,省人民政府或者有关机关和部门负责人应当到会,听取意见,回答询问,并可以对议案和报告作补充说明。

第四十九条 省人民代表大会会议期间,代表十人以上联名可以书面提出对省人民政府及其各工作部门以及省高级人民法院、省人民检察院的质询案。

质询案必须写明质询对象、质询的问题和内容。

第五十条 质询案由主席团决定受质询机关的负责人在主席团会议、大会全体会议或者有关的专门委员会会议上口头答复,或者由受质询机关书面答复。

质询案在主席团会议或者专门委员会会议上答复的,提质询案的代表有权列席会议,发表意见;主席团认为必要时,可以将答复质询案的情况报告印发会议。

质询案以口头答复的,应当由受质询机关的负责人到会答复;质询案以书面答复的,被质询机关的负责人应当签署,由主席团印发会议或者提质询案的代表。

第五十一条 提质询案的代表过半数对答复质询不满意的,可以提出要求,经主席团决定,由受质询机关再作答复。

第八章 特定问题调查

第五十二条 省人民代表大会会议期间,主席团或者十分之一以上代表书面联名,可以提议组织关于特定问题的调查委员会,由主席团提请大会全体会议决定。

调查委员会由主任委员、副主任委员和委员组成,由主席团在代表中提名,提请大会全体会议通过。与调查的问题有利害关系的代表不得参加调查委员会。

调查委员会可以聘请专家参加调查工作。

第五十三条 调查委员会进行调查时,有关的国家机关、社会团体、企业事业单位和公民有义务如实提供必要的材料,对材料来源要求保密的,调查委员会应当予以保密。

调查委员会在调查过程中,可以不公布调查的情况和材料。

第五十四条 调查委员会应当向省人民代表大会提出调查报告。省人民代表大会根据调查委员会的报告,可以作出相应的决议。

省人民代表大会可以授权常务委员会在大会闭会期间，听取调查委员会的调查报告，并可以作出相应的决议，报下一次代表大会会议备案。

第九章 发言和表决

第五十五条 省人民代表大会代表在省人民代表大会各种会议上的发言和表决，不受法律追究。

第五十六条 省人民代表大会代表在代表团全体会议和代表小组会议上的发言一般不超过二十分钟，经会议主持人许可，发言时间可以适当延长，但延长时间不超过五分钟。

第五十七条 主席团成员和代表团推选的代表在主席团会议上，每人可以就同一议题发言两次，第一次不超过十五分钟，第二次不超过十分钟。

第五十八条 省人民代表大会预备会议和主席团决定事项，大会表决议案，采用按电子表决器的方式，由全体代表或者主席团成员过半数通过，表决结果由会议主持人当场宣布。因电子表决器出现故障需要采取其他方式表决的，由主任会议或者主席团决定。

第五十九条 大会全体会议表决议案和决议、决定草案，有修正案的先表决修正案。

第六十条 省人民代表大会会议通过的报告、地方性法规、决定、决议以及选举结果等，应当及时在常务委员会公报以及福建日报等主要媒体上公布。

第十章 附 则

第六十一条 本规则在省人民代表大会会议期间，由主席团负责解释；闭会期间，授权常务委员会负责解释。

第六十二条 本规则自公布之日起施行。1989 年 4 月 28 日福建省第七届人民代表大会第二次会议通过的《福建省人民代表大会议事规则》同时废止。

福建省促进闽台农业合作条例

（2009 年 5 月 23 日福建省第十一届人民代表大会常务委员会第九次会议通过）

第一章 总 则

第一条 为了促进闽台农业全面合作，推进海峡两岸合作与交流，加快海峡西岸经济区建设，根据国家有关法律、法规，结合本省实际，制定本条例。

第二条 在本省行政区域内从事闽台农业合作，适用本条例。本条例所称农业是指种植业、林业、畜牧业和渔业等产业，包括与其直接相关的产前、产中、产后服务。

第三条 闽台农业合作应当遵循优势互补、互利共赢、全面合作、共同发展的原则。

从事闽台农业合作活动，应当遵守有关法律、法规。

第四条 从事闽台农业合作的台湾同胞，与本省居民享有同等的投资待遇，享受同等的优惠政策和优质服务。

第五条 省人民政府应当将闽台农业合作纳入本省国民经济和社会发展规划，制定促进闽台农业合作的政策措施。

省人民政府应当发挥海峡两岸农业合作试验区、现代林业合作实验区的窗口、示范和辐射作用，促进对台农业资金、技术、良种、设备等生产要素的引进与合作。

第六条 县级以上地方人民政府主管闽台农业合作工作的部门负责本行政区域内闽台农业合作的组织、协调和服务工作。

县级以上地方人民政府其他有关部门根据各自职责，负责闽台农业合作的相关工作。

第二章 合作与交流

第七条 地方各级人民政府应当根据当地实际情况，采取有效措施，促进闽台农业合作与交流。

第八条 鼓励从事下列闽台农业合作项目：

（一）农业综合开发；

（二）良种引进、繁育、试验、示范和推广；

（三）特色农产品生产经营；

（四）农业高新技术；

（五）农产品精深加工业；

（六）新型农用工业；

（七）农产品物流业；

（八）休闲农业；

（九）国家和本省鼓励的其他项目。

从事前款规定合作项目的，享受国家和本省相应的扶持政策。

第九条 台湾同胞可以代理闽台农业合作招商业务，开展闽台农业合作项目的策划，参与举办农业经贸活动。

第十条 从事闽台农业合作的台湾同胞，可以依法发起或者参加农民专业合作经济组织。

第十一条 台湾同胞可以在市、县（区）工商行政主管部门直接登记申请设立个体工商户，依法从事闽台农业合作活动。

第十二条 鼓励企业、教学科研机构和个人开展闽台农业合作与交流。

鼓励台湾同胞在本省从事农业科研、教学、培训、咨询等活动。

台湾同胞可以单独或者与企业、教学科研机构等组织合资、合作在本省设立农业科技研发、推广机构。

台湾同胞可以依托其所在的企业、教学科研机构作为项目负责人，申请农业科研项目。

鼓励本省科技人员、经营管理人员和教学人员赴台开展农业合作与交流活动。

第十三条 鼓励引进和推广适宜本省的台湾农业新品种、新技术、新农药、新肥料和新机具，设立台湾农业技术、新产品推广中心。

第十四条 鼓励开展闽台农业劳务合作与交流，有关部门应当提供相应的劳务培训服务和经费支持。

第十五条　鼓励台湾同胞开展闽台农业合作与交流的信息服务。

鼓励本省单位和个人建设闽台农业合作与交流的信息服务网站。

第十六条　鼓励开展闽台农业知识产权领域的合作与交流，依法保护知识产权。

第三章　服务与保障

第十七条　地方各级人民政府及其有关部门应当加强闽台农业合作的服务工作，改善投资环境，提高办事效率，严格依法办事，切实保障台湾同胞和闽台农业合作企业的合法权益。

第十八条　省人民政府设立闽台农业合作专项资金，市、县（区）人民政府根据需要设立闽台农业合作专项资金。闽台农业合作专项资金列入同级财政预算。

闽台农业合作专项资金用于闽台农业合作重点项目建设、交流平台建设、科技研发与推广、人员培训与交流活动等。

第十九条　经国务院有关部门或者省人民政府批准，县级以上地方人民政府可以设立台湾农民创业园和闽台现代农业合作示范区。

县级以上地方人民政府对台湾农民创业园和闽台现代农业合作示范区的基础设施建设、重点农业高新技术项目给予资金支持。

对台湾农民创业园的用地规模和布局，县级以上地方人民政府在土地利用总体规划中予以统筹安排；对台湾农民创业园内符合条件且已核准的闽台农业合作项目，在依法、节约、高效的前提下，优先协调用地。

第二十条　闽台农业合作企业可以申报农业产业化龙头企业和品牌农业企业，经认定后享受县级以上地方人民政府相应的优惠政策。

闽台农业合作企业可以申报无公害农产品、绿色食品和有机食品标志使用权，经法定认证机构认证后，享受县级以上地方人民政府相应的优惠政策。

闽台农业合作企业可以申报中国驰名商标、中国名牌产品、中国名牌农产品、福建省著名商标、福建省名牌产品等，经认定后享受县级以上地方人民政府相应的优惠政策。

第二十一条　县级以上地方人民政府应当为闽台农业合作引进人才智力提供相应服务。

台湾同胞在本省直接从事农业专业技术工作且符合相关规定的，可以申报评审农业专业技术职务任职资格，或者申请职业技能鉴定。

第二十二条　闽台农业合作开发具有自主知识产权的农业高新技术和产品，进行成果转化的，经认定后可享受本省的优惠政策。

第二十三条　省人民政府主管农业机械化工作的部门应当将适宜在本省推广使用的台湾农业机械产品，列入本省支持推广的农业机械产品目录。列入目录的台湾农业机械产品，享受本省的优惠政策。

第二十四条　台湾同胞从事闽台农业合作的，在农业保险、救济救助方面，与本省居民、企业享受同等待遇。

第二十五条　鼓励金融机构开发、创新适合闽台农业合作项目的金融产品和服务，增加对闽台农业合作项目的信贷投入。

台湾同胞可以依法将其生产设备，交通运输工具，建筑物和其他土地附着物，建设用地使用权，以招标、拍卖、公开协商等方式取得的荒山、荒滩等土地承包经营权，海域使用权等作为抵押财产，向金融机构申请贷款。

第二十六条　鼓励金融机构在闽台农业合作集中地区设立分支机构。

台湾同胞可以依照国家有关规定成立专业性担保公司，为台湾同胞提供融资担保服务。

第二十七条　闽台农业合作项目需要使用农村家庭承包经营土地的，可以按照依法自愿有偿原则，通过流转方式取得农村土地承包经营权；需要使用其他农村集体土地的，可以通过招标、拍卖、公开协商等方式取得荒山、荒滩等土地承包经营权。所在地人民政府在农民自愿和维护承包农户权益的前提下，依法做好农村土地承包经营权流转的相关服务。

农村集体经济组织及其成员可以依法以集体土地使用权、土地承包经营权、林地使用权或者海域使用权入股与台湾同胞合作从事农业开发。

第二十八条　闽台农业合作项目需要使用海域的，可以依法申请取得海域使用权。

台湾同胞投资海水养殖业的，经依法批准可以减缴或者免缴海域使用金。

第二十九条　闽台现代农业合作示范区内的土地整理、标准农田建设、农田水利等基础设施建设项目，符合条件的，有关部门应当列入相关计划。

第三十条　县级以上地方人民政府和有关部门应当依法及时公开相关信息，为闽台农业合作提供政策咨询和信息服务。

第三十一条　台湾同胞从事闽台农业合作的，可凭其合法、有效的主体资格证明或者身份证明及相关文件材料办理工商登记；在大陆和台湾地区以外第三地投资设立公司并以其名义来闽投资的，在办理登记时经大陆和台湾地区以外第三地相关部门证明确属台资控股或者独资的，其投资主体资格证明可免予公证和认证。

第三十二条　海关、检验检疫等有关部门应当依法为闽台农业合作提供通关便利和优质服务。

第三十三条　涉及闽台农业合作的行政事业性收费项目和标准，应当按照法律、法规、规章的规定执行。

禁止向闽台农业合作企业违法集资、征收财物、摊派费用或者违法要求履行其他义务。

除法律、法规、规章和省人民政府规定或者授权外，任何单位或者个人不得到闽台农业合作企业检查，不得强制闽台农业合作企业参加培训班或者评比活动。

第三十四条　闽台农业合作企业和台湾同胞个体工商户的财产权、经营权受法律保护。

闽台农业合作企业和台湾同胞个体工商户依法取得的土地承包经营权、建设用地使用权、林地使用权和海域使用权，因公共利益需要依法被收回的，有权获得相应的补偿。

第三十五条　闽台农业合作企业和台湾同胞个体工商户

的合法权益受到侵害时，可以向有关部门反映，或者向台湾同胞投诉协调机构投诉，有关部门和台湾同胞投诉协调机构应当在三十日内给予答复、处理；也可以依法向人民法院提起诉讼。

第四章 附 则

第三十六条 省人民政府根据本条例规定制定实施细则。

第三十七条 本条例自公布之日起施行。

福建省气象条例

（1998年8月1日福建省第九届人民代表大会常务委员会第四次会议通过
2009年5月23日福建省第十一届人民代表大会常务委员会第九次会议修订）

第一章 总 则

第一条 为了加强和规范气象工作，防御和减轻气象灾害，保障人民生命财产安全，合理开发利用和保护气候资源，促进经济和社会发展，根据《中华人民共和国气象法》等法律、法规，结合本省实际，制定本条例。

第二条 在本省行政区域及其毗邻海域从事气象探测、预报、服务和气象灾害防御、气候资源利用、气象科学技术研究等活动，应当遵守本条例。

第三条 县以上气象主管机构在上级气象主管机构和本级人民政府的领导下，负责本行政区域内的气象工作。

县级以上地方人民政府有关部门所属的气象台站，应当接受同级气象主管机构对其气象工作的指导、监督和行业管理。

第四条 气象工作应当按照科技型、基础性的公益事业发展要求，把公益性气象服务放在首位。

县以上气象主管机构及其所属的气象台站应当增强气象服务的主动性、及时性和准确性。

第五条 地方气象事业主要为当地经济建设和社会发展服务，包括下列项目：

（一）区域气象观测、气象信息网络、气象灾害预警、气象预报服务、电视天气预报制作、气象科学知识普及、气象科学研究；

（二）气候变化影响评估、气候资源区划、气候资源开发利用和保护；

（三）农作物气候产量、农林病虫害、生态农业、森林防火等农业气象监测和预报服务，以及农村气象科技服务网建设；

（四）海洋、交通、环境、地质灾害、防汛抗旱、公共卫生等气象监测和预报服务；

（五）人工影响天气、雷电灾害防御；

（六）国家和本省规定的其他项目。

第六条 县以上气象主管机构会同有关部门制定地方气象事业发展规划，报本级人民政府批准和上级气象主管机构备案后组织实施。

第七条 县级以上地方人民政府应当将地方气象事业及其所需基本建设投资和有关事业经费纳入本级国民经济和社会发展规划及财政预算，并根据气象防灾减灾需要和有关规定增加资金投入。

第八条 鼓励和支持气象防灾减灾的科学技术研究、气候资源市场化开发利用的研究和推广、气象科学知识普及，开展国际、国内气象工作合作和交流。

省气象主管机构应当采取措施，推进闽台气象工作合作和交流。

第二章 气象探测环境和设施

第九条 县级以上地方人民政府应当按照国家规定的标准划定本辖区内的气象探测环境保护范围，将其纳入城乡规划，并向社会公告；调整城乡规划涉及气象探测环境保护范围的，应当组织气象主管机构参加。

任何组织或者个人都有保护气象探测环境的义务，不得危害气象探测环境。

第十条 建设项目应当符合国家规定的气象探测环境保护范围的标准。县级以上地方人民政府城乡规划、建设、国土资源等有关部门应当按照国家规定的气象探测环境保护范围的标准，审批建设项目。

第十一条 气象探测环境和设施应当保持长期稳定。确因城市规划或者国家重点工程建设需迁移气象台站的，应当在工程项目审批前依法报经有审批权的气象主管机构批准。迁移、重建气象台站及其设施的费用，由建设单位承担。

第十二条 气象台站及其设施建设、气象观测网络应当统一规划、合理布局。

气象仪器设备的安装、使用和气象探测，必须执行全国统一的气象技术规范和标准，并接受气象主管机构监督。

气象无线电专用频率和信道受国家保护，任何组织或者个人不得挤占和干扰。

第三章 气象预报和服务

第十三条 县以上气象主管机构所属气象台站应当做好为工农业生产、防灾减灾和军事、国防科学试验所需的公益气象服务，及时提供气象预报、灾害性天气警报。

第十四条 公众气象预报、灾害性天气警报由县以上气象主管机构所属气象台站统一向社会发布；禁止其他组织或者个人以任何方式向社会发布。

广播、电视、报刊、通信、互联网等媒体向社会播发或者其他组织、个人在公共场所刊登、播发的气象预报、灾害性天气警报，必须是县以上气象主管机构所属气象台站直接提供的适时气象信息，并注明发布时间和气象台站名称。不得擅自转播、转载其他来源的本省气象预报或者更改气象预报内容。

第十五条 电视气象预报节目由发布该预报的气象台站组织制作，并应当符合电视节目的播出要求。

广播、电视等播出单位应当与同级气象主管机构商定气象预报节目的播发时间，并定时播发；确需改变播发时间的，应当事先征得发布该气象预报的气象台站同意；对可能产生重大影响的灾害性天气警报以及需要补充或者订正的气象预报，应当及时增播或者滚动播出。

第十六条 气象台站在确保公益性气象无偿服务的前提下，可以根据用户需要依法开展气象有偿服务，收费项目和收费标准按省价格主管部门规定执行。

广播、电视、报刊、通信、互联网等媒体通过传播气象信息获得收益的，应当提取一部分支持气象事业的发展。

第十七条 升放无人驾驶自由气球或者系留气球活动，应当按照国家规定经设区的市以上气象主管机构会同有关部门批准。

禁止在依法划设的机场范围内和机场净空保护区域内升放无人驾驶自由气球或者系留气球，但国家另有规定的除外。

第四章 气象灾害防御

第十八条 县级以上地方人民政府应当组织有关部门编制气象灾害防御规划和应急预案，加强气象防灾减灾基础设施建设，建立气象灾害监测和预警系统，健全防御与减轻气象灾害工作体系。

第十九条 县以上气象主管机构应当做好重大气象灾害的调查、鉴定和评估工作，为当地人民政府组织气象灾害防御提供决策服务。

县以上气象主管机构所属气象台站应当做好台风、暴雨、雷电、干旱、高温、寒潮、冰雹、大雾、冰雪、大风、霜冻等气象灾害的监测、预报和突发公共事件的气象应急保障。

县以上气象主管机构负责气象观测数据的共享工作，县级以上地方人民政府有关部门应当及时提供和共享气象、水文、海洋、地质和生态环境等相关信息及灾情资料。

第二十条 灾害性天气警报发布后，县级以上地方人民政府应当按照相应的气象灾害应急预案采取应急处置措施；县级以上地方人民政府有关部门应当按照职责分工，做好气象灾害应急处置工作。

县级以上地方人民政府及其有关部门采取气象灾害应急处置措施时，有关单位和个人应当予以配合。

第二十一条 县级以上地方人民政府应当加强对人工影响天气工作的领导，健全统一协调的指挥和作业体系。

县以上气象主管机构在本级人民政府的领导下，组织实施人工影响天气作业。县级以上地方人民政府有关部门应当按照职责分工，做好人工影响天气有关工作。

第二十二条 从事人工影响天气作业的组织，必须具备省气象主管机构规定的资格条件，使用符合国家规定的技术标准的作业设备，遵守作业规范和操作规程，并在飞行管制部门批准的空域和时限内进行作业。

第二十三条 县以上气象主管机构负责雷电灾害防御的管理工作。

县以上气象主管机构应当加强防雷知识宣传，提高城乡居民的自身防护能力；对学校、医院、商场、公共文化设施等人员密集场所，应当提供技术指导等雷电灾害防御服务，督促完善防雷装置。

县级以上地方人民政府应当组织有关部门完善农村中小学校舍防雷装置。

第二十四条 下列建(构)筑物或者设施必须按照国家规定的技术规范和标准安装防雷装置：

(一)《建筑物防雷设计规范》规定的一、二、三类防雷建(构)筑物；

(二)油库、气库、加油加气站、液化天然气和油(气)管道的站场、阀室等易燃易爆危险环境场所及设施；

(三)邮电通信、广播电视、电力设施、计算机信息系统等社会公共服务设施；

(四)按照国家有关规定必须安装防雷装置的场所和设施。

不属于前款规定必须安装防雷装置的建(构)筑物，应当根据当地雷电影响程度和实际需要采取相应的防雷措施。

安装在建(构)筑物上的户外广告牌、标识牌塔、太阳能热水器、信息收发装置等设施，应当按照技术要求采取防雷措施，并避免影响建(构)筑物防雷装置的功能。

第二十五条 必须安装防雷装置的建设工程，按照国家有关规定实行防雷装置设计审核和竣工验收制度。

县以上气象主管机构依法对防雷装置进行设计审核和竣工验收，并对审核和验收的结果负责。

县级以上地方人民政府应当将防雷装置设计审核与建设工程其他行政许可事项集中办理或者联合办理。

气象主管机构实施防雷装置设计审核和竣工验收，不得收费或者变相收费。

第二十六条 新建、改建、扩建建设工程项目必须安装防雷装置的，其防雷装置应当和主体工程同时设计、同时施工、同时投入使用。

防雷装置设计未经审核合格的，主体工程不得施工；防雷装置未经验收合格的，主体工程不得投入使用。

第二十七条 易燃易爆等危险环境场所的防雷装置按照国家有关规定每半年检测一次。

国家机关、社会团体、企业、事业单位、住宅区的物业服务企业或者未聘物业服务企业的业主应当做好本单位或者物业管理区域内防雷装置的日常检查、维护工作，并做好记录，存档备查。必要时，可以委托有资质的防雷装置检测机构进行检测。受损的防雷装置，应当及时报修。

气象主管机构应当加强对防雷装置日常检查、维护工作的业务指导，定期对防雷装置检测情况进行监督检查。对不合格的防雷装置，应当要求限期整改。

第二十八条 公民、法人或者其他组织具备国家规定防雷装置检测资质条件的，经有权机关认定，可以依法成立防雷装置检测机构。

气象主管机构在履行防雷装置设计审核、竣工验收等监督管理职责时，不得为行政管理相对人指定防雷装置检测机构。

第五章 气候资源开发利用和保护

第二十九条 县级以上地方人民政府应当加强应对气候变化工作，制定开发利用和保护气候资源规划。

县以上气象主管机构应当根据当地经济建设需要，组织气候资源的综合调查和区划工作，加强气候监测、分析、评价以及气候变化的研究应用，并对可能引起气候变化的大气成分等进行监测，定期和不定期发布气候状况公报。

第三十条 县以上气象主管机构应当组织对城市规划、国家重点建设工程、省重大建设项目、重大区域性经济开发项目等进行气候可行性论证，做好风能、太阳能、潮汐能等可再生能源规划、建设和运行的气象服务。

第三十一条 大气环境影响评价所需气象资料、气象参数，应当由县以上气象主管机构所属气象台站提供；使用其他组织或者个人提供的气象资料、气象参数，必须经气象主管机构审查。

第六章 法律责任

第三十二条 有关部门或者气象主管机构及其所属气象台站的工作人员有下列行为之一的，依法给予处分；构成犯罪的，依法追究刑事责任：

（一）未依法履行审查、许可、颁发证照等监督管理职责的；

（二）实施防雷装置设计审核和竣工验收时，收费或者变相收费的；

（三）限定或者变相限定行政管理相对人购买、使用其指定的防雷产品的；

（四）为行政管理相对人指定防雷装置检测机构的；

（五）玩忽职守导致重大漏报、错报公众气象预报、灾害性天气警报或者导致人工影响天气作业、雷电灾害事故的；

（六）其他滥用职权、玩忽职守、徇私舞弊的行为。

第三十三条 违反本条例，有下列行为之一的，由县以上气象主管机构给予警告并责令限期改正；逾期不改正的，可以处五千元以上五万元以下的罚款；构成犯罪的，依法追究刑事责任：

（一）向社会刊登、播发非县以上气象主管机构所属气象台站直接提供的气象预报、灾害性天气警报，或者擅自更改气象预报内容的；

（二）播发非适时的气象预报、灾害性天气警报的。

第三十四条 违反本条例，有下列行为之一的，由县以上气象主管机构给予警告并责令限期改正；逾期不改正的，在当地媒体上予以通报，可以并处三千元以上三万元以下的罚款；构成犯罪的，依法追究刑事责任：

（一）应当安装防雷装置而未安装的；

（二）防雷装置设计未经审核合格，主体工程擅自施工的；

（三）防雷装置未经验收合格，主体工程投入使用的；

（四）易燃易爆等危险环境场所的防雷装置未定期进行检测的。

第七章 附 则

第三十五条 本条例自 2009 年 8 月 1 日起施行。

福建省文物保护管理条例

（1996 年 11 月 29 日福建省第八届人民代表大会常务委员会第二十七次会议通过
2009 年 8 月 2 日福建省第十一届人民代表大会常务委员会第十次会议修订）

第一章 总 则

第一条 为了加强对文物的保护与管理，继承优秀的历史文化遗产，促进科学研究工作，进行爱国主义和革命传统教育，推动海峡两岸文化交流，根据《中华人民共和国文物保护法》等有关法律、法规，结合本省实际，制定本条例。

第二条 本条例所称的文物，包括：

（一）具有历史、艺术、科学价值的古文化遗址、古墓葬、古建筑、石窟寺和石刻、壁画；

（二）与重大历史事件、革命运动或者著名人物有关的以及具有重要纪念意义、教育意义或者史料价值的近代现代重要史迹、实物、代表性建筑；

（三）历史上各时代珍贵的艺术品、工艺美术品；

（四）历史上各时代重要的文献资料以及具有历史、艺术、科学价值的手稿和图书资料等；

（五）反映历史上各时代、各民族社会制度、社会生产、社会生活的代表性实物。

文物认定的标准和办法，按照国家有关规定执行。

具有科学价值的古脊椎动物化石和古人类化石同文物一样受国家保护。

第三条 地方各级人民政府负责本行政区域内的文物保护工作。文物行政主管部门对本行政区域内的文物保护实施监督管理。

省、设区的市和文物较多的县级人民政府设立文物管理委员会，协调管理本行政区域内的文物保护工作，下设办事机构负责处理日常事务。

县级以上地方人民政府有关行政部门在各自的职责范围内，负责有关的文物保护工作。

第四条 县级以上地方人民政府应当加强对文物保护工作的领导，将文物保护纳入国民经济和社会发展规划、土地利用总体规划、城乡建设规划和风景名胜区规划，协调解决文物保护工作中的重大问题，正确处理经济建设、社会发展与文物保护的关系，确保文物安全。

第五条 地方各级人民政府应当合理利用文物资源，弘扬优秀传统文化，发挥文物作用，推动社会经济文化发展。

利用文物资源进行经营活动的，其经营活动不得违背文物保护法律、法规的规定，不得对文物及其周围环境造成破坏。

文物行政主管部门应当对文物利用进行指导和监督，并向社会提供文物信息服务。

第六条 县级以上地方人民政府依法将文物保护管理经费列入本级财政预算，并根据文物保护工作的实际需要，设立专项经费，用于文物保护。用于文物保护的财政拨款随着财政收入增长而增加。

鼓励公民、法人或者其他组织对文物保护事业进行捐赠，或者投资建设文物保护设施。

第七条 建立文物普查制度。省人民政府定期组织开展文物普查工作，设区的市、县级人民政府定期对本行政区域内的不可移动文物和馆藏文物进行普查登记，并向省人民政府文物行政主管部门备案。

省人民政府文物行政主管部门根据文物保护的实际情况，加快文物信息数据库建设。

第八条 县级以上地方人民政府及其有关部门应当加强文物保护的宣传教育，增强全民文物保护意识，重视文物保护的研究和人才培养，提高文物保护的科学技术和管理水平。

第九条 任何单位和个人都有依法保护文物的义务。

对在文物保护、管理、利用和捐赠中作出突出贡献的单位或者个人，县级以上地方人民政府及其文物行政主管部门应当依法给予表彰和奖励。

第二章 不可移动文物

第十条 省级文物保护单位，由省人民政府文物行政主管部门在市、县级文物保护单位中选择或者直接确定后报省人民政府核定公布，并报国务院备案。

市级和县级文物保护单位，分别由设区的市和县级人民政府核定公布，并报省人民政府备案。

鼓励和支持符合文物保护法律、法规规定的城市优秀近现代建筑依法申报文物保护单位。

尚未核定公布为文物保护单位的不可移动文物，由县级人民政府文物行政主管部门组织调查和审核后，对其名称、类别、位置、范围等事项予以登记并公布，报省和设区的市人民政府文物行政主管部门备案，并在一年内设立标志说明，建立记录档案。

第十一条 省级文物保护单位未经省人民政府批准，不得撤销。

市、县级文物保护单位未经原核定公布的人民政府和省人民政府文物行政主管部门批准，不得撤销。

第十二条 国有文物保护单位的使用人，应当与所在地县级以上地方人民政府文物行政主管部门签订《文物保护单位保护使用责任书》，负责做好文物的保养、修缮与安全防范等工作，不得有损毁、改建、添建、拆除、彩绘等改变文物结构和原状的行为，并接受县级以上地方人民政府文物行政主管部门的指导和监督。

非国有文物保护单位的所有人或者使用人，应当遵守国家有关文物保护的法律、法规，接受县级以上地方人民政府文物行政主管部门的指导和监督。

第十三条 经批准作为宗教活动场所的不可移动文物，有关宗教组织或者人员应当制定专项保护规章制度，并接受所在地县级以上地方人民政府文物行政主管部门的指导和监督。

第十四条 文物保护单位保护范围内的土地，任何单位和个人不得非法占用。因建设项目特殊需要必须征收（用）时，建设用地单位应当按文物保护单位的级别履行报批手续。全国重点文物保护单位保护范围内的土地的征收（用），应当事先征得省人民政府的同意。省级和市、县级文物保护单位保护范围内的土地的征收（用），应事先向同级人民政府文物行政主管部门提出申请，并征得原核定公布的人民政府和省人民政府文物行政主管部门同意。

第十五条 在拆迁和工程建设过程中，任何单位和个人发现文物或者文物遗址的，应立即报告所在地县级以上地方人民政府文物行政主管部门；负责建设、施工的单位和个人必须立即停止施工并保护现场。

县级以上地方人民政府文物行政主管部门接到报告后，除遇有特殊情况外，应当在三日内赶到现场，并在七日内提出处理意见。

第十六条 因建设需要，对不可移动文物必须进行迁移异地保护的，建设单位应当在报批前落实迁建地址和经费，并依照国家有关规定制定迁建保护方案，做好测绘、文字记录、登记、照相和摄像等工作。迁建工程应当与不可移动文物的落架拆卸同步进行，并由县级以上地方人民政府文物行政主管部门依法组织验收。

第十七条 在文物保护单位的保护范围内，禁止进行有损文物安全的活动，禁止存放易燃、易爆、易腐蚀物品。

在文物保护单位的建筑物内禁止用火、禁止与文物保护无关的用电。确需用火或者安装电器设备、设施的，应当制定防火安全措施，报所在地公安机关批准，公安机关在批准前应当征求同级人民政府文物行政主管部门意见。

在文物保护单位的周围地带，应当重视保护生态环境，营造自然协调的景观。

第十八条 设区的市、县级人民政府文物行政主管部门可以在本行政区域范围内勘查、划定地下文物埋藏区，报同级人民政府核定公布。设区的市、县级人民政府文物行政主管部门应当将已核定公布的地下文物埋藏区的情况通报同级人民政府有关行政管理部门。

在地下文物埋藏区内进行工程建设的，建设单位在取得项目选址意见书后，应当经设区的市、县级人民政府文物行政主管部门报请省人民政府文物行政主管部门组织考古调查、勘探，以及抢救性考古发掘。省人民政府文物行政主管部门应当自接到申请之日起七日内，组织有考古调查、勘探资质的单位进行考古调查、勘探；考古、勘探单位应当在三十日内完成调查、勘探。

考古调查、勘探结束后，省人民政府文物行政主管部门应当在五日内作出考古调查、勘探结果处理决定书，送达建设单位。需要考古发掘的，由省人民政府文物行政主管部门组织发掘；需要实施原址保护的，建设工程应当避开保护范围或者另行选址。

第十九条 列入世界文化遗产名录或者中国世界文化遗产预备名单的文化遗产所在地的设区的市、县级人民政府，应当制定保护规划和专项保护管理规定。保护规划依法报经批准后，由省人民政府公布。

保护规划经批准公布后，必须严格执行，不得擅自修改；确需修改的，应当报经原批准机关批准。

第三章 水下文物的保护

第二十条 县级以上地方人民政府应当依法做好水下文物的保护工作。

本省行政区域、毗邻海域内水下文物存在损坏或者灭失危险的，所在地县级人民政府文物行政主管部门应当立即采取必要措施做好保护工作，并向省人民政府文物行政主管部门报告。

第二十一条 省人民政府文物行政主管部门应当组织开展水下文物遗址的调查工作。

对水下有价值的文物遗址，县级以上地方人民政府应当依法核定公布为文物保护单位，并采取相应的保护管理措施；水下文物分布范围较大，需要整体保护的，应当依法核定公布为水下文物保护区。

第二十二条 任何单位和个人在水域作业、生产活动中，发现水下文物或者水下文物遗址，应当立即停止可能危及水下文物安全的作业、生产活动，保护现场，并报告所在地县级以上地方人民政府文物行政主管部门。

县级以上地方人民政府文物行政主管部门接到报告后，除遇有特殊情况外，应当在三日内赶到现场，并在七日内提出处理意见。

有关乡（镇）人民政府和村（居）民委员会应当协助做好水下文物保护工作，及时报告水下文物保护情况。

第二十三条 在水下文物保护单位内，不得进行任何工程建设以及爆破、钻探、挖掘、捕捞、养殖、潜水等活动。

在水下文物保护区内，禁止进行危及水下文物安全的工程建设以及爆破、钻探、挖掘、潜水等活动。因工程建设施工、渔业生产需要进行爆破、钻探、挖掘、潜水等作业的，应当在作业十日前，向所在地县级人民政府文物行政主管部门书面备案。备案材料包括作业目的、时间、范围、方案等内容。所在地县级人民政府文物行政主管部门收到备案材料后，对作业方案等内容有异议的，应当在七日内提出修改作业方案的要求。

第二十四条 任何单位或者个人不得破坏水下文物保护单位或者水下文物遗址。严禁非法打捞、哄抢水下文物等违法行为。

单位或者个人发现前款违法行为的，应当向所在地县级以上地方人民政府文物行政主管部门或者公安机关举报。有关部门接到举报后，应当立即处理；对举报内容属实的，可以给予奖励。

第二十五条 公安机关负责对本省行政区域毗邻海域开展巡查，防范和查处涉及海域内的水下文物的违法犯罪行为。

公安机关发现涉及海域内的水下文物违法犯罪行为的，除依法采取必要措施外，应当及时通报所在地县级人民政府文物行政主管部门，所在地县级人民政府文物行政主管部门应当采取措施实施保护，并报告上一级人民政府文物行政主管部门。

第四章 涉台文物的保护

第二十六条 反映大陆和台湾之间政治、经济、文化等方面交流交往，体现两岸同胞同宗同源关系，并具有历史、艺术、科学价值的实物和重要史迹，应当列为涉台文物予以保护。

第二十七条 涉台文物保护应当贯彻保护为主、合理利用、分级负责、加强管理的原则，发挥涉台文物在联络海峡两岸同胞民族感情、加强海峡两岸文化交流、促进海峡两岸关系和平发展中的作用。

第二十八条 县级以上地方人民政府应当加强对涉台文物保护工作的领导，开展涉台文物调查、征集和保护工作，发掘、展示和宣传涉台文物丰富的历史文化内涵，促进海峡两岸文化交流和合作。

开展闽台文物交流活动，主办单位或者承办单位应当向县级以上地方人民政府文物行政主管部门提出申请，由县级以上地方人民政府文物行政主管部门商同级人民政府台湾事务办事机构后，按照国家规定办理相关审批手续并备案。

第二十九条 鼓励有条件的市、县设立涉台专题博物馆、纪念馆或者在博物馆、纪念馆内设立涉台文物展区，提升博物馆、纪念馆两岸文化交流功能。

鼓励台湾同胞对涉台文物保护事业进行捐赠，或者投资涉台专题博物馆、纪念馆等涉台文物保护设施建设。

第三十条 省人民政府文物行政主管部门负责组织编制全省涉台文物保护总体规划，报省人民政府批准后组织实施。总体规划中应当明确涉台文物的保护标准和保护重点，分类、分区确定保护措施。涉台文物所在地设区的市、县级人民政府应当保障保护措施的落实。

第三十一条 县级以上地方人民政府文物行政主管部门应当依法采取相应的措施，保护涉台文物。对具有重要涉台文化价值的文物，应当及时评估，依法核定公布为文物保护单位。

第三十二条 涉台文物相对集中、体现海峡两岸历史关系的村镇、街区，可以依法申报历史文化名镇、名村和历史文化街区。

前款规定的历史文化名镇、名村和历史文化街区内的建设项目，应当符合保护规划的要求。新建、改建、扩建的建筑物、构筑物和修缮具有代表性的传统建筑，应当体现涉台特色，反映两岸历史关系。

第五章 中央苏区革命文物的保护

第三十三条 第二次国内革命战争时期中央苏区县内，具有重要纪念意义、教育意义或者史料价值的重要革命史迹、代表性建筑和文献、实物等，列为中央苏区革命文物予以保护。

第三十四条 县级以上地方人民政府应当增加经费投入，做好中央苏区革命文物保护工作，开展中央苏区革命文物保护配套设施建设和环境整治，加强对中央苏区革命文物的修缮，并确保其真实性和历史原貌。对于濒危的重要中央苏区革命文物，应当保障修缮维护经费，落实保护措施。

第三十五条 县级以上地方人民政府文物行政主管部门应当开展中央苏区革命文物史料和实物的调查征集、保护收藏、陈列展示、建档、研究等工作，建立中央苏区革命文物信息数据库。

第三十六条 教育、文化等行政主管部门以及新闻媒体、学校应当采取多种形式，做好中央苏区革命文物的宣传教育工作，充分发挥中央苏区革命文物的社会教育作用。

县级以上地方人民政府教育行政主管部门应当将中央苏区革命文物知识列入教育内容，建立爱国主义教育基地和德育基地。

将中央苏区革命文物开放参观游览的，应当保持和展示革命文物的历史原貌。

第三十七条　非中央苏区的革命文物保护，参照本章的有关规定执行。

第六章　博物馆与馆藏文物

第三十八条　县级以上地方人民政府应当利用当地文物资源，设立体现区域、行业特点的专题博物馆。

鼓励公民、法人或者其他组织以独资、合资、合作等形式设立博物馆。公民、法人或者其他组织设立博物馆的，县级以上地方人民政府文物行政主管部门应当给予指导监督。

第三十九条　政府投资的博物馆、纪念馆应当向社会免费开放。县级以上地方人民政府应当将博物馆、纪念馆免费开放相关经费纳入同级财政预算，切实予以保障。

鼓励其他博物馆向社会免费或者优惠开放。

第四十条　国有文物收藏单位的文物库房和保护设施应当符合国家规范标准；未达到国家规范标准的，本级人民政府应当采取措施，限期达到规范标准。

文物收藏单位的安全防护和消防基础设施不符合国家有关规定的，应当及时整改，并不得陈列、展示文物。

对馆藏一级文物和其他易损毁的珍贵文物，应当设立专库或者专柜并由专人负责保管。

第四十一条　对不具备收藏珍贵文物条件的国有文物收藏单位收藏的珍贵文物，省人民政府文物行政主管部门可以指定具备条件的国有文物收藏单位代为保管。原收藏单位与保管单位的权利义务由双方协商确定。

对不具备收藏珍贵文物条件的非国有文物收藏单位或者个人收藏的珍贵文物，可以由具备条件的文物收藏单位代为保管。保管人与寄存人之间应当订立书面保管合同。

国有文物收藏单位不得与非国有文物收藏单位交换馆藏文物。

第四十二条　确因文物保护、科学研究需要，对馆藏文物取样的，应当按照国家规定报省人民政府文物行政主管部门批准。

第四十三条　人民法院、人民检察院以及公安机关、工商行政管理部门和海关等执法部门依法没收、扣押、追缴的文物，应当自没收、扣押、追缴之日起五日内移交省人民政府文物行政主管部门指定的国有文物收藏单位暂存。

负责暂存的国有文物收藏单位应当做好暂存文物的保护管理工作，并为相关部门取证提供方便。

案件结案后，人民法院、人民检察院以及公安机关、工商行政管理部门和海关等执法部门应当对暂存文物依法分别处理。

第七章　文物利用和市场监管

第四十四条　省人民政府文物行政主管部门应当依法开展文物商店销售文物、拍卖企业拍卖文物的审核、备案等工作。经审核允许文物商店销售的文物、拍卖企业拍卖的文物，应按照国家有关规定作出记录，并在销售、拍卖后三十日内报省人民政府文物行政主管部门备案。

第四十五条　拓印涉及下列事项的古代石刻等文物的，应当报省人民政府文物行政主管部门批准：

（一）涉及我国疆域、外交、民族关系的古代石刻；

（二）涉及天文、水文、地理等科学资料的石刻和未发表过的墓志铭石刻；

（三）涉及我国书法艺术史上的名碑，以及宋和宋代以前的石刻；

（四）涉及内容为图像的石刻、石雕和经幢等；

（五）涉及全国重点文物保护单位的。

拓印活动不得对各类名碑、石刻、石雕和经幢等造成损坏。

第四十六条　利用文物保护单位或者馆藏珍贵文物进行营利性、资料性电影电视拍摄的，拍摄单位应当向省人民政府文物行政主管部门提出申请，省人民政府文物行政主管部门应当自受理申请之日起十日内作出决定；涉及宗教活动场所的，拍摄单位应当事先征得该宗教活动场所和所在地县级以上地方人民政府宗教事务部门同意。

制作考古发掘现场专题类、直播类节目的，制作单位应当报省人民政府文物行政主管部门批准。

对国有文物收藏单位陈列展示的文物，不得进行系统拍摄和提离陈列位置拍摄。

未经省人民政府文物行政主管部门批准，任何单位和个人不得向境外提供未公开发表的文物照片和有关文物资料。

第四十七条　县级以上地方人民政府文物、工商、公安等行政部门应当依法加强文物市场监督管理，查处文物非法经营行为。

第八章　法律责任

第四十八条　违反本条例规定，有下列行为之一的，由县级以上地方人民政府文物行政主管部门责令改正，造成严重后果的，处以一万元以上五万元以下的罚款：

（一）发现文物或者文物遗址，未立即报告或者未采取有效措施保护现场的；

（二）不可移动文物的异地迁建工程与落架拆卸未同步进行的；

（三）擅自对馆藏文物取样的；

（四）国有文物收藏单位与非国有文物收藏单位交换馆藏文物的。

有前款第四项情形的，同时没收非法交换的文物，对负有责任的主管人员和其他直接责任人员依法给予处分。

第四十九条　违反本条例第十七条第一款、第二款规定的，由所在地公安机关责令限期改正，逾期不改正的，处以五千元以上三万元以下的罚款。对负有责任的主管人员和其他直接责任人员依法给予处分。

第五十条　违反本条例第十八条规定，未经考古调查、勘探以及抢救性考古发掘，建设单位擅自开工建设的，由县级以上地方人民政府文物行政主管部门责令立即停止施工，并处以五万元以上二十万元以下的罚款；造成严重后果的，处以二十万元以上五十万元以下的罚款，并由原发证机关吊销资质证书。

第五十一条　违反本条例第二十三条第一款规定的，由县级以上地方人民政府文物行政主管部门责令立即停止作业，并处以五万元以上二十万元以下的罚款；造成严重后果的，处以二十万元以上五十万元以下的罚款，并由原发证机关吊销资质证书。

违反本条例第二十三条第二款规定，逾期不备案或者不按照要求修改作业方案的，由所在地县级人民政府文物行政主管部门责令限期改正。未经备案擅自作业或者不按照备案方案作业的，由所在地县级人民政府文物行政主管部门责令立即停止作业，封存违法作业工具，并处以五万元以上二十万元以下的罚款；造成严重后果的，处以二十万元以上五十万元以下的罚款，并由原发证机关吊销资质证书。

第五十二条 违反本条例第二十四条第一款规定，破坏水下文物保护单位或者水下文物遗址，非法打捞、哄抢水下文物的，由公安机关追缴文物，没收违法所得、违法作业工具，并处以五万元以上二十万元以下的罚款；造成严重后果的，处以二十万元以上五十万元以下的罚款；构成犯罪的，依法追究刑事责任。

第五十三条 违反本条例第四十三条第一款规定，未按规定移交文物的，由其上级主管部门或者监察机关责令改正，对负有责任的主管人员和其他直接责任人员依法给予处分；造成文物损毁、丢失的，依法承担民事责任；构成犯罪的，依法追究刑事责任。

第五十四条 违反本条例第四十五条规定的，由县级以上地方人民政府文物行政主管部门处以一万元以上五万元以下的罚款；造成严重后果的，处以五万元以上二十万元以下的罚款；对负有责任的主管人员和其他直接责任人员依法给予处分。

第五十五条 违反本条例第四十六条规定的，由县级以上地方人民政府文物行政主管部门给予警告；造成严重后果的，处以五千元以上五万元以下的罚款。

第五十六条 公安机关、文物、工商行政管理、海关、城乡规划、建设等有关部门及其工作人员，违反本条例规定，滥用审批权限、不履行职责、徇私舞弊、玩忽职守，造成珍贵文物损毁或者流失的，对负有责任的主管人员和其他直接责任人员依法给予处分；构成犯罪的，依法追究刑事责任。

第九章 附 则

第五十七条 本条例自2009年10月1日起施行。

福建省航道条例

（2009年9月25日福建省第十一届人民代表大会常务委员会第十一次会议通过）

第一章 总 则

第一条 为了合理开发利用水运资源，加强航道管理，保障航道畅通和航行安全，充分发挥航道在交通运输中的基础作用，促进国民经济和社会发展，根据有关法律、法规，结合本省实际，制定本条例。

第二条 从事本省管辖的沿海港湾和内河航道、航道设施以及与通航有关的设施的规划、建设、养护和管理等活动，适用本条例。

第三条 县级以上地方人民政府应当保护和鼓励水运资源开发和利用，保证必要的资金用于航道的规划、建设和养护。

第四条 航道、航道设施以及与通航有关的设施受国家保护，任何单位和个人不得侵害和破坏。

第五条 省人民政府交通运输主管部门负责全省航道管理工作，可依法委托其所属的航道管理机构具体履行本条例规定的职责。

设区的市、县（市）人民政府确定的航道主管部门负责本设区的市、县（市）航道管理工作。航道主管部门可以依法委托其所属的航道管理机构按照省人民政府交通运输主管部门确定的航道管理分工，履行本条例规定的职责。

省人民政府可以根据实际需要，对航道主管部门作出调整。

发展改革、规划、国土资源、水利、海洋、渔业、公安、环保、口岸、安全生产监督、海事等有关部门按照相关法律、法规规定的职责，互相配合，共同做好航道管理工作。

第二章 航道规划建设与养护

第六条 航道规划应当根据国民经济和航运发展需要，按照统筹兼顾、综合利用的原则编制。

航道规划应当符合港口规划、海洋功能区划、江河流域综合规划，并与土地利用总体规划、防洪规划、城市总体规划、公路水路规划、河道采砂规划、水域养殖规划等相衔接、协调。

第七条 全省航道规划，由省人民政府交通运输主管部门依法组织编制，报省人民政府批准公布实施，并报国务院交通运输主管部门备案。

设区的市航道规划，由设区的市航道主管部门根据全省航道规划依法组织编制，报设区的市人民政府批准并公布实施。

修改航道规划，应当按照原批准程序办理相关手续。

航道规划应当通过新闻媒体及时向社会公布。

第八条 县级以上地方人民政府应当将航道建设纳入国民经济和社会发展规划。

第九条 航道、航道设施以及与通航有关的设施等项目建设应当符合航道规划，确保行洪和通航安全，保护生态环境，并执行航道技术标准，保证工程质量。

航道建设依法执行国家投资建设程序的规定。

第十条 承担航道建设项目的工程咨询单位、勘察设计单位、施工单位和工程监理单位，应当持有相应的资质证书。

承担航道建设项目的建设单位、工程咨询单位、勘察设计单位、施工单位和工程监理单位应当依照有关法律、法规、规章要求，以及合同约定和航道工程技术标准进行管理、设计、施工和监理，建立健全质量保证体系，保证工程质量。

第十一条 航道建设项目应当根据建设规模、资金来源等由设区的市以上航道主管部门依据管理职责组织竣工验收，验收合格后方可交付使用。

第十二条 航道主管部门应当加强对航道的养护。航道养护应当符合国家或者行业技术标准，达到原设计航道维护尺度要求，保持航道和航道设施处于良好状态，保障航道畅通。

第十三条 进行航道养护的船舶应当设置明显的作业标志。养护船舶作业时应当采取有效措施，减少对过往船舶正常航行的影响。

第十四条 航道主管部门应当定期对航道进行检测，根据航道水深情况、航道变迁、航标移动、航道养护状况，依照职责及时发布航道通告，并报上一级航道主管部门备案。

第十五条 因自然灾害或者突发性事件致使航道通航条件恶化或者航道设施毁坏，航道主管部门应当依照职责及时发布航道通告，并组织疏通、修复。

第三章 航道及航道设施保护与管理

第十六条 开发利用可通航水域的滩涂(荒滩)，应当符合航道规划，不得影响航道技术等级要求。

第十七条 禁止下列影响通航和破坏航道的行为：

(一)在内河航道及海域航道功能区内进行水产养殖、设置固定渔具；

(二)在影响航道及航道设施正常使用或者恶化航道通航条件的范围内采挖砂石、取土、爆破等行为；

(三)在航道倾倒砂石、泥土、垃圾或者弃置碍航物；

(四)危害、破坏航标及其辅助设施等影响航标使用的行为。

有关部门对水产养殖、倾倒废弃物、采挖砂石、取土、爆破等事项作出行政许可时，应当避免影响通航和破坏航道。

第十八条 损坏或者移动助航、导航、测量设施的，当事人应当立即报告所在地航道主管部门，航道主管部门应当依据职责及时组织修复，或者告知相关职能部门予以修复，修复费用由当事人承担；涉及水上交通安全的，航道主管部门应当通报辖区海事管理机构。

第十九条 在内河通航水域采挖砂石，应当符合河道采砂规划，并经河道主管部门依法批准，按照批准的时间、范围、数量、采挖深度、作业方式、作业规程开采。

在本省管辖的沿海港湾通航水域除正常航道疏浚外采挖砂石，应当符合海洋功能区划，并经有关部门批准后，按照批准的时间、范围、数量、作业方式、作业规程开采。

用于采挖砂石的船舶必须适航，作业时不得恶化航道通航条件、不得危及水上交通安全。

第二十条 修建下列设施，应当符合航道规划和通航标准：

(一)修建拦河闸坝、水电站及其他过河建筑物或者设施；

(二)修建桥梁、隧道以及埋设或者架设缆线、管道及其他跨河(海)建筑物或者设施；

(三)修建设置码头、驳岸、护坡、船坞、涵洞、排污口、抽水站、渡口、锚地及其他临河(海)建筑物或者设施。

新建拦河闸坝、水电站的，应当采取措施避免破坏内河航道，影响航道的功能，确保河流的畅通。

第二十一条 修建本条例第二十条所列设施的建设单位应当依法办理有关审批手续，项目审批部门在审批前应当征求航道主管部门意见。

航道主管部门应当自收到征求意见函十日内按照职责提出书面意见。

第二十二条 对通航水域内在建和已建的工程建设项目，修建单位应当及时清除对航道通航条件有影响的临时设施或者残留物，并将清除后的相关资料向航道主管部门报备。

航道主管部门应当自收到报备相关资料之日起十五日内，对临时设施或者残留物清除情况进行核实。

第二十三条 在航道上建设拦河闸坝，建设单位应当按照航道规划等级的要求同步建设船闸，并承担建设和维护费用。

建设期间，建设单位应当负责修建临时过船设施或者驳运设施供过往船舶使用。

第二十四条 船闸管理单位应当负责船闸的运行管理和船闸通航管理区域内航道的养护，建立健全管理规章制度，做到科学管理、定期维修，确保设备正常运转，为船舶过坝提供安全、便捷的服务，并接受所在地航道主管部门的监督、指导。

第二十五条 船闸岁修或者大修应当尽可能安排在运输淡季或者枯水期，确需停航维修的，船闸管理单位应当提前报所在地航道主管部门会同辖区海事管理机构批准，由辖区海事机构发布停航通告。

第二十六条 为保证通航和流域水环境安全，水电枢纽运行调度时，应当根据上游来水条件，保证下泄流量不小于设计最小下泄流量。

第二十七条 航道上在建和已建桥梁的建设单位或者管理单位应当按照有关规定和技术要求设置桥涵标、桥区水上航标和相应的辅助设施，并承担建设和维护费用。

第二十八条 任何单位和个人不得非法占用航道建设和养护的用地、用海和内河水域。

第二十九条 在通航水域发生沉船、沉物的当事人应当立即采取措施，设置临时警示标志，同时向海事管理机构和航道管理机构报告，并按照有关部门规定的期限清除障碍。当事人无法清除或者未在规定期限内清除的，由海事管理机构组织清障，其费用由责任人承担。

第三十条 航道是社会公益性基础设施，县级以上地方人民政府应当筹集资金用于航道建设、养护和管理。

第三十一条 航道建设、养护和管理资金来源：

(一)县级以上地方人民政府财政拨款；

(二)国家专项资金和省人民政府行业管理资金。

第四章 监督检查

第三十二条 省人民政府交通运输主管部门应当建立健全全省航道主管部门执法质量考核评议、执法责任制和执法过错追究制度，并组织实施。

第三十三条 航道主管部门及其执法人员执行职务时，应当自觉接受社会和公民的监督。

航道主管部门应当建立举报制度，公开举报电话号码、通信地址或者电子邮件信箱。

任何单位和个人都有权对航道主管部门的工作人员滥用职权、徇私舞弊及其他违法执法行为进行举报。航道主管部门以及其他有关部门接到举报后，应当依法及时查处。

第三十四条 航道主管部门执法人员对船舶使用航道以及航道内施工作业等实施监督检查，有权依法检查、制止、纠正和处理各种侵占航道、破坏航道设施以及违反本条例规定的其他行为。

第三十五条 航道主管部门执法人员调查航道违法案件时，对与案件有关的情况和资料，有权查阅、记录、录音、录像、照相和复制；有关单位或者个人应当如实反映情况，提供有关资料，不得拒绝、隐瞒。

第三十六条 航道主管部门执法人员执行职务时，应当两人以上，佩戴标志，着装整齐，出示行政执法证件。未出示行政执法证件的，被检查人有权拒绝检查。用于航道行政执法专用船舶、车辆，应当设置统一标志和示警灯。

第五章 法律责任

第三十七条 违反本条例第十七条第(一)项规定的，由航道主管部门责令其限期清除；逾期不清除的，强制拆除养殖设施或者渔具；情节严重的，并处以二千元以上一万元以下的罚款。

违反本条例第十七条第(二)项规定的，由航道主管部门责令限期改正；造成损失的，责令其赔偿损失；情节严重的，并处以五千元以上一万元以下的罚款。

违反本条例第十七条第(三)项规定的，由航道主管部门责令其限期清除；逾期不清除的，由航道主管部门组织清除，所产生的费用由违法行为人承担；情节严重的，并处以一万元以上五万元以下的罚款。

第三十八条 违反本条例第二十条规定，修建过河(海)、跨河(海)、临河(海)建筑物或者设施不符合航道发展规划和通航标准的，由县级以上地方人民政府责令限期改正；逾期不改正的，由县级以上地方人民政府强制拆除，并处以五万元以上十万元以下的罚款。

第三十九条 违反本条例第二十二条规定，修建单位未及时清除对航道通航条件有影响的临时设施或者残留物的，由航道主管部门责令限期清除；逾期不清除的，由航道主管部门组织清除，所产生的费用由违法行为人承担；情节严重的，并处以五万元以上十万元以下的罚款。

第四十条 违反本条例第二十三条规定，未按要求同步建设船闸的，由航道主管部门责令限期改正；逾期不改正的，不得交付使用，并处以十万元以上十五万元以下的罚款。

第四十一条 违反本条例第二十五条规定，船闸管理单位擅自停航岁修或者大修的，由航道主管部门责令停止违法行为；情节严重的，并处以一万元以上五万元以下的罚款。

第四十二条 违反本条例第二十六条规定，有通航功能的水电枢纽未保证下泄流量达到设计最小下泄流量，影响通航要求的，由航道主管部门责令限期改正；逾期不改正的，处以二万元以上五万元以下的罚款。

第四十三条 违反本条例第二十七条规定，未按规定和技术要求设置桥涵标、桥区水上航标和相应的辅助设施的，由航道主管部门责令限期纠正，逾期不纠正的，由航道主管部门组织设置，所产生的费用由违法行为人承担；情节严重的，并处以五千元以上一万元以下的罚款。

第四十四条 航道主管部门和有关部门及其工作人员违反本条例规定，有下列行为之一的，由上级行政机关或者有关部门责令改正；情节严重的，对直接负责的主管人员和其他直接责任人员依法给予处分；构成犯罪的，由司法机关依法追究刑事责任：

(一)依法收取的费用、收缴的罚款及没收的违法所得，不按规定上缴财政的；

(二)航道养护不符合国家或者行业技术标准，未达到原设计航道维护尺度要求，影响航道畅通的；

(三)没有按照规定及时发布航道通告的；

(四)没有依照职责及时疏通、修复航道或者航道设施的；

(五)没有按照规定审查临时设施或者残留物清除情况的；

(六)违反规定拦截、检查正常行驶的船舶的；

(七)其他滥用职权、玩忽职守、失职渎职的行为。

第六章 附 则

第四十五条 本条例下列用语含义是：

航道，是指本省管辖的沿海港湾和内河中经规划并公布用于通航的水域。

航道设施，是指航道的助航导航设施、整治建筑物、航运梯级、过船建筑物(包括过船闸坝)和其他航道工程设施。

与通航有关的设施，是指对航道的通航条件有影响的闸坝、桥梁、码头、架空电线、水下电缆、管道等拦河、跨河(海)、临河(海)建筑物和其他工程设施。

航道维护尺度，是指养护范围内的航道在不同水位期维持的最小尺度。

第四十六条 由单位自行使用的专用航道建设，应当符合相关的技术规范，其管理和养护由使用单位负责。

渔业专用航道由渔业主管部门参照本条例规定进行管理。

第四十七条 本条例自2010年1月1日起施行。

福建省促进散装水泥发展条例

（2009年9月25日福建省第十一届人民代表大会常务委员会第十一次会议通过）

第一章 总 则

第一条 为了加快发展散装水泥、预拌混凝土和预拌砂浆，节约资源，促进清洁生产，保护和改善环境，提高经济、社会、环境效益，根据国家有关法律法规，结合本省实际，制定本条例。

第二条 在本省行政区域内从事水泥、预拌混凝土和预拌砂浆生产、销售、运输、使用和管理等活动，适用本条例。

第三条 水泥的生产和使用应当坚持限制袋装、发展散装的原则，并通过推行应用预拌混凝土和预拌砂浆，促进散装水泥发展。

第四条 县级以上地方人民政府应当组织制定散装水泥发展规划，并将其纳入国民经济和社会发展规划。

第五条 县级以上地方人民政府应当加强对散装水泥推广应用工作的领导，确定主管散装水泥工作的部门（以下简称散装水泥行政主管部门）负责本行政区域内发展散装水泥的监督管理工作。散装水泥行政主管部门可以委托散装水泥管理机构负责散装水泥监督管理的具体工作。

县级以上地方人民政府有关行政主管部门按照各自的职责，负责发展散装水泥、预拌混凝土和预拌砂浆的相关工作。

第二章 鼓励与扶持

第六条 县级以上地方人民政府及其有关部门应当鼓励、支持对散装水泥、预拌混凝土和预拌砂浆的科学研究，引进开发和推广应用新技术，并对散装水泥、预拌混凝土和预拌砂浆的投资项目在项目核准、用地等方面给予支持。

地方各级人民政府应当做好散装水泥在农村的推广应用工作，规划建设散装水泥销售网点和预拌混凝土、预拌砂浆搅拌站，提高农村散装水泥使用率，改善农村生态环境。

第七条 县级以上地方人民政府应当引导金融机构增加对发展散装水泥、预拌混凝土和预拌砂浆的信贷支持，为符合条件的项目，提供优惠贷款。

县级以上地方人民政府及其有关部门应当推动和引导公民、法人或者其他组织加大对散装水泥、预拌混凝土和预拌砂浆的资金投入。

第八条 对预拌混凝土、预拌砂浆生产企业和水泥生产企业生产散装水泥的，按照国家有关规定给予税收优惠。

鼓励预拌混凝土和预拌砂浆生产企业在生产过程使用粉煤灰等工业固体废弃物。利用工业固体废弃物达到国家规定比例的生产企业，经依法认定后，可以享受资源综合利用增值税优惠。

第九条 预拌混凝土和预拌砂浆生产企业，当年研究开发新产品、新技术、新工艺实际发生的研究开发费用，符合规定的，按照规定在企业计算应纳税所得额时加计扣除。

预拌混凝土和预拌砂浆生产企业，购置用于环境保护、节能节水、安全生产等专用设备的投资额，按照国家规定比例实行税额抵免。

第十条 县级以上地方人民政府及其有关部门应当执行差别电价等有关规定，促进散装水泥发展。

第十一条 散装水泥专用汽车、混凝土搅拌运输车、混凝土泵车、预拌砂浆运输车、流动罐自装卸运输车的公路及桥梁通行费，根据国家鼓励发展散装水泥的政策，享受优惠。

第十二条 散装水泥专用汽车、混凝土搅拌运输车、混凝土泵车、预拌砂浆运输车、流动罐自装卸运输车在运行过程中，应当符合安全和环境保护的要求；对需要进入城市交通控制地段的，县级以上公安机关交通管理部门应当及时办理通行手续。

第十三条 县级以上地方人民政府散装水泥行政主管部门会同财政部门对下列项目按照国家有关规定给予补助：

（一）新建、改建和扩建散装水泥、预拌混凝土、预拌砂浆专用设施；

（二）购置和维修散装水泥、预拌混凝土、预拌砂浆设备；

（三）散装水泥、预拌混凝土、预拌砂浆建设项目贷款利息；

（四）散装水泥、预拌混凝土、预拌砂浆科研、新技术开发、示范与推广。

第十四条 散装水泥管理机构应当加强对散装水泥、预拌混凝土和预拌砂浆生产、使用的指导、服务，做好发展散装水泥、预拌混凝土和预拌砂浆的宣传、信息交流、业务培训；并组织实施散装水泥、预拌混凝土和预拌砂浆新技术、新工艺、新设备的推广应用。

第十五条 对推广应用散装水泥、预拌混凝土和预拌砂浆工作做出显著成绩的单位和个人，由县级以上地方人民政府或者有关部门给予表彰、奖励。

第三章 管理与监督

第十六条 新建水泥生产企业或者水泥生产线，应当按照散装水泥发放能力达百分之七十以上的要求，进行设计和同步建设。

第十七条 工程建设项目，水泥使用总量达三百吨以上的，其散装水泥使用量应当达到水泥使用总量的百分之七十以上。其中，交通、能源、港口、水利基建工程、市政工程建设项目，其散装水泥使用量应当达到水泥使用总量的百分之八十以上；铺设里程大于三公里的道路工程结构层的部分和其他建设工程的结构部分，应当全部使用散装水泥。

因交通运输条件限制，专用运输车辆无法到达施工现场等特殊原因，不能按规定比例使用散装水泥的工程建设项目，建设单位应当在开工前十五日内向县级以上地方人民政府散装水泥行政主管部门备案，散装水泥行政主管部门应当及时进行现场核实。

第十八条 预拌混凝土和预拌砂浆及水泥制品生产企业必须全部使用散装水泥。

第十九条 水泥、预拌混凝土和预拌砂浆及水泥制品生产企业，应当定期向当地的散装水泥管理机构报送生产量和销售量的统计报表。

第二十条 水泥、预拌混凝土和预拌砂浆生产企业，应当建立健全质量、计量管理制度，完善管理体系，保证销售的散装水泥、预拌混凝土和预拌砂浆质量合格、计量准确。

第二十一条 水泥生产企业销售袋装水泥、使用单位使用袋装水泥，应当按照国家规定向散装水泥管理机构缴纳散装水泥专项资金。

建设单位在办理工程建设项目施工许可证或者开工报告前，将散装水泥使用有关情况向散装水泥管理机构备案的，可不预缴纳散装水泥专项资金，但应当在工程竣工验收之日起十五日内，按照袋装水泥实际使用量缴纳散装水泥专项资金。

第二十二条 散装水泥专项资金的征收、使用、管理应当遵守国家和本省有关规定，实行收支两条线，不得扩大征收范围、提高征收标准，不得截留、减免、挪用。

县级以上地方人民政府审计、财政和散装水泥行政主管部门应当按照国家和本省有关规定对散装水泥专项资金的征收、结退、使用和管理进行监督检查。

第二十三条 散装水泥管理机构应当依法检查、核实袋装水泥销售量和使用量；水泥生产、销售企业和依照本条例规定应当使用散装水泥工程建设项目的建设单位，以及预拌混凝土、预拌砂浆、水泥制品生产企业应当提供生产、销售、采购水泥的票据及相关资料。

第二十四条 县级以上地方人民政府应当根据本地区具体情况，分期分批禁止在城市城区、开发区、产业园区、中心镇区一定范围内现场搅拌混凝土和砂浆，禁止的起始时间和范围应当予以公布。

第二十五条 县级以上地方人民政府规定禁止现场搅拌混凝土和砂浆区域范围内的工程建设项目，有下列情形之一，需要现场搅拌的，建设单位应当在开工前十五日内向县级以上地方人民政府散装水泥行政主管部门备案，散装水泥行政主管部门应当及时进行现场核实：

（一）因交通运输条件限制，专用运输车辆无法到达施工现场的；

（二）施工现场三十公里范围内，没有预拌混凝土和预拌砂浆销售的；

（三）建设工程混凝土使用总量二百立方米以下或者砂浆使用总量一百吨以下的；

（四）需使用特种类型混凝土、砂浆，预拌混凝土和预拌砂浆生产企业无法提供的。

第二十六条 依照本条例规定应当使用散装水泥的工程建设项目，以及县级以上地方人民政府规定禁止现场搅拌混凝土、砂浆区域范围内的工程建设项目，必须按照使用散装水泥、预拌混凝土或者预拌砂浆的要求编制工程概算、预算、决算，工程建设项目因使用预拌混凝土或者预拌砂浆增加的费用应当列入工程造价。

依法必须招标的工程建设项目，招标人或者招标代理机构应当按照本条例的规定将使用散装水泥、预拌混凝土或者预拌砂浆的要求列入招标文件。

工程监理单位按照建设工程承包合同的约定，对被监理工程的施工承包单位使用散装水泥、预拌混凝土或者预拌砂浆的情况进行监理。

第四章 法律责任

第二十七条 县级以上地方人民政府散装水泥行政主管部门及散装水泥管理机构和有关行政主管部门及其工作人员有下列行为之一的，对直接负责的主管人员和其他直接责任人员依法给予处分；构成犯罪的，依法追究刑事责任：

（一）未依法履行监督管理职责的；

（二）限定或者变相限定行政管理相对人购买、使用其指定的水泥和水泥制品的；

（三）未按本条例第十二条规定及时办理通行手续的；

（四）其他滥用职权、玩忽职守、徇私舞弊的行为。

第二十八条 违反本条例规定，有下列行为之一的，由县级以上地方人民政府散装水泥行政主管部门予以处罚：

（一）未按本条例第十七条规定使用散装水泥的，应当责令建设单位改正，对建设单位按照其低于规定使用散装水泥的数量，每吨处以三十元的罚款，并在当地新闻媒体上予以通报；

（二）未按本条例第十七条第二款、第二十五条规定履行备案手续的，责令限期改正；逾期不改正的，处以一万元以上五万元以下的罚款；

（三）违反本条例第十八条规定，预拌混凝土和预拌砂浆及水泥制品生产企业使用袋装水泥的，责令改正，限期补缴散装水泥专项资金，对单位负责人给予警告，并按每立方米混凝土、砂浆一百元或者每吨袋装水泥三百元处以罚款；

（四）未按本条例第二十一条规定缴纳散装水泥专项资金的，责令限期足额缴纳；逾期不缴纳的，处以应缴纳散装水泥专项资金数额一倍至三倍的罚款；

（五）未预缴纳散装水泥专项资金，又不按本条例第二十一条第二款规定履行备案手续的，责令限期改正；逾期不改正的，处以一万元以上五万元以下的罚款；

（六）违反本条例第二十三条规定，拒不提供生产、销售、采购水泥的票据及相关资料的，责令限期改正，对单位负责人给予警告；逾期不改正的，处以一万元以上三万元以下的罚款；

（七）不符合本条例第二十五条所列情形，在施工现场搅拌混凝土、砂浆的，按现场搅拌的混凝土、砂浆量每立方米处以一百元的罚款，并在当地新闻媒体上予以通报；

（八）违反本条例第二十六条规定的，责令限期改正；逾期不改正的，处以一万元以上三万元以下的罚款。

第二十九条 违反本条例第二十条规定，销售的散装水泥、预拌混凝土和预拌砂浆质量不合格、计量不准确的，由县级以上地方人民政府有关行政主管部门依法给予处罚。

第三十条 违反本条例第二十二条第一款规定，减征、免征散装水泥专项资金的，由县级以上地方人民政府责令限期改正，并予以追缴。

对截留、挪用、减免或者超标准、超范围征收散装水泥专项资金的散装水泥管理机构的有关责任人员，依法追究法律责任。

第五章 附 则

第三十一条 本条例所称散装水泥，是指不用包装，直接通过专用装备出厂、运输、储存和使用的水泥。

本条例所称散装水泥发放能力，是指具有散装水泥发放能力的水泥库容量占所有水泥库容量的比例。

本条例所称预拌混凝土，是指由水泥、集料、水以及根据需要掺人的外加剂和掺合料等组分按一定比例，在集中搅拌站（厂）经计量、拌制后，采用运输车在规定时间内运至使用地点的混凝土拌合物。

本条例所称预拌砂浆，是指水泥、砂、保水增稠材料、粉煤灰、水和外加剂等组分按一定比例，在集中搅拌站（厂）经计量、拌制后，采用预拌砂浆运输车运至使用地点，放入密闭容器储存，并在规定时间内使用完毕的砂浆拌合物。

第三十二条 本条例自2010年1月1日起施行。

福建省固体废物污染环境防治若干规定

（2009年11月26日福建省第十一届人民代表大会常务委员会第十二次会议通过）

第一条 为了防治固体废物污染环境，保障人体健康，维护生态安全，合理利用资源，促进经济社会可持续发展，根据国家有关法律、法规的规定，结合本省实际，制定本规定。

第二条 本规定适用于本省行政区域内固体废物污染环境防治及其监督管理。

第三条 县级以上地方人民政府环境保护行政主管部门对本行政区域内固体废物污染环境的防治工作实施统一监督管理。县级以上地方人民政府有关行政主管部门在各自的职责范围内负责固体废物污染环境防治的监督管理工作。

县级以上地方人民政府环境卫生行政主管部门负责生活垃圾清扫、收集、贮存、运输和处置的监督管理工作。

县级以上地方人民政府环境保护行政主管部门可以依法委托其所属的固体废物管理机构负责固体废物污染环境防治监督管理的具体工作。

第四条 县级以上地方人民政府应当规划和建立固体废物回收体系，并做好集中处置设施建设项目的规划布点、环境影响评价、立项审批、项目用地等保障工作。鼓励、引导公民、法人和其他组织依法参与固体废物回收、集中处置设施的建设、经营活动，促进再生资源回收利用和固体废物污染环境防治产业的发展。

县级以上地方人民政府环境保护行政主管部门应当建立固体废物申报、交换电子网络信息系统。

第五条 县级以上地方人民政府环境保护行政主管部门和其他有关行政主管部门应当建立固体废物污染环境举报制度，对举报的问题及时调查处理；举报的问题经查属实的，对提供重要线索或者证据的举报人予以奖励。

新闻媒体应当加强对固体废物污染环境防治工作的宣传报道和舆论监督。

第六条 列入污染源自动监控计划的固体废物集中处置单位，应当按照规定的时限建设、安装污染物排放自动监测设备及其配套设施，与环境保护行政主管部门的监控系统联网，并保证监测设备正常运行。

环境保护行政主管部门应当加强对固体废物集中处置单位自动监测设备运行情况的监督检查。

第七条 实行工业固体废物申报登记制度。产生工业固体废物的单位应当按照所在地县级以上地方人民政府环境保护行政主管部门规定的时间，填报《排污申报登记表》，并按照要求提供必要的资料。新建、改建、扩建项目，应当在项目的污染防治设施竣工验收合格后一个月内办理申报登记手续。

产生工业固体废物的单位排放工业固体废物的种类、数量、浓度、去向、地点、方式，或者贮存、利用、处置场所等需作重大改变的，应当在变更前十五日内，向登记机关办理变更申报手续；因无法预料的原因发生紧急重大改变的，应当在改变后三日内办理变更申报手续。

第八条 石材生产企业应当对其生产过程中产生的边角料、石粉等废弃物综合利用；对暂时不利用或者不能利用的，应当按照规定建设贮存设施、场所，实行安全分类存放，并采取相应防范措施，不得随意排放、倾倒、堆放；对生态环境造成污染或者破坏的，应当负责整治，恢复环境原状。

第九条 县级以上地方人民政府应当根据本地实际，统筹规划，合理安排废弃电器电子产品回收网点。

处理废弃电器电子产品，应当符合国家有关废弃电器电子产品污染环境防治的相关标准、技术规范和技术政策的要求。

禁止采取以下方式处理废弃电器电子产品：

（一）使用冲天炉、简易反射炉和简易酸浸工艺等国家明令淘汰的技术、设备和工艺；

（二）露天焚烧；

（三）直接填埋。

第十条 鼓励对农业生产过程中产生的固体废物进行综合利用，防治农业固体废物对环境的污染，改善农业生态环境。

县级以上地方人民政府应当制定农业固体废物综合利用规划，对农业固体废物的综合利用给予政策和财政支持。

第十一条 常年存栏量达到本省规定规模的畜禽养殖场，应当按照国家有关规定收集、贮存、利用或者处置养殖过程中产生的畜禽粪便，达标排放污染物，保证畜禽粪便及其他固体废弃物综合利用或者无害化处置设施的正常运转，防止污染环境；对环境造成污染的，应当采取措施整治，恢复环境原状。

常年存栏量未达到本省规定规模的畜禽养殖场，应当采取与其养殖规模相适应的污染防治措施，防止污染环境。

第十二条 地方各级人民政府应当采取措施推进城镇生活垃圾处置设施建设，推广垃圾循环综合利用和无害化处置等先进环保实用技术，提高垃圾无害化处理率。

城市规划区内逐步实行生活垃圾分类投放与分类收集、运输，推行生活垃圾压缩式收集和运输方式，推行使用封闭式收运车辆。鼓励镇的建成区推行生活垃圾分类收集、运输和处置。

城市生活垃圾处理实行收费制度。

第十三条 乡镇应当建设与其经济发展水平和垃圾处理规模相适应的生活垃圾处置、运输设施。

农村生活垃圾处置应当按照县域乡（镇）垃圾处理专项规

划，本着因地制宜的原则，提倡实行村收集、乡（镇）中转、县（市、区）处置模式，促进农村生活垃圾处置产业化。

县级人民政府负责统筹城乡公共环境卫生资源，推动城镇环境卫生管理和服务向农村延伸。县（市、区）垃圾处理场有条件接收辖区内或者周边乡（镇）、村垃圾的，乡（镇）、村垃圾可以纳入县（市、区）统筹治理。

县级以上地方人民政府应当对农村垃圾处置设施设备建设项目以及农村生活垃圾的处置给予财政补助和支持。

农村生活垃圾处置可以推行收费制度。

第十四条 从事收集、运输、处置废弃食用油脂经营活动的单位，应当向县级以上地方人民政府环境卫生行政主管部门依法申请经营许可证。废弃食用油脂收集、运输、处置单位，应当符合下列条件：

（一）依法注册的企业法人；

（二）具有符合环境保护要求的收集、运输、处置设施和设备；

（三）具有相应数量的专业技术人员；

（四）具有健全的安全和环境保护管理制度；

（五）符合法律、法规规定和国家标准要求的其他条件。

县级以上地方人民政府环境卫生行政主管部门应当定期向社会公布取得废弃食用油脂收集、运输、处置经营许可证的单位名单。

第十五条 产生废弃食用油脂的单位，应当将废弃食用油脂提供给经依法许可的收集、运输、处置单位。

废弃食用油脂产生、收集、运输、处置单位，应当建设、安装和使用符合环保要求的污染防治设施，并建立台账，记录每批废弃食用油脂产生和处理情况，保存备查。

禁止将废弃食用油脂作为食用油脂生产、销售或者使用。

废弃食用油脂以外的餐厨垃圾的收集、运输、处置可以参照废弃食用油脂的规定执行。具体办法由省人民政府制定。

第十六条 转移危险废物的，应当按照规定执行国家危险废物转移联单制度。一年内需要多次转移危险废物的单位，应当于每年十二月三十一日前向有批准权的环境保护行政主管部门申报次年危险废物转移年度计划。危险废物转移年度计划经批准后，每次按计划转移危险废物时可以不再审批。危险废物转移年度计划应当包括拟转移危险废物的种类、特性、数量、运输单位、接受单位、利用和处置方案、转移时间和次数等内容。

科研机构、高等院校实验室产生的危险废物，应当交由危险废物集中处置单位处置。

医疗废物的收集、运送、贮存、处置应当严格按照法律、法规和规章的有关规定执行。禁止回收、利用已经使用过的一次性医疗废物。

第十七条 行政执法部门收缴的假冒伪劣物品需要销毁处理的，应当采取符合环境保护要求的方式进行处理，所在地环境保护行政主管部门应当给予技术支持或者现场指导。

行政执法部门处理收缴的危险废物及其他有毒有害物质，应当报当地环境保护行政主管部门备案，并交由有资质的单位进行无害化处置。

第十八条 违反本规定第六条第一款规定的，由县级以上地方人民政府环境保护行政主管部门责令限期改正；逾期不改正的，处五万元以上十万元以下的罚款；情节严重的，责令停止生产，直至自动监控设施、设备正常投入使用。

第十九条 违反本规定第八条规定，未建设贮存设施、场所安全分类存放边角料、石粉等废弃物的，由县级以上地方人民政府环境保护行政主管部门责令限期改正；逾期不改正的，处一万元以上十万元以下的罚款。不进行整治恢复环境原状的，由县级以上地方人民政府环境保护行政主管部门或者其他有关行政主管部门组织整治，恢复环境原状，整治费用由违法者承担，并处五万元以上二十万元以下的罚款。

第二十条 违反本规定第九条第二款、第三款规定的，由所在地县级以上地方人民政府环境保护行政主管部门责令限期改正；情节严重的，由设区的市人民政府环境保护行政主管部门暂扣或者吊销经营许可证。

第二十一条 违反本规定第十一条第一款规定的，由县级以上地方人民政府环境保护行政主管部门责令限期改正；逾期不改正的，处一万元以上五万元以下的罚款。

第二十二条 违反本规定第十四条第一款规定，擅自从事废弃食用油脂收集、运输、处置经营活动的，由所在地县级人民政府工商行政主管部门依照《无照经营查处取缔办法》的规定予以处罚。环境卫生行政主管部门查出的，由所在地县级人民政府环境卫生行政主管部门责令停业，并没收违法所得。

第二十三条 违反本规定第十五条第一款规定的，由县级以上地方人民政府环境卫生行政主管部门处五千元以上三万元以下的罚款；情节严重的，由县级以上地方人民政府有关行政主管部门依法暂扣营业执照或者经营许可证。

违反本规定第十五条第三款规定的，由县级以上地方人民政府质量监督、食品药品监督或者工商行政主管部门依法没收违法所得和用于加工废弃食用油脂的工具、设备，并处三万元以上十万元以下的罚款；情节严重的，吊销经营许可证。

第二十四条 违反本规定第十六条第二款规定的，由县级以上地方人民政府环境保护行政主管部门责令限期改正；逾期不改正的，处一万元以上二万元以下的罚款。

违反本规定第十六条第三款规定，回收、利用使用后的一次性医疗废物的，由县级以上地方人民政府环境保护行政主管部门处五万元以上十万元以下的罚款；造成传染病传播或者环境污染事故的，由原发证部门吊销执业许可证或者经营许可证；构成犯罪的，依法追究刑事责任。

第二十五条 县级以上地方人民政府环境保护行政主管部门或者其他有关行政主管部门违反本规定，有下列行为之一的，对负有责任的主管人员和其他直接责任人员依法给予处分；构成犯罪的，依法追究刑事责任：

（一）不依法作出行政许可或者办理批准文件的；

（二）发现违法行为或者接到对违法行为的举报后不予查处的；

（三）滥用行政强制措施的；

（四）对收缴的假冒伪劣物品不按照本规定处理的；

（五）其他不依法履行监督管理职责的行为。

第二十六条 本规定自2010年1月1日起施行。

福建省林权登记条例

（2009年11月26日福建省第十一届人民代表大会常务委员会第十二次会议通过）

第一章 总 则

第一条 为了规范林权登记行为，加强林权管理，保护林权权利人的合法权益，根据《中华人民共和国森林法》、《中华人民共和国物权法》等有关法律、法规，结合本省实际，制定本条例。

第二条 本省行政区域内的林权设立、变更、消灭，以及依法将林权进行抵押的，按照本条例的规定进行登记。

本条例所称林权是指森林、林木、林地的所有权、使用权。

第三条 林权登记应当遵循公开、及时、准确、便民的原则。

依法登记的林权受法律保护，任何单位和个人不得侵害。

第四条 森林、林木和林地所有者或者使用者应当按照下列规定向县级以上地方人民政府林业主管部门提出登记申请，由同级人民政府登记造册，核发《中华人民共和国林权证》，确认所有权或者使用权：

（一）本省行政区域内的国家级森林和野生动物类型自然保护区、国家级森林公园、省属国有林场经营区的森林、林木和林地，以及使用国家所有的跨设区的市行政区域的森林、林木和林地，向省人民政府林业主管部门提出登记申请；

（二）设区的市行政区域内使用国家所有的跨县（市、区）行政区域的森林、林木和林地，向设区的市人民政府林业主管部门提出登记申请；

（三）县（市、区）行政区域内除本款第（一）、（二）项规定以外的森林、林木和林地，向该县（市、区）人民政府林业主管部门提出登记申请。

省、设区的市人民政府核发《中华人民共和国林权证》后通知有关的市、县（区）人民政府。

县级以上地方人民政府林业主管部门应当明确专门的林权管理机构，承办林权登记具体工作。

第二章 一般规定

第五条 林权权利人应当以宗地为单位申请林权登记。

委托代理人申请林权登记的，代理人应当提交授权委托书和身份证明。境外申请人委托他人代理的，其授权委托书应当按照国家规定办理公证、认证。

第六条 申请林权登记的，应当提交下列材料：

（一）林权登记申请表；

（二）申请人的身份证明；

（三）申请登记事项的证明材料；

（四）法律、法规规定的其他有关材料。

申请变更、注销登记的，还应当提交《中华人民共和国林权证》。

第七条 县级以上地方人民政府林业主管部门对申请人提交的申请登记材料应当在五日内进行审查。对所提供的申请材料符合本条例规定的申请，应当予以受理；对申请材料不齐全或者不符合法定形式的，应当当场或者在五日内一次告知申请人需要补正的全部内容；对不属于本级人民政府登记的事项，应当书面告知申请人向有管辖权的地方人民政府林业主管部门提出登记申请。

第八条 使用集体所有林地的单位和个人申请林权登记，需要征求林地所有权权利人意见的，林地所有权权利人应当签注意见；拒绝签注意见的，不影响申请林权登记。

第九条 需要对申请林权登记的事项进行实地勘验调查的，县级以上地方人民政府林业主管部门应当提前五日书面通知申请人及有关利害关系人到现场核实；申请人、利害关系人一方缺席的，应当将勘验核实结果书面告知缺席方。缺席方有异议的，可以在收到通知之日起十日内以书面形式提出，由县级以上地方人民政府林业主管部门依法处理；缺席方要求重新勘验的，勘验费用由缺席方承担。

第十条 需要对受理的林权登记内容进行公示的，县级以上地方人民政府林业主管部门应当在森林、林木和林地所在的自然村、村民委员会所在地张贴公告。必要时还应当采取广播电视、网上发布等方式公示。公示期为三十日。

公示期内，利害关系人提出书面异议的，县级以上地方人民政府林业主管部门应当进行调查核实并书面答复利害关系人。公示期间无异议或者异议不成立，并符合登记条件的，应当自受理申请之日起九十日内予以登记、发证。

第十一条 经审查符合下列条件的林权登记申请，由县级以上地方人民政府予以登记，核发《中华人民共和国林权证》：

（一）申请登记的森林、林木、林地的坐落、四至界线、林种、面积等事项准确；

（二）申请登记的森林、林木、林地的权属证明材料合法有效；

（三）无权属争议；

（四）宗地附图界线清楚，与实地相符合。

经审查不符合前款规定的不予登记，并书面向申请人说明理由。

第十二条 共有林权，应当由共有林权权利人共同申请登记。县级以上地方人民政府应当向共有林权权利人分别发放《中华人民共和国林权证》。林权证应当注明其他共有林权权利人。

第十三条 《中华人民共和国林权证》记载的事项，应当与林权登记簿记载的事项一致；记载不一致的，除有证据证明林权登记簿确有错误外，以林权登记簿为准。

第十四条 县级以上地方人民政府林业主管部门应当依法公开林权登记档案，接受权利人、利害关系人查询。

第十五条 《中华人民共和国林权证》遗失的，林权权利人可以向原发证机关申请补发。

林权权利人申请补发《中华人民共和国林权证》的，应当在当地公开发行的报刊上刊登遗失声明，也可以委托原发证机关代为刊登，所需费用由申请人承担。

第十六条 对已经采取家庭承包以外的其他合法方式发包的集体林地，农村集体经济组织成员与本集体经济组织按照家庭承包方式签订集体林地使用协议的，可以依法申请集体林地使用权预告登记。预告登记后，农村集体经济组织不得再发包该集体林地。

第三章 初始登记

第十七条 依法取得的森林、林木、林地所有权或者使用权，未取得《中华人民共和国林权证》的，应当申请林权初始登记。

本条例实施前已经取得《中华人民共和国林权证》的，视为已经初始登记。

取得《中华人民共和国林权证》后，之前由各级地方人民政府颁发的森林、林木、林地所有权或者使用权凭证停止使用。

第十八条 县级以上地方人民政府林业主管部门受理初始登记申请后，应当组织对申请登记的事项进行实地勘验调查。勘验调查结束后十日内进行公示。

第四章 变更登记

第十九条 《中华人民共和国林权证》记载的内容有下列情形之一的，应当申请变更登记：

(一)林权权利人发生变化的；

(二)林地面积发生变化的；

(三)林地使用期发生变化的；

(四)林种、主要树种等记载内容发生变化的。

林权权利人、利害关系人认为林权登记事项错误的，可以申请更正登记。

第二十条 因林权流转申请林权变更登记的，当事人应当共同提出变更登记申请。

第二十一条 农村集体经济组织成员之间互换家庭承包林地使用权要求办理变更登记的，应当提交双方属于同一集体经济组织成员的证明。

农村集体经济组织成员转让家庭承包林地使用权要求办理变更登记的，出让方应当有稳定的非农职业或者稳定的收入来源，并提交发包方同意转让的证明；受让方应当提交属于从事农业生产经营的农户证明。

第二十二条 办理本条例第十九条第一款第(一)、(二)、(三)项情形的林权变更登记，应当进行公示。

对本条例第十九条第一款第(二)项情形的林权变更登记申请，还应当进行实地勘验调查。

办理本条例第十九条第一款第(四)项情形的林权变更登记申请，经审查符合登记条件的，应当自受理申请之日起二十日内予以变更登记。

第二十三条 林权权利人提出更正登记申请的，应当提交《中华人民共和国林权证》。利害关系人提出更正登记申请的，应当提交林权权利人书面同意更正的证明文件；林权权利人不同意更正的，利害关系人可以依法申请异议登记。

经审查登记事项确有错误的，县级以上地方人民政府应当自受理申请之日起三十日内予以更正登记。涉及其他利害关系人权利的，应当予以公示，通知有关利害关系人。

第二十四条 县级以上地方人民政府林业主管部门发现《中华人民共和国林权证》或者林权登记簿记载的事项错误的，应当进行调查核实。经调查核实登记事项确有错误的，书面通知有关林权权利人或者利害关系人办理更正登记。有关林权权利人或者利害关系人逾期不办理更正登记的，由县级以上地方人民政府直接办理，并将更正登记结果书面告知有关林权权利人或者利害关系人。

第二十五条 《中华人民共和国林权证》记载的持证人发生变更的，应当收回原《中华人民共和国林权证》；无法收回的，应当在林权登记簿上注明，并予以公告。

第五章 注销登记

第二十六条 依法改变林地用途或者林木、林地灭失的，应当申请注销登记。

林权注销登记应当公示。

林木、林地灭失的还应当在公示前进行勘验调查，并书面通知原林权权利人。

第二十七条 未按照本条例第二十六条规定申请注销登记的，县级以上地方人民政府林业主管部门应当书面通知原林权权利人限期提出申请。原林权权利人提出异议的，应当进行调查核实。逾期不提出申请或者异议不成立的，由县级以上地方人民政府林业主管部门提请原发证的县级以上地方人民政府直接进行注销登记并予以公告。

第二十八条 办理注销登记后，应当收回《中华人民共和国林权证》；无法收回的，应当在林权登记簿上注明，并予以公告。

第六章 抵押登记

第二十九条 依法将林权进行抵押的，应当向原办理林权登记的县级以上地方人民政府林业主管部门申请办理抵押登记。

抵押权变更或者消灭的，当事人应当向原办理抵押登记的林业主管部门申请办理抵押变更、注销登记。

第三十条 申请林权抵押登记的，应当提交下列材料：

(一)林权抵押登记申请表；

(二)申请人的身份证明；

(三)主合同、抵押合同；

(四)《中华人民共和国林权证》；

(五)法律、法规规定的其他有关材料。

当事人申请抵押变更、注销登记的，还应当提交相应的证明材料。

共有林权权利人就全部共有林权申请抵押登记的，还应当提交其他共有人同意抵押的证明材料。

第三十一条 经审核符合抵押登记条件的，县级以上地方人民政府林业主管部门应当自受理申请之日起七日内办理抵押登记，在《中华人民共和国林权证》上标注，并向抵押权人出具抵押登记证明。

第七章 法律责任

第三十二条 伪造、变造《中华人民共和国林权证》或者明知是伪造、变造的《中华人民共和国林权证》而使用的，由公安机关依法予以处罚；构成犯罪的，依法追究刑事责任。

第三十三条 当事人在申请林权登记时隐瞒真实情况或者以伪造、变造有关证件等欺骗手段获取登记的，由登记发证的县级以上地方人民政府撤销登记，并予以公告；给他人造成损害的，依法承担赔偿责任；构成犯罪的，依法追究刑事责任。

第三十四条 县级以上地方人民政府林业主管部门及其工作人员在林权登记工作中有下列行为之一的，依法对直接负责的主管人员和其他直接责任人员给予处分；给他人造成损害的，依法承担赔偿责任；构成犯罪的，依法追究刑事责任：

(一)无正当理由拒不办理林权登记的；

(二)对明知存在权属争议的森林、林木和林地，办理林权登记的；

(三)其他玩忽职守、徇私舞弊、滥用职权的行为。

第八章 附 则

第三十五条 林权登记申请表、林权抵押登记申请表、林权抵押证明的格式由省人民政府林业主管部门统一制定。

第三十六条 本条例自2010年3月1日起施行。

福州市城市公园管理办法

(1996年5月15日福州市第十届人民代表大会常务委员会第二十二次会议通过 1996年7月18日福建省第八届人民代表大会常务委员会第二十四次会议批准 根据2008年12月26日福州市第十三届人民代表大会常务委员会第十六次会议《关于修改〈福州市城市公园管理办法〉的决定》修正 2009年3月27日福建省第十一届人民代表大会常务委员会第八次会议批准)

第一章 总 则

第一条 为了加强城市公园规划、建设、保护和管理，改善生态环境，美化城市，促进经济繁荣，增进人民身心健康，根据《中华人民共和国城乡规划法》和《城市绿化条例》等法律、法规，制定本办法。

第二条 本办法所称的公园是指有良好的园林绿化环境和较完善的服务设施，具有游览休憩、生态、美化、防灾避险等功能，并向公众开放的场所。公园的具体名录由市人民政府公布。

第三条 本办法适用于福州市城市规划区内的各类公园以及规划确定的公园建设预留用地。

第四条 福州市园林绿化管理部门是城市公园的主管部门(以下简称市园林绿化主管部门)，对公园实行行业管理、业务指导和监督检查。

公园管理机构负责公园的日常管理工作；未设立管理机构的，由公园业主单位负责日常管理工作。

城乡规划、建设、国土资源、环保、林业、水利、城管执法、工商、公安、文化、文物、质监、安监、卫生等有关行政管理部门应当按照各自职责，协同园林绿化主管部门实施本办法。

第五条 公园是城市公益性的基础设施。市、区人民政府应当把公园建设纳入国民经济和社会发展计划，投资兴办公园。

鼓励、支持社会力量投资兴办公园。

政府管理的公园，养护、管理等经费应当列入同级政府财政预算。

第六条 公园生态环境、财产以及其他合法权益受法律保护。公园管理机构或者公园业主单位(以下统称“公园管理单位”)应当保持公园良好的景观和优美的环境，为游客提供良好服务。

游客享有在公园内开展有益身心健康活动的权利，履行爱护公园生态环境、财产的义务。

第二章 规划和建设

第七条 公园建设发展规划和计划，由市园林绿化主管部门会同市城乡规划行政主管部门根据城市总体规划和园林绿化规划组织编制，报市人民政府批准后组织实施。

市园林绿化主管部门应当会同市城乡规划、国土资源行政主管部门划定公园建设规划预留用地绿线，经市人民政府批准后，予以控制性保护。

第八条 市园林绿化主管部门应当会同市城乡规划等行政主管部门审查各个公园规划方案，确定其特性、规模、布局和发展方向，划定用地范围和保护范围，报市人民政府批准。

公园内绿化用地面积不得低于陆地面积的70%。

第九条 公园建设项目设计、施工和竣工验收，按照有关法律、法规办理。

公园内的亭、廊、榭、雕塑等园林建筑小品的建设方案，由市园林绿化主管部门审批后报市城乡规划行政主管部门备案；其他建设项目及项目设计方案，经市园林绿化主管部门同意后，报市城乡规划行政主管部门审批。

第十条 公园建设中的园林绿化部分和非营业性建设项目，依照税法和城市园林绿化法规免收有关税费。

第三章 保护和管理

第十一条 未经法定程序批准，任何单位和个人不得改变城市总体规划确定的公园用地。

第十二条 任何单位和个人不得占用、出租公园用地，不得以合作、合资以及其他方式将公园用地改作他用。

经法定程序批准改作他用的，不再享受原有的优惠政策，使用单位应当在审批前就近补偿不少于占用面积的土地和补偿经济损失。

已经占用或者改作他用的，按照城市园林绿化法规规定，限期恢复原状或者补足公园绿化用地。

第十三条 已建成的公园绿化用地比例未达到规定标准

的，应当调整达到规定标准，并不准新建、扩建各类建筑物、构筑物。

第十四条 公园保护范围内新建、改建、扩建的建筑物、构筑物，其高度、体量、色调、风格以及与公园的距离应当与公园环境景观相协调。

任何单位或者个人不得擅自改变公园内建筑物的规划用途，不得擅自新建、改建、扩建商业、服务设施。

第十五条 公园保护范围内不得设立废气、污水和噪声等超过国家规定排放标准的企业事业单位；已经设立并对公园造成严重污染的，应当限期治理或者关闭、搬迁。

第十六条 任何单位或者个人不得向公园倾倒垃圾或者排放污水，不得擅自围、填、堵公园水体。

公园内现有单位排放的污水应当通过污水管道接入城市污水处理系统，公园保护范围内及水体上游内河沿岸所有单位或者居民的生产、生活污水，应当按照规定接入城市污水处理系统。

第十七条 公园管理单位应当履行下列职责，加强公园管理，为游客提供安全文明服务：

（一）制定公园管理制度和突发事件应急预案；

（二）保持公园环境卫生整洁；

（三）保持公园设备设施完好，定期进行维护并及时维修；

（四）保护公园景观和财产，制止破坏公园景观和财产的行为；

（五）在公园的醒目处设置服务指示牌及相关的警示标志；

（六）规范公园管理人员的服务行为；

（七）法律、法规规定的其他职责。

第十八条 公园内的古树名木、文物古迹和优秀近现代建筑物，由公园管理单位依照有关法律、法规严格保护。

第十九条 单位和个人在公园内举办展览、演出、大型游乐等活动的，应当持有关部门批准的文件，报市园林绿化主管部门批准。举办活动应当符合公园的性质功能，坚持健康、文明的原则，不得有损公园绿化和景观环境。

单位和个人在公园内组织开展群众性文体活动和公益性活动的，活动组织者应当向公园管理单位登记，由公园管理单位统一确定活动时间、地点。在公园内组织开展大型群众性文体活动的，活动组织者应当按照有关规定报公安机关批准。活动参加者应当服从公园管理单位管理，遵守环境噪声及安全管理规定。

第二十条 游乐设施应当设置在规划确定的区域内，与公园景观相协调，其技术、安全指标必须达到国家规定标准，保障游客安全。

第二十一条 公园内设立的商业、服务设施，应当服从公园规划布局，与公园景观相协调。

在公园内设立经营摊点的，应当经市园林绿化主管部门同意，持营业执照，在公园管理单位指定的地点经营。经营者必须遵守公园管理规定。

第二十二条 公园管理单位应当按照公园游客容量接纳、疏导游客。遇有紧急情况或者突发事件，应当按照应急预案采取相关措施，并及时向园林绿化和相关行政管理部门报告。

第二十三条 公园实行免费开放。特殊情况经市人民政府批准收费的公园，收费标准由价格主管部门确定。

第二十四条 游客应当文明游园，爱护公园绿化和公园设施，遵守公园秩序和社会公德。禁止下列行为：

（一）妨害公共场所治安；

（二）损害公园环境卫生；

（三）损毁树木花草和公园设施、伤害动物；

（四）开展妨碍游客游园安全的体育活动或者擅自驾（骑）车进入公园；

（五）携带宠物进入公园；

（六）在非指定区域游泳；

（七）擅自张贴、设置、散发广告或者其他宣传物品；

（八）从事算命、占卜、看相等迷信活动；

（九）擅自营火、烧烤或者宿营；

（十）妨碍游客观瞻的；

（十一）法律、法规禁止的其他行为。

第四章 法律责任

第二十五条 违反本办法第十一条规定，改变城市总体规划确定的公园用地的，应当按法定程序提请追究单位和个人的行政责任，并责令限期改正或者恢复原状，对直接责任人员处以5000元以上10000元以下罚款。

第二十六条 违反本办法第十二条第一款规定，擅自占用、出租公园用地，或者以合作、合资以及其他方式将公园用地改作他用的，由市园林绿化主管部门责令其限期改正，并按日每平方米30元处以罚款；对已形成的建筑物、构筑物或者其他设施，由市园林绿化主管部门责令其限期拆除并恢复原状或者给予没收。

违反本办法第十二条第二款规定的，由批准机关依法收回被改作他用的公园绿化用地，并由使用单位补偿经济损失。

违反本办法第十二条第三款规定，没有按期恢复原状，补足公园绿化用地的，由市园林绿化主管部门责令其限期恢复原状；并对公园绿化用地没有补足的，处以绿地建设费用4至5倍罚款。

第二十七条 违反本办法第九条、第十三条、第十八条有关规定的，由市园林绿化主管部门按照城市园林绿化管理法规予以处罚。

公园管理单位违反本办法第二十一条规定，损害公园绿化和景观环境的，由市园林绿化主管部门责令其限期迁出或者拆除，可以并处5000元以上10000元以下罚款；造成损失的，应当负赔偿责任。

第二十八条 违反本办法规定，涉及规划、土地、环境保护、物价、治安、文化、文物管理的，由有关行政机关在其职权范围内实施处罚。但对同一个违法行为，有关部门已经处以罚款的，不得再处以罚款。

第二十九条 违反本办法第十九条第二款规定，未经批准，在公园内组织开展大型群众性文体活动的，由公园管理单位劝阻制止，劝阻制止无效的，应当报告公安机关，由公安机关依法予以处罚。

违反本办法第二十四条第（二）项至第（十）项规定的，由公园管理单位予以警告，可以并处50元以下罚款；情节严重的，应当报告园林绿化主管部门，由园林绿化主管部门处以

50 元以上 500 元以下罚款。

前款的公园管理单位指依法设立，具有管理公共事务职能的组织。

第三十条 当事人对行政处罚不服的，可以依法申请复议或者直接向人民法院起诉。当事人逾期不申请复议或者不向人民法院起诉又不履行处罚决定的，由作出处罚决定的机关申请人民法院强制执行。

第三十一条 园林绿化等有关管理部门及其工作人员违反本办法，玩忽职守，滥用职权，徇私舞弊，导致公园遭到破坏的，由有关主管部门或者所在单位给予行政处分；构成犯罪的，依法追究刑事责任。

第五章 附 则

第三十二条 县(市)的公园管理参照本办法执行。

第三十三条 本办法自公布之日起施行。

厦门市会计人员条例

（2009 年 9 月 30 日厦门市第十三届人民代表大会常务委员会第十八次会议通过
2009 年 11 月 26 日福建省第十一届人民代表大会常务委员会第十二次会议批准）

第一章 总 则

第一条 为保障会计人员依法履行职责，加强会计人员管理，规范会计行为，根据《中华人民共和国会计法》等法律、法规规定，结合本市实际，制定本条例。

第二条 本条例所称会计人员，是指具备会计从业资格，并在本市行政区域内的国家机关、社会团体、公司、企业、事业单位和其他组织（以下统称单位）从事会计工作的人员，包括：

（一）总会计师、财务总监；

（二）会计机构负责人（会计主管人员）；

（三）一般会计人员（含从事代理记账业务的人员）。

第三条 会计人员依法履行职责受法律保护。

会计人员执业，应遵守法律、法规、规章以及国家统一的会计制度。

第四条 市、区财政部门依法对本行政区域内的会计人员从业与执业进行管理与监督。

第五条 会计行业协会在市财政部门的指导、监督下，实行行业自律管理，维护会计人员的合法权益。

第二章 从业资格与执业

第六条 从事会计工作的人员应当按国家规定取得会计从业资格。

单位设立的资金管理、预算管理、会计电算化管理工作中的会计工作岗位，其工作人员应当取得会计从业资格。

第七条 大中型企业会计机构负责人必须具备会计师及以上专业技术职务资格。

第八条 大中型国有独资企业、国有独资公司和国有资本控股公司设置总会计师。

总资产和总收入达到一定规模的行政事业单位经批准设置总会计师或者财务总监。其他单位根据需要可以设置财务总监。具体办法由市人民政府另行规定。

财务总监的任职资格、工作职责比照总会计师的相关规定执行。

第九条 单位发生会计人员聘(任)用情形的，应当在聘(任)用之日起三十日内将会计人员相关基础信息及从事会计工作情况通过网络或者其他方式向所在地的区财政部门备案，区财政部门应将相关信息通过网络报市财政部门。

财政部门可以委托会计行业协会办理备案的具体事务性工作。

第十条 行政事业单位的会计人员不得对外兼职从事会计工作。

与单位建立全日制用工关系的会计人员，对外兼职从事会计工作的，应当经本单位书面同意。

受聘于单位的会计人员，对外兼职从事非全日制会计工作，应当与兼职单位订立劳动合同或者到代理记账机构执业。

第十一条 依法应当设置会计账簿但不具备设置会计机构或会计人员条件的单位，应当委托经批准设立从事会计代理记账业务的中介机构（以下简称代理记账机构）代理记账。但实行会计集中核算制及会计委派制的除外。

单位委托代理记账机构代理记账的，应当在委托生效或者委托终止之日起三十日内将委托的代理记账机构报所在地的区财政部门备案。

第十二条 代理记账业务应当由代理记账机构统一承接。代理记账人员不得以个人名义私自招揽、承接代理记账业务。

代理记账机构及其从事代理记账业务人员在办理业务中，应当遵守法律、法规、规章以及国家统一的会计制度，不得损害国家和委托人的利益。

第十三条 会计师事务所办理的代理记账业务，不得由原所及其人员进行审计。

第十四条 单位应当按照不相容职务相互分离原则，合理设置会计及相关工作岗位，明确职责权限，形成相互制约机制。

不相容职务主要包括：授权批准、业务经办、会计记录、财产保管、稽核检查等职务。

单位使用电子银行办理会计业务的，应当按照不相容职务相互分离原则设定操作权限。

第三章 职责履行与保障

第十五条 会计人员依照《中华人民共和国会计法》规定进行会计核算，实行会计监督。

单位负责人应当支持和保障会计人员依法履行职责、进行会计监督，不得授意、指使、强令会计人员违法办理会计事项。

第十六条 会计人员对违反会计法律、法规、规章和国家统一的会计制度规定的会计事项，有权制止、拒绝办理或者按照职权予以纠正。

对严重损害国家利益和社会公共利益的财务收支，会计人员应当及时向主管单位或者财政、审计、税务等机关报告。

第十七条 会计人员对本单位违法违规的会计事项，制止和纠正无效的，应当及时向单位负责人提出，并请求处理。对严重违反会计法律、法规、规章和国家统一会计制度的会计事项，应当以书面形式提出，单位负责人应当自接到书面意见之日起十日内作出书面决定，并对决定承担责任。单位负责人不予及时处理的，会计人员有权向财政、监察或者其他有关部门举报。

第十八条 会计人员因依法履行职责受到错误处理的，有权向财政、监察等有关行政部门或者会计行业协会投诉。

收到投诉的部门有权处理的，应当自受理之日起三十日内提出处理意见，并书面答复投诉人；对不属于本部门职责范围的，应当依法及时移送有权处理的部门处理，并告知投诉人。

第十九条 单位对依法履行职责、抵制违反会计法律、法规、规章和国家统一的会计制度规定行为的会计人员，不得以降级、撤职、调离工作岗位、解聘或者开除等方式实行打击报复。

会计人员依法履行职责、抵制违反会计法律、法规、规章和国家统一的会计制度规定行为而受到打击报复的，财政、监察及有关行政部门应当责令会计人员所在单位改正。

第二十条 对认真执行会计法律法规，忠于职守，坚持原则，做出显著成绩的会计人员，给予表彰和奖励。

第四章 自律与继续教育

第二十一条 会计人员应当遵守职业道德，提高业务素质，依法履职、不做假账。

第二十二条 会计行业协会是会计人员的自律性组织。会计人员自愿加入会计行业协会。

会计行业协会依法取得社会团体法人资格。

第二十三条 会计行业协会章程由会员代表大会制定，报市财政部门备案。

第二十四条 会计行业协会应当支持会计人员依法执行业务，维护其合法权益，向有关方面反映其意见和建议。

会计行业协会应当做好全市会计行业自律监管工作。

第二十五条 凡持有会计从业资格证书人员应当自取证当年起接受继续教育。会计人员每两年参加继续教育不得少于四十八小时。

第二十六条 会计人员参加继续教育，经考核合格后，作为继续教育登记依据。继续教育情况载入会计从业资格证书，并作为会计专业技术资格考试或者评审的必备条件。

单位应当提供必要的学习条件，确保会计人员继续教育时间和费用，并将会计人员参加继续教育情况作为会计人员任职、晋升的依据之一。

第二十七条 单位应当鼓励会计人员参加在职自学及相关专业技术资格考试，提高其业务素质。

对于取得会计专业技术资格的会计人员，有条件的单位应当按照规定聘用其担任相应的会计专业职务。

第五章 监督与管理

第二十八条 财政部门应当建立健全对会计人员的管理制度，加强对会计人员履行职责的监督与检查。

第二十九条 市财政部门建立会计人员从业档案信息系统，及时记载、更新会计人员下列信息：

（一）会计人员相关基础信息和注册、变更、调转登记情况；

（二）会计人员从事会计工作情况；

（三）会计人员接受继续教育情况；

（四）会计人员受到表彰奖励情况；

（五）会计人员因违反会计法律、法规、规章和会计职业道德被处罚情况。

市财政部门应当将前款第（三）项、第（四）项、第（五）项的信息向社会公布。

第三十条 会计人员违反会计法律、法规、规章和会计职业道德，且受到下列处理之一的，由市财政部门记入不良行为记录：

（一）被追究刑事责任的；

（二）受到行政处罚的；

（三）在执法检查中被书面责令改正而拒不改正的；

（四）被市级以上行政部门公开通报批评的。

第三十一条 会计人员有第三十条第（一）项情形的，或者在两年内有第三十条第（二）项、第（三）项、第（四）项情形累计二次以上的，市财政部门应当将其记入警示名单。

会计人员被记入警示名单的，市财政部门应当事先书面告知会计人员，并听取其陈述和申辩，对当事人合理的意见应当采纳。

警示名单确定后，市财政部门应当及时向社会公布。

第三十二条 对被记入警示名单的会计人员，本市国家机关、事业单位、国有独资企业、国有独资公司和国有资本控股公司不得聘（任）用其从事会计工作。

第三十三条 财政部门应当建立健全代理记账机构信用信息的监管制度，按照规定采集和管理代理记账机构及执业人员的信用信息，建立健全对代理记账机构的监督检查制度。

第三十四条 财政部门应当与审计、税务、人民银行、银行监管、证券监管、保险监管、监察、人事、工商、公安等相关部门之间建立会计人员和代理记账机构的管理工作协调机制，及时通报会计人员和代理记账机构违反会计法律、法规、规章等相关信息。

第六章 法律责任

第三十五条 违反本条例第九条第一款、第十一条第二款规定，单位发生会计人员聘（任）用情形或委托代理记账机构记账，不按规定向财政部门备案的，由财政部门责令限期改正，逾期不改正的，予以通报批评。

第三十六条 违反本条例第十条第一款规定，行政事业单位会计人员对外兼职的，依照有关法律、法规予以处罚。

第三十七条 违反本条例第十一条第一款规定，单位委托不符合规定的机构代理记账的，由财政部门责令限期改正，逾期不改正的，处三千元以上一万元以下的罚款。

违反本条例第十二条规定，会计人员违法从事代理记账业务的，由财政部门责令改正，并予以公告。

违反本条例第十三条规定，办理代理记账业务的会计师事务所及人员同时经办该代理记账委托方的相关审计业务的，由财政部门责令其限期改正，逾期不改正的，对单位处五千元以上五万元以下的罚款；对直接负责的主管人员和其他直接责任人员，处一千元以上五千元以下的罚款。

第三十八条　违反本条例第二十五条规定，会计人员不按规定接受继续教育的，由财政部门责令改正。

第三十九条　对依法履行职责的会计人员打击报复的，由其所在单位或者有关单位依法给予处分；构成犯罪的，依法追究刑事责任；造成会计人员经济损失的，依法承担赔偿责任。

第四十条　财政部门和其他有关部门及其工作人员违反本条例规定，有下列情形之一的，由其上级行政机关或者监察机关责令改正；情节严重的，对直接负责的主管人员和其他直接责任人员依法给予处分；构成犯罪的，依法追究刑事责任：

（一）依法应当给予办理会计从业资格证书而不予办理或者不应当办理而予以办理的；

（二）不按规定时限办理投诉事项，或者收到不属于本部门管辖的投诉事项，不及时依法移送有权部门处理的；

（三）依法应当对违法行为的投诉举报事项进行查处而未予查处的；

（四）不依法记入会计人员不良行为记录的；

（五）超越法定职权或者违反法定程序实施行政处罚的；

（六）其他滥用职权、玩忽职守、循私舞弊行为的。

第七章　附　　则

第四十一条　本条例自2010年3月1日起施行。

福建省“中国丹霞”自然遗产保护办法

（福建省人民政府第103号令发布，2009年3月1日起施行）

第一章　总　　则

第一条　为了加强我省“中国丹霞”自然遗产的保护和管理，根据国家有关法律、法规，结合我省实际，制定本办法。

第二条　本办法适用于本省行政区域内具有较高科学、美学和保护价值且列入“中国丹霞”世界自然遗产系列提名地的泰宁、连城冠豸山自然遗产的保护和管理。

第三条　“中国丹霞”自然遗产的保护管理应当遵循科学规划、统一管理、严格保护、永续利用的原则，确保其真实性和完整性。

第四条　“中国丹霞”自然遗产所在地县级以上人民政府应加强对“中国丹霞”自然遗产保护管理工作的领导。

省、有关设区市人民政府建设行政主管部门负责对“中国丹霞”自然遗产保护的监督管理工作；“中国丹霞”自然遗产所在地县级人民政府确定的部门负责“中国丹霞”自然遗产的日常保护管理工作。

“中国丹霞”自然遗产所在地县级以上人民政府林业、环境保护、国土资源、文化等有关部门按照各自职责，做好“中国丹霞”自然遗产的相关保护管理工作。

第五条　“中国丹霞”自然遗产保护经费由所在地县级人民政府根据实际情况统筹安排。

“中国丹霞”自然遗产所在地县级人民政府依法设立遗产保护专项资金。遗产保护专项资金可以通过政府投入、社会各界及海外捐赠、国际组织提供等多种渠道筹集。

遗产保护专项资金应当用于遗产保护事业，实行专户储存，专款专用，严格管理，不得挪作他用。

第六条　任何单位和个人都有保护“中国丹霞”自然遗产的义务，有权制止和举报破坏“中国丹霞”自然遗产的行为。

对保护“中国丹霞”自然遗产做出突出贡献的单位和个人，由自然遗产所在地县级以上人民政府或者政府相关部门给予表彰和奖励。

第二章　规划和建设

第七条　“中国丹霞”自然遗产所在地县级人民政府应当根据“中国丹霞”自然遗产保护管理的需要，组织编制“中国丹霞”自然遗产保护管理规划，并与相关规划相协调，按规定批准后实施，作为“中国丹霞”自然遗产保护管理的重要依据。

“中国丹霞”自然遗产保护管理规划经批准公布后，必须严格执行，不得擅自更改；确需修改的，应当报经原批准机关批准。

第八条　“中国丹霞”自然遗产所在地县级人民政府按照“中国丹霞”自然遗产保护管理规划，组织划定“中国丹霞”自然遗产保护范围和外围缓冲区，设立界桩、界碑；对规划划定的禁限区、展示区和有限利用区，应设立标志、标识。

第九条　在“中国丹霞”自然遗产保护范围内，应当按照“中国丹霞”自然遗产保护管理规划，控制各类建设项目，确因需要进行建设的项目，应当依照法定程序审批后方可实施。

第十条　在“中国丹霞”自然遗产外围缓冲区内进行工程建设，应当符合“中国丹霞”自然遗产保护管理规划，其布局、规模、高度、造型、材料、色彩等应当与“中国丹霞”自然遗产及其生态环境相协调，并依照法定程序审批后方可实施。

第十一条　对不符合“中国丹霞”自然遗产保护管理规划，有碍景观、影响生态、妨害安全、污染环境的原有建筑物、构筑物应当依法采取措施限期清理、整改或拆除。

第三章　保护和管理

第十二条　“中国丹霞”自然遗产保护范围内的野生动物、林草植被、水体景物、地形地貌、文物古迹等资源，应当严格保护，加强管理，任何单位和个人不得侵占、破坏。

第十三条　“中国丹霞”自然遗产所在地县级人民政府应当采取措施，保护当地乡土民风民俗、民间艺术等非物质文化遗产。

“中国丹霞”自然遗产所在地县级人民政府应当对自然遗

产保护范围内具有一定历史、科学、艺术价值的建筑物、遗迹、遗址等，建立保护名录并予以公布。

对列入前款保护名录的建筑物、遗迹、遗址等，不得损毁或者擅自迁移、拆除。

第十四条 “中国丹霞”自然遗产所在地县级人民政府确定的部门应当会同有关部门采取防火、避雷、防震、防地质灾害、防治有害生物等专项措施，加强对“中国丹霞”自然遗产的保护。

第十五条 “中国丹霞”自然遗产所在地县级人民政府确定的部门应当建立保护监测制度和管理信息系统，对“中国丹霞”自然遗产保护状况进行动态监测，发现可能危及“中国丹霞”自然遗产安全的，应当及时依法采取相应措施予以保护。

“中国丹霞”自然遗产遭受灾害，造成重大损失时，所在地县级人民政府及其有关部门应当采取必要的抢救和保护措施，并逐级上报至省人民政府建设行政主管部门。

第十六条 “中国丹霞”自然遗产所在地县级人民政府确定的部门应当按照“中国丹霞”自然遗产保护管理规划的要求和自然遗产保护范围展示区的容量，有计划地安排接纳游人，控制游客数量。

“中国丹霞”自然遗产所在地县级人民政府依据“中国丹霞”自然遗产保护管理规划的要求，对有碍“中国丹霞”自然遗产保护的单位和村庄实行有计划外迁。

第十七条 在“中国丹霞”自然遗产保护范围内从事下列活动，有关部门依法审批前，应当征求“中国丹霞”自然遗产所在地县级人民政府确定的部门的意见，法律、法规另有规定的除外：

(一)设置、张贴商业广告、举办大型游乐活动等；

(二)引进外来物种；

(三)改变水资源、水环境自然状态的活动；

(四)科学考察、采集标本；

(五)其他影响“中国丹霞”自然遗产生态和景观的活动。

第十八条 在“中国丹霞”自然遗产保护范围内禁止进行下列活动：

(一)开山、采石、开矿、采砂、取土、开荒、修坟立碑、采集野生植物等破坏景观、植被和地形地貌的活动；

(二)修建储存爆炸性、易燃性、放射性、毒害性、腐蚀性物品的设施；

(三)在景物或者设施上刻划、涂污；

(四)乱扔垃圾。

第十九条 “中国丹霞”自然遗产保护范围禁限区内可配置必要的研究监测和安全防护设施，禁止非相关人员进入，禁止建设任何与保护无关的设施，禁止建设车行道和服务设施。

“中国丹霞”自然遗产保护范围展示区内可建设步行道、标识系统、环境卫生设施、休憩设施和必要的管理服务设施，限制建设与风景游赏无关的其他项目。

“中国丹霞”自然遗产保护范围有限利用区内允许原住居民适当利用和进行合理的生产活动，有序控制各项建设与设施，并与风景环境和遗产地生态环境相协调。

第二十条 “中国丹霞”自然遗产保护管理涉及风景名胜区、自然保护区、文物保护和宗教活动场所、森林公园、地质公园等，依照国家有关规定执行。

第四章 罚 则

第二十一条 违反本办法的规定，在“中国丹霞”自然遗产地保护范围内进行采砂、取土、开荒、修坟立碑、采集野生植物等破坏景观、植被、地形地貌的活动的，由“中国丹霞”自然遗产所在地县级人民政府确定的部门责令停止违法行为、限期恢复原状或者采取其他补救措施，没收违法所得，并处1000元以上1万元以下的罚款。

第二十二条 违反本办法的规定，在“中国丹霞”自然遗产保护范围内的景物、设施上刻划、涂污或者在区内乱扔垃圾的，由“中国丹霞”自然遗产所在地县级人民政府确定的部门责令恢复原状或者采取其他补救措施，可并处50元的罚款。

第二十三条 违反本办法的规定，在“中国丹霞”自然遗产保护范围禁限区内建设与保护无关的设施、车行道和服务设施的，在展示区内建设与风景游赏无关的项目的，由“中国丹霞”自然遗产所在地县级人民政府确定的部门责令停止建设、限期拆除，并处1万元以上3万元以下的罚款。

第二十四条 对违反本办法规定的行为，法律、法规已有处罚规定的，从其规定。

第二十五条 在“中国丹霞”自然遗产保护管理工作中玩忽职守、滥用职权、徇私舞弊或者发现违法行为不予查处的，对直接责任人员和负有责任的主管人员依法给予处分；构成犯罪的，依法追究刑事责任。

第五章 附 则

第二十六条 本办法所称“中国丹霞”自然遗产由泰宁和连城冠豸山两个片区组成。泰宁片区包括：长兴、下坊、石网、李家岩、寨下、读书山和猫儿山保护管理区。连城冠豸山片区包括：冠豸山、石门湖、竹安寨、旗石寨、九龙湖、云霄岩保护管理区。

第二十七条 本办法自2009年3月1日起施行。

福建省电力设施保护办法

（福建省人民政府第104号令发布，2009年3月1日起施行）

第一章 总 则

第一条 为保障电力生产和建设的顺利进行，维护公共安全，根据《中华人民共和国电力法》、《电力设施保护条例》等法律法规，结合本省实际，制定本办法。

第二条 本办法适用于本省行政区域内已建和在建的电力设施的保护。

电力设施包括发电设施、变电设施和电力线路设施及其有关辅助设施。

第三条 县级以上人民政府应当加强对电力设施保护工作的组织领导，建立电力设施保护工作协调机制。

县级以上人民政府电力管理部门负责本辖区内电力设施保护的监督管理，具体工作可以依法委托具有公共事务管理职能的组织负责。

乡（镇）人民政府、街道办事处应当协助电力管理部门做好本辖区内的电力设施保护工作。

第四条 各级公安机关负责依法查处破坏电力设施或者哄抢、盗窃电力设施器材的案件。

县级以上人民政府安全生产监督、国土资源、建设、城乡规划、工商、林业、水利、交通、园林等有关部门及电力监管机构按照各自的职责范围做好电力设施保护工作。

第五条 县级以上人民政府电力管理部门应当会同有关部门及沿电力线路的乡（镇）人民政府、街道办事处、村民（居民）委员会、企事业单位成立相应的群众护线组织。群众护线组织的具体管理办法由省人民政府电力管理部门另行规定。

第六条 禁止任何单位或者个人实施危害电力设施的行为。任何单位和个人都有保护电力设施的义务，对危害电力设施的行为，有权制止并向县级以上人民政府电力管理部门或者公安机关、电力监管机构、电力设施产权人、电力设施使用人举报。

县级以上人民政府电力管理部门应当建立举报制度，并对举报、阻止或者协助查处破坏电力设施及哄抢、盗窃电力设施器材有功的单位和个人，可以给予表彰或者奖励。

第二章 电力设施的保护

第七条 县级以上人民政府电力管理部门应当指导电力企业建立健全电力设施突发安全事件的应急预案，完善预警机制，确保电力设施安全运行。

县级以上人民政府电力管理部门应当会同林业主管部门以及电力企业建立电力线路走廊火灾应急和森林火情预警联动机制。

第八条 电力设施产权人或者管理人应当依法履行保护电力设施的义务，并接受政府有关部门和社会的监督。

电力企业应当配备电力设施保护专职人员，保障电力设施保护工作所需经费，做好电力设施日常保护工作。

第九条 县级以上人民政府电力管理部门应当组织电力设施所有人或者管理人在下列地点和位置设置安全标志：

（一）人口密集地段的架空电力线路杆塔；

（二）人员活动频繁区域的架空电力线路杆塔；

（三）车辆、自走式机械频繁通行地段的架空电力线路杆塔；

（四）电力线路上的变压器平台或者围栏；

（五）变电站、换流站、开闭所、电缆终端站围墙（栏）；

（六）城镇繁华地段电力电缆沟盖板；

（七）电力设施附属的输煤、输油、输气、输灰、输水、供热、供汽的管沟（线）；

（八）海底电缆、江河电缆的两岸。

第十条 任何单位和个人不得实施下列危害发电设施、变电设施及其有关辅助设施的行为：

（一）扰乱发电厂、变电站等生产区域的生产秩序，或者移动、损坏发电厂、变电站等用于生产的设施、器材和安全警示标志；

（二）在发电设施附属的输煤、输油、输气、输灰、输水、供热、供汽管沟（线）的保护区内，擅自取土、挖沙、采石、打桩、钻探、葬坟和进行其他挖掘作业，兴建建筑物、构筑物，倾倒垃圾、矿渣和含有酸、碱、盐等化学腐蚀物质的液体和其他废弃物；

（三）在发电厂、热电厂、变电站附近从事焚烧或者堆放谷物、草料、木材、稻秆、油料及其他易燃易爆物品等可能危及电力设施及其辅助设施的行为；

（四）在发电厂生产用水取水口向周围延伸100米的水域和用于水力发电的水库内的水工建筑物向周围延伸300米的水域，从事炸鱼、捕鱼、游泳、划船及其他危及水工建筑物安全的行为；

（五）在火力发电厂的灰坝（场）上挖掘取土，及其安全距离内兴建建筑物、构筑物；

（六）在用于水力发电的水库大坝管理和保护范围内进行爆破、围垦、打井、采石、采矿、挖沙、取土、修坟以及在坝体修建码头、渠道、堆放杂物、晾晒粮草等危害大坝安全的活动；

（七）损坏、封堵发电厂、热电厂、变电站、开闭所的专用铁路、公路、桥梁、码头、航道、船舶停泊区和检修道路；

（八）损坏、迁移水力发电厂的水情测报设施；

（九）其他危害发电设施、变电设施及其辅助设施的行为。

第十一条 任何单位和个人不得实施下列危害电力线路设施的行为：

（一）向电力线路设施射击或者抛掷物体；

（二）在架空电力线路导线两侧各300米的区域内放风筝或者升空气球及其他空中飘动物；

（三）利用杆塔或者拉线拴牲畜、悬挂物体、攀附农作物、作起重牵引地锚；

（四）在电力线路的杆塔内或者杆塔和拉线之间修筑道路；

（五）拆卸电力线路的杆塔、拉线上的器材或者移动、损坏电力线路设施的标志；

（六）擅自在电力线路上进行搭接。

第十二条 在架空电力线路保护区内任何单位和个人不得实施下列行为：

（一）兴建建筑物、构筑物；

（二）种植可能危及电力设施安全的植物；

（三）堆放谷物、草料、木材、稻秆、油料等易燃易爆物品及垃圾、矿碴等影响安全供电的物品，倾倒酸、碱、盐及其他有害化学物品；

（四）烧窑、烧荒、烧草场、烧灰积肥、烧田埂、烧秸秆及燃放鞭炮、野炊、烧纸等可能危及电力设施安全的野外用火。

任何单位和个人在林区内或者林区边缘进行野外用火引起火灾，给电力设施造成损害的，应当依法承担赔偿责任。

第十三条 任何单位和个人不得在距架空电力线路杆

塔、拉线基础外缘的下列范围内进行取土、打桩、钻探、开挖或者倾倒酸、碱、盐及其他有害化学物品的活动：

(一)35千伏以下架空电力线路杆塔、拉线周围5米的区域；

(二)110千伏以上架空电力线路杆塔、拉线周围10米的区域。

在前款规定的区域范围外进行取土、堆物、打桩、钻探、采矿、开挖活动时，必须遵守下列规定：

(一)预留出通往杆塔、拉线基础供巡视和检修人员、车辆通行的道路；

(二)可能引起杆塔、拉线基础周围土壤、砂石滑坡的，应当修筑护坡加固，不得影响基础的稳定；

(三)不得损坏电力设施接地装置或者改变其埋设深度。

第十四条 在电力线路保护区附近，进行可能危及线路安全运行的机械施工时，应当采取相应的安全措施后方可进行。

敷设城市供水、排水、煤气等公用事业管道，应当服从城市统一规划管理，谨慎使用机械，不得损害电力设施。

第十五条 禁止在电力电缆沟内同时埋设其他管道。管道交叉通过时，由县级以上人民政府城乡规划行政主管部门组织相关单位协商，达成协议并采取安全措施后，方可施工。

第十六条 任何单位和个人不得在电力设施水平距离300米范围内进行爆破作业。确需进行爆破作业的，应当按照国家有关规定，采取可靠的安全防范措施，并征得当地电力设施产权人或者管理人的书面同意，依法报经县级以上人民政府有关管理部门批准。

在前款规定范围外进行爆破作业的，必须确保电力设施的安全。

第十七条 任何单位和个人不得侵占、挪用电力工程建设材料、设备，不得非法阻挠施工单位从事电力设施的安装、维修及拆除废旧电力设施，不得以任何借口非法干扰、阻挠、破坏合法的电力设施工程建设。

第十八条 从事下列活动之一的，应当经县级以上人民政府电力管理部门批准，并按国家有关规定采取安全措施：

(一)在架空电力线路保护区内使用机械作业；

(二)高度与架空电力线路的导线之间不符合垂直安全距离规定的车辆及其运载物体或者其他物体，穿越架空电力线路保护区；

(三)在架空电力线路设施上联接电器设备或者架设电力、通讯、广播电视线路以及放置其他设施。

从事前款第(三)项的活动的，还应当征得电力设施产权人或者管理人同意。

第十九条 发生危及电力设施安全的突发事件时，县级以上人民政府及其有关部门应当采取下列措施：

(一)组织营救受害人员，撤离、安置受威胁人员；

(二)迅速组织抢修受损电力设施；

(三)排除妨碍，限制通行，保证抢修通道畅通；

(四)调集物资、人员、交通工具及相关设备，支援抢险；

(五)协调电力供应，确保重要单位供电。

第二十条 发生危及电力设施安全的突发事件时，电力企业应当采取下列措施：

(一)消除危险源，控制事态发展；

(二)立即抢修受损电力设施；

(三)组织应急电力供应，保证重要单位用电；

(四)其他恢复电力正常供应的应急措施。

第二十一条 发生突发事件危及电力设施安全时，电力设施产权人或者管理人可以先行采取以下紧急措施消除危险源，并在规定时间内向当地县级以上人民政府有关部门报告：

(一)中止供电；

(二)修剪或者砍伐危及电力设施安全的林木等植物；

(三)挖掘排水沟渠等开挖地面行为；

(四)清除危及电力设施安全的建筑物、构筑物；

(五)采取其他排除妨碍、消除危险的措施。

电力设施所有人或者管理人采取前款所述紧急措施，依法必须补偿或办理有关手续的应当予以补偿或补办，并应当尽量减少损失。

第二十二条 电力设施产权人或者管理人应当加强电力设施保护，定期对电力设施进行巡视、维护、检修，及时消除隐患、排除故障，减少因故障、事故造成的停电。

第二十三条 电力设施产权人或者管理人对侵占、毁损电力设施或者妨碍电力设施安全运行的行为可以依法单独或者合并行使权利；对危害电力设施的违法行为，应当及时保护现场，并提请有关行政管理部门和司法机关处理。

第二十四条 收购废旧电力设施器材的单位和个体工商户应当依法取得营业执照，并向所在地县级以上人民政府电力管理部门和公安机关备案。

收购废旧电力设施器材，应当对物品的名称、数量、规格、新旧程度等如实进行登记；出售人为单位的，应当查验出售单位开具的证明，如实登记出售单位名称、经办人姓名、住址、身份证号码；出售人为个人的，应当如实登记出售人的姓名、住址、身份证号码。登记资料保存期限不得少于两年。

第三章 电力设施与其他设施相互妨碍的处理

第二十五条 电力设施与林区、城市绿化之间发生妨碍时，按下列原则处理：

(一)新建架空电力线路的杆、塔基础需使用林地的，电力设施产权人应当依法办理使用林地的相关手续；需使用城市规划区内绿地的，应当依法向县级以上人民政府城市园林绿化行政主管部门申请办理使用绿地的相关手续。

(二)新建架空电力线路走廊需要砍伐林木的，电力设施产权人应当与林木所有人签订砍伐林木和砍伐后及时绿化但不再种植高杆植物的协议，并按照有关规定给予一次性补偿，依法办理采伐手续。

(三)新建架空电力线路走廊需在城市规划区内砍伐树木的，由电力设施所有人依法向所在地县级以上人民政府园林绿化行政主管部门申请办理树木砍伐手续。园林管理单位或者树木的所有人应当对影响架空电力线路安全运行的树木进行修剪，并保持树木生长高度和架空电力线路导线之间的距离符合安全距离的要求。

(四)架空电力线路导线在最大弧垂或者最大风偏后与树木之间的安全距离为：

电压等级	最大风偏距离	最大垂直距离
10千伏及以下	3.0米	3.0米
35—110千伏	3.5米	4.0米
220千伏	4.0米	4.5米
500千伏	7.0米	7.0米

在电力设施保护区内，种植林木等植物必须符合前款第（四）项要求；对不符合安全距离的植物，电力设施产权人或者管理人可以依法进行修剪或者砍伐，不需支付任何费用。

第二十六条 新建架空电力线路需跨越房屋的，建设单位应当采取增加杆塔高度、缩短档距等措施，保证被跨越房屋符合安全距离的要求。被跨越房屋不得再行增加高度。超越房屋的物体高度或者房屋周边延伸出的物体长度必须符合安全距离的要求。

新建架空电力线路通道内的原有房屋不满足安全距离要求需要搬迁的，建设单位应当与房屋产权人协商搬迁，拆迁费按国家有关规定执行。

第二十七条 电力企业与建筑物、构筑物、林木等所有人或者经营管理人就补偿标准协商不成的，按照国家和本省规定的有关补偿标准执行，也可以由电力管理部门组织当事人委托具有相应资质的专业机构对补偿事项进行评估后，按照评估标准给予补偿；当事人对补偿标准有异议的，可以依法向人民法院提起诉讼。

第二十八条 电力建设施工需临时占用土地的，应当依法办理有关审批手续。

第四章 罚 则

第二十九条 违反本办法第八条规定，电力设施产权人或者管理人未依法履行保护电力设施的义务，造成单位或者个人人身、财产损害的，由县级以上人民政府电力管理部门予以警告，并处以3万元以下的罚款。

第三十条 违反本办法规定，危害发电设施、变电设施和电力线路设施的，由县级以上人民政府电力管理部门责令改正；拒不改正的，处以1000元以上10000元以下的罚款。

第三十一条 违反本办法规定，在电力设施保护区内兴建建筑物、构筑物或者堆放物品、种植植物，危及电力设施安全的，由县级以上人民政府电力管理部门提请本级人民政府责令强制拆除、清除或者砍伐。

第三十二条 违反本办法第十六条规定，未经批准或者未采取安全措施进行爆破作业，危及电力设施安全的，由县级以上人民政府电力管理部门责令停止作业、恢复原状并赔偿损失。

第三十三条 违反本办法第二十四条第一款规定，未依法取得营业执照而擅自从事收购废旧电力设施器材业务的，由县级以上人民政府工商行政管理部门依法予以取缔，没收违法所得，并处以2万元以下的罚款。

违反本办法第二十四条第二款规定，收购废旧电力设施器材未如实进行登记的，由公安机关处以2000元以上5000元以下的罚款。

第三十四条 县级以上人民政府电力管理部门和其他有关部门有下列行为之一的，对直接负责的主管人员和其他直接责任人员依法给予处分；构成犯罪的，依法追究刑事责任：

（一）违反规定的条件、程序实施批准行为的；

（二）对危害电力设施和窃电行为，不依法查处的；

（三）从电力设施保护监督管理工作中谋取非法利益的；

（四）对供电企业违反本办法行为不依法查处的；

（五）违反监督管理职责的其他行为。

第五章 附 则

第三十五条 电力设施的保护范围、保护区按照国务院《电力设施保护条例》规定确定。

第三十六条 本办法自2009年3月1日起施行。

福建省海域采砂临时用海管理办法

（福建省人民政府第105号令发布，2009年8月1日起施行）

第一条 为了加强海域采砂临时用海管理，维护海岸线稳定，保障防洪、交通、涉海工程安全，保护海洋生态环境，根据国家有关法律法规，结合本省实际，制定本办法。

第二条 在本省行政区毗邻海域内进行海域采砂临时用海及其相关管理活动，适用本办法。

第三条 单位和个人海域采砂临时用海，必须依法取得临时海域使用权。

第四条 沿海县级以上人民政府海洋行政主管部门负责本行政区毗邻海域采砂临时用海的监督管理工作。

海事管理机构负责海域采砂临时用海涉及的海上交通安全监督管理工作。公安机关负责海域采砂临时用海的治安管理工作。

国土资源、港口、航道等部门在各自职责范围内依法开展海域采砂临时用海的管理工作。

第五条 下列海域禁止海域采砂临时用海，但因航道、锚地建设和疏浚的除外：

（一）重要的鱼类洄游通道、索饵场、越冬场、产卵场和栖息地；

（二）海洋水生动植物养殖区、水产种质资源保护区；

（三）海洋自然保护区、海洋特别保护区、海洋防护林带；

（四）采砂行为可能危及码头、跨海桥梁、临海公路、海堤、海底电缆等涉海工程安全的海域；

（五）法律、法规规定的其他海域。

前款规定禁止海域采砂临时用海的具体范围，由设区市人民政府依法划定，并向社会公布。

第六条 单位和个人申请海域采砂临时用海的，应当向沿海设区市人民政府海洋行政主管部门提出申请，并提交下列书面材料：

（一）海域采砂临时用海申请书，包括申请人名称、用海位置、面积、期限、作业方式等，并附宗海图；

（二）资信证明材料，包括身份证明和资金证明，其中，单位申请的，提交法定代表人身份证明，个人申请的，提交本人身份证明；

（三）海域使用论证、海洋环境影响评价材料。

跨设区市行政区域毗邻海域采砂临时用海的，应当向省人民政府海洋行政主管部门提出申请。

第七条 设区市或者省人民政府海洋行政主管部门应当自收到申请之日起20日内依法提出审核意见，并报同级人民政府批准。

设区市或者省人民政府海洋行政主管部门审核海域采砂临时用海申请时，应当征求海事、港口、航道管理机构等有关部门和机构意见；有关部门和机构应当在5日内以书面形式反馈意见，逾期不反馈的视为同意。

海域采砂临时用海依法经批准后，申请人应当向设区市或者省人民政府海洋行政主管部门办理登记手续，依法缴纳海域使用金，领取临时海域使用权证书。

第八条 海域采砂临时用海，应当进行海域使用论证和海洋环境影响评价。

海域使用论证报告和海洋环境影响评价材料可以一并编制，海洋行政主管部门应当一次性组织评审，评审结果应当报同级人民政府环境保护行政主管部门备案。

第九条 在通航海域进行海域采砂临时用海的，船舶作业时应当依法向海事管理机构办理水上水下施工作业核准手续，并遵守有关海上交通安全的规章制度和操作规程。海事管理机构应当适时发布航行警告和航行通告。

第十条 未依法取得临时海域使用权证书的，不得进行海域采砂临时用海。

从事海域采砂临时用海的，应当按照临时海域使用权证书的规定使用海域。

第十一条 临时海域使用权证书有效期届满，或者有效期尚未届满，但因条件、环境变化，经原批准海域采砂临时用海人民政府的海洋行政主管部门组织论证，不宜继续使用的，由原批准机关依法收回并注销临时海域使用权证书。

第十二条 沿海县级以上人民政府海洋行政主管部门应当会同公安、国土资源、港口、航道、安全生产监督管理等部门及海事管理机构建立协作机制，定期开展联合执法巡查。发现违法行为的，由有关部门或者机构根据各自职责依法处理。

第十三条 违反本办法第十条规定，未取得临时海域使用权证书进行海域采砂临时用海的，或者未按照临时海域使用权证书的规定进行海域采砂临时用海的，由沿海县级以上人民政府海洋行政主管部门依法责令其停止违法活动，并处以1万元以上3万元以下的罚款。

违反本办法规定的行为，法律、法规已有处罚规定的，从其规定。

第十四条 沿海县级以上人民政府海洋行政主管部门及其海洋监察机构，以及其他有关行政管理部门，在海域采砂临时用海监督管理工作中，有下列情形之一的，由其上级行政主管部门或者监察机关对实施违法行为单位的主要负责人、直接负责的主管人员和其他直接责任人员，依法给予处分：

（一）违反本办法的规定擅自颁发海域采砂临时海域使用权证书的；

（二）未按照本办法规定的期限作出核准决定的；

（三）发现违法行为不予查处的；

（四）玩忽职守、滥用职权、徇私舞弊以及其他违法行为。

第十五条 本办法规定由沿海县级以上人民政府海洋行政主管部门行使的行政处罚，可以委托其所属的海洋监察机构行使。

第十六条 法律、法规对海域采砂临时用海另有规定的，从其规定。

第十七条 本办法自2009年8月1日起施行。

福建省建设工程安全生产管理办法

（福建省人民政府第106号令发布，2009年8月1日起施行）

第一章 总 则

第一条 为了加强建设工程安全生产监督管理，保障人民生命和财产安全，根据《建设工程安全生产管理条例》等法律、法规，结合本省实际，制定本办法。

第二条 在本省行政区域内从事建设工程新建、扩建、改建、装修及拆除等有关活动，以及实施对建设工程安全生产的监督管理，应当遵守本办法。

第三条 县级以上人民政府应当加强对建设工程安全生产工作的领导，支持、督促各有关部门依法履行安全生产监督管理职责。

县级以上人民政府负责安全生产监督管理的部门，对本行政区域内建设工程的安全生产工作实施综合监督管理。

县级以上人民政府建设行政主管部门对本行政区域内建设工程安全生产实施监督管理。县级以上人民政府交通、水利等有关部门在各自的职责范围内，负责本行政区域内的专业建设工程安全生产的监督管理。

乡镇人民政府应当在其职责范围内对本行政区域内建设工程安全生产情况进行监督检查，发现违反安全生产法律、法规、规章的行为应当及时制止，并向县（市、区）人民政府或者有关部门报告。

第四条 建设单位、勘察单位、设计单位、施工单位、工程监理单位和设备租赁、检测单位及其他与建设工程安全生产有关的单位，应当依法承担各自的安全生产责任，确保建设工程的安全生产。

建设单位、勘察单位、设计单位、施工单位、工程监理单位、检测单位及其执业人员，应当对建设工程在设计文件注明的工程合理使用年限内发生的工程质量安全事故依法承担相应责任。

第五条 任何单位和个人不得对勘察、设计、施工、工程监理、检测等单位提出不符合建设工程安全生产法律、法规和强制性标准规定的要求，不得降低工程质量、安全标准。

禁止任何单位和个人挂靠有资质资格的单位或者人员组

织工程施工、实施工程监理。

第六条　县级以上人民政府及其有关部门应当鼓励推广应用新材料、新工艺、新设备和新技术，不断提高建设工程安全生产技术水平。

第七条　对防止生产安全事故、参加抢险救护、提高建设工程安全生产水平等方面取得显著成绩以及举报重大安全生产隐患的单位和个人，给予表彰奖励。

第二章　建设单位的安全责任

第八条　建设工程开工前，建设单位应当依法申请领取施工许可证或者办理开工报告批准手续。

建设单位在申请领取施工许可证时，应当提供以下有关安全施工措施的资料：

（一）已办理安全监督手续的证明；

（二）专项施工方案及相邻建筑物和有关设施保护措施；

（三）施工现场安全防护设施搭设方案或者措施，临时设施规划建设方案及总平面布置图；

（四）设计单位提出的保障施工安全和预防事故发生的措施建议和指导意见；

（五）建设工程安全生产措施费用预付凭证。

依法批准开工报告的建设工程，建设单位应当自开工报告批准之日起15日内，将保证安全施工的措施报送建设工程所在地县级以上人民政府建设、交通、水利等有关主管部门备案；工程建设过程中，安全生产情况发生变化的，应当及时对保证安全施工的措施进行调整，并报原备案机关。

第九条　建设单位在编制工程概（预）算及招标文件时，应当将意外伤害保险和安全生产措施费用作为不可竞争费用，并在施工合同中明确约定。

安全生产措施费用包括：

（一）施工现场临时设施、环境保护、文明施工等维护建设工程安全作业环境所需费用；

（二）安全施工措施所需费用；

（三）施工现场防抗台风、暴雨等自然灾害所需费用。

第十条　建设单位与施工单位签订建设工程施工合同时，应当提供施工现场及毗邻区域内供水、排水、供电、供气、供热、通信、广播电视等地下管线资料，气象和水文观测资料，相邻建筑物和构筑物、地下工程的有关资料，并保证资料的真实、准确、完整。

建设工程施工合同中应明确约定安全生产措施费用的计取和支付办法。

第十一条　建设单位应当将拆除工程发包给具备相应资质等级并取得安全生产许可证的施工单位。

建设单位应当在拆除工程施工15日前，将下列资料报送工程所在地县级以上人民政府建设、交通、水利等有关主管部门备案：

（一）施工企业资质等级证明和安全生产许可证复印件；

（二）拆除工程施工合同副本；

（三）拆除活动可能危及毗邻建筑物、构筑物及有关设施的说明；

（四）拆除施工组织方案；

（五）城市市区拆除工程封闭围挡措施；

（六）堆放、清除废弃物以及除尘降噪的措施。

实施爆破作业的，应当遵守国家和本省有关民用爆炸物品管理的规定。

第十二条　建设单位应当按照国家有关建设项目档案管理的规定，及时收集、整理建设项目各环节的文件资料，建立、健全建设项目档案，并在工程竣工验收后三个月内，向建设、交通、水利等有关主管部门移交建设项目档案。

第三章　勘察、设计、工程监理及其他有关单位的安全责任

第十三条　勘察单位应当按照法律、法规和工程建设强制性标准进行勘察，提供的勘察成果应当真实、准确，满足建设工程安全生产的需要。

第十四条　设计单位应当按照法律、法规和工程建设强制性标准进行设计，防止因设计不合理导致生产安全事故的发生。

设计单位对施工过程中遇到的设计技术问题应当派出项目相关设计人员到场指导。

第十五条　工程监理单位应当按照法律、法规和工程建设强制性标准及监理委托合同，对所监理工程的施工安全生产实施监理，并配备与建设工程项目相适应的监理人员，明确工程项目监理人员的安全责任。

工程监理单位在实施监理前应当制定包括安全监理内容的工程项目监理规划，对大、中型建设项目和危险性较大的分部分项工程应当编制安全监理详细计划。

工程监理单位在实施监理过程中应当检查建设工程安全生产措施落实情况，对危险性较大的工程部位和施工环节实施旁站监理，并做好记录。

第十六条　工程监理单位应当督促施工单位对安全事故隐患进行整改；情况严重的，应当要求施工单位暂时停止施工，并及时报告建设单位；对拒不整改或者不停止施工的，应当及时报告县级以上人民政府建设、交通、水利等有关主管部门或者其依法委托的建设工程安全监督管理机构。

第十七条　检验检测单位在检验检测过程中，发现施工起重机械和整体提升脚手架、模板等自升式架设设施存在重大安全隐患的，应当及时告知委托检验检测单位立即停止使用，并书面报告县级以上人民政府建设、交通、水利等有关主管部门。

第十八条　出租施工起重机械和整体提升脚手架、模板等自升式架设设施的单位，应当在领取营业执照之日起30日内向其工商登记所在地县级以上人民政府建设主管部门办理备案手续。

出租单位办理备案手续时应当提交有效的营业执照、建筑机械设备清单及其检测合格证、安全管理制度等资料。

第四章　施工单位的安全责任

第十九条　施工单位应当建立重大安全隐患排查及整改制度，对施工现场重大危险源实行登记建档和报告制度，并在施工现场的重大危险源设立警示标志，采取相应措施进行监控。

第二十条　施工单位应当设立安全生产管理机构，按照国家、本省和施工合同有关规定配备企业和项目专职安全生产管理人员。项目专职安全生产管理人员不得同时负责两个以上工程项目的安全生产管理工作。

第二十一条 施工单位应当对管理人员和作业人员每年至少进行一次安全生产教育培训，其教育培训情况记入个人工作档案。未经安全生产教育培训或者教育培训不合格的不得上岗作业。

施工现场特种设备作业人员必须取得省人民政府建设、交通、水利等有关主管部门颁发的特种作业操作资格证书后，方可从事相应岗位作业。

第二十二条 建设工程施工总承包单位和专业承包单位实行劳务分包的，应当分包给具有相应资质的单位，并对施工现场的安全生产承担连带责任；总承包单位和专业承包单位对劳务分包单位不实施安全生产管理的，由总承包单位和专业承包单位对施工现场的安全生产承担主要责任。

劳务分包单位应当向所承建项目委派管理人员，参与现场安全管理，服从总承包单位或者专业承包单位的协调和管理；劳务分包单位不服从管理导致生产安全事故的，由劳务分包单位承担主要责任。

第二十三条 对国家规定的危险性较大的工程涉及深基坑、地下暗挖、高大模板工程的专项施工方案，施工单位应当依法组织专家进行论证、审查。

专家论证、审查结束后应当出具书面论证、审查报告，施工单位应当根据论证、审查报告完善专项施工方案，并将专家书面论证、审查报告作为专项施工方案的附件。

专家人数应当不少于 5 人，其中三分之二以上的专家必须从省人民政府建设、交通、水利等有关主管部门所设立的建设工程安全生产专家库中选定，必要时可邀请省外技术专家。

第二十四条 施工单位对建设单位预付的安全施工措施费用应当专户存储，专款专用，不得挪作他用。

施工单位应当制定建设工程安全生产措施费用使用管理制度，按照国家和本省规定的用途、范围安排使用安全生产措施费用。遇到施工现场防抗台风、暴雨等紧急情况，可根据实际发生费用向建设单位申请支付。

施工单位应当按规定向作业人员提供相应的安全生产防护用品和安全生产作业环境。

第二十五条 施工作业人员应当遵守建设工程施工安全管理规章制度和操作规程，正确使用安全生产防护用品、机械设备、防护设施。

第二十六条 施工单位应当依法为职工办理工伤保险，为施工现场从事危险作业的人员办理意外伤害保险，并不得中途退保。

第五章 监督管理

第二十七条 县级以上人民政府建设、交通、水利等有关主管部门应当按照各自职责建立安全生产目标管理责任制度、安全生产季度形势分析制度、建设工程生产安全事故和重大安全隐患约谈制度、安全生产信用档案制度，建立健全建设工程安全生产监管机制，加强本行政区域内建设工程安全生产监督管理。

第二十八条 县级以上人民政府建设、交通、水利等有关主管部门，应当加强层级监督指导，对事故多发地区、安全管理薄弱的企业和安全隐患突出的项目、部位实施重点监督检查。

第二十九条 禁止使用国家和本省已淘汰的严重危及施工安全的工艺、设备、材料。本省淘汰的严重危及施工安全的工艺、设备、材料具体目录由省人民政府建设行政主管部门会同其他有关部门制定并公布。

第三十条 县级以上人民政府建设、交通、水利等有关主管部门在履行安全监督检查职责时，有权采取下列措施：

（一）要求被检查单位提供有关建设工程安全生产的文件和资料；

（二）进入被检查单位施工现场进行检查；

（三）纠正施工中违反安全生产要求的行为；

（四）对检查中发现的安全事故隐患，责令立即排除；重大安全事故隐患排除前或者排除过程中无法保证安全的，责令从危险区域内撤出作业人员或者暂时停止施工；

（五）法律、法规规定的其他措施。

第三十一条 县级以上人民政府建设、交通、水利等有关主管部门可以将行政处罚和建设工程施工现场的安全生产监督检查工作委托其所属的建设工程安全生产监督机构具体实施。

第三十二条 县级以上人民政府建设、交通、水利等有关主管部门应当建立建设工程生产安全事故、安全事故隐患以及建设工程安全生产违法行为的检举、控告和投诉制度，及时受理检举、控告和投诉事项，组织调查核实，提出处理意见，并督促整改。

第三十三条 建设工程生产安全事故的报告和调查处理，依照《生产安全事故报告和调查处理条例》等有关法律、法规、规章执行。

第六章 罚 则

第三十四条 违反本办法第五条第二款规定，单位和个人挂靠有资质资格的单位或者人员组织工程施工、实施工程监理的，责令改正，并处以 1 万元以上 3 万元以下罚款。

第三十五条 违反本办法第九条规定，建设单位在编制工程概（预）算及招标文件时，未将意外伤害保险和安全生产措施费用作为不可竞争费用，并在施工合同中明确约定的，责令限期改正，予以警告；逾期未改正，属于经营性的，处以 1 万元以上 3 万元以下罚款，属于非经营性的，处以 1000 元以下罚款。

第三十六条 违反本办法第十三条、第十四条规定，勘察单位因提供的勘察成果不真实、不准确，设计单位因设计不合理导致生产安全事故发生的，责令限期改正，并处以 1 万元以上 3 万元以下罚款。

第三十七条 违反本办法第十五条第三款规定，工程监理单位对危险性较大的工程部位和施工环节未实施旁站监理，或者未做好旁站监理记录的，责令限期改正；逾期未改正的，处以 3000 元以上 3 万元以下罚款。

第三十八条 违反本办法第十七条规定，检验检测单位发现施工起重机械和整体提升脚手架、模板等自升式架设设施存在重大安全隐患，未及时告知委托检验检测单位停止使用或者未书面报告县级以上人民政府建设、交通、水利等有关主管部门的，处以 5000 元以上 1 万元以下罚款。

第三十九条 违反本办法规定，施工单位有下列行为之一的，责令限期改正；逾期未改正的，处以 1 万元以上 3 万元以下罚款：

（一）违反本办法第二十条规定，项目专职安全生产管理人员同时负责两个以上工程项目安全生产管理工作的；

（二）违反本办法第二十三条规定，未按要求组织专家论证的；

（三）违反本办法第二十九条规定，施工单位使用国家和本省已淘汰的严重危及施工安全的工艺、设备、材料的。

第四十条 违反本办法第二十五条规定，施工作业人员在施工现场中不遵守建设工程施工安全管理规章制度或者不按操作规程使用安全生产防护用品、机械设备、防护设施的，责令改正，予以警告并可处以50元以下罚款。

第四十一条 依照本办法规定，给予单位罚款处罚的，对单位直接负责的主管人员和其他直接责任人员处以1000元罚款。

第四十二条 负有建设工程安全生产监督管理职责的部门或者建设工程安全生产监督机构主管人员和直接责任人员有下列行为之一的，依法给予处分：

（一）接到建设工程生产安全事故及安全事故隐患以及建设工程安全生产违法行为的检举、控告和投诉，不及时受理或者查处的；

（二）在建设工程安全生产检查过程中发现安全事故隐患，不及时处理的；

（三）发现施工现场使用假冒伪劣安全防护设备、机具和用具，不及时取缔的；

（四）发现建设单位或者施工单位将安全生产措施费用列入招投标竞价项目，仍为其办理招投标手续的；

（五）未依法履行监督和管理职责的其他行为。

第四十三条 本办法规定的行政处罚，由县级以上人民政府建设、交通、水利等有关主管部门依照法定职权决定。

第七章 附 则

第四十四条 本规定自2009年8月1日起施行。

2009年颁布的地方性法规（目录）

省 人 大

立 法：

福建省人民代表大会及其常务委员会立法条例（修正）（2009年2月14日福建省第九届人民代表大会第四次会议全体会议通过 根据2009年1月15日福建省第11届人民代表大会第二次会议《关于修改〈福建省人民代表大会及其常务委员会立法条例〉的决定》修正）

福建省人民代表大会议事规则（修正）（2007年1月29日福建省第十届人民代表大会第五次会议全体会议通过 根据2009年1月15日福建省第11届人民代表大会第二次会议《关于修改〈福建省人民代表大会议事规则〉的决定》修正）

福建省促进闽台农业合作条例（2009年5月23日福建省第十一届人民代表大会常务委员会第九次会议通过）

福建省气象条例（修订）（1998年8月1日福建省第九届人民代表大会常务委员会第四次会议通过 2009年5月23日福建省第11届人民代表大会常务委员会第九次会议修订）

福建省文物保护管理条例（修订）（1996年11月29日福建省第八届人民代表大会常务委员会第27次会议通过 2009年8月2日福建省第11届人民代表大会常务委员会第十次会议修订）

福建省航道条例（2009年9月25日福建省第11届人民代表大会常务委员会第11次会议通过）

福建省促进散装水泥发展条例（2009年9月25日福建省第11届人民代表大会常务委员会第11次会议通过）

福建省固体废物污染环境防治若干规定（2009年11月26日福建省第11届人民代表大会常务委员会第12次会议通过）

福建省林权登记条例（2009年11月26日福建省第11届人民代表大会常务委员会第12次会议通过）

批 准：

福州市城市公园管理办法（修改）（1996年5月15日福州市第十届人民代表大会常务委员会第22次会议通过 1996年7月18日福建省第八届人民代表大会常务委员会第24次会议批准 根据2008年12月26日福州市第13届人民代表大会常务委员会第16次会议《关于修改〈福州市城市公园管理办法〉的决定》修正 2009年3月27日福建省第11届人民代表大会常务委员会第八次会议批准）

厦门市环境保护条例（修改）（2009年2月11日厦门市第13届人民代表大会常务委员会第4次会议通过，2009年3月27日福建省第11届人民代表大会常务委员会第九次会议批准）

厦门市社会保障性住房管理条例（2009年1月7日厦门市第13届人民代表大会常务委员会第13次会议通过，2009年5月23日福建省第11届人民代表大会常务委员会第九次会议批准）

厦门市会计人员条例（2009年9月30日厦门市第13届人民代表大会常务委员会第18次会议通过 2009年11月26日福建省第11届人民代表大会常务委员会第12次会议批准）

（林斌 温一鹤 蒋团松）

编辑：郑菜

国民经济和社会发展结构指标

单位：%

项　目	1978	2000	2003	2008	2009
一、人口					
（一）性别结构					
男	51.7	51.5	51.5	50.3	50.4
女	48.3	48.5	48.5	49.7	49.6
（二）城乡结构					
城镇		42.0	45.1	49.9	51.4
乡村		58.0	54.9	50.1	48.6
二、就业产业结构					
第一产业	75.1	46.8	42.4	31.1	29.5
第二产业	13.4	24.5	27.8	35.6	35.8
第三产业	11.4	28.7	29.8	33.3	34.8
三、国民经济核算					
（一）地区生产总值产业结构					
第一产业	36.0	17.0	13.9	10.7	9.7
第二产业	42.5	43.3	47.0	49.1	49.1
第三产业	21.5	39.7	39.1	40.2	41.2
（二）地区生产总值需求结构					
最终消费	79.9	54.4	53.2	44.2	42.8
资本形成总额	34.0	42.5	41.7	52.3	54.1
货物和服务净出口	−13.9	3.1	5.1	3.5	3.1
四、固定资产投资					
（一）产业结构					
第一产业		1.8	2.7	1.9	2.0
第二产业		44.5	35.5	38.4	37.2
第三产业		53.7	61.8	59.7	60.8
（二）经济类型结构					
#国有经济	64.9	40.3	38.1	36.1	37.0
集体经济	16.6	4.0	4.1	3.6	4.0
私营个体经济	18.5	14.9	15.4	24.4	25.9
外商及港澳台		24.2	22.6	15.8	13.4
五、能源					
能源消费结构					
煤炭	63.7	54.4	61.4	64.8	67.6
石油	12.9	23.3	24.5	18.9	18.3
天然气				0.3	1.3
水力发电	23.4	22.3	14.1	15.8	12.5
风力发电				0.2	0.3
六、农业					
（一）农林牧渔业产值结构					
农业	77.7	40.6	39.4	38.8	41.3
林业	6.4	7.9	6.8	7.6	8.1
牧业	10.5	20.1	20.0	21.7	18.3
渔业	5.5	31.4	29.2	28.0	28.3
农林牧渔服务业			4.6	3.9	4.0
（二）农作物播种面积					
#粮食作物	81.9	65.6	57.3	54.5	54.5
七、工业					
工业企业资产结构					
大型企业	…		17.1	21.9	22.7
中型企业	…	18.4	45.7	41.2	41.3
小型企业	…	64.5	37.2	36.9	36.0

（续）

项目	1978	2000	2003	2008	2009
规模以上工业增加值					
大型企业	…	13.5	18.2	16.3	16.5
中型企业	…	35.2	42.4	40.7	41.2
小型企业	…	51.3	39.5	43.0	42.3
八、建筑业					
建筑业总产值经济类型结构					
国有企业	56.8	48.6	28.4	14.7	15.7
集体企业	39.9	33.0	19.3	4.4	2.6
港澳台商投资企业				1.5	1.0
外商投资企业				0.3	0.1
其他				79.1	80.6
九、交通运输业					
(一)货运量结构					
铁路	25.9	8.4	9.6	6.4	6.2
公路	54.8	77.8	71.5	67.0	69.2
水运	19.1	13.8	18.9	26.5	24.5
民航		0.020	0.023	0.022	0.022
(二)客运量结构					
铁路	9.1	3.2	2.9	2.8	2.7
公路	79.3	94.3	94.6	94.0	94.0
水运	11.7	1.6	1.5	1.8	1.8
民航	…	0.8	1.0	1.3	1.5
十、国内贸易					
社会消费品零售总额结构					
市		56.7	60.4	66.8	
县		12.0	12.0	10.2	
县以下		31.3	27.7	22.1	
十一、海关货物进出口					
(一)出口货物总额					
初级产品		12.3	11.8	23.3	25.6
工业制成品		87.7	88.2	76.7	74.4
(二)进口货物总额					
初级产品		10.6	6.5	5.7	6.8
工业制成品		89.4	93.5	94.3	93.2
十二、国际旅游					
入境旅游人数结构					
#外国人	…	30.8	30.7	33.6	31.4
港澳同胞	…	39.5	37.6	32.8	29.1
台湾同胞	…	29.6	31.7	33.6	39.6
十三、科技					
(一)科技经费筹集额					
#政府资金	…	12.6	10.8	10.1	…
企业资金	…	71.2	72.3	78.2	…
金融机构贷款	…	8.3	12.4	8.1	…
(二)研究与试验发展经费支出					
基础研究	…	3.2	1.9	2.2	…
应用研究	…	6.9	9.8	7.0	…
试验发展	…	89.8	88.3	90.8	…
十四、居民消费					
(一)城镇居民消费结构					
食品		44.7	42.2	40.6	39.7
衣着		8.7	7.8	8.8	8.7
家庭设备用品及服务		8.6	6.0	5.8	6.4
医疗保健		4.7	4.7	4.3	4.4
交通通信		8.6	11.8	14.2	14.8
教育文化娱乐服务		10.4	12.2	11.6	11.2
居住		9.4	11.9	10.4	10.4
杂项商品与服务		4.9	3.3	4.2	4.4
(二)农村居民消费结构					
食品		48.7	45.1	46.4	45.9
衣着		4.9	5.3	5.7	5.8
居住		14.6	14.6	16.7	16.4
家庭设备用品及服务		4.6	5.4	4.8	5.2
交通通讯		8.6	10.2	11.5	11.4
文教娱乐用品及服务		10.6	10.9	8.4	8.4
医疗保健		3.6	4.7	4.2	4.4
其他商品及服务		4.6	3.7	2.4	2.5

国民经济和社会发展总量和速度指标

项目	总量指标					
	1978	2000	2003	2005	2008	2009
人口与就业						
年末总人口(万人)	2446	3410	3488	3535	3604	3627
#城镇人口		1431	1573	1672	1798	1864
年末从业人员(万人)	924.41	1660.19	1756.71	1868.50	2079.78	2168.86
城镇登记失业人员	20.82	9.10	14.60	14.86	14.95	15.19
城镇单位在岗职工平均工资(元)	567.00	10584.00	14310.00	17146.00	25702.00	28666.00
国民经济核算						
地区生产总值(亿元)	66.37	3764.54	4983.67	6554.69	10823.01	12236.53
第一产业	23.93	640.57	692.94	827.36	1158.17	1182.74
第二产业	28.19	1628.45	2340.82	3175.92	5318.44	6005.30
工业	23.85	1422.34	2061.31	2801.88	4593.24	5106.38
建筑业	4.34	206.11	279.51	374.05	725.20	898.92
第三产业	14.25	1495.52	1949.91	2551.41	4346.40	5048.49
人均地区生产总值(元)	273	11194	14333	18605	30122	33840
固定资产投资						
全社会固定资产投资总额(亿元)	13.35	1082.47	1507.87	2344.73	5301.69	6362.03
按登记注册类型分						
#国有经济	8.66	436.49	574.95	785.82	1914.63	2356.63
集体经济	2.22	43.58	61.25	70.80	190.41	251.56
私营个体经济	2.47	160.75	232.80	418.68	1294.82	1650.38
港澳台商及外商投资		262.27	341.29	496.99	837.87	850.71
按城乡分						
城镇	9.45	863.21	1240.78	1986.31	4695.51	5679.44
#房地产开发		207.37	362.07	540.39	1129.09	1136.35
农村	3.90	219.26	267.09	358.42	606.18	682.59
全社会施工房屋建筑面积(万平方米)		3422.88	4891.04	17377.27	26034.89	25885.54
全社会竣工房屋建筑面积(万平方米)		4806.13	4850.26	7140.36	7719.52	7392.86
能源生产与消费						
能源生产总量(万吨标准煤)	461.00	1654.17	1816.80	2423.87	2940.54	2946.50
能源消费总量(万吨标准煤)	688.00	2942.60	4062.60	6141.60	8254.04	8916.46
财政(亿元)						
财政总收入(亿元)	15.13	369.67	551.00	788.11	1516.51	1694.63
地方财政一般预算收入(亿元)		234.11	304.71	432.60	833.40	932.43
财政支出(亿元)	15.14	324.18	452.30	593.07	1137.72	1411.82
金融						

平均增长速度(%)				2009年比上年增长(%)
1979—2009	2001—2009	2004—2009	2006—2009	
1.3	0.7	0.7	0.6	0.6
…	3.0	2.9	2.8	3.7
2.8	3.0	3.6	3.8	4.3
−1.0	5.9	0.7	0.6	1.6
13.5	11.7	12.3	13.7	11.5
12.7	12.1	13.1	13.8	12.3
6.1	3.4	3.6	3.6	4.7
15.6	14.5	15.1	15.9	13.7
16.1	14.6	15.0	15.6	13.0
7.9	13.5	15.8	18.1	18.8
13.6	12.1	13.4	14.1	12.3
11.3	11.2	12.3	13.0	11.6
22.0	21.7	27.1	28.3	20.0
19.8	20.6	26.5	31.6	23.1
16.5	21.5	26.5	37.3	32.1
23.3	29.5	38.6	40.9	27.5
	14.0	16.4	14.4	1.5
22.9	23.3	28.9	30.0	21.0
	20.8	21.0	20.4	0.6
18.1	13.4	16.9	17.5	12.6
	25.2	32.0	10.5	−0.6
	4.9	7.3	0.9	−4.2
6.2	6.6	8.4	5.0	0.2
8.6	13.1	14.0	9.8	8.0
16.4	18.4	20.6	21.1	11.8
	16.6	20.5	21.2	11.9
15.8	17.8	20.9	24.2	24.1

（续）

项目	总量指标					
	1978	2000	2003	2005	2008	2009
金融机构人民币各项存款余额(亿元)	25.95	3114.32	5178.29	7248.40	11804.40	14702.34
#企业存款		1002.17	1561.01	2164.86	3494.62	4659.67
财政存款		39.59	51.74	128.33	457.26	549.46
农业存款		54.87	84.94	131.92	243.43	302.69
储蓄存款		1767.59	2924.65	3903.05	5861.17	7078.81
金融机构人民币各项贷款余额(亿元)	31.43	2438.82	3837.51	5068.68	9585.92	12360.32
#工业贷款		405.56	595.35	785.19	1340.80	1597.90
农业贷款		140.12	243.51	335.42	559.55	674.88
商业贷款		328.68	329.18	241.33	379.75	487.70
基建贷款		309.74	672.62	1049.28	2365.79	2816.83
保险公司赔款及给付金额(亿元)		17.76	27.33	40.55	90.18	94.73
价格指数(上年＝100)						
居民消费价格指数	100.2	102.1	100.8	102.2	104.6	98.2
工业品出厂价格指数		100.5	100.7	100.2	102.7	95.5
原材料、燃料、动力购进价格指数		112.4	106.3	108.1	110.2	93.2
固定资产投资价格指数		100.2	101.4	100.7	105.9	98.0
农业						
农林牧渔业总产值(亿元)	36.33	1037.27	1170.54	1373.01	1965.02	2001.24
主要农产品产量(万吨)						
粮食	744.90	854.68	695.04	662.04	652.21	666.88
油料	13.80	25.79	26.03	27.42	25.40	26.27
甘蔗	288.03	82.71	118.12	93.33	70.90	65.85
烤烟	1.23	9.14	10.13	11.51	13.85	14.46
茶叶	2.03	12.60	15.02	18.48	24.73	26.57
水果	10.10	356.44	441.68	479.36	553.37	564.08
肉类		145.92	161.96	164.85	169.42	175.15
禽蛋		40.69	40.37	37.91	33.02	28.75
奶类	0.93	9.91	19.28	19.10	15.23	15.56
水产品	54.44	527.89	553.13	542.37	554.20	569.67
食用菌		46.25	49.01	56.00	71.10	72.24
造林面积(万亩)	292.07	36.75	25.08	36.33	49.22	49.89
工业						
工业总产值(亿元)	63.14	3994.86	6616.61	9995.89	17141.44	18681.48
主要工业产品产量						
原煤(万吨)	423.05	375.03	778.22	1331.74	2306.07	2466.13

平均增长速度(%)				2009年比上年增长(%)
1979—2009	2001—2009	2004—2009	2006—2009	
22.7	18.8	19.0	19.3	24.6
	18.6	20.0	21.1	33.3
	33.9	48.3	43.8	20.2
	20.9	23.6	23.1	24.3
	16.7	15.9	16.0	20.8
21.3	19.8	21.5	25.0	28.9
	16.5	17.9	19.4	19.2
	19.1	18.5	19.1	20.6
	4.5	6.8	19.2	28.4
	27.8	27.0	28.0	19.1
	20.4	23.0	23.6	5.0
5.5	1.5	2.5	2.2	−1.8
	−0.3	0.1	−0.5	−4.5
	3.5	5.3	2.7	−6.8
	1.8	2.6	2.9	−2.0
6.7	3.6	3.7	4.0	5.0
−0.4	−2.7	−0.7	0.2	2.3
2.1	0.2	0.2	−1.1	3.4
−4.6	−2.5	−9.3	−8.3	−7.1
8.3	5.2	6.1	5.9	4.4
8.6	8.6	10.0	9.5	7.4
13.9	5.2	4.2	4.2	1.9
	2.0	1.3	1.5	3.4
	−3.8	−5.5	−6.7	−12.9
9.5	5.1	−3.5	−5.0	2.1
7.9	0.8	0.5	1.2	2.8
…	5.1	6.7	6.6	1.6
−5.5	3.5	12.1	8.3	1.4
19.3	17.4	18.0	18.5	14.8
5.9	23.3	21.2	16.7	6.9

（续）

项　　目	总量指标					
	1978	2000	2003	2005	2008	2009
原盐(万吨)	94.67	28.37	41.18	34.49	32.35	37.53
糖(万吨)	28.92	6.11	8.68	6.25	7.22	5.85
罐头(万吨)	4.10	26.78	47.74	78.57	162.20	162.88
布(亿米)	1.12	5.59	10.37	20.13	28.56	27.12
纱(万吨)	1.84	14.36	39.65	68.00	141.61	158.04
机制纸及纸板(万吨)	20.08	85.07	143.84	187.11	309.54	339.19
农用化肥(万吨)	16.40	61.38	56.69	60.27	69.60	59.67
烧碱(万吨)	4.32	15.64	24.67	25.51	28.35	21.64
水泥(万吨)	120.45	1513.64	2116.27	2713.62	4593.36	5446.50
平板玻璃(万重量箱)	43.59	479.87	511.85	641.51	1637.81	2091.67
生铁(万吨)	26.57	149.37	214.83	393.96	525.71	552.90
钢材(万吨)	13.82	283.79	452.94	735.90	1078.02	1341.89
彩色电视机(万台)		204.19	252.66	373.90	620.81	681.84
微型电子计算机(万台)		88.77	241.74	371.44	647.32	607.20
汽车(万辆)	0.09	2.96	8.67	7.03	9.51	13.50
发电量(亿千瓦小时)	40.69	403.73	610.70	778.25	1085.38	1170.71
规模以上工业企业主要经济指标(亿元)						
资产总计		3368.64	4902.48	6841.37	11694.91	13344.47
主营业务收入		2468.69	4822.24	7848.24	14816.17	16338.61
利润总额	6.75	110.80	314.40	407.55	896.11	1104.05
建筑业						
建筑业企业从业人员(万人)	4.54	41.37	59.99	81.72	153.90	182.97
房屋施工面积(万平方米)	416.57	4085.40	6440.08	10268.29	20028.29	21690.97
房屋竣工面积(万平方米)	183.40	1729.00	2952.12	4191.35	7637.76	7435.06
交通运输邮电						
公路通车里程(千米)	29109	53506	54876	58286	88607	89504
高速公路		351	727	1208	1767	1961
铁路营业里程(千米)	1009	1454	1467	1613	1618	2110
内河通航里程(千米)		3701	3245	3245	3245	3245
客运量(万人)	7928	44203	48097	55615	72742	76121
铁路	718	1428	1417	1486	2066	2083
公路	6285	41696	45483	52452	68409	71586
水运	924	726	707	985	1305	1340
民航	1	353	491	692	962	1112
货运量(万吨)	4871	29483	33422	40400	57254	58231

平均增长速度(%)				2009年比上年增长(%)
1979—2009	2001—2009	2004—2009	2006—2009	
−2.9	3.2	−1.5	2.1	16.0
−5.0	−0.5	−6.4	−1.6	−18.9
12.6	22.2	22.7	20.0	0.4
10.8	19.2	17.4	7.7	−5.0
15.4	30.5	25.9	23.5	11.6
9.5	16.6	15.4	16.0	9.6
4.3	−0.3	0.9	−0.3	−14.3
5.3	3.7	−2.2	−4.0	−23.7
13.1	15.3	17.1	19.0	18.6
13.3	17.8	26.4	34.4	27.7
10.3	15.7	17.1	8.8	5.2
15.9	18.8	19.8	16.2	24.5
…	14.3	18.0	16.2	9.8
…	23.8	16.6	13.1	−6.2
17.5	18.4	7.7	17.7	42.0
11.4	12.6	11.5	10.7	7.9
…	16.5	18.2	18.2	14.1
…	23.4	22.6	20.1	10.3
17.9	29.1	23.3	28.3	23.2
12.7	18.0	20.4	22.3	18.9
13.6	20.4	22.4	20.6	8.3
12.7	17.6	16.6	15.4	−2.7
3.7	6.4	8.5	11.3	1.0
…	21.1	18.0	12.9	11.0
2.4	4.2	6.2	6.9	30.4
7.6	6.2	8.0	8.2	4.6
3.5	4.3	6.6	8.8	0.8
8.2	6.2	7.9	8.1	4.6
1.2	7.0	11.2	8.0	2.7
24.8	13.6	14.6	12.6	15.7
8.3	7.9	9.7	9.6	1.7

（续）

项 目	总量指标					
	1978	2000	2003	2005	2008	2009
铁路	1261	2475	3206	3601	3681	3631
公路	2671	22924	23884	27579	38367	40317
水运	929	4078	6324	9210	15193	14271
民航	0.02	5.84	7.84	10.09	12.41	12.66
沿海主要港口货物吞吐量(万吨)	408.13	6944.17	12495.48	19605.25	27070.06	30541.81
邮电业务						
函件(万件)	8790	24163	28166	22879	26671	25991
报刊期发数(万份)	258	650	539	501	516	511
移动电话年末用户(万户)		441	965	1302	2368	2639
固定电话年末用户(万户)	6	563	1125	1399	1431	1245
国内贸易						
社会消费品零售总额(亿元)	30.56	1320.80	1797.76	2351.72	3866.69	4480.99
批发和零售业	27.14	1104.69	1534.80	2016.93	3335.48	3819.11
住宿和餐饮业	0.97	152.54	201.21	287.56	466.36	580.73
进出口						
海关进出口总额(亿美元)	2.03	212.23	353.26	544.11	848.21	796.49
出口总额	1.90	129.08	211.32	348.42	569.92	533.19
进口总额	0.13	83.15	141.94	195.69	278.29	263.30
旅游						
接待入境游客人数(万人次)		161.33	149.72	197.39	293.19	312.03
#外国人		49.75	45.94	72.36	98.64	97.84
台湾同胞		47.79	47.52	58.94	98.48	123.43
港澳同胞		63.80	56.25	66.09	96.07	90.77
国际旅游外汇收入(亿美元)		8.94	9.15	13.05	23.94	25.99
教育						
在校学生数(万人)						
普通高等学校	2.05	13.14	25.74	40.70	56.26	60.63
普通中等学校	119.98	269.46	291.62	302.74	284.82	276.25
普通小学	370.23	369.10	311.98	273.27	247.15	239.76
科技						
从事科技活动人员(万人)		6.82	7.15	8.62	13.15	
研究与试验发展经费内部支出(亿元)		21.19	37.50	53.73	102.13	
技术市场成交额(亿元)		17.26	16.68	17.20	19.12	26.23
专利情况(项)						
申请量		4211	7236	9460	13181	17559

平均增长速度(%)				2009年比上年增长(%)
1979—2009	2001—2009	2004—2009	2006—2009	
3.5	4.4	2.1	0.2	−1.4
9.2	6.5	9.1	10.0	5.1
9.2	14.9	14.5	11.6	−6.1
23.1	9.0	8.3	5.8	2.0
14.9	17.9	16.1	11.7	12.8
3.6	0.8	−1.3	3.2	−2.6
2.2	−2.6	−0.9	0.5	−1.0
…	22.0	18.3	19.3	11.4
18.9	9.2	1.7	−2.9	−13.0
17.5	14.5	16.4	17.5	15.9
17.3	14.8	16.4	17.3	14.5
22.9	16.0	19.3	19.2	24.5
21.2	15.8	14.5	10.0	−6.1
19.9	17.1	16.7	11.2	−6.4
27.8	13.7	10.8	7.7	−5.4
…	7.6	13.0	12.1	6.4
…	7.8	13.4	7.8	−0.8
…	11.1	17.2	20.3	25.3
…	4.0	8.3	8.3	−5.5
…	12.6	19.0	18.8	8.6
11.5	18.5	15.3	10.5	7.8
2.7	0.3	−0.9	−2.3	−3.0
−1.4	−4.7	−4.3	−3.2	−3.0
…	4.8	7.8	11.1	37.2
…	17.2	15.9	16.7	33.2

（续）

项　目	总量指标					
	1978	2000	2003	2005	2008	2009
授权量		3003	5377	5147	7937	11282
文化						
图书出版总印数（万份）	6818.00	20298.00	15595.00	10643.00	7793.26	7689.44
杂志出版总印数（万份）	388.00	4463.00	3937.00	2841.00	2935.22	2828.19
报纸出版总印数（万份）	14784.00	68897.00	79809.00	87961.65	103791.32	82900.00
电视节目制作时间（小时）		16519	40601	40410	52814	55325
艺术表演团体（个）	101	96	94	91	90	90
公共图书馆（座）	23	81	82	84	85	85
博物馆（个）	13	81	79	82	89	93
居民生活						
城镇居民人均可支配收入（元）	371.00	7432.00	10000.00	12321.31	17961.45	19576.83
城镇居民人均消费支出（元/人）	285.00	5638.74	7356.26	8794.41	12501.12	13450.57
城镇居民人均住房建筑面积（平方米）		28.00	29.80	31.40	37.50	37.50
农民人均纯收入（元）	137.54	3230.49	3733.93	4450.36	6196.07	6680.18
农民人均生活消费支出（元）	112.73	2409.69	2717.92	3292.63	4661.94	5015.72
农村居民人均住房使用面积（平方米）		32.14	35.96	40.15	46.13	46.76
城乡居民储蓄存款余额（亿元）		1767.59	2924.65	3903.05	5861.17	7078.81
卫生						
卫生机构数（个）	3809	9807	8525	7932	7773	6984
#医院、卫生院	1111	1323	1323	1318	1302	1288
卫生技人员数（人）	54855	97569	96902	100937	119250	127446
医生	22097	41461	41252	36668	50659	51959
卫生机构床位数（张）	51505	90091	86634	88239	98482	104189
#医院、卫生院	45331	82389	79503	81268	90833	95980

平均增长速度(%)				2009年比上年增长(%)
1979—2009	2001—2009	2004—2009	2006—2009	
…	15.8	13.1	21.7	42.1
0.4	−10.2	−11.1	−7.8	−1.3
6.6	−4.9	−5.4	−0.1	−3.6
5.7	2.1	0.6	−1.5	−20.0
…	14.4	5.3	8.2	4.8
−0.4	−0.7	−0.7	−0.3	
4.3	0.5	0.6	0.3	
6.6	1.5	2.8	3.2	4.5
13.6	11.4	11.8	12.3	9.0
13.2	10.1	10.6	11.2	7.6
…	3.3	3.9	4.5	
13.3	8.4	10.2	10.7	7.8
13.0	8.5	10.8	11.1	7.6
…	4.3	4.5	3.9	1.4
…	16.7	15.9	16.0	20.8
2.0	−3.7	−3.3	−3.1	−10.2
0.5	−0.3	−0.4	−0.6	−1.1
2.8	3.0	4.7	6.0	6.9
2.8	2.5	3.9	9.1	2.6
2.3	1.6	3.1	4.2	5.8
2.4	1.7	3.2	4.2	5.7

主要年份人均主要工农业产品产量

年份	粮食（千克）	油料（千克）	甘蔗（千克）	烤烟（千克）	水果（千克）	茶叶（千克）	肉类（千克）	奶类（千克）
1978	306.72	5.68	118.60	0.51	4.16	0.84		0.38
1985	289.45	6.34	195.54	1.24	10.72	1.48	18.11	1.53
1990	292.19	5.87	114.36	1.42	25.17	1.93	23.86	1.62
1995	287.03	7.26	77.57	1.79	74.67	2.95	32.03	1.97
2000	254.14	7.67	24.59	2.72	105.99	3.75	43.39	2.95
2003	199.90	7.49	33.97	2.91	127.03	4.32	46.58	5.55
2009	184.45	7.26	18.21	4.00	156.02	7.35	48.44	4.30

年份	水产品（千克）	食用菌（千克）	造林面积（平方米）	原煤（千克）	发电量（千瓦小时）	机制纸及纸板（千克）	水泥（千克）	化肥（千克）
1978	22.42		80.17	174.20	167.55	8.27	49.60	6.75
1985	36.53		103.05	221.00	281.29	13.42	105.92	11.98
1990	48.36	6.06	100.95	307.38	453.91	17.30	179.39	14.50
1995	99.08	11.93	13.02	353.88	816.07	32.55	471.50	15.93
2000	156.97	13.75	7.29	111.52	1200.51	25.30	450.09	18.25
2003	159.08	14.09	4.81	223.82	1756.40	41.37	608.65	16.30
2009	157.56	19.98	9.20	682.10	3238.03	93.82	1506.43	16.50

主要年份总人口及人口变动

年　份	总人口（万人）	人口出生率（‰）	人口死亡率（‰）	人口自然增长率（‰）	人口密度（人/平方公里）
1980	2519	18.68	6.27	12.41	203
1985	2769	23.88	6.18	17.70	223
1990	3037	24.44	6.71	17.73	245
1995	3227	15.20	5.90	9.30	261
2000	3410	11.60	5.85	5.75	275
2003	3488	11.43	5.58	5.85	281
2005	3535	11.60	5.62	5.98	285
2009	3627	12.20	6.00	6.20	293

主要年份按城乡分全社会固定资产投资额

单位:亿元

年份	全社会固定资产投资额	城镇	#房地产开发	农村	集体	农户	比上年增长(%)
1980	18.30	13.57		4.73	2.75	1.98	19.6
1985	55.62	42.35		13.27	6.43	6.84	60.7
1990	115.41	81.39	13.47	34.02	9.12	24.90	13.5
1995	681.17	551.18	151.37	129.99	43.26	86.73	26.4
2000	1082.47	863.21	207.37	219.26	132.17	87.09	4.1
2003	1507.87	1240.78	362.07	267.09	170.67	96.42	22.5
2009	6362.03	5679.44	1136.35	682.59	501.50	181.10	20.0

注:1.1999—2009年农村集体系非农户投资;2.按国家制度要求,为剔除与"农村投资"重复计算因素,从1999年起全社会投资均不含城关镇以下私人建房投资;3.自2006年起城镇工矿区私人建房投资纳入项目统计。

主要年份全社会住宅投资额

单位:亿元

年份	全社会住宅投资额	#房地产开发	#城乡个人	城镇	农村
1985	13.59		7.42	2.15	5.26
1990	39.06	9.10	24.68	6.26	18.42
1995	219.81	88.51	106.85	41.07	65.78
2000	239.64	125.07	90.81	24.54	66.27
2003	333.28	237.67	76.04	19.95	54.83
2009	1008.51	743.27	147.01	9.59	137.42

主要年份全社会住宅竣工面积

单位:万平方米

年份	全社会住宅竣工面积	#房地产开发	#城乡个人	城镇	农村
1985	1428.30		1066.52	239.52	827.00
1990	2438.93	139.47	2093.88	290.35	1803.53
1995	3685.20	585.82	2814.57	1009.28	1805.29
2000	3432.91	771.81	2376.99	446.99	1930.00
2003	3140.13	1074.29	1798.59	380.59	1418.00
2005	4005.03	1304.85	2523.71	407.03	2116.68
2009	3959.01	1690.85	1896.32	89.74	1806.58

主要年份地区生产总值指数

（以1952年为100）

年份	地区生产总值	第一产业	第二产业			第三产业	人均GDP
				工业	建筑业		
1952	100.0	100.0	100.0	100.0	100.0	100.0	100.0
1980	563.9	225.3	1564.4	1455.1	2334.6	868.4	279.3
1985	1047.5	316.7	2968.2	2884.7	3318.8	2207.8	477.4
1990	1665.8	409.0	5233.3	5595.3	975.0	3615.6	696.9
1995	3869.0	644.9	17347.3	19090.2	2625.3	7376.8	1493.2
2000	6653.7	876.2	32080.0	36372.6	3660.4	12954.3	2451.1
2003	8877.3	962.2	46501.5	53537.1	4741.1	16958.1	3163.2
2005	11079.3	1031.5	59968.7	69361.6	5892.1	21357.2	3894.3
2009	18595.9	1186.5	108138.7	123788.4	11444.8	36143.2	6359.2

主要年份地区生产总值

单位：亿元

年份	地区生产总值	第一产业	第二产业			第三产业	人均GDP（元）
				工业	建筑业		
1980	87.06	31.95	35.68	29.55	6.13	19.43	348
1985	200.48	68.13	72.56	62.09	10.47	59.79	737
1990	522.28	147.01	174.47	150.55	23.92	200.80	1763
1995	2094.90	464.82	882.34	748.92	133.42	747.74	6526
2000	3764.54	640.57	1628.45	1422.34	206.11	1495.52	11194
2003	4983.67	692.94	2340.82	2061.31	279.51	1949.91	14333
2005	6554.69	827.36	3175.92	2801.88	374.05	2551.41	18605
2009	12236.53	1182.74	6005.30	5106.38	898.92	5048.49	33840

主要年份全社会就业情况

年份	从业人员数（万人）								城镇登记失业人数（万人）	城镇登记失业率（%）
	合计	职工	国有单位	城镇集体单位	其他单位	城镇个私劳动者	乡村劳动者	其他从业人员		
1980	963.72	231.12	167.45	63.66		2.77	729.83		16.76	6.7
1985	1152.09	274.11	191.37	80.93	1.81	13.78	864.20		16.50	5.4
1990	1348.38	310.86	214.65	78.12	18.09	25.28	1012.24		9.00	2.6
1995	1567.09	344.11	217.06	60.30	66.75	66.04	1148.47	8.48	7.20	1.9
2000	1660.19	318.00	166.78	33.15	118.07	90.19	1244.12	7.87	9.10	2.6
2003	1756.71	334.08	147.07	23.13	163.89	128.40	1283.68	10.55	14.60	4.1
2005	1868.50	386.99	144.51	18.19	224.29	155.42	1313.01	13.07	14.86	4.0
2009	2168.86	452.76	142.73	14.41	295.63	319.57	1375.33	21.20	15.19	3.9

注：1.1998年起职工的统计口径为"在岗职工"。1998年以前国有单位统计口径为国有经济单位，集体单位统计口径为集体经济单位，其他单位统计口径为其他各种经济类型单位。2.2006年乡村劳动者人数为推算数。

主要年份城镇居民家庭基本情况

年　份	平均每户家庭人口（人）	平均每户就业人数（人）	平均每户就业面（%）	平均每一就业者负担人数（人）	平均每人全年可支配收入（元）	平均每人消费性支出（元）	平均每人住房建筑面积（平方米）
1980	4.53	2.32	51.2	1.95	450	392	11.3
1985	4.06	2.25	55.4	1.81	733	675	15.3
1990	3.64	2.09	57.4	1.74	1749	1431	18.1
1995	3.27	1.93	59.0	1.69	4853	4132	24.3
2000	3.23	1.80	55.7	1.79	7432	5639	28.0
2003	3.08	1.72	55.8	1.79	10000	7356	29.8
2009	3.12	1.72	55.1	1.81	19577	13451	37.5

主要年份农民家庭基本情况

年　份	平均每户常住人口（人）	平均每户整半劳动力（人）	平均每个劳动力负担人口（人）	平均每人纯收入（元）	平均每人生活消费支出（元）		平均每人使用住房面积（平方米）
					平均每人生活消费品支出（元）	平均每人文化生活服务支出（元）	
1980	6.25	2.06	3.03	171.75	157.67	152.34	5.33	
1985	5.74	2.95	1.94	396.45	350.57	337.21	13.36	14.47
1990	5.50	3.03	1.81	764.41	707.97	646.85	61.12	18.47
1995	4.91	3.02	1.62	2048.59	1793.68	1507.46	286.22	22.88
2000	4.24	2.70	1.57	3230.49	2409.69	1933.28	476.41	32.14
2003	4.08	2.83	1.44	3733.93	2717.92	2186.67	531.25	35.96
2005	4.05	2.77	1.47	4450.36	3292.63	2617.70	674.93	40.15
2009	3.98	2.78	1.43	6680.18	5015.72	3577.42	1438.30	46.76

居民消费价格指数

（以上年为100）

项　目	全　省	城　市	农　村
居民消费价格指数	98.2	98.3	97.9
一、按商品和非商品分			
消费品价格指数	97.9	98.2	97.3
服务项目价格指数	99.1	98.6	100.3
二、按类别分			
食品	99.0	99.5	98.0
烟酒及用品	102.1	102.3	101.9
衣着	96.3	96.6	95.7
家庭设备用品及维修服务	100.3	100.8	99.1
医疗保健和个人用品	101.3	101.7	100.6
交通和通讯	96.9	96.6	97.6
娱乐教育文化用品及服务	98.3	98.0	99.0
居住	94.8	94.6	95.1

城镇单位人均劳动报酬

单位：元

项　　目	单位从业人员	在岗职工	其他从业人员
合计	28366	28666	21913
按企事业机关分			
企业	26347	26491	23332
事业	34697	35557	15756
机关	39632	40448	15038
按国民经济行业分			
农、林、牧、渔业	15790	19462	7506
采矿业	26014	26085	23603
制造业	22631	22417	40454
电力、燃气及水的生产和供应业	42466	42907	19663
建筑业	26029	26595	22464
交通运输、仓储和邮政业	35263	36351	19946
信息传输、计算机服务和软件业	52776	54421	32822
批发和零售业	27927	28256	18540
住宿和餐饮业	18681	18675	18873
金融业	61181	71753	20874
房地产业	31581	31486	33403
租赁和商务服务业	22736	22842	17575
科学研究、技术服务和地质勘查业	37348	38461	19558
水利、环境和公共设施管理业	24092	25501	12783
居民服务和其他服务业	27430	27488	25148
教育	36952	37515	16105
卫生、社会保障和社会福利业	36226	37530	18213
文化、体育和娱乐业	31419	32436	16990
公共管理和社会组织	39727	40568	14932
按三次产业分			
第一产业	15790	19462	7506
第二产业	23905	23781	27576
第三产业	36294	37249	19443

财政地方级一般预算收入

单位：万元

项 目	2000	2003	2005	2007	2008	2009
收入合计	2341061	3047100	4326003	6994577	8334032	9324282
1. 增值税	353461	543961	731267	1070785	1241126	1295427
2. 营业税	582053	847298	1246076	2087305	2268933	2652259
3. 企业所得税	321959	368133	542646	925849	1172533	1232124
4. 企业所得税退税	－3243	－63				
5. 个人所得税	247517	212552	274137	414223	449835	475409
6. 资源税	7007	14501	21436	43128	54626	58749
7. 固定资产投资方向调节税	8784	69	103	150	6	
8. 城市维护建设税	97646	139206	185544	289389	334975	350177
9. 房产税	95496	131463	169576	212451	246332	274124
10. 印花税	18309	34770	55267	92309	108788	118121
11. 城镇土地使用税	15746	20168	29400	88823	290413	237081
12. 土地增值税	4326	9874	40785	197014	301650	367792
13. 车船使用和牌照税	6055	9804	12662	19167	41571	49469
14. 烟叶税				27499	37567	43639
15. 耕地占用税	13474	20931	32003	65264	100443	168367
16. 契税	55799	115484	209093	406880	395728	458692
17. 国有资本经营收入				101259	116377	189314
18. 国有资源(资产)有偿使用收入				66782	146195	290469
19. 行政性收费收入	74946	214450	290876	368661	422683	425218
20. 罚没收入	101764	165018	213993	275598	289606	279798
21. 专项收入	64036	82689	120693	213206	271093	272804
22. 其他收入	127716	43619	48254	28835	43552	85239

财政一般预算支出

单位：万元

项 目	2007	2008	2009	2009 年比上年增长(%)
支出合计	9106446	11377159	14118238	24.1
1. 一般公共服务	1619087	1891974	2038230	7.7
2. 外交				
3. 国防	32004	31468	32557	3.5
4. 公共安全	765591	915985	994719	8.6
5. 教育	1836550	2332923	2775527	19.0
6. 科学技术	212670	256281	278903	8.8
7. 文化体育与传媒	182941	224251	257706	14.9
8. 社会保障和就业	905712	1092914	1328536	21.6
9. 医疗卫生	519887	742741	933922	25.7
10. 环境保护	87563	140264	338250	141.2
11. 城乡社区事务	615597	750936	784441	4.5
12. 农林水事务	614904	804268	1208948	50.3
13. 交通运输	266274	456079	1276205	179.8
14. 工业商业金融等事务	605311	880165	938201	6.6
15. 其他支出	842355	856910	932093	8.8

主要年份农林牧渔业总产值和指数

年份	农林牧渔业总产值（亿元）					农林牧渔业总产值指数（1952年=100）				
	总产值	#农业	#林业	#牧业	#渔业	总指数	#农业	#林业	#牧业	#渔业
1980	45.49	31.13	3.41	7.38	3.57	244.0	227.8	313.6	260.3	305.7
1985	99.05	59.34	9.13	19.62	10.96	360.6	302.9	644.5	478.7	515.5
1990	227.12	118.31	21.54	51.93	35.34	478.9	368.4	911.6	675.4	991.7
1995	738.63	340.48	59.24	144.45	194.47	806.7	547.3	1510.7	1062.7	2288.2
2000	1037.27	420.98	82.29	208.18	325.82	1167.6	714.3	2046.2	1499.1	3907.6
2003	1170.54	461.72	79.25	234.54	341.40	1284.4	786.8	2095.5	1691.1	4307.6
2009	2001.24	826.22	162.20	366.91	565.58	1600.0	966.6	3074.7	1963.2	5446.2

注：1.2003年起采用国民经济行业分类GB/T4754—2002，其他年份均采用GB/T4754—94。2.2003年数据根据2006年农普结果进行了调整。

金融机构人民币各项存款和贷款余额

单位：亿元

年份	各项存款	#企业存款	#财政存款	#城乡居民储蓄存款	各项贷款	#农业贷款
1990	359.45	105.06		183.26	381.93	34.75
1995	1451.68	477.84		795.43	1176.63	51.10
2000	3114.32	1002.17	39.59	1767.59	2438.82	140.12
2003	5178.29	1561.01	51.74	2924.65	3837.51	243.51
2009	14702.34	4659.67	549.46	7078.81	12360.32	674.88

注：2009年含外资银行。

银行现金收入及支出

单位：亿元

项目	2000	2003	2005	2009
现金收入	14799.25	19289.67	23592.72	24425.61
#商品销售收入	1127.24	1310.45	1614.52	1370.61
服务业收入	527.24	639.75	754.91	774.93
税款收入	78.74	101.09	135.70	117.58
城乡个体经营收入	310.64	278.81	263.20	205.06
储蓄存款收入	11275.47	15421.43	18891.68	19576.10
其他金融机构收入	71.31	31.99	36.02	16.19
汇兑收入	468.89	293.88	265.42	91.60
现金支出	14837.47	19340.97	23655.89	24432.62
#工资性支出	604.27	804.95	941.09	954.01
农副产品采购支出	360.62	457.59	567.40	435.41
工矿及其他产品采购支出	379.83	524.47	671.14	358.56
行政企事业管理费支出	500.12	758.40	890.11	882.53
城乡个体经营支出	374.34	359.47	375.30	247.38
储蓄存款支出	11438.26	15068.85	18598.24	19598.04
其他金融机构支出	61.49	14.97	27.97	22.41
汇兑支出	275.52	153.58	136.87	59.40

主要年份进出口总额

年 份	进出口总额（万美元）	出 口	进 口	进出口总额（万元）	出 口	进 口
1985	90084	55718	34366	263946	163254	100692
1990	433908	244906	189002	2265000	1278409	986591
1995	1444569	790806	653763	12105488	6626954	5478534
2000	2122332	1290828	831504	17568664	10685474	6883190
2003	3532551	2113173	1419378	29242457	17492846	11749611
2009	7964937	5331902	2633034	54408483	36422225	17986258

实际利用外商直接投资金额

单位：万美元

年 份	合 计	合资企业	合作企业	独资企业
1985	11782	8566	2950	266
1990	29002	12617	2780	13605
1995	403881	124872	54073	224936
2000	380386	74548	13263	291365
历史可比口径				
2003	499329			
2005	622984			
2009	1006481			
验资口径				
2005	260775	31021	670	222422
2009	573747	104761	1372	458815

主要年份各类运输总量

年 份	客运量（万人）	旅客周转量（亿人千米）	货运量（万吨）	货物周转量（亿吨千米）
1980	16676	62.37	7979	100.34
1985	33984	130.33	13317	161.97
1990	39495	175.40	20321	272.71
1995	40080	247.65	28922	608.61
2000	44203	333.97	29483	687.65
2003	48097	386.19	33422	1223.82
2009	76121	597.75	58231	2477.46

地区生产总值

（2009 年）

单位：亿元

地　区	地区生产总值	第一产业	第二产业			第三产业	人均 GDP
				工业	建筑业		
福州市	**2604.04**	**242.00**	**1108.19**	**891.64**	**216.55**	**1253.86**	**38015**
福州市辖区	1327.98	11.21	474.66	348.77	125.89	842.11	49003
福清市	411.35	55.92	200.42	168.80	31.62	155.02	34137
长乐市	254.67	24.39	158.88	148.80	10.08	71.40	37179
闽侯县	196.89	20.53	107.28	94.75	12.53	69.08	31007
连江县	157.75	57.23	50.47	43.88	6.58	50.05	28682
罗源县	78.88	16.28	46.08	43.03	3.05	16.52	39442
闽清县	73.78	13.04	41.20	36.34	4.85	19.54	30742
永泰县	61.60	20.70	21.46	7.45	14.01	19.44	22815
平潭县	73.58	22.69	13.46	5.53	7.93	37.42	20726
厦门市	**1737.23**	**20.49**	**821.03**	**678.18**	**142.85**	**895.71**	**68938**
莆田市	**691.42**	**76.59**	**375.03**	**318.95**	**56.08**	**239.80**	**24260**
莆田市辖区	572.04	58.29	322.89	273.54	49.35	190.86	29186
仙游县	119.38	18.30	52.14	45.41	6.73	48.94	13413
三明市	**800.24**	**146.28**	**365.36**	**312.87**	**52.48**	**288.60**	**30370**
三明市辖区	186.89	9.31	99.17	85.27	13.91	78.40	47015
永安市	149.92	17.31	76.79	68.65	8.14	55.82	41243
明溪县	26.61	8.43	8.99	7.81	1.18	9.19	24751
清流县	35.07	8.60	13.83	11.58	2.25	12.65	25790
宁化县	48.14	15.44	16.16	12.63	3.53	16.53	16100
大田县	66.00	15.80	30.90	28.73	2.16	19.30	20401
尤溪县	83.14	27.12	29.19	24.11	5.09	26.83	22260
沙县	85.80	15.64	40.14	36.63	3.51	30.02	35600
将乐县	44.08	9.68	20.44	16.19	4.25	13.96	28622
泰宁县	39.53	9.03	14.90	12.26	2.64	15.60	34075
建宁县	35.08	9.92	14.85	9.02	5.83	10.31	28407
泉州市	**3069.50**	**116.74**	**1778.68**	**1632.20**	**146.48**	**1174.08**	**39227**
泉州市辖区	703.57	11.95	382.17	336.13	46.04	309.45	54142
石狮市	325.32	12.71	176.66	163.49	13.17	135.95	59095
晋江市	798.89	13.22	510.87	487.40	23.46	274.80	49775
南安市	413.43	16.74	256.36	241.35	15.01	140.33	27868
惠安县	344.52	20.80	201.70	176.39	25.31	122.02	36573
安溪县	248.95	20.89	134.88	124.99	9.90	93.18	23137
永春县	148.81	13.55	72.12	66.14	5.98	63.14	27381
德化县	88.64	6.87	48.00	40.38	7.62	33.77	28731

（续）

地　　区	地区生产总　　值	第一产业	第二产业			第三产业	人均 GDP
				工业	建筑业		
漳州市	**1178.01**	**218.65**	**519.98**	**453.54**	**66.45**	**439.37**	**24619**
漳州市辖区	299.82	8.57	140.71	116.68	24.03	150.54	49887
龙　海　市	294.79	33.81	170.96	159.21	11.76	90.02	34681
云　霄　县	58.32	18.29	16.94	13.44	3.50	23.09	13770
漳　浦　县	125.60	37.31	38.07	28.74	9.33	50.22	15060
诏　安　县	80.91	25.56	28.17	24.55	3.61	27.18	13760
长　泰　县	61.75	9.99	34.30	32.53	1.77	17.46	30798
东　山　县	59.00	17.15	23.10	20.30	2.80	18.74	27479
南　靖　县	89.49	26.66	37.08	33.98	3.09	25.76	24928
平　和　县	72.50	30.63	15.22	11.62	3.60	26.65	13194
华　安　县	35.83	10.68	15.44	12.48	2.96	9.71	21784
南平市	**621.65**	**139.71**	**246.74**	**198.61**	**48.13**	**235.20**	**21473**
南平市辖区	152.74	20.03	79.74	60.61	19.13	52.97	30427
邵　武　市	89.31	16.84	37.92	30.96	6.96	34.55	30172
武夷山市	55.90	10.96	17.53	11.16	6.37	27.41	25880
建　瓯　市	87.19	24.46	28.64	24.86	3.78	34.09	17722
建　阳　市	66.38	16.56	27.49	23.89	3.60	22.33	20055
顺　昌　县	44.91	10.34	15.44	13.59	1.85	19.12	18254
浦　城　县	54.92	16.34	18.22	14.52	3.70	20.36	16059
光　泽　县	29.20	10.27	9.82	9.00	0.82	9.11	20417
松　溪　县	20.49	7.03	6.00	4.70	1.30	7.46	14532
政　和　县	20.61	6.87	5.95	5.32	0.62	7.79	10386
龙岩市	**824.88**	**114.99**	**414.00**	**352.26**	**61.75**	**295.88**	**29725**
龙岩市辖区	342.32	18.93	208.06	185.59	22.48	115.32	58516
漳　平　市	82.96	12.73	29.55	23.58	5.97	40.68	30499
长　汀　县	72.69	17.05	26.00	19.41	6.60	29.64	17669
永　定　县	94.62	16.55	45.70	39.85	5.85	32.37	22528
上　杭　县	108.34	19.16	61.10	50.11	10.99	28.08	24346
武　平　县	61.56	15.80	20.70	14.25	6.45	25.06	18239
连　城　县	62.40	14.77	22.89	19.47	3.42	24.74	20459
宁德市	**612.28**	**113.55**	**245.45**	**200.54**	**44.91**	**253.28**	**20174**
宁德市辖区	108.36	15.61	31.17	16.59	14.58	61.58	25599
福　安　市	142.84	19.83	73.92	66.25	7.67	49.08	25037
福　鼎　市	107.56	15.51	50.47	44.28	6.18	41.58	20150
霞　浦　县	79.87	20.07	22.11	14.96	7.15	37.69	17220
古　田　县	69.19	19.46	24.69	21.92	2.77	25.04	17319
屏　南　县	28.80	6.70	10.34	8.78	1.56	11.76	17214
寿　宁　县	29.95	8.24	10.59	8.21	2.39	11.12	13135
周　宁　县	22.91	4.06	10.27	8.99	1.28	8.58	14482
柘　荣　县	22.81	4.05	11.89	10.56	1.33	6.86	25132

地区生产总值指数

（单位：以上年为100）

地区	地区生产总值	第一产业	第二产业	工业	建筑业	第三产业	人均GDP
福州市	**113.0**	**104.8**	**114.8**	**113.7**	**120.0**	**112.9**	**112.1**
福州市辖区	114.3	103.4	115.6	114.3	120.2	113.7	114.7
福清市	107.3	104.3	105.0	102.9	120.4	111.9	106.4
长乐市	114.3	105.3	115.9	115.4	123.0	113.7	112.6
闽侯县	118.4	106.5	125.6	126.3	120.3	111.3	110.9
连江县	114.4	105.1	134.5	136.8	120.6	107.3	114.4
罗源县	125.1	102.4	144.9	146.3	125.5	108.2	125.1
闽清县	110.8	105.1	112.6	112.0	119.5	110.4	110.8
永泰县	112.6	105.5	119.1	113.0	123.0	112.5	112.6
平潭县	111.5	105.2	121.3	121.9	120.8	112.1	109.9
厦门市	**108.0**	**100.5**	**106.2**	**106.1**	**106.8**	**110.2**	**106.7**
莆田市	**114.5**	**105.0**	**115.7**	**114.3**	**125.7**	**115.6**	**113.9**
莆田市辖区	115.4	105.6	116.7	115.1	127.2	116.0	114.7
仙游县	110.7	103.1	110.3	109.5	116.0	113.8	110.1
三明市	**113.2**	**105.6**	**117.6**	**116.7**	**123.8**	**111.7**	**112.8**
三明市辖区	112.4	105.4	110.2	110.9	106.2	115.8	110.4
永安市	113.7	105.5	120.8	121.8	111.6	107.1	112.8
明溪县	113.2	105.7	116.9	116.3	120.8	116.0	114.2
清流县	114.1	105.8	121.5	118.9	145.3	113.4	111.1
宁化县	113.4	105.5	123.7	119.9	140.5	111.4	114.2
大田县	113.6	105.9	120.2	129.2	57.3	110.0	114.0
尤溪县	112.6	105.5	121.3	111.4	230.5	109.7	112.5
沙县	113.9	105.7	118.1	116.1	158.1	112.9	114.4
将乐县	113.7	105.5	121.4	116.0	153.9	109.5	113.7
泰宁县	112.8	105.9	119.0	113.8	159.6	111.6	110.9
建宁县	114.2	106.1	122.5	114.3	138.9	111.1	115.1
泉州市	**112.5**	**102.3**	**113.6**	**113.4**	**116.3**	**111.6**	**111.6**
泉州市辖区	113.2	99.6	114.1	116.6	97.8	112.7	112.2
石狮市	112.9	100.2	115.9	114.5	138.3	110.3	112.1
晋江市	112.5	105.4	113.6	113.1	126.9	110.6	111.6
南安市	113.1	104.2	114.0	113.4	126.6	112.4	112.3
惠安县	112.9	100.2	114.0	113.2	120.9	113.4	112.1
安溪县	111.0	105.2	114.2	113.5	126.2	107.5	110.0
永春县	110.8	101.4	112.1	111.3	122.9	111.3	109.9
德化县	108.0	101.0	108.5	104.4	141.4	108.7	107.3

（续）

地　　区	地区生产总值	第一产业	第二产业	工业	建筑业	第三产业	人均 GDP（元）
漳州市	**113.3**	**105.2**	**115.1**	**114.4**	**120.7**	**115.0**	**112.6**
漳州市辖区	112.9	102.8	110.9	109.8	117.3	115.5	111.8
龙海市	113.1	104.2	113.3	113.7	108.4	115.9	112.5
云霄县	112.9	106.6	119.8	121.0	114.8	112.8	112.2
漳浦县	113.3	104.9	122.1	113.1	167.4	113.2	112.5
诏安县	113.2	105.5	119.6	120.6	112.1	113.9	112.7
长泰县	115.3	105.6	117.5	117.3	120.8	116.4	114.4
东山县	115.1	106.0	121.4	123.5	105.9	115.2	114.4
南靖县	113.1	105.7	115.8	114.6	137.5	115.5	112.3
平和县	113.3	106.3	126.9	127.3	125.5	113.8	113.0
华安县	113.9	103.0	118.8	120.2	112.8	117.5	113.7
南平市	**113.9**	**105.7**	**117.4**	**115.7**	**125.5**	**114.7**	**113.5**
南平市辖区	112.9	105.7	112.2	108.6	126.2	116.2	112.7
邵武市	115.0	105.7	123.4	122.0	131.6	110.5	115.0
武夷山市	113.7	105.7	124.5	124.5	124.6	110.5	113.1
建瓯市	114.6	105.5	119.7	118.5	128.4	116.6	114.8
建阳市	115.3	105.2	120.6	121.2	117.0	116.3	115.3
顺昌县	114.0	106.1	116.5	116.3	118.0	115.7	113.6
浦城县	113.6	105.6	115.8	115.4	117.7	117.2	112.9
光泽县	113.1	107.2	115.6	115.0	122.0	116.3	111.5
松溪县	113.2	105.5	119.9	116.1	137.6	114.7	115.2
政和县	113.2	105.3	117.3	115.4	138.4	116.4	113.5
龙岩市	**114.0**	**104.0**	**115.5**	**113.8**	**125.7**	**115.8**	**113.6**
龙岩市辖区	114.9	104.9	114.6	113.9	121.3	117.1	114.0
漳平市	114.7	104.3	118.5	118.9	117.2	116.0	114.7
长汀县	114.9	103.9	121.7	120.5	125.7	114.9	114.6
永定县	108.4	103.9	105.4	103.0	126.3	114.8	108.2
上杭县	114.6	103.4	120.4	114.2	136.1	114.8	113.8
武平县	114.6	103.6	124.2	121.0	131.7	114.2	114.4
连城县	114.3	103.7	121.3	120.2	129.0	114.1	114.3
宁德市	**113.3**	**105.8**	**114.8**	**113.9**	**119.2**	**115.1**	**113.5**
宁德市辖区	113.0	104.5	117.4	115.8	119.3	113.1	112.5
福安市	112.6	105.8	113.5	113.1	117.5	113.7	112.5
福鼎市	115.6	106.6	111.8	111.7	112.7	123.7	115.6
霞浦县	112.2	106.5	118.2	117.3	120.1	111.6	112.1
古田县	112.8	105.8	114.6	113.9	120.6	115.8	113.2
屏南县	114.3	105.5	115.0	114.1	120.5	118.3	115.1
寿宁县	114.5	105.8	121.1	117.4	134.5	114.2	115.2
周宁县	112.2	105.3	115.9	115.4	119.9	110.7	114.2
柘荣县	113.6	105.3	116.9	116.4	121.1	112.9	114.0

年末户籍统计人口数

单位：万人

地区	年末户籍统计总人口	按城乡分		按性别分	
		农业	非农业	男	女
福州市	**6379177**	**2642903**	**3736274**	**3293233**	**3085944**
福州市辖区	1873340	1568132	305208	945949	927391
福清市	1251762	359515	892247	645954	605808
长乐市	673717	239411	434306	355091	318626
闽侯县	643753	64396	579357	334695	309058
连江县	625135	142386	482749	324406	300729
罗源县	254588	66548	188040	133480	121108
闽清县	306471	67140	239331	162226	144245
永泰县	360689	60605	300084	191807	168882
平潭县	389722	74770	314952	199625	190097
厦门市	**1769983**	**1421034**	**348949**	**889212**	**880771**
莆田市	**3196128**	**611156**	**2584972**	**1615561**	**1580567**
莆田市辖区	2129771	413583	1716188	1068598	1061173
仙游县	1066357	197573	868784	546963	519394
三明市	**2710608**	**870083**	**1840525**	**1412436**	**1298172**
三明市辖区	283639	220612	63027	144695	138944
永安市	322236	169092	153144	167404	154832
明溪县	116359	32754	83605	60177	56182
清流县	145232	35109	110123	75196	70036
宁化县	354759	51421	303338	184482	170277
大田县	367182	69520	297662	194468	172714
尤溪县	419744	66653	353091	223329	196415
沙县	250735	117404	133331	130376	120359
将乐县	172461	46392	126069	89453	83008
泰宁县	130593	35131	95462	67432	63161
建宁县	147668	25995	121673	75424	72244
泉州市	**6808476**	**1963253**	**4845223**	**3477317**	**3331159**
泉州市辖区	1029421	629635	399786	518460	510961
石狮市	314945	97434	217511	160073	154872
晋江市	1056929	365933	690996	537800	519129
南安市	1501315	375473	1125842	773143	728172
惠安县	953805	138535	815270	472261	481544
安溪县	1077656	137128	940528	559995	517661
永春县	558996	152583	406413	290631	268365
德化县	315409	66532	248877	164954	150455

（续）

地　区	年末户籍统计总人口	按城乡分		按性别分	
		农业	非农业	男	女
漳州市	**4717677**	**1412653**	**3305024**	**2422970**	**2294707**
漳州市辖区	550092	356867	193225	275199	274893
龙海市	809643	159317	650326	408346	401297
云霄县	430906	69612	361294	225227	205679
漳浦县	843149	252164	590985	432466	410683
诏安县	592915	86049	506866	308039	284876
长泰县	194637	39998	154639	98962	95675
东山县	207324	108867	98457	104006	103318
南靖县	349978	93371	256607	179116	170862
平和县	577382	190407	386975	307643	269739
华安县	161651	56001	105650	83966	77685
南平市	**3101033**	**1098861**	**2002172**	**1607602**	**1493431**
南平市辖区	492658	261156	231502	255070	237588
邵武市	303074	136435	166639	156034	147040
武夷山市	228364	96666	131698	117428	110936
建瓯市	534243	163607	370636	276177	258066
建阳市	338699	146538	192161	175216	163483
顺昌县	240045	64122	175923	123394	116651
浦城县	421183	96474	324709	218464	202719
光泽县	158326	37092	121234	82576	75750
松溪县	162904	40793	122111	84816	78088
政和县	221537	55978	165559	118427	103110
龙岩市	**2933469**	**844214**	**2089255**	**1505807**	**1427662**
龙岩市辖区	478098	314263	163835	242476	235622
漳平市	277009	76784	200225	145716	131293
长汀县	503956	144323	359633	259154	244802
永定县	476079	102672	373407	245972	230107
上杭县	494864	82697	412167	250609	244255
武平县	371409	74004	297405	190286	181123
连城县	332054	49471	282583	171594	160460
宁德市	**3370241**	**1017041**	**2353200**	**1780776**	**1589465**
宁德市辖区	443349	135623	307726	230836	212513
福安市	647637	187492	460145	343411	304226
福鼎市	575906	203354	372552	301041	274865
霞浦县	524135	171270	352865	277422	246713
古田县	426358	143846	282512	225129	201229
屏南县	184122	30948	153174	98885	85237
寿宁县	264126	50778	213348	140535	123591
周宁县	201103	64235	136868	108655	92448
柘荣县	103505	29495	74010	54862	48643

年末常住人口数

单位：万人

地区	年末常住人口数	城镇人口	乡村人口	城镇化水平（%）
福州市	**687.00**	**405.33**	**281.67**	**59.0**
福州市辖区	271.00	261.00	10.00	96.3
福清市	121.00	42.24	78.79	34.9
长乐市	69.00	26.22	42.41	38.2
闽侯县	64.00	25.09	38.91	39.2
连江县	55.00	19.20	35.81	34.9
罗源县	20.00	6.86	13.14	34.3
闽清县	24.00	6.94	17.06	28.9
永泰县	27.00	8.07	18.93	29.9
平潭县	36.00	9.25	26.75	25.7
厦门市	**252.00**	**205.63**	**46.37**	**81.6**
莆田市	**286.00**	**134.99**	**151.01**	**47.2**
莆田市辖区	196.70	109.82	86.88	55.8
仙游县	89.30	25.18	64.12	28.2
三明市	**264.00**	**117.22**	**146.78**	**44.4**
三明市辖区	40.10	34.50	5.60	85.9
永安市	36.50	21.61	14.89	59.2
明溪县	10.70	3.57	7.13	33.4
清流县	13.90	4.46	9.44	32.1
宁化县	29.80	7.72	22.08	25.9
大田县	32.30	9.56	22.74	29.6
尤溪县	37.40	9.87	27.53	26.4
沙县	23.90	11.78	12.12	49.3
将乐县	15.40	6.38	9.02	41.4
泰宁县	11.70	4.39	7.31	37.5
建宁县	12.30	3.42	8.88	27.8
泉州市	**786.00**	**411.08**	**374.92**	**52.3**
泉州市辖区	132.20	101.50	30.70	76.8
石狮市	55.30	41.53	13.77	75.1
晋江市	161.20	80.92	80.28	50.2
南安市	149.00	68.09	80.91	45.7
惠安县	94.60	42.38	52.22	44.8
安溪县	108.10	37.08	71.02	34.3
永春县	54.60	23.21	31.40	42.5
德化县	31.00	16.40	14.60	52.9

地区	年末常住人口数	城镇人口	乡村人口	城镇化水平（%）
漳州市	**480.00**	**207.84**	**272.16**	**43.3**
漳州市辖区	60.30	51.50	8.80	85.4
龙海市	85.20	37.74	47.46	44.3
云霄县	42.50	15.64	26.87	36.8
漳浦县	83.70	31.05	52.64	37.1
诏安县	59.00	17.99	41.00	30.5
长泰县	20.10	7.64	12.46	38.0
东山县	21.50	10.21	11.29	47.5
南靖县	36.00	13.57	22.42	37.7
平和县	55.10	16.64	38.46	30.2
华安县	16.50	5.84	10.66	35.4
南平市	**290.00**	**140.65**	**149.35**	**48.5**
南平市辖区	50.30	30.58	19.72	60.8
邵武市	29.60	18.41	11.19	62.2
武夷山市	21.60	11.34	10.26	52.5
建瓯市	48.30	20.53	27.77	42.5
建阳市	33.20	17.26	15.94	52.0
顺昌县	24.60	11.12	13.48	45.2
浦城县	34.20	14.54	19.67	42.5
光泽县	14.30	5.28	9.02	36.9
松溪县	14.10	4.86	9.24	34.5
政和县	19.80	6.73	13.07	34.0
龙岩市	**278.00**	**117.59**	**160.41**	**42.3**
龙岩市辖区	58.70	46.49	12.21	79.2
漳平市	27.20	11.53	15.67	42.4
长汀县	41.30	14.58	26.72	35.3
永定县	42.00	13.44	28.56	32.0
上杭县	44.50	11.75	32.75	26.4
武平县	33.80	9.57	24.24	28.3
连城县	30.50	10.25	20.25	33.6
宁德市	**304.00**	**123.42**	**180.58**	**40.6**
宁德市辖区	42.50	22.10	20.40	52.0
福安市	57.15	26.97	30.18	47.2
福鼎市	53.45	25.66	27.79	48.0
霞浦县	46.45	17.19	29.26	37.0
古田县	40.00	12.44	27.56	31.1
屏南县	16.75	5.03	11.73	30.0
寿宁县	22.80	6.18	16.62	27.1
周宁县	15.80	4.82	10.98	30.5
柘荣县	9.10	3.03	6.06	33.3

城镇固定资产投资

单位：万元

地区	固定资产投资	按三次产业分			本年新增固定资产	本年住宅竣工面积（平方米）
		第一产业	第二产业	第三产业		
福州市	**14386148**	**89942**	**4443608**	**9852598**	**5389087**	**4711934**
福州市辖区	8607893	53706	1795892	6758295	3117503	2486524
福清市	2083446	9662	1026477	1047307	553650	521747
长乐市	945074	1400	681317	262357	685698	117029
闽侯县	1162530	10718	365294	786518	421124	495976
连江县	748961	9829	184053	555079	220765	565949
罗源县	504025	1650	306523	195852	209457	48860
闽清县	78089	286	39044	38759	62768	31112
永泰县	109180	2171	22436	84573	37355	73468
平潭县	146950	520	22572	123858	80767	371269
厦门市	**8252512**	**3300**	**1665948**	**6583264**	**3512656**	**4860523**
莆田市	**2626234**	**9352**	**1038261**	**1578621**	**1591399**	**1221750**
莆田市辖区	2164669	4253	843260	1317156	1515500	1070202
仙游县	461565	5099	195001	261465	75899	151548
三明市	**4414111**	**85071**	**2227044**	**2101996**	**3429483**	**1886759**
三明市辖区	957185	11494	488158	457533	574337	400262
永安市	691005	12309	365881	312815	316795	481480
明溪县	160671	3704	99216	57751	114236	88139
清流县	183129	6436	102675	74018	168746	45621
宁化县	273891	17960	81887	174044	141026	57864
大田县	339497		208549	130948	237127	32750
尤溪县	353631		196008	157623	549035	127973
沙县	753756	6203	319773	427780	701797	474645
将乐县	288458	12851	190612	84995	306141	113367
泰宁县	249058	5537	83958	159563	194137	19111
建宁县	163830	8577	90327	64926	126106	45547
泉州市	**8228216**	**19874**	**4056384**	**4151958**	**2294910**	**1085675**
泉州市辖区	2300625	880	873990	1425755	603877	178582
石狮市	975431		486402	489029	157822	24558
晋江市	2122459	12035	1141816	968608	392501	46772
南安市	930492	375	526174	403943	470248	224487
惠安县	1110537	3474	731118	375945	284893	191500
安溪县	423056		170350	252706	273971	345961
永春县	159716	610	58392	100714	28960	53696
德化县	205900	2500	68142	135258	82638	20119

（续）

地　　区	固定资产投　　资	按三次产业分			本年新增固定资产	本年住宅竣工面积（平方米）
		第一产业	第二产业	第三产业		
漳州市	**4702668**	**76014**	**2501241**	**2125413**	**2326939**	**2096142**
漳州市辖区	1169933	1596	337142	831195	625258	950897
龙　海　市	976749	16885	392802	567062	546354	609460
云　霄　县	168573		91207	77366	80647	97594
漳　浦　县	919108	15533	758300	145275	195625	74183
诏　安　县	240574		161578	78996	125141	45859
长　泰　县	393488	1215	232048	160225	199472	142887
东　山　县	191057		131264	59793	114182	63938
南　靖　县	276575	16300	180717	79558	194591	4039
平　和　县	154188	24485	79065	50638	136195	46848
华　安　县	212423		137118	75305	109474	60437
南平市	**3560091**	**166179**	**1585772**	**1808140**	**1830858**	**1508188**
南平市辖区	688713	19928	365568	303217	370657	423583
邵　武　市	577434	23981	316051	237402	298246	190506
武夷山市	751362	8185	166925	576252	161834	55175
建　瓯　市	417288	15539	220782	180967	322438	118879
建　阳　市	477931	9153	235538	233240	350488	529528
顺　昌　县	140405	18083	58420	63902	61203	37116
浦　城　县	360895	32525	187567	140803	187395	122928
光　泽　县	80317	38785	17326	24206	55639	23615
松　溪　县	38788		7557	31231	18924	
政　和　县	26958		10038	16920	4034	6858
龙岩市	**3065598**	**35709**	**1713825**	**1316064**	**1747525**	**1280795**
龙岩市辖区	1345364	3096	715497	626771	761788	701745
漳　平　市	317392	3905	186643	126844	141826	61532
长　汀　县	291111	4836	178127	108148	289650	229234
永　定　县	257215	9601	133016	114598	207785	65890
上　杭　县	348427	8216	192787	147424	129828	108256
武　平　县	274057	1695	160115	112247	56519	47875
连　城　县	232032	4360	147640	80032	160129	66263
宁德市	**2355833**	**12349**	**1514384**	**829100**	**1394585**	**1800936**
宁德市辖区	1124983	3870	900709	220404	559804	244168
福　安　市	344046	2000	193573	148473	210698	295198
福　鼎　市	314115	1100	169732	143283	209291	246532
霞　浦　县	186950	2329	82507	102114	140091	287897
古　田　县	82827	350	26588	55889	73205	212919
屏　南　县	76776	500	23897	52379	41200	73300
寿　宁　县	100550		46325	54225	58534	163218
周　宁　县	55639	2200	26605	26834	56072	158233
柘　荣　县	69947		44448	25499	45690	119471

注：1. 本表不包含城镇私人建房投资；2. 本表不包含跨区建设的高速公路、铁路项目投资。

城镇单位在岗职工平均工资

单位:元

地区	在岗职工平均工资	国有	城镇集体	其他	在岗职工平均工资比上年增长(%)
福州市	30704	39287	22943	26125	11.6
福州市辖区	33699	41441	19082	29154	11.2
福清市	25185	35252	34688	22903	11.1
长乐市	30661	39059	22368	24363	16.0
闽侯县	27173	38768	20980	22699	11.6
连江县	25902	36792	19386	18739	12.0
罗源县	27297	33917	29119	19639	11.5
闽清县	27156	30629	27722	20362	9.5
永泰县	28037	31062	19214	14522	23.7
平潭县	27768	30375	14208	21760	27.1
厦门市	**36453**	**56886**	**30423**	**30729**	**12.7**
莆田市	**24654**	**32475**	**27274**	**20361**	**12.8**
莆田市辖区	24771	33346	27922	20579	12.5
仙游县	24002	29568	18860	19003	13.7
三明市	**27384**	**28620**	**22862**	**25824**	**13.2**
三明市辖区	30507	29919	20443	31867	6.6
永安市	28517	31282	19917	23192	22.6
明溪县	26140	27753	20277	16184	14.3
清流县	25287	29913	19779	16199	18.4
宁化县	26504	27766	14492	13921	11.4
大田县	22519	25281	36128	14287	12.4
尤溪县	24582	26534	25342	18272	14.0
沙县	25080	29081	24173	21208	15.7
将乐县	26641	27744	33412	23545	20.5
泰宁县	25753	29110	23377	17514	24.1
建宁县	25457	25699	37582	14689	15.9
泉州市	**25273**	**40544**	**28097**	**22137**	**13.7**
泉州市辖区	26546	41889	25295	21192	15.4
石狮市	23213	48704	30152	19299	11.1
晋江市	25565	48935	26756	24061	13.3
南安市	25748	37741	31994	17664	19.1
惠安县	24170	41545	26785	22233	10.6
安溪县	23355	33690	27887	18212	15.3
永春县	24207	32107	28664	18961	11.1
德化县	21994	32548	19221	16187	10.1

（续）

地　　区	在岗职工平均工资	国有	城镇集体	其他	在岗职工平均工资比上年增长(%)
漳州市	**25055**	**30239**	**22976**	**21363**	**12.5**
漳州市辖区	28724	35457	20276	23428	10.9
龙海市	27396	33141	26575	25455	8.7
云霄县	22824	26352	17583	15972	25.5
漳浦县	20514	25339	26157	16581	19.0
诏安县	21139	24360	21326	17351	14.1
长泰县	21964	31320	31466	18733	10.4
东山县	22470	26543	31756	16255	16.3
南靖县	24004	31120	16939	20673	13.7
平和县	23092	25357	22871	17946	23.5
华安县	24212	29195	29126	19563	10.2
南平市	**25274**	**29987**	**19346**	**19985**	**12.9**
南平市辖区	27156	32298	20758	22729	9.5
邵武市	24129	30742	23984	18877	12.2
武夷山市	24047	28441	15371	19078	13.5
建瓯市	24190	29330	15321	17699	17.8
建阳市	26542	30521	20296	17959	20.4
顺昌县	22972	27578	19331	18790	18.7
浦城县	25988	29968	21016	17256	13.0
光泽县	22076	29075	7957	17701	6.3
松溪县	25529	25929	21572	9635	16.1
政和县	26973	27431	18370	25941	15.7
龙岩市	**27638**	**32858**	**26783**	**23518**	**14.9**
龙岩市辖区	30888	39933	24593	26340	10.0
漳平市	29771	32738	33863	24786	20.7
长汀县	19524	28682	24422	15768	18.8
永定县	27285	28525	33770	22599	18.6
上杭县	30596	31300	38031	29573	21.7
武平县	23982	26826	18911	19601	17.1
连城县	21237	24426	21462	15200	16.7
宁德市	**27275**	**29081**	**23836**	**22883**	**17.0**
宁德市辖区	30637	34716	26992	24469	11.4
福安市	25582	26100	19316	25115	16.5
福鼎市	27554	27664	34579	25948	17.9
霞浦县	23486	26849	18297	13615	14.3
古田县	27140	30085	20630	15701	23.2
屏南县	23614	25714	26778	12313	12.9
寿宁县	26523	27032	24450	21277	41.4
周宁县	24952	25529	18899	24935	31.2
柘荣县	28817	30420	24096	24929	20.8

农民人均纯收入及生活消费支出

单位:元

地区	农民人均纯收入	人均生活消费支出	#食品	#衣着	#居住	农民人均纯收入比上年增长(%)
福州市	**7669**	**5502**	**2485**	**366**	**866**	**7.4**
福州市辖区	10336	6698	3102	476	846	7.5
福清市	9269	6048	2655	400	1069	7.4
长乐市	8938	5728	2458	537	948	7.6
闽侯县	7127	5079	2308	316	1140	8.5
连江县	6947	5299	2577	291	762	7.2
罗源县	6320	6391	2961	480	1239	7.1
闽清县	6337	4695	2203	276	625	6.5
永泰县	5576	4272	2096	208	578	7.3
平潭县	5864	4471	1588	248	717	7.3
厦门市	**9153**	**6852**	**2833**	**363**	**1259**	**8.0**
莆田市	**6921**	**5131**	**2378**	**250**	**858**	**7.5**
莆田市辖区	7225	5427	2509	222	969	7.3
仙游县	5863	4102	1924	348	472	8.1
三明市	**6327**	**4437**	**2037**	**278**	**601**	**8.1**
三明市辖区	7342	5518	2438	366	621	8.0
永安市	6760	5990	2689	429	904	8.4
明溪县	6192	4245	2032	286	491	7.2
清流县	6209	3900	1862	198	802	10.1
宁化县	5599	4355	2114	192	696	6.9
大田县	6084	4401	2068	345	595	7.2
尤溪县	6390	4451	2089	244	461	7.8
沙县	7128	5579	2389	369	550	6.7
将乐县	6218	3440	1535	226	489	8.1
泰宁县	6207	4298	1938	262	721	9.1
建宁县	5755	3241	1484	207	389	9.7
泉州市	**8563**	**6235**	**2645**	**373**	**1043**	**7.4**
泉州市辖区	8087	5804	2680	324	890	7.4
石狮市	11555	8131	3333	474	849	7.0
晋江市	9828	8566	3364	610	1526	6.8
南安市	8724	5982	2627	262	1099	8.2
惠安县	8738	5548	2267	487	686	7.8
安溪县	7701	5810	2315	271	1215	8.2
永春县	7215	4648	2069	321	774	7.0
德化县	6811	5230	2196	285	1324	6.5

（续）

地　　区	农民人均纯收入	人均生活消费支出	#食品	#衣着	#居住	农民人均纯收入比上年增长（%）
漳州市	**7054**	**5079**	**2349**	**231**	**1065**	**8.4**
漳州市辖区	7501	5959	2455	279	1939	7.1
龙海市	7188	5419	2633	280	754	9.8
云霄县	6561	4064	2100	196	543	9.7
漳浦县	7205	5011	2213	172	1005	8.7
诏安县	6554	4630	2183	164	1018	8.9
长泰县	7060	5917	2738	248	1142	9.8
东山县	7567	4958	2561	238	659	8.1
南靖县	6685	4665	2274	322	665	8.0
平和县	6731	4535	1976	141	1292	8.1
华安县	7273	5236	2306	258	1243	7.0
南平市	**6116**	**4426**	**2047**	**313**	**630**	**7.1**
南平市辖区	6934	4914	2162	391	835	8.2
邵武市	7066	5664	2548	237	1082	8.4
武夷山市	7050	4660	2133	481	344	8.4
建瓯市	7152	4434	1998	310	910	7.7
建阳市	6314	4841	2242	348	675	8.5
顺昌县	6172	4245	2000	285	542	7.1
浦城县	6107	3978	1976	261	359	7.8
光泽县	5294	3960	1812	338	542	6.8
松溪县	4476	3937	1795	282	549	6.7
政和县	4682	3783	1885	195	450	6.9
龙岩市	**6252**	**4815**	**2245**	**237**	**651**	**8.2**
龙岩市辖区	8570	6312	2888	404	748	7.0
漳平市	6294	4151	1709	264	639	8.8
长汀县	5356	4479	2096	128	867	9.1
永定县	6832	5083	2514	346	500	8.0
上杭县	5636	4960	2629	158	441	8.5
武平县	5780	4766	2073	160	830	8.9
连城县	5762	4160	1898	250	507	9.0
宁德市	**5838**	**4039**	**1938**	**265**	**728**	**8.0**
宁德市辖区	5781	3661	1956	206	880	7.4
福安市	6250	4650	2238	468	865	8.2
福鼎市	6090	5037	2275	320	754	9.0
霞浦县	6322	4460	2201	228	793	7.5
古田县	6782	3926	1853	223	676	8.1
屏南县	5270	3441	1628	351	412	9.4
寿宁县	5218	3986	1954	127	864	7.7
周宁县	5476	3775	1704	267	544	8.0
柘荣县	5282	3337	1579	175	731	7.4

地方财政收入

单位：万元

地　　区	地方财政收入	#增值税	#营业税	#企业所得税	#个人所得税
福州市	**1952612**	**248558**	**596888**	**219203**	**125809**
福州市辖区	1264771	136917	437473	150222	94472
福清市	210498	32856	47247	26993	7063
长乐市	116452	23086	22562	13901	7624
闽侯县	165770	30044	34934	9909	5967
连江县	75637	9925	22586	7909	4140
罗源县	37187	4735	9711	1979	2668
闽清县	30744	8216	3583	2163	2238
永泰县	16057	1547	4643	2320	600
平潭县	35496	1232	14149	3807	1037
厦门市	**2405608**	**383749**	**696508**	**324405**	**119181**
莆田市	**379066**	**48342**	**98692**	**38454**	**15157**
莆田市辖区	322400	42805	85387	35543	13583
仙游县	56666	5537	13305	2911	1574
三明市	**379648**	**68854**	**102786**	**29327**	**22271**
三明市辖区	136875	31929	35259	10610	7337
永安市	74422	11560	22038	6213	4948
明溪县	7357	1149	2359	445	446
清流县	9389	1811	1972	617	839
宁化县	17190	1338	4331	732	973
大田县	29940	4916	8265	2509	1824
尤溪县	26710	4749	5437	2585	1678
沙　县	38763	5693	11801	3036	2103
将乐县	20268	3971	5010	1361	830
泰宁县	10636	1120	3399	544	635
建宁县	8098	618	2915	675	658
泉州市	**1500538**	**275220**	**348262**	**197299**	**94780**
泉州市辖区	470523	73929	140226	52876	31205
石狮市	154143	26284	37176	20997	10843
晋江市	370721	102730	63977	69112	21645
南安市	163508	29989	35684	20404	13245
惠安县	157942	18277	32229	19249	8071
安溪县	87229	11411	17669	6726	4138
永春县	53502	6116	12619	3323	2938
德化县	42970	6484	8682	4612	2695

（续）

地　区	地方财政收入	#增值税	#营业税	#企业所得税	#个人所得税
漳州市	**709464**	**94813**	**160873**	**59815**	**28369**
漳州市辖区	290649	29031	74727	29543	14027
龙海市	174029	35219	30420	16916	5532
云霄县	23167	1153	7500	654	923
漳浦县	51369	7243	12768	3840	1856
诏安县	24480	1881	5878	742	661
长泰县	31266	6030	8388	2325	1584
东山县	28916	3220	7145	1703	807
南靖县	46248	6490	7291	1858	1436
平和县	22440	2264	4083	853	773
华安县	16900	2282	2673	1381	770
南平市	**313852**	**45864**	**83459**	**27949**	**16001**
南平市辖区	106596	20948	24866	13460	6987
邵武市	44049	6175	13708	2937	2056
武夷山市	34924	2123	11538	3317	1112
建瓯市	31362	3883	8332	2212	1425
建阳市	31217	3737	9328	2224	1307
顺昌县	17318	3423	3818	896	729
浦城县	21005	2120	4492	1063	738
光泽县	11148	1650	2920	850	846
松溪县	7923	811	2364	498	303
政和县	8310	994	2093	492	498
龙岩市	**543378**	**94744**	**116469**	**57773**	**27293**
龙岩市辖区	321818	62229	74467	23229	14862
漳平市	32253	5444	8944	2556	1780
长汀县	24405	4104	5988	1918	1143
永定县	56849	15045	8440	5478	3218
上杭县	67050	3804	9301	21107	3916
武平县	20401	1969	4874	1386	1327
连城县	20602	2149	4455	2099	1047
宁德市	**275414**	**35283**	**83682**	**21675**	**17974**
宁德市辖区	86881	5854	31572	6554	5572
福安市	55547	13130	13510	4756	3187
福鼎市	53058	5529	16101	4149	4000
霞浦县	23683	1392	8347	1251	1266
古田县	23567	2890	5654	2736	1686
屏南县	10009	1572	3187	422	997
寿宁县	8509	1891	2067	664	549
周宁县	8438	1958	1954	687	415
柘荣县	5722	1067	1290	456	302

财政支出

单位：万元

地区	地方财政支出	#一般公共服务支出	#教育支出	#科学技术支出	#农林水事务支出
福州市	**2050925**	**286806**	**458679**	**33118**	**113531**
福州市辖区	1067934	122817	196689	23552	20214
福清市	249332	50118	65973	3511	20804
长乐市	156428	22972	41091	2087	14108
闽侯县	180276	23340	46603	1237	17692
连江县	118222	24380	31496	1399	12303
罗源县	62323	13399	15380	807	6201
闽清县	64434	7617	18393	246	5778
永泰县	69531	10723	21904	142	9388
平潭县	82445	11440	21150	137	7043
厦门市	**2680527**	**440973**	**377230**	**83952**	**88882**
莆田市	**625898**	**80892**	**205592**	**9222**	**67510**
莆田市辖区	474716	64899	147342	8143	48599
仙游县	151182	15993	58250	1079	18911
三明市	**751466**	**114448**	**183980**	**12707**	**108278**
三明市辖区	166762	34288	32515	4378	15578
永安市	100076	14391	17239	1312	11183
明溪县	30839	4015	6728	544	5003
清流县	41486	4402	9521	478	9019
宁化县	72305	7878	19559	949	17682
大田县	67050	7984	22237	1071	7673
尤溪县	73575	10230	26883	722	10884
沙县	73189	12827	19311	1363	8774
将乐县	43515	5695	11101	910	6567
泰宁县	44603	7018	9538	442	6790
建宁县	38066	5720	9348	538	9125
泉州市	**1869038**	**284449**	**476059**	**37001**	**183740**
泉州市辖区	490298	89231	112098	12965	26928
石狮市	181603	25581	28887	3346	13490
晋江市	409134	46225	85831	9328	45807
南安市	234368	29914	65126	2841	29703
惠安县	215564	32500	69678	4971	22191
安溪县	156247	33692	58387	792	20950
永春县	102565	16015	34255	1319	12113
德化县	79259	11291	21797	1439	12558

（续）

地区	地方财政支出	#一般公共服务支出	#教育支出	#科学技术支出	#农林水事务支出
漳州市	**1207303**	**161254**	**231053**	**14804**	**141163**
漳州市辖区	334314	54732	43864	4315	21854
龙海市	233672	24884	38352	3713	26305
云霄县	73685	8720	20657	964	13149
漳浦县	146229	16815	35875	673	21997
诏安县	75628	11639	20782	1264	7282
长泰县	64251	10734	10674	913	10590
东山县	68303	8697	10070	303	15828
南靖县	87389	9949	17492	1649	8491
平和县	79831	9792	24931	314	6448
华安县	44001	5292	8356	696	9219
南平市	**702391**	**92429**	**158993**	**8686**	**92425**
南平市辖区	177060	26704	30682	3338	19594
邵武市	78077	11079	19873	562	8996
武夷山市	75870	7775	12455	891	10228
建瓯市	85490	10426	21834	918	10932
建阳市	64606	9082	16067	722	10069
顺昌县	45438	7978	14397	477	5960
浦城县	64844	6749	16784	902	9809
光泽县	40623	4598	7822	185	6286
松溪县	31485	4111	7790	179	4634
政和县	38898	3927	11289	512	5917
龙岩市	**890415**	**117037**	**211695**	**13745**	**93916**
龙岩市辖区	344307	44891	65518	7043	23414
漳平市	72641	14096	19895	763	9800
长汀县	90049	9040	22984	1171	9538
永定县	115941	11794	30100	1436	12344
上杭县	117596	14988	33250	786	20193
武平县	81353	11754	24406	1515	10737
连城县	68528	10474	15542	1031	7890
宁德市	**693331**	**101619**	**162035**	**6061**	**91562**
宁德市辖区	163258	30959	29380	1596	16694
福安市	113037	16532	27608	713	14900
福鼎市	103653	12188	22912	1054	18414
霞浦县	79715	11010	22415	294	12932
古田县	75925	8454	18986	870	10971
屏南县	40043	5420	10685	562	4770
寿宁县	49440	6323	13498	198	5198
周宁县	35508	5749	9398	150	3607
柘荣县	32752	4984	7153	624	4076

规模以上工业总产值

单位：亿元

地区	工业总产值	轻工业	重工业	工业总产值比上年增长（%）
福州市	**3634.66**	**1471.14**	**2163.51**	**10.5**
福州市辖区	1396.83	557.86	838.98	8.8
福清市	851.68	260.33	591.35	−2.5
长乐市	677.41	467.90	209.51	15.0
闽侯县	303.34	94.19	209.15	28.9
连江县	140.65	59.20	81.45	27.6
罗源县	143.20	10.90	132.30	58.7
闽清县	87.00	7.22	79.78	13.1
永泰县	19.46	12.06	7.40	5.8
平潭县	15.08	1.49	13.59	46.0
厦门市	**2812.76**	**920.36**	**1892.40**	**−5.6**
莆田市	**959.09**	**674.57**	**284.53**	**19.9**
莆田市辖区	840.69	587.34	253.35	20.3
仙游县	118.40	87.23	31.17	17.2
三明市	**974.28**	**254.86**	**719.42**	**10.8**
三明市辖区	307.11	30.61	276.50	−9.5
永安市	214.05	72.61	141.44	26.2
明溪县	20.70	6.70	14.00	20.2
清流县	24.85	7.10	17.75	28.7
宁化县	26.71	7.58	19.13	27.8
大田县	73.99	7.85	66.14	25.0
尤溪县	62.47	36.79	25.68	9.8
沙县	150.73	59.09	91.64	22.8
将乐县	42.59	5.97	36.62	33.4
泰宁县	25.85	7.09	18.76	29.2
建宁县	25.22	13.47	11.75	36.1
泉州市	**4883.59**	**2998.84**	**1884.75**	**14.5**
泉州市辖区	1322.12	692.71	629.42	17.5
石狮市	459.27	412.24	47.03	16.7
晋江市	1515.28	1146.53	368.75	13.8
南安市	592.46	175.59	416.87	13.5
惠安县	492.46	303.73	188.74	21.2
安溪县	278.85	108.50	170.35	−0.2
永春县	130.66	89.05	41.62	13.6
德化县	92.48	70.50	21.98	−0.7

（续）

地　　区	工业总产值	轻工业	重工业	工业总产值指数（以上年为100）
漳州市	**1436.18**	**758.64**	**677.54**	**16.0**
漳州市辖区	364.68	155.51	209.17	12.6
龙海市	541.82	253.91	287.91	11.7
云霄县	41.17	26.86	14.31	27.7
漳浦县	76.87	53.91	22.96	24.8
诏安县	65.11	51.30	13.81	27.1
长泰县	99.10	55.49	43.61	26.6
东山县	62.21	47.73	14.48	30.2
南靖县	122.77	86.52	36.25	13.0
平和县	30.67	20.07	10.60	27.8
华安县	31.79	7.34	24.45	25.3
南平市	**599.31**	**271.67**	**327.64**	**13.4**
南平市辖区	197.69	79.98	117.71	0.7
邵武市	107.64	41.73	65.91	19.0
武夷山市	26.93	21.66	5.27	30.3
建瓯市	72.96	38.79	34.17	28.4
建阳市	74.28	31.77	42.50	23.4
顺昌县	37.10	4.66	32.45	12.4
浦城县	35.56	21.87	13.69	13.7
光泽县	25.11	17.38	7.73	12.8
松溪县	11.44	6.66	4.78	25.7
政和县	10.60	7.17	3.43	27.8
龙岩市	**845.61**	**263.45**	**582.16**	**16.8**
龙岩市辖区	480.23	151.49	328.74	14.9
漳平市	60.45	14.49	45.96	19.2
长汀县	54.23	39.28	14.95	36.3
永定县	76.00	14.58	61.43	8.1
上杭县	88.43	10.51	77.92	10.5
武平县	33.49	11.20	22.30	34.4
连城县	52.78	21.92	30.86	30.8
宁德市	**617.33**	**155.22**	**462.11**	**17.2**
宁德市辖区	94.25	17.36	76.89	26.7
福安市	218.83	28.06	190.77	5.3
福鼎市	127.22	50.22	77.00	26.6
霞浦县	30.72	15.59	15.13	26.7
古田县	49.07	17.78	31.29	19.6
屏南县	19.69	8.12	11.57	21.0
寿宁县	23.60	3.19	20.41	24.4
周宁县	23.44	1.35	22.10	21.3
柘荣县	30.50	13.55	16.95	24.8

注：本表工业总产值指数为现价工业总产值指数。

主要农产品产量

单位：吨

地　　区	粮　食	油　料	甘　蔗	茶　叶	水　果	肉　类	水产品
福州市	**619245**	**45557**	**25718**	**15537**	**338370**	**244802**	**1691129**
福州市辖区	12696	7		1370	19742	16670	148810
福　清　市	128925	29266		86	51105	113214	302178
长　乐　市	95773	1284	1328	77	18563	23998	110030
闽　侯　县	81955	1074	9624	546	47940	37210	31000
连　江　县	51626	1047	1862	4351	33182	9870	640189
罗　源　县	45469	89		4685	7692	7053	107190
闽　清　县	62029	934	932	1077	75251	11428	6365
永　泰　县	115670	2742	11972	3345	82902	18697	6860
平　潭　县	25101	9114			1993	6662	338507
厦门市	**44837**	**9894**	**3679**	**1369**	**17469**	**64055**	**36826**
莆田市	**310295**	**43627**	**56946**	**3694**	**153229**	**124034**	**708800**
莆田市辖区	164401	30362	31216	405	95901	95386	693600
仙　游　县	145893	13265	25730	3289	57328	28648	15200
三明市	**1132565**	**22237**	**44238**	**25469**	**887033**	**150203**	**70838**
三明市辖区	29824	366	1125	209	120636	11163	2860
永　安　市	110367	1774	12398	1432	98887	23542	8906
明　溪　县	91994	2399	711	1494	35759	4973	4190
清　流　县	88246	3380	4480	974	44293	7906	12123
宁　化　县	190811	5925	351	1713	48122	15264	7503
大　田　县	116060	1558	19978	5190	89682	21454	3615
尤　溪　县	172348	1317	1135	8283	156612	18113	6816
沙　　　县	87552	1892	2278	4493	144478	26266	6621
将　乐　县	80829	1225	1422	326	41123	8080	4203
泰　宁　县	64051	2001		525	21055	6725	9386
建　宁　县	100484	400	360	830	86386	6717	4615
泉州市	**826021**	**54535**	**9862**	**49336**	**454326**	**228591**	**984363**
泉州市辖区	68434	8391	2413	367	20768	23730	119644
石　狮　市	12285	1485			1037	1820	266133
晋　江　市	67590	8333			7106	23762	203669
南　安　市	192193	12618	3702	496	76721	58885	355840
惠　安　县	118544	22309		8	12327	34286	34515
安　溪　县	148579	1206	1763	39092	26188	37574	1712
永　春　县	127839	182	1984	8654	245043	22787	1225
德　化　县	90559	11		719	65136	25747	1625

（续）

地　区	粮　食	油　料	甘　蔗	茶　叶	水　果	肉　类	水产品
漳州市	**685571**	**37041**	**370810**	**46614**	**2441099**	**244278**	**1418656**
漳州市辖区	5863	485	37357	196	86255	58056	17443
龙海市	105695	2897	11454	60	82895	41127	338551
云霄县	99224	3567	2600	542	180505	11598	164241
漳浦县	201345	17644	31393	441	292273	33563	338111
诏安县	102822	4871	3100	5462	137035	12348	234350
长泰县	31754	2037	189125	3127	79660	19534	18000
东山县	7343	2592			11229	3880	287853
南靖县	44606	798	8363	10715	427116	30033	11050
平和县	71103	1795		8703	1070303	22362	6406
华安县	15816	355	87418	17368	73828	11777	2651
南平市	**1434810**	**27398**	**91896**	**45850**	**696766**	**259658**	**86062**
南平市辖区	94222	936	2327	1189	88121	90454	8390
邵武市	206767	5240	2355	7427	40191	18585	16125
武夷山市	139106	2316	8632	9327	28814	11451	7964
建瓯市	215311	3487	32325	8622	282147	15945	14674
建阳市	219118	1169	5272	2546	80889	9665	7739
顺昌县	78515	1012	765	116	101555	7539	5293
浦城县	237188	10195	7294	1439	22208	16476	14409
光泽县	90663	1440	351	718	3810	80646	5002
松溪县	64567	1096	8895	4510	31734	4468	4866
政和县	89353	507	23680	9956	17297	4429	1600
龙岩市	**960690**	**17531**	**14978**	**11935**	**363897**	**429212**	**60217**
龙岩市辖区	76754	2834	2802	1155	39804	130984	6501
漳平市	78067	492	1554	4787	49264	22618	7507
长汀县	169127	5180	6169	1350	41683	50134	9493
永定县	109885	1281	1700	1010	114309	66205	6150
上杭县	160331	1473	556	952	35900	70979	11073
武平县	205007	2791	1197	2123	32263	53097	7471
连城县	161518	3480	1000	558	50674	35195	12022
宁德市	**654722**	**4842**	**40417**	**65855**	**288659**	**75692**	**639825**
宁德市辖区	56547	486	9193	5799	21695	14786	131241
福安市	103104	966	23232	19293	138021	18777	61965
福鼎市	79233	675	2908	13359	13128	7003	137189
霞浦县	80529	1680	2584	3987	15203	7318	286152
古田县	141632	108		1468	76842	8543	16924
屏南县	59791			1362	12503	6475	2198
寿宁县	60292	34		11847	7834	4979	1674
周宁县	40285	69	2500	6120	2727	4092	1527
柘荣县	33310	824		2620	706	3719	955

注：本表粮食产量中的稻谷产量为原报面积推算的抽样调查数，非稻谷部分产量为全面统计数．各设区市数为所辖县（市、区）汇总数。

社会消费品零售总额

单位：万元

地区	社会消费品零售总额	地区	社会消费品零售总额
福州市	**13386447**	**漳州市**	**4002101**
福州市辖区	9712232	漳州市辖区	1301822
福清市	1335169	龙海市	702449
长乐市	603851	云霄县	253117
闽侯县	516240	漳浦县	494970
连江县	364159	诏安县	349849
罗源县	202292	长泰县	115673
闽清县	194697	东山县	195913
永泰县	195068	南靖县	220626
平潭县	262738	平和县	297428
厦门市	**5661225**	华安县	70255
莆田市	**2461311**	**南平市**	**2252168**
莆田市辖区	2053885	南平市辖区	578396
仙游县	407426	邵武市	386895
三明市	**2066536**	武夷山市	212712
三明市辖区	579046	建瓯市	292574
永安市	400283	建阳市	201498
明溪县	66683	顺昌县	140604
清流县	77940	浦城县	193164
宁化县	128947	光泽县	88940
大田县	169249	松溪县	78002
尤溪县	178592	政和县	79385
沙县	213813	**龙岩市**	**2619733**
将乐县	91560	龙岩市辖区	1113524
泰宁县	87015	漳平市	257381
建宁县	73408	长汀县	245207
泉州市	**10552000**	永定县	302650
泉州市辖区	2844000	上杭县	282355
石狮市	1652600	武平县	195138
晋江市	2089400	连城县	223478
南安市	1468000	**宁德市**	**2020255**
惠安县	1005600	宁德市辖区	436032
安溪县	786500	福安市	385310
永春县	403700	福鼎市	360575
德化县	302200	霞浦县	331613
		古田县	208445
		屏南县	74746
		寿宁县	93211
		周宁县	75674
		柘荣县	54649

普通教育教师及在校学生数

单位：人

项目	专任教师数			在校生数		
	普通高中	普通初中	小学	普通高中	普通初中	小学
福州市	**9124**	**17282**	**26093**	**124938**	**254965**	**446285**
福州市辖区	3150	4958	7558	41018	70923	154449
福清市	1903	3538	5018	28616	62194	95629
长乐市	780	1588	2357	11339	24434	41134
闽侯县	694	1578	2365	9042	21600	42117
连江县	806	1583	2430	9696	17570	31703
罗源县	289	724	1150	4191	9392	12458
闽清县	415	997	1709	4505	10587	19963
永泰县	380	913	1420	5623	14601	18583
平潭县	707	1403	2086	10908	23664	30249
厦门市	**3346**	**5674**	**9176**	**43258**	**76989**	**177879**
莆田市	**5342**	**8993**	**15973**	**73080**	**140059**	**216727**
莆田市辖区	3801	6065	11131	50701	86431	143518
仙游县	1541	2928	4842	22379	53628	73209
三明市	**4005**	**8303**	**13726**	**54555**	**100437**	**158575**
三明市辖区	516	878	1394	7881	12123	21825
永安市	500	1006	1620	5624	11949	20251
明溪县	177	321	592	1874	3676	7501
清流县	164	486	682	2137	4983	8505
宁化县	496	875	1654	7675	10957	17087
大田县	516	1196	1510	8068	15471	17571
尤溪县	706	1485	2355	10261	17696	22841
沙县	372	827	1445	4171	9072	17878
将乐县	248	496	849	2908	5657	9675
泰宁县	151	320	788	1851	3882	7424
建宁县	159	413	837	2105	4971	8017
泉州市	**10952**	**20269**	**29511**	**161650**	**312561**	**525253**
泉州市辖区	2458	3710	5332	33279	53192	80202
石狮市	638	994	1682	8709	15187	42624
晋江市	1800	3343	4960	27656	58962	146085
南安市	2273	4220	5498	32278	65343	88033
惠安县	1291	2786	3526	19935	42595	56131
安溪县	1247	2810	4907	22545	47454	62811
永春县	714	1485	2420	9421	18874	31240
德化县	531	921	1186	7827	10954	18127

（续）

项目	专任教师数			在校生数		
	普通高中	普通初中	小学	普通高中	普通初中	小学
漳州市	**6210**	**12685**	**19633**	**83569**	**176548**	**342410**
漳州市辖区	1091	1736	2137	14652	24737	46330
龙海市	1147	2234	3110	15945	30910	56922
云霄县	549	1156	2049	6729	17026	33304
漳浦县	1019	2431	3039	14063	26325	52898
诏安县	607	1283	2234	8560	23854	42253
长泰县	269	513	866	3323	6343	12361
东山县	310	506	884	4452	7378	13225
南靖县	451	891	1658	5715	10919	21816
平和县	572	1472	2746	7779	23662	52480
华安县	179	434	792	2192	4833	9489
南平市	**3713**	**8038**	**15670**	**51557**	**109312**	**188529**
南平市辖区	573	1311	2397	7608	18139	30926
邵武市	387	814	1592	5882	10695	17347
武夷山市	243	669	1264	3660	7187	13775
建瓯市	566	1185	2399	8069	16981	31523
建阳市	410	859	1685	5176	12770	20476
顺昌县	377	774	1262	5105	8959	12387
浦城县	424	982	2139	5513	14998	26285
光泽县	208	375	876	3012	6263	10309
松溪县	245	419	873	3308	4495	10178
政和县	280	650	1183	4224	8825	15323
龙岩市	**5436**	**8797**	**12124**	**66460**	**102751**	**162657**
龙岩市辖区	842	1395	2029	9915	15742	35206
漳平市	523	810	1462	6525	7614	15296
长汀县	686	1287	2021	10413	19679	30574
永定县	1092	1558	2122	11345	12461	24518
上杭县	933	1439	1732	12001	19701	23826
武平县	671	1125	1512	7657	13409	18724
连城县	689	1183	1246	8604	14145	14513
宁德市	**4211**	**9405**	**14873**	**60000**	**141587**	**179279**
宁德市辖区	601	1320	2059	8694	18338	22645
福安市	856	1875	2687	12592	32160	37297
福鼎市	696	1632	2553	10334	25709	31848
霞浦县	552	1297	2007	7549	17807	26106
古田县	604	1119	1672	7584	14095	17568
屏南县	194	573	1010	2621	6627	8384
寿宁县	276	752	1395	4359	12789	19435
周宁县	270	576	968	3547	9415	9932
柘荣县	162	261	522	2720	4647	6064

编辑：林丹英

索　　引

说　　明

一、本索引为内容分析索引

二、索引内容按汉语拼音字母(同音字按声调)顺序排列。篇目、栏目作索引用黑体字排印,其余的用宋体字排印,表格、图片在其内容页码后分别注明“表”、“图”。

三、索引名称后的数字表示内容所在的页码,页数后字母 a、b、c 分别表示所在页码的左、中、右栏。

四、空两字起排的内容为上一主题的“附见”条。

五、本卷中“大事记”、“文献法规”、“统计资料”不列入本索引检索范围。

D

E

F

G

H

J

K

L

M

R

S

Y

Z

举办财务讲座支持企业管理创新

召开治理“小金库”工作部署会

服务保障城市建设

开展队伍廉政教育

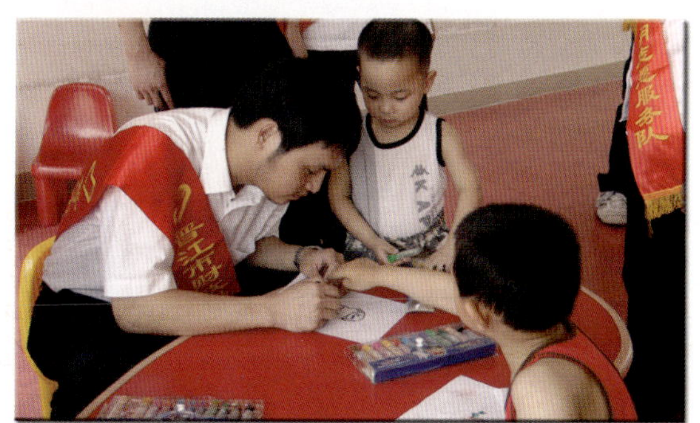
青年志愿者走访慰问市育婴院

晋江市财政局

晋江市财政局是晋江市政府负责财政收支、国有资产管理和财政监督工作的经济综合职能部门。2009年，财政部门坚决执行晋江市委、市政府“稳大盘、促增长，上项目、扩内需，谋转型、调结构，保民生、重和谐”的决策部署，有效应对金融危机，同心共克时艰，团结拼搏，扎实工作，实现财政工作任务圆满完成和财政队伍健康运转“两个确保”。2009年财政总收入81.53亿元，比上年增长13.81%，其中地方本级收入37.07亿元，增长13.18%。“十一五”期间财政总收入累计完成262.42亿元，年均递增20.52%。

晋江市财政局先后荣获全省首届文明单位标兵，连续九届获得省级文明单位，荣获全省第一、二届“人民满意的公务员集体”以及全省五一劳动奖状，连续两届获得全省军民共建社会主义精神文明先进单位，连续四届被评为省“无偿献血先进单位”，并获得全国、全省财政系统先进集体，全国财政系统党建工作新风奖等荣誉。局下属会计核算中心荣获全国、全省“青年文明号”、“巾帼文明岗”，省“工人先锋号”、“三八红旗集体”、“新长征突击队”等荣誉。

泉港区财政局

区领导与获奖代表合影(右二为财政局陈龙津局长)

开发建设与生态建设的和谐统一

泉港区肖厝港5万吨煤码头作业图

石化夜景

2009年泉港区财政局积极作为，破解难题，深入挖掘收入增长潜力。全年区财政总收入完成49.96亿元，增长254.13%，增幅居全市第一位、居全省前列。

按照中央“保增长、保民生、保稳定”的要求，2009年，泉港区财政局优化支出结构，重点保障新农村建设、城乡教育、公共卫生、社会保障等民生需求，及时落实服务企业发展各项政策，帮助企业渡过难关，推动经济社会平稳发展。2009年拨付扶持企业发展资金2083万元，帮助企业提高应对金融危机带来冲击和挑战的能力，提升企业核心竞争力；争取中央新增投资7117万元，并做好地方配套资金落实，用于13个农业基础设施、企业产业振兴和生态环保等项目；兑现石油价格、家电下乡等惠民补贴资金1990万元；落实取消和停征100项行政事业性收费等减免税政策。

泉港区财政局获全省巾帼文明岗荣誉称号，连续两届获得泉州市精神文明创建先进单位，连续3年获区政府部门绩效评估第一名、机关效能建设先进单位、创建机关党建先进单位，连续3年被评为泉州市会计管理工作先进单位，连续4年获省、市财政系统信息工作标兵(先进)单位称号；被福建联合石化公司评为“主动做好行业服务、支持重点项目建设”单位。2010年，荣获全省五一劳动奖状。

福建炼化10万吨专用油码头

石化港口新城

福建省龙岩市博物馆

龙腾闽西

中庭一瞥

龙岩市博物馆是龙岩市唯一的综合性博物馆，按国家一级馆的标准进行设计建设。项目选址在龙岩中心城市新区的核心区，与行政办公中心和会展中心呈“品”字形布局，形成了龙岩市的地标性建筑群。

项目建筑立意以表现列入世界文化遗产的“土楼文化”为主，充分传达闻名世界的永定土楼文化神秘而博大的深刻内涵，营造令人难忘的闽西文化空间氛围。建筑结构上充分利用现代建筑科技文化的新成果，以现代理念诠释传统文化，融传统与现代一体，打造了弘扬传统、面向未来的现代博物馆空间。建筑效果强调朴实、内敛、宏伟、稳重的装饰格调，以表达淳朴、智慧、奔放、热情的闽西文化精华。总体风格是以现代简约手法结合土楼特色造型元素，色彩材料以米白墙，原木，灰砖为主调，风格素雅，很好地体现了博物馆特色。建筑主体为椭圆型，建筑物占地1万平方米，直径88米，圆形中庭直径25.1米，建筑高度35米。总建筑面积3.9万平方米，总投资1.55亿元。主要功能包括各类固定主题展厅、临时展厅、城市规划展厅、学术报告厅、文物库房、办公及地下公共停车场等。中庭设有“龙腾闽西”主题雕塑1幅，高10米，宽6米。环外墙面设有“闽西风华”、“闽西风采”、“闽西风情”、“闽西风韵”4组反映龙岩风貌风俗、风采风物及光辉革命历史的艺术浮雕共34幅，面积近1400平方米。

项目于2007年5月1日奠基，2008年初正式开工，2009年10月竣工并投入使用，2010年1月25日通过综合验收。2010年1月，福建省人民政府授予龙岩市博物馆2009年度重点建设“项目优胜奖”，建设办主任邓颖同志被授予2009年度省重点项目“建设功臣”称号。

龙岩博物馆

福建南平南孚电池有限公司是世界五大碱性电池生产商之一、中国520家重点企业之一、中国电池行业龙头企业、福建省重点企业、国家级高新技术企业、商务部重点扶持的出口企业。公司在20年的发展过程中，荣获多项国家级、省部级荣誉及先进称号，其中有全国文明单位、全国模范职工之家、全国“五一”劳动奖状企业、全国质量效益型先进企业、全国企业科协先进集体、2007年度产品信用中国500强、国家引进国外智力示范单位、福建省首届最佳诚信企业、福建省改革开放30年“海西最具影响力品牌”等荣誉称号。

公司现有资产总额18亿元，园林化的厂区面积18万平方米。南孚公司是中国电池行业中拥有现代化装备最多、科技力量最雄厚的企业。在中国市场，南孚牌电池连续18年创“质量、经济效益、劳动生产率”同行业第一，产量居中国第一、亚洲第二、世界第四；厂房、生产线及配套装备均居国际名牌电池企业先进水平，其中600只/分等无汞碱锰电池生产线达国际一流，产品质量与国际名牌同步发展；现有职工1800多人，其中高、中级等各类专业技术人员450多人，是国家引进国外智力示范单位；拥有国家级企业技术中心和博士后科研工作站，并与全国多所重点大学、中科院的研究所合作成立多个新型能源研究中心，形成了厂学研技术创新机制。

南孚牌是中国驰名商标、福建省著名商标，南孚牌电池是中国名牌产品、福建省名牌产品。LR20、LR14、LR6、LR03、6LR61系列碱锰电池均为无汞、无镉、无铅绿色环保产品，通过ISO9001质量管理体系认证、ISO14001环境管理体系认证和中国环境标志产品认证，并荣获“产品质量国家免检证书”、福建省质量奖。NR6高功率锌镍干电池、FR6锂铁电池等新产品，已成为南孚公司新的经济增长点。

南孚电池在国内市场建立了“以顾客为中心”的现代营销立体网络，现有市场占有率达68%；在国外市场，“EXCELL”商标已在美国、欧共体国家、日本、中东、香港等全球50多个国家和地区注册，出口产品行销世界五大洲60多个国家和地区。

福建南平南孚电池有限公司党委书记、总经理丁曦明

1981年，丁曦明同志大专毕业后，进入南平市电池厂工作。29年来，丁曦明同志刻苦钻研技术，不断积累经验，从一名普通的设备员成为公司党委书记、总经理。

丁曦明同志始终以邓小平理论、“三个代表”重要思想为指导，团结带领全体干部员工，发挥自身优势，及时根据市场变化情况，灵活调整经营策略，强化企业与客户的联动作用，主营业务稳定发展，圆满完成每年度生产经营目标，主要经济指标逐年稳步增长，为南平市经济发展做出突出贡献。

丁曦明同志力求创新，高度重视科技研发突破。公司完成总投资3亿多元的技改工作，填补3项国内空白，电池性能达国际先进水平；引领中国电池行业技术创新之先，开发出与国际名牌电池同步发展的新产品和具有独立知识产权的600只/分的无汞碱锰电池生产线。形成了“产、学、研”的技术创新机制，是中国电池行业唯一建立国家级技术中心和博士后科研工作站的企业。

丁曦明同志

四川省福建商会

——天府之域的闽商家园

天府之域——四川，活跃着一群充满激情、敢拼会赢的闽籍商贾。改革开放三十年来，他们的足迹遍布四川的地市州县，他们的事业促进着四川的经济发展，他们的品行影响着四川的商业理念。演绎着千百年来闽人敢于担当、乐于奉献、抱团发展的精神。

2005年1月15日，当四川省创元投资集团董事长陈国良先生从四川省民政厅领导手中接过“四川省福建商会”的金字牌匾时，四川闽商有了一个真正属于自己的家园——四川省福建商会。

5年的发展，商会从建会初期的不足百家会员企业，发展成如今3000多家会员企业、7个地市级分会。商会核心企业年产值超500亿的大型优秀社团组织，商会多次受到四川各级政府表彰、褒奖，成为四川非公经济组织的一支生力军。抗震救灾、捐资助学、扶贫帮困、服务乡亲、招商引资，四川省福建商会在会长陈国良先生的带领下，正朝着一个有社会责任感、有凝聚力、有创造力的大型商团的方向健步前进。

2010年1月16日，四川省福建商会第二届理事会隆重召开，产生了新一届的商会领导班子。以全票再次当选会长的陈国良先生踌躇满志地坦言：“这一届理事会，我们的担子更重了，我们的责任更大了，承上启下、薪火相传，我们要努力为四川省福建商会的长远发展打下更加坚实的基础。”

努力经营好商会、塑造商会的金字品牌、提升商会的各项综合实力，已经成为第二届理事会的普遍共识。“百舸争先、当仁不让”，一系列聚集闽商力量的大型项目已经陆续在全川各地铺开。百亿闽商新兴产业园、闽商工业集中发展区、闽商投融资中心、闽籍企业总部基地、闽商大厦……新一轮闽商在川的投资热潮已经揭开序幕。

“我们必须把商会做好，这是一种责任，也是一种功德，是努力为社会、经济的和谐发展，为在川闽籍乡亲造福的功德。”商会秘书长王志铭先生这样诠释着商会的建设者、领导者。

四川省福建商会——天府之域的闽商家园，将以挚友般的热情、亲人般的爱护、家一样的温情，期待更多闽籍乡亲的来临，为成千上万来川闽商的发展提供力所能及的服务！

陈明义视察四川省福建商会工作

第二

陈国良会长与川闽两省领导共同参与“情深似海”浇灌活动

“闽商灾后重建基金”揭牌

四川省闽商风云人物

吴衍庆　常务副会长　天伦食品（成都）有限公司董事长
游开炳　常务副会长　福建金马投资有限公司董事长
卓朝阳　常务副会长　爱德华（中国）投资集团有限公司董事长
刘义腾　副会长　泸州城坤实业有限公司董事长
肖爱明　副会长　康桥眼科集团董事兼总经理
郭成雄　分会会长　攀枝花攀宏达化工有限公司董事长

单位：四川省福建商会
地址：四川省成都市高新区高朋大道3号东方希望大厦A座500室
联系电话：028-85126248；传真：028-85126248
E-mail：scfjsh@163.com；网址：www.scfjsh.com

会合影

四川省福建商会参加首届川商大会

安诺纸业

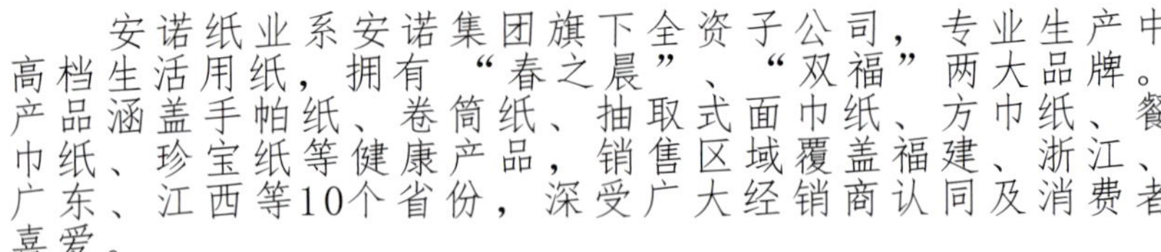

安诺纸业系安诺集团旗下全资子公司，专业生产中高档生活用纸，拥有“春之晨”、“双福”两大品牌。产品涵盖手帕纸、卷筒纸、抽取式面巾纸、方巾纸、餐巾纸、珍宝纸等健康产品，销售区域覆盖福建、浙江、广东、江西等10个省份，深受广大经销商认同及消费者喜爱。

安诺溆城工业园为安诺纸业第一期生产基地，占地8公顷，建筑面积5万平方米。花园式厂区功能齐全、设施完善、人才密集，原纸产能已达2.5万吨/年。

安诺二期项目占地33公顷，启动年产10万吨中高档生活用纸项目，同时在新疆征地12公顷，用于拓展西北市场，力争在2011年实现销售额突破10亿元人民币，跻身中国生活用纸行业前列。

安诺秉承“追求卓越、厚德载物、服务至诚、快乐工作”的经营理念，以客户需求、社会责任为使命，倡导“健康元素、绿色生活”。企业顺利通过ISO9001质量管理体系及ISO14001环境管理体系认证。

实力保证信心，诚信成就未来。安诺奉行“产品质量为企业生命”的宗旨，以ISO9001国际质量管理认证体系为基础，凭借先进的质量检测实验室，从原材料到原纸、成品纸，层层严格把关，呈现给消费者健康、高质的产品。安诺，以信息化建设为依托，管理变革，流程优化，建立“迅速、敏捷、柔性”的扁平化组织结构，致力实施品牌战略、市场战略与团队战略，倾力架设最利于学习的机制，打造最利于沟通的流程，落实最利于诚信的制度，构筑最利于发展的平台。融入文化，锻造团队向心力；忠诚制度，凝聚团队执行力，从而形成企业核心竞争力。

安者，安之若素，问心无愧；诺者，一言九鼎，一诺千钧。安诺人坚信，仁者无忧。关心员工、支持客户、关爱社会，既是对安诺经营宗旨的具体践行，更是实现永续经营、基业长青的必然需求。

厦门湾南岸新天地 漳州市滨海新城区

——国家级漳州招商局经济技术开发区

厦门大学漳州校区

厦门大学附属实验中学

繁忙的港口

正在建设中的连接厦门与漳州开发区的厦漳跨海大桥效果图

漳州招商局经济技术开发区为国家级开发区，位于厦门湾南岸，规划面积56.17平方千米，有“第二蛇口”之称，是福建省建设海峡西岸经济区的重要组成部分和漳州市港口经济发展的龙头。

漳州开发区由百年国企招商局集团负责经营管理。管委会行使地市一级的经济管理权限，统辖开发区的一切行政事务。

近年来，漳州开发区全力打造“厦门湾南岸新天地、漳州市滨海新城区”，努力营造港航物流、临港工业、高尚人居发展新天地，积极培育金属制品加工业、交通机械制造业、粮油食品加工业3个百亿产业集群和高科技产业，社会经济呈现快速发展态势。2009年实现地区生产总值30亿元，完成规模以上工业产值70亿元；财政总收入6.48亿元，比上年增长8.8%；港口吞吐量1778万吨，增长32%；合同引资5.38亿美元，增长68.6%；固定资产投入27.9亿元，增长22.4%。

漳州开发区海、陆、空交通便捷，距机场、铁路均在1小时圈内；对接厦门快艇实现“海上公交化”。厦漳跨海大桥、招银疏港高速公路、厦深铁路港尾干线已开工建设，厦漳海底隧道也在加紧推进中。

优化环境配套和教育事业投入力度加大。国务院批准的全国首个生态型人工岛——双鱼岛开工建设；厦门大学漳州校区座落于此；厦门大学附属实验中学、实验小学、“三海八园”在积极建设中。一座充满活力的滨海新城正在厦门湾南岸迅速崛起，成为海西建设的新亮点。

魅力厦门湾南岸

福建省首届非公经济人士捐赠公益事业突出贡献奖获得者

——陈瑞和先生

陈瑞和先生

1932年，陈瑞和出生于漳浦县赤湖镇南峰村，早年就读于龙溪中学（现漳州一中），后去台攻读机械专业，协助其父陈志谟在台湾办实业。上世纪五十年代以来，父子俩相继在台湾开办制鞋工业，兼营建筑、化工和制鞋机械业，事业有成。

1991年，58岁的陈瑞和奉80多岁父亲之命，回到漳浦故里，先后捐资1239万元，在母校漳州一中设置奖学基金，赞助漳州见义勇为基金会，捐建漳州九龙公园水仙阁，在家乡赤湖镇创办达志中学。他多次获得荣誉奖章、荣誉奖状和荣誉证书，是漳浦达志中学创办人、漳州市荣誉市民、漳州市海外联谊会顾问、世界陈氏宗亲总理事会副理事长、金门县商业总会顾问、世界至孝笃亲舜裔总会理事。1994年，其子陈建中回到故园，在达志中学设立奖学奖教金，并于2006年捐资100万元为达志中学兴建图书馆。

十一届三中全会后，陈瑞和、陈建中父子俩积极抽调境外企业的资金到漳浦参与开发建设。1995年12月，在漳浦官浔镇马口投资500万美元兴办三本肥料有限公司。公司占地7.33公顷，拥有年产10万吨复混肥生产线1条、年产5万吨有机复合肥生产线2条、年产2万吨挤压微生物条肥生产线一条的环保型企业，已成功开发“农好”生物有机肥、复合微生物肥、微生物菌剂、有机无机肥、桉树、茶叶、果蔬专用肥等系列肥料品种。

2001年1月，“金厦”开通水运直航后，陈瑞和父子向金门销售高粱专用肥，又在台湾阿里山开办千亩高山茶园“三本”肥料示范点。他们还经常带领台湾等地的企业家到漳浦考察，宣传优越的投资环境，为家乡招商引资。

两岸一家，血浓于水。陈瑞和祖孙三代不忘根本，继承祖辈的传统，为中华民族的振兴、海峡两岸的和平统一、故乡的繁荣发展奉献自己的一份力量。

福建奥峰科技有限公司

Fujian Aofeng Technology CO., LTD

福建奥峰科技有限公司成立于2007年12月，2009年10月被中国塑协认定为国家级改性塑料科研开发试验生产基地，是一家集化工原材料经营、高分子新材料改性研发生产销售于一体的国家级高新技术企业。

奥峰科技按照现代管理模式，分物流贸易中心、研究开发中心和改性塑料销售与生产基地三大板块经营运作。物流贸易中心现有10000余吨的储存能力，经营销售塑料树脂和改性添加助剂，营销网络覆盖福建省、华东、华南、西南、华北、东北及部分国外地区。福建奥峰科技研发中心成立于2008年5月，下设配色中心、检测中心和8个专题项目研发组，硬件配置已投入800多万元，现有中小试设备5台，检测中心现设立6个性能检测室，并配置国际和国内先进的检测仪器50余台。奥峰科技-四川大学高分子新材料联合研究开发中心于2010年1月12日正式揭牌成立，主要依托四川大学的人才优势和科技优势，利用奥峰科技的市场优势、品牌优势，将产业资源和智力资源相结合，优势互补、强强联合，瞄准世界一流水平，致力于改性高分子新材料领域的前瞻性开发研究，现有研发人员22人，其中博导教授11人，教授级高工3人，高级工程师3人，工程师5人。奥峰改性塑料生产基地占地面积6.7公顷，第一期投入1亿元人民币，已建厂房面积2万多平方米，目前购置具有国内先进水平的双螺杆挤出生产线16条，年生产能力达4万吨。

电话：0596-2133933　2133833
传真：0596-2133633
地址：福建省漳州市迎宾路北侧
网址：www.aofengtechchina.com

福建漳州鼎能生物科技有限公司

无患子基地实景

福建漳州鼎能生物科技有限公司是中外合资的高科技型企业，总部设在漳州龙文区，生产基地位于平和县山格镇宝丰工业区，是一家集科、工、贸为一体，以发展生物质能源为主的高科技企业。公司致力于生物柴油及其副产品的技术研发及生产销售，成功开发出废白土干洗直接浸出提油的新工艺和全效型生物柴油生产工艺技术。公司目前拥有多项核心技术。

公司拥有十几万亩生物柴油原料（无患子）能源林基地，研究开发了从无患子外壳提取天然皂甙，研制出无毒害洗洁剂及各类天然有机化妆品，如无患子蔬果洗洁剂、无患子碗盘洗洁剂和洗面奶等，还将无患子核仁榨油加工制成优质生物柴油、脂肪醇及塑料改性剂等，形成了完整的生态资源加工产业链。

生物柴油是一种脂肪酸甲酯类化合物，通过植物油或动物脂肪与低级醇在催化剂存在下进行酯化反应生成，是石化柴油的重要替代品。为了促进科技成果和专利技术转化，公司先后与中海油新能源（海南）生物能源化工有限公司、中国农业科学院、中国林业科学研究院、中国标准化研究院和石油化工科学研究院进行战略合作，成绩斐然。

公司的宗旨："我们执着于生态环保、生物质能、绿色循环，以降低对大自然的污染，为地球、为我们的下一代，留下一片净土。"

厦门市轮渡公司

轮渡20号船荣获全国青年文明号

市政府接待用船——鹭江6号

厦门市轮渡公司是厦门市交通旅游的一个重要窗口，为国家二级企业和中型一类企业，年均客运量约2000万人次。公司主营厦门至鼓浪屿、厦门至嵩屿的海上客运业务，同时经营环鼓浪屿海上游、鹭江夜游、金厦海域游等海上旅游项目以及船艇包租等。公司现有各类船舶16艘，航线8条，总资产达1.2亿元。2001年，公司与民营企业合作成立波赛东海上旅游有限公司，现有船舶5艘，固定资产上千万元。

厦门轮渡公司坚持“发展才是硬道理”的经营理念，以“科学管理、安全第一、规范服务、持续改进、争创一流”为企业质量方针，竭诚为乘客服务，为厦门特区经济建设服务。企业坚持以人为本，以海为依托，走“一业为主、多种经营并举、全面发展”企业之路。公司先后荣获全国“五一”劳动奖章、全国军民共建社会主义精神文明先进单位、全国建设系统精神文明建设先进单位、全国建设系统职业道德建设示范点、全国建设系统文明服务示范窗口等荣誉。同时，公司连续十届23年保持省级文明单位称号，并获得省首届文明单位标兵称号，6次蝉联市百家窗口优质服务竞赛优胜单位。公司在1999年获得国家方圆认证中心颁发的ISO9002质量体系证书，2010年初通过ISO9001:2008版的换版工作。

公司法人代表、总经理：杨秀治

公司地址：　厦门市大中路85号嘉年华大厦1204-1208

业务联系电话：0592-2053370　0592-18905925330　0592-18905928759

传真：0592-2054873　邮编：361001

繁荣的厦门轮渡码头

省地质调查研究院领导班子

2010年2月，张志南副省长到该院视察指导工作

2010年4月，张志南副省长亲切接见全国先进工作者王文革

野外地质调查

福建省地质调查研究院

福建省地质调查研究院是省编办核定成立的正处级事业单位，隶属于福建省地质矿产勘查开发局，主要承担国家和地方基础性、公益性地质调查和战略性矿产勘查工作，为各级政府国土资源规划与管理提供技术支撑，为地方经济社会发展提供地质技术服务；该院具备7个甲级地质勘查资质，通过ISO9001:2010质量管理体系认证，获得“福建省第十届（2006-2008年度）文明单位”、“全国地质勘查行业先进集体”、“国家西部大开发突出贡献集体”、“福建省五一劳动奖状”等荣誉称号；现有职工232人，其中高级职称69人，中级职称73人，是一个专业齐全、功能完备、人员精干、设备精良、生产与科研紧密结合的地质勘查单位。

王文革同志系该院高级工程师，参加工作已有20年，长期坚守在艰苦的野外一线，多次获得局、院“先进工作者”、“优秀共产党员”等荣誉称号，2006年以来，王文革主动请缨，连续五年入藏参加野外地质工作，并担任项目负责人；在海拔4000米以上的高原开展野外工作达30个月；徒步行程上千公里，走遍藏南和麦热等地的各个角落，取得丰富而宝贵的第一手资料，研究解决其区内许多地质问题，并在找矿上取得了较大突破。2007年王文革同志获得国土资源部找矿二等奖，2008年荣获“福建省先进工作者”称号，2010年获“全国先进工作者”荣誉称号。

地址： 福州市南平东路815号
电话： 0591-88065012
邮编： 350013

新加坡三德有限公司 董事局执行主席高新平

高新平先生

高新平，男，1944年出生于台湾台北市，后加入新加坡国籍，是厦门市、龙岩市、南通市三地荣誉市民。

1967年毕业于台湾淡江文理学院（淡江大学），曾获台湾淡江大学精英奖。1979年在新加坡创办三德树胶工业公司，该公司于1990年改名三德有限公司，并于1991年在新加坡股市挂牌上市，曾获新加坡李光耀总理亲自颁发的“最佳企业奖”。1985年在厦门创办三德兴工业有限公司。1992年创办福建龙岩三德水泥建材工业有限公司并任董事长，该公司于2003年、2006年两次获“全国百家明星侨资企业”，并于2007年整体变更改制为三德（中国）水泥股份有限公司。1993年创办南通三德塑胶工业有限公司并任董事长。1994年创办南通三德大酒店有限公司并任董事长。2001年创办泉州三德建材有限公司并任董事长。2007年创办云南大理三德水泥有限公司并任董事长。2008年创办云南大理建材工业有限公司并任董事长。

曾任厦门台商投资企业协会创会会长、南通台商投资企业协会创会会长、淡江大学校友会副会长、新加坡中华总商会董事、上海市侨商会副会长。

现任新加坡三德有限公司董事局执行主席及以上全部公司的董事长、龙岩市台湾同胞投资企业协会会长、淡江大学中国校友会总召集人、世界高姓宗亲联谊会会长、新加坡高氏公会会长、新加坡中华总商会名誉董事、新加坡安溪会馆常委、云南省侨商会副会长、厦门姓氏研究会烈山分会荣誉会长、龙岩市新罗区慈善总会永远荣誉会长。

2005年被龙岩市政府聘请为投资与发展顾问

2005年荣获中华人民共和国公安部颁发《外国人永久居留证》

2006年被福建省民政厅授予“八闽慈善奖”

2008年荣获“2006-2007年度福建省十大红十字爱心公益人物”称号

2009年荣获龙岩市新罗区第一届“慈善特使”荣誉称号

龙海市建设局

2009年，龙海市建设局在市委、市政府以及上级建设主管部门的领导下，按照“跨江北拓、一江两岸、东扩西延、中心带动”的城市发展思路，积极完善规划编制，着手组织“龙海市一江两岸发展策划及重点地区城市设计”，制定实施“一心二轴三片区”的空间发展规划，完成海澄山后片区控制性详细规划修编、城市燃气专项规划等规划编制，加快编制中心城市商业网点布局规划、城市管网综合规划，推进未来龙海城市发展架构进一步形成。

高楼建筑群已成为龙海住宅建设新亮点

加快推进城建项目建设，着力加快一批市政基础设施、房地产和社会事业项目实施，共运作实施城建重点项目51个，续建11个；新开工项目21个，进入前期工作项目19个；累计完成投资13.55亿元，组织实施房地产项目36个；总建筑面积412.64万平方米，总投资107.58亿元；全年完成投资16.54亿元，比上年增长14.16%。全年全市共完成建筑业总产值60.95亿元，顺利完成了省厅下达60亿元指标。

切实维护群众实际利益，大力实施保障性住房建设，建设廉租房2幢90套，经济适用房9幢436套，完成投资4320万元。着力开展经适住房申购，首期共有436户家庭申购经济适用房，全年共解决1027户城市低收入住房困难家庭廉租住房，其中，实物配租保障270户，发放租赁补贴757户。

紫云公园山门——“九龙蛋”景区

非公有制经济人士捐赠公益事业突出贡献者获得者

——陈福增

2008年在江西省民营企业家元宵座谈会上，与江苏省委书记苏荣合影

与国家海洋局第三海洋研究所党委书记和所长合影

吉安县油盘球团厂

吉安县赣闽铁矿生活工作区

陈福增是福建省漳平市人，1985年创办漳平市首家民营企业——漳平桂林矿石调运站。1995年创办漳平市大深铁矿磁选厂；2002年，在江西省吉安市创办赣闽铁矿、漳安峥嵘选矿厂，在安福县创办闽赣铁矿。“两矿一厂”的生产规模目前已达到年产铁矿石三十多万吨，每年为国家创税上亿元。2006年，陈福增与国家海洋局第三海洋研究所联手，成立厦门朝阳生物工程有限公司，潜心研发“注射用替曲朵辛针剂”戒毒海洋新药。这是福建省第一个原创性海洋一类新药，该项目获得国家“十一五”科技支撑计划的支持。在该计划的支持下，“注射用替曲朵辛针剂”一类戒毒新药，完成了临床前研究工作，并于2010年1月获国家食品药品监督管理局临床试验批件，多项技术获得国家专利并达到国际领先水平。

陈福增秉承中华民族的传统美德，为公益事业和慈善事业慷慨解囊。他先后为农村五保户、城区下岗职工、困难职工子女上大学和社会主义新农村建设、漳平市人文景观东山公园建设捐献1000多万元。2010年5月，陈福增被福建省人民政府授予“非公有制经济人士捐赠公益事业突出贡献奖”。

设立300万元贫困大学生扶助基金

捐资支持东坑村新农村建设

独资180多万元重建家乡的东山塔

捐资修建农村防洪堤

捐资修建的东山公园门楼

泉州市广海房地产发展有限公司

公司董事长蔡炳河

泉州市广海房地产发展有限公司创办于1996年9月，系三级房产开发责任有限公司，注册资金5000万元，主要经营房地产开发、建筑施工、建材加工与销售、物业管理等业务。

公司拥有高素质的建筑工程师和施工队伍，在董事长蔡炳河的带下，秉承“明礼、高效、务实、创新”的宗旨，“以质量求信誉，从信誉赢市场”的经营方针和优质服务，在惠安县城区开发“广海商住区”、“东升商业城”、“城南广海商住区”、“广海大厦”等重点项目，总建筑面积60多万平方米，纳税9500多万元。并在厦门、汕头及泉州市区等地参与房产开发项目的建设，在社会上树立良好形象。公司于2001年7月投资1.3亿元创办的民办完全中学——“福建省惠安广海中学”。

惠安广海中学

公司2003~2009年连续被福建省房地产业协会、省消费者委员会评为省房地产开发经营“诚信企业”；2005~2008年被授予省级“守合同重信用单位”；2008年被福建省诚信促进会评为“诚信经营先进单位”等。被福建省人民政府授予“襄教树人”、“热心兴学育才”银质奖章等荣誉称号。

公司董事长蔡炳河先生热心公益事业，捐资达1486多万元，是福建省第八~十届政协委员；先后任惠安县政协副主席；中国民建福建省委员会第六、七届委员；惠安县工商业联合会副会长。并被授予“省五一奖章”、“省劳动模范”、“优秀中国特色社会主义事业建设者”等荣誉；2005~2006年连续两年被民政部中国社会工作委员会授予“中国大陆慈善家”；2007年被中华慈善总会授予“中华慈善事业突出贡献奖”并荣获“中华慈善人物”；2010年被福建省委省政府授予“社会公益事业突出贡献者”等荣誉称号。

教学楼

山西怡园酒庄

山西怡园酒庄庄主
巍华集团（香港）投资有限公司主席
福建省政协常委
福建省泉州华侨大学董事会副董事长
香港福建社团联会副主席

陈进强先生——山西怡园酒庄庄主

陈进强祖籍福建龙岩，1951年出生于印度尼西亚棉兰，1965年回国，1975年，定居香港。改革开放后，他热衷回大陆投资，先后从事的商贸行业有焦炭及矿石贸易、发电厂、钢铁厂、房地产等，他热心社会公益事业，积极资助文化教育等各项公益事业。

1997年，他与法国伙伴詹威尔先生共同创办了怡园酒庄并自任庄主，同年在世界著名葡萄酒学者鲍保教授的专业协助下，经多方考察，选取山西晋中太谷境内一块适宜葡萄生长的绝佳坡地作为酒庄产酒区。十年来，陈先生始终坚持法国葡萄酒庄园的纯正管理模式，结合酒庄规模、葡萄产量、设备引进等情况，依托来自波尔多和南澳洲的两任首席酿酒师的卓越技艺，将新鲜的葡萄在最好的时机拿来酿造。他以自己的名誉“定义”佳酿“庄主珍藏”，聘任曾就职于高盛（香港）的女儿陈芳担任怡园酒庄总裁，并以外孙女Tasya的名字来命名怡园的一款酒，他所希望的，是在葡萄酒酿造这门“科学加艺术”的事业上世代延续，精耕细琢，出好的葡萄，出好的葡萄酒。

陈先生目前所担任的职务有：山西怡园酒庄庄主、巍华集团（香港）投资有限公司主席、福建省政协常委、福建省泉州华侨大学董事会副董事长、香港福建社团联会副主席。

漳州市房地产管理局

住房保障工作扎实推进，城市低收入家庭住房困难逐步得到解决。漳州市实施安居工程建设从1996年启动，1998年底已竣工12万平方米，其中群裕小区经济适用房963套于1998年12月交付使用。2005年11月，漳州市政府出台《漳州市区经济适用住房管理暂行规定》，对经济适用房套型面积、销售对象、销售价格、上市交易等作出明确规定；同年完成“益民花园”项目立项工作。2006年7月，漳州市政府出台《漳州市区城镇最低收入家庭廉租住房管理规定》，确定了“以租赁补助为主，以实施配租和租金核减为辅”的廉租房保障机制；同时，在漳州市区金峰厂西二路以东划定一块经济适用房建设用地，于同年9月奠基。2007年，漳州市保障性住房管理委员会成立，下设办公室挂靠在市房管局，与市房改办合署办公。漳州市全市完成市区“惠民花园”经济适用住房1409套选房工作。

办好房展会，促进房地产健康发展

房地产市场持续健康发展，市场秩序逐步得到规范。1991年，漳州市房地产开发投资、施工面积、竣工面积分别为0.71亿元、29.82万平方米、12.29万平方米，到2007年分别达到78.23亿元、882.15万平方米、186.32万平方米。1991年，漳州市开始开展房产抵押和委托评估业务，全年共办理市区房产交易件187件，建筑面积1.4万平方米，成交额255.9万元，征收房产契税25.26万元。2007年，市区完成房地产交易及权属登记10392宗，实现协征房产契税11150万元。1992年全市共有房地产开发企业70家，2007年达到326家。1992年起，漳州市开始加强房地产评估工作，加强房产交易管理，规定私自买卖补充办理手续时限；到2006年，全市已健全房地产开发经营和市场管理制度，完善了房地产市场秩序专项整治机制，开通举报投诉电话，查处房地产企业及中介机构违法案件25件，罚没款8.04万元，清退房地产、物业管理不合理收费0.61万元。

陈冬市长、刘文标副市长在惠民花园二期建设工地检查指导工作

经过10年的培育和发展，漳州市房地产持续快速发展，极大改善了市民的居住条件，美化了城市环境，成为国民经济稳定发展的重要力量。

刘文标副市长陪同省住建厅林坚飞厅长亲临房屋登记中心检查指导工作

市建设局柳建聪局长陪同省住建厅李尧副厅长在惠民花园二期建设工地检查指导工作

惠民花园一期廉租房（经济适用房）

维珍妮国际有限公司 Regina Miracle International Ltd.

维珍妮国际有限公司创建于1998年，厂区坐落在风景优美的深圳光明新区石岩湖畔，厂区总面积超过30万平方米，现有职工2万多人，月平均产量领先同行业，已经成为世界上最大的内衣生产厂家之一。

维珍妮在行业内率先引进了3-D CAD/CAM系统用于产品的设计与研发，此项技术的应用大大提高了公司生产的稳定性、准确性、高效性，开创了模杯内衣大规模生产的新纪元。公司目前拥有德国和日本进口的先进定型机和车缝机数千台。高性能的生产设备以及成熟的品质管理体系使得公司能在更短的货期内生产出更多高质量、可信赖的产品。

行业领先的先进技术和设备，严谨科学的管理模式和理念，是维珍妮快速发展核心动力。维珍妮十多年发展史，也是一部筑造辉煌成就的荣誉史：

2003年，公司自主研发的“一件圈”及“无缝”式内衣，突破了传统的内衣制造模式，开创了无缝式内衣发展的新纪元；

2006年，公司荣获DHL/SCMP（香港南华早报）联合授予的“杰出企业奖”；

2007年，公司董事长洪先生荣获香港工业总会膺选的年度“香港青年工业家”奖；

2010年，维珍妮被美国内衣协会评为“年度供应商”，此奖项被誉为是内衣行业的“奥斯卡”，这也是亚洲内衣制造企业首次获此殊荣。

诚豪(香港)集团
HONEST WAY HOLDINGS LTD

诚豪(香港)集团是一家经济实力雄厚且涉足行业多样化的综合型企业。集团总部位于香港,旗下拥有房地产、旅游、贸易、矿产、工业、化工、营销广告等十几家公司,涉及行业多样,遍布全国各地,并在菲律宾、朝鲜等国家建立了自己完善的现代化厂房和货品集散地,拥有员工近万人。

集团多年来坚持以人为本的管理理念,尊重知识、尊重人才、科技兴企、造福人类;实施一流的管理,培育一流的员工,创办一流的企业;以科学的理论武装员工,以正确的思维引导员工,以高尚的精神塑造员工,以优秀的产品鼓舞员工,以丰厚的回报致富员工;凝聚了众多优秀的科研、生产技术和营销管理等方面的人才;在公司领导的正确决策和全体员工的共同努力下,取得了辉煌的成就。

黄世庆先生:
热心公益 惠泽桑梓
中共连江县委
连江县人民政府
二〇一〇年五月

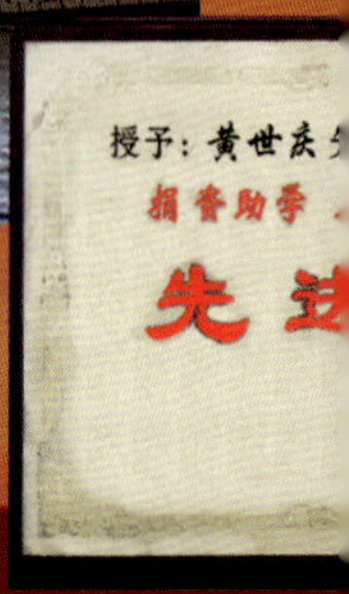

诚豪（香港）集团董事长 黄世庆

黄世庆先生

黄世庆，汉族，1949年出生于福建省连江县。旅菲华侨，高级工程师。现任诚豪（香港）集团董事长。

黄世庆出生于普通农民家庭，上世纪八十年代，举家迁往菲律宾，并在当地创办了和黄达贸易有限公司，经营农产品和装饰材料。1991年回国创业，投身房地产市场。1995年在香港注册成立诚豪（香港）集团。

黄世庆先生秉承“勤奋、务实、高效、创新”的企业精神，凭借长远的战略眼光，在商业运营中引进先进的观念、管理、技术，以现代化的机制体制创新、规范化的科学管理模式、精英化的高效管理团队、人性化的企业文化内涵，在激烈的市场角逐中整合行业资源，开创多元的发展格局，一步一个脚印，从点滴做起，从细节做起，从标准做起。他以企业为家，诚信经营。在他的领导下，企业健康成长，多家公司被评为信用3A级企业和重合同守信用单位，并为扩大社会就业和对国家纳税做出了不菲的贡献。

在取得成就的同时，黄世庆先生不忘社会慈善公益事业。多年来积极回报社会，做了大量造福一方的善事，受到政府、媒体及社会各界高度好评。2002年福建省慈善总会成立，他慷慨捐资，为福建慈善事业添砖加瓦，并被省慈善总会聘为顾问，荣获“奉献爱心、捐赠善款”等荣誉；2004年，为表彰黄世庆先生对教育事业的善举，中共连江县委、连江县人民政府授予他“捐资助学、发展特殊教育事业——先进个人”称号；2007年任连江县企业与企业家联合会常务理事，同年被人民日报社《中国经济周刊》聘为专家顾问理事会常务理事；2008年至2010年获得中共连江县委、连江县人民政府授予的“热心公益、惠泽桑梓”荣誉；2010年获得福建省人民政府授予的“惠泽桑梓”荣誉。2010年5月17日，中央领导高度重视的“第三届世界闽商大会”开幕，作为海内外杰出贡献闽商的代表，黄世庆先生获得了由省政府颁发的“华侨捐赠公益事业突出贡献奖”。

惠泽桑梓

福建省人民政府

人民日报《中国经济周刊》杂志社

常务理事单位

诚豪（香港）集团有限公司

2007年—2009年度

人民日报《中国经济周刊》杂志社

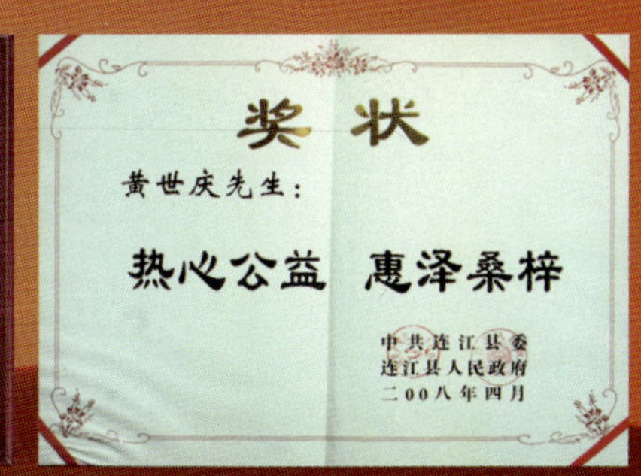
奖状

黄世庆先生：

热心公益 惠泽桑梓

中共连江县委

连江县人民政府

二00八年四月

顺盛集团 世界闽商集团

顺盛集团股份有限公司简称“顺盛集团”，由全国政协委员、中国民营企业家协会常务副会长、中华民营企业联合会副会长、福建省工商联副主席、福建省工商联直属委员会会长、2010中国十大经济新闻人物获得者、著名企业家李顺堤为主发起创立，其前身——福建顺盛石材有限公司成立于1988年，属国内第一批石材加工企业，1995年跨入了中国500家最大私营企业，名列第338位，连年被评为“明星企业”、“重点企业”、“重合同、守信用”企业、“创税大户”、“民营百强企业”等。经过长期的培育发展，集团逐渐形成以成品油终端网络投资开发经营、成品油仓储和销售、房地产开发、进口石材加工、石材批发市场及国际建材物流基地投资开发运营等为主体的产业体系。近年来，仅在福建省就投资开发100多座加油站及油库，在省内外开发近1000万平方米的房地产项目，集团拥有五个石材加工规模企业、国内外十几个石材矿区和一个石材批发市场，并联手世界闽商集团等企业先后在云南、河南、安徽、江苏、辽宁、陕西、广东、上海等地投资开发一批国际建材市场综合体（国际建材城）项目。

福建省世界闽商集团有限公司简称“世界闽商集团”，系由海内外闽商以乡情为纽带，以资本合作为主要形式，以战略投资为发展取向的经营实体，总资产超百亿元。集团由顺盛集团牵头联合近十家上市公司和知名海内外闽商老板发起创建，董事局主席由李顺堤先生担任。

经营范围以投资开发运营大型国际建材市场综合体（国际建材城）为主，并涉及基础设施、能源、房地产投资开发等行业。集团成立以来，始终秉承“凝聚闽商力量，共谋事业发展”的理念，立足福建，积极服务海峡两岸经贸合作和“海峡西岸经济区”建设。

与此同时，集团实施“走出去”战略，充分发挥资本实力雄厚的优势，发挥海内外闽商建材生产、经营等方面的优势，通过独资、控股、联营合作、股权投资等方式在云南、河南、安徽、江苏、辽宁、陕西、广东、上海等地建成一批大型国际建材市场综合体（国际建材城）项目。目前，在四川成都总占地面积10000亩、总投资100亿，近期建设5000亩、投资50亿的西南国际建材城；在黑龙江总占地面积5400亩，总投资50亿的东北国际建材城；在湖北首期占地4500亩，投资45亿的中部国际建材城等一批项目正在规划中，力争近期开工建设。为了促进集团经营建材物流基地的规模化、连锁化和规范化，进一步提升国内建材物流业的发展水平，集团继续加快在全国省会中心城市布点开发的步伐，全力打造具有国际竞争力、影响力的建材商贸物流集团。

顺盛集团 世界闽商集团
董事局主席 李顺堤

李顺堤，男，汉族，福建省南安市人，1962年1月出生，硕士研究生毕业，高级经济师，现任世界闽商集团、顺盛集团董事局主席，第十一届全国政协委员、中国民营企业家协会常务副会长、中华民营企业联合会副会长、公安部特邀监督员、福建省工商联副主席、福建省工商联直属委员会会长、福建省海外联谊会副会长、福建省资本运营研究会副会长、民建福建省委常委等职。历任第九届全国人大代表、全国青联委员、中国青年企业家协会副会长、福建省政协委员、福建省青年商会会长、福建省私营企业协会副会长等职。

董事局主席：李顺堤

李顺堤同志用长远的战略眼光和独到的经营理念驾驭企业，是一位统领全局，志向高远，极具现代意识的卓越企业家。他具有较强的参政议政能力，并具备较高的政治觉悟和良好的文化修养，时刻不忘关心国内外社会动态和热点问题。几年来在各级人大、政协会议上提交提案、议案上百件，多篇提案被表彰为政协优秀提案。

李顺堤同志热心公益事业，自觉承担社会责任，先后向福建南安水头老人大学捐款500万元，向第八届全国农运会捐款400万元，2010年捐助福建南平、三明、龙岩灾区500万元等等，据不完全统计，至2010年7月累计向社会公益事业捐款5000多万元。由于表现突出，他先后被省委统战部、省工商联、省光促会联合授予“海西春雨光彩行动突出贡献奖”，被省人民政府授予“福建省非公有制经济人士捐赠公益事业突出贡献奖”，被省委、省政府表彰为“特别突出贡献奖”，被民建中央授予“全国抗震救灾优秀会员”，被全国工商联等十几个部委授予“抗震救灾先进个人”，被全国第六届农运会授予“突出贡献奖”，被中央统战部、工业和信息化部、人力资源和社会保障部、国家工商总局和全国工商联等部委评为全国表彰100名的“优秀中国特色社会主义建设者”，被中国百家新闻媒体联合评为“2010中国十大经济新闻人物”。

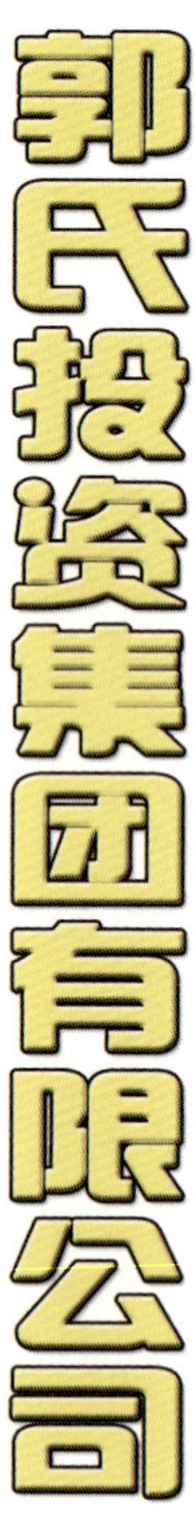

黄小晶省长与郭加迪董事长合影

三迪教学楼落成仪式

公司门口

儒商 郭加迪
勇者闯天下

郭氏集团董事长郭加迪先生
祖籍福建省莆田市
中国人民政治协商会议全国委员会委员
中国人民政治协商会议福建省委员会常委
中国侨联青年委员会常务理事
福建省海外联谊会常务理事
旅匈华人总商会会长
旅匈福建同乡会名誉会长

郭氏投资集团有限公司创建于1989年，二十几年来，郭氏集团坚持“团结奋斗、创新进取、奉献社会”的企业精神，遵循“以市场为导向、以质量求生存、以科技求发展”的经营方针，紧跟时代步伐，充分利用政策及市场区域等优势，凭借自身的灵活机制，依托雄厚的资金实力，依靠人力资源对事业的执着追求，在激烈的市场竞争中奋力拼博，脱颖而出，取得跨越式的发展。郭氏集团从单一从事国际贸易发展到鞋业、房地产开发、酒店、化工科技、矿业等多元化领域，实体遍布欧洲、维尔京群岛、香港、上海、北京、福建、陕西、新疆等地，公司总资产60亿元人民币。郭氏集团在壮大发展的同时，积极回报社会，董事长郭加迪先生荣获福建省十大红十字爱心公益人物。

郭氏集团下属各企业多次被评为全国外商投资“双优”企业、侨资“明星”企业、纳税大户、“重合同、守信用”先进企业等光荣称号。企业通过ISO9002质量体系认证和ISO14000环境管理体系认证。董事长郭加迪先生被评为新华侨楷模，并先后担任中国人民政治协商会议福建省委员会常委、中国侨联青年委员会常务理事、福建省海外联谊会常务理事、旅匈华人总商会会长、旅匈福建同乡会名誉会长、香港福建社团联会名誉主席、中国国际问题研究基金会特邀理事等。

在新世纪的历史进程中，郭氏集团将继续坚持“以人为本，以质取胜，以品牌拓市场，以创新求发展，以服务出效益”的战略思想，在集团总裁及公司管理层的带领下，在市场经济浪潮中走出自己特色的郭氏之路。

工作团队

永隆兴业集团

永隆集团（香港）有限公司成立于1995年，系港府批准成立的综合性集团公司，大陆管理总部设立在厦门。

经过多年的稳健经营，永隆集团逐渐形成了以房地产开发为中心，实业投资、酒店运营、金融投资齐头并进的产业形态。集团先后在厦门、江西上饶、江苏镇江、侨乡晋江等地投资兴业，其中已完成的精品地产项目建筑面积达数百万平方米。近年来，永隆集团先后荣获“中国值得尊敬的房地产品牌企业”，“中国最具城市影响力商业地产”等荣誉称号。

永隆集团将继续秉承“诚信、和谐、创新、超越”的企业核心价值观，发挥集团资源与品牌优势，追求永续发展，以诚信服务大众、以真诚回报社会，承担企业社会责任，致力打造中国地产界知名品牌。

永隆兴业集团厦门总部办公大楼

永隆集团（香港）有限公司董事长吴辉体

吴辉体先生

吴辉体先生，1961年出生于晋江市东石镇吴厝村，现为香港特别行政区永久居民。1995年在香港创办永隆集团（香港）有限公司，并先后在福建、江西、江苏等地创办永隆兴业集团（厦门）股份有限公司、江西省春来房地产开发有限公司、永隆地产（镇江）有限公司、厦门永联达光电科技有限公司等多家企业，涉及房地产开发、金融投资、实业投资等多个行业。

1996～2002年，吴辉体累计捐资超百万元，先后创立吴厝村老人慈善福利基金会以及慈善基金会，捐资铺设吴厝村环村水泥路，出资兴建农田水利设施，资助村里贫困生，奖励考上中专以上学生等。2003年，在南岳中学设立吴传劳先生家族基金会50万元，捐赠30万元为侨声中学修建仁和广场。2006年，在侨声中学设立吴传劳教育基金会100万元，捐资兴建东石中心小学、金山中学等10多所学校。同年，捐资500万元给泉州慈善总会，独资捐建传劳文化中心，成立了晋江市慈善总会吴传劳基金会。

目前，吴辉体先生已累计捐赠1500万元人民币。他先后获得了福建省金质奖章和省政府表彰、泉州市政府表彰等多项殊荣，被泉州市政府授予“慈善家”和“公益事业特别贡献奖”等荣誉称号。

吴辉体先生先后担任香港厦门联谊总会副理事长、香港福建东石同乡会副会长、香港晋江同乡会永远名誉会长、香港泉州同乡会永远名誉会长、第十届泉州市政协委员、厦门市侨联常务委员、晋江市侨联常务委员、晋江市海联会常务委员、泉州市慈善家慈善总会永远名誉会长、晋江侨声中学名誉董事长。

福建省捐赠公益事业实

吴再进，1963年出生于福建省南安市，1990年起先后创建了独资企业新加坡美福企业集团有限公司和新加坡美福石油集团有限公司，集团下属公司包括南安市苏闽石油有限公司和福建南安新锦江特种油有限公司。拥有占地面积26万平方米的石化基地以及18.9万立方米的油罐58个；配有当前最先进微机控制发油装置的发油台3座；年吞吐能力达100多万吨的5000吨级石化码头两座。

吴再进是第九、十、十一届南安市政协常委、全国工商联石油业商会常务理事、福建省商贸协会副会长、南安市慈善总会永远荣誉会长、泉州市慈善家、南安市成品油行业协会会

荣誉证书

吴再进先生：

热心家乡公益事业，捐资人民币壹仟壹佰肆拾贰万元，特颁发“福建省捐赠公益事业突出贡献奖”金质奖章、奖匾和荣誉证书，以资鼓励。

福建省人民政府
二〇一〇年五月

编号：A1245

出贡献获得者——吴再进

长、南安市总商会荣誉会长、新加坡南安会馆名誉会长、北京南安会馆名誉会长、厦门成功经济文化促进会副会长。

在发展事业的同时，他热心捐资助学助教，积极投身社会公益事业，捐款总额约1142万元。先后为南安慈善总会、南安市体育馆、南安市中小学捐资，为汶川大地震等重大自然灾害捐款等。

2004年，吴再进荣获泉州市委、市政府“老年人体育工作贡献奖”；2006年，被南安慈善总会聘为“永远名誉会长”；2008年，被泉州市人民政府授予“泉州市慈善家”荣誉称号；2010年，荣获福建省政府颁发的“福建省捐赠公益事业突出贡献奖”荣誉称号。

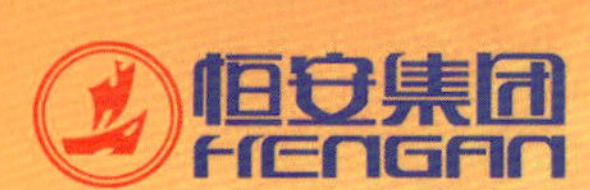

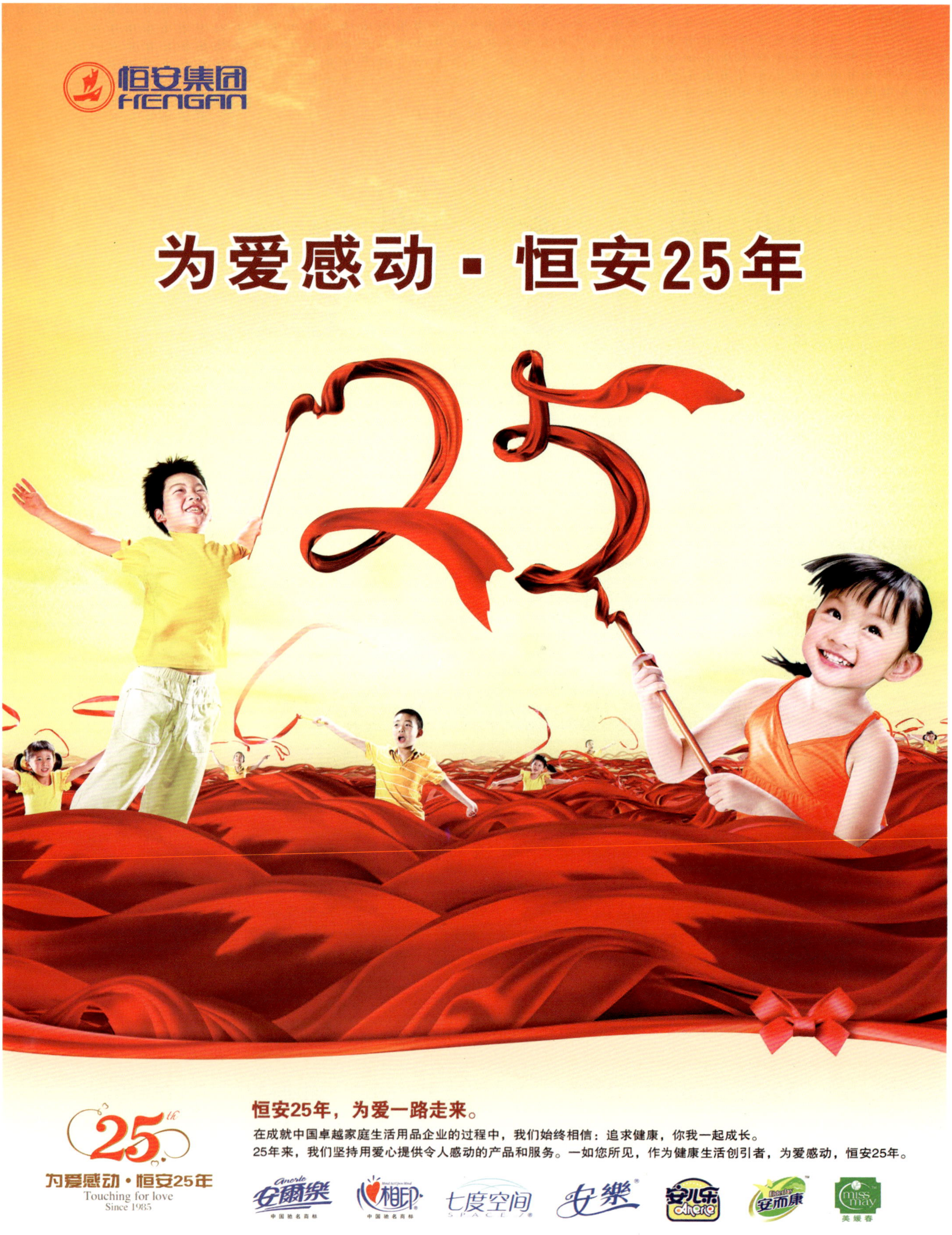
恒安集团
HENGAN
为爱感动 · 恒安25年
25th
为爱感动 · 恒安25年
Touching for love
Since 1985
恒安25年，为爱一路走来。
在成就中国卓越家庭生活用品企业的过程中，我们始终相信：追求健康，你我一起成长。
25年来，我们坚持用爱心提供令人感动的产品和服务。一如您所见，作为健康生活创引者，为爱感动，恒安25年。
安爾樂
中国驰名商标
心相印
中国驰名商标
七度空间
SPACE 7
安樂
安儿乐
Anerle
安而康
miss may
美媛春

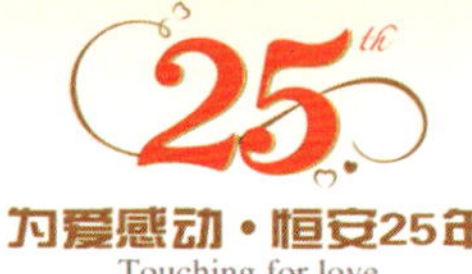

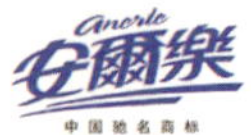

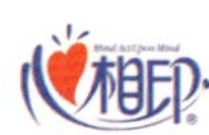

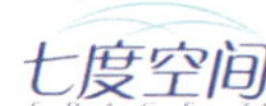

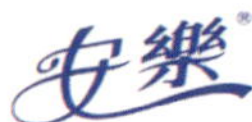

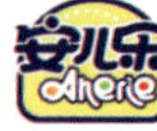

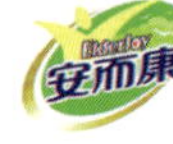

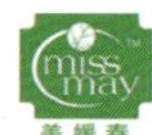

福建省鑫森炭业股份有限公司

福建省鑫森炭业股份有限公司成立于2010年9月，前身是福建省邵武市鑫森碳业有限公司。现有资产规模5亿元人民币，下属5个子公司，是一家集科研、生产、经营为一体的高新技术企业。公司以生产高端木质造粒活性炭为主，产品广泛应用于炼油行业、化学工业、农药生产、机动车辆制造等领域。公司生产的木质车用活性炭达到国际先进水平，拥有自主知识产权，并获国家专利，产品在国内外市场上具有很强的竞争力。公司生产的溶剂炭、催化剂炭、电容炭等产品，填补了国内空白，改变了我国长期以来高端活性炭依赖进口的被动局面。公司拥有6套国内一流规模的活性炭生产装置，年综合生产能力达2万吨。当前，公司利用木质造粒活性炭专利配方，把独特的化学氧化和物理活化技术相结合，不断依靠科技创新，努力推动中国活性炭技术走向新的台阶。

公司地址：福建省邵武市城郊工业区莲富路
网址：www.xinsencarbon.com
电话：0599-6301100
传真：0599-6304988-601

莆田市海源实业有限公司

福建省莆田市海源实业有限公司
2008-2009年度农业产业化
省级重点龙头企业
福建省农业产业化工作领导小组
二〇〇八年九月

国家科学技术进步奖
证书

国家科学技术进步奖
证书

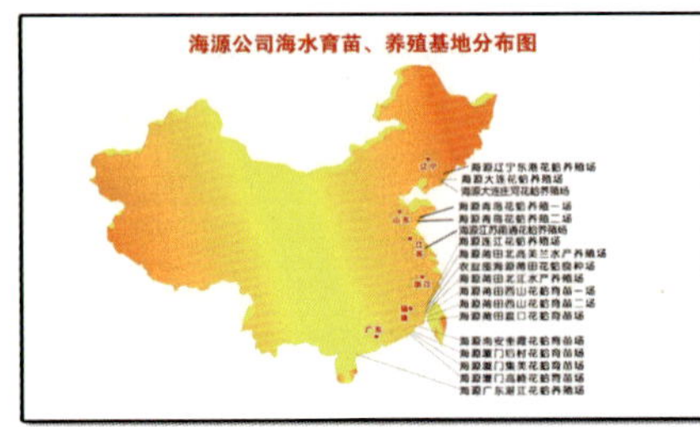

水产良种繁育基地挂牌仪式

花蛤沙粒苗采收现场

中科院院士张福绥莅临海源公司视察指导

该公司是一家集菲律宾蛤仔（花蛤）育苗、养殖、加工于一体的科技型企业，成立于1997年，系福建省农业产业化重点龙头企业和福建省创新型（试点）企业。公司拥有我国南方首家“花蛤良种场”，与中科院海洋所共建水产良种繁育基地；现拥有水产养殖场12个，其中菲律宾蛤仔育苗场8个。海源公司养殖基地分布在福建厦门、泉州、莆田和福州，广东湛江、山东青岛，辽宁大连和东港。2009年公司销售收入24486万元、固定资产8744万元、资产负债率47.3%、银行信用等级AAA。

公司生产的菲律宾蛤仔苗种产量约占全国市场份额的25%,苗种除供应福建、山东、辽宁、江苏等全国沿海养殖外还远销日本和韩国。2003年以来公司生产的鱼、虾、贝等水产品获得国家“无公害农产品”标志认证。2006年公司养殖基地系农业部授予的“水产健康养殖示范区”，2008年“西海岸”菲律宾蛤仔苗种获福建省名牌产品，正积极争取绿色产品认证。

公司投入配套研发资金近2000万元，突破了花蛤大水面人工育苗中亲贝生殖腺发育调控、亲贝强化培育、大水面水域水质调控及饵料生物培养、敌害生物防治等关键技术。在国内首创大水面花蛤人工育苗生产技术，使人工培育花蛤苗种满足生产发展需求成为现实。科研成果屡获嘉奖，与中科院海洋所等单位共同完成的“菲律宾蛤仔现代养殖产业技术体系的构建与应用”成果，荣获2009年度国家科技进步二等奖。“菲律宾蛤仔大水面人工育苗关键技术研究”成果技术达国内领先水平，并获得2008年度福建省科技进步三等奖。

兴业皮革科技股份有限公司

兴业皮革科技股份有限公司成立于1992年，位于福建省晋江市安海镇，注册资本1.8亿元人民币，为中外合资企业，是中国皮革行业龙头企业、福建省百家重点工业企业，也是中国皮革行业纳税大户，年纳税超亿元。

公司专业研发生产牛头层皮，有纳帕、自然摔、绿色无铬革、特殊效应革等系列主导产品，公司已成为众多国际名牌和国内名牌的主要皮革供应商，是中国目前最大的鞋面真皮材料提供商。“兴业皮革”荣获“中国驰名商标”。

2006年，公司正式成为世界制革技术权威组织SATRA的成员。公司被认定为“高新技术企业”，公司的研发中心是“福建省行业技术中心”，公司的检测中心是中国皮革制造行业首家通过国家认可委认可的国家级检测中心。公司起草的皮革行业首个国家标准《家具用皮革》，由国家质量监督检验检疫总局和中国标准化管理委员会于2008年7月31发布，2009年5月1日实施。公司先后通过ISO9001质量管理体系和ISO14001环境管理体系认证；同时，引进ERP管理系统，全力提升管理水平和管理效率。公司是福建省首家通过清洁生产验收的工业企业。

公司先后获得“节能减排环保创新奖”、“晋江市企业文化最具创新案例奖”、“泉州市感动员工十佳民企”、“泉州市最佳和谐企业”、“CCTV泉州榜十佳年度雇主”等荣誉称号。公司将以“绿色皮革、百年兴业”为使命，以“做中国绿色皮革带头人”为愿景，致力于实现“为世界名牌提供优质皮革材料”的战略目标，坚定不移地走资源节约型、环境友好型的新型皮革工业发展道路。

闽侯县卫生局

2010年7月29日，福州市委书记袁荣祥到人民医院调研　　2010年4月2日，全县卫生工作会议召开

2009年，闽侯县卫生局深入贯彻落实科学发展观，紧紧围绕“人人享有基本医疗卫生服务”的目标，切实加强公共卫生、农村卫生以及社区卫生工作，努力提高医疗服务质量，强化医德医风建设，推进卫生事业全面、协调、可持续发展。

以惠民便民为宗旨，扎实推进新型农村合作医疗工作。

2009年全县共有51.86万群众参加新型农村合作医疗，参合率达98.51%,列全市第二名。全年总住院补偿人次26779人，补偿金额4962.72万元，人均补偿1853.21元；门诊补偿334人次，总补偿31.72万元，人均补偿949.49元。全县新农合基金使用率为96.3%。

以保障群众健康为己任，切实加大公共卫生工作力度。

2009年，县卫生局争取县政府600多万元资金，加强县医院隔离观察病房建设，并添置必要的医疗仪器设备，提高医疗救治能力。同时加强技术培训和防控宣传工作，有效控制了甲型H1N1流感疫情扩散。全年共监测职业病危害企业82家，职业健康体检人数4572人，超额完成年度计划任务。2009年全县孕产妇保健覆盖率达98.61%，孕产妇系统管理率达87.64%，住院分娩率100%。全县3岁以下儿童系统管理率达94.92%，托幼机构卫生管理率达100%。

以改善医疗服务环境为中心，加快基础设施提升改造。

2009年闽侯县共有上街、南屿、白沙等3个医院基础设施建设项目建成投入使用。县重点项目闽侯县人民医院，首期规划用地2.2公顷，建设9层病房大楼以及综合楼等配套设施，建筑面积为17241平方米，项目总投资5000多万元，于2009年底顺利封顶并进入内部装修。同时，该局继续深入开展医院管理年活动和“平安医院”创建活动，进一步提高医疗质量，强化医疗安全，提供优质服务。

福建年鉴

《福建年鉴》创刊于1985年，是福建省人民政府主办的大型地方综合性年刊，福建省省长亲自兼任编纂委员会主任。

《福建年鉴》秉承实事求是、客观公正的理念，紧扣发展主题，把握时代脉搏，凸显地方特色，全方位、多层次、宽领域地反映福建省发展历程。

《福建年鉴》始终坚持“录史存真、服务社会”的办刊宗旨，把质量作为年鉴的生命，编纂整体水平逐年提高。《福建年鉴》2004卷在第三届全国年鉴编纂质量评奖中荣膺首届“中国年鉴奖”，2009卷在第四届全国编纂出版质量评比活动中，再次荣获全国年鉴综合质量一等奖、框架设计一等奖、条目编写一等奖、装帧设计一等奖，在全国省级综合年鉴名列第8位，比上届提前6位。《福建年鉴》已经成为目前反映福建省情概况的权威资料性工具书。

地址：福州市鼓屏路192号山海大厦8层
邮编：350003
电话：0591—87845292
传真：0591—87844601
网址：http://www.fjnj.cn

1985 《福建经济年鉴》创刊

1990

1995 更名为《福建年鉴》

2000

2001 《福建年鉴》全书上网

2004 荣获“中国年鉴奖”

2005

2009 荣获全国年鉴评比综合一等奖

2010

福建炼油化

福建炼油化工有限公司（以下简称公司）是由福建省和中国石化股份公司各出资50%合资建设的大型石化企业，主要加工进口原油，生产车用无铅汽油、轻柴油、聚烯烃、对二甲苯、工业用纯苯等石油石化产品。公司位于福建省泉州市泉港区，其前身是福建炼油厂，创建于1989年1月，1993年9月全面建成投产，1995年12月改制为有限责任公司。经过多年的发展和合资合作，公司现已具有千万吨级炼油、百万吨级乙烯的加工能力，成功进入行业第一集团，成为带动海峡西岸经济区发展的龙头企业。公司先后多次获得了“全国‘五一’劳动奖状”、“全国设备管理先进单位”、“全国精神文明建设工作先进单位”、“福建省文明单位”、“福建省首届诚信企业”等荣